DICTIONNAIRE

DE

DROIT INTERNATIONAL

PUBLIC ET PRIVÉ.

PAR

CHARLES CALVO

ENVOYÉ EXTRAORDINAIRE ET MINISTRE PLÉNIPOTENTIAIRE DE LA RÉPUBLIQUE ARGENTINE
AUPRÈS DE S. M. L'EMPEREUR D'ALLEMAGNE, MEMBRE FONDATEUR DE L'INSTITUT
DE DROIT INTERNATIONAL, CORRESPONDANT DE L'ACADÉMIE DES SCIENCES MORALES
ET POLITIQUES DE L'INSTITUT DE FRANCE, DE L'ACADÉMIE ROYALE
D'HISTOIRE DE MADRID, E. C.

TOME PREMIER.

BERLIN
PUTTKAMMER & MÜHLBRECHT. EDITEURS
64 UNTER DEN LINDEN

PARIS
GUILLAUMIN & Cie. EDITEURS
14 RUE RICHELIEU

PARIS
G. PEDONE-LAURIEL, EDITEUR
13 RUE SOUFFLOT

PARIS
A. ROUSSEAU, EDITEUR
14 RUE SOUFFLOT

1885

DICTIONNAIRE

DE

DROIT INTERNATIONAL

PUBLIC ET PRIVÉ.

DICTIONNAIRE

DE

DROIT INTERNATIONAL

PUBLIC ET PRIVÉ

PAR

CHARLES CALVO

ENVOYÉ EXTRAORDINAIRE ET MINISTRE PLÉNIPOTENTIAIRE DE LA RÉPUBLIQUE ARGENTINE
AUPRÈS DE S. M. L'EMPEREUR D'ALLEMAGNE, MEMBRE FONDATEUR DE L'INSTITUT
DE DROIT INTERNATIONAL, CORRESPONDANT DE L'ACADÉMIE DES SCIENCES MORALES
ET POLITIQUES DE L'INSTITUT DE FRANCE, DE L'ACADÉMIE ROYALE
D'HISTOIRE DE MADRID, ETC.

TOME PREMIER.

BERLIN
PUTTKAMMER & MÜHLBRECHT, EDITEURS
64 UNTER DEN LINDEN

PARIS
G. PEDONE-LAURIEL, EDITEUR
13 RUE SOUFFLOT

PARIS
GUILLAUMIN & Cie, EDITEURS
14 RUE RICHELIEU

PARIS
A. ROUSSEAU, EDITEUR
14 RUE SOUFFLOT

1885

BERLIN. — IMPRIMERIE G. BERNSTEIN.

AVANT-PROPOS

A mesure que, grâce aux progrès de la science, les distances qui séparaient les nations s'abrègent et disparaissent, ce rapprochement materiel entraîne parallèlement un rapprochement moral, économique, qui crée des relations nouvelles et élargit le cercle des rapports existant déjà entre les différents peuples; aussi le droit international acquiert-il chaque jour une portée plus étendue et plus efficace.

Dans l'état de développement auquel il est parvenu, l'étude de ce droit est devenue une véritable science, ayant son enseignement, ses méthodes et son langage propre et particulier; de sorte que l'accès en est rendu parfois difficile pour les personnes qui ne sont pas familiarisées avec les ouvrages techniques ou qui n'ont pas le temps de se livrer à des études spéciales.

Le nombre des livres qui traitent du droit international est considérable, soit dans son ensemble, soit dans certaines de ses parties; mais cette multiplicité même est une difficulté de plus que complique encore, dans la plupart des cas, la forme didactique des traités complets ou élémentaires.

Parmi les moyens qui nous paraissent les plus propres à faciliter l'acquisition d'une science, à en vulgariser la connaissance et la pratique, le *Dictionnaire*, par sa forme condensée, par son classement régulier, rangeant les mots ou les matières dans un ordre méthodique aisé à comprendre et à suivre, présente des avantages exceptionnels, des facilités incontestables, notamment pour les recherches, qu'il met à la portée de tous et dont il épargne les ennuis et les lenteurs.

La plupart des branches de la science comptent aujourd'hui un certain nombre de dictionnaires plus ou moins étendus; mais le droit international n'en possède pas, — que nous sachions, — qui réponde aux besoins de ceux qui veulent le consulter: c'est cette lacune que nous avons entrepris de combler en publiant notre *Dictionnaire de Droit international Public et Privé*.

Le but que nous nous sommes proposé est de présenter un état résumé, coordonné de la science du droit des gens à notre époque, sous la forme la plus pratique.

L'ordre alphabétique est la forme qui nous a semblé préférable: outre qu'il ne peut donner lieu à aucune controverse, si ce n'est pour des questions de pure orthographe, qu'il est toujours facile de trancher en assignant diverses places au même mot, selon les diverses manières admises de l'écrire, et en les reliant au moyen de renvois, cet ordre est celui qui offre sans contredit les plus grandes commodités pour les recherches de tout genre.

Désirant faire une œuvre aussi complète que possible, nous lui avons donné toute l'ampleur, toute l'étendue, dont nous l'avons crue susceptible, en embrassant le droit international sous ses diverses formes dans chacune de ses branches, dans ses rapports directs ou indirects avec les autres sciences, avec les institutions intérieures des Etats ou des sociétés humaines, dans sa mise en pratique aussi bien en temps de paix que pendant la guerre: droit public, droit international privé, droit naturel, droit positif, droit conventionel, droit diplomatique, droit maritime, droit coutumier, droit juridique etc. en un mot les principes et les règles qui régissent non seulement la conduite des nations ou des Etats à l'égard les uns des autres ou leurs relations mutuelles, mais aussi les rapports de leurs sujets respectifs avec les gouvernements ou les sujets des autres Etats.

Afin de laisser le moins de lacunes possibles dans un cadre si vaste, et surtout afin de ne rien laisser, autant que cela dépendait de nous, de vague, de défectueux, d'insuffisant ou d'obscur dans les définitions, les interprétations ou les développements des différentes matières et des différents termes, force nous a été de ne pas nous limiter aux mots et aux locutions se rapportant exclusivement et immédiatement au droit international; il nous a fallu faire de nombreuses excursions dans les domaines limitrophes de la jurisprudence civile, pénale et commerciale, de l'administration, des coutumes locales; puis avoir de fréquents recours aux usages des cours, des parlements, des tribunaux, des chancelleries, avec lesquels le droit des gens a tant de relations et de points de contact, et dont il emprunte même souvent les formules et le langage, devenus par conséquent des éléments indispensables pour l'élucidation des doctrines, des textes, et de la procédure du droit international.

Nous n'avons point non plus négligé l'histoire, cette source inépuisable d'informations, de preuves et notamment de renseignements précieux pour l'intelligence de certaines dénominations, d'une foule de règles, de maximes, de pratiques internationales. Sous ce rapport nous pouvons dire que notre travail a été mis au courant des événements les plus récents, des faits et des actes acquis dans ces derniers temps à la pratique du droit des gens, des enseignements que la science y a recueillis.

Quant à notre mode de procéder, nous commençons généralement par donner la définition du mot ou du sujet que nous abordons; ensuite nous en exposons la portée ou la valeur, et nous en indiquons l'emploi ou l'application aux cas qu'il convient — le tout dans la forme la plus claire et la plus concise, nous bornant aux explications, aux détails nécessaires, sans digressions, ni dissertations oiseuses, de manière que chaque article soit utile à la fois à ceux pour qui c'est une spécialité et à ceux qui ont besoin de s'instruire. Nous nous abstenons également d'émettre aucun jugement, de nous faire l'écho ou l'organe d'aucune opinion personelle, d'aucune école particuliére; nous voulons au contraire que le Dictionnaire, marchant droit au but, puisse servir de guide à travers le dédale des doctrines diverses, parfois même contradictoires, qui se sont produites sur bien des matières.

Le Dictionnaire de droit international n'est pas une simple énumération de mots, réduite aux seuls termes de la science. — Il renferme en outre, — chaque article classé à sa place alphabétique — des données succinctes, mais suffisantes touchant les principaux traités à partir de la paix de Westphalie, les actes internationaux qui ont exercé une influence sérieuse sur la situation politique des Etats ou du monde en général.

Notre Dictionnaire est complété par un essai de bibliographie du droit international, aussi étendue que possible, conduite jusqu'aux publications les plus récentes, et méthodiquement disposée par noms d'auteurs. — Les ouvrages de chacun d'eux sont en général classés suivant l'ordre chronologique de leur publication, quelquefois aussi selon leur importance relative au droit des gens; pour les plus remarquables il a été joint des notes explicatives et de courtes analyses; les titres en sont reproduits; et lorsqu'ils ne sont pas en français, nous les avons traduits en entier.

Enfin la masse du travail est résumée en quelque sorte dans une table générale, embrassant la totalité des termes, des sujets compris dans le dictionnaire et énumérés dans l'ordre alphabétique, puis dans des tables spéciales consacrées particulièrement à la nomenclature des traités, conventions ou actes internationaux, et à la liste des auteurs.

Les éléments qui ont servi à la composition de ce dictionnaire ont été réunis dès 1862, époque à laquelle a été préparée la publication du *Traité de Droit international théorique et pratique*.

L'auteur se les est procuré par d'incessantes et minutieuses recherches, en consultant les collections de documents les plus complètes, les encyclopédies, les dictionnaires les plus modernes et les plus accrédités, les nombreux écrits qu'il cite dans les différentes langues, en puisant dans ses propes travaux antérieurs. — Les premiers essais en ont été publiés dans son livre sur *l'Amérique latine,* introduction à la collection des traités etc. de tous les Etats de l'Amérique latine.

Depuis, les matériaux amassés sont devenus si abondants qu'il ne pourront être mis à profit que dans les éditions ultérieures. Vouloir dès aujourd'hui en tirer tout le parti qu'il est possible, ce serait différer encore une publication dont l'utilité est démontrée à l'auteur et à laquelle il croit de son devoir de ne plus apporter aucun retard.

BERLIN, le 6 janvier 1885.

L'auteur.

DICTIONNAIRE

DE

DROIT INTERNATIONAL
PUBLIC ET PRIVÉ.

A.

A. La lettre A employée seule et précédée de S est une abréviation du mot Altesse : S. A. est pour Son Altesse; LL. A., Leurs Altesses.

A. D., qui se trouve au bas de plusieurs traités, conventions ou actes publics, veut dire *Anno Domini*, l'an du Seigneur.

A. D., à la suite du titre de fonctionnaires allemands, signifie *Ausser Dienst*, en retraite.

ABANDON ou **ABANDONNEMENT.** C'est la renonciation au profit d'autrui d'une chose, d'un bien qu'on possède, par cession volontaire ou forcée.

Ainsi, en droit international, le vaincu abandonne une portion de son territoire au vainqueur, celle que celui ci a conquise ou qu'il occupe au moment de la conclusion du traité de paix. Cet abandon est ordinairement stipulé par ce traité ou par un acte spécial.

ABANDON DE POSTE. Lorsqu'un agent des relations extérieures abandonne le poste qui lui a été confié, cet abandon est assimilé à une démission (Circulaire du ministre des affaires étrangères de France 6 nivôse an V).

Aux termes de la loi française, les consuls généraux, les consuls, les élèves-consuls et les drogmans, ainsi que les chanceliers nommés par le gouvernement, sont tenus de résider constamment dans le lieu qui leur est assigné. Celui qui quitte son poste sans autorisation ou sans motif légitime est considéré comme démissionnaire. (Ordonnance du 20 août 1833, article 35; Circulaire du Ministre des affaires étrangères du 16. mai 1849).

ABBOT (Charles), Lord Tenterden, publiciste anglais, né à Londres le 7 octobre 1762, mort le 4 novembre 1832, Grand juge de la cour du Banc de la Reine en 1818, et créé Pair d'Angleterre en 1827.

Ses principaux ouvrages sont: *A treatise of the law relative to merchant ships and seamen.* (Traité du droit relatif aux navires marchands et aux marins). 11 ème édit par William Schee London 1867 gr. in 8 '. *On Shipping* (sur les navires).

ABDICATION. Dans un sens général c'est la renonciation à une dignité, à des fonctions importantes, dans un sens plus restreint, qui est le sens ordinaire, c'est l'abandon par un prince ou un chef d'Etat de l'exercice du pouvoir suprême: Cet abandon a généralement lieu par un acte formel.

L'abdication véritable doit être volontaire, autrement le mot ne dissimule qu'un acte de violence, dont la dénomination propre est celle de *déchéance* (Voir ce mot).

L'abdication, qu'elle soit spontanée ou forcée, n'engage pas le droit de succession. Si la souveraineté est héréditaire ou que la loi ait pourvu d'avance aux éventualités de la vacance, le successeur désigné en est saisi de plein droit.

Si le chef d'Etat tenait la souveraineté de l'élection, le pacte qui existait entre lui et la nation est rompu par le fait même de son abdication, et la nation rentre dans le droit de lui donner un successeur.

L'abdication entraîne nécessairement la cessation des prérogatives attachées à la souveraineté. Le souverain qui a abdiqué n'a plus aucun titre légal aux faveurs et aux droits internationaux. Toutefois les autres souverains restant libres, au gré de leurs convenances, de continuer à lui accorder les distinctions et les honneurs personnels auxquels il avait droit avant son abdication. L'histoire fournit de nombreux exemples de souverains auxquels des honneurs royaux ont continué d'être rendus après leur abdication. Nous mentionnerons notamment celui de la reine Christine de Suède, qui, pendant son séjour en France, réclama non seulement le droit d'exterritorialité, mais encore celui de faire juger et exécuter elle même à Fontainebleau, en 1657, son chambellan Monadelschi. D'autres souverains, au contraire, par exemple le roi Charles IV d'Espagne (depuis 1808), Gustave IV de Suède (1809) et Louis de Hollande (1810), se retirèrent complètement dans la vie privée et ne conservèrent que par pure courtoisie le titre de Majesté.

Après les abdications que nous venons de mentionner, on cite parmi les plus célèbres celle de Sylla renonçant volontairement à la dictature l'an 75 avant J.-C., des empereurs Dioclétien et Maximien déposant la pourpre 305 après J.-C., de Charles-Quint échangeant, en 1556, la couronne pour la bure du moine.

Quelque fois l'abdication n'est que temporaire : ainsi le roi d'Espagne Philippe V, qui avait abdiqué en 1724, remonte sur le trône sept mois après, à la mort de son fils Louis; le duc de Savoie et roi de Sardaigne Victor-Amédée II abdique en 1730, et peu de temps après tente, mais en vain, de reprendre la couronne.

C'est que l'abdication n'est pas toujours un acte spontané, mais le plus souvent une nécessité imposée aux souverains par des circonstances impérieuses, la force des évènements.

Le terme d'*abdication* caractérise justement, par exemple, l'acte par lequel le parlement anglais, en 1688, déclara que „le roi Jacques II, ayant entrepris la subversion de la constitution du royaume en brisant le contrat primitif qui existait entre le roi et son peuple, en violant, conformément aux conseils des jésuites et d'autres personnes mal intentionnées, les lois fondamentales du royaume, il a *abdiqué* le gouvernement et que par conséquent le trône est vacant." D'ailleurs il y eut alors une vive discussion sur le point de savoir s'il fallait employer le mot *déserter* ou *abdiquer*.

La même remarque peut s'appliquer à la situation de Napoléon I, signant à Fontainebleau, le 11 avril 1814, sous la pression des armées ennemies, son abdication de la puissance souveraine en faveur de son fils, et débarquant l'année suivante en France pour la ressaisir; de Charles X, en 1830 et de Louis Philippe, en 1848, s'enfuyant des Tuileries devant le peuple de Paris insurgé et abdiquant chacun en faveur de leurs petits-fils.

(*Voir* DÉCHÉANCE, SOUVERAIN).

ABDY (I. C.), jurisconsulte anglais. Il a publié à Londres en 1878 une nouvelle édition des *Commentaires sur le droit américain* de Kent, en y ajoutant des notes et des comptes-rendus de cas jugés postérieurement à l'époque de la première publication du livre du savant juge des Etats-Unis, qui se trouve mis ainsi au courant de la jurisprudence la plus récente.

Dans ses annotations M. Abdy développe ses opinions sur la nature et l'importance du droit international, qu'il définit l'ensemble des règles, coutumières, conventionnelles et judiciaires, imposées par l'opinion et basées sur le consentement des nations. De ces prémisses M. Abdy fait découler les conséquences suivantes, savoir: 1° que la source unique de ce droit est le consentement des nations; 2° que cet ensemble de règles est insuffisant quant à sa sanction; 3° qu'elles n'ont pas un caractère obligatoire, et qu'elles doivent être obéies seulement parce qu'elles sont généralement observées et en raison de leur utilité; 4° que ni la loi de Dieu, ni les règles positives de la morale, ni la loi naturelle (quelle qu'elle soit) ne peuvent être considérées comme la source et le fondement de la loi du droit international, ou comme exerçant une influence nécessaire et absolue sur les relations internationales.

ABJURATION. Action d'abjurer, c'est-à-dire de renoncer publiquement à quelque opinion ou à quelque parti. On pourrait citer comme exemple le savant Galilée contraint, en 1633, par le tribunal de l'Inquisition de Rome, d'abjurer à genoux, contre le témoignage de sa propre conscience, des vérités qu'on dénonçait alors comme des erreurs contraires au texte de la Bible. Mais on applique ce mot plus particulièrement à l'action de quitter une religion pour en embrasser une autre: c'est ainsi qu'en 1792 plusieurs prêtres catholiques fient abjuration de leur culte devant la Convention nationale.

En Angleterre, l'abjuration est le serment par lequel tout sujet du souverain de l'Angleterre s'engage à ne prêter aucun hommage à autre personne prétendant avoir des droits à la Couronne britannique. Comme ce serment renferme les mots: „sur la foi de vrai chrétien", il avait pour effet d'exclure les juifs du parlement anglais; mais la formule du serment a été modifiée en 1858, à l'occasion de l'élection du baron Lionel de Rothschild comme membre de la chambre des communes par la cité de Londres.

ABLÉGAT. Titre donné à un envoyé de second ordre du Saint-Siège apostolique.

On nomme aussi ablégat le vicaire d'un légat ou envoyé du Pape; à un légat peuvent être attachés plusieurs ablégats, qui relèvent de lui. (*Voir* LÉGAT.)

L'ablégat est encore un commissaire chargé de porter à un cardinal qui vient d'être promu, la barrette et le petit bonnet carré.

ABO (traité de paix d'). Par l'article 7 du traité de Nystad, le czar avait promis de la manière la plus solennelle de ne point se mêler des affaires domestiques de la Suède ni de la forme de gouvernement qui avait été établie par les Etats du royaume: ce qu'on appelait en Suède l'abolition de la souveraineté.

Une diète extraordinaire convoquée à Stockholm en 1741, reprocha à la cour de Saint-Pétersbourg de s'être immiscée, contrairement au traité de 1721, dans le gouvernement intérieur de la Suède, notamment pour ce qui regardait la succession au trône, et de plus d'avoir refusé l'exportation des grains de la Livonie, stipulée par le même traité. Ces griefs, joints à l'assassinat du major Sinclair, revêtu d'un caractère diplomatique par la Suède, servirent de prétexte pour déclarer, le 4 août, la guerre à la Russie. La campagne ne fut qu'une suite de revers pour les armées suédoises, qui furent forcées d'abandonner à la Russie toute la Finlande. La paix, qui, dans ces conjonctures, fut signée à Abo le 18 août 1743, outre qu'elle confirma à la Russie les cessions qui lui avaient été faites par la paix de Nystad, lui assura la possession de la province de Vymménégord dans le grand duché de Finlande, avec les villes de Friedrichshaven et de Willmanstrand, de la ville de Nystad avec son territoire, enfin de tous les ports, places et districts situés à l'embouchure du Kymméné, et de toutes les îles au sud et à l'ouest de cette rivière.

Il ne restait plus à la Suède que la partie du grand duché de Finlande comprenant Abo et Biornebory et les provinces d'Ostrobothnie, de Tuwaschus et de Nyland, aussi que les îles d'Aland et la partie de la paroisse de Pyttés à l'ouest du dernier bras du Kymméné. La Suède recouvrait aussi la partie de la Carélie ou du fief de Kexholm qui lui appartenait en vertu du traité de Nystad, et la province de Savolaxée, excepté la ville de Nystad.

ABOLITION. Action d'abolir, de supprimer, de mettre à néant, de mettre hors d'usage; il se dit principalement des institutions, des coutumes, des usages, des lois. Ainsi une loi est abolie, quand on en promulgue une nouvelle qui annule ou révoque, expressément ou tacitement, la loi antérieure, ou lorsque prévaut un usage légitime qui lui est contraire. Il ne faut pas confondre l'abolition avec l'abrogation, qui, comme nous le verrons, a un caractère plus restrictif. (*Voir* ABROGATION.)

ABOLITIONNISTES. C'est sous cette dénomination qu'on désignait aux Etats-Unis les partisans de l'abolition de l'esclavage, avant que cette institution des Etats du sud eût été entièrement supprimée en 1863.

ABORDAGE. *Définition et classification.* En marine marchande, on nomme *abordage* le choc ou heurt d'un navire contre un autre navire.

En principe l'abordage est censé fortuit, provenant soit de cause inconnue, soit de force majeure, comme, par exemple, lorsque deux bâtiments, soit en pleine mer, soit à l'ancre dans un port, sont portés l'un contre l'autre par la violence des flots ou des vents; cependant l'abordage peut aussi résulter du fait de la négligence ou de l'imprudence de ceux qui dirigent les navires ou l'un d'eux.

Moyens d'éviter l'abordage, Signaux. La circulation maritime est astreinte à certaines règles qui ont justement pour but de faire éviter les abordages.

Ainsi les navires, soit en *marche*, soit à l'ancre, doivent porter, depuis le coucher du soleil jusqu'à son lever, des feux de certaines couleurs, en tête d'un mât ou dans un endroit bien en vue; en temps de brume, ils conservent ces feux pendant le jour même, et ils doivent de plus faire entendre toutes les cinq minutes des signaux particuliers, le son d'un sifflet à vapeur ou d'une cloche.

Il est aussi des manœuvres spéciales recommandées pour éviter les rencontres de trop près et par suite les abordages.

Les abordages résultant du défaut d'observation par un navire des règles prescrites ainsi pour la navigation, quelles que soient les excuses qu'on invoque, sont censés occasionnés par la faute de ce navire.

Actions résultant de l'abordage. En pareille circonstance l'abordage peut donner lieu à des demandes de dommages et intérêts; cependant il faut que celui, armateur ou capitaine, qui prétend à ces dommages, fasse la preuve du délit ou quasi-délit qu'il impute à son adversaire.

Le partie en faute est l'armateur du navire qui par ses défectuosités ou celles

1*

de ses accessoires, par la mauvaise direction qui lui a été imprimée, par les actes ou par les négligences des personnes qui le montent, a contribué à causer l'abordage. Dans ces cas le bâtiment même et le fret qui pourrait être dû, répondent également des dommages, mais il n'en est pas de même du chargement et de ses propriétaires.

Lorsque le navire est sous la direction d'un pilote et que l'équipage a fait ce qu'on a exigé de lui, l'armateur et le navire ne sont pas responsables de l'abordage occasionné par la faute du pilote; mais il est du devoir de l'Etat par lequel le pilotage a été imposé d'indemniser les parties lésées.

Répartition des avaries. Les dommages causés à un navire, à son chargement ou au fret par un abordage sont généralement supportés dans les proportions suivantes:

Si l'une des parties est seule en faute, elle doit supporter sa propre perte, et indemniser l'autre de tout le dommage qu'elle lui a fait éprouver.

Si aucune des parties n'est en faute, le dommage doit être supporté par celle qui le subit.

Si les deux parties sont en faute, le dommage doit être réparti également, à moins qu'il ne ressorte d'une enquête qu'il y a une grande différence dans la part de faute de l'une et de l'autre, et dans ce cas le dommage doit être réparti proportionnellement au degré de faute.

Dans les cas où l'on ne parvient pas à constater laquelle des parties est en faute, le dommage doit être supporté par parts égales.

Indemnités aux personnes lésées. Les individus lésés dans leur personne ou dans leurs biens, et le représentant légal d'individus tués, peuvent demander réparation à la cour d'amirauté de tout pays où le navire qui a causé l'abordage, a la plus grande partie de son chargement, où le propriétaire du navire ou du chargement ou toute autre personne responsable pouvaient se trouver à une époque quelconque avant l'expiration d'un délai de trois ans à dater de l'abordage. Cette cour pourra accorder les dommages et intérêts et les autres réparations civiles qui lui paraîtront équitables.

Assistance due en cas d'abordage. Dans tous les cas d'abordage en pleine mer, les navires qui s'abordent doivent demeurer à proximité l'un de l'autre aussi longtemps que possible, jusqu'à ce que l'entière étendue du dommage soit constatée et que le navire le moins endommagé ait prêté à l'autre toute l'assistance qu'il pourra.

Instance criminelle. Quelle que soit la mesure de l'abordage, et en quelque en droit qu'il ait lieu, la partie lésée peut toujours, avec l'autorisation de son gouvernement et en son nom, au lieu de demander réparation par la voie civile, ou simultanément avec l'action civile, introduire une instance criminelle contre tout armateur, capitaine, patron, matelot ou tout autre individu par la faute duquel l'abordage a été occasionné; et la cour saisie de cette action peut prononcer une amende ou un emprisonnement ou les deux peines à la fois contre le délinquant.

ABREU Y BERTODANO (JoséAntonio) jurisconsulte espagnol, mort en 1775. Il a publié, par ordre du roi, à Madrid de 1740—1752 (12 volumes in folio) la collection des traités conclus par l'Espagne depuis 1578 jusqu'en 1700, sous ce titre prolixe, qui fait d'ailleurs connaître en détail la nature des documents embrassés par le recueil:

Coleccion de los tratados de paz, alianza, neutralidad, garantia, proteccion, tregua, mediacion, accession, reglamento de limites, commercio, navegacion, etc. hechos por los pueblos, reyes y principes de España con los pueblos, reyes, principes, republicas y demas potencias de Europa y otras partes del mundo, y entre si mismos, y con sus respectivos adversarios, y juntamente de los hechos directa ó indirectamente contra ella, desde antes del establecimiento de la monarchia gothica hasta el feliz Reynado del Rey Nuestro señor Don Phelipe V; en la qual se comprehenden otros muchos actos públicos y reales, concernientes al mismo assunto, como declaraciones de guerra, retos, manifestos, protestas, prohibiciones y peremisiones de comercio, cartas de creencia, plenipotencias, etc. y asi mismo ventas, compras, donaciones, permutas, empeños, renuncias, transacciones, compromissos, sentencias arbitrarias, envestiduras, homenages, concordatos contratos matrimoniales, emancipaciones, adopciones, naturalizaciones, testamentos reales, etc. y los bulos y breves pontificios, que conceden alguno derecho, privilegio ó preeminencia á la Corona de España; con los erecciones de companias, assientos y reglamentos de Comercio en las Indias, Orientales y Occidentales, — fielmente sacados de los originales ó copias autenticas de la secretaria de Estado, archivo de Simancas, y demas archivos y librerias reales y particulares, como tambien de libros y papeles impressos; — dispuestos en Orden chronologico, y por reynados, y traducidos en Castellano los que se hicieron en otros idiomas, por don Joseph Antonio de Abreu y Bertodano, Cavallero del Orden de Santiago - Todo de Orden y a expensas de su Magestad. (Collection des traités de paix, d'alliance, de neutralité, de garantie, de protection, de trêve, de médiation, d'accession, de règlement, de limites, de commerce, de navigation, etc. conclus par les peuples, les rois et les princes de l'Espagne avec les peuples, les rois, les princes, les républiques et les autres puissances de l'Europe et des autres parties du monde, et entre eux-mêmes et avec leurs adversaires respectifs, et ensemble avec ceux conclus directement ou indirectement contre elle (l'Espagne), dès avant l'établissement de la monarchie gothique jusqu'à l'heureux règne de notre Roi Monseigneur Philippe V; — Dans laquelle collection sont compris beaucoup d'autres actes publics et royaux concernant la même matière, tels que déclarations de guerre, défis, manifestes, protêts, prohibitions et permis de commerce, lettres de créance, pleins-pouvoirs, etc. et aussi ventes, achats, donations, échanges, gages, renonciations, transactions, compromis, sentences arbitrales, investitures, hommages, concordats, contrats de mariage, émancipations, adoptions, naturalisations, testaments royaux, etc. et les bulles, et les brefs pontificaux qui accordent quelque droit, privilège ou prééminence à la Couronne d'Espagne; avec les formations de compagnies, les établissements et les règlements de commerce aux Indes orientales, et occidentales, etc. — fidèlement tirés des originaux ou des copies authentiques du secrétariat d'Etat des archives de Simancas et des autres archives, et des bibliothèques royales et privées, comme aussi de livres et de papiers imprimés —; Disposés dans l'ordre chronologique et par règnes, et ceux qui ont été rédigés en langues étrangères, traduits en espagnol, — par Don Joseph Antoine de Abreu et Bertodano, chevalier de l'Ordre de Saint Jacques. — Le tout par ordre et aux frais de Sa Majesté.)

Ce recueil embrasse une période de 102 ans.

Les traités les plus importants, contenus dans cette volumineuse collection se trouvent aussi, en partie abrégés, dans le recueil suivant:

Prontuario de los tratados de paz, alianza, comercio, etc. de España hechos con los pueblos, reyes, republicas y demas potencias de Europa desde antes del establecimiento de la monarquia gótica hasta el fin del reinado del señor don Pelipe V. (Abrégé des traités de paix, d'alliance, de commerce, etc. de l'Espagne, conclus avec les peuples, les rois, les républiques et les autres puissances de l'Europe, depuis l'établissement de la monarchie gothique jusqu'à la fin du règne de Philippe V.) Madrid, 1791. 4 volumes.

ABREU Y BERTODANO (F. J. de). Publiciste espagnol. *Tratado juridico-politico sobre los presas maritimas.* (Traité juridique et politique sur les prises maritimes.) Cadix, 1746, 1 vol. in 4⁰.

ABRÉVIATION. Retranchement de lettres dans un mot, ou emploi de signes destinés à remplacer des lettres ou le mot même, soit pour écrire plus vite, soit pour tenir moins de place.

On trouve peu d'abréviations dans les anciens écrits; les abréviations devinrent plus nombreuses à dater du 7ème siècle jusqu'au 9ème et se multiplièrent considérablement dans les siècles suivants. Elles portent principalement sur les dates, les nombres et les numéros d'ordre ou de classement, qu'on indique par des chiffres au lieu de les écrire en toutes lettres; sur les titres des personnes, les noms des mesures ou des poids, des points cardinaux et de leurs variations, qu'on énonce par de simples initiales ou quelque lettres, comme, par exemple, *M.* pour *Monsieur, S. M.* pour *Sa Majesté; m* ou *mt* pour mètre, *Kg* ou *kilog.* pour *kilogramme; N* pour *Nord, S.-E.* pour *Sud-est;* etc. inclus.

Les abréviations de ce genre sont à peu près les seules qui soient, sinon admises, du moins tolérées dans la rédaction des actes publics de législation intérieure ou d'un caractère international. Il est même des documents notamment les actes notariés et de l'état civil, où toute sorte d'abréviation est interdite sous peine d'amende.

ABROGATION. L'annulation d'une loi ou d'une disposition de loi par la publication postérieure d'une loi ou d'une disposition contraire.

Littré établit cette distinction entre l'abrogation et l'abolition: „*Abolir* est plus général que *abroger:* tout ce qui met hors d'usage abolit: mais tout ce qui abolit n'abroge pas. La désuétude, l'oubli l'indifférence abolissent une loi, mais ne l'abrogent pas: pour qu'elle soit abrogée, il faut un acte solennel et régulier de la puissance publique. C'est pour cela qu'une loi seule, un édit, un règlement sont abrogés, tandis qu'une coutume, une tradition, un usage sont abolis".

D'où il s'ensuit que des lois, des traités, bien que regardés comme tombés en désuétude ou abolis par l'effet d'événements ultérieurs, peuvent être encore invoqués avec quelque droit tant qu'ils n'ont pas été abrogés, c'est-à-dire régulièrement annulés par d'autres actes de même nature et d'une égale valeur.

ABSENCE. Dans son sens absolu l'absence signifie la non-présence dans un endroit.

En jurisprudence le mot a une signification plus restreinte : l'absence est l'état de l'homme dont on ignore la résidence, dont on n'a pas de nouvelles et sur la continuation d'existence duquel on peut par conséquent avoir des doutes.

La loi française par exemple renferme des dispositions précises relativement à l'absence des citoyens : la présomption de simple absence dure quatre ans, pendant lesquels l'individu est supposé vivant; au bout de ces quatre ans, il est pourvu à une enquête et après un delai d'un an, un jugement est rendu qui déclare l'absence, trente ans après cette déclaration la mort est présumée.

Les législation des autres pays règlent également la situation des absents par rapport à leurs intérêts, à ceux de leurs familles et à ceux même de la société, mais parfois d'une façon moins formelle et moins complète.

En fait d'administration, l'absence d'un fonctionnaire public se dit de l'éloignement momentané du siège de ses fonctions. Cet éloignement ne peut avoir lieu sans une autorisation supérieure, ou, dans des circonstances extraordinaires, sans une justification ultérieure de l'urgence qui a contraint le fonctionnaire d'abandonner ses travaux. On ne considère pas comme cessation de résidence d'un fonctionnaire les absences qu'il fait, quelle qu'en soit la durée, lorsqu'elles sont autorisées par le pouvoir compétent.

ABSOLU. (Pouvoir ou gouvernement absolu). Le pouvoir absolu est une autorité sans restriction, ni limite. En politique on appelle pouvoir absolu le pouvoir royal lorsqu'il n'est pas limité par une constitution et que le prince peut faire ou abroger des lois à son gré, lever des impôts, sans avoir à consulter les représentants du pays. Ce pouvoir est irresponsable de ses actes. Cependant dans un gouvernement absolu il existe des limites morales à l'autorité du souverain: ce sont les usages, les précédents, les traditions nationales, sans lesquelles le gouvernement absolu serait un régime arbitraire.

En France, avant 1789, le pouvoir du roi était absolu, parce qu'il n'existait ni chambres législatives ni ministres responsables. La Révolution remit le pouvoir entre les mains de la nation, à qui Napoléon 1er l'enleva pour résumer en lui seul les trois éléments de la souveraineté : le pouvoir exécutif, le pouvoir législatif et le pouvoir judiciaire.

Puis survint la restauration, qui établit la monarchie dite *représentative*, différant de la monarchie des anciens rois en ce que pour faire ce qu'autrefois le roi pouvait faire tout seul il fallait le concours des chambres législatives, de la magistrature et du pouvoir souverain. Depuis, le système constitutionnel, quoique sous des formes et des noms différents, n'a pas cessé de prévaloir en France. Il est établi également avec diverses modifications dans le reste de l'Europe, la Russie et la Turquie exceptées.

ABSOLUTISME. Système de gouvernement où le pouvoir est absolu.

Doctrine de ce système : elle a pour principe fondamental que la puissance procède directement de Dieu et de vient inaliénable dans la personne du souverain, d'après l'ordre régulier de succession au trône.

ABSOLUTISTE. Partisan de l'absolutisme.

ABSTENTION. En langage politique l'abstention est la renonciation à l'exercice de ses droits : C'est un procédé auquel on a recours dans les cas où il y a conflit de devoirs, de sentiments ou d'intérêts. Ainsi un membre d'une assemblée législative s'abstient de voter, lorsque, à propos d'un projet de loi, il a des raisons pour ne pas se prononcer dans un sens ou dans un autre, ou lors qu'il est indécis, ou lorsqu'il n'entend prendre aucune part à l'adoption ou au rejet du projet, soit pour sauvegarder certains intérêts, soit pour ne pas engager sa propre responsabilité.

En jurisprudence l'abstention c'est l'acte par lequel un juge déclare ne pas vouloir connaître d'une affaire, par ce qu'il trouve, selon sa conscience, un motif de se récuser. L'abstention diffère de la *récusation*, en ce que celle-ci émane du justiciable, qui refuse tel ou tel juge, tandis que l'autre est le fait du juge, qui s'abstient de lui-même.

ABUS, abus de pouvoir, abus de confiance. Un peuple abuse de sa force en agissant injustement contre un autre peuple plus faible que lui.

Un fonctionnaire public commet un abus d'autorité ou de pouvoir, quand il outrepasse les pouvoirs inhérents à ses fonctions, fait des actes qui ne lui sont pas permis, et généralement agit d'une façon préjudiciable pour les particuliers ou pour la chose publique.

L'abus de confiance est le délit de celui

qui abuse de la confiance qu'on lui accorde. En jurisprudence on range dans cette catégorie l'acte de profiter de la faiblesse ou des passions d'un mineur pour en obtenir des engagements usuraires, d'abuser d'un blanc seing ou de toute autre pièce de nature à porter préjudice à la personne ou à la signature du signataire, de détourner ou de soustraire des titres ou d'autres papiers qui lui ont été remis en dépôt.

Abus se dit aussi d'un mauvais usage toléré dans une certaine mesure par l'opinion publique, et par suite invétéré, passé à l'état de contume.

ACADÉMIE des Sciences Morales et Politiques de l'Institut de France — *Comptes-rendus*, publiés par M. *Charles Vergé sous la direction* de Jules Simon, Secrétaire perpetuel. Paris.

Cette importante publication en est à sa 45me année. Chaque année de la nouvelle série forme deux volumes qui renferment les mémoires présentés à l'Académie des sciences sur l'économie politique, le droit public, la jurisprudence, etc.

ACCEPTATION. Dans son acception politique ce mot exprime l'action d'accepter une fonction, une commission, une constitution ou une couronne, ou bien encore des conditions stipulées par un traité ou une convention; dans le dernier cas l'acceptation prend différentes formes. (*Voir* ACCESSION, ADHÉSION.)

Toute garantie, toute renonciation, toute cession faite en faveur d'une puissance doit, pour acquérir pleine validité, être suivie d'un acte d'acceptation signé par cette puissance. Ces acte peut être rédigé sous forme de lettres patentes, comme la garantie, la renonciation ou la cession qui la précède, ou bien sous le forme d'un acte public signé par un plénipotentiaire.

Dans son acception commerciale il signifie l'acte par lequel un commerçant ou toute autre personne s'engage à payer un effet de commerce à l'échéance. L'acceptation s'inscrit sur le titre même.

ACCESSION. C'est l'acte par lequel un Etat s'approprie les stipulations arrêtées entre deux ou plusieurs autres Etats, avec ou sans concours direct, et en assume à la fois le bénéfice et les charges.

L'accession s'applique à toute espèce d'accord international, mais plus particulièrement aux traités qui embrassent des matières d'intérêt général et commun à plusieurs Etats et qui sont par cela même susceptibles d'une application plus étendue. Ces traités renferment d'ordinaire une clause spéciale fixant les conditions dans lesquelles sera provoquée ou reçue l'accession des autres suissances disposées à s'en approprier les avantages.

Quoique fort diverse dans la forme sons laquelle elle se produit, elle doit invariablement être libellée par écrit et acceptée en termes exprès soit par toutes les parties contractantes, soit, en leur nom, par celle qui a reçu des pouvoirs spéciaux à cet effet. Il est même des cas où l'accession donne lieu à un échange de ratifications; c'est notamment lorsque l'Etat accédant est appelé à apposer sa signature à la suite des plénipotentiaires qui ont négocié et conclu le traité objet de l'accession.

L'accession place le pays qui la donne sur la même ligne que les parties principales qui ont conclu et signé le traité, et lui confère les mêmes droits, comme elle lui impose. les mêmes obligations réciproques envers tous les Etats intéressés.

Les exemples d'accession sont nombreux.

L'Espagne, les deux Siciles et la Sardagne ont accédé à la paix signée à Vienne en 1738. La paix d'Aix-la-Chapelle en 1748, celle de Teschen en 1779, l'acte pour la confédération du Rhin de 1806 à 1808, l'acte final du congrès de Vienne en 1815, le traité de la Sainte Alliance de la même année ont reçu l'accession de diverses puissances.

De nos jours presque tout les Etats ont accédé aux conventions relatives à l'abolition de la traite des noirs, aux soins à donner aux blessés sur le champ de bataille, aux télégraphes internationaux, à l'union postale.

ACCESSOIRE. On entend par *accessoire* ce qui accompagne la chose principale comme sa dépendance ou son produit, par exemple les produits par rapport au fonds, les frais par rapport à un procès, les intérêts par rapport à une rente.

Axiome de droit: *L'accessoire suit le principal.*

ACCLAMATION. Grammaticalement parlant on appelle *acclamation un cri d'enthousiasme en faveur de quelqu'un ou de quelque chose.* Cette définition suffit pour indiquer les différentes applications qu'on peut donner à ce mot dans le langage politique. Chez les Romains, les Empereurs étaient généralement élus par voie d'acclamation. En Portugal, le mot *acclamation* a une signification spéciale au point de vue historique. Les Portugais appellent ainsi l'élection en qualité de roi faite par eux le 1er décembre 1640 du duc de Bragance, lorsqu'ils s'affranchirent de la domination espagnole.

Dans une assemblée délibérative on dit qu'une proposition est adoptée par acclamation, quand elle l'est d'une commune voix et sans qu'il soit besoin de voter.

ACCORD. L'accord est un accommodement conclu pour terminer un différend; c'est aussi un arrangement par lequel on prévient une contestation.

On entend par accords internationaux les stipulations qui interviennent entre les divers pays; ces stipulations reçoivent des dénominations différentes selon les formes sous lesquelles on les libelle et, les coordonne. *(Voir* CONVENTION, DÉCLARATION, RÈGLEMENT TRAITÉ.)

ACCRÉDITER. En langage diplomatique accréditer un ambassadeur, un ministre plénipotentiaire, un chargé d'affaires, un envoyé, à quelque rang qu'il appartienne, auprès d'un gouvernement étranger, c'est le munir des moyens de justifier de sa mission, de faire reconnaître le caractère spécial dont il est revêtu. Ces moyens consistent ordinairement dans des lettres, dites *lettres de créance*, délivrées à l'envoyé par le chef de l'État qu'il est chargé de représenter. *(Voir* LETTRE DE CRÉANCE.)

Les agents diplomatiques doivent nécessairement être investis d'un caractère public qui puisse servir en même temps de sauvegarde pour eux mêmes et de garantie pour la nation auprès de laquelle ils sont envoyés. Cette nécessité était surtout impérieuse autrefois, lorsque les relations entre les différents pays étaient encore peu fréquentes et souvent difficiles.

Le précédent historique qui suit en fera comprendre la portée relativement à la personne même de l'envoyé. Le roi François Ier, voulant établir des intelligences en Italie, envoya auprès du duc de Milan un de ses écuyers nommé Merveille. Celui-ci était porteur de lettres de créance et d'instructions d'ambassadeur, mais les unes et les autres étaient secrètes; il ne devait produire que des lettres de recommandation personelle. Dans la pensée du roi, cet homme était un ambassadeur, mais dans celle du prince italien ce n'était qu'un simple particulier. Désirant s'attirer la faveur de l'Empereur Charles-Quint, à qui la présence de Merveille causait de l'inquiétude, le duc

fit arrêter cet homme comme coupable du crime d'assassinat, et lui fit trancher la tête. — Si cet ambassadeur secret eût été revêtu d'un caractère public reconnu officiellement, il est à croire que le duc n'eût pas osé le faire périr.

En ce qui regarde la sécurité de l'État étranger, l'absence d'un titre propre à faire reconnaître le véritable envoyé pourrait faciliter la fraude et certains personnages, de notoriété du reste, pourraient dans des circonstances données s'attribuer un caractère, une mission dont ils ne sont point investis.

ACCROISSEMENT DE PUISSANCE. Cet accroissement peut avoir lieu par l'agrandissement territorial d'un État, l'extension de sa domination, l'augmentation de ses forces militaires et navales.

Dans ce dernier cas, il faudrait que cette augmentation fût poussée au delà de certaines proportions pour qu'elle pût avec juste raison éveiller l'attention des autres États et devenir une cause légitime de guerre.

Quant à l'agrandissement d'un État, il ne suffit pas à lui seul pour légitimer de la part des États limitrophes la rupture de la paix, à moins que celui qui s'agrandit ne manifeste l'intention de s'étendre à l'infini à leurs dépens et à leur préjudice. Plusieurs auteurs, au nombre desquels nous citerons Grotius, Vattel, Kent, sont d'avis qu'en semblable occurrence les nations voisines doivent se confédérer et unir leurs forces pour éviter par ce moyen indirect le danger commun qui les menace.

En principe, aucun État n'a le droit de s'opposer à l'accroissement de puissance non injuste d'un autre État, si ce n'est lorsqu'il y a lésion de ses propres droits ou crainte motivée qu'ils puissent être lésés.

ACHAT. Se dit, dans le langage usuel, de toute acquisition faite à prix d'argent, et s'entend aussi bien d'acquisitions d'objets mobiliers que de biens - fonds et autres propriétés.

Les États acquièrent la propriété de la même manière que les individus : l'achat est donc aussi un de leurs moyens d'acquérir.

L'histoire est pleine d'aliénations de territoires par ce mode de transmission d'un État à un autre.

Sans remonter plus haut que le moyen âge, nous voyons, en 1311, le grand maître de l'ordre Teutonique acheter au margrave de Brandebourg trois villes pour la somme de 10,000 marcs d'or. En 1333, le comte de Flandre prend possession de la ville et du territoire de Malines moyennant le paiement de 100,000 réaux d'or. Vers la même époque Jean de Luxembourg vend au roi de France, Philippe de Valois, la ville et le pays de Lucques pour le prix de 180,000 florins. En 1348 la souveraineté des Pays Bas sur le comtat d'Avignon est achetée par le pape Clément VI moyennant 80,000 florins à Jeanne, reine de Naples et comtesse de Provence.

Les États-Unis achètent, en 1803, la Louisiane à la France pour une somme de 80 millions de francs, en 1867, à la Russie ses possessions du nord de l'Amérique pour 7,200,000 dollars.

L'exemple le plus récent d'acquisition de territoire par achat est celui d'une des Antilles, l'île de Saint-Barthélémy, cédée par la Suède à la France en 1878.

ACHENWALL (Godefroy), jurisconsulte allemand, né le 20 octobre 1719 à Elbing (Prusse), mort le 1er Mai 1772 à Gœttingue, où il était professeur de jurisprudence à l'Université.

Ses principaux ouvrages sont:

De transitu et admissione legati ex pacto repetendis (Réclamation du passage et de l'admission d'un ambassadeur aux termes d'une convention). Gœttingue 1748, in 4º.

Elementa juris naturae (Eléments de droit naturel). — Gœttingue, 1774. — Il faut y ajouter. *Prolegomena juris naturalis* (Prolégomènes du droit naturel). 8e édition en 1786.

Juris gentium europæarum practici primæ lineæ (Eléments du droit des gens européen). La mort de l'auteur, survenue en 1772, l'empêcha d'achever cet ouvrage, dont il n'a été publié qu'un fragment à Gœttingue, en 1775.

ACQUIESCEMENT. Action de se soumettre, de consentir à quelque chose, à une demande, à une décision, à une transaction, de se conformer au sentiment, à la volonté d'autrui.

L'acquiescement implique l'abandon du droit de discuter ou de contester, d'empêcher l'exécution de la décision à laquelle il est donné.

L'acquiescement est exprès ou tacite: il est exprès lorsqu'il résulte d'un acte authentique ou privé; il est tacite, quand il ressort d'actes non positifs, mais de nature à ne laisser aucune doute sur l'intention de satisfaire à la décision, tels que déclarations renferment un consentement implicite, silence pendant un certain temps et surtout assez prolongé pour laisser passer les délais accordés par la loi pour attaquer la décision.

L'acquiescement tacite à la même valeur que l'acquiescement exprès.

L'acquiescement peut être aussi partiel ou général. Quand il est donné seulement à une ou plusieurs dispositions d'une décision, il n'empêche pas le recours contre les autres.

L'acquiescement peut être pur et simple, ou fait avec condition ou réserves, dans ce dernier cas les conditions ou réserves sont obligatoires pour les parties qui les font ou les acceptent.

ACQUIT à caution ou de précaution. Autorisation délivrée par les employés des douanes, ou des contributions indirectes pour qu'une marchandise qui n'a pas encore payé les droits d'entrée ou de consommation, puisse circuler librement jusqu'à sa destination, sans être assujettie à la visite des bureaux placés sur la route qu'elle a à parcourir, mais sous l'engagement, de la part du chargeur, de justifier, dans un temps déterminé, de l'arrivée de la marchandise au lieu qu'il a indiqué, comme aussi de payer les droits qui seront dûs et pour lesquels on exige parfois une caution.

Au lieu d'arrivée l'acte d'acquit à caution doit recevoir une décharge, c'est à dire être visé par les autorités locales, ou par les consuls du pays de provenience dans les lieux ou il s'en trouve, et être retourné dans le délai fixé au port d'où la marchandise a été expédiée.

ACQUISITION DE TERRITOIRE. Au nombre des droits que possèdent les Etats, figure celui d'acquérir des propriétés et d'en jouir.

Les Etats acquièrent la propriété par les mêmes moyens et de la même manière que les individus, c'est à dire par *achat, cession, échange, héritage, usucaption* et *prescription* (voir ces mots). Ils ont de plus un mode d'acquisition à eux propre, consistant dans l'appropriation d'un territoire par droit de conquête, lequel devient un titre translatif de propriété des plus réguliers et des plus légitimes dès qu'il a reçu la sanction d'un traité formel d'abandon.

Ce qui distingue les droits des Etats à acquérir de celui qu'ont les individus, c'est que le droit des Etats prime celui des particuliers, échappe à toute immixtion étrangère et implique la faculté de disposer librement de la chose acquise.

ACTA pacis Olivensis inedita (1660). (Actes de la paix d'Oliva). Publiés par J. H. Bœhme. Breslau 1763.

ACTE. *Définition.* Ce mot, dans son acception générale, s'applique à tout ce qui on fait ou peut faire.

En droit le mot acte s'emploie pour l'écrit constatant un fait quelconque ou destiné à former la preuve d'une convention. Dans cette signification la dénomination d'acte embrasse tout ce qui se fait dans l'ordre du droit des gens, du droit public, du droit normal et privé.

I. Les actes du droit des gens sont ceux qui touchent aux relations des nations entre elles, aux intérêts internationaux, traités de toute sorte, déclarations de guerre, conventions déterminant le rang entre les souverains, les princes ou leurs représentants dans les assemblées diplomatiques, dans les congrès, etc. Dans le langage diplomatique on donne le nom d'actes aux documents réunis dans une chancellerie, aux procès-verbaux d'une négociation, aux pièces officielles dans lesquelles sont consignées les stipulations résultant de cette négociation.

Les traités donnent presque toujours lieu à des stipulations subséquentes, qui se libellent dans des documents de formes moins solennelles, auxquels on donne le simple nom d'actes : tels sont, par exemple, les actes de *ratification*, *d'accession*, *d'adhésion*, de *cession*, *d'acceptation*, de *garantie*, etc. (Voir ces mots.)

II. Les actes du droit public sont ceux qui concernent le gouvernement d'un État ou d'administration d'une ville ; ceux qui fixent l'existence politique des différents corps de l'État ; ceux qui émanent du pouvoir souverain pour l'établissement des impôts, l'administration de la justice, etc. Ces actes peuvent être rangés en quatre catégories : 1º les actes législatifs et ceux qui émanent du pouvoir exécutif du gouvernement ; 2º les actes judiciaires ; 3º les actes administratifs ; 4º les actes de l'état civil.

Sens du terme d'acte en Angleterre et aux États-Unis. Le mot acte a encore une acception spéciale en Angleterre et aux États-Unis ; il s'applique à toute décision émanée du parlement ou du congrès d'une législature d'État ; dans ce cas il est synonyme de loi. L'acte (act) c'est la loi écrite, embrassant toute sorte de matière.

Voici comment aux États-Unis on procède à la confection des lois : les *acts* sont passés sur l'initiative du gouvernement ou d'un ou plusieurs membres de la législature. Lors de sa présentation, la loi proposée prend le nom *bill* (projet de loi), et sous cette forme elle est discutée par la Chambre des représentants, modifiée, s'il y a lieu, puis adoptée ou rejetée. Le *bill* adoptée par la Chambre est envoyé au Sénat, qui le discute à son tour ; si le Sénat y introduit aussi des modifications, la loi ainsi modifiée est soumise de nouveau à l'examen des représentants. Après avoir été adoptée par la Chambre, elle est transmise au président, qui a le droit d'y mettre son veto. Dans ce cas le président renvoie le bill à la législature avec ses observations ; alors si les deux tiers des membres de la législature se prononcent pour l'adoption, le bill devient loi malgré le veto présidentiel.

Dans la législature anglaise les actes sont d'une nature publique ou d'une nature privée ; les premiers embrassent des objets d'un intérêt général, les seconds toutes les questions se rapportant à des particuliers, soit comme membres de corporations, soit dans leur capacité individuelle. Les actes se subdivisent aussi en actes locaux et en actes personels.

Les actes du parlement peuvent être présentés dans l'une ou l'autre des deux Chambres ; toutefois il est d'usage que tous les bills ayant trait aux impôts le soient en premier lieu à la Chambre des communes. Les bills présentés par des membres qui ne sont pas en rapport avec le gouvernement sont précédés d'une demande de permission de les présenter.

S'il s'agit d'affaire d'un caractère privé, le projet de loi est référé à la commission de l'ordre du jour (*committee on standing orders*), qui a à veiller à l'observation des règlements de la Chambre, lesquels sont dans certains cas très rigoureux, exigent l'assignation des parties intéressées, la publication d'avis publics, etc. Si le rapport du comité est favorable, le bill est lu une première fois, puis est envoyé à une commission spéciale (*select committee*), chargé de recevoir les témoignages, d'entendre les partisans et les adversaires du bill, et d'adresser à la Chambre un rapport pour ou contre ou d'y suggérer des changements. Ordinairement la Chambre approuve le rapport et le bill est lu une seconde fois sans recevoir d'autres modifications ; mais il peut se faire aussi que la Chambre discute le rapport et altère les conclusions ; puis, en pareils cas, peu fréquents d'ailleurs, le bill est lu la seconde fois, ou est rejeté ; s'il n'est pas repoussé, il subit, dans sa forme modifiée, une troisième lecture, qui n'est que de pure formalité (*pro forma*), et après laquelle il est déclaré approuvé par la Chambre. Comme les deux Chambre ont une juridiction indépendante, le bill passe par les mêmes phases et les mêmes formalités à la Chambre des Lords.

S'il s'agit de mesures d'un caractère public, le projet de loi est lu une première fois, imprimé, et distribué aux membres de la Chambre; ensuite il est référé à une commission ou discuté article par article, par la Chambre réunie en comité; et après qu'on y a introduit les amendements conformes aux idées de ses adversaires, il est soumis de nouveau à la Chambre en séance ordinaire pour subir sa seconde lecture : c'est alors qu'ont lieu les débats qui décident de son sort. La troisième lecture n'est plus qu'affaire de forme. L'autre Chambre procède de même.

Tout bill qui a passé par les trois lectures dans les deux Chambres du parlement est ensuite soumis à la sanction du souverain, qui a bien, en principe, le droit de veto comme le président des États-Unis; mais dans la pratique l'exercice de ce droit est tombé en désuétude en Angleterre; car les usages constitutionels ne permettent pas que le gouvernement en vienne à cette extrémité; en effet lorsque le vote d'une Chambre est contraire à l'opinion du gouvernement, les ministres donnent leur démission ou dissolvent le parlement. Dans le cas de démission des ministres, ceux qui leur succèdent conseillent au souverain de donner son assentiment à un projet de loi qui a causé la chute du précédent cabinet. En cas de dissolution du parlement, le projet de loi tombe de lui même ou est abandonné; toute la procédure est à recommencer, si ses auteurs veulent le faire passer de nouveau au parlement.

Le *bill* ne prend la dénomination d'*act* qu'à partir du jour où il est sanctionné par la couronne.

Les actes émanés du parlement pendant une session forment les diverses sections d'un tout qu'on appelle *statut* — nom que communément on applique aussi aux actes pris isolément; c'est pourquoi le *Bulletin* ou la collection des lois anglaises porte le titre *statute book* (livre des statuts). Les actes y sont inscrits en indiquant d'abord l'année du règne du roi sous lequel l'acte ou le statut a été fait, et ensuite le chapitre particulier suivant son ordre numérique : ainsi 9 George II, c. 4. veut dire neuvième année du règne de Georges II, loi promulguée la quatrième; 2 Victoria. c 1!. s. 5. signifie acte de la deuxième année du règne de Victoria, chapitre ou loi 11, section 5. Lorsque deux sessions du Parlement ont lieu dans la même année, on indique ainsi chacune des sessions : St. 1 ou St. 2 (statut premier ou statut

deuxième); par exemple cette désignation 1 G. I, St. 2. c 2. veut dire la première année du règne de Georges Ier, second chapitre ou second acte du deuxième statut, c'est-à-dire de la deuxième session du parlement.

Actes judiciaires. On appelle actes judiciaires généralement les décisions des tribunaux de tous les degrés de juridiction, et les actes qui les précèdent, les accompagnent, ou en découlent, les procédures nécessaires à l'instruction des causes et à l'exécution des jugements. Nous mentionnerons notamment les actes d'accusation, d'appel, d'exécution, de juridiction, de procédure, etc. (Voir quelquesuns de ces mots). On donne aussi ce nom à l'acte qui est fait en présence ou sur la surveillance d'un juge.

Sous la dénomination d'actes administratifs on comprend les arrêtés ou les décisions qui émanent des autorités de l'administration publique ayant rapport à leurs fonctions.

On pourrait ranger dans cette classe les actes de l'état civil, qui sont à proprement parler des constatations par des fonctionaires publics de l'état civil des habitants d'un pays, c'est à dire de l'ensemble des qualités qui déterminent la position de chaque individu dans la société civile et dans la famille, ainsi que des accidents qui créent, modifient ou détruisent ces qualités, tels que la naissance, le mariage, le décès, etc.

Actes de droit privé. III. Les actes du droit privé comprennent les nombreuses conventions qui interviennent entre les particuliers.

On peut diviser ces actes en deux grandes catégories: Les actes authentiques, et les actes sous seing privé. On appelle authentiques les actes qui ont un auteur certain, qui émanent des divers fonctionaires publics dans l'exercice de leurs fonctions et dans le cercle de leurs attributions; tels sont incontestablement les actes législatifs, administratifs et judiciaires.

L'article 1317 du code civil français définit l'acte authentique comme „celui qui a été reçu par officiers publics ayant le droit d'instrumenter dans le lieu où il a été rédigé et avec les solemnités requises". Cette définition s'applique aux actes notariés et, en général, aux actes de juridiction volontaire. D'après la loi française, les chanceliers des postes diplomatiques et consulaires reçoivent comme notaires, et assistés de deux témoins, tous les actes auxquels leurs nationaux veulent donner la forme authentique.

Nous devons faire remarquer à ce propos que par application du principe que la terre de France suit les représentants sur le sol étranger et par dérogation à la règle: *locus regit actum*, les actes passés par les ambassadeurs, les consuls et les autres agents diplomatiques, sont valables, quoique les formalités prescrites par la loi du lieu n'y aient pas été observées.

Les actes notariés ont force exécutoire en France et dans les pays qui ont adopté la législation française sur la matière, tels que la Belgique et les Pays Bas. Dans les autres pays les actes notariés et même ceux qui sont reçus par les membres des tribunaux n'emportent pas l'exécution parée, ils n'obtiennent force exécutoire qu'en vertu d'un jugement.

L'acte passé en France entre deux étrangers devant le consul de leur nation est considéré comme authentique, et les tribunaux français peuvent ordonner l'exécution provisoire du jugement qu'ils rendent en se fondant sur ces actes.

Les législations allemandes admettent, pour arriver à l'exécution des conventions constatées par actes publics, une procédure sommaire, plus expéditive que la procédure ordinaire, la procédure de *mandatum sine* ou *cum clausula*, ou les procès d'exécution.

En ce qui concerne les rapports internationaux sur ce point, on comprend qu'il ne pourrait être question de l'exécution forcée des actes étrangers passés dans les Etats dont la législation n'admet pas *de plano* l'exécution forcée des actes reçus par les officiers publics des mêmes Etats.

Il ne faut pas confondre la force probante d'un acte avec sa force exécutoire. Aussi un acte passé à l'étranger devant les autorités compétentes peut être considéré en France comme authentique et faisant preuve suffisante des faits qu'il contient; cependant il n'aura pas en France la force exécutoire que la législation française attribue aux actes authentiques passés en France, par contre l'acte passé en France, quoique expédié en forme exécutoire, n'a dans les autres pays d'autre effet que la force probante.

Tous actes expédiés dans les pays étrangers où il y a des consuls ne font aucune foi en France, s'ils ne sont légalisés par eux.

Les actes sous seing privé sont ceux que passent les parties sans le concours d'un officier public et sans l'accomplissement des formalités nécessaires pour leur conférer l'authenticité. En règle générale il est permis de rédiger sous seing privé tous les actes, excepté ceux qui, par une disposition expresse de la loi, doivent être passés par devant notaire et ne peuvent être reçus que par des fonctionnaires publics spéciaux.

Le actes sous seing privé ont la même valeur que les actes authentiques, mais seulement lorsque l'écriture ou les signatures sont reconnues, ou lorsqu'elles ont été vérifiées en justice dans le cas où elles sont déniées. La date n'existe pour ces actes qu'à partir du jour de leur enregistrement.

Les actes sous seing privé ont dans les pays étrangers les mêmes effets que leur accorde les lois du pays où ils ont été rédigés; mais ils n'ont d'effet nulle part, si pour leur rédaction on n'a pas observé les formes extérieures prescrites par ces lois. En tout cas ils ne peuvent servir qu'à faire preuve.

L'acte sous seing privé peut devenir authentique, si les parties en font le dépôt dans l'étude d'un notaire, et à l'étranger dans les chancelleries diplomatiques ou consulaires.

Sources des actes. On peut aussi classer les actes selon les sources diverses desquelles ils émanent ou les fins auxquelles ils tendent : ainsi nous avons vu quels sont les actes internationaux et diplomatiques, qui interviennent entre les Etats, se négocient et se font le plus ordinairement par les voies diplomatiques;

les actes exécutifs ou émanant du pouvoir exécutif ou gouvernement d'un Etat;

les actes législatifs résultant des discussions et des votes des pouvoirs législatifs d'un Etat ou des assemblées chargées de faire les lois dans les pays régis par le système représentatif;

les actes judiciaires, se rapportant à l'administration de la justice; ils sont dits extrajudiciaires quand ils ne se rattachent pas à un procès pendant actuellement en justice;

les actes administratifs, qui émanent des différentes autorités administratives de l'Etat dans la sphère de leurs attributions respectives.

Les actes privés qui interviennent entre les particuliers avec ou sans le concours d'un fonctionnaire public.

A ces catégories nous pouvons joindre les actes de *commerce* proprement dits, ou les engagements contractés entre commerçants, verbaux ou écrits (*voi* COMMERCE);

les actes *notariés*, qui sont passés par

ou devant les notaires ou, à l'étranger, par ou devant les agents diplomatiques consulaires ou leurs chanceliers agissant comme notaires, ou qui sont déposés dans les études de notaire;

les actes de *chancellerie* comprenant ceux qui sont de la compétence des agents diplomatiques ou consulaires, ou ceux qui sont déposés dans les chancelleries des légations ou des consulats. (*Voir* CHANCELLERIE.)

Qualification des actes.

Les actes reçoivent aussi différentes qualifications d'après les circonstances dans lesquelles ils sont passés ou les relations où ils se trouvent par rapport à d'autres actes.

L'acte *public* est en général celui qui émane d'une autorité publique ou est reçu par un fonctionnaire ayant qualité à cet effet.

On qualifie d'*ancien* l'acte qui a plus de trente ans de date.

Un acte est dit *antérieur* par rapport à ceux qui ont été passés après sa date et qui lui sont *postérieurs*.

L'acte *additionnel* ou *complémentaire* ajoute à un acte antérieur quelques clauses que les parties jugent utiles à son existence ou un règlement de leurs intérêts

Par l'acte *confirmatif* on ratifie un acte précédent qui était dépourvu de formes essentielles.

L'acte *conservatoire* a pour objet de conserver les droits des parties, de leur en assurer l'existence et l'action qui est dérive, mais non de l'exercer. Cet exercice découle plus directement de l'acte *exécutoire*, lequel est revêtu de la formule qui confère l'exécution parée.

L'acte est *synallagmatique* lorsqu'il oblige deux ou plusieurs personnes; et *unilatéral*, lorsqu'il n'y a qu'une partie qui s'oblige envers l'autre.

On appelle actes *simples* ceux dont les notaires ou les chanceliers ne gardent pas minute, et qu'ils délivrent sans y mettre la formule exécutoire; chez les notaires on leur donne aussi le nom d'*actes en brevet*.

On désigne comme acte *double* tout acte public ou privé dont on fait deux originaux semblables.

Est réputé *arbitraire* tout acte ordonné par un fonctionnaire ou un agent de l'autorité en dehors des pouvoirs qu'il tient de la loi ou des formes prescrites; *illicite*, tout acte que la loi défend, ou qui est contraire à l'ordre public et aux bonnes mœurs.

Ces actes peuvent être dits aussi *illégaux*, c'est à dire contraires à la loi.

Un acte est *imparfait* quand il manque de quelques-unes des conditions, et *quand* n'ont pas été accomplies toutes les formalités exigées pour sa validité.

Enfin un acte est tenu pour *nul* lorsqu'il est contraire aux lois pour le fond ou pour la forme, n'a par conséquent nul effet et peut être considéré comme n'existant pas.

L'acte est nul au fond, s'il est illicite, c'est-à-dire contraire aux lois et aux mœurs, ou s'il stipule une chose impossible, ou s'il est sans cause ou repose sur une cause fausse.

L'acte est nul en la forme quand pour sa conclusion on n'a pas rempli les formalités prescrites; mais l'omission des formalités n'entraîne la nullité qu'autant qu'il ne s'agit que de formalités véritablement substantielles, et que la nullité est dans l'espèce formellement prononcée par la loi.

Dans ces divers cas l'acte nul peut être refait, c'est à dire remplacé par un autre acte corrigeant le vice, l'irrégularité ou l'omission qui entraînait la nullité.

ACTES DE COMMERCE. *V. Commerçant.*

ACTE ADDITIONNEL. En France, on appelle ainsi les articles supplémentaires que Napoléon I, en 1815, après son retour de l'île d'Elbe, ajouta aux Constitutions de l'Empire, et par lesquels il essaya de donner à la France un gouvernement représentatif.

Cet acte fut soumis à l'acceptation du peuple, admis à voter par oui ou par non sur des registres ouverts à cet effet: il y eut 1,300,000 votes affirmatifs et seulement 4,206 négatifs. Le relevé des votes fut proclamé en présence de l'Empereur, dans une assemblée du champ de mai, composée des membres de tous les collèges électoraux de départements et d'arrondissements, et de députations des armées de terre et de mer; mais cet acte ne fut pas accepté par la Chambre des représentants; celle-ci rédigea un projet de constitution, que la seconde restauration rendit sans effet.

ACTE FINAL. *V. Congrès.*

ACTE FINAL des conférences ministérielles tenues à Vienne. Cet acte complète l'organisation de la Confédération Germanique. Il porte la date du 15 Mai 1820. (*Voir* CONFÉDÉRATION GERMANIQUE, CONGRÈS DE VIENNE.)

ACTE FINAL du Congrès de Vienne. C'est le traité général qui fut signé le

9 juin 1815 par les plénipotentiaires des puissances représentées un Congrès tenu dans la Capitale de l'Autriche. (*Voir* CONGRÈS DE VIENNE)

ACTE DE NAVIGATION. On appelle ainsi des lois générales ou des règlements déterminant la nationalité des navires, et régissant les relations, maritimes des nations. Chaque puissance maritime a son acte de Navigation. (*Voir* NAVIGATION)

ACTES DU CONGRÈS DE VIENNE. Publiés d'après un des originaux déposés aux archives du département des affaires étrangères. Paris 1816. 4⁰.

ACTES ET MÉMOIRES des négociations de la paix de Nimègue. 1679. La Haye 1679. 5 voll.

ACTES, MÉMOIRES et autres pièces authentiques concernant la paix d'Utrecht 1712—13. Utrecht 1714—15. 6 voll.

ACTES ET MÉMOIRES des négociations de la paix de Ryswick. Recueillis par Jacques Barnard. 2 de édition. 5 voll. La Haye 1707. 12⁰.

ACTOR SEQUITUR FORUM REI. Formule de droit romain: „le demandeur suit le tribunal du défendeur“, C'est à dire que la personne qui intente une action judiciaire contre une autre doit l'assigner devant la juridiction de laquelle cette dernière dépend et reconnaître la compétence du tribunal de cette juridiction. (*Voir* STATUT, JURIDICTION.)

ADAIR (Sir Robert). Diplomate anglais, né en 1763, mort en 1855. *Historical memoir of a mission to the court of Vienna in 1806.* (Historique d'une mission à la Cour de Vienne en 1806.) Londres 1844. *The negociation of the peace of the Dardanelles in 1808—1809.* — (Négociation de la paix des Dardanelles.) Londres 1845, 2 vol. in 8⁰.

ADHÉSION. En droit, c'est l'approbation et par suite l'acceptation d'un acte dans lequel on n'a pas été partie; en langage diplomatique c'est l'acte par lequel une puissance acquiesce, soit spontanément, soit sur l'invitation des parties contractantes, à un traité conclu sans sa participation.

L'adhésion équivaut à une intervention formelle et se manifeste par un acte spécial et explicite. Les circonstances dans lequelles elle se produit varient à l'infini: une tierce puissance peut, par exemple, avoir intérêt soit à adhérer à l'ensemble d'un traité renfermant des stipulations qui la concernent, ou sont de nature à modifier ses rapports internationaux, soit à n'en accepter que certaines clauses, en renonçant à certaines réserves ou exceptions stipulées conditionnellement. On peut encore admettre qu'un tiers veuille intervenir ou soit appelé par les parties contractantes, afin de garantir la stricte observation d'un traité. Pour que l'adhésion produise cet effet, il faut nécessairement que la garantie soit formulée en termes explicites dans des stipulations *ad hoc*, car elle comporte des devoirs et une responsabilité placées en dehors de toute présomption légale.

Lorsqu'un Etat adhère à un traité conclu entre d'autres Etats, il devient en quelque sorte partie contractante; son adhésion entraîne pour lui l'obligation de se conformer à toutes les stipulations consignées dans ce traité.

ADMINISTRATEUR. En général c'est celui qui gouverne ou régit; en droit civil, c'est celui qui régit les biens d'une personne, d'une communauté, d'un établissement; en droit public, c'est le fonctionnaire chargé de la gestion des affaires publiques ou de quelques parties de l'administration gouvernementale.

En ce qui regarde plus particulièrement le droit international, nous ferons observer que certains agents consulaires sont autorisés par le ministre de la marine à remplir les fonctions conférées aux consuls comme suppléant à l'étranger les administrateurs de la marine.

ADMINISTRATION. Ce mot dans l'acception générale se dit de la fonction d'un administrateur; il signifie gouvernement, direction, gestion des affaires particulières ou publiques.

Dans le langage politique l'administration est la partie du pouvoir exécutif à laquelle est confié le soin de tous les intérêts généraux du pays, et par suite la direction et la distribution de tous les services publics, pour lesquels il a fallu organiser autant de corps administratifs distincts qu'il y a de fonctions spéciales à remplir. (*Voir* MINISTÈRES.)

On appelle administration publique l'ensemble des diverses autorités entre lesquelles sont réparties, sous la direction des ministres, les différents branches du service public ou de chacune des directions générales.

L'administration publique est extérieure et intérieure. A l'extérieur, elle règle les rapports de l'Etat avec les autres nations propose et accepte les traités, détermine et règle la représentation diplomatique, applique à ses actes le droit international, à. l'intérieur, elle veille aux nécessités des divers services publics, à la police générale, en un mot, à l'exécution des lois.

On désigne aussi sous la dénomination d'administration le lieu où s'assemblent et travaillent les administrateurs.

ADMIS, admission, admissible, admissibilité. On dit d'une coutume qu'elle est admise, lorsqu'elle est reçue ou acceptée, pratiquée ou tolérée; d'une doctrine, d'une version, d'un fait, lorsqu'ils sont reconnus parfaits.

Un postulant, un aspirant est admis, c'est-à-dire reçu, accepté comme membre dans une corporation, une réunion savante ou autre, une administration etc.

L'admission est le fait ou le résultat de cette acceptation.

Une proposition, une interprétation est admissible, c'est-à-dire qu'elle peut être admise, parceque des motifs ou des arguments militent en sa faveur.

Un homme est admissible à un emploi, s'il a les qualités ou les capacités requises pour y être admis.

L'admissibilité est l'état de la personne admissible, l'aptitude à être admis.

Toutefois l'admission se règle par des conditions spéciales, qui varient selon la nature, l'importance et la classe des emplois: par exemple, dans la plupart des pays, il faut avoir rempli certaines conditions scholastiques et de stage et avoir passé certains examens pour être apte à aspirer aux fonctions diplomatiques. (*Voir* AGENTS DIPLOMATIQUES.)

Dans les usages diplomatiques, le mot *admission* s'applique dans un sens spécial à l'acceptation des consuls étrangers par les pays où ils doivent exercer leurs fonctions. Cette admission est soumise à des règles qui diffèrent selon les Etats: tandis que quelques-uns admettent chez eux autant de consuls qu'il plaît aux gouvernements étrangers d'en instituer, d'autres consentent à n'en recevoir que dans certaines résidences; d'autres refusent d'admettre des consuls généraux dans les localités où ils admettent sans difficulté de simples consuls. Dans tous les cas l'admission demeure subordonnée à l'agrément du gouvernement local en ce qui regarde la personne de l'agent désigné pour une résidence étrangère. (*Voir* CONSUL.)

ADMONITION. Avertissement, remontrance.

Les agents diplomatiques doivent faire des admonitions à ceux de leurs nationaux qui pourraient compromettre par leur conduite l'honneur du pays auquel ils appartiennent.

ADOPTION. En droit, l'adoption est un acte par lequel une personne en choisit une autre pour fils, ou pour fille, et lui confère les droits civils de cette qualité, en remplissant certaines formalités légales.

L'adoption n'est par admise par toutes les nations civilisées: elle n'existe notamment ni aux Etats-Unis, ni en Angleterre, ni aux Pays Bas.

La jurisprudence française, qui considère l'adoption comme une institution de droit civil, décide quelle ne peut pas être contractée en France par un étranger, alors même qu'elle serait autorisée par sa loi nationale, ce qui exclut toute possibilité de conflit.

Mais le conflit peut surgir au sujet d'adoptions faites par des Français à l'étranger, d'adoptions de Français faites par des étrangers dans leur pays, d'adoptions faites par des étrangers en France.

Dans ces différents cas, c'est la loi personelle qu'il faut suivre.

AD REFERENDUM. Terme, latin qui signifie *pour en référer.* Lorsqu'un agent diplomatique chargé d'une négociation trouve que les instructions dont il est muni, ne portent point ou ne portent pas avec assez de précision sur l'objet qu'il s'agit de régler, ou lorsqu'il est mis en demeure de répondre sur un sujet qui n'est pas compris dans ses instructions, il prend seulement *ad referendum* les propositions qui lui sont soumises ou la question qui lui est faite, c'est-à-dire qu'avant de répondre il demande à en référer à son gouvernement, ou il ne les accueille que sous réserve de l'approbation expresse de celui-ci.

ADRESSE. On nomme ainsi un écrit ayant pour objet une demande, une adhésion, des félicitations, et présenté par un corps constitué, par une réunion de citoyens.

Dans les monarchies l'adresse est un acte par lequel les corps délibérants adressent au souverain l'expression de leurs sentiments ou de leurs, voeux, lui font connaître leurs résolutions, ou répondent aux discours ou aux communications qu'ils reçoivent de lui; mais le nom d'adresse est principalement réservé à la réponse faite par les chambres législatives au discours que d'ordinaire le souverain ou ses ministres spécialement délégués prononcent à l'ouverture de chaque session devant le parlement réuni dans une séance royale.

En Angleterre, aussitôt après avoir entendu le discours de la couronne, chacune des chambres se retire dans la salle de ses délibérations et statue sur la proposition d'un projet d'adresse, dont la rédaction, convenue d'avance dans des réunions extra-parlementaires, est à peu-près la paraphrase du discours royal. Les débats s'ouvrent immédiatement, se prolongent pendant quelques jours, ou bien l'adresse est votée presque sans discussions et quelquefois dans la même séance.

Depuis que le régime républicain prévaut en France, il n'y a plus d'adresse ou de réponse solennelle de la part des chambres au discours d'ouverture du Président de la République.

Voici comment on procédait sous les monarchies de la restauration et de juillet 1830, de 1814 à 1848:

Après la lecture du discours de la couronne, la chambre des pairs et la chambre des députés nommaient chacune une commission pour préparer un projet d'adresse, dans lequel était exprimée une approbation ou une désapprobation des propositions, des tendances du gouvernement ou de la politique exposée par le discours. Le projet était imprimé, distribué aux membres de la chambre, puis à un jour fixé il devenait le sujet de débats, qui prenaient le plus souvent un large développement et une grande importance parcequ'ils embrassaient toutes les questions d'administration intérieure et de politique extérieure, et ils préoccupaient alors l'opinion publique. Les adresses des chambres étaient portées au roi, selon le bon plaisir de Sa Majesté par une grande ou par une simple députation, c'est-à-dir par 25 membres, ou seulement par le président et deux secrétaires.

La constitution de 1848 imposa au Président de la République l'obligation d'adresser périodiquement à l'assemblée nationale un message, qui n'était qu'un compte-rendu des actes du gouvernement, accompagné parfois de simples suggestions: mais ces suggestions n'obligeaient l'assemblée à aucune décision, même à aucun examen.

Sous le second Empire l'adresse ne fut rétablie qu'à la fin de 1860, par le décret du 24 novembre; mais en 1867, le décret du 19 juin vint remplacer le droit d'adresse par le droit d'interpellation sous des conditions déterminées.

Le droit de faire des adresses au souverain appartenait exclusivement aux chambres; mais ni l'une ni l'autre n'avait en aucun cas la faculté de faire des adresses au peuple.

En Prusse les adresses en réponse au discours du trône sont tombées en désuétude; dans l'Empire d'Allemagne, le Reichstag n'en a jamais voté.

AD STATUM LEGENDI, en état d'être lu. Lorsqu'un agent diplomatique a à faire au gouvernement près lequel il est accrédité une communication exigeant une précision plus grande que celle dont est susceptible une simple communication verbale, qui peut d'ailleurs s'effacer plus ou moins de la mémoire, il est autorisé à remettre une note, dite alors *ad statum legendi*, exposant l'objet de la communication; d'ordinaire cette note n'est pas signée et partant n'a pas de caractère expressément officiel.

AD VALOREM. Location latine, signifiant *d'après* ou *selon* la *valeur*, employée dans les tarifs de douane et les traités de commerce.

Dans plusieurs pays, certains marchandises sont frappées, à leur entrée, de droits perçus à raison de leur *valeur décla rée*, et non pas en raison de leur poids ou du nombre ou de la quantité des objets de même nombre.

Les marchandises ainsi admises aux droits *ad valorem* doivent être accompagnée des factures originales des fabricants on des marchands. (*Voir* CONNAISSEMENT, DOUANE, COMMERCE, MARCHANDISES.)

ADULTÈRE, ADULTÉRIN. Violation de la foi conjugale : l'adultère est simple, lorsqu'il est commis par une personne mariée avec une personne non mariée, il est double, lorsque le commettent ensemble un homme marié et une femme mariée.

La plupart des législations considèrent l'adultère comme un crime et édictent des peines pour le punir.

Le mot adultère s'emploie aussi pour désigner la personne qui le commet.

L'enfant qui naît de cette union illicite est dit *adultérin*. C'est lui qui est, à proprement parler victime, au point de vue social, de la fausse position dans laquelle se sont mis ceux qui lui ont donné l'existence, car il ne peut être reconnu ni par l'un ni par l'autre, et par conséquent ne recevoir d'eux directement ni donation ni héritage.

ÆGIDI, publiciste allemand, député à la diète de l'Allemagne du Nord en 1868, professeur de droit à Bonn, puis conseiller à l'Office des Affaires étrangères d'Allemagne, actuellement professeur à l'université de Berlin. *Frei Schiff unter Feindes Flagge.* (Navire libre sous pavillon ennemi.)

Die Schlussakte der Wiener Ministerial-Conferenz zur Ausbildung und Befestigung des deutschen Bundes. Urkunden, Geschichte und Commentar (Acte final de la Conférence ministérielle de Vienne concernant l'organisation et la consolidation de la Diète germanique. Texte, historique et commentaire). Berlin, 1860, in 8'.

AFFIRMATION. C'est l'action d'affirmer, d'attester, d'assurer qu'une chose est vraie.

En justice l'affirmation peut être faite sous serment ou sans serment.

On nomme affirmation de procès-verbal la formalité à laquelle certains procès-verbaux sont soumis.

AFFRANCHI. C'est le nom qu'on donnait chez les anciens aux esclaves qui recevaient de leurs maîtres la liberté. Les affranchis tenaient le milieu entre les citoyens et les esclaves. Dans les premiers temps de la République romaine, ils avaient la tête rasée, l'oreille percée et portaient un bonnet pour marque de leur état; ils ne jouissaient d'aucun droit politique.

AFFRANCHISSEMENT. (*Voir* ÉMANCIPATION.)

AFFRANCHISSEMENT. Acquittement préalable des frais de port ou de poste de lettres, de papiers, et de colis postaux.

AGENT. Celui qui agit pour autrui ou au nom d'autrui; celui qui est chargé d'une mission soit publique, soit particulière.

En diplomatie on appelle simplement *agent* l'envoyé qui est chargé, sans caractère public officiel, de poursuivre la solution ou le règlement d'une affaire privée ou particulière intéressant un souverain, un prince médiatisé, une corporation, un État dont l'indépendance n'est pas reconnue, ou un Etat qui n'est pas en possession des honneurs royaux ou de la souveraineté réelle, ou un Etat avec lequel toutes relations diplomatiques sont depuis longtemps interromques, ou un souverain déchu ou ayant abdiqué.

N'étant point en position de revêtir un caractère public, un agent de cette nature n'est point porteur de lettres de créance, mais seulement de lettres de provision ou de recommandation. Il n'est pas mêmbre du corps diplomatique, et par conséquent ne prétendra à aucun cérémoniel ni à aucune prérogative et immunité diplomatique.

AGENT ADMINISTRATIF. On dénomme ainsi les agents que l'autorité administrative emploie pour certaines missions ou certains services.

AGENT DE L'AUTORITÉ se dit de toute personne que l'autorité charge d'une mission, ordinairement coërcitive.

AGENT DE LA FORCE PUBLIQUE. — C'est toute personne qui exécute en vertu de la loi une mesure coërcitive.

AGENT DE POLICE. Employé subalterne, avec ou sans caractère public, préposé au maintien de l'ordre et de la tranquillité. A ce titre les agents de police peuvent être considérés comme des agents de l'autorité et de la force publique.

AGENT CONSULAIRE. De même qu'on désigne sous le titre général d'*agent diplomatique* toute personne investie d'une représentation diplomatique à un degré quelconque, le terme d'*agent consulaire* sert à dénommer toute personne chargée d'une mission ou de fonctions consulaires, à quelque degré que cette mission ou ces fonctions se rattachent à la hiérarchie qui régit les consulats. Cependant le titre d'*agent consulaire* s'applique aussi particulièrement aux fonctionaires de l'ordre consulaire qui forment précisément le dernier degré de cette hiérarchie.

L'agent consulaire proprement dit est classé immédiatement après le vice-consul.

Les agents consulaires sont établis dans les localités jugées trop peu importantes pour exiger la présence d'un consul ou d'un vice consul. Ils sont généralement nommés, lorsque leur création est jugée utile au service, par le consul de l'arrondissement, qui les choisit, sous sa propre responsabilité, parmi ses nationaux notables établis dans le pays de sa résidence, et, à leur défaut, parmi les négociants ou les habitants les plus recommandables de la localité.

Bien que les agents consulaires reçoivent généralement un titre d'admission de la part de l'autorité locale, les immunités et les prérogatives attachées à la qualité de consul ne leur appartiennent pas. Ils n'ont aucun caractère public, aucune juridiction; ils agissent sous la responsabilité du chef qui les a nommés, sous la surveillance absolue duquel ils sont placés, et aux recommandations duquel ils doivent entièrement se conformer. Ils ne correspondent avec le ministre que quand il les y a spécialement autorisés.

Les attributions des agents consulaires consistent à rendre aux nationaux du consul qui les a choisis, tous les bons offices qui dépendent d'eux, à viser les pièces de bord, et à veiller, dans les limites tracées par les règlements qui les concernent, à l'exécution des conventions internationales, conclues entre les deux pays.

Les agents consulaires n'ont point de

chancellerie. Leurs services sont gratuits. Cependant pour les actes qu'ils sont autorisés à délivrer ou à viser, ils perçoivent les droits indiqués par le tarif du consulat duquel ils dépendent; et ils conservent pour leux frais de bureau la totalité des droits qu'ils ont perçus. Ils ne font aucun des actes qui par leur essence sont destinés à être produits en justice, lesquels sont exclusivement de la compétence des consuls. Quant aux actes qu'ils peuvent être autorisés à délivrer par exception, ils doivent être légalisés par le consul qui a nommé l'agent consulaire; les expéditions délivrées aux navires de la nation au nom de laquelle ces agents exercent sont seules exceptées de cette obligation.

Les fontions d'agent consulaire ne donnent lieu à aucun traitement et ne confèrent aucun droit à concourir aux emplois de la carrière des consulats. Toutefois les agents consulaires peuvent obtenir, après de longs et bons travaux, le titre honorifique de vice-consul, ce qui leur donne droit à concourir aux emplois de deuxième classe. Il est défendu aux agents consulaires de nommer des sous-agents et de déléguer leurs pouvoirs sous quelque titre que ce soit. Lorsqu'ils ont besoin de s'absenter ils doivent prévenir le consul duquel ils relèvent et soumettre à son agrément la choix de leur remplaçant intérimaire. Ils ne peuvent non plus accepter le titre d'agent consulaire d'une autre puissance, à moins que le consul dont ils relèvent, n'en ait obtenu pour eux l'autorisation du ministre des affaires étrangères. (*Voir* CONSUL, CONSULAT)

AGENTS DIPLOMATIQUES, politiques, ministres publics. *Définition.* On désigne sous ces noms toute personne, quelle que soit la qualité qu'on lui donne, qui a mission de représenter, d'une manière générale ou permanente, une puissance auprès d'une autre puissance.

On emploie le terme *d'envoyés* pour désigner les diplomates chargés de représenter les Etats. Quoique le titre de ministre appartienne particulièrement au fonctionnaire qui dans un Etat dirige en chef un département ou ministère quelconque, il est également accordé à l'agent diplomatique envoyé en mission.

Tout ministre public représente celui qui l'envoie, quant aux affaires à traiter. Cependant on a établi différentes distinctions d'après lesquelles l'envoyé est censé représenter plus ou moins parfaitement son souverain. Le caractère représentatif réside au plus haut degré dans le ministre qui représente son souverain à la fois quant aux affaires et quant à la personne et à la dignité. C'est ainsi qu'on a réparti les agents diplomatiques en plusieurs classes, selon le degré d'autorité et de pouvoir que leur accordent leurs gouvernements respectifs.

Classification. D'après un règlement général adopté par le Congrès de Vienne le 19 mars 1815 et complété par le Congrès réuni à Aix-la-Chapelle en 1818, les agents diplomatiques sont classés légalement en quatre groupes ou catégories:

1º Ambassadeurs et légats ou nonces du Pape;

2º Envoyés, ministres plénipotentiaires ou autres personnes accréditées auprès des souverains;

3º Ministres résidents accrédités de la même manière;

4º Chargés d'affaires accrédités auprès des ministres des relations extérieures.

(*Voir* AMBASSADEURS, LÉGATS, NONCES, ENVOYÉS, MINISTRES PLÉNIPOTENTIAIRES, MINISTRES RÉSIDENTS, CHARGÉS D'AFFAIRES.)

Les ministres de première classe sont ceux qui jouissent du caractère représentatif; ils sont seuls considérés comme représentant la personne de leur souverain; cependant on ne leur rend jamais tous les honneurs dus au souverain même.

Les agents des deux premières classes sont exactement sur la même ligne au point de vue du caractère comme à celui des attributions; ils ne se distinguent entre eux hiérarchiquement que par la différence du titre qui sert à les désigner.

Le rang ou la classe à laquelle un agent diplomatique doit appartenir dépend du choix du gouvernement qui le nomme.

La diversité de rang n'établit aucune différence entre les agents relativement à l'exercice de leurs fonctions, à leur capacité de négocier, et à la validité des actes auxquels ils prêtent leur ministère.

Mandat, fonctions. Un agent diplomatique est un fonctionnaire public de l'Etat qui le nomme, et un mandataire par rapport à sa mission. Cette qualité est essentiellement amovible; la dignité, les fonctions, les appointements d'un ministre public sont révocables.

Les dépenses relatives aux missions diplomatiques sont réglées dans les Etats constitutionnels par les budgets annuels.

Les principales fonctions des agents diplomatiques consistent dans la négociation des affaires d'Etat, les compliments de félicitation ou de condoléance au nom du souverain qui les envoie, la protection et la défense de leurs nationaux pour tout ce qui se rattache au droit des gens; mais, pour ce dernier point, il ne sont pas obligés d'appuyer de leur crédit les demandes, les pétitions que forment leurs compatriotes relativement à des objets étrangers à ce droit.

Représentation, protection et surveillance des nationaux. Le ministre étranger doit protéger ses nationaux contre les procédés arbitraires et les denis de justice dont ils peuvent avoir à souffrir de la part des autorités locales, surtout s'il s'agit d'atteintes portées aux traités ou aux conventions en vigueur. Toutefois cette protection ne saurait être qu'officieuse et facultative dans les affaires purement privées sans corrélation avec les intérêts généraux du pays. Encore un semblable appui ne peut-il être prêté que par l'intermédiaire du ministre des affaires étrangères, et n'a-t-il aucun effet suspensif quant à l'action des tribunaux. Tout chef de légation ou d'ambassade exerce sur ses nationaux un droit naturel de surveillance et de contrôle, qui se traduit au besoin par des admonestations adressées à ceux d'entre eux qui par leur conduite privée, par des intrigues politiques, compromettraient l'intérêt ou l'honneur de leur patrie, ou qui, en troublant la tranquillité du pays où ils se trouvent, s'exposeraient à des mesures répressives qui échappent à l'intervention diplomatique.

Délivrance et légalisation d'actes. La plupart des États reconnaissent aux ambassadeurs et aux chefs de légation des pouvoirs spéciaux pour ce qui concerne les affaires privées de leurs nationaux respectifs. Ainsi ils ont qualité pour recevoir ou dresser sur la demande des intéressés, différents actes de la compétence des notaires, tels que contrats de mariage, testaments, donations, procurations générales, actes de l'état civil, légalisation de pièces administratives etc. Les agents diplomatiques ont la garde des pièces relatives aux affaires dont ils ont été chargés; mais ces pièces ne sont dans leurs mains qu'un dépôt, qu'ils doivent remettre au gouvernement, seul propriétaire des papiers d'État. Une autre faculté encore laissée au ministre public est celle de délivrer des passeports à ses nationaux, ainsi qu'aux étrangers, qui veulent se rendre dans le pays qu'il représente; mais dans ce dernier cas le ministre doit se mettre d'accord avec les autorités du pays auquel le sujet appartient.

Rapports des agents diplomatiques. L'agent envoyé en mission dans un pays étranger est tenu d'adresser à son gouvernement des rapports réguliers sur la marche des négociations dont il est chargé, et en général sur toutes les choses d'intérêt public dont l'appréciation ou la surveillance sont confiées à ses soins.

Dans ses communications il doit distinguer avec soin les informations qui reposent sur des données positives de celles qui n'ont point un caractère de certitude, s'attacher avant tout à être droit et vrai dans tout ce qu'il écrit.

Immixtion dans les affaires du pays. Le ministre étranger est tenu de respecter l'indépendance et l'honneur de l'État auprès duquel il est accrédité. Il doit s'abstenir de tout ce qui constituerait un empiètement sur les droits de cet État, éviter toutes les provocations, toutes les menaces, toutes les promesses attentatoires à la liberté du gouvernement; il ne doit pas, sans motif justifié, s'immiscer dans les affaires du pays.

Présents, décorations conférées aux agents diplomatiques. Le ministre étranger ne peut, sans autorisation de son gouvernement, accepter des présents et des décorations de l'État auprès duquel il est accrédité. Mais lorsque le gouvernement dont il relève donne son consentement, rien n'empêche son acceptation.

Pouvoirs. Pour être régulièrement admis à l'étranger et pouvoir entrer en jouissance des privilèges inhérents à leur charge, les ministres publics ont besoin d'être munis de lettres de créance indiquant leurs noms, spécifiant le caractère dont ils sont revêtus, ainsi que l'objet général de leur mission, et demandant qu'on ajoute foi pleine et entière à ce qu'ils pourront dire comme représentants de l'État qui les envoie.

(*Voir* LETTRES DE CRÉANCE.)

Quelquefois les lettres de créance confèrent la faculté d'ouvrir des négociations; mais les pleins-pouvoirs indispensables pour conclure et signer des traités sont conférés par des documents spéciaux désignés sous le nom de lettres patentes. Ordinairement les ministres envoyés à un congrès d'États ne sont porteurs que de ces dernières lettres, dont ils échangent réciproquement des copies ou qu'ils déposent dans les mains d'une puissance médiatrice, quand ils n'en font pas la remise au ministre chargé de les présider.

Les lettres patentes sont spéciales ou générales: les ministres pourvus de lettres générales ont néanmoins besoin de lettres spéciales pour suivre et mener

à fin une négociation particulière et déterminée.
(*Voir* POUVOIRS.)

Instructions. Outre les titres officiels destinés à les accréditer, les ministres publics reçoivent de leur gouvernement des instructions, dont la forme, la nature et l'étendue varient suivant les circonstances. Les unes embrassent l'ensemble de leur mission, résument les vues politiques de leur gouvernement à l'égard du pays où ils résident, en un mot, leur tracent des règles générales de conduite; les autres, beaucoup plus spéciales, se rattachent à des objets particuliers et portent sur des négociations à ouvrir, des débats contentieux à suivre, ou des démarches à faire.

En principe, à moins d'ordres contraires, ces instructions doivent rester secrètes. Lorsque l'agent qui les reçoit est laissé maître d'en révéler le texte, c'est à lui, avant d'user de son pouvoir discrétionnaire, de peser mûrement les avantages et les inconvénients d'une publicité plus ou moins complète.

Dans les questions importantes, le ministre devra avoir recours à la ressource ordinaire de l'*ad referendum.* (Voir ce terme. *Voir* INSTRUCTIONS.)

Immunités. Bien que les ministres publics n'entrent dans la jouissance intégrale de leurs droits et de leurs immunités qu'à partir du moment où leur réception a eu lieu, ils sont cependant, en raison de leur caractère, placés sous la protection des règles générales du droit international dès l'instant même de leur nomination. Le passe-port dont ils sont munis suffit pour leur ouvrir l'accès du territoire de la nation où ils sont envoyés.

Ce n'est qu'en temps de guerre qu'ils sont tenus de se procurer en outre un sauf-conduit pour aborder ou traverser le territoire ennemi sans crainte d'y être détenus.

Notification d'arrivée. Demande d'audience. Le premier devoir d'un ministre étranger dès qu'il arrive dans le lieu où il doit résider, est de notifier son arrivée au ministre des affaires étrangères du pays, en le priant de solliciter pour lui une audience du souverain ou du chef de l'Etat pour la présentation de ses lettres de créance, dont il produit en même temps une copie authentique.

C'est par la date de cette notification qu'est fixé le rang d'ancienneté diplomatique.

Le ministre public qui n'est pas admis à présenter ses lettres de créance, se trouve dans la même position que celui qui est privé de son emploi ou qui est expulsé; seulement il a droit à des égards particuliers et à certaines prérogatives jusqu'à ce qu'il ait quitté le pays où il se trouve.

Visites d'étiquette. Tout ministre étranger, après avoir été reçu par le chef de l'Etat, fait aux autres membres du corps diplomatique des visites d'étiquette, qui ont pour objet de se faire reconnaître en sa qualité officielle. Ces visites se font et se rendent selon le rang du ministre.

D'après le cérémonial de la plupart des cours, l'ambassadeur, après la remise de ses lettres de créance, fait notifier à ses collègues par un secrétaire d'ambassade ou toute autre personne de sa suite qu'il a été reconnu en sa qualité officielle. Puis il attend la première visite de leur part, qu'il rend en personne et solennellement aux autres ambassadeurs et par cartes aux ministres de rang inférieur.

Les ministres de seconde et de troisième classe font des visites indistinctement à tous les ministres accrédités avant eux.

Le cérémonial à observer dans les visites d'étiquette que se font mutuellement les ministres étrangers et les hauts fonctionnaires de l'Etat, dépend des usages particuliers établis dans chaque pays.

Préséance entre les agents diplomatiques. Pour la classification des agents entre eux, le rang se règle de la manière suivante: entre ministres d'une même puissance, d'après les instructions de leur souverain et l'ordre établi dans la lettre commune de créance; entre les ministres de puissances différentes, d'après la classe à laquelle ils appartiennent, sans égard au rang des souverains qu'ils représentent, et à égalité de grade d'après la priorité d'admission ou l'ordre alphabétique des puissances, ainsi que l'ont au surplus établi à titre général le règlement de Vienne du 19 mars 1815 et le protocole d'Aix-la-Chapelle du 21 novembre 1818. Les liens de parenté ou d'alliance de famille entre les cours n'ont aucune influence sur le rang de leurs employés diplomatiques.

Toutefois un usage, inspiré par un sentiment élevé des bienséances, veut que le ministre qui reçoit des agents du même ordre que lui, leur accorde le pas ou la préséance; les ambassadeurs s'écartent seuls assez souvent de cette règle, surtout à l'égard des agents diplomatiques qui n'appartiennent pas à la première classe.

Dans les conférences internationales ayant pour objet de concilier les intérêts de deux ou de plusieurs puissances par l'entremise ou la médiation d'un pays tiers dont l'intervention a été acceptée, les ministres de ce gouvernement prennent ordinairement le pas sur ceux des puissances directement en cause.

Places dans les cérémonies et à table. Dans les cérémonies auxquelles le corps diplomatique prend une part *active*, les membres qui le composent se placent à droite du centre ou *point honorable* de la cérémonie, chacun selon son rang, tel qu'il est déterminé par les protocoles de Vienne et d'Aix-la-Chapelle.

Si le corps diplomatique ne prend à la cérémonie qu'une part *passive*, c'est-à-dire qu'il n'y assiste que comme spectateur, on lui réserve des places particulières, réparties dans le même ordre.

Quand dans un congrès, une conférence ou un dîner de cérémonie, les plénipotentiaires ou les membres du corps diplomatique s'assoient à la même table, on considère comme la première place (place d'honneur) celle qui est vis-à-vis de la porte principale d'entrée, fait face aux fenêtres ou reçoit le jour à gauche; à partir de cette première place on suit le rang en alternant de droite à gauche : la deuxième place à droite, la troisième à gauche, la quatrième à droite de la deuxième, la cinquième à gauche de la troisième, et ainsi de suite.

Qu'on soit debout ou assis, celui qui assume la supériorité de rang se place à la droite de celui qui cède la *main d'honneur*, laquelle est toujours à droite, excepté chez les Turcs, pour qui la gauche marque la préséance.

Lorsque plusieurs ministres marchent à la suite les uns des autres, tantôt celui qui précède les autres est censé occuper la première place, la seconde revenant à celui qui marche immédiatement après lui, et ainsi de suite, tantôt la place de derrière est regardée comme la première, celle qui la précède comme la seconde, etc.; tantôt l'ordre est fixé selon le nombre des assistants; ainsi, par exemple, lorsqu'il n'y en a que deux, la place de devant est la première; pour trois, c'est celle du milieu et celle de devant est la seconde; pour quatre, la place de devant est la dernière, celle qui suit est la seconde, la suivante la première, celle de derrière la troisième; pour cinq, la première place est au milieu, et celle qui la précède devient la deuxième; la troisième suit immédiatement celle du

milieu, et ainsi de suite en sautant toujours par dessus les places intermédiaires.

Quand plusieurs ministres sont à côté les uns des autres, c'est tantôt la place à l'extrémité de gauche que l'on considère comme la première, la suivante comme la seconde et ainsi de suite; tantôt on fixe l'ordre d'après le nombre des personnes et la différence de leur rang. Lorsqu'il n'y en a que deux, la place de droite est la première; s'il y en a trois, le milieu est réservé au rang supérieur, et la droite au plus élevé des deux autres, etc.

Au surplus, pour éviter les confits d'étiquette, on convient dans certains cas que chaque place sera considérée comme la première et que la préséance momentanée ne portera pas préjudice aux droits ou aux prétentions réciproques; ou bien on s'arrête à un changement alternatif, de manière qu'il y ait permutation de rang et de place à des époques déterminées.

Dans l'intérieur de son hôtel, tout ministre accorde la préséance et la main d'honneur aux ministres de la même classe que lui, sans égard au rang des souverains respectifs.

Préséance en général. Il n'existe aucune règle générale sur la préséance entre les ambassadeurs et les membres des familles régnantes autres que celles ayant rang impérial et royal.

Hors de la cour les ambassadeurs cèdent le pas aux ministres des affaires étrangères et le conservent dans quelque lieu qu'ils se trouvent, sur tous les autres dignitaires et fonctionnaires du pays où ils résident. Ces derniers jouissent, au contraire, par courtoisie, de la préséance sur tous les autres membre du corps diplomatique, lorsqu'ils sont dans la maison d'un représentant étranger.

Des honneurs particuliers sont accordés aux ambassadeurs comme représentant la personne même de leur souverain.

Autrefois, à leur arrivée dans la capitale et même dans les villes où ils ne faisaient que passer, on leur rendait les mêmes honneurs qu'on eût rendus à leur souverains en personne. Ces entrées solennelles sont tombées en désuétude; toutefois, quand un ambassadeur arrive par mer, il est toujours salué par l'artillerie des forts.

Prérogatives. Dans les résidences souveraines tous les membres du corps diplomatique jouissent de certaines distinctions particulières; ainsi dans les solennités publiques les places d'honneur qui leur sont réservées se trouvent à côté de celles destinées aux princes et aux princesses du sang; les honneurs militaires leur sont rendus quand ils vont au palais du prince près lequel ils sont accrédités. Ils sont invités à toutes les fêtes de la cour, et presque partout les secrétaires d'ambassade et de légation partagent cette distinction.

Certaines prérogatives sont toutefois réservés exclusivement aux ambassadeurs et aux nonces du Pape; de ce nombre sont les suivantes : avoir un attelage de six chevaux; recevoir les honneurs militaires; avoir dans leur salle de cérémonie un dais sous lequel est placé le portrait en pied du souverain qu'ils représentent; se couvrir pendant la cérémonie de leur présentation au souverain, mais seulement après que celui-ci s'est couvert.

Aucun ministre ne peut prétendre ni à des prérogatives, ni à des honneurs supérieurs à ceux que les usages de la cour près laquelle il est accrédité, accordent aux autres membres du corps diplomatique de la même classe.

Les agents étrangers ont le droit de faire placer les armes de leur gouvernement au-dessus de la porte d'entrée de leur hôtel.

Missions par intérim. Les missions sont permanentes ou non permanentes.

Relativement à la durée de la mission, on reconnaît aussi des envoyés accrédités par *interim* pour le cas d'une vacance, ou pour celui de l'absence ou l'empêchement du ministre ordinaire.

La personne chargée ainsi par *interim* des affaires d'une mission permanente est considérée comme un envoyé non permanent. Cette distinction est toutefois sans portée pour le rang des agents diplomatiques; elle n'en a que pour la durée de leurs pouvoirs.

Les chargés d'affaires *ad interim* sont présentés en cette qualité par le ministre de 1ère ou de 2e classe, lorsqu'il se dispose à quitter son poste temporairement ou définitivement.

Les chargés d'affaires de la 1ère classe ont le pas sur ceux qui ne remplissent qu'un service intérimaire; le chargé d'affaires *ad interim* d'une ambassade passe devant le remplaçant d'un envoyé.

Expiration des missions. Les missions diplomatiques prennent fin:

1° par la mort ou la démission de ceux qui les remplissent;

2° par la mort du souverain qui a accrédité l'agent, ou par une modification radicale de la forme de son gouvernement;

3° par l'expiration ou la révocation des lettres de créance;

4° par la réalisation même de l'objet en vue duquel la mission a été donnée;

5° par le rappel spontané ou formellement demandé du ministre;

6° par une déclaration de guerre ou par une simple interruption des relations d'amitié.

Dans chacun de ces cas la pratique a consacré des règles et des formalités qui sont plutôt affaire d'étiquette et de courtoisie internationale que matière propre du droit des gens. Quoi qu'il en soit, malgré la cessation de sa mission pour l'une ou l'autre des causes que nous venons d'énumérer, le ministre conserve jusqu'à son retour dans son pays toutes les immunités et tous les droits inhérents à son caractère public.

Décès. Lorsqu'un ministre étranger meurt dans l'exercice de ses fonctions, le secrétaire de la mission ou, à son défaut, le représentant de quelque puissance alliée ou amie, appose les scellés sur les effets et les archives de la légation, prend soin du corps et prépare tout ce qui est nécessaire pour les funérailles. Les restes mortels du défunt ont droit aux honneurs militaires ou funèbres consacrés pour les agents de son rang; il est même passé en usage de conserver pendant un certain temps à la veuve, à la famille, ainsi qu'aux serviteurs du décédé, les privilèges, les droits et les immunités dont ils jouissaient du vivant du chef de la mission.

Les actes de dernière volonté, comme tout ce qui concerne la succession *ab intestat* d'un agent diplomatique sont naturellement régis par les lois de son propre pays. C'est seulement en cas de nécessité et lorsqu'aucun envoyé étranger ne peut remplir ces fonctions que l'apposition des scellés a lieu par les soins des autorités du pays où le décédé était en mission.

Rappel. Le rappel ou le remplacement d'un ministre public par ordre de son gouvernement donne lieu à des formalités presque identiques à celles qui sont en usage pour son entrée en fonctions.

L'agent diplomatique commence par donner avis au ministre des relations extérieure du pays où il réside de sa démission, de son rappel ou de la nomination de son successeur; il sollicite en même temps une audience du chef du pouvoir exécutif pour prendre congé et présenter ses lettres le rappel.

Il arrive parfois que l'agent diplomatique soit rappelé dans son pays sur la demande même du gouvernement auprès duquel il remplit les fonctions: ce sont alors les circonstances qui décident s'il y a lieu ou non de solliciter une audience de congé.

Quand le gouvernement auprès duquel réside un agent diplomatique estime à propos de le renvoyer pour cause de conduite jugée inconvenante, il est d'usage de notifier au gouvernement qui l'a accrédité que son représentant n'est plus acceptable et de demander son rappel. Si l'offense commise par l'agent est d'un caractère grave, il peut être renvoyé sans attendre le rappel de son propre gouvernement.

Le gouvernement qui demande le rappel peut ou non, à son gré, faire connaître les raisons sur lesquelles il base sa demande; mais on ne saurait exiger une pareille explication. Il suffit que le représentant ne soit plus acceptable. Dans ce cas la courtoisie internationale prescrit son rappel immédiat; et si cependant l'autre gouvernement ne satisfait pas à la demande, le renvoi de l'agent s'en suit comme conséquence nécessaire; il s'effectue par une simple notification et l'envoi de ses passeports.

Le renvoi d'un agent diplomatique pour conduite inconvenante, soit de son fait personnel, soit dans l'accomplissement de ses fonctions officielles, n'est pas un acte de manque d'égards ou d'hostilité envers le gouvernement qui l'a accrédité et ne pourrait par conséquent être un motif de guerre.

Le renvoi d'un ministre peut également avoir lieu lorsque la conduite tenue par l'Etat qu'il représente amène une rupture subite des relations entre les deux pays. Il est d'usage dans ce cas d'adresser à l'agent, avec ses passeports, une note dans laquelle sont exposés les faits qui motivent sa sortie du territoire, et est fixé un délai pour son départ.

Le ministre public, lorsqu'il juge qu'il a été porté gravement atteinte aux droits ou à l'honneur de son pays, peut, sans attendre son rappel, demander ses passeports et rompre les relations diplomatiques entre les deux Etats; mais en pareil cas le ministre est responsable de sa conduite envers son gouvernement.

Missions extraordinaires. Lorsqu'une ambassade extraordinaire a atteint le but ou le terme fixé pour sa mission, elle expire *de plano* sans qu'il soit nécessaire de produire des lettre spéciales de rappel. Dans ce cas les formalités de congé sont les mêmes qu'à la fin d'une mission ordinaire.

Renouvellement des lettres de créance. Toutes les fois, au contraire, que l'agent diplomatique change de grade, est appelé à un rang plus élevé ou passe d'une situation temporaire à un poste permanent, il y a lieu à l'envoi et à la remise officielle de nouvelles lettres de créance.

Dans les Etats monarchiques, la mort ou l'abdication des souverains, en d'autres termes le changement de gouvernement, est une des principales causes qui mettent fin aux missions diplomatiques. L'agent accrédité peut bien être autorisé officieusement à continuer l'exercice de ses fonctions; mais il a absolument besoin de nouvelles lettres de créance pour régulariser définitivement sa position. C'est même par ce trait de leur caractère représentatif que les ministres publics se distinguent essentiellement des consuls, dont les patentes et les *exequatur* n'ont pas besoin d'être renouvelés à chaque changement de règne.

Départ, escorte. Que la mission diplomatique finisse par une cause ou une autre, les Etats doivent, en toutes circonstances, même en cas de déclaration de guerre, veiller à ce que le ministre étranger qui s'éloigne puisse quitter leur territoire en toute sécurité. Ils doivent même, si c'est nécessaire, lui fournir une escorte armée.

Le ministre, de son côté, doit quitter le territoire sans retard, aussitôt que les circonstances le lui permettent. S'il veut rester dans le pays où il remplissait précédemment les fonctions diplomatiques, il devient simple citoyen et n'a plus le droit d'exiger une protection spéciale.

Immunités. L'importance de la mission dont les ministres publics sont investis et les exigences impérieuses de leur situation à l'étranger ne permettant pas de placer ces agents sur la même ligne que de simples particuliers, on leur a reconnu certains privilèges et accordé certaines immunités, dites diplomatiques.

Les immunités acquises à la personne privilégiée s'étendent à sa suite, ainsi qu'aux effets et aux biens meubles qui lui appartiennent.

Toutes les faveurs exceptionelles que les nations accordent à la personne, à la famille, aux employés et aux serviteurs des agents diplomatiques dérivent de ces droits fondamentaux : *l'inviolabilité* personnelle et *l'exterritorialité* ou l'exemption de la juridiction locale.

(*Voir* INVIOLABILITÉ, EXTERRITORIALITÉ.)

La personne du ministre étranger est sacrée; tout acte qui y porte atteinte est une injure au caractère dont il est revêtu.

L'inviolabilité due à la personne de l'agent étranger ne commence que du moment où son caractère public a été suffisamment constaté et reconnu comme tel par le gouvernement auprès duquel il doit résider, c'est-à dire après sa réception officielle et la remise de ses lettres de créance. Cependant il est admis en principe par presque toutes les puissances que depuis le moment où l'agent touche le territoire du souverain qui a été prévenu de sa mission jusqu'à celui où il le quitte, il doit jouir de l'inviolabilité inhérente au caractère dont il est revêut.

Le ministre public ne jouit du privilège de l'inviolabilité que sur le territoire du souverain près lequel il est accrédité; si pour affaires se rattachant à ses fonctions il est obligé de traverser d'autres pays, ceux-ci ne lui doivent que des égards personnels et ces actes de courtoisie dont l'oubli pourrait offenser le souverain représenté.

L'inviolabilité est accordée non seulement à tout agent diplomatique régulièrement accrédité, mais aussi aux personnes qui sont attachées à sa mission, ainsi qu'à son épouse, à ses enfants et aux gens composant sa suite. Elle s'applique en outre aux choses qui se rapportent directement à sa personne, à son hôtel, en tant qu'il l'occupe avec sa famille, au mobilier qui les garnit, à ses voitures, à ses équipages, etc., dont l'ensemble ne peut faire l'objet d'aucune poursuite de la part du gouvernement ou des particuliers.

La même inviolabilité personelle couvre également les simples agents officiels que certains gouvernements consentent à recevoir, bien que l'autorité qui les envoie ne soit pas reconnue diplomatiquement et que pour cette raison les envoyés n'aient pas de titre absolu aux immunités des ministres publics.

Dans ses effets le privilège de l'inviolabilité s'étend à tous les actes de l'agent étranger, principalement à ceux qui dérivent de ses fonctions et sont nécessaires à leur accomplissement. Ainsi l'agent a la liberté absolue de correspondre avec son gouvernement, d'envoyer et de recevoir des lettres et des dépêches, soit par des couriers particuliers pourvus de papiers justifiant de leur qualité, soit par l'intermédiaire des postes et des télégraphes du pays; il faut seulement dans ce cas que les lettres ou les dépêches remises par lui à l'administration des postes ou des télégraphes portent un cachet diplomatique notoirement connu. Il s'ensuit qu'en temps de paix l'ouverture des dépêches originaires ou à destination des missions diplomatique est une violation manifeste du droit des gens, surtout quand elle est pratiquée par ordre du gouvernement.

Le représentent étranger n'a pas le droit d'invoquer le bénéfice de l'inviolabilité dans les circonstances tout à fait étrangères à son caractère public, du moins en pareil cas les atteintes portées à son inviolabilité ne sauraient donner lieu à des réclamations diplomatiques. Par exemple un ministre public qui se produit comme auteur n'est pas protégé par son caractère officiel contre les attaques de la critique. Pourvu qu'elle respecte ce caractère, la critique n'est responsable que des injures personnells ou des faits de diffamation.

Le plainte de l'agent étranger n'aurait pas non plus de fondement, s'il était établi que la personne qui l'a offensé ignorait qu'il fût revêtu d'un caractère représentatif.

L'inviolabilité n'entraîne pas l'impunité. Lorsqu'un ministre public oublie sa dignité, se permet des empiètement ou des actes arbitraires, trouble l'ordre public, manque au souverain, aux habitants ou aux fonctionnaires du pays de sa résidence, conspire, se rend odieux, suspect ou coupable, sa conduite tombe sous l'action des lois pénales; mais cette répression n'incombe qu'au gouvernement qui l'a nommé. Quant au souverain près lequel l'agent réside, il peut seulement prendre à son égard les mesures conseillées par la sûreté publique, interrompre ses rapports avec lui, le renvoyer de ses Etats, et en cas de résistance recourir à la force pour le contraindre à en sortir, car alors l'agent devient lui même l'auteur de la violence qui lui est faite.

Indépendance. Le principe de l'inviolabilité entraîne comme conséquence, si même il ne la présuppose, l'indépendance absolue, c'est à dire que l'agent diplomatique ne doit relever que de son souverain; il ne peut à aucun prix accepter, encore moins solliciter aucun emploi ni aucune pension publique ou secrète de la cour où il réside, car toute faveur de ce genre le placerait moralement dans une sujétion incompatible avec les devoirs de sa charge. Il ne doit pas non plus sans l'autorisation expresse de son propre gouvernement accepter aucune dignité, aucun titre, aucune décoration, aucune grâce quelconque du souverain auprès duquel il est accrédité, ni de tout autre prince.

Lorsque par exception un ministre est sujet du pays où il représente une nation étrangère, il reste soumis, tant qu'il conserve sa nationalité d'origine aux lois territoriales pour tous les actes qui ne se rattachent pas à son emploi, et ne jouit des prérogatives et immunités qui y sont attachées que dans la mesure indispensable au libre exercice de ces fonctions.

Juridiction. De l'inviolabilité dont jouissent les agents diplomatique découle nécessairement leur exemption de la juridiction civile de l'Etat où ils résident.

Le ministre public ne peut être condamné à l'arrestation personnelle; ses biens ne peuvent être séquestrés pour dettes contractées avant ou pendant sa mission.

Lorsque, ce qui se produit d'ailleurs bien rarement, un ministre étranger refuse de payer ses dettes, les créanciers doivent ou réclamer l'intervention du ministre des affaires étrangères du pays où est accrédité le débiteur ou recourir à la voie judiciaire dans la contrée à laquelle appartient le ministre étranger et procéder alors par voie de citation, comme s'il s'agissait d'un absent, puisque l'agent est couvert par la fiction de l'exterritorialité.

L'immunité du ministre n'est pas seulement personelle: elle s'étend à tout ce qui lui est nécessaire pour remplir ses fonctions; ainsi aucune loi locale ne peut autoriser la saisie de ses meubles ou des objets servant à son usage, à son entretien et à celui de sa maison; toutefois, comme cette exemption n'a été établie que dans le but de protéger l'indépendance et la dignité personelle du ministre, elle existe exclusivement pour les choses qui intéressent réellement son caractère; hors de là elle se renferme dans d'étroites limites et comporte un certain nombre d'exceptions.

Toutes les fois que l'agent est sujet de l'Etat auprès duquel il est accrédité et n'a été reçu dans sa qualité officielle qu'à la condition de rester soumis à la juridiction du pays, il peut être jugé par les autorités locales pour tous les actes qu'il accomplit en dehors des attributions de sa charge.

L'immunité cesse lorsque le ministre étranger se trouve impliqué dans un procès à titre privé, même en qualité de défendeur. Ainsi, s'il avait accepté la tutelle de mineurs, il pourrait comme représentant légal de ses pupilles, être appelé en justice.

L'agent diplomatique peut encore renoncer expressément ou tacitement à l'immunité et se soumettre volontairement à la juridiction territoriale en matière civile.

L'abandon volontaire de son immunité juridictionelle peut avoir lieu soit par comparation en se présentant de son plein gré devant l'autorité compétente pour répondre à une demande intentée contre lui, soit par une instance qu'il engage directement comme demandeur.

Il va sans dire que chaque agent est libre de former une action contre un citoyen du pays; mais alors il doit en subir les conséquences. Il pourrait, par exemple, être actionné soit en paiement des frais auxquels il serait condamné par suite du rejet de sa demande, soit sur l'appel d'un jugement rendu en sa faveur, soit par suite d'une demande reconventionelle, etc. Il ne faut pas se dissimuler cependant que l'exécution d'un jugement prononcé contre un agent diplomatique présente toujours de graves difficultés, puisqu'elle ne peut être poursuivie dans le pays même où la sentence a été rendue.

S'il s'agissait, par exemple, de statuer sur des biens engagés pour l'accomplissement d'une obligation, quel serait le tribunal compétent? L'agent ne peut-être considéré comme un plaideur ordinaire sans qu'on se trouve aussitôt en présence de l'inviolabilité qui est nécessaire au libre exercice de ses fonctions. On en est réduit, pour sauvegarder le privilège personnel à distinguer entre les formes du jugement et l'exécution de la sentence prononcée, en subordonnant cette dernière à l'immunité juridictionnelle.

Si l'agent diplomatique est, dans le pays où il réside, exempt de la jurisdiction civile, dont les effets ne peuvent que bien rarement et dans des circonstances tout à fait exceptionelles gêner l'exercice de ses fonctions ou porter atteinte à l'inviolabilité de sa personne, à plus forte raison est-il exempt de la juridiction criminelle, qui pourrait avoir des conséquences beaucoup plus graves. Cette immunité comporte cependant certaines réserves, certaines restrictions. Il y a d'abord le cas où le ministre public étant directement mis en cause comme accusé, accepte volontairement la compétence; en second lieu celui où il se présente soit comme dénonciateur d'un délit dont il aurait été victime, soit comme accusateur privé et partie lésée ou civile. Il faut reconnaître pourtant que cette acceptation explicite de la juridiction territoriale est forcément incomplète et ne laisse pas en général de soulever des conflits regrettables. En effet si le ministre se laisse mettre en cause, l'instruction ne rencontrera sans doute pas de difficultés; mais l'exécution de la sentence à intervenir ne pourra être assurée ni poursuivie par les autorités locales. D'un autre côté, s'il comparaît comme dénonciateur ou s'il poursuit lui-même criminellement un individu, il lui faudra subir les conséquences de l'action et éventuellement s'exposer à des amendes ou à d'autres pénalités, que les autorités territoriales seront impuissantes à rendre effectives.

Au surplus, l'exemption de la juridiction territoriale étant un privilège inhérent à la charge de ministre public, celui-ci ne peut renoncer à son privilège directement ou indirectement sans l'autorisation formelle et préalable de son gouvernement.

Le seul cas qui mette immédiatement un terme pour les ministres publics au bénéfice de l'immunité juridictionnelle, est celui d'une conspiration contre la sécurité de l'État près lequel ils sont accrédités, et même alors, pour peu que les circonstances et le caractère de la personne le comportent, les convenances internationales veulent qu'avant de sévir l'État offensé ait recours au gouvernement représenté pour obtenir de lui le retrait du mandat confié à l'agent coupable. Il va sans dire que si l'affaire offrait une gravité et une urgence extrêmes, le gouvernement dont l'existence est en jeu, aurait le droit de recourir à l'expulsion ou à l'emprisonnement et même de procéder à la visite des papiers.

En résumé, on ne saurait déduire des exemples qu'offre l'histoire une règle générale. Tout dépend des circonstances, de la situation du pays, du caractère et de l'étendue du délit commis, du plus ou du moins d'imminence du péril. Évidemment, s'il s'agit de faits de peu d'importance, le gouvernement offensé peut se contenter de mesures de surveillance, d'avertissements ou d'une plainte au gouvernement dont l'agent a compromis la dignité; tandis que si les faits sont très graves, il est pleinement fondé à demander le rappel de l'offenseur et dans l'intervalle à assujettir celui-ci au contrôle de la police; s'il n'est point rappelé, à lui remettre ses passeports et à lui faire franchir les frontières dans un délai déterminé.

Dépositions en justice. Quoique de prime abord il paraisse impossible d'assurer l'exécution des actes judiciaires dans l'intérieur d'une légation, on a dans la pratique adopté des usages spéciaux, qui, sans amoindrir le caractère du diplomate, laissent à l'autorité judiciaire la latitude nécessaire pour accomplir le mandat que la société lui confie.

Ainsi, en cas de crime commis dans l'intérieur d'une maison habitée par un chef de légation, et lorsque le témoignage de ce dernier devient nécessaire pour l'instruction et la poursuite de l'affaire, son témoignage oral ou écrit est réclamé par la voie diplomatique et reçu par une personne spécialement déléguée à cet effet.

Il est cependant des pays dont les lois pénales exigent impérieusement que les dépositions des témoins se fassent devant les tribunaux et en présence même des prévenus; alors c'est par l'entremise du ministère des affaires étrangères qu'on doit solliciter la comparution personelle de l'agent diplomatique appelé à faire une déposition que les principes du droit des gens ne lui permettent pas de refuser. Et telle est la force de cette pratique, notamment aux États-Unis, qu'en 1856 on a vu le cabinet de Washington demander à La Haye le rappel du ministre des Pays-Bas, parcequ'il avait refusé de comparaître en personne devant le tribunal américain qui sollicitait son témoignage dans une cause criminelle.

Inviolabilité de leur domicile. Droit d'asile. La demeure d'un ministre public est inviolable, en tant qu'il s'agit des besoins indispensables de son service officiel et de l'exercice libre et régulier de ses fonctions; mais dès que la conduite ou l'attitude imprudente de l'agent diplomatique met en péril la paix de l'État, viole ou tente à éluder les lois d'un pays, en convertissant, par exemple, la légation en refuge pour les criminels ou en foyer de conspiration contre le gouvernement établi, le privilège de l'inviolabilité de domicile disparaît, et l'État offensé est pleinement fondé en droit à refuser désormais à la demeure de l'agent le bénéfice d'une immunité que la saine raison et la justice cessent de légitimer.

Il serait sans doute à désirer que chaque gouvernement déterminât avec précision l'étendue qu'il entend reconnaître à l'exercice de ce qu'on appelle le droit d'asile; mais tant qu'aucune règle fixe n'aura été établie sur ce point, on ne saurait se guider en cette matière que d'après des considérations générales d'humanité et d'après le sentiment des justes égards que les nations se doivent les unes aux autres. On admet donc qu'au milieu des troubles civils qui surviennent dans un pays, l'hôtel d'une légation puisse et doive même offrir un abri assuré aux hommes politiques qu'un danger de vie force à s'y réfugier momentanément.

Si l'inviolabilité du domicile d'un ministre public ne peut être mise en doute comme principe de droit international, aussi longtemps que ce ministre reste dans sa sphère légitime d'action, et s'il y a des cas d'une gravité exceptionnelle dans lesquels les gouvernements peuvent, en faisant usage de leur droit suprême, ettre un terme à l'existence même d'une ambassade, on comprend facilement coment a dû tomber en désuétude l'antique ratique qui étendait l'inviolabilité diplatique et l'exterritorialité à tout le quartier où était situé l'hôtel d'une ambassade.

Rapports avec la police. Ce que nous venons de dire de l'exemption de la juriiction civile et de la juridiction crimielle peut s'appliquer également à l'action e la police. Il va sans dire que celui ui est exempt d'une juridiction supéieure l'est aussi de celle des tribunaux férieurs.

Un ministre étranger ne saurait touteois se soustraire, dans son hôtel ou au ehors, à l'observation des règlements de olice municipale qui ont pour but la ûreté et l'ordre publics; il doit veiller à e que dans son hôtel il ne se fasse rien ui puisse y porter atteinte. Il ne doit as permettre aux gens de sa suite le ommerce de marchandises prohibées, ni exercice d'un métier qui pourrait porter réjudice aux habitants du pays. Il doit e conformer, en un mot, à toutes les ·donnances de police qui ne sont pas compatibles avec sa dignité et son caactère. Seulement, en cas de contraention, il n'y a pas lieu de procéder ontre lui par voie de poursuites et de ntrainte. On respecte dans ce cas le ·incipe d'exterritorialité, et l'on procède ors comme s'il s'agissait de faits relent de la juridiction civile ou criminelle.

Immeubles. Les immeubles qu'un ministre public peut posséder à l'étranger, se rattachant en aucune façon au ractère officiel dont il est revêtu, sont ujours régis par la loi du pays où ils nt situés; ils restent absolument étranrs aussi bien à la fiction de l'exterritorialité qu'au principe de l'immunité personnelle.

Ces biens sont donc, quand il y a lieu, susceptibles d'être vendus par autorité de justice et conformément aux règles ordinaires de procéder; mais pour éviter que l'indépendance si nécessaire à ces agents soit le moins du monde diminuée, les actions, dans le cas que nous venons de rapporter, sont censées se poursuivre par défaut. Il en est de même des objets mobiliers, qui n'ont aucune affinité avec le caractère représentatif et qui constituent la propriété privée, individuelle du ministre public: ils doivent à ce titre demeurer soumis aux lois territoriales.

Franchise de douanes. Plusieurs gouvernements permettent aux agents diplomatiques étrangers d'introduire en franchise les objets destinés à leur usage personnel et à celui de leur famille; d'autres fixent les quantités admissibles en exemption de taxe et ne soumettent que l'excédent aux droits ordinaires d'entrée; quelques-uns enfin, sans accorder directement la franchise, la consacrent indirectement en remboursant sur fonds de chancellerie ou de cabinet le montant des droits acquittés.

Le privilège de franchise diplomatique n'étant pas rigoureusement indispensable au libre exercice des fonctions d'un ministre public, a été de nos jours renfermé dans des limites assez étroites, par suite des abus qu'il avait fini par engendrer.

Ainsi, par exemple, à moins d'ordres contraires expédiés par anticipation à la frontière, les bagages de tout agent diplomatique sont devenus passibles de visite de douane, et l'exemption de taxe doit invariablement être sollicitée par des notes écrites spécifiant avec précision la nature, les quantités et la destination des objets qui doivent en être l'objet.

Aucun ministre public ne peut prétendre à la franchise des droits de douane pour fair passer par d'autres pays des bagages qu'il ne transporte pas avec lin. Ce qui se pratique à ce sujet en vertu d'usages particuliers, par des égards de réciprocité ou par déférence de la part d'Etat secondaires, ne suffit pas pour établir l'existence d'un droit ou d'un usage général.

Franchise d'impositions. Les ministres publics sont partout exemptés du paiement des impôts purement personnels et directs. Par contre à moins de conventions spéciales fondées sur le principe de la réciprocité, ils restent soumis aux impôts indirects, aux taxes d'octroi et aux autres charges analogues telles que péages de ponts et de chaussées, frais de poste etc. Quant à l'impôt foncier les ministres publics ne peuvent s'en affranchir pour les immeubles qu'ils possèdent, alors même que ces immeubles sont affectés uniquement à leur logement personnel. Il en serait tout autrement si l'hôtel de la légation était la propriété de leur gouvernement, car les convenances internationales ne permettent évidemment pas de traiter un gouvernement étranger comme un contribuable ordinaire et partant de l'assujettir à des impositions territoriales et directes.

Exercice de leur culte. Les ministres publics, étant considérés comme vivant dans leur propre pays et étant exempts de la juridiction locale dans la mesure que nous avons indiquée plus haut, doivant forcément jouir dans l'intérieur de leur maison du droit de pratiquer *leur religion.* Ce droit, qui a été reconnu par tous les peuples, ne saurait toutefois s'exercer qu'à la condition d'observer les règlements municipaux et de police concernant le maintien de l'ordre public.

L'influence chaque jour plus puissante de l'indépendance religieuse et de la liberté de conscience a étendu ce privilège jusqu'au point d'autoriser l'établissement comme annexes des hôtels des ambassades étrangères, de chapelles publiques, dans lesquelles toute les personnes professant le même culte, étrangers ou nationaux, sont librement admises à célébrer leurs cérémonies religieuses.

Ces chapelles sont toutefois tenues de renfermer l'accomplissement de leur rite dans l'intérieur de leur enceinte, et, à moins d'autorisations exceptionnelles, de s'interdire toute procession publique, ainsi que l'usage des cloches. Quant aux baptêmes consacrés il est peu de pays qui ne reconnaissent à ces actes religieux la même valeur que s'ils avaient été accomplis dans les églises paroissiles.

Protection. Voyages. Les ministres publics n'ont sans doute pas droit aux immunités et aux privilèges inhérents à leurs fonctions hors du pays où ils sont accrédités; toutefois il est d'usage que lorsqu'ils traversent le territoire des Etats amis et particulièrement pour se rendre à leur destination, les autorités d'un Etat aient pour eux tous les égards dus à leur caractère officiel. On doit surtout une entière sûreté au ministre voyageant pour les affaires d'une nation. L'insulter, c'est faire injure à son gouvernement et à toute la nation; lui faire violence, c'est blesser le droit de légation, qui appartient à tous les souverains.

En temps de guerre comme en cas de danger pour le maintien de l'ordre public, il est de règle de tracer aux ministres étrangers et à leurs agents ou à leurs courriers l'itinéraire qu'ils doivent suivre.

Dans tous les cas le gouvernement sur le territoire duquel passe un agent étranger, est naturellement en droit de prendre certaines précautions, s'il est autorisé à craindre que ces agents ne mettent leur séjour, même accidentel, à profit pour compromettre les institutions établies, nuire aux intérêts généraux du pays ou manquer aux devoirs d'une stricte neutralité. Il peut même lui refuser le passage ou la permission de séjourner.

Le privilège du libre passage ne concerne que les nations en paix entre elles.

En temps de guerre, le ministre d'un gouvernement ennemi ne peut toucher le territoire de l'autre belligérant, s'il n'est muni d'un sauf-conduit; autrement il court risque d'être arrêté. Toutefois aucune raison de droit n'autorise un belligérant à enlever l'agent diplomatique de son adversaire sur le territoire ou sur un navire d'une nation neutre.

Correspondance. Courriers. Les droits et les prérogatives que la loi internationale accorde aux ministres publics sont tellements étendus, que ces agents, aussi longtemps qu'ils résident sur un territoire neutre, peuvent, afin d'entretenir les bonnes relations de cet Etat avec le leur, expédier des courriers et des dépêches par l'intermédiaire de navires neutres, et ces bâtiments doivent être respectés par la nation qui est en guerre avec celle que les agents représentent, tant en raison de leur pavillon que du privilège diplomatique dont les couvre la mission postale, qu'ils remplissent. C'est là un principe universellement reconnu, et de nos jours il n'est pas un Etat civilisé, en Europe comme en Amérique, qui n'admette que la violation des dépêches d'un ministre public soit une infraction à la loi générale des nations.

Nous croyons superflu d'ajouter que le respect et le secret des correspondances diplomatiques découlent d'un principe d'ordre supérieur, qu'il n'est plus possible d'invoquer dès qu'il est prouvé que l'agent manquant lui même aux devoirs de sa charge, a conspiré contre l'Etat sur le territoire duquel il se trouve.

Juridiction sur leur personnel. Le ministre public n'a, à proprement parler aucun droit de juridiction sur les personnes composant ce qu'on peut appeler le personnel officiel de la mission; pour en exercer une, il faut qu'il ait reçu une délégation spéciale de son souverain; encore cette juridiction est-elle circonscrite dans des limites assez étroites.

Voici à quoi elle se borne en matière criminelle : en cas de crime ou de délit commis dans l'hôtel de la légation ou au dehors par une personne attachée à la mission, le ministre doit faire arrêter le prévenu, s'il se trouve dans l'hôtel, ou demander son extradition, s'il a été arrêté au dehors par les autorités locales; faire constater les faits et au besoin requérir à cet effet l'assistance des autorités de l'endroit; procéder aux actes d'instruction, notamment à l'interrogatoire des témoins appartenant au personnel officiel ou non officiel de la mission; livrer le prévenu aux autorités de l'Etat que représente le ministre, et faire exécuter les réquisitions de ces autorités.

Mais en aucun cas le ministre ne peut livrer une personne appartenant à sa mission aux autorités du pays où il réside. S'il s'agit d'un crime ou d'un délit commis dans l'intérieur de l'hôtel de la légation par ou 'sur quelqu'un du personnel de la mission et que le coupable ait été arrêté dans l'hôtel, le gouvernement près lequel le ministre est accrédité n'a pas le droit de demander son extradition. En tout cas, s'il n'appartient pas aux tribunaux dans la juridiction desquels le crime ou le délit a été commis, de prononcer un jugement contre le coupable, on ne saurait leur refuser 'd'en suivre l'instruction; car aucun privilège ne peut priver la partie offensée du droit de faire procéder aux informations sur les lieux par les autorités locales auxquelles la loi commune en défère le pouvoir, et qui ont qualité pour faire comparaître toutes les personnes dont les dépositions seraient nécessaires à l'enquête, en tant que ces actes ne compromettent pas réellement les intérêts politiques de la nation à laquelle appartient l'inculpé. Cette enquête est indispensable pour fournir au plaignant les moyens de justifier sa demande devant les autorités étrangères.

Si pour cette instruction des procès il est nécessaire d'interroger des personnes de la mission, il est d'usage de requérir l'agent diplomatique par l'intermédiaire du ministre des affaires étrangères, de faire comparaître devant les tribunaux les personnes appelées comme témoins, bien de charger l'agent lui-même de recevoir leurs dépositions en présence du secrétaire de la légation, et de les mettre en suite en due forme à l'autorité qui les requiert.

Dans tout ce qui regarde la juridiction contentieuse, civile et criminelle, si la sentence de l'agent devait être exécutée sur le territoire de l'Etat où il réside, les tribunaux ne pourraient être obligés de reconnaître cette sentence, sauf dans les cas exceptionnels admis pour la reconnaissance des sentences prononcées par les tribunaux étrangers.

Extension de leurs immunités au personnel de la mission. De même que l'inviolabilité personnelle, l'exemption de la juridiction locale comprend toutes les personnes qui dépendent plus ou moins directement d'une légation. Ce privilège ne découle pas seulement de la fiction légale de l'exterritorialité; il a encore son fondement rationnel dans le caractère spécial des fonctions diplomatiques, lequel échappe moralement à l'action des lois territoriales et exige impérieusement que pour ne pas compromettre les intérêts d'un service public étranger les personnes qui dépendent d'une légation ou concourent à ses travaux, ne soient jamais soustraites au contrôle et à la législation de leur propre pays.

En droit rigoureux, ou pourrait donc soutenir qu'un ministre public a le pouvoir de juger et de punir les crimes commis par ses employés et ses serviteurs.

Ce droit de juridiction criminelle revendiqué et exercé dans les temps, anciens par certains agents diplomatiques, a été longuement et savamment débattu par les publicistes. La majorité en a contesté l'existence. Quant à nous, nous considérons comme une nécessité découlant de la situation même des agents revêtus d'un caractère représentatif que leur personnel jouisse de la même immunité qu'eux-mêmes, ne puisse sous aucun prétexte être troublé dans le libre exercice de ses fonctions et ne soit par conséquent justiciable que des lois et des tribunaux de son pays; mais nous ne saurions admettre qu'un ministre public s'érige en haut justicier sur le territoire même où il remplit son mandat, prononce des sentences criminelles et porte ainsi la plus flagrante atteinte·à l'indépendance souveraine du gouvernement près lequel il est accrédité.

Dans les sociétés modernes le droit le juridiction tant au civil qu'au criminel ne fait pas intrinsèquement partie des attributions diplomatiques; l'usage consacré veut qu'en cas de crime ou de délit imputable à une des personnes placées sous sa dépendance le chef d'une légation renvoie aussitôt le coupable dans son pays pour, y être jugé. C'est même pour prévenir tout doute, toute difficulté à cet égard que chez la plupart des nations les lois civiles ou la coutume exigent que tout chef de mission remette une liste exacte de son personnel au ministre des relations extérieures du gouvernement près lequel il est accrédité. Cette formalité a entre autres effet ce lui de soumettre les personnes de la suite du ministre à son contrôle et à sa surveillance, de sorte qu'elles ne puissent vivre dans cn état d'indépendance absolue et avoir la liberté de se livrer sans crainte à toute espèce de désordres.

On peut faire une exception pour la Turquie ct les Etats barbaresques, où les représentants des puissances européennes jouissent d'une juridiction très-étendue, notamment en matière pénale et particulièrement sur les gens de leur suite.

Juridiction volontaire. La juridiction accordée au ministre public à l'égard de sa suite est celle qu'on désigne sont le nom de *volontaire* ou *gracieuse*. Ainsi il peut recevoir des testaments, légaliser les contrats et les actes de l'état civil, faire apposer les scellés, etc. Le ministre public peut également exercer cette juridiction gracieuse par rapport aux sujets de son gouvernement dans le pays ou il réside; mais alors il faut qu'il ait reçu un mandat spécial.

Toutefois le gouvernement près lequel le ministre en accrédité n'est pas plus obligé de reconnaître ces actes comme valables qu'il ne l'est de reconnaître tous actes émanant des autorités de l'Etat que représente le ministre; ces actes de juridiction gracieuse ne peuvent avoir de valeur auprès des tribunaux locaux que dans les limites prévues ou consacrées par les règles générales sur les contrats faits en pays étranger; le gouvernement territorial peut n'en pas admettre la validité toutes le fois que le litige est regardé par lui comme étant du ressort de ses tribunaux.

Dans aucun cas les ministres étrangers n'ont le droit de statuer sur des contestations entre leurs nationaux, ni même entre les personnes de leur suite.

AGITATEUR, agitation. Celui qui exite des troubles de la fermentation dans le publie ou dans une assemblée.

L'agitation est l'acte d'exciter et d'entretenir cette fermentation, ou le fait même de la surexcitation des sentiments populaires.

En Angleterre et aux Etats-Unis il se pratique un genre spécial d'agitation politique, qui consiste, sous l'impulsion de certaines personnalités influentes, a imprimer à l'opinion publique un mouvement de manifestation accentuée dans le but de parvenir, par les voies légales autant que possible, à l'obtention de quelque réforme, de quelque concession gouvernementale, de quelque mesure d'ordre politique ou social.

AGNAT ET COGNAT. Ces termes, qui dérivent du droit romain, s'emploient pour désigner les membres d'une même famille, avec cette différence que le titre *d'agnats* s'applique particulièrement aux collateraux descendant de la même souche par les mâles, et que les *cognats* sont les parents par les femmes. Ainsi, à Rome, *l'agnation*, ou lien de consanguinité entre les agnats, représentait à la fois la parenté naturelle et civile; la *cognation* ou lien de parenté entre les cognats, ne représentait que la parenté nouvelle.

Cette distinction avait surtout une grande importance par rapport aux règlements d'hérédité; mais depuis que les lois sur les successions, dans la plupart des pays civilisés, ne reconnaissent aucune différence entre les agnats et les cognats, l'intérêt que peut avoir la distinction entre la descendance par les mâles (agnats) et celle par les femmes (cognats) est restreint soit aux familles souveraines régies par la loi salique soit aux possesseurs de fiefs ou de majorats et aux membres de la chambre des lords en Angleterre, soit à quelque autres catégories de personnes privilégiées ou se trouvant dans des positions exceptionelles.

Un fait sert à reconnaître les agnats d'avec les cognats, c'est qu'en général les premiers portent tous le même nom, tandisque les seconds ont des noms différents de celui de la ligne principale.

AGRAIRE. Ce mot qui signifie, relatif à la terre considérée comme propriété cultivable ou exploitable, ne s'emploie guère que dans ces deux locutions *lois agraires, mesures agraires.*

Dans la législation romaine on donnait le nom de lois agraires à toutes les lois qui statuaient sur la distribution entre les citoyens des terres conquises

Dans l'histoire moderne on dénomme ainsi les lois qui tendent à changer soit le mode de distribution, soit le mode de possession de la terre, comme, par exemple, celle que le Parlement anglais a votée récemment, et qui a pour objet de régler les rapports entre les propriétaires et les fermiers ou tenanciers en Irlande

Quant aux mesures agraires, ce sont

celles qui servent à mesurer la surface de la terre, telles que le mètre carré, l'are et ses divisions, en France.

AGRESSION, agresseur, attaque. *L'agression* est l'action de celui qui attaque le premier., lequel est dit l'agresseur.

L'attaque est l'action d'attaquer, d'engager le combat.

Littré établit cette distinction entre l'agression et l'attaque.

„*Attaque* porte simplement l'idée sur un combat, une lutte qui commence d'un côté; mais *l'agression* porte l'idée sur l'acte premier qui est la cause du conflit. Il est possible que celui qui attaque ne soit pas l'agresseur, l'agression pouvant consister en toute autre chose qu'une attaque. Attaque est l'acte, le fait; agression est l'acte, le fait considéré moralement et pour savoir à qui est le premier tort.“

AHRENS (Henri), jurisconsulte allemand, professeur aux universités de Bruxelles, de Gratz et de Leipzig, né à Kniestadt (Hanovre) le 15 juillet 1803, mort en août 1874 Il fut un des fondateurs de l'Institut de droit international.

Cours de droit naturel, ou de philosophie du droit d'après l'état de cette science en Allemagne. Bruxelles 1852, 3 édit. in-8. 4ème édition. Paris 1858.

Cours de droit naturel ou de philosophie du droit, complété, dans les principales matières, par des aperçus historiques et olitiques. — 7e édition, réimprimée après a mort de l'auteur et complétée par la héorie du droit public et du droit des ens. — 2 vol. gr. in-8. Leipzig 1875.

Dans cet ouvrage Ahrens développe es principes de la philosophie panthéiste de Krause, qui fait du monde de la naure et du monde de la raison deux sphères secondaires, au dessus desquelles e place l'être primitif.

AIX-LA-CHAPELLE. (*Traité de paix* ', *1668*.) Ce traité conclu à Aix-la-Chaelle le 2 mai 1668 entre la France et 'Espagne mit un terme à la guerre dite de *dévolution*. (Voir ce mot.)

Louis XIV avait saisi l'occasion de la ort du roi d'Espagne, Philippe IV, en 665, pour élever des prétentions sur lusieurs provinces de la monarchie agnole au nom de l'infante Marie-Thé-'èse sa femme, malgré la renonciation e cette princesse exprimée dans son ontrat de mariage et confirmée par le raité des Pyrénées. (*Voir ce traité.*)

La guerre éclata en 1667. Les Français e furent bientôt emparés de plusieurs illes des Pays-Bas espagnols et de la ranche-Comté. Alarmés de leurs pro-

grès, les Hollandais signèrent le 23 janvier 1668 à La Haye avec l'Angleterre et la Suède, un traité d'alliance, par suite duquel les trois puissances s'érigèrent en médiatrices entre la France et l'Espagne : on offrit à cette dernière ou de laisser le roi de France en possession de toutes les places qu'il avait conquises pendant la campagne de 1667, ou de lui abandonner soit le duché de Luxembourg, soit la Franche-Comté, et dans l'un ou l'autre cas, Cambrai et le Cambrésis, Douai, Aire, Saint Omer, Furnes et leurs dépendances.

C'est sur la première de ces alternatives, agréée de part et d'autre, que s'engagèrent les négociations de la paix, qui fut signée à Aix-la-Chapelle le 2 mai 1668, sous la médiation du Pape.

Les articles 3 et 4 du traité adjugent au roi de France les conquêtes qu'il avait faites pendant la campagne de 1667; savoir : Charleroi, Binch, Ath, Douai, Tournoi, Oudenarde, Lille, Armentières, Courtrai, Bergues et Furnes.

Par l'article 5 la France restitue la Franche-Comté au roi d'Espagne.

La paix d'Aix-la-Chapelle a cela de particulier que ni dans le préambule ni dans aucun des articles il n'est question des prétentions de la reine de France sur les Pays-Bas, qui avaient été le motif de la guerre, ni de la renonciation de cette princesse à tout droit de succession dans la monarchie espagnole.

L'article 7 du traité exprimait le consentement des deux rois à ce qu'il fût garanti par toutes les puissances qui le voudraient. L'Angleterre, la Suède et la Hollande s'en portèrent garants par un traité particulier signé à La Haye le 7 mai 1669.

AIX-LA-CHAPELLE (*traité de paix d'*, *1748*). Deux ans après la paix de Vienne, l'Empereur Charles VI, dernier mâle de la maison d'Autriche, étant mort le 20 octobre 1740, sa succession au trône, quoiqu'elle eût été réglée par la *pragmatique sanction* de 1715 (*voir* PRAGMATIQUE), qu'avaient garantie les principales puissances de l'Europe, suscita plusieurs prétendants, qui se mirent sur les rangs pour disputer les droits de Marie-Thérèse, fille et héritière du défunt empereur: c'étaient l'électeur de Bavière, dont la femme était la seconde fille de l'Empereur Joseph Ier; l'électeur de Saxe, qui avait épousé la fille aînée du même prince; le roi d'Espagne, qui prétendait seulement aux royaumes de Hongrie et de Bohême; le roi de Sardaigne, qui renouvelait ses prétentions sur le duché de Milan; le roi de Prusse, Frédéric II, qui faisait revivre ses droits à quelques parties de la Silésie, dont la maison de Brandebourg avait été dépossédée par la maison d'Autriche.

La France et l'Espagne prirent parti pour l'électeur de Bavière par une alliance signée à Nymphenbourg le 18 mai 1741, à laquelle accédèrent successivement les rois de Prusse, de Pologne et de Sardaigne, l'électeur palatin et celui de Cologne.

Marie - Thérèse eut d'abord le roi d'Angleterre pour allié, puis plus tard la Russie.

Après six années de guerre, dont le résultat le plus marquent fut la cession de la Silésie au roi de Prusse, et pendant lesquelles les diverses alliances se rompirent pour passer d'un camp dans l'autre, dés conférences de paix furent ouvertes à Aix-la Chapelle le 24 avril 1748; les préliminaires furent arrêtés le 30 du même mois entre la France, l'Angleterre et la Hollande, et la paix définitive signée le 18 octobre.

Le traité qui la consacre est fondé sur les traités de Westphalie de 1648, de Madrid de 1667 et de 1670, de Nimègue de 1678 et de 1679, de Ryswick de 1697, d'Utrecht de 1713, de Bade de 1714, de la triple alliance de la Haye de 1717, de la quadruple alliance de Londres de 1718, et de Vienne de 1738, lesquels sont tous renouvelés et confirmés.

Les parties contractantes se rendent de part en d'autre toutes les conquêtes faites pendant la guerre, soit en Europe, soit dans les Indes.

La France s'engage à rendre à la maison d'Autriche les Pays-Bas, aux Hollandais Berg-op-Zoom et Maestricht; au roi de Sardaigne la Savoie et le comté de Nice.

L'Angleterre restitue à la France l'Ile du Cap Breton en Amérique.

Les duchés de Parme, de Plaisance, de Guassolle sont cédés à l'infant d'Espagne don Philippe, frère cadet de don Carlos, pour être possédés par lui et ses descendants mâles légitimes.

Le duc de Modène et la république de Gênes sont réintégrés dans tous les Etats, places fortes et biens dont ils jouissaient avant la guerre.

La garantie de la succession au trône d'Angleterre, établie en faveur de la maison de Hanovre par le traité et la quadruple alliance, est renouvelée.

Est renouvelée pareillement la garantie de la pragmatique sanction autrichienne, à l'exception des cessions déjà faites par l'Empereur Charles VI, et par l'Impéra-trice Marie Thérèse, et de celles stipulées au présent traité.

Le duché de Silésie et le comté de Glatz sont garantis au roi de Prusse.

AJOURNEMENT. Ajourner une affaire signifie différer, remettre à une époque plus éloignée le règlement d'une affaire dont l'instruction est insuffisante, ou dans laquelle il est survenu des incidents qui nécessitent un complément d'information.

On ajourne pareillement une délibération, des négociations, l'exécution d'un projet, d'un travail, faute d'études ou de préparatifs suffisants, ou pour toute autre raison, ou même sans motif.

L'époque de l'ajournement peut être fixe ou indéterminée.

ALBERI (E.), publiciste italien. *Relazioni degli ambasciatori veneti al Senato* (Relations des ambassadeurs vénitiens au Sénat.) Florence 1839—63. 15 voll. 8⁰

ALBERTINI (Luis Eugenio), publiciste sud-américain né au Pérou en 1823. Il a été consul du Pérou à Bordeaux et à Saint-Nazaire, puis chargé d'affaires en France.

Tratado de derecho diplomático en sus aplicaciones especiales á las Repúblicas Sud-Americanas, seguido de un apendice conteniendo las principales leyes, decretos y reglamentos de las Repúblicas Argentina, de Chile, del Ecuador, Perú y Estados Unidos de Colombia. (Traité du droit diplomatique dans ses applications spéciales aux républiques Sud-Américaines, suivi d'un appendice contenant les lois, les décrets et les règlements principaux de la République Argentine, du Chili, de l'Equateur, du Pérou et des Etats-Unis de Colombie.) Paris 1866 — in-8.

Diplomacia Sud-Americana. (Diplomatie Sud-Américaine.)

ALBISTUR (Jacinto), publiciste espagnol, ancien Ministre plénipotentiaire.

Relaciones entre España y los Estados del Rio de la Plata. (Relations entre l'Espagne et les Etats-Unis de la Plata.) Madrid 1861.

España, la Republica Argentina y el Señor D. J. B. Alberdi. (Espagne, la République Argentine et Mr. J. B. Alberdi.) Madrid 1861.

De la exterritorialidad. [El Siglo de Montevideo.] (De l'extorritorialité. [Le Siècle de Montevideo.])

ALCORTA (Amancio), publiciste sud-américain. Professeur de droit international à l'Université de Buenos-Aires

Tratado de Derecho Internacional. (Traité de droit international.) Buenos-Aires 1878. 1 vol. 8⁰. — Il n'a été publié que le premier volume de cet ouvrage. — Dans ce volume, qui n'est à proprement dire qu'une introduction, l'auteur expose les principes généraux du droit international dont il affirme l'idée et l'existence, qu'il démontre par un résumé de l'histoire des relations, des peuples, entre eux; puis il établit le fondement du droit, qui réside, selon lui, dans la nature commune à tout les hommes, laquelle se manifeste progressivement par le consentement de toutes les nations civilisées; enfin il recherche les sources du droit, et arrive à cette conclusion que le plus grand nombre des contestations entre les États peuvent trouver une juste solution dans ce système d'équité pratique qui observe les principes de jurisprudence applicables, aux individus aussi bien qu'aux États.

ALIEN. Alien bill. On appelle ainsi l'étranger non domicilié dans le royaume uni de la Grande-Bretagne (Angleterre, Écosse et Irlande.)

La situation de ces étrangers est régie par une série d'ordonnances et d'actes du Parlement, dont le plus important est connu sous le nom d'*Alien bill* (loi des étrangers), qui a été voté par le Parlement en 1793, puis renouvelé en 1802, en 1803, en 1816 et en 1818, mais toujours pour un temps limité: cette loi renferme des dispositions particulières concernant es réfugiés.

La nouvelle loi du 12 mai 1870 sur la aturalisation y a apporté de sérieuses odifications. (*Voir* ÉTRANGER.)

ALIÉNATION. C'est en général l'action de vendre ou de céder une chose, a transmission à autrui de la propriété 'un objet mobilier ou immobilier.

Le droit d'acquérir implique naturelle-ent, logiquement, comme conséquence u, comme corrélatif, le droit d'aliéner. 'État, à qui est reconnu le premier de es droits, possède donc aussi le second.

En principe, un État souverain a in-ontestablement pour aliéner un droit gal à celui qu'il possède pour acquérir; eulement l'exercice du droit d'aliénation st subordonné à des règles, à des condi-ions particulières établies par les lois onstitutives de chaque État: c'est ainsi ue les constitutions des États européens ubordonnent la validité des aliénations e territoire consenties par le pouvoir xécutif soit à un vote de la nation tout ntière, soit à une approbation formelle u pouvoir législatif.

En thèse générale on peut dire que le omaine public s'aliène par les mêmes oyens que le domaine privé, et com-orte dès lors la translation de propriété

par voie de constitution de *rente* ou d'*hypothèque*, et par contrats de *vente*, de *cession*, d'*échange*, de *donation*, etc. (Voir ces mots.)

ALLÉGATION. C'est la citation d'un livre, d'un écrit ou d'une opinion faisant autorité, d'un document authentique, d'un fait duquel on tire un argument, un moyen de droit ou de raison.

C'est aussi une proposition avancée; il s'emploie en ce sens surtout dans le langage législatif et juridique.

ALLÉGEANCE. C'est le nom qu'on donne en Angleterre à l'obéissance que tout sujet doit à son prince et à son pays. Tout individu né sujet de la couronne d'Angleterre ne peut jamais, par le simple acte de sa volonté, se dégager de cette obligation, rompre le lien d'allé-geance qui l'attache au souverain de la Grande-Bretagne.

Cette doctrine de l'allégeance est ainsi résumée par Blackstone et Stephen:

„L'allégeance est le lien qui attache le sujet au roi en raison de la protection que le roi donne au sujet. L'Anglais qui se rend en France ou en Chine, doit au roi d'Angleterre, en France ou en Chine, la même allégeance que s'il était resté dans sa patrie: car c'est un principe de la loi universelle que le sujet d'origine (*natural born subject*) ne peut, ni par son fait personnel, ni même en jurant allé-geance à un autre souverain, se déchar-ger de l'allégeance naturelle qu'il devait à son premier souverain: cette allégeace naturelle, intrinsèque, primitive et anté-rieure à toute autre, ne peut disparaître sans le consentement du prince auquel elle est originairement due.“

La nouvelle législation sur la natura-lisation votée par le Parlement le 12 mai 1870 a modifié sensiblement les liens de l'allégeance, qui peuvent être relâchés, sinon complétement rompus, dans cer-tains cas: ainsi la loi nouvelle reconnaît aux sujets anglais le droit de renoncer à cette qualité par leur naturalisation à l'étranger.

ALLOCATION. Action d'allouer une somme pour dépense, d'accorder, d'ad-mettre ou d'approuver une demande de crédit, une dépense faite ou à faire.

ALLOCUTION. En général discours d'une personne qui est en droit de par-ler; mais ce mot se dit particulièrement d'un discours bref, le plus souvent pro-noncé à l'improviste, sinon improvisé: ainsi un prince adresse une allocution aux ministres étrangers dont il reçoit les lettres de créance, un haut fonctionnaire à ses subordonnés dans certaines circonstances ou solennités, un général à ses soldats au moment d'une action, etc.

ALLEU, terres Allodiales. Terme de droit féodal, signifiant la possession par droit héréditaire.

L'*alleu* ou plutôt le *franc-alleu* désignait toute terre libre, exempte de tout obligation seigneuriale, par opposition au *fief* ou propriété foncière tenue d'un seigneur féodal et par conséquent obligée envers lui à certaines charges : il y avait encore cette différence que l'alleu était perpétuel, tandisque le fief n'était qu'à vie.

On distinguait les alleus en nobles et en roturiers ; quoiqu'ils fussent égaux en franchise, ils différaient en ce que le franc-alleu noble possédait le droit de justice et avait des fiefs sous sa dépendance, et que le franc-alleu roturier n'avait ni droit de justice ni suprématie seigneuriale, mais il ne devait rien à aucun seigneur.

Les terres *allodiales* sont celles qui sont tenues en franc-alleu.

Les premiers alleus paraissent avoir été les terres prises, occupées ou reçues en partage par les Francs au moment de la conquête ; on retrouve aussi la trace d'un pareil partage des terres aux vaiqueurs chez les Bourguignons, les Wisigoths, les Lombards, etc.

Sous le régime féodal en France, dans les contestations sur la nature de la propriété, la présomption légale était toujours en faveur du fief, d'après la règle générale : „Nulle terre sans seigneur“ : c'était au propriétaire à prouver que sa terre était allodiale ; en Allemagne, au contraire, la présomption était en faveur de l'alleu. Quant à l'Angleterre, où le roi, selon la loi, est le seigneur suprême de toutes les terres, de tous les domaines, il ne pouvait existir de propriété allodiale. (*Voir* FÉODALITÉ, FIEF.)

ALLIANCE. *Classification. Définition.* Union de deux ou de plusieurs nations pour la poursuite d'un but politique commun.

Il peut se faire que des États s'allient entre eux pour accomplir une oeuvre essentiellement pacifique ; mais en général les alliances ont en vue la guerre, soit éventuelle, soit déjà déclarée ; elles tendent donc à la participation aux hostilités contre de tierces puissances ou à la prestation de secours à une puissance belligérante.

Les alliances sont ou offensives ou défensives, ou bien elles ont ce double caractère à la fois.

Dans les alliances offensives conclues avant la rupture des hostilités les nations signataires s'engagent en général à se prêter mutuellement secours et assistance pour agir hostilement soit contre toute nation quelconque, soit contre un pays nettement déterminé d'avance.

Dans les alliances défensives, l'allié promet sa protection et son appui matériel contre toute agression injuste dirigée contre son co-associé ou co-contractant.

La troisième classe d'alliances qui réunit en elle les conditions des deux autres, est désignée en conséquence sous le nom d'alliance offensive et défensive

Cette double dénomination indique suffisamment qu'elle implique l'obligation absolue de repousser de concert, à première réquisition, toute attaque injuste dirigée contre l'un des États alliés et de prêter l'appui du contingent convenu pour soutenir la guerre déclarée en commun dans l'intérêt de tous les membres de l'alliance. L'alliance offensive et défensive se produit le plus habituellement à titre permanent entre États souverains attachés les uns aux autres par des liens fédératifs, comme par exemple les États-Unis de l'Amérique ; on pourrait même dire qu'en pareil cas l'alliance offensive et défensive est une conséquence nécessaire, sinon une des bases essentielles de l'union fédérale.

Entre autres États que n'unissent pas de semblables liens, l'alliance peut également avoir un caractère de généralité et de perpétuité.

D'autres fois l'alliance n'a qu'un caractère transitoire et surgit à propos ou en vue d'une guerre déterminée.

Effets de l'alliance. L'alliance, de quelque nature qu'elle soit, constitue un contrat synallagmatique une obligation rigoureuse, réciproque de droit strict, à laquelle celui qui l'a volontairement contractée ne peut se soustraire à moins de se trouver en face d'un empêchement de force majeure, de l'impossibilité matérielle d'y demeurer fidèle ; d'un autre côté, la bonne foi exige que, si l'alliance est devenue trop onéreuse, par exemple si elle ne peut plus se concilier avec l'intérêt de l'État qui l'a acceptée, on la dénonce à l'amiable avant l'heure à laquelle se produit le *casus fœderis*, c'est-à-dire un des cas prévus dans lesquels les engagements pris par le fait de l'alliance ou en découlant doivent être mis à exécution selon leur nature et leur portée.

Il est souvent assez difficile d'établir

avec précision quand il y a réellement lieu au *casus fœderis*.

Quelques publicistes soutiennent que les alliances offensives se constituent par un lien absolument obligatoire, que les alliés restent libres d'en discuter la portée et que par exemple, elles sont sans application possible à des guerres souverainement injustes. Nul doute que les alliances conclues pour engager et poursuivre une lutte manifestement contraire à toute justice, à toute équité, ne soient sans valeur aucune; car il est impossible d'admettre en saine raison juridique que les actes illicites, en opposition flagrante avec les principes du droit naturel, puissent jamais être valides, i constituer des liens obligatoires.

Il en est de même pour les alliances défensives: ici encore la cause ou la légitimité de l'attaque peut seule servir à égager l'existence du *casus fœderis*. Si a lutte est engagée par l'adversaire sans rovocation, injustement, par exemple dans des vues d'ambition ou de conquête, 'l est clair qu'il n'y a plus matière à discuter la portée des engagements souscrits, et que l'allié de la partie attaquée st tenu de prêter sans retard et de onne foi le secours qu'il a promis, mais orsque le belligérant a lui - même par es propres fautes suscité les hostilités, orsqu'il refuse les légitimes satisfactions, qui ont pu lui être demandées, en un mot orsque tous les torts sont de son côté, l est sans droit pour invoquer le *casus œderis* et mettre son allié en demeure e venir à son aide, puisque les conditions acites nécessaires pour la validité de 'obligation contractée font absolument éfaut.

Alliances défensives. Les alliances déensives s'étendent assez souvent jusqu'à a garantie des possessions territoriales le l'un des contractants. Il est clair que ans ce cas le *casus fœderis* surgit seulcent lorsque ces possessions sont tomées au pouvoir de l'ennemi ou se trouent exposées à un péril imminent. La lupart des auteurs exigent sur ce point, omme sur les précédents, que la justice e la contestation soit évidente. D'autres ependant défendent la doctrine contraire t soutiennent que la garantie est due ans condition en toute circonstance. A oins de supposer que le traité de garantie ait été souscrit à la légère et n'ait as été inspiré par des considérations 'ordre majeur et permanent, telles que es raisons d'équilibre ou d'intérêt matéiel réciproque, il est difficile d'admettre ue le garant ait la faculté illimitée de peser seul à son propre point de vue la force obligatoire de ses engagements.

En poussant trop loin les distinctions relatives à l'existence du *casus fœderis* on s'expose à rendre presque illusoires les traités d'alliance; aussi est-on arrivé dans la pratique à restreindre considérablement le droit de discuter la force et l'opportunité des engagements souscrits et à établir en faveur de la justice intrinsèque de la cause de l'allié une sorte de présomption légale, que les preuves évidents en sens contraire peuvent seuls détruire ou affaiblir. En résumé on peut dire que ce n'est pas le fait de la conclusion ou de l'existence d'un traité d'alliance qui fait perdre à une nation le caractère neutre, mais bien l'exécution de ce traité.

Classification des alliances d'après les origines. Au point de vue de leur origine, des motifs qui les font naître ou des circonstances qui les accompagnent, on a donné aux alliances différentes qualifications. Ainsi Grotius appelle alliances inégales celles contractées par une puissance supérieure, qui impose à l'État moins puissant des conditions qui constatent sa supériorité, comme, par exemple, des honneurs particuliers ou des prérogatives permanentes.

On donne communément le nom de naturelles aux alliances que contractent soit des États voisins, dont les liens sont resserrés chaque jour par leurs rapports internationaux, les bons procédés mutuels, les relations des sujets respectifs, le commerce, l'industrie, etc.; soit deux puissances qui, éloignées l'une de l'autre, ne peuvent avoir aucun démêlé direct, entre lesquelles, par conséquent, la bonne intelligence ne saurait être troublée.

On pourrait y joindre les alliances de race, basées sur l'origine commune des peuples; les alliances de sang, dues à l'union des souverains unis entre eux par des liens de famille; les alliances fondées sur la communauté de religion, sur l'identité de principes politiques, sur la solidarité d'intérêts, etc. etc.

Rupture des alliances. Il est évident que l'alliance cesse ou est dénoncée ou rompue, dans le cas d'une alliance spéciale ou déterminée, lorsque le but en a été atteint, lorsque la cause pour laquelle elle a été conclue n'existe plus, ou lorsque le terme stipulé est expiré pour l'alliance en général.

On admet qu'elle puisse être rompue, même pendant le cours d'une guerre commune, dans les cas suivants, savoir: 1⁰ les cas de nécessité; 2⁰ ceux où l'allié aurait manqué le premier à son co-allié:

3*

3⁰ ceux où l'objet de l'alliance ne pourrait plus s'accomplir ; 4⁰ ceux où l'allié refuserait une paix convenable qui lui serait offerte.

On désigne aussi sous le nom d'alliance, le traité par lequel les nations cimentent leur union, en règlent l'objet et les conditions, stipulent leurs engagements respectifs et réciproques.

Forme des alliances. La forme des traités d'alliance varie autant que les objets qu'ils peuvent avoir en vue et les causes qui en amènent la conclusion. Cependant les stipulations qu'on y rencontre le plus habituellement peuvent se résumer ainsi : les hostilités ne pourront commencer que de concert et à l'époque convenue ; les contingents de subsides, de troupes et de matériel devront être fournis en temps voulu et maintenus au complet ; les armées alliées se prêteront mutuellement aide et assistance pour préserver les territoires respectifs et combattre l'ennemi commun ; les prisonniers, le butin et les trophées seront partagés proportionellement aux troupes engagées ; chaque partie s'interdit de conclure la paix séparément et s'oblige à faire en sorte qu'à la fin de la guerre les intérêts des alliés soient équitablement sauvegardés en raison des sacrifices faits et des dommages supportés par chacun d'eux. Une clause spéciale précise d'ordinaire la durée de l'alliance et spécifie parfois les conditions de rupture ou de dénonciation ; lorsque le terme n'en est pas autrement indiqué, l'alliance devient permanente ou cesse de plein droit avec la guerre qui l'a provoquée.

Droit d'alliance. Le droit de conclure des alliances est un des principaux attributs de la souveraineté ; les obligations stipulées dans le traité survivent à ceux qui l'ont signé : la mort de l'un des souverains ou chefs d'État contractants ne change rien en droit aux engagements qui en sont le résultat : le gouvernement qui succède est tenu de les remplir dans les conditions et pour le terme prescrits.

ALLUVIONS. *Voir* FLEUVES.

ALMANACH DE GOTHA, *annuaire généalogique, diplomatique et statistique.* Cette publication périodique, qui paraît régulièrement à la fin de chaque année, contient la généalogie des souverains de l'Europe et des familles des princes non souverains, la liste des ordres accordés par les souverains et les États, et l'énumération de tous les hauts fonctionnaires des principaux États du monde, y compris les agents diplomatiques et les consuls. Elle renferme en outre sur chaque pays des notices statistiques, avec les modifications survenues dans l'année, concernant la population, l'exercice financier, les forces militaires et navales, le mouvement commercial, etc.

Chaque volume se termine par un résumé historique, dans l'ordre chronologique, des principaux événements qui se sont passés dans chaque pays depuis le mois de juillet de l'année précédente jusqu'à fin juin de l'année courante.

L'Almanach de Gotha, qui est édité à Gotha par la librairie Justus Perthes était à la 122e année de sa publication au 1er janvier 1885.

La même librairie en publie une édition allemande.

ALT. (P.) Jurisconsulte et publiciste allemand.

Handbuch des europäischen Gesandtschaftsrechts (Manuel du droit d'ambassade européen) Berlin 1870.

Cet ouvrage est enrichi d'une dissertation sur les consulats.

ALTERNAT. Il arrive assez souvent que le rang des États soit égal ou ne soit pas nettement déterminé ; dans ce cas on a recours à divers moyens pour éviter les conflits que les prétentions respectives des parties en présence pourraient susciter. Un de ces moyens consiste dans ce qu'on appelle l'alternat, en vertu duquel on change, tantôt d'après un ordre régulier, tantôt d'après la voie du sort, le rang et la place des puissances : c'est ce qui a lieu notamment lors de la signature de traités ou de conventions entre deux ou plusieurs États.

On peut donc définir l'alternat le droit qu'a chaque souverain ou chef d'État d'être nommé le premier dans le texte d'un traité auquel il est partie ; et le plénipotentiaire de ce souverain, d'occuper la première place dans l'énumération des négociateurs figurant en tête du traité, ainsi que la place d'honneur pour la signature de l'exemplaire sur lequel son souverain occupe le premier rang.

Ce droit appartient à chacune des puissances contractantes ; qui tant dans l'introduction ou le préambule d'un traité que dans l'ordre des signatures, se fait inscrire la première sur l'exemplaire qui lui est destiné et doit être conservé dans les archives de sa chancellerie.

Aux temps où l'on admettait uniquement l'égalité de dignité entre les rois et non l'égalité du rang, l'usage de l'al ternat était une exception. Ainsi les rois de France cédaient le premier rang à l'empereur d'Allemagne, sans penser déroger ni à leur dignité ni à l'égalité; l'empereur était toujours nommé le premier dans les exemplaires des traités qu'il concluait avec la France; mais avec les autres princes ils prenaient la préséance qu'ils cédaient à l'empereur, et ne leur accordaient l'alternat que lorsqu'une conjoncture favorable à la France les poussait à faire cette concession.

Aujourd'hui que l'égalité de dignité et de rang est reconnue entre toutes les puissances, l'alternat est d'un usage fréquent dans la rédaction des traités pour lesquels on convient, soit de réserver alternativement dans chaque exemplaire la première place à une des puissances signataires, soit de suivre l'ordre alphabétique pour l'intitulé et la signature des plénipotentiaires, abstraction faite du rang: c'est ce dernier mode de procéder qui prévaut généralement.

La question de l'alternat, facile à régler lorsqu'il s'agit d'actes ou de traités entre deux États seulement, peut présenter quelques complications entre plusieurs puissances : c'est ce qu'a prévu le règlement du congrès de Vienne du 19 mars 1815, disposant par son article 7 qu'entre plusieurs puissances qui admettent l'alternat, le sort décidera entre les ministres de l'ordre. qui devra être suivi dans les signatures"; sous réserve, bien entendu, du droit de chacune des puissances de s'attribuer à elle-même la première place dans les exemplaires du traité expédiés dans sa propre chancellerie; le tirage au sort n'a lieu que pour l'ordre à observer dans les signatures des autres puissances.

ALTESSE. C'est un titre d'honneur qu'on donne à différents princes en parant et en écrivant. .

Lorsque ce titre est suivi du terme *impérial*, il s'applique aux princes et aux rincesses issus en ligne directe des failles des souverains portant le titre d'empereur, avec le mot *royal*, aux fils et aux filles des rois; cependant quelques rinces, tels que les grands-ducs d'Alleagne, ont le privilège de porter la qualiication d'Altesse royale, quoiqu'ils ne escendent pas d'un roi. Les membres collatéraux des familles impériales ou 'oyales reçoivent le titre d'Altesse séréissime, qui est également donné aux ducs t aux princes souverains d'un ordre érieur. Le baron Ch. de Martens fait oberver que lorsqu'une princesse à laquelle

la qualification d'Altesse impériale ou royale est due par sa naissance, épouse un prince à qui ce titre n'appartient pas, elle continue de le porter; mais que, ce seul cas excepté, les princesses portent les titres et les dénominations du prince leur époux, à moins qu'il ne soit dérogé à la règle par convention.

En Allemagne, indépendamment des maisons régnantes, 50 familles des anciens princes de l'Empire médiatisés ont été autorisées, par un décret de la diète en 1825, à porter le titre d'Altesse sérénissime, qui est du reste donné par courtoisie à tous ceux qui portent le titre de duc ou de prince.

Dans l'origine le titre d'Altesse avait été attribué aux évêques, qui, en France, le portèrent sous les rois des deux premières races; il fut ensuite adopté par les principaux souverains de l'Europe, jusqu'à l'époque où ils prirent celui de Majesté; ce furent les rois de France Louis XI et François Ier qui les premiers se donnèrent ce dernier titre, et leur exemple fut bientôt suivi par les autres rois, qui jusque là étaient considérés, dans la hiérarchie des jurisconsultes du moyen-âge, comme les vassaux de l'Empereur du Saint Empire romain, à qui appartenait exclusivement la qualification de Majesté.

Le titre d'Altesse Sérénissime a été pour la première fois assumé en 1633 par le prince de Condé, qui voulut ainsi se distinguer des princes naturalisés, auxquels il laissa l'Altesse seule.

ALTMARK (trève d') 1629. Par la trève d'Altmark (village aux environs de Stum en Prusse), signée le 25 sept. 1629, le roi de Pologne Sigismund III, qui prétendait avoir des droits à la couronne de Suède, reconnaissait à Gustave Adolphe le titre de roi de ce pays.

Le roi de Suède restituait au roi de Pologne les places de Strassbourg, de Dirschau, du Werder de Danzig, de Guttstadt, de Wormbdit, de Mehlsack, de Frauenbourg.

Mittau avec son territoire était rendu au duc de Courlande. Chaque partie contractante conservait en Livonie ce dont elle y était en possession lors de la conclusion de la trève.

ALTONA (traité d') 1689. Le traité intervenu le 30 juin 1689 à Altona entre le roi Christian V de Danemark et le duc de Holstein-Gottorp règle le différend qui existait entre les deux branches de la maison de Holstein : la branche royale, qui occupait le trône de Danemark, et la branche ducale, dite de Holstein-Gottorp, parce qu'elle avait reçu en partage le château et le territoire de Gottorp.

Aux termes du traité le duc était rétabli dans tous ses biens et pays avec la souveraineté, les droits réguliers, et généralement dans tous les droits et les prérogatives dont il était en possession avant et après les traités de Westphalie et du Nord jusqu'en 1675.

L'empereur Léopold garantit le traité d'Altona par un acte qu'il délivra à Augsbourg le 26 octobre 1689.

AMARI (Carnazza) publiciste italien, professeur de droit international à l'Université de Catane (Sicile).

Trattato sul diritto internazionale pubblico di pace. (Traité du droit international public en temps de paix.) Milan 2e édit. 1875. Cet ouvrage a été traduit en français par M. Montanari-Revest, juge au tribunal civil de Toulon, qui a fait précéder sa traduction d'une „*Étude sur l'état actuel du droit des gens en Italie*" (Paris, 1880 — 2 vol. in-8⁰).

M. Amari définit le droit international public : „l'ensemble des lois imposées aux États, qui règlent leur activité manifestée dans les relations internationales, autant qu'elle est la condition indispensable à l'accomplissement de leur destinée." Et à ce droit ainsi défini il donne pour base „l'organisation de l'humanité selon l'inspiration de la consicence nationale·" En d'autres termes, le principe des nationalités est, selon M. Amari, le principe du droit des gens, qui se résume tout dans la *nationalité*, qui a un but unique, la reconnaissance des nationalités.

Quelque controversable que soit ce point de départ, le livre de M. Amari est un traité des plus complets et des plus lucides de la matière dans les limites qu'il s'est tracées, c'est à dire en n'envisageant les relations des peuples que tant que la paix règne entre eux. Il est divisé en cinq sections.

La première section définit l'*État* et la *Nation* et en expose les conditions.

Dans la seconde sont énumérés et interprétés les droits et les devoirs des États.

La troisième section traite spécialement du droit de représentation, et surtout des missions diplomatiques et des consulats.

La quatrième, sous le titre d'*obligations* des États, est consacrée aux *traités* internationaux.

Enfin la cinquième section recherche les moyens pacifiques de résoudre les différends entre les États.

AMARINER UN VAISSEAU. C'est envoyer à bord d'un navire pris sur l'ennemi des gens pour en remplacer l'équipage.

AMBASSADE. Fonction de l'ambassadeur. (*Voir ce mot.*)

On comprend aussi sous cette dénomination la suite de l'ambassadeur et l'hôtel où il réside.

Se dit encore d'une députation spéciale envoyée à un souverain, à un prince.

AMBASSADEUR. Dans le langage diplomatique, le titre d'ambassadeur est donné exclusivement aux personnes qui appartiennent à la première classe des agents diplomatiques.

Un ambassadeur n'est pas seulement le principal agent de l'État qui l'a envoyé; il est, de plus, censé représenter la personne même de son souverain: la représentation n'est pas complète, car, quelque honneur qu'on rende à un ambassadeur, on ne peut jamais le traiter comme on traiterait un souverain en personne. En principe les ambassadeurs ont droit aux mêmes honneurs que ceux qui seraient accordés au pouvoir qui les a accrédités. Cependant sur ce dernier point, qui n'est que de pur cérémonial, il n'existe pas de règle fixe et générale, chaque cour, chaque pays a ses usages auxquels les ambassadeurs sont tenus de se conformer, autant qu'ils n'impliquent ni inégalité ni distinction blessante.

En raison de ce caractère représentatif les ambassadeurs sont seuls autorisés à traiter directement avec le souverain lui-même, auprès duquel ils ont toujours accès.

Les ambassadeurs se distinguent en *ordinaires* et des *extraordinaires*. La première dénomination s'applique à ceux qui sont nommés pour remplir une mission diplomatique permanente, la seconde à ceux qui sont chargés d'une mission accidentelle extemporaire, d'une négociation particulière, d'une mission d'étiquette ou de cérémonie. On accorde aussi le caractère d'ambassadeur ou d'envoyé extraordinaire à l'agent appelé pour un temps indéterminé à exercer certaines fonctions diplomatiques; c'est alors une qualification purement honorifique, donnée pour assurer à celui qui la reçoit les honneurs exceptionnels et la supériorité de rang que, malgré l'article 3 du règlement de Vienne, on serait disposé à accorder aux ambassadeurs extraordinaires sur les ambassadeurs ordinaires.

Ainsi les ambassadeurs ont droit au salut des forteresses et des navires de guerre, lorsqu'ils arrivent par mer; et dans les pays où le salut est accordé aux ministres plénipotentiaires, les ambassadeurs sont salués par un plus grand nombre de coups de canon. Les ambassadeurs peuvent avoir dans leur salle de réception un dais, sous lequel sont placés un trône et le portrait de leur souverain; lorsqu'ils reçoivent les premières visites d'étiquette ou celles qui sont faites à l'occasion de la fête de leur souverain; ils se tiennent de bout sous le dais, en évitant de masquer de leur corps la vue du portrait du prince. Ils peuvent, dans leur audience de réception, se couvrir quand le souverain se couvre. Ils peuvent, enfin, se présenter dans les cérémonies publiques avec un attelage à six chevaux. (*Voir* AGENT DIPLOMATIQUE.)

AMBASSADRICE. Femme chargée d'une mission internationale.

L'histoire offre quelques exemples de femmes investies des fonctions diplomatiques. L'emploi de femmes dans des missions de ce caractère constitue du reste un cas tout-à-fait exceptionnel, et il est douteux que de nos jours, dans l'état actuel des mœurs, on le voie se reproduire.

Ambassadrice est aussi le titre qu'on donne à la femme d'un ambassadeur.

L'épouse du ministre public participe à ses immunités, non en vertu d'un droit qui lui soit personnel, puisqu'elle n'appartient point officiellement à la mission, mais par convention tacite établie par l'usage et fondée sur l'extension naturelle des privilèges du ministre aux personnes qui lui sont attachées par des liens étroits.

L'ambassadrice ne jouit pas de droits honorifiques particuliers: ce n'est que par courtoisie qu'on lui accorde parmi les dames de la cour la place d'honneur à laquelle son mari est en droit de prétendre sur les maris de ces dames. Elle est aussi traitée avec plus de distinction que les femmes des autres ministres publics, qui lui doivent la première visite. Par contre l'ambassadrice doit faire la première visite à la femme du ministre des affaires étrangères et aux ambassadrices arrivées avant elle, et celles-ci s'empressent de la lui rendre.

AMBULANCE. Espèce d'hôpital militaire temporaire et mobile, formé près des divisions d'armée pour en suivre les mouvements et destiné à administrer les premiers secours aux blessés et aux malades.

Une ambulance peut être établie dans un bâtiment particulier dans le voisinage du champ de bataille, ou dans une tente, ou même en pleine campagne, derrière les rangs de l'armée.

Les ambulances sont reconnues neutres, pourvu qu'elles ne soient point gardées par une force militaire.

Le personnel des ambulances, comprenant l'intendance, les services de santé, d'administration, de transport des blessés, ainsi que les aumôniers participe au bénéfice de la neutralité, tant qu'il reste des blessés à relever et à secourir.

Ce personnel peut, après l'occupation par l'ennemi, continuer de donner ses soins aux malades et aux blessés de l'ambulance qu'il dessert; il a, par contre, la liberté de se retirer pour rejoindre le corps auquel il appartient; dans ce cas les personnes qui en font partie doivent être remises aux avant-postes ennemis par les soins de l'armée occupante; mais le commandant des troupes occupantes a le droit de retarder le départ en cas de nécessités militaires, toutefois pour une courte durée.

En tout état de choses, l'ambulance conserve son matériel.

(*Voir* HOPITAL MILITAIRE, BLESSÉS ET MALADES MILITAIRES, CONVENTION DE GENÈVE.)

AMÉ (L.), jurisconsulte français.

Etudes sur les tarifs de douanes et sur les traités de commerce. 2 voll. Paris 1876. 8⁰.

AMELOT DE LA HOUSSAYE (Abraham Nicolas) historien et diplomate français, né à Orléans en février 1634, mort le 8 décembre 1706.

Il a traduit le *Prince* de Machiavel, avec des remarques, 1683.

Préliminaires des traités faits entre les Rois de France et tous les princes de l'Europe depuis le règne de Charles VII jusqu'à 1690. — Paris, 1690, 6 vol. 4⁰.

Ces traités avaient d'abord paru sans nom d'éditeur; mais Amelot les mit en ordre, et en fit une autre édition, avec un avertissement.

Lettres, mémoires et négociations du Cardinal d'Ossat (1594—1604), avec notes. Paris, 1697, 5 vol. in-12.

AMENDEMENT. En langage parlementaire c'est une modification proposée ou faite à une loi, pour en changer le texte, en réduire ou étendre la portée.

L'amendement peut être modifié à son tour par des sous-amendements.

AMÉRIQUE CENTRALE. (*Guatemala, Honduras, Salvador, Nicaragua et Costa-Rica.*) **Proclamation d'indépendance.** Sous la domination espagnole, les cinq provinces de Guatemala, de Honduras, de Salvador, de Nicaragua et de Costa Rica, qui forment aujourd'hui autant d'États séparés de forme républicaine et sous les mêmes noms, étaient comprises dans le royaume de Guatemala.

La province de Guatemala leva la première l'étendard de l'indépendance; vers la fin de 1820, l'affranchissement s'était accompli sans effusion de sang, par suite de l'absence presque absolue de troupes espagnoles dans le pays, et le 15 septembre de l'année suivante des députés de la population de la province donnaient leur adhésion à la proclamation dont voici le résumé :

„Attendu les vœux exprimés par les autorités et le peuple, le chef politique est requis de proclamer l'indépendance des territoires réunis jusqu' ici sous le nom de royaume de Guatémala. Il a à procéder sans retard à l'élection de députés qui, réunis en congrès, confirmeront la proclamation d'indépendance et détermineront la forme du gouvernement. Ces députés seront élus par les juntes provinciales dans la proportion d'un député sur 15000 habitants. En attendant la réunion du congrès, les autorités établies continueront leurs fonctions. Au chef politique suprême sera adjointe une junte consultative provisoire, qui sera consultée sur toutes les matières importantes. La religion catholique sera maintenue ainsi que ses serviteurs et les congrégations religieuses. Les municipalités auront à prendre toutes mesures pour le maintien de l'ordre. Le chef politique, la junte provisoire et les autorités ecclésiastiques civiles et militaires jureront fidélité au gouvernement américain. Il en sera de même du peuple.“

L'affranchissement du Guatémala entraîna celui des autres provinces de l'Amérique centrale, qui se joignirent à elle pour s'incorporer à la fin de 1821 avec le Mexique, qui venait aussi de se délivrer de la domination métropolitaine; mais l'union avec ce dernier État ne fut que passagère; l'année suivante, les provinces reprirent leur autonomie et s'unirent entre elles pour former une seule république sous le nom des Provinces unies de l'Amérique Centrale.

Voici le résumé de ce pacte d'union et d'indépendance:

„Les provinces de l'Amérique centrale représentées au congrès se déclarent libres et indépendantes de l'Espagne, du Mexique et de toute autre puissance de l'Ancien et du Nouveau Monde; elles ne seront le patrimoine d'aucune personne et d'aucune famille. Elles formeront en conséquence une nation, sous le titre de *Provinces unies de l' Amérique centrale.“*

Le pacte fédéral qui unissait en un seul État les cinq républiques de l'Amérique centrale a été dissous en 1840, et depuis chacune d'elles s'est gouvernée séparément avec une constitution et des lois qui lui sont propres.

C'est sous ce régime que l'Espagne a reconnu définitivement l'indépendance de ses anciennes colonies, avec lesquelles elle a conclu à cet effet des traités séparés.

AMI. En parlant des États ce mot est pris pour synonyme d'allié : il se dit des nations, des maisons souveraines qui sont unies par des traités d'alliance, et qui vivent en bonne intelligence.

AMITIÉ. Elle se dit de l'accord, de l'union qui règne entre des nations; elle est l'objet de traités particuliers, qu'il ne faut pas confondre avec les traités d'alliance: ils en diffèrent en ce qu'ils ne sont qu'un témoignage de la bonne intelligence existant entre deux peuples, et qu'ils ne les obligent pas à se prêter mutuellement un appui effectif à un moment donné; il est rare toutefois que les traités d'amitié ne soient pas un acheminement vers des liens plus étroits et même qu'ils ne renferment pas à cet égard quelque stipulation secrète.

AMIABLE, à l'amiable. L'arrangement *amiable* ou *à l'amiable* s'opère par voie de conciliation, de gré à gré, sans l'intervention de la justice.

Les différends entre les États sont quelquefois réglés par des arrangements de ce genre.

Par l'arrangement amiable l'une des parties, pour éviter les discussions ou un conflit plus sérieux, abandonne ses prétentions ou renonce à la chose à laquelle elle croit avoir droit. Les circonstances de chaque différend peuvent seules déterminer dans ce cas s'il est préférable de sacrifier ses droits par un abandon implicite, ou, tout en renonçant à les faire valoir, d'en sauve-garder le principe par un acte bilatéral qui en reconnaisse au moins l'existence.

Les publicistes ne sont pas d'accord sur la signification et la portée véritable de l'arrangement amiable: les uns l'envisagent comme une renonciation de la part de l'une des parties intéressées; d'autres, comme un désistement de tous les droits douteux ou imaginaires, de toutes les prétentions qui ne sont pas complètement justifiées, quelquefois aussi comme une solution de fait sur un point accessoire, la question principale ou de droit demeurant réservée. Mais, quel que soit le sens qu'on veuille y attacher, l'arrangement amiable n'en est pas moins une preuve évidente de l'esprit de modération et de bonne foi dont sont animés les États qui y ont recours.

On peut citer comme exemple le traité signé à Washington en 1842 par les États-Unis et l'Angleterre au sujet de la prétention soutenue par cette dernière puissance de visiter en mer les navires américains soupçonnés de se livrer à la traite des noirs.

AMIABLE COMPOSITEUR. Celui qui est chargé d'accommoder un différend.

AMIENS (traité de paix d') 1802. La paix d'Amiens a complété celle de Lunéville; elle a fait l'objet d'un traité particulier conclu à Amiens le 27 mars 1802, d'une part par l'Angleterre et de l'autre par la France, l'Espagne et la République Batave, ses alliés.

L'Angleterre fut obligée de restituer toutes les conquêtes qu'elle avait faites pendant la guerre, à l'exception de l'île de la Trinité, et celle de Ceylan dans la cession est reconnnue en sa faveur.

La République des sept Iles (Iles Ioniennes) est reconnue.

Les îles de Malte de Gozzo et de Comino sont rendues à l'ordre de Saint-Jean de Jérusalem, pour être tenues aux êmes conditions qu'avant la guerre ous la garantie de la France, de l'Angeterre, de l'Autriche, de la Russie, de la russe et de l'Espagne; mais nul individu, nglais ou français, ne pourra être admis dans l'ordre.

Les troupes françaises devaient évauer le royaume de Naples et l'État omain, et les troupes anglaises, Porto errajo, dans l'île d'Elbe, tous les orts et les îles de la Méditerranée et de l'Adriatique.

Une compensation est promise à la aison de Nassau pour les pertes u'elle a subies dans les Provinces Unies ar le changement de constitution adopté ans ce pays.

AMIRAL. Chef suprême des forces naales; c'est le titre du grade le plus élevé ans la marine militaire. Il se donne ussi à l'officier qui commande une flotte, uoiqu'il n'ait pas le grade d'amiral.

Il y a trois degrés parmi les amiraux: 'amiral, dont la dignité équivaut à celle e maréchal des armées de terre; le vice-amiral, dont le grade correspond à celui de général de division; et le contre-amiral, correspondant au général de brigade.

On nomme *vaisseau amiral* le bâtiment de guerre monté par un amiral ou le commandant d'une flotte ou d'une escadre.

On donne aussi ce nom à un bâtiment de guerre disposé dans un port pour servir de corps de garde principal, et sur lequel se font les inspections, siègent les conseils de guerre et s'exécutent les sentences qu'ils prononcent.

AMIRAUTÉ. Ce mot s'applique à l'état et à la dignité d'amiral.

En France on désignait autrefois sous cette dénomination certains tribunaux qui connaissaient des délits et des crimes commis par les marins, ainsi que de toutes les affaires contentieuses relatives à la marine et à la navigation, et notamment des prises maritimes. Ces tribunaux ont été abolis en 1791.

Aujourd'hui on appelle en France amirauté l'administration supérieure de la marine; auprès du ministre de la marine et des colonies on a créé depuis 1824 un conseil d'amirauté, composé de huit membres, chargés de donner leur avis sur les mesures concernant la législation et l'organisation maritime des colonies.

En Angleterre la direction suprême de tout ce qui regarde la marine et les expéditions navales est confiée à une commission, dont les membres portent le titre de Lord de l'Amirauté.

L'empire d'Allemagne a aussi une Amirauté dont les attributions sont à peu près celles d'un ministère et qui ressort au chancelier. Son chef a en même temps le titre de ministre prussien et comme tel siège et voix au conseil des ministres.

AMNISTIE. *Définition.* C'est la reproduction d'un mot grec, dont le sens littéral signifie *oubli.* Sous le droit actuel on l'emploie pour dénommer l'acte par lequel le chef de l'État ou le pouvoir législatif efface ou met en oubli certains crimes ou délits, défend de faire ou de continuer aucune poursuite contre leurs auteurs, et abolit les condamnations qui peuvent avoir été déjà prononcées contre eux à raison de ces faits.

L'amnistie ne doit pas se confondre avec la grâce ou le pardon. D'abord en premier lieu, la grâce est individuelle et ne s'accorde qu'après jugement à des personnes qu'elle désigne, l'amnistie est collective et s'applique au délit plutôt qu'aux personnes, qu'elle ne nomme d'ordinaire qu'autant qu'elle les excepte de ses dispositions ou les place dans une catégorie particulière. En second lieu l'amnistie retourne vers le passé et y détruit jusqu'à la première trace du mal; elle anéantit le délit lui-même, en efface jusqu'au souvenir et ne laisse rien subsister des condamnations prononcées; elle place les choses au point où elles seraient, si le délit n'avait point été commis; la grâce n'efface rien et conserve dans le passé tout ce qu'il a soufferté ou produit: elle n'est que pitié et pardon.

L'amnistie est *générale* ou *particulière*, *absolue* ou *conditionnelle*. Elle est générale, lorsqu'elle comprend un genre tout entier de délits et ne fait aucune exception des personnes; elle est particulière, lorsqu'elle exclut certains individus. Elle est conditionnelle, lorsqu'elle soumet à quelques mesures, à l'accomplissement de quelques conditions ceux ou partie de ceux qui en sont l'objet, elle est absolue, lorsqu'elle n'impose aucune condition.

Sens du terme amnistie en diplomatie. Dans la diplomatie on donne le nom d'amnistie à une clause que renferment habituellement les traités de paix et par laquelle on entend que les parties contractantes regardent leurs inimitiés comme entièrement terminées et abolies. Cette amnistie entraîne l'absolution pleine et entière en faveur des personnes compromises à l'occasion des événements de la guerre sur les territoires, des belligérants elle s'étend même aux sujets qui, de part et d'autre, auraient pu par des relations, forcées quelquefois, avec l'ennemi, se compromettre vis-à-vis de leur propre souverain.

L'application du terme amnistie à la cessation des poursuites et des actes de répression qui est une des conséquences de la conclusion de la paix, ne nous paraît pas absolument correcte. L'amnistie en effet, ainsi que nous l'avons expliqué, implique une prérogative exercée par l'autorité souveraine et se rapportant à des délits punis par les lois de l'État; or pendant la guerre le souverain étranger au nom duquel se pratiquent les poursuites ou la répression, n'a aucune autorité légitime sur les sujets de l'autre État, qui d'ailleurs ne sauraient commettre des crimes contre les lois d'un État dont ils ne dépendent pas. Il n'y a entre ces individus et le souverain étranger que des relations de fait, et le traité ne peut que constater la cessation de ces relations et des conséquences qu'elles entraînaient.

Amnistie pour faits de guerre. L'amnistie, spécifiée ou impliquée par le traité de paix, comprend exclusivement les actes coupables qui ont été commis pendant la guerre et n'ont pas été réprimés conformément aux lois militaires avant la cessation des hostilités. Toutefois le bénéfice n'en est pas applicable aux actes que ne tolèrent ou n'excusent point les usages de la guerre, lorsque l'État duquel dépendent le coupables considère ces actes comme des crimes de droit commun et autorise les poursuites contre ses sujets. L'amnistie ne s'étend pas non plus aux délits commis pendant la guerre sur un territoire neutre par les sujets de l'un des belligérants au préjudice de ceux de l'autre, l'État neutre ne prenant en aucune circonstance le droit de réprimer ou de punir les atteintes portées à l'ordre public dans les limites de sa juridiction.

L'amnistie s'applique encore moins aux dommages et aux délits antérieurs à la guerre. Dans tous les cas les peines prononcées par les conseils de guerre, ne sont pas supprimées par la conclusion de la paix.

La clause d'amnistie est sous-entendue dans certains traités, et formulée en termes exprès dans d'autres.

Lorsque il y a cession de territoire, la clause d'amnistie stipule généralement que „aucun habitant du territoire cédé ne pourra être poursuivi, inquiété ou recherché dans sa personne ou dans ses biens à raison de ses actes politique ou militaires pendant la guerre".

AMOVIBLE; — inamovible. Le fonctionnaire amovible est celui qui peut être destitué ou révoqué, l'inamovible ne le peut pas; par suite on dit aussi que l'emploi est amovible ou inamovible.

Les juges sont en général inamovibles

AMPLIATION. C'est le double d'un acte, une sorte de duplicata signé des parties et formant un second original.

Dans le notariat, c'est une seconde grosse délivrée sur une grosse originale qui a été déposée chez le notaire. Les chanceliers des consulats ne doivent en délivrer qu'en vertu d'une ordonnance consulaire ou d'une décision judiciaire mentionnée par extrait en marge de l'acte et transcrite également à la suite de la grosse délivrée par ampliation.

AMPHICTYONS (Conseil des) ou Amphictyonies. On appelait ainsi, dans l'ancienne Grèce, des confédérations religieuses formées par des peuples voisins, possesseurs en commun d'un même temple d'un même sanctuaire, ils confiaient la garde, l'entretien, ainsi que l'administration de ses richesses et la mission de faire respecter ses privilèges, à un conseil dont les membres portaient le nom d'Amphictyons.

De ces Amphictyonies, qui étaient en assez grand nombre chez les Grecs de l'Europe et chez ceux de l'Asie, la plus célèbre est celle qui siégeait au printemps à Delphes dans le temple d'Apollon Pythien, et en automne dans le temple de Cérès à Anthela, près des Thermopyles. Le rôle du conseil des Amphictyons, qui dans le principe paraît avoir été purement religieux, finit par devenir aussi politique. C'était, à proprement parler, l'assemblée générale des députés représentant les peuples confédérés de la Grèce; elle avait pour mission d'examiner les affaires du pays, de prévenir les guerres, de juger toute espèce de différends, mais principalement les attentats contre le droit des gens et la sainteté du temple de Delphes.

Le serment du conseil des Amphictyons contient dans sa forme condensée tout un traité d'alliance défensive et offensive. „Je jure, disait chaque député, de ne jamais détruire aucune des villes du corps des Amphictyons, de ne pas détourner le lit des fleuves et de ne pas empêcher l'usage de leurs eaux courantes ni en temps de paix ni en temps de guerre. Et si quelque peuple enfreint cette loi, je lui déclarerai la guerre et je détruirai ses villes. Que si quelqu'un pille les richesses du dieu, ou se rend complice en quelque manière de ceux qui toucheront aux choses sacrées, ou les aide de ses conseils, je m'emploierai à en tirer vengeance de mes pieds, de mes mains de ma voix et de toutes mes forces."

On n'est pas d'accord sur l'époque de la fondation ni sur le fondateur de cette institution: les uns en attribuent l'établissement, vers l'an 1520 avant J. C., à Amphictyon, troisième roi d'Athènes, qui aurait donné son nom aux membres du conseil, d'autres à Acrisius, roi d'Argos, vers 1320 avant J. C., mais on croit plus généralement que celui-ci modifia seulement l'institution, en y faisant admettre le Péloponèse.

Dans l'origine les peuples qui avaient le droit d'envoyer des députés à cette assemblée n'étaient qu'au nombre de 12: c'étaient, suivant Eschine, les Thessaliens, les Béotiens, les Doriens, les Ioniens, les Perrhœbes, les Magnètes, les Delphiens, les Locriens, les Oetéens, les Phthiotes, les Maliens et les Phocéens;

plus tard d'autres peuples obtinrent le même droit.

Le conseil amphictyonique ne se composait que de 24 membres, 2 pour chaque peuple, qui n'avait pourtant qu'une voix à donner.

A partir du règne de Philippe roi de Macédoine, après la guerre sacrée causée par les irruptions des Phocéens sur le territoire de Delphes, l'importance des Amphictyons alla sans cesse en décroissance. Après la conquête de la Grèce par les Romains, qui conservèrent l'institution, ses attributions ne furent plus qu'honorifiques, réduites à l'administration du temple de Delphes et à la présidence des jeux pythiques, comme à l'origine.

AMUNATÉGUI (Miguel Luis), publiciste sud américain, né à Santiago de Chile en 1826, a été Ministre des affaires étrangères en 1868.

A publié de nombreux ouvrages historiques, mais nous ne citerons que ceux qui se rapportent au droit international.

Titulos de la república de Chile á la soberania y dominio de la extremidad austral del continente americano. Santiago 1853. (Droits de la république du Chili à la souveraineté et domaine de la partie australe du continent américain.)

La cuestion de limites entre Chile y Bolivia. 1863. (La question de limites entre le Chili et la Bolivie.)

Vida de Don Andrés Bello. Santiago de Chile. 1 vol. in-8. 1882. (Vie d'Andrés Bello.) Biographie très complète de l'un des publicistes des plus célèbres de l'Amérique du sud, avec une étude approfondie de ses œuvres.

AN, ANNÉE. Nombre déterminé de jours formant une certaine période, solaire ou lunaire, selon qu'on mesure le temps par les révolutions du soleil ou de la lune, généralement d'une durée de 12 mois.

Littré est d'avis que les mots *an* et *année* peuvent s'employer indifféremment ainsi l'on peut dire aussi bien l'*an prochain* ou l'*année prochaine* Il nous paraît plus exact d'établir entre ces deux terme: cette différence que l'*an* exprime une durée indivisible, une unité de temps, abstraction faite des divisions qu'on a établies dans l'*année*, tandis qu'on se sert de ce dernier mot, quand on considère la période annuelle relativement à ses divisions, aux événements qui se sont succédé dans l'espace de temps qu'elle comprend.

Envisagée au point de vue astronomique l'année est ou *solaire* ou *lunaire;* elle pourrait recevoir d'autres dénominations, si elle était calculée d'après les rapports de la terre avec des astres autres que le soleil et la lune; mais ces derniers sont les seuls astres sur la marche desquels les hommes aient basé la mesure du temps.

L'année solaire ou tropique comprend le temps que la terre met à faire sa révolution autour du soleil; elle est de 365 jours et un quart, ou exactement de 365 jours, 5 heures, 48 minutes, 49 secondes.

L'année lunaire embrasse un espace de temps de 12 mois lunaires, c'est-à-dire 12 révolutions de la lune autour de la terre; elle n'est que de 354 jours avec un léger excédant; prise sans fractions, elle compte 11 jours de moins que l'année solaire.

On appelle *synodique* l'année qui ramène la terre à une même longitude avec une planète; il y a donc autant d'années synodiques différentes qu'il y a de planètes circulant, comme la terre, autour du soleil.

Chez les nations européennes ou d'origine européenne, l'année *civile* ou politique a pour base l'année solaire; elle diffère de l'année astronomique en ce que celle-ci commence au solstice d'hiver le 21 décembre et l'année civile au 1er janvier qui suit, et que, comme l'année astronomique vaut à peu de chose près 365 jours et un quart, pour éviter cette fraction de jour on compte trois années successives de 365 jours et l'on donne 366 jours à la quatrième, nommée *bissextile*, en ajoutant tous les quatre ans un jour au mois de février, qui alors a 29 jours.

L'année des Romains eut d'abord, sous Romulus, 340 jours seulement, divisés en 10 mois; Numa, prenant pour base les révolutions lunaires, lui donna 355 jours, qu'il divisa en 12 mois. L'an 45 avant J. C. Jules César établit l'année *julienne* de 365 jours, avec un jour intercalaire tous les quatres ans, laquelle commençait 12 jours après la nôtre.

Mais l'année julienne excède l'année solaire d'environ 11 minutes 10 secondes: ce qui produit à peu près un jour en 134 ans ou 3 jours en 400 ans. Au bout de quelques siècles cette différence devint très-sensible par suite de la rétrogradation constante des équinoxes et des solstices vers le commencement de l'année. Pour remédier aux inconvénients qui en résultaient, le pape Grégoire XIII. en 1581, abrogea l'ancien calendrier et lui substitua, l'année suivante, le nouveau, qui

de son nom fut appelé calendrier *grégorien.* Comme, en cette même année 1582, l'équinoxe du printemps se trouvait avoir rétrogradé jusqu'au 11 mars, on retrancha 10 jours à l'année civile, et le 5 du mois d'octobre fut compté pour le 15 de façon que l'équinoxe du printemps revint l'année suivante le 21 mars. Afin qu'une semblable confusion ne se renouvelât plus, il fut décidé qu'on retrancherait ce qu'il y avait de trop dans l'année julienne, c'est-à-dire un jour sur 134 ans environ."

La réforme grégorienne a été généralement adoptée, quoiqu'à des époques diverses, car l'Angleterre notamment ne l'admit que deux cents ans plus tard, en 1752.

Les Grecs et les Russes ont conservé le calendrier julien, en maintenant les 10 jours retranchés par la bulle de Grégoire XIII du 26 avril 1581 et les bissextiles séculaires supprimées: leur année est en retard de 12 jours sur la nôtre. La méthode julienne est dans les chronologies qualifiée de *vieux style* par opposition à la méthode *grégorienne*, qui constitue le *nouveau style*. On exprime cette divergence en écrivant les dates correspondantes sous forme de fraction 31 décembre —12 janvier, 16—28. janvier par exemple.

En 1792, on imagina en France une réforme du calendrier, en empruntant aux anciens Égyptiens la division de l'année en 12 mois de 30 jours chacun avec l'addition de jours *complémentaires*, au nombre de 5 ou 6 suivant que l'année était commune ou bissextile; l'année commençait à l'équinoxe d'automne. On indiquait les années par la mention: An I, an II, etc. de la République. Ce calendrier, dit républicain, n'a été en usage qu'environ 13 ans, du 22 septembre 1792 au 4 septembre 1805.

L'année, chez les Turcs et en général chez les peuples musulmans, est l'année lunaire de 354 jours divisés en 12 mois alternativement de 30 et de 29 jours, à partir du 16 juillet 622 après J. C., date de *l'hégire* ou fuite de Mahomet de la Mecque à Médine.

Les expressions *l'an du monde*, *l'an de la création*, *l'an de Rome*, *l'an de J. C*, *l'an de l'hégire*, signifient l'année où l'on est depuis la création du monde, depuis la fondation de Rome, depuis la naissance de Jésus-Christ, depuis l'établissement de l'Islamisme, suivant le point de départ duquel on commence à supputer les années.

La supputation la plus ordinaire consiste à prendre pour base la naissance de

Jésus-Christ, en adoptant la progression ascendante pour les années antérieures et la progression descendante pour les postérieures, avec la mention respective d'années avant ou après J. C.: ces dernières sont marquées aussi comme années de N. S. (Notre Seigneur.)

Chaque fois que le mot *année* est employé dans un acte quelconque public ou privé, dans une loi, un traité, un contrat etc., on entend spécifier l'année de trois cent soixante-cinq jours.

La *demi-année* est de cent quatre-vingt deux jours, le *quart d'année*, de quatre-vingt-onze jours. Si le jour supplémentaire d'une année bissextile vient à tomber dans une période de temps ainsi calculée, il ne compte point pour augmenter le nombre des jours de la période.

ANACHRONISME. Faute contre la chronologie, erreur dans la supputation des temps, et par extension, toute erreur qui consiste à attribuer aux personnages d'une époque les idées, les usages, les costumes d'une autre époque.

Dans l'origine, *anachronisme* se disait d'une erreur consistant à placer un fait avant sa date, et l'on désignait l'erreur contraire sous la dénomination de *parachronisme*; mais ce dernier mot est devenu peu usité, et anachronisme a pris une acception générale.

ANALOGIE. Rapport de similitude plus ou moins parfaite entre deux ou plusieurs choses différentes.

Il s'applique également aux idées et aux principes.

Raisonner, juger conclure par analogie c'est former un raisonnement un jugement, une décision fondée sur les rapports ou sur les ressemblances autant qu'elles indiquent les rapports.

On dit *analogue* d'une chose qui a de l'analogie, de la ressemblance avec une ou plusieurs autres.

L'analogie est une source féconde de décisions dans les affaires des nations : c'est l'application de ce qui a été pour certains cas à l'égard d'autres cas semblables qui n'ont pas encore été déterminés (Martens). On procède alors par une argumentation *a simili* ou *a contrario*; mais elle n'est admise que subsidiairement, c'est à dire à défaut d'une disposition conventionnelle claire et expresse; mais dans ce cas elle supplée non seulement aux dispositions conventionnelles incomplètes ou imparfaites; elle peut même en établir de nouvelles (Kluber).

ANALYSE. Extrait, examen, résumé d'un discours, d'un document, d'une dépêche.

Les agents des ministères sont tenus de mettre en marge de chaque dépêche adressée au ministère, et à *l'encre rouge*, l'analyse du sujet auquel elle a rapport.

ANARCHIE. Absence de gouvernement; situation d'un État sans chef, sans gouvernement; par extensions le mot s'applique aux troubles, aux désordres politiques.

Prenant l'expression dans sa stricte acception étymologique et l'écrivant *anarchie*, Proudhon en a fait un système d'économie politique dans lequel serait supprimée toute intervention gouvernementale.

ANATHÈME. Malédiction religieuse, retranchement de la communion de l'Église: cette séparation est prononcée par un concile, par le pape ou par un évêque.

Ce terme, pris adjectivement, s'applique aux personnes frappées par la sentence d'anathème.

ANCIENNETÉ. L'ancienneté constitue un droit, celui de priorité d'admission ou celui d'avancement dans une compagnie, dans un corps, dans une administration; ainsi, par exemple, dans l'armée française les deux tiers des grades, jusqu'à celui de chef de bataillon ou de chef d'escadron, se donnent à l'ancienneté.

Certains privilèges de préséance sont attachés à l'ancienneté en service, notamment dans le monde diplomatique : là le rang d'ancienneté est fixé par la date à laquelle l'envoyé diplomatique quel que soit son titre, avant la remise de ses lettres de créance, notifie son arrivée au ministre des affaires étrangères du pays où il vient d'être accrédité.

ANDREWS (J. D.) jurisconsulte américain.

The reciprocity and fishery treaty. (La réciprocité et les conventions relatives aux pêcheries). Washington 1862. 8.

Historique des négociations sur la protection des pêcheries et de leurs résultats. Rapport au Secrétaire d'État Seward.

ANDRINOPLE (traité de paix d') 1713. Le traité de Constantinople fut rompu à la fin de 1712, sous le prétexte que le Czar n'en exécutait pas les stipulations. Les Tartares envahirent les provinces russes situées sur le Don en Ukraine, mais des négociations de paix furent entamées, et un traité signé à Andrinople le 24 juin 1713, par lequel les Russes consentaient à un arrangement de limites qui leur coupait toute Communication avec la Mer Noire. La frontière entre la Samara et l'Orel était partagée en deux portions égales à prendre depuis l'embouchure de ces rivières dans le Don jusqu'à leurs sources, de sorte que la partie située sur la Samara appartînt à la Turquie et celle située sur l'Orel à la Russie, sans qu'il fût permis ni à l'une ni à l'autre de ces puissances de construire dans sa partie aucune forteresse.

Les clauses insérées dans les traités antérieurs relatives à Azof et aux Cosaques sont confirmées.

ANDRINOPLE (traité de paix d') 1829. En 1828, l'empereur de Russie Nicolas avait inauguré son règne par une déclaration de guerre à la Turquie, qui n'observait pas les stipulations du traité de Bucarest de 1812, notamment en ce qui concernait le traitement de ses sujets chrétiens et plus particulièrement encore les deux principautés de Moldavie et de Valachie. Les armées victorieuses, ayant franchi les Balkans, allaient marcher sur Constantinople, lorsqu'elles furent arrêtées par l'intervention des puissances européennes.

Un traité de paix fut signé à Andrinople le 14 septembre 1829 entre la Porte et la Russie.

Aux termes de ce traité, l'empereur de Russie rendait à la Turquie la principauté de Moldavie avec les limites qu'elle avait avant la guerre, la principauté de Valachie, le banat de Craïova sans exception quelconque, la Bulgarie et le pays de Dobridgé depuis le Danube jusqu'à la mer avec Silistrie, Hirsova, Matchin, Isaktscha, Toultschu, Babaday, Bazardschick, Varna, Pravody et autres villes, bourgs et villages qu'il renferme, toute l'étendue du Balkan depuis Eminé-Bournoce jusqu'à Kasar, tout le pays depuis les Balkans jusqu'à la Mer noire, avec Slimna, Tschamboly, Aida, Karnabat, Missemiria, Okhioly, Burgas, Sizépolis, Kirk-Klisti, la ville d'Andrinople, Lulé-Burgas, enfin toutes les villes, bourgs et villages et en général tous les endroits que les troupe turques avaient occupés en Roumélie.

Le Pruth devait continuer à former la limite des deux empires du point où cette rivière touche le territoire de la Moldavie jusqu'à son confluent avec le Danube.

La Géorgie, l'Iméritie, la Mingrélie, le Gouriel et plusieurs autres provinces du Caucase, ainsi que les Khanats d'Erivan et de Nakhitchévan, ayant été réunis à l'empire de Russie, il a été établi entre les deux puissances contractantes une frontière „bien déterminée et propre à prévenir toute discussion futures." Cette frontière entre les États de la Russie et

ceux de la Porte consistait dans une ligne qui, en suivant la limite actuelle du Gouriel depuis la Mer noire, remontait jusqu'à la limite de l'Iméritie, et de là dans la direction la plus droite jusqu'au point de réunion des frontières des pachaliks d'Akhaltzik et de Kars avec celles de la Géorgie, laissant de cette manière au nord en dedans de cette ligne la ville d'Akhaltzik et le fort d'Akhalkalaki, à une distance qui ne serait pas moins de deux heures. Tous les pays situés au sud et à l'ouest de cette ligne de démarcation vers les pachaliks de Kars et de Trébizonde, avec la majeure partie du pachalik d'Akhaltzik, restaient sous la domination de la Porte, tandis que ceux qui étaient situés au nord et à l'est de cette ligne vers la Géorgie, l'Iméritie et le Gouriel, ainsi que tout le littoral de la Mer noire depuis l'embouchure du Kouban jusqu'au port de Saint-Nicolas inclusivement, demeuraient sous la domination russe. En conséquence la Russie restituait à la Porte le restant du pachalik d'Akhaltzik, la ville et le pachalik de Kars, la ville et le pachalik de Bagazid, la ville et le pachalik d'Erzeroum et tous les endroits occupés par les troupes russes hors de la ligne ci-dessus indiquée.

Par un article spécial la Porte déclarait le passage du canal de Constantinople et du détroit des Dardanelles entièrement libre et ouvert aux bâtiments russes sous pavillon marchand, chargés ou sur lest, ainsi qu'à tous ceux des puissances en état de paix avec la Porte.

Le même jour un traité séparé fut signé relativement à la Moldavie et à la Valachie. Ces principautés, placées sous la suzeraineté de la Porte et sous la garantie de la Russie, devaient conserver tous les privilèges et les immunités qui leur avaient été accordés soit par leurs capitulations, soit par les traités conclus entre les deux empires, soit par des hatti chérifs.

La Porte devait empêcher toute incursion des riverains de la rive droite du Danube sur le territoire valaque ou moldave, le chenal ou thalweg du fleuve était considéré comme la limite des deux principautés depuis son entrée dans les États ottomans jusqu'à son confluent avec le Pruth.

La Porte s'engageait à ne conserver aucun point fortifié, à ne tolérer aucun établissement de ses sujets musulmans sur la rive gauche du Danube, où ne pouvaient être admis que les marchands, munis de firmans, venant acheter pour leur propre compte dans les principautés les denrées nécessaires pour la consommation de Constantinople ou d'autres objets.

Les villes turques sur la rive gauche du Danube devaient être ainsi que leurs territoires restitués à la Valachie, et les fortifications existant auparavant sur cette rive ne devaient jamais être rétablies.

Il est reconnu que le gouvernement des deux principautés jouit de tous les privilèges d'une administration intérieure indépendante, et que les habitants des principautés jouissent de la pleine liberté de commerce pour toutes les productions de leur sol et de leur industrie sans aucune restriction.

Bien plus, par le nouveau traité la Valachie et la Moldavie sont pour toujours dispensées de fournir les grains et les autres denrées, les moutons et les bois de construction, qu'elles étaient tenues de livrer précédemment, pour la consommation de Constantinople, l'approvisionnement des forteresses sur le Danube et les besoins de l'arsenal; elles sont aussi exemptées de toute réquisition d'ouvriers pour les travaux de forteresses et de toute autre corvée de quelque nature que ce soit.

Mais, afin de dédommager le trésor ottoman des pertes que cet abandon total de ses droits pourrait lui faire éprouver, indépendamment du tribut annuel que les deux principautés doivent payer à la Porte, la Moldavie et la Valachie paieront chacune annuellement à la Porte, par forme de compensation, une somme d'argent, dont la quotité sera déterminée ultérieurement d'un commun accord.

En outre à chaque renouvellement des hospodars par décès, abdication ou destitution légale des titulaires, la principauté où le cas viendrait à échoir sera tenue de payer à la Porte une somme équivalente au tribut annuel de la province établi par les hatti-chérifs. Ces sommes exceptées, il ne sera jamais exigé du pays ni des hospodars aucun autre tribut, redevance ou présent, sous quelque prétexte que ce soit.

Le traité d'Andrinople contenait en outre des réserves concernant la mise à exécution des engagements pris par la Porte à l'égard de la Serbie, qui obtenait une position analogue à celle des principautés de Moldavie et de Valachie.

ANDRUSSOFF (trève d') 1667. La Russie et la Pologne, qui étaient en guerre depuis 1658, l'une étant dévastée par les Tartares, l'autre se voyant menacée d'une guerre avec la Turquie, conclurent, le 30 janvier 1667, au village d'Andrussoff, entre Smolensk et Mstislaff, une trève de 13 ans, du mois de juin 1667 au mois de juin 1680.

Pendant sa durée le czar devait conserver les conquêtes qu'il avait faites sur les Polonais, savoir: Smolensk avec tout le duché de Séverie, tout le pays et les châteaux autour de Czernigoff, les villes, les châteaux et les pays qui s'étendent depuis Kieff et le Dniéper jusqu'aux frontières de Putirol.

Restaient à la Pologne les limites des palatinats de Polocsk, de Witepsk, de Mstislaff, des districts d'Orsza, de Mozyr, de Rzeczyz, de Braclaw, et de la Livonie méridionale, à l'exception de Wiclisz.

Les cosaques Zaporogues étaient placés sous la domination commune des deux États, prêts à servir contre les Turcs lorsqu'ils en seraient requis.

Les cosaques en deçà du Don étaient déliés du serment de fidélité envers le czar, et ceux au delà du Don ne seront point sous la protection du roi de Pologne.

ANGARIE. On appelle ainsi, en droit maritime, les prestations et les obligations qu'un souverain impose aux navires arrêtés dans ses ports ou sur ses plages, comme de transporter pour lui, en temps de guerre, des soldats, des armes, des munitions, mais moyennant indemnité; en résumé, l'angarie est la mise en réquisition d'un navire marchand pour un service quelconque.

Le droit d'angarie fait partie des prérogatives de la souveraineté; aucun navire ne peut se soustraire à l'obligation des angaries; mais l'exercice de ce droit, en raison des risques et des charges qu'il impose au navire qui le subit, engage la responsabilité, matérielle et financière de l'État qu'une nécessité d'ordre supérieur entraîne à y recourir. La règle universellement consacrée en cette matière est que le gouvernement de cet État ne soit pas seulement responsable des conséquences matérielles de l'angarie, pour le navire qui en est l'objet, mais encore qu'il soit tenu, avant d'imposer la réquisition, de débattre avec les ayant droit et de solder l'indemnité due pour le service réclamé.

Du reste le droit d'angarie appartient par sa nature aux droits imparfaits, et un grand nombre de traités en ont formellement interdit l'exercice ou subordonné l'emploi au paiement préalable d'une juste compensation judiciaire. (Voir les traités conclus par la France avec le

Chili en 1851, avec le Guatémala et le Vénézuela en 1854, avec la Nouvelle Grenade en 1856, avec le San Salvador en 1858, avec le Nicaragua en 1859, avec le Pérou en 1861.)

ANGEBERG, publiciste français : —

Recueil des traités, conventions et actes diplomatiques concernant l'Autriche et l'Italie depuis 1703 jusqu'au commencement des hostilités, (1859). Paris, 1859-1861.

Recueil des traités, conventions et actes diplomatiques concernant la Pologne 1772-1862. Paris, 1862. gr. in-8⁰.

Le congrès de Vienne et les traités de 1815. Recueil complet des actes du congrès de Vienne, précédé des conférences de Dresde, de Prague et de Chatillon, suivi des congrès d'Aix-la-Chapelle, de Troppau, de Laybach et de Vérone. Paris, 1863. 4 vol. gr. in-8⁰.

ANGOULÊME (Charles de Valois, comte de Bethune, duc d').

Ambassade extraordinaire en 1620, avec les observations politiques de M. de Bethune, employé à cette ambassade, publié par Henri de Bethune. Paris, 1667. in fol.

ANNALEN *des Norddeutschen Bundes und des Zollvereins.* (Annales de la Confédération du Nord et du Zollverein.) Publiées par A. Koller. Berlin 1868 et suiv.

ANNALEN *des Norddeutschen Bundes und des Deutschen Zollvereins für Gesetzgebung, Verwaltung und Statistik.* (Annales de la Confédération du Nord et du Zollverein comprenant la législation, l'administration et la statistique.) Publiées par G. Hirth. Berlin 1869 et suiv.

Recueil de documents et d'articles concernant les deux groupes politiques et financiers qu'on appelle la Confédération du Nord et le Zollverein.

ANNALES. Récits des événements année par année, ou, en général, dans un ordre chronologique.

Les annales servent à la formation des histoires.

Le mot *annales*, qui n'est usité qu'au pluriel, se prend souvent pour *histoire.*

On l'a étendu à des histoires suivies : Tacite a donné ce titre à la partie de ses écrits où il fait l'histoire des événements qui eurent lieu depuis la mort d'Auguste jusqu'à celle de Néron.

Aujourd'hui les ouvrages historiques ne se produisent que rarement sous forme d'*annales;* ce terme ne se rencontre guère qu'en tête de certains receuils périodiques dans lesquels on enregistre, à mesure qu'ils surviennent, les faits, les découvertes qui intéressent un art ou une science; telles sont les *Annales d'hygiène publique et de médecine légale,* les *Annales de chimie et de physique,* etc.

ANNATES. C'est ainsi qu'on appelle les revenus ou émoluments produits dans l'espace d'une année par un bénéfice ou une charge quelconque. Chez quelques nations, on paye au Pape le droit d'*annate* pour les bulles des évêchés et des abbayes consistoriales.

Les annates ont été définitivement abolies, en France, par un décret de l'Assemblée constituante en 1789. Cependant, depuis le concordat du 15 juillet 1801, les archevêques et les évêques français payent encore une légère redevance à la cour de Rome pour l'expédition des bulles relatives à leur nomination.

ANNEXE. Dans le sens général ce mot signifie accessoire, ce qui est uni à une chose principale.

En droit féodal, c'était le domaine attaché à une seigneurie sans en dépendre.

Dans le langage judiciaire, c'est toute pièce jointe à un acte, à l'appui d'un rapport, d'un procès-verbal.

En chancellerie, c'est une clause ajoutée à un traité, un document joint à une dépêche, à un mémoire : au-dessous des analyses marginales, les agents doivent indiquer le nombre des pièces annexées à leur dépêche.

On appelle aussi *annexes* les acquisitions ajoutées à une propriété possédée précédemment et qu'on a augmentée.

Dans l'ancienne jurisprudence, le droit d'annexe était celui par lequel le gouvernement vérifiait, admettait ou rejetait les bulles, les brefs, toutes les expéditions venant de la cour de Rome.

ANNEXION. En droit international, c'est l'action d'annexer, c'est-à-dire de joindre un territoire à un autre.

Certains publicistes appliquent ce mot exclusivement à l'acquisition de territoire sans guerre, réservant celui de *conquête* pour les adjonctions obtenues par les armes. Pour nous l'annexion est le fait de l'adjonction, quelle qu'en soient la cause, le mode ou la forme.

L'annexion est parfois volontaire; ainsi en 1845 c'est le Texas qui demande lui-même à être annexé aux États-Unis, mais parfois aussi l'annexion n'est pas expressément consentie par le pays annexé; c'est le cas de l'incorporation de la ville de Cracovie à l'Autriche en 1846 malgré les protestations des habitants, appuyées par celles de la France et de l'Angleterre; il en a été à peu près de même des États allemands que la Prusse, après la guerre de 1866, s'est annexé sans avoir consulté les habitants; de la Savoie et de Nice que la France s'est annexés en 1860, etc.

Le sort des pays annexés se confond avec celui de l'État dont ils viennent faire partie; à proprement dire, ils cessent d'exister comme États souverains et indépendants; néanmoins leur anéantissement n'entraîne pas nécessairement l'extinction de leurs droits et de leurs obligations à l'égard des autres États, parce que leur peuple et leur territoire continuent d'exister en substance, et n'ont fait que passer dans l'autre État; ces droits et ces obligations passent même à celui-ci, si leur maintien est possible et compatible avec le nouvel ordre de choses.

ANNIVERSAIRE. C'est le retour annuel de quelque jour digne de remarque, d'une fête ou solennité soit civile soit religieuse.

On l'emploie aussi en parlant des grands événements qui font époque dans l'histoire d'un peuple.

Il se dit aussi spécialement du jour de l'année qui correspond au décès d'une personne et des cérémonies religieuses qui reviennent annuellement à cette occasion.

Ce mot s'emploie comme substantif ou comme adjectif en s'ajoutant principalement aux mots jour, fête, cérémonie, etc.

ANNOTATION. Ce qui est mis en note dans un écrit quelconque, notes explicatives faites sur un texte.

Les annotations ou notes ajoutées à un ouvrage par une autre personne que l'auteur de cet ouvrage, constituent une propriété particulière, distincte de celle de cet auteur. Une convention spéciale peut intervenir entre l'auteur de ces notes et l'éditeur ou le propriétaire du livre; mais lorsqu'une pareille convention n'a pas été conclue, les travaux d'annotation confèrent un droit exclusif à celui qui les a exécutés.

En France il a été jugé plusieurs fois que les notes mises à un ouvrage tombé dans le domaine public sont la propriété de leur auteur et peuvent donner lieu à une action de sa part en contrefaçon.

ANNUAIRE de l'Institut de Droit international. Depuis 1877 cette publication parait annuellement a Bruxelles.

On y trouve un aperçu des faits les plus importants relatifs à l'histoire de la législation du droit public et international, ainsi qu'un répertoire méthodique des principaux ouvrages, recueils, articles de revue etc. relatifs au droit international public ou privé.

ANNUAIRE ENCYCLOPÉDIQUE. Année 1859—71. 9 voll. 8).

ANNUAIRE historique universel fondé par Lesur en 1818; va jusqu'en 1870.

ANNUAIRE DES DEUX MONDES. publié par la *Revue des deux mondes* depuis 1850—1860.

ANNUAL REGISTER (the) **or a View of the History, Politic, Literature.** (L'Annuaire ou coups d'œil sur l'histoire, la politique et la littérature) 1 vol. par année depuis 1758, Londres.

ANNULATION. Action d'annuler ou de rendre nul un acte, un contrat, une convention, un traité, ou déclaration qu'on fait de leur nullité.

ANOBLISSEMENT. Elévation d'un simple sujet au rang de la noblesse, par la collation d'un titre.

Dans les Etats monarchiques le souverain a le droit de créer des nobles; cependant dans quelques pays il existe des fonctions, des décorations qui confèrent la noblesse personnelle aux individus qui en sont pourvus.

ANONYME, qui est sans nom, ou dont le nom n'est pas connu. Se dit des auteurs dont on ne sait pas le nom, des écrits dont on ne connaît pas l'auteur.

Garder l'anonyme, faire un secret de son nom, ne pas mettre son nom à ce qu'on écrit.

En terme de commerce société anonyme, société dont la raison n'est pas connue de public.

L'anonymat ne prive pas un ouvrage du droit de propriété qui s'attache à toute œuvre littéraire ou artistique; lorsque l'auteur véritable d'une œuvre sans nom ne s'est pas fait connaître, l'éditeur en est censé l'auteur et peut seul exercer les droits de propriété littéraire.

(*Voir* PROPRIÉTÉ LITTÉRAIRE.)

ANQUETIL. (Louis Pierre) historien français, né à Paris le 21 février 1723, mort le 6. septembre 1806.

Il fut pendant plusieurs années attaché aux archives du ministère des affaires étrangères.

Ses principaux ouvrages sont une *Histoire de France* et un *Précis d'histoire universelle.* Nous le citons ici pour son livre sur les *Motifs des guerres et des traités de paix de la France pendant les règnes de Louis XIV, de Louis XV et de Louis XVI.* in 8. Paris 1798.

ANTAGONISME. Opposition d'idées, de doctrines.

ANTÉCÉDENT, qui précède dans l'ordre des temps.

Pris substantivement, se dit d'un fait passé par rapport à un fait actuel, comme dans ces phrases: „les antécédents permettent de décider la question.“ — „Cet arrêt constitue un antécédent favorable pour son procès.“

ANTÉRIORITÉ; priorité de temps: c'est la primauté de date, et non de rang ou d'ordre; c'est le droit que donne la priorité d'un acte ou d'un titre.

ANTIDATE, apposition d'une date antérieure à l'époque où un acte est passé.

L'antidate est souvent une cause de nullité des actes, elle suppose intention ou volonté de la part de celui qui la fait. Dans un acte public elle constitue le crime de faux, surtout lorsqu'elle tend à porter préjudice à autrui.

ANTINOMIE. Contradiction, apparente ou réelle, entre deux lois, ou les dispositions d'une même loi, entre deux principes.

ANTIQUITÉ. Ancienneté très reculée. — Les temps fort éloignés de nous; — Les hommes qui ont vécu dans ces temps; — monuments, œuvres d'art, qui nous restent de l'antiquité.

ANTISOCIAL. Contraire aux lois de la société; qui tend à la subversion de l'ordre social.

On dit : doctrine antisociale, principes antisociaux.

ANTOINE (Charles) jurisconsulte et magistrat français.

De la succession légitime et testamentaire en droit international privé. Paris 1876.

Traité sur le conflit des lois des différentes nations, lorsqu'une personne vient à mourir hors de son pays ou qu'elle laisse des biens dans différents pays.

APANAGE. S'emploie plus particulièrement pour désigner les terres que les souverains donnaient à leurs puînés, frères ou fils, ou des revenus qu'ils leur assignaient pour leur entretien, sous condition de retour au domaine de la couronne soit à leur mort, soit à l'extinction de leur descendance masculine.

Le système des apanages est tombé en désuétude ou a été aboli, si ce n'est en Russie; encore les apanages ne consistent-ils qu'en des domaines privés ou en revenus reposant sur un fonds de terre.

APOCRYPHE. Ce qui est inconnu, caché, supposé. On le dit des écrits dont les auteurs sont anonymes ou inconnus. Par extension, on dit aussi qu'une nouvelle est apocryphe, pour signifier que l'authenticité en est douteuse et qu'on ne peut y ajouter foi.

APOSTASIE. — APOSTAT. Renonciation au culte dans lequel on est né ou qu'on avait embrassé. Particulièrement de l'abandon de la religion chrétienne : il en résultait autrefois certaines incapacités civiles. On le dit également d'un religieux qui rompt ses voeux et renonce à son habit.

Par extension, abandon d'une doctrine d'une opinion, désertion d'un parti.

L'apostat est celui qui a apostasié.

APOSTILLE. Annotation en marge ou au bas d'un écrit, d'un acte, d'un livre

Dans les actes authentiques, l'apostille est une addition, un supplément, et ses termes sont obligatoires comme les clauses de l'acte même; elle doit par conséquent porter les mêmes signatures que l'acte; seulement ces signatures peuvent être abrégées : les initiales et le paraphe suffisent.

Dans une autre acception, l'apostille est la recommandation faite au bas d'une pétition par une personne influente pour l'appuyer.

APOSTOLIQUE. Parmi les titres royaux et souverains que porte l'empereur d'Autriche-Hongrie figure celui de Majesté Royale Apostolique, en sa qualité de roi de Hongrie.

APPARTENANCES et DÉPENDANCES. S'emploie principalement pour indiquer les parties intégrantes et dépendantes d'une propriété. Ce sont les parties intégrantes d'une chose et qui forment avec elle un tout. Se dit aussi de tout ce qui se rattache à une affaire sans la constituer essentiellement : ainsi on peut évoquer une affaire avec toutes ses circonstances et dépendances.

Ces deux mots sont ordinairement joints ensemble, cependant chacun d'eux a une signification particulière, distincte : le terme *appartenances* désigne les divers objets qui forment les parties intégrantes de l'immeuble dont on parle, tels que les différentes pièces de terre qui le composent, les constructions élevées dessus; le terme *dépendances* désigne les divers droits attachés à la propriété, comme par exemple les servitudes actives, les droits de pacage, de passage, de puisage et autres.

APPEL. Action de dénommer à haute voix, pour vérifier leur présence, les personnes qui doivent se trouver à une assemblée, à une revue.

L'appel nominal, dans les assemblées délibérantes, consiste à lire les noms de tous les membres pour s'assurer de leur présence, ou pour que chacun d'eux vienne successivement déposer son vote dans l'urne du scrutin.

En finances, l'appel de fonds est la demande faite à des actionnaires ou à des associés du versement de nouveaux fonds.

En jurisprudence, l'appel ou l'appellation est le recours à une juridiction supérieure pour obtenir la réformation ou l'infirmation d'une sentence rendue par un tribunal inférieur. L'appel est, avec l'opposition, une des voies ordinaires pour attaquer les jugements. L'individu qui forme recours est nommé *appelant*.

En matière administrative, c'est le recours porté devant l'autorité supérieure contre une décision rendue par les juges du premier degré en matière de contentieux administratif.

APPEL comme d'abus. Législation française. Appel interjeté d'une sentence rendue par un juge ou supérieur ecclésiastique, qu'on prétend avoir excédé ses pouvoirs ou contrevenu aux lois. L'appel comme d'abus entre dans les attributions du conseil d'État. Les cas d'abus sont ainsi déterminés par la loi du 18 germinal an X; article 6 : 1º l'usurpation ou l'excès du pouvoir, 2º la contravention aux lois et aux règlements de l'État, 3º l'infraction aux règles consacrées par les canons reçus en France; 4º l'attentat aux libertés, aux franchises et aux coutumes de l'église gallicane; 5º tout procédé qui dans l'exercice du culte peut compromettre l'honneur des citoyens, troubler arbitrairement leur conscience, dégénérer contre eux en oppression, en injure et en scandale public. — L'article 7 ajoute : „Il y aura également recours au conseil d'État, s'il est porté atteinte à l'exercice public du culte et à la liberté que les lois et les règlements garantissent à des ministres".

APPORT. Tout ce que l'une des parties apporte avec elle dans une association d'intérêts.

Ce qu'un associé apporte dans une société commerciale; mise de fonds de chaque associé.

Part de biens meubles ou immeubles qu'un époux apporte dans la communauté conjugale.

APPROBATION DES TRAITÉS. L'approbation est l'assentiment ou le consentement qu'on donne à une chose, à un projet, à un acte.

Lors de la conclusion d'une convention ou d'un traité, quelquefois des raisons de convenance engagent les parties contractantes, afin de donner plus d'éclat et de solennité à leur accord, à réclamer l'approbation d'un Etat plus puissant ou envers lequel l'une ou l'autre de ces parties, si non toutes les deux, sont tenues à des égards particuliers.

Il va sans dire que cette approbation, qui n'a, comme nous l'avons dit, que le caractère d'un acte de courtoisie internationale, ne lie que moralement l'État tiers qui la donne, et ne lui fait contracter aucun engagement direct envers les parties intéressées.

A PRIORI. A POSTÉRIORI. Termes de logique. Ce sont deux expressions latines qui signifient proprement *d'après ce qui est antérieur* et *d'après ce qui est postérieur*.

Le raisonnement *a priori* est celui dans lequel on procède par l'induction allant de la cause à l'effet, de la nature d'une chose à ses propriétés. Dans le raisonnement *a postériori* ou par déduction, on va, au contraire, de l'effet à la cause, des propriétés d'une chose à son essence.

ARBITRAGE. ARBITRE. *Définitions.* Dans son sens propre et primitif, l'*arbitrage* est une juridiction conférée à de simples particuliers par la volonté des parties ou par la loi pour juger les contestations sur lesquelles la loi ne défend pas de *compromettre*; l'arbitre est celui à qui cette mission est confiée. Dans le langage ordinaire, le mot *arbitrage* désigne à la fois le jugement que prononcent des arbitres choisis pour décider une contestation, la discussion qu'ils font des objets qui forment la matière de cette contestation, et enfin l'espèce de juridiction qui leur est confiée.

Ce mode de régler les litiges remonte à l'origine même des peuples; mais l'arbitrage est bientôt sorti du terrain de la société civile pour exercer une action salutaire sur les relations internationales.

En droit international, l'*arbitrage* est l'acte par lequel, par analogie à ce qui se fait entre particuliers pour affaires d'un caractère civil ou commercial, deux ou plusieurs Etats, ne pouvant s'entendre entre eux pour vider un différend, délèguent d'un commun accord à un ou à plusieurs arbitres le soin de décider et de statuer comme juges en dernier ressort.

Sources de l'arbitrage. L'arbitrage international dérive de la même cause et repose sur les mêmes principes que l'arbitrage privé en matière civile ou commerciale. Il en diffère en ce que ce dernier genre d'arbitrage est susceptible d'homologation par un tribunal ordinaire, qu'il est absolument obligatoire et que l'exécution en peut toujours être suivie par les voies de droit commun. Entre les Etats le principe de souveraineté et d'indépendance réciproque n'admet en cette matière qu'une obligation morale de s'incliner devant les résultats de l'arbitrage, qui du reste ne peut avoir lieu, sans le concours de la volonté des parties contestantes et auquel on ne procède que sur leur demande.

Mesures préparatoires de l'arbitrage. Compromis. Avant de recourir à l'arbitrage et pour mieux assurer le but définitif que l'on poursuit, il est d'usage que les parties en présence signent ce qu'en langage de droit on appelle un *compromis*, c'est-à-dire une convention spéciale, précisant nettement la question à débattre, exposant l'ensemble des points de fait ou de droit qui s'y rattachent, traçant les limites du rôle dévolu à l'arbitre, et sauf les cas d'erreur matérielle ou d'injustice flagrante, impliquant l'engagement de se soumettre de bonne foi à la décision qui pourra intervenir. La précision des termes dans l'indication de l'objet du litige est indispensable, car les contestations exprimées dans le compromis sont les seules qu'il soit permis aux arbitres de juger; toute autre qui ne serait pas exprimée dans le compromis ou qui surgirait entre les parties est étrangère pour les arbitres. Toutefois les arbitres peuvent connaître des accessoires, des dépendances naturelles de l'objet du litige indiqué dans le compromis et de tous les incidents qui sont tellement liés à la cause que si l'on omettait de les juger, il pourrait se faire que les parties seraient toujours divisées par le même différend sur lequel elles avaient compromis.

Quelquefois le compromis, qui prend la forme d'un traité, contient des dispositions règlementaires pour les arbitres, pose certains principes déterminés comme devant servir de règles à leur décision. Quelquefois aussi le jugement des arbitres peut être limité à la définition des faits et à l'étendue de la responsabilité qui en découle.

Le compromis est un véritable contrat; il est soumis aux règles des contrats en général et en produit les effets. Il diffère de la transaction en ce que dans la *transaction les parties* sont leurs propres juges, tandisque dans le compromis elles s'en remettent à des arbitres : la transaction met fin à la contestation; le compromis se borne à poser aux arbitres les points qu'ils auront à décider.

Dans tous les cas où le tribunal arbitral entretient des doutes sur l'*étendue* du compromis, il doit l'interpréter dans son sens le plus *large*.

Lorsque l'un des contestants prétend que tout ou partie des demandes de l'autre ne rentre pas dans les termes du compromis, cette prétention doit être produite devant les arbitres, au début de la cause, comme exception d'incompétence, et il appartient aux arbitres d'en connaître. La partie qui soulève une pareille exception a le droit d'y ajouter des réserves formelles de nullité totale ou partielle de la sentence à intervenir pour le cas où l'exception serait rejetée par les arbitres. A défaut de présenter ces réserves la partie qui soulève l'exception est censée avoir accepté d'avance la décision arbitrale comme définitive et sans appel.

Choix des arbitres. Les parties ont le droit de choisir librement celui ou ceux à qui elles veulent confier les fonctions d'arbitre; car on peut appeler un seul ou plusieurs arbitres.

Parfois le compromis désigne la personne de l'arbitre ou des arbitres, ou prescrit tout au moins le mode de leur élection.

Aucune prescription de droit n'exige que les États souverains soient jugés par *leurs pairs*, c'est-à-dire par d'autres États souverains, agissant par leurs autorités exécutives suprêmes. Le règlement des différends internationaux peut être aussi bien déféré à des princes ou à des gouvernements souverains qu'à de simples particuliers, publicistes, jurisconsultes ou autres. Ces derniers, recevant une marque personnelle de la confiance qu'inspirent leurs lumières et leur intégrité, ne peuvent jamais déléguer leur mandat; les premiers, au contraire, ont coutume de procéder dans la forme administrative et de n'intervenir directement que pour sanctionner par leur signature la sentence définitive, dont ils ont confié à d'autres le soin d'élaborer les bases.

Le choix d'arbitre ou d'arbitres peut encore tomber sur une autorité civile ou ecclésiastique, telle qu'une *commune*, un corps législatif, un tribunal, un *chapitre religieux*, etc. sur une corporation, telle qu'une société savante, une faculté de droit, etc. Dans ces cas il y a autant d'arbitres que la corporation compte de membres; toutefois elle est considérée dans son ensemble comme formant un seul et même arbitre.

En résumé, on peut dire que le plus fréquemment l'arbitrage est confié au chef ou à des particuliers d'une *tierce* nation; cela n'empêche pas qu'il puisse l'être à des sujets ou citoyens de l'un ou de l'autre des Etats contestants.

Les fonctions d'arbitre sont libres et il dépend de chacun de les refuser; mais dès que l'arbitre a commencé à procéder, il s'est formé entre lui et les parties une sorte d'obligation qui lui interdit de refuser. L'arbitre peut toutefois renoncer, en se fondant sur des causes légitimes, à la fonction qu'il a acceptée : c'est ce qu'on appelle *déport*, qu'il ne faut pas confondre avec l'empêchement. Le *déport* est en effet l'acte par lequel l'arbitre se récuse lui-même ou se démet de ses fonctions; l'empêchement est toute cause qui empêche l'arbitre de remplir sa mission ou *pour laquelle il pourrait être recusé*. L'empêchement tient particulièrement à des circonstances fortuites, indépendantes de la volonté de l'arbitre, tandis que le *déport* semble résulter d'une détermination de l'arbitre de ne point remplir ses fonctions, laquelle il prend soin de faire connaître aux parties, — abstraction faite de la légitimité du motif qui le porte à prendre ce parti.

Si les parties ne peuvent s'accorder sur le choix des arbitres, chacune d'elles en choisira un nombre égal, et comme alors l'*éventualité* peut se présenter qu'il y ait partage égal des voix des arbitres sur la sentence à prononcer, il est opportun de nommer un *sur-arbitre*, ayant vote prépondérant, qu'elles désignent elles-mêmes ou dont elles remettent le choix à un tiers.

La nomination d'un *sur-arbitre* n'a pas toujours pour objet unique d'obtenir une majorité dans le cas où les arbitres viendraient à se diviser en deux camps égaux; elle peut avoir pour but de donner au tribunal arbitral un président chargé de diriger les discussions et d'imprimer plus d'unité à la procédure.

Souvent aussi le choix du tribunal arbitral tout entier, qu'il se compose d'une ou de plusieurs personnes, est, aussi bien que le choix d'un *sur-arbitre*, confié dès le principe à un tiers ou à plusieurs. La désignation de ce tiers *chargé* de composer le tribunal arbitral indépendamment de la volonté des parties selon des règles convenus d'autre part, suffit pour la validité du compromis.

Un autre point à signaler pour l'organisation finale du tribunal arbitral consiste dans le choix de l'endroit où il doit siéger; ce n'est, il est vrai, qu'une formalité subsidiaire, qui n'est guère nécessaire que lorsque ce tribunal comprend un certain nombre de membres; mais elle peut avoir quelque importance au point de vue de la possibilité d'une décision impartiale, à l'abri de toute influence. Ce choix est fixé ordinairement dans le compromis ou par convention ultérieure entre les parties.

Procédure en matière d'arbitrage. Voici maintenant quel est le mode de procéder le plus généralement adopté par les arbitres.

Les arbitres, bien qu'ils ne tiennent leurs pouvoirs que des parties, forment un corps indépendant, un véritable tribunal judiciaire. Ils ont le droit d'interpréter le compromis préalable intervenu entre les parties et par conséquent de prononcer sur leur propre compétence. Quand le compromis n'a rien prévu à ce sujet, le tribunal arbitral établit lui-même la procédure à suivre, les formes et les délais de la production des demandes des parties et des pièces à l'appui, de l'accomplissement des enquêtes nécessaires, en appliquant autant que possible les règles de la procédure ordinaire. Tantôt il admet les agents des parties à comparaître pour fournir des explications de vive voix et défendre les intérêts de leurs gouvernements; tantôt il se contente de la présentation de mémoires et de témoignages.

A défaut d'obligations nettement tracées dans l'acte de compromis, les arbitres pour l'exécution de leur mandat se guident d'après les règles tracées par le droit civil. Ainsi ils ne peuvent procéder séparément; ils doivent discuter et délibérer en commun, décider à la majorité; en cas de partage égal des voix, le *sur-arbitre*, s'il y en a un de nommé, a le vote prépondérant, et s'il n'y en a point, il y a lieu d'en nommer un; le choix, quand un accord préalable n'existe pas dans le sens contraire, appartient de plein droit aux parties, attendu que le droit international moderne n'admet pas, même tacitement, le principe du droit romain qui autorisait les arbitres élus à nommer un tiers arbitre. Si les parties ne peuvent se mettre d'accord sur le choix de ce *sur-arbitre*, il ne saurait, en raison de l'*équipollence* des votes opposés, y avoir de décision, et l'arbitrage demeure sans effet.

Sentences arbitrales. Les arbitres constitués ont seuls le droit de prononcer, sauf toutefois le cas où un souverain ou chef d'Etat a été choisi pour arbitre. Dans ce cas l'usage accorde aux chefs d'Etat la faculté de faire prononcer la sentence par un tribunal de leur pays ou par des commissaires; mais il n'y a pas là, au point de vue juridique, d'exception à la règle, par la raison qu'en droit la sentence du tribunal ou du commissaire est rendue comme sentence du chef d'Etat au nom duquel elle 'est prononcée. Voici ordinairement quel est le mode de procéder lorsqu'un différend international est déféré à l'arbitrage d'un souverain ou au représentant suprême d'une république: l'affaire est renvoyée au ministre de la justice ou à quelque autre fonctionnaire, celui-ci charge un conseiller ou un autre employé, parfois une commission, de lui présenter un rapport qu'il soumet à l'arbitre nominel, c'est à-dire au chef d'Etat choisi par les parties: de sorte qu'on peut dire que ceux qui, en pareils cas, décident, demeurent inconnus ou du moins n'assument aucune responsabilité publique et finale.

Absence d'un arbitre. Lorsque le tribunal arbitral se compose de plusieurs membres, l'absence d'un de ces membres peut soulever quelque difficulté : certains publicistes sont d'avis que l'absence d'un seul empêche toute délibération et toute décision valables, lors même que les autres arbitres seraient d'accord et formeraient la majorité, parce que l'absent aurait pu par l'exposé de son opinion modifier celle des autres.

Cependant il peut arriver que l'absence d'un des arbitres soit le fait d'un parti pris ou d'une intrigue. Nous pensons qu'en pareil cas, la preuve étant faite du mauvais vouloir de l'absent, il y a lieu de pourvoir à son remplacement, et même de dissoudre le tribunal arbitral, comme on le ferait si l'un des arbitres venait à mourir, à moins de dispositions spéciales prises dans le compromis originel en vue de telles éventualités.

En règle générale, les arbitres, pour prononcer leur sentence, doivent se conformer aux principes du droit international existant, en appliquant aux points internationaux en litige le droit international tel qu'il en établi entre les parties par les traités ou la coutume, et en seconde ligne le droit international général; et aux points en litige d'une autre nature, de droit public ou de droit privé, le droit national qui paraît applicable d'après les préceptes du droit international.

Propositions de transaction. Le tribunal arbitral peut, avant de rendre sa sentence et lorsqu'il le croit utile, faire aux parties des propositions équitables dans le but d'arriver à une transaction. En ce faisant il n'outre-passe pas sa compétence; mais il est bien entendu qu'il agit en dehors de ses fonctions proprement dites, les transactions rentrant dans le domaine des solutions libres, amiables, tandis que les arbitrages ont un caractère essentiellement judiciaire. Si les parties repoussent ces propositions, le tribunal doit se prononcer sur la contestation soumise à sa décision, en faisant application des principes de droit.

Prononcé de la sentence arbitrale. Le jugement doit être rendu à la majorité des voix. S'il n'y avait pas de majorité, il n'y aurait pas de décision valable et l'arbitrage demeurerait sans résultat; c'est ce à quoi l'on obvie, lorsque les voix sont également divisées, par la nomination d'un sur-arbitre ayant voté prépondérant et faisant pencher la balance du côté où il se range.

Mais, pour rendre la sentence définitive, une majorité relative suffit-elle, ou faut-il la majorité absolue, y compris ou non le vote prépondérant d'un sur-arbitre? Ce point peut être prévu et réglé d'avance par le compromis; ou, s'il ne l'a été ainsi, il peut être résolu par les arbitres eux-mêmes. La majorité, quelle qu'elle soit, lie le tribunal tout entier et revêt la sentence qu'il prononce d'un caractère obligatoire pour les parties, dont l'acte même de la soumission à l'arbitrage a créé la juridiction sur elles-mêmes. Toutefois, quoique la sentence soit sans appel, les arbitres ne peuvent disposer d'aucun moyen pour contraindre les parties à s'y conformer; car il ne leur appartient pas d'ajouter à la sentence une clause pénale en cas de non-exécution.

L'arbitrage prend fin soit à l'expiration du délai stipulé dans le compromis; soit par le décès ou l'empêchement de l'arbitre ou d'un des arbitres, quand il y en a plusieurs, si pour ces cas il n'existe pas dans le compromis de clause prescrivant de passer outre; soit par le partage des opinions, s'il n'y pas eu d'arbitre nommé dans le cas où les parties ont désigné deux ou plusieurs arbitres en nombre pair; soit par l'extinction de l'obligation que les parties ont soumise à l'arbitrage; soit par la perte de la chose qui faisait l'objet du compromis; soit par la conclusion entre les parties en cause d'un arrangement direct; soit enfin par le prononcé de la sentence.

Effet et exécution des sentences arbitrales. Une sentence arbitrale ne peut devenir exécutoire que moyennant le concours formel du pouvoir législatif et du pouvoir exécutif de l'Etat contre lequel la sentence a décidé. Alors le cas peut se présenter où ces deux pouvoirs refusent d'exécuter la sentence; dans ce cas quel sera le devoir de l'Etat intéressé? Le non-accomplissement d'une formalité, qui lui est toute personnelle après tout, ne saurait le dégager à l'égard de l'autre partie envers laquelle il a contracté des obligations par le fait même de la soumission à l'arbitrage, et encore moins le soustraire aux conséquences de ce mode de règlement, c'est-à-dire aux prescriptions de la sentence rendue contre lui.

La décision des arbitres a pour les parties les effets d'une transaction régulière; elle les oblige par les mêmes raisons et aux mêmes conditions que les traités; elles sont tenues de l'exécuter comme elles feraient d'un traité par lequel elles régleraient leurs droits respectifs comme l'ont fait les arbitres. Bienplus, la décision d'un tribunal international, dans la sphère de son autorité, est concluante et définitive sans être suceptible d'un nouvel examen. Ce n'est donc pas, à proprement parler, une approbation, une ratification du jugement arbitral que le gouvernement de l'Etat condamné a à demander à son pouvoir législatif, mais plutôt, voire même uniquement, le vote des moyens d'accomplir les engagements que ce jugement lui impose. Quant au pouvoir exécutif, sa tâche se borne à l'emploi de ces moyens, dans le sens prescrit par le jugement.

Opposition à la sentence arbitrale. De ce que la sentence arbitrale est obligatoire et sans appel, il ne faudrait pas tirer la conséquence absolue que les parties ne peuvent la combattre; il est au contraire certains cas dans lesquels elles sont pleinement autorisées à refuser de l'accepter et de l'exécuter. Ces cas peuvent se résumer ainsi:

1⁰ Si la sentence a été prononcée sans que les arbitres y aient été suffisamment autorisés, ou lorsqu'elle a statué en dehors ou au-delà des termes du compromis;

2 Lorsqu'il est prouvé que ceux qui ont rendu la sentence se trouvaient dans une situation d'incapacité légale ou morale, absolue ou relative, par exemple, s'ils étaient liés par des engagements antérieurs ou avaient dans les conclusions formulées un intérêt direct ignoré des parties qui les avaient choisis;

3⁰ Lorsque les arbitres ou l'une des parties adverses n'ont pas agi de bonne foi, si l'on peut prouver, par exemple,

que les arbitres se sont laissé corrompre ou acheter par l'une des parties;

4⁰ Lorsque l'un ou l'autre des Etats intéressés dans la question n'a pas été entendu ou mis à même de justifier de ses droits;

5⁰ Lorsque la sentence porte sur des questions non-pertinentes, c'est-à-dire n'ayant pas trait au litige, ou sur des choses qui n'ont pas été demandées;

6⁰ Lorsque la teneur de la sentence est absolument contraire aux règles de la justice et ne peut dès lors faire l'objet d'une transaction, comme dans le cas où l'arbitre, appelé à prononcer sur la satisfaction qu'un Etat doit à un autre pour offense, condamnerait l'offenseur à une réparation qui porterait atteinte à son honneur ou à son indépendance; ou bien encore dans le cas où l'arbitre aurait en vue quelque avantage qu'il pourrait tirer d'une décision injuste, et serait assez puissant pour ne pas craindre ceux qui ont déféré à son jugement le règlement de leurs réclamations en litige.

Il convient de faire observer que la décision des arbitres ne saurait être attaquée pour un simple vice de forme sous le prétexte qu'elle est erronée, ou contraire à l'équité, ou préjudiciable aux intérêts de l'une des parties; néanmoins les erreurs de calcul et, du reste, toutes les erreurs de fait constatées peuvent toujours être rectifiées.

Médiation. Il ne faut pas confondre l'arbitrage avec la médiation. Dans l'arbitrage, comme dans la médiation, a lieu l'intervention pacifique d'une tierce puissance dans le but de régler une contestation survenue entre deux ou plusieurs Etats; mais il y a cette différence entre l'arbitre et le médiateur que ce dernier se borne à proposer le mode de régler amiablement le litige, laissant aux parties la faculté d'accepter ou de repousser sa proposition, tandis que l'arbitre décide la question soumise à son examen et que son jugement est obligatoire pour ceux qui l'ont invoqué. En d'autres termes, l'arbitrage se distingue de la médiation par le caractère litigieux de son origine et par la nature en quelque sorte judiciaire de la sentence qui lui sert de dénoûment. La médiation implique simplement des bons offices tendant à une conciliation amiable, tandis que l'arbitrage comporte un jugement auquel les parties qui en font la demande, se soumettent moralement d'avance et dont elles sont tenues d'exécuter les dispositions.

Une autre différence existe encore entre l'arbitrage et la médiation: c'est que la médiation peut s'appliquer à toute espèce de questions internationales quelle qu'en soit la portée et quelles qu'en puissent être les conséquences; l'exercice de l'arbitrage, au contraire, est contenu dans certaines limites inhérentes aux bases mêmes du droit des gens, au respect que les nations se doivent mutuellement des droits respectifs de chacune d'elles; c'est pourquoi l'arbitrage, bien qu'il puisse porter d'ailleurs sur toute sorte de désaccord ou de débat international, ne saurait aborder ceux dans lesquels l'honneur ou l'indépendance nationale sont directement en jeu et qui relèvent d'un sentiment intime, pour ainsi dire personnel, dont un Etat tiers ne doit par se rendre juge, chaque nation étant seule juge de sa dignité et des droits qui en garantissent la sauve-garde.

ARBITRAIRE. En matiere politique, on appelle *arbitraire* la volonté de l'homme mise à la place de l'autorité de la loi, ce qui est despotique, qui n'a d'autre règle que la volonté, du prince ou de ses agents.

En jurisprudence, on dit *arbitraire* ce qui est laissé à la discrétion du juge.

L'arbitraire légal est celui qui résulte de la trop grande latitude que laisse aux administrateurs et aux juges l'interprétation de la loi.

ARBITRES, CHOIX DES, *v.* **ARBITRAGE.**

ARCHIDUC. On désigne par ce titre celui dont l'autorité est immédiatement au dessus de celle des autres ducs.

Ce titre qui, comme on le voit, est fort ancien et qui donnait quelques privilèges particuliers que le temps a annulés, n'est plus en usage que chez les princes de la maison impériale d'Autriche, où il avait pour but de donner une prééminence sur les autres maison ducales de l'empire. D'ailleurs l'Autriche proprement dite a porté le titre d'archiduché jusqu'en 1804; ce n'est que le 10 août de cette année que François II, empereur d'Allemagne, archiduc d'Autriche, prit le titre d'empereur d'Autriche sous le nom de François I.

Le titre d'Archiduc avait été pris par les chefs de la maison d'Autriche vers le milieu du 12me siècle (1156); mais il ne devint héréditaire dans leur maison qu'après la promulgation de la bulle d'or en 1355 et ne fut reconnu par les électeurs de l'empire qu'en 1453, sur l'ordre de Frédéric III, empereur d'Allemagne.

ARCHIVES. Anciens titres et documents, tous papiers importants d'un Etat, d'une ville, d'une administration, d'une communauté, d'une maison. Ce mot s'emploie aussi pour désigner le lieu où ces titres sont déposés et gardés. On nomme *archiviste* celui qui est préposé à la conservation des actes et qui d'ordinaire a le droit d'en délivrer des copies ou des expéditions.

On peut diviser les archives en deux catégories : les archives *publiques* proprement dites, formées de l'autorité du chef de l'Etat et gardées sous cette autorité, et les archives *particulières*, formées par des particuliers, tels que des princes, des ducs etc., ou par des provinces, des villes, des communautés, etc.

En France, par exemple, chaque ministère a ses archives : celles du ministère des affaires étrangères contiennent la collection des traités, des conventions, des ratifications, des pleins-pouvoirs et autres documents de même nature; les correspondances diplomatiques et consulaires; une collection de cartes géographiques; une collection des documents topographiques, composée de rapports relatifs à la démarcation des limites de la France avec les États circonvoisins aux différentes époques de son histoire. Un dépôt spécial attaché à la section des chancelleries renferme les titres et les renseignements relatifs à l'état civil des Français à l'étranger et des étrangers en France, aux successions et aux recouvrements que des Français ont à poursuivre dans tous les pays où la France a des agents diplomatiques et consulaires; les renseignements, les commissions rogatoires, les actes judiciaires, les certificats, etc. Chaque jour on peut consulter ce dépôt pour des partages de successions et pour des contestations de droits.

Les archives et en général tous les papiers des chancelleries diplomatiques et consulaires sont inviolables et ne peuvent être sous aucun prétexte saisies ni visitées par les autorités locales; le droit international reconnaît aujourd'hui partout ce principe.

On admet aussi universellement qu'en temps de guerre, en cas d'occupation d'une contrée, les archives publiques sont affranchies de capture et de confiscation; seulement l'envahisseur est autorisé à faire usage des papiers ou des documents qu'elles contiennent pour la bonne administration du territoire qu'il occupe.

ARCHIVES DIPLOMATIQUES. Recueil mensuel de diplomatie et d'histoire, traités, déclarations, correspondances diplomatiques, discours du trône etc.

V. RENAULT (L.).

ARCHONTE. C'était le titre des principaux magistrats de la ville d'Athènes.

Après la mort de Codrus (1015 av. J.-C.), les Athéniens abolirent la royauté et substituèrent au roi héréditaire un magistrat, nommé à vie, choisi parmi un nombre restreint de familles, investi de l'autorité royale, mais responsable devant ses électeurs.

En l'an 752 av. J.-C. la durée de l'archontat fut limitée à dix années, et plus tard, vers l'an 684, le nombre des archontes fut porté à 9, élus tous les ans parmi les familles nobles.

Le premier archonte s'appelait archonte *éponyme*, parceque son nom servait à désigner l'année; il était spécialement chargé de représenter l'Etat, de maintenir la hiérarchie sociale, de veiller à la sûreté des citoyens et de les protéger; le deuxième, l'archonte roi (*basileus*), présidait aux affaires de la religion; tout ce qui concernait la guerre et la surveillance des étrangers établis à Athènes rentrait dans les attributions du troisième archonte, nommé archonte *polémarque*; enfin les six derniers, nommés *thesmothètes* (législateurs), étaient particulièrement préposés à l'administration de la 'ustice, au maintien de l'ordre et de la tranquillité publique, ils recevaient les plaintes des citoyens, parcouraient la ville pendant la nuit et fixaient les jours où devaient s'assembler les tribunaux supérieurs. La personne des archontes était sacrée.

Peu à peu les réformes démocratiques dépouillèrent les archontes de la plupart de leurs prérogatives; leurs décisions, qui dans l'origine étaient définitives, devinrent susceptible d'appel devant l'aréodage; leur pouvoir judiciaire finit même ar être limité à la répression de délits unissables d'une légère amende.

Aristide présenta une loi qui rendit 'archontat accessible à toutes les classes de citoyens; et Périclès substitua le ti- 'age au sort à l'élection. Du temps de hilippe et d'Alexandre de Macédoine il eut dix archontes au lieu de 9.

Cette dignité fut abolie à partir de la n du 4e siècle av. J.-C. (308), lorsque thènes tomba au pouvoir de Démétrius oliorcète; ou du moins elle ne se conserva plus que de nom.

ARENAL (Doña Concepcion), publiciste spagnol. *Ensayo sobre el derecho de entes, con una introduccion de D. G. de zcárate.* — (Essai sur le droit des gens avec une introduction de D. G. de Azcate.) Madrid. 1879 — 1 vol. in-8.

ARENDT (W. A.) jurisconsulte allemand. *Essai sur la neutralité de la Belgique*, considérée principalement au point de vue du droit public. Bruxelles et Leipzig. 1845. 8'.

ARÉOPAGE. Nom d'un célèbre tribunal d'Athènes, qui primitivement tenait ses séances dans un lieu appelé *colline de Mars* (*Areos pagos*).

L'époque de sa fondation remonte à la fin du règne de Cécrops. L'aréopage ne connut dans l'origine que des crimes capitaux; Solon en fit une sorte de sénat conservateur et un tribunal de cassation; il fut dès lors appelé à punir le vol, l'impiété, l'immoralité, à prononcer sur les questions religieuses, à réprimer le luxe, la paresse, la mendicité, à veiller à l'éducation des enfants et aux intérêts des orphelins.

Les membres de l'Aréopage avaient même le droit de pénétrer dans le foyer domestique pour en bannir la discorde et s'assurer de la légitimité des moyens d'existence des citoyens. Ils pouvaient aussi réviser et casser les décisions du peuple.

En 461 av. J.-C. Périclès enleva à l'Aréopage cette censure des mœurs, qui faisait sa principale puissance, et ce tribunal subsista comme une institution purement honorifique, sans rôle actif dans l'Etat.

Le nombre des aréopagites paraît n'avoir pas été limité; suivant les divers auteurs, il variait de 9 à 50. Les archontes, au sortir de leurs fonctions, étaient appelés à faire partie de l'Aréopage, mais après un examen sévère de leur administration.

L'Aréopage siégeait en plein air et seulement la nuit. Dans l'origine les intéressés plaidaient eux-mêmes leur cause; mais par la suite il leur fut permis de prendre des défenseurs, qui toutefois devaient se borner à exposer les faits, sans entreprendre d'exciter la commisération des juges.

Les sentences de l'Aréopage étaient définitives; dans certaines causes cependant le condamné avait le droit d'appel au peuple ou devant le tribunal du Palladium; l'accusé pouvait aussi se soustraire par un exil volontaire à la sentence qui l'attendait.

La réputation de l'Aréopage était si grande qu'on venait de toutes les parties de la Grèce lui soumettre des différends; cette renommée d'intégrité se maintint jusque dans les derniers temps de la décadence de la Grèce.

On ne sait exactement l'époque à laquelle l'institution cessa d'être en vigueur à Athènes; il n'en est plus question à partir du règne de Vespasien vers l'an 74 après J.-C. lorsque la Grèce fut rangée au nombre des provinces romaines.

Par extension on donne la qualification d'aréopage à une assemblée de magistrats, d'hommes d'États, de savants etc.

ARÉTIN. (Christophe, baron d') jurisconsulte et magistrat allemand, né le 2 décembre 1773 à Ingolstadt, nommé en 1804 vice-président de l'Académie des sciences bavaroise, et en 1819 président de la cour d'appel de Neubourg. Mort en 1824 à Neubourg.

Parmi ses écrits nous citerons un recueil des traités conclus par la Bavière.

ARGYLL (duc d'). Homme d'Etat anglais. *The Eastern question from the Treaty of Paris 1856, to the Treaty of Berlin and the second Afghan War.* (La question d'Orient, du traité de Paris en 1856 au traité de Berlin et à la 2de guerre d'Afghanistan.) 2 vol. Londres — 1879.

ARISTARCHI BEY (G.) publiciste et diplomate ottoman.

Législation ottomane ou recueil des lois, règlements, ordonnances, traités, capitulations et autres documents officiels de l'Empire ottoman. Constantinople 1874. 8º.

La 4me partie de ce recueil renferme les conventions internationales.

ARISTOCRATIE. Aristocrate. Ce mot, pris dans son sens étymologique, signifie gouvernement des meilleurs; en fait il se dit de la forme de gouvernement où le pouvoir appartient à une classe composée des personnes les plus considérables par leur puissance, ou par la naissance, ou par leurs richesses. Tels furent dans l'antiquité les gouvernements d'Athènes, de Rome et de Carthage, et dans les temps modernes ceux de Venise, de Gênes et de Berne, mais ce genre du gouvernement n'existe plus nulle part en Europe.

Aujourd'hui on désigne sous le nom d'aristocratie la classe noble ou privilégiée dans un État.

On nomme aristocrate celui qui est partisan d'un système de gouvernement où dominerait l'aristocratie, ou la noblesse.

ARMATEUR. Celui qui arme un navire, c'est-à-dire qui le fournit de tout ce qui est nécessaire pour aller en mer, et qui le donne à diriger à un capitaine et à un équipage de son choix.

L'armateur est souvent le propriétaire du navire, quelquefois aussi il n'en est que le fréteur ou le locataire.

Dans ce dernier cas l'armateur fréteur est directement responsable à l'égard du capitaine qu'il nomme, tandis que le propriétaire du navire ne répond ni des obligations de l'armateur, ni de celles du capitaine, mais son navire y demeure affecté, sauf son recours contre l'armateur.

L'armateur est responsable des fautes que le capitaine commet dans l'exercice de ses fonctions, des emprunts qu'il contracte, des ventes de marchandises qu'il opère dans le cours de son voyage, etc.

ARMÉE. Dans un sens général, c'est l'ensemble des forces militaires d'un État; dans un sens plus restreint, c'est un corps de troupes sous le commandement d'un chef unique.

Dans les pays dont une partie est baignée par la mer, l'armée se divise en général en armée de terre et en armée de mer ou navale: la première comprend toutes les troupes organisées pour combattre sur terre; la seconde est la réunion plus ou moins considérable de vaisseaux de guerre portant des troupes destinées à agir contre les vaisseaux ennemis.

Quand la guerre est déclarée, l'armée peut se diviser en armée d'invasion ou d'envahissement, destinée à porter la guerre sur le territoire ennemi; en armée d'opération, principalement appelée à agir sur un point déterminé, en armée d'observation, prête à protéger ou à paralyser les opérations d'une autre corps en armée de siège, dont la destination est de contraindre une place à se rendre en armée de réserve, rassemblée en arrière-ligne dans le but d'appuyer les autres troupes.

Chez la plupart des peuples anciens et dans les premiers de l'"histoire moderne sous le régime féodal, les armées étaient purement temporaires et se dissolvaient le plus souvent au terme d'une campagne Ce n'est guère qu'à la fin du 15me siècle qu'on peut faire remonter la création des armées permanentes ou régulières maintenues et entretenues pendant la paix comme en temps de guerre. Le système s'est introduit en France sous Charles VII et François 1er. Fortifiée sous le règne de Louis XIV grâce aux efforts de Louvois et de Colbert, l'institution périclita sous Louis XV, qui ne sut en éloigner ni l'élément mercenaire étranger, ni le dissolvant des privilèges nobiliaires. En réalité les armées européennes n'ont acquis la constitution solide, vraiment nationale, qui fait aujourd'hui leur force que par suite des réformes inaugurées par le Grand Frédéric et portées à un haut degré de perfection durant les guerres de la République francaise et du premier Empire rançais, pris surtout durant la guerre de 'indépendance allemande (1813—1815).

Chaque pays a son mode de recrucment et d'organisation militaires pariculier.

ARMES. Instruments d'attaque ou de éfense.

Les lois de la guerre autorisent, il est 'ai, à faire à l'ennemi tout le mal ossible pour l'amener à composition; ais elles interdisent le recours aux rmes dont les saines notions d'humanité t de charité chrétiennes ne sanctionnent as l'emploi. Ainsi, pour n'être écrite ulle part, la prohibition des armes emoisonnées n'en est pas moins absolue et niversellement acceptée. Sont éga'eent interdites les armes qui causent les douleurs inutiles, telles que les èches barbelées, le petit plomb ou le erre pilé au lieu de balles. Il est peris de se servir de cartouches et, au as de besoin, de balles mal arrondies, ais on regarde comme contraire aux ois de la guerre de charger les fusils à eux balles, à moitiés de balles, ou avec es balles crénelées ou fondues avec des orceaux de verre ou de chaux; de harger le canon de morceaux de fer, de erre, de clous; cependant l'usage de a mitraille, dans l'acception générale, t, même en cas de nécessité, de morcaux de plomb non entièrement ronds, e passe pas pour illicite. Enfin l'emloi des boulets ramés, des boulets à haîne ou à bras dans les guerres sur erre et de boulets rouges ou de couonnes foudroyantes dans les guerres aritimes est généralement interdit.

Par un accord conclu à Saint-Péterourg le 11 decembre 1868 entre toutes les uissances européennes l'emploi de balles xplosibles a été absolument proscrit. oici le texte de ce document, qui caactérise les idées de notre époque sur s véritables conditions de la guerre:

„Considérant que les progrès de la ivilisation doivent avoir pour effet 'atténuer autant que possible les calaités de la guerre; que le seul but légine que les États doivent se proposer urant la guerre est l'affaiblissement des rces militaires de l'ennemi; qu'à cet et il suffit de mettre hors de combat plus grand nombre d'hommes possible; e le but serait dépassé par l'emploi armes qui aggraveraient inutilement les souffrances des hommes hors de combat ou rendraient leur mort inévitable; que l'emploi de pareilles armes serait dès lors contraire aux lois de l'humanité:

„Les parties contractantes s'engagent à renoncer mutuellement, en cas de guerre entre elles, à l'emploi par leurs troupes de terre et de mer de tout projectile d'un poids inférieur à 400 grammes, qui serait ou explosible ou chargé de matières fulminantes ou inflammables."

Ces dispositions s'appliquent seulement aux balles de fusil, et non aux projectiles de l'artillerie (bombes, obus etc.), qui font également explosion, mais paraissent sans doute indispensables pour faire avancer les opérations de la guerre.

Les armes et les munitions de guerre ont toujours été regardées comme étant des objets de contre-bande et par conséquent de commerce illicite.

ARMISTICE. *Définitions.* Suspension des actes d'hostilité entre deux armées.

Les armistices sont *généraux* ou *partiels.*

Les armistices *généraux* sont conclus, par rapport à toute sorte d'hostilités et s'étendent à l'ensemble des forces des belligérants.

Les armistices *partiels* ne font cesser qu'une partie des hostilités; ils sont limités aux lieux et aux troupes qui y sont spécifiés.

L'armistice général ne peut être ordonné que par le souverain ou le chef de l'Etat, soit directement, soit par l'entremise d'un délégué choisi *ad hoc.*

L'armistice partiel peut être contracté par les chefs ou les officiers commandants des forces respectives de terre et de mer.

Les belligérants sont maîtres de donner à la convention d'armistice l'étendue qui leur convient: ce sont les nécessités de la guerre qui les dirigent.

Durée des armistices L'armistice se conclut soit pour une durée déterminée, un certain nombre de semaines, de mois ou d'années, ou jusqu'à un terme fixé, soit pour une durée indéterminée, jusqu'à dénonciation de la suspension d'armes. Des armistices pour quelques heures, un jour quelquefois, sont usités pendant les sièges ou après les batailles pour relever les blessés et enterrer les morts.

La suspension d'armes locale et de courte durée n'a d'effets que dans le territoire désigné dans la convention et pour les troupes qui s'y trouvent, mais elle n'en a aucun pour les autres parties du théâtre de la guerre et les troupes qui les occupent. L'armistice général est obligatoire sur tout le théâtre de la guere, et pour les Etats belligérants et leurs ressortissants.

Lorsque l'armistice est conclu, les belligérants doivent le notifier aux autorités compétentes; il est nécessaire de le promulguer régulièrement pour qu'il soit obligatoire aux autres sujets des Etats en lutte.

Exécution de l'armistice. Les belligérants sont responsables de l'exécution des clauses qu'ils ont souscrites. Toute violation volontaire de ces clauses équivaut à la rupture de la convention et donne à l'autre partie le droit de la considérer comme annulée et de la dénoncer. Mais si des actes d'hostilité étaient commis avant la promulgation de la suspension, les parties contractantes n'en sauraient être tenues responsables, sauf le cas de faute ou de négligence pour arriver à la connaissance de cette, promulgation.

L'ignorance de la conclusion d'une suspension d'armes rend excusables les actes qui y portent atteinte. Si, par exemple, dans ces conditions, quelqu'un donne la mort à un ennemi ou confisque ses biens, il échappe personnellement à toute responsabilité du moment qu'il peut prouver d'une manière irréfutable qu'il n'avait pas connaissance de l'armistice. En vue de prévenir toute difficulté à cet égard, il est d'usage de stipuler que la suspension entrera en vigueur à partir d'une date variable et calculée en raison des distances et des moyens de communication avec les différents points où elle doit recevoir son exécution. Les prisonniers faits et les navires capturés de bonne foi après la signature de l'armistice doivent être relâchés; il y aurait lieu à une punition sévère et à de justes réparations, s'il était reconnu que ces actes constituent une violation intentionnelle de la suspension des hostilités.

Effets de l'armistice. Pendant la durée d'un armistice général, les belligérants ont le droit de faire tout ce qu'ils auraient pu exécuter, si la guerre n'était pas suspendue, comme, par exemple, lancer des navires à l'eau et les armer, recruter et instruire des troupes, fondre des canons, fabriquer des armes, recevoir des vivres et des munitions. Il est permis aussi aux ennemis d'aller les uns chez les autres; mais chaque souverain est libre de prendre des précautions pour empêcher que ces allées et venues ne lui soient préjudiciables; il peut même, en concluant l'armistice, déclarer que pendant sa durée il n'admettra aucun des ennemis dans les lieux sous sa dépendance.

Mais ce serait un acte de mauvaise foi de profiter de la suspension des hostilités pour exécuter des travaux, opérer des mouvements que l'ennemi aurait été en mesure d'empêcher, prendre quelque avantage, par exemple occuper un poste important, s'avancer dans le pays ennemi, ce dernier acte serait, pour parler plus exactement, une violation de l'armistice car avancer dans le pays ennemi est un acte d'hostilité. Or, puisque l'armistice suspend les hostilités sans mettre fin à la guerre, il faut pendant sa durée laisser les choses dans l'état où elles se trouvent dans les lieux dont la possession est disputée, et il est interdit d'y rien entreprendre au préjudice de l'ennemi.

Recevoir des déserteurs dans les camps respectifs est également regardé comme un acte hostile et par conséquence comme une violation des engagements contractés.

Quant à la question de savoir si l'assiégé a le droit de réparer ses brèches ou d'élever de nouveaux ouvrages de défense dans l'intérieur de la place pendant l'armistice, on admet qu'elle doit être résolue dans chaque cas par un accord exprès entre les parties contractantes.

Il en est de même de la question du ravitaillement : il est clair que s'il s'agit d'une armée hors d'une place assiégée ou bloquée, l'humanité répugne à condamner à périr de faim une masse d'hommes que la continuation des hostilités eût autorisés à user des droits de la guerre pour se procurer des vivres, d'autant plus que le ravitaillement ne change rien à la position réciproque des adversaires. Mais la situation se complique, s'il s'agit d'une place que l'ennemi investit avec l'espoir et parfois même dans l'intention de l'amener à capituler par la famine plutôt que de la prendre d'assaut ou par tout autre moyen militaire. L'histoire montre que dans des cas semblables le ravitaillement est le plus ordinairement l'objet de stipulations spéciales insérées dans les actes diplomatiques portant convention d'armistice ; tantôt le ravitaillement est laissé à la libre disposition de la place assiégée, avec ou sans conditions quant à la nature et à la quantité des provisions introduites dans ses murs; tantôt l'assiégeant lui-même est chargé de ravitailler dans des proportions convenues la ville qu'il investit.

Rédaction des conventions d'armistice. Pour prévenir toute difficulté dans l'application des conventions d'armistice, on s'attache en général à donner à ces actes une très grande précision et à les rédiger avec une extrême clarté. Il est surtout essentiel de bien spécifier les jours et les heures destinés à en marquer le commencement et la fin.

Le délai assigné à l'armistice une fois expiré, il n'est pas nécessaire, à moins de stipulation contraire, de faire précéder la reprise des hostilités d'une déclaration formelle ; mais lorsque la suspension d'armes est indéterminée, la bonne foi et la saine logique exigent qu'elle ne soit rompue qu'après dénonciation. Un acte d'hostilité individuel et accompli sans prémédiation constatée, ou immédiatement et spontanément réprimé, n'autorise pas à considérer la suspension comme enfreinte et annulée.

Très fréquemment les armistices généraux se prolongent indéfiniment et conduisent à la conclusion de la paix.

Autrefois la Porte ottomane croyait e pouvoir conclure des armistices de rès longue durée avec les puissances chrétiennes ; mais depuis le milieu du iècle dernier elle a signé des traités de aix perpétuelle.

ARMOIRIES ou **ARMES HÉRALDI- UES.** Signes symboliques qui distinuent les personnes, les peuples, les illes, les corporations, etc. ; c'étaient énéralement des titres d'honneur, des mblèmes de noblesse et de dignité, que es souverains régnants accordaient aux ersonnes et aux familles qui avaient 'endu des services au prince ou à l'État.

Les armoiries se composent de figures iverses et de différentes couleurs ou maux, disposées méthodiquement et reésentées sur un fond, auquel on donne e nom de *champ*. La dénomination 'armoiries provient de ce que ces marues se portaient principalement sur le ouclier, la cuirasse ou la cotte d'armes, t sur les bannières.

Les armoiries sont, comme les noms, ne véritable propriété de famille, que euvent seules porter les personnes à ui elles appartiennent.

Les ministres publics et les consuls euvent faire placer généralement les rmes de leur souverain ou de leur pays u-dessus de la porte de leur hôtel.

ARMORIAL. On appelle armorial le vre contenant les armoiries de la nolesse d'un pays, le registre ou sont essinées et décrites les armoiries des milles, des villes, des États.

ARNOULD, publiciste français.
Système maritime et politique des Euro- éens pendant le XVIIIe siècle, fondé sur leurs traités de paix, de commerce et de navigation. Paris 1797.

Résultats des guerres, des négociations et des traités qui ont précédé et suivi la coalition contre la France, pour servir de supplément au droit public de l'Europe de Mably. Paris 1803. in-8.

ARNOULD (Joseph), publiciste anglais.
On the law of marine insurance. (Législation sur l'assurance maritime) 5me édition revue par Mac Lachlan. 2 vol. Londres 1878.

ARNTZ (Egide Adolphe Nicolas), publiciste allemand, né à Clèves (Prusse Rhénane) le 1er septembre 1812, professeur de l'université de Bruxelles, un des directeurs de la *Revue de droit international,* membre de l'Institut de droit international, mort à Bruxelles le 23 août 1884.

Précis méthodique des règlements consulaires de Belgique. Bruxelles, 1876.

Consultation sur la validité de la naturalisation et du second mariage de Madame la princesse de Bauffremont. Bruxelles, 1878.

Droit des gens (cours professé à l'université de Bruxelles), cahier in folio autographié, Bruxelles.

En langue allemande, en 1848 et 1849.
Considérations sur la constitution prussienne abrogée le 5 déc. 1848.

ARRÊT. Désision d'une cour souveraine, d'un tribunal supérieur, ainsi nommée par ce qu'elle arrête le procès ; elle se distingue du *jugement,* qui est la décision des tribunaux inférieurs, en ce qu'elle est définitive et exécutoire sans appel ; toutefois on peut se pourvoir contre elle en cassation pour vice de forme.

Arrêt se dit aussi de la saisie d'une chose ou d'une personne ; dans ce dernier cas il est synonyme d'arrestation.

ARRÊT DE PRINCE. L'arrêt de prince, qu'il ne faut confondre ni avec l'embargo ni avec l'angarie, consiste dans la défense faite aux navires marchands ancrés dans un port bloqué ou placés par suite de circonstances politiques dans une position exceptionelle, de quitter momentanément leur mouillage.

Quant aux personnes, marins ou autres embarqués sur ces navires, la justice et l'humanité font au gouvernement qui les arrête un devoir de les considérer comme des hôtes et de subvenir à leurs besoins pendant tout le temps que dure la paralysation de leur industrie.

L'arrêt de prince peut venir du gouvernement des navires arrêtés ou d'un gouvernement étranger.

ARRÊTÉ. Résolution prise par une assemblée délibérante, une compagnie, une autorité administrative ou judiciaire.

La qualification *d'arrêté* semble réservée aux actes administratifs et quelque fois aux actes du gouvernement. Ainsi en France, les maires, les préfets, les ministres prennent des arrêtés.

Arrêté de compte. Règlement définitif d'un compte.

ARRONDISSEMENT. Circonscription administrative, partie du territoire soumise à une autorité ou comprise dans ses attributions.

En France, c'est le nom donné à la subdivision du département, à la tête de laquelle est préposé un préfet ou un sous-préfet.

Chaque département est divisé en plusieurs arrondissements communaux renfermant plusieurs justices de paix ou cantons, qui eux-mêmes contiennent des communes administrées par des maires. Chaque arrondissement est le siège d'une administrations secondaire, nommé sous-préfecture, et d'un tribunal de première instance.

On nomme aussi arrondissement une fraction d'une grande ville qui a ses fonctionnaires civils distincts de ceux des autres fractions de la cité. Paris, par exemple, a 20 arrondissements.

Il y a aussi les arrondissements électoraux, forestiers, maritimes.

ARRONDISSEMENTS CONSULAIRES. D'après l'organisation actuelle des consulats, on nomme *arrondissement consulaire* une étendue de territoire déterminée afin de prévenir des conflits de juridiction et de compétence administrative entre les agents du gouvernement à l'étranger. Suivant les instructions du ministère des affaires étrangères de France, les consuls doivent se renfermer strictement dans les limites de leur circonscription et ne rien négliger pour que chacun des établissements placés sous leur surveillance et leur protection profitent de la sollicitude du gouvernement.

Le consul général est le chef de l'arrondissement consulaire.

Quand il n'y a pas de consul général placé à la tête des arrondissements consulaires du pays, la légation accréditée auprès du souverain territorial en remplit les fonctions. Les consuls de première et seconde classe sont les chefs des départements ou arrondissements. Ils sont subordonnés au consul général, mais dans des limites assez restreintes, conformément à des instructions ministérielles;

car le consul général n'a aucune action directe sur les consuls qui résident dans le même pays que lui et qui, quelque soit leur grade, sont indépendants dans leurs fonctions administratives, judiciaires et de police, et correspondent aussi bien que lui, directement avec le ministre à moins que la mesure ne requière un recours à l'autorité centrale du pays. Les consuls généraux n'ont donc pas à diriger les consuls ou les vice-consuls compris dans leurs départements, mais seulement à les surveiller.

Le vice-consul est préposé à un arrondissement, il est subordonné au consul chef du département, duquel dépend son arrondissement, comme le consul l'est au consul général; il peut être suspendu de ses fonctions par le consul; mais sa révocation et son remplacement ne peuvent avoir lieu qu'avec l'autorisation du ministre.

Les consuls sont autorisés à nommer des délégués dans les lieux de leur arrondissement où ils le jugent utile au service; ces délégués ont le titre d'agents consulaires; celui de vice-consul peut leur être conféré, lorsque leur position sociale, l'importance de la localité ou un autre motif l'exige. Ils n'ont point de caractère public et agissent sous la responsabilité du chef qui les a nommés et aux recommandations duquel ils doivent entièrement se conformer.

ARTICLE. Passage d'un écrit quelconque.

On donne le nom d'*articles* aux dissertations politiques, littéraires scientifiques etc., et même aux nouvelles que renferme un journal ou une revue.

En langage diplomatique le mot *article* désigne chaque partie ou section d'une loi, d'un contrat, d'un traité, qui établit une disposition, une stipulation.

Article de foi signifie un point de croyance, une vérité admise. Croire une chose comme un article de foi, c'est à croire fermement.

Dans le commerce, on donne le nom d'*articles* aux différentes espèces de marchandises qu'un commerçant a dans ses magasins.

ARUSPICE. Ministres de la religion chez les Romains, qui consultaient les entrailles des victimes. Leur art consistait à interpréter la volonté des dieux d'après les apparences que présentaient les entrailles des animaux offerts en sacrifice et aussi d'après les phénomènes extraordinaires dont la nature était le théâtre, tels que tremblements de terre orages, coups de foudres etc. Ils ne formaient pas une corporation sacerdotale et ne remplissaient aucun rôle politique dans l'Etat. Si le sénat les consultait, c'était au même titre que le faisaient les simples particuliers.

ASCENDANTS. En terme de généralogie, ce sont tous les parents qui nous sont précédés en ligne directe ou indirecte.

En jurisprudence, la série est limitée aux personnes desquelles un individu descend en ligne directe et légitime: il y a les ascendants paternels et les ascendants maternels.

ASCHEHOUG (Thorkil Halvorsen) publiciste norvégien, né en 1822, professeur à l'Université de Christiania membre de l'Institut de droit international.

Norges offentlige Ret. (Le droit public de la Norvége.) Première partie. Christiania 1869. Deuxième partie, 2 vol. Christiania 1875.

Om tingliga keltigheder efter de gamle norske love. (Du droit privé réel d'après les anciennes lois norvégiennes, tome VII de la Revue norvégienne des sciences et de la littérature.)

ASCHER (C. W.) Publiciste allemand.

Beiträge zu einigen Fragen über die Verhältnisse der neutralen Schifffahrt in Kriegszeiten. (Quelque questions relatives à la navigation neutre en temps de guerre.) Hambourg 1854.

ASILE. *Définition.* Lieu où l'on est en sûreté contre une poursuite, contre un danger.

On appelait ainsi les lieux où les déiteurs et les criminels, lorsqu'ils parvenaient à s'y retirer, étaient à l'abri des poursuites de la justice. De là est venu le droit d'asile, qui n'est autre que le privilège dont ces lieux jouissaient et que ceux qui s'y réfugiaient pouvaient invoquer: ce droit, appuyé sur la relion, plaçait en quelque sorte sous la main de la divinité ceux qui l'invoquaient.

Chez les Grecs et les Romains, presque tous les temples, les autels consacrés aux dieux, les bois sacrés, les enceintes récivées étaient des lieux d'asile. Dans l'origine ces lieux étaient ouverts aux malheureux, aux faibles, aux persécutés plutôt qu'aux coupables, aux gens échappés à une défaite, aux rois détrônés, aux exilés, aux auteurs d'attentats commis par imprudence; mais ces restrictions n'étaient jamais rigoureusement observées : les véritables malfaiteurs parvenaient le plus souvent à se couvrir aussi de l'inviolabilité des lieux sacrés,

et les criminels ayant fini par n'y être plus distingués des simples opprimés, l'immunité devint une source d'abus; aussi le respect de ce droit est-il tombé en désuétude, et les Etats ont fini par l'abolir complètement, de sorte qu'aujourd'hui il n'existe pas d'asile inviolable pour ceux que la société poursuit et qu'une peine méritée doit frapper.

Situation des agents diplomatiques. On a voulu voir une continuation du droit d'asile dans la franchise et l'inviolabilité dont jouit la demeure des ministres publics ou agents diplomatiques à l'étranger. Ce privilège d'inviolabilité a pour but exclusivement de faciliter l'exercice libre et régulier des fonctions de l'agent diplomatique; mais il disparaît dès que la conduite de celui-ci met en péril la paix de l'Etat, viole ou tend à éluder les lois du pays; et c'est ce qu'il ferait en convertissant la légation en foyer de conspiration contre le gouvernement établi ou en refuge pour les criminels, et dans ces cas l'Etat offensé est pleinement fondé en droit à refuser désormais à la demeure du ministre le bénéfice d'une immunité que la saine raison et la justice cessent de légitimer.

Lorsqu'un coupable est dans le pays même où le crime a été commis, personne, fût ce même le souverain, n'a le droit de mettre entrave au cours des lois. Le ministre étranger n'a aucun motif légitime pour soustraire aux mains de la justice un individu sur lequel il n'a point de juridiction: ce serait en quelque sorte se rendre complice du crime. Il doit, au contraire, interdire sa demeure aux individus poursuivis par les autorités judiciaires et même les leur livrer, s'ils ont pénétré chez lui.

Dans le cas où l'agent ne livre pas l'individu et qu'il est pourtant avéré qu'il y est réfugié, les autorités compétentes ont le droit de faire entourer de gardes l'hôtel du ministre et de prendre au dehors des mesures pour empêcher le coupable de s'échapper; elles peuvent même, dans le cas où le ministre, après en avoir été dûment sollicité, se refuserait à l'extradition, faire enlever le réfugié de force. Cependant, en procédant à la visite, les autorités doivent éviter tout ce qui peut porter atteinte aux droits de la personne du ministre et de sa suite.

Dans le cas de simple soupçon que la demeure d'un ministre étranger sert à abriter un crime, ou à en cacher les traces, le ministre, interrogé à cet égard, ne peut au besoin refuser de donner des explications; s'il les refuse ou qu'elles paraissent insuffisantes, la perquisition peut être autorisée; elle doit s'exécuter avec des égards tout particuliers et en présence d'un magistrat supérieur.

Étendue du droit d'asile. En résumé on peut dire que les gouvernements n'ont pas encore déterminé avec précision l'étendue que chacun d'eux entend reconnaître à l'exercice de ce qu'on appelle le droit d'asile et qu'aucune règle fixe n'a été encore établie, sur ce point, de sorte qu'on est réduit, pour se guider en cette matière, à des considérations générales d'humanité et au sentiment des justes égards que les nations se doivent les unes aux autres. Ainsi l'on admet qu'au milieu des troubles civils qui surviennent dans un pays l'hôtel d'une légation puisse et doive même offrir un abri assuré aux hommes politiques qu'un danger de vie force à s'y réfugier temporairement. Du moment qu'il leur accorde l'asile, l'agent diplomatique doit prendre les mesures nécessaires pour garantir leur sûreté personnelle. S'il ne peut obtenir du gouvernement local un sauf-conduit pour que les réfugiés sortent librement du pays, il pourra prolonger leur séjour dans son hôtel pendant un temps indéfini sans que le gouvernement y trouve à redire; c'est à ce gouvernement à abréger ce temps en accordant aux réfugiés la liberté de quitter le pays plutôt que d'épier le moment où ils sortent de la légation pour s'emparer de leurs personnes. Mais il est une condition indispensable pour que l'asile soit respecté; c'est que le réfugié ne convertisse pas la légation qui le protège en un foyer de conspiration contre le gouvernement qui le recherche. Quand un ministre étranger ouvre ses portes à un accusé politique, ce doit être seulement en vue de lui sauver la vie et non en vue de faire de l'opposition, de créer des conflits au gouvernement.

Réfugiés politiques. Lorsqu'un individu poursuivi ou condamné pour crime se réfugie dans un pays étranger, il est d'usage de le livrer à la justice du pays qui le réclame, et il y a à ce sujet un grand nombre de traités entre les nations. (*V.* EXTRADITION.) Toutefois l'exception se présente là encore en faveur des accusés de crimes politiques, qu'un gouvernement n'est pas tenu d'extrader; mais son devoir est d'empêcher que ces personnes n'abusent de l'asile pour menacer l'ordre public et la sécurité des autres États. Entre autres mesures prises à leur égard, ou les désarme, ou les interne, c'est-à-dire qu'on leur assigne des rési-

dences qu'il ne leur est pas permis de quitter; on les retient forcément sur le territoire, ou on les en expulse quand ils compromettent par leur conduite les relations internationales du gouvernement.

Asile sur les vaisseaux. Souvent l'asile est réclamé par les réfugiés non seulement sur le territoire réel d'un État étranger, mais à bord des vaisseaux qui appartiennent à cet État, et même des navires marchands qui portent son pavillon. Il y a ici une distinction à établir: on conçoit qu'un bâtiment de guerre, qui fait partie de la force publique d'un État indépendant, que sous certains rapports il représente partout où il déploie la flamme aux couleurs nationales, soit fictivement considéré comme une portion du territoire étranger auquel il appartient; aussi toutes les nations admettent-elles sans difficulté, sans restriction d'aucune sorte, le principe d'exterritorialité au profit de la marine militaire et renoncent-elles à son égard au droit de rechercher, de poursuivre et de réclamer les personnes qui, après avoir enfreint les lois civiles ou politiques du pays sont parvenues à s'abriter sous un pavillon de guerre étranger; mais aucune des raisons de convenance ou d'égards internationaux qui ont fait universellement sanctionner cette dérogation au droit commun en matière de juridiction n'existe évidemment pour un navire de commerce qui pour tout ce qui ne touche pas à sa discipline intérieure, ne jouit d'aucun privilège et reste absolument soumis aux lois de police et de sûreté de l'État dans les eaux duquel il est mouillé: l'autorité locale a le droit de se transporter à bord de ces navires et d'y faire la recherche et l'arrestation du réfugié.

Si l'embarquement d'un réfugié a eu lieu en pleine mer, les capitaines de bâtiments de guerre ou de commerce ne sont responsables de leur conduite qu'envers leur gouvernement; quant au gouvernement du pays auquel appartient le réfugié, il ne peut faire de réclamations que d'État à État par la voie diplomatique.

Droit d'asile pour troupes en temps de guerre. On nomme aussi droit d'asile le droit d'un État neutre, en temps de guerre, d'accueillir sur son territoire des détachements de troupes poursuivis par l'ennemi, ou dans ses ports les navires de guerre en détresse. C'est là une assistance commandée par l'humanité et partant toujours permise. Toutefois l'État neutre doit veiller à ce que les belligérants auxquels il accorde un asile dans ces conditions, n'abusent pas du territoire neutre pour recommencer ou continuer la guerre. Les troupes doivent être désarmées et éloignées le plus possible du théâtre des hostilités. L'État neutre n'est tenu de désarmer ni de détenir le navire de guerre qui se réfugie dans un de ses ports ou s'y rend pour réparer des avaries, se procurer des vivres ou faire soigner ses malades; mais le séjour de ces navires astreint à certaines conditions, dont voici les plus habituellement exigées:

Ces bâtiments doivent entretenir des relations amicales et pacifiques non seulement avec tous les autres navires mouillés dans le même port, mais surtout avec les bâtiments armés appartenant à leurs ennemis; ils ne peuvent augmenter le nombre et le calibre de leurs canons, ni acheter et embarquer des armes ou des munitions de guerre; il leur est défendu de renforcer leur équipage et de faire des enrôlements volontaires, même parmi leurs nationaux; ils doivent s'abstenir de toute enquête sur les forces, l'emplacement ou les ressources de leurs ennemis et ne pas mettre brusquement à la voile pour poursuivre ceux qui leur seraient signalés; il leur est également défendu de sortir du port moins de 24 heures après le navire ennemi qui l'a quitté avant eux; ils ne peuvent employer ni la force ni la ruse pour recousser les prises faites sur leurs concitoyens ou pour délivrer des prisonniers de leur nation; il leur est interdit de procéder à la vente des prises qu'ils ont pu faire tant qu'il n'est pas intervenu un jugement de condamnation et avant d'en avoir l'autorisation du souverain territorial.

(*Voir* AGENTS DIPLOMATIQUES.)

ASSASSINAT. L'assassinat est un meurtre commis avec violence et préméditation ou guet-apens.

L'individu coupable d'assassinat est puni de mort, sauf le cas de circonstances atténuantes.

L'assassinat est au nombre des crimes donnant lieu à extradition.

ASSEMBLÉE. Dans le sens politique ce mot indique la réunion des membres d'un corps délibérant. Les assemblées reçoivent des dénominations différentes d'après leur composition : ainsi on distingue les assemblées provinciales communales, cantonales, provinciales ou nationales selon qu'elles sont formées des représentants des communes, des cantons, des provinces ou de la nation tout entière. Les assemblées tirent aussi leur nom

du caractère ou de la nature de leurs délibérations, de leurs travaux: l'assemblée constituante est celle qui a pour mission d'élaborer spécialement la constitution d'un pays; l'assemblée législative est celle qui est chargée d'en discuter et d'en rédiger les lois.

On donne en général la qualification d'assemblées délibérantes aux parlements, diètes, congrès, cortès, sénats et chambres des députés ou des représentants, dans les gouvernements représentatifs.

On nomme *assemblée de la nation* la réunion qui a lieu dans les échelles du Levant et de Barbarie, des Français qui y résident, sur la convocation des ambassadeurs ou des consuls, toutes les fois que ceux-ci le jugent à propos pour le bien général et particulier, ou lorsqu'ils en sont requis par les résidents eux-mêmes.

ASSER (Tobie, Michel, Charles), publiciste hollandais, né à Amsterdam le 29 avril 1838; professeur de droit international à l'université d'Amsterdam, membre fondateur de l'Institut de droit international, l'un des fondateurs et directeur de la *Revue de droit international et de législation comparée*. Il a publié dans ce recueil de nombreux articles sur le droit international, notamment sur :

L'exécution des jugements étrangers;
Les principes de droit international privé en vigueur dans les Pays-Bas;
Le Code civil de la République Argentine;
Le droit international privé et droit uniforme (1880).

ASSERMENTÉ. Se dit de tout fonctionnaire public qui a prêté serment avant d'entrer en exercice, ou de certains délégués appelés par les tribunaux et qui prêtent serment avant de remplir leur office : ces derniers sont ordinairement des experts, des traducteurs ou des interprètes.

Pendant la Révolution Française on nommait *prêtres assermentés* les ecclésiastiques qui avaient prêté serment à la constitution civile du clergé, par opposition à ceux qui s'y étaient refusés et qu'on appelait par conséquent *prêtres non assermentés*.

ASSOCIATION. Réunion d'individus en vue de la réalisation d'une idée commune, mais spéciale quant à son objet.

Il y a des associations d'Etats comme il y a des associations d'individus : il peut se former entre deux ou un plus grand nombre de nations différentes des associations, qui, sans avoir une tendance politique marquée, sans constituer un véritable Etat dans toute l'acception du mot, assument cependant un caractère international et modifient dans une certaine mesure la manière d'être et les relations naturelles de ceux qui en font partie. Elles sont généralement conclues en vue d'atteindre en commun un but déterminé d'une nature pacifique, de partager, par exemple, certains avantages commerciaux, financiers, juridiques ou autres; d'établir entre les États contractants des règles uniformes pour l'exploitation d'un service public, tel que celui des postes et des télégraphes; de simplifier la perception des impôts, de confondre leurs lois économiques, leurs systèmes de poids et de mesures et de monnaies, etc.

Ces associations, en raison de leur caractère international, sont régies par des règles différentes de celles du contrat civil de société. Elles diffèrent des *alliances* en ce que la sphère et la durée en sont plus restreintes; lorsque cette sphère s'élargit, l'association devient alors une véritable *union*. (*Voir* UNION, ALLIANCE.)

ASSOCIATION *pour la réforme et la codification du droit des gens.* Cette association a publié entre autres des mémoires sur la traite des nègres, les effets au porteur, les lois internationales sur la commandite et les sociétés anonymes, les règles de York et d'Anvers, la propriété littéraire internationale, un discours d'ouverture de M. R. Phillimore sur la législation internationale, un mémoire sur les lois sur les faillites au point de vue international, les mémoires de Sir Travers Twiss sur la juridiction consulaire en Orient, les conventions internationales relatives aux phares, le canal de Suez en tant que voie internationale et la protection internationale des câbles télégraphiques.

ATTACHÉS D'AMBASSADE ET DE LÉGATION. On appelle ainsi des employés dépendant du ministère des affaires étrangères et placés dans les ambassades et les légations, où ils participent ordinairement aux travaux des secrétaires.

Il y a des attachés payés et des attachés libres; ces derniers ne sont à proprement parler que des aspirants ou surnuméraires; mais les uns et les autres ne sont admis qu'après avoir passé un examen et justifié de certaines aptitudes; on leur demande notamment une connaissance générale du droit des gens, de l'histoire moderne, de l'économie politique, et la faculté de parler au moins une langue étrangère; on exige même parfois un diplôme de licencié en droit.

ATTACHÉS MILITAIRES. Ce sont des agents spéciaux dont un usage récent autorise l'adjonction aux légations diplomatiques. Ils sont plus particulièrement chargés d'observer dans le pays où ils sont envoyés tout ce qui se rapporte aux affaires militaires, d'assister aux revues et manœuvres, auxquelles ils sont ordinairement invités, et d'en rendre compte à leur gouvernement. Ces attachés sont généralement des officiers de l'armée d'un grade plus ou moins élevé.

Ces agents font partie de la légation; s'ils ne représentent pas directement leur gouvernement, ils sont les auxiliaires de son représentant pour tout ce qui concerne l'étude et la solution des questions militaires, leur fonction n'est qu'un démembrement des fonctions plus générales du chef de la mission.

Comme ils sont aussi commissionnés et accrédités par le gouvernement même, revêtus d'un caractère public et officiel, il y a pour eux les mêmes raisons que pour les agents diplomatiques proprement dits de ne pas être troublés dans leurs fonctions par des poursuites judiciaires et par des actes d'exécution; ils puisent donc à la fois dans leur titre personnel et leur situation de dépendance d'une légation diplomatique le droit de participer au privilège d'exterritorialité et aux prérogatives qui en découlent.

ATTACHÉS TECHNIQUES. L'empire d'Allemagne a attaché depuis quelques années, à la représentation diplomatique de Paris, de Londres et de Washington, des ingénieurs qui portent ce titre et qui sont chargés de renseigner leur gouvernement sur les progrès de l'art de l'ingénieur et des arts techniques en France, en Angleterre et aux États-Unis. Leur situation est analogue à celle des attachés militaires.

ATTENTAT. Entreprise criminelle ou illégale contre les personnes ou contre les choses.

Cette dénomination s'applique plus spécialement à une tentative contre la vie du chef de l'État, ou à toute entreprise criminelle contre la chose publique, c'est-à-dire ayant pour objet de détruire ou de changer le gouvernement. Cette catégorie de crimes ne donne pas lieu à l'extradition, lorsqu'il est constaté qu'ils ont eu un mobile politique.

En termes de droit, l'attentat aux mœurs, à la pudeur comprend les tentatives violentes contre la personne d'une femme ou d'un enfant, l'excitation à la débauche et la corruption de mineurs. Le plus grand nombre des législations et des conventions internationales autorisent l'extradition contre les coupables de pareils crimes qui se réfugient à l'étranger.

ATTESTATION. Acte ou témoignage écrit ou verbal par lequel on atteste la vérité d'un fait.

ATTLMAYR (Ferdinand) jurisconsulte autrichien. *Die Elemente des internationalen Seerechts und Sammlung von Verträgen* (Eléments de droit maritime international et recueil des traités y relatifs) Vienne 1872-73.

Manuel spécialement destiné aux officiers de la marine austro-hongroise.

ATTORNEY. Mot anglais, qui correspond à peu près à la qualification d'*avoué* ou d'*avocat*.

Dans son acception propre, ce terme signifie une personne agissant à la place d'une autre.

En Angleterre on distingue les *attorneys privés* et les *attorneys publics* ou *légaux* (*at law*). Les premiers sont simplement des hommes d'affaires, agissant pour le compte de leurs clients, sans pouvoir cependant ester en justice pour eux; les seconds, au contraire, sont des officiers publics, qui ont qualité légale pour poursuivre ou défendre en justice.

L'attorney *at law* remplit auprès des tribunaux anglais des fonctions analogues à celles de l'avoué, auprès des tribunaux en France; il est l'intermédiaire entre le plaideur et son avocat.

On appelle „pouvoir d'attorney“ l'écrit par lequel une personne en constitue une autre pour son attorney ou son fondé de pouvoir.

L'*attorney général* est un officier judiciaire de l'Etat en Angleterre et aux Etats-Unis.

En Angleterre, il est nommé par lettres patentes du souverain. Il est chargé d'intenter ou de suivre les poursuites judiciaires au nom de la couronne, d'informer d'office dans les procès criminels qui l'intéressent, de libeller les bills en cour de l'Echiquier pour tout ce qui concerne les domaines ou les revenus du souverain.

Aux Etats-Unis, l'attorney général, nommé par le Président avec l'assentiment du Sénat fédéral, conduit devant la cour suprême tous les procès dans lesquels le gouvernement a quelque intérêt; il doit donner son opinion sur des questions de droit, lorsqu'il en est requis par le président ou par les chefs de départements relativement à des sujets concernant leur branche d'administration.

Chacun des Etats de l'Union a aussi son attorney général, dont les attributions se rapportent à celles du gouvernement de l'Etat.

ATTRIBUTIONS. Partie d'administration et portion d'autorité assignées à une fonction publique, et par conséquent aux personnes qui sont chargées de l'exercer. Les attributions varient selon la nature des fonctions.

Dans un sens plus général, ce terme embrasse tout droit de gérer, d'administrer, de connaître ou juger, etc.

En jurisprudence on appelle *attribution de juridiction* l'action d'étendre la compétence d'un juge.

Autrefois on désignait sous le nom de *lettres d'attribution* le pouvoir que le roi donnait à des commissaires d'une juridiction subalterne pour juger une affaire en dernier ressort.

AUBAIN. Terme ancien de jurisprudence. Etranger qui n'est pas naturalisé dans le pays où il demeure et qui est sujet au droit d'*aubaine*. (Voir ce mot.)

D'après l'ancien droit, les aubains, en France, étaient soumis aux droits de *chevage* et de *formariage* (voir ces mots), incapables de transmettre après décès soit par succession *ab intestat* (voir ce mot), soit par disposition testamentaire, les biens qu'ils délaissaient, comme de recueillir une succession soit testamentaire, soit *ab intestat*. Ils ne pouvaient ester en justice comme demandeurs qu'à la charge de fournir la caution *judicatum solvi* (voir ce terme) pour la garantie des frais et des dommages et intérêts résultant du procès; ils étaient privés du bénéfice de la cession de biens, et soumis indéfiniment à la *contrainte par corps* (voir ce terme).

AUBAINE (Droit d'). Ce terme vient de celui d'*aubains*, qui servait à désigner les étrangers.

Quant à l'étymologie du mot *aubains*, des auteurs la déduisent de ce que les étrangers étaient enregistrés sur un *album*; d'autres la considèrent comme une contraction de *alibi nati*, ou prétendent que le nom d'*aubains*, qui était propre aux Ecossais, fut étendu à tous les étrangers.

Quoi qu'il en soit, en Espagne, sous le régime féodal les étrangers étaient considérés comme en dehors du droit commun. Ils étaient astreints à des charges exceptionnelles, parmi lesquelles on doit mentionner en première ligne le *droit d'aubaine*, en vertu duquel l'étranger qui avait acquis des biens-fonds dans un pays ne pouvait en disposer ni en faveur de ses héritiers légitimes ni en faveur d'un étranger; à sa mort ses biens revenaient de droit au souverain territorial, le domaine éminent de l'Etat prévalant dans ce cas sur l'intérêt de l'étranger et de sa famille.

Dans le principe le droit d'aubaine n'avait pas le caractère qu'il prit par la suite : c'était une des conséquences du servage, dont l'individu né serf, ne pouvait s'affranchir en passant sur un territoire étranger; serf de naissance, il restait serf et était dit *aubain*; si le seigneur s'emparait de ses biens, c'était parce qu'il était serf et non parce qu'il était étranger.

Après l'extinction de la féodalité la royauté s'en attribua les prérogatives; et alors le droit d'aubaine changea de nature : c'est bien aux étrangers qu'il s'appliqua, aux étrangers qui étaient déclarés incapables de jouir des droits civils. Dès la fin du XIVe siècle il était admis que le roi succédait aux aubains „qui trépassaient sans convenable héritier". Les étrangers continuèrent néanmoins de payer des redevances considérables; s'ils se mariaient sans l'autorisation du roi, ils étaient frappés d'une amende; ils ne pouvaient épouser des régnicoles sans déposer le tiers ou la moitié de leurs biens.

Cependant, en France par exemple, les rois avaient consenti certains atténuations à l'exercice du droit d'aubaine, et de nombreuses exceptions, tantôt en faveur des commerçants étrangers qui venaient trafiquer dans le pays, tantôt par des traités qui stipulaient la réciprocité du droit de succéder en faveur des sujets des parties contractantes.

En 1790 l'Assemblée constituante française abolit le droit d'aubaine, en invitant les autres Etats à l'abolir aussi; mais aucun des gouvernements européens ne répondit à cet appel; c'est pourquoi les rédacteurs du Code civil décidèrent que l'étranger résidant en France y jouirait des mêmes droits que ceux qui seraient accordés aux Français par la nation à laquelle cet étranger appartiendrait; ainsi dans le principe l'article 726 du Code civil portait que : „un étranger n'est admis à succéder aux biens que son parent, étranger ou Français, possède dans le territoire du royaume que dans les cas et de la manière dont un Français succède à son parent possédant des biens dans le pays de cet étranger"; et d'après l'article 926, le Français ne pouvait disposer au profit d'un étranger que dans le cas où cet étranger pourrait disposer au profit d'un Français. Mais ces pré-

scriptions ont été abolies par la loi du 14 juillet 1829, qui accorde aux étrangers de succéder, de disposer et de recevoir de la même manière que les Français dans toute l'étendue de la France.

AUBE (Th.). Publiciste français. *Un nouveau droit maritime international* Paris 1875.

AUBUSSON (Georges d'). Diplomate français, ambassadeur de France à Venise en 1659 et à Madrid en 1661. *Défense du droit de Marie-Thérèse d'Autriche reine de France, à la succession des couronnes d'Espagne.* Paris 1674, 1 vol. in-4º. Ouvrage dédié à la reine très-chrétienne elle-même.

AUDIENCE. Dans le langage diplomatique, c'est la réception accordée par les souverains ou les chefs d'Etat aux envoyés étrangers pour la remise des *lettres de créance et de rappel.* (Voir ces mots.)

Ces audiences, dites solennelles, sont publiques ou privées.

Les nonces du Saint-Siège et les ambassadeurs obtiennent en général des audiences solennelles au commencement et à la fin de leur mission. Alors les voitures de la cour vont les chercher, puis les reconduisent à leur hôtel à l'issue de l'audience. Les honneurs militaires leur sont rendus à leur arrivée au palais, ou ils se font d'ordinaire accompagner par les personnes de leur suite. L'ambassadeur est reçu dans la salle du trône par le souverain assis ou debout, entouré des princes du sang, des grands officiers de la couronne et des hauts fonctionnaires de l'Etat. Ensuite, après avoir pris place sur un siège qui lui est désigné, il présente au souverain ses lettres de créance, en prononçant une allocution, dans laquelle il fait allusion à l'objet de sa mission et aux relations d'amitié qui existent entre son pays et celui où il vient résider. L'usage veut que la teneur de cette allocution soit officieusement communiquée à l'avance, afin que le souverain auquel elle sera adressée de vive voix, puisse y préparer sa réponse.

D'ordinaire, au sortir de l'audience, l'ambassadeur est reçu par l'épouse du souverain, par l'héritier présomptif de la couronne et par les autres princes ou princesses du sang.

Après la présentation le ministre des affaires étrangères fait à l'ambassadeur une première visite officielle, tant au nom du souverain qu'en son nom personnel.

A Constantinople les ambassadeurs et les ministres de seconde classe remettent leurs lettres de créance en audience solennelle entre les mains du grand-vizir, mais en présence du sultan. Les chargés d'affaires ne les présentent qu'au grand-vizir dans une visite de cérémonie.

Les ministres autres que les ambassadeurs peuvent obtenir des audiences publiques, qui ont lieu avec moins de cérémonial dans la salle consacrée aux cercles diplomatiques (réceptions des représentants étrangers en corps) et non dans la salle du trône. Le souverain, entouré également des grands officiers de sa cour, les reçoit debout, et ils lui remettent leurs lettres de créance, après avoir prononcé un discours. Le plus souvent ils sont admis à de simples audiences privées, dans le cabinet du souverain seul, ou en présence d'un ou de deux ministres et parfois de quelques personnes de la cour, généralement du grand-maréchal du palais ou du grand-chambellan. (*V.* AGENTS DIPLOMATIQUES.)

Indépendamment des audiences qui leur sont ainsi accordées à leur arrivée ou à leur départ, les ministres étrangers, pendant le cours de leur mission, obtiennent du souverain des audiences, motivées par des circonstances particulières : c'est ce qui arrive lorsqu'ils ont à remettre en mains propres au chef d'Etat auprès duquel ils sont accrédités une lettre de celui qu'ils représentent, des décorations, ou bien à l'entretenir d'affaires de famille ou tout-à-fait personnelles.

Quelques souverains ont introduit l'usage de donner régulièrement audience au corps diplomatique à des jours fixes, notamment à l'occasion du premier jour de l'année : ce sont ces réceptions auxquelles on donne le nom de *cercles diplomatiques*.

AUDITEUR. Qualification de certains emplois, donnée tantôt à des fonctionnaires en titre, tantôt à des fonctionnaires faisant un noviciat.

Juge ou conseiller auditeur, officier de judicature qui assiste aux audiences, mais n'a pas voix délibérative.

En France l'auditeur au conseil d'Etat est une sorte de surnuméraire admis auprès du conseil d'Etat pour y acquérir la connaissance des affaires; l'auditeur est au-dessous du maître des requêtes.

Auditeur des comptes, fonctionnaire chargé autrefois d'examiner les finances du roi, fonctions analogues à celles des référendaires à la cour des comptes actuelle.

Auditeur de nonciature, secrétaire de légation d'une nonciature papale.

Auditeur de la *rote*, membre du tribunal ecclésiastique de ce nom, établi à Rome par la curie pontificale.

Auditeur se dit aussi des juges chargés d'instruire les causes qui relèvent des cours martiales.

AUGURE, terme d'antiquité romaine, signifiant présage tiré du vol ou du chant des oiseaux ou de certains phénomènes de l'air, tels qu'éclairs, orages, tonnerre, — par extension tout ce qui présage quelquechose.

C'était aussi le nom des ministres de la religion qui étaient chargés d'observer les oiseaux et l'état de l'atmosphère pour en tirer des présages. Les prêtres chargés de ce soin formaient un collège, qui a joué un rôle considérable dans l'histoire romaine; car rien d'important ne se faisait sans qu'on eût pris préalablement leur avis.

AUGUSTE, imposant, digne de respect ou de vénération.

Titre déféré par le sénat romain à Octave, et porté après lui par les empereurs ses successeurs. Adopté par l'empereur d'Allemagne Othon II vers 973, ce titre était devenu, depuis le règne de Henri VI, en 1190, tout-à-fait officiel et inséparable de celui d'empereur d'Allemagne.

AULIQUE. Ce terme, dérivé du mot latin *aula* (cour), s'emploie dans ces deux locutions *conseil aulique, conseiller aulique.*

Le *conseil aulique*, dans l'ancien empire Germanique, constituait un tribunal suprême jugeant en dernier ressort et sans appel les causes attribuées à l'empereur; c'était l'autorité administrative la plus élevée, ou du moins la seule qui existât. Il avait été créé par l'empereur Maximilien en 1501; il siégea successivement à Francfort sur le Mein, à Spire, à Wetzlar et à Vienne. Il se composait d'un président, d'un vice-président et d'un nombre illimité de conseillers distribués sur deux bancs, dont l'un était occupé par des assesseurs comtes ou barons et l'autre par des assesseurs jurisconsultes; tous étaient nommés par l'Empereur. Le conseil aulique a été supprimé en 1806, lors de la fondation de la confédération du Rhin par Napoléon. Toutefois dans l'empire d'Autriche le titre de *conseiller aulique* continue d'être donné à des chefs de départements administratifs comme une distinction en quelque sorte honorifique. En Allemagne il se confère, à titre honorifique, à certaines personnes en récompense de services rendus à la cour.

AUSLIEFERUNGSVERTRÄGE, deutsche. Berlin 1875. Texte des traités d'extradition conclus par l'empire d'Allemagne, la confédération du Nord, la Prusse et l'Alsace-Lorraine avec les pays étrangers.

AUSPICES. Divination de l'avenir, surtout d'après le vol des oiseaux.

Il y avait cette différence entre les auspices et les augures que les premiers se tiraient plus particulièrement du vol des oiseaux, et les seconds de leur chocs et de leurs mouvements; mais les deux mots ont fini par se confondre.

Métaphoriquement on emploie le mot auspices dans le sens de présage en général appliqué aux choses: heureux ou malheureux, favorable ou fâcheux, et appliqué aux personnes dans celui d'influence ou de direction: sous les auspices de quelqu'un, c'est-à-dire par son influence ou sous sa direction.

AUSTRÉGAL (tribunal.) Ce tribunal, créé par décision de la diète germanique du 3 août 1820, avait pour attributions de prononcer sur les différends entre deux ou plusieurs souverains membres de la confédération. L'acte final de Vienne étendait aux particuliers le bénéfice de cette juridiction austrégale, lorsqu'il s'agissait de prétention, pour lesquelles les membres de la confédération se renvoient l'affaire les uns aux autres, sans issue possible par les voies judiciaires ordinaires.

Cette dénomination vient du mot allemand *austrag*, au pluriel *austraege* qui signifie décision sur un point de droit. Dans le droit public allemand, on donnait le titre d'*austraege* à des commissions d'arbitrage, chargées de décider des points en litige soit entre plusieurs Etats, soit entre le gouvernement d'un des Etats de la confédération germanique et la diète du même Etat, soit entre un gouvernement et un particulier. Il y avait trois sortes d'*austraege*: ceux de *plein droit*, pour les princes et les Etats immédiats de l'empire; ceux qu'on nommait par *compromis*, et ceux que les empereurs accordaient à des villes impériales ou à d'autres membres du Saint-Empire.

L'institution austrégalienne a cessé avec la dissolution de la diète germanique depuis 1866. Aujourd'hui les gouvernements réunis du nouvel empire allemand vident leurs différends particuliers au sein du Conseil fédéral (*Bundesrath*).

AUTEUR. Se dit de la personne qui crée ou produit, et plus particulièrement de celui ou de celle qui a fait un ouvrage de littérature, de science ou d'art, auteur d'un livre, de poésies, d'un tableau, d'une statue etc.; dans ce sens on le prend aussi comme synonyme d'écrivain, de publiciste: les auteurs grecs et latins, les auteurs anciens, etc.

Il se dit aussi de celui qui a inventé ou conçu quelque chose: l'inventeur ou l'auteur d'un procédé.

Le titre d'auteur constitue des droits spéciaux de propriété résumés sous la dénomination de *propriété littéraire ou artistique*, suivant la nature de la chose créée, ou produite. (*Voir* PROPRIÉTÉ LITTÉRAIRE ET ARTISTIQUE.)

En termes de jurisprudence, on qualifie d'auteur d'un délit ou d'un crime, etc celui qui l'a commis, par opposition a celui ou à ceux qui en sont complices on nomme auteur principal celui qui en a consommé l'exécution.

On applique aussi la qualification d'*auteur* à la personne de qui on tient quelque droit, comme dans cette phrase „On lui disputait la possession de cette terre; il fit appeler ses auteurs en garantie."

AUTHENTIQUE. Qui fait autorité: se dit des actes reçus ou dressés par des fonctionnaires publics revêtus des pouvoirs nécessaires pour donner force exécutoire aux actes qu'ils certifient de leur signature. Contrat, titre, déclaration authentique, copie authentique, émanée de l'officier public qui a reçu l'acte certifiée et légalisée.

L'acte authentique est défini par l'article 1317 du code civil français comme „celui qui a été reçu par officiers publics ayant le droit d'instrumenter dans le lieu où il a été rédigé et avec les solennités requises". Cette définition s'applique aux actes notariés et, en général, aux actes de juridiction volontaire.

En France, par exemple, un acte passé à l'étranger devant les autorités compétentes peut être considéré comme authentique et faisant preuve suffisante des faits qu'il contient; cependant il n'aura pas en France la force exécutoire que la législation française attribue aux actes authentiques passés en France; par contre l'acte passé en France, quoique expédié en forme exécutoire, n'a dans les autres pays d'autre effet que la force probante.

Un usage, que son observation universelle a élevé à la hauteur d'un principe de droit international, fait considérer comme authentique tout original muni du grand sceau de l'Etat, toute copie autorisée et légalement certifiée conforme au texte par l'autorité compétente, tout acte, tout certificat, toute déclaration ou tout procès-verbal émanant soit d'un magistrat ou d'un autre fonctionnaire public, soit d'un notaire investi à cet effet d'un pouvoir spécial par la loi territoriale. Le juge qui a exigé la production de ces documents étrangers reste d'ailleurs absolument maître d'apprécier les circonstances de force majeure par suite desquelles les parties ne pourraient faire leurs justifications dans la forme authentique, et de se contenter alors de telle ou telle preuve équivalente ou supplétive.

Dans son sens général, le mot *authentique* équivaut à *certain*, dont la vérité ou l'autorité ne peut être contestée: histoire, témoignage, tradition authentique.

Autrefois, en diplomatie, on donnait le nom d'*authentiques* aux manuscrits originaux par opposition aux copies.

On nomme livres *authentiques* ceux qui sont réellement de l'auteur auquel le titre les attribue et d'époque à laquelle la tradition les rapporte: on oppose dans ce sens *authentique* au mot *apocryphe*.

Dans l'histoire du droit romain, on appelle *authentiques* des extraits que les glossateurs ont faits des *novelles* de Justinien, et insérés aux endroits du code du même empereur auxquels ces extraits se rapportent. Cette dénomination vient de l'inscription *in authentica* qu'on lisait en tête de chacun de ces extraits.

AUTOCRATIE, AUTOCRATE, gouvernement d'un seul, exercé avec une autorité illimitée, absolue.

L'autocrate est celui qui exerce cette autorité, celui dont la puissance ne relève d'aucune autre, n'est soumis à aucun contrôle légal.

Ce terme est synonyme de souverain en Russie.

Dans le reste de l'Europe, le mot *autocrate* est pris en mauvaise part, parce qu'on en fait l'équivalent de prince absolu, et que le sentiment des peuples répugne à un régime qui subordonne les destinées, tous les pouvoirs d'un Etat à la volonté d'un seul.

AUTO-DA-FÉ, mot espagnol qui signifie en français *acte de foi.*

C'était, en Espagne et en Portugal, ainsi que dans leurs dépendances, l'acte par lequel avait lieu l'exécution des sentences prononcées par l'inquisition contre les personnes qui lui étaient déférées, et comme le plus souvent la sentence concluait au bûcher, l'*auto-da-fé* était devenu synonyme du supplice par le feu.

Non seulement des personnes étaient condamnées à périr dans les flammes; mais on faisait aussi brûler publiquement les objets ou les livres dont la destruction était jugée nécessaire par le Saint Tribunal.

AUTOGRAPHE. Lettres autographes. En diplomatie, on appelle *lettres autographes* celles qui sont écrites de la main du souverain. Ces lettres excluent tout cérémonial quant aux titres et aux formules d'usage; le style en est plus familier que celui des *lettres de chancellerie* et *de cabinet* (*voir* CORRESPONDANCE DES SOUVERAINS), sans pourtant que la différence des rangs s'y fasse moins sentir. En général les *lettres autographes* sont à l'égard des supérieurs une marque de respect, entre égaux une marque d'amitié et envers les inférieurs un témoignage particulier d'affection et d'estime.

AUTONOMIE. Littéralement ce mot, d'origine grecque, signifie législation indépendante; même, dans le principe il était synonyme de souveraineté. Ainsi les Grecs donnaient le nom d'*autonomes* aux Etats qui se gouvernaient par leurs propres lois et n'étaient soumis à aucune puissance étrangère.

Après que Rome eut fait de la Grèce une province romaine, le consul Flaminius, vainqueur de la ligue archaïque, proclama, aux jeux isthmiques, la liberté de la Grèce; mais le sénat romain régla ce simulacre de liberté en donnant aux villes grecques l'*autonomie*, c'est-à-dire le droit de se gouverner par leurs propres lois et de conserver leurs magistrats: ce qui n'était en réalité que le *municipe*. (Voir ce mot).

Dans les temps modernes, l'autonomie s'étend à des parties entières d'Etats, ou à des Etats faisant partie d'une confédération, lesquels jouissent à l'intérieur d'une plus ou moins grande indépendance, mais n'en possèdent aucune relativement à l'extérieur, sauf pourtant quelques exceptions.

Parmi les pays qui ont l'autonomie la plus large, on peut citer ceux qui font partie de l'Empire allemand, les vassaux de la Turquie, les cantons suisses, les Etats de l'Union de l'Amérique du nord. Ils ont à leur tête un gouvernement particulier, ayant quelques-uns des attributs de la souveraineté. Certains d'entre eux peuvent se faire représenter officiellement à l'étranger.

On peut encore considérer comme autonomes les deux royaumes scandinaves — Suède et Norvége, — les deux fractions de l'empire austro-hongrois, le Luxembourg et les Pays-Bas, réunis sous le sceptre du même prince par le lien qu'on appelle *union personelle* (voir ce mot); les îles anglo-normandes de la Manche, les colonies anglaises, presque indépendantes pour leur administration intérieure, mais représentées à l'étranger par la mère-patrie.

AUTORISATION. En terme de droit, c'est l'acte par lequel certaines personnes soit réelles (femmes, enfants, mineurs), soit morales (communes, établissements publiques, sociétés etc.) sont relevées de l'incapacité dans laquelle les tient la loi, et sont rendues habiles à contracter et à plaider. Par exemple, les mineurs et les femmes mariées ne peuvent faire du commerce sans une autorisation formelle donnée pour les uns par leur père ou leur mère ou un tuteur et pour les autres par leur mari. Les communes, les hospices, les fabriques des églises, étant considérés comme en état de minorité perpétuelle et placés sous la surveillance de l'administration, ne peuvent plaider ni faire certains actes sans l'autorisation des sous préfets, des préfets et, dans quelques cas, du gouvernement même.

Les agents du gouvernement ne peuvent être poursuivi qu'en vertu d'une autorisation spéciale. Il faut aussi une autorisation des assemblées législatives pour qu'un de leurs membres puisse être jugé pendant le cours de la session législative, sauf le cas de flagrant délit. Toutefois dans ces diverses circonstances cette disposition préalable n'empêche que de recevoir la plainte, car son refus entraînerait un déni de justice.

AUTORITÉ. Ce mot signifie, en général, une puissance (force publique, fonctionnaire, corps constitué) à laquelle on est soumis; en ce sens il se dit de l'ensemble des individus qui forment le pouvoir civil ou politique auquel on doit obéir, du gouvernement considéré principalement dans les rapports avec les citoyens.

L'autorité peut donc se diviser en diverses branches.

On entend par autorité *constituée* l'ensemble des pouvoirs que chaque peuple a établis pour le gouvernement de ses intérêts ou pour le maintien des lois; elle est ainsi appelée par opposition à l'autorité *constituante*, qui l'établit.

L'autorité administrative est l'administration publique considérée dans son ensemble; elle réside soit dans le caractère d'un seul fonctionnaire de l'ordre ou du pouvoir administratif.

L'autorité judiciaire comprend l'ensemble des fonctionnaires ou des corps qui sont investis de l'application ou de l'exécution des lois.

L'autorité civile ou municipale est celle qui est chargée de rendre des arrêtés ou des règlements pour la gestion des biens et pour la police des communes et des villes.

L'autorité militaire veille à la sûreté publique et assure le maintien et l'exécution des lois.

L'autorité souveraine, suprême, impériale ou royale etc. est représentée par le chef de l'État quel que soit son titre.

L'autorité spirituelle se dit de l'autorité religieuse ou ecclésiastique par opposition à l'autorité temporelle c'est-à-dire civile, ou de tout individu revêtu d'une puissance légale quelconque : ainsi l'autorité ou puissance paternelle que le père ou la mère ont sur leurs enfants, sur leur famille, l'autorité ou la puissances conjugale, celle que le mari a légalement sur la femme.

L'autorité signifie aussi le droit ou le pouvoir de commander et de se faire obéir qu'exercent les differentes *autorités* que nous venons de mentionner. Autorité se dit aussi du crédit, de la considération, de la valeur qui s'attache à une personne ou à une chose, du degré de créance qu'elle inspire. Homme, parole, raisonnements d'une grande autorité.

On l'applique également au sentiment d'un ou plusieurs personnages importants que l'on rapporte à l'appui de ce qu'on dit : produire des autorités avancer des faits historiques ou des opinions pour soutenir une allégation ou un argumentation; en jurisprudence il se dit des documents, tels que lois, arrêts ou décisions cités à l'appui d'un point de droit ou d'un usage.

AUXILIAIRE. Qui aide, qui donne ou dont on tire des secours : se dit surtout des troupes qu'un Etat envoie au secours d'un autre; s'applique aussi à celui qui aide de ses armes.

L'auxiliaire prend part à la guerre et encourt les hostilités de la puissance contre laquelle il fournit des secours, c'est le cas de l'allié qui a contracté une alliance offensive et fournit les moyens de la rendre effective.

Certains publicistes sont d'avis que l'allié ne devient l'auxiliaire de l'ennemi que lorsqu'il lui fournit, des secours illimités en dehors de ceux stipulés par le traité d'alliance. Ainsi Vattel, parlant du principe qu'un souverain a le droit de venir en aide à ses alliés sans que pour cela il soit censé prendre part à la guerre, prétend que dans des cas semblables la neutralité ne se perd ni ne s'altère. Wheaton admet également que la neutralité puisse être modifiée par des engagements antérieurs liant le neutre à l'une des parties en guerre. Ainsi, dit-il, le neutre peut être obligé, par traité antérieur à la guerre, de fournir à l'une des parties belligérantes un secours limité d'argent, de troupes, de vaisseaux, de munitions de guerre, ou d'ouvrir ses ports aux vaisseaux de guerre de son allié avec leurs prises; l'accomplissement de cette obligation ne détruit pas sa neutralité et ne le rend pas l'ennemi de l'autre nation belligérante, parce qu'il ne le rend pas l'associé général de son ennemi etc. Bello, invoquant les maximes du droit naturel, combat avec raison cette doctrine quelque peu subtile. A ses yeux, le secours qui constitue intrinséquement une violation de la neutralité, ne saurait perdre son caractère illégitime pour avoir été prêté en vertu d'un accord préalable contraire à tous les principes sur la matière.

Que le secours soit apporté en vertu d'arrangements antérieurs ou non, quel que soit le caractère de ces arrangements, le secours fait de l'allié un véritable auxiliaire prenant part à la guerre; or il ne saurait être à la fois belligérant et neutre.

AVARIE. *Définition.* Se dit en général du dommage que souffre une chose, et plus particulièrement des accidents qui causent des dommages aux navires ou aux objets qui en forment le chargement.

Les avaries sont occasionnées soit par une faute quelconque, soit par le vice propre des choses, soit par force majeure.

Le code de commerce français définit l'avarie: „Toutes dépenses extraordinaires faites pour le navire ou les marchandises, conjointement ou séparément; tout dommage qui arrive du navire ou aux marchandises depuis leur chargement et leur départ jusqu'à leur retour et leur débarquement.

Classification. On distingue les avaries en *grosses* ou *communes*, c'est-à-dire celles qui sont supportées par l'ensemble du navire et du chargement; et en *simples* ou *particulières*, c'est-à-dire celles qui atteignent seulement des choses prises isolément parmi celles mises en risque, et qui sont supportées particulièrement par le propriétaire de ces choses.

Toutes les pertes et tous les dommages causés un à navire ou au chargement, ou à l'un ou à l'autre, par le capitaine ou par ses ordres, lorsque cela était nécessaire pour le salut du navire ou du chargement, ainsi que le dommage qui en résulte par voie de conséquence, et les frais faits dans le même but constituent des avaries communes.

Tout dommage considéré comme avaries communes doit être supporté proportionnellement par toutes les parties du navire, de ses appartenances, du fret et de la cargaison pour l'avantage desquelles le dommage a été occasionné et qui ont été réellement sauvées, ainsi que par le propriétaire des choses sacrifiées.

Le dommage causé par les eaux pénétrant dans le navire, sans qu'on puisse l'empêcher, par les écoutilles ou par une autre ouverture, donne lieu à indemnité comme avarie commune.

Le dommage causé à un navire, aux marchandises par l'emploi de l'eau ou de tout autre moyen pour éteindre un incendie à bord, constitue aussi une avarie commune.

Lorsqu'on fait échouer un navire, par ce qu'il coule ou qu'il est entraîné vers le rivage ou des rochers, le dommage subi par le navire, le chargement et le fret par suite de l'échouage volontaire ne donne pas lieu à une avarie commune.

Réparation. Dans les cas d'échouage, de naufrage ou de relâche forcée, les navires étrangers ont en général la faculté de faire réparer leurs avaries; les traités de commerce en font quelquefois l'objet de stipulations spéciales.

Répartition. La contribution aux avaries communes se fait sur le base de la valeur actuelle des choses sauvées, au lieu où le voyage doit se terminer; il faut y ajouter le montant de l'indemnité allouée comme avaries communes pour les choses sacrifiées.

Selon les stipulations consenties entre les gouvernements, les consuls sont le plus souvent chargés de régler les avaries, à moins que les clauses du contrat entre les armateurs et les assureurs ne l'aient arrêté autrement à l'avance.

En tout état de cause, chaque nation peut conférer à ses consuls le pouvoir de répartir les avaries et d'apprécier les réparations nécessaires dans le cas où navires de sa nation arrivent dans le pays où il réside, lorsqu'il en est requis par une partie n'ayant pas de domicile dans ce pays, à moins de conventions contraires entre les intéressés sur la manière de répartir les avaries et d'apprécier les réparations nécessaires. Mais une répartition ou un règlement d'avaries on de réparations ne lie les personnes domiciliées dans le pays ou les étrangers que s'ils ont consenti à soumettre la question au consul; si alors les parties intéressées ne s'accordent pas, ce sont les autorités locales qui prononcent.

AVAUX (Comte d') *Mémoires touchant les négociations du traité de paix faits à Munster en 1648.* Cologne 1648 in-12.

Négociations en Hollande depuis 1679 -1688. Paris, 1752. T. I-III. 3 vol. 8⁰. Paris, 1753. T. IV-VI. 2 vol. 8⁰.

Lettres de MM. d'Avaux et Servien, ambassadeurs en Allemagne. 1650. in 8⁰.

AVENEL (M.), historien français. *Lettres, instructions diplomatiques et papiers d'Etat du cardinal de Richelieu.* Paris, 1874. 8⁰.

Ce recueil fait partie de la collection de documents inédits sur l'histoire de France.

AVÉNEMENT. Venue ou arrivée; se dit particulièrement de l'élévation à une dignité supérieure, du moment où un prince ou souverain prend possession du trône.

L'avénement au trône est un des événements concernant leurs personnes que les souverains ont coutume de se notifier réciproquement. L'usage particulier de chaque cour décide de la forme dans laquelle ces notifications doivent être rédigées sous forme de lettres de conseil ou de cabinet, qui sont remises aux souverains par les ministres accrédités auprès d'eux.

On appelait *droit de joyeux avénement* certains droits qu'avait le roi ou le seigneur à son avénement; ainsi les rois de France, en montant sur le trône, levaient sur leurs sujets un impôt spécial. Louis XIV renonça à ce droit.

AVOCANDI JUS (droit de rappel). C'est le droit qu'a chaque Etat, pour des motifs d'ordre public dont lui seul est juge, notamment à l'occasion du service militaire, ·de rappeler ceux de ses ressortissants qui se trouvent à l'étranger. Les lois de tous les peuples civilisés reconnaissent comme une règle de droit public ce rappel dans certaines circonstances solennelles, en cas de guerre, par exemple, des nationaux résidant à l'étranger. Il y a par conséquent un intérêt de réciprocité à respecter ce droit de gouvernement à gouvernement.

En rappelant ainsi ses nationaux et en chargeant ses agents de pourvoir à leur rapatriement, le pays d'origine ne porte nulle atteinte à la neutralité du pays tiers. Mais, pour obtenir leur retour, il ne peut réclamer l'assistance des autorités étrangères, qui n'ont point à seconder l'exécution de ses ordres, puisqu'il s'agit de rapports entre un citoyen et son gouvernement et que l'Etat étranger n'a aucun intérêt à porter atteinte à la liberté personelle des voyageurs ou des autres étrangers qui séjournent sur son territoire.

AVOCATOIRES (lettres). Lettres par lesquelles un souverain rappelle ses sujets d'un pays étranger contre lequel il est en guerre.

Avocatoria edicta (édits avocatoires) Décrets de rappel qu'un souverain édicte au moment d'une guerre pour faire rentrer ceux de ses sujets qui sont au service militaire d'une autre puissance.

AVOYÉ ou AVOYER. On appelait ainsi en Suisse le premier et quelquefois les deux premiers magistrats de certains cantons, notamment dans ceux de Berne de Lucerne et de Soleure. Dans les autres cantons ces mêmes magistrats portent parfois le titre de *Landammann.*

Autrefois, lorsque la Suisse était province de l'Empire, les empereurs envoyèrent dans les cantons des officiers appelés *avoyers,* qui exerçaient en leur nom le droit de glaive. Leurs exactions causèrent le soulèvement de la Suisse; les avoyers impériaux furent chassés; mais le nom resta et les avoyers devinrent des chefs élus.

L'origine de ce mot paraît la même que celle d'avoué.

AXIOME. Vérité évidente par elle-même et n'ayant pas besoin de démonstration; par exemple, le tout est plus grand que sa partie.

Les axiomes sont. le point de départ de toute démonstration.

Toutes les sciences partent d'axiomes qui leur servent de fondements.

C'est sur certains axiomes que repose tout l'édifice des sciences mathématiques, mais les sciences autres que les mathématiques ont aussi leurs axiomes : axiome de morale, de philosophie; toutefois, dans ces sciences, ce terme se prend dans le sens de principe général admis et reconnu plutôt que dans la signification rigoureuse des axiomes mathématiques.

Littré fait observer, à propos de la synonymie qu'on pourrait établir avec certains autres mots d'un sens analogue, tels que maxime, sentence, aphorisme apophthegme, que „*axiome* exprime une proposition évidente de soi, échappant à toute démonstration et s'imposant par un principe d'évidence ou, autrement, de certitude qui entre dans la constitution de l'esprit humain".

AYALA (Balthasar de) publiciste flamand né à Anvers en 1548, mort à Alost le 1er septembre 1584.

En 1580, il fut nommé auditeur général du camp dans les Pays-Bas, fonctions équivalent à peu près à celles de conseiller judiciaire du capitaine général de l'armée. Il consacra le peu de loisir que lui laissèrent ses occupations à achever son traité: *De jure belli et officiis bellicis et disciplina militari* (Traité du droit et des devoirs de la guerre et de la discipline militaire.)

Ce traité eut plusieurs éditions. On cite celle de Douai, 1582; celle d'Anvers 1597 et celle de Louvain 1648.

C'est l'ouvrage le plus complet qui ait été publié à cette époque sur les principes de la guerre. Il se subdivise en trois livres: le premier traite du droit de la guerre, le second des devoirs de la guerre, et le troisième de la discipline militaire. Dans les deux premiers il étudie les causes de la guerre, les représailles, le droit de butin et de postliminie, la foi envers l'ennemi, les trèves, les traités, et enfin le droit de légation.

AYANT CAUSE. AYANT DROIT. Personne subrogée aux droits ou aux intérêts d'un autre. Termes à peu près équivalents; pourtant *ayant cause* se dit plus particulièrement de celui qui en représente un autre à titre universel ou particulier; et *ayant droit* de celui qui a et exerce les droits d'un autre: ainsi l'héritier est l'ayant cause de son ascendant, et l'acquéreur est l'ayant droit de son vendeur.

AYRAUT (Pierre), jurisconsulte connu sous le nom latin de *Petrus Ærodius*, né à Angers en 1536, mort en 1601. Il fut d'abord avocat au parlement de Paris, puis lieutenant-criminel d'Angers.

Il a publié, sous le nom de *Petrus Ærodius*, plusieurs ouvrages de jurisprudence, dont les plus estimés sont les suivants:

Traité de la puissance paternelle. 1586 in-8⁰.

De l'ordre et de l'instruction judiciaires chez les Grecs et les Romains. Angers, 1591 in-4⁰.

Rerum judicatarum pandectæ. (Pandectes des choses jugées.)

Ses œuvres complètes ont paru à Lyon en 1642 in-4⁰.

AZAIS (Roger) jurisconsulte français.

De la condition juridique des étrangers en France. Paris 1876.

AZUNI (Dominique Albert), jurisconsulte italien né le 3 août 1749 à Sassari (Sardaigne) et mort en janvier 1827 à Cagliari.

Sistema universale dei principii del diritto marítimo dell' Europa. (Système universel des principes de droit maritime de l'Europe) publié en 1795 etc. traduit de l'italien par J. M. Dijeon, sous les yeux de l'auteur en 2 vol. 8⁰ en 1797.

Dans cet ouvrage Azuni définit nettement les droits des neutres, et les défend par des arguments qui ont prévalu depuis dans la pratique.

Dizionario universale raggionato della giurisprudenza mercantile. 5 vol. 1786. (Dictionnaire universel raisonné de la jurisprudence commerciale.) 5 vol. 1786 —1796.

B

BAIE. En géographie on donne le nom de *baie* à un espace de mer enfermé entre deux terres qui s'avancent, mais laissent entre elles une grande ouverture: la baie proprement dite est un renfoncement dans la côte, ou l'embouchure d'un bras de mer propre à servir d'asile aux navires à défaut de port.

Les baies, défendues soit naturellement par des îles, des bancs de sable ou des roches, soit par le feu croisé de canons placés à leurs deux ouvertures, se rattachent à la souveraineté territoriale contiguë, dont elles sont regardées comme les accessoires, toutefois jusqu'à certaines limites, dans lesquelles elles sont, quant à la liberté d'accès et au droit juridictionnel, régis par les mêmes principes que ceux établis pour les ports et les rades intérieures.

BAILLI, BAILLIAGE. Dans l'ancienne organisation judiciaire et administrative de la France, le *bailli* était un officier royal d'épée rendant la justice dans une certaine étendue du territoire, soumise à sa juridiction.

Il y avait aussi des baillis seigneuriaux qui, dans les grands fiefs, rendaient la justice au nom de leurs seigneurs.

Outre les baillis royaux et ceux des seigneurs hauts-justiciers, ce nom était encore adopté par les officiers et les juges subalternes dans les bourgs et les villages; ce ne fut même qu'à eux seuls qu'il finit par être donné.

En Suisse et en Allemagne il y avait autrefois aussi des baillis (*Vogte*, *Landvogte*) dont les attributions étaient à peu près les mêmes.

Le *bailliage* était la partie du territoire placée sous la juridiction d'un bailli; se disait aussi d'un tribunal composé de juges qui rendaient la justice avec le bailli ou en son nom; — et du lieu ou de la maison où se tenait ce tribunal.

BAIRAM ou **BEIRAM.** On désigne ainsi les deux seules fêtes solennelles de la religion musulmane. Il y a le grand baïram, qui se célèbre le dixième jour du dernier mois de l'année, en commémoration du pélerinage de la Mecque que tout musulman doit faire dans ce mois, et pendant toute la durée duquel le jeûne est obligatoire pour les musulmans.

L'autre fête est appelée petit baïram, ou *Kourban bairam*, c'est-à dire fête des sacrifices, parce que ce jour là les musulmans sont dans l'usage d'offrir un sacrifice sanglant, en imitation de la pâque juive: le petit baïram a lieu 60 jours après le grand baïram, il dure quatre jours; il met fin au jeûne du ramadan.

Chez les Turcs et les Arabes, dont l'année est lunaire, ces deux fêtes sont mobiles et parcourent successivement toutes les valeurs dans une période de trente-trois ans.

BAISE - MAIN. Terme de féodalité: hommage que le vassal rendait à son seigneur en lui baisant la main; ce n'est plus qu'une cérémonie d'étiquette usitée dans quelques cours, particulièrement en Espagne et en Russie, et qui consiste à baiser la main du souverain: cette cérémonie a lieu à certaines époques, où les personnages qui doivent être présentés se rendent exprès au palais.

On nomme aussi baise-main l'audience que le Sultan donne aux ambassadeurs parce que autrefois ceux-ci lui baisaient la main.

BALANCE POLITIQUE. Espèce d'équilibre qui résulte entre les Etats de leurs forces, de leurs territoires, de leurs alliances, etc., de manière qu'aucun d'eux ne soit assez prépondérant pour détruire ou opprimer les autres (*V.* EQUILIBRE.)

BALDASSERONI (A) jurisconsulte italien. *Dizionario ragionato di jurisprudenza maritima.* Livourne; 1811. 4 vol. in 4. (Dictionnaire raisonné de jurisprudence maritime.)

BALLONS ou **AÉROSTATS.** Dès la fin du siècle dernier on avait, en guerre, employé les ballons soit comme pour observer les mouvements des troupes ennemies, soit pour jeter sur elles des projectiles incendiaires; mais les tentatives n'ont donné que des résultats insignifiants.

Il en a été autrement pendant la guerre de 1870—1871 entre l'Allemagne et la France. Paris assiégé a eu recours aux aérostats pour se mettre en communication avec la province; pendant les cinq mois d'investissement, 64 ballons, partis de la capitale, ont enlevé avec eux 155 personnes; plusieurs sont tombés entre les mains des ennemis, qui tiraient dessus et avaient même combiné un canon de forme spéciale pour les atteindre et les arrêter au passage.

Cet emploi des ballons a soulevé quelques questions internationales nouvelles.

Nous regardons comme oiseuse celle de savoir jusqu'à quelle hauteur dans l'air l'aérostat est de droit sujet aux attaques de l'armée occupante; car non seulement il nous paraît souvent difficile de déterminer à quelle hauteur le ballon passe; mais de plus ceux qui montent en ballon ne se rendent, à nos yeux, coupables d'aucun délit de guerre.

Le seul point vraiment important, c'est la manière dont doivent être traitées les personnes qui se trouvent dans les ballons pris par l'ennemi.

Faut-il, ainsi que l'avait commandé le chancelier de la Confédération du Nord pendant la campagne de France en 1870—1871, les traiter comme des individus franchissant les lignes d'une armée sans autorisation, entretenant des correspondances au préjudice des troupes occupantes, et les faire juger par des conseils de guerre?

Nous demanderons d'abord quelles lois

de la guerre sont applicables à une situation nouvelle; ensuite nous pensons que l'assimilation à l'aide de laquelle le prince de Bismarck a cherché à justifier les mesures de rigueur employées contre les aéronautes naufragés est tout soit peu arbitraire. En effet un voyageur aérien accomplit assez ouvertement son message pour qu'il ne puisse être regardé comme une espion se glissant clandestinement, au moyen d'un déguisement, à travers les lignes ennemies. S'il tombe dans l'enceinte de ces lignes ou les dépasse, ce n'est certes pas toujours volontairement; il ne saurait donc être de toute justice traité en criminel pour un fait accidentel et dont il n'est pas toujours coupable. Il nous paraît plus équitable de le mettre sur le même rang que le messager qui tente de franchir les lignes ennemies et de le traiter comme prisonnier de guerre.

On pourrait encore assimiler le personnel d'un aérostat à l'équipage d'un navire qui rompt un blocus, car une ville assiégée est précisément dans la position d'un port bloqué : si ces marins sont neutres, on les laisse s'en aller librement; s'ils sont ennemis, on les retient captifs, mais sans les soumettre à aucune pénalité.

Quant au droit de l'armée qui s'empare d'un ballon de s'emparer aussi des lettres, des dépêches que les aéronautes s'étaient chargés de porter, si tel est le cas, il ne saurait être contesté : c'est une mesure de sûreté autorisée par les nécessités de la guerre.

BALLOTTAGE. Se disait d'un mode d'élection auquel on procédait au moyen de petites boules ou *ballottes.* Aujourd'hui le terme ne s'emploie plus que pour exprimer l'opération de *ballotter* deux candidats, c'est-à-dire décider par le scrutin lequel l'emportera de deux candidats qui ont obtenu le plus grand nombre de suffrages dans un scrutin antérieur, sans atteindre au minimum prescrit par la loi, tous les autres étant exclus. Cependant à ce scrutin décisif de nouveaux candidats peuvent quelquefois être· mis en présence, pourvu, en tout cas, que la lutte soit limitée à deux candidats seulement. La loi règle si c'est au deuxième ou au troisième tour de scrutin que le ballottage doit avoir lieu; mais tous les électeurs ayant droit de voter peuvent y prendre part, lors même qu'ils n'ont pas participé aux scrutins précédents.

BAN, ARRIÈRE-BAN. Ce mot *ban* signifie d'abord étendard, puis proclamation publique, parce que sans doute ce genre de proclamation se faisait en déployant un étendard : c'est le mandement de l'autorité pour ordonner ou défendre quelque chose.

En féodalité, c'était le mandement public adressé par un souverain à ses vassaux, lorsqu'il les convoquait pour le service militaire.

On désignait sous la dénomination de *ban et arrière-ban,* ou simplement *arrière-ban,* le corps de la noblesse ainsi convoqué.

Dans le langage actuel, en parlant de milice ou de garde nationale, le ban est la partie la plus valide de la population, et l'arrière-ban la réserve composée des citoyens plus âgés et qui ne doivent prendre les armes que dans les moments de péril.

Au figuré, on dit convoquer le ban et l'arrière-ban, c'est à-dire s'adresser à tous ceux dont on peut espérer du secours.

Ban signifie aussi sentence qui exclut, et, en particulier, bannissement : garder son ban, c'est ne pas revenir aux lieux d'où l'on a été exilé; rompre son ban, c'est revenir au lieu où l'on n'a pas la permission de résider. Dans l'ancienne constitution de l'empire Germanique, ban était synonyme de proscription : mettre un prince, une ville au ban de l'empire, c'était les déclarer déchus de leurs droits et de leurs privilèges.

BAN, BANAT. Chef de banat titre donné autrefois aux gouverneurs militaires de certaines provinces limitrophes de la Hongrie et de la Turquie. On dit encore aujourd'hui le ban de Croatie.

Banat est synonyme de province frontière; — dignité de ban, — province gouvernée par un ban.

BAN DE MARIAGE. On appelle *ban* la publication des promesses de mariage. Cette publication a lieu, en général, dans les mairies et dans les églises en même temps par trois dimanches consécutifs.

BANC du roi ou de la reine. Cour souveraine d'Angleterre, composée d'un juge suprême ou président et de trois juges.

Ces quatre juges forment, avec les membres des deux autres cours de haute justice, la cour des plaidoyers communs (*Court of common pleas*) et la cour de l'échiquier, le collège des douze juges supérieurs d'Angleterre qui administrent la justice tantôt collectivement, tantôt séparément. Leur juridiction s'étend sur tout le royaume, à l'exception du Pays de Galles, du duché de Lancastre, de l'évêché de Durham et de quelques autres districts.

La cour du banc du roi connaît des crimes de haute trahison, des attentats contre le gouvernement et la sûreté publique, et, du moins autrefois, de toutes les causes entre le souverain et ses sujets. Par extension on y juge aussi des causes civiles entre particuliers, pourvu qu'elles aient quelque rapport réel ou fictif à la sûreté publique, et toutes les autres causes en dernier ressort. Les avocats admis au barreau ont droit de plaider devant cette cour.

Au service de la cour du banc du roi est affectée une prison où les détenus jouissent d'une entière liberté; on y enferme aussi les prisonniers pour dettes.

La cour du banc du roi est ainsi appelée parcequ'autrefois le roi la présidait en personne, assis sur un banc placé au-dessus de ceux des autres juges; lorsque le roi ne présidait pas, son banc figurait toujours à la même place, et les juges étaient censés rendre leurs décisions sous les yeux du roi.

BANDITS, FORBANS. Dans son sens le plus étendu, le mot *bandit* signifie malfaiteur. Dans l'origine, il désignait un banni (en italien *bandito*), puis un meurtrier à gages; maintenant il s'applique à tous assassins et aux voleurs de grands chemins.

En droit international, les malfaiteurs isolés, qui, pour vivre de pillage et de déprédations, attaquent à main armée les gouvernements établis ou les propriétés privées, prennent le nom de *bandits* quand ils opèrent sur la terre ferme, et celui de *forbans* quand ils opèrent par mer sur les côtes. Leur champ d'action est généralement limité; il ne s'étend guère au-delà des frontières d'une nation; lorsqu'il les franchissent, ils sont justement considérés comme placés en dehors du droit commun, indignes d'asile, et leurs embarcations peuvent être traitées comme pirates par tout bâtiment de guerre, garde-côte ou autre, qui parvient à s'en emparer.

BANNERET, seigneur banneret. Titre qu'au moyen âge on donnait à tout chevalier qui avait droit de porter bannière.

Ce droit appartenait à celui qui pouvait armer 50 lances et un nombre proportionné de gens de pied. Il y avait des fiefs auxquels était attaché le droit de porter bannière.

BANNIÈRE. C'était dans l'origine l'étendard de tout grand feudataire ou seigneur banneret. La bannière était en forme carrée et se portait un bord d'une lance, fixée au-dessous du fer au moyen d'un bâton transversal.

La bannière de France, celle des anciens rois, était ou entièrement blanche, ou bleue et parsemée de fleurs de lis.

Les autres bannières variaient suivant les armoiries ou le gré des possesseurs.

BANNISSEMENT. Peine qui consiste dans l'expulsion du territoire avec interdiction d'y rentrer.

Autrefois, en France, le bannissement était ou perpétuel ou temporaire: perpétuel, il entraînait la confiscation des biens et la mort civile. Aujourdhui il entraîne toujours la dégradation civique; mais il ne peut être prononcé que pour un temps limité, 5 ans au moins et 10 ans au plus; toutefois le banni qui rentre sur le territoire de la France avant l'expi ration de sa peine, encourt la déportation (voir ce mot).

Bien que le bannissement soit encore au nombre des peines applicables par les tribunaux ordinaires, il est rarement appliqué et ne frappe guère que les délits politiques; le plus souvent c'est une mesure de circonstances, à laquelle ont recours les gouvernements dans l'intérêt de leur propre sûreté (*v.* EXIL.)

Le bannissement existait chez les anciens: l'ostracisme et le pétalisme étaient chez les Grecs des bannissements temporaires sans jugement: c'étaient des mesures purement politiques et n'impliquant aucune idée de déshonneur (*voi* OSTRACISME).

BANQUEROUTE. État du négociant insolvable ou failli, qui a été déclaré coupable de négligence ou d'imprudence dans la gestion de ses affaires, ou de fraude envers ses créanciers.

Dans le premier cas, il y a banqueroute simple, punissable par la loi comme délit; dans le second, la banqueroute est dite frauduleuse et réputée crime. En matière de banqueroute frauduleuse, la tentative est assimilée au fait lui-même, et les complices sont punis de même que l'auteur principal.

La banqueroute frauduleuse est généralement passible de l'extradition (*voir* FAILLITE).

BAR. (Charles Louis de) publiciste allemand né à Hanovre le 24 juillet 1836.

Professeur à l'université de Rostock en 1866, de Breslau 1868 et de Goettingue depuis 1878. Membre de l'Institut de France.

Il a publié à Hannovre 1862:

Das internationale Privat- und Straf-

recht. (Du droit international privé et pénal.) —

M. de Bar s'est fait le propagateur des idées de Savigny, qu'il cherche à appliquer à tous les rapports de droit, tandis que Savigny s'était borné à poser les principes généraux.

Grundlagen des Strafrechts. (Bases du droit pénal.) Leipzig 1869,

Zur Lehre von der Auslieferung. (De la doctrine de l'extradition.) Extrait de la revue le *Gerichtssaal.* L'auteur s'est surtout donné pour tâche d'apprécier les résolutions du congrès des jurisconsultes allemands à Cassel (1882), et celles de l'Institut de droit international, session d'Oxford.

BARUT ou BÉRAT. On appelle ainsi en Turquie les lettres d'*exequatur* par lesquelles le sultan autorise les consuls à exercer leurs fonctions; et le diplôme d'investiture que le sultan délivre au patriarche du Constantinople.

C'est aussi la patente on le brevet de drogman que les agents diplomatiques ou les consuls des puissances européenne dans le Levant délivrent à des sujets ottomans pour les autoriser à servir d'interprètes auprès des ambassadeurs.

Le barat soustrait le sujet ottoman à sa juridiction propre pour le placer sous celle de la puissance européenne de laquelle il émane, et lui confère certains privilèges, entre autres celui de porter un costume particulier.

Cette sorte de protection se vend plus ou moins cher, selon les pays qui l'accordent.

BARATERIE. Dans le droit maritime on nomme ainsi toute prévarication ou faute dont se rend coupable le capitaine, le patron, le pilote chargé de la conduite d'un navire, telle que naufrage volontaire, soustraction de marchandises, fraude au détriment des armateurs, des assureurs ou des associés. Les simples fautes ne constituent pas le crime de baraterie; elles ne donnent lieu qu'à une responsabilité civile.

La baraterie est justiciable des tribunaux criminels et entraîne les peines les plus graves: le capitaine ou le patron est puni de mort s'il a volontairement fait périr son bâtiment; des travaux forcés à perpétuité, s'il l'a détourné à son profit; des travaux forcés à temps, s'il a détruit tout ou partie de son chargement. Il s'ensuit que le coupable de baraterie est passible d'extradition.

Dans le Levant et dans les Etats barbaresques, en Chine et dans l'imanat de Mascate, les consuls sont compétents pour *instruire*, s'il y a crime, et pour *juger*, s'il n'y a que délit; mais en pays de chrétienté, les consuls, n'ayant aucune juridiction, se bornent à une enquête afin de constater la vérité. Ils peuvent et doivent même ordonner l'arrestation des prévenus et les renvoyer dans leur pays avec toutes les pièces de conviction saisies à bord ou à terre.

Dans tous les cas le consul doit adresser aux ministres de la marine et des affaires étrangères un rapport détaillé de tous les faits de baraterie contre lesquels il pourrait avoir été instruit à l'étranger.

BARBARES. Dans l'antiquité les Grecs et les Romains donnaient le nom de *Barbares* aux peuples étrangers et particulièrement à ceux qui ne parlaient point leur langue.

Dans l'histoire moderne on nomme plus spécialement *Barbares* les peuples mongols, slaves ou germains, qui ont envahi l'empire romain. Les plus connus sont les Huns, les Alains et les Bulgares, de la famille asiatique, les Goths, les Wisigoths, de la famille cythico-germanique, les Francs, les Vandales, les Suèves, les Lombards, les Burgundes, les Saxons, de la famille germanique, les Normands, de la famille scandinave.

Pris dans un sens général *barbare* se dit des peuples sauvages ou dépourvus de civilisation.

BARBARIE, BARBARESQUES. En géographie on désigne ainsi le pays du nord de l'Afrique correspondant à la régence de Tripoli, à la Tunisie, à l'Algérie et au Maroc, et dont les habitants se livraient jadis à la piraterie. Ce nom lui vient sans doute des Berbères, peuples qui l'habitent conjointement avec les Maures.

On appelle *Etats barbaresques* les contrées que nous venons de mentionner, ainsi que les peuples qui les habitent.

Pris substantivement, on emploie le mot *barbarie* pour signifier le manque de civilisation, l'état d'un peuple sauvage. La barbarie tient à l'état des mœurs et implique l'ignorance et la grossièreté.

BARBEYRAC (Jean). Publiciste français, né à Béziers le 15 mars 1674, mort à Groningue le 3 mars 1744, fut professeur de droit public à Lausanne, à Berlin et à Groningue.

Comme on le voit par l'énumération ci-dessous de ses principaux ouvrages, Barbeyrac est le savant qui a le plus contribué à répandre les doctrines de

Pufendorf, de Grotius, de Cumberland et de Bynkershoek, non seulement en traduisant leurs écrits en français, mais aussi en les accompagnant de judicieux commentaires. La préface de sa traduction de Pufendorf est une histoire du droit naturel.

Il a traduit du latin en français le traité du *Droit de la nature et des gens de Pufendorf*. Amsterdam 1706. 2 vol. in 4, avec une préface, et des notes.

Réimprimé en 1712 avec de nouvelles notes.

Ces deux éditions faites en Hollande ont été contrefaites en France et en Suisse; à Paris en 1712, à Bâle en 1732. Ce qui obligea le traducteur à donner une 3e édition de sa traduction en désignant la 5e sous le titre suivant:

Le droit de la nature et des gens, ou système général des principes les plus importants de la morale, de la jurisprudence et de la politique avec des notes du traducteur et une préface qui sert d'introduction à tout l'ouvrage. 5e édition, revue de nouveau et fort augmentée. Amsterdam 1734. 2 vol. in-8.

Cette édition fut encore contrefaite par les libraires de Paris. 1740.

Réimprimée en 1750, 1771.

La *troisième édition* est supérieure aux précédentes, ayant été faite sous les yeux de l'auteur; elle contient une longue préface.

En 1723 Barbeyrac traduisit le *Traité latin de Bynkershoek du Juge compétent des ambassadeurs, tant pour le civil que pour le criminel.* (Avec des notes.)

Le droit de la guerre et de la paix de Grotius. Amsterdam 1724. 2 vol. in 4. Avec remarques, notes, etc.

Cette édition a été contrefaite à Trevoux sous le faux titre d'Amsterdam 1729.

Il en a été fait d'autres à Amsterdam, en 1750, 1754, 1759, et en 1768 à Bâle.

Les lois de la nature expliquées de Cumberland. Amsterdam 1744. in-4.

Barbeyrac est auteur d'un *Traité du jeu, où l'on examine les principales questions du droit naturel et de morale qui ont du rapport à cette matière.* Amsterdam 1709. 2 vol. in 8.

Puis d'une *Histoire des anciens traités, ou recueil historique des traités répandus dans les auteurs grecs et latins, depuis le temps les plus reculés jusqu'à l'empire de Charlemagne.* Amsterdam 1738. 2 vol. in-4.

(Cet ouvrage forme le premier volume du supplément du Corps universel diplomatique, continué par Roussel.)

BARBOUX. Jurisconsulte français.

Jurisprudence du conseil des prises pendant la guerre de 1870—71. Paris 1872. in-8

BARD (A.). Jurisconsulte et magistrat français.

Précis de droit international : droit pénal et privé. Paris 1883.

Ouvrage qui pourra rendre des services aux praticiens, l'auteur s'abstenant de toute discussion dans le domaine de la théorie.

BARON, BARONNE, BARONNIE. Titre de noblesse.

Originairement ce mot était synonyme d'*homme*.

Les premiers barons étaient les guerriers de race libres, possesseurs de fiefs, qui accompagnaient le roi à la guerre, suivis de leurs vassaux.

Les barons formaient la plus haute noblesse. Peu à peu ce mot perdit de son sens élevé, et au 13e siècle la dignité de baron était déjà inférieure à celles de comte et de marquis.

Dans les derniers temps ce n'était plus, en France, qu'un titre de noblesse honorifique et héréditaire, conféré par le souverain: il était supérieur au titre de chevalier, mais inférieur à celui de vicomte; mais il subsiste dans la plupart des pays monarchiques.

Baronne, la femme d'un baron, ou femme noble possédant une baronnie.

Baronnie, terre seigneuriale donnant à celui qui la possède le titre de baron; à l'époque féodale, tout grand fief relevant de la couronne

BARONET. Dignité nobiliaire, appartenant exclusivement à l'Angleterre: elle a été créée par le roi Jaques Ier en 1611.

Le baronet ne doit pas être confondu avec le baron, qui tient de son titre le droit de faire partie de la chambre des lords; le baronet n'est pas de droit membre du parlement et n'a aucun privilège. Seulement son nom de famille est toujours précédé du mot *sir* et d'un prénom, et sa femme a droit à la désignation de *lady* (dame) au lieu de *mistress* qui est l'équivalent de *madame* pour les personnes qui ne sont pas nobles.

Le titre de *baronet* est héréditaire; il est plus élevé que celui de *Knight* (Chevalier); c'est l'échelon inférieur de la haute noblesse.

BARRAS. (J. M.) Publiciste Mexicain.

A traduit en espagnol le droit international de Wheaton sous le titre de *Elementos del derecho internacional por*

Henry Wheaton. A cette traduction est joint un 3e volume. Ce volume renferme les traités, lois et décrets qui constituent la base du droit international du Mexique. Mexico 1854—55. 3 vol. 8.

BARREAU. L'enceinte réservée dans un tribunal où se mettent les avocats pour plaider, de là désignation sous le même nom de l'ordre des avocats, de la profession d'avocat.

On dit l'éloquence du barreau pour indiquer l'éloquence propre aux plaidoyers, ce qu'on appelait anciennement judiciaire.

BARRETTE. On donne plus particulièrement ce nom à un petit bonnet carré de couleur rouge que portent les cardinaux.

La barrette est remise aux cardinaux par un envoyé du pape qui prend le titre d'ablégat.

On emploie le terme „recevoir la barrette" comme synonyme d'„être nommé cardinal."

BARRIÈRE (traité de la), 1715. Par la *grande alliance* de 1701 (*v.* PAIX D'U-TRECHT), les Etats généraux de Hollande s'étaient assuré une *barrière* contre la France sans dire en quoi elle consisterait. Cette incertitude donna lieu à des contestations entre les alliés, qui, après la conclusion des deux traités, l'un signé à La Haye le 29 octobre 1709, l'autre à Utrecht le 30 janvier 1713, et successivement révoqués et annulés, réglèrent définitivement la question par un traité, dit „de la barrière", signé à Anvers le 15 novembre 1715.

Par ce traité les Etats Généraux remettent à l'empereur toutes les provinces et les villes des Pays-Bas, tant celles qui ont été possédées par le roi Charles II d'Espagne que celles qui ont été cédées par la France lors du dernier traité d'Utrecht. Aucune partie des Pays-Bas ne pourra être soumise à d'autre prince que les successeurs des Etats de la maison d'Autriche. L'empereur et les Etats généraux entretiendront dans les Pays-Bas autrichiens un corps de 30,000 à 35,000 hommes, dont les trois cinquièmes seront fournis par l'empereur et les deux cinquièmes par les Etats Généraux. Ceux-ci auront garnison privative dans les villes de Namur, Tournai, Menin, Furnes, Warneton, Ypres et dans le fort de Knoque, où ils pourront mettre les gouverneurs, les commandants et les autres officiers d'état-major. Pour mieux assurer les frontières des Provinces Unies en Flandre, l'empereur cède aux Etats Géné-

TOME Ier

raux tels forts et autant de territoire de la Flandre autrichienne limitrophe qu'ils en auront besoin pour faire les inondations nécessaires en temps de guerre et pour les bien couvrir depuis l'Escaut jusqu'à la Meuse.

L'Angleterre confirma et garantit ce traité dans tous ses points. Cette garantie est plus amplement détaillée dans le traité signé à Utrecht en 1719 pour la garantie de la succession à la monarchie britannique et de la barrière des Etats Généraux : l'Angleterre s'y engage, dans le cas d'attaque des places de la barrière, à fournir à ses frais 10,000 hommes d'infanterie et 20 vaisseaux de guerre, et même à déclarer la guerre à l'agresseur.

BARROS ARANA. (Diego), publiciste sud américain, né à Santiago de Chile en 1830. Ancien ministre plénipotentiaire.

Histoire de la guerre du Pacifique (1879—1880). Paris, 1881—82, 2 vol. in-8o (1881—1884), (avec une carte générale du théâtre de la guerre et huit plans de combats.)

L'auteur expose les causes et les développements de ce conflit, et s'attache surtout à faire comprendre pourquoi les questions de limites sont si fréquentes en Amérique. C'est que l'Espagne avait souvent négligé de bien déterminer les frontières de ses colonies ou n'avait pu le faire. L'ouvrage se divise en trois parties. La 1ère donne les causes de la guerre, la 2e et la 3e, le récit des opérations militaires.

BAS EMPIRE. Les historiens comprennent généralement sous cette vague dénomination la longue période pendant laquelle l'empire romain, incessamment harcelé par les barbares, tomba en décadence, depuis son partage par Constantin en 396 jusqu'à la prise de Constantinople par les Turcs en 1453.

BASSOMPIÈRE (Maréchal de), diplomate français, né au Château d'Harouel en Lorraine, mort en 1646.

Mémoires du maréchal de Bassompière. 1665. 2 vol. in-12, Amsterdam 1692. Rouen 1703. 2 vol.

Nouveaux mémoires du maréchal de Bassompière recueillis par le président Hénault et publiés par M. Seneys. Paris 1802, 1 vol.

Ambassades en Espagne (1621), en Suisse 1625), en Angleterre (1626), Cologne 1668, 4 vol. 12.

Cet ouvrage est sorti des presses des Elzévirs. L'histoire de chaque ambassade a aussi paru sous un titre particulier; celle de Suisse en 2 vol. in-12.

6

Une nouvelle édition à Cologne 1744 en 2 vol. in-12.

BATARD. Enfant né hors mariage. L'expression légale est *enfant naturel*; on dit aussi *illégitime.*

Au point de vue du droit international, nous avons à nous occuper uniquement de la nationalité des enfants naturels.

Lorsque la paternité n'est ni connue ni reconnue, l'enfant naturel acquiert par sa naissance la nationalité de sa mère, qui seule constitue sa famille, par conséquent sa filiation, abstraction faite du lieu de sa naissance.

La législation anglaise, qui fait dépendre la nationalité du lieu de naissance, exclut du bénéfice de l'allégeance comme sujets anglais les enfants naturels issus de mères anglaises et nés à l'étranger, tandis qu'elle admet comme Anglais, en raison du sol sur lequel ils sont nés, les enfants naturels de mères étrangères, mais nés sur le territoire anglais.

Néanmoins l'enfant naturel non reconnu par son père ne suit pas le *status* de sa mère, lorsque celle-ci vient plus tard à acquérir par mariage une autre nationalité.

Mais si l'enfant né hors mariage est reconnu par son père naturel, il semble logique qu'il suive la nationalité paternelle; car dans ce cas la famille de l'enfant n'est plus limitée à la mère seule et la filiation est établie par l'acte de reconnaissance.

La jurisprudence française admet en principe que les enfants naturels reconnus par leur père suivent la condition de leur père, Français ou étranger, et la mort de celui-ci ne modifie point la nationalité des enfants naturels qu'il a reconnus, quoique la mère soit d'une nationalité différente.

BATTUR, publiciste français.
Traité de droit politique et de diplomatie appliqué à l'état actuel de la France et de l'Europe. 1828. 2 vol. in-8⁰.

BAYARD (A.), publiciste français.
Tableau analytique de la diplomatie française, depuis la minorité de Louis XIII jusqu'à la paix d'Amiens. Paris 1802. 2 vol. in-8.

BEAULIEU-MARCONNAY (Charles baron de), historien allemand.
Der Hubertsburger Friede. (La paix de Hubertsbourg). Leipzig 1871.
Travail basé sur des recherches faites dans les archives des Etats signataires de la paix de Hubertsbourg.

BEER PORTUGAEL (J. C. C. den), capitaine d'état-major néerlandais.

Het oorlogsrecht. (Le droit de la guerre) Breda 1871.
L'auteur a été chargé de l'enseignement du droit de la guerre aux officiers d'état-major des Pays-Bas.

BEGLERBEY. Prince des Princes Seigneur des Seigneurs : c'est le titre des gouverneurs des grandes provinces de l'empire ottoman. Le nombre de ces hauts fonctionnaires a varié de 26 à 36 suivant les circonstances.

Le titre de beglerbey n'est guère aujourd'hui, comme celui de *Bey,* qu'une simple formule de politesse.

A la cour du Grand-Seigneur, les *Beglerbeys* reçoivent une dénomination équivalente à celle des plénipotentiaires

BELGIQUE (*Acte d'indépendance de la*)
La Belgique, qui depuis le congrès de Vienne faisait partie du royaume des Pays-Bas, se souleva contre la domination hollandaise le 20 septembre 1830, et le 1 octobre, un gouvernement provisoire installé à Bruxelles, publiait l'ordonnance suivante :

„Le gouvernement provisoire, considérant qu'il importe de fixer l'état futur de la Belgique, arrête“ :

Article I. Les Provinces de la Belgique, violemment détachées de la Hollande consitueront un Etat indépendant.

II. Le comité central s'occupera au plus tôt d'un projet de constitution.

III. Un congrès national, où seront représentés tous les intérêts des provinces sera convoqué. Il examinera le projet de constitution belge, le modifiera en ce qu'il jugera convenable et le rendra comme constitution définitive, exécutoire dans toute la Belgique.

„Bruxelles, le 4 octobre 1830. Signé Les membres du comité central, de Potter Comte Félix de Mérode, Ch. Rogier, Sylvain Van de Weyer.“

Bientôt le congrès national convoqué en vertu de l'ordonnance qui précède se réunit; il inaugura ses travaux par cette proclamation :

„Au nom du Peuple Belge, le congrès national de la Belgique proclame l'indépendance du Peuple Belge, sauf les relations du Luxembourg avec la confédération Germanique.“

„Bruxelles, le 18 novembre 1830. Signé le Président du congrès national, Surlet de Chokier.“

Quelques jours après le congrès national déclarait, par un acte du 22 novembre, que le Peuple Belge adoptait pour forme de son gouvernement la monarchie constitutionelle représentative sous un chef héréditaire, et, par un autre acte du 24, que les membres de la famille d'Orange-Nassau étaient à perpétuité exclus de tout pouvoir en Belgique.

Enfin, par décret du congrès en date du 4 juin 1831, le prince Léopold de Saxe Cobourg était proclamé roi des Belges.

Ces actes furent peu de temps après sanctionnés par l'intervention des grandes puissances, qui, par un traité signé à Londres le 15 novembre de la même année, reconnurent la séparation définitive de la Belgique d'avec la Hollande.

BELGRADE (traités de paix de) 1739.

Pierre le Grand n'avait cédé Azof aux Turcs qu'avec répugnance et méditait de le reconquérir; mais sa mort vint le surprendre et en 1735 l'impératrice Anne entreprit de mettre ce dessein à exécution, et en 1736, alléguant pour motif des incursions des Tartares de la Crimée dans les provinces limitrophes de la Russie — incursions dont elle demandait la punition, parce que ces Tartares étaient les vassaux et les tributaires de la Porte, — elle déclara la guerre à la Turquie.

L'Autriche prit part aux hostilités, comme alliée de la Russie; mais la mauvaise chance de ses armes la porta à entamer des négociations de paix, qui aboutirent à un traité, conclu entre elle et la Porte à Belgrade le 18 septembre 1739.

L'empereur cédait à la Turquie la province de Serbie, avec la ville de Belgrade, qui était occupée depuis 1717 par les troupes autrichiennes, et la forteresse de Sabacz : les limites des deux empires étaient marquées par le Danube et la Save; et celles de la Serbie, du côté de la Bosnie, les mêmes qui avaient été réglées par le traité de Carlowitz.

La Valachie autrichienne, c'est à-dire la partie de cette province située entre le Danube et l'Aluta, que la paix de Passorowitz avait abandonnée à l'Autriche, retourna à la Turquie, ainsi que l'île et la forteresse d'Orszowa et le fort Sainte-Elisabeth.

Le banat de Temesvar resta tout entier à l'empereur jusqu'aux confins de la Valachie.

La conclusion de la paix par l'Autriche arrêta les armées russes au milieu de leurs succès; la Russie, ne pouvant plus compter sur son allié, préféra aussi faire la paix avec son adversaire. Par le traité signé pareillement à Belgrade, les limites de la Turquie et de la Russie

restaient les mêmes qui avaient été établies par les traités antérieurs.

La forteresse d'Azof devait être entièrement démolie, et son territoire demeurer désert et servir de barrière entre les deux empires.

Le deux Cabardies, grande et petite, et les nations qui les habitaient, devaient rester libres et n'être soumises à aucune des deux puissances, entre lesquelles elles devaient servir de barrière.

Ce ne fut qu'en 1741 qu'on mit la dernière main à l'exécution de ce traité, par une convention qui fut arrêtée à Constantinople le 7 septembre. Il fut alors convenu que la ligne des nouvelles limites passerait par le centre de la place d'Azof démolie; la Russie ne pouvait construire de nouvelles forteresses qu'à trente verstes au-delà d'Azof, et la Porte à trente verstes en deçà du côté du Kouban.

Les limites de l'Ukraine furent beaucoup étendues vers la Crimée, et les Cosaques Zaporogues restèrent sous la domination russe.

Enfin le Czar obtint du Sultan la reconnaissance du titre impérial.

BÉLIME (W.), publiciste français, né en 1811, mort en 1844. Professeur à la faculté de droit du Dijon.

Philosophie du droit, ou cours d'introduction à la science du droit. 3e édition. Paris, 1869. 2 vol. in-8º.

Le premier volume est consacré spécialement à la partie théorique et au droit public en général: ainsi il est divisé en quatre livres, dont les titres suivants indiquent suffisamment les matières : I. *Fondement des idées morales*; II. *Du droit en général et de sa distinction d'avec la morale*; III. *Des diverses branches de la science du droit* (droit des gens, droit constitutionnel, droit administratif, droit religieux ou ecclésiastique, droit criminel, droit civil, droit commercial, droit de la procédure); IV. *Transition du droit naturel au droit écrit, et des sources du droit positif.*

Dans le second volume l'auteur applique aux lois et aux institutions civiles les doctrines développées dans le premier volume, aborde donc la partie pratique et discute des questions qui regardent plus particulièrement le droit privé: les six livres qui le composent traitent respectivement *de l'état des personnes, de la propriété, des successions, des obligations en général, des divers contrats en particulier, des preuves judiciaires.*

BELLIGÉRANT. Qui est en guerre; en parlant des nations, on dit parties ou puissances belligérantes.

La qualité de belligérants n'est pas reconnue à tous ceux qui se battent; il n'y a pas de doute à l'admettre lorsque les Etats en guerre jouissent de leur entière souveraineté.

Généralement aussi on reconnaît la qualité de belligérants aux membres d'une confédération qui entrent en conflit les uns contre les autres.

Insurgés. L'usage est moins fixe dans les cas de guerre civile; le plus souvent on refuse la qualité de belligérants aux insurgés, tant que le gouvernement paraît capable de les vaincre, mais lorsque les insurgés semblent devoir l'emporter, les autres Etats agissent selon les besoins de leur politique.

Il peut se faire que le gouvernement en guerre avec des insurgés les reconnaisse lui-même comme belligérants; alors deux cas se présentent celui ou les Etats neutres ont eux-mêmes reconnu les insurgés comme belligérants, et celui ou ils ne les ont pas reconnus. Dans le premier cas, ils ont comme conséquence nécessaire de la reconnaissance affranchi le gouvernement de droit de toute responsabilité relativement aux actes du gouvernement de fait; dans le second cas, le gouvernement de droit demeure responsable vis-à vis d'eux.

Il peut aussi arriver que l'insurrection prenne des proportions si considérables que le gouvernement de droit, tout en proclamant les insurgés comme rebelles, les traite en fait comme belligérants; cette sorte de reconnaissance ne doit avoir aucune influence sur le droit international : c'est une affaire purement intérieure.

On peut dire en résumé, que le seul motif vraiment rationnel et légitime pour qu'un Etat étranger attribue le caractère de belligérant aux factions d'un autre Etat, c'est que la lutte de ces factions compromet ses propres droits et ses propres intérêts; alors par la reconnaissance du titre de belligérant il définit la position qu'il entend assumer à l'égard des combattants.

Or, à ce point de vue, les Etats séparés par de grandes distances de celui que déchirent des discordes intestines n'ont en général aucun intérêt à prêter leur appui moral aux parties adverses et à leur reconnaître un caractère qui ne pourrait que les encourager dans leur lutte. Il n'en est pas tout-à-fait de même lorsqu'il s'agit d'une nation essentiellement maritime; l'importance des intérêts commerciaux, la sûreté et la protection des particuliers peuvent obliger les autres nations, même celles qui sont le plus éloignées, à se prononcer sur le caractère de la lutte engagée.

Droit de course. Dès qu'ils sont engagés comme belligérants, les deux parties en cause acquièrent au même titre le droit d'armer des croiseurs et de faire visiter arrêter et juger par leurs courses de prises les navires marchands étrangers mais pour être légitime et ne pas entraîner l'assimilation à des actes de piraterie, l'exercice de ce droit de visite est forcément subordonné à la reconnaissance préalable de la qualité de belligérant or cette qualité n'est jamais reconnue aux pirates, ni aux flibustiers, aux bandits, à tous ceux qui commettent des violences dans leur intérêt privé, ou même seulement sans y avoir été autorisés par leur souverain.

Le plus souvent la reconnaissance comme belligérant n'est que la reconnaissance d'un fait ; on reconnaît qu'il y a guerre, mais on ne décide nullement de quel côté est le droit.

Droits des belligérants Les droits que le belligérant possède contre son ennemi les actes d'hostilité et d'agression auxquels l'emploi de la force lui permet de recourir dérivent naturellement du but qu'il poursuit en faisant la guerre d'où certains publicistes ont inféré que tant que le but n'est pas atteint, les belligérants ont la faculté illimitée d'user de tous les moyens pour nuire à leur ennemi et l'amener à composition. Telle était en effet la doctrine qui dominait chez les anciens. Le vainqueur était maître de la personne du vaincu; il pouvait le tuer, à plus forte raison le réduire à l'esclavage et s'emparer de ses biens. Les Grecs et les Romains ne pratiquèrent pas autrement le droit de la guerre. L'influence du christianisme a adouci cette doctrine barbare : on n'a plus tué le vaincu, on ne l'a plus réduit à l'esclavage; mais on a incendié les villes, on s'est emparé de propriétés privées sous le prétexte de procurer des avantages aux vainqueurs et de stimuler la valeur des combattants par l'appas du butin. Cependant sur ce point aussi d'importantes modifications sont survenues dans les temps plus rapprochés de nous. Le droit international moderne repousse absolument le droit de disposer arbitrairement du sort des simples particuliers, contre lesquels il n'autorise ni violences ni mauvais traitements. La sûreté personnelle, l'honneur, la liberté des individus sont des droits privés, auxquels l'état de guerre ne permet point de porter atteinte.

Devoirs. Le belligérant est tenu de se restreindre aux mesures nécessitées par les opérations militaires ou par la politique de l'Etat.

Chaque jour crée entre les nations des rapports plus intimes, et il en résulte nécessairement que le caractère de l'inimitié entre belligérants varie à l'infini et se modifie sans cesse. C'est dont vainement qu'en cette matière on se flatterait de poser des principes généraux.

Quoi qu'il en soit, toutes les nations civilisées sont unanimes sur ce point que l'emploi de la force cesse d'être licite dès qu'il n'y a pas nécessité absolue, et par conséquent aucun Etat n'a le droit de priver de la vie des sujets ennemis qui n'opposent pas de résistance ou ne se défendent pas les armes à la main. Les lois modernes de la guerre réprouvent les cruautés et les dévastations cruelles, la violation de la parole tout ce qui est contraire à l'honneur; elles proscrivent aussi les armes déloyales, le poison, les balles explosibles.

La pratique relativement à la propriété de l'ennemi a subi des modifications analogues à celles que nous venons de signaler par rapport à sa personne : le temps en a adouci la rigueur et restreint l'application, soit en séparant les meubles des immeubles, soit en faisant une distinction entre les biens particuliers et la propriété publique.

En ce qui concerne cette dernière, comme l'occupation d'un territoire ennemi entraîne la suspension des autorités établies et leur remplacement par l'autorité ennemie, celle-ci jouit, provisoirement ou transitoirement, de tous les droits du souverain dépossédé; elle peut donc demander aux habitants des localités occupées tout ce que l'autorité nationale aurait pu exiger, notamment l'entretien des troupes, des impôts ordinaires et extraordinaires, des réquisitions en nature, mais en procédant régulièrement : de là le droit de disposer à titre provisoire des fruits et des revenus qu'elle a fait saisir, et de continuer l'exploitation du domaine national situé sur le territoire occupé; mais en aucun cas cette exploitation ne doit dégénérer en incursions ou déprédations abusives.

Quant à la propriété privée, elle n'est atteinte par la guerre que dans la mesure où elle est soumise à l'Etat. Elle doit être sauvegardée, lorsque les opérations militaires n'en nécessitent pas l'occupation ou l'emploi; et relativement aux biens ou objets mobiliers, on peut considérer comme virtuellement abrogé le droit de faire du butin, à part quelques rares exceptions, dont les principales consistent dans la fortune de l'Etat avec lequel on est en guerres, les armes, et les équipements des soldats vaincus, la contrebande de guerre, le droit de prises maritimes.

BELLO (Andrés), jurisconsulte sud-américain ; né à Caracas (Vénézuela) en 1780, mort en 1863. Il a été secrétaire des affaires étrangères au Chili, en 1829, plusieurs fois sénateur et recteur de l'université de Santiago depuis 1843 ; c'est à lui que le Chili doit la rédaction de son code civil.

Bello s'est surtout occupé de poésie, de linguistique et d'enseignement. Parmi ses ouvrages nous n'avons à citer que les *Principios de derecho de gente.* (Principes du droit des gens.) Publié à Santiago de Chile. Réimprimé en 1840, à Madrid en 1844, à Paris en 1847.

Les dernières éditions ont parues à Valparaiso (Chile) en 1864 et à Madrid en 1883. C'est un traité purement élémentaire, cependant toutes les questions essentielles y sont résolues. Bello est le premier qui ait signalé l'insuffisance des principes émis dans l'ouvrage de Vattel et tenté d'y suppléer. Il est en quelque sorte le précurseur de Wheaton, qui lui a emprunté de nombreuses citations.

BERRA (Francisco A.), publiciste sud-américain, né dans la République Argentine.

Teoria de las intervenciones. Buenos-Aires, 1882. in-4. (Théorie des interventions.)

L'auteur donne les précédents historiques, les doctrines des publicistes sur ce point et leurs bases morales et juridiques.

BÉNÉFICE. En politique, ce mot désignait les terres conquises que les premiers rois francs distribuaient à leurs compagnons d'armes; le bénéfice était donné à vie; étant devenu héréditaire, il se transforma en fief.

Plus tard on nomma bénéfices certaines dignités ecclésiastiques accompagnées d'un revenu qui n'en pouvait être séparé.

BENTHAM (Jérémie), jurisconsulte et philosophe anglais, né à Londres le 15 février 1748, mort le 6 juin 1832.

Ses ouvrages sont nombreux. En voici les principaux :

Introduction aux principes de morale et de jurisprudence. Londres 1789 et 1823. Le principe fondamental de Bentham est qu'en morale et en législation, on ne doit admettre d'autre règle que l'utilité. *Traités de législation civile et pénale* (publiés en français par Dumont). Paris 1802. 3 vol. in-8. Une traduction anglaise a été publiée en 1840 à Boston sous le titre : *Theory of législation* (théorie de la législation).

Code constitutionnel. Londres 1830—32. *Théorie des peines et des récompenses*, en français. Paris 1812, 1826. *Déontologie ou théorie des devoirs* Ouvrage posthume. Londres 1833; traduit en français par Benjamin Laroche. 1833.

Bentham a en outre publié un grand nombre de brochures contre les vices de la législation ou de la politique anglaise. Une collection des œuvres de Jérémie Bentham a été publiée à Edimbourg en 11 volumes; complétée en 1843.

Dans le tome VIII de cette collection se trouvent les *Principles of international law*. (Principes du droit international.) Londres 1837, 1839.

BERGBOHM (Charles), publiciste russe. *Staatsverträge und Gesetze als Quellen des Völkerrechts*. (Des traités et des lois comme source du droit des gens.) Dorpat, 1877. *Die bewaffnete Neutralität 1780—1783*. (La neutralité armée de 1780 à 1783.) Berlin 1884.

L'auteur examine l'histoire de cette alliance des neutres contre les violateurs de leurs droits et cherche à donner un traité succinct du droit international maritime au XVIIIᵉ siècle.

BERLIN (traité de). 1814. Un traité analogue à celui signé à Hanovre le 8 février 1814 entre le Danemark et la Russie intervint entre le Danemark et la Prusse, à Berlin, à la date du 25 août 1814. (*Voir* HANOVRE.)

BERLIN (traité de) 1878. Lorsque le dénouement de la guerre entre la Russie et la Turquie était déjà facile à prévoir, le gouvernement anglais, dès le 14 janvier 1878, avait fait savoir au gouvernement russe que tout traité entre la Russie et la Turquie qui tendrait à modifier les traités européens de 1856 et de 1871 concernant l'empire ottoman, devait être également un traité européen, ne pouvant avoir de valeur qu'autant qu'il serait revêtu de l'assentiment des grandes puissances européennes.

Quelques jours après la signature de l'armistice du 30 janvier, l'Autriche-Hongrie, secondant cette manière d'envisager la situation, proposa, le 5 février, la réunion d'une conférence des puissances signataires des traités de 1856 et de 1871. Cette proposition fut généralement acceptée, en remplaçant toutefois sur la suggestion de la Russie, la conférence par un congrès formé des ministres dirigeants des divers États, et auquel devrait être soumis chaque article du traité de San Stefano, non pas nécessairement pour être accepté, mais afin qu'on pût examiner quels articles requerraient ou non l'approbation ou la coopération des puissances.

La Russie n'ayant pas contesté ce droit le congrès s'ouvrit à Berlin le 13 juin suivant, sous la présidence du prince de Bismarck, chancelier de l'Empire d'Allemagne. L'Allemagne, l'Angleterre, l'Autriche-Hongrie, la France, l'Italie, la Russie et la Turquie, étaient représentées par leurs ministres des affaires étrangères, leurs ambassadeurs à Berlin et d'autres délégués spéciaux.

Tous ces plénipotentiaires, au nombre de vingt en tout, prirent part aux délibérations, qui se prolongèrent jusqu'au 13 juillet suivant, jour où fut signé le traité qui a finalement fixé la position politique et les relations internationales de l'Empire ottoman, telles qu'elles existent aujourd'hui, après avoir apporté de sérieuses modifications au traité particulier intervenu entre la Porte et la Russie en dehors de la coopération des puissances garantes de l'intégrité de la Turquie.

Par le traité de Berlin la Russie a été forcée de renoncer à une partie de ses conquêtes, et à une série de concessions importantes qu'elle avait imposées à la Porte par le traité de San Stefano; la Turquie a été remise en possession d'une portion du territoire qu'elle lui avait tant directement qu'indirectement, livrée mais il lui a fallu faire à la volonté de l'Europe des sacrifices, qui l'ont considérablement amoindrie sous tous les rapports.

Le traité de San Stefano avait pris à peu près la moitié de la Turquie d'Europe pour en former, sous le nom de Bulgarie, un État comprenant environ 50,000 kilomètres carrés et une population de 4 millions d'habitants, avec des ports sur la Mer Noire et sur l'Archipel séparant Constantinople des lambeaux de territoire laissés à la Turquie. Par le traité de Berlin près de deux tiers de cette contrée sont replacés sous le gouvernement politique et militaire direct du Sultan.

La Bulgarie, constituée en principauté autonome et tributaire sous la suzeraineté du Sultan, comprend les territoires ci-après:

La frontière suit, au Nord, la rive droite du Danube depuis l'ancienne frontière de Serbie jusqu'à un point à déterminer par une commission européenne à l'est de Silistrie et, de là, se dirige vers la Mer Noire au sud de Mangalia qui est rattaché au territoire roumain. La Mer Noire forme la limite est de la Bulgarie, au sud, la frontière remonte, depuis son embouchure, le thalweg du ruisseau près duquel se trouvent les villages Hodzakioj, Selam-Kioj, Aivadsik, Kulibie, Sudzuluk; traverse obliquement la vallée du Deli Kamcik, passe au sud de Belibecz Kemhalik et au nord de Hadzimahale, après avoir franchi le Deli Kamcik à 2 kilomètres 1/2 en amont de Cengei; gagne la crête à un point situé entre Tekenlik et Aidos-Bredza et la suit par Karnabad Balkan, Prisevica Balkan, Kalzan Balkan, au nord de Kotel, jusqu'à Demir Kapu. Elle continue par la chaîne principale du Grand Balkan, dont elle suit toute l'étendue jusqu'au sommet de Kosica.

Là, elle quitte la crête du Balkan, descend vers le sud entre les villages de Pirtop et de Duzanci, laissés l'un à la Bulgarie et l'autre à la Roumélie orientale jusqu'au ruisseau de Tuzlu Dre, suit ce cours d'eau jusqu'à sa jonction avec la Topolnica, puis cette rivière jusqu'à son confluent avec Smovskio Dere près du village de Petricevo, laissant à la Roumélie orientale une zone de deux kilomètres de rayon en amont de ce confluent, remonte entre les ruisseaux de Smovskio Dere et la Kamenica suivant la ligne de partage des eaux, pour tourner au sud-ouest à la hauteur de Voinjak et gagner directement le point 875 de la carte de l'état-major autrichien.

La ligne frontière coupe en ligne droite le bassin supérieur du ruisseau d'Ichtiman Dere, passe entre Bogdina et Karaula, pour retrouver la ligne de partage des eaux séparant les bassins de l'Isker et de la Marica, entre Camurli et Hadzilar, suit cette ligne par les sommets de Velina Mogila, le col 531, Zmailia Vrh, Sumnatica et rejoint la limite administrative du sandjak de Sofia entre Sivri Tas et Cadir Tepe.

De Cadir Tepe la frontière se dirigeant au sud-ouest, suit la ligne de partage des eaux entre les bassins du Mesta

Karasu d'un côté, et du Struma Karasu de l'autre, longe les crêtes des montagnes du Rhodope appelées Demir Kapu, Iskoftepe, Kadimesar Balkan et Aiji Gedük jusqu'à Kapetnik Balkan et se confond ainsi avec l'ancienne frontière administrative du sandjak de Sofia.

De Kapetnik Balkan, la frontière est indiquée par la ligne de partage des eaux entre les vallées de la Rilska Reka et de la Bistrica Reka et suit le contrefort appelé Vodenica Planina pour descendre dans la vallée de la Struma au confluent de cette rivière avec la Rilska Reka, laissant le village de Barakli à la Turquie. Elle remonte alors au sud du village de Jelesnica, pour atteindre, par la ligne la plus courte, la chaîne de Golema Plenina au sommet de Gitka et y rejoindre l'ancienne frontière administrative du sandjak de Sofia, laissant toutefois à la Turquie la totalité du bassin de la Suha Reka.

Du mont Gitka, la frontière ouest se dirige vers le mont Crni Vrh par les montagnes de Karvena Jabuka, en suivant l'ancienne limite administrative du sandjak de Sofia, dans la partie supérieure des bassins de Egrisu et de la Lepnica, gravit avec elle les crêtes de Babina Polona et arrive au mont Crni Vrh.

Du mont Crni Vrh, la frontière suit la ligne de partage des eaux entre la Struma et la Morawa par les sommets du Streser, Vilogolo et Mesid Planina, rejoint par la Gacina Crna Trava, Darkovska et Drainica Plan, puis le Descani Kladanec, la ligne de partage des eaux de la Haute Sukowa et de la Morawa, va directement sur le Stol et en descend pour couper à 1.000 mètres au nord-ouest du village de Segusa la route de Sofia à Pirot. Elle remonte en ligne droite sur la Vidlic Planina et, de là, sur le mont Radocina dans la chaîne du Kodza Balkan, laissant à la Serbie le village de Doikinci et à la Bulgarie celui de Senakos.

Du sommet du mont Radocina la frontière suit vers l'ouest la crête des Balkans par Ciprovec Balkan et Stara Planina jusqu'à l'ancienne frontière orientale de la principauté de Serbie, près de la Kula Smiljova Cuka, et, de là, cette ancienne frontière jusqu'au Danube, qu'elle rejoint à Rakovitza.

Voici sur quelles bases était constituée l'autonomie de la principauté: Le prince de Bulgarie sera librement élu par la population, et confirmé par la Sublime-Porte avec l'assentiment des puissances.

Aucun membre des dynasties régnantes des grandes puissances européennes ne pourra être élu prince de Bulgarie.

Dans les localités où les Bulgares sont mêlés à des populations turques, roumaines, grecques ou autres, il sera tenu compte des droits et des intérêts de ces populations en ce qui concerne les élections et l'élaboration du règlement organique.

Les dispositions suivantes formeront la base du droit public de la Bulgarie:

La distinction des croyances religieuses et des confessions ne pourra être opposée à personne comme un motif d'exclusion ou d'incapacité en ce qui concerne la jouissance des droits civils et politiques, l'admission aux emplois publics, fonctions et honneurs, où l'exercice des différentes professions et industries dans quelque localité que ce soit.

La liberté et la pratique extérieure de tous les cultes sont assurées à tous les ressortissants de la Bulgarie aussi bien qu'aux étrangers, et aucune entrave ne pourra être apportée soit à l'organisation hiérarchique des différentes communions, soit à leurs rapports avec leurs chefs spirituels.

Les propriétaires musulmans ou autres qui fixeraient leur résidence personnelle hors de la principauté pourront y conserver leurs immeubles en les affermant ou en les faisant administrer par des tiers.

Le montant du tribut annuel que la principauté de Bulgarie paiera à la cour suzeraine, en le versant à la banque que la Sublime Porte désignera ultérieurement, sera déterminé par un accord entre les puissances signataires du présent traité à la fin de la première année du fonctionnement de la nouvelle organisation. Ce tribut sera établi sur le revenu moyen du territoire de la principauté.

La Bulgarie devant supporter une part de la dette publique de l'empire; lorsque les puissances détermineront le tribut, elles prendront en considération la partie de cette dette qui pourrait être attribuée à la principauté, sur la base d'une équitable proportion.

L'armée ottomane ne séjournera plus en Bulgarie. Toutes les anciennes forteresses seront rasées aux frais de la principauté, dans le délai d'un an, ou plutôt, si faire se peut. Le gouvernement local prendra immédiatement des mesures pour les détruire, et ne pourra en faire construire de nouvelles. La Sublime Porte aura le droit de disposer à sa guise du matériel de guerre et autres objets appartenant au gouvernement ottoman, et qui seraient restés dans les forteresses du Danube déjà évacuées en vertu de l'armistice du 31 janvier, ainsi que de ceux qui se trouveraient dans les places fortes de Choumla et de Varna.

De la portion reprise par l'Etat de Bulgarie tel que l'avaient constituée les négociateurs russes et située au sud des Balkans, a été formée la province de la Roumélie orientale, dotée d'une certaine autonomie administrative, mais restant placée sous l'autorité politique et militaire directe du sultan.

La Roumélie orientale est limitée au nord et au nord-ouest par la Bulgarie et comprend les territoires inclus dans le tracé suivant:

Partant de la mer Noire, la ligne frontière remonte, depuis son embouchure, le thalweg du ruisseau près duquel se trouvent les villages Hodzakioj, Selam Kioj, Aivadsik, Kulibe, Sudzuluk, traverse obliquement la vallée du Deli Kamcik, passe au sud de Belibe et de Kemhalik et au nord de Hadzimahale, après avoir franchi le Deli Kamcik, à 2 1/2 kilomètres en amont de Cenger gagne la crête à un point situé entre Tekenlik et Aidos Bredza, et la suit par Karnabad Balkan, Prisevica Balkan, Kakau Balkan, au nord de Kotel jusqu'à Demir Kapu. Elle continue par la chaîne principale du grand Balkan, dont elle suit toute l'étendue jusqu'au sommet de Kosica.

A ce point, la frontière occidentale de la Roumélie quitte la crête du Balkan, descend vers le sud entre les villages de Pirtop et de Duzanci, laissés l'un à la Bulgarie et l'autre à la Roumélie orientale, jusqu'au ruisseau de Tuzlu Dere suit ce cours d'eau jusqu'à sa jonction avec la Topolnica, puis cette rivière jusqu'à son confluent avec Smovskio Dere près du village de Petricevo laissant à la Roumélie orientale une zone de deux kilomètres de rayon en amont de ce confluent, remonte entre les ruisseaux de Smovskio Dere et la Kamenica, suivant la ligne de partage des eaux, pour tourner au sud-ouest, à la hauteur de Voinjak, et gagner directement le point 875 de la carte de l'état-major autrichien.

La ligne frontière coupe, en ligne droite, le bassin supérieur du ruisseau d'Ichtiman Dere, passe entre Bogdina et Karaula, pour retrouver la ligne de partage des eaux séparant les bassins de l'Isker et de la Marica entre Camurli et Hadzilar, suit cette ligne par les sommets de Velina Mogila, le col 531, Zmailica Vrh. Sumnatica et rejoint la limite administrative du sandjak de Sofia entre Sivri Tas et Cadir Tepe.

La frontière de la Roumélie se sépare de celle de la Bulgarie au mont Cadir Tepe, en suivant la ligne de partage des eaux entre le bassin de la Marica et de ses affluents d'un côté et du Mesta Karasu et de ses affluents de l'autre, et prend les directions sud-est et sud, par la crête des montagnes Despoto Dagh, vers le Mont Kruschowoi (point de départ de la ligne du traité de San Stefano),

Du Mont Kruschowoi la frontière se conforme au tracé déterminé par le traité de San Stefano, c'est-à-dire la chaîne des Balkans noirs (Kara Balkan) les montagnes Kulaghy-Dagh, Eschek Tschepellü, Karakolas et Ischiklar, d'où elle descend directement vers le sud-est pour rejoindre la rivière Arda, dont elle suit le thalweg jusqu'à un point situé près du village d'Adakali qui reste à la Turquie.

De ce point, la ligne frontière gravit la crête de Bestepe Dagh, qu'elle suit pour descendre et traverser la Maritza à un point situé à 5 kilomètres en amont du pont de Mustafa Pacha; elle se dirige ensuite vers le nord par la ligne de partage des eaux entre Demirhanli Dere et les petits affluents de la Maritza jusqu'à Kudeler Baïr, d'où elle se dirige à l'est sur Sakar Baïr, de là traverse la vallée de la Tundza allant vers Büjük Derbend, qu'elle laisse au nord, ainsi que Soudjak. De Büjük Derbend, elle reprend la ligne de partage des eaux entre les affluents de la Tundza au nord et ceux de la Maritza, au sud, jusqu'à la hauteur de Kaibilar, qui reste à la Roumélie orientale, passe au sud de V. Almali entre le bassin de la Maritza au sud et différents cours d'eau qui se rendent directement vers la mer Noire, entre les villages de Belevrin et Alasli; elle suit au nord de Karanlik les crêtes de Vosna et Zuvak, la ligne qui sépare les eaux de la Duka de celles du Karagnac Su et rejoint la mer Noire entre les deux rivières de ce nom.

La Roumélie Orientale aura un gouverneur général, qui sera chrétien, et qui sera nommé par la Porte, avec l'assentiment des puissances, pour un terme de cinq ans.

Le Sultan aura le droit de pourvoir à la défense des frontières de terre et de mer de la province en élevant des fortifications sur ces frontières et en y entretenant des troupes.

L'ordre intérieur est maintenu dans la Roumélie Orientale par une gendarmerie indigène, assistée d'une milice locale.

Pour la composition de ces deux corps, dont les officiers seront nommés par le Sultan, il sera tenu compte, suivant les localités, de la religion des habitants.

Le Sultan s'engaga à ne point employer des troupes irrégulières, telles que bachibouzouks et Circassiens, dans les garnisons des frontières. Les troupes régulières destinées à ce service ne pourront en aucun cas être cantonnées chez les habitants; lorsqu'elles traverseront la province, elles ne pourront y faire de séjour.

Le gouverneur général aura le droit d'appeler des troupes ottomanes dans les cas où la sécurité intérieure ou extérieure de la province se trouverait menacée. Dans l'éventualité prévue, la Sublime Porte devra donner connaissance de cette décision, ainsi que des nécessités qui la justifient, aux représentants des puissances à Constantinople.

La Serbie et la Roumanie, autrefois vassales, ont été affranchies de toute sujétion, et leurs frontières ont été étendues.

La Serbie reçoit les territoires inclus dans la délimitation ci-après :

La nouvelle frontière suit le tracé actuel en remontant le thalweg de la Drina depuis son confluent avec la Save, laissant à la Principauté le Mali Zwornik et Sakhar, et continue à longer l'ancienne limite de la Serbie jusqu'au Kopaonik, dont elle se détache au sommet du Kamlug. De là elle suit d'abord la limite occidentale du sandjak de Nisch par le contrefort sud du Kopaonik, par les crêtes de la Marica et Mrdar Planina, qui forment la ligne de partage des eaux entre les bassins de l'Ibar et de la Sitnica d'un côté et celui de la Toplica de l'autre, laissant à la Turquie Prepolac.

Elle tourne ensuite vers le sud par la ligne de partage des eaux entre le Brvenica et la Medvedja, laissant tout le bassin de la Medvedja à la Serbie, suit la crête de la Goljak Planina (formant le partage des eaux entre la Kriva Rjeka d'un côté et la Poljanica, la Veternica et la Morawa de l'autre) jusqu'au sommet de la Poljanica. Puis elle se dirige par le contrefort de la Karpina Planina jusqu'au confluent de la Koinska avec la Morava, traverse cette rivière, remonte par la ligne de partage des eaux entre le ruisseau Koinska et le ruisseau qui tombe dans la Morawa près de Neradovce, pour rejoindre la Planina Sv. Ilija au-dessus de Troviste. De ce point elle suit la crête Sv. Ilija jusqu'au Mont Kljuc, et passant par les points indiqués sur la carte par 1516 et 1547 et par la Babina Gora, elle aboutit au Mont Crni Vrh.

A partir du Mont Crni Vrh la nouvelle délimitation se confond avec celle de la Bulgarie, c'est-à-dire :

La ligne frontière suit la ligne de partage des eaux entre le Struma et la Morawa par les sommets du Strser, Vilogolo et Mesid Planina, rejoint par la Gacina, Crna Trova, Darkovska et Drainica Pan, puis le Descani Kladanec, la ligne de partage des eaux de la Haute Sukowa et de la Morawa, va directement sur le Stol et en descend pour couper à 1.000 mètres au nord-ouest du village de Segusa la route de Sofia à Pirot. Elle remonte, en ligne droite, sur la Vidlic Planina, et de là sur le mont Radocina, dans la chaîne du Kodza Balkan, laissant à la Serbie le village de Doikinci et à la Bulgarie celui de Senakos.

Du sommet du mont Radocina, la frontière suit vers le nord-ouest la crête des Balkans par Ciprovec Balkan, et Stara Planina, jusqu'à l'ancienne frontière orientale de la principauté de Serbie près de la Kula Smiljova Cuka, et de là cette ancienne frontière jusqu'au Danube qu'elle rejoint à Rakowitza.

La principauté de Roumanie rétrocède à S. M. l'empereur de Russie la portion du territoire de la Bessarabie détachée de la Russie en suite du traité de Paris de 1856, limitée à l'ouest par le thalweg du Pruth, au midi par le thalweg du bras de Kilia et l'embouchure de Stary Stamboul.

Les îles formant le Delta du Danube, ainsi que l'île des Serpents, le sandjak de Toultcha, comprenant les districts (cazas) de Kilia, Soulina Mahmoudié, Isatcha, Toultcha, Matchin, Babadagh, Hirsovo, Kustendjé, Medjidié, sont réunis à la Roumanie. La principauté reçoit en outre le territoire situé au sud de la Dobroutcha jusqu'à une ligne ayant son point de départ à l'est de Silistrie et aboutissant à la Mer noire au sud de Mangalia.

La Porte reconnaît l'indépendance du Montenegro, sur lequel elle avait jusqu'alors élevé des prétentions, et cette indépendance est également reconnue par celles des puissances qui ne l'avaient pas encore admise.

Les nouvelles frontières du Montenegro sont fixées ainsi qu'il suit:

Le tracé, partant de l'Hinobredo, au nord de Klobuk, sur la Trebinjcica descend vers Grancarevo, qui reste à l'Herzégovine, puis remonte le cours de cette rivière jusqu'à un point situé à un kilomètre en aval du confluent de la Cejelica, et de la rejoint, par la ligne la plus courte, les hauteurs qui bordent la Trebinjcica. Il se dirige ensuite vers Pilatova, laissant ce village au Montenegro, puis continue par les hauteurs dans la direction nord, en se maintenant autant que possible à une distance de six kilomètres de la route Bilek-Korito-Gacko, jusqu'au col situé entre la Somina Planina et le Mont Curilo, d'où il se dirige à l'est par Vratkovici, laissant ce village à l'Herzégovine, jusqu'au mont Orline. A partir de ce point, la frontière, laissant Ravno au Montenegro, s'avance directement par le nord nord-est, en traversant les sommets du Lebernsnik et du Volujak, puis descend par la ligne la plus courte sur la Piva, qu'elle traverse, et rejoint la Tara en passant entre Crkvica et Nedvina. De ce point elle remonte la Tara jusqu'à Mojkovac, d'où elle suit la crête du contre-fort jusqu'à Siskojezero. A partir de cette localité, elle se confond avec l'ancienne frontière jusqu'au village de Sekulare. De là, la nouvelle frontière se dirige par les crêtes de la Mokra Planina, le village de Mokra restant au Montenegro; puis elle gagne le point 2,166 de la carte de l'état-major autrichien, en suivant la chaîne principale et la ligne du partage des eaux entre le Lim d'un côté et le Drin, ainsi que de la Cievna (Zem) de l'autre.

Elle se confond ensuite avec les limites actuelles entre la tribu des Kuci-Drekatoyici d'un côté et la Kucka Krajna, ainsi que les tribus des Klementi et Grudi de l'autre, jusqu'à la plaine de Podgoritza, d'où elle se dirige sur Playnica, laissant à l'Albanie les tribus de Klementi, Grudi et Hoti.

De là, la nouvelle frontière traverse le lac près de l'îlot de Gorica-Topal, et, à partir de Gorica-Topal elle atteint directement les sommets de la crête, d'où elle suit la ligne du partage des eaux entre Megured et Kalimed, laissant Mrkovic au Montenegro et rejoignant la Mer adriatique à Kruc.

Au nord ouest, le tracé sera formé par une ligne passant de la côte entre les villages Susana et Zubici, et aboutissant à la pointe extrême sud est de la frontière actuelle du Montenegro sur la Vrsuta Planina.

Antivari et son littoral sont annexés au Montenegro sous les conditions suivantes:

Les contrées situées au sud de ce territoire, d'après la délimitation ci-dessus déterminée, jusqu'à la Bojana, y compris Dulcigno, seront restituées à la Turquie.

La commune de Spizza jusqu'à la limite septentrionale du territoire indiqué dans la description détaillée des frontières, sera incorporée à la Dalmatie.

Il y aura pleine et entière liberté de la navigation sur la Bojana pour le Montenegro. Il ne sera pas construit de fortifications sur le parcours de ce fleuve, à l'exception de celles qui seraient nécessaires à la défense locale de la place de Scutari, lesquelles ne s'étendront pas au-delà d'une distance de six kilomètres de cette ville.

Le Montenegro ne pourra avoir ni bâtiment ni pavillon de guerre.

Le port d'Antivari et toutes les eaux du Montenegro resteront fermées aux bâtiments de guerre de toutes les nations.

Les fortifications situées entre le lac et le littoral sur le territoire monténégrin seront rasées, et il ne pourra en être élevé de nouvelles dans cette zone.

La police maritime et sanitaire, tant à Antivari que le long de la côte du Montenegro, sera exercée par l'Autriche-Hongrie au moyen de bâtiments légers garde côtes.

Le Montenegro adoptera la législation maritime en vigueur en Dalmatie. De son côté, l'Autriche-Hongrie s'engage à accorder sa protection consulaire au pavillon marchand monténégrin.

Le Montenegro devra s'entendre avec l'Autriche-Hongrie sur le droit de construire et d'entretenir à travers le nouveau territoire monténégrin une route et un chemin de fer.

Une entière liberté de communications sera assurée ces voies.

En reconnaissant l'indépendance des principautés que nous venons de mentionner, il a été expressément stipulé que, dans ces nouveaux Etats, la distinction des croyances religieuses et des confessions ne pourra être opposée à personne comme un motif d'exclusion ou d'incapacité en ce qui concerne la jouissance des droits civils et politiques, l'admission aux emplois publics, fonctions et honneurs, ou l'exercice des différentes professions et industries, dans quelque localité que ce soit. La liberté et la pratique extérieure publique de tous les cultes seront assurées à tous les ressortissants des principautés, aussi bien qu'aux étrangers, et aucune entrave ne pourra être apportée soit à l'organisation hiérarchique des différentes communions, soit à leurs rapports avec leurs chefs spirituels.

La Bosnie et l'Herzégovine sont devenues en quelque sorte un Etat nouveau d'un caractère particulier, occupées qu'elles sont par l'Autriche-Hongrie, qui accepté la charge de les administrer, sauf toutefois le sandjak de Novi-Bazar, qui s'étend entre la Serbie et le Montenegro dans la direction sud-est jusqu'au-delà de Mitrovitza et où l'administration ottomane continue de fonctionner; néanmoins, afin d'assurer le maintien du nouvel état politique, ainsi que la liberté et la sécurité des voies de communication, l'Autriche-Hongrie se réserve le droit de tenir garnison et d'avoir des routes militaires et commerciales sur toute l'étendue de cette partie de l'ancien vilayet de Bosnie.

Quant aux autres provinces en Europe, la Porte s'engageait à appliquer scrupuleusement dans l'île de Crète le règlement organique de 1868, en y apportant les modifications qui seraient jugées équitables,

Des règlements analogues, adaptés aux besoins locaux, sauf en ce qui concerne les exemptions d'impôts accordées à la Crète, seront également introduits dans les autres parties de la Turquie d'Europe, pour lesquelles une organisation particulière n'a pas été prévue par le présent traité.

Enfin une rectification de frontières entre la Turquie et la Grèce était recommandée en Épire et en Thessalie, sans la médiation éventuelle des puissances.

Dans l'Asie, les revendications de la Russie sont également réduites.

La Porte cède à l'empire russe en Asie les territoires d'Ardahan, Kars et Batoum avec ce dernier port, territoire compris entre l'ancienne frontière russo-turque et le tracé suivant :

La nouvelle frontière partant de la mer Noire, conformément à la ligne déterminée par le traité de San Stefano, jusqu'à un point au nord-ouest de Korda et au sud d'Artwin, se prolonge en ligne droite jusqu'à la rivière Tchoroukh, traverse cette rivière et passe à l'est d'Aschmichew, en allant en ligne droite au sud pour rejoindre la frontière russe indiquée dans le traité de San Stefano à un point au sud de Nariman, en laissant la ville d'Olti à la Russie. Du point indiqué près de Nariman la frontière tourne à l'est, passe par Tebrenck· qui reste à la Russie et s'avance jusqu'au Penek Tschaï.

Elle suit cette rivière jusqu'au Bordouz,

puis se dirige vers le sud, en laissant Bordouz et Jonikiov à la Russie. D'un point à l'ouest du village de Karaougan la frontière se dirige sur Medjungert, de là en ligne directe vers le sommet de la montagne Kassauagh et de là elle longe la ligne de partage des eaux entre les affluents de l'Araxe au nord et ceux du Mourad Sou au sud jusqu'à l'ancienne frontière de la Russie.

L'empereur de Russie déclare que son intention est d'ériger Batoum en port franc, essentiellement commercial.

La vallée d'Alachkerd et la ville de Bayazid cédées à la Russie par l'article 59 du traité de San Stefano font retour à la Turquie.

La Porte cède à la Perse la ville et le territoire de Khotour tel qu'il a été déterminé par la commission mixte anglo-russe pour la délimitation des frontières de la Turquie et de la Perse.

La Porte s'engage à réaliser sans plus de retard les améliorations et les réformes qu'exigent les besoins locaux dans les provinces habitées par les Arméniens, et a garanti leur sécurité contre les Circassiens et les Kurdes. Elle donnera connaissance périodiquement des mesures prises à cet effet aux puissances qui en surveilleront l'application.

La navigation du Danube, étant reconnue d'intérêt européen, a été l'objet de mesures particulières, destinées à accroître la garantie de sa liberté.

Les hautes parties contractantes ont décidé que toutes les forteresses et les fortifications qui se trouvent sur le parcours du fleuve depuis les Portes de Fer jusqu'à ses embouchures seront rasées, et qu'il n'en sera pas élevé de nouvelles. Aucun bâtiment de guerre ne pourra naviguer sur le Danube en aval des Portes de Fer, à l'exception des bâtiments légers destinés à la police fluviale et au service des douanes. Les stationnaires des puissances aux embouchures du Danube pourront toutefois remonter jusqu'à Galatz.

La commission européenne du Danube, au sein de laquelle la Roumanie sera représentée, est maintenue dans ses fonctions, et les exercera dorénavant jusqu'à Galatz dans une complète indépendance de l'autorité territoriale. Tous les traités, arrangements, actes et décisions relatifs à ses droits, privilèges, prérogatives et obligations sont confirmés.

Une année avant l'expiration du terme assigné à la durée de la commission européenne, les puissances se mettront d'accord sur la prolongation de ses pouvoirs ou sur les modifications qu'elles jugeraient nécessaires d'y introduire.

Les règlements de navigation, de police fluviale et de surveillance depuis les Portes de Fer jusqu'à Galatz seront élaborés par la commission européenne, assistée de délégués des Etats riverains, et mis en harmonie avec ceux qui ont été ou seraient édictés pour le parcours en aval de Galatz.

La commission européenne du Danube s'entendra avec les ayants droit pour assurer l'entretien du phare sur l'île des Serpents.

L'exécution des travaux destinés à faire disparaître les obstacles que les Portes de Fer et les cataractes opposent à la navigation est confiée à l'Autriche Hongrie. Les États riverains de cette partie du fleuve accorderont toutes les facilités qui pourraient être requises dans l'intérêt des travaux.

Les disposition de l'art. 6 du traité de Londres, du 13 mars 1871 relatives au droit de percevoir une taxe provisoire pour couvrir les frais de ces travaux sont maintenues en faveur de l'Autriche-Hongrie.

Un des grands résultats du congrès de Berlin en vue du bien général, c'est la proclamation du principe de la complète égalité de droits de toutes les religions et de la liberté des cultes.

Par l'article 62 du traité, la Porte a exprimé la volonté de maintenir le principe de la liberté religieuse en y donnant l'extension la plus large.

Dans aucune partie de l'empire ottoman, la différence de religion ne pourra être opposée à personne comme un motif d'exclusion ou d'incapacité en ce qui concerne l'usage des droits civils et politiques, l'admission aux emplois publics, fonctions et honneurs, et l'exercice de toutes les professions et industries.

Tous seront admis, sans distinction de religion, à témoigner devant les tribunaux.

La liberté et la pratique extérieure de tous les cultes seront assurées à tous, et aucune entrave ne pourra être apportée soit à l'organisation hiérarchique des différentes communions, soit à leurs rapports avec leurs chefs spirituels.

Les ecclésiastiques, les pèlerins et les moines de toutes les nationalités voyageant dans la Turquie d'Europe et d'Asie jouiront des mêmes droits, avantages et privilèges.

Le droit de protection officielle est reconnu aux agents diplomatiques et consulaires des puissances en Turquie, tant à l'égard des personnes susmentionnées que de leurs établissements religieux de bienfaisance et autres, dans les Lieux Saints et ailleurs.

Les droits acquis à la France sont expressément réservés, et il est bien entendu qu'aucune atteinte ne saurait être portée au *statu quo* dans les Lieux Saints.

Les moines du mont Athos, quel que soit leur pays d'orgine, seront maintenus dans leurs possessions et avantages antérieurs, et jouiront, sans aucune exception, d'une entière égalité de droits et prérogatives.

En outre des stipulations que nous venons de résumer, le traité du 13 juillet 1878 confirmait et maintenait, dans toutes celles de leurs dispositions qu'il n'abrogait ou ne modifiait pas, le traité de Paris du 30 mars 1856 et celui de Londres du 13 mars 1871, qui concernait plus particulièrement la navigation du Danube.

BERNAL DE O'REILLY (A). Publiciste espagnol.

Práctica cónsular de España. Formularios de cancillerias consulares. (Pratique consulaire en Espagne. Formulaire des chancelleries consulaires.) Havre 1864. 1 vol. in 8.

BERNARD (Jacques). *Recueil des traités de paix, de trèves, de neutralité, de confédération, d'alliance, de commerce, de garantie depuis 1586—1700.* La Haye 1700. 4 vol. in-fol.

Un extrait par Dumont a été publié sous ce titre: *Recueil des divers traités etc.* La Haye 1707. 2 vol.

BERNARD (Mountague), publiciste anglais, né en 1820 à Tibberton, comté de Gloucester, mort le 2 septembre 1882, membre du conseil privé de la Reine d'Angleterre; membre de l'Institut de droit international.

Entre autres ouvrages nous mentionnerons : *Lectures on the principle of non-intervention* (Discours sur le principe de non-intervention.) Oxford et Londres 1860.

Chargé avec Sir Roundell Pelmer, de rédiger les *arguments* à présenter, au nom de l'Angleterre 1872, devant le tribunal arbitral de Genève au sujet des réclamations de l'*Alabama*, il a publié: *A historical account of the neutrality of Great Britain during the American civil war.* (Exposé historique de la neutralité de la Grande Bretagne pendant la guerre civile d'Amérique.) Londres 1870.

BERNARD (Paul), jurisconsulte français.

Conseiller à la cour d'appel de Dijon.

Traité théorique et pratique de l'extradition, comprenant l'exposition d'un projet de loi universelle sur l'extradition. — Ouvrage couronné par l'Académie des sciences morales et politiques. (Paris, 1883 — 2 vol in-8.)

L'ouvrage est divisé en deux parties: la première, qui remplit tout le premier volume, est une *introduction historique,* où l'auteur, prenant pour point de départ le droit d'asile des anciens, aboutit au droit conventionnel actuel. La seconde partie consiste en un *commentaire des lois et des traités,* auquel l'auteur donne pour conclusion *le projet d'un code international.*

C'est un livre très remarquable et le plus récent que nous connaissons sur la matière.

BERNER (Albert Frédéric), jurisconsulte allemand, professeur à l'université de Berlin.

Wirkungskreis des Strafgesetzes nach Zeit, Raum und Personen. (Effet des lois pénales en égard au temps, à l'espace et aux personnes.) Berlin 1853.

Traite spécialement des délits commis à l'étranger, du droit d'asile et de l'extradition, de l'effet rétroactif des lois pénales et des erreurs judiciaires.

BESOBRASOFF (Wladimir), publiciste russe, né à Wladimir en 1829.

Membre du conseil du ministère des finances de Russie, professeur au lycée impérial, membre de l'Académie impériale des sciences de Saint Pétersbourg, un des fondateurs de l'Institut de droit international.

M. Besobrasoff s'est surtout adonné à l'étude de l'économie politique et des matières financières. Il est le directeur du *Recueil des sciences politiques,* qui paraît depuis 1874. Il a écrit de nombreux articles dans les journaux et les revues russes sur les questions de politique et de droit international.

Parmi ses ouvrages nous mentionnerons :

Etudes sur les revenus publics. (Mémoires de l'Académie impériale des sciences de Saint-Pétersbourg. 3 vol. en français.)

Influence de la science économique sur la politique de l'Europe moderne. (En français.)

La guerre et la révolution. (En russe. 1872—1874.)

BEY. Qualification équivalente à celle de seigneur, en usage dans l'empire turc et chez les peuples musulmans qui reconnaissent la suzeraineté du Sultan, ou chez les peuples de race tartare.

Ce titre n'a pas une signification bien précise; dans la Turquie il est donné au gouverneur d'une ville ou d'un district, subordonné au gouvernement supérieur d'un pacha.

En Afrique le bey est, au contraire, le chef, le fonctionnaire suprême à Tripoli, et même le souverain à Tunis.

Enfin le titre de bey est conféré comme une simple distinction honorifique à des étrangers qui ont rendu des services à la Turquie.

BIBLIOTHÈQUE. Collection de livres réunis ou pour un usage public, ou pour l'usage d'un simple particulier.

Les bibliothèques publiques, en temps de guerre, sont généralement affranchies de capture et de confiscation; en tous les cas la destruction en serait injustifiable.

BIENS. La loi appelle biens toutes les choses qui peuvent servir à la satisfaction des besoins de l'homme et qui sont en même temps susceptibles d'appropriations. (*Voir* PROPRIÉTÉ.)

Les biens se distinguent en *meubles* et *immeubles, corporels* et *incorporels, personnels* et *réels.* (Voir ces mots et ENNEMI.)

BIENS-FONDS ou FONCIERS. Immeubles, terres ou maisons; s'emploie le plus ordinairement au pluriel.

(*Voir* IMMEUBLES.)

BIGAMIE. Acte de celui qui, étant marié, contracte un autre mariage avant que le précédent soit dissous.

Chez les peuples qui n'admettent point la polygamie, cet acte est considéré comme un crime très grave, frappé de peines plus ou moins sévères, selon les diverses législations.

La bigamie donne lieu à l'extradition.

BILAIN (Antoine), publiciste français, né à Fisme près Reims, mort en 1672.

Traité des droits de la reine très-chrétienne sur divers états de la monarchie d'Espagne. Paris 1667.

Tractatus de jure devolutionis (Traité du droit de dévolution). 1667.

BILL. Mot anglais, qui, dans le langage parlementaire, s'applique à tout projet d'acte ou de loi présenté par écrit à l'une des deux chambres.

La présentation par écrit distingue le bill de la motion, qui n'est que la proposition préparatoire du bill. Chaque bill subit trois lectures et trois votations successives; lorsqu'il a reçu l'approbation des deux chambres et la sanction du souverain, il devient acte du parlement, statut du royaume. (*Voir* ACTE).

BILL DE RÉFORME. Nom qui est resté à la loi anglaise du 7 janvier 1832, qui a eu pour objet la réforme du suffrage parlementaire. Cette réforme a consisté à retirer le droit de suffrage à certaines localités sans importance et à l'accorder à d'autres qui ont pris un développement assez considérable, enfin à le concéder à certaines capacités.

BILL DES DROITS (*Bill of rights*). C'est la déclaration adressée par les deux chambres du parlement anglais, le 13 février 1689, au prince et à la princesse d'Orange, lors de leur avénement au trône de la Grande-Bretagne.

Cette déclaration, après avoir protesté contre divers actes du règne de Jacques II qui y étaient qualifiés d'illégaux, en inférait les droits, les privilèges et les franchises réclamés par le peuple anglais et regardés par lui comme les principes fondamentaux de la liberté politique.

BILL D'INDEMNITÉ. Résolution par laquelle le parlement anglais déclare qu'un acte d'un ministre, quoique irrégulier, ne donnera lieu à aucune poursuite

Cette expression a passé dans le langage parlementaire des autres Etats.

BILLOT (A.), jurisconsulte français. Directeur politique au ministère des affaires étrangères.

Son *traité d'extradition* (publié à Paris en 1874) est le plus clair et le plus complet qui ait encore été publié sur cette matière. Il est suivi d'un recueil des documents étrangers et des conventions d'extradition conclues par la France et en vigueur à l'époque où le livre a paru.

BISCHOF (Hermann), jurisconsulte autrichien, professeur à Graz.

Grundriss des positiven öffentlichen internationalen Seerechts.

(Abrégé de droit maritime international public et positif.) Graz 1868.

Résumé méthodique de l'ensemble des principes en vigueur en matière de droit maritime.

BISMARCK - SCHŒNHAUSEN (Otto prince de), homme d'Etat célèbre, né le 1er avril 1815 à Schœnhausen (province de Saxe), nommé en 1851 représentant de la Prusse auprès de la diète germanique, en 1859 à Saint-Pétersbourg et en 1862 à Paris, le 2 septembre 1862 président du conseil et ministre des affaires étrangères de Prusse, en 1867 chancelier de la confédération du nord et en 1871 chancelier de l'empire d'Allemagne.

Oeuvres parlementaires : *Die Reden des Grafen von Bismarck-Schœnhausen.* (Discours du comte de Bismarck Schœnhausen.) 3 vol. Berlin.

Les discours de M. le prince de Bismarck, avec sommaires et notes, tables chronologiques et index alphabétiques. (Traduction française.) 12 vol. Berlin.

Ce recueil comprend tous les discours prononcés par le chancelier allemand de 1862 à aujourd'hui dans les différents parlements de l'Allemagne.

BLACKSTONE (William), jurisconsulte anglais, né à Londres le 10 juillet 1723, mort le 14 février 1780.

Professeur à l'université d'Oxford, en 1753, il ouvrit un cours de droit, dont il réunit plus tard (1765—1769) les leçons en un ensemble complet (4 vol. in 8') sous le titre de *Commentaries on the laws of England.* (Commentaires sur les lois de l'Angleterre.)

Cet ouvrage pour lequel il avait pris l'*Esprit des lois* pour modèle, l'a fait surnommer le Montesquieu de l'Angleterre. En ce qui regarde les principes du droit en général, le juriste anglais n'atteint ni l'élévation ni la profondeur du célèbre écrivain français; mais relativement à tout ce qui se rapporte plus particulièrement à la législation anglaise, le livre de Blackstone, surtout si l'on tient compte de l'époque où il a paru, peut être considéré comme une œuvre supérieure, faisant à juste titre encore autorité.

Les *commentaires* ont été souvent réimprimés: les éditions les plus connues sont celle de 1809 avec notes de Christian, et celle de 1829 avec notes du Lee. Ils ont été traduits en français par Gomicourt. Bruxelles 1774. 6 volumes, et par Champré. Paris 1823. 6 vol.

BLAME. Expression de l'opinion par laquelle on trouve quelque chose de mauvais dans les personnes ou dans les choses, sentiments ou discours par lequel ou réprouve ou condamne une personne, une action, une opinion.

En jurisprudence, c'est la réprimande adressée par le juge à une personne reconnue coupable de quelque contravention aux lois ou aux ordonnances.

Le blâme infligé par un tribunal était autrefois une peine infamante; ce n'est plus aujourd'hui qu'un moyen de discipline, à l'égard des officiers ministériels, des avoués et autres professions ou fonctionnaires soumis à des conseils de discipline: c'est un simple avertissement sans publicité directe.

Dans les assemblées législatives, le rappel à l'ordre peut être considéré comme un blâme public infligé à l'orateur ou à l'interrupteur qui s'écarte des convenances parlementaires ou constitutionnelles.

BLASON. Science qui s'occupe de la connaissance et de l'explication des armoiries; on désigne aussi cette science sous la dénomination d'art héraldique.

On donne également le nom de blason à la réunion de toutes les pièces qui composent un écu héraldique ou les armoiries.

BLESSÉS et malades militaires. Il ne s'agit ici que des soldats ayant reçu des blessures en combattant ou en prenant part à quelque opération militaire, ou de ceux que la maladie empêche de résister et qui tombent ainsi au pouvoir de l'ennemi.

Il est contraire aux lois de la guerre de permettre le pillage des blessés sur le champ du bataille.

Les militaires blessés ou malades sont recueillis et soignés, à quelque nation qu'ils appartiennent.

C'est au belligérant qui est maître du champ de bataille à prendre soin des blessés.

Les commandants en chef ont la faculté, lorsque les circonstances le permettent, de remettre aux avant-postes ennemis les militaires blessés pendant le combat. Ceux qui, après guérison, sont reconnus incapables de servir, sont renvoyés dans leur pays; les autres peuvent l'être également, mais à la condition qu'ils ne reprendront pas les armes pendant la durée de la guerre, ou bien ils peuvent être retenus prisonniers.

Les secours à porter aux blessés sont depuis 1864 réglementés par un pacte international, connu sous le nom *convention de Genève* (voir ce mot).

BLOCK (Maurice), publiciste français, né à Berlin le 18 février 1816, naturalisé Français.

Après avoir été pendant plusieurs années attaché au bureau de statistique générale, et au ministère de l'agriculture du commerce et des travaux publics, il quitta l'administration en 1861, pour se consacrer à des travaux d'économie politique.

Il a publié, entre autres:

Statistique de la France, comparée avec les divers États de l'Europe. 1860, 2 vol. in-8.

Puissance comparée des divers États de l'Europe (1862, in-8[0], avec atlas in folio).

Dictionnaire de l'administration française (grand in 8[0] 3e tirage, 1862).

Dictionnaire général de la politique (2 vol. grand in-8[0], 1873).

Dans ces deux derniers ouvrages se trouvent traitées de nombreuses questions se rattachant au droit international et à la diplomatie.

BLOCUS. *Définition.* Terme de guerre indiquant l'action d'investir une ville ou un port afin qu'il n'y puisse entrer aucun secours en renforts d'hommes, en armes, en munitions ou en vivres. Il s'applique surtout soit à des places fortes qu'il est impossible de prendre autrement ou dont le siége en règle serait trop coûteux, trop meurtrier pour l'assaillant, soit à des ports de mer dont on veut interrompre le commerce.

Le blocus consiste à entourer la place de manière à couper entièrement, autant que peuvent le faire les forces humaines, les relations et la correspondance au dehors.

Droit de blocus. Le droit de bloquer les places fortes, les ports ou une partie du littoral d'un peuple avec lequel on est en guerre a été de tout temps pratiqué et est reconnu par toutes les nations civilisées.

La déclaration d'un blocus étant un acte du pouvoir souverain, il est clair qu'elle doit émaner du gouvernement lui-même ou de l'autorité à laquelle cette faculté a été expressément déléguée. Le commandant d'une escadre ou le chef supérieur d'une armée n'ont pas généralement le pouvoir d'établir un blocus, ni d'étendre à une place voisine celui qui existe déjà contre une autre et a été régulièrement déclaré; mais s'il s'agit d'un général ou d'un chef d'escadre opérant dans des régions lointaines, il faut admettre qu'ils sont investis virtuellement des pouvoirs nécessaires pour la réussite de l'entreprise militaire dont ils sont chargés.

Effets du blocus. Le blocus n'entraîne comme conséquences immédiates ni effusion de sang ni aucune de ces terribles catastrophes qui accompagnent inévitablement les batailles et le bombardement des villes. C'est, selon la judicieuse remarque de Cauchy, „un moyen de forcer l'ennemi à se rendre sans le détruire." Mais la question change d'aspect, si on l'envisage au point de vue commercial; alors le même auteur le considère comme „la plus grave atteinte qui puisse être portée par la guerre au droit des neutres". „Le blocus en effet pèse presque autant sur les neutres que sur le belligérant bloqué: le droit des gens interdit aux neutres d'entretenir des communications ou de faire de commerce avec

une place bloquée. Même le navire neutre chargé de marchandises neutres et inoffensives, est mis, quand est violé le blocus, absolument sur la même ligne que le navire ennemi ou le navire chargé de contrebande de guerre pour le compte de l'ennemi. Tandis que la contrebande de guerre ne frappe que certaines natures de marchandises, dont la liste tend toujours à se restreindre, la prohibition résultant d'un blocus s'applique aux marchandises, aux denrées de toute provenance et de toute nature."

En droit l'accès et la sortie d'un port bloqué sont interdits aussi bien aux bâtiments de guerre qu'aux navires de commerce. Cependant les belligérants en considération des égards qu'ils doivent aux autres gouvernements et du caractère dont sont revêtus les bâtiments de guerre et des privilèges dont ils jouissent laissent souvent, toutes les fois que cette concession peut se concilier avec l'objet de la guerre, l'entrée et la sortie des ports qu'ils bloquent libres aux navires de guerre neutres.

Il existe certains cas particuliers dans lesquels l'accès d'un port bloqué devient absolument licite aux navires marchands par exemple, lorsqu'il a été l'objet d'une autorisation spéciale donnée par l'Etat bloquant. Nous disons *spéciale,* parce qu'on ne saurait reconnaître la validité d'une permission de trafiquer générale, vague et indéterminée. Il va sans dire que ceux qui obtiennent de semblables faveurs sont tenus d'observer une grande circonspection et de se soumettre à toutes les formalités ou à toutes les restrictions qu'il plaît aux belligérants de leur imposer.

Effectivité du blocus. Pour que le blocus puisse produire ses effets, pour qu'il soit obligatoire à l'égard des neutres, il est nécessaire qu'il soit effectif ou réel, c'est-à-dire que le belligérant qui veut déclarer le blocus ait une force suffisante pour le faire respecter et dispose ses forces de mer à l'entrée du détroit ou du port bloqué de manière à devenir le maître de la mer territoriale qu'il occupe et à pouvoir en interdire l'accès à tout navire étranger. La raison est ici d'accord avec le droit conventionnel: tous les traités exigent une force suffisante pour interdire l'entrée d'un lieu. Enfin la déclaration du congrès de Paris du 16 avril 1856 à laquelle toutes les puissances de l'Europe, l'Espagne exceptée, ont donné leur adhésion et consacré ce principe que „les blocus, pour être obligatoires, doivent être effectifs, c'est-à-dire maintenus par une force suffisante pour interdire réellement l'accès du littoral à l'ennemi."

Pour reconnaître si le blocus remplit les conditions propres à lui faire attribuer le caractère effectif, les nations maritimes paraissent avoir, dans la pratique, adopté un terme moyen. La capture accidentelle d'un navire ne suffit pas; il faut qu'il y ait évidence, réalité d'un danger à essayer de forcer les croisières. Par contre le blocus ne cesse pas d'être effectif parce que, exceptionnellement, un ou deux navires sont parvenus à éluder la vigilance des forces bloquantes et à en franchir la ligne sans encombre.

Notification de blocus. Pour que le blocus acquière un caractère sérieux de légitimité, il faut encore que la résolution prise de bloquer un port reçoive de la publicité par voie de notification.

Il y a trois espèces de notifications. La première est celle que le commandant des forces bloquantes, afin de marquer le commencement du blocus et d'en circonscrire l'action, signifie aux autorités des lieux dont il est chargé d'intercepter les communications avec le dehors par la voie de mer: c'est un préliminaire rigoureusement exigé et dont l'omission rendrait les captures à la sortie du port absolument nulles. La seconde est celle qu'on qualifie de *générale* ou *diplomatique,* et qui est communiquée aux gouvernements neutres. La troisième, qui prend le nom de *spéciale,* est celle que le commandant croiseur fait aux navires qui se dirigent sur la ligne de blocus ou qui s'y trouvent.

La pratique et la jurisprudence des cours des prises françaises ont érigé en principe que la notification générale ne suffit pas par elle-même pour autoriser juridiquement la déduction que les neutres ont eu connaissance du blocus; que, pour que le blocus devienne légalement obligatoire avec toutes ses conséquences, il faut que la notification diplomatique, considérée avec raison comme toujours utile, soit dans chaque cas particulier complétée, corroborée par une notification spéciale aux neutres qui se présentent sur la ligne du blocus.

La notification diplomatique ou générale s'opère soit par une communication écrite que le belligérant adresse aux Etats neutres, soit par un avis officiel relatant la date du commencement du blocus et précisant la zone nautique qu'il doit embrasser.

Dans certaines circonstances on a recours aussi à des publications exprimant l'intention d'établir le blocus, annonçant le départ de l'escadre qui sera chargée de le maintenir et fixant le commencement des opérations hostiles; mais ce mode de notification est peu usité.

Quant à la notification spéciale, le plus grand nombre des traités en font une condition absolue et obligatoire pour la validité des captures; cependant en cette matière le droit positif n'a pas encore posé un principe uniforme et doctrinal, et plusieurs nations, notamment l'Angleterre n'ont pas cru jusqu'ici devoir l'inscrire dans leurs traités de commerce et de navigation.

Les traités qui stipulent la nécessité de la notification spéciale ne vont pas jusqu'à fixer les termes dans lesquels elle doit être faite : il est généralement admis que le commandant du bâtiment de guerre qui fait la notification, appose son visa sur les papiers du navire qu'il visite, en indiquant le jour, le lieu ou la hauteur où est faite la signification de l'existence du blocus, et le capitaine du navire visité lui donne un reçu de cette signification.

Étendue du blocus. Quelle peut être l'étendue du blocus? Cette question a donné lieu à des débats prolongés, tant entre les publicistes que dans les conseils des divers Etats.

La majorité des auteurs est d'opinion que le droit de blocus peut s'appliquer non seulement aux places et aux ports fortifiés, mais encore aux villes et aux ports de commerce qui ne le sont pas.

Il est également applicable à l'embouchure d'une rivière et à un détroit; seulement dans ces cas son exercice est soumis à une restriction, fondée en équité comme en fait.

Le blocus rigoureux de l'embouchure d'une rivière ne peut être établi légalement que lorsque le cours de cette rivière est tout entier dans le pays ennemi; mais si la rivière conduit à des pays avec lesquels le belligérant n'est pas en guerre, celui-ci ne peut en interdire le passage aux navires neutres en destination pour ces pays.

Lorsque les deux rivages de la rivière ou du détroit n'appartiennent pas à l'ennemi, un blocus effectif devient presque impraticable; car si le bloquant peut empêcher le passage du côté de l'ennemi, il est tenu de le laisser libre de l'autre.

Une autre question qui n'a pas été moins controversée, c'est celle de savoir si l'on peut bloquer non pas seulement

un point isolé, déterminé, mais toute une étendue de côtes ennemies; si le blocus peut embrasser à la fois tous les ports, toutes les villes, tous les territoires de l'ennemi.

Pour leur part, les publicistes anglais n'admettent point d'autre limite à l'étendue des côtes à laquelle le blocus puisse s'appliquer que la limite naturelle de forces suffisantes pour maintenir le blocus réel et effectif, mais les auteurs anglais, d'accord en cela avec leur gouvernement, entendent par *forces suffisantes* de simple croisières.

Les publicistes français reconnaissent, il est vrai, le droit d'étendre le blocus autant qu'on le veut, mais à condition de le maintenir à l'aide de vaisseaux de guerre stationnés en permanence et en nombre suffisant.

Quoi qu'il en soit, les faits, le silence des traités à cet égard semblent consacrer le caractère limité du blocus.

D'ailleurs la déclaration du 16 avril 1856, que nous avons mentionnée plus haut, a fait entièrement justice des blocus fictifs de cabinet ou sur papier, qui consistaient en une ordonnance émanée du belligérant, par laquelle il déclarait mettre en état de blocus tel port ou telle côte de son ennemi et prétendait, en se contentant de le notifier aux Etats neutres, leur interdire tout commerce avec le lieu bloqué. Ce genre de blocus n'était par limité à un seul endroit; il embrassait souvent des provinces, des contrées entières, une vaste étendue de côtes. Ainsi il suffisait de décréter le blocus pour l'établir, de déclarer un endroit en état de blocus pour y interdire tout commerce, bien qu'on ne disposât point des forces navales suffisantes pour investir cet endroit.

On partait de là pour saisir et capturer tous les navires neutres qui s'y rendaient, même ceux qu'on soupçonnait de vouloir s'y rendre, en quelque lieu qu'on les rencontrât. Désormais le blocus qui est simplement décrété et n'existe pas de fait n'est pas reconnu; il en est de même des blocus par des croiseurs sans stations fixe. Il ne suffit pas non plus de notifier le blocus; il faut en outre qu'il soit réel et effectif: si l'on annonçait, par exemple, que tous les ports d'une côte sont bloqués et qu'en réalité quelques-uns ne le fussent pas, les navires neutres auraient le droit de pénétrer dans les derniers.

Entrée en vigueur et levée du blocus. Comme le blocus n'existe donc qu'autant qu'il est effectif, il cesse conséquemment du moment qu'il ne l'est plus; en d'autres termes, le blocus commence avec l'investissement de la place bloquée, dure tout le temps que cet investissement est maintenu, et cesse avec lui. Or l'investissement commence du moment où des vaisseaux de guerre sont stationnés devant la place bloquée en assez grand nombre pour empêcher toute communication et il cesse du moment où ces vaisseaux abandonnent la station ou bien n'y sont plus en force suffisante.

L'éloignement des forces bloquantes peut être ou temporaire ou définitif. Dans ce dernier cas, la question se tranche d'elle-même, car il est évident que le blocus cesse de fait; mais dans le premier cas la solution n'est ni aussi simple ni aussi facile; elle peut dépendre des circonstances. En effet les avis sont divisés sur l'éventualité d'une absence temporaire de l'escadre bloquante de sa croisière par suite de mauvais temps ou d'autres accidents de navigation cette éventualité n'est pas jugée par certaines jurisprudences comme entraînant l'interruption légale d'un blocus effectif, pourvu qu'elle soit de très peu de durée, tandis que l'opinion paraît uniforme quant aux résultats qui se produisent lorsque l'escadre qui maintient le blocus vient à être délogée de son mouillage par une escadre ennemie. Il est évident qu'un semblable fait a pour conséquence immédiate et directe non plus une simple suspension, mais la cessation totale, la fin du blocus, et que l'investissement rétabli par les mêmes forces navales ou par d'autres appartenant à la même nation doit être considéré comme un blocus nouveau et non comme la suite du précédent.

Tous les publicistes sont d'accord pour admettre que le blocus cesse, du moment que les navires bloquants se retirent pour remplir une autre mission et sans laisser dans les eaux qu'ils occupaient un nombre suffisant de navires pour continuer l'occupation à laquelle ils étaient employés.

Cependant il est au moins une exception à admettre, celle où certains points de la ligne d'investissement se trouveraient dégarnis parce que tel ou tel croiseur aurait quitté son mouillage pour se lancer à la poursuite d'un navire suspect; en agissant ainsi le croiseur ne ferait en réalité que s'acquitter d'un des devoirs de sa mission spéciale. Seulement la bonne foi exige que l'absence ne se prolonge pas de manière à autoriser le soupçon que le bâtiment détaché en croisière ait reçu une autre destination; car dans ce dernier cas le blocus serait considéré comme suspendu.

Les mêmes conséquences se produisent lorsqu'il y a irrégularité, intermittence ou partialité notoire dans l'observation du blocus, comme par exemple, si l'on permettait arbitrairement l'entrée ou la sortie à certains navires, tandis qu'on l'interdirait à d'autres. Pour qu'on puisse induire légitimement de pareils faits une rupture du blocus, il faut naturellement qu'ils ne soient ni isolés, ni exceptionnels, ni fortuits, mais qu'ils se répètent avec fréquence, de manière à constituer en quelque sorte un parti pris, une règle permanente de conduite.

En cas de reprise d'un blocus réellement interrompu, les mêmes mesures requises pour la première mise en état de blocus sont nécessaires pour le rétablir, attendu que les neutres ne sont pas obligés d'agir en vertu d'aucune présomption de son rétablissement *de facto*.

Notification de la levée du blocus. Lorsqu'un blocus est levé, il est sans doute du devoir de la puissance bloquante de porter le fait à la connaissance des autres puissances; mais une notification en pareil cas n'est ni obligatoire ni indispensable: le fait matériel établit suffisamment le changement survenu dans l'état de choses; de sorte que la négligence volontaire de la notification ne saurait prolonger les droits de la puissance bloquante à l'égard du commerce neutre au-delà du moment où ses forces ont été retirées de leur poste, où par conséquent il n'y aurait plus qu'un blocus fictif et dérisoire.

Violation de blocus. Dès qu'une place, un port, un lieu quelconque est bloqué, tout navire neutre qui tente d'enfreindre la prohibition du commerce avec ce lieu commet une infraction au droit des gens. Avant de prononcer une condamnation, il importe de tenir compte des circonstances spéciales dans lesquelles se produit chaque cas particulier; et un des principaux points à éclaircir consiste dans la question de savoir si le navire neutre avait ou non connaissance du blocus lorsqu'il était arrivé sur la ligne des croiseurs: or c'est là un fait qui ne se laisse pas établir à l'aide de simples présomptions, mais ne peut se dégager que de l'appréciation des circonstances particulières au cas en litige.

Ainsi, par exemple, un navire capturé à la sortie d'un port bloqué serait infailliblement déclaré de bonne prise malgré le prétexte d'ignorance que voudrait alléguer le capitaine, si l'on parvenait à fournir contre lui la preuve matérielle qu'il a pris sa cargaison postérieurement à la déclaration de blocus et à l'investissement du port.

On peut également dans d'autres cas écarter la présomption de la connaissance antérieure des faits; car si l'on admet à la rigueur que la notification diplomatique faite à un Etat a dû transpirer dans les contrées environnantes, cet acte n'oblige cependant *proprio vigore* que les sujets du pays où il a été rendu public; il reste sans valeur légale pour les habitants d'un pays tiers.

Il faudrait naturellement s'arrêter à une autre solution, si le blocus avait duré assez longtemps pour qu'il ne fût plus permis à personne d'élever un doute sur son existence.

Il peut encore arriver que, sans être officielle, la connaissance d'un blocus ait un tel caractère d'authenticité que vouloir repousser les effets équivaudrait à commettre sciemment une véritable infraction.

La même règle serait avec juste raison appliquée au navire neutre qui, recevant pendant sa traversée un avertissement régulier, soit par un croiseur, soit par un des bâtiments de guerre employés au blocus, persisterait à ne pas changer de route, ce seul fait suffisant pour caractériser l'intention de forcer la ligne d'investissement.

A partir du moment où il a reçu la notification spéciale de l'existence du blocus, le capitaine neutre est tenu de changer de route, pour peu que l'état de la mer le lui permette.

En règle générale tout navire neutre sortant d'un port bloqué est censé violer le blocus et devient passible de capture, sauf toutefois dans les cas suivants:

1°. Quand il est prouvé que le navire était déjà mouillé dans le port bloqué lorsque le blocus a été notifié; — alors le navire peut remettre en mer sur lest, puisque dans ces conditions il est incapable d'aider le commerce de l'ennemi et d'entraver aucune des fins légitimes pour lesquelles le blocus a été établi.

2°. Quand le navire est entré dans le port en relâche forcée pour cause de mauvais temps, d'avarie ou de manque de vivres; mais dans ces cas-là le capitaine n'a pas seulement à démontrer qu'il existait des motifs réels et suffisants pour expliquer comment son bâtiment a cherché un refuge dans le port bloqué, il faut encore qu'il soit établi hors de doute que le navire, dans les circonstances données, n'aurait pu sans danger se rendre dans un autre port, en d'autres termes, que la nécessité était impérieuse.

3⁰. Quand son entrée avec une cargaison a été autorisée par une permission spéciale; cette permission doit s'interpréter dans le sens de l'autorisation de la sortie du même navire avec un chargement.

4⁰. Quand dans l'ignorance de l'état de guerre un navire neutre se présente à l'entrée du port bloqué et qu'on le laisse passer; cette tolérance équivaut à une permission implicite d'entrer et garantit pleinement sa sortie; mais cette permission implicite n'a point pour conséquence nécessaire de protéger la cargaison, dont les propriétaires peuvent être coupables d'une violence criminelle du blocus, lors même que le navire est innocent.

5⁰. Un navire neutre, dont l'entrée dans le port bloqué était légitime, a la permission d'en sortir avec sa cargaison primitive qu'il n'a pas trouvé à vendre et qu'il a rembarquée pendant le blocus, ou avec des marchandises prises à bord antérieurement au blocus. Dans ce cas c'est l'époque du chargement de la marchandise et nouvelle de l'expédition qu'on considère, et il faut que la cargaison ait été achetée et livrée de bonne foi avant l'ouverture du blocus; car il y a violation frauduleuse, si l'on amène des marchandises à bord après que l'investissement a commencé.

6⁰. Une exception est encore accordée en faveur du navire neutre qui quitte le port dans l'attente fondée d'une guerre entre son pays et celui auquel appartient le port bloqué. Dans ce cas le navire est autorisé à mettre en mer, même avec un chargement acheté à l'ennemi pendant le blocus, si l'achat en a été fait avec les fonds de propriétaires neutres, et si l'emploi de ces fonds et l'embarquement de la cargaison étaient selon les probabilités nécessaires pour mettre la propriété, dans l'éventualité d'une guerre, à l'abri d'une saisie et d'une confiscation de la part de l'ennemi; mais pour soustraire le navire et son chargement à une condamnation, il faut qu'il soit évident qu'il y avait prévision fondée d'une guerre immédiate, et, par suite, que le danger d'une saisie et d'une confiscation était imminent.

Il existe dans certains traités des clauses spéciales qui subordonnent expressément la sortie des navires mouillés dans un port bloqué à une déclaration formelle émanant du commandant des forces navales chargées du blocus.

En règle générale, et quand même la réserve expresse n'en aurait pas été faite, les licences accordées à des navires neutres ou même à des navires ennemis pour trafiquer avec les ports ennemis ne confèrent point le droit de violer des blocus régulièrement établis ou de transporter des articles dits de contrebande de guerre. Les défenses générales qui existent à cet égard sont considérées comme étant d'ordre public, maintenues de plein droit et ne pouvant devenir l'objet de dérogations tacites.

Condamnation des navires qui forcent le blocus. Autrefois les belligérants non seulement saisissaient le navire qui violait le blocus avec tout ce qui se trouvait à bord, mais encore infligeaient des peines corporelles, quelquefois même la mort, aux personnes de l'équipage.

Aujourd'hui les peines corporelles ne figurent plus dans la pénalité relative aux violations de blocus; tout au plus retient-on comme prisonnières les personnes qu'on rencontre à bord des navires arrêtés en tentative manifeste de forcer le blocus, selon les conditions dans lesquelles ces personnes se trouvent sur ces navires.

Le navire neutre peut être capturé et confisqué pendant qu'il cherche à forcer le blocus; mais aucune peine ne peut être infligée à l'équipage, qui ne peut être fait prisonnier par la raison qu'il n'a point prêté aide et assistance à l'ennemi.

En résumé, on peut considérer la confiscation de la propriété capturée comme la seule punition qu'on applique maintenant.

Ici se présente la question de savoir si la propriété capturée consiste dans le navire seul, ou si l'on doit y comprendre les marchandises qui sont à bord.

Dans les cas où le navire et le chargement appartiennent aux mêmes personnes, il est évident qu'il ne peut surgir aucune difficulté; car l'acte du capitaine, en tant qu'agent légitime de l'armateur du navire, affecte la responsabilité de ce dernier jusqu'à concurrence de la totalité de sa propriété en jeu dans l'affaire.

Lors même que le navire et le chargement appartiennent à des personnes différentes, il est encore permis de conclure que le capitaine du navire ne compromet les intérêts de son bâtiment qu'en vue du service du chargement; le propriétaire des marchandises doit par conséquent avoir sa part de responsabilité de la violation du blocus, d'autant plus que dans ce cas-là existe la présomption que la violation se commet à sa connaissance, sinon à son instigation.

Cependant il peut arriver que le fait du blocus, étant connu du capitaine d'un navire, ne le soit pas du propriétaire du chargement ; ainsi, par exemple, un navire peut avoir commencé son voyage lorsque le blocus de son port de destination n'existait pas ou n'était pas connu des propriétaires de la cargaison, tandis que le capitaine, ayant été informé du blocus dans le cours de son voyage ou à l'entrée du port bloqué, aurait persisté à continuer sa marche vers sa destination primitive. En pareil cas le consentement du propriétaire du chargement à la violation du blocus n'est pas mis en cause.

Il peut aussi se faire qu'un navire ait été expédié sur lest pour aller chercher un chargement dans un port qui n'est mis sous blocus qu'après que le navire y est entré, sans que le propriétaire du chargement ait pu constater à temps le fait du blocus de façon à contre-mander l'embarquement de son chargement. Dans ce cas il serait dur de rendre les propriétaires du chargement responsables de l'acte de leurs agents dans le port bloqué, attendu que ceux ci ont un intérêt opposé à celui de leur mandant, lequel consiste à remplir la commission à tout risque aussi promptement que possible, à leur avantage privé et au mieux des intérêts de leur pays, dans un pareil moment, sous une pression particulière relativement à l'exportation de leurs produits.

Ce qui appartient en propre aux passagers ne suit pas nécessairement le sort de la cargaison. Ainsi l'argent que les passagers d'un navire capturé portent avec eux pour leurs dépenses particulières à bord, n'est pas saisissable, lorsqu'il est établi qu'ils n'ont aucun intérêt ni dans le navire ni dans son chargement. En général on exempte aussi de confiscation le libéralisme, les pacotilles personnelles, les hardes, les effets, les instruments, les cartes, etc. reconnus appartenir en propre aux capitaines ou aux hommes de l'équipage.

Il peut aussi se présenter des cas où, au contraire, le chargement soit traité avec plus de sévérité que le navire; lorsque, par exemple, les propriétaires des marchandises sont convaincus d'avoir l'intention de faire une exportation clandestine, la saisie de la cargaison peut avoir lieu sans celle du navire, surtout si le navire est porteur d'une licence pour introduire une cargaison et prendre un chargement de retour.

Ports bloqués en communication par eau avec des ports non bloqués. Comme les effets du blocus ne s'étendent pas au-delà de l'investissement réel, il est généralement admis qu'il n'y a pas violation d'un blocus maritime lorsqu'on fait parvenir au port investi des marchandises par voie de terre ou au moyen de canaux et de rivières, de même qu'il n'y a pas violation d'un blocus de terre lorsqu'on introduit des marchandises par mer. Aussi les pénalités pour violation de blocus ne sont applicables qu'aux navires qui font le commerce avec les ports de la côte bloquée; mais elles ne le sont pas aux navires qui portent des marchandises dans d'autres ports, bien que ceux ci soient reliés aux ports bloqués par des communications par eau situées dans l'intérieur des terres, non plus qu'aux navires qui portent des chargements dans des ports d'où ces chargements doivent être expédiés par terre aux ports bloqués. Toutefois il ne faut pas que de tels transports se mettent même temporairement à la portée de l'escadre de blocus; car alors il ne serait plus question de transports par terre, et l'on appliquerait avec raison les dispositions relatives à la violation d'un blocus.

Moment de la capture des navires qui violent le blocus. De ce qu'un fait matériel est nécessaire pour constituer la violation de blocus il s'ensuit logiquement que le navire neutre qui enfreint le blocus ne peut être capturé qu'au moment même où il consomme son délit. Il reste alors à déterminer quel est ce moment précis, quelle en est la durée, quelles sont les limites de la culpabilité ; en d'autres termes, il s'agit de savoir si le navire qui, après avoir violé ou tenté de violer le blocus, a échappé à l'atteinte des forces bloquantes, est encore punissable pour ce délit une fois qu'il a dépassé la ligne d'investissement.

On peut réduire à trois les positions dans lesquelles un navire coupable puisse être saisi, savoir : 1º dans le moment où il traverse la mer occupée par la puissance bloquante; 2º dans la rade ou le port bloqué; 3º au moment où il se présente pour sortir. Mais le navire qui a enfreint le blocus n'est plus tenu responsable de son délit, dès qu'il a quitté la place bloquée, sous cette réserve toutefois que si un navire neutre, au moment où il cherche à violer un blocus, est poursuivi par un vaisseau de l'escadre bloquante et tente de s'y soustraire par la fuite, le vaisseau belligérant aura incontestablement le droit de saisir le navire délinquant, s'il l'atteint avant que celui-ci soit entré dans un port neutre. La pratique de l'Angleterre prolonge ce droit de poursuite tant que le navire neutre n'est pas arrivé à sa destination finale, sans qu'il soit effacé ou périmé par une simple interruption du voyage, la relâche volontaire ou forcée dans un port intermédiaire; en conséquence elle étend la faculté de confisquer à toute la durée du voyage de sortie ou de retour.

Dans tous les cas, la levée définitive d'un blocus éteint du même coup et irrévocablement le droit de poursuivre la répression des violations dont ce même blocus a pu être l'objet.

Blocus pacifique. Le blocus n'est pas toujours une mesure de guerre; dans les temps modernes il est devenu pendant la paix tantôt une mesure de représailles, tantôt un moyen de contrainte pour prévenir de nouvelles violations du droit des gens ou pour arriver au redressement de griefs et de difficultés internationales dont la réparation n'avait pu être obtenue à l'amiable par la voie diplomatique.

On donne le nom de *blocus pacifiques* à ces actes agressifs, évidemment hostiles, qui se manifestent par le stationnement de forces navales plus ou moins considérables et l'interdiction temporaire du commerce devant certains ports.

Ce qui caractérise ces sortes du blocus, c'est que, bien qu'ils entraînent pour le commerce maritime et pour ceux qui en sont victimes les mêmes conséquences dommageables et les mêmes effets juridiques, les gouvernements qui les établissent prétendent ne pas rompre l'état général de paix avec la nation bloquée et n'exercer contre elle qu'une sorte du pression morale destinée à leur épargner le recours aux extrémités de la guerre. Certes les blocus pacifiques sont moins préjudiciables que les guerres, en ce sens qu'il n'y a pas de sang versé; mais ils interrompent l'échange des valeurs et les relations des hommes entre eux; sous ce rapport ils ont les mêmes conséquences fâcheuses pour l'Etat qui ordonne le blocus que pour celui qui est bloqué, car le commerce est ordinairement réciproque.

Quant aux effets que les blocus peuvent produire à l'égard de la propriété des tiers, les deux nations qui en ont fait le plus fréquemment usage, l'Angleterre et la France, ne sont d'accord ni sur leur caractère ni sur leurs conséquences. En cas de violation par les neutres, la première de ces nations capture et confisque la propriété neutre aussi bien que celle de l'Etat soumis au blocus; la seconde confisque également les biens neutres, mais elle se contente en général de mettre sous séquestre et de frapper d'embargo la propriété publique jusqu'à concurrence du montant des indemnités ou des dédommagements pécuniaires dont elle poursuit l'allocation.

La pratique des blocus pacifiques n'est pas soumise à des règles uniformes et n'a pas non plus reçu la sanction du droit conventionnel : il n'existe pas un seul traité qui ait donné une sanction formelle aux blocus établis en temps de paix.

BLOCUS CONTINENTAL. On a appelé ainsi le blocus qui fut établi par le décret du 21 novembre 1806 et ne cessa que par suite des conventions internationales du 23 avril 1812.

Ce blocus embrassait tous les pays alors sous la domination ou l'influence de la France et tous ses alliés et leur défendait non seulement tout commerce, mais encore toute autre communication avec l'Angleterre.

L'Angleterre répondit au blocus continental, par un ordre du conseil, en date du 7 janvier 1807, qui mettait en état de blocus tous les ports de la France et de ses colonies, et le 11 novembre suivant trois nouveaux ordres du conseil étendirent le blocus non seulement à toutes les côtes, places et ports de la France, mais en général à tous ceux dont le pavillon britannique était exclu; il y était dit que „ces ports et places seraient soumis aux mêmes restrictions relativement au commerce et à la navigation que s'ils étaient bloqués effectivement de la manière la plus rigoureuse par les forces navales de Sa Majesté.‟

Compris de cette manière, le droit de blocus prenait une extension que le droit des gens ne saurait admettre et que l'abus de la force pouvait seul établir et maintenir.

BLONDEL (E.), publiciste français *Monographie alphabétique de l'extradition.* Paris 1866. 8.

BLUE BOOK (livre bleu). Recueil de documents officiels anglais, distribué par le gouvernement aux deux chambres du parlement.

C'est la couleur de la couverture qui lui a fait donner ce nom; cette couleur est uniformément adoptée et maintenue pour certaines catégories de documents, notamment les pièces diplomatiques concernant les questions de politique étrangère et internationale dans lesquelles le pays a été engagé.

BLUNTSCHLI (Jean Gutgard), publiciste suisse, né à Zurich le 7 mars 1808, mort en 1882. Il fut professeur de droit public aux universités de Munich et de

Heidelberg. Il a publié un grand nombre d'ouvrages sur le droit public, la politique et les rapports de l'Eglise et de l'Etat; dans ce dernier ordre d'idées nous citerons l'*Allgemeine Staatslehre.*](Théorie générale de l'Etat), (traduit par Riedmatten, Paris 1877), dans lequel l'auteur traite diverses questions qui se rattachent au droit international, telles que la composition des nations, la fondation des Etats, le principe des nationalités etc.

Son œuvre principale est *Das moderne Völkerrecht der civilisirten Staaten als Rechtsbuch dargestellt,* (le droit des gens moderne des Etats civilisés, exposé en forme de code) 1ère édition en 1868, 3e édition en 1878. 1 vol in-8⁰.

Le livre de M. Bluntschli est, à proprement parler, un essai de code international commun à toutes les nations, ayant pour but de ramener à l'unité des pratiques encore diverses, de généraliser des règles qui sont encore loin d'être unanimement reconnues et dont l'application est trop souvent subordonnée aux intérêts du moment.

L'ouvrage comprend 862 articles, répartis en 9 livres, portant les titres suivants :

I. Principes fondamentaux, nature et limites du droit international.

II. Des personnes en droit international.

III. Organes des relations internationales.

IV. Souveraineté du territoire.

V. Les personnes dans leurs rapports, avec l'Etat.

VI. Des traités.

VII. Violations du droit international et moyens de les réprimer.

VIII. La guerre.

IX. La neutralité.

Chacun des 862 articles renferme, sous une forme claire et concise, une proposition ou *règle* de droit, immédiatement suivie d'un exposé justificatif.

M. C. Lardy, aujourd'hui ministre plénipotentaire de la Suisse à Paris, a publié en 1869, sous le titre de *Le droit international codifié,* une traduction française de cet ouvrage. Une 3me édition de la traduction, rédigée avec le concours de M. Bluntschli, a paru à Paris en 1881.

Le droit international codifié a été traduit en espagnol par M. Covarrubias, publiciste mexicain, qui a trouvé encore des éclaircissements à ajouter aux notes si précises du professeur allemand, surtout en ce qui touche aux coutumes et aux lois des Etats du nouveau monde.

Il en a été fait enfin aussi une traduction chinoise, aux frais du gouvernement de la Chine, par des élèves chinois du collège de Tung-Wen, sous la direction de M. W. A. P. Martin, président de cette institution. Péking, 1880.

Gesammelte kleine Schriften. (Opuscules). Noerdlingen 1879—81. Les volumes des opuscules renferment les travaux relatifs au droit international à la politique et à l'Etat.

Die Bedeutung und die Fortschritte des modernen Völkerrechts. (Importance et progrès du droit des gens moderne). 2me éd. Berlin 1873.

Die rechtliche Unverantwortlichkeit und Verantwortlichkeit des römischen Papstes. (L'irresponsabilité et la responsabilité juridique du pape). Noerdlingen 1876.

Etude de droit international et de droit public.

Das Beuterecht im Kriege und das Seebeuterecht insbesondere. (Le droit de butin en temps de guerre, spécialement sur mer.) Noerdlingen 1878.

BODIN (Jean), publiciste français, né à Angers en 1520, mort à Laon en 1596.

Il est surtout connu par son livre: *De la république* qu'il publia en français en 1576, et dont il donna lui-même une traduction en latin en 1586; un abrégé en a été donné par le président Savie en 1755, 2 volumes in-12.

Cet ouvrage, divisé en *six livres,* a exercé une grande influence en Europe, où il fut traduit dans toutes les langues, et a fait considérer son auteur comme le créateur de la science politique en France. Bodin y expose les principes sur lesquels le gouvernement doit être fondé; et s'il ne se prononce pas positivement en faveur du système républicain, il insiste pour que la monarchie respecte au moins les droits du peuple, surtout la famille, d'où l'Etat tire son oirigine, et dans laquelle il possède son plus solide fondement, et la propriété, sans laquelle la famille elle-même n'existerait pas.

BŒCK (Charles de), publiciste français.

De la propriété privée ennemie sous pavillon ennemi. 1882. Paris in-8⁰

Ce livre est divisé en 3 parties : la première est consacrée à l'histoire, la seconde, à la pratique actuelle, la troisième, au droit de l'avenir, qui, suivant l'auteur, devrait admettre le principe de l'inviolabilité de la propriété privée ennemie *même* sous pavillon ennemi, sauf certaines restrictions qu'il reconnaît nécessaires, sauf aussi une nouvelle organisation des tribunaux de prises, auxquels il désirerait qu'on donnât un caractère international.

BŒHM (Ferdinand) jurisconsulte allemand.

Handbuch der internationalen Nachlassbehandlung mit besonderer Rücksicht auf das Deutsche Reich und die einzelnen Bundesstaaten, einschliesslich Elsass-Lothringen. (Successions en droit international privé eu égard surtout à l'Empire d'Allemagne et les Etats dont il se compose, y compris l'Alsace-Lorraine.) Augsbourg 1881.

BOMBARDEMENT. Action de bombarder, de lancer des bombes, des obus, des boulets rouges et d'autres projectiles incendiaires. C'est une mesure de guerre, à laquelle on recourt soit contre les places fortes pour les détruire, soit contre des villes entières pour en châtier les habitants.

Le bombardement des places de guerre ou des autres lieux fortifiés est une mesure extrême de rigueur, justifiable seulement dans le cas où il y a impossibilité absolue d'atteindre par d'autres moyens le but qu'on poursuit, c'est-à-dire la reddition du point attaqué et l'expulsion ou la capture des soldats ennemis préposés à la défense des fortifications.

Mais dans aucun cas, sous aucun prétexte, il n'est permis de bombarder les villes ouvertes non-fortifiées et qui ne sont pas militairement défendues : agir contre elles comme les nécessités de la guerre autorisent à le faire contre des forteresses, c'est violer tous les principes du droit des gens et se placer hors la loi des nations qui marchent à la tête de la civilisation.

On pourrait cependant admettre une exception à cette règle pour le cas où l'armée que l'on combat se renferme dans une ville ouverte, et pour celui où à l'approche de l'ennemi les habitants d'un endroit se rassemblent en armes et se retranchent au moyen d'ouvrages ou de barricades. L'ennemi, qui les considère comme combattants, cesse de regarder la place comme une ville ouverte et prend les mesures militaires qui lui semblent nécessaires pour vaincre la résistance qu'on lui oppose.

Lorsqu'on assiège une place, la pratique le plus généralement usitée consiste à prendre pour objectif des projectiles non pas la ville elle-même, mais les fortifications, les citadelles, les forts et les murs qui en forment l'enceinte, de manière à les détruire ou à y ouvrir une brèche par laquelle on puisse tenter l'assaut ; par contre, l'intérieur de la ville et les parties habitées par la population civile doivent être ménagées autant que possible

L'assiégeant doit autant que possible prendre les mesures nécessaires pour que les églises, les hôpitaux, les collections artistiques, etc. d'une place assiégée soient épargnés par le bombardement. De son côté l'assiégé est tenu de désigner ces édifices d'une manière visible et de ne pas les utiliser pour la lutte.

Il est d'usage que le commandant des assiégeants, toutes les fois qu'il le peut, informe les assiégés de son intention de bombarder la place : c'est une mesure dictée par l'humanité et qui a pour but de mettre les non-combattants, surtout les femmes et les enfants, à même de s'éloigner ou de pourvoir à leur sûreté. Assurément la notification du bombardement n'est pas strictement obligatoire et la non-dénonciation ne constitue pas à proprement parler une infraction aux lois de la guerre ; toutefois l'omission de cette formalité n'est guère justifiable que dans le cas où il devient nécessaire de surprendre l'ennemi afin d'enlever rapidement la position.

BONNE VILLE. Titre honorifique donné en France par les anciens rois à un certain nombre de villes importantes.

Accordée d'abord pour quelque service rendu à la couronne, cette distinction finit par être octroyée à toutes les villes que leur importance ou tout autre titre recommandait à la sollicitude du souverain. Le nombre des bonnes villes n'était pas limité ; le roi pouvait l'augmenter suivant son bon plaisir.

Ce titre est aujourd'hui tombée à peu près dans l'oubli.

BONS OFFICES. Les puissances rassemblées au congrès de Paris le 14 avril 1856 ont exprimé le vœu que les Etats entre lesquels s'élèverait un conflit, fissent, avant de recourir aux armes, appel aux bons offices d'une puissance amie pour aplanir le différend.

Les bons offices sont les démarches ou les actes au moyen desquels une tierce puissance essaie d'ouvrir la voie aux négociations des parties intéressées, ou de renouer les négociations quand elles sont interrompues.

Les bons offices peuvent être offerts spontanément, ou accordés à la suite d'une demande directe ; ils peuvent aussi résulter d'engagements souscrits à titre éventuel. En général ils n'impliquent aucune responsabilité à moins d'une stipulation expresse.

La puissance qui prête les bons offices fait usage de son influence et de son autorité morales en donnant des conseils pour apaiser les ressentiments et amener la concorde, et propose des moyens pour arriver à une transaction, afin d'empêcher de prendre les armes ou d'obtenir qu'on les dépose.

Les bons offices se transforment en médiation lorsque la puissance amie ne se borne pas à donner des conseils, mais que, d'accord avec les parties, elle prend une part régulière aux négociations ouvertes, jusqu'à leur conclusion ou à leur rupture. (*Voir* MÉDIATION.) Il peut se faire que l'une des parties accepte les bon offices d'une tierce puissance, mais en rejette la médiation.

On donne encore le nom de bons offices à l'offre que fait une puissance neutre à un belligérant de se charger de la représenter diplomatiquement et de protéger ses ressortissants auprès de l'autre belligérant; mais elle ne peut, dans ce cas, agir qu'avec le consentement des belligérants.

Dans un autre ordre d'idées, les bons offices consistent dans l'intervention officieuse ou confidentielle des agents diplomatiques et consulaires auprès des autorités en faveur de leurs nationaux.

BORCHARDT (Siegfried), jurisconsulte allemand, né en 1815 à Stettin, mort en 1880; attaché à la commission chargée d'élaborer les lois sur le change, puis à celle qui rédigea le code de commerce allemand. Juge attaché à la cour suprême de Prusse et depuis 1872, après qu'il eut quitté le service de l'État, ministre-résident de Costa-Rica auprès des cours de Berlin et de Vienne.

Vollständige Sammlung der geltenden Wechsel- und Handelsgesetze aller Länder. (Recueil des lois sur le change en vigueur dans tous les pays.) Berlin 1871. 2 voll.

Le second volume renferme le texte même des lois qui régissent la lettre de change, le premier la traduction de ces lois et le texte des lois allemandes sur la matière.

BORCHARDT (Oscar), publiciste allemand, fils du précédent, docteur en droit. Né en 1845 à Berlin. En 1875 il fut attaché à l'Office des affaires étrangères, mais une maladie des yeux le força à renoncer à ce poste.

Sammlung der seit dem Jahre 1871 in Aegypten, Belgien, Dänemark, Grosbritannien und Irland, Guatemala, Honduras, *Italien, Schweden-Norwegen, der Schweiz und Ungarn publicirten Wechselgesetze, sowie Anhang, betreffend die Wechselverhältnisse Chinas.* (La législation sur le change en Egypte, Belgique, Danemark, Grande-Bretagne et Irlande, Guatemala, Honduras, Italie, Suède et Norvége, Suisse, Hongrie et Chine.) Berlin 1883.

Supplément de l'ouvrage de S. Borchardt. Donne le texte des lois et leur traduction en allemand.

Die geltenden Handelsgesetze des Erdballs. Berlin 1884-85. (La législation commerciale de tous les pays du monde.)

Ce recueil qui aura six volumes, est divisé en deux parties. La première comprend les codes de commerce, la seconde la législation commerciale des pays qui n'ont pas codifié les lois sur la matière. L'auteur ne donne pas le texte des codes, mais seulement la traduction en allemand. L'ouvrage est enrichi de nombreuses notes et d'une table générale des matières.

BORGES DE CASTRO (José Ferreira), diplomate portugais, né à Porto le 3 octobre 1825.

Il a été successivement attaché à la légation portugaise en Russie en 1841, à Berlin en 1844, à Rome en 1847, secrétaire de légation à Madrid en 1851, et chargé d'affaires à Turin en 1860.

Il est associé de l'Académie des sciences de Lisbonne.

Il a publié: *Colecçao dos tratados, convençoes, contratos e actos publicos, celebrados entre a coroa de Portugal e as mais potencias desde 1640 até ao presente, compilados, coordinados e annotados.* (Collection des traités, conventions, contrats et actes publics, conclus entre la couronne de Portugal et les autres puissances depuis 1640 jusqu'à la présente année, compilés, coordonnés et annotés.) Lisbonne, 1856-1858. 8 vol. in 8°.

BORNEMANN (M. F. C.), jurisconsulte danois.

Ueber die gebräuchliche Visitation der neutralen Schiffe, aus dem Dänischen übersetzt von C. E. Primon. Copenhagen. Leipzig. 1801. in-8°.

Cet ouvrage a paru à Copenhague en 1801 sous le titre suivant: *Over den brugelige visitation af neutrale sckibe og convøyen.*

BOROUGH (T.). *Imperium maris Britannici.* (L'empire de la mer de Bretagne.) Londres, 1686.

BOSQUET (Georges), jurisconsulte français, maître des requêtes au conseil d'Etat.

Agents diplomatiques et consulaires. Paris, 1883. in-8⁰.

Il ne s'agit pas seulement des agents de la France, mais des agents diplomatiques et des consuls en général, dont les fonctions, les prérogatives et les immunités sont expliquées, d'après la législation en vigueur.

BOUCHAND (Mathieu-Antoine), publiciste français, né à Paris en 1719, mort en 1804. Professeur de droit international à Paris depuis 1774, membre du conseil d'Etat dès 1785. A collaboré à l'encyclopédie.

Principal ouvrage: *Théorie des traités de commerce entre les nations.* 1773.

BOUCHER (P. B.), publiciste français. *Consulat de la mer, ou pandectes du droit commercial et maritime,* faisant loi en Espagne, en Italie, à Marseille et en Angleterre, et consulté partout ailleurs comme raison écrite. Traduit du catalan en français d'après l'édition originale de Barcelonne, de l'an 1494. 2 voll. Paris 1808. 8⁰.

BOUGEANT (Guillaume Hyacinthe), historien français, né à Quimper en 1690, mort en 1743.

Histoire des guerres et des négociations qui précédèrent le traité de Westphalie sous les ministères de Richelieu et de Mazarin. 2 vol. in 12. Paris 1727.

Histoire du traité de Westphalie. 4 vol. in 12. Paris 1747 et 1751.

BOULAY - PATY (Pierre Sébastien), jurisconsulte français, né à Abbaretz près de Châteaubriand (Loire-Inférieure) le 10 août 1763, mort à Donges le 16 juin 1830.

Collection des lois maritimes antérieures au XVIII siècle.

Son principal ouvrage, c'est le *Cours de droit commercial maritime, d'après les principes et suivant l'ordre du code de commerce.* Paris 1821. 4 vol. 8. 1823—1834. 4 vol. in-8. Bruxelles 1838. 2 vol.

BOULLENOIS (Louis), jurisconsulte français, né à Paris le 14 septembre 1680, mort le 23 décembre 1762.

Dissertations sur les questions qui naissent de la contrariété des lois et des coutumes. Paris 1732 in-4.

Traité de la personnalité et de la réalité des lois, coutumes ou statuts, par forme d'observations, auquel on a ajouté l'ouvrage latin de Rodenburg, intitulé De jure quod oritur e statutorum diversitate. (Du droit qui découle de la diversité des statuts.) Paris 1766. 2 vol. in 4.

Dans cet ouvrage Boullenois discute les questions les plus embrouillées de l'ancien droit français, surtout celles qui se rapportent à l'état des personnes et des biens.

BOURG POURRI *(rotten borough).* On a donné en Angleterre le nom de bourgs pourris, c'est à-dire tombés en dissolution, à certaines localités autrefois bien habitées, mais devenues sans importance avec le temps, et qui toutefois avaient conservé le droit que leur ancienne population ou étendue leur avait acquis lors de l'établissement du gouvernement constitutionnel, d'envoyer un ou deux députés au parlement. Dans la plupart des cas ces localités n'usaient de ce droit que sous le bon plaisir de l'aristocratie qui seule en profitait. Par contre, des villes entièrement nouvelles et d'une importance considérable étaient privées du droit de se faire représenter. Le bill de réforme de 1832 a fait cesser cette iniquité, en enlevant aux petites localités déchues pour le conférer aux villes le droit d'élire un député.

BOURGEOIS, BOURGEOISIE. Le bourgeois est le citoyen d'une ville, jouissant des droits attachés à ce titre.

Ce mot sert aussi à désigner une personne appartenant à la classe moyenne d'une ville; et se dit par opposition à noble, à militaire; on l'employait autrefois collectivement pour mentionner tout le corps des citoyens ou bourgeois d'une ville.

Dans l'origine le mot *bourgeoisie* s'appliqua au territoire dont les habitants, appelés bourgeois, possédaient des privilèges communs; il signifiait aussi le droit même accordé aux habitants d'un certain lieu. Plus tard il servit à désigner une classe particulière d'individus, intermédiaire entre la noblesse et le peuple, laquelle se composait, sous l'ancienne monarchie, de tous ceux qui étaient appelés à participer aux devoirs et aux charges du *bourg* où ils avaient leur domicile, dans les actes officiels on les distinguait avec soin des manants et des artisans, on les nommait aussi *francs-bourgeois* par opposition aux *serfs*, et *bourgeois du roi* ceux qui étaient exemptés par le roi de toute servitude.

Le bourgeois pouvait posséder certains fiefs, et il y avait des pairs bourgeois pour juger les bourgeois. Le titre de bourgeois ne dérogeait pas à la noblesse; les nobles qui étaient bourgeois de certaines villes étaient dispensés de l'arrière-ban.

Dans la société moderne, on applique la dénomination de bourgeoisie aux classes moyennes, c'est-à-dire à l'ensemble des habitants qui vivent de leur revenu on exercent une des professions dites libérales : d'ailleurs sous l'empire du droit commun aujourd'hui en vigueur ce terme n'a plus aucune signification légale dans la plupart des pays.

On appelle droit de bourgeoisie le droit de faire partie de la bourgeoisie ou des corporations de la cité et d'être considéré comme citoyen du pays pour les privileges et les immunités. Le droit de bourgeoisie comprend ordinairement le droit de nommer les magistrats de la cité et de pouvoir être élu aux fonctions municipales, le droit de posséder des immeubles dans le territoire de la ville, d'y faire le commerce, d'y exercer sa profession ou son métier, le droit de jouir des biens appartenant à la commune.

Le droit de bourgeoisie s'acquiert par la naissance et par la résidence pendant un certain temps, les nationaux peuvent seuls l'obtenir; anciennement les personnes appartenant à certains cultes ne le pouvaient pas.

Dans certains pays les villes délivrent des brevets ou diplômes de bourgeoisie à des hommes distingués, nationaux ou étrangers, comme une témoignage d'honneur ou de respect.

BOURGMESTRE. C'est le nom donné au premier magistrat municipal dans les villes de Belgique, des Pays-Bas, de la Suisse et de l'Allemagne; il remplit des fonctions analogues à celles des maires en France : il est chargé de la police, de l'administration des deniers de la ville, quelquefois même de la justice.

Dans les grandes villes l'administration est confiée à un premier bourgmestre, auquel sont adjoints plusieurs bourgmestres, qui président les assemblées des désignés municipaux appelés en Prusse *Stadtverordneten.*

BOYD (A. C.). Jurisconsulte anglais: *The merchant shipping laws: being a consolidation of all the merchand shipping and passenger acts from 1854 to 1876 incl.* (Code de la marine marchande comprenant toutes les lois y relatives qui ont vu le jour de 1854 à 1876). Londres 1876.

BRANCHE. En terme de généalogie, se dit des familles différentes qui proviennent d'une même souche, ou sortent d'un ascendant commun.

En parlant des familles souveraines, on dit : branche aînée, branche cadette; branche masculine, branche féminine.

BRATER (Charles), jurisconsulte allemand, né en 1819 à Ansbach. Bourgmestre de Nœrdlingen, et député à la chambre des députés bavaroise. Avant tout homme politique et écrivain. L'un des fondateurs du parti progressiste bavarois. Brater s'est fait connaître sortout par la grande encyclopédie politique *(Staatswörterbuch)* qu'il a publiée en collaboration avec Bluntschli (11 volumes. 8°). En 1865 l'université de Heidelberg lui conféra le titre de docteur honoraire. Mort en 1869.

Son principal ouvrage, c'est, outre l'encyclopédie politique, la *Zeitschrift für administrative Praxis* (Revue de pratique administrative) dont le 1er volume a paru en 1851.

BRÉDA (paix de). Le traité de paix signé à Bréda le 31 juillet 1667 avait pour objet de mettre fin à la guerre que le roi d'Angleterre Charles II avait déclarée le 4 mars 1665 aux Provinces Unies de Hollande, à qu'il reprochait „les outrages que les Hollandais s'étaient permis contre le commerce anglais, principalement en Afrique".

Dans cette lutte les Hollandais eurent pour alliés la France qui avait conclu, le 27 avril 1662, à Paris, un alliance défensive pour 25 ans, et le Danemark lié également par un traité d'alliance offensive et défensive conclu à La Haye le 11 février 1666.

Le roi de Suède ayant offert sa médiation entre le roi d'Angleterre et les Etats-Généraux, elle fut acceptée par les deux parties, qui signèrent le 31 juillet 1667 un traité, aux termes duquel était admis le *statu quo* tel qu'il était au 20 mai de la même année, de manière que chaque partie devait conserver ce qu'elle avait pris à l'autre pendant et avant la guerre. Ainsi les Anglais conservèrent les Nouveaux Pays-Bas, qui ont depuis été appelés New-York; par contre Surinam, dans la Guyane, resta aux Hollandais. Un article spécial établit entre les deux Etats une alliance dirigée contre tous ceux qui troubleraient la paix de l'un ou de l'autre. Le même jour un traité de commerce fut signé entre l'Angleterre et les Provinces-Unies.

Les alliés signèrent aussi, chacun de son côté, des traités avec l'Angleterre.

Par la paix de Bréda la France céda à l'Angleterre les îles d'Antiga et de Montserrat et rendit la partie de Saint-Christophe dont elle s'était emparée; mais l'Acadie (Nouvelle-Ecosse) lui était restituée.

Dans le traité entre le Danemark et l'Angleterre il fut convenu qu'il serait libre aux sujets des deux monarchies de naviguer et de faire le commerce librement dans les Etats de l'autre, et de se rendre avec leurs marchandises dans les pays, les ports et les fleuves de l'autre royaume. Un article exprès fut inséré par lequel était maintenu le droit du roi de Danemark de rembourser une somme prêtée autrefois par les rois d'Ecosse à ceux de Norvége et pour laquelle l'archipel des Iles Orcades était engagé.

BOGOTÁ (traité de). Traité d'union perpétuelle, d'alliance et de confédération entre la Colombie et les Provinces-Unies de l'Amérique centrale, signé à Bogotá le 15 mars 1825.

Dans l'année 1825, la république de Colombie, „animée du désir de mettre promptement un terme aux calamités de la guerre qu'elle soutenait contre le gouvernement du roi d'Espagne", conclut avec les Provinces-Unies de l'Amérique centrale animées du même désir, et disposées, les unes et les autres, à unir toutes leurs ressources et toutes leurs forces de terre et de mer et à identifier leurs principes et leurs intérêts en temps de paix comme en temps de guerre, une „convention d'union perpétuelle, d'alliance et de confédération propres à leur assurer pour toujours les avantages de leur liberté et de leur indépendance".

Les deux parties contractantes „se garantissaient mutuellement l'intégrité de leurs territoires respectifs, s'engageant à se secourir l'une l'autre et à repousser en commun toute attaque ou invasion de leurs ennemis qui viendrait à menacer leur existence politique".

Une clause particulière stipulait l'emploi des forces de terre et de mer réunies contre les individus qui tenteraient de former des établissements sur un point quelconque de la côte des Mosquitos, à partir du Cap Gracias à Dios jusqu'à la rivière de Chagres inclusivement, sans en avoir préalablement obtenu la permission du gouvernement auquel appartient la portion de territoire ainsi usurpée.

Afin de rendre plus étroites l'union et l'alliance contractées, il était accordé aux citoyens des deux parties sans distinction liberté d'entrée et de sortie dans les ports et les territoires de chacune d'elles, ainsi que jouissance de tous les droits civils et de tous les priviléges de trafic et de commerce, sauf paiement des droits et des impôts et assujettissement aux restrictions auxquels sont astreints les citoyens respectifs.

Dans le même but et en prévision de toute difficulté qui pourrait survenir de nature à interrompre la bonne entente et l'harmonie existant entre les deux parties, elles sont convenues de former une assemblée, composée de deux plénipotentiaires pour chacune, aux mêmes conditions, et avec les mêmes formalités observées, suivant l'usage, pour la nomination de ministres d'égal rang chez les autres nations.

Le traité se terminait par la proposition, contenue dans les traités que la Colombie avait précédemment conclus avec les autres Etats de l'Amérique du sud (voir traités de *Buenos-Aires*, de *Lima*, de *Santiago)*, d'un projet de convocation à Panama d'une assemblée générale de plénipotentiaires des divers Etats de l'Amérique.

Ce traité d'union fut signé à Bogota le 15 mars 1825, „15e année de l'indépendance de la République de Colombie et 5e de celle des Provinces Unies de l'Amérique centrale".

BOULONNAISE (convention de la) 1840

En 1838 des réclamations soulevées par des résidents français dans la République Argentine, relativement à la naturalisation, au service dans les milices à des contributions extraordinaires et à de prétendus dénis de justice — réclamations auxquelles le gouvernement argentin avait jugé à propos de ne pas satisfaire, avaient motivé des démonstrations hostiles de la part de l'escadre française mouillée dans le Rio de la Plata; cette escadre déclara le blocus des ports argentins et s'empara de l'île argentine de Martin-Garcia.

Mais l'arrivée d'un nouveau commandant des forces navales françaises, l'amiral Mackau, changea ces dispositions des conférences pacifiques furent ouvertes et elles aboutirent à une convention signée à bord d'un brick parlementaire français, la *Boulonnaise*, le 29 octobre 1840

Le gouvernement de Buenos-Aires reconnaissait les indemnités dues aux Français qui avaient éprouvé des pertes ou souffert des dommages par suite des dissensions dans la République Argentine, — lesquelles ont été ultérieurement réglées, par une convention en date de Buenos-Aires le 26 avril 1841, à la somme de 163,725 piastres fortes.

Par suite le blocus des ports argentins était levé et l'île de Martin-Garcia évacuée par les forces françaises.

Il était entendu que le gouvernement de Buenos-Aires devait continuer à considérer en état de parfaite et absolue indépendance la République Orientale de l'Uruguay, de la manière stipulée dans la convention conclue le 27 août 1828 avec le Brésil.

Il était de plus entendu que, si le gouvernement de la Confédération Argentine accordait aux citoyens ou aux naturels de tout ou partie des Etats de l'Amérique du sud des droits spéciaux, civils ou politiques, plus étendus que ceux dont jouissaient alors les sujets de toutes et chacune des nations amies et neutres, même les plus favorisées, ces droits ne pouvaient être étendus aux citoyens français établis sur le territoire de la république, ni être réclamés par eux.

Ce traité fut ratifié deux jours après sa signature, le 31 octobre 1840, par le gouverneur et capitaine général de la province de Buenos-Aires, Juan Manuel de Rosas, comme chargé des relations extérieures des provinces de la Confédération Argentine.

BREF. Lettre écrite par le Pape pour des affaires particulières aux souverains ou à d'autres personnes auxquelles il accorde cette marque de distinction.

Le bref est ainsi appelé à cause de sa brièveté; il ne contient ni préface ni préambule; mais seulement le nom de Pape, puis ce que Sa Sainteté accorde. Il est scellé en cire rouge de l'anneau du pêcheur, c'est-à-dire du cachet sur lequel Saint-Pierre est représenté en pêcheur, et qui doit être apposé en présence du Pape.

Le bref est, à proprement parler, le brevet délivré par le Pape comme souverain temporel. Il ne faut pas le confondre avec la *bulle*. (Voir ce mot.)

BRÉQUIGNY (Oudard Fendrix de), publiciste français, né en 1716 à Granville, mort en 1795. Membre de l'Académie.

Principaux ouvrages:

Diplomata, chartae ad res Francicas spectantes (Diplomes et chartes concernant l'histoire de France). Paris 1791, réédité par Pardessus en 1843.

Table chronologique des diplômes. Paris 1769—83, continuée en 1850 par Pardessus.

BREVET. Titre ou diplôme délivré au nom d'un gouvernement, d'un prince souverain.

Espèce de patente ou de diplôme délivré par le gouvernement à ceux qu'il permet d'exercer certaines professions ou industries.

Acte qui attribue un grade dans l'armée ou dans un ordre de chevalerie : brevet d'officier, brevet de la Légion d'honneur.

Certificat attestant qu'une personne a certaine aptitude : brevet de capacité, brevet d'apprentissage.

Autrefois acte sur parchemin non scellé, qu'expédiait un secrétaire d'Etat et par lequel le roi accordait une grâce, un don, une pension, un bénéfice, un titre, une dignité.

BREVET (*acte en*). On appelle ainsi l'acte notarié tel que *obligation, transaction, procuration,* dont le notaire ne garde pas minute et qu'il délivre sans y apposer la formule exécutoire.

Ce sont aussi les actes dont les consuls ne sont pas tenus de garder minute, comme les certificats de vie, les procurations, les actes de notoriété, etc.

BREVET D'INVENTION. *Définition.* Acte par lequel l'autorité publique garantit à celui qui se dit l'auteur d'une découverte ou d'une invention nouvelle le droit privatif de faire usage de cette découverte pendant un temps déterminé.

Brevetabilité. Toutes inventions, tous procédés et tous produits sont brevétables, à l'exception des inventions contraires à l'ordre public et aux bonnes mœurs, des combinaisons ou plans de finances et de crédit.

Dans certains pays on n'accorde pas non plus de brevets aux produits chimiques, alimentaires ou pharmaceutiques, qui dans ce cas sont soumis à une législation spéciale.

Pour que les objets brevétables puissent être valablement brevetés ou, à parler plus exactement, pour qu'ils puissent supporter l'épreuve d'un procès, ou, comme aux Etats-Unis et en Allemagne, sortir victorieux de l'examen préalable, ils doivent remplir certaines conditions : il faut que l'invention soit nouvelle, ou le produit nouveau; par conséquent ne saurait avoir d'effet le brevet qui aurait été obtenu pour une fabrication qui ne serait pas nouvelle ou qui porterait sur un principe, une méthode, une conception théorique ou purement scientifique dont on n'aurait pas indiqué les applications industrielles.

Les mentions, les publications et les dessins d'une invention faite antérieurement à la demande de brevet par une autre personne ne suffirait pas, en France, par exemple, pour enlever à l'invention son caractère de nouveauté et infirmer le brevet. En Allemagne et aux Etats-Unis au contraire, elles excluent la brevetabilité.

Tous les pays, à l'exception des Pays-Bas, de la Grèce et de la Suisse, protègent les inventeurs et reconnaissent la valeur des brevets d'inventions; mais la législation qui régit cette matière varie suivant chaque pays et repose sur des principes différents.

Loi française. La loi qui régit actuellement les brevets en France remonte au 5 juillet 1844.

Selon ses dispositions, un brevet est délivré à quiconque le demande comme se disant l'auteur d'une invention nouvelle, sur dépôt au ministère de commerce d'une description exacte de l'invention et des dessins ou échantillons nécessaires pour la bien faire comprendre, et moyennant le paiement d'une taxe payable par annuités.

Le brevet est accordé pour 5, 10 et 15 ans au choix du demandeur. La durée des brevets ne peut être prolongée que par une loi.

Le brevet est délivré sans examen préalable, sans aucune espèce de garantie de la part du gouvernement, qui oblige même le détenteur du brevet à inscrire sur chaque objet mis en vente les mots: *Breveté sans garantie du gouvernement* (b. s. g. d. g.); par conséquent le brevet ne signifie en aucune façon, comme on le croit communément, que la chose brevetée constitue une invention réelle ou utile.

La législation française protège l'invention sans s'occuper des personnes; elle n'exige pas que celui qui demande un brevet justifie de sa qualité d'inventeur. La question de savoir si le déposant était fondé à réclamer comme sienne l'invention décrite dans le brevet est laissée à la décision des tribunaux, auprès desquels la loi autorise à se pourvoir tous ceux qui ont intérêt pour demander la nullité du brevet ou la déchéance du breveté.

Le brevet devient nul, si celui qui en est le propriétaire pas dans le délai de deux ans à dater du dépôt, ou s'il a cessé de l'exploiter pendant deux ans également et ne justifie pas dans ce cas des causes de son inaction; si les brevets qu'il a pu prendre à l'étranger expirent avant le brevet français; si l'objet breveté est importé en France au su du détenteur du brevet; enfin si celui-ci ne paie pas la taxe requise ou du moins la quote-part annuelle fixée par les règlements. Toutefois un brevet n'est pas frappé de déchéance de plein droit par le seul fait du non-paiement de cette quote part dans les délais prescrits; après un certain délai depuis l'échéance et même après l'expiration de ce délai le breveté a droit d'être admis à justifier des causes qui l'ont empêché de payer.

Le breveté encourt encore la déchéance ou l'annulation de son brevet, s'il a introduit dans le pays où il l'a pris, des objets fabriqués en pays étranger et semblables à ceux qui sont garantis par son brevet

Dans tous les cas la nullité et la déchéance, quels qu'en soient les motifs ne peuvent être prononcées que par les tribunaux, dont l'intervention est provoquée par les particuliers intéressés ou par le ministère public suivant les circonstances.

Lorsqu'un inventeur meurt avant d'avoir pris un brevet, les héritiers ont droit de le prendre, soit en leur nom, soit au nom du défunt.

Législation des autres pays. En Allemagne et aux Etats-Unis les brevets ne sont délivrés qu'après un examen qui porte sur la nouveauté et l'exploitabilité industrielle de l'invention. Les bureaux des brevets connaissent de tous différends sur le fond; en revanche les actions en violation de brevets existants sont du ressort des tribunaux civils. En Angleterre l'examen porte exclusivement sur la forme de la demande de brevet. Dans ce pays. comme en Allemagne, les intéressés peuvent former opposition, devant le bureau des brevets, contre la délivrance du brevet demandé.

Les autres pays ont adopté en somme la législation française, sauf la Suède dont la loi se rapproche de celle de l'Allemagne.

Dans presque tous les pays les étrangers sont admis au bénéfice des brevets sur un pied d'égalité avec les nationaux en se conformant aux formalités et aux conditions prescrites par la législation locale pour la demande et l'obtention du brevet.

Les Etats ont conclu entre eux des stipulations spéciales pour garantir aux inventeurs ou aux propriétaires des brevets la jouissance de leurs droits dans les pays qui y sont dénommés; ces stipulations sont l'objet de conventions, ou de déclarations particulières, ou de clauses insérées dans les traités de commerce.

Droits résultant des brevets. Les droits résultant des brevets demandés ou des dépôts effectués dans les différents pays sont indépendants et non solidaires les uns des autres en quelque mesure que ce soit. Il s'ensuit que l'étranger non breveté dans un pays ne peut y prétendre à aucun droit, alors même qu'il a été breveté dans d'autres pays, par la raison qu'il est nécessairement, pour constater son droit, astreint aux mêmes obligations que les nationaux; il faut donc qu'il prenne un nouveau brevet dans le pays où il veut exercer ses droits, lorsque ce pays accorde cette faculté aux étrangers.

On reconnaît généralement aux gouvernements le droit d'utiliser à leur profit les inventions pour lesquelles ils délivrent des brevets; toutefois ce droit est limité, il ne peut être exercé que par les employés directs du gouvernement et ne doit pas s'étendre aux manufacturiers qui travaillent pour le compte de l'Etat.

Ainsi les brevets délivrés par l'Etat français à un étranger ne sont pas un obstacle à ce que l'Etat, dans l'intérêt supérieur de sa défense, introduise directement ou par l'entremise d'un tiers les objets brevetés, pour l'armement des troupes. L'action en contre-façon formée dans ces circonstances contre l'introducteur n'est pas recevable. Mais si l'expropriation se justifie en pareil cas, elle entraîne de la part du gouvernement le paiement d'une indemnité aux ayant-droit de brevet.

En Angleterre et en Allemagne les prérogatives du gouvernement vont jusqu'à lui permettre à son gré le retrait du brevet concédé, sauf au breveté à réclamer une indemnité équitable, qui, faute d'entente, est fixée par les tribunaux.

Brevets d'addition. Indépendamment des brevets d'invention, la loi reconnaît des certificats d'*addition* ou de *perfectionnement* pour les changements, les additions ou les perfectionnements apportés à une invention déjà brevetée.

L'inventeur ou ses ayant-droit peuvent pendant toute la durée du brevet d'invention se réserver le droit exclusif d'exploiter les changements, les perfectionnements ou les additions qu'ils auraient apportés à l'invention principale, à la charge d'obtenir un certificat d'addition. L'inventeur ou ses ayant-droit peut seul obtenir un pareil certificat pendant la première année de son brevet; passé ce délai, les certificats d'addition ou de perfectionnement peuvent être délivrés à des tiers étrangers au brevet; mais ceux-ci n'acquièrent pas par là le droit d'exploiter l'invention antérieurement brevetée, mais le propriétaire de cette invention n'a pas le droit non plus d'exploiter l'addition objet du certificat.

Ces certificats sont soumis aux conditions des brevets ordinaires, dont ils deviennent partie intégrante.

Brevets d'importation. Dans certains pays ont délivré aussi des brevets d'*importation* pour les inventions introduites des autres pays, mais cette dernière catégorie a pour ainsi dire disparu, la législation de la majorité des Etats exigeant que l'inventeur exploite un brevet dans le pays où il est protégé.

Tous les brevets, quelle qu'en soit la nature, sont transmissibles comme les autres propriétés et de la même manière.

BRINKMANN, jurisconsulte allemand. *Glossarium diplomaticum.* 2 vol. Gotha 1859.

BROCHER (Charles, Antoine), jurisconsulte suisse, né à Carouge près de Genève le 30 mars 1811, et mort le 19 septembre 1884.

Professeur de droit à l'université de Genève, président de la cour de cassation, correspondant de l'Académie de jurisprudence de Madrid; membre de l'Institut de droit international.

M. Brocher est l'auteur d'un grand nombre d'écrits de circonstance, notamment d'articles insérés dans la „*Revue de droit international et de législation comparée*", concernant le droit international privé et le droit pénal.

Il a publié en outre *Etudes sur les principes généraux de l'interprétation des lois et spécialement du code Napoléon* (Paris 1870);

Rapports à l'Institut de droit international sur les *Principes généraux de la compétence en matière pénale*, et sur *L'extradition et les commissions rogatoires.*

M Brocher place la base du droit international privé dans une combinaison de trois idées, celles de souveraineté, de droit et de compétence, cette dernière devant être constatée en suivant les indications fournies par la nature de chaque rapport de droit, de chacun des éléments dont il se compose; et c'est en se rattachant à l'un ou à l'autre des deux principes de souveraineté, liens de sujétion personnelle et territoire, que chacun de ces éléments rentre dans les attributions d'une législation plutôt que d'une autre.

Nouveau traité de droit international privé au point de vue de la théorie et de la pratique. Genève, Paris 1876. in-8°.

M. Brocher s'attache surtout à développer l'idée que la voie diplomatique peut seule conduire à l'établissement final de l'harmonie en matière de droit international privé: et il cherche le fondement de cet accord dans les traités, qui sont appelés, tôt ou tard, à occuper dans le droit international la position que la fonction législative s'est faite dans le droit interne, et c'est dans une doctrine assez solidement établie pour se faire généralement accepter qu'il croit qu'on peut trouver la base nécessaire à l'adoption de pareils traités.

L'édition de *Nouveau traité de droit international privé* étant presque épuisée, M. Brocher en a préparé une autre, mais en donnant plus d'étendue à son œuvre primitive : il y étudie généralement les mêmes sujets, mais en se plaçant à un autre point de vue; les idées émises en théorie purement spéculative sont posées en face des faits et des textes du droit positif : de sorte que tant en vue de cet aspect nouveau, qu'eu égard aux plus grands développements qu'il reçoit et au plus grand nombre de questions qu'il aborde, ce travail peut être considéré comme étant plus qu'une nouvelle édition des précédents : c'est pourquoi l'auteur lui a donné un autre titre.

Il n'a encore paru que la première partie du *Cours de droit international privé suivant les principes consacrés par le droit positif français.* (Paris et Genève 1882. 2 vol. in-8°); elle se rapporte au droit civil et au droit commercial considérés quant au fond.

BROCHER DE LA FLÉCHÈRE (Henri), publiciste suisse, né à Genève le 10 octobre 1835.

Professeur de droit à l'académie de Lausanne, puis à l'université de Genève, membre correspondant de l'Académie de jurisprudence de Madrid, associé de l'Institut de droit international.

En 1872 et en 1873, M. Brocher a publié, dans la *Revue de droit international et de législation comparée,* une série d'articles sur les *Principes naturels du droit de la guerre;* en 1877, un article sur *Le droit coutumier et la philosophie du droit;* en 1879 et en 1880, plusieurs articles sur *L'enfantement du droit par la guerre.*

Ces dernières études font partie d'une publication étendue intitulée : *Les révolutions du droit; études historiques destinées à faciliter l'intelligence des institutions sociales.* Le tome I, *Introduction philosophique,* a paru en 1878, Paris, Neufchâtel, Genève ; le tome II, *Histoire du droit de la guerre,* et le tome III, *La genèse du droit civil,* n'ont pas encore été publiés.

BROGLIE (Albert duc de), homme d'Etat français, sénateur et membre de l'Institut. Né en 1821.

La diplomatie et le droit nouveau. Paris 1861.

Le secret du roi. Correspondance secrète de Louis XV avec ses agents diplomatiques. 1752—74. Paris 1878. 2 voll. 8.

BROMSEBRO (traité de paix de) 1645

La paix conclue à Bromsebro le 13 août 1645 mit fin à la guerre qui avait éclaté deux ans auparavant entre la Suède et le Danemark.

Il y eut d'abord restitution et cession réciproques de territoires: cession par le Danemark à la Suède de la province d'Yemptie avec la partie de l'Heriédalie située en-deçà des montagnes du côté de la Suède ; l'île de Gottland avec la ville de Wisby et les îles en dépendant; l'île d'Oesel avec la ville d'Arnsbourg et ses dépendances ; et, à titre d'hypothèque et de gage pour les franchises accordées à la navigation des Suédois, toute la province de Holland, avec ses places, ses forts, ses annexes et ses dépendances, pour l'espace de 3 mois; restitution par la Suède au Danemark de tout ce que les troupes suédoises occupaient dans le Jutland, le Sleswig, le Holstein, le Stormarn, le Ditmarsen, la Scanie, la Blekingie et l'île de Bornholm.

De larges franchises et des immunités concernant le commerce et la navigation étaient accordées aux Suédois, dont les navires, de guerre ou marchands, avaient droit de naviguer librement par les détroits du Sund et du Belt, sans empêchement d'aucune sorte et avec exemption de toutes les impositions, ainsi que des droits de douane perçus par les Danois à Glückstadt,

Le Danemark renonçait en outre au péage de l'île de Rugen.

BROSSARD (Ad.) Publiciste français *Atteinte à la liberté des mers.* Paris, 1842 Etudes sur le droit de visite.

BRUNIUS, (Conrad) né dans le Wurtemberg en 1491, mort en 1563.

De legationibus (des légations). Mayence 1578.

BRUNNER. Publiciste et historien autrichien.

Der Humor in der Diplomatie und Regierungskunde des XVIII. Jahrhunderts (L'humour dans la diplomatie et les maximes gouvernementales du 18me siècle). Vienne 1872, 2 vol. in-8 .

BRUSA (Emile) publiciste italien, professeur à Modène.

Dell' odierno diritto internazionale pubblico. (Du droit public international actuel) Florence 1876.

Etudes critiques sur les problèmes les plus importants du droit des gens.

BUCAREST, (traité de paix de) 1812. Le désir de l'empereur Alexandre de Russie d'incorporer à ses Etats la Moldavie et la Valachie ralluma, en 1809, les hostilités entre la Russie et la Porte.

A la suite de plusieurs défaites, qui avaient réduit leur armée à 25,000 hommes, les Turcs demandèrent la paix; un congrès s'ouvrit à Bucarest au mois de décembre 1811, et le traité fut signé le 12 mai 1812.

La Turquie cédait à la Russie environ le tiers de la Moldavie avec les forteresses de Choezim et de Bender, et toute la Bessarabie avec Ismaïl et Kilia; le Pruth, depuis l'endroit où il entre en Moldavie jusqu'à son embouchure dans le Danube, et de là la rive gauche de ce fleuve jusqu'à Kilia et à son embouchure dans la Mer Noire formaient la limite des deux empires.

La navigation du Danube était commune aux sujets des deux empires; les îles situées entre les divers bras que le fleuve forme depuis Ismaïl devaient rester désertes; mais la pêche et la coupe des bois y étaient libres aux sujets réciproques.

En Asie, la frontière entre les deux empires était rétablie telle qu'elle était avant la guerre.

BUCHANAN (Georges) jurisconsulte anglais, né à Killerme en Ecosse en 1506, mort en 1582.

De jure regni apud Scotos. (Du droit des rois en Ecosse). Edimbourg 1579, 4°.

BUDGET. Etat général présentant la balance des recettes et des dépenses annuelles d'un pays, d'une administration, etc.

C'est le nom que l'on donne au tableau des dépenses présumées de l'Etat, dressé à l'avance pour le cours de l'année qui doit suivre et présenté par le gouvernement à l'examen et à l'approbation des chambres législatives.

Tout budget se divise en deux parties principales: dépenses et recettes.

La portion relative aux services généraux des ministères est subdivisée en autant de parties qu'il y a de départements ministériels, et l'on donne à chacune de ces parties le nom spécial de budget de tel ministère.

Le budget de chaque ministère est divisé par chapitres et par articles; les chapitres correspondent aux différentes natures de services.

Dans les Etats constitutionnels les budgets sont librement discutés et votés par le pouvoir représentatif.

BUENOS-AIRES (traité de). Traité d'amitié et d'alliance entre la République du Chili et les Provinces-Unies du Rio de la Plata, signé à Buenos-Aires au mois de janvier 1819.

Après avoir conquis leur indépendance, les nouveaux Etats de l'Amérique du sud ont cherché à l'assurer et à l'affermir par tous les moyens en leur pouvoir; le plus naturel qui s'offrit à eux, consistait dans le maintien de relations intimes entre eux et d'une alliance offensive et défensive contre la métropole, qui n'avait pas encore consenti à leur affranchissement.

Tel est le but du traité intervenu dans le cours du mois de janvier 1819 entre les Provinces-Unies du Rio de la Plata et la République du Chili.

Les deux Etats nouveaux stipulent qu'il y aura amitié et bonne entente entre leurs gouvernements, qui feront tous leurs efforts pour entretenir la plus parfaite harmonie et écarter tout élément de discorde.

Les deux gouvernements, considérant le gouvernement espagnol comme leur ennemi commun, tant qu'il n'aura pas fait la paix avec les deux Etats contractants et reconnu leur indépendance absolue, s'obligeaient non seulement à s'aider l'un l'autre dans la guerre engagée contre l'Espagne, par l'envoi de troupes auxiliaires, dont le nombre et l'envoi devaient être déterminés selon les besoins et les circonstances; mais aussi à en envoyer au Pérou dans le but de chasser les autorités espagnoles de ce pays et d'y établir un gouvernement indépendant.

Les deux parties contractantes garantissent l'unité de chaque Etat indépendant et le droit incontestable qu'a chaque nation d'adopter la forme de gouvernement qui lui convient le mieux.

Enfin il était convenu que chaque gouvernement enverrait l'un auprès de l'autre un ministre-résident pour être l'organe des communications entre eux pour toutes les affaires qui ne seraient pas confiées à des envoyés ou à des plénipotentiaires.

BUENOS AIRES (traité de). Traité d'amitié et d'alliance entre la république de Colombie et l'Etat de Buenos Aires, signé à Buenos-Aires le 8 mars 1823.

La république de Colombie, cherchant à réunir le plus d'éléments propres à assurer son indépendance dans l'avenir, et dans ce but à resserrer plus étroitement les liens de communauté d'origine

8

et de principes entre les nouvelles républiques du même continent, conclut le 8 mars 1823 avec les Provinces Unies de la Plata (désigné alors sous le nom d'„Etat de Buenos Aires“, et devenu plus tard la République Argentine) un traité d'alliance analogue à ceux qu'elle avait, dans le cours de l'année précédente, conclus avec les républiques du Pérou et du Chili; toutefois ce traité n'est pas accompagné des clauses concernant la formation d'un congrès général des Etats américains.

BUENOS-AIRES (traité de) traité définitif de paix conclu entre la République Argentine et la République du Paraguay à Buenos-Aires le 3 février 1876.

Ce traité était la confirmation, la consécration par des stipulations formelles et définitives d'un accord préliminaire en date du 20 juin 1870, par lequel la paix avait été rétablie entre la République Argentine, la République Orientale de l'Uruguay et la République du Paraguay, à la suite de la mort du dictateur Francisco Solano Lopez, laquelle avait mis fin à la guerre engagée contre lui depuis 1865.

Le traité commence par la déclaration que, conformément à l'accord précité, la paix et l'amitié sont rétablies entre la République Argentine et la République du Paraguay et entre les citoyens de l'une et de l'autre république, les deux gouvernements s'engageant à les maintenir perpétuellement sur la base d'une réciprocité et d'une justice parfaites dans toutes leurs relations.

La République du Paraguay reconnaît et accepte l'obligation de payer à la République Argentine le montant des dépenses que celle-ci a faites pendant la guerre et le montant des dommages causés aux propriétés publiques dans la République Argentine, et celui des dommages et des préjudices causés aux personnes et aux propriétés privées: les indemnités à payer dans ce dernier cas seront réglées par une commission mixte d'arbitres nommés de part et d'autre.

Les deux républiques s'engagent à se rendre réciproquement les prisonniers de guerre, et à respecter les lieux de sépulture de leurs soldats enterrés sur les territoires respectifs.

Les engagements pris antérieurement concernant la libre navigation des rivières Parana, Paraguay et Uruguay en faveur du commerce de toutes les nations sont confirmés; toutefois cette liberté de navigation est limitée à partir du Rio de la Plata jusqu'aux ports ouverts à ce commerce; mais elle ne s'étend pas aux affluents du fleuve (sauf stipulations contraires), ni à la navigation de port à port sur le territoire de la même nation, laquelle chaque Etat pourra réserver à son propre pavillon.

Les navires de guerre des Etats riverains jouiront de la liberté de passage et d'entrée sur tout le cours des rivières et des fleuves ouverts à la navigation des navires de commerce. Les navires de guerre des nations non riveraines ne pourront remonter au delà des limites que permettra chaque Etat riverain, qui ne pourra étendre cette permission aux territoires des autres riverains.

Le gouvernement de la République Argentine, conforme à celui de la République du Paraguay, accepte les principes de la déclaration du congrès de Paris de 16 avril 1856, concernant la course, les droits des neutres et les blocus. (Voir cette déclaration. *congrès de Paris*)

La République Argentine s'oblige à respecter perpétuellement l'indépendance, la souveraineté et l'intégrité de la République du Paraguay.

Aux termes d'un traité de délimitation signé le même jour les frontières des deux républiques étaient déterminées comme suit:

La République du Paraguay est séparée de la République Argentine à l'est et au sud par le milieu du courant (le thalweg) du canal principal de la rivière Parana à partir de son confluent avec la rivière Paraguay jusqu'à sa rencontre sur sa rive gauche avec les frontières de l'Empire du Brésil, l'île d'Apipé appartenant à la République Argentine et celle d'Yucerita à la République du Paraguay.

A l'ouest la République du Paraguay est séparée de la République Argentine par le milieu du courant du canal principal de la rivière Paraguay à partir de son confluent avec la rivière Parana; le territoire du Chaco est reconnu définitivement comme appartenant à la République Argentine jusqu'au canal principal de la rivière Pilcomayo, qui débouche dans la rivière Paraguay par 25⁰ 20ᵐ latitude sud d'après la carte de Mouchez, et par 25⁰ 22ᵐ d'après la carte de Brayer.

L'île d'Atajo ou de Cerrito appartient aussi à la République Argentine. Les autres îles, d'un terrain ferme ou d'alluvion, qui se trouvent dans le Parana et le Paraguay, appartiennent à la République Argentine ou à la République du Paraguay, selon qu'elles sont plus rapprochées du territoire de l'une ou de l'autre des deux républiques. Les canaux qui existent entre ces îles, y compris celle de Cerrito, sont communs à la navigation des deux Etats.

Le territoire compris entre le bras principal du Pilcomayo et la Baie Negra est considéré comme divisé en deux sections; la première comprise entre la Baie Negra et la rivière Verde, qui se trouve par 23' 10ᵐ latitude sud, d'après la carte de Mouchez; et la seconde, comprise entre la rivière Verde et le bras principal du Pilcomayo; la Villa Oriental fait partie de cette section.

Le gouvernement argentin renonçait à toute prétention sur la première section; mais la propriété de la seconde, y compris la Villa Oriental, devait être soumise à la décision définitive d'un arbitre.

L'échange des ratifications du traité définitif de paix et du traité de délimitation a eu lieu à Buenos-Aires le 13 septembre 1876.

BULLE. C'est le sceau de plomb de forme ronde, portant d'un côté les images de Saint-Pierre et de Saint-Paul et de l'autre le nom du pape, avec lequel la chancellerie apostolique scelle les rescrits du Souverain Pontife et qu'elle imprime sur les actes solennels concernant les affaires de l'Eglise et de la religion: de là le nom de *bulles* donné à ces actes.

La bulle est désignée par les premiers mots du texte: par exemple, la bulle *Unigenitus.*

Les bulles pontificales se divisent en grandes ou générales et en petites ou spéciales; les premières sont celles qui renferment des dispositions dont l'effet doit rester *ferme et à toujours,* c'est-à-dire dont la durée doit être perpétuelle; elles ont pour objet d'établir des points de dogme, de doctrine ou de discipline; les secondes se rapportent aux nominations d'évêques ou aux dispenses.

On appelle bulles d'excommunication celles qui fulminent des sentences d'excommunication.

Quand la bulle est en forme gracieuse, le plomb y est suspendu avec un fil de soie, tandis qu'il est attaché à une cordelle de chanvre, quand la bulle est en forme rigoureuse.

La bulle diffère du bref en ce qu'elle est plus ample: elle renferme en plusieurs parties distinctes l'exposé du fait, la conception, les clauses et la date. Le bref est écrit sur papier et en italique, et scellé de cire rouge avec l'empreinte de l'anneau du pêcheur; la bulle est écrite en ronde sur parchemin, et scellée de cire verte avec empreinte des images de Saint-Pierre et de Saint-Paul.

La réception des bulles est dans la plupart des pays soumise à une autorisation spéciale du gouvernement. En France, elles ne peuvent avoir aucun effet, ni même être publiées ou imprimées sans une autorisation préalable du gouvernement donnée sur l'avis du Conseil d'Etat.

Les légats ou les nonces du Pape présentent, au lieu de lettres de créance et de pouvoirs, la bulle qui les nomme.

BULLE D'OR. Le titre de bulle a été donné également aux rescrits des empereurs d'Allemagne, aux chartes ou constitutions émanant d'eux; mais on les désignait plus particulièrement sous la dénomination de bulles d'or parce qu'elles étaient revêtues du sceau d'or de l'Empire germanique.

Quand on parle de la *bulle d'or* sans désignation, il s'agit de celle qui fut promulguée en 1356 par l'empereur Charles IV à Nuremberg: c'est une véritable constitution de l'empire germanique, renfermant les règlements les plus précis sur l'élection et le couronnement des rois des Romains, futurs empereurs germaniques, et déterminant le rang, les droits et la succession des électeurs: en un mot elle réglait le droit politique qui a régi les pays allemands jusqu'aux premières années du 19ᵉ siècle. L'empereur avait fait attacher le grand sceau d'or à chacun des exemplaires de la bulle remis aux électeurs.

BULLETIN DES LOIS. Recueil officiel des lois et des actes du gouvernement.

En France le *Bulletin des lois* est la seule collection officielle et authentique des actes législatifs, le seul moyen légal de promulgation de ces actes. Une date placée au bas de chaque cahier du Bulletin indique le jour de cette promulgation et par suite l'époque à laquelle les lois sont exécutoires soit à Paris, soit dans les départements.

Le Bulletin est envoyé gratuitement, jour par jour, à toutes les autorités constituées et à tous les fonctionnaires chargés d'appliquer les lois ou d'en surveiller l'exécution. Il est transmis aux agents diplomatiques et consulaires par les soins de la chancellerie de l'administration centrale; il doit être conservé dans les archives de chaque ambassade ou légation et de chaque consulat.

8*

BULMERINCQ (Auguste), publiciste russe, ancien professeur à la Faculté de droit de Dorpat, membre de l'Institut de droit international, né à Riga le 12 août 1822.

Il a publié de nombreux travaux dans différents journaux, recueils et revues. Son principal ouvrage est: *Praxis, Theorie und Codification des Völkerrechts* (Pratique, théorie et codification du droit des gens). Leipzic 1874. M. Bulmerincq pose ainsi la question: codification complète, ou point de codification du tout; en tout cas la codification ne doit pas avoir pour objet de créer, mais uniquement de constater le droit existant; c'est dans cet ordre d'idées que M. Bulmerincq a publié dans la *Revue de droit international et de législation comparée* (1878, 1879 et 1880 — X, XI et XII) un travail sur *Le droit des prises maritimes*. Dans une première partie, il constate l'existence du droit et examine comment il s'est développé dans la législation et comment il est appliqué dans les divers Etats maritimes; dans une seconde, il aborde la théorie, expose l'organisation actuelle des tribunaux de prises et indique les points sur lesquels il juge une réforme nécessaire et praticable. Il termine par tracer un projet de règlement international des prises maritimes, projet basé en grande partie et essentiellement sur le droit en vigueur, tout en généralisant ce droit et en le réformant en partie.

BUREAU. On appelle ainsi tout endroit où travaillent des commis, des employés etc. On nomme aussi *bureaux* certains établissements qui dépendent de l'administration publique ou sont destinés à quelque service public. En parlant des assemblées legislatives, académiques, électorales etc., le *bureau* consiste dans la réunion du Président, du Vice-Président et des secrétaires; les bureaux ou comités sont des fractions de l'assemblée, composées d'un certain nombre de membres chargés de s'occuper spécialement d'une ou de plusieurs affaires, dont ils doivent ensuite rendre compte à l'assemblée générale.

BUREAUCRATIE. Ensemble des employés de tous grades ou personnel d'une administration. Ce nom, dans une autre acception, signifie le pouvoir des bureaux, l'influence des chefs et des commis des bureaux dans une administration; il se prend presque toujours en mauvaise part.

BURGE (William), jurisconsulte anglais. *Commentaries on colonial and foreign laws generally and their conflict with each other and with the law of England.* (Commentaires sur les lois coloniales et étrangères, leurs conflits entre elles et avec les lois anglaises.) Londres 1838. 4 vol.

BURGRAVE. Ancien titre de dignité en Allemagne, qui signifiait *comte du château*, seigneur d'une ville. On le donnait au commandant militaire d'une ville ou d'une place forte lorsqu'il exerçait en même temps le droit de juridiction sur les bourgeois. Les fonctions des burgraves étaient viagères ou seulement à temps. Le titre était cependant héréditaire dans certaines villes, notamment Anvers, Magdebourg, Nuremberg.

BURLAMAQUI (Jean Jacques), jurisconsulte suisse, né à Genève en 1694 d'une famille originaire de Lucques (Italie), mort le 3 avril 1748. *Principes du droit naturel et du droit politique.* Genève 1748. Genève 1751. 4'. Lausanne 1784. 8 . *Principes du droit de la nature et des gens,* publié après la mort de l'auteur par Félice, Yverdon, 1766—68. 8 vol. in 8'. Une nouvelle édition des 5 derniers volumes, concernant le droit politique et des gens, a été publiée à Paris par M. Dupin en 1820—21, 5 vol et par M. Cotelle en 1840, 1 vol. Cet ouvrage a été traduit du latin en français par Barbeyrac et en espagnol par M. D. M. B. Garcia Sullto. Paris 1875. Un extrait: *Leçons du droit de la nature et des gens,* a été publié par M. de Félice. Yverdon 1769. 4 petits vol. in-8'.

Les ouvrages de Burlamaqui sont remarquables par la clarté et la précision du style. Il a trouvé une grande partie des ses matériaux dans les livres de ses devanciers, notamment Pufendorf et Grotius, mais il a su en élaguer les longueurs et les digressions et réduire les doctrines à une ordre méthodique, à une simplicité pour ainsi dire géométrique. Il base la morale et la politique sur l'étude de la constitution de l'homme.

BUSCH (G. S.), jurisconsulte allemand. *Völkerseerecht* (Droit des gens international). Reutlingen 1801. 8 .

BUTIN. On entend par butin l'ensemble des objets, meubles ou corporels, arrachés à l'armée ennemie ou aux non-combattants, soit sur le champ de bataille, soit lors du sac d'une ville prise d'assaut. Cette dernière idée de dépouiller les non-combattants de leurs biens pour enrichir et récompenser les soldats a fait généralement placer le butin sur la même ligne que le pillage; c'est pourquoi, d'après le droit international actuel qui a consacré le principe qu'on doit en toute circonstance respecter la propriété privée, peu importe quels propriétaires aient ou n'aient pas pris part aux hostilités, on peut considérer comme virtuellement abrogé le droit de faire du butin, à part quelques rares exceptions, dont les principales consistent dans la fortune de l'Etat avec lequel on est en guerre, les armes et les équipements des soldats vaincus, la contrebande de guerre, le droit de prise maritime. (*Voir* PRISE MARITIME, ENNEMI).

BYNKERSHOEK (Cornelis van), jurisconsulte hollandais, né à Middelbourg en 1673, mort le 16 avril 1743. Il a été considéré comme le publiciste le plus remarquable de son temps. Son principal ouvrage a paru en 1737 sous le titre de *Questiones juris publici libri duo* (deux livres de questions de droit public). Ce travail a une grande importance au point de vue du droit international. Dans le premier livre — *De rebus bellicis* (des affaires de guerre) — les relations des nations belligérantes et des neutres en temps de guerre sont traitées d'une manière supérieure.

On en peut dire autant de la partie relative à la force obligatoire du droit international. Ce droit, selon Bynkershoek, dérive de la raison et de l'usage, mais de l'usage fondé sur les traités et les ordonnances particulières; cependant il admet que lorsque les traités s'éloignent par leurs stipulations de l'usage généralement consacré, ils ne sauraient avoir une force suffisante pour modifier le droit des gens.

Les *Quæstionum juris publici libri duo* ont été publiées d'abord à Leyde en 1737, 2 vol. in-4⁰. Elles ont été traduites et accompagnées de notes par Duponceau. Une seconde édition en a paru en 1752.

Parmi les autres ouvrages de Bynkershoek il faut citer encore:

De dominio maris (Du domaine de la mer), publié en 1702. Ce traité a été traduit en français par Barbeyrac, in-4⁰. La Haye 1723.

De foro legatorum (de la juridiction des ambassadeurs), publié en 1721.

Observationes juris romani (Observations sur le droit romain), en 8 livres, publié en 2 parties en 1710 et en 1733. L'auteur recherche l'origine de la jurisprudence romaine, en examine les progrès et définit les caractères.

C

CABINET. Conseil ou réunion des ministres, où se traitent les affaires générales de l'Etat, et particulièrement celles qui concernent les relations internationales.

En Angleterre on entend par *cabinet* (*cabinet's council*) un comité plus intime des ministres et des membres du conseil privé de la Reine.

Dans quelque pays on nomme *ministres de cabinet* ceux qui assistent aux conférences en présence du souverain.

Le mot *cabinet* est devenu par extension synonyme de ministère ou de gouvernement. Ainsi le Cabinet de l'Elysée signifie le ministère ou le gouvernement français, le Cabinet de St. James, celui de Londres.

CABOTAGE. Ce terme, qui vient du mot espagnol *Capo*, cap, signifie rigoureusement la navigation qui se fait de cap à cap, c'est-à-dire le long des côtes, pour le transport des marchandises d'un port à un autre d'un même pays, sans toucher aucune terre étrangère, si ce n'est en cas de relâche forcée; cependant ce terme se prend aujourd'hui dans une acception bien moins limitée, car plus généralement c'est la navigation marchande d'un pays à un autre sans quitter la même mer.

En France le code de commerce divise la navigation maritime en navigation de long cours et en navigation côtière ou de cabotage.

D'après la loi du 14 juin 1854 sont réputés voyages au long cours ceux qui se font au delà des limites ci-après déterminées: au sud le 30e degré de latitude sud; au nord le 72e degré de latitude nord; à l'ouest le 15e degré de longitude du méridien de Paris; à l'est le 44e degré du même méridien.

Les voyages compris dans l'intérieur de ces limites ne constituent que des voyages de cabotage. La navigation côtière est dite de grand ou de petit cabotage suivant que les côtes qu'elle atteint sont plus ou moins éloignées des côtes de France.

Les privilèges de la navigation de cabotage sont dans tous les pays réservés aux seuls bâtiments nationaux, cependant cette exclusion des étrangers a subi depuis quelques années de nombreuses exceptions.

Ainsi en temps de guerre, il arrive que les belligérants accordent à des neutres, pour la durée de la guerre, l'autorisation de faire le cabotage ou du commerce entre leurs différents ports respectifs; or dans ce cas les navires neutres qui profitent de cette autorisation ne violent pas les devoirs de la neutralité et ne peuvent être capturés sous le prétexte qu'ils se livrent à un commerce prohibé. Le commerce des neutre étant libre, ce genre de commerce doit l'être également du moment qu'il est permis par l'Etat qui a le droit de l'autoriser sur son territoire.

CACHET. Se dit soit de l'enduit par l'application duquel le contenu d'une lettre ou d'une correspondance est tenu secret, soit de l'empreinte apposée sur des actes, soit de l'instrument à l'aide duquel cette empreinte est apposée. Dans ce sens le mot *cachet* est synonyme de *sceau;* cependant le cachet diffère du sceau en ce que celui-ci en général appartient au souverain ou aux représentants de l'autorité publique, tandis que le cachet est usité par les particuliers.

CACHET (lettre de). En France sous l'ancienne monarchie on donnait ce nom à toute lettre du roi revêtue de son cachet particulier et contenant un ordre émané de lui.

Dans un sens plus restreint, cette dénomination s'attribuait aux lettres d'exil ou d'emprisonnement, parce que ces missives royales avaient généralement pour objet une injonction de par le roi d'aller en exil ou de se rendre dans une prison qui y était désignée.

On donnait aussi aux lettres de cachet le nom de *lettres closes* ou fermées, pour les distinguer des *lettres patentes* ou ouvertes, qui étaient délivrées ouvertes ou scellées par le chancelier du grand sceau de l'Etat.

L'abus qu'on fit de ces lettres, employées souvent pour des détentions arbitraires, en provoqua l'abolition, qui fut enfin décrétée par une loi de l'Assemblée constituante du 15 janvier 1790.

CADI. C'est le nom qu'on donne en Turquie à un magistrat de quatrième ordre qui cumule les fonctions de commissaire de police, de juge de paix, de notaire, de président des tribunaux civils et criminels; même, à défaut d'*Iman,* il supplée ce ministre de la religion mahométane. Le premier des cadis, le *cadi-el-asker,* assiste au divan ou conseil d'Etat et remplit l'office de garde des sceaux Lorsqu'un Chrétien a un différend avec un Turc, et qu'il se rend chez le *cadi,* celui-ci ne doit les entendre que si le drogman ou interprète ne se trouve présent pour défendre la cause du Chrétien.

En Algérie, les différends entre indigènes peuvent être soumis aux *cadis* nommés par le gouvernement français.

CAHIERS. Autrefois mémoires adressés au souverain par un corps d'Etat.

On appelait en France *cahiers des états* ou simplement *cahiers* les mémoires contenant les demandes, les propositions, les doléances ou les remontrances adressées au roi par les députés du clergé, de la noblesse et du tiers, réunis en Etats-Généraux. C'était un résumé des cahiers des baillages, instructions écrites que chacun des ordres remettait à ses mandataires dans chaque baillage, ville ou sénéchaussée, en les envoyant aux Etats Les cahiers de 1789, qui contenaient l'expression des vœux et des besoins de la France, à la veille de la révolution, demeureront à jamais mémorables dans l'histoire.

CAID ou KAID. Nom donné dans les Etats barbaresques à un officier public qui cumule les fonctions de juge ou *cadi,* de chef militaire, de receveur des contributions.

La France a maintenu en Algérie l'institution des caïds; mais elle s'en est réservé la nomination.

CALENDRIER. Indication des divisions de l'année en jours, mois et saisons Tableau ou registre qui contient ces divisions.

Le calendrier a varié chez chaque peuple selon les diverses formes données à l'*année..* (Voir ce mot,)

CALIFE ou KHALIFE. Ce mot qui signifie *vicaire, lieutenant,* est le titre donné par les Arabes aux premiers souverains qui exercèrent après Mahomet le pouvoir temporel et spirituel.

Dans la suite il a été étendu à presque tous les princes souverains de l'Orient.

Les Sultans de Constantinople ont gardés le titre et les prérogatives de Califes, qui leur donnent la suprématie religieuse partout où se trouvent des populations musulmanes orthodoxes, les Persans sont les seuls mahométans qui ne la reconnaissent pas.

CALLIÈRES (François de.) Diplomate et publiciste français, né à Thorigny le 14 mai 1645, mort à Paris le 5 mai 1717.

Il assista comme plénipotentiaire et ambassadeur extraordinaire de France au congrès de Ryswick. (Voir ce nom.) En 1669, il fut nommé membre de l'Académie française.

Son ouvrage le plus important est intitulé:

De la manière de négocier avec les souverains, de l'utilité des négociations, du choix des ambassadeurs et des envoyés, et des qualités nécessaires pour réussir dans ces emplois. Paris 1716, in-12, réimprimé la même année à Amsterdam, et traduit en anglais, en italien et en allemand. Une autre édition en a paru à Londres en 1756, 2 vol. in-12.

De Callières traite son sujet avec l'autorité d'un homme qui en a l'expérience et la connaissance usuelle.

CALVO (Charles), publiciste et diplomate sud-américain, né à Buenos-Aires en 1824.

Envoyé extraordinaire et ministre plénipotentiaire de la République Argentine auprès de S. M. l'Empereur d'Allemagne.

Membre fondateur de l'Institut de droit international, correspondant de l'Académie des sciences morales et politiques de l'Institut de France.

Ses principaux ouvrages sont :

El derecho internacional teorico y práctico de Europa y America. Paris 1868. 2 vol. gr. in-8⁰.

Le même ouvrage a été publié en français sous le titre : *Le droit international théorique et pratique, précédé d'un exposé historique des progrès de la science du droit des gens.* (2ème édition corrigée et augmentée.) Orléans 1870—72. 2 vol. gr. in-8⁰.

La 3ème édition complétée a paru à Orléans en 1880—81. 4 vol. gr. in-8'.

Manuel de droit international. Paris 1881. 2ème édition. 1 vol. in-8⁰. 1883.

Dans ce Manuel, destiné à servir de base à l'enseignement, les principes du droit public et privé sont condensés sous une forme méthodique et succincte.

Coleccion histórica y completa de los tratados, convenciones, capitulaciones, armisticios, cuestiones de limites y otros actos diplomáticos de todos los Estados comprendidos entre el golfo de Mejico y el cabo de Hornos, desde el año 1493 hasta nuestros dias, etc. Besançon 1862 - 69. 11 vol. in-8⁰

Traduit en français sous le titre de :

Recueil historique et complet des traités, conventions, capitulations, armistices et autres actes diplomatiques de tous les Etats de l'Amérique latine compris entre le golfe du Mexique et le cap Horn, depuis l'année 1493 jusqu'à nos jours, etc.

L'ouvrage est précédé d'un mémoire sur l'état actuel de l'Amérique latine, d'un dictionnaire abrégé des termes usités dans la diplomatie, et d'une notice historique sur chacun des traités les plus importants.

Examen des trois règles de droit international proposées dans le traité de Washington. Gand 1874. 1 vol. pet. in-8⁰.

Anales de la revolucion de la América latina desde 1808 hasta el reconocimiento por los Estados Europeos de la independencia de ese vasto continente. (Annales de la révolution de l'Amérique latine depuis 1808 jusqu'à la reconnaissance par les Etats européens de l'indépendance de ce vaste continent.) Besançon 1864—1867. 5 vol. in-8⁰.

Etude sur l'émigration et la colonisation. Réponse à la première des questions du groupe V soumises au Congrès international des sciences géographiques de 1875. Paris 1875. 1 vol. in-4⁰.

Una página de derecho internacional, ó la América del sur ante la ciencia del derecho de gentes moderno. (Une page de droit international ou l'Amérique du sud devant la science du droit de gens moderne.) Paris 1864. 1 vol. in 8⁰.

En 1862 M. Calvo a traduit en espagnol l'ouvrage bien connu de M. H. Wheaton :

Histoire du droit des gens en Europe et en Amérique depuis les temps les plus reculés jusqu'au traité de Washington en 1842. Besançon. 2 vol. in-8⁰.

CAMARILLA. Mot espagnol, qui, dans son acception propre, signifie *petits appartements :* c'est l'endroit particulier de l'intérieur du palais des rois d'Espagne dans lequel ces princes n'admettent que leurs favoris; par dérivation on l'emploie pour désigner les familiers du souverain, et dans un sens figuré pour dénoncer l'influence occulte qu'ils exercent parfois dans le gouvernement.

L'usage de ce mot, limité d'abord à la cour d'Espagne, a été généralement adopté dans le langage politique des autres pays, mais toujours en mauvaise part.

CAMÉRIER. Prélat de la cour de Rome attaché à la personne du pape et chargé de ses aumônes, du soin de l'argenterie, des joyaux, des reliquaires, etc.

Les camériers portent une soutane

violette avec des mouches pendant jusqu'à terre.

CAMERLINGUE. Titre du cardinal qui préside la chambre apostolique.

Quand le Pape était souverain des Etats Romains, le camerlingue était chargé de l'administration de la justice et exerçait l'autorité temporelle dans l'intervalle entre la mort d'un pape et l'élection d'un autre ; pendant cette vacance du Saint-Siège le camerlingue faisait battre monnaie à son nom.

CAMPO FORMIO (traité de paix de) 1797. Le traité signé le 17 octobre 1797, au village de Campo Formio près d'Udine, par les plénipotentioires de l'empereur d'Autriche et le général Bonaparte, commandant en chef de l'armée française en Italie, a mis fin à la 1ère coalition formée par les principales puissances de l'Europe contre la France à la suite des événements de le révolution de 1789.

Cette coalition s'était peu à peu dissoute par fractions : la Russie, l'Espagne et les princes d'Italie avaient successivement racheté la paix par le sacrifice d'une partie de leurs Etats ; l'Autriche seule continuait la lutte ; mais battue sur tous les points et voyant sa capitale menacée, elle consentit à un armistice signé à Léoben le 18 avril 1797, et duquel on profita pour arrêter les conditions de la paix.

Par le traité de Campo Formio, la cession des Pays-Bas autrichiens en toute souveraineté et propriété est prononcée en faveur de la République française.

L'empereur consent que la République française possède toutes les îles ci-devant vénitiennes du Levant, et notamment Corfou, Zante, Céphalonie, Sainte-Moure et Cérigo, ainsi que Butrinto, Lorto, Voinizza, et en général tous les établissements ci-devant vénitiens et albanais qui sont situés plus bas que le golfe de Ladrino.

De son côté, la République française consent que l'empereur possède en toute souveraineté et propriété l'Istrie, la Dalmatie, les îles ci-devant vénitiennes de l'Adriatique, les bouches de Cattaro la ville de Venise, avec les Etats de, terre ferme jusqu'à l'Adige, au Tartaro et au Pô.

L'Empereur reconnaît la République cisalpine comme puissance indépendante et renonce à tous ses droits sur les pays dont elle est formée, savoir : la Lombardie, le Bergamasque, le Bresson, le Crémasque, la ville de Mantoue, le Mantouan, Peschiera, la partie des Etats ci-

devant vénitiens qui sont compris dans ceux cédés à l'empereur, le Modénais, la principauté de Massa et Carrara, et les trois légations de Bologne, de Ferrare et de la Romagne.

L'Empereur cède au duc de Modène le Brisgau pour le posséder aux mêmes conditions en vertu des quelles il possédait le Modénais.

Un article spécial règle le cérémonial entre l'Empereur et la République française, qui conservera le rang que le royaume de France avait avant la guerre ; le cérémonial entre l'Empereur et la République cisalpine sera celui qui était d'usage entre ce souverain et la République de Venise.

Le traité fut déclaré commun à la République Batave, anciennes Provinces-Unies des Pays Bas.

Enfin le traité stipulait qu'un mois après sa signature serait ouvert à Rastadt un congrès uniquement composé des plénipotentiaires de l'Empire germanique et de ceux de la République française pour la pacification entre ces deux puissances.

Tels sont en résumé, les principaux articles patents du traité de Campo-Formio ; mais il paraît que des articles secrets furent le même jour signés par les plénipotentiaires.

Par un de ces articles secrets l'Empereur s'engageait à employer ses bons offices pour que l'Empire germanique cédât à la République française une partie des pays situés sur la rive gauche du Rhin, savoir tous les pays renfermés entre ce fleuve et la Moselle, la Nithe, la Roer et la Meuse, y compris Juliers. L'Empereur devait en outre céder le comté de Falkenstein ; c'était en compensation de ces cessions que l'Empereur recevait les pays appartenant à la République de Venise. Il devait en outre, contre une compensation proportionnelle en Allemagne, céder à la France le Frickthal, qui devait être réuni à la République helvétique, canton d'Argovie.

Par contre la République française devait employer ses bons offices pour que l'Empereur acquît l'archevêché de Salzbourg et la partie de la Bavière située entre cet archevêché, l'Inn, la Salza et le Tyrol, y compris la ville de Wasserbourg.

Il était convenu que si, lors de la pacification prochaine de l'Empire germanique, la République française faisait une acquisition en Allemagne, l'Empereur devait également y obtenir un équivalent et réciproquement si l'empereur faisait une acquisition de ce genre, la République obtiendrait un pareil équivalent.

Le Stathouder de Hollande devait recevoir une indemnité territoriale; mais elle ne pourrait être prise dans le voisinage des possessions autrichiennes ni dans celui de la République Batave.

Un article particulier concernait le Roi de Prusse, à qui étaient rendues ses possessions sur la rive gauche du Rhin; cette restitution était faite à la condition qu'il ne serait question d'aucune acquisition nouvelle pour le Roi de Prusse, condition que les deux puissances contractantes se garantissaient mutuellement.

Enfin l'Empereur promettait d'évacuer, vingt jours après l'échange des ratifications, Mayence, Ehrenbreitstein, Philippsbourg, Mannheim, Kœnigstein, Ulm et Ingolstadt, ainsi que tout le territoire de l'Empire germanique jusqu'à ses Etats héréditaires.

Le cabinet de Vienne a prétendu n'avoir jamais avoué les articles secrets du traité de Campo-Formio, lesquels n'ont été connus que par la communication que les ministres de la France en firent à ceux de la Prusse, au mois d'avril 1799, à la veille de la dissolution du congrès de Rastadt.

CAMPOS (Manuel Torres), jurisconsulte espagnol, membre de l'académie madrilène de jurisprudence et de législation, membre correspondant de la société de législation comparée de Paris.

Principios de derecho internacional privado ó de derecho extraterritorial de Europa y America en sus relaciones con el derecho civil de España. (Principes de droit international privé ou de droit extraterritorial d'Europe et d'Amérique dans ses relations avec le droit civil de l'Espagne.) Madrid 1883. 1 vol. in-8.

Cet ouvrage a été couronné par le collège des avocats de Madrid.

L'auteur traite son sujet aux points de vue de l'histoire, de la science, de la pratique et de la philosophie. Il n'entre pas dans les détails de l'application des statuts aux cas multiples du droit privé; mais il pose avec précision les principes généraux et en déduit logiquement les règles de la pratique tant en Europe et en Amérique généralement qu'en Espagne en particulier. Il conclut à la nécessité d'unifier le droit international privé entre tous les Etats, dans les conditions ébauchées par M. Dudley Field et recommandées dans les réunions générales de l'Institut de droit international.

CANCELLER. Terme de jurisprudence : annuller une écriture, un acte, en le biffant, en le barrant par des traits de plume, ou en le déchirant.

Pris dans une acception étendue, ce mot est synonyme d'annuler.

CANDIDAT. Celui qui postule une place, une fonction un titre, une dignité, qu'ils soient conférés par voie d'élection ou de concours.

Se dit aussi de celui qui se fait inscrire pour quelque examen.

CANDIDATURE. Etat de candidat, la poursuite que fait un candidat.

CANESTRINI (S.), publiciste italien. *Négociations diplomatiques de la France avec la Toscane.* Paris 1872-75. 4º.

Recueil publié par les soins de M. Canestrini et Desjardins, et qui fait partie de la collection de documents inédits sur l'histoire de France.

CANON. En liturgie, ce mot signifie règle, décret.

Les *canons de l'Eglise* ou les *saints canons* sont les lois ou les règles de la discipline ecclésiastique, les décrets et les décisions des conciles en matière de dogme et de discipline: ces canons sont les règles auxquelles les catholiques doivent conformer leur croyance et leur conduite.

On nomme spécialement *canons des apôtres* ou *canons apostoliques* la collection des lois ecclésiastiques attribuées au Pape Saint-Clément, disciple de Saint Pierre.

Le *canon des livres saints* ou *des écritures* est le catalogue des livres de l'Ecriture que l'Eglise regarde comme authentiques, par opposition aux livres appelés apocryphes.

Le mot canon est pris adjectivement dans ce terme *droit canon.*

Le *droit canon* ou *canonique* est la science du droit ecclésiastique fondée sur les canons de l'Eglise et les décrétales des Papes.

CANONS. Dans quelques traités remontant à plusieurs siècles, conclus entre les puissances chrétiennes et les Etats musulmans, on trouve le mot *canons* employé pour indiquer les règlements et les ordonnances qui, avec les capitulations, forment la base des droits et des privilèges concernant les relations commerciales.

CANTILLO (Alejandro del), publiciste espagnol.

A été premier secrétaire d'Etat et de cabinet en Espagne.

Tratados, convenciones y declaraciones de paz y de commercio que han hecho con las potencias los monarcas españoles de la casa de Borbon desde el año 1700 hasta el dia, puestos en orden é ilustrados muchos de ellos con la historia de sus respectivas negociaciones. Madrid 1843 in-8⁰.

(Traités, conventions et déclarations de paix et de commerce conclus avec les puissances par les souverains espagnols de la maison de Bourbon, depuis l'année 1700 jusqu'à ce jour, mis en ordre, et plusieurs expliqués par l'histoire de leurs négociations respectives.)

CANTINIER, CANTINIÈRE. Celui qui tient une cantine, un débit de boissons dans une caserne, ou une cantine ambulante qui suit les troupes en marche.

Le *cantinier* se distingue du *vivandier*, en ce que le premier se tient à la caserne et le second au quartier général. L'un et l'autre sont soumis à des règlements par le code militaire. *(Voir VIVANDIER.)*

En guerre, les cantiniers rangés dans la catégorie des non-combattants et traités comme tels. *(Voir COMBAT, NON-COMBATTANT.)*

CANTON. Dénomination géographique qui dans plusieurs pays sert à désigner une certaine portion du territoire.

En France, les cantons sont des subdivisions des arrondissements, ils embrassent la circonscription qui répond au ressort d'un juge de paix, qui réside ordinairement au chef-lieu; ils sont partagés en communes.

En Suisse on donne le nom de canton aux divers Etats qui forment la confédération; quelques-uns des cantons sont divisés en demi-cantons, qui n'élisent qu'un membre, au lieu de deux, au Conseil des Etats.

CAPACITÉ DES PERSONNES. Qualité inhérente à une personne qui la rend apte à remplir un emploi, une fonction quelconque, ou à faire certains actes de la vie civile.

Par *capacité personnelle* on entend plus particulièrement l'habileté à contracter, à disposer, à donner ou à recevoir etc.

La capacité d'une personne est régie par la loi de la nation à laquelle elle appartient, excepté lorsqu'elle réside en pays étranger; mais dans ce cas la capacité ou l'incapacité de la personne est régie par la loi de son domicile. Toutefois, en ce qui concerne les propriétés immobilières, la capacité ou l'incapacité personnelle sont déterminées par la loi du lieu où les immeubles sont situées. *(Voir PERSONNE, BIENS, IMMEUBLES, STATUT, DOMICILE, RÉSIDENCE.)*

Les personnes morales, les corporations, les associations, etc., n'ont point d'existence au-delà de la juridiction du pouvoir par le fait duquel elles existent; elles n'ont pas d'autre capacité que celle qui leur est conférée par ce pouvoir. *(Voir PERSONNE MORALE.)*

CAPEFIGUE (Jean Baptiste Honoré Raymond), historien et publiciste français, né à Marseille en 1802, mort à Paris le 23 décembre 1872.

On a de lui de nombreux ouvrages concernant l'histoire, la politique et la diplomatie : ceux qui se rattachent plus directement à l'étude et à l'histoire du droit international sont:

Louis XIV, son gouvernement et ses relations diplomatiques avec l'Europe. Paris 1837—38, 6 vol. in-8⁰.

L'Europe pendant le consulat et l'empire de Napoléon, 1839—1841, 10 vol. in-8⁰.

Louis XVI, son administration et ses relations diplomatiques avec l'Europe. 1844, 4 vol. in-8⁰.

L'Europe pendant la révolution française 4 vol. in-8⁰.

Les diplomates européens, 1845, 4 vol. in-8⁰.

L'Europe depuis l'avénement de Louis Philippe, 1845—46, 10 vol. in 8⁰.

Le Congrès de Vienne, 1847, in-8.

Avant 1789, rogauté, droit, liberté, 1857, in-8⁰.

CAPITULAIRES. Réunion des édits et des ordonnances des rois de France de la première et de la seconde race, classés en chapitres; ou plus spécialement le corps du lois que les rois faisaient dans les assemblées des évêques et des comtes ou dans les conciles.

Le mot *capitulaire* en général désignait à cette époque tout ouvrage divisé par chapitres (*capitula*); de là l'étymologie de *capitulaires* ou lois divisées par sections et par chapitres.

Les capitulaires de Charlemagne sont les plus célèbres.

Il ne faut pas confondre les capitulaires des rois avec les *capitules* publiés au 8e siècle et dans les siècles suivants par les évêques, qui les appelaient aussi capitulaires : c'étaient des règlements rédigés dans les assemblées synodales ou tirés des canons des conciles et des ouvrages des saints-pères : ils traitaient de la discipline ecclésiastique.

CAPITULATION. On entend par capitulation l'arrangement qui a pour objet la reddition ou la soumission entre les mains de l'ennemi soit d'un corps de troupes, soit d'une ville, d'une forteresse ou d'un district, soit d'un navire de guerre, afin d'éviter l'effusion du sang lorsque la résistance est devenue inutile.

On indique à l'ennemi l'intention de capituler en arborant un drapeau blanc; les négociations commencent aussitôt par l'entremise de parlementaires.

Dans ces sortes de conventions on stipule généralement des garanties pour la sécurité des personnes, la sauve-garde des habitants, des lieux et des objets matériels auxquels elles s'appliquent, ainsi que pour le respect du culte, des usages et des coutumes du pays.

La capitulation, même sans conditions, ne donne pas au vainqueur le droit de mettre à mort ceux qui ont capitulé; il doit se borner à faire les soldats prisonniers.

Suivant le mérite et la durée de la résistance opposée, les capitulations militaires renferment souvent des stipulations spéciales, telles que la sortie des troupes avec les honneurs de la guerre, c'est-à-dire avec drapeaux déployés et au son des trompettes, ou la mise en liberté avec engagement de ne pas reprendre les armes jusqu'à la fin de la guerre.

Le commandant des troupes qui menacent ou assiègent une ville a le droit de faire insérer dans la capitulation des conditions concernant les opérations militaires, la personne ou les biens des soldats de la garnison ou des habitants, mais aucune stipulation se rapportant à la constitution politique et à l'administration qui capitule.

La faculté de conclure des capitulations appartient en principe aux chefs d'armées et d'escadres, aux commandants de places et de corps isolés, ou aux autres personnes ayant le droit de s'engager par voie de trève ou d'armistice.

En tout cas les capitulations doivent être considérées comme de simples conventions particulières, nées des circonstances individuelles où se trouve l'ennemi. Elles diffèrent des traités non seulement par la forme dans laquelle elles se concluent, mais parce qu'elles sont obligatoires sans ratification ultérieure des souverains, à moins que l'accomplissement de cette formalité n'ait été expressément réservé, ou que celui qui les a signées n'ait outre-passé les bornes du pouvoir qui lui était confié.

Une fois que la capitulation est signée, celui qui capitule n'a pas le droit, pendant le temps qui s'écoule entre la signa-ture et l'exécution de la capitulation, de détruire ou d'endommager les ouvrages de défense, les armes, les approvisionnements, les munitions qui sont en sa possession, à moins qu'il n'en ait été autrement convenu.

Il est bien entendu que nous n'envisageons ici les capitulations qu'au point de vue du droit des gens; quant à la responsabilité de l'acte de capituler en lui-même, c'est affaire de discipline intérieure, une question à régler entre l'officier militaire qui livre à l'ennemi une forteresse et le gouvernement qui lui en avait confié la garde: dans la plupart des pays la décision de ces questions est fixée par des dispositions expresses, le code militaire ou par des décrets spéciaux.

CAPITULATIONS. On comprend sous ce titre l'ensemble des immunités et des privilèges concédés anciennement par la Porte à la France, ainsi que la série des traités d'alliance et de commerce conclus entre les deux puissances à des époques postérieures, et dont la teneur constitue l'état et garantit la prérogative des ressortissants français dans les Etats du Sultan.

Ces prérogatives qui, dans l'origine, étaient l'apanage exclusif de la nation française, se sont peu à peu étendues à la plupart des autres Etats, et la dénomination de capitulation s'est appliquée à tous les actes sur lesquels sont basées les relations entre la Turquie et les autres puissances européennes représentées à Constantinople, de sorte qu'on peut dire que les capitulations sont la loi qui régit les sujets étrangers dans la Turquie et les Echelles du Levant.

Les capitulations, sous le rapport des immunités et des privilèges qu'elles consacrent, se résument en quatre catégories ou titres.

La première est relative aux ambassadeurs, aux consuls et aux drogmans de France, et au droit de protection et de juridiction exercé par eux „à l'effet d'assurer la tranquillité des Français dans les Etats du Grand-Seigneur".

La seconde catégorie comprend les négociants et les artisans, et règle en général tout ce qui a rapport au commerce.

La troisième concerne les capitaines et les équipages des navires marchands, et la navigation en général.

La quatrième a trait aux évêques et aux religieux des différents ordres, ainsi qu'aux églises du rite latin en Turquie.

Certaines dispositions de cette catégorie conservent aux religieux français, établis dans l'Eglise du Saint-sépulcre à Jérusalem, les lieux de visitation qui se trouvaient alors entre leurs mains et placent sous la protection et la sauve-garde de la France les pèlerins des nations qui n'ont point de traités avec la Porte.

Les capitulations sont exécutables dans toutes les parties de l'empire turc; elles s'appliquaient même aux provinces tributaires comme la Valachie, la Moldavie et la Serbie.

CAPITULATIONS MILITAIRES. On donne aussi le nom de *capitulations* aux traités par lesquels certains pays autorisent sur leur territoire le recrutement des soldats destinés à servir d'autres Etats. (*Voir* MERCENAIRES.)

CAPMANY Y MONTPALAU (Antonio de) publiciste espagnol, né à Barcelone en 1742, mort à Cadix le 14 novembre 1813. Il a été secrétaire de l'Académie royale d'histoire d'Espagne en 1790.

Capmany était un écrivain de mérite qui a composé plusieurs ouvrages dans diverses branches de la littérature. Parmi ses travaux qui se rattachent au droit international il faut citer:

Coleccion de antiguos tratados de paces y alianzas entre algunos reges de Aragon y diferentes principes infideles de Asia y Africa desde el siglo XIII hasta el XV. (Collections d'anciens traités de paix et d'alliance entre quelques rois de l'Aragon et differents princes infidèles de l'Asie et de l'Afrique, du 13e au 15e siècle.) Madrid 1786, 1 vol. in-4⁰.

Coleccion de los tratados de paz, alianza, comercio, ajustados por la corona de España con las potencias estranjeras, desde el reinado de don Felipe V hasta el presente. (Collection des traités de paix, d'alliance, de commerce, etc. conclus par la couronne d'Espagne avec les puissances étrangères, depuis le règne de Philippe V jusqu'à présent.) Madrid 1796—1801, 3 vol.

Memorias historicas de la marina, comercio y artes de la antigua ciudad de Barcelona. (Mémoires historiques concernant la marine, le commerce et les arts de l'antique cité de Barcelone.) 4 vol.

Ordenanzas navales de la corona de Aragon del año 1354. (Ordonnances navales de la couronne d'Aragon de l'année 1354.) 1 vol.

Ordenanzas militares del senescal y condestable de la corona de Aragon, promulgadas por el rey don Pedro IV en 1369. (Ordonnances militaires du sénéchal et connétable de la couronne d'Aragon,

promulguées par le roi Pierre IV en 1369.) 1 vol.

Noticias del armamento y gastos de mar y tierra de la segunda espedicion del rey don Alfonso V para la conquista de Nápoles, en 1432. (Notes de l'armement et des dépenses de mer et de terre de la seconde expédition du roi Alphonse V pour la conquête de Naples en 1432.) 1 vol.

Questiones criticas sobre varios puntos de historia economica, politica y militar. (Questions critiques sur divers points d'histoire économique, politique et militaire.)

Traduccion y commentarios de las leyes antiguas del cónsulado del mar, con el testo del original lemosino restituido á su integridad, debiendose á la España el origen y compilacion de este codigo nautico mercantil, el primero de Europa. (Traduction et commentaires des anciennes lois du consulat de la mer, avec le texte de l'original *limousin** restitué dans son intégrité : ainsi c'est à l'Espagne qu'on doit l'origine et la compilation de ce code de la marine marchande, le premier qu'ait connu l'Europe.) 2 vol. (*Voir* CONSULAT DE LA MER.)

CAPTIF. Se dit proprement des guerres de l'antiquité. Chez les anciens ce mot était employé comme l'équivalent de prisonnier de guerre, si ce n'est qu'il entraînait de plus l'idée de servitude ou d'esclavage; car généralement l'homme pris en guerre était ou pouvait être réduit à la *servitude* ou à l'*esclavage*.

Dans les temps modernes, le prisonnier peut être détenu, privé de sa liberté dans une certaine mesure; mais il n'est pas esclave.

S'est dit aussi des chrétiens que les Mahométans réduisaient en esclavage. (*Voir* PRISONNIER, ESCLAVE, SERVITUDE, ESCLAVAGE).

CAPTIVITÉ. Etat de captivité, privation de la liberté, *servitude, esclavage* (voir ces derniers mots).

Dans l'antiquité des peuples entiers ont été emmenés en captivité, transportés hors de leur pays, et réduits à l'esclavage. On cite notamment les captivités des Juifs en Egypte sous les Pharaons, à Ninive sous Salmanasar, et à Babylone sous Nabuchodonosor.

CAPTURE de navires *voir* BLOCUS.

CAPTURE de la contrebande. (*Voir* CONTREBANDE.)

---

*) Le *limousin* était un idiome ou dialecte originaire de l'ancien duché d'Aquitaine, et qui avait été introduit dans la Catalogne, le royaume de Valence et l'île de Majorque par le roi Jacques (Jayme) I le Conquérant.

CARATHÉODORY (Etienne). *Du droit international concernant les grands cours d'eau.* Leipsic 1861. Etude théorique et pratique sur la liberté de la navigation fluviale.

CARD (E. Rouard de), jurisconsulte français.

L'arbitrage international dans le passé, le present et l'avenir. Ouvrage couronné par la faculté de droit de Paris. Paris 1877 in 8⁰.

L'auteur suit le développement de l'arbitrage, sous ses différentes formes depuis les Grecs et les Romains jusqu'à la conférence de Bruxelles de 1875; il expose l'opinion des assemblées politiques de plusieurs pays en faveur de sa mesure; mais, tout en reconnaissant que „l'arbitrage est désormais appelé à jouer un rôle sérieux dans les rapports des peuples, il doute que, de longtemps encore, les tribunaux d'arbitres poissent imposer silence aux haines que les violences ont fait naître entre les divers peuples".

La guerre continentale dans ses rapports avec la propriété. Paris 1877, in 8'.

Dans cette étude sommaire l'auteur examine successivement les droits des belligérants sur les immeubles, les meubles et les biens incorporels de l'Etat et des particuliers; il précise les cas où le belligérant ne peut ni prendre ni détruire les objets qui appartiennent cependant à l'Etat, ainsi que les limites dans lesquelles il est permis de causer préjudice à la fortune des habitants, enfin il recherche les moyens d'assurer l'efficacité des règles qu'il trace dans son livre et que tendent à ce que „le droit prime la force".

De l'échange des actes de l'état civil entre nations par voie diplomatique. Paris 1879.

CARDINAL. Grand dignitaire de l'Eglise romaine, un des prélats qui composent le Sacré collège ou conseil du Pape et concourent dans le conclave à l'élection du chef de l'Eglise.

Les cardinaux sont au nombre de 70; ils sont nommés par le Pape, qui a le droit exclusif de choisir celui qu'il en juge digne parmi tous les prêtres de la chrétienté; ils appartiennent donc à toute les parties du monde catholique; mais certains pays en comptent un plus ou moins grand nombre, selon le temps et les circonstances.

Les cardinaux peuvent être envoyés comme ambassadeurs extraordinaires, chargés de missions spéciales, auprès des princes souverains; ils prennent alors le titre de *légats a later*, parce que le Saint Père est censé les détacher de ses côtés pour les envoyer en mission.

Les cardinaux sont les princes de l'Eglise; on leur donne ordinairement le titre d'*Éminence.*

CARLE (Giuseppe). Publiciste italien, avocat et professeur à l'université de Turin.

La faillite dans le droit international privé ou du conflit des lois de différentes nations en matière de faillite. Traduit et annoté par E. Dubois. Paris 1875.

L'auteur soutient que le principe de l'unité de la faillite est le plus conforme aux progrès de la science.

CARLOWITZ (traités de paix de) 1699. Le Sultan Mustapha II, forcé d'abandonner la Hongrie, la Transylvanie et la Bosnie à la suite des succès du roi de Pologne Sobieski et du prince Eugène de Savoie, de 1683 à 1698, accepta la médiation de l'Angleterre et de la Hollande.

Des conférences, auxquelles se rendirent les ambassadeurs de toutes les puissances belligérantes : L'empereur d'Autriche, le roi de Pologne, le czar de Russie, la république de Venise et la Porte ottomane, furent tenues dès le 14 novembre 1798 au village de Carlowitz, situé dans l'Esclavonie entre les deux camps ennemis, dont l'un était à Peterwaradin et l'autre à Belgrade. Elles aboutirent à des traités que chacune des puissances conclut avec la Turquie.

Selon les stipulations du traité signé par l'Autriche le 26 janvier 1699, l'Empereur conservait en sa possession la Transylvanie avec les anciennes limites, c'est-à-dire bornée par les propres montagnes, depuis les frontières de la Podolie, le long des limites de la Moldavie et de la Valachie et de là jusqu'à la rivière Marotch. La province de Temesvar avec les dépendances restait à l'empire ottoman.

L'Empereur devait jouir seul du pays situé entre la Theiss et le Danube, communément nommé Bacs. La limite des deux empires devait être marquée par une ligne tirée de l'extrémité du rivage de la Theiss vis-à-vis de Bitul jusqu'au Danube et une autre ligne tirée du rivage opposé du Danube jusqu'à la rivière de Bosut du côté de Morawitza, et de là jusqu'à l'endroit où la principale branche du Bosut tombe dans la Save. Cette rivière, depuis l'embouchure de la rivière du Bosut jusqu'à celle de la rivière d'Unna, servira aussi de limite aux deux empires entre l'Esclavonie et la Bosnie.

La rivière d'Unna séparera les deux empires entre la Croatie et la Bosnie. Les places situées loin de l'Unna et de la Save resteront à celle des deux parties qui en est en possession.

Une convention particulière pour les limites fut signée le 25 juillet 1700 entre les commissaires des deux empires.

La paix, signée le même jour, entre la Porte et la Pologne, stipulait que les anciennes limites étaient rétablies, particulièrement du côté de la Moldavie, sur le pied qu'elles étaient avant les deux dernières guerres.

La forteresse de Kominiec avec la Podolie et l'Ukraine en-decà du Dniéper étaient rendues à la Pologne.

La liberté de commerce était rétablie entre les deux nations.

D'après les conditions de leur traité, les Vénitiens conservaient la péninsule de la Morée, sauf la terre ferme et la forteresse de Lépante; les îles de Sainte-Maure, de Leucade, et d'Engia; les forteresses de Chain, de Sing, de Ciclus, de Gabella, de Castel-nuovo et de Risano, situées dans la Dalmatie.

Les îles de l'Archipel et leurs mers restaient sous la domination de la Porte, ainsi que le territoire et les dépendances de la seigneurie de Raguse.

Les Russes se bornèrent à conclure avec les Turcs une trève de deux ans, qui fut signée le 4 janvier 1799, et pendant laquelle les Russes et les Cosaques ne devaient faire aucune incursion sur les terres de la domination ottomane ni sur celles des Tartares de Crimée; de même les Turcs, les Tartares de Crimée et les autres hordes de Tartares ne devaient faire aucune incursion ni exercer aucun ravage sur territoire de la Russie.

La trève de Carlowitz ne tarda pas à être convertie en une paix de 30 ans, qui fut signée à Constantinople le 13 juillet 1700. Elle stipulait, entre autres conditions, que les villes de Bawan, de Kosi Kermen, de Nustres Kermen et de Sagis Kermen, situées sur le Dniéper et conquises par les Russes, seraient démolies sans pouvoir être jamais rebâties; leur terrain devait demeurer sous la domination de la Porte.

La ville d'Azof, avec toutes les petites villes de son territoire, anciennes et nouvelles, restait sous la domination de la Russie.

CAROLINE (loi). Code de lois criminelles donné par l'empereur Charles V à ses sujets, à la diète de Ratisbonne en 1532. Cette loi a servi de base au droit pénal de l'Allemagne jusqu'à l'époque où les principaux Etats de l'Allemagne élaborèrent des codes criminels particuliers ou adoptèrent le code pénal français.

CARTEL. En langage diplomatique on se sert de ce mot pour désigner les accords internationaux revêtus d'un caractère moins solennel que les traités et les conventions, dispensés le plus souvent de la formalité des ratifications, et négociés par des agents d'un rang secondaire appartenant à l'ordre administratif plutôt qu'à la hiérarchie diplomatique.

Les arrangements auxquels s'appliquent les cartels sont beaucoup plus restreints, plus spéciaux encore que les conventions; les stipulations en sont tantôt mutuelles, tantôt unilatérales et souvent même constituent en un simple échange de promesses.

Cette dénomination n'est plus guère usitée que pour les pactes entre belligérants concernant la rançon ou l'échange des prisonniers et des déserteurs militaires, ainsi que pour certains accords relatifs au service des douanes ou des postes.

CARTEL (navire de). Sous le nom de *navire de cartel* on désigne le bâtiment qui, muni d'un pavillon parlementaire ou de trève, est chargé d'effectuer un échange de prisonniers ou de porter à l'ennemi des propositions ayant un caractère pacifique.

Le droit de recourir à ce genre de communication avec l'ennemi peut dans certains cas être dévolu à un officier en sous-ordre, sans que pour cela les navires employés cessent d'être traités comme agissant au nom et sous la responsabilité de l'autorité suprême de l'Etat dont ils portent le pavillon et qui les a investis de la mission qu'ils remplissent.

Ces navires et leurs équipages, qu'ils appartiennent à la marine militaire ou à la marine marchande, ont droit à des égards particuliers et à toutes les facilités nécessaires pour remplir convenablement leur mandat; ils sont pour l'aller et le retour placés sous la protection du droit international, et considérés comme neutres à la condition de n'avoir à bord ni marchandises, ni munitions, ni autres armes qu'un canon pour faire les signaux, auxquels ils doivent recourir pour indiquer leur mission; ils doivent aussi hisser un pavillon spécial.

Par cela même qu'ils sont investis d'un mandat de confiance, les commandants des navires de cartel, ainsi que les marins placés sous leurs ordres, doivent se renfermer strictement dans les limites de leur mission, s'abstenir de tout acte d'hostilité, n'entretenir avec qui que ce soit des relations prohibées par les lois de la guerre, éviter avec un soin extrême tout ce qui pourrait faire dépouiller leur personne ou leur bâtiment des prérogatives consacrées par l'usage ou par les principes du droit des gens.

On admet l'emploi de navires étrangers pour le transport de cartels; dans ces cas la question de nationalité du pavillon est primée par celle de la mission poli-au navire.

Le pays dans les ports duquel abordent les navires porteurs de cartel peuvent, suivant les exigences militaires ou stratégiques, leur interdire l'accès des ports de guerre et des arsenaux maritimes.

CARTULAIRE. Livre ou registre sur lequel on transcrivait autrefois les chartes, les actes d'achat, de vente, d'échange, de donation, etc. concernant une église, un monastère, une seignerie, par conséquent les cartulaires renfermaient leurs titres, leurs droit, leurs immunités et leurs privilèges respectifs.

CAS. Ce qui est advenu ou peut advenir: événement, fait, circonstance.

Le fait ou l'événement considéré relativement à sa nature, à ses causes, à ses circonstances et à ses conséquences.

Situation d'une personne par rapport à un événement, à un fait, qui a ou doit avoir des conséquences pour elle.

Les cas *fortuits* ou *accidentels* sont ceux qui sont dûs au hasard seuls et n'ont par conséquent pus être prévus.

Les cas de *force majeure* sont ceux que rien ne pouvait empêcher.

En jurisprudence, cas est synonyme de cause ou procès, c'est l'espèce d'une loi, le délit ou le crime en cause.

En général, espèce particulière de fait, qu'il ressorte de l'histoire ou qu'il soit purement du domaine de l'hypothèse: c'est dans ce sens qu'il est le plus ordinairement employé dans le droit international, comme citation, preuve ou assertion à l'appui d'une opinion ou d'une appréciation.

CASANOVA (Ludovico), publiciste italien, né à Gênes le 8 décembre 1799, et mort dans la même ville le 24 septembre 1853.

Il a laissé après lui des leçons de droit international, qui sont classées parmi les meilleures productions de l'école italienne. Ces leçons sont au nombre de 38, dont les huit dernières traitent du droit international privé. Casanova considère les rapports juridiques entre les nations comme dérivant des mêmes principes que les rapports juridiques qui existent entre les individus.

Les *Lezioni del diritto internazionale* publiées à Florence en 2 volumes in-8°, avaient eu déjà deux éditions 1870. En 1876, M. Emilio Brusa, professeur de droit international à l'université de Modène, en a fait paraître, également à Florence, une troisième édition, enrichie de notes nombreuses et précédée d'une introduction fort étendue.

Cette introduction, qui forme à elle, seule un ouvrage complet, à été aussi imprimée à part sous le titre *Dell' odierno diritto internazionale pubblico. Studi critici di Emilio Brusa*. (Du droit international public actuel. Etudes critiques par Emilio Brusa) 1 vol. in-8.

CASR-SAID (traité de garantie). 1881. Dans le printemps de 1881, des tribus nomades dépendants de la Régence de Tunis ayant fait, sur le territoire de l'Algérie, des incursions que le gouvernement du Bey était impuissant à prévenir et à réprimer, la France entreprit contre elles une expédition, qui a eu pour résultat le traité de garantie conclu le 12 mai 1881 à Casr-Saïd entre la France et le Bey de Tunis, destiné à empêcher le renouvellement des désordres qui venaient de se produire sur les frontières des deux Etats et sur le littoral de la Tunisie, et à reserrer entre les deux Etats leurs anciennes relations d'amitié et de bon voisinage.

En vue de faciliter au gouvernement de la République française l'accomplissement des mesures qu'il s'engage à prendre pour atteindre le but que se proposent les parties contractantes, le Bey de Tunis consent à ce que l'autorité militaire française fasse occuper les points qu'elle jugera nécessaire pour assurer le rétablissement de l'ordre et la sécurité de la frontière et du littoral, cette occupation devant cesser lorsque les autorités militaires françaises et tunisiennes auront reconnu d'un commun accord que l'administration locale est en état de garantir le maintien de l'ordre.

Le gouverneur français s'engage à prêter un constant appui au Bey de Tunis contre tout danger qui menacerait sa personne ou sa dynastie et compromettrait la tranquillité de ses Etats.

La France se porte garante des traités existant entre la Régence et les diverses puissances européennes ; les agents diplomatiques et consulaires de la France en pays étrangers seront chargés de la protection des intérêts tunisiens et des nationaux de la Régence ; de son côté, le Bey s'engage à ne conclure aucun acte ayant un caractère international sans en avoir donné connaissance au gouvernement français et sans s'être entendu préalablement avec lui.

Les deux gouvernements se réservent de fixer les bases d'une organisation financière de la Régence, qui soit de nature à assurer le service de la dette publique et à garantir les droits des créanciers de la Tunisie.

Le gouverneur de la République française devait être dorénavant représenté auprès du Bey de Tunis par un ministre résident, chargé de veiller à l'exécution du traité et d'être l'intermédiaire des rapports du gouverneur français avec les autorités tunisiennes pour toutes les affaires communes aux deux pays.

Une contribution de guerre a été imposée aux tribus insoumises de la frontière et du littoral.

Afin de protéger l'Algérie contre la contrebande des armes et des munitions de guerre, le Bey de Tunis s'est engagé à prohiber toute introduction d'armes ou de munitions de guerre par l'île de Djerba, le port de Gabes ou les autres ports du sud de la Tunisie.

CASSATION. Acte juridique par lequel on casse, c'est-à-dire annule des jugements, des actes, des procédures.

Ce pouvoir d'annulation appartient à un tribunal spécial, qui porte le nom de Cour de cassation.

La Cour de cassation est une juridiction suprême, chargée de maintenir l'unité de la législation et de la jurisprudence et de prononcer sur les demandes en cassation contre les arrêts et les jugements en dernier ressort rendu par les cours et les tribunaux.

La cour de cassation ne connaît pas du fond des affaires ; elle juge seulement de la forme : c'est en quoi elle diffère des cours d'appel. Dans l'appel l'affaire est jugée de nouveau ; dans la cassation il ne s'agit pas autant d'un jugement que d'une vérification ; le juge de cassation a pour mission seulement de rechercher si la décision qui lui est déférée ne contient aucune violation de la loi ; lorsqu'il a prononcé, la loi considère la sentence comme définitive.

CASTILLO Y AYENSA (José). Publiciste espagnol. *Historia critica de las negociaciones con Roma desde la muerte de Fernando VII.* (Histoire critique des négociations avec Rome depuis la mort de Fernand VII). Madrid 1859, 2 vol. in 8 .

CASUS·BELLI. Cas ou cause de guerre : tout événement ou fait, qui peut causer la guerre ; tout acte d'une puissance de nature à la mettre en guerre avec une autre. (*Voir* GUERRE.

CASUS FŒDERIS. Ce terme interprété mot à mot signifie *cause de l'alliance :* c'est le cas dont la prévision est expressément stipulée dans le contrat d'alliance pour rendre obligatoires les engagements pris réciproquement par les alliés à l'égard l'un de l'autre ou les uns des autres. Ces engagements ne s'appliquent qu'à ces cas stipulés d'une façon toute spéciale. Ces stipulations portent le plus ordinairement sur les circonstances où l'allié doit prendre part à une guerre, soit directement par une action commune avec son co-contractant, soit indirectement en lui envoyant des subsides ou des secours en argent, en munitions ou en troupes. (*Voir* ALLIANCE)

CATHOLIQUE. Autrefois les Papes qualifiaient de *rois catholiques* les monarques de France et de Jérusalem ; depuis 1492 ce titre est porté exclusivement par les rois d'Espagne.

CAUCHY (Eugène), publiciste français, né à Paris en 1802, mort le 2 avril 1877 Il était membre de l'Institut de France (académie des sciences morales et politiques), et de l'Institut de droit international.

M. Cauchy s'était surtout attaché à l'étude du droit maritime. Son livre „Le droit maritime international, considéré dans ses origines et ses rapports avec les progrès de la civilisation", couronné en 1862 par l'Académie des sciences morales et politiques, est un des ouvrages les meilleurs et les plus complets qui aient été publiés sur la matière. L'auteur a envisagé son sujet au point de vue le plus élevé : après avoir recherché les origines du droit maritime dans les sources du droit naturel et du droit des gens il nous fait, à l'aide d'un résumé historique des plus instructifs, assister à ses applications diverses à travers les siècles et chez les différents peuples, ainsi qu'à son développement graduel à la suite du progrès des lumières et des idées modernes. M. Cauchy est partisan de la liberté des mers.

En 1866, au moment où les incidents de la guerre civile dont le nord de l'Amérique avait été le théâtre les années précédentes soulevaient de graves discussions entre les Etats-Unis et l'Angleterre, M. Cauchy a repris, pour en faire l'objet d'études spéciales et nouvelles, la question du *Respect de la propriété privée dans la guerre maritime*, qu'il avait déjà traitée dans le livre que nous venons de mentionner; les conclusions de ce mémoire reflètent naturellement les idées généreuses développées déjà dans le livre.

Voici les titres des deux ouvrages de M. Cauchy.

Le droit maritime international, considéré dans ses origines et dans ses rapports avec les progrès de la civilisation. Paris, 1862, 2 vol. in-8.

Respect de la propriété privée dans la guerre maritime, Paris, 1866.

CAUCUS. Nom donné aux Etats-Unis à certaines réunions préparatoires dans lesquelles on s'entend sur le choix d'un candidat, ou bien on soutient une opinion quelconque dans le but de la faire accepter par le parti auquel on appartient.

Quoique l'autorité des *caucus* soit dénuée d'une sanction légale, elle se maintient par la force de l'esprit de parti, surtout dans les temps de vive agitation électorale, l'adhésion à des choix réguliers étant considérée comme une condition indispensable du succès et comme le plus saint des devoirs politiques.

Ce mot a passé dans le langage politique de certains peuples européens.

CAUMONT (Aldrick Isidore Ferdinand), jurisconsulte français, né à Saint Vincent Cramesnil (Seine inférieure) le 15 mai 1825.

M. Caumont s'est occupé tout particulièrement d'affaires de droit maritime, sur lequel il a beaucoup écrit.

Ses principaux ouvrages en ce genre sont:

Dictionnaire universel de droit commercial et maritime, ou répertoire méthodique et alphabétique de législation, doctrine et jurisprudence nautique, etc. (1855—1869, in-8°), comprenant 36 traités particuliers.

Revue critique de jurisprudence maritime (1861, brochure in-8°).

Nantissement et vente des navires (1863, in-8°).

Cours public de droit maritime, au point de vue commercial, administratif et pénal (Le Hâvre 1866, in 8°); c'est la reproduction des conférences publiques dont l'auteur avait été chargé à l'hôtel de ville du Hâvre.

En outre M. Caumont a publié en 1862 une *Etude sur la vie et les travaux de Grotius, ou le droit naturel et le droit international,* — ouvrage qui a été couronné par l'Académie de Toulouse (in-8).

Les écrits de M. Caumont sont généralement empreints d'un sentiment profond d'équité et de libéralisme.

CAUSE. La *cause* est ce qui fait qu'une chose est ou se produit: le fait produit prend le nom d'*effet;* on nomme *cause* tout ce qui contribue d'une manière quelconque à la production de l'effet.

Parmi les causes on distingue les causes *efficientes*, ou les agents qui produisent, et parmi celles-ci les causes *premières*, qui produisent par elles seules, et les causes *secondes*, qui ne font que transmettre une puissance ou une action reçue d'une cause supérieure; les causes *matérielles*, ou les manières employée pour produire; les causes *finales*, ou le but qu'on se propose, les fins en vue desquelles on agit.

Il y a encore les causes *principales, accessoires, concurrentes, concomitantes, prédisposantes;* les causes *éloignées* ou *prochaines, médiates* ou *immédiates*, c'est-à-dire celles qui amènent le fait soit par l'intermédiaire d'une cause différente ou plus prochaine, soit par l'action insaisissable d'une propriété spéciale, ou celles qui déterminent la production d'un fait directement et par leur action propre: les causes *physiques* ou *morales*, suivant qu'elles produisent par elles-mêmes une action matérielle, ou qu'elles la déterminent seulement d'une manière indirecte.

Dans un sens général, le mot cause signifie tout sujet ou motif d'une action, et, par extension, parti, intérêt: ainsi l'on dit la cause ou le parti de quelqu'un. En jurisprudence, c'est le motif pour lequel une personne se détermine à contracter. Il se prend aussi comme synonyme de toute affaire contentieuse, de tout procès qui se plaide: c'est l'action exercée par l'une des parties par devant un tribunal.

La *mise en cause* est l'acte par lequel une partie contestante appelle un tiers à intervenir dans le procès, comme dans les cas de garantie, de solidarité etc., *mettre hors de cause* signifie que la mise en cause n'était pas fondée.

En style de chancellerie cette locution:

„à ces causes nous déclarons..." équivaut à: „nous déclarons, en considération de ce qui vient d'être exposé..."

„En tout état de cause", quoi qu'il en soit.

CAUTION, CAUTIONNEMENT. En droit la *caution* est la personne qui garantit l'accomplissement d'une obligation contractée par une autre et s'engage à y satisfaire dans le cas où celle-ci ne l'exécuterait pas.

Ce mot signifie aussi les sommes ou les valeurs fournies comme garantie: dans ce sens *caution* est souvent synonyme de *cautionnement*.

Le cautionnement est le contrat par lequel la caution s'oblige pour une autre personne; cet acte énonce la garantie donnée par la caution.

Le cautionnement est conventionnel, légal ou judiciaire.

Le cautionnement conventionnel est celui qui résulte uniquement de la volonté des contractants.

Le cautionnement légal est celui que la loi impose à certaines personnes, par exemple, à l'usufruitier, au créancier surenchérisseur, etc.

Le cautionnement judiciaire est celui qui est ordonné par jugement.

On entend aussi par cautionnement la somme déposée par un fonctionnaire public ou par un comptable pour répondre de sa bonne gestion. Les adjudicataires de marchés avec l'Etat doivent également verser un cautionnement comme garantie de la fidèle exécution de leurs engagements. L'importance du cautionnement varie selon la nature des fonctions ou la valeur des marchés *(voir* GARANTIE).

CAUTION JUDICATUM SOLVI. Garantie du paiement des frais du jugement.

C'est la caution qu'un étranger qui ne possède pas d'immeubles dans le pays, lorsqu'il est demandeur principal ou partie intervenante dans une action civile devant les tribunaux, est obligé de donner pour assurer le paiement des frais et des dommages et intérêts, résultant du procès auxquels il pourrait être condamné.

Des traités entre certaines puissances dispensent leurs ressortissants de fournir cette caution; mais c'est à titre de réciprocité.

CÉDULE. On donne le nom de *cédules* et de *contre-cédules* à certains actes employés dans les dispositions consistoriales émanées de la cour pontificals.

CELLI (Pierre). Publiciste italien. *Sistema di diritto internazionale moderno.* (Système de droit international moderne) Florence 1872.

Ce volume ne comprend que la partie générale de droit des gens, qui, selon l'auteur, doit être basé, avant tout, sur le principe de nationalité.

CENS. Chez les Grecs et les Romains, ce mot signifiait proprement la liste ou le registre qui contenait les noms de tous les citoyens avec l'indication de leurs biens et de leur résidence. Ce dénombrement avait pour objet l'établissement de l'impôt, le service militaire et l'organisation politique de l'Etat.

Le *cens* signifiait aussi la quantité d'impositions à payer par un citoyen romain, d'après ce dénombrement.

Selon la jurisprudence féodale, c'était la redevance que le possesseur d'une terre payait au seigneur.

Dans plusieurs pays de forme de gouvernement constitutionnelle, notamment en Belgique, le cens est la quotité d'impôts nécessaire pour être électeur ou éligible: on dit dans cette acception: le cens électoral, le cens d'éligibilité.

CENSEUR. Dans l'ancienne Rome, on donnait ce titre à deux magistrats chargés de dénombrer les citoyens, d'estimer les biens et de veiller au maintien des mœurs.

En politique, on nomme *censeur* le fonctionnaire préposé par le gouvernement à l'examen des livres, des journaux, des pièces de théâtre, etc., avant la publication ou la représentation.

CENSURE. Dans l'ancienne Rome, fonction et dignité de censeur.

En politique ce mot désigne l'examen que certains gouvernements font faire soit de tous les écrits, soit d'une catégorie particulière d'écrits, ainsi que des pièces de théâtre, avant d'en permettre la publication ou la représentation.

On entend aussi par censure une peine disciplinaire que les corps de magistrature, certaines corporations de fonctionnaires, les assemblées délibérantes prononcent contre ceux de leurs membres qui manquent aux devoirs de leur profession.

On appelle *censure ecclésiastique* des peines publiques prononcées par l'Eglise ou par un supérieur ecclésiastique: c'étaient l'excommunication, la suspension, l'interdit. Le droit de censure appartient au Pape dans toute l'Eglise et aux évêques dans les diocèses.

CENT JOURS (les.) Dénomination sous laquelle on mentionne l'espace de temps compris entre le retour de Napoléon I de l'île d'Elbe et son abdication. L'empereur débarqua à Cannes le 1er mars 1815, et se vit forcé d'abdiquer pour la seconde fois le 22 mai suivant.

CENTRE. Dans le langage des assemblées délibérantes, on donne le nom de *centre* à la partie qui siège au milieu de la salle: c'est là que se placent ordinairement ceux dont les opinions modérées tiennent le milieu entre les représentants du passé, qui siègent à droite, et les promoteurs du progrès, qui siègent à gauche.

On subdivise le centre en centre droit et en centre gauche, pour désigner les parties du centre qui inclinent vers les opinions de la droite ou de la gauche et qui s'en rapprochent par la place qu'elle occupent.

Dans les parlements allemand et prussien le centre, c'est le parti catholique.

CERCLE. Division territoriale dans l'Empire d'Allemagne.

L'empire germanique avait été divisé en 1387 par l'empereur Wenceslas en quatre grands cercles politiques; en 1438, l'empereur Albert établit six cercles; enfin en 1512. Maximilien I porta ce nombre à dix, formant les cercles d'Autriche, de Bavière, de Souabe, de Franconie, de Haute-Saxe, de Basse Saxe, de Westphalie, de Haut-Rhin, de Bas-Rhin et de Bourgogne.

Chaque cercle était gouverné par un directeur, qui présidait en même temps l'assemblée des Etats du cercle.

Cette division a subsisté jusqu'à la formation de la confédération du Rhin en 1806.

Cependant les Allemands donnent encore le nom de cercle (*Kreis*) à certaines circonscriptions, qui correspondent dans quelques pays aux départements, et dans d'autres aux arrondissements français.

CÉRÉMONIAL. *Définition et classification.* L'ensemble des usages observés dans certaines occasions solennelles, surtout dans les cérémonies politiques et religieuses.

Le cérémonial religieux comprend tout ce qui constitue le culte extérieur, fêtes, offrandes, prières publiques, consécration du mariage, des funérailles, etc.

Le cérémonial politique peut se diviser en cérémonial d'Etat et de cour, qui a pour objet les souverains et leur famille et se rapporte notamment au *couronnement*, au *sacre*, au *baise-main*, etc. (Voir ces mots), et en cérémonial diplomatique ou d'Etat à Etat, lequel comprend le cérémonial maritime.

Le cérémonial des cours consiste dans les règles que des conventions écrites ou tacites ont établies touchant les honneurs que les Etats ou les souverains s'accordent mutuellement suivant la hiérarchie reconnue. Les démonstrations fréquentes de courtoisie échangées entre les princes et les membres de leurs familles forment une partie importante de ce cérémonial: telles sont les notifications de l'avénement au trône, des mariages, des naissances et des décès des princes et des princesses; les félicitations à l'occasion d'événements heureux et les condoléances à la suite de malheurs de famille; les obligations prises comme parrain ou marraine d'un nouveau né, d'après l'invitation acceptée de tenir l'enfant sur les fonts de baptême; le deuil porté à l'occasion d'un décès; la réception solennelle des souverains et l'accueil officiel fait aux membres de leurs familles dans les visites que les princes se font les uns aux autres.

Les notifications, les félicitations, les condoléances se font le plus souvent par écrit, quelquefois aussi par les ministres accrédités, ou par des envoyés extraordinaires porteurs de la lettre de cérémonie, surtout s'il s'agit de notifier l'avénement d'un souverain au trône.

Enfin les souverains s'envoient quelquefois des présents par les mêmes voies diplomatiques, ou échangent les insignes de leurs ordres.

Le cérémonial à observer dans les diverses occasions varie pour la forme et le fond, selon les personnes, les lieux, les pays, parfois même suivant les saisons de l'année: tout dépend des circonstances.

Le cérémonial diplomatique ou d'ambassade règle les honneurs et les distinctions qui s'accordent aux diplomates en fonctions, suivant le rang que leur assigne la classe à laquelle ils appartiennent: c'est l'ensemble des formalités observées entre les Etats relativement à la réception des agents diplomatiques de chaque classe, aux qualifications honorifiques qui peuvent leur être données; au rang qui s'observe entre eux en leur propre hôtel, ou dehors ou envers de tierces personnes; à l'étiquette à suivre dans les audiences qui leur sont données; aux solennités publiques auxquelles ils assistent; aux honneurs militaires et aux

9*

autres distinctions dont ils sont l'objet; aux visites de cérémonie, etc. (*Voir* AGENT DIPLOMATIQUE, AMBASSADEUR).

Il appartient au souverain de déterminer le cérémonial concernant les honneurs et les distinctions qu'il veut accorder aux ministres publics accrédités auprès de sa personne.

Cérémonial diplomatique. Le cérémonial diplomatique comprend le *cérémonial de chancellerie* ou *protocole,* qui n'en est à proprement parler qu'une partie, lequel règle le cérémonial à observer dans les pièces diplomatiques : il indique les titres et les qualifications à donner aux Etats, à leurs chefs et à leurs ministres, la mesure des honneurs et le rang auxquels ils ont droit, les formules de courtoisie d'usage dans la rédaction des actes ou offices diplomatiques de toute nature. (*Voir* ACTE, AGENT ᴅ DIPLOMATIQUE, AMBASSADEUR, CHANCELLERIE, PROTOCOLE, TITRES.

Les omissions ou les infractions au cérémonial de chancellerie peuvent avoir de sérieuses conséquences, plus graves qu'on ne le supposerait par rapport à de simples formalités. Ainsi lorsqu'un Etat ou son représentant a manqué au cérémonial ordinairement adopté pour les actes et offices diplomatiques soit dans le choix des titres, soit en tout autre point de quelque importance, et qu'on ne s'empresse pas spontanément de redresser la faute, le gouvernement qui se trouve lésé dans ce qu'il croit avoir le droit de prétendre, relève l'erreur en avertissant, ou en protestant pour l'avenir, lorsqu'il présume que la faute a été faite avec intention; ou il affecte de l'ignorer; ou bien il refuse de faire une réponse quelconque avant d'en avoir obtenu le redressement. Quelquefois il déclare seulement qu'à l'avenir toute pièce qui ne sera pas rédigée selon le cérémonial usité sera renvoyée; souvent même, aussitôt après l'avoir reçue, il la déclare inadmissible.

Cérémonial militaire et maritime. Le cérémonial militaire et maritime fixe les honneurs à rendre par les corps de troupes ou les bâtiments de la marine de l'Etat aux souverains et aux personnes de leur famille, aux agents diplomatiques ou consulaires en mission.

Le pouvoir de régler le cérémonial militaire et maritime appartient à chaque Etat en particulier dans les limites de son territoire juridictionnel; mais son application aux autres nations est réglée dans la plupart des cas, soit par des conventions spéciales, soit par les usages consacrés en la matière.

Voici les règles générales qu'on peut en déduire.

Tous les Etats souverains sont égaux en ce qui concerne le cérémonial maritime. Les distinctions extérieures établies à cet égard ont un caractère tout-à-fait individuel et ne présupposent ni infériorité ni soumission.

A défaut de stipulations conventionnelles expresses, les saluts ne sont pas obligatoires et ne constituent, lorsqu'ils sont faits spontanément, qu'un acte de courtoisie et d'étiquette. (*Voir* SALUT.)

Lorsque deux navires de guerre ou deux escadres se rencontrent en pleine mer, la courtoisie exige que le commandant qui a le grade le moins élevé, salue le premier et que le salut lui soit rendu coup pour coup.

Si un navire de guerre isolé, quelle que soit sa force, rencontre une escadre, il est tenu de saluer le premier.

Les navires de guerre portant à leur bord des souverains, des membres de familles princières, des chefs d'Etat ou des ambassadeurs reçoivent le premier salut.

L'acte de ne pas rendre un salut peut bien être considéré comme une impolitesse justifiant une demande d'explications, mais ne saurait autoriser le recours à des actes hostiles.

Les navires marchands ne se doivent aucun salut, les capitaines qui y ont recours, soit en hissant leurs couleurs, soit en ferlant une voile, accomplissent un acte absolument volontaire et gracieux.

A l'entrée ou à la sortie des ports étrangers, comme au passage devant des forteresses, des batteries ou des garnisons d'un autre Etat, les navires de guerre doivent saluer les premiers, abstraction faite du rang de leurs commandants. Ces saluts sont toujours rendus coup pour coup, au moment même du mouillage et aussitôt que le bâtiment qui arrive a complété le nombre de coups de canon qu'il veut échanger.

Entre les navires et la terre le salut cesse d'être personnel; il revêt un caractère international, et l'initiative appartient invariablement au navire qui mouille dans des eaux étrangères.

Cependant on déroge à cette dernière règle lorsque le bâtiment porte à son bord des princes ou des agents diplomatiques, en un mot des personnes autorisées à réclamer une marque de déférence personnelle; dans ces cas ce sont les forts, les garnisons ou les batteries de la côte qui font le premier salut; mais ces sortes de distinctions accordées au rang de la personne qui aborde sur un territoire étranger ne constituent pas une exception aux principes établis; car, en dehors des lois de la politesse auxquelles nul n'est autorisé à se soustraire, il n'y a pas d'obligation stricte de répondre coup pour coup à de pareils saluts.

Pour les souverains, les princes et les princesses de sang royal les commandants ajoutent au salut des démonstrations consistant en ce que la garde présente les armes, le tambour bat aux champs, les matelots montent sur les vergues, un pavois ou un demi-pavois couvre le bâtiment et l'équipage fait entendre trois *vivat*.

Les ambassadeurs et les autres ministres publics qui arrivent dans un port de la nation près laquelle ils sont accrédités, à moins toutefois que le port ne soit la capitale du pays, doivent recevoir la visite des autorités locales.

Les ministres publics ne sont salués par le navire qui les a portés, que lorsqu'ils débarquent dans le port ou qu'ils prennent pied définitivement sur le territoire où ils viennent résider; les débarquements qui peuvent avoir lieu à l'occasion de relâches dans des ports intermédiaires, ne donnent lieu à aucun salut.

Lorsqu'un agent diplomatique fait une visite officielle, dans un port étranger, au commandant des forces navales de son pays, il est reçu avec les honneurs dûs à son rang; mais le salut par le canon n'a lieu que lors de la première visite, au moment où le ministre quitte le navire pour retourner à terre. Il est d'usage que pendant le salut qui en est l'objet, se tienne debout et rende le salut en se découvrant; les matelots suspendent la marche du canot qui le porte jusqu'au dernier coup de canon.

Le ministre public, à son débarquement dans un port de son pays, reçoit les mêmes honneurs de la part du commandant et de l'équipage, mais il n'est pas fait de salut par le canon.

Dans le cas où des navires de guerre appartenant à des nations différentes se trouvent réunis au même mouillage, si les commandants ont le même grade, c'est au dernier arrivé à faire le premier salut, qui lui est rendu coup pour coup, à moins que les lois territoriales n'y mettent obstacle.

Les commandants, lorsqu'ils se rencontrent dans les rades étrangères, se doivent aussi des visites de politesse. Les règles de la courtoisie exigent que le commandant qui se trouve au mouillage envoie complimenter le nouvel arrivant, et que celui-ci rende les félicitations qu'il a reçues. Cette première formalité accomplie, l'échange de visites personnelles a lieu suivant le rang des officiers, l'inférieur prenant toujours l'initiative de la visite à l'égard de son supérieur en grade. Les saluts faits au pavillon se rendent coup pour coup; ceux adressés au grade entre officiers de rang inégal se proportionnent généralement à la position hiérarchique du commandant qui a tiré le premier.

En principe la courtoisie internationale veut que les navires étrangers s'associent aux fêtes et aux démonstrations publiques qui se célèbrent dans le port où ils se trouvent; cependant si ces cérémonies se rattachent à des faits de nature à blesser les sentiments nationaux du pays auquel ils appartiennent, ces navires ont le droit de s'éloigner du port ou de garder une attitude passive.

Dans les cérémonies publiques qui se célèbrent à terre, il est d'usage pour les commandants des navires de guerre et leur état-major de débarquer et d'y figurer suivant leur rang. La préséance entre les officiers se règle dans ce cas d'après le grade, et à grade égal d'après l'ordre d'arrivée au mouillage.

L'ordre dans lequel doivent être placés les pavillons à bord des navires pavoisés dans ces occasions est un point que chaque État règle selon ses convenances particulières.

En ce qui concerne la marine française l'emploi de pavillons étrangers est défendu, et celui des couleurs nationales et des pavillons de signaux français seul prescrit pour les pavoisements; toutefois il est permis aux commandants des navires de se conformer aux usages locaux, mais sans jamais placer au même mât des couleurs étrangères et la flamme ou le pavillon national.

CÉRÉMONIAL, le, *officiel ou les honneurs, les préséances et les rangs civils, militaires, maritimes et diplomatiques, observés dans les cérémonies publiques et à la cour, d'après la législation et la jurisprudence ou les usages établis.* Paris 1865. 8ᵒ.

CÉRÉMONIES (grand-maître des). Dans les monarchies, grand-officier chargé de veiller au cérémonial de la cour et à toutes les prescriptions de l'étiquette, d'ordonner les cérémonies et d'y présider.

Maître, aide des cérémonies — officiers subordonnés au grand-maître, qu'ils assistent dans la préparation et la direction des cérémonies dans les solennités officielles.

CÉRÉMONIES PUBLIQUES. Manifestations extérieures et solennelles qui ont lieu par l'ordre et sous la direction du gouvernement, soit pour la commémoration d'un anniversaire, soit à l'occasion de quelque événement.

Les cérémonies publiques sont civiles, militaires ou religieuses.

Les agents diplomatiques étrangers doivent dans une cérémonie publique observer les règles de l'étiquette et de la courtoisie internationales.

(*Voir* AGENT DIPLOMATIQUE, AMBASSADEUR, CÉRÉMONIAL, PRÉSÉANCE.)

CERTIFICAT. Acte par lequel un individu, un fonctionnaire, un corps constitué rendent témoignage d'un fait qui est à leur connaissance.

Lorsque la personne qui délivre le certificat y est intéressée, le certificat devient une *déclaration* (Voir ce mot.

Les certificats, d'après leur origine, se distinguent en *privés* et en *publics* ou *authentiques.*

Les certificats *privés* émanent de simples particuliers; ils ont le plus souvent et plus spécialement pour objet d'attester la bonne conduite, les services, la condition des personnes auxquelles ils sont remis.

Les certificats *publics* sont délivrés par les autorités en forme d'actes authentiques et d'après les formalités prescrites par la loi. Il y a un grand nombre de circonstances où la production d'un certificat est une formalité nécessaire; par conséquent il y a beaucoup d'espèces de certificats.

Les plus usités sont :

Le *certificat de vie*, destiné à constater l'existence de quelqu'un, notamment d'un rentier ou d'un pensionnaire de l'Etat. Il doit indiquer avec précision l'âge, le lieu de naissance, le nom et les prénoms de la personne qui le réclame, et quelquefois aussi le motif pour lequel il est délivré. Il peut être délivré par une autorité judiciaire, ou administrative, ou municipale, ainsi que par un notaire.

Le comparant doit y opposer sa signature ou sa marque.

Le *certificat d'individualité*, qui a pour objet d'attester, d'une façon authentique, le nom, les prénoms, l'âge, la qualité et la demeure d'une personne. Il est ordinairement délivré par un notaire.

Le *certificat de bonne vie et mœurs*, qui sert à attester la moralité de la personne

à laquelle il est délivré; il émane le plus souvent des autorités municipales.

Les *certificats de capacité* sont des diplômes délivrés à des élèves ou à des aspirants à un emploi pour justifier qu'ils ont fait les études et acquis les connaissances déterminées par les règlements.

Les *certificats de stage* sont délivrés par les conseils ou chambres de discipline aux avocats, aux officiers ministériels pour attester qu'ils ont rempli certaines obligations prescrites par les règlements; ou par des chefs d'administration à des aspirants à une fonction pour constater qu'ils ont passé le temps de préparation exigé par la loi dans un établissement du genre de celui où ils désirent être employés définitivement.

Le *certificat d'indigence* est délivré par les autorités municipales, les bureaux de bienfaisances, les commissaires de police dans le but d'attester qu'un individu ne possède rien.

Le *certificat de résidence* sert à constater qu'une personne a fixé sa résidence, son domicile dans un endroit, et depuis ou pour combien de temps, comme aussi dans quel but.

Les *certificats de propriété* attestent le droit d'une ou de plusieurs personnes à la propriété ou simplement à la jouissance d'un immeuble ou d'un rente. Ils peuvent être dressés par des notaires, des juges de paix, des greffiers des tribunaux, etc. selon les circonstances.

Le *certificat d'origine* a pour objet de faire connaître l'origine d'une inscription de rente sur l'Etat.

Dans le commerce maritime, le *certificat d'origine* se dit de celui que les autorités locales ou les consuls délivrent afin de constater l'origine des marchandises qu'on embarque sur un navire dans le port où ils résident, c'est-à-dire le pays de production ou de fabrication. Ces certificats ne doivent être délivrés qu'après certitude dûment acquise de la véritable origine des produits dont il s'agit.

En pays étranger, ces différents certificats peuvent être délivrés par les ministres envoyés et les consuls à ceux de leurs nationaux qui sont dans le cas de produire dans leur pays des documents de cette nature.

En général les certificats doivent être revêtus du sceau officiel des fonctionnaires qui les délivrent, lorsqu'il existe un sceau officiel.

CESSION. En jurisprudence, c'est l'action par laquelle on cède, transporte ou abandonne à un autre la chose dont on est propriétaire. Ce mot se dit surtout du transport des droits.

Celui qui cède, transfère ou abandonne la chose est le cédant: celui qui accepte la cession ou le transport est le cessionnaire; l'acte qui constate cette mutation est nommé *transport, transfert* ou *cession.*

CESSION de territoire. La cession est un des moyens d'aliéner le territoire national, c'est à dire d'en transmettre la possession à un autre Etat.

La cession peut être volontaire, pour des motifs d'utilité politique, ou forcée, par suite d'une guerre, comme condition de paix,

Cession volontaire. La cession volontaire peut être stipulée moyennant le paiement d'un prix ou d'une indemnité; dans ce cas elle est assimilée à une véritable *vente* (Voir ce mot).

Quelquefois aussi, pour arrondir ou rectifier leurs frontières, prévenir des conflits ou simplifier l'action administrative, les Etats conviennent de se céder mutuellement des portions équivalentes de territoire; l'acte qui cimente ces concessions prend alors le nom de traité *d'echange.*

Les autres cessions qu'un Etat fait au profit d'un autre d'un territoire tout entier ou d'une portion de territoire, s'opèrent tantôt par un traité spécial, dit de cession, tantôt par une des clauses d'un traité général de *paix.* (Voir ce mot.)

Cession par suite de conquête. Lorsque la cession a lieu par suite de la *conquête* (Voir ce mot), elle n'est considérée comme définitive et valable, qu'autant qu'elle est consacrée par le traité de paix, qui contient ordinairement une renonciation formelle de l'ancien souverain au territoire que lui arrache le sort des armes. Le traité de paix ne règle pas seulement la question de possession; il pose en outre les bases des nouvelles relations que les modifications territoriales établissent entre les différentes parties intéressées.

Souvent les traités de paix portant cession de territoire renferment une clause par laquelle des commissaires sont nommés de part et d'autre à l'effet de rectifier les frontières, et généralement une autre clause accorde aux habitants des pays qui doivent changer de souverain un délai plus au moins long pour disposer, s'ils le jugent convenables, des biens qu'ils y possèdent ou pour se retirer dans tel autre pays, qu'il leur plaît de choisir.

Valabilité des cessions. Pour qu'une cession de territoire soit valable, il faut l'accord de l'Etat cédant et de l'Etat cessionaire, et une prise de possession effective par l'Etat acquéreur.

On a mis encore en avant une autre condition: c'est la reconnaissance de la cession par les personnes qui, habitant le territoire cédé et y jouissant de leurs droits politiques, passent au nouvel Etat; mais cette condition ne saurait être regardée comme admise d'une manière générale et définitive et formant désormais une des règles du droit des gens; dans certains cas, il est vrai, on a consulté le sentiment des populations au moyen d'une votation expresse; mais il faut reconnaître que ce mode de procéder n'a été appliqué qu'à des cas de cession amiable, et jamais un vainqueur n'a encore consenti à subordonner sa prise de possession au vote des populations des territoires qu'il a conquis ou qu'il entend s'annexer par le droit de la force.

Option. L'unique concession qu'on fasse à ces populations, c'est de leur laisser la faculté d'opter pour la conservation de leur ancienne nationalité ou pour l'acceptation de la nouvelle que la cession leur impose.

Le choix entre l'ancienne et la nouvelle nationalité se préjuge par le fait que quiconque ne déclare pas vouloir sa nationalité primitive est considéré comme ayant accepté la nouvelle, par contre les personnes qui font la déclaration requise, sont regardées comme des étrangers dans les pays cédés et peuvent dans les cas extrêmes être contraintes à émigrer.

Si la cession change ainsi les droits politiques des habitants du territoire et transfère au nouveau souverain la propriété du domaine public de son cédant, il n'en est pas de même de la propriété privée, qui demeure incommutable entre les mains de ses légitimes possesseurs; les relations mutuelles des citoyens et leurs droits de propriété subsistent intacts. L'Etat cessionaire n'a pas seulement le droit strict de respecter les droits acquis; il est encore moralement tenu de chercher par tous les moyens en son pouvoir à en garantir le maintien et à en améliorer ou à en faciliter l'exercice.

Cette doctrine a reçu la consécration des traités, qui ne se bornent plus à assurer aux citoyens des provinces détachées un temps suffisant pour réaliser leur fortune immobilière et la convertir en valeurs, qu'ils peuvent emporter avec eux dans le pays où ils préfèrent aller se fixer; ils les autorisent à conserver tous leurs biens et couvrent d'une protection égale leurs propriétés situées dans le pays passé sous une autre domination.

Effets de la cession. La cession d'une province ou d'une partie du territoire exerce une influence sur les relations de l'État cédant. Les droits qui lui appartenaient à l'égard d'autres États et les obligations qui lui incombaient par rapport au territoire cédé, cessent de le concerner et sont par le fait de la cession transmis à l'État cessionnaire. Toutefois les droits et les obligations résultant des traités conclus par un État ne sont pas nécessairement transmis en même temps que la partie du territoire dont il eu fait abandon. L'ancien État qui a seul contracté, reste l'ayant droit et l'obligé, attendu que l'État nouveau n'est ni partie contractante, ni successeur de la partie contractante.

La cession d'un territoire entier n'est pas une cession dans le sens strict du mot: la cession n'est qu'apparente, c'est la forme sous laquelle se consomme une véritable *incorporation*. (Voir ce mot.)

L'incorporation entraîne la chute de l'État cédé intégralement, qui s'absorbe et se confond désormais dans l'État acquéreur.

CHAMBELLAN. Officier chargé de veiller à tout ce qui regarde le service intérieur de la chambre du souverain.

Le grand-chambellan est le premier de ces officiers.

On donne aux chambellans le nom de gentilshommes de la chambre.

Il y a des chambellans dans presque toutes les cours; le plus souvent, c'est un simple titre.

CHAMBRE. Ce mot, qui vient du latin *camera*, désignait d'abord l'autorité qui administrait les biens particuliers du prince; la chambre, dans un sens absolu, signifiait la chambre du roi, et, par extention, les officiers de la chambre.

Puis le nom a été étendu à différentes juridictions religieuses, civiles, commerciales, et enfin aux grandes divisions des corps politiques, administratifs et judiciaires.

Assemblée qui entre en partage de la puissance législative : en France, sous la monarchie constitutionelle, la chambre des députés et la chambre des pairs, et sous la république actuelle, la chambre des députés et le sénat; en Angleterre, chambre des communs ou chambre basse, assemblée des députés des comtés et des bourgs, représentant la petite noblesse et le corps du peuple; et la chambre haute, chambre des pairs ou des lords, représentant la noblesse héréditaire.

Dans d'autres pays, il y a la chambre des représentants et la chambre des seigneurs, etc.

Nom de diverses juridictions spécifiées par une seconde désignation.

Chambre apostolique, tribunal établi à Rome pour traiter les affaires qui regardaient le trésor et le domaine du Pape;

Chambre ardente, commission nommée pour connaître des malversations de deniers publics; plus anciennement on nommait chambre ardente deux tribunaux, chargé de poursuivre l'un les cas d'hérésie, l'autre les crimes d'empoisonnement, et qui prononçaient la peine du feu contre les coupables;

Chambre des comptes, remplacée aujourd'hui par la cour des comptes;

Chambre ecclésiastique, qui connaissait des affaires qu'avaient rapport aux dîmes;

Chambres de l'édit, tribunaux institués par l'édit de Nantes pour juger les causes dans lesquelles les huguenots ou protestants français étaient parties principales: ces tribunaux étaient composés par moitié de catholiques et de protestants;

Chambre impériale, cour de justice, qui se tenait à Wezlar, et où l'on jugeait par appel les différends des princes et des villes de l'empire germanique;

Chambre étoilée, en Angleterre, juridiction tirée de la chambre des lords, pour connaître des accusations politiques;

Nom des sections de certains tribunaux : chambres de la cour de cassation, des cours d'appel : chambre des mises en accusation, chambre civile, chambre correctionnelle;

Chambres réunies, réunion de toutes les sections ou de plusieurs sections d'une cour;

Chambre des vacations, chambre formée de juges tirée des différentes chambres ou d'une section d'une cour pour administrer la justice pendant les vacances que la la cour prend chaque année;

Lieu où se réunit une assemblée qui porte le nom de chambre : chambre du conseil, pièce où les juges se retirent pour délibérer; et, par suite, l'assemblée du tribunal qui statue sans publicité sur certaines affaires;

Nom d'assemblées chargées de la discipline d'un corps, ou réunies en vue de certains intérêts : chambre des notaires, des avoués, etc.;

Chambres de commerce, réunion de notables commerçants instituées sous l'autorité du gouvernement (*Voir* COMMERCE).

CHAMP DE MARS, CHAMP DE MAI.

Dans l'origine on a donné ce nom aux assemblées des Francs, qui, depuis la conquête des Gaules au 5e siècle, se réunissaient en armes aux premiers jours du printemps, et délibéraient avec leur chef sur les affaires de l'Etat : tout guerrier, tout homme libre devait y prendre part.

Le roi Pepin, premier de la seconde race, changea l'époque de la convocation de ces assemblées, qui se réunirent dès lors aux kalendes de mai et prirent par conséquent le nom de *champ de mai.*

Ces réunions, régularisées et devenues périodiques, se transformèrent par la suite en Etats Généraux.

Ce fut dans une assemblée dite du champ de mai, qu'en 1815, pendant les cent jours, convoquée par Napoléon Ier à Paris sur le vaste terrain connu sous le nom de champ de Mars, et composée des membres de tous les collèges électoraux des départements et des arrondissements et de députations des armées de terre et de mer, fut proclamé le résultat des votes du peuple relativement à l'acceptation de l'acte additionnel aux constitutions de l'Empire.

CHANCELIER. *Histoire. Définition. Classification.*

Du temps de l'empire romain, on donnait le titre de chanceliers aux secrétaires de l'empereur, qui, lorsque celui ci rendait la justice se plaçaient derrière les barreaux (*cancelli*) dans l'enceinte qui séparait l'empereur du public

En France le titre de chancelier a été commun à plusieurs fonctions; mais le plus éminent était le chancelier de France, chef de la justice et de tous les conseils du roi; il était considéré comme premier officier de la couronne.

Les dignités de chancelier, de grand-chancelier ou d'archichancelier ont existé dans d'autres pays d'Europe; ainsi dans l'ancien empire d'Allemagne les électeurs de Mayence, de Trèves et de Cologne étaient archichanceliers de l'empire; leurs attributions se rattachaient à l'administration supérieure et à la direction de l'assemblée des Etats de l'empire. Aujourd'hui, dans certains Etats allemands, le chef de la justice porte le titre de chancelier de justice.

A Rome on nomme archichancelier du Saint-Siège le grand-chancelier de la cour du Pape.

En Angleterre on appelle Lord grand-chancelier (*Lord high chancellor*) un fonctionnaire auquel appartient de droit la présidence de la chambre des lords et qui est en même temps le chef de la justice et le président d'une cour particulière (*court of chancery*, cour de chancellerie).

Il y a en outre en Angleterre des chanceliers particuliers pour le duché de Lancaster et pour l'Irlande, et un chancelier de l'échiquier, qui remplit les fonctions de ministre des finances.

Autrefois le titre de chancelier était aussi donné, dans les maisons des princes, à certains fonctionnaires chargés de garder leurs sceaux et quelque fois d'administrer leurs biens.

Plusieurs ordres de chevalerie avaient leurs chanceliers. Actuellement encore l'ordre de la Légion d'honneur est administré par un fonctionnaire qui porte le titre de grand-chancelier.

Chancelier est aussi un titre conféré au premier fonctionnaire d'un Etat, ou au premier ministre: ainsi dans l'Empire d'Allemagne, le chancelier est le chef suprême de tous les services administratifs; il est seul responsable vis-à vis de l'empereur. En Russie le ministre des affaires étrangères porte le titre de chancelier.

Chanceliers de légation. Dans la diplomatie on donne le nom de chanceliers aux fonctionnaires chargés de la partie administrative et contentieuse des ambassades, des légations et des consulats.

Dans les légations les attributions des chanceliers consistent dans la transmission des actes judiciaires et des commissions rogatoires, la législation et la délivrance des passeports; l'instruction des réclamations relatives à des matières d'intérêt privé; la correspondance sur les renseignements de toute nature qui ne rentrent pas dans les attributions des autres branches de service; les affaires concernant l'état civil des nationaux à l'étranger, les successions ouvertes au profit des nationaux en pays étrangers, etc.

Les exigences de la comptabilité publique ont mis le gouvernement français dans la nécessité d'établir une chancellerie auprès de chacune de ses missions diplomatiques. Les titulaires de ces chancelleries, tous nommés par le chef de l'Etat, font partie de la suite des ministres publics, comptent parmi les personnes employées pour le service de l'ambassade ou de la légation, et jouissent, comme tels, des immunités diplomatiques; mais ils n'ont aucun rang à prétendre, car on ne saurait aller jusqu'à les considérer comme membres du corps diplomatique proprement dit; lorsque le chef de la mission est appelé à figurer dans une cérémonie publique ou à faire une démarche officielle et qu'il juge utile de se faire accompagner par son chancelier, celui-ci, si c'est dans le Levant, prend place après les députés de la nation et avant les autres négociants: mais si c'est en pays de chrétienté, il n'a aucun rang à prendre et, selon l'usage ou les convenances, se place derrière son chef ou à sa gauche; il peut porter un uniforme dans les cérémonies auxquelles il assiste en sa qualité officielle.

Les chanceliers ne reçoivent pas d'exequatur quand ils arrivent à leur poste; ils sont seulement reconnus par les autorités locales sur l'avis qui est donné à celles-ci de leur nomination par le chef de la mission sous les ordres duquel ils sont placés.

Quelquefois les chanceliers de légation reçoivent le titre de consul honoraire de seconde classe; mais c'est une distinction purement honorifique et personnelle, qui ne leur confère aucun des privilèges, aucune des attributions consulaires proprement dites.

Chanceliers de consulat. A chaque consulat est attaché un chancelier, qui est, à proprement parler, le chef des bureaux du consul.

En matière politique, administrative et commerciale les chanceliers remplissent les fonctions de secrétaires; ils transcrivent les décrets ou les ordres du gouvernement, les décisions ministérielles, les arrêts de l'ambassadeur ou du consul; quand les circonstances le permettent, ils procèdent, sous les ordres du consul, aux opérations de sauvetage et dressent l'inventaire des objets sauvés; ils rédigent les procès-verbaux d'enquête, de vente, etc.

Quand le consul exerce les fonctions judiciaires, dans les contrées du Levant et de l'extrême Orient par exemple, les chanceliers remplissent celles de greffiers et même d'huissiers pour les assignations qu'il y a lieu de donner, pour les significations et pour les actes de contrainte.

En leur qualité de notaires, les chanceliers dressent les actes authentiques qui intéressent leurs nationaux, en délivrent des grosses ou des expéditions, reçoivent des dépôts d'espèces, de titres, ou de documents de toute sorte, apposent les scellés sur les biens meubles et en cas de décès, font les inventaires, etc.

A défaut de chanceliers la compétence notariale appartient au consul, qui instru-

mente en présence des témoins exigés par les lois sur la matière.

Les chanceliers ont en outre une compétence exclusive pour la réception des contrats maritimes, tels qu'affrétement, polices de chargement et d'assurance, emprunts à la grosse, achats et ventes de navires ou des marchandises.

Les chanceliers ne peuvent exercer leurs fonctions notariales hors de l'arrondissement du poste auquel ils sont attachés, sous peine de destitution et sans préjudice de dommages et intérêts envers les parties; toutefois quand ils sont requis, et avec l'agrément de leur chef, ils peuvent se transporter momentanément hors de leur résidence pour faire des actes de leur ministère.

Les chanceliers sont agents comptables des recettes et des dépenses qu'ils effectuent en leur qualité officielle, ainsi que des dépôts et des consignations qu'ils reçoivent et qu'ils inscrivent sur des registres spéciaux.

En raison de leur responsabilité comme comptables, les chanceliers sont généralement assujettis à un cautionnement, donc le montant est déterminé par le ministre des finances sur la proposition du ministre des affaires étrangères.

Dans les chancelleries régulièrement constituées, les chanceliers instrumentent seuls lorsqu'ils ont été breveté *ad hoc,* et avec l'assistance du consul lorsqu'ils ont un titre d'institution moins étendu.

Dans tous les cas les actes reçus ou délivrés par eux doivent être visés et légalisés par le consul sous les ordres duquel ils sont placés.

Tous les actes originaux émanant du consulat, tous les registres d'ordre et de comptabilité qui en dépendent, sont placés sous la garde du chancelier, qui doit tenir à jour les différents registres prescrits par les règlements, afin qu'on puisse en tous temps vérifier le texte ou la date des actes passés par lui ou de ceux rentrant dans la compétence exclusive du consul (passe-ports, légalisations certificats etc.)

Quand les fonctions de chancelier ont été comprises dans l'exequatur du consul, le chancelier, à défaut de fonctionnaire d'un grade plus élevé et présent sur les lieux, supplée le consul absent ou empêché et agit auprès des autorités locales comme gérant intérimaire du poste auquel il est attaché.

La nomination des chanceliers n'est pas soumise à des règles uniformes. Dans certains pays, en France notamment, elle est faite par le gouvernement lui-même; dans d'autres elle est, sous réserve d'approbation ministérielle, abandonnée au libre arbitre des consuls.

Situation hiérarchique des chanceliers. Les chanceliers sont soumis directement aux ordres de leurs chefs, et tout acte d'insubordination de leur part peut entraîner leur révocation.

Comme fonctionnaires publics et agents comptables des deniers de l'Etat, les chanceliers ne peuvent être révoqués que par décret du chef du pouvoir exécutif, rendu sur le rapport du ministre des affaires étrangères; toutefois, dans certains cas majeur, lorsque, par exemple, un chancelier se rend coupable d'insubordination ou d'abus graves dans l'exercice de ses fonctions, le consul est autorisé à suspendre provisoirement son chancelier; mais ce n'est qu'après que la décision du consul a été officiellement confirmée, que l'agent suspendu est définitivement révoqué.

D'après les règlements de plusieurs Etats, les chanceliers ne sont pas admis à concourir à l'avancement consulaire. Telle était leur position en France il y a quelques années encore; mais aujourd'hui les chanceliers de première classe, après un certain temps de service, peuvent concourir pour les emplois d'agent vice-consul rétribué et de consul de seconde classe.

Cependant, lorsque l'importance du poste le comporte, par exemple dans certains consulats généraux, comme dans les missions diplomatiques, les chanceliers reçoivent le titre de vice-consuls, de consuls honoraires ou de directeurs de chancellerie, qualifications qui, bien que considérées comme purement honorifiques, les font plus ou moins directement rentrer dans le cadre consulaire.

Il y a même quelques gouvernements qui remettent la direction de la chancellerie à un vice-consul effectif, faisant partie du cadre consulaire et en cette qualité apte à devenir consul.

CHANCELLERIE. Lieu où l'on scelle du sceau du souverain ou de l'Etat les actes pour lesquels est requise cette formalité. — Corps des fonctionnaires employés à cet office.

Autrefois on appelait *grande chancellerie* celle où l'on scellait avec le grand sceau du roi gardé par le chancelier et qui avait autorité dans toute la France; et *petite chancellerie* celle qui était tenue par un maître des requêtes ou par un autre fonctionnaire, où l'on scellait avec un petit sceau, et qui n'avait autorité

que dans le ressort du parlement où elle était établie.

On désigne encore par chancellerie les bureaux, l'administration que dirige un chancelier et, par extention, l'hôtel même où réside un chancelier.

Il existe une chancellerie auprès de la plupart des missions diplomatiques et auprès de chaque consulat.

La chancellerie est le lieu où sont reçus les actes qui sont de la compétence de l'agent diplomatique ou du consul et où sont déposées et conservées les minutes de ces actes, ainsi que la caisse, les registres et les archives de la mission ou du consulat, c'est, à proprement parler, à la fois un secrétariat, un greffe, une étude de notaire et une caisse.

Dans les chancelleries doivent être gardés tous les actes originaux et tous les registres d'ordre et de comptabilité, ainsi que les bulletins des lois, le journal de la marine, les circulaires et les autres documents officiels transmis à la mission ou au consulat.

Une des principales fonctions des chanceliers consiste dans la tenue et la conservation des registres de chancellerie. Quelques-uns de ces registres sont facultatifs, d'autres obligatoires et prescrits par des ordonnances.

Parmi les registres obligatoires nous mentionnerons ceux destinés à l'enregistrement des correspondances, aux quittances à souche pour les perceptions de chancellerie, aux actes notariés passés en chancellerie, à l'inscription des actes de l'état civil, à la délivrance ou au visa des passe-ports, aux mouvements de la navigation, et à l'immatriculation des nationaux résidant à l'étranger: sur ce dernier registre peuvent se faire inscrire tous ceux des nationaux du consul qui veulent s'assurer sa protection et s'établir à l'étranger sans perdre leur nationalité, et y jouissant des droits qui leur sont accordés par les traités.

Dans l'intérêt des nationaux qui peuvent avoir à tout instant des actes à passer dans les chancelleries, il convient que la maison consulaire, où ces chancelleries doivent être placées, soit située en ville et, autant que possible, à proximité du port ou du quartier des affaires.

Les chancelleries doivent être ouvertes tous les jours, excepté les dimanches et les jours fériés. Le consul fixe les heures d'ouverture et de clôture des bureaux; en cas d'urgence, l'expédition des actes de l'état civil et de ceux relatifs à l'arrivée et au départ des voyageurs ou des navires, doit se faire même les dimanches et les jours fériés,

La fixation des heures pendant lesquelles dure la tenue des bureaux, est affichée à l'entrée de la chancellerie, ainsi que le tarif des droits afférents à chaque nature d'actes.

Les perceptions effectuées en vertu de ce tarif servent en général à couvrir les dépenses de chancellerie, et les excédents entrent dans les coffres du trésor ou servent, dans des proportions variables suivant les pays, à constituer des rémunérations personnelles pour les agents qui y ont concouru.

Les recettes des chancelleries diplomatiques et consulaires se composent des droits perçus au profit du budget de l'Etat conformément aux tarifs en vigueur, des bénéfices sur le change résultant de la conversion en traites des recettes des chancelleries et des dépôts de numéraire.

En droit canonique on désigne sous la dénomination de Chancellerie romaine la réunion des fonctionnaires chargés d'expédier et de revêtir du sceau qui en garantit l'authenticité les actes faits par le Pape dans le consistoire tels que, par exemple, la nomination des cardinaux, la préconisation des évêques.

Style de chancellerie, style consacré dans les actes qui émanent des chancelleries *(Voir* CORRESPONDANCE DIPLOMATIQUE).

CHANGEMENTS survenus dans les Etats. L'Etat subsiste aussi longtemps qu'il conserve son caractère de corps politique indépendant. Son identité n'est assujettie ni aux changements ni aux altérations intérieures qu'éprouvent ses institutions.

Les changements qui surviennent dans la constitution d'un Etat sont en principe sans portée pour le droit international. Un état momentané d'anarchie, un changement de dynastie, une modification de la forme du gouvernement n'empêchent pas la continuation de l'existence de l'Etat. Ces changements peuvent, il est vrai, altérer les relations particulières des gouvernements entre eux, mais ils n'atteignent ni ne modifient les rapports réciproques des Etats en ce qui concerne le droit international; ils n'ont pas une influence décisive sur la considération internationale de l'Etat, ne l'exemptent d'aucune obligation, ni ne le privent d'aucun de ses droits dans la sphère de ses relations extérieures.

Changements de constitution. Effets. A la suite d'un changement de constitution deviennent seuls sans effet les traités ou les rapports internationaux qui de leur nature ne concernent pas l'Etat même, mais la personne d'un souverain ou une dynastie, auxquelles ce changement enlève leur caractère de souverain ou de dynastie relativement à l'Etat ou il s'opère.

Pour que l'Etat se modifie ou que son identité extérieure change, il est indispensable que la société éprouve dans sa manière d'être un changement fondamental et de nature à altérer non seulement les conditions de la société qui le subit, mais encore celles de l'Etat lui même. Tout changement de ce genre affecte les relations internationales de l'Etat; et les effets peuvent s'en faire sentir sur les traités de commerce ou d'alliance, sur les dettes d'Etat, sur ce qui touche au domaine public et aux droits de propriété privée, sur les dommages et les préjudices causés au gouvernement ou aux sujets d'un autre Etat.

L'obligation qui résulte des traités, se fondant sur le contrat même et sur les relations mutuelles des parties contractantes, le changement apporté dans ces relations influe nécessairement sur l'accomplissement de cette obligation; donc, du moment que ces relations cessent, les effets du traité cessent aussi; dans d'autres cas, au contraire, le changement, quoique fondamental, qui survient dans la manière d'être de l'Etat, comporte le maintien et l'accomplissement rigoureux des engagements conventionnels antérieurs. On peut donc dire qu'en cette matière tout dépend des circonstances, de la nature et de la portée des traités, autant que du caractère et de la signification véritable et légitime des transformations politiques qui motivent le doute.

Un peuple libre qui change sa forme de gouvernement, ne s'exempte pas par ce seul fait de l'obligation de payer ses dettes antérieures. En effet, le peuple étant resté le même, la charge de pourvoir aux dettes publiques contractées au nom de la nation tout entière et par des agents suffisamment autorisés incombe de plein droit au gouvernement, quelle que soit sa forme ou sa dénomination. Or, par cela même qu'il a concentré entre ses mains et absorbé le domaine de l'Etat, le nouveau gouvernement recueille à fois, avec l'héritage de celui qui l'a précédé, le bénéfice de ses droits fiscaux et l'obligation d'acquitter religieusement les emprunts, les dettes et les autres charges analogues placées sous la garantie de la foi publique. Tels sont les principes qui ont été invariablement observés dans les annexions et les incorporations modernes de territoires et de nationalités; la question y est le plus souvent résolue par des clauses conventionnelles entraînant pour le nouvel Etat l'obligation de conserver à sa charge une portion de la dette contractée par l'ancien, correspondant soit au chiffre de sa population, soit au gage hypothécaire resté entre ses mains.

Quant aux questions de domanialité et de propriété privée qui peuvent surgir à la suite de changements fondamentaux dans le gouvernement et des transformations politiques d'un pays, voici en résumé la pratique généralement admise :

Actes d'un gouvernement intermédiaire. Les actes d'un gouvernement intermédiaire demeurent valables et doivent être reconnus par le gouvernement qui lui succède, si celui-ci a reconnu le gouvernement intermédiaire par un traité de paix antérieur ou postérieur, et, à plus forte raison, s'il a accédé à un ou à plusieurs de ces actes, soit par un traité conclu avec le gouvernement duquel ils émanent ou avec une tierce puissance, soit par une déclaration explicite ou même implicite de sa volonté.

Si les actes du gouvernement intermédiaire ont été conformes aux préceptes de la constitution et de l'administration ancienne et légitime du pays, il est évident que dans ce cas le gouvernement intermédiaire n'a agi que comme l'aurait fait le souverain légitime, et celui-ci, en ne reconnaissant pas ces actes, contreviendrait à la constitution et aux lois qui le dirigeaient avant son empêchement; il ne peut donc logiquement se refuser à en admettre la validité.

On peut en dire autant de tout acte auquel il n'a point pris part, mais dont la nécessité et l'utilité sont démontrées, quand bien même ils ne seraient pas conformes à la constitution et à l'administration légitimes.

Dans le cas où le gouvernement intermédiaire aurait exigé d'un sujet de l'Etat ou d'un étranger le paiement d'une dette due à l'Etat ou une prestation quelconque, en l'obligeant, par exemple, à se soumettre à une obligation conventionnelle, comme le paiement ou la prestation est censé alors avoir tourné au profit de l'Etat, le souverain légitime ne pourra annuler les engagements formés dans ces circonstances, ou bien il ne pourra le faire qu'en indemnisant la partie contractante du montant qu'elle aura avancé, sauf toutefois son recours contre l'usurpateur.

Il en sera de même lorsqu'il s'agit de fournitures faites au gouvernement intermédiaire et ayant tourné au profit de l'Etat; car l'Etat est tenu d'honneur de payer ce qu'il doit, quelle que soit la personne ou les personnes qui dirigent son gouvernement. Sa responsabilité du paiement deviendrait contestable, s'il y avait eu concussion, et si les objets acquis ou échangés n'avaient point été employés au service public. Du reste, si l'acquéreur a fait des améliorations réelles dans la chose qu'on veut lui faire rendre, il peut exiger d'en être indemnisé.

La responsabilité des actes de violence commis par un gouvernement, bien qu'illégitime, retombe sur celui qui lui succède, à tel point que le changement même de dynastie ne saurait l'en exempter.

CHARGÉ D'AFFAIRES. Nom donné à l'agent diplomatique qui, à défaut d'ambassadeur ou de ministre plénipotentiaire, est chargé de veiller aux intérêts de son gouvernement dans une cour étrangère.

Suivant la classification établie par les protocoles du congrès de Vienne du 19 mars 1815 et du congrès d'Aix-la-Chapelle du 21 novembre 1818, les chargés d'affaires appartiennent à la quatrième catégorie des agents diplomatiques.

Ils sont accrédités seulement auprès des ministres des affaires étrangères.

On distingue deux sortes de chargés d'affaires : ceux qui sont chefs d'une mission à titre permanent, et ceux qui ne sont chargés de la gestion d'une mission que par intérim.

Les premiers sont accrédités par lettres du ministre des affaires étrangères de leur pays remises au ministre du pays où ils doivent remplir leurs fonctions.

Les seconds ne remplissent qu'un service intérimaire, pour remplacer, par exemple, provisoirement ou temporairement, un ministre absent : ils sont ou envoyés *ad hoc* pour gérer les affaires de la mission; ou, appartenant au personnel de la légation comme conseiller ou secrétaire, ils sont présentés en qualité de chargés d'affaires par l'ambassadeur ou le ministre au moment où il se dispose à quitter son poste temporairement ou définitivement.

Le rang se règle entre les chargés d'affaires par la date de la lettre officielle et régulière de leur ministre des affaires étrangères qui les légitime; ceux à qui est confiée une mission permanente ont le pas sur ceux qui ne remplissent qu'un service intérimaire.

Cependant plusieurs Etats, par exemple l'Angleterre et la France, confèrent parfois à leurs premiers secrétaires d'ambassade quand ils remplissent par interim les fonctions de chargés d'affaires, le titre et le rang de ministres : ces agents sont alors classés, dans la cour où ils résident et pendant la durée de leur intérim, à la suite des chefs de légation.

Il peut arriver que ce soit un consul qui soit chargé provisoirement de la gestion des affaires d'un poste diplomatique ; dans ce cas il est accrédité en sa qualité diplomatique soit par une lettre du ministre des affaires étrangères de son pays au ministre du pays où il doit résider, soit par une lettre de l'agent diplomatique qu'il doit remplacer, soit par la présentation personnelle par cet agent au ministre des affaires étrangères du pays. Au retour de l'agent qu'il remplace, ses fonctions diplomatiques cessent sans qu'il soit besoin de lettre de rappel.

Le titre de chargé d'affaires est donné à un grand nombre de consuls généraux, notamment dans les pays d'Orient et les Etats secondaires de l'Amérique. Les consuls revêtus de ce titre sont considérés comme appartenant au corps diplomatique. Ils sont accrédités comme les autres chargés d'affaires ; à cet effet ils sont munis à la fois d'une commission pour les accréditer en leur qualité consulaire et d'une lettre de créance pour les accréditer en leur qualité diplomatique.

Ils signent les conventions et correspondent pour tout ce qui concerne la politique avec la direction compétente du ministère des affaires étrangères. Ils occupent en réalité une position intermédiaire entre le corps diplomatique et le corps consulaire : un consul général chargé d'affaires est le dernier parmi les chargés d'affaires et a le pas sur les consuls généraux.

(*Voir* AGENT DIPLOMATIQUE.)

CHARTE. Terme générique employé pour désigner un ancien titre de quelque nature qu'il soit, et plus particulièrement de vieux papiers, actes, documents relatifs à l'histoire, au droit public, et appartenant à une ville, à une communauté, etc.

On donnait aussi ce nom aux lettres et aux rescrits des rois ou des seigneurs contenant des concessions de franchises, de privilèges à des provinces, à des villes, ou à des particuliers, ainsi :

Charte normande, lettres patentes accordées aux Normands le 19 mars 1313 par le roi de France Louis X, dit le Hutin, corroborant les privilèges que la province de Normandie tenait de ses ducs

Chartes générales du Hainaut, ordonnance d'un archiduc, en 1619, contenant le recueil des anciennes lois du Hainaut.

La Grande-Charte d'Angleterre, par laquelle le roi Jean-sans terre, en 1215 accorda à la nation certains privilèges, qui sont regardés comme la base des libertés anglaises.

En France, la charte constitutionnelle ou simplement la *charte,* celle que Louis XVIII octroya en 1814, laquelle fut modifiée après la révolution de 1830 et abolie par celle de 1848.

Par suite on a fait du mot *charte* à peu près le synonyme de *constitution* (Voir ce mot.)

Acte législatif constituant une corporation.

CHARTISTES. Parti anglais formé il y a 50 ans environ et réclamant l'adoption d'une charte démocratique contenant des réformes sociales.

En 1839 et en 1841, ce parti présenta dans ce but au Parlement une pétition revêtue d'un grand nombre de signatures ; mais cette pétition fut repoussée, à une forte majorité par la chambre des communes.

Les chartistes paraissent, depuis cette époque, n'avoir fait aucune manifestation publique.

CHARTRE PRIVÉE. Le mot *charte,* qui n'est plus usité aujourd'hui dans ce sens, signifiait autrefois *prison.*

La *chartre privée* désignait tout lieu autre que la prison publique, où une personne était retenue sans l'autorité de la justice ; ce terme servait aussi à dénommer cet acte de détention illégale.

CHEF-LIEU. Lieu principal, se dit de l'endroit dont d'autres dépendent

C'était autrefois le principal lieu ou manoir d'un bénéfice qui avait d'autres bénéfices ou annexes dans sa dépendance, aujourd'hui c'est la ville ou le bourg siège d'une division administrative ; chef-lieu de département ou de préfecture ; d'arrondissements de canton.

CHEIK ou SCHEIKH. Mot arabe qui veut dire *ancien* ou *vieillard* : de là vient que ce titre est spécialement réservé aux chefs des tribus arabes, parceque le commandement est généralement déféré au plus âgé.

On donne aussi ce titre aux savants, aux desservants des mosquées et aux gens de loi.

CHEMINS DE FER. L'établissement et l'exploitation des chemins de fer qui relient entre eux deux ou plusieurs États voisins et aboutissent à leurs frontières respectives sans solution de continuité, ont occasioné la conclusion de conventions d'un genre particulier, qui ont principalement pour objet l'organisation du transit international pour les voyageurs et les marchandises dans ses rapports avec les douanes, la construction de travaux en commun de ports et de gares dans les zones frontières etc.

Raccordements des voies ferrées. Le travail le plus urgent qui s'offre au premier abord est celui du raccordement des lignes frontières. Voici les arrangements qui sont généralement adoptés par les compagnies chargées de prolonger les deux chemins, — chacune de son côté, jusqu'à un point de jonction déterminé.

Le raccordement du chemin de fer nouveau à ceux existants se combine de manière que les locomotives, les voitures et les wagons des deux pays puissent circuler sans entraves sur les différentes lignes.

On confie, autant que possible à une seule compagnie ou administration l'exploitation de la section comprise entre les stations frontières des deux chemins à relier et située partie sur le territoire de l'autre. Les règlements de police pour cette section sont rédigés d'après les mêmes principes, et l'exploitation organisée d'une manière uniforme.

Les deux gouvernements intéressés s'accordent pour que dans les stations où, dans l'un et dans l'autre pays, le chemin sera relié avec ceux existants, il y ait autant que possible correspondance entre les départs et les arrivées des trains les plus directs. Ils se réservent de déterminer le minimum des trains destinés au transport des voyageurs.

Service des voyageurs, service postal et télégraphique. Sur tout le parcours du chemin de fer il n'est point fait de différence entre les sujets des deux États quant au mode et au prix de transport et au temps de l'expédition; les voyageurs et les marchandises passant de l'un des deux États dans l'autre ne sont pas traités sur le territoire de l'État dans lequel ils entrent, moins favorablement que les voyageurs et les marchandises circulant à l'intérieur de chacun des deux pays.

Les deux gouvernements se confèrent respectivement le droit de faire escorter par leurs employé de douane les convois circulant entre les stations frontières des deux pays.

Les administrations des postes des deux États s'entendent entre elles relativement à l'emploi du chemin de fer pour le service postal entre les stations frontières; et les compagnies ou les administrations chargées de l'exploitation du chemin de fer sont tenues de transporter gratuitement par chaque convoi de voyageurs les voitures de la poste des deux gouvernements avec leur matériel de service, les lettres et les employés chargés du service.

Gares internationales, ponts-frontières. Parfois les trains venant de l'étranger aboutissent à une gare commune; dans ce cas les conventions déterminent les heures de passage aux frontières respectives, les escortes, les visites, les changements de voie, etc.

Dans d'autres circonstances les trains qui traversent la frontière sont obligés de changer de locomotives dans une station spéciale établie à cet effet, et l'une des deux administrations est tenue de fournir à l'autre, dans cette même station d'échange, les locaux nécessaires à l'établissement régulier de son service, ainsi qu'à l'abri de ses locomotives, de ses wagons et de son personnel d'exploitation.

Le raccordement des chemins de fer internationaux exige souvent des travaux particuliers, notamment la construction de ponts sur les rivières qui marquent ou traversent la zone-frontière; suivant les circonstances les conventions se bornent à mentionner l'engagement pris de part et d'autre pour l'accomplissement de l'œuvre d'après un devis arrêté entre les compagnies intéressées; ou bien elles règlent immédiatement tous les détails de construction, d'exploitation et de péage.

Service des douanes. Une des clauses les plus essentielles des conventions internationales relatives aux chemins de fer est celle qui réglemente tant pour les voyageurs que pour les marchandises la visite et le service de la douane au passage des trains dans la zone frontière de jour ou de nuit. La pratique suivie à cet égard peut se résumer ainsi:

Les voyageurs qui ne s'arrêtent pas à la première station ont le choix de faire visiter leurs bagages soit sur place, soit dans la ville de l'intérieur qui doit être le terme de leur voyage.

Les marchandises en transit doivent être placées dans des wagons à coulisses ou sous des bâches dûment fermées à l'aide de plomb ou de cadenas. Chaque convoi de marchandises doit être accompagné d'une feuille de route, distincte par lieu de destination, préparée par les soins des administrations des chemins de fer et soumise au visa des employés des douanes du lieu de provenance. Chaque convoi doit être placé sous l'escorte d'employés des douanes, qui doivent l'accompagner sur le territoire du pays voisin jusqu'à la première station où il y a un bureau de douane.

A l'arrivée des marchandises au lieu de destination, elles sont déposées dans des bâtiments susceptibles d'être fermés, fournis par les administrations des chemins de fer, agréés par l'administration des douanes, où elles restent sous la surveillance des employés de cette dernière ; le déchargement des wagons doit s'effectuer immédiatement après l'arrivée des convois.

Il va sans dire que les conventions laissent subsister intactes les lois de chaque pays sur les pénalités encourues dans le cas de fraude ou de contravention, ainsi que les règlements généraux sur les prohibitions ou les restrictions en matière d'importation, d'exportation ou de transit.

Lorsque les deux chemins se rejoignent dans une ville située à l'extrême frontière et destinée alors à devenir gare ou station commune, on stipule d'ordinaire que les deux Etats pourront, pour l'accomplissement des formalités de douane, constituer auprès du bureau des douanes de celui sur le territoire duquel est située cette station un service d'agents officiels installé dans les locaux loués à cet effet par la compagnie propriétaire de la station et désigné par l'apposition des armes nationales respectives.

Pour faciliter le service de ces agents il est d'usage de déclarer la voie ferrée entre la station commune et la station étrangère la plus rapprochée *route internationale* ouverte pour les deux pays à l'importation, à l'exportation et au transit; la surveillance s'y exerce de concert; mais le passage des convois de marchandises et de voyageurs s'y opère sans visite ni temps d'arrêt.

Les rapports entre les employés des deux pays exerçant leurs fonctions dans la station commune ont lieu sur le pied d'égalité, et dans l'exécution du service ils doivent se prêter mutuellement tout le concours, toute l'assistance possible sans s'écarter des règlements particuliers à chaque pays.

Les compagnies sont naturellement tenues de prendre des dispositions pour que deux convois allant en sens contraire ne se rencontrent jamais lors de la visite dans les gares communes, et pour qu'on maintienne un intervalle de dix minutes au moins entre le départ d'un train et l'arrivée de l'autre.

Quelquefois on convient d'établir des magasins distincts dans la station commune pour la garde et la manipulation des marchandises importées d'un pays dans l'autre.

Dans d'autres cas les postes de douaniers sont respectivement placés non dans une gare commune, mais dans deux gares différentes, peu distantes l'une de l'autre. Le service de ces douaniers est réglé comme dans les gares communes.

De plus, avec le consentement des deux gouvernements, il est établi pour le service du chemin de fer des télégraphes électro-magnétiques, qui peuvent être également installés le long du chemin de fer par les soins des deux gouvernements, chacun sur son territoire.

CHÉRIF ou SCHÉRIF. Mot arabe signifiant noble, prince ou seigneur.

C'est le titre que prennent les descendants de Mahomet par sa fille Fatime et son gendre Ali.

Il se donne spécialement aussi aux chefs de divers Etats, notamment aux princes qui gouvernent la Mecque, qu'on nomme grands chérifs, et aux souverains de Fez, de Maroc et de Tafilet.

CHEVALERIE. Au moyen âge la chevalerie formait une classe particulière de personnes, un corps régulièrement constitué, auquel étaient attachés certains privilèges, dans lequel on était admis en remplissant certaines cérémonies et d'où l'on était exclu suivant certaines formes. — On a longtemps confondu la chevalerie avec la noblesse féodale.

On donnait aussi le nom d'ordres chevaleresques à des institutions particulières, créées pour la plupart à l'époque des croisades, qui, outre les règlements spéciaux de la chevalerie, avaient encore des règlements spéciaux en rapport avec l'objet de leur établissement: ces ordres avaient surtout pour mission la défense du Saint-sépulcre et des pèlerins dans la terre-sainte; les principaux étaient ceux du *Temple, de Saint-Jean de Jérusalem, des chevaliers teutoniques,* etc.

Aujourd'hui on appelle ordres de chevalerie des distinctions honorifiques instituées par les gouvernements modernes pour récompenser le mérite.

Chaque Etat monarchique de l'Europe possède plusieurs de ces ordres, dont les décorations sont conférées par le souverain. Il en existe un seul en France: l'ordre national de la Légion d'honneur.

CHEVALIER. Citoyen du deuxième des trois ordres dans la république romaine.

Au moyen-âge, celui qui avait reçu l'ordre de la chevalerie.

Membre d'un ordre religieux ou militaire; celui qui a obtenu la décoration d'un des ordres institués par un souverain, et spécialement celui qui a le dernier grade dans les ordres qui en comptent plusieurs.

Simple titre de noblesse, au dessous de baron en France et de baronnet en Angleterre, donné à des personnes qui n'appartiennent à aucun ordre de chevalerie religieux ou militaire.

Anciennement on nommait chevaliers ès-lois ceux qui avaient obtenu le titre de chevalier à cause de leur capacité dans la jurisprudence.

On donnait le titre de chevalier d'honneur à un conseiller d'épée, qui avait séance et voix délibérative dans les cours souveraines.

CHIFFRE. On entend par *chiffres* les caractères ou signes conventionnels dont on se sert pour écrire des lettres inintelligibles pour les personnes qui n'en connaissent pas la valeur, qui, en d'autres termes, n'en ont pas la clef.

On désigne aussi sous le nom général de *chiffre* l'ensemble des caractères employés, le système de chiffrage lui-même.

Les gouvernements se servent d'un chiffrage qui leur est spécial pour mettre à l'abri de toute indiscrétion la correspondance postale et télégraphique avec leurs agents à l'étranger.

Le plus ordinairement on a recours à des caractères inconnus, à des nombres arbitraires, dont les correspondants ont à l'avance fixé entre eux la valeur et au moyen desquels ils marquent les lettres de l'alphabet, même les mots, des phrases entières. Ces caractères, signes ou nombres, sont disposés dans un certain ordre sur deux tables spéciales, dont l'une, dite chiffrante, sert à la transformation en chiffres du texte original,

et la seconde, dite déchiffrante, sert à la reconstitution en clair du texte chiffré.

Les systèmes de chiffres les plus en usage sont les chiffres arabes, les lettres de l'alphabet et les signes sténographiques détournés de leur acception ordinaire et employés tantôt seuls, tantôt combinés les uns avec les autres. Ce genre de chiffre s'appelle à simple clef ou à double clef, suivant que chaque signe, lettre ou figure, conserve invariablement la même valeur ou comporte des acceptions différentes subordonnées à telle ou telle combinaison alphabétique, à tel ou tel mot conventionnellement détourné de son sens propre.

Il y a aussi le système du ruban ou de la grille, méthode qui consiste à disposer une série de mots de manière qu'ils paraissent entremêlés au hasard et ne puissent avoir de sens exact et complet que pour le correspondant qui en a la clef. Son nom lui vient de cette clef, qui n'est autre chose qu'un ruban numéroté ou un carton découpé à jour, qu'on pose sur la dépêche à certains points de repère, et qui alternativement laisse apparaître ou recouvre les mots indispensables pour fournir un sens intelligible.

Il est un autre expédient, moins compliqué, lequel consiste à choisir un livre quelconque ayant eu plusieurs éditions; la clef se borne alors à trois chiffres: le premier indiquant la page du livre, le second la ligne, et le troisième le mot dont on doit se servir. Cette manière d'écrire et de lire, ne pouvant être comprise que par ceux qui connaissent le titre et l'édition du livre, offre d'assez nombreuses combinaisons, puisque le même mot se trouve à diverses pages et peut dès lors s'exprimer par des chiffres infiniment variés; mais elle a l'inconvénient d'être d'un emploi très lent.

Tous les postes diplomatiques et la plupart des postes consulaires sont munis d'une série de chiffres destinés à la correspondance secrète avec le ministre des affaires étrangères et aux rapports réservés et confidentiels avec les agents du département établis dans le même pays ou dans les Etats voisins.

Comme chaque cabinet fait à l'égard de la correspondance avec ses agents usage de procédés différents, tout diplomate ou consul, entrant en fonction, doit nécessairement y être initié.

L'agent consulaire qui vient à quitter son poste pour une cause quelconque, est tenu de sceller son chiffre jusqu'à son retour ou jusqu'à l'arrivée de son successeur, s'il confie l'*interim* à un agent n'appartenant pas à la carrière consulaire.

CHITTY (Joseph), jurisconsulte anglais, né en 1776, mort en 1841.

Treatise on the laws of nations relative to the legal effects of war on the commerce of belligerents and neutrals.

Traité sur le droit des gens relatif aux effets légaux de la guerre sur le commerce des belligérants et des neutres.

CHOSE JUGÉE. C'est en général un point de contestation qui a été décidé par les tribunaux; mais dans le langage juridique ce mot exprime ce qui a été décidé par un jugement en dernier ressort ou devenu inattaquable par les voies ordinaires de recours, c'est-à-dire par opposition ou appel.

L'autorité de la chose jugée n'a lieu qu'entre les mêmes parties, agissant dans les mêmes qualités et pour ce qui concerne le même objet; elle ne peut pas être opposée aux tiers.

CHRESTOMATHIE. Nom donné à certains recueils publiés sur divers sujets d'instruction; — se dit plus particulièrement d'un choix de morceaux d'auteurs réputés classiques dans une langue morte ou étrangère.

En droit international, on ne considère pas comme contre façon la reproduction littérale de passages isolés ou de petites parties d'un ouvrage déjà publié, ni l'insertion d'ouvrages publiés de petite étendue dans un ouvrage plus considérable, à condition que ce dernier ait un caractère scientifique qui lui soit propre, ou qu'il s'agisse de collections composées d'écrits de divers auteurs à l'usage des églises et des écoles, ou dans un but littéraire spécial, pourvu que les recueils de fragments ou d'extraits soient spécialement appropriés et adoptés à l'enseignements ou à l'étude, et qu'ils soient accompagnés de notes explicatives ou de traductions dans la langue du pays où ils sont imprimés. Cette dernière condition devient naturellement sans objet entre deux pays faisant usage de la même langue.

Dans tous les cas les auteurs et les sources mises à profit doivent être indiqués.

CHRIST (H.), Docteur en droit et avocat à Bâle (voir à l'article *de Seigneux*).

CHRISTIANISME, CHRÉTIEN, CHRÉTIENTÉ. Christianisme — doctrine religion et culte du Christ.

Chrétien — qui professe la religion du Christ, quelle que soit la secte à laquelle il appartienne.

Chrétienté — les peuples, les pays chrétiens. Les pays de chrétienté sont tous ceux où domine la religion du Christ : catholiques, romains, grecs, luthériens, calvinistes, anglicans, presbytériens, unitaires, congrégationalistes, mennonites, anabaptistes, moraves, méthodistes, quakers, etc. etc.

CHUQUISACA (traité de). Traité de fédération entre le Pérou et la Bolivie, signé à Chuquisaca le 15 novembre 1826.

Ce traité doit être rangé dans la catégorie des actes de précaution pris par les républiques hispano-américaines pour assurer leur indépendance nouvellement conquise contre toute tentative de reconquête par l'Espagne.

Il y est dit que les gouvernements du Pérou et de la Bolivie, „désirant assurer et affermir leur indépendance et leur liberté et reserrer les liens qui les unissent forment une alliance sous la dénomination de *Fédération bolivienne.*"

Le pouvoir exécutif de cette fédération était exercé par un chef suprême nommé à vie, et le pouvoir législatif, par un congrès fédéral, composé de 9 députés élus par chacun des Etats fédérés, suivaient une série de clauses de caractère constitutif ou organique fixant leurs attributions respectives.

Chaque Etat fédéré conservait néanmoins sa constitution et ses lois particulières, sans que le congrès fédéral ni le chef suprême de la Fédération eussent le droit d'y intervenir.

Les citoyens nés, ainsi que les habitants des Etats fédérés devaient jouir des mêmes droits civils et politiques, des mêmes immunités et privilèges que les citoyens nés et les habitants des pays respectifs, sans payer d'autres taxes, impôts ou contributions.

Le traité se terminait par une proposition de nommer des plénipotentiaires chargés de négocier l'accession de la République de Colombie à l'acte de fédération.

CICÉRON (Marcus Tullius Cicero), le plus célèbre des orateurs romains, né à Arpinum l'an 106 avant Jésus-Christ, mort l'an 43.

Cicéron avait beaucoup écrit; mais il ne nous est parvenu qu'une partie de ses ouvrages, qu'on divise en 4 catégories : 1° harangues politiques et juridiques; 2° livres de rhétorique parmi lesquels il faut citer en première ligne : *De l'orateur;*

3⁰ lettres dans lesquelles on a puisé de précieux matériaux pour l'histoire du temps; 4⁰ traités philosophiques, dont les plus importants sont *Des biens et des maux, De la nature des dieux*, et ceux qui traitent plus spécialement de matières se rattachant au droit des gens. *De legibus* (Des lois, 11 livres); *De officiis* (Des devoirs); *De justitia et jure* (De la justice et du droit); *Institutiones de jure naturali gentium et civili* (Institutions sur le droit naturel des gens et sur le droit civil); *De republica* (De la république), dont on a seulement des fragments.

Cicéron est le premier auteur dans les ouvrages duquel on trouve des règles précises du droit des gens coordonnées théoriquement. La base adoptée par lui est la loi *spéciale*, qui donnait aux traités une sanction religieuse.

CIRCONSCRIPTION. Division d'un territoire.

Le territoire peut être divisé à différents points de vue pour différents besoins : administratif, militaire, judiciaire, ecclésiastique.

CIRCULAIRE. Ecrit destiné à circuler, c'est-à-dire à répandre dans un certain classe, un certain groupe ou nombre de personnes, la connaissance de faits, d'opinions, d'avis, d'instructions.

Les ministres, les chefs d'administration, les préfets, les gouverneurs des provinces, les évêques adressent des circulaires à leurs subordonnés, pour leur servir de règle de conduite : ces actes n'obligent les fonctionnaires que dans le sphère de leurs fonctions, ils n'ont l'autorité de l'ordonnance que dans le cas où le chef de l'Etat les a revêtus de son approbation.

On nomme aussi *circulaire* ou *note circulaire* la note ou la dépêche qu'un ministre des affaires étrangères adresse aux agents diplomatiques de son pays avec recommandation d'en donner ou de n'en pas donner communication ou copie au gouvernement près lequel ils sont accrédités, ou que ce même ministre envoie directement aux ministres des affaires étrangères des autres pays.

CITÉ. Autrefois territoire dont les habitants se gouvernaient par leurs propres lois ; dans ce sens une cité pouvait ne renfermer que des bourgades ou des lieux fortifiés.

Quoi qu'il en soit, la cité est l'aggrégation des individus qui habitent dans une même enceinte, soumis aux mêmes lois et jouissant des mêmes droits.

Dans l'ancien empire romain, le mot cité désignait surtout les municipes ou villes principales des provinces qui avaient une curie, un forum etc.

On établit entre la *cité* et la *ville* cette distinction que la ville est l'ensemble des maisons et des édifices dans lesquels les citoyens résident, tandis que la cité est la réunion des citoyens, des habitants de la ville. Cependant le plus ordinairement l'un est employé comme synonyme de l'autre.

Droit de cité, aptitude à jouir des droits politiques attachés à la résidence dans la cité et communs aux citoyens, aux membres d'un Etat libre. Dans le droit moderne, le droit de cité, qu'on appelle aussi droit de bourgeoisie, est tantôt un titre d'adoption, tantôt un titre purement honorifique : dans le premier cas il confère une sorte de naturalisation et donne à celui qui l'a obtenu les privilèges politiques ou municipaux attribués aux habitants indigènes de la ville.

(Voir BOURGEOISIE, CITOYEN, INDIGÉNAT, NATURALISATION.)

CITOYEN. Celui ou celle qui jouit du droit de cité dans un Etat; — membre d'une cité, habitant d'un Etat libre, qui participe au pouvoir souverain par son suffrage, ou qui jouit de certains droits refusés à l'étranger.

Dans l'ancienne Rome, le titre de citoyen romain n'appartint d'abord qu'à ceux qui étaient nés à Rome; par la suite il fut étendu à tout individu né en Italie ou ailleurs, qui avait acquis le droit de cité romaine.

D'après le code français, est citoyen l'individu qui jouit en France des droits politiques, tels que le droit de concourir à l'élection des corps législatifs, celui de siéger comme juré etc. Tout Français de naissance, c'est-à-dire né en France ou à l'étranger d'un père français est citoyen de plein droit à l'âge de 21 ans; mais un étranger peut le devenir par la naturalisation.

La qualité de citoyen se perd par la naturalisation en pays étranger; par l'acceptation, non autorisée par le chef du pouvoir exécutif, de fonctions ou de pensions offertes par un gouvernement étranger; par l'acceptation, non autorisée, du service militaire à l'étranger, ou par l'affiliation à une corporation militaire étrangère; par tout établissement fait en pays étranger sans esprit de retour; par la condamnation à des peines afflictives ou infamantes.

Lorsqu'un individu a perdu ses droits

de citoyen, il lui suffit de recouvrer cette qualité pour rentrer dans ses droits.

Le mot citoyen est aussi employé comme synonyme d'habitant d'une ville, d'une cité, de sujet d'un Etat; mais dans cette dernière application l'usage en est limité aux ressortissants des républiques et des monarchies constitutionnelles.

CIVIL. Qui concerne les citoyens, qui appartient aux citoyens.

Droit civil, l'ensemble des lois qui règlent l'état des personnes, les biens et les divers manières d'acquérir la propriété — se dit par opposition à droit politique; droits civils, ceux dont la jouissance est garantie par la loi civile (*Voir* DROIT.);

En jurisprudence *civil* se dit par opposition à criminel : le civil, la voie civile; code, procès civil; tribunal civil; matière, procédure civile;

Partie civile, celui qui agit en son nom et dans son propre intérêt contre un accusé;

Intérêts civils, dédommagement dû sur les biens d'un criminel à celui qui a souffert du crime;

Requête civile, voie extraordinaire admise par la loi en certains cas pour faire retraiter un jugement ou un arrêt rendu en dernier ressort;

Etat civil, la condition d'une personne résultant de sa filiation, de ses alliances, de ses droits de famille. (*Voir* ÉTAT);

Actes civils, actes qui constatent l'état civil des personnes;

Officier de l'état civil, fonctionnaire chargé d'enregistrer les mariages, les naissances et les décès.

Liste civile, somme allouée au souverain sur le budget de l'Etat. (*Voir* LISTE);

Civil se dit aussi par opposition à politique, à militaire, à religieux : les autorités civiles, militaires, ecclésiastiques; bâtiments civils;

Guerre civile, guerre entre les citoyens. (*Voir* GUERRE);

Civil signifie qui appartient à la société, à un état policé, par opposition à sauvage.

CIVILISATION. Dans le sens le plus général, la civilisation, telle qu'on la comprend aujourd'hui, consiste dans l'ensemble des progrès matériels et moraux que l'humanité a accompli et qu'elle continue d'accomplir tous les jours.

Dans un sens plus restreint, la civilisation se dit du développement progressif des facultés de l'homme, dans le but d'améliorer sa condition morale et physique; — se dit de l'état de l'homme en

société, par opposition à *barbarie.* (*Voir* BARBARES).

La civilisation est la résultante de l'action réciproque de l'industrie, des arts, des sciences, des lettres, des mœurs, de la religion, en un mot de tout ce qui peut avoir une influence sur l'esprit de l'homme, contribuer à l'exercice et au développement de ses facultés, à la satisfaction de ses besoins, à son bien-être en général.

Le droit international est un des fruits les plus précieux de la civilisation: car il est devenu une des bases de l'organisation des sociétés, et par suite un élément essentiel de la marche harmonique de l'humanité.

CIVILISÉ. Doté de *civilisation,* qui jouit des avantages de la *civilisation.* (Voir ce mot.)

Société, nation civilisée, qui a des mœurs policées, des coutumes, des usages dénotant une certaine éducation morale, politique et économique, qui est organisée sur des bases stables et rationnelles, sur des principes d'ordre, de justice et d'humanité.

Les nations *civilisées,* par opposition aux nations *barbares,* ou *sauvages* (voir ces mots).

On peut admettre qu'il est du devoir des nations civilisées d'entreprendre l'éducation, la direction, en un mot, la civilisation des peuples sauvages, d'étendre de plus en plus le territoire des Etats civilisés, de constituer des autorités civilisées dans le plus grand nombre possible de contrées civilisées; mais pour atteindre ce but, les nations civilisées n'ont pas le droit de refouler les races sauvages ou barbares, de les détruire, d'anéantir leur race, ou d'usurper les terres sur lesquelles elles vivent.

CIVIQUE. Ce mot, qui peut remplacer celui de *civil* dans presque toutes ses acceptions, s'emploie exclusivement dans les phrases suivantes :

Serment civique, serment d'attachement à un nouvel ordre de choses, qu'on demandait pendant la révolution française;

Garde civique, garde composée de citoyens, garde nationale;

Vertus civiques, vertus qui distinguent le bon citoyen;

Couronne civique, couronne de chêne qu'on décernait chez les Romains à celui qui dans une bataille avait sauvé la vie à un citoyen.

CLAN. Synonyme de tribu ou de famille dans la langue poétique.

En Ecosse et en Irlande ce mot sert à

désigner des agglomérations de familles qui portent des dénominations communes, parceque, selon la tradition, elles descendent de la même souche. Chaque clan avait un chef, dont le pouvoir se transmettait régulièrement à ses descendants mâles, les membres du clan lui obéissaient comme à un père; ils se soutenaient entre eux avec un grand dévouement; les offenses reçues par l'un d'eux étaient ressenties et au besoin punies, ou plutôt vengées, par tous.

CLARKE (E)., publiciste anglais. *A treatise upon the law of extradition with the conventions upon the subject existing between England and foreign nations, and the cases decided thereon.* (Traité d'extradition, comprenant les conventions conclues à ce sujet entre l'Angletterre et les nations et angères, et les sentences rendues à cet égard.) Londres 1874. 8°. 2me édition.

CLASSE. L'ordre suivant lequel on range ou distribue diverses personnes ou diverses choses; se dit des personnes ou des choses qui sont de même nature ou ont entre elles une certaine conformité, ainsi que des rangs établis parmi les hommes par la diversité et l'inégalité de leurs conditions.

Ainsi le peuple romain était divisé en plusieurs classes suivant certaines conditions sociales et politiques.

Au moyen-âge, il y avait trois classes de personnes: les nobles, les vilains et les serfs.

Dans les sociétés modernes on distingue les hautes et les basses classes, les classes gouvernantes, les classes industrielles, les classes agricoles, les classes ouvrières ou laborieuses, etc.

Classe a aussi la simple acception de division: les classes de l'Institut, classe de fonctionnaires, correspondant à des différences d'attributions ou de traitement.

Ensemble d'objets de même nature ou de même qualité: classe de marchandises; marchandises de première ou de seconde classe.

CLAUSE. Disposition particulière ou accessoire insérée dans un traité, un contrat, un acte, soit public, soit particulier.

Clause expresse, dont l'objet est exprimé de manière à ne laisser aucun doute possible.

Clause tacite, qui n'est pas formellement exprimée, mais qui est sous-entendue ou peut se sous-entendre.

Clause conditionnelle, dont l'exécution dépend de certaines conditions, ou qui impose certaines conditions.

Clause résolutoire, qui entraîne l'annulation d'un acte et remet les choses au même état que s'il n'y avait pas eu de convention, soit dans le cas où l'une des parties n'exécute pas ses obligations, soit dans le cas d'un événement imprévu.

Clause pénale, qui, pour assurer l'exécution d'une obligation, impose une peine à quelqu'un au cas où il ne ferait pas la chose à laquelle il s'est obligé ou ne la ferait pas dans le temps voulu.

Clause de style, celle qu'on sous-entend dans un acte, ou celle, conclue en termes généraux, qu'y est insérée d'après l'usage plutôt que d'après une convention positivement arrêtée; les clauses de style s'insèrent habituellement dans les contrats de même genre.

CLERC. Nom donné à tous les ecclésiastiques en général, depuis le simple tonsuré jusqu'au prélat. Par opposition à laïque toute personne qui étudie pour entrer dans l'état ecclésiastique.

Dans les anciens parlements on appelait conseiller clerc celui qui était pourvu d'une charge affectée aux ecclésiastiques.

Au moyen âge le mot *clerc* était synonyme de lettré ou savant, parce qu'il n'y avait guère que les ecclésiastiques qui possédassent quelque instruction.

CLERCQ (Alexandre de), publiciste français, ancien ministre plénipotentiaire de 1ère classe, né à Paris le 23 décembre 1813. Nommé en 1848 sous-directeur des consulats et des affaires commerciales au ministère des affaires étrangères il quitta ce poste en 1861 pour rentrer dans la carrière extérieure. Il prit part à toutes les négociations commerciales, maritimes, littéraires, postales et télégraphiques engagées par le second Empire. Durant la guerre franco-allemande il dirigea, à Paris, le comité des neutres et présida le conseil des prises; puis il assista, comme plénipotentiaire, aux négociations du congrès de Bruxelles, à celles qui conduisirent au traité de Francfort et à la convention additionnelle du 11 décembre 1871; enfin il présida la commission chargée de ventiler les intérêts financiers de l'Alsace-Lorraine. M. de Clercq, retiré du service depuis 1878, s'est tout entier consacré à des travaux de cabinet parmi lesquels nous citerons:

Le recueil des traités, conventions et actes diplomatiques conclus par la France avec les puissances étrangères (1713-1884) publié sous les auspices du Ministre des affaires étrangères. Paris, 1864-1884. 14 vol. gr. in 8⁰.

Les documents sont classés dans l'ordre strictement chronologique, mais chaque volume est suivi d'une table par ordre alphabétique des puissances contractantes.

Guide pratique des consulats (2 vol. in-8⁰. 4 édit. 1880),

Formulaire des chancelleries diplomatiques et consulaires suivi du texte des principales lois, ordonnances, circulaires et instructions ministérielles relatives aux consulats (2 vol. in-8⁰. 5 édit. 1880).

Ces deux derniers ouvrages publiés avec la collaboration de M. le vicomte de Vallat, ancien consul général et ministre plénipotentiaire, forment en quelque sorte, par leur réunion, une encyclopédie méthodique de la matière, en ce qui concerne la France, où il n'existe pas de loi générale sur les consulats, régis encore par une foule d'ordonnances et d'édits, dont beaucoup remontent à l'ancien régime.

Le *guide pratique* est un exposé clair et coordonné des nombreuses règles disséminées dans ce dédale de documents officiels.

Le *formulaire* contient d'abord une série de formules pour les divers actes, que les consuls ou les chanceliers, peuvent avoir à rédiger, puis tous les documents officiels qui se rapportent à la nature et à la gestion des consulats.

Ces livres sont précédés et suivis de tables détaillées qui y rendent les recherches très-faciles.

CLERGÉ. Dans son sens le plus étendu ce mot désigne tous les clercs ou ecclésiastiques dont se compose l'église universelle. Dans un sens plus restreint il désigne le corps des ecclésiastiques attachés à une religion, à une église, à un pays, à une ville: ainsi on dit le clergé catholique, le clergé protestant; le clergé français, le clergé espagnol; le clergé de Paris, de Bordeaux etc.

Le clergé catholique se divise en clergé régulier, qui comprend les religieux et les religieuses astreints à une règle monastique, et en clergé séculier, composé des ecclésiastiques qui vivent dans le monde *(in seculo),* tels que les évêques, les curés etc., et qui sont spécialement chargés de dispenser aux fidèles les secours et les sacrements de la religion.

CLUNET (Edouard), publiciste français, né à Grenoble le 11 avril 1845. Associé de l'Institut de droit international. Fondateur et Directeur du *Journal du*

droit international privé et de la jurisprudence comparée. Paris, 1874—1885. 11 vol in-8⁰.

Recueil critique de doctrine, de jurisprudence et de législation concernant les étrangers et les conflits de lois dans les différents pays, publié avec le concours de jurisconsultes étrangers, notamment de M. M. Demangeat, Mancini etc.

Le *Journal du droit international privé* a pour but de „donner le tableau comparé du droit international privé dans son développement successif et de fournir de cette façon à la science la réunion des matériaux nécessaires pour permettre de déterminer *a posteriori* les principes rationnels de cette branche du droit".

Le journal contient à la fois des articles de doctrine écrits par des jurisconsultes français et étrangers, et de nombreux documents de jurisprudence internationale; suivant leur importance les décisions sont reproduites ou traduites intégralement, ou seulement analysées. Pour ce qui concerne la France en particulier, il est joint au journal, sous le titre de *Dictionnaire de la jurisprudence française et matière de droit international privé,* un résumé sommaire des principaux jugements des tribunaux français. Un supplément intitulé *documents,* donne le texte des traités, des lois ou des arrêtés concernant spécialement les étrangers dans leurs rapports avec la France, et les Français dans leurs rapports avec les pays étrangers. Enfin chaque volume se termine par des tables analytiques et chronologiques et la liste des noms des parties aux procès mentionnés.

De la saisie des objets appartenant aux exposants français et étrangers dans l'enceinte de l'Exposition et au dehors. Paris, 1878, a 92 pages.

Du défaut de validité de plusieurs traités diplomatiques conclus par la France. 1 vol. petit in-8⁰. Paris, 1880.

COADJUTEUR. Ecclésiastique qui est nommé pour aider un évêque ou un archevêque dans ses fonctions, et qui est ordinairement destiné à lui succéder après sa mort.

Le coadjuteur jouit des mêmes prérogatives que le titulaire.

COALITION. Réunion de personnes, de partis, de puissances pour poursuivre un but commun.

Dans l'histoire, ligue de plusieurs Etats réunis pour faire la guerre à un seul.

En politique, rapprochement d'hommes qui, bien qu'appartenant à des partis différents, se concertent pour renverser un ministère.

Dans l'ordre économique, association formée par des hommes d'une même profession, maîtres ou ouvriers, dans le but d'imposer certaines conditions de travail ou de salaire; ou par les producteurs ou les consommateurs pour modifier les prix et en général les conditions de l'échange.

COCCEJI (Henri baron de), en latin Coccejus, publiciste allemand né à Brême le 25 mars 1644, mort à Francfort-sur-l'Oder le 18 août 1719. Il professa successivement le droit à Heidelberg, à Utrecht et à Francfort-sur-l'Oder.

C'est un des nombreux commentateurs de Grotius (*Voir* GROTIUS), sur l'œuvre de qui il a publié le *Grotius illustratus* (Grotius illustré). Breslau 1744—48. 3 vol. in-fol.

Cocceji a beaucoup écrit sur le droit des gens. Citons entre autres:

Juris publici prudentia (science du droit public). Francfort, 1695. in-8º.

Hypomnemata juris (Mémoires de droit.) Francfort. in-8'.

Autonomia juris gentium. (Autonomie du droit des gens.) Francfort, 1718—1720.

Exercitationes juris gentium. (Exercices du droit des gens.) Lemgo, 1722. 2 vol.

Dissertatio de sacro sancto talionis jure. (Dissertation sur le droit sacro saint du talion.) Francfort, 1705. in-4º.

De armis illicitis. (Des armes défendues.)

De jure belli in amicos. (Du droit de la guerre à l'égard des amis.)

Dissertatio de postliminio in pace et amnestia. (Dissertation sur la postliminie en temps de paix et sur l'amnistie.)

Dissertatio de repræsentativa legatorum qualitate. (Dissertation sur la qualité représentative des ambassadeurs.) Heidelberg, 1680. in-4º.

Dissertatio de legato inviolabili. (Dissertation sur l'inviolabilité des ambassadeurs.) Heidelberg, 1684.

COCCEJI (Samuel), homme d'Etat et jurisconsulte allemand, fils de Henri baron de Cocceji, né à Heidelberg en 1679, mort à Berlin en 1755.

Il a rempli de hautes fonctions publiques en Prusse: président de la cour d'appel de Berlin en 1723, ministre d'Etat et de la guerre en 1727, chef des affaires ecclésiastiques et françaises en 1730, président du tribunal supérieur d'appel et directeur des fiefs en 1731, préposé à la justice pour tous les Etats prussiens en 1738.

Outre qu'il a publié les œuvres de son père, Henri Cocceji, il a écrit personnellement de nombreux ouvrages, parmi lesquels nous citerons.

Disputatio inauguralis de principio juris naturæ unico, vero et adæquato. (Dissertation inaugurale sur le principe unique, vrai et comparé du droit naturel.) Francfort-sur-l'Oder, 1699 in-4º.

De regimine usurpatoris rege ejecto. (Du gouvernement de l'usurpateur après le renversement du roi.) Francfort, 1702. in-4º.

De regali postarum jure. (Du droit royal des postes.) Francfort, 1703. in-4º.

Resolutiones dubiorum circa hypotheses de principio juris naturæ. (Solutions de points douteux sur des hypothèses du principe du droit naturel.) Francfort, 1705, in-4º.

Elementa jurisprudentiæ naturalis et romanæ. (Eléments de jurisprudence naturelle et romaine.) Berlin, 1740. in-8º.

Systema novum justitiæ naturalis, sive jura dei in homines. (Nouveau système de justice naturelle, ou droits de Dieu sur les hommes). Halle, 1748, in-8º.

CODE. Recueil de lois, de rescrits, de constitutions, &c. émanant de l'autorité souveraine.

Corps de lois renfermant un système complet de législation sur une matière déterminée: code civil, code de commerce, &c.; par extension on a donné le titre de code à des ouvrages de droit traitant d'une matière spéciale: code des propriétaires, code des chasses.

Se dit aussi d'un ouvrage renfermant un corps de doctrine, un ensemble de préceptes relatifs à une matière quelconque.

CODIFICATION. Rédaction d'un corps de lois d'après un plan systématique.

Travail à l'effet de réunir des lois éparses en un code ou corps de législation.

COERCION, COERCITION. Terme de jurisprudence: action, droit, pouvoir de contraindre: c'est un des attributs de la justice.

(*Coercition* est plus usité que *coercion*).

COÉTAT. Etat ou prince qui partage avec un autre la souveraineté d'un pays.

Autrefois Etat faisant partie de l'empire germanique.

COGNAT, COGNATION. Cognat se dit d'une personne qui est unie à une autre par un lien de parenté.

Dans la législation romaine, on appelait en général *cognats* tout ceux qui descendaient d'une souche commune.

Opposé au mot *agnat*, le terme *cognat*

désigne plus particulièrement les parents qui tiennent les uns aux autres par un ou plusieurs ascendants de la ligne féminine, sans unité de famille; tandisque les *agnats* sont ceux qui tiennent les uns aux autres par des personnes de la ligne masculine et forment une même famille. (*Voir* AGNAT.)

La *cognation* est le lien de parenté qui unit les cognats; en droit romain ce terme signifiait parenté naturelle.

COGORDAN (George), publiciste français, attaché au ministère des affaires étrangères.

La nationalité au point de vue des rapports internationaux. Paris 1879.

Cet ouvrage est un traité complet de la matière, qui y est envisagée sous toutes ses faces. Il comprend 8 chapitres, dont le premier est consacré à des *considérations* préliminaires, et notamment à la définition de la *nationalité* et à son importance. Le second chapitre traite de l'*acquisition de la nationalité par la naissance*, et le troisième de la *naturalisation*. Dans le quatrième sont examinés les *effets du mariage sur la nationalité de la femme.* Le cinquième fait connaître les *causes de déchéance de la nationalité,* et le sixième indique *les moyens de recouvrer la natio nalité perdue.* Le septième chapitre a pour objet la question particulière du *changement de nationalité par suite de cession de territoire.* Enfin dans le huitième et dernier chapitre l'auteur recherche comment s'opère la *constatation de la nationalité.*

Au livre proprement dit est joint un appendice contenant les documents français et étrangers relatifs aux questions qui y sont traitées.

COLECCION *de tratados celebrados por la República Argentina con las naciones estranjeras (publicacion oficial).* (Collection de traités conclus par la République Argentine avec les nations étrangères) (publication officielle). Buenos-Aires, 1863-1884, 3 vol. in-8.

COLLABORATEUR , COLLABORA-TION. Le *collaborateur* est celui qui travaille avec un autre à un même ouvrage. Se dit le plus souvent en parlant des oeuvres ou des publications littéraires.

La collaboration est l'action de travailler en commun à une même oeuvre, ou la participation à un travail.

Lorsqu'un ouvrage est ainsi le fruit de la collaboration de plusieurs auteurs, la propriété, à moins de conventions particulières, en appartient, soit par parts égales, soit collectivement, à tous ceux qui ont concouru à sa rédaction; mais le seul fait d'avoir coopéré à une oeuvre par des recherches, par des travaux accessoires, par une collaboration rétribuée, ne donne pas le droit de s'en prétendre l'auteur et d'en revendiquer la co-propriété.

COLLATION. Terme de jurisprudence: droit de nommer à un bénéfice ecclésiastique, action de conférer ce bénéfice.

Action de conférer un titre, une dignité un droit, une faveur.

Action de conférer un grade par faveur et indépendamment des examens, dans des circonstances exceptionnelles.

On nomme *collateur* celui qui confère le bénéfice, le titre, etc., et *collataire* celui en faveur de qui le droit de collation est exercé.

COLLATION DE PIÈCES. Action de collationner, de confronter ou de comparer la copie d'un écrit avec l'original, ou deux écrits ensemble, afin d'en constater l'exactitude, de vérifier s'il y a quelque chose de plus ou de moins dans l'un que dans l'autre.

On appelle copie collationnée la copie d'une pièce représentée et rendue, au bas de laquelle l'officier public qui la délivre a placé un certificat attestant sa conformité avec la pièce sur laquelle elle a été faite.

COLLÈGE. Corps de personnes revêtues de la même dignité, comme dans l'ancienne Rome le collège des augures, le collège des pontifes.

On appelle le *sacré collège* le corps des cardinaux, qui forment le conseil du Pape

C'est aussi une réunion de personnes légalement constituée dans un intérêt de corporation, ou pour l'accomplissement de certains actes déterminés : ainsi collège électoral ou assemblée d'électeurs à l'effet d'élire des députés, et spécialement la réunion des électeurs appelés à voter pour une même élection.

Ce terme de collège électoral est applicable plus particulièrement aux pays où le droit de suffrage est subordonné à un certain cens, ou bien où l'élection a lieu à deux degrés, ou encore où les collèges électoraux ne sont pas identiques avec les circonscriptions territoriales.

COLLUSION. Intelligence secrète entre deux ou plusieurs parties pour porter préjudice à un tiers, ou simplement pour le tromper.

C'est aussi l'intention ou le fait d'éluder une obligation.

COLOGAN (Bernard J. de), publiciste espagnol, né aux îles Canaries (Espagne), a été secrétaire de légation à Constantinople, à Caracas, au Mexique; il est actuellement Ministre résident d'Espagne en Colombie.

Estudios sobre nacionalidad, naturalizacion y ciudadania considerados como asunto interior de las legislaciones y sobre todo en sus relaciones con el derecho internacional.

(Etudes sur la nationalité, naturalisation et le droit de cité, considérées comme objet interne des législations, surtout dans leurs relations avec le droit international). Madrid, 1878. in 4). 437 pag.

C'est un traité complet de cette matière, dans lequel l'auteur met ses opinions en regard des celles des principaux publicistes. Ces questions, toujours difficiles à résoudre en Amérique à cause de la nombreuse émigration européenne et du changement de nationalité des émigrants, ainsi que de la nationalité de leurs fils, sont traitées avec beaucoup dà propos et l'état de la science est expliqué avec une grande clarté, surtout en ce qui touche les Etats-Unis et plus particulièrement l'Espagne et les républiques de l'Amérique du Sud.

COLOMBIE (Acte d'indépendance de la) Sous la domination espagnole, le pays connu aujourd'hui sous la dénomination des Etats Unis de Colombie formait la vice-royauté de la Nouvelle-Grenade. C'est vers l'année 1813 que commença à s'y développer le mouvement révolutionnaire, qui avait éclaté quelques années auparavant dans le Vénézuela; et ce ne fut qu'avec l'aide des patriotes de ce pays que put se réaliser l'affranchissement définitif.

Il en résulta que les deux nouveaux Etats décidèrent de former entre eux sous le nom de „République de Colombie" une union, à laquelle fut bientôt adjointe l'ancienne vice royauté de Quito, devenue également indépendante par le concours des patriotes vénézueliens et néo-grenadins.

Des représentants de l'une et l'autre province se réunirent dans les premiers jours du mois de juin 1821 dans la ville de Cuenta de la Nouvelle-Grenade, et affirmèrent leur indépendance et leur union par un acte, dans lequel était proclamée l'abolition de la domination espagnole et la création des Etats-Unis de Colombie.

L'union colombienne ne dura que jusqu'en 1831; dans le cours de cette année elle fut dissoute d'un commun accord,

et chacun des Etats, reprenant son autonomie et sa liberté d'action, se constitua en république séparée.

Voici la teneur de l'acte par lequel la Colombie proprement dite accomplit cette transformation politique.

„Art. 1er. Les provinces du centre de la Colombie forment un Etat nommé Nouvelle-Grenade, lequel sera organisé et constitué par la présente convention.

„Art. 2. Les limites de cet Etat sont les mêmes que celles qui en 1810 séparaient le territoire de la Nouvelle-Grenade des capitaineries générales du Vénézuela et du Guatémala et des possessions portugaises au Brésil : du côté du sud ses limites seront fixées d'une façon définitive au sud de la province de Pasto, aussitôt que ces arrangements nécessaires auront été pris concernant les départements de l'équateur, de l'Asuai et de Guayaquil; un décret séparé déterminera la ligne de conduite à suivre dans ce but.

„Art. 3. Aucune population appartenant à d'autres Etats, qui désirerait s'en séparer dans l'intention de se faire incorporer dans celui de la Nouvelle-Grenade, n'y sera admise; et il ne sera pas permis non plus à ceux qui font partie de la Nouvelle Grenade de s'unir à aucun autre Etat. Aucune acquisition, aucun échange ou aucun transfert de territoire ne seront reconnus de la part de la Nouvelle-Grenade, à moins qu'ils ne soient conclus au moyen de traités publics, conformément aux droits des nations, et ratifiés de la manière prescrite par sa constitution.

„Art. 4. L'Etat de la Nouvelle Grenade est prêt à conclure avec celui du Vénézuela de nouveaux traités, soit d'alliance, soit de toute autre sorte, qu'il pourra être convenu, pourvu qu'ils n'entraînent pas la renonciation aux droits de souveraineté.

„Art. 5. Il négociera aussi, aussitôt que possible, avec le même Etat le règlement des frontières et la conclusion des arrangements que pourront réclamer les droits, les intérêts et les relations réciproques de tous les Etats de la Colombie; en adoptant à cet effet les mesures qui seront d'un commun accord considérées les plus propres à opérer l'accomplissement amiable de chacune des ces fins.

„Art. 6. L'Etat de la Nouvelle Grenade reconnaît de la manière la plus solennelle et s'engage à payer aux créanciers, dans le pays ou étrangers, sa quote-part de la dette de la Colombie; et pour s'acquitter de ce devoir il adoptera de préférence les mesures qu'il jugera les plus efficaces.

En 1850, à la suite d'une modification constitutionnelle, le nom de République de la Nouvelle-Grenade a été de nouveau changé en celui de Confédération des Etats-Unis de Colombie.

COLONIE. Etablissement fondé par une nation dans un pays étranger, et plus particulièrement possession d'une nation européenne dans une autre partie du monde.

Les colonies, situées en général à de plus ou moins grandes distances de la métropole, restent sous sa dépendance; elles sont même considérées comme partie intégrante de l'Etat que constitue la nation à laquelle elles appartiennent. A cet égard la règle formulée par Vattel est généralement admise, savoir: „Toutes les fois que les lois politiques ou les traités n'ont pas établi de distinctions contraires, ce que l'on dit du territoire d'une nation s'applique en même temps à ses colonies."

C'est pourquoi, à moins de stipulations expresses en sens contraire, les traités que concluent des puissances qui possèdent des colonies, notamment les traités de commerce, de navigation, les conventions relatives à la propriété des œuvres littéraires et artistiques, s'étendent à ces colonies.

COLONISATION. Une nation a le droit d'explorer et de coloniser par elle-même et par ses nationaux tout territoire non compris dans le domaine d'une nation civilisée; ce droit n'entraîne pas celui de s'emparer de force de la terre ou d'en usurper la propriété, si la contrée est occupée par des indigènes plus ou moins barbares encore, et surtout si ceux-ci possèdent un gouvernement établi. L'équité prescrit de respecter ce gouvernement quel qu'il soit, et de traiter avec lui de l'acquisition ou de l'occupation du territoire qu'on convoite.

La nation qui exerce la première le droit de colonisation acquiert ainsi le droit d'acheter la première aux indigènes la terre sur laquelle elle projette de s'établir.

COMBAT, combattant, non-combattant. C'est en général l'action soit d'attaquer un ennemi, soit d'en soutenir ou d'en repousser l'attaque.

On appelle combat naval le combat qui se livre sur mer entre plusieurs navires.

- On considère comme *combattant* quiconque prend une part active à un combat.

Les combattants sont ceux qui prennent personnellement part à la guerre, font régulièrement partie de l'armée et sont placés sous les ordres d'une puissance ennemie. (*Voir* BELLIGÉRANT, ENNEMI.)

Les corps libres autorisés par l'Etat, bien qu'opérant sans se joindre à l'armée régulière, sont assimilés aux troupes qui composent cette armée, ainsi que les corps francs non autorisés, lorsqu'ils sont organisés militairement et combattent pour un but politique. (*Voir* MILICE, FRANC-TIREURS.)

Les combattants sont assujettis aux lois de la guerre; exposés aux dangers des batailles, ils peuvent être blessés, mutilés ou tués. Les militaires non-combattants (officiers et employés d'administration, de l'intendance, musiciens, chirurgiens, aumôniers, cantiniers) sont soumis aux mêmes vicissitudes que le corps auquel ils appartiennent; toutefois il est contraire aux usages de la guerre de les attaquer isolément; mais lorsque dans la chaleur du combat l'attaque s'étend par cas imprévu jusqu'à eux, il est naturellement permis au non-combattant de se défendre et de tuer son adversaire.

Quant aux habitants d'un pays envahi paisibles et non combattants, il ne doit être pris contre eux d'autres mesures que celles qu'exigent la sûreté et les besoins de l'armée, telles que fourniture de vivres, paiement de contributions etc.; mais leur personne, leurs propriétés, leur commerce avec les Etats neutres doivent être respectés.

Mais lorsque la population entière se lève pour la défense du territoire, tous les citoyens qui prennent les armes peuvent être traités comme les combattants. Le fait de la levée en masse transforme tout citoyen valide d'ennemi passif en ennemi actif; dès lors l'armée envahissante est avertie qu'elle n'a plus affaire qu'à des soldats, et la distinction entre les militaires et les non-militaires devient superflue. En droit strict, on peut dire que la levée en masse confère à la population qui y a recours le caractère de combattant et la place en cas de défaite sous le régime réservé aux prisonniers de guerre.

COMBES (F.), historien français. *Histoire générale de la diplomatie européenne. Histoire de la formation de l'équilibre européen par les traités de Westphalie et des Pyrénées.* Paris 1854. 8⁰.

COMICES. Nom que les Romains donnaient à leurs assemblées pour élire les magistrats ou pour traiter des affaires importantes de la république.

Dans le langage politique moderne ce mot est synonyme d'assemblée électorale ou de réunion d'électeurs primaires.

COMITAT. Nom donné synonyme de comté par la cour de Vienne aux divisions civiles et administratives de la Hongrie, que les Hongrois appellent *vármegye* (territoire du château).

Ces circonscriptions sont d'une étendue très différente, mais elles ont toutes la même égalité devant le droit politique.

COMITÉ. Réunion de personnes commises par une autorité quelconque, par une assemblée etc., pour examiner une question, une affaire et en faire un rapport, donner un avis, préparer une délibération.

Un comité est quelquefois une partie d'un corps plus nombreux; souvent aussi il est unique et chargé d'exécuter les décisions d'une assemblée ou de veiller à leur exécution; dans ce cas on le qualifie de *comité exécutif.*

Comité secret se dit des assemblées législatives lorsqu'elles excluent le public de la salle de leurs séances pour délibérer en secret sur des questions particulières, sur des affaires qui n'admettent pas la publicité, ou dont la publicité serait momentanément inopportune.

En Angleterre, chaque chambre du parlement, dans certains cas prévus, se forme tout entière en comité: c'est ce qu'on appelle *comité général;* alors elle abandonne la solennité ordinaire des débats et remplace son *speaker* par un président temporaire.

Chaque administration, chaque branche de service public peut avoir ses comités spéciaux: ainsi au ministère de la guerre, il y a des comités consultatifs pour les différentes armes; et dans les autres ministères des comités attachés à différentes sections.

COMMANDEUR. Dans les anciens ordres militaires, chevalier pourvu d'une commanderie (espèce de bénéfice).

Le Grand-Commandeur était la première dignité de l'ordre de Malte après celle de grand-maître.

Aujourd'hui le titre de commandeur désigne, dans plusieurs ordres civils ou militaires, un grade plus ou moins élevé, mais purement honorifique. Dans l'ordre de la Légion d'honneur, ce grade est le troisième, immédiatement au-dessus de celui d'officier.

Chez les musulmans, les califes se donnaient le titre de *commandeur des croyants.*

COMMENTAIRE. Eclaircissements, notes et explications sur un livre, un texte, pour en faciliter l'intelligence.

Il y a des commentaires critiques ou philologiques, qui portent sur la vraie manière de lire un auteur, des commentaires exégétiques, destinés à expliquer le texte; des commentaires littéraires, qui en font apprécier les beautés ou les défauts.

Les livres saints ont donné lieu à un grand nombre de commentaires; cette branche prend les noms d'*exégèse* et *herméneutique* (voir ces mots).

En législation, on nomme *le commentaire* l'explication d'une matière en suivant l'ordre du texte législatif, par opposition au traité où l'on suit l'ordre logique.

Le nom de *commentaires,* au pluriel, a été donné à des mémoires historiques, écrits par ceux qui ont eu la plus grande part aux événements qui y sont rapportés: tels les commentaires de César, les commentaires de Montluc.

COMMENTATEUR. Celui ou celle qui commente, qui explique par un commentaire, qui écrit des commentaires.

On dit les commentateurs de la Bible, d'un auteur, d'un livre.

On nomme particulièrement *commentateurs* les juristes qui, à la fin du moyen-âge, ont commenté les textes du droit romain.

COMMERÇANT. *Définition.* Ce mot, dans la signification légale, désigne tous ceux qui exercent des actes de commerce et en font leur profession habituelle.

Dans l'usage on attache aux mots *commerçant, négociant, marchand* des acceptions différentes: ainsi, dans un sens restreint, on nomme commerçants ceux qui achètent des denrées et les revendent en gros; négociants, ceux qui achètent et vendent aussi en gros, pour leur compte ou par commission, non seulement des denrées, mais encore des marchandises de toute sorte; et marchands, ceux qui vendent ces objets en détail; mais ces divers mots ont la même signification dans le langage de la loi, où ils sont employés quelquefois séparément, quelquefois réunis; ils désignent toujours ceux qui font habituellement des actes de commerce.

Actes de commerce. La loi répute actes de commerce tout achat de denrées et de marchandises pour les revendre, soit en nature, soit après les avoir travaillées et mises en œuvre; soit même pour en louer simplement l'usage; toute entreprise de manufacture, de commission, de transport par terre ou par eau; toute entreprise de fournitures, d'agences de bureaux d'affaires, d'établissements de vente à l'encan, de spectacles publics; toute opération de change, de banque et de courtage; toutes les opérations des banques publiques: toutes obligations entre négociants ou marchands et banquiers, entre toutes personnes les lettres de change, ou remises d'argent faites de place en place; toute entreprise de construction et tous achats et toutes ventes et reventes de bâtiments pour la navigation intérieure et extérieure; toutes expéditions maritimes; tout achat et toute vente d'agrès, d'apparaux et d'avitaillements; tout affrétement ou nolisement; tout emprunt ou tout prêt à la grosse; toutes assurances et tous autres contrats concernant le commerce de la mer; tous accords et toutes conventions pour・salaires et loyers d'équipage; tous engagements de gens de mer pour le service des bâtiments de commerce. Il résulte de cette énumeration que les choses mobilières sont seules susceptibles de faire l'objet d'actes de commerce. Par conséquent l'acquisition de biens fonds ou d'immeubles, même dans le but de les revendre en détail et de tirer profit de cette opération ne constitue pas un acte commercial aux termes de la loi; car des immeubles ne sont pas des marchandises proprement dites.

Le commerçant ou négociant a son domicile commercial au siège principal de ses affaires, au point où se concentrent ses opérations. *(Voir* DOMICILE.)

Si nous examinons la question au point de vue du droit diplomatique, nous voyons que la plupart des Etats ne permettent pas à leurs consuls de faire du commerce.

La France prohibe, sous peine de révocation, de faire le commerce directement ou indirectement, aux consuls, aux élèves-consuls, aux drogmans et aux chanceliers de première classe. *(Voir* CONSUL.)

Protection des commerçants. Les commerçants établis dans un pays étranger demeurent dans ce pays sous la protection de leur gouvernement d'origine, par l'entremise des consuls qui représentent le gouvernement comme en étant les délégués directs auprès des autorités territoriales et qui ont entre autres attributions, qu'ils tiennent soit des conventions écrites, soit du droit public général, celles de protéger le commerce et la navigation de leurs nationaux à l'étranger et de veiller à l'exécution des traités, ainsi qu'à l'accomplissement des décisions de leur souverain au matière commerciale et maritime.

COMMERCE. *Définitions.* Ce mot signifie rigoureusement échange de marchandises, des divers produits de la nature ou de l'industrie; dans un sens plus restreint il désigne la fonction industrielle qui a pour objet de transporter les produits de tout genre et de les mettre à la disposition du producteur et du consommateur; mais dans sa signification la plus usuelle il embrasse l'ensemble des industries manufacturière, commerciale et voiturière.

Le commerce se fait par terre ou par mer. Le *commerce de terre* est celui qui se fait par le roulage dans l'étendue d'un même Etat ou d'un même continent sans traverser la mer.

Le *commerce maritime* est celui qui se fait sur mer, soit par des voyages au long cours dans des pays lointains, ou d'une partie du monde à l'autre, soit d'un port de mer à l'autre dans un même Etat; dans ce dernier cas on lui donne la dénomination de commerce de *cabotage* (voy. ce mot).

Le commerce est *intérieur ou extérieur.*

Le commerce intérieur est celui qui se fait entre les habitants d'un même pays; il comprend le commerce de terre et de mer par les fleuves et les canaux, d'un même pays ou d'un même continent, de ville à ville, de province à province, ou d'un port de mer à l'autre sans changer de continent.

Le commerce extérieur est celui que les habitants d'un même pays font par terre ou par mer dans leur voisinage ou au loin hors des limites d'un même Etat : il a ordinairement pour but de fournir à un peuple les objets qu'il ne produit pas, tandis qu'il fournit aux autres ceux dont ils ont eux-mêmes besoin. On nomme commerce *étranger,* par opposition au commerce intérieur, celui qui se fait de nation à nation. Souvent les diverses branches de ce commerce prennent des noms particuliers tirés des pays avec lesquels il se pratique : ainsi on distingue le commerce du Levant, le commerce de l'Inde, etc.

Le droit public des nations commerçantes autorise chacune d'elles à ne pas admettre chez elle le commerce étranger, à prohiber l'importation ou l'exportation de certaines productions, ou de certaines marchandises, à mettre des impôts sur les marchandises étrangères, qui passent la frontière, à limiter à certains ports ou à certaines villes et à certaines périodes de temps l'entrée de ces marchandises. Chaque nation peut aussi imposer des droits à la sortie de son territoire de ses propres productions.

Traités de commerce. Les rapports commerciaux des différents pays sont le plus généralement réglés par des conventions, ou des traités spéciaux, lesquels, lorsqu'ils sont conclus par des États possédant un littoral maritime et ayant à leur disposition une marine marchande embrassent aussi les matières se rattachant à la navigation entre les deux pays. Ces deux sortes d'accords sont tantôt séparés tantôt confondus dans un seul acte.

Ces conventions qui portent la dénomination de „traités de commerce et de navigation" ont pour objet principal d'assurer la sécurité et la facilité des transactions commerciales et du transit maritime. Ils comprennent l'importation, l'exportation, le transit, le transbordement et l'entrepôt des marchandises; les tarifs de douanes, les droits de navigation (phares, ancrages, pilotage, balises, etc.) les quarantaines; le péage sur les cours d'eau et les canaux; le séjour des bâtiments dans les ports, les rades et les bassins, et le dépôt des marchandises dans les magasins de la douane; le cabotage; l'admission des consuls et leur droits; la pêche; la situation faite aux sujets respectifs pour la possession et la transmission des biens meubles ou immeubles, le paiement ou l'exemption des impôts, des contributions extraordinaires des emprunts forcés; le service dans les armées, ou dans les milices; les conditions de nationalité; l'établissement des consuls, etc. etc.

Souvent les traités de commerce renferment aussi des dispositions particulières pour régler l'émigration d'un pays à un autre, la protection, la surveillance et le libre établissement des nationaux respectifs dans le pays de l'une ou l'autre des parties contractantes, la délivrance des passeports et diverses autres matières se rattachant plus ou moins directement au commerce, à l'industrie et au travail, lorsque ces matières ne font pas l'objet de conventions spéciales qui prennent alors une dénomination particulière correspondant au sujet qu'elles concernent.

Les traités de commerce et de navigation contiennent d'ordinaire une clause par laquelle les parties contractantes se confèrent mutuellement le régime de la nation la plus favorisée, c'est-à-dire la participation aux avantages les plus considérables qu'elles ont déjà accordés ou qu'elles viendraient par la suite à accorder à une tierce puissance. Cette stipulation, suivant les termes dans lesquels elle est libellée, est tantôt gratuite, tantôt conditionnelle et subordonnée à des concessions égales ou équivalentes à celles qui ont été faites par le pays dont elle généralise la situation privilégiée.

Leurs stipulations s'appliquent aussi bien au présent qu'à l'avenir et prévoient, par exemple, certaines éventualités pour les cas de guerre.

De ce nombre sont les clauses qui accordent aux sujets respectifs un certain délai pour régler leurs affaires, mettre à l'abri leurs marchandises ou leurs propriétés et quitter le territoire ennemi.

D'ordinaire les traités déterminent pareillement et par anticipation la conduite que les contractants suivront en cas de guerre, soit entre eux, soit avec un pays tiers, relativement aux marchandises dites de contre bande de guerre, à la recherche, à la visite et à la saisie des navires neutres ou ennemis, à l'embargo; au maintien ou à l'interruption complète de tous les échanges commerciaux après l'ouverture des hostilités; au respect des propriétés privées, etc.

La forme des traités de commerce et de navigation varie autant que la nature des stipulations qu'ils embrassent. Ils sont conclus pour une période indéfinie, ou limitée. quant à leur durée, à un nombre d'années déterminées.

Liberté de commerce. Le droit des gens conventionnel sanctionne toujours en principe la faculté de faire librement le commerce; mais l'exercice de cette faculté ne saurait être absolu, illimité, attendu que dans ses effets extérieurs il touche à des intérêts complexes et se heurte à des droits concomitants également respectables et impératifs. Le premier de ces devoirs est celui de respecter les règlements commerciaux ou fiscaux que chaque nation, dans le libre exercice de sa souveraineté et de son indépendance, a édictés pour sauvegarder ses propres intérêts, pour élargir ou restreindre les limites du trafic dans lequel il lui convient de s'engager avec les pays étrangers.

Dans les États modernes, sauf en Russie, le commerce n'est soumis à aucune restriction, et les principes les plus généralement adoptés admettent le droit même en faveur des étrangers, de former un établissement de commerce fixe ou passager; toutefois les droits des commerçants dans les différents pays présentent une grande diversité.

Les lois de commerce et de navigation n'ont de caractère obligatoire que pour les citoyens de l'État qui les a édictées de sorte qu'elles perdent toute action pour les faits délictueux, tels qu'actes de contre bande ou autres analogues, accomplis dans un autre pays. Cependant il importe de distinguer avec soin les lois économiques ou fiscales, qui réglementent l'exercice du commerce et de l'industrie, autorisent ou défendent notamment le trafic de certains objets déterminés, et les lois pénales ou répressives qui pèsent sur tous les habitants du territoire sans aucune exception. Les premières peuvent en effet, à raison de son domicile commercial, ne pas être applicables à un négociant étranger, tandis que les secondes, comme tout ce qui tient à l'ordre public, pèsent forcément sur lui pour les infractions, les délits ou les crimes dont il se rendrait coupable; parmi ces dernières lois nous mentionnerons, entre autres, la législation sur la faillite, délit qui affecte l'ordre public et rentre par conséquent sous le coup des lois de police obligeant tous ceux qui habitent le territoire, étrangers aussi bien que nationaux. (*Voir* FAILLITE.)

État de guerre. Conséquence pour le commerce. L'état de guerre survenant entre deux pays modifie essentiellement leurs relations commerciales.

Tout d'abord l'ouverture des hostilités a pour conséquence immédiate et forcée la cessation et l'interdiction de toute relation commerciale entre les sujets des puissances belligérantes, sauf les exceptions spéciales que l'un ou l'autre des gouvernements intéressés a pu autoriser. Ces exceptions portent sur quelques sortes de marchandises déterminées et sur quelques personnes privilégiées. Certains belligérants sont en effet dans l'usage d'accorder à leur nationaux, aux ennemis ou aux neutres, des licences de commerce qui ne sont en réalité autre chose qu'un sauf conduit pour continuer licitement et sans crainte de capture des opérations mercantiles prohibées par les lois générales de la guerre. (*Voir* LICENCES.)

Par rapport aux habitants des pays neutres l'état de guerre n'interrompt les relations commerciales qu'autant que l'exigent les opérations militaires; et ce cas excepté, les neutres ont le droit, pendant la guerre, comme ils l'auraient pendant la paix, de faire du commerce avec les sujets des puissances belligérantes, cependant les belligérants ont le droit d'empêcher la fourniture et le transport de la contre-bande de guerre, même lorsqu'elles se trouve à bord de navires neutres ou est fournie par des neutres. (*Voir* CONTREBANDE DE GUERRE.)

COMMISSAIRE. Titre donné à tout membre d'une commission, à celui qui est commis pour remplir des fonctions ordinairement temporaires et relatives à un objet particulier.

En diplomatie, ce titre est employé pour désigner des agents spéciaux ou des fonctionnaires envoyés à l'étranger pour régler certaines affaires particulières de l'État ou d'un souverain, telles qu'une délimitation de frontières, la solution amiable d'un litige, l'exécution de quelque article d'un traité, la négocation d'un emprunt, une liquidation, la conclusion d'arrangements pour le service des postes et des télégraphes, l'administration et la surveillance des domaines privés du souverains situés en pays étranger, etc

En général ces délégués ne sont pas considérés comme faisant partie du corps diplomatique; ils ne communiquent directement ni avec la commission étrangère ni avec ses ministres; ils ne jouissent pas des immunités attachées aux missions proprement dites, lors même qu'ils sont revêtus du titre de résident ou de conseiller de légation; on leur reconnaît seulement les droits et les facilités qui leur sont nécessaires pour remplir leur mandat spécial; ils accomplissent leur mandat à l'abri de toute violence, sous la protection du droit des gens.

Toutefois un ministre public peut être investi des fonctions de commissaire sans qu'elles lui enlèvent son caractère diplomatique; ils importe donc au gouvernement qui envoie des agents de ce genre de préciser le caractère officiel dont il entend les revêtir.

Le commissaire extraordinaire est le délégué à qui le gouvernement confie certaines fonctions à titre provisoire.

Commissaire du roi, du gouvernement, se dit de celui qui est chargé de soutenir la discussion d'un projet de loi devant une assemblée législative.

COMMISSION. On nomme commission le mandement de l'autorité, le brevet ou le titre qui confère une fonction ou un grade. Ce document officiel est, selon les dénominations admises dans les différents pays, nommé commission, patente, brevet, diplôme, lettre de service, provisions etc.

On donne le nom de commission à une réunion d'individus chargés de quelque fonction spéciale, de quelque travail, de l'examen de quelque affaire; les réunions à qui sont attribuées des missions soit consultatives, soit gracieuses, soit juridictionnelles, permanentes ou temporaires: aux premières se réfèrent les commissions chargées de donner des avis aux ministres, de préparer les projets de lois, de règlements, etc. tels que les comités consultatifs, ceux établis près les chemins de fer, la commission des hospices, des monnaies, etc.; aux secondes se rapportent la commission des sceaux, la commission mixte, etc; aux troisièmes les commissions militaires, celle des prises, etc.

Dans ces acceptions le mot *commission* est à peu près synonyme de *comité;* cependant on désigne plus particulièrement sous le nom de commission la réunion d'hommes spéciaux, supposés compétents pour étudier une question déterminée ou remplir une mission limitée; le comité implique une tâche plus durable que la commission; le comité est le plus souvent permanent, tandis que les commissions sont plutôt temporaires.

Commission se dit aussi de l'emploi qu'on exerce comme y ayant été commis pour un certain temps.

En terme de marine, on appelle commission la permission que donne le souverain pour aller en course sur les ennemis. (*Voir* COURSE, LETTRES DE-MARQUE.)

COMMISSION ROGATOIRE. *Définition.* En jurisprudence se dit de la commission ou délégation, avec prière (*rogare,* prier) qu'un tribunal ou un juge adresse à un tribunal ou à un juge d'un autre siège pour l'inviter à accomplir dans l'étendue de son ressort quelque acte de procédure, d'instruction, qu'il ne peut faire lui-même.

En droit international, c'est la lettre par laquelle un tribunal ou un magistrat demande le concours d'un tribunal ou d'un magistrat étranger, lorsqu'il devient nécessaire de faire procéder à un acte quelconque d'instruction, de diriger une enquête, de faire subir un interrogatoire, de recevoir un serment ou une décla-

ration, d'obtenir la remise de pièces, de donner une assignation, d'exécuter une décision dans un lieu situé hors du pays où siège le tribunal saisi de la cause.

Transmission. Il résulte du principe de l'indépendance des nations que le juge étranger n'est pas obligé d'accepter la commission rogatoire; mais l'usage des nations a introduit la règle que les juges étrangers acceptent cette mission et procèdent aux actes d'instruction qu'elle a pour objet, excepté dans le cas où ces actes porteraient atteinte aux droits de souveraineté du pays ou aux droits des nationaux.

C'est pourquoi les commissions rogatoires en général ne se transmettent pas aux tribunaux ou aux magistrats étrangers directement, mais par la voie diplomatique, de manière que le gouvernement puisse les examiner avant d'en autoriser l'exécution, pour s'assurer qu'elles ne contiennent rien de contraire aux lois de l'Etat. Dans le cas où une commission rogatoire serait transmise directement de l'étranger à un magistrat, celui-ci doit l'envoyer immédiatement au ministère de la justice.

En somme les commissions rogatoires d'un pays à un autre n'ont point le caractère de réquisitions, mais d'un bon office, que d'après les traités ou les règles du droit des gens les magistrats de tous les pays civilisés se rendent réciproquement.

Bien plus, dans certains pays, la formalité des commissions ou lettres rogatoires est d'usage constant; elle est même prescrite par les traités comme un acte indispensable par rapport aux jugements de l'un exécutoires dans l'autre.

Forme de procéder. La forme de procéder est régie par la loi du pays où la demande est introduite, mais on peut aussi observer les formes indiquées dans la commission rogatoire, pourvu qu'elles ne soient pas en contradiction avec les lois locales.

Des lettres rogatoires prescrivant une mesure de nature à influer sur la solution d'un litige ne sont pas rendues exécutoires en France, si elles émanent d'un juge incompétent d'après la loi étrangère et si elles sont contraires aux principes essentiels des garanties de la défense suivant la loi française.

Les frais qui résultent de l'exécution des commissions rogatoires sont en général à la charge de l'Etat requis.

Rôle des consuls. Souvent, notamment lorsqu'il ne s'agit d'aucun acte de juridiction extérieure, les tribunaux, au lieu de s'adresser à des magistrats étrangers, s'adressent aux consuls de leur propre pays, auxquels ces missions spéciales imposent certains devoirs.

D'après la loi française, les consuls, lorsque des commissions rogatoires leur sont adressées régulièrement par des juges et d'autres autorités compétentes de leur pays, pour établir des enquêtes ou recevoir le serment, l'interrogatoire ou la déposition de Français établis ou séjournant à l'étranger, et lorsque la transmission de ces actes leur a été faite par le département des affaires étrangères, doivent procéder d'office et sans frais à leur exécution. A cet effet ils assignent leurs nationaux qui doivent être entendus; et s'il est nécessaire de faire comparaître des étrangers, ils doivent employer auprès de l'autorité locale les moyens qu'ils croient les plus propres à décider ces étrangers à paraître devant eux. Dans les cas où les personnes ainsi assignées n'ont pas comparu, et dans tous ceux où des obstacles de force majeure empêchent l'exécution d'une commission rogatoire, les consuls doivent en rédiger un procès-verbal qu'ils adressent au ministère des affaires étrangères, qui le fait parvenir à l'autorité dont l'acte est demeuré sans exécution.

Les agents du département consulaire sont aussi autorisés à déférer aux commissions rogatoires qui peuvent leur être adressées par des juges étrangers pour entendre des Français établis dans l'étendue de leurs arrondissements.

Dans le Levant, les Etats barbaresques, l'imanat de Mascate, le Japon et la Chine, l'exécution des commissions rogatoires est forcée pour les consuls, à la différence de ce qui se pratique dans les pays de Chrétienté, où leur intervention est en quelque sorte officieuse.

COMMON LAW. C'est la dénomination anglais du *droit commun* ou *communier* (voir ces mots).

Ce droit en Angleterre dérive des coutumes saxonnes et normandes, et des lois des anciens rois anglo-saxons et danois. Il est tempéré par l'*équité* (voir ce mot) et modifié par les *statuts* (voir ce mot) émanés de l'autorité royale conformément à la constitution.

COMMUNE. Dans le régime féodal, on nommait *commune* le corps de bourgeois d'une ville ou d'un bourg ayant reçu charte qui leur donnait droit de se gouverner eux-mêmes; et l'on désignait sous la dénomination d'*affranchissement* des communes l'acte par lequel le roi, en

France par exemple Louis le Gros (1108-1137), et en général tout seigneur octroya la liberté aux serfs sous certaines conditions.

Aujourd'hui on appelle *commune* l'agrégation de familles rassemblées dans une certaine circonscription de territoire et unies par des relations de voisinage et des intérêts communs que gère une administration commune.

En France c'est la division territoriale administrée par un maire et un conseil municipal, — la dernière fraction du territoire, divisé, sous le rapport administratif et judiciaire, en départements en arrondissements, en cantons et en communes; par suite, la *commune* se dit de l'être collectif représentant les habitants d'une commune. Dans l'histoire de la révolution française, quand on dit la *commune,* on entend la municipalité de Paris, qui s'organisa en 1789 sous la présidence du prévôt des marchands, et pour la seconde fois en 1871.

COMMUNES (Chambre des). L'une des deux chambres dont se compose le parlement anglais : la chambre basse, formée de l'assemblée des députés, élus par les cités et les bourgs du royaume uni (Angleterre, Ecosse et Irlande).

Le président de la chambre des communes porte le nom de *speaker* (orateur).

COMMUNICATION. L'agent envoyé en mission dans un pays étranger est tenu d'adresser au gouvernement qu'il représente des communications sur la marche des négociations dont il est chargé et en général sur toutes les choses d'intérêt public dont l'appréciation ou la surveillance sont confiées à ses soins.

Ces communications peuvent être quelquefois verbales; mais elles ont lieu particulièrement par écrit; alors elles consistent dans l'envoi de *rapports* ou de *dépêches* (voir ces mots).

Lorsque les agents diplomatiques et consulaires ont des communications ou des réclamations directes et officielles à adresser aux gouvernements étrangers et aux autorités territoriales, ils les font de vive voix ou par écrit selon la nature de ces communications.

Quant aux communications que deux Etats ont à se faire entre eux concernant un intérêt quelconque, elles s'effectuent d'ordinaire par écrit au moyen de dépêches, de notes ou de circulaires, que le ministre des affaires étrangères adresse aux agents diplomatiques de son pays auprès des gouvernements étrangers pour en remettre copie aux ministres des affaires étrangères de ces gouvernements. (*Voir* DÉPÊCHE, NOTE, CIRCULAIRE.)

COMMUNIQUÉ. Avis, information donnée par l'autorité supérieure : par exemple, dans les journaux le mot *communiqué* mis en France entre parenthèse, en tête ou à la fin d'un article, indique que telle est la source de cet article.

COMPENSATION. Mode de libération réciproque entre des personnes qui ont contracté des obligations mutuelles, notamment entre des parties débitrices l'une de l'autre : chacune d'elles retient en paiement de la somme qui lui est due celle qu'elle doit à l'autre. (*Voir* CONFUSION.)

Un grand nombre de traités publics renferment des clauses établissant des compensations de ce genre.

En terme de pratique, il y a *compensation de dépens* lorsque le juge ordonne que chaque partie supportera les frais qu'elle a fait, dans le procès.

COMPÉTENCE. Ce mot désigne en général la mesure du pouvoir départi par la loi à chaque fonctionnaire public, et, dans un sens plus restreint, le pouvoir que la loi défère au juge d'exercer ses fonctions dans les limites qu'elle détermine.

Appliquée à un fonctionnaire public, la compétence est le droit de rédiger ou d'expédier les actes authentiques pour lesquels il a été institué; appliquée à un tribunal, la compétence est le droit de juger toute affaire contentieuse dont la connaissance lui est expressément dévolue par une loi formelle.

Dans ce dernier cas on emploie souvent le mot *compétence* pour celui de *juridiction;* mais ces deux mots ne sont pas synonymes: la *juridiction* est le pouvoir de juger, et la *compétence* est la mesure de la juridiction. (*Voir* JURIDICTION.)

COMPLICE, COMPLICITÉ. La *complicité* est en général la participation directe ou indirecte, avec connaissance de cause, à un fait coupable dont un autre est l'auteur principal.

Le terme *complice* est également une expression générale qui embrasse tous ceux qui concourent à une action défendue par une loi spéciale, soit qu'ils l'aient provoquée, soit qu'ils l'aient sciemment préparée ou facilitée, soit qu'ils aient coopéré à la perpétration de l'action même et que par là ils s'en soient rendus co-auteurs.

La complicité peut être morale ou matérielle. Elle est morale, quand elle consiste dans des provocations à l'action coupable, dans des instructions données pour son accomplissement, dans le fait de fournir habituellement un lieu de retraite ou de réunion aux malfaiteurs dont on connaît la conduite criminelle. Elle est matérielle, quand elle consiste dans l'aide ou l'assistance données à l'auteur principal de l'action, soit dans les faits qui l'ont préparée ou facilitée, soit dans ceux qui l'ont consommée; elle consiste aussi dans le recel du corps du délit.

Les complices d'un crime ou d'un délit sont punis de la même peine que les auteurs mêmes de ce crime ou de ce délit, sauf les cas où la loi en a disposé autrement.

En général les stipulations des traités internationaux d'extradition atteignent aussi les complices des crimes ou des délits passibles de cette mesure à la seule et formelle exception des nationaux respectifs, qui sont jugés dans leurs propres pays.

COMPLOT. Résolution concertée et arrêtée entre deux ou plusieurs personnes dans un but, le plus souvent coupable.

La loi pénale applique plus spécialement la dénomination de complot aux attentats politiques, et alors elle le définit comme crime ayant pour but de détruire ou de changer la forme du gouvernement, soit d'exciter les citoyens à s'armer contre l'autorité du souverain, soit d'attenter à sa vie; mais elle établit une distinction entre le complot et l'attentat: le complot n'est que la résolution concertée, tandis que l'attentat est la résolution exécutée ou ayant reçu un commencement d'exécution. (*Voir* ATTENTAT.)

Limité ainsi au terrain politique, le complot se confond avec la *conjuration* et la *conspiration.* (Voir ces mots)

COMPOSITEUR AMIABLE. Celui qui fait composer des parties constantes sur leur litige, qui décide sur la contestation sans s'astreindre aux règles du droit.

COMPOSITION. Accord entre deux parties qui transigent sur leurs prétentions respectives; accommodement résultant de l'abandon que les deux parties ou une seule font de tout ou partie de leurs prétentions.

En terme de guerre, on nomme *composition* la convention que fait une place qui se rend; dans cette acception ce mot est synonyme de *capitulation*, qui est plus usité. (*Voir* CAPITULATION.) Ainsi l'on dit „recevoir à composition"; „la place s'est rendue par composition".

Autrefois on donnait le nom de *composition* ou de *prix du sang* à une sorte d'indemnité ou de dommages et intérêts que, chez les Arabes et chez les Germains, l'auteur d'un meurtre ou d'une blessure était astreint à payer aux parents de la victime ou à la victime, si elle survivait aux violences dont elle avait été l'objet.

COMPROMIS. *Définition.* Accord ou transaction, par laquelle des adversaires se font des concessions.

Dans le langage juridique on entend par *compromis* la convention par laquelle des parties soumettent à des arbitres les contestations qui les divisent.

Cette convention préliminaire doit préciser nettement la question à débattre, exposer l'ensemble des points de fait ou de droit qui s'y rattachent, tracer les limites du rôle dévolu à l'arbitre ou aux arbitres, s'ils sont plusieurs.

Quelquefois le compromis contient des dispositions réglementaires pour les arbitres, pose certains principes déterminés comme devant servir de règles à leur décision.

Effet. Le compromis, sauf les cas d'erreur matérielle ou d'injustice flagrante, implique l'engagement de se soumettre de bonne foi à la décision qui pourra intervenir et de la reconnaître comme obligatoire absolument et sans recours; le plus souvent cet engagement fait le texte d'une clause expresse insérée dans la convention.

Le compromis est la seule chose essentielle à consulter pour décider si les arbitres ont prononcé sans pouvoir ou compétemment.

Interprétation et fin du compromis. Dans tous les cas où le tribunal arbitral entretient des doutes sur l'étendue du compromis, il doit l'interpréter dans son sens le plus large.

Lorsque l'une des parties soutient que l'autre s'est désistée avec le compromis d'une portion de ses prétentions primitives, le tribunal doit requérir la preuve de cette obligation.

Lorsque l'un des contestants prétend que tout ou partie des demandes de l'autre ne rentre pas dans les termes du compromis, cette prétention doit être produite devant les arbitres, au début de la cause, comme exception d'incompétence, et il appartient aux arbitres d'en connaître.

Le compromis est indivisible, c'est-à-dire que toutes ses parties se tiennent, et que, dès que la nullité existe pour l'une des parties, elle doit s'étendre à toutes les autres.

Le compromis finit par le décès, le refus ou l'empêchement des arbitres ou d'un des arbitres, s'il n'y a clause pour ce dernier cas qu'il sera passé outre, à l'expiration du délai stipulé; par le partage, s'il n'y a pas eu de tiers arbitre nommé; par l'extinction de l'obligation que les parties ont mise en arbitrage, par la perte de la chose qui fait l'objet de la compromission.

Il ne faut pas confondre le compromis avec la *transaction,* de laquelle il diffère en ce que dans le compromis les parties s'en remettent à des arbitres, tandis que dans la transaction elles sont leurs propre juges, et par le fait la transaction met fin à la contestation. (*Voir* ARBITRAGE.)

COMTE. Titre de noblesse.

Dans les derniers temps de l'empire romain, c'était le nom de certains dignitaires, principalement des commandants militaires, des gouverneurs de villes et de diocèses.

Dans les États fondés par les Barbares on nommait comte le fonctionnaire qui gouvernait une division du territoire sous l'autorité du roi.

Sous le régime féodal, c'est le titre que prenait le souverain d'une seigneurie du premier degré.

Aujourd'hui le titre de comte n'est plus en général qu'une distinction honorifique ne conférant aucun privilège: il vient généralement après celui de duc et quelquefois après celui de marquis.

COMTÉ. Titre d'une terre, en vertu duquel celui qui est seigneur de la terre prend la qualité du comte.

La terre elle-même possédée par un comte.

Division territoriale ou seigneurie possédée par un comte.

On appelait comté-pairie, le domaine auquel était attaché à la fois le titre de comte et celui de pair du royaume

COMTESSE. La femme ou la veuve d'un comte, ou la femme qui par elle-même ou de son chef possède un comté.

CONCERT. Action de se concerter, c'est-à-dire de s'entendre pour agir ensemble ou d'accord; — intelligence entre des personnes ou des gouvernements pour arriver à une fin.

C'est dans ce sens que l'on dit le concert européen, lorsque les différentes puissances de l'Europe se mettent d'accord pour faire prévaloir certains principes, adopter et faire exécuter certaines mesures,

CONCILE. Assemblée de prélats catholiques réunis pour régler les affaires ecclésiastiques concernant la foi, la discipline ou les mœurs.

Les conciles sont généraux ou particuliers.

Les conciles généraux, nommés aussi *œcuméniques* (concernant toute la terre), sont ceux qui représentent l'Eglise universelle, et où sont appelés tous les évêques du monde catholique. Primitivement ils ont été convoqués par le prince temporel, l'empereur; mais depuis la division de l'empire romain en nationalités diverses, ils sont cités par les papes, à qui seuls ce droit de convocation a été reconnu. Les princes sont invités à y assister en personne ou par ambassadeurs. La présidence est naturellement déférée au pape, comme chef de toutes les églises. L'autorité suprême des conciles généraux ne concerne que la foi et non la discipline.

Les conciles particuliers sont de trois sortes: les nationaux, les provinciaux et les diocésains.

Les conciles nationaux ou pléniers sont convoqués par le prince, par le patriarche ou le primat, et réunissent les évêques de tous les provinces du pays.

Les conciles provinciaux sont ceux dans lesquels le métropolitain ou l'archévêque rassemble les évêques et les autres clercs de sa province.

Les conciles diocésains, qui prennent aussi le nom de synodes, sont convoqués par chaque évêque, et composés des prêtres, des diacres et des autres clercs de son diocèse.

CONCILIABULE. On a donné ce nom à des conciles irréguliers que des évêques ont tenus contre la volonté de la papauté, ainsi qu'à des assemblées convoquées hors du sein de l'Eglise, dans un but d'opposition, par les hérétiques ou des schismatiques.

Aujourd'hui ce mot se dit de toute réunion secrète de gens à qui l'on suppose des desseins coupables, notamment en politique.

CONCILIATION. Action de concilier ou de faire disparaître les causes des différends.

Le droit international prescrit aux Etats le devoir moral d'épuiser toutes les voies possibles et honorables pour arriver à un arrangement amiable et pacifique des différends qui surgissent entre eux, avant d'en confier la solution au sort des armes.

Les voies ou moyens de conciliation qui s'offrent aux nations sont les *arrangements amiables,* les *transactions,* les *médiations,* les *arbitrages* et les *conférences.* (Voir ces mots.)

CONCLAVE. On appelle ainsi le lieu où s'assemblent les cardinaux pour l'élection d'un pape, et la réunion même des cardinaux procédant à cette élection. Cette dénomination tire son origine du fait que les cardinaux sont tenus fermés sous clef dans une chambre jusqu'au moment où ils parviennent à se mettre d'accord.

Les cardinaux font seuls l'élection des papes. Toutefois les trois principales puissances catholiques, la France, l'Autriche et l'Espagne, peuvent chacune demander l'exclusion d'*un* cardinal; mais elles ne peuvent faire usage de leur droit de véto qu'autant que la majorité n'est pas encore acquise à l'un des cardinaux.

CONCLUSION. Décision prise à la suite d'une délibération.

Conséquence, déduction qu'on tire d'un raisonnement.

Dans la pratique, on appelle *conclusions* le résumé des demandes qu'une partie forme contre la partie adverse et qu'elle se propose de justifier.

Pris dans une autre acception, le mot *conclusion* signifie l'arrangement final d'une affaire, d'une convention, d'un traité. (*Voir* TRAITÉ.)

CONCLUSUM. Note diplomatique, résumant des débats, posant des conclusions et les demandes de la puissance qui la signifie.

Le *conclusum* admet la discussion; c'est souvent le point de départ pour des négociations. Il diffère en cela de l'*ultimatum,* qui n'admet pas de réplique. (*Voir* ULTIMATUM.)

CONCORDAT. Dans les premiers temps du christianisme, on appelait *concordats* les conventions destinées à régler les différends des évêques, des supérieurs de monastères et des communautés religieuses. Aujourd'hui cette qualification n'appartient plus qu'aux traités par lesquels le Saint-Siège règle avec les gouvernements étrangers les rapports de l'Eglise catholique et de l'Etat, et détermine les attributions ou les droits de l'une et de l'autre en ce qui concerne non pas les questions de foi, qui ne peuvent devenir l'objet d'un compromis, mais seulement les questions de dicipline ecclésiastique, l'organisation du clergé, les circonscriptions diocésaines et la nomination aux sièges épiscopaux.

Les concordats ne sont pas à proprement parler des traités internationaux, attendu que l'Eglise ne saurait être considérée comme une nation; il est difficile toutefois de ne pas les ranger dans la catégorie des accords diplomatiques ordinaires, puisque, d'une part, ils sont conclus entre deux autorités souveraines étrangères, qui combinent leur action et stipulent sur un terrain mixte dans le but de prévenir les causes de froissement, et que, d'autre part, il passent par toutes les formalités consacrées pour les autres traités depuis la négociation jusqu'à l'échange des ratifications.

Dans les concordats le Pape stipule uniquement comme souverain pontife, chef et représentant de la catholicité.

En France les règlements établis entre le souverain et la cour de Rome pour le gouvernement de l'Eglise avaient jusqu'à François Ier porté le nom de *pragmatique sanction*. (Voir ce mot.)

On nomme plus particulièrement *Concordat* le traité fait le 10 septembre 1801 (23 fructidor an IX) entre Napoléon premier consul et le Pape Pie VII pour le rétablissement des rapports entre le gouvernement français et le Saint-Siège, rompu par la révolution de 1789; tout ce qui regarde l'état actuel de l'Eglise de France repose sur ce concordat, qui est devenu une loi civile de l'Etat par la promulgation qui en a été faite, conjointement avec les *articles* dits *organiques,* le 8 avril 1802 (18 germinal an X).

Dans la Confédération suisse on donne le nom de *concordats* aux traités ou arrangements particuliers conclus entre les cantons sur des questions mixtes de droit ou de juridiction intéressant les citoyens respectifs.

Le caractère intercantonal des concordats est analogue au caractère international des traités entre Etats étrangers; seulement il est modifié en ce sens que, les cantons formant entre eux un Etat fédératif, le pouvoir central exerce une surveillance sur les concordats et en garantit l'exécution.

CONCORDAT COMMERCIAL. Contrat par lequel les créanciers d'un commerçant failli lui accordent des délais pour se libérer et lui font remise d'une partie de leurs créances. Le concordat rend au failli l'administration de ses biens; mais il ne détruit pas définitivement les autres effets de la faillite.

Par le concordat une majorité des créanciers peut obliger la minorité à accorder un sursis ou un abandon partiel de ses créances.

Si nous examinons la question au point de vue international, nous voyons que dans certains pays, il existe des lois sur les faillites qui, après paiement d'un tant pour cent déterminé ou après abandon de leurs biens aux créanciers, libèrent des faillis spécialement qualifiés du surplus non acquitté de leurs dettes. Or ces lois territoriales, qui imposent ainsi un concordat ou une remise, dérogent au droit commun et au droit contractuel, lesquels autorisent le créancier à exiger de son débiteur satisfaction complète et par conséquent à le poursuivre en paiement aussi longtemps qu'il peut payer. Elles obligent donc seulement le créancier qui est sujet à ces lois ou qui s'y est soumis volontairement, tandis que les créanciers étrangers qui n'ont pas adhéré au concordat ne sont pas liés par cet acte.

C'est pourquoi, par exemple, un concordat obtenu par un étranger et homologué en pays étranger ne peut être opposé, en France par exemple, aux créanciers français qui n'y ont pas adhéré, et les tribunaux français ne peuvent utilement le rendre exécutoire. Il en est de même du concordat obtenu par un Français en pays étranger et homologué par les juges de ce pays. Le défaut d'efficacité de ces jugements ne tient pas à la nationalité de celui qui les obtient, mais à la compétence et à la juridiction du magistrat de qui ils émanent. La conséquence est différente, si les créanciers français ont adhéré au concordat obtenu en pays étranger; dans ce cas le jugement d'homologation n'a pas besoin d'être rendu exécutoire en France.

Cette question peut être réglée entre les divers pays par le traitement de réciprocité ou par des accords spéciaux. (*Voir* FAILLITE.)

CONCUSSION. Selon le code pénal, la concussion est le crime commis par tous fonctionnaires, tous officiers publics, leurs commis ou préposés, en ordonnant de percevoir, ou en exigeant, ou en recevant ce qu'ils savent n'être pas dû ou excéder ce qui est dû pour droits, taxes, contributions, deniers ou revenus, ou pour salaires ou traitements.

Dans l'acception générale on qualifie de concussion toute exaction, toute malversation dans l'administration des deniers publics.

Le concussionnaire est celui qui se rend coupable de concussion; il est possible d'extradition, s'il se réfugie à l'étranger.

CONDAMNÉS. Aucune nation n'a le droit d'introduire dans un autre pays, par fraude ou par violence, des condamnés étrangers, ou de les aider à y émigrer.

Non seulement les individus de cette catégorie, qui entrent dans un pays contrairement à son autorisation, peuvent être renvoyés à la nation de laquelle ils dépendent aux frais de cette dernière; mais la nation lésée a droit à une réparation du fait de cet acte de malveillance.

On peut ranger dans la même catégorie les indigents, les personnes souffrant d'aliénation mentale ou de maladies qui leur donnent droit à l'assistance publique.

CONFÉDÉRATION, FÉDÉRATION. *Définitions.* Le terme de confédération, dans son acception la plus large, comprend toute association de peuples ou d'Etats formée en vertu d'un traité *(cum fœdere).*

La forme peut en varier suivant la nature, la différence des engagements internationaux qui en motivent la création et en constituent l'objet.

Les alliances, les ligues, les coalitions les unions politiques, religieuses, commerciales ou douanières ne sont que des sortes diverses de confédérations; elles peuvent être permanentes, ou temporaires et passagères; il y en a qui s'étendent à beaucoup de peuples à la fois, d'autres ne comprennent qu'un petit nombre d'Etats, ou même un seul peuple, quand, par exemple, la confédération a pour but de régler les rapports intérieurs de diverses provinces qui au dehors forment ensemble un Etat unique.

Dans un sens plus restreint, on entend par *confédération* la réunion de plusieurs Etats souverains en vertu d'un pacte ou d'un traité, par lequel chacun consent aux mesures prises ou à prendre par des délégués dans l'intérêt commun.

Représentation diplomatique. Dans les unions de ce genre chaque Etat qui en fait partie conserve l'exercice de sa souveraineté intérieure et extérieure; la seule obligation qui le lie aux autres Etats associés, c'est celle de faire exécuter sur son territoire, par son action exclusive et en vertu de sa propre autorité, les décisions délibérées en commun concernant certains intérêts spéciaux, lesquels sont déterminés par le pacte d'as-

sociation et auxquels seuls est limitée la compétence du pouvoir confédéral.

Dans les confédérations d'Etats le droit de représentation diplomatique appartient à chacun des Etats confédérés, puisqu'il ne perd pas son autonomie individuelle et qu'il continue de constituer une société politique indépendante; mais, d'autre part, comme la confédération constitue, elle aussi, une entité juridique distincte des autres personnalités qui ont concouru à la formation, le droit de représentation à l'étranger doit aussi être accordé à l'autorité qui la représente pour les affaires concernant l'intérêt commun des confédérés, tout en laissant chacun de ceux-ci exercer ce droit pour les affaires qui les concernent particulièrement.

Fédération. Il ne faut pas confondre, comme on le fait habituellement, le terme de *confédération* avec celui de *fédération.* Si l'on peut signaler entre eux certaines analogies, ils se distinguent cependant essentiellement l'un de l'autre : ils ont des conséquences et créent, surtout au point de vue du droit public international, des situations tout à fait différentes.

L'Etat fédératif a une forme plus unitaire que la confédération d'Etats; le pouvoir central s'y distingue plus nettement des Etats particuliers, dont la souveraineté l'emporte encore complètement dans la simple confédération. On peut dire, en résumé, que les confédérations n'ont pas de gouvernements tandis que les Etats fédératifs en ont.

Distinction entre les Etats fédérés et les Etats confédérés. Si les conditions du pacte d'association sont telles que chacun des Etats associés conserve le principe de sa souveraineté, le droit de se gouverner par ses lois particulières, en s'obligeant uniquement à faire exécuter dans l'intérieur de ses limites propres les résolutions générales adoptées en commun, il y a formation d'un système d'Etats confédérés. Si, au contraire, le gouvernement établi par le pacte d'union des Etats est souverain et suprême dans la sphère de ses attributions pour agir directement, non seulement sur les Etats qui s'associent; mais encore sur les citoyens de chacun d'eux, cette union devient un gouvernement fédéral.

Nous pouvons dire par conséquent que le trait essentiel qui distingue les Etats confédérés des Etats fédérés, consiste en ce que chez les premiers il n'existe point de pouvoir exécutif commun qui ait le droit d'imposer ses décrets et lois en rapport direct avec les citoyens des Etats; c'est cette signification distincte qui donne aux Etats confédérés et aux Etats fédérés un caractère différent dans leurs relations de droit international.

Les Etats confédérés, comme nous l'avons dit, jouissent à l'extérieur d'une sphère d'action particulière, dans laquelle ils peuvent entretenir des relations diplomatiques avec les autres nations, tandis que les Etats fédérés, qui par l'institution d'un pouvoir exécutif suprême et central, donnent naissance à une souveraineté nouvelle, ne peuvent ni nouer ni entretenir de relations extérieures.

Pacte fédéral. Les Etats fédératifs, de même que les confédérations sont formés par un pacte fédéral, par lequel il appartient aux parties contractantes de donner à la fédération une cohésion plus ou moins étroite, d'étendre ou de restreindre les attributions du pouvoir fédéral et celles du pouvoir propre à chacun des Etats fédérés; mais dans tous les cas, pour former la fédération, les Etats abdiquent tout ou partie de leur souveraineté en matière diplomatique et militaire; le gouvernement propre des Etats n'a plus qu'une action limitée et subordonnée. Il existe un chef commun de l'Etat fédératif, une représentation commune de la fédération, et le pouvoir fédéral a le droit d'étendre son action législative, dans les cas prévus par le pacte, jusque dans les affaires intérieures des Etats qui font partie de la fédération.

Différends entre confédérés. Dans les Etats confédérés comme dans les Etats fédératifs, la constitution fédérale spécifie les cas dans lesquels le pouvoir central peut intervenir dans les Etats particuliers.

Généralement, lorsque des difficultés surgissent entre les divers Etats ou entre ces Etats et le pouvoir central, elles sont déférées soit aux tribunaux ordinaires de la confédération, soit à un tribunal arbitral, dont la compétence, dans ce cas, repose non seulement sur un compromis des parties, mais encore sur la constitution.

Exécution fédérale. Lorsque les difficultés aboutissent à une déclaration de guerre entre le pouvoir central et les divers Etats ayant pour objet le maintien du droit public de la confédération, cette guerre prend le caractère d'une exécution fédérale et non celui d'hostilités internationales proprement dites; cependant il est d'usage que le droit des gens, afin de pouvoir, dans l'intérêt de l'humanité, leur appliquer les lois ordinaires de la guerre, accorde la qualité de belligérants aux deux parties.

Forme des gouvernements fédérés. Il n'est pas nécessaire, pour qu'une confédération ou une fédération puisse se former, que les divers Etats qui la composent aient une même forme de gouvernement; en effet l'ancienne confédération germanique présentait une agrégation de monarchies plus ou moins absolues, d'Etats où le régime représentatif fonctionnait plus ou moins régulièrement, et de villes libres régies par des institutions républicaines Il en est de même de l'Empire allemand, qui a remplacé la confédération germanique, et dont la constitution tient plus de la forme fédérative que de la simple confédération; mais en général les fédérations se composent d'Etats ayant des formes de gouvernement à peu près semblables, d'Etats républicains.

CONFÉDÉRATION des États du Rhin (traité de) 1806. *(Rheinbund.)*

Un des résultats de la paix de Presbourg a été la dissolution de l'Empire germanique, qui fut consommée par *l'acte de la confédération du Rhin,* signé à Paris le 12 juillet 1806 par les ministres de Bavière, de Wurtemberg, de Bade, de l'électeur archi-chancelier de l'Empire, de Hesse-Darmstadt, de Nassau-Usingen, de Nassau-Weilbourg, de Hohenzollern-Hechingen, de Hohenzollern-Sigmaringen, de Salm-Salm, de Salm-Kyrbourg, d'Isembourg, d'Aremberg et de la Leyen.

La séparation de ces princes d'avec l'Empire germanique est ainsi motivée dans la note remise à la diète de Ratisbonne, le 1er août 1806, par le chargé d'affaires de France.

„Les rois de Bavière et de Wurtemberg, les princes souverains de Ratisbonne, de Bade, de Berg, de Hesse-Darmstadt, de Nassau et les autres principaux princes du midi et de l'ouest de l'Allemagne ont pris la résolution de former entre eux une confédération qui les mette à l'abri de toutes incertitudes de l'avenir, et ils ont cessé d'être Etats de l'Empire."

„La situation dans laquelle le traité de Presbourg a placé directement les cours alliées de la France et indirectement les princes qu'elles entourent et qui les avoisinent, étant incompatible avec la condition d'un Etat d'Empire; c'était pour elles et pour les princes une nécessité d'ordonner sur un nouveau plan le système de leurs rapports et d'en faire disparaître une contradiction qui aurait été une source permanente d'agitation, d'inquiétude et de danger.

„De son côté, la France, obligée de

concourir au bien-être de ses alliés et de les faire jouir de tous les avantages que le traité de Presbourg leur assure et qu'elle leur a garantis, n'a pu voir dans la confédération qu'ils ont formée qu'une suite naturelle et le complément nécessaire de ce traité...."

Entre autres griefs contre la constitution germanique la note alléguait que „la diète avait cessé d'avoir une volonté qui lui fût propre. Les sentences des tribunaux suprêmes ne pouvaient être mises à exécution. Le lien fédéral n'offrait plus de garantie à personne et n'était entre les puissants qu'un moyen de dissension et de discorde. A l'appui de ces griefs ou citait notamment la suppression d'un électorat par la réunion du Hanovre et de la Prusse, l'incorporation par un roi du nord d'une des provinces de l'Empire à ses autres Etats.

Enfin on faisait valoir que le traité de Presbourg avait attribué aux rois de Bavière et de Wurtemberg et à l'électeur de Bade la plénitude de la souveraineté, prérogative que les autres électeurs seraient fondés à réclamer, mais qui ne peut s'accorder ni avec la lettre ni avec l'esprit de la constitution de l'Empire.

Le traité de confédération des Etats du Rhin signé à Paris le 12 juillet 1806 abroge les lois de l'Empire germanique à l'égard des parties contractantes et de leurs sujets, excepté les dispositions du recèz de 1803 relatives à l'octroi de la navigation du Rhin et les droits acquis par ce recèz à des créanciers et à des pensionnaires.

L'électeur archi chancelier prend le titre de prince-primat; l'électeur de Bade, le duc de Berg et de Clèves et le landgrave de Hesse-Darmstadt, prennent le titre du grand-duc et jouissent des droits, des honneurs et des prérogatives attachés à la dignité royale. Le chef de la maison de Nassau prend le titre du duc, et le comte de la Leyen celui de prince.

Les intérêts communs des Etats confédérés seront traités dans une diète siégeant à Francfort, et divisée en deux collèges, celui des rois et celui des princes. Cette diète décide de toutes les contestations entre les Etats confédérés.

L'empereur des Français est proclamé protecteur de la confédération; en cette qualité c'est lui qui, lors du décès du prince-primat, en nommera le successeur. La formation de la confédération entraîna quelques modifications territoriales, qui furent consacrées par le traité:

Le roi de Bavière cédait à celui de Wurtemberg la seigneurie de Wiesensteig et renonçait à ses droits sur l'abbaye de Wiblingen.

Le roi de Wurtemberg cédait au grand-duc de Bade le comté de Bondorf, les villes de Breunlingen, de Villingen et de Tuttlingen.

Le grand-duc de Bade cédait au roi de Wurtemberg la ville et le territoire de Biberach.

Le duc de Nassau cédait an grand-duc de Berg la ville et le territoire de Deutz, la ville et le bailliage de Kœnigswinter et le bailliage de Villich.

Le roi de Bavière réunissait en outre à ses Etats la ville et le territoire de Nuremberg et les commanderies de Rohr et de Waldstetten de l'ordre teutonique.

Le roi de Wurtemberg ajoutait à ses Etats la seigneurie de Wiesensteig, la ville et le territoire de Biberach, la ville de Waldsée, le comté d'Ichelklingen, la commanderie de Kopfenbourg, celle d'Alschhausen, non moins les seigneuries d'Aschberg et de Hohenfels, et l'abbaye de Wiblingen.

Le grand-duc de Bade augmentait ses Etats du comté de Bondorf, des villes de Breunlingen, de Villingen et de Tuttlingen, de la principauté de Heitersheim, et des commanderies teutoniques de Benggen et de Fribourg.

Le grand-duc de Berg ajoutait la ville de Deutz, la ville et le bailliage de Kœnigswinter et le bailliage de Villich.

Le grand-duc de Hesse-Darmstadt s'agrandissait du burgraviat de Friedberg.

Le prince-primat réunissait la ville et le territoire de Francfort.

Le prince de Hohenzollern-Sigmaringen recevait les seigneuries d'Achberg et de Hohenfels et les couvents de Klosterwald et de Hobsthal.

Plusieurs petits princes possédant des territoires peu considérables et sur lesquels, en totalité ou en partie, le droit de souveraineté ou de juridiction suprême fut transféré aux princes et aux électeurs souverains, furent médiatisés et perdirent leur suprématie territoriale; ils reçurent en compensation des indemnités pécuniaires, et le maintien ou la concession de certains privilèges locaux ou purement honorifiques.

La confédération du Rhin ne devait pas avoir d'armée fédérale; mais chaque fois que la confédération aurait une guerre à soutenir, chaque membre fournirait un, deux, trois ou quatre quarts du maximum de son contingent, lequel était fixé dans les proportions suivantes pour chacun des alliés : la France devait fournir 200,000 hommes de toutes armes; la Bavière, 36,000; le Wurtemberg, 12,000; Bade, 8,000; le grand-duc de Berg, 5,000; le grand-duc de Darmstadt, 4,000; le duc et prince de Nassau, avec les autres princes confédérés, 4,000.

L'avant-dernier article du traité réservait l'admission par la suite dans la confédration des autres princes et Etats d'Allemagne qu'il serait trouvé de l'intérêt commun d'y admettre.

L'électeur de Würzbourg fut le premier des princes non compris originairement dans la confédration, qui y entra. Son accession fut signée à Paris le 25 septembre 1806; il fut admis sous le titre de grand-duc dans le collège des rois, son contingent militaire fut fixé à 2,000 hommes.

L'électeur de Saxe accéda à la confédration par le traité de paix qu'il conclut avec la France à Posnanie le 11 décembre 1806. Il prit le titre de roi; sa place fut marquée dans le collège et au rang des rois, suivant l'ordre de son introduction, après le roi de Wurtemberg. Son contingent fut fixé à 20,000 hommes.

Quelques jours après, le 15 décembre, ce fut le tour des ducs de Saxe de la branche ernestine (Weimar, Gotha, Meiningen, Hildbourghausen, Cobourg) admis dans le collège des princes. Leur contingent fut fixé à 2,800 hommes d'infanterie.

La maison d'Anhalt accéda à la confédration du Rhin par un traité signé à Varsovie le 18 avril 1801. Son contingent fut fixé à 800 hommes.

Le même jour accédèrent également:

Les princes de Schwarzbourg-Rudolstadt et de Schwarzbourg-Sondershausen, dont le contingent commun fut fixé à 650 hommes;

Le prince de Waldeck, dont le contingent fut réglé à 400 hommes;

Les princes de Lippe-Detmold et de Lippe Schaumbourg, dont le contingent fut fixé à 500 hommes pour le premier, et à 150 pour le second;

La maison de Reuss, avec un contingent de 450 hommes;

Le 13 mars 1807 avait été admis le nouveau royaume de Westphalie, formé des provinces enlevées au roi de Prusse par la paix de Tilsit, du duché de Brunswick et de l'électorat de Hesse. Son contingent était de 20,000 hommes d'infanterie, de 3,500 de cavalerie et de 1,500 d'artillerie; il fut porté ultérieurement à 96,000 hommes, dont 4,000 de cavalerie et 2,000 d'artillerie.

Les ducs de Mecklenbourg accédèrent à la confédération par un traité signé à Paris le 18 février 1808. Le contingent de Schwerin fut fixé à 1,900 hommes, et celui de Strélitz à 400.

Le dernier prince qui entra, en octobre 1808, dans la confédération fut le duc d'Oldenbourg-Lubeck. Son contingent fut fixé à 800 hommes.

L'année 1813 mit fin à la confédération du Rhin.

CONFÉDÉRATION des princes germaniques. (*Fürstenbund.*) La maison d'Autriche, ayant échoué par suite de la paix de Teschen, de s'emparer de la Bavière, essaya depuis de faire l'acquisition de cette province par un échange contre les Pays-Bas.

L'électeur palatin consentit à cet échange par un traité, signé à Munich le 11 janvier 1785; mais le duc des Deux-Ponts, héritier des deux électorats de Bavière et de Palatinat, s'y opposa formellement et réclama la protection du roi de Prusse, qui conçut alors le plan d'une confédération des principaux Etats de l'Empire ayant pour but de s'opposer aux vues ambitieuses du chef de ce corps, de conserver la constitution et de maintenir dans l'Empire l'équilibre nécessaire de pouvoir; et le 23 juillet 1785 fut conclue à Berlin, entre les ministres de Saxe et de Hanovre et ceux du roi de Prusse la célèbre alliance connue sous le nom de *confédération des princes germaniques* (*Fürstenbund*).

L'association n'est nullement dirigée contre l'Empereur et l'Empire; elle tend au maintien constitutionnel du système germanique et des droits des Etats fondés sur les droits de l'Empire et les traités.

Les électeurs confédérés promettent de maintenir la plus parfaite concorde et correspondance entre eux pour agir de concert à toutes les assemblées générales et les réunions des cercles; d'empêcher que l'activité de la diète ne soit interrompue, qu'on ne néglige de s'occuper des affaires qui y sont portées et qu'on n'y fasse de délibérations anticonstitutionnelles; de surveiller l'exercice d'une justice impartiale par les tribunaux de l'Empire, de ne pas souffrir que ces tribunaux empiètent sur les droits des Etats, qu'ils s'arrogent le droit d'interpréter les lois, qu'ils ordonnent avec précipitation ou contre la constitution l'exécution de leurs sentences, enfin qu'ils abusent de leur autorité.

Les droits des cercles, la constitution de l'Empire en général et la paix publique sont garantis, les droits des États en particulier sont placés sous la protection immmédiate des princes ligués, qui promettent de conserver aux États l'entière liberté des suffrages dans toutes les assemblées, la jouissance de leurs territoires et le maintien des pactes de famille et de succession.

En cas de contravention aux constitutions de l'Empire et aux droits des États, les princes ligués uniront leurs efforts pour en obtenir le redressement par toutes les voies constitutionnelles, et si ces voies ne suffisent pas, ils délibéreront sur les mesures à prendre.

Les ducs de Deux-Ponts, de Mecklembourg, de Saxe-Weimar et Gotha, la maison de Hesse, l'évêque d'Osnabruck, les princes d'Anhalt, le margrave de Bade et l'électeur de Mayence accédèrent à cette association, qui du reste ne produisit aucun résultat.

CONFÉRENCE. En droit international, on nomme ainsi toute réunion diplomatique destinée à terminer une affaire en litige ou à discuter une question, le plus généralement pour préparer un traité de paix, d'alliance ou de commerce.

Ces réunions sont composées d'ambassadeurs ou d'agents diplomatiques délégués *ad hoc*.

Les conférences diffèrent dans leur compétence, selon qu'elles ont le pouvoir de décider les questions ou qu'elles n'ont que voix consultative. Dans la plupart des cas les conférences ne font que préparer la solution des questions sans les décider; alors elles sont seulement les préliminaires des congrès; souvent aussi des conférences de ce genre ont lieu dans le même temps et à l'endroit même où se tient le congrès proprement dit, duquel elles se rapprochent beaucoup par leur mode de délibération et la nature des questions qui leur sont déférées et ne se distinguent guère au fond que par la situation des personnes qui y prennent part.

Le mode de convocation et de tenue est à peu près le même; il diffère seulement par l'appareil de solennité donné à la réunion et par l'importance des débats. (*Voir* CONGRÈS.)

CONFESSION. Confession de foi, ou simplement confession, déclaration publique de la croyance religieuse qu'on professe.

Se dit surtout des différentes expositions de leur croyance faites par les Églises protestantes.

La plus célèbre de ces confessions est celle d'Augsbourg, ainsi appelée par ce que c'est dans cette ville qu'elle fut présentée à l'empereur Charles-Quint, le 22 juin 1530, par les protestants d'Allemagne. Elle avait été rédigée par Luther, et était revêtue de la signature et de l'adhésion de tous les princes de l'empire qui avaient embrassé la réforme.

CONFIRMATION. Action de confirmer, de garantir, d'approuver ou de sanctionner.

Confirmer un traité, c'est déclarer qu'on le reconnaît et promet de l'observer : cette déclaration, qui se fait ordinairement par une clause introduite dans un traité nouveau, a lieu lorsque, pour une raison ou une autre, des doutes s'élèvent sur la validité ou la durée du traité. Ainsi, par exemple, un État qui change son gouvernement ou la forme de ses institutions intérieures, proclame d'ordinaire les traités conclus par le pouvoir déchu. Ou bien ce sont des souverains qui à leur avènement au trône donnent une adhésion formelle aux traités existants, quoique en principe une semblable confirmation n'ajoute rien à la validité intrinsèque d'engagements conclus au nom de la nation entière et dès lors obligatoires, abstraction faite des princes sous le règne desquels ils ont pu être signés.

Souvent en annulant certains traités on en confirme explicitement d'autres plus ou moins connexes pour les soustraire aux effets de l'abrogation des premiers.

Dans d'autres cas on confirme un ancien traité en le mentionnant ou en l'incorporant intégralement ou en partie dans une convention nouvelle ; de là cette clause, qui se rencontre fréquemment dans les actes internationaux : „que le traité (de date antérieure) sera considéré comme faisant partie du présent traité, comme s'il s'y trouvait inséré mot à mot."

CONFISCATION. Action d'adjuger des bien au fisc pour cause de crime, de contravention ou de délit; elle dessaisit le propriétaire de sa propriété pour l'attribuer à l'État.

Cette peine existe dans plusieurs pays, même en ce qui concerne les propriétés foncières. En France elle a été abolie définitivement par la charte de 1814; néanmoins il existe encore une confiscation spéciale pour cause de contravention en matière d'impôt ou de police; elle porte alors sur le corps du délit ou sur les choses qui étaient destinées à commettre le délit.

La confiscation s'opère aussi sur les navires dans certains cas, notamment pour transport de contrebande. *(Voir* CONTREBANDE.)

CONFLIT. On nomme ainsi le dissentiment qui se manifeste entre deux autorités relativement aux attributions respectives de leur compétence pour statuer sur une même affaire.

Il y a conflit de juridiction quand la difficulté naît des prétentions ou du refus d'autorités de même ordre : lorsque deux autorités s'attribuent la connaissance d'une même affaire, le conflit est dit *positif,* tandis qu'on le qualifie de *négatif,* lorsqu'elles se déclarent l'une et l'autre incompétentes, et que cependant l'une ou l'autre doit nécessairement en connaître.

Il y a conflit d'attribution, quand la difficulté s'élève entre deux autorités d'ordres différents, par exemple, l'une appartenant à l'ordre judiciaire, l'autre à l'ordre administratif.

Au point de vue du droit international, ces conflits sont envisagés uniquement à propos des différences des lois qui existent dans les divers pays et de leur application aux étrangers.

Ces conflits se résolvent suivant des règles d'un caractère spécial, qui servent de fondement à ce qu'on appelle le *droit international privé*. (Voir ce mot.)

CONFUSION. En jurisprudence, *confusion de droit et d'actions,* ou simplement *confusion,* signifie la réunion en une même personne de droits concernant un même objet — des droits actifs et passifs — de qualités qui s'entre-détruisent. Ainsi, par exemple, il y a confusion de droits lorsque le débiteur hérite du créancier: alors les qualités de créancier et de débiteur se réunissent, se confondent dans la même personne.

La confusion est un mode d'extinction des obligations.

Selon qu'il s'agit de l'étendue et des effets de l'obligation, ou seulement du mode et des formes de l'extinction, on applique la loi du lieu de l'acte ou celle du lieu où s'éteint l'obligation.

CONGÉ. Permission de s'absenter accordée à certains fonctionnaires par leurs supérieurs. *(Voir* ABSENCE.)

Les agents diplomatiques et consulaires ne peuvent s'absenter ou quitter leur poste sans autorisation ou sans motif légitime, sous peine d'être considérés comme démissionnaires, il faut donc qu'ils demandent et obtiennent un congé, qui leur est accordé par le ministre des affaires étrangères; mais eux-mêmes peuvent accorder des congés à leurs subordonnés (secrétaires, chanceliers, drogmans, interprètes, etc.), en en informant la direction de laquelle ils dépendent.

Le ministre nomme un agent intérimaire pour remplacer le titulaire d'un poste diplomatique ou consulaire pendant toute la durée des son congé.

Le temps du voyage d'aller et du voyage de retour ne compte pas dans le calcul de la durée du congé réglementaire.

(Voir AGENTS DIPLOMATIQUES, AMBASSADEURS, MINISTRES, CONSULS.)

CONGÉ maritime. Permission ou *passe-port de mer,* délivré par l'autorité compétente, à un navire pour sortir d'un port et se mettre en mer.

Le *congé* est un document indispensable pour tout capitaine de navire; car il est admis par les nations maritimes que tout navire rencontré en mer sans congé peut être arrêté comme *pirate* (Voir ce mot).

Le congé doit mentionner le nom du navire et du propriétaire, le lieu de construction, le numéro, la date et les autres indications de la *patente de nationalité* (Voir ce terme et *francisation),* de manière qu'on puisse constater à chaque voyage l'identité du navire.

(Voir PAPIERS DE BORD.)

CONGO (État libre du). Cet État, fondé par l'Association internationale africaine sous la présidence du roi des Belges, et dirigé par un Comité exécutif où sont représentées les races anglosaxonne, allemande et latine, a pour unique objectif le développement des régions fertiles et populeuses de l'Afrique centrale, à l'aide d'une série de stations qui donnent l'hospitalité à tous négociants, missionnaires ou simples voyageurs. Elle a acquis des chefs indigènes, par voie amiable, un vaste territoire situé sur le Congo et s'étendant jusqu'à 3200 kilomètres des rives de ce fleuve. Elle y a établi 22 stations sous le pavillon de l'Association. Ces stations sont soumises à un régime analogue à celui des pays de l'Europe, jusqu'à ce qu'elles soient en mesure de se constituer et de se gouverner elles-mêmes.

L'État libre du Congo est reconnu

aujourd'hui par les Etats-Unis d'Amérique, l'Allemagne, la Grande-Bretagne, les Pays Bas, l'Autriche-Hongrie, la Belgique, l'Espagne, et l'Italie.

(Voir ÉTAT LIBRE.)

CONGRÉGATION. Ce terme est appliqué par la loi civile à toutes les associations religieuses, tant ecclésiastiques, que laïques, soit qu'elles vivent en communauté sous une même règle soit que les membres en vivent dispersés, tout en relevant d'une autorité particulière.

Le nom de congrégation est plus spécialement appliqué aux sociétés de prêtres séculiers, qui, sans faire des vœux, se réunissent pour s'employer à des œuvres d'utilité publique et religieuse, telles que le soin des séminaires et des collèges, les missions, etc.

Dans les pays protestants, les congrégations correspondent à certaines divisions ecclésiastiques.

Dans l'organisation du Saint-Siège, on nomme *congrégations* les différents comités, composés de cardinaux ou présidés par des cardinaux, commis par le Pape pour décider les affaires qui regardent l'Eglise. Ces congrégations sont au nombre de 17. Les principales sont la congrégation de l'*inquisition,* chargée de juger toutes les affaires relatives à l'hérésie ou considérées comme telles; la congrégation des *rites,* qui a pour mission, de régler tout ce qui concerne les cérémonies de l'Eglise; d'examiner les pièces produites pour la canonisation des saints et de décider les contestations au sujet des droits honorifiques de l'Eglise; la congrégation de l'*index,* chargée de dresser, après examen, la liste des livres dont la lecture et l'usage sont interdits; la congrégation de la *propagande,* qui s'occupe de tout ce qui intéresse l'extension de la foi, la direction des missionnaires envoyés pour convertir les infidèles.

CONGRÈS. *Définition.* On nomme ainsi une réunion de souverains, de ministres ou de plénipotentiaires de différents Etats ayant mission et pouvoir soit de résoudre pacifiquement les différends qui peuvent exister entre leurs gouvernements respectifs, soit de conclure un traité de paix, soit de déterminer les conséquences d'un traité conclu, soit de fixer des points indécis de droit international.

Quelquefois les souverains assistent en personne au congrès, avec ou sans la présence de leurs ministres ou d'autres agents officiels, mais le plus souvent les souverains s'y font représenter par des plénipotentiaires spéciaux qui sont leurs ministres des affaires étrangères ou des personnages importants investis tout particulièrement de leur confiance.

Autrefois on donnait le nom de *congrès* exclusivement aux réunions de chefs d'Etats en personne, avec ou sans leurs ministres des affaires étrangères, pour délibérer et prendre des décisions en commun; et si la réunion se composait seulement de délégués agissant au nom de leurs gouvernements, on la qualifiait de *conférence* (Voir ce mot). Le congrès pouvait prendre immédiatement des décisions, tandis que la conférence nécessitait la ratification des gouvernements.

Dans les temps plus modernes, notamment depuis le congrès de Paris de 1856, le concours personnel de souverains ou de chefs d'Etats n'est plus indispensable pour qu'il y ait congrès, pourvu que les hommes d'Etat dirigeants se réunissent et que l'assemblée ne se compose pas de simples employés ou délégués; même s'il y a congrès, la formule de la réserve de ratification par le souverain peut être insérée, mais c'est une pure question de forme, puisque politiquement ce sont les hommes composant le congrès qui décident. Les congrès sont plus solennels que les conférences, possèdent une plus grande autorité politique, ont pour objet des questions plus importantes, tandis que plus généralement les conférences traitent, sous des formes plus modestes, des affaires ordinaires et techniques, et, sans prendre des décisions définitives, se bornent à préparer ces décisions à en chercher et poser les bases.

Admission au congrès. Chaque Etat a le droit de prendre l'initiative d'une proposition tendant à la réunion d'une congrès ou d'une conférence. Il est conforme aux principes d'y recevoir les représentants de tous les Etats intéressés à un titre quelconque dans les questions à discuter. Toutefois les puissances qui ne sont pas partie principale ne sont pas en droit d'y exiger leur admission. Elles peuvent envoyer seulement des agents diplomatiques chargés de tenir leurs gouvernements au courant des affaires qui s'y traitent et de veiller à ce qu'il n'y soit rien résolu de contraire à leurs intérêts.

Pour qu'un congrès puisse avoir lieu, il est essentiel que les Etats qui doivent y participer, soient d'accord sur les principes dirigeants des négociations; il doit par conséquent exister une entente générale préalable entre les puissances sur la manière de résoudre les questions.

Entente préalable. Choix de la ville où siégera

le congrès. Le choix de la ville où doit siéger le congrès, la question de savoir si l'on y admettra des puissances étrangères, le cérémonial à suivre dans les conférences, la manière dont les affaires seront traitées, le local où elles seront discutées, la neutralité du lieu du congrès, s'il n'y a pas d'armistice général, la sûreté et l'inviolabilité personnelle des plénipotentiaires, des personnes attachées aux légations et des courriers, ainsi que d'autres dispositions analogues, font quelquefois l'objet d'une convention préliminaire et séparée.

Pleins-pouvoirs des délégués. Lorsqu'on est convenu de l'endroit où doit siéger le congrès ou la conférence, les puissances y envoient leurs plénipotentiaires. Comme ceux-ci ne sont pas adressés à un souverain, ils ne sont pas munis de lettres de créance, mais de pleins-pouvoirs, et la première chose qu'ils aient à faire est d'échanger et vérifier entre eux ces pleins-pouvoirs, afin de s'assurer par cet examen s'ils ont qualité pour engager leurs gouvernements : ce n'est que lorsqu'ils ont obtenu toute garantie à cet égard que les négociateurs peuvent entrer dans la discussion des affaires qu'ils ont à traiter.

Séances du congrès, règlement, présidence. On détermine ensuite, — si ces points n'ont pas été l'objet de dispositions préliminaires, — la manière de délibérer, les détails du cérémonial, le rang et la préséance entre les plénipotentiaires.

Quant à la présidence des séances, la coutume est de l'attribuer au ministre des affaires étrangères ou au premier représentant du pays où se tient le congrès ou la conférence; si la réunion a lieu sous la médiation d'une puissance neutre, la présidence échoit au ministre médiateur. Ces usages sont uniquement de courteoisie et n'enlèvent nullement aux plénipotentiaires leur droit d'élection.

Le droit de présider ne donne d'ailleurs d'autre privilège que celui de diriger les débats, en effet pour la signature des procès-verbaux ou protocoles on procède dans l'ordre préalablement convenu, ou, à défaut de convention préalable, par ordre alphabétique.

Chacun des gouvernements représentés au congrès a l'initiative des propositions à faire, selon les circonstances; ces propositions se font par écrit, toutefois les négociations ne consistent pas en un échange de notes et de mémoires; elles donnent lieu à des discussions et à des délibérations orales, sur un pied d'entière égalité pour tous les Etats représentés. En dehors des conférences communes des conférences particulières se poursuivent quelquefois entre plusieurs plénipotentiaires.

On continue ainsi de négocier, soit de vive voix, soit par écrit, jusqu'à ce qu'on aboutisse à la signature d'un traité, ou que, tout espoir d'arrangement ayant disparu, les plénipotentiaires soient rappelés ou invités à quitter le lieu de congrès.

Votes du congrès. L'unanimité est la règle pour l'adoption des décisions, car chaque Etat étant souverain et libre dans ses déterminations, on ne saurait lui imposer contre son gré celles d'autrui. Cependant les questions secondaires peuvent être réglées à la majorité absolue des voix, en vertu de principes précédemment arrêtés; mais il faut qu'il y ait accord parfait pour les décisions de premier ordre. Chacun des membres du congrès a le droit d'opposer à ces décisions un véto individuel absolu au nom du gouvernement qu'il représente; mais ce véto n'empêche pas les autres plénipotentiaires de continuer leurs délibérations. Les dissidents peuvent ou récuser purement et simplement le vote et se retirer, ou protester contre la décision.

Protocole. Il est d'usage, dans toute réunion de plénipotentiaires, de dresser à la fin de chaque séance ou conférence un procès-verbal de ce qui s'y est passé et des affaires qui y ont été traitées et réglées. Ce procès-verbal, qu'on désigne sous le nom de *protocole,* est signé par les plénipotentiaires qui ont pris part à la séance, après en avoir approuvé le contenu; si l'un des plénipotentiaires trouve que sa pensée n'ait pas été complétement ou exactement rendue, il peut faire insérer son vote au protocole. (*Voir* PROTOCOLE.)

On commence ordinairement le protocole d'une première séance de congrès ou de conférence en faisant mention de l'échange ou de la reconnaissance des pleins-pouvoirs. Dans les protocoles des séances suivantes on note communément que, lecture ayant été faite du procès-verbal précédent, il a été adopté par les signataires.

Les plénipotentiaires tiennent leurs gouvernements au courant de la marche des délibérations; et à cet effet ils leur envoient régulièrement une copie des procès-verbaux ou protocoles.

Acte final. Les résolutions du congrès ou de la conférence sont consignées dans un document qu'on appelle acte final. Les diverses négociations séparées auxquelles a donné lieu le congrès sont souvent suivies de la conclusion d'autant de conventions particulières qu'il y avait de questions en discussion. Pour unir ces résolutions partielles dans une transaction générale, on insère ordinairement dans l'acte final un article particulier par lequel on déclare que les traités séparés dont se compose le texte de l'instrument général et qui lui sont annexés, auront la même valeur que s'ils y avaient été intégralement insérés.

Le terme de congrès a une autre acception politique : dans plusieurs Etats il sert à désigner la réunion des mandataires de la nation, l'ensemble des deux chambres qui constituent la représentation nationale.

Enfin le titre de congrès a été adopté par diverses réunions libres de personnes, appartenant à un même pays ou à des pays différents, qui se rassemblent pour échanger leurs idées ou se communiquer leurs études sur un objet pour lequel elles sont compétentes. La plupart se donnent la mission de discuter quelque question scientifique d'une haute importance ou de faire une propagande pacifique en faveur de quelque opinion ou de quelque réforme : tels sont le congrès de la paix, le congrès de la propriété littéraire, le congrès archéologique, de statistique, et en général tous les congrès scientifiques.

Ces réunions se tiennent ordinairement tantôt dans une ville, tantôt dans une autre, à des époque fixées d'avance.

CONGRÈS DE BERLIN. (*Voir* BERLIN.)

CONGRÈS DE LAYBACH. (*Voir* LAYBACH.)

CONGRÈS DE LIMA. (*Voir* LIMA.)

CONGRÈS DE PANAMA. (*Voir* PANAMA.)

CONGRÈS DE PARIS. (*Voir* PARIS 1856.)

CONGRÈS DE TROPPAU. (*Voir* TROPPAU.)

CONGRÈS DE VÉRONE. (*Voir* VÉRONE.)

CONGRÈS DE VIENNE en 1814 et en 1815. (*Voir* VIENNE.)

CONJURATION, CONSPIRATION Dessein formé secrètement par plusieurs personnes contre l'Etat, ou le souverain, ou l'ordre social, ou même contre un simple particulier.

La conjuration et la conspiration se confondent avec le complot (voir ce mot), et ne diffèrent que faiblement entre elles.

La première paraît plutôt s'attaquer aux choses, et la seconde aux personnes.

La conjuration exprime plus manifestement l'idée du lien secret, du serment par lequel les conjurés s'engagent les uns envers les autres. Les conjurés semblent, en quelque sorte, plus près de l'attentat que les conspirateurs : ceux-ci sont encore à délibérer sur le dessein qu'ils veulent accomplir et sur les moyens d'exécution, que ceux-là sont déjà armés pour agir; on peut dire que de conspirateurs ils sont devenus conjurés.

Les complots, conjurations ou conspirations ayant pour objet une tentative de bouleverser ou de renverser un gouvernement, un Etat, rentrent naturellement dans la catégorie des crimes politiques, et comme tels ils se trouvent en dehors de ceux qu'atteignent les traités d'extradition.

CONNAISSANCE. Information, notion qu'on a d'une chose.

En droit, la connaissance est formelle ou présumée.

Il y a connaissance formelle quand on a été expressément informé d'un fait.

La connaissance présumée est celle que la loi attribue à une personne qui n'a pas reçu d'avis formel.

Dans un autre sens, il est synonyme de compétence; il signifie, en jurisprudence, le droit de connaître et de juger, de statuer sur une affaire, comme dans ces phrases : „la connaissance de cette cause, du crime appartient à tel tribunal" ; — „attribuer à un tribunal la connaissance de certaines affaires."

CONNAISSEMENT. Acte par lequel le capitaine et le chargeur constatent le chargement des marchandises sur un navire et les conditions du transport.

Il ne faut pas confondre le connaissement avec la charte-partie; celle-ci a pour objet le loyer d'un navire, en tout ou partie, pour un chargement de marchandises, tandis que le connaissement prouve que le chargement convenu a été effectué.

Le connaissement doit être daté et exprimer la nature, la quantité et l'espèce des marchandises; le nom de l'expéditeur; le nom et l'adresse de la personne à laquelle les marchandises sont destinées; le nom et le domicile du capitaine; le nom, l'espèce et le tonnage du navire; le lieu du départ et celui de la destination; enfin le prix du fret. Le capitaine est tenu de présenter son connaissement à la chancellerie consulaire de la nationalité de son navire dans les vingt-quatre heures qui suivent son arrivée dans un port étranger; il lui est rendu après examen.

Le connaissement, pouvant ainsi renseigner sur la nature, la propriété et la destination de la cargaison, est compris au nombre des papiers de bord, que le capitaine est tenu de produire chaque fois qu'il en est légitimement requis, notamment pour justifier de la nationalité de son navire, ou en temps de guerre, de la neutralité, ainsi que de celle des marchandises qu'il a à son bord.

Dans ce dernier cas, voici les règles consacrées par la jurisprudence française en matière de validité ou de nullité des connaissements.

1º Pour faire foi il n'est pas de rigueur que les connaissements trouvés à bord soient revêtus de la signature du capitaine.

2º Le contrat d'affrétement qui n'exprime pas pour le compte et le risque de qui est fait le chargement, doit être complété par les énonciations du connaissement.

3º Un relevé général, détaillée et exact des marchandises chargées, quand il est revêtu des mêmes formalités que le connaissement, peut tenir lieu et avoir la même valeur.

4º Les pacotilles du capitaine et de l'équipage n'ont pas besoin, pour être respectées, d'être accompagnées d'un connaissement.

5º Le connaissement doit prouver le caractère neutre des propriétaires de la marchandise.

CONNÉTABLE, CONNÉTABLIE. Le titre de *connétable,* ou mieux de *comte de l'etable,* était celui du principal officier dans la maison des premiers rois de France et des grands feudataires. Les fonctions de cet officier correspondaient à peu près à celles du grand écuyer ou intendant des écuries; il présidait aussi tantôt au service des tables, tantôt à celui des meubles. A l'armée il était quelquefois chargé du commandement de la cavalerie.

Depuis le commencement du 13e siècle jusqu'au 17e, le connétable était en France le commandant-général des armées : le roi lui-même, lorsqu'il se trouvait au milieu des troupes, ne pouvait arrêter aucune mesure importante sans avoir pris l'avis du connétable.

En Espagne, le titre de connétable était conféré aux gouverneurs de certaines provinces.

On appelait connétablie la juridiction du connétable et des maréchaux de France sur les gens de guerre et sur ce qui concernait la guerre, tant au civil qu'au criminel, et le tribunal devant lequel étaient appelées les affaires regardant le point d'honneur entre gentilshommes et officiers des armées du roi.

CONNEXE, CONNEXITÉ. Dans le sens général on dit *connexes* les choses qui ont des rapports intimes entre elles; en droit, ce sont des affaires tellement liées qu'elles sont susceptibles d'être décidées par un seul et même jugement.

La connexité, ou qualité de ce qui est connexe est la liaison existant entre les choses ou les affaires.

La règle de la connexité, en ce qui concerne l'extradition, s'applique aux faits *connexes,* aux crimes ou aux délits politiques : comme il n'existe pas d'extradition pour les crimes politiques, il suffit qu'un crime commun se rattache à un fait politique, qu'il en soit la suite et l'exécution, pour être couvert par le privilège qui sauve-garde celui-ci.

CONNIVENCE. Complaisance coupable qu'on a pour une action mauvaise qu'on devrait empêcher et qu'on laisse commettre en feignant de ne pas s'en apercevoir,

Un Etat peut justifier des présomptions de connivence de sa part, lorsqu'il tolère ceux de ses nationaux qui compromettent les relations amicales entre leur gouvernement et les puissances étrangères, ou lorsque par son inaction il paraît protéger ou favoriser l'injustice, ou si l'on constate que, dans une accusation contre le sujet d'un autre Etat ou contre un de ses propres ressortissants coupable d'une offense envers un autre Etat, les juges ou les jurés se sont laissé entraîner par la passion politique ou par la haine des étrangers.

Dans ces cas l'Etat est tenu responsable des conséquences des actes de ses nationaux ou des décisions de ses tribunaux; car il est de son devoir de veiller au respet des lois et au châtiment de ceux qui les violent.

CONQUÊTE. *Définition.* Action de conquérir ou de soumettre par les armes; et aussi le résultat de la conquête.

Dans le langage usuel on se sert du mot *conquête* pour désigner le territoire enlevé à l'ennemi; mais quand on veut s'en tenir strictement à la portée technique du mot, on ne doit l'employer que dans le cas où le territoire occupé passe définitivement aux mains du vainqueur, c'est-à-dire lorsque le titre de possession du vainqueur est devenu complet par l'abandon formel par le vaincu; tant que ce dernier fait n'est pas consommé, il existe seulement une occupation militaire.

Sanction. La prise de possession n'est que provisoire tant que dure la guerre· la paix seule donne la sanction du droit à la conquête ou à l'annexion violente. Ce résultat s'obtient ordinairement par l'acte international qui constitue la conquête en mettant fin à la guerre. Lorsque les belligérants déposent les armes, ils signent un traité de paix, qui règle à nouveau leurs rapports mutuels et sanctionne dans une mesure plus ou moins étendue les fruits de la victoire. Tantôt ce traité ramène les choses dans l'Etat où elles se trouvaient avant la guerre, tantôt il consacre définitivement l'*uti possidetis*, l'état d'occupation au moment de la conclusion; tantôt il prescrit la restitution de certains territoires ou l'absorption de certains autres par le vainqueur, dont le titre, revêtant alors la forme d'acquisition par droit de conquête, devient parfait, définitif et complet.

Lorsque la conquête est ainsi, par une cession régulière, devenue complète et définitive, le territoire occupé passe aux mains du vainqueur avec un titre exactement égal à celui de l'ancien propriétaire.

Personne autre ne peut revendiquer le moindre droit sur ces terres cédées ou transférées par le vaincu, et le bénéfice d'un nouveau droit remonte au jour de la prise de possession par l'occupant. On peut même dire que le vaincu, dans le cas où il serait rentré momentanément en jouissance du territoire qu'il a cédé, ne pourrait se prévaloir de ce fait pour contester la validité et la force obligatoire d'une aliénation qu'il a librement consommée.

La conquête donne au vainqueur, sur la portion de territoire qu'il s'incorpore, l'intégralité des droits, qui appartenaient à l'ancien possesseur.

Régime des pays conquis. On comprend dès lors que la conquête exerce une influence, souvent considérable, sur la condition politique du territoire dont le vaincu est dépouillé. Un de ses effets les plus ordinaires et les plus rationnels, c'est d'identifier ce territoire avec l'Etat aux possessions duquel il vient s'ajouter par incorporation, et de le soumettre dès lors aux mêmes lois et aux mêmes principes de gouvernement.

Cependant le souverain qui acquiert une nouvelle possession reste libre de placer sa conquête pendant un temps plus ou moins long sous le régime militaire, ou de lui octroyer tout de suite une administration civile. Il peut également, dans la mesure qu'il juge convenable et que les circonstances comportent, accorder aux habitants des institutions, des droits, des privilèges différents de ceux dont jouissent ses autres sujets.

La règle la plus juste à suivre, c'est que les habitants du territoire conquis soient placés sous un régime politique identiquement semblable à celui dont jouissent leurs nouveaux concitoyens. Cette règle est toutefois susceptible des restrictions commandées par les circonstances, par les différences de mœurs, de coutumes, de législation existant entre les deux peuples, aussi l'application en est elle presque toujours subordonnée aux conditions de l'incorporation des peuples conquis et au caractère particulier des institutions et des lois municipales du conquérant.

Option. Il est de droit naturel que la conquête d'un territoire délie les habitants de tout serment de soumission envers l'ancien souverain et entraîne fidélité absolue de leur part envers le nouveau. Toutefois l'usage, d'accord avec la saine raison, veut qu'en cas de conquête le sujet qui entend conserver sa nationalité d'origine et rester fidèle à son ancien souverain ait le droit d'abandonner le territoire sur lequel ce souverain a cessé de régner. D'où il s'ensuit que les habitants, ayant eu le choix de quitter le pays ou d'y continuer leur demeure, il n'est que juste d'induire de la permanence de leur séjour un consentement tacite de fidélité à l'égard du conquérant.

Les considérations de haute équité qui ont fait adopter cette règle générale en faveur des habitants du pays, en justifient également l'application aux citoyens naturalisés et aux étrangers, lesquels ne sauraient être arbitrairement dépouillés du droit de se soustraire par un changement de domicile à la souveraineté nouvelle qu'il peut leur convenir de ne pas accepter.

Effets de la conquête. Effet rétroactif de la prise de possession. La consécration définitive donnée à la conquête agit rétroactivement sur le droit de principalité en ce qu'elle imprime au titre du conquérant la valeur légale dont il était dépositaire et rend définitifs et parfaits les contrats et les actes translatifs de propriété accomplis pendant l'occupation militaire.

Cet effet rétroactif n'a cependant rien

d'absolu et ne s'étend jamais, notamment en matières fiscales, à la condition légale du pays conquis. Ainsi, par exemple, le paiement des impôts effectué avant que la conquête ait revêtu son caractère définitif libère le contribuable qui ne peut plus être recherché ni frappé de nouveau du même chef. On ne pourrait non plus songer à soumettre à des surtaxes complémentaires les marchandises qui seraient déjà sorties des mains de la douane après avoir acquitté les droits existant au moment où l'occupation a commencé.

Dans tous les cas la rétroactivité se borne à consolider les actes émanés du conquérant pendant l'occupation militaire.

Effets de la conquête. Une fois que la conquête a revêtu son caractère complet et définitif, le conquérant entre en pleine jouissance, pour en user et en disposer en toute liberté et sans réserve aucune, non seulement de la propriété corporelle c'est-à-dire des biens meubles et immeubles de l'Etat conquis, mais encore de ses propriétés incorporelles, contrats, obligations, dettes actives, etc., et c'est un principe reconnu de droit international qu'en cas de conquête d'un territoire quelconque, une part proportionnelle, si non l'intégralité des dettes publiques demeure à la charge du conquérant.

Si la conquête transfère au nouveau souverain la propriété du domaine public de son cédant, il n'en est pas de même de la propriété privée, qui demeure incommutable entre les mains de ses légitimes possesseurs. Le sol voit se rompre et changer les liens qui l'unissaient à l'ancien souverain; mais les relations mutuelles des citoyens et leurs droits de propriété subsistent intacts. Le conquérant n'a pas seulement le devoir strict de respecter les droits acquis; il est encore moralement tenu de chercher par tous les moyens en son pouvoir à en garantir le maintien et à en améliorer ou à en faciliter l'exercice.

Telle est la doctrine consacrée par les traités de confirmations de la conquête, lesquels ne se bornent pas à assurer aux citoyens des provinces détachées un temps suffisant pour réaliser leur fortune immobilière et la convertir en valeurs, qu'ils peuvent emporter avec eux dans le pays où ils préfèrent aller se fixer; ils les autorisent, bien plus, à conserver tous leurs biens et couvrent d'une protection égale leurs propriétés situées dans le pays passé sous la domination étrangère.

La souveraineté de fait sur un territoire conquis devient une souveraineté de droit à l'égard des Etats étrangers, lorsque ces Etats jugent que cette souveraineté est suffisamment établie, que la frontière nouvelle est respectée, que l'ordre est maintenu à l'intérieur du territoire conquis et que la réunion de ce territoire à l'Etat conquérant ne paraît présenter aucun danger pour la sécurité générale.

La reconnaissance de la conquête s'opère comme celle des Etats nouveaux.

CONRING (Hermann), publiciste allemand, né à Norden (Frise) le 9 novembre 1606, mort le 12 décembre 1681.

Il s'adonna d'abord à la médecine; mais à partir de 1650 la jurisprudence devint le principal objet de ses travaux

Conring n'a pas écrit moins de 120 ouvrages sur la philosophie, la médecine, l'histoire et le droit.

Parmi ses écrits de cette dernière catégorie, nous citerons:

Dissertatio de oligarchia (Dissertation sur l'oligarchie) Helmstædt, 1643. in-4 .

De democratia (de la Démocratie) Helmstædt, 1643. in-4⁰.

De legibus (des lois) Helmstædt, 1643. in-4⁰.

De origine juris germanici commentarius historicus (Commentaire historique sur l'origine du droit allemand) Helmstædt, 1643. in-4⁰. — 1719. 5e édition. in-4⁰.

De Imperio Germanorum romano liber unus (un livre sur l'Empire Romain des Allemands) Helmstædt, 1644. in-4⁰.

De conciliis et circa ea summæ potestatis auctoritate (Des conciles et de l'autorité de la suprême puissance à leur égard) Helmstædt, 1650. in 4⁰.

De finibus Imperii Germanici libri duo (Deux livres sur les limites de l'Empire d'Allemagne) Helmstædt, 1654. in-4⁰. — Francfort 1693. in-4⁰.

De civili prudentia liber unus (Un livre sur la science civile) Helmstædt, 1662. in-4⁰.

De civitate nova (De la cité nouvelle) Helmstædt, 1662. in-4⁰.

Propolitica, seu brevis introductio in civilem philosophiam (Propolitique, ou courte introduction à la philosophie civile) Helmstædt, 1663. in-8 .

De militia lecta mercenaria et socia (Du recrutement de la milice mercenaire et auxiliaire) 1663. in-4 .

De bello et pace (De la paix et de la guerre) 1963 in-4⁰.

De vestigalibus (Des impôts) 1663. in-4 .

De importandis et exportandis (Des importations et des exportations) 1665. in-4⁰.

De commerciis et mercatura (Du commerce et des marchandises) 1666. in-4 .

De legatione (De l'ambassade) 1668. in-4⁰.

De dominio maris (Du domaine maritime) 1676. in-4 .

De dominio eminente summæ potestatis civilis (Du domaine éminent du pouvoir civil suprême). 1677. in-4⁰.

De maritimis commerciis (Du commerce maritime) 1681. in 4⁰.

Les œuvres complètes de Conring ont été réunies et publiées par Jean Guillaume Gœbel, sous le titre d'*Opera omnia*, Brunswick, 1730. 7 vol. in-folio.

CONSEIL. *Définition, classification.* Assemblée, permanente ou temporaire, ayant pour mission de donner son avis ou de statuer sur certaines affaires publiques ou privées.

Nom de différents corps chargés de délibérer sur des matières gouvernementales ou administratives.

Conseils en France. En France, *conseil d'Etat*, réunion de magistrats choisis par le chef de l'Etat pour préparer les lois, rédiger les décrets et les règlements d'administration, pour donner leur avis sur tout ce qui intéresse l'administration générale du pays et pour juger les affaires contentieuses dont les lois réservent la connaissance à l'administration générale.

Conseil de préfecture, sorte de tribunal institué dans chaque département pour la justice administrative, et pour assister le préfet de ses avis;

Conseil général de département, ou simplement *conseil général*, assemblée élective, qui se réunit une ou plusieurs fois par an au chef-lieu du département pour répartir les contributions directes entre les arrondissements, vérifier les comptes des dépenses départementales, exprimer son opinion sur l'état et les besoins des départements.

Conseil d'arrondissement, assemblée également élective, chargée de la sous-répartition des impositions entre les communes des arrondissements.

Conseil municipal, élu par les habitants de la commune, chargé d'assister le maire dans l'administration, de surveiller la gestion des biens communaux et de prendre les mesures propres à satisfaire aux besoins de la commune.

On donne aussi le nom du *conseil* à certaines commissions ou à certains comités attachés aux différentes ministères ou aux diverses branches de l'administration; le titre de conseil comporte généralement un caractère de fixité et de permanence que n'ont pas la plupart

des commissions : ainsi il y a le conseil colonial, le conseil général de l'agriculture, du commerce etc.; le conseil supérieur de l'instruction publique, etc.

Conseils spéciaux. Certains juridictions spéciales prennent le nom de conseil :

La dénomination de *conseil de guerre* a une double acception : c'est un tribunal particulier chargé de juger les militaires et dont la juridiction, en temps d'état de siège, s'étend sur tous les citoyens sans exception; c'est aussi une assemblée que tiennent les officiers généraux d'une armée ou les officiers supérieurs d'un détachement, d'une place de guerre, etc., pour délibérer sur le parti qu'il convient de pendre dans certaines circonstances.

Conseil des prises, commission extraordinaire établie en temps de guerre pour juger les prises de navires capturés sur l'ennemi. (*Voir* PRISE.)

Autrefois *grand conseil*, cour souveraine qui connaissait des appels de la prévôté de l'hôtel (cas criminels qui survenaient à la suite de la cour et étaient jugés par le grand-prévôt), des différends entre présidiaux, des matières bénéficiales, des contrariétés d'arrêt.

Conseil du roi, assemblée de personnes choisies par le roi pour connaître de tout ce qui intéressait l'administration du royaume, tant pour l'intérieur que pour l'extérieur.

Le *Conseil des cinq cents*, créé par le Directoire en 1795 et dissous par Bonaparte en 1798, se composait de 500 membres élus pour 3 ans; ses attributions consistaient dans la proposition des lois. Il formait le corps législatif avec le conseil des anciens, créé et dissous aux mêmes époques; cette dernière assemblée, composée de 250 membres, approuvait ou rejetait les résolutions prises par le Conseil des cinq cents et élisait les directeurs du pouvoir législatif.

Conseils dans les autres pays. En général on appelle *conseil des ministres*, ou conseil de cabinet, ou absolument le conseil, la réunion des ministres assemblés, sous la présidence de l'un d'eux ou du chef de l'Etat, pour délibérer sur les affaires publiques.

Le *conseil privé* est le conseil particulier du souverain.

Le *conseil aulique*, c'est-à-dire conseil de la cour, était dans l'Empire germanique un conseil particulier que présidait l'empereur et qui jugeait les procès des princes. Il a été conservé en Autriche; mais il a beaucoup perdu de son ancienne importance. (*Voir* AULIQUE.)

Le *conseil des dix* était à Venise un tribunal secret composé de 10 membres pris dans le grand conseil de la république ; il était chargé de veiller à la sûreté de l'Etat, de poursuivre et de punir les ennemis secrets de la république ; il avait des pouvoirs illimités, sans aucune responsabilité. Cette magistrature est tombée avec la république de Venise.

Conseil fédéral, conseil national, conseil des Etats.

En Suisse, ces termes désignent les différentes assemblées qui gouvernent les cantons et la Confédération.

L'autorité suprême de la Confédération est exercée par l'assemblée fédérale qui se compose de deux sections ou conseils, savoir : le conseil national, formé de députés élus directement par tous les citoyens suisses ; et le conseil des Etats, composé de 44 députés des cantons.

Les deux conseils délibèrent sur tous les objets que la constitution place dans le ressort de la Confédération, notamment les mesures pour la sûreté extérieure et intérieure de la Suisse ; les différends entre cantons, l'établissement et la levée des contingents d'hommes et d'argent, les emprunts, le budget et les comptes, la police des étrangers, la haute surveillance de l'administration et de la justice fédérales.

Les deux conseils réunis choisissent parmi tous les citoyens suisses éligibles au conseil national sept personnes, mais une seule dans le même canton, destinées à former pour un terme de trois années un troisième conseil, dit conseil fédéral, lequel exerce l'autorité dictatoriale et exécutive supérieure de la Confédération et est principalement chargé de ses relations extérieures, du maintien de son indépendance et de sa neutralité. Le président du conseil fédéral, choisi, ainsi que son vice-président, par l'assemblée fédérale parmi les membres du conseil, pour une année et non rééligible pour l'année qui suit, est président de la Confédération.

Il y a aussi un *conseil fédéral* dans l'Empire d'Allemagne : il est composé de représentants des divers Etats allemands et forme à la fois une deuxième chambre et une réunion des commissaires du gouvernement. Il est investi en outre de pouvoirs administratifs étendus.

CONSEILLER. Ce mot, applicable à tout membre d'un conseil quelconque, est plus particulièrement donné, dans l'usage, aux membres des hautes cours de justice, telle que la cour de cassation, la cour des comptes, les cours d'appel.

Conseiller du roi, titre d'honneur atta-ché autrefois à certains offices, et que prenaient aussi les évêques.

Conseiller du roi, titre des ministres, des secrétaires d'Etat, des contrôleurs généraux des finances et des conseillers d'Etat ordinaires.

Dans les cours de l'Allemagne, on donne le titre de conseillers à certains magistrats et fonctionnaires.

Conseiller aulique, titre particulier autrefois aux membres du conseil ou cour aulique, tribunal supérieur de l'Empire germanique, mais qui n'est plus donné aujourd'hui à des chefs de département administratif que comme une distinction honorifique.

Conseiller de cour, distinction d'un degré encore moindre accordé par les souverains allemands.

Conseiller intime actuel, autre distinction qui entraîne la .qualification d'Excellence.

Conseiller intime de régence, titre des hauts fonctionnaires de l'ordre administratif, etc.

CONSEILLER D'AMBASSADE ou DE LÉGATION. Les conseillers d'ambassade ou de légation sont des agents que les gouvernements attachent quelquefois aux missions diplomatiques pour assister de leurs avis le ministre public dans les affaires d'une certaine importance ou qui exigent des connaissances spéciales que le ministre n'est pas censé posséder.

Aucun usage diplomatique n'a fixé les attributions des conseillers de légation, elles sont ordinairement déterminées par leur gouvernement et se confondent avec celles des secrétaires de légation.

Quelques publicistes assignent aux conseillers un rang d'infériorité relativement aux secrétaires ; cependant il est de règle aujourd'hui, à moins d'ordres formels contraires, que c'est le conseiller qui supplée le chef de la mission empêché ou absent, et ce n'est qu'après lui ou à son défaut que cette tâche est dévolue au premier secrétaire ; en pareil cas, l'un ou l'autre est présenté en due forme au ministre des affaires étrangères du pays comme chargé par intérim des affaires de l'ambassade ou de la légation. Quoi qu'il en soit, les conseillers d'ambassade ou de légation partagent les privilèges et les immunités reconnues aux secrétaires. Comme ceux-ci ils sont nommés et appointés par le gouvernement lui-même, qui fait notifier leur nomination au ministre des affaires étrangères du pays où ils doivent résider ; ils sont présentés au souverain de ce pays par le chef du poste auquel ils sont attachés; ils appartiennent à la fois au poste et à la carrière diplomatique et sont à ce titre revêtus d'un certain caractère de représentation; en outre du privilège de l'inviolabilité, qui s'étend à toutes les personnes attachées à la mission, ils jouissent d'immunités propres, indépendantes de celles de l'ambassadeur ou du chef de légation, aux ordres duquel ils ne sont soumis que dans la mesure prévue par les instructions du gouvernement qui les a nommés; mais ils n'ont droit à aucun cérémonial.

En Allemagne le titre de conseiller de légation est conféré aux conseillers du département des affaires étrangères.

CONSENSUS GENTIUM (le consentement des nations). C'est l'acceptation unanime et la mise en pratique réciproque d'un principe par les nations, notamment par celles qui sont placées au même niveau de civilisation. Ce consentement dérive d'une nécessité intérieure et partant n'a besoin d'aucune sanction formelle; il a pour base la mutualité Il existe en effet certains principes qu'aucun État qui veut participer d'une manière régulière et permanente au commerce international, ne saurait renier et dont il suppose la reconnaissance chez les autres.

Toutefois ce consentement général doit être envisagé plutôt comme l'expression des convictions de l'humanité que comme manifestation de la volonté des divers Etats; néanmoins la portée en est considérable, car l'Etat qui chercherait à s'y soustraire, romprait par le fait ses relations avec les autres; mais cet isolément ou cette résistance ne le libérerait pas de l'obligation de respecter ses devoirs envers eux.

CONSENTEMENT. C'est l'adhésion donnée à un fait ou à un acte, l'acceptation de la chose proposée.

On distingue généralement deux espèces de consentement : Le consentement *exprès*, c'est-à-dire celui qui est exprimé de manière à ne laisser aucun doute possible; et le consentement *tacite*, qui n'est pas formellement exprimé, mais qui est sous entendu ou peut se sous-entendre.

On pourrait à la rigueur ajouter une troisième catégorie : le consentement *présumé*, c'est-à-dire celui dont l'existence, sans être constatée effectivement, se déduit de l'uniformité des actes qui ont eu lieu précédemment dans des cas semblables.

Le consentement est un des éléments essentiels de toutes les conventions : le défaut de consentement les empêche absolument d'exister, et certains vices déterminés par la loi les rendent annulables. Le consentement n'est pas valable, s'il a été donné par erreur, extorqué par violence ou surpris par dol.

Consentement dans les traités publics. En ce qui concerne les traités publics, le consentement pour être valide, doit réunir la triple condition d'être *déclaré libre* et *mutuel.*

Le consentement doit être *déclaré* ou verbalement ou par écrit; toutes les négociations qui précèdent la déclaration ne sont que des pourparlers, qui n'ont rien d'obligatoire.

Le consentement doit être *libre*, car l'erreur, la fraude, la violence produisent à l'égard des traités publics les mêmes effets que dans les contrats privés.

On ne doit toutefois pas regarder comme véritable empêchement toute espèce de pression qui influe sur la liberté de la résolution.

Il n'y aurait point, à proprement parler, de consentement, si la signature était extorquée par l'emploi d'une force physique; mais dans le cas où la crainte d'un plus grand mal présent ou futur engagerait à signer, on ne saurait alléguer le défaut de consentement pour revenir sur le parti qu'on a pris quoiqu'à regret. Avant de signer finalement, il appartient donc à chaque partie contractante de peser d'avance les avantages et les désavantages qui résultent du traité, et la gravité des obligations auxquelles on va souscrire.

Il faut enfin que le consentement soit *mutuel*, c'est-à-dire que l'engagement concoure avec l'acceptation. Cette acceptation peut être donnée expressément ou tacitement. Dans le premier cas elle est verbale ou écrite, et se constate par un acte signé des plénipotentiaires ou par des déclarations et contredéclarations, ou par des lettres ou des notes, après la conclusion du traité. L'usage moderne exige que les consentements verbaux soient, aussitôt que possible, convertis en consentements écrits, afin d'éviter les contestations; et toutes les communications purement verbales qui précèdent la signature définitive d'une convention écrite sont considérées comme renfermées dans l'acte lui-même.

Le consentement des parties peut être donnée tacitement dans le cas d'un accord fait sous une autorisation imparfaite; et ce consentement tacite permet

12*

aux contractants d'agir comme si l'accord était dûment conclu.

Il faut de plus que le consentement mutuel porte sur le même objet; car toute erreur à l'égard de l'objet essentiel du traité a pour effet de rendre le traité invalide, attendu qu'elle exclut le consentement.

Un traité n'a pas d'existence légale tant que continuent les négociations ou les arrangements préliminaires, lors même qu'on se serait accordé sur certains points destinés à figurer dans la convention définitive, à moins qu'il n'ait été convenu qu'on se considérerait mutuellement comme engagés par les points déjà arrêtés.

Le simple *acquiescement* d'une partie à des actes faits par une autre peut tout au plus constater la disposition et nullement l'intention bien arrêtée d'une renonciation à des droits au profit d'autres; mais en aucun cas il n'équivaut à un consentement contractuel.

CONSERVATION DES ETATS. Le droit de se conserver soi-même, de se préserver de la destruction est un des droits essentiels inhérents à la souveraineté et à l'indépendance des Etats. C'est le premier de tous les droits absolus ou permanents; il constitue, on peut le dire, la loi suprême des nations ainsi que ·le devoir le plus impérieux des citoyens.

Le droit de conservation sert de base à un grand nombre de droits accessoires, secondaires ou occasionnels; il doit être considéré sous deux rapports différents: le régime intérieur, qui comprend le gouvernement, les lois, la sûreté, la prospérité du pays; les relations extérieures, que constitue le droit des gens.

Le besoin ou le sentiment de sa propre conservation doit porter nécessairement tout Etat, qui se trouve placé entre une obligation quelconque envers un autre Etat et l'obligation que lui impose sa propre conservation, à donner la préférence à cette dernière. Le droit de nécessité, autrement dit la raison d'Etat, l'emporte dans ce cas sur toute autre considération étrangère; mais l'Etat qui se trouve dans cette position à l'égard d'un autre Etat doit non seulement agir avec ménagement, mais même dédommager l'autre Etat, s'il a été dans la nécessité de le léser.

Le ·droit de conservation comprend l'accomplissement de tous les actes indispensables pour repousser une agression et pour éviter un danger imminent.

Ainsi un Etat a le droit d'élever des forteresses dans l'intérieur de son territoire ou sur ses frontières extérieures, d'augmenter selon qu'il le juge convenable son armée et sa flotte, et de conclure des traités d'alliance et de subsides Dans la pratique toutefois, et par suite des relations de plus en plus intimes qui se sont établies entre les Etats, l'exercice de ce droit subit certaines restrictions, qui ne .permettent pas d'ériger en pincipe inflexible de droit international la liberté absolue pour un Etat d'accroître indéfiniment des moyens de défense trop facilement transformés en moyens d'agression.

Les droits qui dérivent de celui de conservation trouvent une limite dans les droits réciproques des autres Etats Une nation qui sans nécessité évidente se livre à des préparatifs de guerre dans des propositions alarmantes . pour la paix et l'indépendance des autres nations, autorise pleinement celles-ci à lui demander des explications et à la mettre en demeure de cesser des armements dont elle ne pourrait prouver le caractère inoffensif.

CONSERVE. On appelle ainsi une convention par laquelle plusieurs capitaines de navires s'engagent réciproquement à ne pas s'abandonner, soit pendant toute la durée de leur voyage, soit depuis un point jusqu'à un autre, afin de se prêter mutuellement secours et défense contre les ennemis communs où contre l'ennemi de l'un d'eux, qui viendrait l'attaquer.

Un capitaine ne peut refuser de marcher de conserve ou de compagnie, si les armateurs le lui ont ordonné.

Le plus considérable des navires, ou, en cas d'égalité, celui que monte le plus ancien capitaine, est désigné pour commander et porte le nom de navire directeur.

CONSISTOIRE. Nom donné à des assemblées religieuses chargées d'une certaine surveillance concernant le dogme et la discipline.

Dans la religion catholique c'est l'assemblée des cardinaux convoquée et présidée par le Pape.

On distingue deux espèces de consistoires : le consistoire public, qui se tient dans la grande salle du palais de Saint-Pierre; on y traite spécialement des affaires· d'intérêt général, de la canonisation des saints, etc.; le consistoire secret, qui a lieu dans une salle particulière nommée la chambre du Pape gai, les cardinaux seuls y sont admis ; c'est dans cette assemblée que les évêques sont préconisés pour les divers sièges du monde catholique, et qu'il est pourvu à la nomination des cardinaux et des fonctionnaires de la cour pontificale ; les décisions prises en consistoire secret sont ensuite, suivant leur nature ou leur importance, proclamées dans le consistoire public.

Dans la religion protestante, en France on nomme consistoires les assemblées instituées pour régler les affaires, la police et la discipline des différents églises ; elles sont composées de ministres ou pasteurs et des anciens des églises. Un consistoire central a la suprématie sur tous les consistoires locaux.

En Allemagne on appelle consistoire l'autorité chargée par le souverain du gouvernement de l'Eglise, dans chaque circonscription ecclésiastique.

Il y a aussi des consistoires israélites, qui dirigent les affaires de la religion judaïque.

Les consistoires protestants et israélites sont pour ainsi dire l'administration ecclésiastique qui sert de lien entre ces cultes et l'Etat.

CONSOLIDATION. Terme de finances : opération financière par laquelle un gouvernement assigne un fonds spécial pour assurer le paiement d'une dette publique, ou établit des contributions suffisantes pour acquitter régulièrement, à des périodes convenues, les arrérages des rentes ou d'un certain montant des rentes dues par l'Etat, ou simplement convertit des dettes remboursables et exigibles à terme en dette perpétuelle.

En droit, le mot *consolidation* signifie la réunion en une même personne de différents droits qui avaient été séparés, et spécialement la réunion des qualités d'usufruitier et de nu - propriétaire. L'usufruit s'éteint par la consolidation. *(Voir* NUE-PROPRIÉTÉ, USU FRUIT.)

CONSOLIDÉ. En finances, on appelle *consolidée* une dette dont le paiement est garanti et régularisé par la création d'un fonds expressément à cet effet.

Rentes consolidées, rentes pour lesquelles on a assigné un fonds qui permet de les payer régulièrement : ce sont ces rentes qui forment la portion de la dette publique appelée dette *consolidée. (Voir* DETTE.)

En général on désigne sous la dénomination de *consolidés* les fonds publics non-remboursables, et dont le gouvernement ne paie que l'intérêt. C'est le nom qu'on donne plus particulièrement aux fonds publics de la dette d'Angleterre.

CONSTANT DE REBECQUE (Benjamin), publiciste et historien français, né en 1767 à Lausanne ; depuis 1795 à Paris et membre de la chambre des députés en 1819. Mort en 1830.

Principaux écrits : *Principes de politique.* Paris, 1815. – *Cours de politique constitutionnelle.* Paris, 1817-20 ; réédité par Laboulaye en 1872.

CONSTANTINOPLE (traité de paix de) 1712. La paix signée à Falczi ne fut pas de longue durée ; car le 28 décembre 1711 la Turquie déclarait de nouveau la guerre à la Russie, en alléguant le séjour que les troupes russes continuaient de faire en Pologne, et les retards apportés à la restitution d'Azof et à la démolition des fortifications de Tregamof ; mais la médiation de l'Angleterre et de la Hollande réussit à arrêter les hostilités, et la paix fut renouvelée entre la Porte et le Czar par un traité signé à Constantinople le 16 avril 1712.

Les stipulations concernant la restitution d'Azof, la démolition des forteresses et la situation des cosaques sont confirmées.

Le Czar devait, dans les trente jours après la signature du traité, retirer les troupes qu'il avait en Pologne du côté de l'empire ottoman ; après trois mois il ne devait rester dans ce royaume aucunes troupes russes sous aucun prétexte ; et le Czar ne devait se mêler en aucune manière du gouvernement de la nation polonaise et encore moins y faire entrer des troupes, excepté si le roi de Suède venait à troubler la Pologne en vue de porter en même temps la guerre dans les Etats du Czar.

Le Czar devait conserver la possession de la ville de Kieff et de ses dépendances en deçà du Dniéper et de l'Ukraine située au delà de ce fleuve ; mais se retirer de tous les châteaux et terres appartenant aux Cosaques hors du territoire de Kieff en deçà du fleuve, ainsi que de l'île de Jetscha.

Une clause particulière assurait le retour du roi de Suède Charles XII, réfugié sur le territoire turc, dans ses Etats avec ses troupes, par le chemin que le sultan trouvera bon, même en passant par la Russie.

CONSTANTINOPLE (paix perpétuelle de) 1720. Comme la durée des traités du Pruth, de Constantinople et d'Andrinople n'était stipulée que pour un certain laps de temps, le czar Pierre 1er, désirant écarter tout ce qui pouvait donner lieu à une rupture avec la Porte, amena celle-ci à signer, à Constantinople, le 16 novembre 1720, un traité de paix perpétuelle, qui renouvelait les dispositions les plus essentielles des traités précédents, sauf les modifications que les circonstances pouvaient exiger.

Ainsi, concernant les affaires de Pologne, il était stipulé que l'une et l'autre puissance devaient empêcher par toutes les voies possibles que la couronne de Pologne n'acquière la souveraineté et le succession héréditaires.

CONSTANTINOPLE (traité de) 1724 —1727. Pierre le Grand avait profité des troubles qui avaient éclaté en Perse en 1722 pour s'agrandir du côté de la mer Caspienne. La Porte se préparait à faire expulser les Russes des provinces qu'ils avaient occupées; mais la médiation de la France réussit à faire conclure, le 23 juin 1724 à Constantinople, un traité, par lequel les acquisitions faites aux dépens de la Perse furent partagées entre les deux parties.

Le Czar resta maître des places de Bakou et de Derbent dans la province de Chirvan, et des provinces de Ghilon, d'Astrabad et des Matandéran.

Le reste de la province de Chirvan demeurait à la Turquie. Tous les endroits situés en deçà d'une ligne tirée depuis la ville d'Ardebil jusqu' à Tauris, tels que Ordebad, Tauris, le lac ce nom, Merend, Meragarumne, Huyzoross, Selmos et autres lieux de la province d'Aberbeidjan, avec toutes leurs dépendances, ainsi que les endroits situés dans cette ligne directe, Gensche, Berdat, Korasbag, Naschluan, la ville d'Erivan et Ontschkelis, et toutes les villes et tous les bourgs situés dans la province d'Erivan; de plus tous les bourgs et le villages indiqués par une ligne droite tirée d'Ardebil à Hamadan, avec toutes leurs appartenances, ainsi que Hamadan même avec les siennes, étaient adjugés à la Turquie.

Cette délimitation des frontières, entre la Perse, la Russie et la Turquie, confiée à une commission turco-russe, fut consacrée par un recèz signé auprès du village de Mabour le 23 décembre 1727.

CONSTANTINOPLE (traité de paix de) 1809. Un revirement dans la politique de la Porte, qui depuis 1806 se montrait favorable à une alliance avec la France, ne manqua pas de porter ombrage à l'Angleterre, qui, de son côté, le 25 janvier 1807, déclara que, si la Porte ne renouvelait pas sur le champ son alliance avec elle et la Russie, et ne chassait pas l'ambassadeur de Napoléon Bonaparte de Constantinople, la rupture avec l'Angleterre serait inévitable et qu'une division de vaisseaux anglais, jointe à la flotte turque, franchirait le détroit des Dardanelles. En effet le 6 février suivant une flotte ennemie était à l'ancre devant le port de Constantinople, mais devant les préparatifs de défense des Turcs, l'amiral anglais ne crut pas prudent d'attendre l'époque où les vents lui permettraient d'attaquer la ville; il alla tenter une descente en Egypte, qui fut sans résultat.

Dans l'intervalle les rapports d'amitié entre la Russie et l'Angleterre avaient fait place à une inimitié ouverte, et l'influence de l'ambassadeur de France auprès de la Porte avait diminué. Le gouvernement anglais jugea le moment opportun pour régler ses différends avec la Turquie; c'est dans ces conjonctures que fut signé le traité de paix de Constantinople du 5 janvier 1809.

Le traité commence par faire remarquer que l'état de guerre déclarée n'existe pas, nonobstant les apparences d'une mésintelligence survenue à la suite des événements du temps, entre la Porte et la cour d'Angleterre; il stipule néanmoins que, dès le moment de la signature du traité, tout acte d'hostilité doit cesser entre l'Angleterre et la Turquie; les prisonniers doivent être échangés de part et d'autre, et les places prises, s'il y en a, restituées.

Mais ce traité renferme deux dispositions importantes. C'est d'abord celle qui porte que, comme il a été de tous temps défendu aux vaisseaux de guerre d'entrer dans le canal de Constantinople, savoir: dans le détroit des Dardanelles et dans celui de la Mer Noire, et comme cette ancienne règle de l'empire ottoman doit être de même observée dorénavant en temps de paix vis-à-vis de toute puissance quelle qu'elle soit, la cour britannique promet aussi de se conformer à ce principe.

Ensuite un autre article conférait, ou plutôt faisait renaître, divers privilèges à l'avantage du commerce anglais. L'article 4 est ainsi conçu : „Les capitulations du traité stipulé en l'année turque 1086 (septembre 1675), ainsi que l'acte relatif au commerce de la Mer Noire, et les autres privilèges également établis par des actes à des époques subséquentes doivent être observés et maintenus comme par le passé, comme s'ils n'avaient souffert aucune interruption".

Les capitulations de 1675 accordaient aux Anglais la liberté du commerce dans tous les ports de la Turquie d'Europe et d'Asie, l'immunité de la capitulation et le droit d'avoir des consuls dans les ports de la Turquie. La piraterie des Algériens et des Tunisiens contre des sujets anglais était défendue.

Parmi les privilèges stipulés par d'autres actes, nous citerons notamment la navigation de la Mer Noire, accordée par traité du 30 octobre 1799.

CONSTANTINOPLE (Règlements de) 1861–18)4. Dans le cours de l'année 1860 les chrétiens du Liban ayant été victimes de massacres exécutés par les populations musulmanes voisines et encouragés par l'indifférence, sinon par la complicité des autorités turques, l'Europe prit le parti d'intervenir militairement, et l'empereur des Français, du consentement du gouvernement turc, envoya en Syrie, „pour co-opérer au rétablissement de la tranquillité“, un corps de troupes de 6,000 hommes, qui occupa le pays jusqu'au 6 juin 1861, époque où l'évacuation eut lieu, mais après qu'il eut été convenu que l'administration du Liban serait réorganisée d'après un projet de règlement élaboré par une convention internationale. Le 9 juin 1861, les représentants de l'Autriche, de la France, de la Grande-Bretagne, de la Prusse et de la Russie, réunis à Constantinople, arrêtèrent un règlement d'après lequel le Liban ou la Montagne devait désormais être administré par un gouverneur chrétien nommé par la Porte, amovible et relevant d'elle directement, investi de toutes les attributions du pouvoir exécutif.

Chacun des éléments constitutifs de la Montagne devait être représenté auprès de ce gouverneur par un *vékil* nommé par les chefs et les notables de chaque communauté.

Il devait y avoir pour toute la Montagne un *medjlis* administratif central composé de 12 membres, savoir : 2 maronites, 2 grecs orthodoxes, 2 grecs catholiques, 2 *métualis*, 2 musulmans, chargé de répartir l'impôt, de contrôler la gestion des revenus et des dépenses et de donner son avis consultatif sur toutes les questions qui lui seront posées par le gouverneur.

La Montagne est divisée en 6 arrondissements administratifs, dans chacun desquels il y a un agent administratif nommé par le gouverneur et choisi dans le rite dominant soit par le chiffre de la population, soit par l'importance de ses propriétés.

Il y a dans chaque arrondissement un *medjlis* administratif composé de 3 à 6 membres représentant les divers éléments de la population et les intérêts de la propriété foncière dans l'arrondissement. Les arrondissements administratifs sont divisés en cantons, dont le territoire ne renferme autant que possible que des groupes homogènes de population; et les cantons sont subdivisés en communes, d'au moins 500 habitants chacune.

A la tête de chaque canton il y a un agent, nommé par le gouverneur sur la proposition du chef de l'arrondissement; et à la tête de chaque commune, un *cheikh*, choisi par les habitants et nommé par le gouverneur.

Il y a dans chaque canton un juge de paix pour chaque rite; dans chaque arrondissement un *medjlis* de première instance, et au siège du gouvernement un *medjlis* judiciaire supérieur.

Tout procès en matière commerciale doit être porté devant le tribunal de Beyrouth, et tout procès, même en matière civile, entre un sujet ou protégé d'une puissance étrangère et un habitant de la Montagne, devra être soumis à la juridiction de ce même tribunal.

Les principes qui forment la base de la nouvelle administration sont l'égalité de tous devant la loi et l'abolition de tous les privilèges féodaux.

Les rapports de l'administration du Liban avec l'administration respective des autres *sandjaks* de l'empire turc demeurent exactement les mêmes que les relations qui existent et sont entretenues entre tous les autres *sandjaks*.

Ce règlement a été adopté par la Porte, mais après avoir subi quelques modifications, sanctionnées par une convention en date du 6 septembre 1864. Suivant ce nouveau règlement la Montagne était divisée en *sept* arrondissements au lieu de *six* seulement comme dans l'origine.

Certains changements sont en outre apportés au mode de nomination des divers agents administratifs et des membres des différentes juridictions.

Enfin des articles spéciaux portent que dans toute affaire où les membres du clergé régulier ou séculier sont seuls engagés, les parties, prévenues ou accusées, restent soumises à la juridiction ecclésiastique, sauf les cas où l'autorité épiscopale demanderait le renvoi devant les tribunaux ordinaires. Il est interdit aux établissements ecclésiastiques de donner asile aux individus, ecclésiastiques ou laïques, qui sont l'objet de poursuites du ministère public.

CONSTITUANT, CONSTITUANTE.
Le pouvoir *constituant* est le pouvoir qui seul a droit d'établir ou de changer la constitution d'un Etat. *(Voir* CONSTITUTION.)

L'assemblée constituante est celle qui a mission d'établir une constitution politique.

En France on donne particulièrement ce nom à deux grandes assemblées politiques qui, à près de soixante ans d'intervalles, ont donné une constitution au pays.

La première de ces assemblées est celle des Etats-Généraux en 1789, qui rédigea la consitution dite de 1791; la seconde est celle qui fut convoquée à la suite de la révolution de février 1848 et siégea jusqu'au 28 mai 1849, après avoir voté la constitution dite de 1848.

On désigne sous le titre de *constituant* le membre d'une assemblée constituante.

Les autorités légalement établies en vertu de la constitution ou des lois qui en découlent sont dites *autorités constitués.*

CONSTITUTION. *Définition.* On désigne par ce mot la loi fondamentale du droit politique et public d'un Etat; c'est aussi la nature du gouvernement qui résulte de cette loi.

La constitution est accordée par le souverain, ou votée par les représentants de la nation; elle règle les attributions, les droits et les devoirs réciproques des pouvoirs politiques, ainsi que les rapports légaux de ceux qui gouvernent avec ceux qui sont gouvernés. Ces règles peuvent être écrites ou non-écrites: ainsi la constitution anglaise n'est pas écrite. Lorsqu'il existe des règles écrites, on nomme constitution le document écrit qui renferme la loi fixant la distribution des pouvoirs.

Liberté de constitution. Tout Etat est libre de se donner la constitution, la forme de gouvernement qu'il juge la plus convenable à ses intérêts, à son développement, et d'y apporter des modifications, sans qu'aucun autre Etat ait le droit d'y intervenir.

Les Etats étant réciproquement indépendants et des êtres moraux distincts les uns des autres, il s'ensuit comme conséquence logique qu'ils ont sans réserve le droit illimité de déterminer et d'organiser leur constitution intérieure. Ainsi c'est une loi générale des nations qu'aucun Etat ne peut abolir, changer ou établir ce qui constitue le droit public interne d'un autre Etat, quels que soient d'ailleurs les institutions politiques et le mode de gouvernement qu'il convienne à celui-ci d'adopter et d'organiser.

Cette loi, dans sa portée absolue, n'est toutefois applicable qu'au territoire propre et légitime de chaque pays. Ce serait aller au-delà de la saine raison que de supposer qu'une nation soit libre d'opérer dans sa manière d'être des changements de nature à affecter plus ou moins sérieusement la sécurité ou les droits souverains d'une autre nation, et de prétendre que ces changements n'engagent en aucun cas sa responsabilité internationale. En cette matière la limite du droit individuel s'arrête devant le droit collectif ou général d'indépendance réciproque, et tout Etat qui oserait franchir cette barrière s'exposerait justement à être regardé comme un perturbateur de la paix publique. Dans la règle, la constitution d'un Etat n'est pas une partie du droit international; elle forme le droit constitutionnel de cet Etat et il lui appartient en propre; or, les nations l'exercent également dans le choix de leurs organes, de leurs chefs suprêmes. Dans les dynasties héréditaires, la succession au trône est ordinairement réglée par les lois constitutionnelles, et c'est exclusivement à la nation qu'est dévolu le soin de résoudre les questions qui se rattachent à l'exercice du pouvoir souverain.

Dans les Etats électifs, le choix du chef est pareillement de la compétence exclusive de la nation, qui procède à l'élection conformément aux lois qu'elle s'est données.

Pour l'une comme pour l'autre forme de gouvernement, l'intervention d'un Etat étranger serait contraire aux principes du droit des gens et ne saurait se justifier à aucun point de vue.

Quant aux confédérations, les changements dans la forme du gouvernement de chacun de leurs membres dépendent pour leur légitimité des règles spéciales tracées à cet égard par le pacte fondamental qui les relie entre eux.

Historique. Dans l'Empire romain et grec, le mot *constitution* s'appliquait à toute décision émanée de l'autorité impériale: il embrassait les *décrets,* sentences rendues par l'empereur dans les affaires litigieuses en première instance ou en appel; les *édits,* lois qui obligeaient tous les sujets de l'empire; et les rescrits, lettres ou réponses adressées par l'empereur aux fonctionnaires publics ou aux simples particuliers qui le consultaient.

On donne aussi le nom de *constitutions* à certaines décisions des Papes ayant pour objet des questions de foi, et rendues sous forme de *brefs* ou de *bulles*. (Voir ces mots.)

Il en est une à laquelle on applique absolument le titre de „la constitution“: c'est la constitution ou bulle *unigenitus* rendue en 1713 par le pape Clément XI contre les Jansénistes.

Par extension on appelle quelquefois *constitution* les règles auxquelles sont soumis certains ordres religieux ou certaines congrégations.

Enfin, dans le sens le plus large on emploie le terme constitution pour dénommer toute loi fondamentale soit ecclésiastique ou civile, soit générale ou particulière.

CONSTITUTION, CHANGEMENT DE.
(Voir CHANGEMENT.)

CONSTRUCTION de navires à l'étranger. L'obligation de la construction dans le pays n'est plus, comme autrefois, une condition de rigueur de la nationalité du navire. Le navire peut indifféremment avoir été construit dans un chantier national ou à l'étranger, mais il faut avant tout qu'il appartienne en totalité à un ou à plusieurs sujets du pays.

Il est de règle générale qu'en temps de guerre les neutres ne doivent fournir à aucun des belligérants rien de ce qui puisse accroître ses forces ou ses moyens de continuer les hostilités; et les navires sont compris parmi les objets de cette nature, dont par conséquent la livraison est interdite, comme étant de contrebande de guerre. On peut dire cependant qu'il existe des exceptions à cette règle, ou tout au moins des tolérances, des réserves d'usage ou d'opportunité.

Ainsi le degré de perfection auquel sont arrivés certains procédés de construction et les ateliers pour la fabrication des machines à vapeur ont valu à quelques Etats neutres le privilège d'attirer chez eux des commandes pour la fabrication ou l'armement de bâtiments de guerre destinés aux belligérants. L'état de guerre survenant est-il suffisant pour arrêter l'exécution de pareils travaux? Au premier abord et en principe, les spéculations de ce genre ne sont rien moins que compatibles avec les devoirs de la neutralité et les règles générales sur la contrebande, et le droit absolu de capturer et de confisquer les bâtiments construits ou armés dans ces conditions paraît évident; mais si l'on se place sur le terrain des faits et qu'on tienne compte des circonstances multiples qui se rattachent à un armement naval, on reconnaît qu'il y a des distinctions à faire.

Le doute peut s'élever, par exemple, selon les circonstances, relativement à des navires dont la construction est telle qu'ils pourraient être facilement adoptés à des usages de guerre. Quand il est prouvé que l'armateur neutre sait que son navire est particulièrement propre aux fins de la guerre et qu'il se rend ouvertement avec lui dans le pays ennemi dans l'intention ou l'espoir de le vendre à l'ennemi, pour qu'il soit employé comme vaisseau de guerre, le navire peut être justement condamné comme navire de guerre; mais les motifs de condamnation ne sont plus aussi clairs, si le caractère du navire est en quelque sorte équivoque, s'il a été dans l'origine employé activement à faire du commerce et que l'occasion de le vendre ait surgi de circonstances concomitantes à son emploi au commerce.

La bonne foi du commerçant peut aussi être invoquée pour justifier l'exemption de confiscation.

En tout cas, les gouvernements ne demeurent pas responsables des transactions de leurs ressortissants. Ainsi, qu'un navire construit non pour le compte d'un gouvernement étranger, mais pour celui d'un particulier quelconque dans un but de spéculation commerciale, sorte d'un chantier neutre et soit acheté par un Etat engagé dans une guerre, sans doute dans ces conditions le navire devient passible de confiscation; mais le capteur n'est pas fondé à élever des réclamations contre le pays où la construction a eu lieu, parce que le fait ne constitue par lui-même qu'un cas pur et simple de contrebande de guerre sans caractère aggravant d'aucune sorte.

Ces questions se rattachant à la neutralité sont quelquefois résolues par anticipation conventionnellement. Certains traités, au nombre des avantages stipulés en faveur du commerce neutre en temps de guerre, renferment la clause qu'il sera libre aux sujets ou à l'Etat de l'un des souverains contractants non seulement de fréter des bâtiments et d'acheter des munitions, mais aussi de faire construire des navires chez la puissance qui serait en guerre avec l'autre partie contractante. Dans quelques traités, toutefois, la faculté de faire construire des navires n'est point accordée aux ennemis de l'une des deux nations contractantes, si ces ennemis ont été les attaquants ou les agresseurs.

CONSUL, vice-consul, agent consulaire.

Historique. On appelait ainsi à Rome les deux premiers magistrats créés chaque année pour gouverner ensemble la république et dont l'un était plus spécialement attaché aux affaires de l'intérieur et l'autre aux affaires extérieures.

Sous l'empire romain, le titre fut conservé sans la fonction.

En France ce titre a été également adopté par la constitution de l'an VIII pour désigner les premiers magistrats de la République Française (de 1799 à 1804): ils étaient au nombre de trois: le premier était le véritable souverain, car les deux autres n'avaient que voix consultative.

Autrefois dans certaines provinces de France, surtout dans le midi, on donnait le nom de consul à des magistrats municipaux remplissant les fonctions d'échevins.

On appelait juges consuls des juges choisis parmi les marchands et les négociants pour connaître sommairement de certaines affaires urgentes en matière de commerce. Aujourd'hui encore on nomme justice consulaire la justice rendue par les tribunaux de commerce.

Définition. En diplomatie on désigne sous le nom de consuls, des fonctionnaires, agents ou délégués qu'un gouvernement entretient en pays étrangers pour y protéger les opérations commerciales et les personnes de ses nationaux.

Nomination et ressort. Il est d'usage général que les consuls soient nommés par le souverain ou par le chef du pouvoir exécutif.

Dans la plupart des pays les consuls dépendent du ministère des affaires étrangères; cependant dans quelques pays ils relèvent directement du ministère du commerce; or, suivant cette différence, ils sont par rapport à leurs instructions et à leurs correspondances sous la direction du chef du département auquel ils se rattachent.

Chaque consul est muni d'une commission ou patente signée par le chef suprême de l'État auquel il appartient et exprimant le titre et les attributions qui lui sont conférés.

L'original de ce document officiel doit être communiqué par la voie diplomatique au gouvernement du pays sur le territoire duquel le consul est appelé à résider pour que ce gouvernement le revête de l'*exequatur* (voir ce mot) que le souverain territorial est absolument maître d'accorder ou de refuser.

Entrée en fonctions. Dès qu'il a obtenu son exequatur et qu'il s'est fait reconnaître par les autorités compétentes de sa résidence, le consul a le droit d'entrer en fonctions et de revendiquer les prérogatives et les immunités correspondant à son emploi. Sa révocation, son rappel ou son remplacement le dépouille naturellement de tout caractère officiel.

Un gouvernement peut choisir pour son consul dans un pays étranger un citoyen de ce même pays; de son côté, le gouvernement duquel dépendra ce citoyen est libre de refuser à celui-ci l'autorisation d'exercer ses fonctions, ou d'en subordonner l'exercice à certaines conditions spéciales.

Mais une fois que le consul nommé dans de pareilles circonstances a reçu son exequatur et a été reconnu sans condition en sa qualité officielle, il est placé sur la même ligne que tous les autres consuls.

En cas de changement de gouvernement d'un pays, en cas même de sa conquête, les consuls en place continuent d'exercer leurs fonctions sans avoir besoin d'une nouvelle nomination, ni d'un nouvel exequatur.

Situation en temps de guerre. Si la guerre ou des complications politiques surviennent entre le pays auquel appartient le consul et celui où il réside, ou si une cause quelconque vient à rompre les relations officielles entre les deux pays, comme cette rupture n'entraîne pas nécessairement celle des rapports commerciaux, les consuls qui sont chargés plus spécialement de protéger ces rapports demeurent à leur poste et continuent d'exercer leurs fonctions même après le départ du personnel de la légation de leur pays, à moins d'une décision contraire des autorités locales, ou d'ordre exprès reçus de leur propre gouvernement. Lorsque dans ces circonstances ils se trouvent dans l'impossibilité d'accomplir les devoirs de leur charge, ils doivent faire appel pour eux et leurs nationaux à la protection d'un de leurs collègues étrangers, ou même se retirer après avoir assuré autant que possible le départ de ceux de leurs compatriotes qui ne pourraient prolonger leur séjour dans le pays

Démission, absence. Il est d'usage qu'en se retirant le consul confie à celui d'une nation amie le soin des intérêts qu'il avait mission de surveiller et de protéger. Il en est de même quand un consul s'absente en vertu d'un congé réglementaire ou de force majeure; à défaut de vice-consul ou de chancelier attaché à son arrondissement il peut confier la gestion intérimaire de son poste à un consul étranger, ce dernier est du reste tenu pour accepter ou conserver un mandat officieux de ce genre, de solliciter l'autorisation de son propre gouvernement, qui lui trace alors les limites dans lesquelles il doit en renfermer l'exercice.

Institution des consulats. Aucun gouvernement n'a l'obligation absolue de recevoir les consuls étrangers.

Tandis que quelques Etats admettent chez eux autant de consuls qu'il plaît aux gouvernements étrangers d'en instituer, d'autres consentent à n'en recevoir que dans certaines résidences; d'autres refusent d'admettre des consuls généraux dans des localités où ils reçoivent sans difficultés de simples consuls.

En général les Etats s'assurent le droit de créer des consulats soit par des traités formels, soit par des conventions verbales; mais en tout état de cause l'exercice de ce droit demeure subordonné à l'agrément du gouvernement local en ce qui regarde la personne de l'agent désigné.

Tout gouvernement est maître de désigner les lieux où il lui convient de recevoir des consuls étrangers; par conséquent d'excepter certaines localités, comme, par exemple, des forteresses ou des arsenaux. Le principe d'égalité absolue entre les Etats et les convenances internationales veulent seulement que les règles qu'ils établissent à cet égard, soient d'une application générale et ne comportent pas d'exception en quelque sorte personnelle, pouvant à ce titre avoir un caractère blessant.

Etablissement consulaire. Tous les consulats d'une nation, institués dans une même contrée étrangère, forment ce qu'on appelle un établissement consulaire, placé sous l'autorité supérieure de l'agent diplomatique qui s'y trouve accrédité ou, à défaut de légation permanente, sous les ordres immédiats d'un consul général, voire même d'un simple consul chargé de centraliser le service et les affaires d'intérêt général.

Ces établissements se subdivisent d'ordinaire en départements et en arrondissements, à chacun desquels est attribuée une étendue de territoire calculée de manière qu'aucune partie du pays ne soit privée de la surveillance et de la protection d'un agent commercial.

Hiérarchie. Classification. Dans la plupart des Etats la hiérarchie consulaire comporte les grades suivants: consuls généraux, consuls de première ou de seconde classe, vice consuls et agents consulaires ou commerciaux. Le consul général est le chef de l'établissement consulaire, quand il n'y a pas de consul général placé à la tête des établissements consulaires du pays, la légation accréditée auprès du souverain territorial en remplit les fonctions. Les consuls généraux, ainsi que les autres consuls, sont soumis à la surveillance du chef de la mission politique accréditée auprès du gouvernement territorial.

Les consuls de première et de seconde classe sont les chefs des départements et des arrondissements. Ils sont subordonnés au consul général, mais dans les limites assez restreintes, conformément à des instructions ministérielles, car le consul général n'a aucune action directe sur les consuls résidant dans le même pays que lui, lesquels, quelque soit leur grade, sont indépendant dans leur fonctions administratives, judiciaires et de police, et correspondent aussi bien que lui, directement avec le ministre, à moins que la mesure ne requière un recours à l'autorité centrale du pays. Les consuls généraux n'ont donc pas à diriger les consuls et les vice consuls compris dans leurs départements, mais seulement à les surveiller, à leur donner les avis qu'ils croient utiles au bien du service; toutefois ils sont en droit de réclamer d'eux, un concours direct, de leur confier la rédaction des rapports et autres documents officiels.

Quoi qu'il en soit, les consuls, dans les affaires qui exigent un recours à l'autorité centrale du pays, ne sauraient agir avant d'y avoir été autorisés par le chef de l'établissement consulaire.

Le vice-consul est préposé à un arrondissement; il est subordonné au consul, chef du département duquel dépend son arrondissement comme le consul l'est au consul général. Il peut être suspendu de ses fonctions par le consul; mais sa révocation et son remplacement ne peuvent avoir lieu qu'avec l'autorisation du ministre.

Agents consulaires. Les consuls sont autorisés à nommer des délégués dans les lieux de leur arrondissement où ils le jugent utile au service. Ces délégués ont le titre d'agents consulaires; celui de vice consul peut leur être conféré lorsque leur position sociale, l'importance de leur localité ou un autre motif l'exige. Ils n'ont point de caractère public et agissent sous la responsabilité du chef qui les a nommés et aux recommandations duquel ils doivent entièrement se conformer.

Ils ne peuvent accepter le titre d'agent d'aucune autre puissance à moins que le consul duquel ils dépendent, n'en ait obtenu pour eux l'autorisation du ministre des affaires étrangères. Il leur est également défendu de nommer des sous-agents et de déléguer leurs pouvoirs à quelque titre que ce soit. Lorsqu'ils ont besoin de s'absenter, ils doivent en prévenir le consul duquel ils relèvent et soumettre à son agrément le choix de leur remplaçant intérimaire.

Les vice-consuls et les agents consulaires ne correspondent avec le ministre que quand ils les a spécialement autorisés; ils n'ont point de chancellerie, n'exercent aucune juridiction, et ne peuvent nommer des sous agents ni déléguer leurs pouvoirs sous quelque titre que ce soit.

La classification consulaire, comme on peut en juger d'après ce que nous venons d'exposer, n'a qu'une valeur hiérarchique absolument relative; la seule chose qui importe à chaque gouvernement, c'est que le consul ou l'agent consulaire étranger qui arrive sur son territoire, justifie en due forme de la légitimité de sa nomination et de l'étendue de ses pouvoirs, abstraction faite du titre sous lequel on le désigne.

En Allemagne entre autres on distingue entre consuls envoyés et consuls commerçants. Les premiers sont des fonctionnaires qu'on envoie à leur poste et qui rentrent sous ce rapport dans la catégorie des agents diplomatiques; les seconds sont des négociants établis dans la localité où il s'agit d'ériger un consulat. Leurs fonctions sont en général honorifiques, mais l'Etat rembourse leurs frais de bureau et de déplacement.

D'ailleurs, dans quelques Etats, la division en classes, la distinction entre les consuls généraux et les simples consuls, la classe dans laquelle ces derniers sont rangés, ne sont qu'une marque honorifique, un grade de leur carrière, se rattachant à la personne de l'agent, indépendamment de la résidence à laquelle il est appelé.

Traitement des consuls. En général tous les consuls étrangers qui résident dans un pays, ont droit au même respect, à la même considération et à une égalité parfaite de traitement, à moins que les traités ne renferment à cet égard des dispositions spéciales fondées sur le principe de la réciprocité.

Etiquette. Les agents de la carrière consulaire sont, à l'étranger, placés en dehors de ce qu'on nomme le cérémonial diplomatique.

Il n'est pas d'usage qu'ils soient présentés au souverain ou chef de l'Etat, ni par conséquent reçus chez lui.

Les convenances internationales veulent toutefois que les consuls, à certaines époques de l'année, rendent aux autorités supérieures des visites officielles et accomplissent auprès d'elles certains devoirs de courtoisie.

Ils ne peuvent non plus se refuser aux actes extérieurs que commandent le respect de la religion du pays, la déférence pour l'opinion publique et les usages nationaux, en tant que ces actes ne dérogent pas au caractère de fonctionnaires public étranger dont ils sont revêtus. Mais, dans toutes circonstances, ils ne peuvent prétendre à aucune autre préséance que celle qui appartient à l'Etat dont ils font partie.

Préséance. Le droit international n'ayant pas à tenir compte des règles adoptées dans chaque pays pour le classement hiérarchique des fonctionnaires publics, le rang des consuls entre eux se détermine dans la pratique d'après le grade dont ils sont revêtus, et à l'égalité de grade, d'après l'antériorité de date de leur *exéquatur.*

Dans plusieurs contrées, pour la place à assigner aux agents étrangers dans les fêtes et les cérémonies officielles, il est d'usage de distinguer les consuls suivant qu'ils sont consuls envoyés ou consuls simples commerçants.

Dans certaines contrées musulmanes, où le corps consulaire a une organisation particulière, exerce notamment une juridiction de police solidaire, la présidence est occupée à tour de rôle et se délègue par périodes hebdomadaires ou mensuelles; alors s'il y a lieu de faire une démarche quelconque ou d'assister à des cérémonies publiques en corps, c'est le président en exercice qui a la préséance et porte la parole; ses collègues prennent rang après lui selon l'ordre alphabétique de leur nation.

En ce qui regarde les prérogatives honorifiques, plusieurs gouvernements ont établi pour les diverses classes de leurs agents consulairs un rang d'assimiliation aux grades de la marine militaire.

Uniformes. Visites. Il leur est prescrit de porter un uniforme dans toutes les visites d'étiquette, faites aux autorités du pays et dans toutes les occasions où la tenue officielle est convenable.

Lorsqu'un navire de l'Etat arrive sur la rade ou dans le port de la résidence consulaire, cela donne lieu à des visites officielles entre le consul et les officiers de la marine militaire.

Il est de règle que le consul, à moins que l'officier commandant ne soit un amiral ou un chef d'escadre, se borne à envoyer son chancelier à bord pour offrir ses services et attendre la première visite du commandant; c'est l'inverse qui a lieu dans le cas contraire.

Honneurs rendus aux consuls. Des honneurs militaires sont rendus aux consuls lors de leur réception à bord des vaisseaux de l'Etat; ils sont, selon la catégorie de leur rang hiérarchique, salués par un certain nombre de coups de canon.

Attributions. Les navires marchands hissent le pavillon national, à l'arrivée du consul à bord.

Les consuls ont pour attributions essentielles, mais non exclusives:

1. De protéger le commerce et la navigation des nationaux en pays étrangers; de défendre leurs droits et leur privilèges, de veiller à l'exécution des traités et des conventions, ainsi qu'à l'accomplissement des décisions de leur souverain en matière de commerce et de navigation; de prêter secours et appui à leurs compatriotes; à cet effet ils sont chargés de recevoir les contrats d'affrétement et d'assurances, les déclarations et les rapports de mer des capitaines, de délivrer ou de viser les papiers de bord des navires marchands; d'autoriser les emprunts à la grosse aventure, de dresser les procès-verbaux d'avaries et les règlements de comptes qui s'y rattachent; de recevoir les délaissements de navires pour cause d'innavigabilité; d'administrer les naufrages et de diriger les sauvetages des navires de leur nation, de rapatrier les marins naufragés ou délaissés à l'étranger; d'assister et de ramener dans leur pays les indigents de l'ordre civil, etc.; de procéder aux inventaires des lieux et des effets délaissés par les nationaux qui décèdent dans la résidence consulaire, d'administrer et de liquider les successions conformément aux stipulations conventionnelles ou dans la mesure plus restreinte déterminée par les lois territoriales; d'aider de leurs conseils et de leurs bons offices leurs compatriotes engagés dans des procès ou dont les intérêts peuvent être lésés; de recevoir les actes notariés et de l'état civil de leurs nationaux; de délivrer ou de viser les passe-ports, les patentes de santé, les certificats de vie et d'origine; de recevoir les dépôts; de légaliser les actes émanant des autorités territoriales qui doivent être produits dans le pays auquel ils appartiennent; de dresser les actes de notoriété et d'immatriculation, les procès-verbaux d'enquête ou autres; les certificats et les déclarations authentiques dont les lois ou les usages locaux imposent la production aux étrangers.

Quelques Etats, lorsque leurs tribunaux ont besoin, pour se prononcer dans certaines affaires, des témoignages de personnes qui se trouvent à l'étranger, ont adopté l'usage de charger leur consul résidant dans la localité respective de ces personnes de recueillir les témoignages. Toutefois on ne saurait voir là une extension des attributions consulaires; car dans de pareils cas les consuls n'agissent pas comme agents de leur gouvernement, mais simplement comme individus privés. choisis pour remplir une mission dont toute autre personne pourrait être chargée aussi bien qu'eux, qu'on semble leur confier parce que leur position spéciale les désignent de préférence au gouvernement et les met plus à même que tous autres de s'en acquitter avec diligence et ponctualité. *(Voir* COMMISSION ROGATOIRE.)

2º. D'exercer une certaine juridiction sur les sujets de leur propre pays pendant tout le temps de leur résidence en pays étrangers; à cet effet, si les consuls n'ont pas les caractères du juge proprement dit, les principes généraux du droit des gens, même en dehors de toute stipulation conventionnelle, leur reconnaissent à l'égard de leurs nationaux quelques-uns des attributs du véritable magistrat. Ainsi ils ont compétence pour régler à l'amiable administrativement ou par la voie d'arbitrage volontaire, les différends qui surviennent entre négociants, navigateurs ou autres particuliers appartenant à leur pays; les démêlés entre capitaine et subrécargue ou entre capitaine et matelots, pour raison de salaires, de nourriture ou autres; ils ont encore droit de police intérieure sur les navires et les gens de mer de leur nation. En vue du libre exercice de ce dernier droit, un usage devenu assez général pour pouvoir être considéré comme une règle internationale, les autorise même à faire arrêter par les agents territoriaux compétents, les capitaines ou les matelots délinquants, à réclamer les marins déserteurs et à faire séquestrer les navires, à moins que quelque sujet du pays de leur résidence ne s'y trouve intéressé.

3º. De faciliter et de fournir à leur gouvernement les informations et les renseignements nécessaires pour assurer la prospérité de l'industrie, du commerce et de la navigation et particulièrement tout ce qui a trait à la situation commerciale, politique, financière et économique du pays de leur résidence, de répandre à l'étranger la connaissance des faits d'intérêt général ou particulier qui sont du ressort des lois financières, commerciales ou de police du pays auquel ils appartiennent.

Droits et devoirs. Un des premiers devoirs des consuls est de respecter le gouvernement sur le territoire duquel ils se trouvent, de cultiver les meilleures relations avec les autorités de leur résidence et de se concilier l'estime des habitants.

Pour prévenir les occasions de conflit ou de mésintelligence, ils doivent donc éviter de s'immiscer dans les affaires que leurs nationaux peuvent avoir pour leurs intérêts privés avec d'autres particuliers ou même avec le gouvernement du pays ; limiter enfin leurs actions aux démarches et aux recommandations officieuses qui leur sont demandées ; par contre la nature et l'objet même de leur mission leur imposent l'obligation de changer d'attitude et d'intervenir directement auprès des autorités locales, toutes les fois qu'on enfreint au détriment de leurs nationaux la justice naturelle, les traités ou les formes établies par les lois de la contrée. C'est ce qui arrive par exemple dans les cas de déni de justice, de prévarication de la part d'un juge, desquels on n'aurait pas à espérer le redressement par les voies ordinaires de justice, ou d'un acte arbitraire, de la perception de taxes illégales.

Les consuls ont le droit d'élever des réclamations et même d'intenter une action dans les cas où il est porté atteinte aux intérêts de leurs nationaux, et sans qu'ils aient besoin d'y être autorisés spécialement par les personnes pour le bénéfice desquelles ils agissent ; mais ils ne peuvent recevoir aucune restitution sans une autorisation expresse des parties intéressées.

Les consuls doivent également intervenir soit pour écarter les obstacles qui s'opposent au développement des échanges ou entravent les rapports des négociants avec les agents des douanes, soit pour solliciter à titre gracieux toutes les facilités qui, placées en dehors des traités, peuvent être accordées sans porter atteinte ni aux lois ni aux intérêts du pays. A cet effet ils adressent leurs réclamations, de vive voix ou par écrit, aux autorités locales ; et si elles ne sont

pas accueillies, ils en réfèrent à leur gouvernement par l'entremise de leurs supérieurs hiérarchiques.

A côté des attributions générales que nous venons d'énumérer, lesquelles sont en quelque sorte inhérentes à la charge de consul, il en est d'autres qui sont accidentelles et dépendant soit des circonstances, soit d'instructions spéciales ou d'un mandat délégué *ad hoc.* Ainsi bien qu'en principe les affaires contentieuses et les questions politiques ne soient pas à proprement dire du ressort des agents commerciaux à la catégorie desquels appartiennent les consuls, il est évident que tout gouvernement a le droit absolu de régler comme bon lui semble les attributions des agents qu'il charge au dehors de traiter en son nom les questions internationales.

Correspondance. En général les consuls n'entretiennent de correspondance régulière et suivie qu'avec les autorités administratives et judiciaires de leur arrondissement. Cependant, lorsque ces autorités refusent de faire droit à leurs réclamations et que l'absence d'une légation permanente de leur pays rend impossible le recours à la voie diplomatique, les consuls sont pleinement autorisés à s'adresser directement au gouvernement central de la contrée où ils résident.

Consuls ayant caractère d'agents diplomatiques. Personne ne conteste qu'un Etat ne soit parfaitement libre de borner sa représentation dans un pays à des agents n'ayant aucun caractère diplomatique, de n'entretenir à poste fixe que de simples consuls ; comment dès lors ne pas admettre qu'il puisse également, surtout en l'absence d'un agent diplomatique accrédité par lui dans le même pays, charger le consul qui y réside, comme chef supérieur d'un établissement consulaire, de traiter avec le gouvernement territorial toutes les questions litigieuses qui peuvent surgir à propos de ses nationaux, d'entamer à ce sujet toute espèce de correspondances, de formuler et de discuter des réclamations, de poursuivre la stricte exécution des traités, etc. ?

La seule réserve à faire à cet égard c'est que, d'une part, la nation à laquelle le consul appartient ne soit pas représentée dans le pays par un agent de rang supérieur investi d'un caractère diplomatique, d'autre part, que le consul soit toujours en mesure de justifier des instructions générales ou spéciales en vertu desquelles il agit, et qui, en droit comme en fait, sont pour lui, à l'égal des titres, la source directe et véritable de sa compétence.

Consulats en Orient. Les attributions et les prérogatives des consuls étrangers en Orient sont beaucoup plus importantes et plus étendues que celles qu'ils ont dans les pays chrétiens : elles constituent un régime tout-à-fait exceptionnel, reposant à la fois sur des stipulations conventionnelles et sur des usages ayant acquis force de lois : ce qui s'explique par le système politique et religieux des contrées musulmanes, par la position particulière qu'y font aux chrétiens, rayas (sujets ottomans) ou autres, les lois du Coran et la différence des mœurs.

Les capitulations conclues à diverses époques avec la Porte ottomane conservent aux consuls un droit absolu de juridiction sur leurs nationaux, qui au civil comme au criminel restent soumis aux lois de leur pays. *(Voir* CAPITULATIONS.)

Lorsqu'une personne appartenant à la nationalité du consul a un différend avec un sujet du pays, l'autorité locale appelée pour en connaître ne peut néanmoins procéder ni prononcer un jugement sans la participation du consul et la coopération de son interprète, qui doit assister à la procédure pour défendre les intérêts de l'ayant droit étranger.

Il en est de même en cas de crime commis par un des nationaux du consul sur un sujet du souverain territorial; mais si le crime a été commis par une personne de la nation du consul sur un autre de ses nationaux ou sur un étranger, le consul est seul appelé à en connaître sans l'intervention des autorités locales. Dans tous les cas d'arrestation d'un étranger, le consul peut réclamer le détenu en s'en rendant caution.

L'hôtel du consul est regardé par les Turcs comme un asile inviolable, où peuvent se réfugier, en cas de poursuite, non seulement les nationaux du consul, mais encore tout autre étranger.

L'étendue intrinsèque de cette juridiction consulaire n'est pas la même pour tous les agents; certains gouvernements ont par des lois spéciales réservé à leurs propres tribunaux l'appel des sentences civiles rendues en Orient et le jugement définitif des affaires criminelles dont l'instruction seule appartient à leurs consuls.

Tribunaux consulaires. Les résultats avantageux qu'a donnés l'organisation des tribunaux consulaires en Turquie, ont conduit la plupart des puissances à faire accorder les mêmes privilèges judiciaires à leurs représentants en Perse, dans l'imanat de Mascate, en Chine et au Japon. Avec ces différentes contrées des traités ont été conclus, qui posent le droit conféré aux consuls en termes généraux; ensuite des lois intérieures ou des règlements particuliers pour chaque pays ont fixé les mesures de détail et d'application pratique, c'est à dire tout ce qui touche à la procédure.

Prérogatives. Les consuls, quoiqu'ils ne jouissent pas des prérogatives accordées par le droit des gens aux agents diplomatiques, ont droit, en raison de leurs fonctions et de leur caractère d'agents dûment nommés et reconnus d'un État étranger, à certains égards de courtoisie, à certaines exemptions d'obligations locales et politiques, auxquels ne peuvent prétendre les particuliers.

En sus des droits et des privilèges dont jouissent les consuls conformément aux prescriptions générales du droit des gens, l'usage, dans quelques pays, en a ajouté d'autres analogues; mais communément le consul a droit à tous ceux qui étaient accordés à ses prédécesseurs, à moins qu'il n'ait été donné avis formel que ces privilèges n'appartiendront plus à ses fonctions.

Ces prérogatives et ces immunités varient suivant l'usage et les stipulations conventionnelles, indépendamment des principes du droit public général. En pareils cas les stipulations conventionnelles ne lient que les Etats qui les contractent.

On en peut dire autant des lois locales qui accordent des privilèges particuliers aux consuls; ces privilèges n'ont aucun effet au delà des limites de l'État qui les octroie, à moins qu'ils ne soient adoptés ou permis par les autres Etats.

Caractère des consuls. Une des questions qui divisent encore les publicistes est celle de savoir si les consuls sont investis d'un caractère réprésentif ou diplomatique. Les uns dénient absolument tout caractère représentatif à l'institution consulaire; d'autres, au contraire, soutiennent que les consuls sont des agents à la fois politiques et commerciaux, qu'ils sont directement ou indirectement considérés comme tels par tous les gouvernements, mais qu'ils forment en même temps une classe et occupent un rang distinct de ceux des ministres publics proprement dits.

Cette question est souvent résolue par les traités, où sont insérées des stipulations nettement définies à cet égard. Plusieurs puissances, pour aplanir toute difficulté, revêtent leurs consuls dans certaines contrées d'un véritable caractère diplomatique, c'est-à-dire qu'elles les accréditent en même temps, par lettres spéciales, en qualité d'agents politiques, comme dans le Levant, ou de chargés d'affaires, comme dans quelques pays de la chrétienté.

On comprend que si l'on reconnaît aux consuls un caractère public, on élargit par ce fait le cercle de leurs immunités. C'est ce qui a lieu notamment par rapport à la France, qui, sauf stipulation contraire dans les traités, attribue ce caractère à ses consuls et le reconnaît par réciprocité aux consuls étrangers.

Cette attribution fait résulter pour eux le droit à l'immunité personnelle, excepté dans le cas de crime, et l'exemption des charges nationales et municipales, quand ils ne possèdent pas de biens fonds et n'exercent pas le commerce.

Droits des consuls. On leur reconnaît le droit de mettre sur la porte de leur maison les armes de leur nation et d'y arborer leur pavillon. Ils sont autorisés à communiquer directement avec les autorités judiciaires et administratives de leurs arrondissements respectifs ; mais pour communiquer avec le ministre des affaires étrangères, ils ont besoin de recourir à l'entremise des chefs de la mission ou de l'établissement consulaire de leur pays. Ils ne peuvent être poursuivis devant les tribunaux pour les actes qu'ils font par ordre de leur gouvernement et avec l'autorisation du gouvernement du pays où ils résident. Ils ont le droit de décliner la compétence des tribunaux dans les questions où leur qualité d'agents publics de leur gouvernement est mise en cause, à moins qu'ils n'appartiennent aux pays qui refusent le même avantage aux consuls de France. Ils ne peuvent être contraints par corps, si ce n'est pour engagements de commerce. Ils sont seuls compétents pour des crimes ou des délits commis à bord des navires de leur nation, dans les ports ou les rades par un homme de l'équipage envers un autre, et, à plus forte raison, des crimes ou des délits commis en mer dans le cours d'une traversée. De plus ils sont exempts de toute contribution personnelle et directe, de tout service personnel, du logement des gens de guerre; mais ils demeurent soumis aux taxes de consommations, de douane, d'octroi, de rentes et de péages, à moins qu'ils ne soient exemptés de ces dernières charges par les stipulations expresses d'un traité.

Immunités. En tout état de choses, qu'on leur reconnaisse ou non un caractère public, il est positif que les consuls ont un droit absolu à certains privilèges, à certaines immunités, sans lesquels il leur serait très difficile de remplir leur mandat. Ces privilèges ne touchent pas seulement à leurs personnes; ils s'étendent aussi au local occupé par leur chancellerie et aux effets, aux papiers, aux documents officiels confiés à leur garde. Leurs archives sont absolument inviolables, insaisissables, et échappent à toute perquisition de la part des autorités territoriales. Partout, comme nous l'avons mentionné pour la France, ils ont le droit de hisser le pavillon national et de placer au-dessus de leur porte un écusson aux armes de leur pays. Ils sont également exempts de la charge des logements militaires, de toute contribution directe et personnelle.

En résumé, les immunités et les droits consulaires peuvent se diviser en deux catégories: ceux qui appartiennent au statut personnel des consuls et ceux qui correspondent à leur emploi, à leurs fonctions. Ces deux espèces de droits sont absolument distinctes; en tenant compte du caractère particulier de chacune on peut classer les consuls en quatre groupes.

1° Les agents qui, revêtus du caractère de fonctionnaires publics, sont envoyés à l'étranger pour y exercer leur emploi, qui ne sont liés par aucun serment de fidélité envers le souverain sur le territoire duquel ils résident, qui ne possèdent dans le pays ni biens fonds ni intérêt matériel d'aucune sorte, et dont le séjour n'est motivé que par la position officielle qu'ils occupent;

2° Les consuls qui, malgré leur qualité d'étrangers et les devoirs auxquels ils demeurent assujettis comme citoyens à l'égard de leur propre gouvernement, ont acquis un domicile dans le pays où ils résident;

3° Les agents qui, n'ayant pas le caractère de consuls envoyés, de fonctionnaires publics appartenant à une carrière hiérarchiquement organisée, font le commerce;

4° Les consuls qui sont citoyens du pays où ils exercent les fonctions consulaires comme délégués d'un gouvernement étranger.

On comprend que les privilèges et les immunités de chacun de ces groupes ne sauraient être les mêmes, bien que les agents qui y appartiennent respectivement, doivent tous indistinctement jouir des droits inhérents à l'emploi, abstraction faite de la personne qui l'occupe.

Nulle difficulté en ce qui concerne les consuls composant le premier groupe : ce sont des fonctionnaires publics étrangers qu'aucun lien politique, économique ou fiscal n'unit au pays où ils exercent leurs fonctions ; ils ont donc droit, sans réserve d'aucune sorte, à toutes les immunités personnelles acquises aux étrangers de passage.

Les consuls du second groupe sont assujettis pour les immeubles qu'ils possèdent et pour les intérêts matériels dans lesquels ils sont engagés, aux règles de droit commun du pays de leur résidence. Traités personnellement comme étrangers domiciliés, ils n'ont droit qu'aux immunités inhérentes à leur charge.

Les agents du troisième groupe, c'est-à-dire ceux de nationalité étrangère qui exercent le commerce ou une industrie, sont à ce titre soumis à toutes les lois fiscales du pays et ne jouissent d'aucun privilège personnel ; placés sur la même ligne que tous les étrangers qui ont acquis domicile, ils ne peuvent revendiquer que les avantages attachés à l'emploi dont ils sont momentanément investis.

Aucun des agents qui composent ces trois groupes n'étant lié par un lien de sujétion envers le souverain qui leur a reconnu un caractère officiel, les occasions de conflit entre les devoirs politiques du citoyen et les obligations dérivant de l'exercice de l'emploi conféré par un gouvernement étranger ne sont pas à appréhender ; mais il en est tout autrement par rapport au quatrième groupe, qui comprend les personnes appelées à exercer les fonctions de consuls étrangers dans le pays même auquel elles n'ont pas cessé d'appartenir comme citoyens. Il est évident que les consuls en pareil cas ne peuvent revendiquer les immunités dont jouissent les autres consuls en vertu de leur statut personnel, et qu'ils n'ont droit qu'aux immunités attachées à leur emploi et jugées indispensable pour le remplir.

Intervention consulaire. Lorsqu'une insurrection ou la guerre civile éclate dans le pays où ils résident, les consuls sont souvent dans la nécessité de faire, et dans la plupart des cas de concert avec leurs collègues, certaines démonstrations politiques, comme, par exemple, d'arborer le pavillon de leur nation afin d'indiquer leur demeure et d'en écarter la violence et l'outrage, ou de transmettre aux autorités supérieures de leur résidence les protestations de leur nationaux contre les pertes ou les dommages que leur fait éprouver la prolongation des troubles, etc.

Mais l'intervention consulaire doit se borner à ces mesures préventives ; elle ne saurait aller jusqu'à une intimation, à une menace adressée aux autorités locales de les rendre responsables des suites que pourraient avoir les évènements. En agissant ainsi les consuls empiéteraient sur les attributions de l'agent diplomatique sous les ordres duquel ils sont placés. Le consul qui, hors le cas de force majeure, comme, par exemple, lorsque son gouvernement n'entretient pas de légation permanente dans le pays, se rendrait coupable d'un semblable éclat, encourrait la responsabilité de sa conduite et s'exposerait à se voir dépouillé de son exéquatur.

Immunité personnelle. En règle générale, les consuls ne jouissent pas de l'immunité personnelle ; ils sont soumis à la juridiction civile et criminelle de l'État où ils résident. Leurs biens peuvent être saisis et vendus par leurs créanciers en vertu de sentences judiciaires.

Les consuls sont également soumis au paiement de tous les impôts, de toutes les contributions dont ils ne sont pas affranchis par les privilèges inhérents à leur charge ou stipulés conventionnellement.

Les consuls ont pendant un certain laps de temps été exemptés de la juridiction criminelle ; mais ce privilège personnel a cessé d'exister, et ceux qui actuellement violent les lois territoriales, tombent sous l'application des lois pénales ; ils peuvent, comme tout autre particulier, être renvoyés le pays qui les a nommés. Mais il est de droit que les consuls ne peuvent être poursuivis par les tribunaux du pays de leur résidence pour des actes qu'ils y auraient accomplis par ordre de leur gouvernement, dans les limites de leurs attributions et sous l'autorisation tacite du gouvernement territorial.

Lorsque l'autorité territoriale se croit en droit de prendre des mesures de rigueur contre un consul étranger, les convenances aussi bien que la prudence lui font un devoir de distinguer si le délit qui lui est imputé est personnel, ou s'il a été commis dans l'exercice et à l'occasion de ses fonctions, c'est-à-dire en vertu d'ordres ou d'instructions de son gouvernement ; dans cette seconde hypothèse, le délit échappe à l'appréciation de la juridiction territoriale et donne lieu à des transactions et à des arrangements diplomatiques.

Traités consulaires. L'importance de plus en plus grande qu'a acquise l'institution consulaire a donné naissance à une espèce de traités qui règlent les droits, les privilèges et les immunités des consuls et qui partout ont reçu la dénomination générique de traités consulaires. Ces traités définissent également le pouvoir juridictionnel des consuls à l'égard de leurs nationaux, commerçants, marins ou autres, établis ou de passage dans le pays où les consuls exercent leurs fonctions.

Cependant la juridiction civile, commerciale et criminelle des consuls ne fait pas partout l'objet de traités spéciaux. Elle constitue assez souvent une série de clauses rattachées comme accessoires à des traités d'amitié, de commerce et de navigation, ainsi que cela a lieu, par exemple, pour les pays musulmans et les contrées de l'extrême Orient.

La situation exceptionelle que les traités ou les usages ont créée aux consuls dans le Levant et dans l'extrême Orient ne concerne par seulement leurs pouvoirs administratifs et judiciaires; elle embrasse encore un ensemble d'immunités personnelles analogues à celles dont le principe d'exterritorialité couvre ailleurs, c'est-à-dire en pays de chrétienté, les agents diplomatiques (*Voir* EXTERRITORIALITÉ, AGENT DIPLOMATIQUE). Ainsi leur personne est aussi inviolable que leur domicile, ils ont pour les protéger des hommes armés (*cavas* ou janissaires); ils sont absolument à l'abri de l'action de la justice territoriale et exempts de toute espèce de taxe, d'impôt ou de contribution. Ses mêmes immunités sont acquises à tous les agents, à tous les serviteurs placés sous leur dépendance immédiate.

Retrait de l'exéquatur. Les fonctions consulaires sont suspendues par l'absence ou l'empêchement du consul en cas de congé ou de maladie; elles cessent par décès, changement de résidence, destitution, mise à la retraite, ou retrait de l'*exéquatur*.

Le consul ne peut dans aucun cas et sous aucun prétexte s'absenter de son poste ou suspendre l'exercice de ses fonctions avant d'en avoir obtenu la permission de son gouvernement : l'ordre de l'autorité dont il relève ou le retrait de son *exéquatur* par le gouvernement territorial peuvent seuls mettre légalement fin à son mandat. En cas d'absence du titulaire, le consulat est géré, à titre intérimaire, par le vice-consul, et à défaut de celui-ci, soit par le chancelier, soit par l'agent spécialement désigné à cet effet.

Départ des consuls. Le consul qui quitte définitivement son poste, n'ayant pas été, à proprement parler, accrédité auprès du souverain, n'a aucune lettre de rappel à lui remettre; le gouvernement territorial est prévenu de son changement par l'agent diplomatique du pays auquel il appartient et au moment où il réclame l'*exéquatur* de son successeur. Toutefois il est d'usage que le consul donne lui-même avis de son départ aux autorités supérieures de la résidence.

Avant de partir, le consul dresse, en s'en faisant donner décharge, un inventaire des archives et du mobilier dont il fait la remise à la personne chargée de le remplacer à titre provisoire ou définitif.

En cas de mort du consul, les officiers du consulat procèdent à l'apposition des scellés, ainsi qu'à l'inventaire de la succession; l'officier le plus élevé en grade de la résidence prend le service et s'empresse de prévenir à la fois les autorités supérieures de la résidence, la légation de son pays accréditée auprès du gouvernement territorial, et le ministre dont il relève, et dont il doit attendre les ordres.

CONSULAT. Ce mot a plusieurs acceptions.

On l'emploie pour désigner :

L'institution des consuls;

Le titre de l'emploi de l'agent nommé consul, ou la dignité de consul;

Le temps pendant lequel un consul exerce sa charge;

Le lieu où le consul est établi;

La maison où il réside;

Le corps des consuls;

En France le gouvernement consulaire et le temps pendant lequel ce gouvernement a existé.

On désigne encore sous ce nom les rapports de mer et autres déclarations que les capitaines de navire sont obligés de faire par devant les consuls de leur nation, à leur arrivée dans un port étranger : c'est principalement sur les côtes de la Méditerranée que le rapport de mer prend ce nom.

C'est aussi le nom que portent encore les tribunaux de commerce dans quelques pays, notamment en Espagne; en France les juges des tribunaux de commerce sont qualifiés de magistrats *consulaires*.

CONSULAT DE LA MER *(Consolato del mar).* On nomme ainsi une compilation d'anciennes dispositions qui ont servi de base aux lois maritimes actuelles de l'Europe; on lui donne aussi le nom de *Bons usages de la mer,* parce que le livre débute en ces termes : „Ils commencent les bonnes coutumes de la mer.“

La *date* et le lieu de la composition sont incertains. Pardessus, qui l'attribue aux Catalans, est d'avis que le *consulat de la mer* ne doit pas être considéré comme un code de lois maritimes, promulgué par le pouvoir législatif d'un seul peuple, mais plutôt comme le résumé des us et coutumes observés dans le bassin de la Méditerranée.

Ce recueil contient des règles applicables à la solution des questions commerciales et maritimes aussi bien en temps de guerre qu'en temps de paix, et détermine en outre les droits respectifs des nations belligérantes et des nations neutres. Entre autres principes on y trouve établi que les marchandises ennemies transportées par un navire neutre sont de bonne prise, que les marchandises neutres chargées sous pavillon ennemi ne peuvent être capturées.

CONSULTATIF. Se dit d'une assemblée, d'une commission que l'on consulte, qui est instituée pour donner son avis sur certaines matières spéciales : le comité consultatif se borne à exprimer son opinion, sans prononcer une décision.

La voix consultative comporte le droit d'opiner, mais non de voter.

CONSULTE. On donne ce nom en Italie et dans quelques cantons de la Suisse à certains conseils, soit permanents, soit temporaires.

La *consulte sacrée* est une sorte de conseil administratif et judiciaire auprès du Saint-Siège : elle se tient devant le Pape ou chez un cardinal désigné; tous ceux qui ont été nonces apostoliques y assistent.

CONTENDANT, CONTENDANTE. Concurrent, compétiteur, qui débat ou dispute avec un autre.

S'emploie surtout dans ces locutions: *les parties contendantes, les puissances contendantes, les princes contendants, etc.*

CONTENTIEUX. Se dit de tout sujet de litige ou de contestation, susceptible d'être mis en discussion devant des juges.

Les tribunaux connaissent du contentieux judiciaire; la juridiction administrative, des procès ou des affaires qui sont du ressort de l'administration par opposition à ce qui est soumis à l'autorité judiciaire.

On désigne sous le nom de *contentieux,* ou *contentieux administratif,* l'ensemble des affaires contentieuses d'une administration publique ou privée. En général, dans chaque administration publique, chaque ministère, il y a un bureau du contentieux où se traitent toutes les affaires susceptibles d'être portées devant les tribunaux civils ou les tribunaux administratifs.

On appelle *juridiction contentieuse* celle où le juge administratif décide selon les règles du droit, par opposition à la *juridiction gracieuse,* où le juge prononce suivant l'*équité.*

(Voir JURIDICTION GRACIEUSE, ÉQUITÉ.)

CONTESTATION. Ce mot est à peu près synonyme de litige ou de procès, différend entre parties.

Débat politique entre des puissances, comme aussi débat entre des particuliers, entre deux ou plusieurs personnes qui ont des prétentions à une même chose, ou qui soutiennent des opinions contraires.

(Voir DÉBAT, DIFFÉREND, JURIDICTION.)

CONTESTATIONS ENTRE ÉTRANGERS. Les législations varient relativement aux règles à suivre, lorsque les contestations ont lieu entre des nationaux et des étrangers.

Certaines législations mettent les étrangers sur la même ligne que les nationaux; d'autres posent en principe qu'entre nationaux et étrangers, de même qu'entre nationaux, le demandeur doit s'adresser au tribunal du défendeur; d'autres prennent la réciprocité pour base de la compétence judiciaire internationale; enfin pour d'autres pays, la question est réglée par des traités diplomatiques.

En ce qui concerne la jurisprudence française, les tribunaux civils sont généralement incompétents pour décider des contestations entre étrangers; d'où il résulte que, si un étranger assigne un autre étranger devant un tribunal français, le défendeur peut décliner la compétence du tribunal; et lors même que le défendeur ne déclinerait pas cette compétence, le tribunal français peut lui-même se déclarer incompétent.

Toutefois cette règle comporte certaines exceptions, notamment dans les circonstances suivantes:

Quand il s'agit d'une action civile résultant d'un délit commis en France;

si un étranger se prétend victime en France d'un fait illicite commis à son préjudice par un autre étranger, il peut se porter partie civile devant les tribunaux criminels français, attendu que les lois de police et de sûreté obligent toutes les personnes qui habitent ou même qui traversent le territoire.

Quand il s'agit d'une contestation relative à un droit immobilier, propriété, et usufruit, servitude etc., le tribunal du lieu de l'immeuble est compétent, attendu que les immeubles, même ceux possédés par les étrangers, sont régis par la loi française.

En matières commerciales, le défendeur peut être assigné devant le *forum contractus*, le tribunal du lieu où s'est passé le contrat, attendu que les actes de commerce sont pour leur exécution soumis aux lois et aux tribunaux du pays où ils ont été faits.

Quand il y a plusieurs défendeurs dans une même affaire, le demandeur peut les assigner tous devant le tribunal du domicile de l'un d'eux, et partout, s'il y a un défendeur français, devant le tribunal du domicile de celui-ci, en raison de la connexité de la cause.

En cas d'étrangers autorisés par le gouvernement à fixer leur domicile en France, la compétence des tribunaux français est de droit.

Quand il y a eu dans un contrat élection de domicile faite en France, pour l'exécution du contrat, l'étranger, cité par un autre étranger devant un tribunal français, ne peut opposer l'incompétence qu'en justifiant qu'il a à l'étranger un domicile, où on pourra le poursuivre.

Lorsque deux étrangers consentent à être jugés par un tribunal français, ce tribunal peut se déclarer compétent; mais cette compétence n'est pas obligatoire.

Lorsque la matière en litige tombe à l'ordre public, les tribunaux français peuvent intervenir; par exemple, un étranger peut leur demander l'annulation d'un brevet d'invention pris en France par un étranger.

Quand il s'agit de rendre exécutoire en France un jugement prononcé à l'étranger entre deux étrangers, si l'un des deux s'oppose à l'exécution de ce jugement, la question ne peut être résolue que par l'application de la loi française.

Par rapport aux étrangers avec les gouvernements desquels la France est liée par des traités, les tribunaux français sont obligés de juger conformément aux prescriptions de ces traités, et par conséquent d'après la loi étrangère.

CONTEXTE. Le texte d'un acte envisagé comme formant un tout complet.

L'ensemble des clauses, des dispositions d'un acte, considérées relativement au sens qui en résulte.

L'enchaînement d'idées qu'un texte présente.

L'unité de contexte est exigée dans certains actes, par exemple dans les testaments, c'est-à-dire que les dispositions doivent être rédigées d'une manière complète, avec suite, sans interruption, ni lacune, ni intervalle.

CONTRADICTOIRE. Terme de droit: qui a subi contradiction, ou discussion, c'est-à-dire auquel il a été fait des objections, des arguments contraires.

Se dit en général de tout acte de procédure, de toute décision judiciaire rendue en présence des parties.

Jugement, arrêt, condamnation contradictoires, c'est-à-dire prononcés après débat ou conclusions, par opposition à ceux rendus par défaut ou par *contumace*. (Voir ce mot.)

CONTRAT. *Définition.* La loi définit le contrat une convention ou un accord par lequel une ou plusieurs personnes s'obligent envers une ou plusieurs autres à donner, à faire ou à ne pas faire quelque chose.

Le contrat crée ou éteint, suivant les cas, l'obligation.

Le contrat est dit *bilatéral* ou *synallagmatique*, lorsqu'il engendre des obligations des deux côtés, c'est-à-dire lorsque les contractants s'obligent réciproquement les uns envers les autres; il est *unilatéral*, lorsque l'obligation n'est contractée que d'un seul côté, lorsque une ou plusieurs personnes sont obligées envers une ou plusieurs autres, sans que celles-ci contractent pour leur part aucun engagement.

Dans l'usage le contrat désigne non seulement la convention, mais l'acte même, la pièce écrite qui la constate, qui en forme la preuve littérale : ce peut être un acte sous seing privé ou un acte authentique. (*Voir* ACTE.)

Nous n'entrerons pas ici dans les détails de la nature des contrats, des conditions de leur validité, des différentes formes qu'ils peuvent prendre des modifications et des variations dont ils sont susceptibles et des modes de leur exécution; nous n'avons à nous en occuper qu'au point de vue international, nous limitant à l'étude des contrats qui interviennent entre étrangers, entre des personnes n'appartenant pas à la même nation ou domiciliées dans des pays différents, ou qui ont pour objet des choses ou des biens mobiliers ou immobiliers situés dans des endroits autres que ceux régis par les lois personnelles ou nationales de l'un ou l'autre des contractants.

Capacité de conclure un contrat. C'est un principe admis par le monde entier qu'un contrat, pour qu'il soit valable, doit être fait par des personnes capables de contracter et agissant volontairement, suffisamment motivé, licite dans son essence et certain dans sa teneur; mais les lois positives et coutumières des différentes nations varient sur quelques uns de ces points. Telle personne réputée capable dans un pays est tenue pour incapable par la législation d'un autre pays. Des motifs acceptés comme bons dans un pays, sont frappés d'insuffisance et d'invalidité dans un autre. Le droit public d'un Etat permet ou favorise certains actes qu'un autre prohibe. Les formalités prescrites par les lois d'un pays pour assurer la validité et la force obligatoire des contrats sont inconnues ailleurs. Les droits personnels reconnus par telle législation n'ont ni la même portée ni la même étendue que ceux que telle autre accorde. Quelquefois une personne passe un contrat dans un pays autre que celui où elle a son domicile, et elle doit payer dans un autre encore; il est possible aussi que le bien, objet du contrat, soit situé dans un quatrième pays; or chacun de ces pays peut avoir, pour apprécier cette position complexe, une jurisprudence différente, voire même contraire.

Que faire dans un pareil conflit de lois?

For du contrat. En droit strict, les contrats doivent être régis quant à la valeur légale de leur forme et aux effets découlant de leurs stipulations par la loi du lieu où ils sont conclus (*lex loci contractus*). Ce principe s'applique à toutes les conventions humaines et subordonne naturellement la force obligatoire des engagements souscrits au rigoureux accomplissement des conditions qui seules leur assurent une validité légale.

La règle comporte toutefois les exceptions suivantes:

1º Lorsque en vertu des clauses du contrat l'acte doit recevoir son exécution dans un autre lieu que celui où il a été rédigé, ce sont les lois de cet autre lien qui déterminent, par exemple, les formalités de la remise ou de la réception de la chose convenue, la monnaie dans laquelle devra s'effectuer le paiement stipulé, le délai accordé ou refusé à un débiteur, le mode de recouvrement des dommages et intérêts (*locus regit actum*).

2º Lorsque le contrat est contraire aux bonnes mœurs ou aux institutions du pays où il doit être exécuté, ou lorsqu'il entraîne un préjudice pour les intérêts publics ou privés d'une autre nation, on cesse de lui appliquer la loi étrangère, et l'on ne se tient plus pour lié par la déférence ou convenance internationale, sur laquelle repose la force obligatoire de cette loi. En tous cas, les lois particulières de chaque Etat déterminent seules les prescriptions légales auxquelles il est permis de déroger par des engagements souscrits dans un pays tiers.

3º Lorsqu'il s'agit d'apprécier les fins de non-recevoir ou les exceptions dilatoires opposées à l'un des contractants, on applique généralement la loi du lieu où siège le tribunal appelé à vider le différend.

4º Lorsque les personnes qui contractent dans un pays sont étrangères, mais appartiennent à la même nationalité, elles doivent, à moins de stipulation formelle en sens contraire, s'en rapporter à leur propre législation et non à celle du pays où elles se trouvent accidentellement.

5º Lorsque les contractants manifestent par leurs engagements l'intention manifeste d'éluder les lois de leurs patries, il est évident, d'après les règles de l'équité, que l'obligation contractée dans un pareil but et pays étranger, est entachée de vice et repose sur un fondement illégal, qui empêche de lui reconnaître un caractère de validité.

En tout état de cause, si la loi du pays où un contrat a été fait, reconnaît aux parties le droit de changer, de modifier ou d'infirmer leurs conventions, les tribunaux de tout autre Etat, saisis de l'affaire, ne sauraient contester l'exercice de ce droit, qu'il s'étende à tous les contractants ou à un seul.

Validité. Les jugements définitifs des tribunaux étrangers compétents qui statuent en matière de contrats et d'obligations sont, en règle générale, acceptés et respectés, sous certains conditions, avec plus ou moins de restrictions, par les tribunaux des autres Etats comme ayant force de chose jugée.

D'après les lois des Etats modernes, un acte passé à l'étranger n'est jamais rejeté par les juges d'un autre pays sur le seul motif que la preuve par écrit n'est pas admise; mais on examine toujours le mérite de l'acte sous le rapport de sa forme extérieure et de l'accomplissement des formalités intérieures.

La personne qui produit l'acte doit justifier qu'il a été passé dans le pays étranger aux lois duquel il doit être conforme.

L'acte fait en conformité de ces lois est valable partout en ce qui concerne la forme. Il est généralement admis entre les nations que l'acte considéré comme authentique par les lois du lieu de sa rédaction, l'est aussi dans les pays étrangers et qu'il y fait également preuve complète.

La règle que la force exécutoire donnée à un acte par les autorités d'un pays, ne subsiste pas lorsqu'il s'agit de mettre l'acte à exécution dans un pays qui n'est plus soumis aux mêmes autorités, ne reçoit exception que dans le cas où des traités diplomatiques reconnaissent aux actes étrangers sur les territoires respectifs la même force qu'aux actes émanés des autorités nationales; alors les formalités à accomplir pour en obtenir l'exécution sont réglées par les traités.

Influence de l'état de guerre. L'état de guerre exerce une influence inévitable sur les contrats passés entre les ressortissants des Etats belligérants. Une des conséquences immédiates des hostilités consiste dans l'interdiction de toutes relations commerciales et autres entre les sujets des Etats qui sont en guerre; il s'ensuit comme corollaire que tout contrat privé fait avec les sujets de l'Etat ennemi pendant la guerre est illégal. Cette règle est surtout applicable aux assurances sur la propriété et le commerce de l'ennemi, à la négociation de lettres de change entre les sujets de belligérants, à l'envoi de fonds dans le pays ennemi, aux associations commerciales formées entre les sujets des deux nations avant ou après la déclaration de la guerre, etc. Les autres contrats civils et de nature privée sont seulement suspendus, ils recouvrent leur force obligatoire dès que la paix est rétablie.

Le traité de paix n'invalide pas les engagements contractés antérieurement à l'état de guerre, notamment ceux qui concernent les territoires occupés par chacun des belligérants ou à eux restitués, pourvu que ces engagements aient établi des rapports permanents et réels inhérents à ces territoires, les choses restituées à chacune des parties étant censées reprendre leur ancien caractère légal.

CONTRAT à la grosse. Forme de prêt propre au droit maritime, et d'après laquelle l'emprunteur ne s'engage à rembourser la somme prêtée sur le corps du navire que si celui-ci arrive à bon port; dans le cas contraire il est libéré de toute obligation. Le crédit n'est accordé que pour un voyage. Le contrat à la grosse rappelle donc le *fœnus nauticum* des Romains. On peut distinguer trois espèces de prêt à la grosse : 1⁰ Les avances consenties à l'armateur moyennant hypothèque sur le corps et le gréement du navire, ou pour les réparations à faire au dit. 2⁰ Les emprunts contractés par l'affréteur, nommés aussi prêts à la grosse aventure, dont répond le fret. 3⁰ Enfin les emprunts contractés par le capitaine, durant le voyage, pour pouvoir continuer celui-ci ou pour conserver la cargaison. Dans le premier cas le capitaine peut hypothéquer le navire, la cargaison et le fret; dans le second, où sont en jeu uniquement les intérêts des propriétaires de la cargaison, celle-ci seulement. — L'emprunt n'est licite qu'en cas d'absolue nécessité. Cette nécessité est constatée en général, sauf preuve du contraire, par un certificat du consul, ou, à son défaut, des tribunaux compétents, soit au besoin par le témoignage des principaux de l'équipage.

L'équivalent des risques assurés par le bailleur est représenté par la prime, dont le taux dépasse en général celui des intérêts légaux ou usuels. L'opération n'est valable en droit que si elle est constatée par écrit dans une lettre ou contrat signé par le capitaine et dont le bailleur peut se faire délivrer plusieurs doubles. Cette lettre est endossable, si elle est à ordre. En général le prêt à la grosse est remboursable aussitôt après l'arrivée à bon port des objets hypothéqués. En cas de non-remboursement, le bailleur peut faire vendre aux enchéris les objets hypothéqués ou se faire attribuer le fret. Si le voyage est interrompu, le bailleur n'a droit, au lieu de la prime, qu'à un dédommagement proportionnel. Dans le cas de contrats à la grosse successifs, concernant les mêmes objets, le dernier prime les précédents, à moins que les emprunts n'aient été contractés en suite des mêmes avaries.

CONTRAT SOCIAL. Convention expresse ou tacite par laquelle sont réglés les droits respectifs d'un peuple et de son gouvernement, ou les rapports entre les membres de la société; les chartes, les constitutions qui régissent les Etats sont les actes qui consacrent les conventions de cette catégorie.

On connaît sous le nom de *contrat social* un ouvrage de Jean-Jacques Rousseau, dans lequel ce philosophe imagine un contrat qui aurait été fait à l'origine des sociétés.

CONTRAVENTION. Ce mot, dans l'usage vulgaire, s'applique à toute infraction à une loi, à un règlement, même à une simple convention; en droit, il exprime le fait, qui, bien que pouvant n'être pas blâmable en lui-même, devient répréhensible et punissable à cause des prohibitions de la loi.

Le code pénal français définit la contravention „toute infraction que les lois punissent des peines de police", et il oppose la contravention au *délit,* puni de peines correctionnelles, et au *crime,* puni de peines afflictives ou infamantes.

Toute une catégorie de contraventions qui se commettent particulièrement sur la frontière des Etats, donnent lieu à des conventions spéciales conclues par les gouvernements des pays limitrophes pour en faciliter la poursuite commune et réciproque.

Dans cette catégorie rentrent notamment les contraventions en matière forestière, rurale, de chasse et de pêche; ainsi qu'en matière de douanes.

Dans les conventions dont il s'agit, qui sont souvent désignées sous le nom de *cartels* (Voir ce mot), les parties contractantes s'engagent à poursuivre ceux de leurs ressortissants qui auraient commis des contraventions rurales, forestières ou autres de même espèce sur le territoire de l'Etat limitrophe, en leur appliquant les mêmes lois que s'ils s'en étaient rendus coupables dans le pays auquel ils appartiennent.

Les poursuites sont intentées sur le vu des procès-verbaux dressés par les gardes-forestiers, les gardes-pêche, les gardes-champêtres ou les gendarmes du pays où l'infraction a été commise, ces pièces devant faire foi jusqu'à preuve du contraire devant les tribunaux étrangers,

Les agents de chaque pays qui constatent une contravention dans la circonscription confiée à leur surveillance, peuvent suivre les objets enlevés, même de l'autre côté de la frontière, sur le territoire de l'Etat voisin, jusque dans les lieux où ils auraient été transportés et en opérer la saisie; toutefois pour s'introduire dans les maisons, les cours ou les enclos, ils doivent être assistés d'un fonctionnaire public désigné à cet effet par les lois du pays où la perquisition a lieu.

Le montant des amendes et des frais est perçu par l'Etat où sa condamnation est prononcée; mais les dommages et intérêts civils sont versés dans les caisses de l'Etat où l'infraction a été commise.

Les arrangements relatifs aux contraventions, que nous venons de signaler, ne doivent pas être confondus avec les traités d'extradition; car ordinairement la remise des coupables fugitifs n'y est pas comprise : ce sont, à proprement parler, de simples règlements internationaux sur la police de frontières, ayant pour base le double principe de la réciprocité et de l'assimilation ou de la substitution mutuelle des législations respectives entre Etats contigus.

CONTRE-AMIRAL. Officier de la marine militaire.

Dans la marine d'Angleterre et de Hollande, le contre-amiral a le troisième rang dans le commandement d'une flotte: il commande l'arrière-garde ou la troisième division.

Dans la marine française, le contre-amiral a le troisième grade parmi les officiers généraux; il vient immédiatement après le vice-amiral.

Les contre amiraux commandent les divisions des armées navales et les escadres; ils remplissent les fonctions de chefs d'état-major auprès des amiraux, celles de préfets maritimes, d'inspecteurs généraux, de majors généraux de la marine, de gouverneurs des colonies etc.

On nomme aussi contre-amiral le vaisseau que monte l'officier revêtu de ce grade.

CONTREBANDE. *Définitions.* Ce mot, dans son acception la plus étendue, signifie tout commerce qui se fait contre les lois fiscales d'un Etat; mais il se dit plus particulièrement des contraventions aux droits de douanes, qui empêchent, soit par une prohibition absolue, soit par des droits élevés, l'entrée des marchandises étrangères dans un pays,

On donne aussi le nom de contrebande aux marchandises elles-mêmes ainsi introduites.

Le droit international s'occupe plus spécialement de la *contrebande de guerre.*

On désigne en général sous la dénomination de contrebande de guerre les choses qui sont d'un usage particulier pour la guerre, pouvant servir directement à l'attaque ou à la défense, et dont par conséquent le transport à l'un des belligérants par les neutres est considéré comme un acte illicite.

Il est d'usage général qu'au commencement d'une guerre les belligérants et les neutres déclarent les marchandises qu'ils considèrent comme constituant la contrebande de guerre.

Classification de la contrebande de guerre. Des précédents créés par ces déclarations ainsi que par la pratique et les traités, on peut conclure qu'il existe deux sortes de contrebande de guerre: la contrebande *absolue*, c'est-à-dire généralement reconnue en principe comme telle par l'accord public ou tacite des puissances, partout établi sur des bases à peu près immuables et dans des limites constantes; et la contrebande *conventionnelle*, ou celle qui est dénoncée par des conventions ou des déclarations particulières, des règlements spéciaux, variables par conséquent suivant les circonstances, les besoins, les engagements mutuels des parties.

Une grande divergence d'opinion règne à cet égard entre les divers Etats, de sorte qu'il nous paraît impossible de déterminer avec précision et comme règle générale de droit les marchandises dont le trafic comporte des restrictions absolues en temps de guerre; nous croyons cependant pouvoir mentionner les suivantes comme étant elles qui sont le plus habituellement classées comme articles de contrebande.

Objets de la contrebande. Les armes et les munitions de guerre ont toujours été regardées comme étant de commerce illicite. Cette prohibition s'étend à tous les articles de la pyrotechnie militaire.

Il est peu de traités qui n'excluent aussi du trafic licite les matières premières pour la fabrication des armes et des munitions, et nommément le salpêtre, le soufre et même le charbon. Il n'est pas jusqu'au coton, ce textile industriel par excellence, que ne doive perdre son caractère licite, lorsqu'une action chimique lui a donné les propriétés d'une matière explosible pouvant remplacer la poudre à canon. Quant aux munitions navales, telles que bois de construction, chanvre, laine, goudron, fer, cuivre en feuilles, poix, résine etc., presque toutes les nations en prohibent le trafic comme illicite en temps de guerre.

A défaut de stipulations conventionnelles expresses, on peut invoquer plus d'un règlement particulier qui au point de vue du commerce illicite place les navires (*Voir* CONSTRUCTION DE NAVIRES A L'ÉTRANGER) et les machines à vapeur sur la même ligne que les armes et les munitions.

La pratique n'est pas uniforme relativement au charbon de terre. La France et la plupart des Etats secondaires ont formellement proclamé qu'ils n'entendent pas le faire rentrer parmi les articles qualifiés de contrebande de guerre. L'Angleterre, en principe, classe le charbon de terre au nombre des articles de commerce licite et refuse d'en interdire l'exportation quand elle n'est pas elle-même engagée dans un conflit extérieur; mais toutes les fois qu'il participe à une guerre, le gouvernement anglais non seulement n'hésite pas à frapper de prohibition la sortie du charbon de terre, mais encore il se croit autorisé à qualifier le combustible minéral de contrebande accidentelle, et à ce titre il en fait opérer la saisie par ses croiseurs, quand ils peuvent constater qu'il a une destination ennemie.

Il est ensuite toute une catégorie de marchandises d'un usage douteux, servant à des applications multiples, soit pour la vie domestique, soit pour les besoins industriels, et dont la prohibition absolue serait de nature à léser des intérêts purement pacifiques; aussi la pratique diffère-t-elle entre les diverses nations concernant la légitimité de leur trafic en temps de guerre, et, dans tous les cas, l'interdiction n'en est-elle que restreinte dans certaines limites.

Ainsi, se fondant sur la prétendue nécessité de faire à l'ennemi le plus de mal possible, on a regardé comme trafic illicite celui du blé, de la farine et en général de toutes les denrées alimentaires. En réalité pourtant, sauf l'exception de blocus ou de siège, le commerce des denrées alimentaires reste essentiellement libre en temps de guerre.

En tout état de choses l'autorisation d'acheter des vivres pour l'approvisionnement de l'armée belligérante n'est considérée ni comme une faveur illicite ni comme une participation à la guerre, pourvu qu'elle soit accordée aux deux parties indistinctement.

On en peut dire autant des espèces monnayées et des métaux précieux, dont les envois ne sauraient être interdits que dans le cas où un pays resté en dehors de la lutte, chercherait à alimenter la guerre en fournissant à l'un ou à l'autre des belligérants des subsides déguisés sous forme d'envois d'espèces monnayées ou de lingots; mais les particuliers peuvent, sans compromettre le gouvernement, expédier des valeurs à l'un des belligérants.

La prohibition pèse sur le commerce des bêtes de somme et de trait : à l'origine elle ne comprenait que la race chevaline, à cause de son utilité exceptionnelle pour la cavalerie et l'artillerie; mais de nos jours on l'a étendue aux ânes et surtout aux mulets, si fréquemment employés pour les besoins des ambulances et des transports dans les pays de montagnes. Cependant il y a des traités qui ne défendent pas le commerce des chevaux entre les neutres et les belligérants; et plusieurs publicistes soutiennent qu'on ne doit pas les considérer comme contrebande de guerre.

Transports de troupes. Le transport, sur des navires neutres, de militaires ou de marins engagés au service d'un belligérant est assimilé au transport de matériel de guerre, tenu pour un acte d'hostilité réellement caractérisé et considéré comme contrebande.

La défense faite aux neutres de se livrer à un pareil transport a été l'objet de nombreuses stipulations conventionnelles. Il est de règle générale que le navire qui y est employé, est passible de saisie et de confiscation, et que les hommes qu'il transporte sont exposés à être faits prisonniers; mais il est aussi généralement admis que le navire redevient neutre aussitôt que le transport a été effectué et qu'il ne peut plus être capturé après que le débarquement a eu lieu.

Dépêches. On range aussi parmi les objets de contrebande de guerre les dépêches adressées aux belligérants et relatives à la guerre; mais pour que la confiscation puisse équitablement être prononcée, il ne suffit pas que les dépêches ennemies soient trouvées à bord, il faut encore que leur transport constitue réellement un acte hostile, et pour cela que la dépêche soit relative à la guerre et que le navire ait été expressément affrété dans ce but.

Les belligérants ont le droit d'empêcher la fourniture et le transport de la contrebande de guerre, même lorsque la contrebande se trouve à bord de navires neutres ou est fournie par des neutres.

Produits bruts. Le droit international n'a pas encore fixé de règle précise et absolue pour déterminer, au point de vue du droit de saisie, le véritable caractère des produits bruts ou manufacturés susceptibles d'être à volonté utilisés dans un but pacifique ou appropriés aux besoins de la guerre. Par suite on

a été amené à prendre en considération les circonstances dans lesquelles le produit atteint le territoire ennemi, en d'autres termes son point de destination.

Lorsque, par exemple, l'objet est transporté dans un port marchand, on admet volontiers la présomption qu'il conservera une destination purement pacifique ou civile; au contraire, la supposition qu'il sera affecté aux besoins de la guerre et employé à des usages hostiles s'impose naturellement à l'esprit lorsqu'on voit ce même objet dirigé sur un port militaire, sur un arsenal maritime principalement adonné aux armements de la marine militaire.

On juge encore du caractère des marchandises et de l'usage auquel elles doivent être employées par le caractère du port où doit aboutir le navire qui les transporte. Si la destination du navire est ennemie, la destination des marchandises doit être considérée aussi comme ennemie, lors même qu'il ressort des papiers et d'autres témoignages que les marchandises même n'ont pas pour destination un port ennemi, mais sont destinées à être ultérieurement transportées au-delà d'un port neutre.

Par contre, si la destination du navire est neutre, la destination des marchandises à bord doit être aussi considérée comme neutre, quoiqu'il ressorte des papiers ou d'autres témoignages que les marchandises même ont une destination ennemie ultérieure, qu'elles doivent atteindre au moyen d'un transbordement, d'un transport par terre ou autrement.

Capture de la contrebande. Le droit de capturer la contrebande de guerre une fois admis, il reste à préciser les conditions de son exercice.

D'après la jurisprudence généralement admise, le fait de contrebande remonte au moment même où le navire neutre entreprend son voyage pour transporter des articles illicites à destination d'un port belligérant; il n'est pas nécessaire d'attendre que le débarquement ait eu lieu, l'intention de débarquer suffisant pour que le navire soit déclaré de bonne prise, et la présomption légale étant que l'offense est consommée et que sa réalisation finale, c'est-à-dire le débarquement de la cargaison, n'a été empêchée que par une circonstance indépendante de la volonté du coupable.

La contrebande de guerre ne peut être confisquée que lorsque les neutres prêtent secours et assistance à l'adversaire; mais la saisie ne saurait avoir lieu lorsque les neutres font simplement du négoce.

Les transports d'articles illicites que le neutre opère par cabotage entre deux ou plusieurs ports de l'un des belligérants, sont considérés comme favorisant indûment les intérêts ennemis et placés à ce titre sur la même ligne que les expéditions de contrebande de guerre sorties directement d'un port neutre.

Contrebande par voie de terre. Certains publicistes pensent que la prohibition qui frappe les articles dits de contrebande de guerre, ne concerne que les transports de mer; d'autres soutiennent, au contraire, que la défense s'étend aux expéditions par la voie de terre et à l'achat ainsi qu'à la vente sur le territoire neutre.

Le droit conventionnel offre à cet égard des divergences aussi marquées. Il ressort de nombreux traités que la plupart des Etats défendent à leurs nationaux le commerce de contrebande avec les belligérants, mais les Etats ne donnent pas tous la même étendue, la même portée à cette interdiction: ils se réservent notamment la faculté de réglementer le commerce des objets de contrebande.

Devoirs des neutres. Les gouvernements neutres ne manquent pas à leur devoir en tolérant le commerce d'objets qui sont regardés comme contrebande de guerre; si les particuliers, sans l'intention marquée de venir en aide à l'un des belligérants, lui fournissent, à titre d'entreprise commerciale, des armes ou du matériel de guerre, ils courent le risque que ces objets soient confisqués par l'adversaire comme contrebande de guerre.

Les licences que les belligérants peuvent accorder pour trafiquer avec les ports ennemis, ne confèrent jamais le droit de transporter des articles de contrebande de guerre. Les défenses générales qui existent à cet égard sont considérées comme étant d'ordre public, comme maintenues de plein droit et ne pouvant devenir l'objet de dérogations tacites.

La répression de l'abus rentre dans le domaine de la loi municipale ou politique de chaque nation. Le souverain territorial n'est pas rigoureusement obligé d'interdire ou de punir le commerce de contrebande, mais au moins il ne doit pas le couvrir de sa protection; il serait même conforme à l'équité qu'il veillât spontanément à ce qu'aucun de ses nationaux ne manque aux stricts devoirs qu'impose sa neutralité.

A plus forte raison un Etat ne doit point se livrer lui-même au commerce de contrebande. Si les secours effectifs en nature que l'un des belligérants vient prendre et exporte à ses propres risques étaient fournis par l'Etat neutre lui-même, si, par exemple, des armes, des projectiles, de la poudre étaient tirés de ses arsenaux ou de ses manufactures publiques, que ce fût gratuitement ou que l'Etat en reçût le prix, ce ne serait pas là un commerce privé; l'Etat en agissant ainsi deviendrait un auxiliaire de la lutte et enfreindrait par conséquent la neutralité.

Pénalités. Pour la punition du fait de contrebande, deux principes paraissent guider la pratique des nations maritimes : les unes limitent la confiscation à la portion illicite du chargement du navire neutre, tandis que d'autres l'étendent au chargement tout entier et un navire même, lorsque la contrebande forme la partie principale de la cargaison.

Le navire porteur de contrebande de guerre ne peut être retenu qu'autant que cela est nécessaire pour pratiquer la saisie des marchandises de contrebande; et il ne pourra être déclaré de bonne prise par le capteur que lorsque son armateur a su que le navire transportait de la contrebande et a autorisé ce transport.

La pratique de la plupart des nations maritimes substitue parfois à la confiscation une simple *préemption* ou préférence d'achat, c'est-à-dire que les capteurs retiennent par devers eux les articles de commerce illicite en payant la valeur aux neutres. (*Voir* PRÉEMPTION.).

Comme preuve de leur bonne foi, les navires neutres qui portent de la contrebande de guerre ont la ressource d'abandonner immédiatement au croiseur belligérant qui les arrête, les marchandises illicites qu'ils ont à bord, et d'acheter ainsi le droit de continuer leur route au lieu d'être conduits dans un des ports du capteur pour y être adjugés. Cette faculté leur est accordée non seulement par les règlements particuliers de plusieurs pays; elle a même été consacrée par des stipulations conventionnelles.

CONTRE-ÉDIT. Édit contraire à un autre.

CONTREFAÇON. Se dit soit de l'atteinte portée par la reproduction à la propriété des brevets d'invention et des œuvres industrielles, littéraires et artistiques, soit du fait de contrefaire ou falsifier les effets publics: dans ce dernier cas la jurisprudence emploie plus particulièrement le terme de *contrefaction* (Voir ce mot.)

Dans le domaine des lettres et des

arts, toute violation des lois et des règlements concernant la propriété littéraire ou artistique, toute atteinte portée aux droits de l'écrivain sur son écrit, du musicien sur sa composition, du peintre sur sa peinture, du dessinateur sur son dessin constitue une contrefaçon. D'une manière générale on peut définir la contrefaçon l'action de copier, de rééditer, d'imiter ou de faire une chose sans l'autorisation de celui qui a le droit exclusif de la faire.

La contrefaçon suppose une reproduction totale ou particelle de l'œuvre sans le consentement de l'auteur, un préjudice possible, la mauvaise foi du reproducteur.

Les caractères constitutifs de la contrefaçon rentrent dans la compétence de la législation intérieure de chaque Etat, par conséquent dans l'appréciation souveraine des tribunaux.

On comprend que pour un délit de cette espèce il ne puisse exister de règle absolue, uniforme, la portée plus ou moins préjudiciable d'un empiètement en matière de propriété littéraire ou artistique dépendant forcément des circonstances et des droits respectifs des parties autant que de la nature même de l'objet contrefait, livre, dessin, œuvre dramatique ou morceau de musique.

D'après les lois françaises, toute atteinte portée aux droits des auteurs ou de leurs cessionnaires est une contrefaçon et donne lieu à une saisie et une action correctionnelle. Les mêmes garanties sont acquises de plein droit aux ouvrages étrangers dont la contrefaçon sur le territoire français est passible des peines portées par le code pénal.

Dans le domaine industriel et commercial, sont considérés comme contrefacteurs ceux qui usurpent les marques et les dessins de fabrique ou qui les contrefont; ceux qui par des altérations quelconques à leurs propres marques ou dessins leur donnent l'apparence de ceux d'un autre; ceux qui sciemment mettent en vente ou achètent des marchandises revêtues d'une fausse marque; ceux qui se servent d'emballages ou d'enveloppes portant la marque d'autrui pour les apposer sur leurs propres marchandises.

Selon certaines jurisprudences, la contrefaçon est étendue jusqu'à l'emprunt du nom d'un inventeur sans son autorisation, alors même que le produit est tombé dans le domaine public; et dans ce cas il y a lieu d'interdire l'emploi de ce nom aux tiers, quand même ils sont de bonne foi.

La contrefaçon en matière d'industrie est atteinte par des lois spéciales; mais, pour pouvoir en invoquer le bénéfice, il faut que le plaignant ait préalablement constaté son droit, soit par obtention d'un brevet d'invention, soit par le dépôt, au bureau désigné par les lois locales, de ses dessins de fabrique, soit par l'adoption d'une marque de commerce, pareillement déposée.

CONTREFACTION. Mot que la loi emploie pour désigner le fait de contrefaire ou de falsifier les effets publics et les billets de banque, les marques des autorités constituées et du commerce, les monnaies, les poinçons, les sceaux et les timbres de l'Etat: il se dit aussi du faux en écriture privée.

La contrefaction est assimilée au faux, et ceux qui s'en sont rendus coupables sont passibles d'extradition.

CONTRE LETTRE. Acte secret, ou destiné à rester secret au moins pour un certain temps, et par lequel on fait quelque pacte ou déclaration de nature à détruire ou à modifier une stipulation qui est insérée dans un acte précédent et ostensible, mais qui n'a point d'existence réelle et ne doit pas être exécutée.

Les contre-lettres ne produisent d'effet qu'entre les parties contractantes, et n'en ont aucun contre les tiers.

CONTRE MISSION. Mission, ou politique ou religieuse, contraire à une mission antécédente.

CONTRE-PROJET. Projet formé pour en déjouer un autre.

Projet différent d'un autre, comme dans cette phrase: le ministère propose un projet de loi, et l'opposition un contre-projet.

CONTRE-RÉVOLUTION. Révolution qui tend à détruire les résultats politiques d'une révolution antécédente, c'est un terme synonyme de *réaction*. (Voir ce mot.)

Contre-révolutionnaire, qui est favorable, qui tend à la contre-révolution: doctrines, mesures contre-révolutionnaires.

Substantivement: un contre révolutionnaire, des contre-révolutionnaires: personnes hostiles à la révolution: — s'est dit, dans un sens plus étroit, des ennemis de la Révolution française.

CONTRE-SCEL. Petit sceau apposé sur le titre du parchemin qui attache les lettres scellées en chancellerie.

Figure imprimée au revers d'un sceau principal.

CONTRE-SEING. Signature de celui qui contre-signe, c'est-à-dire qui, en vertu des fonctions qu'il exerce, signe une pièce après que celui dont elle émane y a lui-même opposé sa signature: ainsi un ministre contre-signe les ordonnances du chef de l'Etat. Ce contre-seing a pour but d'attester l'authenticité du document. Dans les Etats constitutionnels le contre-seing ministériel est indispensable, mais comme il engage la responsabilité de celui qui l'appose, le ministre peut le refuser; dans ce cas l'acte politique ou administratif ne peut s'accomplir.

Dans la plupart des pays le contre-seing ou la signature de certains fonctionnaires portée sur l'enveloppe d'une lettre ou sur la bande d'un imprimé a pour objet en effet de faire circuler francs de port les envois officiels d'autorité à autorité et même d'autorité à individu.

CONTRIBUTION. En matière d'impôt, la contribution est ce que chacun paie pour sa part des charges publiques.

Les mots *contribution* et *impôt* ou *imposition* s'emploient indifféremment l'un pour l'autre, sans être positivement synonymes, pour désigner les différentes sources du revenu public. Néanmoins l'*impôt* se dit plus exactement par rapport au législateur qui impose les charges, et la *contribution* par rapport à l'imposé qui doit contribuer pour une part quelconque à l'acquittement des taxes publiques.

On distingue deux catégories principales de contributions: les contributions directes, ainsi nommées parce qu'elles atteignent directement les personnes ou leurs biens, telles que la contribution foncière perçue sur les propriétés immobilières, la contribution personnelle et mobilière sur les personnes et les habitations, et les contributions indirectes assises sur la fabrication, la vente, le transport et l'introduction des objets de consommation et de commerce, sur certaines choses d'un besoin éventuel, sur les transactions, etc. et dont le produit n'est payé par le contribuable qu'indirectement et qu'autant qu'il use des choses.

La contribution personnelle et mobilière est due par chaque habitant de tout sexe, jouissant de ses droits et non réputé indigent. Elle est également due par chaque résident étranger; toutefois une exception est faite en faveur des représentants ambassadeurs, ministres, consuls des puissances étrangères, laquelle s'étend même aux personnes de leur suite et de leur maison.

Les ministres publics sont exceptés du paiement des impôts purement personnels et directs. Par contre à moins de conventions spéciales, fondées sur le principe de la réciprocité, ils restent soumis aux impôts indirects, aux taxes d'octroi et aux autres charges analogues telles que péages de ponts et de chaussées frais de poste, etc.

Quant à l'impôt foncier, les ministres publics ne peuvent s'en affranchir pour les immeubles qu'ils possèdent, alors même que ces immeubles sont affectés uniquement à leur logement personnel Il en serait tout autrement, si l'hôtel de la légation etait la propriété de leur gouvernement: car les convenances internationales ne permettent pas évidemment de traiter un gouvernement étranger comme un contribuable ordinaire et partant de l'assujettir à des impositions territoriales et directes.

En ce qui concerne les droits de douane, plusieurs gouvernements permettent aux agents diplomatiques étrangers d'introduire en franchise les objets destinés à leur usage personnel et à celui de leur famille; d'autres fixent les quantités admissibles en exemption de taxe et ne soumettent que l'excédant aux droits ordinaires d'entrée, quelques-unes enfin sans accorder directement la franchise, la consacrent indirectement en remboursant sur fonds de chancellerie ou de cabinet le montant des droits acqittés.

Le privilège de franchise diplomatique n'étant pas rigoureusement indispensable au libre exercice des fonctions d'un ministre public, a été de nos jours renfermé dans des limites assez étroites, par suite des abus qu'il avait parfois engendré C'est ainsi, par exemple, qu'à moins d'ordres certains expédiés par anticipation à la frontière les bagages de tout agent diplomatique sont devenus passibles des recherches de douane, et que l'exemption de taxe doit invariablement être sollicitée par des notes écrites spécifiant avec précision la nature, les qualités et la destination des objets qui doivent en être favorisés.

Les consuls sont également exempts de toute contribution directe et personnelle.

CONTRIBUTIONS de guerre ou militaires. Les contributions de guerre consistent en ce qu'un pays envahi ou occupé donne à l'ennemi pour se garantir des exécutions militaires.

Lorsqu'une armée envahit une contrée,

il faut qu'elle y subsiste; or, comme elle ne peut être tenue de payer les frais de la guerre ou d'en faire l'avance, la loi de nécessité permet d'imposer des contributions ou des réquisitions en nature ou en argent et d'appliquer à l'entretien des troupes le produit d'une portion de l'usufruit des terres, dont la libre jouissance et l'exploitation sont laissées aux habitants du pays.

Il y a lieu d'établir une distinction entre les *contributions* et les *réquisitions :* la *contribution*, ainsi que nous l'avons dit, comprend ce que les habitants d'un pays occupé sont contraints de payer ou de donner pour se garantir du pillage; la *réquisition* est la demande faite par l'autorité de mettre à sa disposition des choses, même des personnes. *(Voir* RÉQUISITION.)

Le paiement des contributions n'affranchit pas les habitants des réquisitions du vainqueur, auquel ils sont tenus de fournir, entre autres choses, les voitures, les chevaux, les fourrages, etc; mais le paiement de la contribution oblige l'ennemi à acheter tout ce qu'il se fait livrer dans la suite, ce qui en définitive assimile la contribution à la réquisition, de laquelle seule d'ailleurs l'exercice a encore quelque fondement. En effet, comme de notre temps le pillage ou la dévastation non seulement n'est plus considéré comme un droit de la guerre, mais est même réprouvé par la pratique générale des nations, il ne saurait plus être question de racheter ce prétendu droit; l'imposition des contributions de guerre n'a donc plus de raison d'être.

Quoi qu'il en soit, par la conclusion de la paix, le vainqueur perd tout droit de lever des contributions de guerre sur le territoire ennemi encore occupé, ou d'exiger les arrérages de celles qu'il n'a pas eu le temps d'encaisser pendant le cours de la guerre, quand même elles auraient été ordonnées régulièrement conformément aux usages.

Si même une contribution avait été ordonnée avant que les chefs de l'armée d'occupation eussent eu connaissance de la paix, les sommes perçues devront être restituées et la valeur des objets livrés en nature devra être remboursée.

CONTUMACE. Terme de droit criminel. Non-comparution d'un accusé devant le tribunal auquel son jugement est déféré. État d'une personne qui, mise en accusation pour un crime, ne se présente pas dans le délai qui lui est fixé, ou qui s'est évadée avant le jugement.

L'accusé qui est dans cet état est dit *contumax* ou *contumace;* il est admis à purger sa contumace, c'est-à-dire à se présenter et à se faire juger, tant que la peine à laquelle il a été condamné n'est pas prescrite.

Les condamnations par contumace cessent de produire leur effet du moment que le condamné se présente.

C'est surtout aux contumaces que s'applique l'*extradition.* (Voir ce mot.)

La procédure et les jugements par contumace, c'est-à-dire en l'absence du prévenu, n'ont lieu qu'en matière criminelle. Il n'y a point contumace en matière de police correctionnelle ou de simple police; là les prévenus qui ne comparaissent pas, sont appelés défaillants et jugés par *défaut.* (Voir ce mot.)

CONVENTION. Accord de deux ou plusieurs volontés sur une mêmes chose; pacte entre deux ou plusieurs personnes.

Les conventions sont écrites; ou elles sont verbales, c'est à-dire qu'elles ne sont point rédigées par écrit.

On appelle convention tacite celle que la loi supplée dans le silence des parties.

En droit international, on donne le nom de conventions à des actes qui règlent les engagements que prennent les États entre eux ou les personnes qui les représentent,

Dans la pratique on emploie indistinctement le mot de convention pour celui de traité et réciproquement. De fait les deux termes ne comportent aucune différence essentielle. Cependant la *convention* indique le plus généralement un engagement ayant une valeur et une portée moins grandes que le *traité,* et s'appliquant à un seul objet nettement déterminé : c'est ainsi, par exemple, qu'on dit une convention de poste, une convention télégraphique, une convention littéraire, etc.

En réalité les conventions ne sont que des traités de moindre importance, et tout ce qui se dit des traités peut s'appliquer aux conventions. *(Voir* TRAITÉ.)

Ou qualifie de stipulations ou dispositions *conventionnelles* celles qui résultent de la signature d'une convention. *(Voir* ARMISTICE.)

CONVENTION entre la France et la Confédération Argentine pour le règlement de différends, signée à bord du brick parlementaire français la *Boulonnaise* le 29 octobre 1840. (*Voir* LA BOULONNAISE.)

CONVENTION entre les Etats-Unis d'Amérique et la Russie, relative aux droits des neutres sur mer, signée à Washington, le 10/22 juillet 1854 — *(Voir* WASHINGTON).

CONVENTION D'ARMISTICE entre la France et la Sardaigne d'une part et l'Autriche d'autre part, conclue à Villafranca le 8 juillet 1859 — *(Voir* VILLA-FRANCA).

CONVENTION DE GENÈVE. C'est une convention, qui a été conclu à Genève le 22 août 1864, par les principales nations de l'Europe, et qui a pour objet l'amélioration du sort des militaires blessés dans les armées en campagne.

Elle a été complétée en 1868 par des articles additionnels qui en étendent les clauses aux bâtiments de la flotte et aux guerres maritimes.

La convention de Genève sanctionne le principe de la neutralité absolue des hôpitaux, des maisons et des ambulances militaires, à la seule condition qu'elles ne soient point gardées par des troupes armées.

L'immunité de capture s'applique non seulement aux blessés et à tout le personnel hospitalier, mais encore aux habitants du pays qui se dévouent aux soins des malades.

Pour mettre mieux à l'abri des éventualités de la guerre ces mêmes établissements et ceux qui les surveillent ou les dirigent, on a décidé qu'ils seront couverts par un pavillon distinctif et uniforme (croix rouge aléscée sur champ blanc, autrement dit le pavillon suisse, seulement avec les couleurs interverties ; une exception est faite pour la Turquie, qui à la place de la croix rouge a adopté le croissant rouge pour son service sanitaire). Le même signe de reconnaissance est porté en forme du brassard par tout le personnel médical ou hospitalier.

Le matériel des hôpitaux demeure soumis aux lois de la guerre, tandis que celui des ambulances est déclaré insaisissable.

Les militaires blessés ou malades seront recueillis et soignés, à quelque nation qu'ils appartiennent. Les commandants en chef ont la faculté de remettre immédiatement aux avant-postes ennemis les militaires blessés pendant le combat. Les militaires blessés qui après guérison seront reconnus incapables de servir, seront renvoyés dans leur pays ; les autres pourront l'être également à condition qu'ils ne reprendront pas les armes pendant la durée de la guerre.

Les évacuations, avec le personnel qui les dirige, seront couvertes par une neutralité absolue. Enfin, tout habitant qui aura recueilli chez lui des blessés, sera dispensé du logement des troupes et d'une partie des contributions de guerre qui seront imposées,

(Voir BLESSÉS ET MALADES MILITAIRES.)

CONVENTION NATIONALE. Assemblée exceptionnelle des représentants d'un peuple, ayant pour objet d'établir une constitution ou de la modifier.

On a nommé en particulier Convention nationale ou simplement Convention l'assemblée qui en France proclama la République en 1792 et exerça tous les pouvoirs jusqu'en 1795.

Dans l'histoire d'Angleterre, on donne également le nom de convention à l'assemblée extraordinaire du parlement en 1688.

CONVOI. *Définition.* C'est un terme de guerre qui sert à désigner un certain nombre de chariots qui portent des vivres des munitions, sous la protection d'une escorte, ou qui transportent des malades ou des prisonniers de guerre; appliqué à la marine, il signifie la réunion d'un nombre, plus ou moins considérable, de navires marchands voyageant en temps de guerre sous l'escorte et la protection de plusieurs navires de la marine militaire.

Il est généralement admis que le navire convoyeur doit être de la même nation que les navires convoyés.

Le recours par des navires marchands non-ennemis à l'escorte d'un bâtiment de guerre de leur pays ne saurait par lui-même impliquer la moindre infraction aux devoirs de la neutralité, tandis que le fait de naviguer sous convoi ennemi peut faire naître la présomption d'intentions illicites.

L'inviolabilité des navires marchands convoyés est devenue un précepte, une loi indiscutable pour les puissances maritimes, qui l'ont pour la plupart consacrée par des traités.

Visite des convois. Lorsqu'un Etat neutre fait accompagner par des bâtiments de guerre les navires de commerce neutres et donne aux belligérants l'assurance que le convoi ne transporte point de marchandises de contrebande il ne doit pas être procédé à la visite Les bâtiments militaires des puissances belligérants doivent se contenter de vérifier les pouvoirs du navire chargé par l'Etat neutre d'escorter le convoi et de recevoir de lui les renseignements dont ils ont besoin.

Mais, si l'examen des papiers du bord fait naître un soupçon fondé que le convoi transporte de la contrebande, on pourra exceptionnellement procéder à la visite du navire suspect, en fournissant toutefois au bâtiment de guerre qui accompagne le convoi les moyens de se faire représenter à la visite; et si le commandant du navire de la puissance belligérante croit avoir découvert de la contrebande, il devra le notifier au commandant du vaisseau convoyeur, lequel pourra charger un de ses officiers d'accompagner le navire inculpé devant le conseil des prises le plus rapproché et de prendre part aux débats dans l'intérêt du commerce neutre.

Les navires qui font partie du convoi, sont seuls exempts de la visite, mais non ceux qui sont venus s'y joindre volontairement, pas plus que les navires qui ont quitté le convoi en route ou qui en ont été séparés: ces navires peuvent être arrêtés en pleine mer comme suspects et visités par les croiseurs belligérants; on ne peut toutefois, même dans ces cas, refuser au commandant du convoi le droit d'envoyer un officier pour assister à la visite.

Ces croiseurs ont aussi le droit de procéder à la vérification de l'état d'un convoi afin de s'assurer si, par hasard ou volontairement, des navires étrangers ne se trouvent pas en faire partie.

En tout état de cause, le droit de visiter les navires marchands naviguant sous le convoi d'un vaisseau de guerre ne peut être exercé que par les bâtiments de la marine militaire des belligérants, et non par les corsaires ou des bâtiments armés en guerre par des particuliers.

Caractère des navires convoyeurs. Les navires convoyeurs peuvent être admis aux bénéfices des prises, pourvu qu'ils soient munis de l'autorisation nécessaire et que la capture n'ait pas lieu à une distance telle qu'elle les empêcherait de remplir le devoir spécial qui leur est imposé, celui de protéger le convoi confié à leur garde. En abandonnant le convoi pour chasser une prise, ils perdent tous les droits attachés à leur caractère militaire.

On nomme *convoyeur* le bâtiment ou vaisseau de guerre qui accompagne ou escorte un convoi.

COPENHAGUE (traité de paix de) 1660. Le traité de paix signé à Copenhague le 5 juin 1660 par les plénipotentiaires des rois Charles XI de Suède et Frédéric III de Danemark mit fin à l'état de guerre qui existait depuis 1655 entre les deux puissances voisines.

Il confirme en grande partie la paix conclue deux années auparavant, le 9 mars 1658, à Raskild, aux termes de laquelle le Danemark avait cédé à la Suède la Hollande, que celle-ci avait reçue seulement à titre de garantie, par le traité de Bromsebrode 1645, la Scanie, la Blékingie, Bornholm, la ville et le bailliage de Bohus, la ville et le bailliage de Drontheim; mais par le nouveau traité le Danemark échangea l'île de Bornholm contre 17 terres nobles situées en Scanie, et le roi de Suède renonça à l'acte de cession qui lui avait été fait de Drontheim.

Le roi de Suède renonçait aussi à toutes ses conquêtes faites sur le Danemark, notamment dans les îles de Seeland, de Laaland, de Falster et de Mœn.

COPENHAGUE (traité de) 1767. Tzarsko-Sélo (traité de) 1773. Les traités de Copenhague et de Tzarskoe-Sélo terminèrent le différend pendant entre le Danemark et la maison de Holstein-Gottorp, relativement aux duchés de Sleswig et de Holstein, qui troublait la paix du nord de l'Europe depuis plus d'un siècle.

Un prince de la maison ducale de Holstein était devenu empereur de Russie, sous le titre de Pierre III, en 1762. Il se prépara aussitôt à reconquérir le Sleswig occupé par les Danois; mais, bientôt détrôné, il ne put mettre ce projet à exécution, et l'impératrice Catherine II, qui lui succéda, préféra s'arranger à l'amiable avec le roi de Danemark. Un traité provisionnel fut signé à Copenhague le 22 avril 1767, aux conditions suivantes:

L'impératrice renonçait, au nom de son fils, à la portion ducale du Sleswig occupée par le roi de Danemark et s'engageait à y faire renoncer tous les autres princes de la maison de Holstein-Gottorp.

De plus le grand-duc Paul de Russie devait, à l'époque de sa majorité, abandonner au roi de Danemark, et à son frère le prince Frédéric, ainsi qu'à leurs descendants mâles, ses parts au duché de Holstein, tant celles dont il jouissait séparément que celles qu'il tenait en commun, y compris les droits de collation dans les chapitres de Lubeck et de Hambourg.

En échange le roi de Danemark cédait au grand-duc et à ses descendants mâles les comtés d'Oldenbourg et de Delmenhorst, entièrement libres de toutes dettes et prétentions.

Lorsque le grand-duc Paul eut atteint l'âge de majorité, il ratifia, comme chef de la maison Holstein-Gottorp, le traité provisionnel, auquel le prince-évêque de Lubeck, appartenant à la même maison, donna aussi son consentement. Alors on résolut de conclure un traité définitif, ce qui eut lieu à Tzarskoe-Sélo le 1er juin 1773.

Ce nouveau traité a pour fondement celui de 1767, dont tous les articles, à quelques changements près, sont renouvelés et confirmés.

Le grand duc empereur de Russie, reconnu chef perpétuel de la maison de Holstein-Gottorp, déclara son intention de destiner les deux comtés d'Oldenbourg et de Delmenhorst, à lui cédés, pour servir d'établissement à la branche cadette de Holstein-Gottorp; et par un acte signé à Péterhoff le 25 juillet suivant, il transféra ces duchés sur l'évêque de Lubeck, premier représentant de la branche cadette de Gottorp, et sur les descendants de ce prince.

Comme l'échange du Holstein et la cession des comtés d'Oldenbourg et de Delmenhorst en faveur de l'évêque de Lubeck s'étaient faits sans la participation du roi de Suède, ce prince, qui précédait l'évêque, son frère, dans l'ordre de succession au duché de Holstein, y forma opposition, par devant la cour impériale d'Allemagne et la diète de Ratisbonne. L'Empereur d'Allemagne, par décret du 27 décembre 1774, réserva les droits de la branche de Suède.

COPIE. Ecrit fait d'après un autre.

La copie peut être conforme à l'écrit original simplement pour la substance ou sa teneur; mais elle peut l'être aussi pour sa forme matérielle, pour la disposition des mots, des lignes, des pages, des signatures; dans ce dernier cas on la qualifie de *figurée*.

La copie *figurée* diffère donc de la simple *expédition* (voir ce mot), qui n'est qu'une copie fidèle et littérale de tout ce qui est porté sur l'écrit original ou la minute d'un acte.

La copie figurée d'une minute doit en être la reproduction exacte, matérielle, de tout point : ainsi elle doit faire connaître toutes les particularités, même les imperfections de l'original, les ratures, les surcharges, les interlignes, les fautes d'orthographe, l'indication des blancs,

les lacunes, les renvois et tous autres détails.

On appelle *copie collationnée* celle qui a été conférée avec l'original; c'est généralement la copie faite d'une pièce par un fonctionnaire public, à l'étranger le chancelier d'une ambassade, d'une légation ou d'un consulat, lequel constate par un certificat au bas de cette copie qu'elle est conforme avec la pièce produite, qu'il rend dès qu'elle a été copiée (*Voir* COLLATION DE PIÈCES.)

Copie signifie aussi la reproduction d'un ouvrage d'art, la simple imitation d'une œuvre littéraire. En général de semblables copies ne peuvent être faites sans le consentement des auteurs, sauf des exceptions spéciales, sans encourir l'imputation ou la présomption de *contrefaçon*. (Voir ce mot). *(Voir* PROPRIÉTÉ ARTISTIQUE, LITTÉRAIRE.)

CORAN. Livre sacré des musulmans, pour qui il est à la fois le recueil des dogmes de leur religion, et un code civil, criminel, politique et militaire.

Le Coran a été rédigé par Mahomet, qui déclare que ce livre est l'œuvre de Dieu à lui révélée par l'entremise de l'ange Gabriel. Il a été mis en ordre et publié par Aboubekr, successeur de Mahomet, 2 ans après la mort de l'auteur, l'an 631.

Le Coran (ou *livre* par excellence, d'après la véritable signification du mot) est écrit dans le dialecte de l'Hedjaz, c'est-à-dire dans l'Arabe le plus pur.

CO-RÉGENT. Prince qui partage avec un autre les fonctions de régent d'un Etat

Quelquefois un monarque s'adjoint un prince pour le gouvernement de ses Etats, lorsqu'il sent avoir besoin d'aide à cause de son âge avancé ou de l'état de sa santé. Le plus souvent c'est le prince héritier qui est nommé co-régent

La nomination d'un co-régent est un fait qui a besoin d'être porté à la connaissance des autres Etats; la notification en est faite par le souverain qui nomme le co-régent, et c'est à lui que s'adresse la réponse; mais les notifications officielles ultérieures sont faites par le co-régent, auquel les autres Etats adressent dès lors leurs communications comme s'il régnait seul.

CORPORATION. Réunion de personnes qui forment un corps ayant des règlements, des droits ou des privilèges particuliers.

La corporation peut être une institution civile, ou bien un corps politique Elle constitue ce qu'on appelle une personnalité morale, ayant une existence légale, et agissant sous un nom qui lui est propre, en vertu d'une charte expresse qui lui est octroyée par l'autorité législative, ou d'une disposition spéciale de cette autorité.

Un nombre déterminé de personnes n'est pas nécessaire pour constituer une corporation; il y a même des corporations qui ne se composent que d'une seule personne. Les éléments constitutifs essentiels consistent dans la propriété du nom et la perpétuité.

Dans les corporations composées de plusieurs membres, les vacances qui se produisent se comblent successivement par l'adjonction de nouveaux membres.

La véritable origine des corporations remonte au moyen-âge, à l'époque où les villes, les confréries d'arts et métiers et autres associations analogues obtinrent des souverains féodaux des chartes leur accordant certaines prérogatives ou immunités, se rapportant à la protection de la liberté individuelle, ou à l'avantage de l'industrie et du commerce.

De notre temps, dans plusieurs pays, le gouvernement municipal des villes ou des communes, l'ensemble des habitants d'une localité forment des corporations, ayant des droits et des devoirs propres et nettement définis.

Mais en outre des corporations municipales ou communales, les sociétés formées en vue d'affaires purement privées, telles que banques, assurances, entreprises industrielles ou commerciales, reçoivent des chartes qui leur confèrent le caractère de véritables corporations dans des conditions spécialement déterminées.

CORPS. En politique le mot corps signifie une réunion de personnes vivant sous les mêmes lois, les mêmes croyances; ainsi l'Etat est un corps politique, dont le souverain est le chef; l'Eglise est un corps mystique, dont Jésus-Christ est le chef.

C'est aussi la réunion d'individus qui, par suite de leur naissance, de leurs fonctions, de leurs occupations, de leur industrie, etc., sont groupés ensemble et constituent une compagnie particulière, réunie par un certain lien, dans l'Etat ou dans l'Eglise: ainsi le corps de la noblesse, le corps du clergé, les grands corps de l'Etat, le corps législatif; les corps constitués, ou les divers tribunaux et les différentes administrations, par opposition soit au corps de la nation, soit au corps législatif ou constituant;

le corps diplomatique, ou les ambassadeurs et les ministres étrangers.

En droit, c'est une collection d'individus ayant une existence légale et exerçant des droits propres (*Voir* CORPORATION): corps municipal, ou les magistrats de la municipalité.

On emploie encore ce terme pour exprimer la réunion des personnes d'une même profession, des ouvriers d'un même état: corps de métier, corps d'état.

En langage militaire, un corps d'armée est une des grandes divisions d'une armée; il exprime aussi l'ensemble de ceux qui appartiennent à une arme spéciale: corps d'état-major, corps du génie, corps d'artillerie, etc. Corps d'un acte: c'est ce qui constitue l'acte, abstraction faite des signatures, des additions, des renvois, etc. Dans les actes internationaux on entend plus spécialement par le corps de l'acte la partie qui comprend les clauses, les conventions etc., par rapport au préambule et à la clôture.

CORPS FRANCS. Corps de troupes qui n'appartiennent pas à la ligne, se recrutent au moyen d'enrôlements volontaires, ne reçoivent pas de solde et qui ont souvent un caractère insurrectionnel.

Les corps francs sont soumis à des règles spéciales de discipline, et destinés d'ordinaire à la guerre de partisans.

Dans la pratique ordinaire, les corps francs ne doivent agir que sur leur propre territoire, le motif de leur création provenant surtout des nécessités de la défense.

Le cas d'invasion d'un pays est celui qui favorise et justifie le mieux l'emploi des corps francs et des individus prenant part isolément aux hostilités.

Les corps francs sont soumis aux lois communes de la guerre, assimilés aux troupes régulières, en un mot considérés comme belligérants, lorsqu'ils sont organisés militairement, lorsqu'ils agissent sur l'ordre ou avec le consentement du gouvernement, ou lorsque, agissant de bonne foi et dans la conviction de la justice politique de leur cause, ils entreprennent une expédition militaire.

Pour que les hommes armés qui font partie des corps francs puissent prétendre à être traités en ennemis et non en criminels, il ne suffit pas d'une autorisation générale accordée par l'Etat qui fait appel à des volontaires pour la défense du pays; il faut encore qu'ils aient à leur tête une personne responsable des actes de ses subordonnés, qu'ils portent les armes ouvertement et aient un signe fixe et reconnaissable à distance, enfin qu'ils se conforment dans leurs opérations aux usages de la guerre.

CORPS LÉGISLATIF. Assemblée établie en France par la constitution de l'an VIII, remplacée en 1814 par la Chambre des députés, rétablie en 1852 et abolie derechef en 1870.

CORPUS JURIS. Ces deux mots latins, qui signifient *corps de droit*, servent à désigner le recueil des lois romaines, composé par les ordres de l'empereur Justinien et publié en 534: il renferme les *Pandectes* ou le *Digeste*, les *Institutes*, le *Code*, les *Nouvelles* ou *Authentiques*.

On nomme aussi ce recueil *corpus juris civilis*, ou simplement *corpus*.

CORRESPONDANCE DES SOUVERAINS. *Formes.* La correspondance officielle des chefs d'Etat comprend différents écrits, qui sont astreints à certaines formes d'un usage généralement admis.

Ces formes varient selon le rang que les souverains s'accordent entre eux et selon l'objet qu'ils traitent. Aucune règle ne détermine dans quels cas ils doivent employer une forme plutôt qu'une autre; cependant on peut ranger les lettres qu'écrivent les souverains en trois catégories: les lettres de conseil ou de chancellerie, les lettres de cabinet et les lettres autographes.

Les règles suivantes s'appliquent invariablement aux écrits de ces différentes catégories:

Les souverains d'un rang élevé s'adressent réciproquement aussi bien des lettres de l'une que de l'autre espèce; toutefois dans le cas où le cérémonial est de rigueur, ce sont des lettres de conseil ou de chancellerie qu'ils écrivent, sans avoir égard au rang qu'ils s'accordent.

Nous ferons toutefois observer que les lettres de chancellerie et de cabinet font partie de la correspondance officielle des Etats, et il est de règle que les premières ne s'emploient qu'entre égaux et à l'égard d'inférieurs, tandis que ceux-ci ne peuvent écrire dans cette forme aux souverains d'un rang plus élevé que sous certaines modifications.

Les lettres autographes appartiennent plutôt à la correspondance privée des souverains.

Dans la correspondance des souverains entre eux les initiales des pronoms personnels et des pronoms possessifs qui s'appliquent à l'un ou à l'autre sont toujours écrites en lettres majuscules.

Il est d'usage que les têtes couronnées se donnent réciproquement le titre de *frères* ou de *sœurs* dans leur correspondance entre elles ou avec les princes qui ont droit aux honneurs royaux; les épouses des souverains jouissent des mêmes prérogatives.

Les têtes couronnées peuvent seules exiger qu'on emploie à leur égard le titre de *Sire*.

Un titre spécial caractérise la correspondance entre le Pape et les souverains catholiques, qui donnent au Pape le titre de *Très-Saint Père* et reçoivent de lui celui de *Fils Très-Aimé;* les princes protestants se conforment également à cet usage par déférence.

Règles particulières. Voici maintenant les règles adoptées plus particulièrement pour chacune des catégories.

Dans la rédaction des lettres de conseil ou de chancellerie le cérémonial doit être observé en tout point.

Qu'elles soient écrites à des égaux ou à des inférieurs, elles énoncent dans le préambule et en vedette tous les titres du souverain qui écrit, en les faisant précéder de la formule „par la grâce de Dieu," lorsqu'il s'agit d'un souverain couronné; viennent ensuite, si l'échange de correspondance a lieu entre princes égaux, les titres de celui auquel on écrit, ainsi que le nom de frère ou de sœur, que les rois et les reines, comme nous l'avons déjà dit, s'accordent réciproquement. Les souverains inférieurs se bornent à donner aux rois un titre de parents respectueux; ils ne peuvent non plus écrire des lettres de conseil aux souverains de premier rang qu'en plaçant en tête de la lettre les titres du haut destinataire, et les leurs propres au bas de la lettre, avant ou après leur signature. Quand un souverain d'un rang supérieur leur écrit, il ne fait pas suivre l'énonciation de ses titres de ceux du prince auquel sa lettre est adressée.

Dans le corps de la lettre le souverain qui écrit parle de lui-même à la première personne du pluriel „Nous," en donnant au destinataire le titre et sa dignité (Votre Majesté, Votre Altesse, etc.), ou en se servant simplement du mot *Vous,* suivant le rang et suivant les rapports d'amitié qui existent entre eux.

La lettre se termine par une formule de salut; voici la plus généralement usitée: „*Sur ce, Nous prions Dieu qu'il vous ait en sa sainte garde*".

Au bas de la lettre, à gauche, on indique le lieu de la résidence, la date et l'année du règne du souverain ; et à droite, plus haut ou plus bas, se place la signature du souverain.

Les lettres de conseil ou de chancellerie sont ordinairement contre-signées par le secrétaire d'Etat chargé de la direction du département des affaires étrangères. Elles sont expédiées par les chancelleries d'Etat, sur grand format, sous couvert, et scellées du grand sceau de l'Etat.

Lettres de cabinet. La lettre de cabinet paraît être la forme employée de préférence pour la correspondance des souverains. Elle exige un cérémonial moins rigoureux que la lettre de chancellerie : le style en est plus familier entre égaux, moins solennel à l'égard des inférieurs. La suscription en est toute simple *(Monsieur mon frère, Madame ma sœur,* ou, lorsqu'on écrit à un supérieur, *Sire).* Le souverain y parle de lui au singulier ; quelquefois cependant il se sert du mot *Vous,* surtout quand il s'adresse à un souverain d'un rang moins élevé. La lettre finit généralement par quelques expressions obligeantes, qui varient selon les relations existant entre les deux souverains. La signature n'est pas généralement contre-signée par un secrétaire d'Etat ; mais elle peut l'être dans des cas spéciaux. Le format de la lettre est moins grand que celui de la lettre de chancellerie ; elle s'expédie sous un petit couvert et revêtue seulement du petit sceau de l'Etat.

Lettres autographes. Les lettres autographes sont les lettres écrites de la main du souverain. Les chefs d'Etat en font usage pour traiter des affaires secrètes, pour faire connaître leurs idées sur quelque point déterminé, ou pour témoigner d'une affection particulière. Les lettres autographes excluent tout cérémonial quant aux titres et aux formules d'usage ; le style en est plus familier que celui des lettres des deux autres catégories, sans pourtant que la différence des rangs s'y fasse moins sentir. En général les lettres autographes sont à l'égard des supérieurs une marque de respect, entre égaux une marque d'amitié et envers les inférieurs un témoignage particulier d'affection et d'estime.

Notifications. La plupart des souverains ont coutume de se notifier réciproquement les évènements importants qui concernent leurs personnes ou leurs familles, tels que l'avènement au trône, les naissances, les décès, les mariages, les victoires remportées. L'usage particulier de chaque cour décide de la forme dans laquelle ces notification, ces compliments de félicitation ou de condoléance doivent être rédigés : les uns se font par lettres de conseil, les autres par lettres de cabinet ; ces lettres sont remises aux souverains par les ministres accrédités auprès d'eux.

La réponse à ces notifications se modèle sur les sentiments qui ont été exprimés dans la lettre de faire part, en adoptant entre eux les mêmes formes.

Comme nous l'avons déjà dit, rien en général n'impose aux souverains l'obligation d'employer pour leur correspondance une des formes susindiquées plutôt qu'une autre ; c'est le plus souvent coutume de cour ou affaire d'usage.

Ainsi on emploie quelquefois la forme des lettres de chancellerie pour les lettres de créance et de rappel des ambassadeurs ; cependance la forme des lettres de cabinet est beaucoup plus usitée ; c'est aussi cette forme qui est donnée ordinairement à la pièce officielle par laquelle sont accrédités les ministres de seconde et de troisième classe.

Quoique ce soit l'usage particulier de cour à cour qui décide de la forme dans laquelle les notifications d'évènements heureux ou malheureux, les compliments de félicitation ou de condoléance doivent être rédigés, un usage à peu près général a fait adopter la forme des lettres de cabinet.

CORRESPONDANCE DIPLOMATIQUE. La correspondance diplomatique embrasse les communications officielles de toute nature que les gouvernements échangent entre eux par l'intermédiaire de leurs agents au dehors, ou que ces agents entretiennent soit avec leurs collègues dans les différents pays, soit avec le gouvernement qu'ils représentent.

Les pièces diplomatiques qui sont l'expression écrite de ces communications diffèrent de forme selon leur nature et leur importance : elles peuvent se diviser en deux grandes classes : celles au moyen desquelles l'agent diplomatique s'acquitte de ses fonctions officielles auprès de la cour où il réside ; et celles par lesquelles il entretient ses relations avec le cabinet qui l'a accrédité.

Dans la première classe on range les *mémoires,* ou *memorandum,* spécialement destinés à l'exposition des faits importants et à la discussion des questions que ces faits soulèvent ; les *notes,* par lesquelles les agents diplomatiques suivent les affaires qui leur sont confiées, développent des principes ou protestent contre

14*

ceux qui leur sont opposés, justifient les mesures prises, etc. ; les *lettres,* qui ont le plus souvent le même objet que les notes, dont elles ne diffèrent que par la forme, mais qui servent à un bien plus grand nombre de fins, telles que demandes d'audience, de passe-ports, etc. *(Voir* MÉMOIRES, NOTES, LETTRES DIPLOMATIQUES).

Dans la seconde classe sont compris les *rapports* ou lettres officielles que le diplomate en fonction adresse au gouvernement dont il est agent, ainsi que celles qu'il en reçoit ; et les *dépêches,* par lesquelles l'agent transmet ces rapports, ainsi que toutes les informations à sa portée. *(Voir* RAPPORTS, DÉPÊCHES.)

La correspondance diplomatique embrasse aussi les relations officielles du ministère des affaires étrangères avec les membres du corps diplomatique et du corps consulaire, avec le chef de l'Etat, ses ministres et les fonctionnaires de tout rang ; avec les chefs d'autres Etats et leurs ministres des affaires étrangères ; enfin avec de simples particuliers.

On ne saurait établir des règles fixes pour la rédaction des différentes pièces que nous venons de mentionner. Que l'écrivain s'exprime à la première ou à la troisième personne, qu'il emploie certaines locutions propres au genre de composition qu'il rédige, certaines formules convenues plutôt que d'autres, le fond reste invariablement le même, c'est-à-dire que dans tous les cas il s'agit de transmettre les communications d'un gouvernement à un autre ; c'est donc là le but qu'il ne faut pas perdre de vue et qu'on doit s'attacher à atteindre le plus exactement possible.

Néanmoins, comme il y a des rapports de supériorité, d'égalité ou d'infériorité à ménager, des principes usuels de courtoisie à observer, certaines formes sont presque indispensables.

Pour exprimer la considération dans la forme de la correspondance épistolaire, plusieurs points existent dont on a à tenir compte, savoir l'inscription, le traitement, la courtoisie, la souscription, la date, la réclame, et la suscription.

L'inscription sert à désigner le titre de la personne à laquelle on écrit, si elle en a un, comme *Sire, Monseigneur, Monsieur le ministre, Monsieur le comte,* etc. ; et simplement *Monsieur,* s'il n'y a aucune qualité à ajouter. Elle se met en vedette, c'est-à-dire détachée du corps de la lettre ; en ligne, c'est-à-dire au commencement de la première ligne ; dans la ligne, c'est-à-dire placée après quelques mots commençant la lettre.

L'inscription en vedette est la seule forme respectueuse : elle a toujours lieu ainsi dans la correspondance ordinaire. Lorsqu'un chef d'Etat écrit à d'autres chefs d'Etat, l'inscription est toujours en ligne : quand il écrit à des princes non-souverains ou à des personnages importants, l'inscription est souvent dans la ligne.

Le traitement consiste à donner à la personne à laquelle on écrit la qualité qui convient à son rang, à sa dignité, à sa naissance : ainsi on donne la *Majesté* aux empereurs et aux rois, l'*Altesse* aux princes, la *Sainteté* au Pape, l'*Eminence* aux cardinaux, l'*Excellence* à de hauts fonctionnaires, etc.

La courtoisie est le compliment, contenant l'expression des assurances de considération, de respect, d'attachement, de reconnaissance, etc., qui se met à la fin des lettres. Il n'y a pas de formule absolue sur ce point.

La souscription, c'est la signature. Quand on place la souscription au-dessous de la formule : *Votre très-humble et obéissant serviteur,* on dit qu'on écrit en dépêche ; la souscription en dépêche a lieu dans les circonstances d'apparat, ou lorsqu'on s'adresse à des personnes auxquelles les convenances hiérarchiques ou sociales ne permettent pas d'écrire autrement.

Lorsqu'on place la souscription au-dessous de la formule : *Veuillez agréer l'assurance de ma considération,* ou d'une autre formule analogue, ou lorsqu'on adresse un simple avis sans signature, à la troisième personne, on dit qu'on écrit en billet. La souscription en billet a lieu dans la correspondance courante.

La date est l'énonciation indiquant le temps et le lieu où la lettre a été écrite. Elle peut se placer au haut de la lettre, ou bien à la fin, vis-à-vis de la signature ; dans cette dernière position elle marque plus de déférence.

On appelle réclame l'indication, placée au bas de la première page, du nom et de la qualité de la personne à laquelle on écrit. Elle a pour but de faire éviter les méprises dans les expéditions.

La suscription est l'énonciation de l'adresse : c'est la reproduction de la réclame sur l'enveloppe de la lettre : elle doit être conforme à la réclame pour les titres et les qualités.

La correspondance diplomatique doit demeurer confidentielle et secrète, tout au moins entre les mains des ministres ou des agents diplomatiques entre lesquels elle a eu lieu, si ce n'est lorsqu'ils sont autorisés par leur gouvernement à y donner de la publicité en tout ou en partie.

CORRESPONDANCE ENTRE ENNEMIS. Comme, par le fait de la guerre, toute correspondance directe entre les belligérants est interrompue, il a fallu cependant se ménager des moyens pour pouvoir se rapprocher et négocier en sûreté, en vue, par exemple, de trèves ou d'armistices, d'échange de prisonniers, ou de conclusion de la paix.

Dans ce but on a introduit l'usage de certains signaux reconnus comme équivalant à une déclaration expresse qu'on désire parlementer, qu'on offre et demande la cessation des hostilités : ainsi une forteresse assiégée, en arborant un drapeau blanc, fait savoir qu'elle désire capituler, et l'ennemi, en répondant du tambour à ce signal, accorde une suspension momentanée des hostilités; de même, dans un combat naval, le vaisseau qui remplace son pavillon par un pavillon blanc, déclare par ce signal qu'il a l'intention de se rendre. (*Voir* CAPITULATION.)

On reconnaît l'inviolabilité des trompettes, substitués aux anciens hérauts d'armes et reconnus comme messagers de paix, lorsqu'ils s'annoncent et se conduisent comme tels.

On reconnaît également, dans les guerres maritimes, comme exempts de toute hostilité les vaisseaux parlementaires ou vaisseaux de cartel (*Voir* PARLEMENTAIRE, NAVIRE DE CARTEL).

On accorde des passe-ports et des sauf-conduits à ceux qu'on consent à recevoir chez soi pour entamer des négociations. (*Voir* PASSE-PORT, SAUF-CONDUIT.)

On a recours à l'intervention de puissances neutres pour faire parvenir des propositions à l'ennemi.

CORRESPONDANTS DE JOURNAUX. En temps de guerre, lorsque des correspondants de journaux étrangers se rendent sur le théâtre des hostilités dans le but d'envoyer des rapports sur ce qui se passe, les chefs militaires des armées qu'ils suivent, peuvent leur interdire de divulguer certains faits et faire, au besoin, contrôler leurs correspondances, les expulser en cas de non-observation des ordres reçus, ou même, dans les cas graves, les traduire devant un conseil de guerre.

Ces correspondants peuvent être arrêtés, lorsque le corps d'armée auquel ils se sont joints, est fait prisonnier, ou lors-

qu'on s'empare d'eux pendant une poursuite; mais ils ne peuvent être détenus qu'aussi longtemps que les nécessités militaires l'exigent.

CORSAIRE. *Définition.* On a donné le nom de *corsaires* aux navires armés par des particuliers en temps de guerre et destinés à courir sus aux bâtiments ennemis, avec l'autorisation du gouvernement dont ils portent le pavillon.

Lettres de marque. Cette autorisation se constate par un titre légal, qui porte le nom de *commission de guerre* ou de *lettre de marque.*

L'étendue des droits conférés par la lettre de marque à ceux qui veulent en faire usage, dépend de la législation intérieure de chaque pays: le gouvernement qui la délivre en détermine en même temps les clauses et les conditions. Voici sommairement quelles sont les lois qui régissent cette manière en France, lesquelles sont peut-être les plus complètes et ont été d'ailleurs adoptées par la plupart des puissances maritimes.

Le ministre de la marine et des colonies est seul investi de la faculté de délivrer des lettres de marque.

Le terme stipulé pour la validité de ces lettres peut être, suivant la nature des croisières, de six, de douze, de dix-huit et de vingt-quatre mois. Le droit de prolonger cette durée appartient exclusivement au ministre de la marine, sauf l'autorisation déléguée à certains consuls ou à certains agents maritimes.

Le nom donné au corsaire lors de son premier armement ne peut être changé ultérieurement. Tous les papiers de bord doivent relater exactement les réarmements successifs par lesquels il a passé, ainsi que la date et le numéro des lettres de marque dont il a été muni.

La première condition pour obtenir des lettres de marque consiste à fournir la preuve de la nationalité française; toute fraude commise à cet égard et toute dissimulation du nom du véritable armateur sont punies de l'annulation de la lettre de marque et d'une amende.

Les corsaires sont astreints, pour répondre de leurs actes, à fournir un cautionnement proportionnel au nombre des hommes de leur équipage.

Équipages. Pour la sauve-garde du recrutement des flottes de l'État, les corsaires ne peuvent embarquer plus d'un huitième de matelots appartenant à l'inscription maritime, sauf à compléter leurs équipages avec des marins étrangers, qui pendant le temps qu'ils sont employés sur les bâtiments armés en course, sont traités sous tous les rapports comme les nationaux.

Les corsaires étant soumis aux lois et aux règlements qui régissent la marine militaire, les crimes et les délits commis par leurs équipages sont justiciables des tribunaux maritimes. Les armateurs sont civilement, et solidairement avec les capitaines qu'ils emploient, responsables de toute infraction aux ordres du gouvernement tant à l'égard de la navigation neutre que relativement aux pêcheurs ennemis.

Pavillon. Tout corsaire est tenu, à peine de nullité de ses prises, de combattre sous ses couleurs nationales, et défense lui est faite de se servir d'aucun autre pavillon.

Le premier devoir d'un corsaire en cas de rencontre en mer est de hisser ses couleurs et de les assurer par un coup de canon à poudre, appelé coup de *semonce* ou d'avertissement, afin de forcer le navire qu'il veut reconnaître à arborer pareillement son pavillon. (*Voir* SEMONCE.)

Prisonniers. En cas de prise (voir ce mot), les prisonniers faits par les corsaires doivent être conduits au port français le plus voisin; si le nombre excède le tiers de l'équipage capteur, ils peuvent être transbordés sur les navires neutres rencontrés en mer. Les débarquements dans un port neutre ne sont autorisés qu'en cas de nécessité, dûment constatée par un consul français, qui est tenu alors de remettre les prisonniers à un représentant de la nation ennemie, en vue d'échange ultérieur en nombre égal et grade pour grade.

Prises. Quant au partage des prises, le tiers du produit net est réservé aux équipages, déduction faite des avances qu'ils ont pu recevoir. La part de prises est réduite au cinquième de la valeur des cargaisons capturées pour les navires armés en guerre et en marchandises, sans décompte des gages acquis.

Toute capture faite sans lettres de marque, ou avec des lettres périmées, ou sous un faux pavillon, est confisquée au profit de l'Etat.

A moins d'une autorisation formelle de leurs armateurs, il est défendu aux capitaines des corsaires de rançonner les navires neutres ou ennemis dont ils s'emparent. (*Voir* RANÇON.)

Règles générales. A ces règles on peut ajouter les suivantes, qui sont d'usage général.

L'autorisation conférée par la lettre de marque est toujours personnelle et au nom du capitaine du bâtiment corsaire.

L'équipage doit être composé pour un tiers au moins de nationaux.

Le corsaire est tenu de justifier de sa nationalité toutes les fois qu'il en est requis, et de se soumettre à la juridiction des tribunaux de prises du pays sous les couleurs duquel il combat.

Enfin la condition du cautionnement est ordinairement imposée à l'armateur pour garantie de la bonne conduite du capitaine et de l'équipage.

Les corsaires obéissent aux ordres de l'amirauté et font partie de la marine militaire, dont ils sont regardés en quelque sorte comme des auxiliaires; ils jouissent d'immunités supérieures à celles acquises aux corps francs qui figurent dans les luttes sur terre; mais ceux-là seuls peuvent réclamer la protection des lois internationales, qui sont en mesure de justifier de leur mandat d'une manière régulière et qui se sont conformés à leurs prescriptions. L'ennemi doit les traiter en adversaires légitimes.

Les puissances belligérantes ont seules le droit de délivrer des lettres de marque; il est défendu à un gouvernement allié d'en faire usage aussi longtemps qu'il veut faire respecter sa neutralité. La lettre de marque peut toutefois être accordée aussi à des étrangers, à des sujets neutres, pourvu que les traités ne s'y opposent pas. Elle peut de même être donnée à des navires marchands, qui obtiennent par là la faculté de capturer des navires ennemis.

Les lettres de marque ne s'accordent que pour un délai déterminé, à l'expiration duquel elles perdent toute valeur, toute force légale.

Pirates. De ce que les corsaires sont commissionnés et autorisés par leur souverain, il s'en suit logiquement, qu'ils ne doivent pas être confondus avec les pirates, qui courent la mer en tout temps sans commission d'aucun gouvernement (*Voir* PIRATE.)

Ils ne peuvent jamais subir le traitement réservé aux pirates, même lorsqu'ils excèdent les limites de leur commission. La responsabilité de leurs actes incombe à l'Etat qui les emploie, sauf à celui-ci à réprimer et à punir leurs écarts dans la forme et la mesure prévue par sa propre législation.

Mais doit être considéré et puni comme pirate, tant par l'ennemi que par son propre souverain, celui qui sans lettre de marque commettrait des hostilités sur mer.

Le droit des gens attribue également le caractère de pirate à tout navire qui reçoit des lettres des marque de deux ou de plusieurs gouvernements à la fois, et surtout des deux parties ennemies. Cependant les lois particulières des Etats limitent habituellement cette qualification et ses conséquences au capitaine et aux officiers du navire, en exceptant les simples matelots. Naturellement ne tombe pas sous le coup de la règle qui précède, le corsaire qui a été régulièrement autorisé par son propre gouvernement et par celui d'un ou de plusieurs alliés co-belligérants à courir sus aux navires d'un ennemi commun.

Sont encore réputés pirates et traités comme tels les capitains de navires armés qui ont reçu des lettres de marque d'un État étranger sans la permission de leur propre gouvernement, et ceux qui se livrent à des actes d'hostilité sous un pavillon autre que celui de l'Etat dont ils ont reçu commission. *(Voir* COURSE.)

CORTÉS. On nomme ainsi le *parlement* (voir ce mot) en Espagne et en Portugal. Il est composé de deux chambres.

En Espagne les cortés sont composés de deux corps législatifs : le sénat et la chambre de députés.

Le sénat est formé de sénateurs de droit, comprenant les princes de la famille royale, les grands d'Espagne, les prélats et les premiers fonctionnaires de l'Etat; d'un certain nombre de sénateurs nommés à vie par la couronne et de sénateurs élus par les corporations et les citoyens les plus imposés.

La chambre des députés se compose de membres élus pour 5 ans par les collèges électoraux dans la proportion de un député par 50,000 habitants.

Les lois financières doivent être d'abord soumises à la chambre des députés.

Les cortés se réunissent tous les ans.

En Portugal, les cortés ou l'assemblée représentative se compose de deux chambres : celle des pairs, nommés à vie par le roi au nombre de 150, et celle des députés choisis par voie d'élection.

CORTES Y MORALES (Balbino), publiciste espagnol.

Diccionario razonado de Legislacion y Jurisprudencia diplomático-cónsular, ó Repertorio para la carrera de Estado, y mejor consulta de las obligaciones y derechos de las personas conforme á la moral, á la politica y al derecho civil con multitud de voces ó palabras legales. (Dictionnaire raisonné de Législation et de Jurisprudence diplomatique-consulaire, ou Répertoire pour la carrière d'Etat, et

guide des obligations et droits des personnes conformément à la morale, à la politique et au droit civil, avec beaucoup d'opinions et de termes légaux.) Madrid, 1874, 1 vol. in-8⁰.

COSEIGNEUR. Celui qui possédait une terre, un fief avec une autre personne.

COSEIGNEURIE. Seigneurie possédée en commun par plusieurs.

CO-SUJET. Celui qui est, avec d'autres, sujet d'un gouvernement.

CÔTE. En terme de marine, ce mot est synonyme de rivage de la mer; il se dit, par extention, des approches de la terre jusqu'à une certaine distance du large.

D'après le droit international, on comprend sous la dénomination de côtes et de rivages toutes les terres qui s'élèvent le long de la mer, quoique n'offrant pas assez de solidité pour être habitées, mais non celles qui sont constamment couvertes d'eau.

Les portions de la côte soumises au flux et au reflux sont considérées comme faisant partie du territoire des Etats riverains, qui ont le droit, tant pour la défense de leurs territoires respectifs contre les attaques imprévues que pour la protection de leurs intérêts de commerce et de douanes, d'y établir une surveillance et une police comme ils l'entendent, à moins qu'ils ne soient liés par des traités. Ils peuvent, selon les conditions particulières des côtes et des eaux, fixer la distance en commun; mais un usage commun a établi une distance de trois milles marins ou la portée du canon comme la limite jusqu'à laquelle les Etats riverains ont le droit d'exercer leur juridiction territoriale.

(Voir MER TERRITORIALE, FRONTIÈRES MARITIMES, JURIDICTION TERRITORIALE MARITIME.)

COTELLE (Louis Barnabé). jurisconsulte français, né à Montargis le 11 juin 1752, mort à Paris le 29 janvier 1827.

Abrégé d'un cours élémentaire du droit de la nature et des gens. Paris 1803, 1 vol. in-8. 2e édition. 1851. 2 vol. in-8.

COTELLE (Toussaint Ange), jurisconsulte français, né à Bléneau (Yonne) le 12 juin 1795, mort le 1er août 1879.

Professeur de droit administratif à l'école des ponts et chaussées, de 1831 à 1864.

Les principaux ouvrages sont : *Cours de droit administratif appliqué aux travaux publics* (4e édit. 1859—1862. 4 vol. in-8).

Législation des chemins de fer (1864, in-8).

On lui doit une édition des *Eléments du droit naturel*, et des *Principes du droit de la nature et des gens*, de Burlamaqui. (Voir ce nom.) 1820—1821, in-8. et une édition du *Droit des gens* de Vattel. (Voir ce nom.) 1820, in 8.

COULEURS. Employé au pluriel, le mot *couleurs* est usité comme synonyme de drapeau.

Couleurs nationales, c'est-à-dire la couleur ou les couleurs adoptées par chaque nation comme marques distinctives, et reproduites ordinairement sur les drapeaux, les cocardes et les pavillons.

Par extension, le drapeau ; et pour la marine, le pavillon.

Les *trois couleurs* (bleu, blanc et rouge), couleurs qui caractérisent le drapeau ou le pavillon français, qu'elles servent à dénommer.

(Voir PAVILLON).

COUP D'ÉTAT. Mesure extraordinaire, presque toujours violente, à laquelle un gouvernement a recours lorsque les moyens légaux lui paraissent insuffisants, ou par laquelle il change violemment et en dehors des lois la constitution : tel le coup d'Etat tenté par le roi de France Charles X en 1830.

Entreprise violente par laquelle un personnage s'empare du pouvoir : par exemple, le coup d'Etat du 18 brumaire par lequel Bonaparte devint maître du pouvoir en France.

COUR. Ce mot exprime le lieu, le palais, où réside un souverain, ainsi que la société particulière qui vit autour du souverain et qui est formée par sa famille et par les grands personnages et les principaux officiers de l'Etat.

Il se dit aussi du souverain et de son conseil, du gouvernement du prince dans ses rapports diplomatiques : ainsi la cour d'Espagne, la cour d'Autriche, etc.

Se prend aussi pour le souverain comme chef du pouvoir exécutif.

Par extension, se dit quelquefois de la suite d'un grand seigneur, d'un prince, quoiqu'il ne soit pas prince souverain.

Cour plénière, grande assemblée de vassaux que convoquaient les anciens rois de France.

Dans une autre acception, le mot cour signifie siège de justice. Il s'appliquait autrefois à presque tous les tribunaux; il ne se dit maintenant que des tribunaux supérieurs.

Cours d'appel, instituées pour statuer sur les appels des jugements des tribunaux civils de première instance et de commerce.

Cours d'assises, juridiction chargée de l'administration de la justice criminelle.

Cour de cassation, dite aussi cour suprême, qui casse et annule en dernier ressort, pour vice de formes ou violation de lois, les arrêts et les jugements rendus par les autres cours et les tribunaux.

Cour des comptes, juridiction supérieure chargée d'examiner et de juger les comptes des comptables de deniers publics et de surveiller l'exécution des lois de finances.

Cour des Pairs, nom que prenait en France l'ancienne Chambre des Pairs, quand elle siégeait comme tribunal, connaissant des crimes de haute trahison et des attentats contre la sûreté de l'Etat Sous la forme actuelle du gouvernement de la France, cette juridiction exceptionnelle est attribuée à une *haute cour de justice,* jugeant sans appel ni recours en cassation.

COURCY (Alfred de), publiciste français : *Questions de droit maritime.* Paris, 1877.

COURONNE. La couronne, dans le principe simple ornement de tête fait de feuillage ou de fleurs, a été prise de très-bonne heure comme un signe de distinction, de mérite supérieur ou d'autorité

Dans l'antiquité romaine, la couronne *triomphale* appartenait aux généraux qui obtenaient les honneurs du triomphe : d'abord de laurier, elle fut d'or dans la suite.

La couronne *obsidionale* était d'épine et se donnait à un général qui avait fait lever un siège.

La couronne *civique,* couronne de chêne, était la récompense de celui qui avait sauvé la vie à un citoyen.

La couronne *murale,* dont les fleurons avaient la forme de créneaux, se décernait à celui qui était entré le premier dans une ville assiégée.

La couronne *navale* était donnée à celui qui, dans un combat naval, sautait le premier dans un vaisseau ennemi.

Ensuite la couronne est devenue l'insigne de la puissance royale et de diverses dignités féodales : couronnes de duc, de comte, de baron.

Pris dans un sens absolu, le terme *couronne* signifie la puissance royale ou impériale, un Etat gouverné par un monarque, le souverain même : les prérogatives, le domaine, les officiers de la couronne; discours de la couronne ou discours prononcé par le souverain à l'ouverture d'une session législative.

La couronne représente parfois la personne du prince, dont par déférence on évite de prodiguer le nom, mais bien plus souvent c'est son autorité qu'on veut désigner. Généralement, quand pour varier l'expression, au lieu de s'adresser aux ministres, on s'adresse au pouvoir, ce sont les ministres qui répondent; et c'est seulement quand on veut faire intervenir directement le prince qu'on emploie l'expression la *couronne*.

COURONNEMENT. La cérémonie dans laquelle on couronne solennellement un souverain.

COURRIER. On appelle *courriers* des messagers que les gouvernements, les ministres publics, les généraux ou d'autres autorités envoient pour porter officiellement une nouvelle ou une dépêche.

Pour de pareilles missions on emploie le plus généralement des courriers qui exercent leurs fonctions d'une manière permanente; mais souvent aussi d'autres fonctionnaires publics, soit militaires, soit civils, des serviteurs particuliers, et même des personnes qui ne sont pas au service de l'Etat. Les employés du ministère des affaires étrangères sont quelquefois expédiés en courriers pour porter des lettres ministérielles aux envoyés de leur gouvernement.

Les courriers proprement dits ou les employés aux fonctions de courriers sont nommés *courriers de cabinet;* les autres *courriers porteurs de dépêches.* Les courriers proprement dits portent ordinairement un costume particulier, un écusson sur la poitrine ou tout autre signe qui les fait reconnaître. Lorsque des personnes sont accidentellement chargées d'une dépêche, un passe-port spécial leur confère les immunités nécessaires.

Les immunités dont jouissent les ministres publics s'étendent aux courriers de cabinet, aux porteurs de dépêches et généralement à tous ceux qui remplissent une mission pour le compte d'un agent diplomatique; l'inviolabilité est attachée à leur personne et à leurs dépêches, à la condition qu'ils prouvent leur qualité: de sorte que toute violence contre eux est considérée comme une violation du droit des gens, qu'elle soit commise sur le territoire de l'Etat pour lequel le courrier a une commission, ou sur celui d'une autre puissance où il passe.

Dans quelques pays, pour ne pas retarder leur course, on dispense les courriers de payer les impôts auxquels les autres voyageurs sont sujets, tels que péages, droits de pontonnage, de barrières, etc.; toutefois l'exemption de la visite des douanes ne leur est pas toujours accordée; les paquets portant un cachet officiel sont seuls légalement exempts de toute visite.

En temps de guerre les belligérants se croient en droit d'arrêter et de dépouiller les courriers de l'ennemi et de ses alliés, tant qu'on n'est pas convenu réciproquement de la sûreté des courriers; les courriers demeurent inviolables sur les territoires neutres; mais ils ne peuvent traverser les territoires qui sont le théâtre des hostilités qu'à l'aide de sauf-conduits délivrés par les quartiers belligérants.

S'ils ne sont point garantis par les conventions ou ne sont point munis d'un sauf-conduit et qu'ils tombent au pouvoir de l'ennemi, ils peuvent être traités selon les circonstances qui accompagnent leur capture. Ils sont traités comme prisonniers de guerre, s'ils sont soldats et n'ont pas dépouillé l'uniforme, ou si, n'étant pas militaires, ils voyagent ouvertement en leur qualité, mais s'ils cherchent à se glisser secrètement et sans être reconnaissables comme soldats, bien qu'on ne doive pas les considérer comme espions, ils peuvent être punis pour infraction au droit de la guerre. Le secret ou le déguisement est donc l'élément principal dont il y ait à tenir compte pour déterminer le mode d'agir dans ces cas.

Il est de toute évidence que l'exception est favorable aux messagers par voie de ballon; car alors le caractère de la mission n'est ni dissimulé, ni contestable. (*Voir* AGENTS DIPLOMATIQUES, BALLONS.)

COURSE. Expédition de corsaires ou de bâtiments armés, faite par de simples particuliers, avec l'autorisation du gouvernement, dans le but d'opérer la capture en mer des bâtiments de commerce et des marchandises appartenant aux ressortissants d'une nation ennemie. (*Voir* CORSAIRE.)

Les dangers sérieux auxquels l'usage des corsaires expose le commerce, les abus graves commis par des combattants faisant jusqu'à un certain point la guerre pour leur propre compte et n'offrant pas toujours les garanties désirables de la discipline militaire, avaient depuis longtemps inspiré des tentatives de faire abolir la course, soit de la part d'écrivains qui s'accordèrent à démontrer que les armements en course nuisaient aux particuliers et surtout aux neutres plus qu'ils ne servaient les intérêts publics et ne causaient de préjudice réel à l'ennemi; soit de la part de certains gouvernements, qui invitèrent les autres à négocier avec eux en vue d'assurer la libre navigation sur mer.

C'est seulement au congrès de Paris de 1856 que les puissances européennes sont parvenues à se mettre d'accord sur ce point. Le 15 avril elles ont signé une déclaration commune proclamant que, „la course est et demeure abolie“.

Cette déclaration signée à l'origine par les cinq grandes puissances de l'Europe, la France, l'Angleterre, l'Autriche, la Prusse et la Russie, ainsi que par la Sardaigne et la Turquie, a été ultérieurement ratifiée par tous les Etats de l'Europe et par quelques Etats de l'Amérique; malheureusement le refus des Etats-Unis d'accéder à la déclaration du 15 avril 1856 empêche de donner au principe une valeur pratique universelle.

Ce refus n'est pas toutefois un rejet du principe lui-même, encore moins une approbation de la course; le gouvernement de Washington objecte que, tant que le droit de saisir les biens des particuliers en temps de guerre maritime n'aura pas été abrogé, tant que la marine de guerre aurait encore le droit le capturer les navires de commerce, l'abolition de la course sera une mesure insuffisante, même dangereuse, surtout pour les puissances dont la marine marchande est nombreuse et la marine de guerre faible.

Plusieurs puissances se sont déclarées prêtes à accéder à la réforme proposée par les Etats-Unis, à abolir les prises maritimes aussi bien que les courses; mais jusqu'à ce jour l'Angleterre n'a pas voulu y consentir. *(Voir* BELLIGÉRANT.)

COURTOISIE. Dans les rapports entre les Etats, la courtoisie consiste dans la considération et le respect qu'ils se doivent mutuellement pour tout ce qui touche à leur dignité, à leur pavillon, ainsi qu'à leurs représentants et à leurs délégués de toute classe.

Cependant le manque de respect envers ces personnes ne doit être regardé comme remontant jusqu'au pays même duquel elles tiennent leurs pouvoirs et leur caractère public, qu'autant que l'écart ou l'offense dont elles ont eu à se plaindre, implique de blesser en eux la dignité de l'État et la souveraineté nationale. Autrement on ne saurait y voir qu'un indice regrettable de refroidissement des relations de bonne harmonie, et d'inspirations aussi contraires à la saine politique qu'aux devoirs internationaux; toutefois les conséquences pratiques qui peuvent en découler, sont en général moins graves que celles qui résultent des insultes faites au pavillon national.

De nation à nation un simple manque de courtoisie, à moins d'être le résultat d'une intention d'offense préméditée, ne saurait jamais être considérée comme une insulte. Celle-ci découle d'un acte positif contraire à ce que commandent le droit, le respect et la considération, tandis que le manque d'égards n'implique qu'un oubli des convenances sociales, le non-accomplissement de formes extérieures, de déférences consacrées par l'usage. L'une comporte une réparation plus ou moins éclatante, qui peut au besoin être revendiquée par la force des armes; l'autre affecte sans doute l'intimité des rapports entre les Etats, mais ne saurait aller au-delà d'un échange d'explications et de plaintes contre le caractère blessant de tel ou tel procédé.

Dans le langage diplomatique, en matière de convenances épistolaires, on appelle *courtoisie* le compliment qui se met à la fin des lettres et qui contient les assurances de respect, de considération, de reconnaissance, etc.

Il n'y a pas de formule absolue sur ce point; tout dépend des sentiments qui animent le signataire de la lettre. *(Voir* CORRESPONDANCE DIPLOMATIQUE.) ,

On donne le nom de *titres de courtoisie* aux qualifications qui sont accordées aux diplomates dans leurs relations réciproques, verbales ou par écrit. *(Voir* TITRES.)

COUSIN. Dans le style de cour, le titre de cousin ne spécifie pas uniquement un lien de parenté; c'est aussi une marque gracieuse de familiarité, d'affection particulière ou simplement de considération de la part des souverains entre eux ou à l'égard de certaines personnes.

Ainsi autrefois le roi de France, dans ses lettres, traitait de cousins non seulement les princes de son sang, mais encore plusieurs princes étrangers, les cardinaux, les pairs, les ducs, les maréchaux de France et quelques seigneurs du royaume.

Les empereurs et les impératrices, les rois et les reines s'accordent réciproquement les titres de frère et de sœur; mais l'étiquette ne permet point aux souverains qui ne jouissent pas des honneurs royaux, de donner aux rois ces mêmes titres; ils leur donnent celui de cousin, qu'ils accompagnent ordinairement de quelques termes respectueux, et plus souvent de celui de Sire, bien que le souverain auquel ces princes ont à écrire n'emploie à leur égard que le titre de cousin.

COUTUME. En jurisprudence le mot *coutume* se dit d'une législation introduite dans certains pays par l'usage et la tradition, du consentement tacite de ceux qui s'y sont soumis volontairement; l'usage, ainsi observé pendant un long espace de temps, acquiert force de loi.

La coutume diffère de la loi proprement dite, en ce que la loi émane ordinairement de l'autorité publique et est rédigée par écrit dans le temps qu'on la publie, tandis que la plupart des coutumes n'ont été formées que par le consentement des peuples et par l'usage, et n'ont été rédigées par écrit que longtemps après.

On dit aussi les *us et coutumes* d'un pays — le terme *us* est synonyme d'usage; cependant par le terme d'usage on entend ce qui n'a pas encore été rédigé par écrit, et par coutume un usage qui était d'abord non écrit, mais qui l'a été dans la suite.

Le mot *coutume* désigne encore certain droit ou privilège municipal, qui, s'étant établi par l'usage et la commune pratique d'une ville, d'une province, etc. y tient lieu de loi.

On appelle *coutume* le recueil des coutumes particulières à un pays : ainsi la coutume de Normandie, la coutume de Bretagne, etc.

COUTUMIER. Qui appartient à la coutume. Droit *coutumier* ou droit non-écrit. *(Voir* DROIT.)

Régi par la coutume : pays coutumier.

Etabli par la coutume : douaire coutumier, réserves coutumières.

Dans l'ancienne législation on appelait homme coutumier ou coutumier le roturier, celui qui n'était pas noble.

Dans une autre acception, le coutumier est le recueil des coutumes, c'est-à-dire des articles qui forment le droit particulier de quelque pays ou de quelque juridiction.

COVARRUBIAS (José Diaz), publiciste mexicain, professeur de droit international et maritime à l'Ecole spéciale de jurisprudence de México.

M. Covarrubias a traduit en espagnol l'ouvrage de Bluntschli: *Le droit international codifié,* en y ajoutant des éclaircissements qui touchent plus particulièrement les coutumes et les lois des Etats de l'Amérique.

Il a fait précéder sa traduction proprement dite d'une introduction passablement développée, qu'on peut considérer comme un traité résumé de droit international, dont l'auteur expose l'origine, les sources, les limites, l'autorité, et la mise en pratique.

M. Covarrubias est d'opinion que le droit international n'est pas encore une science constituée d'une manière définitive; son évolution n'est pas consommée; et bien que plusieurs de ses principes fondamentaux puissent être regardés déjà comme incontestables et durables, d'autres par contre sont à peine en voie de formation, et beaucoup aussi devront se transformer avec la civilisation et les nouveaux besoins des peuples.

Le volume se termine par un appendice, qui contient les traités et les conventions actuellement en rigeur entre la République mexicaine et les nations étrangères.

CRÉANCE. En diplomatie, instruction secrète qui, remise à un agent diplomatique, lui permet de conférer avec le souverain auprès duquel il est envoyé.

Lettres ou lettre de créance, lettre par laquelle l'agent diplomatique justifie de sa mission; elle est écrite par le chef de l'Etat qui accrédite et adressée au chef de l'Etat auprès duquel l'agent diplomatique est accrédité.

Cette lettre indique le nom de l'agent, spécifie le caractère dont il est revêtu ainsi que l'objet général de sa mission et demande qu'on ajoute foi pleine et entière à ce qu'il pourra dire comme représentant de l'Etat qui l'envoie.

La forme et l'étendue de ces documents varient naturellement selon le rang du souverain qui écrit et celui du souverain auquel ils sont adressés, selon la catégorie du poste pour lequel les ministres sont désignés et selon les règles protocoliques, en vigueur dans chaque pays. Ainsi les lettres de créance destinées aux agents diplomatiques des trois premières classes sont signées par le chef suprême de l'Etat et adressées au souverain du pays où les agents doivent résider; les lettres dont sont munis les agents de la quatrième classe, c'est-à-dire les chargés d'affaires, qui ne sont pas chefs de mission, portent seulement la signature du ministre des affaires étrangères et sont adressées au ministre correspondant de l'autre pays.

La lettre de créance des ambassadeurs est quelquefois expédiée sous forme de lettre de chancellerie, mais le plus souvent sous forme de lettre de cabinet. Le plus ordinairement c'est la forme de lettres de cabinet qui est donnée aux lettres de créance des envoyés et des résidents.

D'après l'usage le plus répandu, il n'est pas fait de réponse à la lettre de créance: l'admission de l'agent diplomatique en tient lieu. Cependant on déroge à cette règle dans certains cas, lorsque, par exemple, le chef de l'Etat auprès duquel l'agent diplomatique est envoyé, a des raisons particulières pour répondre, ou lorsqu'il considère la mission comme une marque d'estime et d'amitié envers sa personne.

Les légats et les nonces du pape, au lieu de lettres de créance proprement dites, sont porteurs de bulles qui leur servent à la fois de lettres de créance et de pouvoir général.

Lorsque le Pape accrédite un nonce dans un pays catholique, il écrit ordinairement au chef du gouvernement de ce pays; et si ce chef est un monarque, il écrit à son épouse. Le cardinal-secrétaire d'Etat, de son côté, écrit au chef de l'Etat étranger et au ministre des affaires étrangères. Quelquefois même un bref spécial est adressé à ce ministre pour recommander le nonce apostolique à son bienveillant accueil. Il est répondu à ces lettres ou à ces brefs dans le plus court délai.

Les ministres publics envoyés en Turquie, indépendamment de la lettre de créance pour le Sultan, sont habituellement munis de deux autres lettres, l'une pour le grand-vizir, l'autre pour le reïs effendi ou chef du département des affaires étrangères. La lettre pour le grand-vizir lui est remise dans une audience solennelle, qui précède celle accordée par le Sultan; celle pour le reïs effendi lui est transmise par un des secrétaires ou des drogmans de la mission. La lettre pour le grand-vizir n'est pas ordinairement écrite par le souverain, ni même signée par lui, mais par le ministre des affaires étrangères, ainsi que celle adressée au reïs effendi.

Une seule lettre de créance suffit pour deux ministres envoyés conjointement pour une même mission; mais un ministre peut avoir besoin de plusieurs lettres de créance à la fois, soit quand il représente son gouvernement auprès de plusieurs cours, soit quand il est investi d'une double mission ou d'un double caractère officiel, l'une temporaire, l'autre permanent, soit même lorsqu'il ne doit représenter son gouvernement que dans un seul pays, mais sous des qualités différentes.

Les lettres de créance ne sont reçues qu'après qu'il en a été donné au ministre des affaires étrangères une copie textuelle authentique reconnue conforme aux usages établis.

Leur présentation a lieu dans une audience que l'agent diplomatique, dès son arrivée dans le lieu où il doit résider, sollicite du souverain ou du chef de l'Etat par l'entremise du ministre des affaires étrangères. (Voir AUDIENCE.)

Les lettres de créance cessent d'être valables en cas de mort du souverain qui les a données ou de celui qui les a reçues; alors elles doivent être renouvelées. En droit la mission de l'agent diplomatique est terminée par cet évènement et ne reprend son action qu'au moment de la remise des nouvelles lettres de créance; mais l'usage prévaut sur le droit strict et la suspension de la mission n'est que fictive.

Dans le premier cas, la mort du souverain qui a accrédité le ministre public, la validité des anciennes lettres de créance pourrait être censée confirmée par la simple notification de l'avènement du nouveau chef de l'Etat; mais dans la pratique le successeur renouvelle les lettres de créance de ses agents. Toutefois le changement des premiers magistrats des républiques n'entraîne pas le renouvellement du pouvoir des représentants de ces républiques à l'étranger. Il en est de même à l'égard du Saint-Siège. Mais dans les cas de changement de gouvernement dans l'un ou l'autre pays par suite d'une révolution, comme l'Etat étranger peut mettre en doute la validité des anciennes lettres de créance, attendu qu'il est peu probable que le ministre public choisi par le gouvernement renversé, possède la confiance du nouveau gouvernement, l'agent accrédité peut bien être autorisé officieusement à continuer l'exercice de ses fonctions; mais il a absolument besoin de nouvelles lettres de créance pour régulariser définitivement sa position. Néanmoins si le gouvernement se borne à confirmer par une simple notification les anciennes lettres de créance de l'envoyé et que l'autre Etat s'en contente, rien ne s'oppose, en droit international, à la validité de cet acte.

Il y a lieu aussi à l'envoi et à la remise de nouvelles lettres de créance, toutes les fois qu'un agent diplomatique change de grade, est appelé à un rang plus élevé ou passe d'une situation temporaire à un poste permanent.

Rien n'empêche pourtant l'Etat auprès duquel l'agent diplomatique est accrédité, de se contenter d'une simple notification de la modification apportée au rang du ministre. Dans l'intervalle celui-ci conserve, en vertu de ses anciennes lettres de créance, le droit de représenter son gouvernement.

Dès que le ministre a reçu ses nouvelles lettres de créance, il reprend son caractère public et ses fonctions sans autre cérémonie qu'une nouvelle présentation de ces lettres au souverain, avec l'allocution d'usage.

La nomination d'un nouveau ministre des affaires étrangères n'exerce aucune influence sur la validité des lettres de créance, même dans le cas où ces lettres auraient été adressées au ministre des affaires étrangères seulement; tel est le cas des lettres de créance des chargés d'affaires.

CRÉANCES ET DETTES DE L'EN-NEMI. Le principe en vertu duquel les propriétés ennemies qui se trouvent sur le territoire d'un Etat belligérant au moment où la guerre éclate, sont exemptées de confiscation et considérées comme devant échapper à l'application des lois de la guerre, embrasse les créances dues à des particuliers. Ces créances ne s'éteignent pas par le fait de la guerre; elles demeurent seulement en suspens jusqu'à ce qu'elles soient revalidées par la conclusion de la paix.

Toutefois, si l'un des belligérants venait à prononcer la déchéance des dettes passives de ses nationaux, l'autre belligérant serait légitimement fondé à user de réciprocité et à suivre la même ligne de conduite.

Effets de l'occupation. Quant à l'action de l'occupation militaire sur les créances du gouvernement du territoire occupé, il y a lieu d'examiner préalablement si l'occupation est locale, c'est-à-dire circonscrite à un point donné, ou bien si elle est complète. Dans le premier cas, l'occupant dont la possession est ainsi restreinte, ne peut légalement se substituer au gouvernement territorial pour tout ce qui constitue les créances actives de celui-ci. Dans le second cas au contraire, toutes les fois que l'occupation s'est convertie en conquête réelle, l'occupant acquiert la pleine et entière pro-

priété de tout ce qui appartenait à celui qu'il a dépossédé de son domaine, non seulement de ses biens corporels, c'est-à-dire des biens meubles et immeubles de l'Etat conquis, mais encore de ses biens incorporels dans lesquels sont compris ses obligations, ses dettes actives, etc.

La valeur intrinsèque de la créance et la possibilité d'arriver au recouvrement dépendent du reste autant des circonstances que de la situation personnelle des débiteurs. Il est évident en effet que si celui qui doit solder la créance, se trouve sur le territoire occupé ou sous la main même de l'occupant, le recouvrement ne peut guère offrir de difficultés; tandis que s'il réside en pays neutre à l'abri de toutes poursuites judiciaires, il lui sera toujours loisible de se soustraire au paiement de sa dette, ou tout au moins de contester la validité des droits invoqués par l'occupant pour se substituer au créancier primitif.

Quoi qu'il en soit, bien qu'on admette le droit du vainqueur d'acquérir les titres de créances ou de dettes de l'Etat auquel il se substitue, cette acquisition ne lui confère point la faculté d'éteindre les droits que les titres représentent.

Comme le belligérant victorieux n'acquiert quant aux choses que le pouvoir qui dérive de la force et le droit d'en user pour ses propres besoins selon les exigences de la guerre, on ne saurait lui reconnaître la faculté d'annuler une dette qui n'a pas été contractée envers lui: ce serait violer la règle du droit civil qui déclare que le paiement d'une dette personnelle, fait en d'autres mains que celles du créancier véritable, ne libère pas le débiteur et laisse subsister l'obligation résultant du titre qu'il a souscrit: d'où il s'ensuit que la détention violente du titre d'une dette ne crée pas plus le droit d'en poursuivre le recouvrement que celui d'annuler l'obligation du débiteur, et que la simple occupation n'autorise pas rationnellement le belligérant à transférer à des tiers ce dont il n'est pas libre de disposer pour lui-même.

Quant à la part possédée par un gouvernement ou ses citoyens dans les fonds publics d'un autre Etat, toutes les autorités modernes s'accordent à reconnaître qu'elle doit être à l'abri de toute atteinte. En confisquer le principal ou les intérêts, ce serait non seulement commettre un manque de bonne foi, mais encore nuire au crédit d'une nation, déprécier ses valeurs publiques et sans doute provoquer des représsailles sur les biens de ces citoyens privés.

Paiements effectués par l'occupant. La réintégration du gouvernement légitime dans le territoire dont l'occupation ennemie l'avait temporairement dépouillé, peut éveiller des doutes sur la validité des paiements faits pendant la durée de la dépossession. C'est naturellement au débiteur qu'incombe le devoir d'établir qu'il a reçu décharge et de prouver: 1⁰ que la somme due a été réellement payée; 2ᵒ que la dette était échue lorsqu'elle a été soldée; et 3⁰ qu'il n'a point agi avec l'intention délibérée de porter préjudice au créancier primitif,

A ces preuves le débiteur, citoyen du pays conquis ou sujet du conquérant, doit encore ajouter celle que le paiement a eu lieu par cas de force majeure, en démontrant, par exemple, que la dette a été acquittée en vertu d'un ordre auquel il était impossible de se soustraire sans s'exposer à un châtiment personnel.

Si le débiteur est de nationalité étrangère, c'est-à-dire neutre, il ne peut justifier sa conduite qu'en prouvant que la loi constitutionnelle de l'Etat auquel il appartient reconnaît la validité de paiement, effectuées de bonne foi entre les mains d'une autorité de fait.

CREASY (Sir Edward Shepherd) publiciste anglais, né à Bexley (Comté de Kent) en 1812.

Il fut 1850 professeur d'histoire à l'université de Londres, et en 1860 premier juge dans l'île de Ceylan.

On a de lui: *Rise and progress of the british constitution.* (Origine et progrès de la constitution anglaise), 2ᵐᵉ édition 1854 — in-8⁰. *First platform of international law* (Premier plan de droit international), Londres 1874, 1 vol. in 8⁰. 2ᵐᵉ édition Londres 1877, 1 vol. *Fifteen decisive battles of the world* (Quinze batailles décisives du monde), Londres 1851. in-8⁰. Cet ouvrage a eu depuis de nombreuses rééditions.

CRESP (Pierre-Philippe), jurisconsulte français.

Cours de droit maritime. Annoté, complété et mis au courant de la jurisprudence la plus récente par A. Laurin. 2 vol. Paris et Aix, 1876-78.

CRIMES ET DÉLITS. *Définitions.* Le crime et le délit sont des infractions à la morale ou à la loi; mais le crime implique une violation dont la gravité est manifeste.

Ces deux termes joints à celui de *contravention* (voir ce mot) forment les dénominations sous lesquelles les lois pénales comprennent et distinguent toutes les infractions à l'ordre social qui sont passibles d'une peine.

L'article 1ᵉʳ du code pénal français les définit comme il suit:

„L'infraction que les lois punissent des peines de police est une contravention.

„L'infraction que les lois punissent des peines correctionnelles est un délit.

„L'infraction que les lois punissent d'une peine afflictive ou infamante est un crime.“

Cette définition a été reproduite dans la plupart des codes étrangers.

Les crimes, les délits et les contraventions sont classés suivant leur caractère et l'objet auquel ils s'appliquent.

Classification. Les crimes et les délits se divisent en deux classes principales· contre la chose publique et contre les particuliers. Chacune de ces classes se subdivise ensuite, la première en crimes d'Etat ou politiques, contre la sûreté intérieure ou extérieure de l'Etat, contre la constitution, contre la paix publique, la seconde, en crimes contre les personnes et contre les propriétés.

For. Les faits qualifiés crimes sont déférés aux cours d'assises et passibles, comme nous l'avons mentionné, de peines afflictives ou infamantes, qui sont la peine de mort, la déportation, la réclusion, la détention, le bannissement, la dégradation civique.

Les délits sont jugés par les tribunaux correctionnels et punissables d'emprisonnement et d'amende.

Le jugement des contraventions est dévolu aux juges de paix statuant comme juges de police, qui n'infligent que de légères amendes ou un très court emprisonnement.

Caractère local. C'est un principe général de droit que les crimes ont toujours un caractère local et sont régis exclusivement par la loi pénale du pays ou ils ont été commis et non par celle de l'endroit où ses conséquences peuvent l'étendre.

Crimes et délits internationaux. Il est cependant certains faits délictueux ou criminels qui, en raison de leur caractère exceptionnel de gravité et des conséquences funestes qu'ils peuvent avoir, sont définis et punis par la loi pénale, abstraction faite du lieu où ils ont été commis. De ce nombre sont la trahison, la fabrication de la fausse monnaie, la falsification des sceaux de l'Etat, des billets de banques publiques, etc. Pour ces divers crimes il n'y a pour ainsi dire pas d'exterritorialité, et la loi ne confère à aucun Etat le droit de poursuivre et de punir le coupable lorsqu'il retombe sous sa puissance. C'est même pour cela qu'on dit que les lois relatives aux crimes qui intéressent la sûreté et la prospérité publiques suivent les coupables en quelque lieu qu'ils se trouvent et quelque soit le pays où ils les ont violées.

Droit pénal international. Le droit pénal ou criminel international traite des personnes et des choses.

Sous le rapport des personnes, il distingue entre les citoyens ou sujets de l'Etat et les étrangers.

Les choses sur lesquelles les infractions sont commises, peuvent se trouver soit sur le territoire de l'Etat dont les tribunaux sont appelés à instruire sur l'infraction et à la punir, soit hors de ce territoire.

Droit de répression. Aucun doute ne peut s'élever sur le droit qu'a chaque Etat de juger et de punir selon ses lois les crimes ou les délits commis sur son territoire. On peut même dire qu'il est de la compétence morale de l'Etat et même obligatoire pour lui de punir tous les crimes commis sur son territoire non seulement contre un de ses nationaux, mais contre toute personne demeurant dans le pays. Et il n'y a pas lieu de distinguer en principe si la personne lésée était ou n'était pas sur le territoire au moment où le sort lui a été causé. Par exemple, si un faux est commis dans un Etat au préjudice d'un étranger absent, cet étranger, malgré son absence, n'a pas moins le droit de demander des poursuites criminelles contre le faussaire.

Dans ces cas la loi pénale de l'Etat, comme toutes les lois d'ordre public, s'applique indistinctement aux nationaux et aux étrangers.

Tout étranger peut être poursuivi dans l'Etat de sa résidence momentanée à raison de crime ou de délit commis par lui sur le territoire de cet Etat.

C'est une circonstance indifférente que le crime ou le délit ait été commis au préjudice d'un sujet ou d'un étranger et que la victime soit présente sur les lieux ou absente du territoire: la violation de la loi locale existe dans l'un et dans l'autre cas, et l'absence de la victime ne saurait le faire disparaître.

Mais un Etat n'est pas dans l'obligation de punir une personne résidant sur son territoire sans être son sujet, qui est accusée d'avoir commis un crime hors de sa juridiction contre le sujet d'un autre Etat.

Toutefois certains Etats étendent l'application de leurs lois jusqu'à atteindre des crimes commis sur le territoire étranger, mais seulement dans le cas où le crime a été commis par leurs nationaux. Ce mode d'agir ne se rattache pas directement au droit international, mais plutôt aux lois locales des divers pays et ces lois diffèrent beaucoup dans leurs dispositions respectives.

La même différence existe dans l'application des lois aux crimes commis dans un pays étranger contre un Etat ou ses nationaux par des étrangers trouvés en suite sur le territoire de l'Etat lésé. Presque tous les Etats considèrent ces crimes comme étant en dehors de leur juridiction; plusieurs, au contraire, agissent d'après le principe qu'il est aussi juste de punir un étranger qu'un national pour des crimes commis à l'étranger contre eux-mêmes ou contre leurs nationaux.

Poursuites contre les étrangers. Les législations positives n'admettent, en règle générale, la poursuite contre un étranger prévenu de crime ou de délit commis dans un autre Etat qu'autant que l'infraction préjudicie à l'Etat (considéré comme corps) sur le territoire duquel se fait la poursuite, ou autant qu'il s'agit de crimes de la plus haute gravité.

Quelques Etats refusent un refuge sur leur territoire aux criminels que nous venons d'indiquer, tandis que d'autres paraissent accorder le droit d'asile en pareil cas.

Conflits dans l'application des droits pénales. La loi du lieu de la poursuite règle la compétence des autorités et détermine seule la forme de procéder.

Souvent la loi d'un Etat prononce une peine contre un fait que la loi d'un autre Etat laisse impuni, ou bien la peine infligée n'est pas la même dans les deux législations. Dans ce conflit il est généralement admis qu'il faut appliquer non pas la loi du lieu où le crime ou le délit a été commis, mais la loi du lieu de la poursuite, par la raison que les juges d'un pays ne peuvent jamais appliquer d'autre loi pénale que la loi pénale du pays ni d'autres peines que les peines décrétées par cette loi. Certaines législations ont admis un tempérament qui consiste à autoriser l'application de celle des deux lois qui est la moins sévère.

Caractère local du droit criminel. Tous les publicistes sont d'accord sur le caractère essentiellement local du droit criminel, et c'est un principe admis qu'aucun Etat n'autorise l'exécution sur son territoire des jugements rendus en matière criminelle par les tribunaux étrangers contre la personne ou contre les biens d'un individu. Par suite les incapacités résultant de ces jugements ne peuvent avoir leurs effets en pays étranger. Ainsi la confiscation de biens prononcée par un jugement criminel ne s'étend pas aux biens que le condamné possède en pays étranger; de même l'infamie attachée à une condamnation criminelle n'a pas d'effet en pays étranger.

Effets des sentences. En général, l'effet d'une sentence criminelle ne s'étend pas hors des limites du territoire sur la personne ou sur les biens de celui qui a été condamné, de sorte que celui qui a été déclaré infâme dans un pays n'encourt dans un autre qu'une infamie de fait et non de droit, que le bannissement décrété dans un pays n'empêche aucun pays de tolérer le banni, et que la confiscation des biens prononcée dans un pays n'emporte pas celle des biens situés dans un autre : ce serait donc punir de nouveau le coupable que de le priver dans un autre pays de son honneur ou de ses biens, ou de le bannir après lui avoir accordé le séjour : ce qui toutefois exigerait une nouvelle procédure.

Dans la pratique cette règle rencontre quelques exceptions, ou du moins quelques différences dans la manière de l'interpréter ou de l'appliquer.

Si les jugements prononcés par des tribunaux étrangers en matière criminelle ne sont pas reconnus comme exécutoires dans les autres pays, ils y ont au moins l'autorité de la chose jugée. D'après presque toutes les jurisprudences modernes, la sentence condamnatoire ou absolutoire, de quelque espèce qu'elle soit, qui a été prononcée par un tribunal compétent à raison du lieu où le crime a été commis, constitue devant toute autre juridiction étrangère l'exception de droit dite de la chose jugée.

Traités d'extradition. Des stipulations de traités spéciaux peuvent en tout état des choses modifier les règles admises et attribuer aux lois pénales étrangères, ainsi qu'aux sentences rendues à l'étranger en s'y conformant, certains effets hors du pays que ces lois régissent et où ces sentences ont été prononcées.

Ces stipulations vont même plus loin : elles contiennent des accords intervenus entre les divers Etats pour la livraison réciproque des criminels qui se réfugient sur le territoire étranger à la justice de leur pays ou du pays où ils se sont rendus coupables de faits entraînant des poursuites contre eux. Ces accords ont donné naissance à toute une procédure internationale, connue sous la dénomination particulière d'*extradition*. (Voir ce mot.)

Crimes politiques. Dans l'origine aucune distinction n'était faite entre les crimes politiques et les crimes de droit commun; mais, dans presque tous les traités d'extradition conclus depuis une trentaine d'années, une exception en faveur des réfugiés politiques est formellement exprimée, et dans le très petit nombre de ceux qui ne renferment aucune réserve expresse à cet égard, il faut considérer la clause comme sous-entendue et implicitement comprise. L'exception s'étend même aux faits connexes aux crimes ou aux délits politiques : il suffit qu'un crime commun se rattache à un fait politique, qu'il en soit la suite et l'exécution, pour être couvert par le privilège qui sauvegarde celui-ci.

Répression en temps de guerre. En temps de guerre, lorsqu'un territoire est occupé par l'ennemi, on comprend que celui-ci s'attribue le droit de réprimer les crimes qui ont un caractère militaire, mais comment réprimer ceux qui n'ont pas ce caractère et qui ne sont pas prévus par la législation de l'Etat occupant!

En vertu des lois générales de la guerre l'occupant est libre de pourvoir à la répression des crimes et des délits soit par l'entremise des tribunaux et des autorités existant dans le pays avant son arrivée, soit par les cours ou les tribunaux qu'il y installe de son chef en se prévalant de l'état de siège.

Lorsque le fait délictueux qu'ils ont à apprécier et à juger n'est pas prévu par leur propre législation, ces tribunaux se guident d'après l'équité et les inspirations du droit naturel.

CRIMINALISTE. Juriste qui écrit sur le droit criminel ou qui est très-versé dans les matières criminelles.

CRIMINALITÉ. Qualité de ce qui est criminel.

CRIMINEL. Qui est coupable d'un crime : un homme criminel. Le mot criminel, dans ce sens, pris substantivement se dit de tout individu convaincu de crime, et quelquefois, mais abusivement, de celui qui en est simplement accusé. Criminel d'Etat, celui qui a commis un crime d'Etat.

Qui est condamnable ou mauvais au point de vue moral : une action criminelle, une passion criminelle.

Terme de droit qui a rapport au jugement des crimes : tribunal, juge criminel, procédure criminelle; pris substantivement, signifie juridiction pénale ou criminelle.

Qui a rapport au crime par opposition à délit : une affaire criminelle.

CULTE. Honneur qu'on rend à la divinité par des actes de religion.

Se dit pour la religion considérée dans ses manifestations extérieures, c'est-à-dire les rites, les cérémonies et en général la pratique publique ou privée des actes prescrits par les lois de telle ou telle croyance religieuse.

Un usage général, en partie fondé sur les traités, accorde aux agents diplomatiques de toute classe le droit de pratiquer leur religion dans l'intérieur de leur maison. Ce droit ne peut cependant s'exercer qu'à la condition d'observer les règlements municipaux et de police concernant le maintien de l'ordre public.

Ce privilège a été étendu jusqu'au point d'autoriser l'établissement, comme annexes des hôtels des ambassades étrangères, de chapelles publiques, dans lesquelles toutes les personnes professant le même culte, étrangers ou nationaux, sont librement admises à célébrer leurs cérémonies religieuses. Ces chapelles sont tenues toutefois de renfermer l'accomplissement de leur rite dans l'intérieur de leur enceinte, et, à moins d'autorisations exceptionnelles, de s'interdire toute procession publique aussi que l'usage des cloches.

Quant aux baptêmes, aux mariages et, en général, à tous les actes célébrés régulièrement dans la chapelle du ministre public par l'ecclésiastique qui y est attaché, il est peu de pays qui ne reconnaissent à ces actes la même valeur que s'ils avaient été accomplis dans les églises paroissiales. En tout cas ces actes produisent tous leurs effets civils par rapport aux personnes qui font partie du personnel de l'ambassade ou de la légation; mais lorsque ces actes s'appliquent à des personnes étrangères à la mission ou à des indigènes, la solution de la question dépend des lois intérieures de chaque État et de la tolérance de son gouvernement.

Dans la règle, l'exercice du culte dans l'intérieur de l'hôtel de l'agent diplomatique doit cesser lorsque l'agent quitte son poste. Cependant, s'il n'est absent que par congé et s'il conserve son hôtel en y laissant quelques-uns de ses gens, on y tolère la continuation du culte. Mais lorsque la mission est terminée par le départ du ministre, le culte cesse, excepté le cas où c'est le décès d'un souverain qui termine la mission et où l'agent diplomatique attend de nouvelles lettres de créance. (*Voir* AGENTS DIPLOMATIQUES.)

CUMBERLAND (Richard), philosophe anglais, né à Londres en 1632, mort en 1718.

Il publia en 1672 sous le titre de *De legibus naturalibus* (Des lois naturelles) un traité philosophique, dans lequel il combat le système de Hobbes et établit qu'il y a une morale naturelle, indépendante des conventions des hommes.

L'ouvrage de Cumberland a eu en son temps une grande réputation; il a été traduit en français et annoté par Barbeyrac, en 1744.

CUMUL. Jouissance simultanée de plusieurs emplois ou de plusieurs traitements.

CURIALE. Terme d'histoire romaine : membre de la Curie, de la classe appelée aux honneurs et aux charges des cités sous l'Empire romain.

La seconde classe des citoyens était celle des curiales ou décurions, c'est-à-dire des propriétaires aisés, membres non du sénat romain, mais de la curie ou corps municipal de leur cité.

Les curiales administraient les affaires du municipe, ses dépenses et ses revenus, soit en délibérant dans la curie, soit en occupant les magistratures municipales; dans cette double situation, ils répondaient non seulement de leur gestion individuelle, mais des besoins de la ville, auxquels ils étaient tenus de pourvoir eux-mêmes en cas d'insuffisance des revenus.

Aucun curiale ne pouvait, par un acte personnel et volontaire, sortir de sa condition; il leur était interdit d'habiter la campagne, d'entrer dans l'armée, d'occuper des emplois qui les auraient affranchis des fonctions municipales, avant d'avoir passé par toutes ces fonctions depuis celle de simple membre de la curie jusqu'aux premières magistratures de la cité.

CURIATE Qui se compose de la réunion des curies : comices curiates.

Ou encore : qui est voté par les curies assemblées : loi curiate.

CURIE. Terme d'antiquité romaine : division de la tribu chez les Romains.

Romulus partagea le peuple romain en trois tribus, et chaque tribu en dix curies;

mais il n'y avait de curies que pour le peuple de l'enceinte de Rome : voter par curies, c'était voter en appelant au vote seulement les gens de la ville. Chaque curie avait une voix qui exprimait l'opinion de la majorité de ses membres.

Les curies n'étaient composées que de *gentes* (familles) patriciennes; elles s'assemblaient dans le *comitium*, d'où les comices par curie servaient à désigner l'assemblée des patriciens.

On appelait aussi curie le lieu où s'assemblait le sénat; et par extension on a ainsi nommé le sénat des villes municipales.

C'est sans doute de cet emploi du mot qu'est venu l'usage de désigner par *curie romaine* l'ensemble des autorités supérieures de l'église catholique.

Le mot a été aussi employé en Allemagne dans le sens de cour ou tribunal, et l'adjectif *curial* y est pris souvent comme synonyme de collectif : ainsi à la diète de Francfort, certains Etats de la Confédération Germanique avaient des voix viriles ou individuelles, tandis que d'autres n'avaient ensemble qu'une voix curiale ou collective.

CURION. chef de la curie.

CURULE. Terme d'antiquité romaine.

Chaise curule, siège d'ivoire, plus élevé que les sièges ordinaires, sur lequel s'asseyaient dans l'origine les rois et dans la suite les premiers magistrats de Rome, dictateurs, consuls, préteurs, censeurs, grands-édiles.

Ce siège se plaçait sur les chars de triomphe : c'est sans doute de là que lui vint son nom de *curule (curulis)*, dérivé de *currus*, char.

Magistrats curules, ceux qui siègeaient sur une chaise curule.

Dignité curule, qui donnait droit à s'asseoir sur une chaise curule.

CUSHING (Caleb), Jurisconsulte et diplomate américain, né à Salisbury en 1800. Conseil des Etats-Unis aux Conférences de Genève.

Le traité de Washington, sa négociation, sa mise à exécution et les discussions auxquelles il a donné lieu. Paris 1874.

Plaidoyer en faveur des Etats-Unis.

CUSSY (Ferdinand baron de), publiciste français, né à St. Etienne de Montluc en 1795, mort en 1866.

Il a été successivement premier secrétaire de légation, sous-directeur du département des affaires étrangères et consul général à Palerme.

Dictionnaire ou Manuel-lexique du diplomate et du consul. Leipzig 1846, in-12.

Règlements consulaires des principaux Etats maritimes de l'Europe et de l'Amérique; fonctions et attributions des consuls, prérogatives, immunités et caractère public des consuls envoyés. Leipzig 1851, 1 vol. in-8⁰.

Les matières y sont classées methodiquement.

Phases et causes célèbres du droit maritime des nations. Leipzig 1856, 2 vol. in-8⁰.

Précis historique des évènements politiques les plus remarquables qui se sont passés de 1814 à 1859. Leipzig 1859, in-8⁰.

M. de Cussy a publié, en collaboration avec M. le baron Charles de Martens un *Recueil manuel et pratique de traités, conventions et autres actes diplomatiques.* Leipzig. 5 vol. in-8⁰, et avec M. le Comte A. d'Hauterive un *Recueil des traités de commerce et de navigation de la France avec les puissances étrangères depuis la paix de Westphalie* Paris 1834—1844, 10 vol. in-8⁰.

CUTLER (John), publiciste anglais, professeur de droit au King's College de Londres.

The law of naturalisation (la loi de naturalisation) London 1877.

M. Cutler a classé dans un ordre clairement méthodique l'ensemble des dispositions législatives en vigueur actuellement en Angleterre pour obtenir la naturalisation, et il fournit à ce sujet tous les renseignements pratiques désirables.

CZAR ou TZAR. Titre qui répond à celui d'empereur, et que porte le souverain de la Russie depuis 1547. Le premier qui le porta fut Ivan IV, fils de Vasili IV, qui secoua le joug des Tartares et avait pris le titre d'*autocrate*, et y ajouta celui d'*empereur*, qui ne fut reconnu aux princes de la Russie que sous le règne de Catherine II.

Quant à l'origine du mot, les uns le font dériver de *César*, ancien titre des Empereurs romains, les autres d'un mot chaldéen ou hébreu signifiant chef ou commandant.

Dans les documents officiels, le souverain russe prend plus particulièrement le titre d'Empereur de toutes les Russies.

Czarine ou *Tzarine* est le titre de l'Impératrice de la Russie.

Czarowitz ou *Czarewitz* (fils de Czar) est le titre du fils aîné de l'Empereur, héritier présomptif de la couronne de Russie. Son épouse prend le titre de *Czarevna* (ou fille de Czar).

D

DAHLGREN (I.A.) publiciste américain. *Maritime international law.* (Législation international maritime.) Boston 1877. 8'. Publié par Ch. Cowley.

DAHN (Felix), jurisconsulte et historien allemand, né à Hambourg en 1834. Depuis 1872 professeur de droit germanique à Kœnigsberg.

Eine Lanze für Rumänien (Une lance en faveur de la Roumanie). Leipzig 1883.

L'auteur cherche à prouver que la Roumanie est dans son droit en s'opposant aux pouvoirs que la conférence de Londres voudrait donner à la commission mixte pour le parcours du Danube.

Völkerrechtliche und staatsrechtliche Studien (Etudes de droit international et de droit public). Berlin 1883.

Recueil d'opuscules concernant le droit de la guerre, les us et coutumes du droit des gens, la guerre de 1870 et le droit des gens, le traité de Washington et le commerce d'armes exercé par les neutres.

DAIRI. Titre que les Japonais donnent au successeur de l'ancienne famille impériale du Japon, lequel paraît avoir fait place définitivement au titre de Mikado.

Les Japonais regardent le daïri comme le souverain pontife de leur religion nationale et le considèrent comme un dieu sur la terre.

DALLOZ (Victor-Alexis Désiré), jurisconsulte français, né à Septmoncel (Jura) le 12 août 1795, mort à Paris le 12 janvier 1869.

Il a publié avec son frère Pierre Armand Dalloz la *Jurisprudence générale. ou Répertoire méthodique et alphabétique de législation, de doctrine et de jurisprudence générale.* 44 vol. in-4° avec des suppléments.

Cette vaste encyclopédie, consacrée à la science du droit, contient plusieurs articles relatifs au droit international, entre autres : *Agent diplomatique; consul; droit naturel et des gens; traités politiques.*

Cet ouvrage, malgré son étendue, a eu depuis 1845 trois éditions. Le répertoire alphabétique est sans cesse complété par un *Recueil périodique* qui comprend les arrêts et les lois, et qui compte depuis 1845 un volume par année.

DANA (Richard Henry), publiciste américain, né à Cambridge (Massachusetts) le 1er août 1815.

Il a publié, à Boston en 1841, *The seaman's friend* (l'ami du marin), ouvrage de droit maritime, qui lui a acquis une réputation spéciale dans cette branche de la jurisprudence.

Il a donné aussi une nouvelle édition des *Elements of international law by Henry Wheaton,* eighth edition with notes Boston 1866, gr. in 8'. (Eléments du droit international de Henry Wheaton, 8e édition, avec notes. (*Voir* WHEATON.)

Dans cette réédition du principal ouvrage du célèbre publiciste américain, M. Dana déclare s'être borné à reproduire le texte même et les notes de Wheaton, conformes à la dernière révision par l'auteur lui-même. Il y a ajouté des annotations ayant pour objet d'éclaircir les argumentations qui lui ont paru vagues ou insuffisantes, ou d'appliquer les déductions de Wheaton à des faits plus modernes.

DANEWSKI (M.), publiciste russe, agrégé à l'université de Kharkow. *Aperçu historique de la neutralité et examen du droit maritime du 16 avril 1856* (en russe). Moscou 1879.

L'auteur poursuit, à travers l'histoire de la neutralité, le développement des idées et des principes qui ont influé sur la détermination des droits et des devoirs des neutres.

DARJÈS ou **DARIÈS** (Joachim Georges), publiciste allemand, né à Gustrow (Mecklembourg) en 1714, mort à Francfort sur l'Oder le 17 juillet 1791.

Professeur de philosophie à Francfort sur l'Oder, il a écrit de préférence sur cette science; néanmoins on a de lui plusieurs livres concernant le droit des gens, notamment :

Institutiones jurisprudentiæ universalis naturæ et gentium. (Institutions de jurisprudence universelle dc la nature et des gens.) Iéna, 1751.

Observationes juris naturalis, socialis et gentium. (Observations sur le droit naturel, social et des gens.) Iéna, 1750, 2 vol. in-4⁰.

Observationes juris naturalis ad ordinem systematis sui selectæ. (Observations sur le droit naturel rangées dans un ordre systématique.) Iéna, 1753, in-8⁰.

Discours sur le droit naturel et public (en allemand). Iéna, 1762—63, in-4'.

Limites du droit naturel (en allemand). Francfort, 1775.

Meditationes ad pandectas. (Méditations sur les Pandectes.) Francfort 1785.

Dariès donne pour base à la science du droit naturel le perfectionnement de soi même et d'autrui, et n'établit d'autre différence entre la morale et le droit, si ce n'est que le droit oblige seulement à ne pas amoindrir la nature humaine, tandis que la morale fait un devoir d'y ajouter indéfiniment. La politique doit selon lui avoir pour principe suprême de procurer les moyens d'atteindre la double fin du droit et de la morale.

DATE. En droit la date est nécessaire pour la validité des actes: elle doit indiquer le lieu, l'année, le mois et le jour du mois où l'acte est fait ou passé.

Les actes authentiques ou publics font foi par eux mêmes de la date qui y est énoncée.

En diplomatie, on désigne sous le nom de date l'indication du temps où les diplômes, les actes, les lettres, etc. ont été donnés ou écrits.

On distingue quatre espèces de dates, savoir :

1⁰ Dates de temps, indiquant le temps, ou d'une manière vague, énonçant une suite indéfinie d'années, comme, par exemple, „sous le règne de tel prince", „sous le pontificat de tel pape", etc.; ou d'une façon précise, énonçant l'année, le mois, le jour et quelquefois même l'heure de la rédaction des actes.

2⁰ Dates de lieu, indiquant le pays, la ville, le château, l'endroit où l'acte est passé.

3⁰ Dates de personnes, mentionnant le nom d'un roi, d'un pape, d'un évêque, etc. en prenant pour point de départ chronologique le commencement de leur règne ou de leur épiscopat.

4⁰ Dates historiques, consistant dans la seule énonciation d'un fait historique.

Dans la correspondance l'indication de la date est de règle presque générale;

son absence n'est guère qu'affaire d'omission, d'oubli ou de négligence.

Dans les lettres ordinaires la place où l'on écrit la date est assez indifférente; il n'en est pas de même pour les correspondances officielles ou diplomatiques, dans lesquelles la place qu'on assigne à la date a une certaine valeur ou signification au point de vue de l'étiquette et du cérémonial. (*Voir* CORRESPONDANCE DIPLOMATIQUE, CORRESPONDANCE DES SOUVERAINS.)

DAUPHIN, DAUPHINE. Titre attaché à certaines seigneuries : Dauphin d'Auvergne, Dauphin du Viennois.

Ce titre a été pris plus particulièrement, vers le milieu du neuvième siècle, par le seigneur suzerain de la province appelée Dauphiné. A partir de Philippe de Valois, il a été donné au fils aîné des rois de France, par suite de la réunion du Dauphiné à la couronne, le dernier seigneur de cette province, Humbert III, ayant mis pour condition à la cession de sa seigneurie, en 1343, que le fils aîné du roi serait ainsi nommé.

L'épouse du fils aîné du roi de France prenait le titre de Dauphine et le conservait même à la mort de son mari.

DAVIS (Bancroft J. C.), publiciste des Etats-Unis. Il fut chargé, pendant qu'il était *assistant secretary of State* (sous secrétaire d'Etat des affaires étrangères), par le gouvernement de Washington de la publication de la collection suivante:

Treaties and conventions concluded between the United States of America (Traités et conventions, conclus entre les Etats-Unis d'Amérique et les autres puissances). Les documents compris dans cette collection vont depuis le 4 juillet 1776 jusqu'en 1873; ils forment un fort volume, divisé en deux parties, dont l'une est consacrée aux textes (en anglais), et l'autre à des notes explicatives, attribuées généralement à M. Bancroft Davis, concernant les traités les plus importants, dont elles résument les négociations, mentionnent l'interprétation par diverses autorités législatives, exécutives ou judiciaires, et indiquent les parties abrogées.

DEANE (H. B.), publiciste anglais.

The law of blockade (Les lois du blocus) Londres 1870. Historique, condition actuelle et avenir probable de ces lois.

DEANE (J. P.), publiciste anglais.

The law of blockade (Les lois du blocus). Londres 1855, in-8. Exposé de la législation sur la matière telle qu'elle découle de huit sentences de la cour de l'amirauté rendues à propos du blocus de la Courlande.

DÉBAT. En jurisprudence, tout examen contradictoire; la partie de l'instruction judiciaire qui est publique.

Au pluriel, discussions des assemblées politiques : les débats du parlement.

DÉCEMVIR. Dans l'ancienne Rome le titre des décemvirs était attribué à divers corps de magistrats ou de fonctionnaires publics qui se composaient de dix membres; mais on désigne plus particulièrement sous ce nom les dix citoyens qui, au 5e siècle avant J.-C., furent chargés de rédiger un code de lois, dit „Lois des douze tables“, et auxquels on remit pendant ce temps le gouvernement de la république.

DÉCÈS. Lorsqu'un ministre étranger meurt dans l'exercice de ses fonctions, le secrétaire de l'ambassade ou de la légation, et, à son défaut, le représentant de quelque puissance alliée ou amie, prend soin du corps et prépare ce qui est nécessaire pour les funérailles. Quant au cérémonial à observer, les pompes funèbres doivent se régler, à moins de dispositions testamentaires qui s'y opposent, sur le rang qu'occupait le défunt, les restes mortels ont droit aux honneurs militaires consacrés pour les agents de son rang; les cérémonies religieuses extérieures dépendent des lois et des usages du pays. La famille a le droit de faire transporter le corps dans sa patrie ou ailleurs, sans que l'autorité locale y puisse mettre aucune empêchement.

Il est passé en usage de conserver pendant un certain temps à la veuve, à la famille, ainsi qu'aux serviteurs du décédé, les privilèges, les droits et les immunités dont ils jouissaient du vivant du chef de la mission.

Dès que le décès a lieu, il importe avant tout d'apposer les scellés sur les papiers et les archives de l'ambassade ou de la légation, et, s'il en est besoin, sur les effets personnels du ministre défunt, puis de faire dresser un inventaire des biens meubles et immeubles de la succession : c'est au secrétaire de la mission qu'incombe cette tâche et, à son défaut, au ministre d'un gouvernement ami.

L'autorité locale n'a aucun droit d'intervention; c'est seulement en cas de nécessité et lorsqu'aucun envoyé étranger ne peut procéder à ces actes; mais elle doit s'abstenir d'examiner les papiers de l'envoyé et se borner à les mettre en sûreté.

Les actes de dernière volonté, comme tout ce qui concerne la succession *ab intestat* d'un agent diplomatique, sont naturellement régis par les lois de son propre pays; cependant, en ce qui regarde les biens immobiliers, comme ils sont toujours assujettis aux lois du pays où ils sont situés, la succession à ceux de ces biens que le ministre étranger possédait dans le pays de sa résidence doit se régir d'après les lois de ce pays. Les biens meubles dépendant de la succession restent libres, pour les héritiers, de droits de mutation et d'autres charges.

Lorsqu'un agent diplomatique meurt dans son pays, soit qu'il eût été placé dans le cadre de disponibilité, soit qu'il eût atteint l'âge de la retraite, il est d'usage dans plusieurs pays, notamment en France, que le ministère des affaires étrangères délègue un de ses employés pour assister au triage des papiers du décédé, ainsi qu'à l'apposition et à la levée des scellés, s'il y a lieu. Si parmi les papiers, il s'en trouve qui soient de nature à être déposés aux archives de l'Etat, ils sont remis par les héritiers, et contre son reçu, à l'employé délégué par le ministre.

Le décès du souverain qui a accrédité l'agent diplomatique, de même que le décès du chef d'Etat auprès duquel l'agent est accrédité, mettent ordinairement fin à la mission, ou du moins rendent indispensable la présentation de nouvelles lettres de créance. (*Voir* AGENT DIPLOMATIQUE, AMBASSADEUR.)

En cas de mort d'un consul, les officiers du consulat procèdent à l'apposition des scellés, ainsi qu'à l'inventaire de la succession, et le gérant intérimaire prévient à la fois les autorités supérieures de sa résidence, la légation de son pays accréditée auprès du gouvernement territorial et le ministre duquel il relève.

En cas de vacance d'un consulat général par décès, l'employé le plus élevé en grade de la résidence, c'est-à-dire l'élève-consul s'il y en a un, et, à son défaut, le chancelier remplit provisoirement le poste jusqu'à décision du ministre des affaires étrangères, auquel il doit en référer sans retard.

Lorsque la vacance survient dans un simple consulat, pour la même cause il est procédé provisoirement de la même manière, jusqu'à ce que le consul général ou autre chef de l'établissement consulaire y ait pourvu de la façon qu'il juge la plus conforme au bien du service. (*Voir* CONSUL.)

DÉCHÉANCE. Perte d'un droit, à défaut d'exercice ou d'accomplissement d'une condition ou d'une formalité dans un temps donné.

Le mot *déchéance* s'applique aux fonctionnaires qui sont privés de leurs fonctions pour omission de quelques obligations.

En droit constitutionnel la déchéance s'applique aussi au chef du pouvoir exécutif, lorsqu'il est privé de ses droits.

DÉCHIFFREMENT. Action de déchiffrer, c'est-à-dire d'expliquer ce qui est écrit en chiffres, de déterminer la valeur des lettres et des mots dans les écritures secrètes.

En diplomatie, c'est l'acte ou la science d'expliquer le *chiffre*, c'est-à-dire les caractères ou les signes conventionnels employés pour la correspondance entre les gouvernements et leurs agents offficiels.

DÉCHIFFREUR. C'est l'employé dans une agence diplomatique ou dans un ministère qui à la *clef du chiffre,* et qui est chargé d'expliquer les pièces de la correspondance chiffrée.

DÉCISION. Action de décider, résultat de cette action : jugement prononcé, opinion exprimée.

Résolution prise par une assemblée, par un corps constitué sur un point ordinairement litigieux, décision administrative, décision ministérielle.

DÉCLARATION. C'est, dans une acception générale, la manifestation par un individu de sa volonté ou d'un fait qui est à sa connaissance ; dans le sens juridique, la déclaration est la manifestation de ce fait ou de cette volonté d'une manière déterminée; généralement on entend par ce mot ce qui est déclaré par quelqu'un dans un acte, soit judiciaire, soit extra-judiciaire.

On appelait en France déclaration du roi tout acte de la puissance royale qui expliquait, réformait ou révoquait un édit ou une ordonnance.

On a nommé „Déclaration des droits de l'homme et du citoyen" l'énonciation de certains droits énumérés en tête des constitutions françaises de 1791 et de 1793.

En droit international, on donne le nom de *déclaration* à des actes officiels par lesquels les Etats constatent qu'ils se sont entendus sur certains faits, sur certains points généraux ou particuliers, ou sur certains principes, et par lesquels ils déterminent la ligne de conduite que chacun d'eux a résolu de suivre, Ces

actes peuvent être signés par les souverains des Etats entre lesquels les négociations ont eu lieu; mais cela n'arrive que rarement. La plupart des déclarations sont signées par les agents diplomatiques qui ont conduit la négociation, mais dans ce cas elles doivent être sanctionnées et promulguées par le souverain dans les formes consacrées par la constitution de l'Etat. (*Voir* TRAITÉ, CONVENTION.)

Les actes de ratification des traités renferment quelquefois des déclarations, qui modifient ou expliquent une expression ou une clause du traité; dans ce cas, si les déclarations sont unilatérales, elles donnent lieu à des contre-déclarations, ayant pour but l'acceptation de la modification réclamée ou de l'explication donnée.

On donne aussi le nom de *déclaration* aux mémoires qu'un gouvernement adresse ou fait adresser au public par l'intermédiaire de ses agents diplomatiques à l'étranger, ou qu'il fait remettre aux différents cabinets, dans le but de réfuter des bruits mal-fondés, de justifier des mesures déjà prises, ou d'instruire le public de démarches faites ou à faire.

Quelquefois encore le mot déclaration est employé comme synonyme de *manifeste*, de *protestation*, etc. (Voir ces mots)

DÉCLARATION DE GUERRE. (*Voir* GUERRE.) Acte par lequel un Etat déclare la guerre à un autre.

Historique. Chez les peuples de l'antiquité, une déclaration formelle de guerre était considérée comme absolument nécessaire pour légitimer les hostilités de nation à nation. Ainsi, lorsque les Romains se disposaient à entrer en lutte contre un autre peuple, ils lui envoyaient le chef des féciaux ou hérauts d'armes, qui avaient pour mission de demander réparation de l'injure commise. Si après trois jours cette réparation n'était pas accordée, la question était soumise au sénat; et si la guerre était résolue, on envoyait de nouveau un héraut à la frontière pour en faire la déclaration en due forme, selon l'usage consacré.

L'usage d'une déclaration préalable avant l'ouverture des hostilités s'est transmis chez les peuples modernes de l'Europe, où il a été pratiqué sous différentes formes. Au moyen-âge la déclaration avait lieu par lettres de défi, revêtues du sceau de l'autorité souveraine qui déclarait la guerre et remises par un messager spécial entre les mains de l'autorité souveraine contre laquelle la guerre était déclarée.

Plus tard la notification des intentions hostiles semble avoir consisté dans une déclaration imprimée.

De notre temps la formalité de la déclaration expresse de guerre est à peu près tombée en désuétude.

On se borne à rompre les relations diplomatiques avec le gouvernement qu'on veut combattre, en rappelant les agents qu'on a accrédités auprès de lui, et à notifier aux puissances neutres par un manifeste l'intention de faire la guerre (*Voir* MANIFESTE).

En effet, à côté des adversaires que la guerre concerne directement, des tiers peuvent être exposés à subir le contre-coup des hostilités. Ils ont naturellement des mesures à prendre pour éviter d'être impliqués malgré eux dans le conflit qui se prépare, assurer l'inviolabilité à leur territoire, mettre en sûreté les personnes et les biens qu'ils peuvent avoir sur le théâtre de la guerre; c'est pour quoi ils ont besoin d'être informés de ce qui se passe.

Nécessité de la déclaration. En tout état de choses, le chef de l'Etat doit publier ou proclamer dans l'intérieur de son propre pays la déclaration de guerre pour l'instruction et la direction de ses sujets, pour fixer la date à partir de laquelle ils ont à exercer les droits particuliers que l'état de guerre confère aux sujets d'une puissance belligérante par rapport à l'ennemi, et pour leur communiquer les ordres qu'il croit devoir leur donner relativement à ce même état.

Il est encore une raison décisive, qui, à défaut d'autres, prescrit, pour légitimer l'état de guerre, qu'un fait solennel quelconque le constate et le rende public: c'est que sans cette sorte de constatation il serait très difficile de distinguer, dans le traité destiné à mettre fin aux hostilités, les actes qui doivent être considérés comme les conséquences légales de la guerre et ceux que chaque nation demeure libre d'interpréter comme portant injustement atteinte à ses droits et à ses intérêts.

La seule exception qui nous paraisse admissible pour qu'on puisse légitimement commencer les hostilités sans avoir par un acte quelconque notifié l'état de guerre, réside dans le cas de défensive, c'est-à-dire lorsqu'un Etat voit son territoire envahi par un autre. Ici l'exception résulte de la nature même des choses; car la déclaration de l'ennemi ou ses hostilités ouvertes suffisent pour constater

l'état de guerre. Toutefois l'équité exige en pareil cas qu'une brusque levée d'armes ne cause aucun préjudice aux particuliers, à la propriété privée, ni aux gouvernements neutres, qu'elle ne devienne pas un prétexte pour s'assurer des avantages que l'état de guerre peut seul donner aux belligérants; c'est pourquoi aucun gouvernement ne doit se dispenser de l'observation de certains délais destinés à laisser aux intéressés la possibilité de prémunir leurs personnes et leur propriétés contre des dommages imprévus. Mais le souverain attaqué ne manque guère de déclarer aussi la guerre, soit par dignité, soit pour l'information non seulement de ses sujets, mais encore de ceux des autres Etats.

Ce n'est pas à proprement parler, poser une exception que de faire observer qu'il n'est pas besoin d'une déclaration de guerre lorsqu'un Etat entreprend de réprimer une insurrection intestine ou des factions hostiles sur son territoire, ou lorsque des puissances maritimes ont à combattre des pirates.

Lorsqu'un Etat déclare par anticipation qu'il considérera comme un *casus belli* certains actes d'un autre Etat, cette déclaration constitue une déclaration *éventuelle* de guerre, qui devient une déclaration *effective*, si les actes auxquels il a fait allusion viennent à se réaliser.

Effet de la déclaration. L'ouverture de la guerre date du moment de la déclaration, à moins que les opérations militaires n'aient déjà commencé. La guerre commencée de fait, interrompt les relations pacifiques entre les belligérants, sans qu'une déclaration de guerre ultérieure soit nécessaire.

Par contre la déclaration de guerre détermine l'époque du commencement de la guerre, quand même les hostilités n'auraient pas encore commencé.

Lorsqu'une seule des parties a, de fait ou par déclaration formelle, commencé la guerre, la partie adverse a le droit, à partir de ce moment, d'appliquer elle-même les lois de la guerre.

Une des conséquences immédiates et les plus importantes de la déclaration de guerre, c'est l'interdiction de toutes relations commerciales entre les sujets des Etats qui sont en guerre, à moins d'exceptions spécialement autorisées.

La déclaration de guerre produit des effets immédiats sur les traités qui liaient les parties belligérantes au moment de la cessation des relations pacifiques. On s'accorde à admettre la rupture définitive des liens conventionnels conclus expressément en vue de l'état de paix, de ceux qui ont pour objet spécial de favoriser les rapports de bonne harmonie de nation à nation, tels que les traités d'amitié, d'alliance et les autres actes de même nature ayant un caractère politique. Quant aux arrangements douaniers, postaux, aux conventions de navigation ou de commerce, aux accords relatifs à des intérêts privés, on les considère généralement comme suspendus jusqu'à la fin des hostilités.

Par une conséquence forcée il est de principe que les stipulations souscrites en prévision de la guerre, ainsi que toutes les clauses qualifiées de perpétuelles, conservent, malgré l'ouverture des hostilités, leur force obligatoire aussi longtemps que les belligérants, agissant d'un commun accord, ne les ont pas annulées ou remplacées par d'autres.

Il est de règle que la déclaration de guerre faite entre les parties principales produit également ses effets à l'égard des alliés, dès qu'ils sont appelés à remplir les engagements qu'ils ont contractés par le traité d'alliance (*Voir* GUERRE).

DÉCORATION. Insigne ou marque extérieure qu'on porte comme récompense ou distinction honorifique, soit dans l'ordre civil, soit dans l'ordre militaire, tels que croix, rubans, colliers, médailles, armes, vêtements d'honneur, etc.

Chaque décoration porte le nom d'un ordre de chevalerie, dont elle indique que celui qui la reçoit est désormais membre ou dignitaire d'un grade plus ou moins élevé.

Les décorations se confèrent non seulement à des particuliers, sujets ou étrangers, comme rémunération de services ou témoignage d'estime; mais encore à des princes étrangers, même sans distinction de sexe, pour servir de gages d'amitié. Le plus souvent les chefs d'État s'envoient leurs ordres de chevalerie par un échange mutuel.

Les envois de décoration à des princes régnants ou à des princes de maisons régnantes donnent occasion à des lettres d'envoi et à des lettres de remerciement.

Lorsqu'un agent diplomatique a séjourné longtemps dans une cour, ou lorsqu'il a été chargé d'une négociation importante qu'il a su conduire heureusement, ou lorsqu'il a été en mission de cérémonie, il est assez généralement d'usage qu'au moment de son départ il reçoive une décoration comme témoignage particulier de la satisfaction du chef de l'État.

Pour pouvoir porter cet ordre étranger, l'agent diplomatique a besoin de l'autorisation de son gouvernement. Les gouvernements républicains n'accordent pas toujours cette autorisation à leurs envoyés. (*Voir* AGENT DIPLOMATIQUE.)

DÉCOUVERTE. Action de découvrir, de trouver ce qui n'était pas, comme la découverte d'un trésor, d'un pays; la découverte de l'Amérique.

La priorité de découverte d'un territoire inconnu peut être considérée comme un moyen d'acquisition, comme un droit de propriété; mais elle ne constitue pas à elle seule un titre suffisant pour s'arroger la souveraineté sur ce territoire. Il faut que la découverte soit suivie d'une prise de possession effective, c'est à dire accompagnée d'un commencement d'organisation administrative, ou d'exploitation commerciale ou industrielle dans le pays.

Le simple fait de planter un drapeau, des poteaux avec inscription, une croix ou d'autres emblèmes ne suffit pas pour donner ou soutenir un titre exclusif à un pays dont on a point fait un usage actuel; il peut tout au plus servir à indiquer l'intention d'en prendre possession: mais il ne saurait avoir la souveraineté pour conséquence.

DÉCRET. Décision par laquelle on ordonne ou règle quelque chose.

Se dit des règlements ou des arrêtés émanés du législateur ou du pouvoir exécutif.

L'emploi de ce mot a varié suivant les temps.

Dans la République romaine on désignait sous ce nom les résolutions des consuls et certaines résolutions du sénat. Plus tard, le mot fut appliqué aux sentences rendues par les empereurs dans les affaires litigieuses.

En France, le nom de décret a été donné aux actes des assemblées législatives jusqu'à la Convention, en attendant que ces actes fussent convertis en lois par la sanction royale. La Convention, après avoir aboli la royauté, conserva cette dénomination à ses résolutions, quoiqu'elles fussent de véritables lois. Sous l'Empire, on nomma ainsi les règlements généraux ou particuliers émanés du souverain, soit pour l'exécution des lois, soit pour tenir lieu de lois.

Sous la Restauration et pendant le règne de Louis Philippe la dénomination d'*ordonnance* remplaça celle de *décret* pour les règlements rendus par le roi relativement à l'exécution des lois. En 1848, le terme de décret fut repris pour désigner les actes de la Constituante, puis, après le 2 décembre 1851, ceux de l'Empereur. Sous la forme de gouvernement actuel, on l'applique particulièrement aux actes par lesquels le chef de l'Etat rend exécutoires les lois votées par les assemblées législatives ou les décisions concernant la nomination à des fonctions publiques.

DÉCRÉTALE. On appelle ainsi une lettre écrite par le pape pour résoudre certaines questions de discipline ou d'administration ecclésiastique soumise à son examen, à la différence de la constitution que le souverain pontife rend de son propre mouvement et qu'on nomme décret.

Au pluriel, les décrétales forment le recueil de ces lettres; elle font partie de la collection appelé *Corpus juris canonici*, corps du droit canon.

DÉFAUT. Terme de procédure.

Manquement à un ordre de comparation régulièrement donné; refus de comparaître.

On appelle *jugement par défaut* la décision d'un tribunal rendue en l'absence d'une des parties intéressées qui n'a pas comparu à l'audience ou n'y était représentée par personne. Cette décision n'est pas définitive; la partie condamnée par défaut peut revenir par voie d'opposition; alors le second jugement du tribunal est définitif et équivaut à un jugement *contradictoire*. (Voir ce mot.)

En cour d'assises (matière criminelle), le jugement rendu par défaut contre un coupable qui n'a pu être arrêté ou qui s'est évadé, prend le nom d'arrêt par *contumace*. (Voir ce mot.)

DÉFENSE. Action de défendre quelqu'un ou quelquechose, ou de se défendre soi-même, s'est-à-dire de repousser une agression dirigée contre soi-même ou contre une autre personne ou une chose quelconque.

En terme militaire, c'est l'action ou la manière de défendre un pays, une place, un poste, etc. contre l'ennemi.

Le droit naturel, en dehors de toute loi écrite, permet, prescrit même à tous les Etats la protection, la défense de leur existence politique contre tous les dangers qui les menacent et l'adoption de mesures propres à prévenir et à repousser toute attaque extérieure.

Le droit de légitime défense est reconnu par toutes les législations.

Ainsi un Etat a le droit d'élever des forteresses dans l'intérieur de son territoire ou sur ses frontières, d'augmenter selon qu'il le juge convenable son armée et sa flotte, de conclure des traités d'alliances et de subsides.

Toutefois, dans la pratique, l'exercice de ce droit subit certaines restrictions, qui ne permettent pas d'ériger en principe inflexible de droit international la liberté absolue pour un Etat d'accroître indéfiniment ses moyens de défense, qui peuvent trop facilement se transformer en moyens d'agression.

Dans les questions qui surgissent à ce sujet il convient de faire une distinction entre les armements défensifs et ceux qui ont un caractère marqué d'hostilité ou d'agression.

L'accroissement des forces militaires et navales d'un Etat au-delà de certaines proportions peut avec juste raison éveiller l'attention des autres Etats et devenir une cause légitime de guerre. Il n'en est pas de même de la mise en état des forteresses, malgré la gravité d'une pareille mesure, parcequ'elle ne peut que bien rarement être considérée comme injurieuse, agressive ou dangereuse pour les autres Etats.

On en peut dire autant de la création d'écoles militaires et du développement donné à l'instruction des troupes; pour tous ces objets tout Etat souverain conserve une liberté absolue d'action et ne saurait être contraint de fournir des explications.

Ce sont là des mesures de précaution qu'un Etat peut toujours prendre en prévision d'éventualités dangereuses; mais dès que le danger existe, l'Etat qui se voit menacé a le droit d'opposer la force et même d'aller au-devant de l'attaque en attaquant lui-même.

Quoiqu'il soit généralement admis que le souverain a seul le droit de faire et par conséquent de déclarer la guerre, on ne saurait contester que, dans le cas où l'ennemi s'empare inopinément d'une forteresse ou envahit une province, le chef militaire qui y commande ou même les habitants ont le droit de repousser l'agresseur par les armes; car on doit supposer que le souverain ne tolérerait pas un acte de violence qui lèse les droits de la nation.

Lorsqu'une ville ou une forteresse est assaillie, les habitants peuvent contribuer à la défendre avec les troupes régulières, et, si celles-ci abandonnent la place, les habitants peuvent en entreprendre la défense et empêcher l'envahisseur de pénétrer dans le pays. Dans ces cas les citoyens cessent d'avoir droit aux immunités dont jouissent ceux qui n'ont pas pris les armes; mais ils doivent être traités en belligérants, suivant les lois de la guerre.

Il en est de même lorsque le souverain juge nécessaire de commander une levée en masse pour la défense du pays : tous les habitants armés doivent être traités par l'ennemi à l'égal des soldats composant l'armée.

DÉFENSIF, DÉFENSIVE. On dit qu'une guerre est défensive lorsqu'elle est entreprise pour repousser un ennemi agresseur; par opposition à la guerre offensive, c'est-à-dire celle faite par un Etat qui prend les armes le premier et attaque un autre Etat qui vivait en paix avec lui.

L'objet de la guerre défensive est simple : c'est la défense de soi-même. (*Voir* GUERRE.)

Les alliances contractées entre les Etats peuvent être aussi offensives ou défensives, ou avoir ce double caractère à la fois.

L'alliance défensive est celle dans laquelle l'allié promet sa protection et son appui matériel contre toute agression dirigée contre son co-associé ou co-contractant. (*Voir* ALLIANCE.)

Pris substantivement, le mot *défensive* signifie l'ensemble de la défense, l'attitude de défense, et quelquefois la disposition à ne faire que se défendre : être sur la défensive, se tenir sur la défensive, soutenir la défensive.

DÉFI. Provocation à une lutte, à un combat.

On appelait autrefois *lettres de défi* des missives, revêtues du sceau d'un souverain, par lesquelles celui-ci déclarait la guerre, et qui étaient remises par un messager spécial entre les mains de l'autre chef d'Etat contre lequel la guerre était déclarée.

Ce mode de déclarer la guerre était en usage vers le 12me siècle de notre ère.

DÉGLIN (H.), jurisconsulte français, avocat et docteur en droit.

Etude sur le contrat de mariage en droit comparé et en droit international. Nancy et Paris, 1883.

La première partie de cet ouvrage est consacrée à l'examen de divers régimes matrimoniaux en Europe, la seconde à celui des conflits qui peuvent se produire au sujet des contrats de mariage et du régime matrimonial.

DÉLAI. Certain espace de temps accordé pour faire quelque chose, pour remplir un engagement; remise d'un terme à une époque plus éloignée.

En procédure, temps fixé par la loi, donné par le juge ou convenu entre les parties pour faire un acte quelconque ou pour s'en abstenir. Le délais de ce genre se comptent ordinairement par jours et non par heures. Tous les jours compris dans un délai comptent utilement, sans distinguer les dimanches et les jours de fêtes; seulement on ne fait entrer dans le nombre ni le jour qui sert de point de départ ni celui de l'échéance. Les délais fixés par mois se comptent du quantième au quantième correspondant, sans distinguer si l'espace entre les deux quantièmes est de 28, de 30 ou de 31 jours.

Les délais légaux et judiciaires varient beaucoup, selon les cas, les lieux et les circonstances.

On en peut dire autant de ceux qui sont stipulés dans les traités internationaux. Nous ne saurions indiquer ici les diverses et multiples éventualités auxquels ils se rapportent : on les trouvera sous les titres spéciaux ou les rubriques respectives, comme *guerre, paix, acte, contrat, exécution, convention, traité,* etc. (Voir ces mots.)

DELALAIN (Auguste Henri Jules), imprimeur-éditeur et publiciste français, ne à Paris le 31 janvier 1810, mort dans la même ville le 16 juillet 1877.

Il a publié divers écrits, notamment sur la *Législation de la propriété littéraire et artistique.* 1852, in-8⁰, 2e édition 1859;

Et *Recueil des conventions conclues par la France pour la reconnaissance de la propriété littéraire et artistique.* 1860, in-8 ,

Nouvelle législation des droits de propriété littéraire et artistique, accompagnée de notes explicatives et suivi d'un résumé de la legislation des pays étrangers. 6e édition. Paris 1867. in-18.

DÉLÉGATION, DÉLÉGAT. Commission qui donne à quelqu'un le droit d'agir au nom d'un autre; c'est spécialement l'acte par lequel un fonctionnaire investit une autre personne de la faculté de le représenter dans ses fonctions : ainsi un adjoint au maire peut remplir les fonctions d'officier de l'état civil par délégation du maire.

On nomme *délégations* l'assemblée parlementaire qui, en vertu de la loi du 21 décembre 1867, forme le lien d'union entre l'Autriche et la Hongrie.

En Italie, le nom de *délégation* est donné aux juridictions ou aux provinces dont les chefs ou les présidents portent le titre de *délégat;* ce titre était en usage particulièrement dans le royaume Lombard-Vénitien et dans les Etats du Saint-Siège.

DÉLIBÉRATIF, DÉLIBÉRATIVE. Qui touche ou se rapporte à la délibération. Ce mot n'est employé que dans quelques locutions, par exemple :

Voix délibérative ou droit de suffrage dans une assemblée; il se dit par opposition à voix consultative, qui n'est que le droit d'opiner et non de voter.

Assemblée délibérative, dont les membres ont le droit de résoudre les questions qui leur sont soumises, de prendre des décisions.

Genre délibératif, terme de rhétorique; on rapporte à ce genre tous les discours dans lesquels on délibère sur ce qu'on fera ou ne fera pas; les discours politiques, ceux prononcés dans les assemblées administratives ou les réunions de corporations sont en général des discours délibératifs, tandis que les plaidoyers des avocats appartiennent au genre judiciaire.

DÉLIBÉRATION. Discussion entre plusieurs personnes sur une résolution à prendre, sur une question à résoudre. Le résultat de cette discussion et dès lors décision, résolution.

Lorsqu'on parle des tribunaux, le mot *délibération* est quelquefois synonyme de *jugement.*

DÉLIMITATION. Action de tracer et de fixer les limites ou les frontières d'un territoire, d'un Etat.

La délimitation des frontières des Etats est souvent déterminée par des traités spéciaux, communément désignés sous la dénomination de traités de limites. En général, pour l'éclaircissement des clauses, des cartes géographiques frontières sont annexées au texte de la convention.

Lorsqu'un traité de paix porte une cession du territoire, ce fait donne nécessairement lieu à une nouvelle délimitation de frontières entre les parties; et dans ce cas des commissaires sont nommés de part et d'autre à l'effet de procéder à cette rectification, qui est constatée et consacrée par une convention expresse.

DÉLIT. Ce terme, dans son acception générique, exprime tout manquement à une obligation.

En droit, le délit est en général toute espèce d'infraction à la loi. Dans son sens le plus large il s'appliquait, sous le droit ancien, à tous les actes punissables. Aujourd'hui la loi envisage les actes suivant la nature des peines qu'elle prononce : l'infraction que les lois punissent de peines de police est une *contravention* (voir ce mot); l'infraction que les lois punissent d'une peine correctionnelle est un *délit;* l'infraction que les lois punissent d'une peine afflictive ou infamante est un *crime* (voir ce mot).

On appelle *flagrant délit* le délit aperçu au moment où il se commet, l'état dans lequel se trouve un coupable surpris sur le fait.

Le *corps du délit* est ce qui constate la perpétration du délit ou du crime, comme un meuble brisé le cas d'un vol, un cadavre en cas d'homicide.

La qualification des délits varie selon l'ordre de choses auquel ils portent atteinte, le caractère des personnes qui les commettent, la nature des tribunaux qui doivent en connaître.

Ainsi le délit de presse est celui qui est commis par la voie de la presse ou un autre moyen de publication.

Le délit militaire est l'infraction commise par des militaires ou des attachés à l'armée pendant qu'ils sont sous les drapeaux.

Le délit maritime est celui qui est déféré aux tribunaux maritimes.

On donne le nom de délit politique à tout délit et même à tout crime dont la politique est le but et le mobile.

On nomme délits forestiers, ruraux, de chasse, de pêche, etc., ceux qui enfreignent les lois relatives à la police des eaux et forêts.

Les délits en général échappent à l'extradition, qui est limitée aux faits qualifiés de crimes. On comprend toutefois que cette distinction ne puisse reposer sur une règle absolue, puis qu'elle est subordonnée à la divergence des législations particulières, qui pour classer les crimes et les délits se sont inspirées, tantôt de la gravité intrinsèque des actes, tantôt du principe de compétence, tantôt du système des pénalités ou de l'utilité pratique que pouvait offrir telle ou telle qualification juridique attribuée aux faits. C'est ainsi que des faits considérés comme de simples délits dans certains pays, l'escroquerie par exemple, sont réputés crimes dans d'autres, qu'ils sont conséquemment compris dans leurs conventions d'extradition.

Les délits — et même les crimes — politiques sont l'objet d'une immunité formelle.

Mais il est fait une exception pour

toute une catégorie de délits dont la contiguité des frontières garantirait l'impunité et qui partant tendraient à devenir de plus en plus graves et fréquents, si des mesures spéciales et exceptionnelles n'étaient prises pour en assurer la répression. De ce nombre sont les délits et les contraventions en matière forestière, rurales, de chasse, de pêche, de douanes et de contrebande, dont des accords particuliers entre Etats limitrophes, souvent désignés sous le nom de *cartels*, sont destinés à faciliter la poursuite commune et réciproque. *(Voir* CARTELS.)

DEMANGEAT (Joseph Charles) jurisconsulte français, né à Nantes le 2 septembre 1820.

Professeur à la faculté de droit de Paris, conseiller à la Cour de cassation, membre de l'Institut de droit international.

Histoire de la condition civile des étrangers en France, dans l'ancien et le nouveau droit. (1844, in 8⁰).

Cours élémentaire de droit romain. 1864, 2 vol. in-8⁰.

Introduction au droit international privé.

On doit à M. Demangeat deux éditions du *Traité de droit international privé* de Fœlix; la dernière, publiée à Paris en 1866, est augmentée de commentaires sous forme d'annotations, ainsi que des décisions importantes rendues par les cours françaises depuis l'édition précédente.

DÉMEMBREMENT. Partage ou séparation; division d'un pays en plusieurs territoires, d'un territoire en plusieurs portions.

Ainsi l'on dit: plusieurs monarchies se sont formées du démembrement de l'empire romain.

Les partages entre l'Autriche, la Russie et la Prusse de divers territoires polonais ont été appelés les démembrements de la Pologne.

Le démembrement se dit plus particulièrement d'un partage ou d'une division violente ou forcée; et dans ces cas, il entraîne ou modifie essentiellement la souveraineté de l'Etat démembré. *(Voir* INDÉPENDANCE, SOUVERAINETÉ DES ÉTATS.)

DEMEURE. Habitation, lieu où l'on habite, ou réside, ou demeure.

Le mot *demeure* n'est synonyme ni de domicile ni de résidence.

La *demeure* est le lieu où l'on est établi dans le dessein d'y rester, ou même le lieu où on loge; la *résidence* est

la demeure habituelle ou fixe; le *domicile* est la demeure légale: on peut avoir plusieurs demeures, on n'a qu'un domicile légale.

Les gens en place, attachés par une charge, un emploi à un lieu déterminé ont une résidence nécessaire. *(Voir* DOMICILE, RÉSIDENCE.)

La demeure d'un agent diplomatique est inviolable en tant qu'il s'agit des besoins indispensables de son service officiel et de l'exercice libre et régulier de ses fonctions; mais cette inviolabilité ne donne pas le droit à l'envoyé étranger de faire servir sa demeure de refuge aux individus poursuivis par les autorités locales. *(Voir* EXTERRITORIALITÉ, INVIOLABILITÉ')

DÉMISSION. Se disait autrefois de l'acte par lequel on ôtait un emploi à quelqu'un; aujourd'hui c'est l'acte par lequel on renonce à une dignité.

La démission d'un emploi donnée par le titulaire n'est définitive que lorsqu'elle a été acceptée.

Pour que la démission de ses fonctions donnée par un agent diplomatique fasse cesser sa mission, il faut qu'elle ait été acceptée par son souverain.

Lorsque cette démission a été acceptée par son gouvernement, l'ambassadeur ou le chef de légation peut continuer ses fonctions jusqu'à l'arrivée de son successeur, ou remettre la direction de la légation à un agent intérimaire. *(Voir* AGENTS DIPLOMATIQUES. AMBASSADEUR.)

DÉMISSIONNAIRE. Celui ou celle qui donne sa démission.

Les consuls généraux, les consuls, les élèves-consuls, les drogmans et les chanceliers ne peuvent quitter leurs postes sans autorisation ou sans motif légitime; autrement ils sont considérés comme démissionnaires.

DÉMOCRATIE, DÉMOCRATE. Forme du gouvernement où le peuple exerce la souveraineté.

La masse des citoyens délègue une autorité temporaire à des magistrats chargés de veiller à l'exécution des lois et de maintenir l'ordre public.

On nomme *démocrate* celui qui est attaché aux principes et aux institutions de la démocratie.

DÉNATIONALISATION. Action de changer de nation, perte du caractère national; — aussi action de dénationaliser, de dépouiller du caractère national.

Cette perte peut être éprouvée par l'individu privé, ou par un peuple entier, auquel un conquérant peut chercher à enlever les caractères particuliers qui le distinguent comme nation.

(*Voir* EMIGRATION, EXPATRIATION, NATIONALITÉ, NATURALISATION.)

DÉNATURALISATION. Perte ou cessation de l'état de naturalisation. (*Voir* NATIONALITÉ, NATURALISATION.)

DÉNI DE JUSTICE. En jurisprudence, c'est le manquement par un juge de rendre la justice qu'on lui demande, ou d'une autorité quelconque de prononcer sa décision, que ce manquement provienne de négligence ou d'un refus volontaire.

En pays étranger, lorsqu'il s'agit d'un déni de justice par les juges locaux, l'intervention des consuls est acquise à leurs nationaux lésés.

De même l'agent diplomatique ou consulaire qui refuserait son appui à ses nationaux qui le réclament, commettrait un déni de justice à leur égard.

Dans le langage général, *déni de justice* se dit de tout refus d'accorder à quelqu'un ce qui lui est dû.

Le déni de justice de la part d'un gouvernement à l'égard d'un ressortissant d'un autre gouvernement, c'est-à-dire la réparation d'une injure ou d'un préjudice évident, peut justifier le recours à des représailles par le gouvernement de l'étranger qui réclame cette réparation. (*Voir* REPRÉSAILLES, RÉTORSION.)

DÉNIZATION. Sorte de naturalisation accordée en Angleterre.

La dénization accorde à l'étranger qui a formé le dessein de résider dans le Royaume-Uni certains droits civils, notamment la faculté de posséder par achat ou par succession et de transmettre de la même manière des propriétés foncières.

Ces droits peuvent être accordés pour la vie durant, ou pour un temps limité, ou pour une circonstance particulière, ou pendant la résidence du denizen, c'est-à-dire la personne qui a obtenu la denization, et celle de sa postérité en Angleterre ou dans les possessions anglaises.

Les droits que donne la dénization ne rendent pas l'étranger apte à être membre de l'une ou de l'autre chambre du parlement, ni à remplir aucune fonction civile ou militaire, ni à recevoir aucune dotation de la couronne.

La dénization s'accorde par des lettres patentes du souverain, dans lesquelles sont spécifiés les droits et les privilèges octroyés au *denizen*.

La *dénization* est, pour ainsi dire, une demi-naturalisation, qui place l'étranger *denizen* dans un état intermédiaire entre l'étranger proprement dit et l'étranger naturalisé. Elle n'enlève pas la propre nationalité; en effet bien que les jurisconsultes anglais soutiennent que la dénization fait de l'étranger un sujet anglais, la jurisprudence française a jugé qu'elle ne fait pas perdre la nationalité d'origine.

DÉNONCIATION. Ce terme équivaut, sauf des nuances presque insensibles, à ceux de déclaration, de publication, de notification.

Ainsi on pourrait dire *dénonciation* au lieu de *déclaration* de la guerre.

Parmi les actes de guerre, on dénonce un bombardement, c'est-à-dire que le commandant des assiégeants, toutes les fois qu'il le peut, informe les assiégés de son intention de bombarder la place: c'est une mesure dictée par l'humanité et qui a pour but de mettre les non-combattants, surtout les femmes et les enfants, à même de s'éloigner ou de pourvoir à leur sûreté.

On dénonce également un armistice, mais dans ce cas la dénonciation, au lieu d'annoncer le commencement de la suspension d'armes, en marque la rupture ou la fin. Cette dénonciation n'est pas nécessaire lorsqu'un délai a été assigné d'avance à l'armistice ou à la trêve et que ce délai est expiré; mais quand la trêve est indéterminée, la bonne foi et la saine logique exigent qu'elle ne soit rompue qu'après dénonciation.

C'est dans le même sens que la dénonciation s'applique aux traités et aux conventions. La dénonciation d'un traité est l'acte par lequel un Etat notifie, verbalement ou par écrit, à l'autre Etat qui a contracté avec lui, son intention de faire cesser le traité.

La dénomination est justifiée, lorsqu'elle est faite conformément à une des clauses du traité qui en donne le droit aux parties contractantes ou qui a déterminé l'expiration du traité, lorsque ce droit a été expressément réservé, lorsque les circonstances seront modifiées et que les parties cessent d'être d'accord.

Lorsqu'elle repose sur des raisons sérieuses, la dénonciation ne saurait être considérée comme un procédé injurieux pour la partie qui la reçoit.

En tout état de choses, la dénomination d'un traité accomplie par l'un des contractants sans le consentement de l'autre équivaudrait à une violation du traité.

Lorsqu'un Etat a des griefs contre un autre, la dénonciation des traités existant entre eux peut devenir un moyen de représailles. (*(Voir* TRAITÉS.)

DÉPARTEMENT. Ce mot désigne une division territoriale.

Le département est la base de la division du territoire et de la circonscription administrative de la France. Chaque département est administré par un préfet; il se subdivise en arrondissements, à chacun desquels est préposé un sous-préfet.

On entend aussi par département une division administrative, et plus particulièrement chaque partie de l'administration des affaires d'Etat, dont la connaissance est attribué à un ministre. Le département des affaires étrangères, le département de la justice etc.

DÉPÊCHE. Lettre envoyée par un courrier; nouvelle envoyée par le télégraphe; en général lettre concernant les affaires publiques.

Dans le langage diplomatique le mot *dépêche* désigne la correspondance importante d'un gouvernement avec ses agents à l'étranger, les notes ou les informations que ceux-ci lui transmettent, et les instructions ou les ordres qu'ils reçoivent; mais la qualification de dépêche ne s'applique pas aux communications entre un gouvernement et les agents étrangers accrédités auprès de lui, ou à celles de ces agents entre eux.

Les dépêches diplomatiques dont l'intérêt exige un secret particulier, peuvent être écrites en chiffres. (*Voir* CHIFFRE.)

Les dépêches sont expédiées par la poste ou par des courriers, ou par des personnes de confiance. (*Voir* COURRIER, DOUANE.)

Quand un gouvernement a une communication à faire à un autre, le mode le plus usité est que le ministre des affaires étrangères adresse au chef de mission dépendant de lui une dépêche en le chargeant de la communiquer et d'en laisser copie au ministre des affaires étrangères du pays où il est accrédité. Ce dernier répond de la même façon par une dépêche à son agent près le gouvernement étranger.

Quelquefois l'agent diplomatique donne seulement lecture de la dépêche; mais le ministre des affaires étrangères peut refuser de recevoir communication d'une dépêche, à moins qu'on ne lui en laisse copie. Aussi les agents étrangers laissent-ils généralement copie de leurs communications officielles. Cette copie est signée comme conforme à l'original quand il est dit que „copie sera laissée"; elle n'est pas certifiée quand il est dit „sans laisser copie".

D'autre part, lorsqu'une dépêche est blessante dans la forme, le ministre du gouvernement auquel elle est destinée, peut refuser d'en prendre connaissance; alors aucune copie n'en est prise, et l'on dit, en langage diplomatique, que le gouvernement destinataire n'en a pas connaissance; on y supplée d'ordinaire par un entretien officieux sur les matières qui faisaient l'objet de la dépêche refusée.

Les dépêches des gouvernements et de leurs agents à l'étranger sont inviolables. En temps de guerre, les dépêches qui n'ont pas trait aux hostilités et spécialement la correspondance diplomatique peuvent être expédiées en toute sûreté par les navires neutres, qui doivent être respectés par la nation qui est en guerre avec celle que les agents représentent, tant en raison de leur pavillon que du privilège diplomatique dont les couvre la mission postale qu'ils remplissent. Par contre les dépêches relatives à la guerre et transportées dans l'intention de favoriser l'un des belligérants sont considérées comme contrebande de guerre.

DÉPÊCHE D'ÉTAT. On range parmi les *dépêches d'Etat* celle qui émanent du chef du pouvoir exécutif d'une nation, des ministres, des commandants des forces de terre et de mer, des agents publics par l'intermédiaire desquels sont entretenus les rapports internationaux, ainsi que les réponses à ces messages; toutefois les dépêches des consuls ou des agents commerciaux ne sont pas considérées comme dépêches d'Etat, si elles ne sont adressées à des personnes revêtues d'un caractère officiel et si elles n'ont pas trait à des affaires de service.

Les dépêches d'Etat ne sont reconnues et reçues comme telles que si elles portent le sceau de l'Etat ou toute autre marque de l'autorité qui les expédie. Elles peuvent être rédigées et transmises en *chiffres* (Voir ce mot) ou en lettres secrètes, en totalité ou en partie.

Pour la transmission les dépêches d'Etat ont la préférence sur les autres dépêches.

DÉPENS. Terme de procédure: frais ou dépenses qu'entraîne un procès, en dehors des *frais* proprement dits, qui consistent dans les déboursés et les émoluments dus aux officiers ministériels.

Dans une instance la partie qui perd est condamnée à payer les dépens.

Néanmoins. il est des cas où le tribunal peut *compenser* les dépens en tout ou par portion, c'est-à-dire en ordonner le paiement par l'une et l'autre des parties, en faisant le plus souvent supporter à chacune les frais qu'elle a respectivement faits. (*Voir* COMPENSATION.)

DÉPENDANCE. Se dit d'une contrée, d'une terre qui relève d'une autre : telle province est une des dépendances de la Couronne — tel pays est une dépendance de tel royaume ou empire.

Se dit aussi, surtout au pluriel, de tout ce qui tient comme accessoire à une chose principale : ainsi ce jardin est une dépendance de la propriété, une terre avec toutes ses appartenances et dépendances.

Sujétion, subordination, état d'une personne qui dépend d'une autre.

DÉPLACEMENT. Action d'ôter un emploi, une fonction, ou simplement de faire changer un fonctionnaire de résidence.

DÉPOSITION. Acte par lequel on prive quelqu'un d'une fonction, d'une dignité. (*Voir* DESTITUTION.)

Ce terme s'emploie surtout lorsqu'il s'agit des souverains et des papes. (*Voir* DÉCHÉANCE, ABDICATION, AGENTS DIPLOMATIQUES.)

DÉPOSITION DE TÉMOIN. Terme de procédure. Action de déposer, de remettre un témoignage.

Ce qu'un témoin déclare et affirme devant un juge ou une autorité compétente. (*Voir* TÉMOIGNAGE, TÉMOIN.)

DÉPOSSESSION. Action de déposséder quelqu'un.

La dépossession peut s'étendre à un État, à une nation, à laquelle on enlève une partie de son territoire : c'est un des effets de la conquête.

DÉPUTÉ. Toute personne chargée d'une mission.

Se dit plus particulièrement de celui qui est envoyé par une nation, une province, une ville, un corps, une assemblée pour remplir une mission spéciale soit seul, soit avec d'autres, auprès de quelqu'un, notamment auprès d'un prince ou d'une puissance, auprès du chef de l'État ou des autorités constituées dans l'intérieur, ou même, dans des circonstances extraordinaires, auprès de chefs d'État étrangers ou d'autorités étrangères. — Ces députés ou envoyés spéciaux ne peuvent prétendre aux droits et aux prérogatives des agents diplomatiques et encore moins aux honneurs du cérémonial.

Lorsqu'un agent diplomatique est, en outre de sa qualité de ministre public, revêtu du titre de député, ce titre ne lui enlève pas son caractère diplomatique et il en conserve les droits et les prérogatives.

Dans un sens plus spécial le titre de député s'applique à celui qui est nommé, élu ou envoyé pour faire partie d'une assemblée où l'on doit s'occuper des intérêts d'un pays, d'une province, d'une confédération, etc.; particulièrement, celui qui fait partie de ce qu'on appelle ordinairement seconde chambre, chambre des députés, par opposition à la chambre des pairs ou sénat.

On donne aussi le nom de députés aux délégués de la nation dans les Echelles du Levant ou de Barbarie; ces députés sont des notables parmi les résidents de leur nationalité, investis de la confiance de leurs compatriotes pour les représenter dans certaines circonstances auprès de l'agent diplomatique et des consuls de leur nation, et quelquefois aussi, par exemple, dans des cérémonies ou des solennités publiques, vis à-vis de la nation chez laquelle ils résident : ce sont principalement des commerçants immatriculés au consulat et nommés par leurs co-résidents dans une assemblée annuelle des nationaux.

DÉROGATION. Acte par lequel on déroge à un acte antérieur, c'est-à-dire par lequel on le tient pour non avenu dans toutes ses parties ou seulement dans quelques-unes.

On déroge à une loi lorsqu'on ne se conforme pas à ses prescriptions : il y a également dérogation quand on fait une convention contraire à certaines dispositions légales.

Il existe cette différence entre la dérogation et l'abrogation que la première laisse subsister la loi antérieure, tandis que la seconde l'annule absolument. La loi dérogeante ne porte à l'ancienne qu'une atteinte indirecte et incomplète; la loi abrogeante est directement et pleinement contraire à l'ancienne.

La dérogation est ou expresse, ou tacite.

On dit dérogatoire l'acte ou la clause qui en modifie ou révoque d'autres.

DÉROGEANCE. Action par laquelle on perdait les droits et les privilèges attachés à la noblesse.

Ce mot signifie aussi simplement diminution de ces droits ou de ces privilèges.

Ainsi autrefois un noble dérogeait en se mettant dans le commerce; de sorte qu'on disait que, „le commerce dérogeait,“ c'est à-dire qu'il faisait que le noble qui commerçait n'était plus noble.

DÉSARMEMENT. Action de faire rendre ou d'enlever les armes à une troupe.

En temps de guerre, l'Etat neutre ne compromet pas sa situation en accueillant les soldats de l'une ou l'autre armée belligérante qui se réfugient sur son territoire, lorsqu'ils sont obligés de renoncer à la continuation des mouvements stratégiques qu'ils opéraient. La première précaution qu'il ait à prendre, c'est de les désarmer, afin de leur retirer en quelque sorte tout caractère militaire. Il doit ensuite, par prudence, les interner, c'est-à-dire les éloigner le plus possible du théâtre des hostilités.

A plus forte raison, l'Etat neutre a-t il ce droit de désarmer et de faire prisonniers les corps de troupes qui envahissent son territoire.

Mais l'Etat neutre n'est tenu ni de retenir ni de désarmer le navire de guerre qui se réfugie dans un de ses ports ou qui y vient pour réparer des avaries, se procurer des vivres ou faire soigner ses malades.

La raison de cette différence de traitement entre les troupes de terre et les navires de guerre ne repose pas seulement sur les dangers inhérents à la vie maritime et auxquels le soldat n'est pas exposé, mais plutôt sur ce que les navires sont respectés comme faisant partie du territoire de la nation dont ils portent le pavillon et comme ne cessant jamais à ce titre d'être soumis pour leur régime intérieur à la juridiction de leur souverain.

DÉSAVEU. Acte par lequel on déclare n'avoir point autorisé quelqu'un à faire ce qu'il a fait ou à dire ce qu'il a dit.

Un gouvernement peut décliner la responsabilité des actes de ses agents, lorsqu'il les désavoue expressément en prouvant qu'il ne les a pas autorisés ou que ces agents ont outre-passé leurs pouvoirs. Toutefois, même en pareils cas, le gouvernement est tenu de réparer le tort que ces actes ont causé et de punir celui qui les a commis; car un simple désaveu ne satisfait pas toujours la partie lésée.

Cette règle s'applique particulièrement aux actes des personnes faisant partie des forces militaires et navales d'un Etat.

La rigueur des lois et de la discipline militaires imprime aux actes d'un officier de l'armée une plus large responsabilité que n'en ont les actes d'un simple fonctionnaire civil. Ce dernier, quoique censé régi par les lois de l'Etat, ne se trouve pas toujours sous la direction immédiate du pouvoir exécutif ou passible de punition, tandis que l'officier de l'armée ou de la marine est sous les ordres et la direction immédiate du chef de l'Etat, de sorte que, lorsqu'il agit dans sa capacité officielle, chacun de ses actes est *prima facie* l'acte de son gouvernement et doit être considéré comme tel, tant qu'il n'est pas désavoué par ce gouvernement. Le brevet de l'officier est généralement regardé comme une preuve suffisante de son autorité. Dans le cas où il désavoue l'acte de l'officier, le gouvernement est obligé de punir celui-ci ou de le livrer à la partie lésée, pour qu'elle le punisse.

DÉSERTEUR. *Définition.* Militaire ou marin qui déserte, abandonne son poste et son drapeau.

La loi considère comme déserteur le soldat qui, sans permission, quitte son corps, abandonne son poste ou passe à l'ennemi, et le marin qui s'absente du bord sans autorisation et n'y rentre pas avant l'expiration du troisième jour.

On répute aussi déserteurs les individus qui, liés au service de l'Etat à un titre quelconque, ne se rendent point à l'appel, et les condamnés aux travaux dans les forteresses ou dans les ateliers disciplinaires.

Caractère. Les soldats qui quittent leur drapeau, comme les marins qui abandonnent les navires à bord duquel ils servent, commettent un délit considéré généralement comme imprescriptible, c'est-à-dire plaçant indéfiniment celui qui s'est rendu coupable sous l'action répressive des lois du pays auquel il appartient.

La désertion, qui en temps ordinaire a le caractère d'un simple délit, devient un crime lorsqu'elle a lieu en temps de guerre, en présence de l'ennemi, ou lorsqu'elle est suivie de service militaire pris à l'étranger.

Une distinction doit toutefois être établie entre les soldats et les marins. Les premiers, en effet, servent l'Etat, acquittent une dette publique, remplissent un devoir de citoyen; le gouvernement de leur pays a donc directement la main sur eux et le droit de les poursuivre, s'ils viennent à manquer à leurs engagements envers lui. Quand aux seconds, lorsqu'il ne font pas un service actif à bord des bâtiments de la flotte, ils ont la faculté de s'engager sur des navires de commerce; il s'en suit que leur désertion constitue un délit *sui generis*, puisqu'elle se complique de la violation d'un contrat privé pouvant donner lieu à des dommages-intérêts sous forme de perte de salaire acquis.

Cette distinction entraîne, entr'autres, cette conséquence qu'un gouvernement peut bien renoncer au droit de rechercher, de poursuivre et se faire livrer, par les pays où ils ont cherché asile, les hommes qui ont subrepticement quitté le service des armées de terre ou de mer; mais en principe il n'a pas les mêmes droits en ce qui concerne les matelots de la marine marchande, en raison de la connexité des intérêts publics et privés qui se trouvent engagés dans la position de ces marins.

Pénalités. La désertion ou l'action de déserter est punie des peines les plus sévères, qui varient selon les lois des diverses nations; en général le déserteur qui passe à l'ennemi est condamné à mort.

Les déserteurs qui se sont rendus coupables du crime de porter les armes contre leur patrie, lorsqu'ils sont repris par des troupes de l'armée à laquelle ils appartenaient avant leur désertion, perdent tout droit d'être traités comme prisonniers de guerre et d'invoquer le bénéfice des lois de la guerre. Un usage universellement consacré les exclut de tout échange, et les rend justement passibles des pénalités dont la législation de leur pays frappe le crime odieux qu'ils ont commis.

Cependant cette règle se rapporte exclusivement aux relations des déserteurs avec le pays auquel ils appartiennent; car l'ennemi a à tenir une conduite différente à leur égard. L'armée qui les reçoit, ne saurait les rendre à l'État dont ils sont sujets. Ces hommes, en se livrant à l'ennemi, ne lui font aucun mal; ils cessent de faire actes de combattants et doivent donc être traités comme des étrangers inoffensifs. Si le pays dont ils sont sujets, les considère à juste titre comme des traîtres et les punit en conséquence quand il parvient à s'emparer de leurs personnes, celui où ils se réfugient n'a pas à juger leur conduite, encore moins à les punir d'un acte qui, au lieu de lui nuire, lui est même favorable, puis que leur départ affaiblit l'armée ennemie.

Il est facile de concevoir qu'on ne les

comprenne pas dans les échanges de prisonniers: l'échange aurait en effet pour résultat de les livrer à la vindicte de l'État qu'ils ont trahi ou abondonné; d'ailleurs il faudrait sans doute employer la contrainte pour obtenir leur consentement.

Extradition. Les déserteurs des armées de terre et de mer et ceux de la marine marchande sont passibles d'extradition; mais dans ces cas l'extradition prend un caractère particulier, celui d'un acte de pure courtoisie internationale, basé sur les convenances des États et sur les besoins du commerce maritime.

L'extradition des déserteurs est ordinairement l'objet d'accords spéciaux entre les différents États, qui en ce qui concerne les soldats concluent des *cartels* (voir ce mot) ou des conventions séparées, et, lorsqu'il s'agit des matelots, insèrent le plus souvent des clauses expresses dans leurs traités de commerce et de navigation et dans leurs traités consulaires.

La règlementation de ce genre d'extradition est des plus sommaires, et sa mise en pratique n'exige aucune des formalités requises pour l'extradition des criminels ordinaires.

Ainsi, par exemple, les matelots déserteurs sont recherchés et arrêtés pour être reconduits à leur bord ou renvoyés dans leur pays sur la seule demande des consuls et des vice-consuls de leur nation, ou, à défaut de ceux-ci, sur celle des commandants ou des capitaines intéressés.

Dès que le déserteur a atteint un territoire étranger, il ne peut y être poursuivi par les agents de son gouvernement, le droit de l'arrêter n'appartenant qu'aux autorités locales compétentes.

Il est d'usage de restituer au gouvernement, à l'armée ou à la marine auxquels appartient le déserteur, les effets d'équipement et d'habillement, les chevaux et les harnachements, en un mot tous les objets dont le déserteur se trouve pourvu au moment de son arrestation ou qu'il vient à abandonner.

Des primes ou des gratifications sont quelquefois accordées pour la recherche et l'arrestation des déserteurs, ainsi que pour la restitution des chevaux ou des effets d'équipement qu'ils ont emmenés avec eux.

La remise des déserteurs s'opère habituellement dans les places frontières désignées à cet effet.

Si le déserteur a commis quelque délit dans le pays où il s'est réfugié, les autorités locales peuvent surseoir à sa remise jusqu'à ce que le tribunal compétent ait dûment statué sur le dernier délit et que le jugement intervenu ait reçu son entière exécution.

Les frais d'entretien des prisonniers militaires ou marins jusqu'au moment de leur extradition restent à la charge du gouvernement requérant ou de ses agents consulaires.

Les traités commerciaux assignent en général une durée *maximum* de trois à quatre mois à la détention préventive des matelots déserteurs; si à l'expiration de ce terme le consul ou son représentant n'a pu renvoyer le matelot dans son pays, celui-ci est remis en liberté et ne doit plus être arrêté de nouveau pour la même cause.

Les déserteurs des bâtiments de l'Etat et des armées de terre qui se trouvent à l'étranger, doivent faire leur soumission au consulat de leur résidence, s'ils veulent profiter des amnisties générales; les matelots déserteurs de la marine marchande ne sont pas admis au bénéfice des amnisties.

On excepte généralement de l'extradition les individus nés sur le territoire de l'Etat où ils ont cherché un asile et que le fait de désertion ramène dans leur pays natal.

DÉSHÉRENCE. Terme de jurisprudence.

Etat d'une succession vacante par l'absence constatée d'héritiers légitimes ou autres.

Droit de déshérence, droit qu'a l'Etat de recueillir la succession des individus morts sans héritiers.

Les biens acquis après sa condamnations par un condamné mort civilement appartiennent à l'Etat par droit de déshérence.

Lorsque des biens mobiliers sont laissés dans un pays par un étranger qui n'y avait pas son domicile et qu'il ne se présente aucun héritier auquel ces biens doivent être attribués, la déshérence se produit; mais la question se présente de savoir au profit de quel Etat, de celui sur le territoire duquel les biens sont situés, ou bien de celui du domicile du défunt; la majorité des publicistes se prononcent en faveur du premier, par la raison qu'il s'agit de biens sans possesseur et que la question n'en est plus une de succession, mais plutôt de souveraineté territoriale, de *domaine éminent.* (Voir ce terme.)

DESJARDINS (Arthur), jurisconsulte français, né à Beauvais en 1835.

Membre de l'Institut de France. Avocat général à la Cour de Cassation depuis 1875.

Nous citerons parmi ses travaux:

De l'aliénation et de la prescription des biens de l'Etat, des départements, des communes et des établissements publics (ouvrage couronné par la Faculté de droit de Paris.) Paris 1862.

Traité de droit commercial maritime. Paris, 1878—1885. 5 vol. in 8⁰.

Le tome 1er traite de la liberté du commerce maritime, puis de toutes les questions qui se rapportent aux navires en eux-mêmes: définition, état civil, nationalité, nature juridique, acquisition et transmission de la propriété; privilèges sur les navires; saisie et vente. Le tome 2e est consacré aux propriétaires et aux capitaines des navires; le 3e contient un traité des gens de mer, un traité du contrat d'affrètements et se termine par des observations sur le transport des passagers par mer.

Le 4me traite du connaissement et des avaries, le 5me de l'abordage. A proprement dire, l'ouvrage de Desjardins est un commentaire du code français de commerce et de la loi française du 29 janvier 1881 sur la marine marchande.

Le congrès de Paris 1856 et la jurisprudence internationale Paris 1884. L'auteur s'est proposé d'examiner comment les nations maritimes ont interprété la déclaration de 1856 et quelle est la situation des nations dissidentes vis-à-vis des signataires.

DESSIN DE FABRIQUE. On entend par *dessins de fabrique* les dessins qui sont destinés à être appliqués sur des étoffes, des papiers de tenture, même des cartes à jouer au moyen du tissage, de l'impression ou d'autres procédés industriels. Dans cette catégorie on range également les dessins en relief, qui par le fait tiennent plus de la sculpture que du dessin proprement dit et qu'on désigne plus spécialement sous le nom de *modèles industriels.* Tous ces dessins et ces modèles constituent une propriété artistique assimilée aux marques de fabrique et placée, comme celles-ci, sous la double garantie de la loi intérieure et des stipulations internationales. (*Voir* MARQUE DE FABRIQUE.)

DESTITUTION. Action d'ôter à un fonctionnaire sa place.

Les agents diplomatiques et consulaires peuvent être destitués ou révoqués, mis en retraite ou inactivité par leur gouvernement.

DESTRUCTION. Action de détruire, de ruiner, d'anéantir; et tant qu'il s'agit d'une construction, la renverser de manière qu'il n'en reste plus d'apparence.

Lorsqu'une guerre est engagée, la destruction est presque inévitable sur le territoire qui en est le théâtre; mais le droit international, d'accord avec les lois de l'humanité, y apporte les limites et les remèdes possibles selon les lieux et les circonstances.

Ainsi la destruction intentionnelle ou la dégradation des monuments d'art, des instruments et des collections scientifiques par les troupes envahissant ou occupant le territoire ennemi sont réprouvées comme des actes de barbarie.

Il en est de même des voies de communication, des ports, des phares, des câbles télégraphiques dont la destruction est considérée comme contraire au droit des gens, à moins qu'elle ne soit nécessitée par les opérations militaires, comme, par exemple, quand une armée a besoin de rendre les communications difficiles pour faciliter la retraite des troupes et empêcher l'ennemi de poursuivre les vaincus, ou de commencer l'attaque.

Les lois de l'humanité proscrivent aussi l'usage des moyens de destruction qui, d'un seul coup et par des moyens mécaniques, abattraient des masses entières de troupes et qui, en réduisant l'homme au rôle d'un être inerte, augmenteraient inutilement l'effusion du sang.

DÉSUÉTUDE. Cassation par laps de temps, ou simplement discontinuation d'une coutume, d'un usage, d'une pratique.

Se dit surtout de l'abrogation d'une loi par non-usage.

DÉTRACTION (droit de). Ce droit remonte au régime féodal; il consistait dans un prélèvement de tant pour cent opéré par le gouvernement soit sur les biens meubles exportés hors de son territoire, et dans ce cas il était qualifié de droit de *retraite,* de *sortie* de *gabelle d'émigration,* soit sur le produit net des successions transférées à l'étranger, soit sur les donations testamentaires.

Ces droits ne sont pas encore abolis dans tous les pays; mais ils ont été supprimés ou modifiés par la plupart des gouvernements; à l'égard d'autres États ils ne s'exercent que par voie de rétorsion et fort exceptionnellement.

DÉTRESSE. Dénûment extrême, danger pressant, la situation même qui cause ce danger.

Signal de détresses, signal par lequel un navire annonce qu'il est en péril et qu'il a besoin de secours.

Canon de détresse, coup de canon tiré en signal de détresse.

On doit accorder aux navires en détresse et à leurs équipages tous les secours nécessaires et leur laisser le libre usage des établissements de secours.

Dans l'état actuel du droit des gens, les navires de guerre chassés par la tempête ou autre fortune de mer sont, comme les navires marchands, reçus et secourus dans les ports neutres et même dans les ports ennemis.

On ne peut refuser aux navires neutres en détresse le droit de se réfugier dans un port bloqué; mais ils doivent se soumettre aux prescriptions de l'autorité maritime qui leur accorde l'autorisation de passer malgré le blocus.

DÉTROIT. Proprement espace resserré; il ne se dit dans ce sens qu'en termes de géographie.

Bras de mer resserré entre deux continents, entre une île et le continent, entre deux îles peu éloignées l'une de l'autre.

Canal naturel par lequel deux mers ou deux parties d'une même mer communiquent ensemble.

Au point de vue du droit international, on distingue deux sortes de détroits: ceux qui aboutissent à des mers fermées ou enclavées, et dont par conséquent la souveraineté peut être revendiquée exclusivement par l'État dont elles baignent les côtes; et ceux qui servent de communication entre des mers libres. Les premiers, constituant un domaine propre et réservé, sont régis par les lois ou les règlements particuliers de chaque pays; les seconds, affectant nécessairement les intérêts des divers États dont ils sont destinés à faciliter l'accès, ne peuvent jamais devenir la propriété souveraine d'un seul et doivent rester absolument libres pour toutes les marines, comme les mers auxquels ils conduisent.

Cette liberté d'accès et de transit admet toutefois les restrictions inhérentes au droit de conservation des États sur les côtes desquels sont situés les détroits; et lorsque la configuration des détroits oblige les navires qui les traversent à passer sous le feu des forts placés sur l'un ou l'autre bord, le souverain qui est maître de la côte, a le droit incontestable d'en surveiller la navigation et de prendre, surtout en temps de guerre, les précautions que la prudence et le soin de sa sûreté peuvent rendre nécessaires.

Il peut arriver aussi que la navigation d'un détroit soit tellement difficile et dangereuse qu'elle ne puisse se faire sans l'assistance d'hommes pratiques et expérimentés, ni sans le secours de phares et de signaux convenables. Nul doute que dans ce cas l'Etat qui, dans l'intérêt même de la navigation, entretient les feux ou les stations de pilotes, n'ait le droit de se faire indemniser des dépenses qu'il supporte et d'imposer certaines charges fiscales aux marins qui en profitent. Strictement renfermées dans ce qui constitue alors, non un péage, mais la rétribution de services rendus, les taxes de ce genre n'ont rien que de légitime et de conforme aux vrais principes sur la matière.

Le droit de blocus peut s'appliquer à un détroit. Seulement il est à l'exercice de ce droit en pareil cas une restriction fondée en équité comme en fait: le blocus rigoureux d'un détroit ne peut être établi que lorsque ce détroit est tout entier compris sous la souveraineté de l'Etat ennemi; mais si le détroit conduit à des pays avec lesquels le belligérant n'est pas en guerre, celui-ci ne peut en interdire le passage aux navires neutres en destination pour ces pays. Lorsque les deux rivages du détroit n'appartiennent pas à l'ennemi, un blocus effectif devient presque impraticable: car si le bloquant peut empêcher le passage du côté de l'ennemi, il est tenu de le laisser libre de l'autre.

DETTE. Ce qu'on doit à quelqu'un, engagement pris par un débiteur à l'égard d'un créancier.

Par rapport à la personne, les dettes sont *actives* ou *passives:* les premières sont celles qu'on nous doit, dont nous avons le droit d'exiger le paiement : ce sont les *créances* (voir ce mot) à recouvrer; les secondes sont celles que nous devons, que nous sommes obligés de payer : ce sont les *dettes* proprement dites.

Relativement à leur nature, aux motifs qui les ont créées, aux objets sur lesquels elles portent, on distingue plusieurs sortes de dettes, notamment :

Dettes *mobilières,* qui ont pour objet quelque chose de mobilier.

Dettes *immobilières,* qui portent sur un immeuble; dans cette catégorie rentrent l'usufruit, les rentes foncières.

Dettes *réelles,* auxquelles on est tenu qu'à raison d'un immeuble qu'on détient, et qui peuvent être libérées par le délaissement.

Dettes *hypothécaires,* garanties par hypothèque sur des immeubles.

Dettes *privilégiées,* pour lesquelles on a un privilège, de sorte qu'elles doivent être payées avant toutes les autres.

Dettes *chirographaires,* qui résultent d'une obligation écrite, sans hypothèque ni privilège.

Dettes *commerciales,* qui se rapportent à des faits de commerce.

Dettes *liquides,* qui ont pour objet des sommes ou des choses déterminées.

DETTES D'AGENTS DIPLOMATIQUES. De l'inviolabilité dont jouissent les agents diplomatiques découle nécessairement leur exemption de la juridiction civile de l'Etat où ils résident. Il s'ensuit que des dettes contractées par un ministre public avant ou pendant sa mission ne peuvent autoriser aucun acte de juridiction quelconque contre sa personne.

Aucune loi locale ne peut autoriser son arrestation ou contrainte par corps, ni la saisie des meubles lui appartenant.

Si un ministre public refuse de payer ses dettes, les créanciers doivent s'adresser ou, par l'entremise du ministère des affaires étrangères, au gouvernement qui l'a envoyé, ou aux tribunaux de son pays, auxquels il est resté sujet en vertu du privilège d'exterritorialité.

Mais, comme cette immunité a été établie dans le but de protéger la dignité du représentant et l'exercice libre de ses fonctions, elle n'existe que pour les choses qui intéressent réellement son caractère; aussi la protection internationale ne s'étend-elle pas aux biens qui appartiennent manifestement au ministre sous une autre relation que celle de sa qualité; excepté l'hôtel de la légation, tous les immeubles qui peuvent lui appartenir dans le pays où il est accrédité, relèvent uniquement de la juridiction territoriale, car ils n'ont aucun rapport à la qualité diplomatique.

DETTES PUBLIQUES. Sommes résultant des emprunts que font les gouvernements, dont les revenus ne peuvent suffire à leurs dépenses.

L'ensemble de ces emprunts, contractés par le gouvernement envers les particuliers, forme la dette publique ou nationale.

En général les emprunts faits par un Etat ne sont pas remboursables : les intérêts sont payés aux porteurs du titre, que ce titre se trouve encore entre les mains du premier preneur, ou qu'il soit passé en d'autres mains par la vente. Les dettes de cette catégorie forment ce qu'on nomme la dette *consolidée*. (*Voir* CONSOLIDÉ.)

Le capital, inscrit au grand livre de la dette publique, est, au moyen du système d'amortissement, racheté successivement par l'Etat, à qui la faculté est laissée, si la situation de ses finances le permet, d'annuler les titres qui lui sont revenus par l'action continuelle de l'amortissement.

Il est aussi une portion de la dette publique qui n'est pas consolidée ; elle se compose d'engagements à terme, de créances non-réglées entièrement : c'est la *dette flottante*, ainsi nommée parce qu'elle varie sans cesse et est susceptible d'augmentation et de diminution. La dette *flottante* peut être *consolidée* par la conversion des dettes qui la composent en dette perpétuelle.

Un peuple libre qui change sa forme de gouvernement, ne s'exempte pas par ce fait seul de l'obligation de payer ses dettes antérieures. En effet, le peuple étant resté le même, la charge de pourvoir aux dettes publiques contractées au nom de la nation tout entière et par des agents suffisamment autorisés, incombe de plein droit au gouvernement, quelle que soit sa forme ou sa dénomination. Or, par cela même qu'il concentre entre ses mains et absorbe le domaine de l'Etat, le nouveau gouvernement recueille à la fois, avec l'héritage de celui qui l'a précédé, le bénéfice de ses droits fiscaux et l'obligation d'acquitter religieusement les emprunts, les dettes et les autres charges analogues placées sous la garantie de la foi publique.

Presque toujours la question des dettes publiques, dans le cas de changement de nationalité ou de gouvernement, est résolue par des clauses conventionnelles et d'après le principe de l'obligation pour le nouvel Etat de conserver à sa charge une portion de la dette contractée par l'ancien, correspondant soit au chiffre de sa population, soit au gage hypothécaire resté entre ses mains, soit au montant des revenus du territoire qui lui échoit.

C'est la règle qui prévaut aussi dans le cas de conquête, d'annexion ou d'érection en Etat souverain d'un territoire quelconque.

La simple occupation militaire ne donne pas droit à l'occupant de se substituer au gouvernement territorial pour tout ce qui regarde le domaine national et notamment les créances actives de ce gouvernement, ni de contracter des dettes au nom du pays occupé ; mais lorsque l'occupation s'est convertie en conquête réelle et complète, l'occupant acquiert la pleine et entière propriété de tout ce qui appartenait à celui qu'il a dépossédé de son domaine, à la charge toutefois d'acquitter les dettes de l'Etat auquel il se substitue.

Si le gouvernement dépossédé vient à être restauré avant la conclusion de la paix définitive, et à moins de stipulations expresses, il n'est pas tenu de reconnaître les dettes contractées par le gouvernement intérimaire pour le compte du pays occupé, et pourra en refuser le remboursement.

DÉVASTATION. Action de dévaster, de rendre une terre déserte par le ravage.

La dévastation du pays ennemi par les troupes d'envahissement ou d'occupation est considérée comme un acte de barbarie et par conséquent reprouvée par le droit international, à moins qu'elle ne soit justifiée dans une certaine mesure par des nécessités impérieuses ou par des circonstances exceptionnelles. Lorsque, par exemple, il s'agit de biens dont la possession est nécessaire au but de la guerre et qu'on ne peut enlever à l'ennemi que par la destruction ; ou de biens dont on ne peut maintenir la possession ni abandonner à l'ennemi sans le renforcer : ainsi il serait permis de raser ou de faire sauter les fortifications, de couler à fond des navires, d'enclouer les canons, de brûler les magasins militaires, etc.; ou encore de biens qu'on ne peut épargner sans nuire aux opérations militaires : c'est ainsi que dans la règle on doit épargner les jardins, les vignobles, les maisons, les forêts ; mais on est en droit de les détruire, s'il le faut, pour se fortifier ; — lorsqu'on ne peut autrement arrêter la marche de l'ennemi, ou l'obliger à sortir de sa retraite afin de couvrir le pays ; — lorsque la destruction des récoltes, des approvisionnements est urgente pour faire manquer l'ennemi de subsistances à son passage ; enfin en cas de répressailles.

DEVENTER (M. L. van), jurisconsulte hollandais.

Instructions générales pour les fonctionnaires consulaires néerlandais (en hollandais, en français et en anglais). La Haye. 1874.

DEVOIR. Ce à quoi on est obligé par la raison, la morale, par la religion ou par la loi, par son état ou par les bienséances, par un engagement.

Aucun Etat, ne pouvant refuser d'avoir la nature humaine pour base, ne peut se soustraire aux devoirs que l'humanité lui impose.

La solidarité morale que le droit naturel ou les contrats créent entre les hommes pris individuellement, le droit des gens l'établit de nation à nation par ces liens mutuels qui, à côté de chaque avantage, de chaque bénéfice, placent une charge équivalente, une obligation réciproque. Ainsi les droits de souveraineté, d'indépendance, de conservation, d'égalité, de propriété, de législation et de représentation extérieure, dont la réunion constitue le caractère distinctif de l'Etat, n'auraient qu'une valeur abstraite, s'ils n'étaient reconnus par les autres Etats et si ceux-ci n'avaient pour droit strict de les respecter. Les Etats ne jouissent donc respectivement des droits qui leur appartiennent en propre qu'à la condition de remplir eux-mêmes les uns à l'égard des autres les obligations correspondant à ces droits.

Les devoirs des Etats à l'égard les uns des autres ont des droits corrélatifs ; ces droits sont ou absolus et positifs, ou de pure convenance et de simple contingence. De cette différence il s'ensuit que ces devoirs peuvent se distinguer en devoirs *parfaits* et en devoirs *imparfaits* : les uns nettement déterminés constituent une obligation stricte, absolue, impérative, dont on peut exiger l'accomplissement *(stricti juris)*, les autres, qui restent indéterminés, simples règles d'équité, de convenance et de courtoisie *(comitas gentium)*, qui, bien qu'obligatoires pour la conscience, ne peuvent entraîner la coércition.

A la première classe de devoirs appartiennent ceux qui se rapportent à l'obligation d'observer la justice et de respecter l'indépendance, l'égalité, la propriété, la législation et la juridiction des autres Etats; dans la seconde classe on range ceux qui proviennent de relations volontaires, diplomatiques, commerciales et autres analogues, ou qui ne découlent que des préceptes d'humanité, d'équité, de bonne harmonie et d'amitié qu'enseigne la loi naturelle.

Les devoirs imparfaits, comme leur nom même l'indique, ne découlent pas d'un droit positif absolu et ne sont que moralement obligatoires. Pour acquérir la force qui leur manque intrinsèquement et revêtir la valeur d'un lien international, les devoirs imparfaits ont besoin d'être consacrés par des stipulations conventionnelles, dont la forme et la nature varient à l'infini.

Parmi les devoirs qui s'imposent aux Etats dans leurs relations mutuelles, le plus impératif peut-être est l'obligation d'observer la justice envers les autres nations en tout temps et en toute circonstance : aucun Etat ne saurait s'y soustraire. L'accomplissement en est même plus rigoureux et plus nécessaire encore entre les nations qu'entre les individus, parceque l'injustice dans les différends internationaux entraîne des conséquences beaucoup plus sérieuses que dans les débats privés et que, faute d'arbitre suprême auquel l'appréciation en puisse être déférée, le réparation est plus difficile à poursuivre et à obtenir.

Les Etats ont également le devoir de respecter et de maintenir l'indépendance des autres Etats; mais ce devoir étant essentiellement d'ordre moral et politique, les conditions dans lesquelles les peuples doivent l'accomplir ne comportent ni limites précises ni définition absolue, le seul principe qu'on puisse lui appliquer, c'est que l'état de paix l'impose à tous les Etats comme une obligation parfaite, impérative, et dont l'oubli constitue la plus coupable des violations du droit des gens. Quant à la guerre, lorsque la cause en est juste, elle dénoue forcément les liens naturels, fait cesser les devoirs mutuels des belligérants et peut dès lors légitimer l'atteinte plus ou moins sérieuse que les conséquences portent à l'indépendance des Etats qui y sont engagés.

Les Etats, comme les individus, se doivent mutuellement protection et assistance. L'étendue et la portée de leurs devoirs sous ce rapport dépendent à la fois des circonstances et de la situation particulière dans laquelle chaque nation se trouve placée. Il est impossible de tracer à cet égard des règles générales et précises; on peut seulement dire que l'Etat remplit son devoir quand il prête aux autres l'assistance qu'il se doit à lui-même. Mais le devoir de secours et de protection mutuelle cesse de se faire sentir, lorsque la guerre a éclaté entre deux Etats, parcequ'il se heurte contre le droit souverain des belligérants et contre un devoir plus impératif encore, celui de la neutralité. Ainsi, tant qu'une ville est assiégée ou un port bloqué, quelles que puissent être les souffrances endurées par les habitants, les autres peuples doivent s'interdire de venir à son aide. Mais dès que la guerre cesse ses ravages ou s'est portée sur un autre point du territoire, les Etats neutres sont libres et même moralement obligés de n'écouter que la voix de l'humanité, pour soulager par tous les moyens en leur pouvoir les souffrances qu'ils ont été impuissants à prévenir.

Lorsqu'un peuple est affligé par la famine ou par toute autre calamité publique, incendie, inondation, tremblement de terre, etc, l'humanité fait aux autres peuples un devoir de lui venir en aide, sans s'arrêter devant les différences de nationalité, de religion ou de culte, en présence d'un grand désastre, de souffrances imméritées et imprévues, causées par les bouleversements de la nature, tous les peuples sont frères, la raison se tait, le cœur seul doit parler.

Enfin les Etats se doivent mutuellement considération et respect pour tout ce qui touche à leur dignité, à leur pavillon, comme à leurs ministres publics, à leurs représentants et à leurs délégués de toute classe, magistrats, fonctionnaires, officiers des armées de terre et de mer, etc. (Voir COURTOISIE.)

En dehors de ces devoirs d'un caractère constant, d'une application invariable et incontestable, il en est toute une catégorie qui dépendent dans une certaine mesure des éventualités et des situations différentes dans lesquels se trouvent les Etats : tels sont les devoirs que la guerre impose aux belligérants à l'égard de leurs ennemis, comme à l'égard de la personne et des propriétés des sujets les uns des autres; à l'égard des Etats neutres et de leurs sujets; et les devoirs que les Etats neutres ont à remplir, entre eux aussi qu'envers les belligérants, pour continuer de jouir des bienfaits de la paix.

(Voir BELLIGÉRANT, ENNEMI, GUERRE, NEUTRALITÉ.)

DÉVOLUTION. Terme de jurisprudence. Transmission d'un bien ou d'un droit d'une personne à une autre, en vertu de la loi.

Attribution des biens d'un défunt à une ligne successorale par suite de l'extinction ou de la renonciation de l'autre ligne.

La dévolution d'une ligne à l'autre n'a lieu que lorsqu'il n'existe aucun ascendant ni collatéral de l'une des deux lignes, paternelle ou maternelle.

A défaut d'héritiers tout l'héritage d'un défunt revient à l'Etat par dévolution.

Les biens mobiliers ou immobiliers d'un étranger mort sans testament et ne laissant aucun héritier au degré successoral, reviennent à l'Etat sur le territoire duquel ces biens sont situés, sous déduction des dettes et sauf application des règles de répartition admises par cet Etat.

On nomme dévolus les biens qui, dans une succession, passent ainsi d'une personne à une autre, et spécialement ceux qui sont attribués à l'une des deux lignes de la famille d'un décédé, quand l'autre branche a cessé d'exister.

DÉVOLUTION. On nommait autrefois droit de dévolution un usage, prévalant surtout en Alsace et dans les Pays-Bas, en vertu duquel, lorsqu'un veuf ou une veuve, ayant des enfants, convolait en secondes noces, la propriété de ses biens immeubles apportés en mariage ou acquis postérieurement par héritage, donation ou autrement, était dévolue, attribuée exclusivement, par le fait, aux enfants du premier lit, de sorte que le père ou la mère dans ce cas n'en conservait que la jouissance sa vie durant, sans pouvoir en disposer en faveur des enfants du second lit.

C'est en s'appuyant sur ce droit qu'en 1665, à la mort de Philippe IV, roi d'Espagne, Louis XIV, mari de Marie-Thérèse, fille du premier mariage de ce prince, disputa les Pays-Bas espagnols à son beau-frère Charles II, qui était né d'un second mariage. Les Espagnols répliquèrent que le droit de dévolution, dérivant de la coutume, ne réglait que les successions des particuliers, et qu'il ne pouvait point déroger aux lois fondamentales de l'Espagne, qui établissaient l'indivisibilité de la monarchie, et partant déféraient toute la succession à Charles II, frère de Marie-Thérèse, sans le moindre partage.

Ce démêlé amena en 1667 entre la France et l'Espagne la guerre dite de dévolution, qui fut terminée l'année suivante par la paix d'Aix-la-Chapelle. (Voir TRAITÉ D'AIX-LA-CHAPELLE.)

DEY. C'était le titre du chef barbaresque qui gouvernait la régence d'Alger avant la conquête du pays par la France en 1830.

DICEY (A. V.), publiciste anglais, associé de l'Institut de droit international.

The law of domicil as a branch of the law of England, stated in the form of rules (La loi du domicile, comme branche du droit anglais, exposée sous forme de règles). Londres, 1879, 1 vol. in-8°.

Comme le titre l'indique, ce livre est consacré exclusivement à la portion du droit anglais qui concerne le domicile. Il est divisé en trois parties : la première traite de la nature, de l'acquisition et du changement du domicile; la seconde, du mode employé pour constater le domicile d'un individu, et la troisième, des effets juridiques du domicile. Le tout est réparti en 73 règles, dont chacune est suivie d'un commentaire sur les jugements qui s'y rapportent.

DICTATEUR. On nommait ainsi à Rome un magistrat extraordinaire que dans les moments difficiles on investissait temporairement de l'autorité suprême et de pouvoirs illimités. La durée légale de son commandement était de six mois; mais d'ordinaire le dictateur abdiquait avant ce terme, quand le danger était passé.

Dans les temps modernes, ce nom est donné à quelques chefs qui réunissent temporairement tous les pouvoirs en leurs mains.

DICTATURE. Dignité, pouvoir de dictateur. A Rome la dictature fut créée l'an 498 avant J.-Chr., sur la proposition de T. Lartius Flavus, qui en fut le premier revêtu. Primitivement les patriciens seuls exercèrent cette magistrature; mais plus tard les plébéiens l'obtinrent aussi. Sylla, en 82, et César, de 48 à 44, furent les derniers dictateurs; ils s'étaient fait nommer dictateurs perpétuels. La dictature fut abolie avec la république.

Dans les temps modernes on qualifie de dictature le pouvoir absolu remis temporairement entre les mains d'un homme ou d'une assemblée.

On donnait le nom de dictature à l'assemblée des secrétaires de légation réunis dans la ville où se tenait la Diète germanique.

DIÈTE. C'est le nom qu'on donne en France aux assemblées nationales de quelques pays de l'Europe, notamment l'Allemagne, l'Autriche, la Suisse, la Suède, les Pays-Bas.

La plus célèbre de ces assemblées a été la Diète germanique, chargée de veiller sur les affaires générales de l'Allemagne, dont les différents Etats composaient une union politique connue sous le nom de Confédération Germanique. La diète, qui siégeait à Francfort-sur-le-Mein, était formée de représentants divers Etats, ayant dans la votation d'ensemble une part proportionnelle à l'importance relative de chaque Etat.

La Confédération et la Diète germanique ont cessé d'exister en 1866.

DIFFÉREND. Contestation sur quelque point déterminé: cette spécification de l'objet ou du sujet sur lequel porte le débat constitue la différence qu'il y a entre le *différend* et le *démêlé*, ce dernier portant sur quelque chose de compliqué.

Lorsqu'un différend surgit entre des Etats, et qu'ils ne peuvent, dans l'état actuel des sociétés et du droit, trouver sur terre un tribunal suprême devant lequel il leur soit donné de comparaître pour le faire vider ils n'ont que deux moyens de les aplanir et de les résoudre, savoir: les négociations amiables et les voies de fait, des actes plus ou moins violents.

Dans la première catégorie on classe généralement les *arrangements amiables*, les *transactions* écrites, les *médiations*, les *arbitrages* et les *conférences;* dans la seconde les *rétorsions*, les *représailles*, les *séquestres* et les *embargos*. (Voir ces mots.)

Avant de confier la solution de leurs différends au sort des armes, les Etats sont moralement tenus d'épuiser toutes les voies possibles et honorables pour arriver à un arrangement amiable et pacifique.

Les voies de conciliation auxquelles les peuples doivent recourir, constituent, par leur nature même comme par la fin qu'ils se proposent, une des parties les plus importantes du droit international. Relevant avant·tout des usages reçus ou des traités conclus entre les nations, elles rentrent directement dans le domaine du droit des, gens positif.

DIGEST *of the published opinions of the attorney-general and of the leading decisions of the federal courts, with reference to international law, treaties and kindred subjects* Washington, 1877. 8. (Résumé des opinions de l'attorney-général et des sentences des cours fédérales.)

L'auteur de cette publication, M. Cadwalader, résume les avis et les sentences des premiers magistrats des Etats-Unis, pour autant qu'elles concernent le droit des gens, les traités et les matières analogues. Souvent les sentences sont contradictoires. Cela provient des modifications qu'a subies la législation.

DIGESTE. Nom du recueil, réunissant en un seul corps les décisions diverses rendues par les jurisconsultes romains jusqu'à Justinien. Il fut composé en l'an 533 de l'ère chrétienne par ordre de cet empereur, qui lui donna force de loi.

Le digeste, qui est divisé en 50 livres, forme la première partie du droit romain, il a été traduit en grec, du temps même de Justinien, sous le titre de Pandectes.

Dans les anciens livres de jurisprudence, on trouve le digeste désigné par la formule abréviative D, et les citations qui en sont tirées marquées par ce signe ff.

DIGNITAIRE. Personnage revêtu d'une dignité.

Nom donné aux personnes qui jouissent d'une prééminence de pouvoir ou d'honneur, soit dans l'Etat, soit dans l'Eglise.

Les grands dignitaires de l'Etat sont ceux qui sont pourvus des premières ou des plus hautes charges de l'Etat.

DIGNITÉ. Poste ou grade élevé; fonction éminente dans l'État ou dans l'Eglise.

La dignité se désigne par le titre; ces deux mots ne sont donc pas absolument synonymes: le *titre* est le nom de la dignité; la *dignité* est la fonction même. Les titres sont aussi nombreux qu'il y a de dignités ou de hautes fonctions. (*Voir* TITRE.)

Le mot *dignité*, dans une autre acception, se dit des choses où l'on sent éminence et noblesse, et, en parlant des personnes, du sentiment qu'elles ont de ces choses, du respect qu'elles en ont ainsi que de soi-même.

Un Etat a sa dignité comme un citoyen privé, et lorsqu'on y porte atteinte, il se sent offensé; aussi a-t-il le droit d'exiger satisfaction. Cette satisfaction peut être accordée; mais elle peut aussi être prise; toutefois l'Etat offensé ne peut rien demander d'incompatible avec la dignité et l'indépendance de l'Etat duquel il exige satisfaction. La nature de la satisfaction est en général déterminée par l'usage.

DIJK (H. A. van), publiciste néerlandais.

Repertoire historique et chronologique des traités conclus par la Hollande depuis 1789 jusqu'à nos jours. Utrecht, 1846-55.

DILATOIRE. On appelle ainsi, en jurisprudence, tout ce qui peut entraîner un délai, faire gagner du temps.

Moyens, raisons, exception *dilatoires.* (*Voir* EXCEPTION.)

DILIGENCE. Dans le droit international ce terme a acquis une importance particulière par son application aux devoirs des neutres, à l'égard des belligérants, dans la définition qui en a été faite en 1871, lors de l'arbitrage à propos des réclamations des Etats-Unis contre l'Angleterre pour les dommages causés par le corsaire confédéré *Alabama*.

Dans un accord préalable, les parties contestantes étaient convenues que les décisions des arbitres seraient guidées par les trois règles suivantes:

Un gouvernement neutre est tenu 1° d'user de toute *diligence* pour empêcher dans sa juridiction l'équipement et l'armement de tout vaisseau qu'il a des motifs raisonnables de croire destiné à croiser ou à concourir à des opérations hostiles contre une puissance avec laquelle il est en paix, et aussi d'user de la même *diligence* pour empêcher le départ hors de sa juridiction de tout navire destiné à croiser ou à concourir à des opérations hostiles, ce navire ayant été dans la dite juridiction adapté en tout ou en partie à des usages de guerre;

„2° de ne permettre à aucun des belligérants de faire de ses ports ou de ses eaux la base d'opérations, ni de s'en servir pour augmenter ou renouveler des approvisionnements militaires et des armements, ou pour recruter des hommes;

„3° D'exercer toute *diligence* nécessaire dans ses propres ports et dans ses eaux, et à l'égard de toutes personnes dans sa juridiction, pour empêcher toute violation des obligations et des devoirs susmentionnés .. " .

Quand un gouvernement a eu connaissance du fait duquel un dommage a résulté, et n'a pas déployé la diligence suffisante pour le prévenir ou pour en arrêter les conséquences, soit à l'aide des moyens à sa disposition, soit avec ceux qu'il pouvait demander au pouvoir législatif, l'Etat est responsable pour négligence volontaire de diligence. Dans ce cas le degré de responsabilité a pour base le plus ou le moins de facilités qu'il avait de prévoir le fait, le plus ou moins de précautions qu'il était à même de prendre pour l'empêcher.

DIMANCHE. L'observation du dimanche comme jour de repos est, dans presque tous les pays chrétiens, confirmée par les lois civiles, qui suspendent ce jour-là les travaux publics et ferment les bureaux des administrations.

Les chancelleries des légations et des consulats doivent être ouvertes tous les jours, excepté le dimanche; toutefois en cas d'urgence, les actes de l'état civil et ceux relatifs à l'expédition des navires doivent être faits même les dimanches et les jours fériés.

DIMINUTION DE TERRITOIRE. La diminution de la population d'un Etat et la diminution de son territoire n'ont pas pour conséquence la chute de cet Etat, tant que le peuple et le pays demeurent les mêmes dans leurs caractères essentiels.

La diminution du territoire national s'opère par les divers modes d'aliénation, cession, donation, vente, conquête, etc. (Voir les mots.)

DIOCÈSE. Nom de circonscriptions administratives établies par les Romains dans l'Asie mineure.

Plus tard nom donné aux subdivisions des préfectures dans l'organisation de l'empire romain qui eut lieu depuis Constantin jusqu'au IVe siècle.

Le diocèse se divisait en provinces, et était régi par un vicaire du préfet.

Aujourd'hui on appelle *diocèse* une division ecclésiastique, désignant tout le territoire soumis à la juridiction d'un même évêque.

DIPLOMATE. Celui qui est chargé d'une fonction diplomatique ; — celui qui est verte dans la diplomatie.

(Voir AGENT DIPLOMATIQUE, AMBASSADEUR, MINISTRE, etc.)

DIPLOMATIE. *Définition.* La diplomatie est la science des relations qui existent entre les divers Etats, telles qu'elles résultent de leurs intérêts réciproques, des principes du droit international et des stipulations des traités ou des conventions.

La connaissance des règles et des usages qui en découlent est indispensable pour bien conduire les affaires publiques et pour suivre les négociations politiques : c'est ce qui a fait dire, en termes plus concis encore, que la diplomatie est la science des relations, ou simplement l'art des négociations, — l'art d'ordonner, de diriger et de suivre avec connaissance de cause les négociations politiques.

On applique le terme de diplomatie aux relations mêmes des Etats, entretenues au moyen d'agents auxquels on donne le nom d'*agents diplomatiques* (Voir ce mot) et par suite à la profession d'agent diplomatique, et, dans un sens plus général, au personnel des ambassades ou des légations.

Origine. C'est au moyen-âge, en Italie, que la diplomatie a commencé à être pratiquée et enseignée par des diplomates proprement dits ; elle était le patrimoine du haut clergé. Au XVème siècle, les gouvernements de l'Europe se virent engagés dans des négociations continuelles, la plupart du temps trop compliquées pour être suivies par voie de correspondance et rendant par conséquent indispensable

l'envoi de délégués ou de ministres spéciaux.

Dans le siècle suivant les rois de France instituèrent les fonctions du ministre des affaires extérieures. On attribue au cardinal de Richelieu l'inauguration du système, universellement adopté aujourd'hui, d'entretenir des légations permanentes auprès des cours étrangères ; système consacré par la paix de Westphalie en 1648, et auquel il n'a plus été dérogé depuis.

Science diplomatique. La science diplomatique, ou, pour parler plus exactement, les connaissances que doivent posséder les agents diplomatiques, embrasse : 1º le droit des gens, qui règle les rapports mutuels des Etats, en temps de paix comme en temps de guerre ; 2º le droit public des principaux Etats, fondé sur les lois de chaque Etat, et qu'il s'agit de concilier avec le droit des gens ; 3º la connaissance des privilèges et des devoirs des agents diplomatiques ; 4º la conduite des négociations ou la marche à suivre dans la discussion des intérêts entre les Etats ; 5º la géographie et la statistique de chaque nation ; 6º l'histoire politique et militaire des peuples avec lesquels on est en rapport fréquent ; la marche et la tendance des différents cabinets ; 7º les divers systèmes qui peuvent être mis en œuvre, tels que ceux de domination, de suprématie, de convenance, de conservation, d'équilibre, de centralisation, de confédération, etc. ; 8º l'art de la composition diplomatique, c'est-à-dire de composer et de rédiger les actes auxquels donnent lieu les rapports entre les Etats.

But de la diplomatie. Le but essentiel de la diplomatie est d'assurer le bien-être des peuples, de maintenir entre eux la paix et la bonne harmonie, tout en garantissant la sûreté, la tranquillité et la dignité de chacun d'eux. Le rôle des agents diplomatiques consiste principalement à conduire les négociations relatives à ces objets importants, à surveiller l'exécution des traités ou des conventions qui en sont la suite, à empêcher ce qui pourrait nuire aux intérêts de leurs nationaux dans les pays où ils résident et à protéger ceux de leurs concitoyens qui se trouvent dans la nécessité de réclamer leur assistance.

Pour traiter des intérêts des Etats et faire exécuter les règles du droit international, les gouvernements sont obligés de recourir à des formes convenues entre les différentes puissances.

Règles de la diplomatie. La diplomatie,

considérée comme science, ne peut être assujettie à des règles fixes, mais ses procédés ont des formes que le diplomate doit connaître dans toutes leurs variétés; ces formes sont les notes, les actes qui sous diverses dénominations servent à la correspondance et aux communications établies entre les gouvernements et leurs agents à l'étranger, et qui sont en même temps les instruments de leurs relations et les titres de leurs engagements respectifs.

Traitement des affaires diplomatiques. Suivant leur nature et la gravité ou la complication des intérêts auxquels elles se rapportent, les affaires diplomatiques ou internationales donnent lieu à de véritables négociations, à des débats contradictoires, ou à une échange de simples communications tantôt verbales, tantôt écrites. *(Voir* COMMUNICATION, NÉGOCIATION.

Comme enseignement pratique la correspondance diplomatique a une importance hors ligne; elle met en effet à même d'apprécier non seulement chaque cas ou conflit particulier, mais encore la manière dont la solution en a été obtenue, la tendance et la valeur des prétentions restrictivement débattues, l'attitude des divers gouvernements et jusqu'aux manoeuvres, aux expédients mis en jeu pour atteindre le but qu'on se proposait.

Ces documents officiels ont également une grande portée comme sources de droit international, en ce qu'ils constituent des précédents inappréciables alors même qu'ils ne sont pas absolument conformes à la stricte justice.

DIPLOMATIQUE. La diplomatique est la science qui a pour objet de déterminer les caractères de toute nature à l'aide desquels il est possible d'établir la fausseté ou l'authenticité et la date d'anciens documents, diplômes, chartes, actes publics.

L'étude en est recommandée aux diplomates.

DIPLOME. Acte public, charte, titre, revêtu d'une autorité convenable, par lequel un droit ou un privilège est accordé à quelqu'un : — diplôme impérial, royal; pontifical etc.

Titre qu'un corps, une faculté, une société littéraire ou autre délivre à chacun de ses membres, à chacun de ceux qu'elle s'agrège, pour qu'il puisse justifier de son grade, de la qualité qui lui a été conférée : diplôme de docteur en méde-

cine, de bachelier, de licencié; d'instituteur etc.

DIRECTION. Nom donné, dans plusieurs ministères, à certaines divisions administratives.

Ainsi, dans les ministères des affaires étrangères, il y a entre autres une direction des archives et de la chancellerie, une direction des consulats et des affaires commerciales; une direction politique, chargée de la rédaction des instructions à adresser aux représentants du pays à l'étranger et de la conduite des négociations diplomatiques.

DIRECTOIRE. Conseil chargé d'une direction publique.

Le Directoire exécutif ou, plus ordinairement, le Directoire était le nom qu'on avait donné en France à un corps composé de cinq membres, auquel la constitution de l'an III avait délégué le pouvoir exécutif.

Le Directoire, établi par la Convention le 4 novembre 1795 (13 brumaire an IV), fut renversé par le coup d'Etat du 18 brumaire (18 novembre 1799), et remplacé par le gouvernement consulaire.

DIRIMANT. Terme de droit, — signifie „qui rend nul“,

Se joint plus particulièrement au mot *empêchement*: les *empêchements dirimants* sont ceux qui reposent sur des causes de nullité radicale.

Les empêchements, en droit, s'appliquent surtout aux obstacles qui s'opposent à l'exécution d'un mariage; dans ce cas l'empêchement dirimant est celui qui emporte la nullité du mariage contracté au mépris de cet empêchement. *(Voir* MARIAGE.)

DISCOURS. Discours du trône ou de la Couronne; harangue par laquelle le souverain, dans les monarchies plus ou moins constitutionnelles, explique sa conduite et plus souvent fait connaître ses intentions aux représentants de la nation, à l'ouverture et à la clôture d'une session législative. Ce discours est prononcé ou lu par le souverain lui-même devant le parlement assemblé, ou il en est donné lecture par un des ministres ou par un haut dignitaire de l'Etat, délégué à cet effet.

Les agents diplomatiques accrédités auprès d'un chef d'Etat lui adressent ordinairement un discours en lui remettant leurs lettres de créance, de congé ou de rappel. *(Voir* AGENTS DIPLOMATIQUES, AMBASSADEURS.)

Il est d'usage que les discours que les

agents diplomatiques se proposent de prononcer en remettant leurs lettres de créance, soient communiqués d'avance à la chancellerie du gouvernement auquel ils s'adressent. Cet usage se justifie par la double raison que le chef d'Etat, qui doit lui aussi préparer sa réponse, a besoin pour cela de savoir ce qui lui sera dit, et qu'il pourrait arriver que le ministre public, lors de la cérémonie de réception, commît quelque écart imprévu de langage et brouillât par une phrase imprudente les deux nations entre lesquelles il a le devoir de maintenir le bon accord.

Lorsqu'un agent étranger est envoyé en mission spéciale, son discours d'audience consiste principalement à énoncer le but déterminé de sa mission.

Si cette mission est étrangère à la politique, si elle a uniquement pour objet de porter au chef de l'Etat des compliments de félicitation sur quelque événement heureux ou des condoléances sur quelque malheur de famille, l'envoyé doit se borner à exprimer la part qu'y prend le chef de l'Etat qui l'envoie.

Les pratiques observées pour les discours diplomatiques dans les relations entre les Etats monarchiques sont les mêmes dans les rapports entre Etats républicains, et entre Etats républicains et Etats monarchiques.

DISCRÉTIONNAIRE. Cette épithète s'applique au pouvoir illimité qu'un gouvernement prend ou reçoit en certaines circonstances.

La dictature est un pouvoir discrétionnaire.

DISPENSE. Exemption d'une règle ordinaire, par laquelle on permet dans de certaines circonstances ce qui est généralement défendu; exception à la rigueur de la loi ou d'un règlement en faveur d'une personne qui se trouve dans un cas particulier.

Ainsi le Pape a le droit de dispenser, pour motifs graves, de ce qui est défendu par les canons.

Dans beaucoup de pays une dispense est nécessaire pour les mariages à certains degrés de parenté; chez les catholiques cette dispense doit être en outre accordée par le Pape.

Dans divers cas aussi, pour la célébration des mariages une dispense d'âge ou une dispense de publication peut être nécessaire; ces dispenses sont données par l'autorité civile.

A l'étranger les consuls généraux, notamment dans les pays au-delà de l'Océan Atlantique, sont autorisés à délivrer des dispenses d'âge à leurs nationaux, ainsi qu'à les dispenser de la seconde publication des bans de mariage, lorsqu'il n'y a pas eu d'opposition à la première; mais cette dernière faculté est limitée à des cas exceptionnels ou d'urgence constatée.

DISPONIBILITÉ. Dans les administrations, c'est l'état des employés qui sont écartés provisoirement de leur emploi.

Les agents diplomatiques ou consulaires peuvent être mis en disponibilité, c'est-à-dire en inactivité, par le gouvernement; mais, quand par des raisons politiques les agents diplomatiques sont mis en disponibilité, on leur conserve un traitement en rapport avec leur grade jusqu'à ce qu'on les ait rétablis dans le service d'activité.

DISPONIBLE. Que l'on a à sa disposition, dont on peut disposer : somme, revenu disponible.

En droit, biens disponibles, biens dont on a la faculté de disposer à titre gratuit.

Portion, qualité disponible, la portion de biens dont la loi permet à une personne ayant des héritiers à réserve de disposer à titre gratuit, soit par testament, soit par donation.

Les meubles et les acquêts sont des biens disponibles.

DISPOSITION. En droit, action de disposer de son bien, ou acte par lequel on en dispose; toute attribution de biens, soit à titre gratuit soit à titre onéreux · d'où dispositions gratuites et dispositions onéreuses.

Les dispositions entre vifs sont celles par lesquelles on se dépouille irrévocablement de son bien, de quelque chose en faveur de quelqu'un : c'est proprement la *donation* (voir ce mot).

On appelle disposition *testamentaire* l'action de régler par testament, par volonté dernière. Ces dispositions ne doivent recevoir leur effet, qu'après la mort du testateur; elles sont toujours révocables. (*Voir* TESTAMENT).

Disposition signifie aussi règlement, décret; ainsi on dit : „les juges ne peuvent prononcer par voie de *disposition* générale et règlementaire."

Chacun des points que règle ou décide une loi, un traité, un jugement, une ordonnance.

Absolument, la disposition de la loi, ce que la loi ordonne, prescrit. Les *dispositions* d'un jugement, la partie qui contient la décision, du juge ou des juges

Prises à part, elles forment ce qu'on appelle le *dispositif* du jugement, par opposition au préambule et aux motifs : c'est le prononcé du jugement dégagé de la *procédure* et des motifs qui l'ont fait rendre.

DISSOLUTION. Anéantissement, cessation.

Les traités s'éteignent ou cessent d'être en vigueur :

Lorsque, ne comportant pas des engagements permanents, toutes les obligations instantanées ou successives qu'ils renferment ont été remplies intégralement;

Par l'expiration du terme pour lequel ils ont été conclus;

Par l'accomplissement de la condition résolutoire qu'ils ont prévue;

Par une renonciation expresse de la partie intéressée à leur maintien;

Par l'anéantissement complet, fortuit et non prémédité, de la chose qui forme l'objet de la convention;

Par résiliation mutuelle et de commun accord entre les contractants, pourvu qu'un tiers n'ait pas acquis le droit de s'y opposer;

Par une déclaration de guerre, qui, à moins de stipulation formellement contraire, en suspend les effets, quand elle ne les détruit pas entièrement.

Terme de jurisprudence : anéantissement d'un état juridique; la dissolution d'une société, d'une communauté, d'un mariage signifie que la société, la communauté, le mariage n'existe plus.

Séparation des personnes qui composent une réunion quelconque : dissolution d'une confrérie.

Retrait à une assemblée de ses pouvoirs : dissolution d'une chambre législative, d'une corporation municipale.

Le droit de dissolution est le droit qu'a le pouvoir exécutif de dissoudre une assemblée, législative ou autre.

DISTANCE (*limite maritime*). La limite naturelle d'un État du côté de la mer, d'après la pratique générale des nations sanctionnée par de nombreux traités, est marquée par une ligne imaginaire tracée à une certaine distance de terre, que l'on considère comme la limite des frontières maritimes de chaque pays. Tout l'espace situé en dedans de cette ligne rentre *ipso facto* sous l'action de la juridiction de l'État qui le domine, et la mer comprise entre la ligne et la côte prend nom de *mer territoriale* (voir ce mot).

La distance de trois milles marins de la côte, à marée basse, est généralement reconnue comme l'étendue de mer, dans la zone de laquelle l'exercice de la juridiction territoriale est absolu, incontesté et exclut les droits de toute autre nation.

Deux ou plusieurs nations sont libres de modifier conventionnellement cette distance, de l'étendre ou de la restreindre; mais ce sont là des dispositions qui les lient entre elles dans leurs relations réciproques, sans qu'elles puissent les appliquer, et, bien moins encore, les imposer à d'autres États.

Un intérêt maritime de premier ordre, l'exploitation des pêches côtières et des bancs d'huîtres ou d'autres coquillages, a, dans certains parages maritimes fait étendre au-delà de la zone de trois milles le rayon de la mer dite territoriale. De pareilles dérogations aux principes universellement reconnus doivent strictement se renfermer dans la limite de l'objet spécial qui les a fait adopter; elles ont besoin d'ailleurs pour devenir obligatoires d'être sanctionnées par des conventions expresses et écrites.

DISTINCTION. Marque particulière de préférences d'estime, d'égard, qu'on accorde à quelqu'un; les distinctions honorifiques sont celles qui confèrent un titre, une dignité, ou auxquelles sont attachés certains honneurs.

Ainsi dans les solennités publiques, telles que celles qui ont lieu à l'occasion de couronnements, d'entrées publiques, de funérailles, d'ouvertures de parlement, etc. — une place distinguée est toujours réservée au corps diplomatique étranger.

A la cour, ou chez le chef de l'État, les agents diplomatiques sont admis avec des honneurs particuliers; mais en général aucun ministre public ne peut prétendre à des honneurs supérieurs à ceux que les usages de la cour auprès de laquelle il est accrédité accordent à ceux de ses collègues qui appartiennent à la même classe, à moins de conventions spéciales. (*Voir* CÉRÉMONIAL.)

DISTRICT. Terme de pratique : étendue d'une juridiction — judiciaire ou administrative.

Par extension, un territoire quelconque d'une étendue limitée.

Autrefois, en France, chacune des divisions principales d'un département; les districts sont appelés maintenant arrondissements.

Aux États-Unis la division en districts s'applique à la juridiction judiciaire, à l'administration municipale, et à la répartition électorale-

DIVAN. Ce mot désigne, dans l'Orient, les assemblées dans lesquelles les souverains et leurs ministres tiennent conseil et donnent audience; et plus particulièrement le ministère ottoman ou la Chancellerie de la Sublime Porte.

DIVILINA (trève de) — 1618.

Vers la fin de l'année 1618, l'armée polonaise, commandée par Vladislas, fils du roi Sigismond III, n'était plus qu'à 18 lieues de Moscou, lorsque le 11 décembre, à Divilina, village situé dans le voisinage du camp des Polonais, une trève fut signée pour 14 ans.

Aux termes du traité intervenu à cet effet, outre qu'ils restaient en possession de Smolensk, de Biala, de Roslau, de Dorogobonje, de Sierprirsk, de Trubiest, de Novgorod-Sewerskoi, de Tchernigoff, de Monasserk, de Muromsk, les Polonais reçurent Starodub, Poczupo, Poponagora, Newel, Siebiez, Krasno et les districts de Toropez et de Wielisch; en retour ils restituèrent aux Russes Borissoff, Kosielsk, Mojaïsk, Mechersk et Wiasma, avec leurs dépendances.

DIVISION. Dans les administrations publiques, réunion d'un certain nombre de bureaux placés sous la direction d'un employé principal, qu'on nomme chef de division.

Mode de voter dans le parlement anglais, en faisant passer d'un côté de la salle tous les membres de la chambre qui adoptent la mesure proposée, et de l'autre tous ceux qui la rejettent. On y a recours lorsque l'épreuve par assis et levé a paru douteuse.

Scrutin par division, vote individuel, par opposition au vote par assis et levé.

DIVORCE. Dissolution ou rupture du mariage pour les causes et dans les formes déterminées par la loi.

Le divorce a pour effet de rompre le lien conjugal d'une façon complète, absolue, définitive, de sorte que les divorcés peuvent, chacun de son côté, contracter un nouveau mariage.

Le divorce est régi par les mêmes principes de jurisprudence que la célébration des mariages, Il n'est pas admis dans tous les pays : il y a des législations qui le permettent et d'autres qui l'interdisent : différence qui entraîne d'inévitables conflits juridiques, d'autant plus que les lois mêmes des Etats qui le permettent offrent de notables divergences entre elles, soit par rapport aux causes pour lesquelles il peut être accordé, soit par rapport au magistrat compétent pour en connaître.

C'est pourquoi nous ne nous attarderons pas ici à traiter ces questions, nous bornant à examiner le divorce dans ses conséquences au point de vue du droit international.

La dissolution d'un mariage, judiciairement prononcée par voie de divorce conformément aux lois du pays où le mariage avait été célébré et où les conjoints avaient leur domicile, produit ses effets dans toute autre contréc.

Mais d'après quelle règle se guider et quel principe doit-on appliquer quand la rupture du lien conjugal est poursuivie dans un autre pays que celui de la célébration du mariage et du domicile, ou dans un pays dont la législation diffère de celle de la patrie des conjoints? C'est là une question délicate de droit international privé, qui a suscité plus d'un conflit. Pour la résoudre, il faut tenir compte de la nationalité et du statut personnel des époux. Si les conjoints appartiennent à un pays et à une communion chrétienne qui repoussent le divorce et admettent seulement la séparation de corps et de biens, ils ne peuvent légitimement, tant qu'ils conservent la même nationalité, la même croyance religieuse, faire dissoudre leur union matrimoniale en se transportant dans un pays où prévaut le divorce avec faculté de conclure un autre mariage; car s'ils agissaient ainsi, ils s'exposeraient, quand ils retourneraient dans leur patrie, à y être judiciairement poursuivis et condamnés comme bigames.

La jurisprudence des pays qui repoussent le divorce ne reconnaît pas les effets d'une naturalisation qu'on prouve avoir été recherchée dans le but spécial d'obtenir la rupture d'un premier mariage.

Lorsque, au contraire, les époux appartiennent à un pays dont les lois intérieures sanctionnent le divorce, et qu'au bénéfice des lois qui régissent leur statut personnel, ils ont régulièrement fait prononcer la dissolution complète de leur mariage, ils doivent partout ailleurs être considérés comme célibataires et libres de contracter une nouvelle union matrimoniale.

DIX (conseil des). Le conseil des dix à Venise était un tribunal secret, composé de 10 membres pris dans le grand conseil de la république. Il était chargé de veiller à la sûreté de l'Etat, d'en poursuivre et d'en punir les ennemis secrets. Pour cela il était armé de pouvoirs illimités, avait droit sur toutes les têtes et était affranchi de toute responsabilité.

Ce tribunal, institué vers le commencement du XIVᵉ siècle, dura jusqu'à la destruction de la république vénitienne à la suite du traité de Campo-Formio, le 17 octobre 1797.

DOCTRINE. Ensemble des opinions qu'on adopte ou professe sur quelque matière; se dit surtout en matière de religion, de philosophie, de science, de politique.

Théorie relative à un point particulier, par exemple, la doctrine des causes finales, de l'immortalité de l'âme, de la métempsycose, etc

Les règles ou les principes adoptés ou enseignés par un auteur ou par une école scientifique ou philosophique, pris dans leur ensemble, ou limités seulement à quelques points de controverse. En philosophie la doctrine de Platon, d'Aristote etc., en économie politique la doctrine de Turgot, de Malthus etc.; en droit international, la doctrine de Grotius, de Wolf, de Vattel etc. *(Voir* ECOLE).

Doctrine se dit aussi purement et simplement des décisions et des commentaires des auteurs sur divers sujets d'une science: on appelle interprétation par doctrine l'argumentation qui s'appuie sur ces commentaires.

Doctrine s'emploie encore pour dénommer seulement une façon de penser, doctrine politique, doctrine juridique: le mot est alors un synonyme d'opinion.

DOCUMENT. Toute pièce écrite pouvant servir à renseigner sur un fait ou sur une chose: acte, titre, preuve.

Les traités, les papiers d'Etat, la correspondance diplomatique sont des documents officiels d'une importance hors ligne comme enseignement pratique et comme sources du droit international.

DOGE. Autrefois on appelait ainsi le premier magistrat de plusieurs républiques italiennes, notamment de Venise et de Gênes.

On donnait le titre de *dogaresse* à la femme du doge.

On désignait la dignité du doge sous la dénomination de *dogat*, qui signifiait aussi la durée de cette dignité.

A Venise, le doge avait pour attributions principales de décider la paix ou la guerre, de commander les armées, de nommer aux fonctions civiles et ecclésiastiques, de présider le sénat; mais il ne pouvait prendre aucune résolution sans l'assentiment du Conseil des Dix.

L'institution du dogat remontait jusqu'à la fin du VIIᵉ siècle; elle était élective; mais l'élection en fut bientôt concentrée entre les mains de quelques familles. Le dogat fut supprimé par le traité de Campo-Formio en 1797.

A Gênes le doge était chargé d'exercer le pouvoir exécutif conjointement avec deux comités particuliers, l'un de 12 et l'autre de 8 membres. Il y avait la présidence des deux conseils de la république, aux décisions desquels il pouvait opposer son véto.

L'institution du dogat à Gênes datait seulement du 14ᵉ siècle. Dans le principe les doges étaient nommés à vie et choisis exclusivement dans les familles plébéiennes; mais à partir de 1528 ils étaient choisis dans l'ordre de la noblesse et la durée de leurs fonctions était de deux ans.

Aboli par les Français en 1797 le dogat fut rétabli en 1802 avec la République ligurienne, puis définitivement aboli en 1804 avec cette forme de gouvernement.

DOM. Titre d'honneur particulier à la langue portugaise; comme *don* l'est à la langue espagnole.

Depuis longtemps ce n'est plus qu'un titre de courtoisie, s'appliquant aussi bien à la bourgeoisie qu'à la noblesse.

Titre d'honneur qu'on donnait à certains religieux, entre autres aux Bénédictins.

DOMAINE. *Définitions.* Dans son acception générale ce mot est synonyme de propriété; il s'applique tantôt au droit de propriété ou de possession lui-même: c'est ainsi qu'on dit *avoir le domaine d'une chose;* tantôt à la chose possédée: ainsi un *domaine féodal.*

Comme droit de propriété, il y a deux sortes de domaines: le domaine direct ou éminent, appartenant au propriétaire et donnant droit à une redevance, et le domaine utile, comprenant la jouissance, la perception des fruits moyennant une certaine redevance.

Pris pour la chose elle-même dont on a la propriété, le mot *domaine* a des sens différents selon qu'il s'agit de particuliers, de l'Etat ou d'un souverain.

Lorsqu'il s'agit de particuliers, le *domaine* s'entend de toute propriété foncière, composée de terres, de bois ou de bâtiments.

S'il s'agit de l'Etat ou d'un souverain, on distingue le domaine *public,* le domaine de l'Etat, le domaine de la Couronne, le domaine *privé.*

Domaine public. Le domaine public est l'ensemble des choses 'qui ont pour destination d'être asservies à l'usage ou à la protection de tous, et qui, en raison même de cette destination et tant qu'elle dure, n'appartiennent propriétairement à personne ; pas même à l'Etat, qui n'exerce à leur égard qu'une espèce de possessoire au nom et dans l'intérêt du public.

Le *domaine public* se compose généralement de toutes les parties du territoire national qui ne sont pas susceptibles de propriété privée : chemins, routes, rues, places, fleuves et rivières navigables ou flottables ; rivages, lais et relais de la mer ; ports, havres, rades ; portes, murs, fossés, remparts des places de guerre. On peut aussi ranger parmi les dépendances du domaine public les chemins de fer et les canaux de navigation affermés ou concédés à des compagnies particulières ; car ces voies ne sont pas la propriété de ces compagnies ; l'exploitation seule en est distraite en leur faveur du domaine public.

Parmi les choses du domaine public, les unes sont inaliénables et imprescriptibles par leur nature, tels notamment les cours d'eau ; les autres le sont à raison de leur destination seulement, et par conséquent ne sont pas par elles-mêmes incompatibles avec l'appropriation privée ; c'est simplement par une destination accidentelle qu'elles sont affectées à l'usage public. Leur destination n'étant pas perpétuelle et venant à cesser quand le but d'utilité qui leur est attaché, leur est enlevé, leur inaliénabilité est subordonnée à la faculté qui appartient à l'Etat, de les déclasser et de les rendre aliénables.

Les biens qui forment le domaine public n'ont pas dans les mains de l'Etat la qualité de propriété ; l'Etat les détient non comme propriétaire, mais comme représentant de la collection des citoyens.

Domaine de l'Etat. Le *domaine de l'Etat* se compose de tous les biens mobiliers ou immobiliers et de tous les droits qui appartiennent à la nation et dont elle a actuellement la possession et la jouissance.

A la différence du domaine public, le domaine de l'Etat s'étend à des choses susceptibles d'appropriation exclusive, qui sont ou peuvent être, sans qu'il intervienne de changement, productives de revenus, en d'autres termes, à des biens qui sont de même nature que ceux dont se compose le patrimoine des particuliers : c'est un vrai domaine de propriété, avec toutes ses conséquences, constitué au profit d'un corps politique, d'une nation.

Le domaine de l'Etat est *corporel* ou *incorporel.*

Le domaine *corporel* comprend des biens immobiliers et des biens mobiliers.

Dans les immeubles sont rangés les édifices affectés à un service public, comme les ministères, les palais de justice, les prisons, les casernes, les arsenaux, les fonderies et les ateliers pour les services de la guerre et de la marine ; les biens ruraux, terres, forêts, haras et dépendances ; les sources d'eaux minérales, les salines, etc.

Les biens mobiliers comprennent les archives nationales, les bibliothèques publiques, les musées, les armes confiées à la force publique, les navires de l'Etat, le mobilier et le matériel des administrations publiques, etc.

Le domaine incorporel comprend divers droits productifs, dont les uns peuvent être affermés, tels que les droits de chasse dans les forêts de l'Etat, les droits de pêche fluviale, les droits de péage pour les ponts entretenus par l'Etat ; et dont les autres ne sont pas susceptibles d'être affermés, comme, entre autres, le droit de percevoir les amendes, le droit de confiscation mobilière, le droit de *déshérence* (Voir ce mot), etc.

Domaine de la Couronne. Le *domaine de la Couronne* consiste dans l'ensemble des biens et des valeurs de toute espèce meubles et immeubles, affectés par la nation dans les Etats monarchiques à la jouissance du chef de l'Etat.

Dans l'usage, on entend plus spécialement par domaine de la Couronne les seuls objets, mobiliers et immobiliers, que la nation détache momentanément du domaine de l'Etat pour former la dotation en nature du souverain, à l'exclusion de la dotation en numéraire, qui est acquittée par le trésor public et à laquelle on applique restrictivement le nom de liste civile.

Ces biens, ces objets sont inaliénables et imprescriptibles ; toutefois les objets susceptibles de se détériorer par l'usage peuvent être vendus et remplacés ; ou des échanges peuvent être consentis avec l'approbation de la législature compétente.

Le domaine *privé* est l'ensemble des biens qui appartenaient personnellement au souverain avant son avènement au trône et de ceux qu'il acquiert à titre gratuit ou onéreux pendant son règne.

Le mot *domaine*, pris seul, s'entend de tous les biens et les revenus appartenant à l'Etat, les contributions et les impôts exceptés, et dont le produit est à la disposition des assemblées législatives, par opposition aux biens compris dans la liste civile, dont le produit est à la disposition du souverain.

Expropriation. L'Etat, en tant qu'institution, n'existe qu'à la condition de pouvoir disposer, dans une certaine mesure et suivant les circonstances, de tous les biens soumis à son empire. Cette nécessité a créé le droit connu sous le nom de *domaine éminent de l'Etat.* Donc, quand un peuple délègue son pouvoir à un souverain, il lui confère *ipso facto* le droit éminent, à moins qu'il ne se l'ait expressément réservé. Par une conséquence forcée toute aliénation des biens publics, des biens de main-morte ou de propriétés individuelles faite par un souverain dans les limites et en vertu de son domaine éminent, revêt un caractère de validité incontestable.

Dans cet ordre d'idées le domaine *eminent* ne s'applique qu'au droit de l'Etat de disposer, en cas de nécessité ou pour cause d'utilité publique, de tous les biens privés situés dans l'étendue de son territoire. Quant aux biens publics, dont il ne jouit que comme d'un attribut inhérent à sa souveraineté et transmissible avec elle, on ne peut dire qu'il possède à leur égard un droit incontestable de propriété, puisque sa qualité de simple usufruitier exclut la possibilité d'une appropriation privée ou personnelle.

Acquisition de domaines. Au nombre des droits que l'Etat possède naturellement figure celui d'acquérir des propriétés et d'en jouir. Ce qui distingue essentiellement ce droit souverain, c'est qu'il prime celui des particuliers, échappe à toute immixtion étrangère et implique la faculté de disposer librement des acquêts.

Les Etats acquièrent la propriété par les mêmes moyens et de la même manière que les individus, c'est-à-dire par achat, cession, échange, héritage ou prescription. (*Voir* ACHAT, ACQUISITION, DE TERRITOIRE, ANNEXION, CESSION, ECHANGE, HÉRITAGE, PRESCRIPTION, USUCAPTION.)

Ils ont de plus un mode d'acquisition qui leur est propre et consiste dans l'appropriation d'un territoire par droit de *conquête* (*Voir* CONQUÊTE); on peut y joindre les droits de *découverte,* de première *occupation,* d'occupation ou de *possession* prolongée. (*Voir* DÉCOUVERTE, OCCUPATION, POSSESSION.)

En principe un Etat souverain a incontestablement pour aliéner un territoire,

un droit égal à celui qu'il possède pour acquérir; seulement l'exercice du droit d'aliénation est subordonné aux règles et aux conditions particulières établies par les lois constituées de chaque Etat.

(*Voir* ALIÉNATION.)

Aliénation de domaines. On peut dire, en thèse générale, que le domaine public s'aliène par les mêmes moyens que les biens des particuliers, et comporte dès lors la translation de propriétés par voie de constitution de rente ou d'hypothèque, et par contrats de vente, d'échange, de donation, etc.

(*Voir* HYPOTHÈQUE, ÉCHANGE, VENTE, DONATION.)

Pour les Etats faibles, mal organisés, et trop souvent déchirés par des partis hostiles, la faculté illimitée d'aliéner ou d'hypothéquer le domaine public à des étrangers n'est pas sans danger; car elle peut, en vue d'un avantage éphémère, aboutir à de véritables spoliations au profit de voisins avides et peu scrupuleux. C'est sans doute cette juste préoccupation qui, dans toutes les constitutions des Etats européens, a fait subordonner la validité des aliénations de territoire consenties par le pouvoir exécutif soit à un vote de la nation tout entière, soit à une approbation formelle du pouvoir législatif.

Un gouvernement de fait, reconnu par les autres Etats et en communion intime avec la masse de la nation, possède à l'égard du territoire national les mêmes facultés, les mêmes pouvoirs que le gouvernement légitime qu'il remplace. Tout ce qu'il fait, dans la limite prévue et déterminée par le droit public intérieur qui régit l'Etat, soit en acquérant, soit en aliénant, est donc absolument valable et irrévocable.

Succession des domaines. Lorsqu'un Etat cesse d'exister, son domaine passe activement et passivement à celui qui lui succède.

Lorsque plusieurs Etats en remplacent un autre et que le mode de partage du domaine national n'a pas été déterminé, il n'y a pas lieu d'appliquer simplement les principes du droit civil sur le partage des successions; il faut tenir compte de la nature publique du domaine de l'Etat. Ce domaine se rattache par sa nature même au peuple et au territoire et sert aux besoins de l'un et de l'autre; le partage doit donc avoir lieu d'après les principes du droit public. En conséquence les biens immeubles destinés à des buts publics, tels que les édifices et les établissements publics ou passent à l'Etat sur le territoire duquel ils sont situés ou dans lequel se trouve leur centre principal.

Les rivières, les routes, les places, les côtes, les ports etc. faisant partie du domaine public, échoient sans dédommagement aucun en partage à l'Etat avec lequel ils sont réunis par la nature.

Les biens domaniaux proprement dits, les caisses publiques, et en général les propriétés privées de l'Etat, ne contribuant qu'indirectement à subvenir à des services d'utilité publique, forment une masse commune, et, à moins de motif spécial de dérogation, ils doivent être partagés proportionnellement à la population, avec cette réserve cependant que les immeubles soient attribués à l'Etat sur le territoire duquel ils sont situés et que leur valeur seule soit l'objet du partage.

Il doit en être de même du partage des provisions d'armes, des munitions de guerre, etc.

Chaque Etat a le droit de souveraineté jusqu'à sa frontière et le devoir de ne pas empiéter sur le territoire voisin. Il importe donc aux Etats limitrophes de déterminer clairement les limites qui les séparent.

La délimitation des frontières des Etats repose sur les mêmes bases et les mêmes titres que la propriété du territoire national; souvent aussi elle est déterminée par des traités spéciaux, auxquels sont généralement annexées des cartes géographiques frontières. (*Voir* DÉLIMITATION, FRONTIÈRE.)

DOMAT (Jean), jurisconsulte français, né à Clermont-Ferrand le 30 novembre 1625, mort à Paris le 14 mars 1696.

Il s'attacha surtout à l'étude et à la coordination du droit romain, en replaçant les lois romaines dans leur ordre naturel : le résultat de ces travaux est condensé dans son ouvrage *Les lois civiles dans leur ordre naturel* (1689—1695, 5 vol. in-4⁰).

On a encore de lui le *Droit public* et le *Legum delectus* (Choix de lois): ce dernier ouvrage n'est qu'un choix en latin des lois les plus usuelles renfermées dans les recueils de Justinien.

Les œuvres de Domat ont été imprimées ensemble à Paris en 1717, in-folio; avec des additions d'Héricourt sur le droit public, Paris, 1724, 2 vol. in-folio; avec notes de Bouchent, Berroyer et Chevalier, 1744, 2 vol.; et avec le supplément de Dejouy, 1755—1767 et 1777, 2 vol. in-folio.

Elles ont été réimprimées en 4 vol. in-8⁰, 1828—30, par J. Rémy, avec les articles correspondants des codes français.

DOMESTIQUE. Personne payée pour le service de la maison.

Le domestique a le même domicile que son maître.

L'article 109 du Code civil français porte que „les majeurs qui servent ou travaillent habituellement chez autrui, ont le même domicile que la personne qu'ils servent ou chez laquelle ils travaillent, lorsqu'ils demeurent avec elle dans la même maison ou dans les dépendances de cette maison."

Les domestiques d'un agent diplomatique sont sous la protection du droit des gens et participent dans une certaine mesure aux prérogatives accordées à l'agent lui-même : ainsi ils sont exempts de la juridiction civile et de la juridiction pénale du pays où ils résident, et ils dépendent, comme la suite de l'agent, de la justice criminelle de l'Etat que ce dernier représente. On va jusqu'à prétendre qu'il n'y a pas de distinction à établir quand ces domestiques n'appartiennent pas à la nationalité de l'envoyé, et sont citoyens de l'Etat auprès duquel celui-ci est accrédité; on en donne pour raison qu'un souverain, qui permet à son sujet de servir un ministre étranger, le dégage par là tacitement de ses liens et de ses devoirs comme sujet, et est censé consentir qu'il jouisse de l'indépendance que lui donne ce service étranger.

Mais, comme les personnes de la suite de l'envoyé ne sont affranchies de la juridiction civile du pays où elles résident, que parce qu'elles font partie de la mission diplomatique, l'envoyé peut permettre qu'elles soient poursuivies devant les tribunaux de ce pays, lesquels peuvent sous cette condition prononcer sur la demande sans porter atteinte aux principes du droit international.

La mesure dans laquelle les domestiques de l'agent diplomatique jouissent de l'exemption de la juridiction civile n'est ni nettement définie, ni établie dans des limites précises. En général les autorités locales les traitent comme des simples particuliers pour tout ce qui ne concerne pas les affaires de leur maître; mais quand ils agissent comme mandataires du ministre, ils doivent être exempts de toute poursuite personnelle. C'est au chef de la mission que doit remonter la responsabilité des ordres exécutés par le serviteur. Mais lorsqu'il agit pour son propre compte, la position est différente, ainsi un domestique du ministre peut être arrêté pour dettes et ses effets saisis, mais seulement hors de l'hôtel de la légation.

Quand un délit ou un crime a été commis par un domestique d'un agent diplomatique, l'usage moderne autorise simplement le ministre à faire arrêter le délinquant et à l'envoyer dans son propre pays pour y être jugé. Les autorités de l'Etat étranger, en arrêtant une personne de la suite pour la livrer au ministre ou à l'Etat donc celui-ci dépend, ne violent pas le principe d'exterritorialité, puisque l'arrestation n'a pour but que de venir en aide à l'agent diplomatique dans l'exercice de la justice.

L'agent diplomatique peut aussi, à son gré, renvoyer les délinquants de son service ou les livrer aux tribunaux du pays où il réside, et dans ce cas ces tribunaux n'ont plus à tenir compte de la question d'exterritorialité : c'est ce qui a lieu surtout lorsque les individus faisant partie de la maison de l'agent diplomatique comme domestiques, sont citoyens de l'Etat où l'agent est accrédité.

Toutefois les autorités d'un pays ont toujours le droit de faire arrêter provisoirement les personnes appartenant à une mission, prises en flagrant délit ; seulement elles doivent sans retard porter ce fait à la connaissance de l'agent diplomatique et mettre la personne arrêtée à sa disposition.

DOMICILE. *Définition.* Le domicile, selon le droit romain, était le lieu où un individu a établi ses pénates, où il a ses intérêts, son industrie, son commerce, ses moyens de subsistance, l'endroit où le citoyen doit remplir ses obligations municipales, en un mot l'endroit qu'il ne compte pas abandonner à moins de circonstances de force majeure.

D'après le code civil français, le domicile est le lieu où l'individu a son principal établissement, lequel ne peut être changé que par le fait d'une habitation réelle dans un autre lieu, joint à l'intention d'y fixer son principal établissement; et par principal établissement on entend le lieu où une personne jouissant de ses droits a établi sa demeure, le centre de ses affaires, le siège de sa fortune, le lieu d'où cette personne ne s'éloigne qu'avec le désir et l'espoir d'y revenir, dès que la cause de son absence aura cessé.

Dans son acception juridique le domicile est le siège légal où une personne est présumée être, au point de vue du droit et pour l'application de ce droit. D'après cette définition le domicile serait une abstraction purement intellectuelle, uniquement créée par la loi, un effet du droit consistant dans la relation établie entre une personne et le lieu où elle exerce ses droits.

Dans une acception usuelle et plus pratique, on entend par domicile le lieu même où une personne a établi le siège de ses affaires et le centre de ses intérêts.

Classification Les auteurs en général distinguent plusieurs sortes de domiciles. Les uns n'en admettent que deux : le domicile principal, c'est-à-dire celui où se concentrent les intérêts d'un individu, et le domicile accidentel, c'est-à-dire le lieu dans lequel il se trouve momentanément ou pour un objet déterminé.

D'autres distinguent le domicile personnel, où l'individu séjourne continuellement ou habituellement, et le domicile commercial, siège de ses affaires.

Quelques auteurs établissent trois classes de domiciles : le domicile politique, le domicile civil et le domicile judiciaire, ces qualifications s'expliquent d'elles-mêmes. Le domicile civil n'a rien de commun avec le domicile politique, l'un peut exister sans l'autre; en effet les femmes et les mineurs ont un domicile civil sans avoir un domicile politique, lequel est une dépendance du droit de cité et désigne le lieu dans lequel, en remplissant les conditions prescrites par les lois constitutionnelles, on est autorisé à exercer les droits politiques attachés à la qualité de citoyen.

Certains auteurs, envisageant le domicile au point de vue de la naissance, de la nécessité et de la volonté, ont créé le domicile d'origine, le domicile par prescription de la loi ou réel, et le domicile élu, c'est-à-dire transporté accidentellement dans un lieu déterminé pour certaines affaires.

Comme il est facile de le comprendre, le domicile d'origine correspond, dans ces ordres d'idées, au lieu de la naissance. Chaque individu reçoit à sa naissance un domicile d'origine, qu'il conserve jusqu'à ce qu'il en ait acquis un autre.

Le domicile d'origine est généralement celui qu'avait le père au moment de la naissance de l'enfant. C'est celui de la mère, si l'enfant vient au monde après la mort du père, ou s'il est illégitime ou non reconnu. Si les parents sont inconnus, le domicile est au lieu de la naissance ou bien au lieu où l'enfant a été trouvé.

Domicile des femmes et des mineurs. Le domicile réel ou légal est le lieu où la loi présume, sans admettre de preuve contraire, qu'une personne réside d'une façon permanente pour l'exercice de ses droits et l'accomplissement de ses engagements. C'est aussi celui que la loi assigne à certaines personnes n'ayant point de domicile qui leur soit propre : telles sont celles qui n'exercent leurs droits que sous l'autorisation ou par l'entremise d'un administrateur légal, par exemple les femmes mariées, les enfants mineurs. On pourrait aussi faire entrer dans cette catégorie les domestiques, les fonctionnaires publics, les exilés et les criminels déportés.

Le domicile de la femme mariée est celui de son mari. Quand une séparation de corps ou un divorce est intervenu, ou bien quand le mari est mort, la femme recouvre la faculté de changer de domicile; mais elle conserve le dernier domicile conjugal jusqu'à ce qu'elle en ait changé effectivement *animo et facto*, d'intention et de fait.

Le domicile de l'enfant est celui de ses parents ou des personnes qui les remplacent suivant la loi. Si, lorsque l'enfant est né, les parents étaient en voyage ou absents temporairement de leur domicile, c'est ce domicile et non le lieu fortuit ou accidentel de la naissance qui est le domicile de l'enfant. Jusqu'à ce que l'enfant ait atteint sa majorité, ou tant qu'il n'est pas émancipé, ou tant qu'il n'est pas marié, son domicile passe par tous les changements de celui de l'auteur duquel il a reçu son domicile d'origine. Il suit aussi celui de la mère ou du tuteur après la mort du père, et de celui du tuteur après la mort du père et de la mère.

Le domestique a le même domicile que son maître.

Domicile des fonctionnaires et des agents diplomatiques. Les fonctionnaires publics ont de plein droit leur domicile dans le lieu de l'exercice de leurs fonctions, si ces fonctions sont stables, non simplement provisoires ou périodiques; mais quand ils sont appelés à une fonction publique purement temporaire ou révocable, ils conservent le domicile qu'ils avaient antérieurement, s'ils n'ont pas manifesté d'intention contraire. En résumé, il est généralement admis qu'un emploi qui rend la résidence indispensable, confère le domicile dans l'endroit où le fonctionnaire est tenu de résider: ainsi les prêtres ont leur domicile au siège de leurs cures, l'évêque au chef-lieu de son diocèse.

Les agents diplomatiques et les consuls semblent faire exception à cette règle ils conservent le domicile du pays qu'ils servent ou qu'ils représentent. (*Voir* AGENTS DIPLOMATIQUES, CONSULS.)

Domicile commercial et industriel. Le négociant a son domicile commercial au siège principal de ses affaires, au point où se concentrent ses opérations. Sans impliquer d'une manière absolue la perte de l'esprit de retour ni celle de la nationalité d'origine, ce domicile, lorsqu'il a acquis un certain caractère de durée, entraîne pour le négociant des obligations, des charges particulières à l'égard du pays où il est venu se fixer et dont le gouvernement et les lois le protègent dans l'exercice de son commerce.

De nos jours le développement de l'industrie et du commerce, la facilité et la rapidité que la vapeur imprime aux communications par terre et par mer, rendent assez difficile la détermination exacte du domicile d'un commerçant. Si, par exemple, il exerce un négoce complexe, il résidera tantôt sur un point, tantôt sur un autre, sans avoir, si ce n'est rarement, le temps d'acquérir un domicile propre à modifier son caractère national. Pour trancher les difficultés que peut susciter en certains cas ce défaut de fixité, nous n'avons comme guides que les principes du droit romain, d'après lesquels nous sommes amenés à décider que le négociant qui se livre à des opérations mercantiles en plusieurs endroits différents, doit être considéré comme ayant un domicile dans chacun d'eux.

Domicile social. Un être collectif ou moral peut avoir un domicile. Généralement on considère comme le domicile d'une société le lieu où est le siège de son établissement.

Si la société a plusieurs établissements ou succursales, chacun de ces établissements peut être regardé comme une sorte de domicile distinct pour les affaires qui y sont directement traitées.

Le domicile d'une société cesse d'exister avec la dissolution et la liquidation de la société.

Il est bien entendu que le domicile d'une corporation ou d'une société est entièrement distinct du domicile des personnes qui la composent et qui, dans bien des cas, demeurent dans différents pays.

Election de domicile. Ce qu'on appelle *domicile élu* est un domicile d'exception que la loi permet ou prescrit même aux particuliers de choisir pour une certaine affaire déterminée, afin d'écarter tout obstacle au mouvement de la vie civile.

Tantôt l'élection de domicile est forcée ou imposée par la loi; tantôt elle est convenue ou arrêtée par les parties; tantôt elle est le fait d'une seule partie; elle a ordinairement pour objet l'exécution d'un acte, d'un jugement ou l'instruction d'un procès. Le domicile élu ne remplace le domicile réel qu'à l'égard des objets pour lesquels il est élu. A vrai dire, c'est une pure fiction, puisqu'il suppose une personne domiciliée dans un lieu où elle ne l'est pas réellement.

Vagabonds. Toute personne a un domicile, et aucun individu n'est regardé comme étant sans domicile. En admettant même qu'une personne ait abandonné son domicile et soit en voyage pour en chercher un autre, elle ne reste pas dans l'intervalle sans domicile; car le domicile antérieur ne doit être considéré comme réellement abandonné que lorsqu'un nouveau a été acquis.

Il est cependant une classe d'individus, désignés sous la qualification de vagabonds, qui, sans être en voyage à la recherche d'un domicile, n'ont pas en réalité de domicile certain; or la loi leur attribue leur domicile d'origine.

Double domicile. Une personne peut-elle avoir deux domiciles à la fois?

Quoique la question n'ait pas été tranchée d'une façon positive, sa solution dans le sens affirmatif entraînerait les conséquences les plus absurdes.

Pour n'en signaler que les plus saillantes, nous ferons observer la position étrange dans laquelle une déclaration de guerre placerait la personne qui aurait deux domiciles situés dans les limites d'Etats éloignés : les circonstances qui lui imposeraient un devoir impérieux envers l'un de ces Etats, feraient d'elle un traître à l'égard de l'autre Etat. Comme non seulement les souverains, mais aussi tous leurs sujets, collectivement et indivuellement, sont mis en état d'hostilité par la guerre, cette personne deviendrait un ennemi pour elle-même et serait tenue d'attaquer et de défendre les mêmes personnes et les mêmes biens en même temps.

. Mais supposons simplement qu'un homme soit domicilié dans deux circonscriptions militaires du même Etat; alors il pourrait être astreint à un service personnel à deux endroits à la fois; ou dans deux comtés il pourrait être contraint, sous peine d'arrestation, à servir comme juré, dans deux chefs-lieux de districts éloignés, ou dans deux villes, de monter la garde à deux endroits différents.

Pour sortir du domaine des hypothèses, il ne s'agit pas de prouver des faits isolés, mais de vérifier si, réunis, tous les faits et toutes les circonstances qui concourent à démontrer qu'une personne a sa demeure ou son domicile dans un autre endroit, sont plus forts que toutes les preuves analogues, tendant à établir son domicile dans un autre endroit; une pareille recherche entraîne donc une comparaison de preuves, et pour faire cette comparaison il y a des faits que la loi considère comme concluants, à moins qu'ils ne soient contredits ou contrebalancés par d'autres encore plus décisifs.

Le lieu de la demeure d'une personne doit être tout d'abord envisagé en opposition à tout siège d'affaires, de commerce ou d'occupation. Si elle a plus d'une habitation, on doit donner la prépondérance à celle où elle se retire pour prendre son repos, passer ses nuits, si cela peut être avéré d'une façon distincte. Et s'il est constaté d'une manière légale que l'habitation est en partie dans un endroit et en partie dans un autre, la personne qui habite cette double habitation, doit être réputée demeurer dans la ville où elle a l'habitude de prendre son repos, si cela peut se vérifier.

Détermination du domicile. Parmi les indices qui servent à reconnaître ou à déterminer le caractère et la réalité du domicile, on peut citer en premier lieu la résidence, c'est-à-dire le lieu où l'on est. *(Voir* RÉSIDENCE.)

Mais pour que la résidence produise quelque effet pour la détermination du domicile, il faut naturellement qu'elle ait une certaine durée et que sa prolongation autorise à en inférer l'intention d'acquérir un domicile fixe dans le pays. Si elle n'était qu'accidentelle, motivée par une affaire ou une opération particulière, la personne resterait dans la position d'un simple voyageur ou d'un étranger de passage.

Un des critériums les plus concluants pour déterminer l'intention de la résidence consiste dans les liens domestiques. Si l'individu dont le domicile est en litige, est marié et vit avec sa famille dans l'endroit où il réside, ou prend les mesures nécessaires pour la faire venir auprès de lui, son désir de se fixer dans cet endroit d'une façon permanente devient évident et jusqu'à un certain point irrécusable. Au contraire, lorsqu'un individu vit seul et n'est attaché par aucun lien social au pays qu'il habite, la preuve de son intention ne peut découler que des motifs ou des circonstances qui caractérisent le domicile. En matière de domicile le droit romain attachait une grande valeur à l'exercice des droits politiques. De notre temps on n'y attribue pas la même importance: ce n'est qu'une preuve supplétive pour déterminer le domicile. On peut dire autant de la possession d'un bien-fonds, où le possesseur n'a pas fixé sa résidence personnelle; du placement de capitaux soit en rentes sur l'Etat, soit dans des entreprises qui exigent une résidence de longue durée ou continue sur les lieux, soit dans des associations destinées à embrasser des affaires de nature à rendre nécessaire le séjour pendant un nombre d'années déterminé ou indéterminé: ce sont là autant de circonstances desquelles on peut inférer l'intention d'acquérir domicile, mais qui ne sauraient être considérées comme suffisantes pour constituer le domicile.

Changement de domicile. Toute personne maîtresse de ses droits peut changer de domicile à son gré et transporter où bon lui semble son principal établissement. Toutefois ce changement est soumis à certaines conditions déterminées par la loi.

La seule intention, même manifestée extérieurement, d'abandonner définitivement le lieu où le domicile est établi, ne suffit pas pour emporter le changement de domicile; il faut qu'elle soit suivie d'un déplacement effectif et que ce déplacement soit accompagné du fait d'habitation réelle dans le lieu où l'on veut désormais fixer son principal établissement.

Une personne acquiert un domicile de choix quand elle fixe sa seule ou sa principale résidence dans un pays qui n'est pas son domicile d'origine, dans des circonstances manifestant son intention d'y résider pour une durée indéterminée; mais le domicile d'origine doit être réputé revivre lorsque l'intention d'abandonner le domicile de choix est prouvée, alors même qu'il n'y aurait pas de nouveau domicile acquis par la résidence dans le pays d'origine.

La longueur de temps ne fait pas seule le domicile, pas plus que l'intention seule; mais l'une et l'autre ensemble constituent un changement de domicile. Aucune durée particulière n'est requise;

mais quand les deux circonstances de la résidence réelle et de la résidence intentionnelle se réunissent, c'est alors qu'un changement de domicile est accompli.

Le domicile d'origine doit prévaloir jusqu'à ce que la personne en ait non seulement acquis un autre, mais ait aussi manifesté et mis à exécution l'intention d'abandonner son ancien domicile et d'en prendre un autre pour son unique domicile.

Un séjour forcé ne change pas le domicile. L'intention de se fixer dans un endroit provient du libre arbitre d'une personne jouissant de ses droits; ou bien, comme dans le cas de la femme mariée, elle résulte du devoir, qui est présumé alors coïncider avec la volonté. Mais si quelqu'un est contraint de demeurer dans un endroit contre son gré, dans ce cas il n'y a ni résidence ni domicile.

Toutes les législations de l'Europe s'accordent à reconnaître que le prisonnier conserve son domicile d'origine. L'exilé et le prisonnier ne sont jamais présumés avoir perdu l'esprit de retour, quel que soit le temps écoulé depuis le moment où ils ont été privés de leur liberté; ils conservent par conséquent le domicile qu'ils avaient alors. Le cas est différent, si le déplacement est la conséquence d'une condamnation excluant toute perspective de retour, comme la déportation ou le bannissement pour la vie.

Ee se plaçant sur le véritable terrain du droit international, on ne peut s'empêcher de reconnaître que l'intention seule ne suffit pas toujours pour caractériser le domicile et en déduire des conséquences juridiques absolues; la saine logique et l'équité exigent en outre que l'intention soit corroborée, confirmée par un acte formel, authentique. Il reste toutefois bien entendu que l'obtention d'un permis de séjour ou d'établissement, nécessaire dans certains pays, ne suffit pas non plus pour déterminer le domicile; il faut que l'état des faits y soit conforme.

Effet de la fixation de domicile. La fixation du domicile entraîne avec elle des effets de nature diverses et d'une portée souvent décisive.

Dans la règle il est généralement admis que les personnes établies dans un pays sont soumises à la juridiction et à la législation du lieu de leur domicile en ce qui concerne les rapports du droit civil. Conséquemment au domicile se rattachent la compétence de la juridiction devant laquelle une personne peut être assignée. Par application de la maxime du droit romain *actor sequitur forum rei*, c'est devant le tribunal du domicile du défendeur, ou, s'il n'y a pas de domicile connu, devant le tribunal de sa résidence que doivent être portées les actions purement personnelles.

Comme les meubles n'ont point de situation fixe, mais suivent la personne qui les détient, il est aussi de principe que les actions mobilières doivent être portées devant le tribunal du domicile du défendeur; au contraire, c'est devant le tribunal de la situation de l'objet litigieux que, selon la maxime *in forum rei sitæ*, les actions immobilières doivent être portées.

De la fixation du domicile dans tel ou tel lieu dépendent la compétence de l'officier de l'état civil pour la célébration du mariage, la détermination du lieu où s'ouvrent les successions, etc.

Dans l'ordre politique l'exercice des droits constitutionnels dépend essentiellement du domicile, qui sert en général de base aux lois électorales.

On comprend donc qu'il est indispensable de connaître le domicile d'un individu, si l'on veut déterminer le lieu où doit être célébré le mariage, où doit s'ouvrir la succession d'une personne décédée, où doit être appelé le conseil de famille, appelé à nommer un tuteur ou à prendre part aux opérations de la tutelle, où doit être formé le contrat d'adoption; pour fixer en matière personnelle la compétence du tribunal, pour suppléer la personne quant aux notifications d'actes qui doivent lui être faites; dans d'autres cas, pour définir certains droits, certains privilèges; enfin pour justifier l'exercice des droits politiques.

Les effets juridiques du domicile, tels que ceux relatifs à la compétence judiciaire, ne sont modifiés que lorsque la personne a complètement quitté son ancien domicile et s'est établie ailleurs avec l'intention de s'y fixer.

L'élection d'un domicile implique l'extension de la juridiction qui n'appartenait qu'aux juges du domicile réel des personnes.

Les obligations résultant d'engagements privés contractés au domicile d'origine reçoivent leure exécution dans le lieu du nouvel domicile.

Après le changement de domicile la loi du nouveau domicile exerce sur l'individu les mêmes effets que celle du domicile d'origine avait exercés jusqu'alors;

mais il va sans dire que cette dernière loi n'a pas d'effet rétroactif sur les actes passés antérieurement par l'individu.

For. Lorsque tous les biens d'un individu, tant meubles qu'immeubles, se trouvent dans le même territoire où il a son domicile, et que cet individu ne passe pas d'actes hors de ce territoire, la législation du lieu de son domicile régit tous ses rapports, de sorte que la distinction entre les statuts personnels et réels et les lois concernant les actes de l'homme ne trouve aucune application.

Le conflit de ces diverses lois ne se présente qu'autant que l'individu possède des biens ou des droits réels sur les biens situés dans un autre territoire, ou qu'il passe des actes hors du territoire, où est situé son domicile. Sous ce rapport des complications difficiles à résoudre peuvent surgir de la règlementation par l'Etat des lois sur le domicile.

Supposons, par exemple, que le gouvernement d'un pays interdise à ses sujets de prendre un domicile hors de leur pays natal et que néanmoins un sujet de ce pays établisse de fait son domicile dans un pays étranger et y meure, quelles lois le pays où il est mort appliquera-t-il au partage de ses biens personnels? Les lois du pays de son domicile de droit, ou celles de son domicile de fait? Au premier abord il semble que ce devrait être les lois du domicile de fait; pourtant on pourrait aussi soutenir l'alternative contraire.

Conventions relatives au domicile. Plusieurs Etats ont établi réciproquement des conventions en vertu desquelles leurs sujets respectifs, lorsqu'ils résident hors de leur pays, conservent leur domicile d'origine ou acquièrent un domicile commercial qui n'est ni celui de leur origine ni celui de leur résidence.

C'est ce qui a lieu par rapport aux nations chrétiennes avec la Turquie, les régences barbaresques et les contrées de l'extrême Orient telles que la Perse, le Siam, la Chine, le Japon, etc. Tous les traités, toutes les capitulations conclues avec ces divers pays ont consacré au profit des étrangers la conservation intégrale et illimitée de leur domicile d'origine; en d'autres termes, leur séjour dans ces régions est, malgré sa durée, assimilé à une simple résidence et ne constitue qu'une sorte de domicile commercial. Ce régime privilégié s'explique tout naturellement quand on songe à la barrière infranchissable que les mœurs et la religion des pays musulmans élèvent entre les chrétiens et les indigènes.

Etat de guerre. L'état de guerre exerce une influence particulière sur les conséquences naturelles et légales du domicile, notamment en ce qui concerne les propriétés des personnes.

S'il s'agit d'un négociant ayant son domicile commercial à l'étranger, dans le cas où la guerre vient à éclater entre le pays où il a ce domicile et le pays où il est né, s'il n'a pas rompu son établissement avant l'ouverture des hostilités ou s'il ne s'est pas retiré sur le territoire neutre, à plus forte raison si par son industrie ou ses ressources personnelles il a favorisé la prolongation de la lutte, ce négociant est par une sorte de fiction légale placé sur la même ligne que les sujets belligérants et ses propriétés peuvent être assimilées à celles de l'ennemi.

Mais, entre le caractère hostile imprimé par le domicile et celui qui résulte du genre de commerce ou d'affaires, il existe une différence matérielle notable : dans le premier cas la confiscation peut embrasser toutes les propriétés de l'individu, tandis que dans le second elle se réduit exclusivement aux marchandises ou aux objets qui constituent le commerce hostile.

Si le négociant étranger possède un domicile commercial dans un pays neutre, son séjour dans ce pays lui confère les mêmes droits, les mêmes immunités qu'aux nationaux.

Mais si le négociant ne prend pas au commencement de la guerre des mesures immédiates pour retirer ses biens d'un commerce qui n'a plus le caractère neutre et auquel il pouvait légitimement se livrer en temps de paix dans le pays d'un belligérant, il ne pourra garantir ses biens de capture et de confiscation hostiles, en alléguant que personnellement il réside dans un pays neutre. De même, si le sujet d'une puissance neutre qui réside dans un pays ennemi au moment où la guerre éclate ne prend pas sans retard des mesures pour retirer ses biens du commerce de l'ennemi, la portion de ces biens qui continuera à être employée dans le commerce, sera exposée à être confisquée par l'autre belligérant comme contribuant à servir les intérêts de son adversaire.

Si un négociant d'origine étrangère, ayant acquis un domicile dans le pays de l'ennemi avant la rupture de la paix, entend se prévaloir du caractère neutre de sa nationalité originelle afin d'échapper aux conséquences de la guerre, il faut qu'il prenne des mesures effectives pour abandonner ce domicile lorsque les hostilités commencent. Toutefois il n'est pas nécessaire qu'il ait quitté absolument le pays ennemi; il suffit qu'il se soit déplacé ou ait fait acte de diligence dans l'intention manifeste et sincère d'en sortir; il ne saurait être effectivement responsable des accidents qui peuvent survenir et l'empêcher de mettre cette intention à exécution.

Lorsque la résidence n'est qu'accidentelle, motivée par une affaire ou une opération particulière, le commerçant reste en cas de guerre dans la position d'un étranger de passage. Ainsi le commerçant neutre que des affaires spéciales, une spéculation mercantile, un recouvrement de créances amène accidentellement dans un pays ennemi pendant le cours d'une guerre, ne saurait par le seul fait d'une semblable résidence acquérir personnellement un caractère hostile. Ce n'est que dans le cas où la prolongation indéfinie de son séjour ou sa conduite privée serait de nature à éveiller de légitimes soupçons, qu'il pourrait éventuellement être traité comme ennemi.

DOMINATION. Autorité qui, acceptée ou non des subordonnés, s'exerce pleinement; puissance souveraine.

DOMMAGE. Préjudice ou dégât causé à quelqu'un, à quelque chose; détriment causé à autrui, soit dans sa personne, soit dans sa propriété.

Un principe d'équité universellement admis oblige la personne par la faute de qui un dommage quelconque est survenu à le réparer.

Les États sont dans certaines circonstances et dans une certaine mesure responsables des dommages éprouvés par des étrangers sur leur territoire, surtout par suite d'actes de leurs agents ou de leurs employés. (*Voir* RESPONSABILITÉ).

DOMMAGES et INTÉRÊTS, ou dommages-intérêts. Somme allouée à quelqu'un pour l'indemniser d'un préjudice.

En principe, les *dommages et intérêts* doivent représenter la valeur principale dont un individu a été lésé, ce qui constitue le *dommage,* et les *intérêts* que cette valeur principale aurait pu produire depuis qu'il est privé de sa jouissance.

Les États doivent dans une certaine mesure des dommages et intérêts pour les dommages causés à des étrangers sur leur territoire dans certaines circonstances. (*Voir* INDEMNITÉ, RESPONSABILITÉ.)

Lorsqu'un État ne remplit pas ses engagements envers un autre, celui-ci peut à son choix en exiger l'exécution, réclamer des dommages et intérêts pour cause de non-exécution, ou regarder comme nul le traité dont les dispositions n'ont pas été exécutées.

La nature et l'étendue des dédommagements se règlent d'après la nature et la gravité de l'infraction au droit.

DON. Titre d'honneur particulier aux nobles d'Espagne; mais depuis longtemps devenu simple titre de courtoisie, qu'on applique à toutes les personnes qu'on veut distinguer; il se joint toujours au nom de baptême et jamais au nom de famille seul. Il est aussi commun que le titre de *Monsieur* en France.

DON Y BASSOLS (Ramon Lázaro de), publiciste espagnol.

Instituciones del derecho público general (Institutions du droit public général). 1802.

DONATION. Acte par lequel une personne donne une chose à une autre.

Autrefois on pouvait ranger parmi les moyens d'aliénation de territoire la donation volontaire par un souverain à un autre.

DOUANE. Le droit des gens donne à chaque Etat la faculté d'établir, d'augmenter ou de diminuer les tarifs des droits de douane, et même de prohiber l'importation ou la sortie de certaines marchandises.

Les droits de douane sont fixés par l'administration supérieure de chaque pays, et inscrits dans un tarif public par le bulletin des lois de l'Etat.

Conventions douanières. La plupart des traités de commerce et de navigation contiennent des dispositions concernant les tarifs de douanes, les visites, les dépôts des marchandises dans les magasins des douanes, les formalités relatives aux chargements et aux déchargements, au transit, à la réexportation, aux relâches forcées, etc.

Les conventions spéciales que concluent des Etats limitrophes par suite du raccordement de chemins de fer internationaux, renferment des clauses particulières pour la règlementation à l'égard des voyageurs et des marchandises, de la visite et du service de la douane au passage des trains dans la zone frontière de jour et de nuit.

Tout d'abord les deux gouvernements se confèrent respectivement le droit de faire escorter par leurs employés de douane les convois circulant entre les stations frontières des deux pays.

Visite des bagages et des marchandises.

Ensuite la pratique généralement adoptée peut se résumer ainsi :

Les voyageurs qui ne s'arrêtent pas à la première station ont le droit de faire visiter leurs bagages soit sur place, soit dans la ville de l'intérieur qui doit être le terme de leur voyage. Les marchandises en transit doivent être placées dans des wagons à coulisses ou sous bâches dûment fermées à l'aide de plomb ou de cadenas.

Chaque convoi de marchandises doit être accompagné d'une feuille de route, distincte par lieu de destination, préparée par les soins des administrations des chemins de fer et soumise au visa des employés des douanes du lieu de provenance. Chaque convoi doit être placé sous l'escorte d'employés des douanes, qui doivent l'accompagner sur le territoire du pays voisin jusqu'à la première station où il y a un bureau de douane.

Les marchandises, à l'arrivée au lieu de destination, sont déposées dans des bâtiments susceptibles d'être fermés, fournis par les administrations des chemins de fer, agréés par l'administration des douanes, ou elles restent sous la surveillance des employés de cette dernière; le déchargement des wagons doit s'effectuer immédiatement après l'arrivée des convois.

Il va sans dire que ces conventions laissent subsister intactes les lois de chaque pays sur les pénalités encourues dans les cas de fraude ou de contravention, ainsi que les règlements généraux sur les prohibitions ou les restrictions en matière d'importation, d'exportation ou de transit.

Bureaux de douanes internationaux. Lorsque les deux chemins se rejoignent dans une ville située à l'extrême frontière et destinée alors à devenir gare ou station commune, on stipule d'ordinaire que les deux Etats pourront, pour l'accomplissement des formalités de douane, constituer auprès du bureau des douanes de celui sur le territoire duquel est située cette station, un service d'agents officiels installé dans des locaux loués à cet effet par la compagnie propriétaire de la station et désigné par l'apposition des armes nationales respectives.

Pour faciliter le service de ces agents, il est d'usage de déclarer la voie ferrée entre la station commune et la station étrangère la plus rapprochée *route internationale* ouverte pour les deux pays à l'importation, à l'exportation et au transit; la surveillance s'y exerce de concert;

mais le passage des convois de marchandises et de voyageurs s'y opère sans visite ni temps d'arrêt.

Les rapports entre les employés des deux pays exerçant leurs fonctions dans la station commune ont lieu sur le pied d'égalité, et dans l'exécution du service ils doivent se prêter mutuellement tout le concours, toute l'assistance possible, sans s'écarter des règlements particuliers à chaque pays.

Les compagnies sont naturellement tenues de prendre des dispositions pour que deux convois allant en sens contraire ne se rencontrent jamais lors de la visite dans les gares communes, et pour qu'on maintienne un intervalle de dix minutes au moins entre le départ d'un train et l'arrivée de l'autre.

Quelquefois on convient d'établir des magasins distincts dans la station commune pour la garde et la manipulation des marchandises importées d'un pays dans l'autre.

Dans d'autres cas les postes de douaniers sont respectivement placés non dans une gare commune, mais dans deux gares différentes, peu distantes l'une de l'autre. Le service de ces douaniers est réglé comme dans les gares communes.

Contrebande. La répression de la contrebande et des autres contraventions en matière de douane sur les frontières donne lieu aussi à des conventions d'un caractère particulier.

Les parties contractantes s'engagent à poursuivre ceux de leurs ressortissants qui auraient commis des contraventions aux règlements de douane sur le territoire de l'Etat limitrophe, en leur appliquant les mêmes lois que s'ils s'en étaient rendus coupables dans le pays auquel ils appartiennent; les poursuites sont intentées sur le vu des procès-verbaux dressés par les douaniers ou les gendarmes du pays où la contravention a été commise, ces pièces devant faire foi jusqu'à preuve contraire devant les tribunaux.

Les agents de chaque pays qui constatent une contravention dans la circonscription confié à leur surveillance peuvent suivre les objets qui forment le corps du délit même de l'autre côté de la frontière, sur le territoire de l'Etat voisin, jusque dans les lieux où ils auraient été transportés, et pour opérer la saisie; toutefois, pour s'introduire dans les maisons, les cours ou les enclos, ils doivent être assistés d'un fonctionnaire public désigné à cet effet par les lois du pays où la perquisition a lieu.

Il ne faut pas confondre ces conventions avec les traités d'extradition, car la remise des coupables fugitifs aux autorités du gouvernement duquel ils ressortissent n'y est pas ordinairement comprise. A proprement parler, elles doivent être plutôt considérées comme de simples règlements internationaux sur la police de frontières, ayant pour base, comme cela ressort des stipulations que nous avons résumées, le double principe de la réciprocité et de l'assimilation ou de la substitution mutuelle des législations respectives entre Etats contigus.

Agents diplomatiques. Situation. Le plus généralement les agents diplomatiques accrédités dans un pays étranger ne paient pas les droits de douane pour les effets et les marchandises qu'ils emportent avec eux ou font venir pour leur usage, ou pour celui des personnes de leur suite. Cependant le paiement de ces droits n'est pas inconciliable avec le caractère représentatif des ministres publics, et, si ce privilège de franchise leur est accordé, c'est en vertu d'un ancien usage, fondé plutôt sur la courtoisie que sur des motifs juridiques. Aussi la pratique des Etats n'est-elle pas uniforme à cet égard.

Si quelques Etats admettent l'exemption de la manière la plus large, d'autres la restreignent ou la modifient: les uns fixent les quantités admissibles en exemption de taxe et ne soumettent que l'excédant aux droits ordinaires d'entrée; les autres, sans accorder directement la franchise, la consacrent indirectement en remboursant sur fonds de chancellerie ou de cabinet le montant des droits acquittés.

D'ordinaire l'exemption de taxe doit être sollicitée par des notes écrites, spécifiant avec précision la nature, les quantités et la destination des choses qui doivent en être l'objet. La nature des choses pour lesquelles la franchise peut être accordée, n'est pas limitée exclusivement aux provenances du pays de l'agent diplomatique.

Lorsque l'agent est en même temps commerçant, les marchandises destinées à son commerce doivent payer les droits d'entrée ou de sortie comme les marchandises ordinaires,

Dans tous les cas, les employés des douanes peuvent, sans violer le droit international, visiter les marchandises adressées à l'agent diplomatique à condition de respecter son hôtel et de ne pas toucher à ses archives, à ses voitures ou aux objets que le ministre demande de ne pas examiner, en donnant assurance qu'ils ne contiennent aucune marchandise prohibée.

Les dépêches, les paquets cachetés du sceau d'un cabinet étranger et adressés, par la voie d'un courrier de cabinet ou d'un agent diplomatique, soit à l'un des agents accrédités dans le pays, soit à l'un des ministres du gouvernement, doivent être admis sans retard et en exemption de visite, quand même les cachets seraient apposés de façon que le colis pût être ouvert sans les rompre.

A l'égard des dépêches revêtues du sceau d'une légation, qui, venant de l'étranger et destinées pour un cabinet étranger, doivent seulement passer par le pays, l'administration des douanes ne doit apporter aucun entrave à la continuation du voyage du courrier, lorsqu'il justifie de sa mission par un passe-port ou autre titre régulier. Quant aux paquets non-revêtus du sceau du cabinet, ils sont soumis à la loi commune et par conséquent visités.

Si des objets prohibés ou passibles de droits sont découverts dans les paquets ou les portefeuilles, ils sont envoyés avec les acquits à caution à l'administration des douanes, qui requiert devant la justice ce que de droit.

(*Voir* AGENTS DIPLOMATIQUES, CHEMINS DE FER.)

DOYEN. Titre de dignité ecclésiastique: le doyen du Sacré Collège, celui qui préside la réunion des Cardinaux; le doyen d'une église collégiale, le chef du chapitre: le doyen d'une église cathédrale, la seconde personne du chapitre.

Titre du directeur d'une faculté universitaire : le doyen de la Faculté de droit, de la Faculté de médecine.

Le plus ancien membre d'un corps, d'une assemblée.

Le doyen d'âge, celui qui dans un corps est le plus âgé. Dans les assemblées législatives, avant que le bureau soit formé, le doyen d'âge est président du bureau provisoire.

DRAPEAU. Sorte de bannière, consistant en une pièce d'étoffe attachée par l'un de ses côtés à une lance et qui sert à distinguer par ses couleurs les nations, les troupes ou les partis, pour lesquels elle est un emblème, une enseigne ou un signe de ralliement,

Par métonymie, on se sert du mot *drapeau* pour signifier l'état militaire ou plutôt l'armée, et, dans un sens encore plus restreint, l'enseigne d'une troupe, d'un régiment d'infanterie.

Agents diplomatiques. Usage du drapeau. Les agents diplomatiques, presque dans tous les pays, font placer au-dessus de la porte de leur hôtel un écusson portant les armes de leur souverain ou de leur pays; cet écusson est parfois accompagné du déploiement de leur drapeau national.

Les usages locaux déterminent les jours, les heures, les circonstances dans lesquels il convient d'arborer ces drapeaux.

Le plus généralement les ministres étrangers arborent leur drapeau national tous les dimanches, tous les autres jours fériés, et à l'occasion d'événements ou d'anniversaires, heureux ou malheureux, intéressant la politique du pays de la résidence ou les familles des souverains. Chaque légation avise les autres légations des anniversaires qui lui sont propres et annonce qu'elle arborera son drapeau; sur cet avis les autres légations arborent le leur par réciprocité.

Les consuls ont également le droit de placer sur leur habitation le drapeau et les armoiries de leur pays, afin d'indiquer au public le caractère international dont ils sont revêtus.

Drapeau en temps de guerre. La ruse étant permise en guerre, il n'est pas contraire au droit international de tromper l'ennemi, en faisant usage de son drapeau ou de son pavillon; cependant chaque corps d'armée ou chaque navire, avant d'en venir aux mains, doit arborer ses couleurs réelles et déclarer sa nationalité.

En tout cas, on ne saurait autoriser sans réserve l'usage des signes et des emblèmes distinctifs de l'ennemi pour le tromper; ce stratagème ne doit être employé qu'avant le combat; dans la bataille les ennemis doivent lutter loyalement; aussi les troupes qui combattent sous le drapeau de leurs ennemis sans indiquer franchement le parti auquel elles appartiennent, ne peuvent pas exiger qu'on leur fasse quartier.

Drapeaux spéciaux. Le drapeau s'emploie quelque fois pour faire des signaux, ou pour distinguer une mission spéciale.

Ainsi les parlementaires, c'est à-dire les personnes envoyées en mission vers une place ou un corps de troupes ennemies dans le but de négocier avec le chef de ces dernières, sont d'ordinaire accompagnés jusqu'aux avant-postes par un trompette ou un tambour portant un drapeau blanc en signe de reconnaissance. Quiconque blesse ou tue volontairement un parlementaire portant des insignes de sa mission se rend coupable d'une violation flagrante des lois de la guerre. (Voir PARLEMENTAIRE.)

Aux termes de la Convention de Genève du 22 août 1864, qui a consacré la neutralité des hôpitaux, des maisons et des ambulances militaires, il a été décidé, pour mettre ces établissements et ceux qui les surveillent ou les dirigent mieux à l'abri des éventualités de la guerre, qu'ils seront couverts par un drapeau distinctif et uniforme. (Croix rouge alésée sur champ blanc, autrement dit le drapeau suisse, seulement avec les couleurs interverties. Une exception est faite pour la Turquie, qui à la place de la croix rouge a adopté le croissant rouge pour son service sanitaire). Le drapeau conventionnel doit, en toute circonstance, être accompagné du drapeau national.

DRAWBACK. Terme de commerce : remboursement partiel ou total, opéré à la sortie de certains produits fabriqués, d'une somme équivalente aux droits d'entrée qu'a payés, sous forme de matière première, le produit qu'on exporte. Cette restitution a pour objet de favoriser la fabrication et l'exportation de certains produits de l'industrie nationale : c'est une espèce de *prime* (voir ce mot) accordée au commerce et à la marine.

DRESCH (Georges Leonhardt Bernhard de) jurisconsulte allemand, né en 1786, professeur de droit public à Tubingue, Landshut et Munich. Mort en 1836.

Principaux ouvrages : *Ueber die Dauer der Völkerverträge.* (La durée des traités internationaux,) 1808. *Oeffentliches Recht des deutschen Bundes und der deutschen Bundesstaaten.* (Droit public de la confédération germanique et des Etats fédérés allemands.) 2 voll. 1820 21. *Grundzüge des bairischen Staatsrechts.* (Principes du droit public bavarois.) 1823. *Grundzüge des deutschen Staatsrechts.* (Principes du droit public allemand.) 1823.

DROGMAN. Nom donné dans le Levant à certains fonctionnaires chargés de servir d'interprètes entre les indigènes et étrangers, dans les procès, les audiences, les cérémonies publiques, et de traduire les actes officiels, les documents diplomatiques.

Le Sultan, les gouvernements orientaux et les ministres étrangers accrédités auprès d'eux ont leurs drogmans particuliers.

Les drogmans ne sont guère en usage que dans les ambassades, les légations et les consulats établis auprès de la Porte ottomane et des gouvernements asiatiques ou africains, et dans ceux de ces gouvernements auprès des gouvernements européens.

Les drogmans des ambassades, des légations et des consulats forment un corps spécial d'employés diplomatiques et consulaires, choisi par leur gouvernement parmi les personnes familiarisées avec les langues orientales.

Le nombre des drogmans est illimité et fixé ainsi que leur résidence, selon les besoins du service. Dans les ambassades ou les légations l'un d'eux est drogman-chancelier.

Dans les consulats de première et de seconde classe, les chancelleries sont le plus souvent confiées aux drogmans.

La situation de ces employés est essentiellement subordonnée : ils doivent, sous peine de révocation, exécuter les ordres qui leur sont donnés par les ministres et les consuls. Le caractère tout spécial de leurs fonctions les oblige à leur rendre exactement compte des affaires qu'ils ont traitées auprès des autorités du pays, des propositions et des réponses qui leur ont été faites; ils doivent rendre fidèlement les paroles qu'ils ont été chargés de porter de part et d'autre et mettre, sous peine de punition, la plus grande exactitude dans les traductions qu'ils font.

Quand, par ordre des ambassadeurs des consuls, ou des élèves-consuls, ils ont fait quelque traduction pour le service, ils déposent exactement à la chancellerie les minutes avec les pièces originales, afin qu'on puisse y avoir recours au besoin. Ces traductions doivent toujours être certifiées conformes et signées par le premier drogman.

Il est interdit aux drogmans de faire aucun commerce, de visiter les autorités du pays sans la permission de leurs chefs, de prêter leur ministère dans les affaires des particuliers, sans en avoir été requis par eux et sans avoir été autorisés par l'ambassadeur ou le consul

Les drogmans font partie du personnel officiel de la mission ou du consulat; mais ils n'ont droit à aucun rang dans les cérémonies publiques. Ils doivent précéder leurs chefs et marcher entre eux et les janissaires, et pendant la visite se placer derrière eux pour être à leurs ordres.

Lorsque le drogman est chancelier d'un consulat dans le Levant, ses devoirs sont les mêmes que ceux des chanceliers en pays de chrétienté; sans toutefois que le service de chancelier le dispense de celui de drogman.

DROIT (faculté). Faculté reconnue, naturelle ou légale, d'accomplir ou de ne pas accomplir un acte, de jouir et de disposer d'une chose, d'y prétendre, de l'exiger d'une autre personne.

Le droit, considéré dans son principe, est un attribut de la personne humaine; chaque homme, par la seule raison qu'il est libre et responsable, possède certains droits.

Ces droits procèdent soit de la nature des êtres sociaux et des rapports qui existent nécessairement entre eux, soit des lois écrites ou des conventions particulières.

Les premiers sont dits *droits naturels :* ils sont tellement inhérents à l'homme même qu'ils subsistent indépendamment de leur reconnaissance par la loi positive. Les seconds sont dits *droits positifs,* parce qu'ils dérivent uniquement de la loi positive, ou parce que leur service est réglé par cette loi; ainsi les droits naturels deviennent des droits positifs lorsqu'ils ont été reconnus, affirmés et formulés par la loi positive.

Tout droit suppose la notion corrélative d'un devoir : l'un n'existe pas sans l'autre. *(Voir* DEVOIR.)

Comme les devoirs, les droits sont *parfaits* ou *imparfaits :* parfaits, quand on peut en exiger le respect par la contrainte; imparfaits, quand on ne le peut pas

Le plus généralement le mot *droit* s'entend des facultés conférées ou reconnues par les lois, c'est-à-dire plus spécialement des droits positifs.

Les droits positifs se divisent en droits politiques ou droits civiques, et en droits civils ou droits privés.

Les droits politiques sont ceux qui confèrent une participation plus ou moins directe à la gestion des affaires de l'État; tels sont l'aptitude aux fonctions publiques, le droit d'être juré, le droit d'élire et d'être élu aux fonctions qui dépendent de l'élection, etc. Les droits politiques n'appartiennent qu'aux citoyens, comme l'indique la qualification qu'on leur donne aussi de droits civiques.

Bien que d'ordinaire on donne indifféremment aux autres droits, par opposition aux droits politiques, la dénomination de droits privés ou de droits civils, il y a

cependant une légère distinction à établir entre ces deux expressions.

Les droits privés sont ceux qui appartiennent aux personnes prises individuellement; les droits civils, ceux dont la jouissance est garantie aux citoyens par la loi; en d'autres termes, les droits civils sont ceux des droits privés dont la jouissance est réservée aux nationaux à l'exclusion des étrangers; tels sont, par exemple, dans quelques législations, le droit de posséder une partie du sol et celui de recevoir ou de transmettre en cas de décès, tandis que dans d'autres pays ces droits et d'autres analogues sont communs aux nationaux et aux étrangers.

En fait de droits civils, il faut distinguer la jouissance de l'exercice. Certaines personnes ont la jouissance de ces droits, mais sont plus ou moins privées de les exercer à raison de leur état d'incapacité légale : le mineur, l'interdit, la femme mariée. Il est aussi des condamnations judiciaires qui ont pour effet de priver ceux qu'elles atteignent d'une partie de leurs droits civils.

Les droits privés se subdivisent en droits des personnes, en droits *personnels*, en droits *réels* et en droits *mixtes*.

Les droits des personnes sont ceux qui dérivent de leur état, de leur capacité actuelle, comme père ou fils, époux, majeur ou mineur, etc.

Les droits sont dits *personnels,* lorsque quelqu'un est obligé envers nous à faire ou à donner quelque chose.

Les droits *réels* sont ceux qu'on a sur une chose, indépendamment de l'obligation personnelle du détenteur de cette chose; on les appelle ainsi parce qu'ils sont en quelque sorte inhérents à la chose et la suivent en quelques mains qu'elle passe.

Les droits *mixtes* participent à la fois de la nature des droits personnels et de droits réels, concernent en même temps en partie les personnes et les choses.

A cette énumération on peut ajouter encore les droits *acquis,* c'est-à-dire ceux qui sont entrés dans le patrimoine de la personne et ne peuvent lui être enlevés par le fait d'un tiers : tels sont les droits résultant d'un contrat ou d'une convention.

Dans un sens général on oppose les droits acquis, provenant du fait de l'homme, aux droits naturels, que l'homme tient de sa simple qualité d'être humain.

DROIT. Dans une autre acception, le mot droit signifie ce qui est droit, juste, fondé sur l'équité, ce qui est conforme ou a rapport à la loi; et par suite l'ensemble des règles qui régissent la conduite de l'homme en société, les rapports sociaux; l'ensemble des lois et des coutumes qui régissent les peuples : ainsi l'on dit „le droit français", „le droit romain"; ou seulement l'ensemble des règles propres à une partie de la législation : ainsi droit *administratif*, droit *ancien*, droit *canon* ou *canonique*, droit *civil*, droit *commercial*, droit *commun*, droit *constitutionnel* ou *politique*, droit *conventionnel*, droit *coutumier*, droit *criminel*, droit *écrit* et droit *non-écrit*, droit *extérieur*, droit des *gens* ou *international*, droit de la *guerre*, droit *domestique*, droit *féodal*, droit *humain*, droit *intérieur*, droit *judiciaire*, droit *maritime*, droit *militaire*, droit *naturel*, droit *pénal*, droit *positif*, droit *privé*, droit *public*, droit *religieux*, droit *romain*, droit *social*.

DROIT *(taxe).* Le mot *droit* signifie encore taxe ou impôt.

En finances, on nomme *droits* certaines taxes imposées sur diverses espèces de marchandises et perçues soit à l'entrée ou à la sortie des frontières, tels que les droits de douane, soit à l'entrée dans les villes : droits d'octroi; soit au moment de la consommation, comme, par exemple, pour le tabac ou le sel; soit au moment où s'accomplissent certains actes (enregistrement, mutations, successions, etc.).

On dit le droit *proportionnel*, lorsqu'il est calculé selon la valeur des objets sur lesquels il doit être perçu directement ou dont traitent les actes d'après lesquels a lieu la perception.

On appelle *differentielle* la taxe douanière, qui varie selon la provenance des marchandises.

DROIT ADMINISTRATIF. Partie du droit public qui a pour objet les règles qui régissent les rapports des citoyens avec l'administration, c'est-à-dire avec les agents de diverses classes, répartis sur tout le territoire national pour y représenter le gouvernement et en faire exécuter les ordres.

Les lois administratives se rapportent soit à l'organisation du personnel de l'administration, soit aux matières qui sont de son ressort, soit au contentieux administratif. Elles embrassent les différentes branches de revenus publics et tout ce qui s'y rapporte, la police, la voirie, l'assistance publique, etc. etc.

DROIT ANCIEN et DROIT NOUVEAU. En France on emploie la première de

ces dénominations pour désigner le droit antérieur à 1789; la seconde s'applique au droit postérieur à cette date.

DROIT CANON ou CANONIQUE. Droit ecclésiastique, fondé sur les canons de l'Eglise, les décrétales, etc., — ensemble des lois de l'Eglise.

Le *droit canon* a pour objet les règles de la foi et la discipline de l'Eglise; il règle non seulement la hiérarchie ecclésiastique, les attributions de chacun de ses ministres etc.; mais aussi les rapports du gouvernement de l'Eglise avec les différentes puissances temporelles.

Le droit canon repose sur les bases suivantes : 1° l'Ecriture sainte, principalement; 2° l'autorité des conciles généraux, et celle des conciles particuliers dont la discipline a été admise par toute l'Eglise; 3° les constitutions des papes, 4° la coutume, qui a aussi une grande autorité quand elle est établie par une longue pratique, du consentement des pasteurs de l'Eglise.

Le corps du droit canon proprement dit se compose de six parties, qui ont chacune un nom spécial et sont autant de compilations de canons, de décrets et de décrétales rédigées à différentes epoques et successivement insérées.

DROIT CIVIL. L'ensemble des lois qui règlent l'état des personnes, les rapports que les hommes ont entre eux comme membres d'une même société, tout ce qui est relatif à leurs intérêts privés aux biens, et aux diverses manières d'acquérir la propriété.

Le droit civil est propre au peuple pour lequel il est fait; il varie selon la nature du gouvernement.

DROIT COMMERCIAL. Ce droit consiste 1° dans les lois spécialement destinées à régler la forme et l'effet des transactions dont le commerce se compose, et à déterminer les obligations particulières auxquelles sont assujetties ceux qui en font leur profession; 2° dans les principes du droit commun appliqué à ces transactions autant que le permet la nature des choses, lorsque des lois spéciales n'y ont rien changé; 3° dans les usages du commerce pour les cas que les lois ou les règlements n'ont point prévus.

Les lois commerciales étant des lois d'exception, il a été généralement crée pour les appliquer des tribunaux spéciaux, dont la juridiction a été distincte de la juridiction ordinaire. *(Voir* COMMERCE, COMMERÇANT.)

DROIT COMMUN. La loi admise dans un Etat, l'usage qui y est généralement établi, le droit qu'on observe généralement, dit *commun* par opposition aux dispositions qui l'abrogent en certains cas et que par ces motifs on nomme exceptionnelles.

Dans la jurisprudence anglaise on désige sous ce nom la partie de la législation anglaise dérivant de l'usage, pour la distinguer des actes du parlement. Elle comprend non seulement les coutumes nationales du peuple anglais, mais aussi un grand nombre de lois romaines ou de lois canoniques introduites dans les cours d'amirautés et dans les tribunaux ecclésiastiques, ainsi que les règles et les maximes empruntées par des juges anglais et des jurisconsultes à l'un ou à l'autre de ces régimes.

Quelquefois on se sert aussi du terme *droit commun* pour signifier l'ensemble des lois, qu'elles proviennent de décrets royaux et de décisions parlementaires ou des coutumes, telles qu'elles sont appliquées dans les cours établies anciennement et appelées cours de droit commun, pour les distinguer de la juridiction d'équité pratiquée par la cour de chancellerie, qui est de création plus récente et a pour tâche de trancher les questions pour la solution desquelles les règles strictes des cours de droit commun étaient insuffisantes.

Enfin, en lui donnant une acception plus large, on désigne sous cette dénomination l'ensemble des lois anglaises, ou du droit anglais en y comprenant même les éléments exotiques qui s'y sont mêlés, par opposition au droit tel qu'il est établi généralement chez les autres nations de l'Europe. C'est dans ce dernier sens que la dénomination de *droit commun* s'applique également à la jurisprudence des Etats-Unis, où, sauf dans l'Etat de la Louisiane, prévalent les lois qu'avait reconnues la législation coloniale ou l'usage général.

DROIT CONSTITUTIONNEL ou POLITIQUE. Ensemble des lois fondamentales qui constituent le gouvernement de la nation, c'est-à-dire la manière dont la souveraineté est exercée dans un Etat, et qui ont pour objet l'organisation des différents pouvoirs et l'administration des diverses branches des services publics.

DROIT CONVENTIONNEL. Ce droit consiste dans les engagements que les Etats contractent entre eux, dans les obligations qui les lient les uns aux autres, par suite des traités ou des conventions qu'ils ont conclus; dans les règles consenties par les parties contractantes.

Comme un tel consentement n'oblige que les parties contractantes, il est évident que le droit conventionnel n'est pas un droit universel, mais un droit privé. Néanmoins, comme ces arrangements ne sont pas toujours limités aux rapports des parties contractantes les unes avec les autres, mais s'étendent à leurs rapports avec les autres nations, et que de plus ils ont souvent pour objet d'exprimer des opinions ou d'établir des règles d'action relativement à des questions ou à des points particuliers du droit des gens, ils ont une influence importante pour régler les rapports généraux des Etats, modifier et déterminer les principes du droit international.

En résumé les droit conventionnel peut être considéré comme applicable à toutes les nations, lorsque la majorité des Etats ont participé aux traités sur lequel il est basé, ou bien ont conclu des traités identiques à ceux-ci; de même que lorsque le nombre des contractants est limité, il n'engage que les deux ou plusieurs Etats que ces accords concernent.

DROIT COUTUMIER. Ensemble des règles de droit qui avec le temps sont entrées dans les mœurs d'une nation, se sont développées avec elle et perpétuées par la tradition, par la pratique des tribunaux ou par des rédactions privées; coutumes ou usages locaux passés en force de loi.

Au moyen-âge chaque pays avait son droit particulier ou coutumier (*Voir* COUTUME).

Un droit coutumier, de même qu'il prévaut dans l'intérieur d'un Etat, peut exister entre deux ou plusieurs nations; il comprend alors les usages que la coutume continue des nations a consacrés pour leur convenance et leur intérêt mutuels. Comme ce droit est fondé sur le consentement tacite ou implicite des nations, tel qu'il ressort de leurs rapports les unes avec les autres, pour déterminer si un acte particulier est sanctionné ou prohibé par ce droit, il faut rechercher s'il a été approuvé ou désapprouvé par les nations civilisées en général, ou au moins par celles des nations que cet acte concerne d'une façon quelconque.

DROIT CRIMINEL. C'est la partie de la législation qui a pour objet la poursuite et la répression des crimes; l'ensemble des lois qui définissent les infractions contre l'ordre et la tranquillité du pays et des habitants et prescivent les peines attachées à chacune de ces infractions (*Voir* CRIME, DÉLIT).

Le droit criminel de chaque nation participe à la fois du droit public et du droit privé de cette nation.

Pour ce qui regarde l'action de l'Etat ou des autorités instituées à l'effet de poursuivre et de punir les auteurs des crimes et des délits, le droit criminel est du ressort du droit public ; il n'appartient au droit privé qu'en ce qu'il a également pour objet la réparation des intérêts privés qui ont été lésés par ceux des actes de l'homme que la loi qualifie de crimes ou de délits.

Le droit criminel international traite donc, comme le droit civil international, des personnes et des choses.

Sous le rapport des personnes il distingue entre les citoyens ou sujets de l'Etat et les étrangers.

Les choses sur lesquelles les infractions sont commises peuvent se trouver soit sur le territoire de l'Etat dont les tribunaux sont appelés à instruire sur l'infraction et à la punir, soit hors de ce territoire.

Aucun doute ne peut s'élever sur le droit qu'a chaque Etat de juger et de punir selon ses lois les crimes ou les délits commis sur son territoire. Dans ces cas la loi pénale de l'Etat, comme toutes les lois d'ordre public, s'applique indistinctement aux nationaux et aux étrangers. Tout étranger peut être poursuivi dans l'Etat de sa résidence momentanée à raison de crime ou de délit commis par lui sur le territoire de cet Etat.

Mais un Etat n'est pas dans l'obligation, et il n'est pas de sa compétence morale de punir une personne résidant sur son territoire sans être son sujet, qui est accusée d'avoir commis un crime hors de sa juridiction contre le sujet d'un autre Etat. Toutefois certains Etats étendent l'application de leurs lois jusqu'à atteindre des crimes commis sur le territoire étranger, mais seulement dans le cas où le crime a été commis par leurs nationaux.

C'est aussi un principe admis qu'aucun Etat n'autorise l'exécution sur son territoire des jugements rendus en matière criminelle par les tribunaux étrangers contre la personne ou contre les biens d'un individu.   ·

Cependant des stipulations de traités spéciaux peuvent en tout état de choses modifier les règles admises et attribuer aux lois pénales étrangères, ainsi qu'aux sentences rendues à l'étranger en s'y conformant, certains effets hors du pays que ces lois régissent et où ces sentences ont été prononcées.

DROIT D'AÎNESSE. Droit qui fait passer l'héritage entre les mains de l'aîné d'une famille.

Créé à l'origine par les institutions féodales, dont il était un élément fondamental, le droit d'aînesse avait passé dans la loi civile et s'étendait à presque toutes les successions ; mais il a été aboli presque partout et l'on a posé en principe l'égalité de partage entre tous les héritiers de même degré.

Le droit d'aînesse a cependant continué de subsister notamment en Angleterre, en Espagne, en Italie.

DROIT DE CITÉ, DE BOURGEOISIE. Les droits qui appartiennent à un citoyen, à un bourgeois. (*Voir* CITÉ, CITOYEN, BOURGEOIS, BOURGEOSIE.)

Chez les peuples modernes le droit de cité, plus souvent appelé droit de bourgeoisie, est tantôt un titre d'adoption tantôt un titre purement honorifique Dans le premier cas il confère une sorte de naturalisation et donne à celui qui l'a obtenu les privilèges politiques ou municipaux attribués aux habitants indigènes de la ville.

DROIT DE LA GUERRE. Certaines règles qu'on doit observer en faisant la guerre. (*Voir* GUERRE.)

DROIT DES GENS ou INTERNATIONAL. *Définition, principe.* On doit entendre par *droit des gens* ou *droit international* la réunion des règles de conduite observées par les diverses nations dans leurs relations entre elles : en d'autres termes l'ensemble des obligations mutuelles des Etats, c'est-à-dire des devoirs qu'ils ont à remplir et des droits qu'ils ont à défendre les uns à l'égard des autres ; soit en paix, soit en guerre.

Le droit international règle en outre les rapports entre les simples citoyens en ce qui concerne les droits qui leur sont universellement reconnus et sont placés sous la protection du monde civilisé, comme la liberté individuelle, la liberté de conscience, etc.

Tous les peuples, par le fait même qu'ils existent et entretiennent des relations avec les autres, possèdent un droit international.

Ce droit a sa base principale dans la nature humaine, qui lie les peuples les uns aux autres, dans les droits respectifs que possèdent les Etats à la fois comme êtres individuels et comme membres de l'humanité et dont l'exercice crée entre eux une puissante nécessité, une solidarité inévitable.

Chaque Etat commence par poser lui-même la loi de ses rapports avec les autres Etats. Dès qu'il est sorti de son isolement, il s'établit dans ses relations avec les autres une loi commune à laquelle aucun ne peut plus se soustraire, sans renoncer en même temps ou du moins sans porter atteinte à son existence individuelle et à ses rapports avec les autres. Ainsi se forme un droit réciproque des Etats, qui dérive d'une nécessité intérieure et qui par suite n'a pas besoin d'une sanction formelle; car il existe certains principes qu'aucun Etat, qui veut participer d'une manière régulière et permanente au commerce international, ne saurait renier et dont il suppose la reconnaissance par les autres; autrement il éviterait ou romprait des relations avec eux.

A côté de ce droit primordial, il en est un autre lequel est fondé sur certains actes volontaires, et établi par la reconnaissance universelle, expresse ou tacite d'un principe général dans une espèce déterminée sans y être limité, dans l'application, par la lettre et l'esprit des traités publics, par l'application et l'observation uniformes partout du même principe dans des cas analogues, et reposant, d'une part, sur la conscience d'un engagement envers les autres et, d'autre part, sur celle du droit d'en exiger l'exécution.

En outre, à côté de ce droit commun ainsi établi, il peut exister encore des droits spéciaux pour les relations internationales de certains Etats.

Le domaine du droit international s'étend aussi loin que les droits de l'humanité; mais le droit international n'anéantit point l'indépendance et la liberté des Etats; il les présuppose et les respecte.

Dès que le domaine spécial des Etats commence, la loi particulière prime la loi générale : le droit international ne peut contraindre un Etat à abroger ou à modifier son droit particulier que dans la mesure où ce dernier paraît incompatible avec les principes nécessaires du droit international.

Caractère des lois internationales. Ce qui constitue le caractère primitif des lois internationales ou du droit international, autant qu'il semble être reconnu par une loi, c'est le défaut d'universalité, le domaine restreint de son action. L'existence d'une loi universelle des nations impliquerait en effet la négation du progrès de la liberté et même de la civilisation.

Les lois internationales ont encore une autre caractère : c'est qu'à la différence des lois civiles, politiques ou administratives, elles ne peuvent êtres sanctionnées par une autorité supérieure aux relations auxquelles elles doivent s'appliquer. Le caractère obligatoire des lois internationales repose sur une autre base que celle des lois civiles ou politiques; sans doute il n'a pas les mêmes traits distinctifs; mais il n'en est pas moins réel et positif. Les lois internationales ne sont pas seulement obligatoires moralement; elles le sont encore matériellement. Quelle nation, en effet, oserait dans ses relations extérieures violer les principes de droit reconnus et respectés par les autres peuples, ou méconnaître les obligations qui en découlent.

Il existe d'ailleurs des points de droit international si clairement définis qu'ils ne peuvent prêter à aucun doute quant à leur caractère obligatoire. Il est clair cependant qu'un Etat ne peut pas être mis en cause comme un individu, ni condamné ou obligé à subir une véritable condamnation. Néanmoins un Etat offensé a le droit de demander une réparation et même de tenter de l'obtenir par la force des armes : ce qui suppose toujours une pénalité, un châtiment pour l'offenseur. Au reste les Etats étant absolument indépendants, les relations de droit pénal qui existent entre les sujets ou les citoyens d'un même pays ne peuvent exister entre leurs gouvernements; en effet ces relations supposeraient l'existence d'un tribunal supérieur et par conséquent la négation de l'indépendance même des nations.

En raison du caractère des lois internationales, on peut dire qu'il existe un droit des gens fondé sur la situation respective des nations, dérivant logiquement et nécessairement de la nature même des choses, n'ayant même besoin d'aucune sanction extérieure pour être observé, puisqu'il intéresse toutes les nations parvenues au même degré de civilisation.

Il en est de même par rapport au respect réciproque de l'indépendance des Etats; à la nécessité que les nations civilisées éprouvent d'appliquer aux guerres certains principes d'humanité; aux devoirs mutuels de courtoisie internationale etc.

Droit international privé. Un autre droit découle encore du caractère général des lois internationales. C'est le droit international particulier, qui s'appuie sur les actes volontaires des Etats, sur les pratiques suivies, sur les principes admis dans certaines circonstances, sur les règles de courtoisie consacrées entre certains Etats, sans pour cela créer aucun droit en faveur des autres nations, enfin sur tout ce qui donne lieu à un rapport international spécial ou transitoire.

Sources du droit des gens. Le droit international a sa source principale dans les traités par lesquels les Etats fixent et déterminent leurs relations aussi bien en temps de guerre qu'en temps de paix. Les traités entre les nations sont la manifestation la plus efficace et la plus légitime du droit international. Dans toute la rigueur du droit, la force obligatoire des traités et des obligations ne s'impose qu'aux parties contractantes; mais lorsqu'un traité diminue les exigences d'une loi antérieure ou résout une question pratique qui a donné naissance à de graves dissentiments, ses effets s'étendent immédiatement aux parties contractantes et successivement aux autres Etats qui sont en relations avec elles. Quelquefois les traités affirment des principes du droit des gens généralement reconnus ou établissent des règles particulières entre les contractants; d'autres fois encore ils tranchent des questions douteuses ou apportent dans les relations internationales le germe fécond de nouvelles idées.

Il est généralement admis qu'une série de traités résolvant d'une manière uniforme une question identique peut être considérée comme traduisant l'opinion même des nations sur la matière. D'ailleurs, si l'on réfléchit que le droit public externe est un droit non-écrit, dont par conséquent la codification n'a pas été possible jusqu'ici, il faut reconnaître que les textes et l'interprétation des traités internationaux sont le témoignage le plus évident de l'accord des gouvernements.

L'histoire des guerres, des traités de paix et de commerce, des négociations de toute espèce entre les Etats est encore une des grandes sources du droit international. Il est indubitable que l'histoire, n'étant par elle-même que la manifestation dans le temps et dans l'espace des lois de l'esprit humain, présente un caractère d'instabilité et d'incertitude de nature à conduire aux principes et aux conclusions les plus divers. Pourtant la solution donnée à d'autres époques à certaines questions internationales ne laisse pas que d'avoir son importance. Qui ne voit en effet que de l'histoire des traités et des négociations diplomatiques, comme de celle des grandes guerres, on peut sans beaucoup d'efforts déduire la tendance du droit international au milieu des diverses phases qu'il a eu à traverser? D'ailleurs, comme une grande partie du droit international repose sur la coutume, sur les pratiques généralement suivis et sur une sorte de jurisprudence traditionnelle, l'histoire devient d'une nécessité absolue, et ses résultats, au moins au point de vue théorique, peuvent être regardé comme concluants.

A l'histoire des traités et des négociations internationales il convient d'ajouter les papiers d'Etat et la correspondance diplomatique. Ces documents officiels mettent en effet à même d'apprécier non seulement chaque cas ou conflit particulier, mais encore la manière dont la solution en a été obtenue, la tendance et la valeur des prétentions respectivement débattues, l'attitude des divers gouvernements et jusqu'aux manœuvres, aux expédients mis en jeu pour atteindre le but qu'on se proposait. Comme enseignement pratique ces documents ont une importance hors ligne; comme sources du droit international, ils constituent un précédent inappréciable, alors même qu'il n'est pas absolument conforme à la stricte justice.

On peut encore ranger parmi les sources du droit international les sentences des tribunaux locaux en matière de droit public extérieur; les lois et les règlements commerciaux des divers Etats, ainsi que les instructions et les ordres de service donnés en temps de guerre aux croiseurs de la marine militaire; les lois ou les ordonnances des Etats souverains sur les questions relatives aux prises maritimes en temps de guerre; les décisions des arbitres nommés par les Etats pour régler les différends qui surgissent entre eux, les opinions des jurisconsultes consultés par les divers Etats; enfin les œuvres des publicistes, qui forment sans contredit la source la plus abondante.

La condition indispensable pour qu'un ouvrage soit considéré comme source du droit international, est qu'il provienne d'une autorité reconnue. Mais pour conserver toute leur autorité, les publicistes n'ont pas besoin d'être unanimes dans l'expression de leurs opinions; leur divergence offre même un gage certain d'impartialité; lorsque les publicistes d'un Etat combattent les prétentions de leur gouvernement, on peut, sans crainte de se tromper, en induire un puissant argument

contre la valeur de ces mêmes prétentions.

Classification. On a divisé et subdivisé
à l'infini le droit international; nous nous
bornerons à faire observer que ce droit
embrasse toutes les branches du droit
public, sous ses différentes formes, du
moment que ce droit sort du domaine
particulier des Etats pour aborder celui
des rapports réciproques de nation à
nation: ainsi la qualification d'international peut s'attribuer, par exemple, au
droit commercial ou au droit maritime,
lorsqu'il ne s'agit pas seulement de
transactions de commerce et de navigation restreintes à l'intérieur ou aux
limites d'un pays déterminé, mais lorsque
ces transactions ont lieu avec les nationaux d'autres Etats; il en est de même
du droit criminel ou pénal, notamment
en ce qui concerne l'extradition, qui implique une intervention, une procédure
essentiellement internationale.

DROIT DIPLOMATIQUE. Ensemble
de tous les rapports qui peuvent s'établir
entre les diverses nations par suite de
contrats formels; — réunion de toutes
les stipulations faites de peuple à peuple.

DROIT DIVIN. Droit considéré comme
établi par Dieu.

Il comprend les règles de conduite
prescrites par Dieu à ses créatures raisonnables et révélées par la lumière de
la raison ou par les Saintes Écritures.

Mais, comme ce droit divin est évidemment destiné à servir de règle de
conduite aux individus vivant ensemble
en état de société, il a nécessairement
besoin d'être modifié lorsqu'il est appliqué
à la conduite de communautés indépendantes. De là une distinction est à établi entre le droit naturel ou divin et le
droit des gens, qui comprend les règles
de l'application du droit naturel aux
Etats indépendants — règles qui ont été
créées par le grand corps de ces communautés pour leur utilité générale plutôt
que pour celle d'un Etat particulier.

Par abus de mot, on a qualifié de
droit divin un droit fictif en vertu duquel
les princes tiendraient leur autorité de
Dieu et non de la volonté des peuples
qu'ils gouvernent: c'est ainsi qu'on a fait
une distinction entre les monarchies de
droit divin et les monarchies constitutionnelles ou représentatives.

**DROIT DOMESTIQUE ou DROIT DE
FAMILLE.** Partie du droit civil réglant
tout ce qui se rapporte aux intérêts des
époux, des enfants, en un mot de la
famille.

DROIT ÉCRIT et DROIT NON-ÉCRIT.
Le premier consiste dans les lois et les
décisions rédigées et promulguées par le
législateur; le second, dans les règles
établies par l'usage et la coutume.

Le terme de *droit écrit* était consacré
autrefois pour désigner plus spécialement
le droit romain, parce que ce droit était
établi sur des textes, par opposition au
droit coutumier, qui reposait sur de
simples usages et n'était pas écrit ou ne
le fut que plus tard.

DROIT EXTÉRIEUR ou EXTERNE.
C'est une qualification qu'on donne au
droit des gens ou international, quand
on l'oppose au droit particulier de chaque
peuple, qu'on désigne alors sous la dénomination de droit intérieur ou interne
(*Voir* DROIT DES GENS OU INTERNA-
TIONAL).

DROIT FÉODAL. Partie de la science
du droit qui avait pour objet de régler
les rapports des seigneurs féodaux soit
avec le suzerain, soit entre eux, soit avec
leurs vassaux.

DROIT HUMAIN. Se dit, par opposition à droit divin, du droit fondé uniquement sur la nature des hommes et sur
leurs conventions, sans intervention divine ou religieuse.

DROIT INTÉRIEUR ou INTERNE.
C'est le droit particulier de chaque peuple:
il se compose en partie du droit naturel,
en partie des lois qui lui sont propres
et en partie des coutumes ou usages qui
sont le supplément des lois; il comprend
le droit *public*, le droit *privé*, le droit
criminel ou *penal*. (Voir ces mots.)

DROIT INTERNATIONAL PRIVÉ.
Cette dénomination toute moderne s'applique à l'ensemble des règles d'après
lesquelles se jugent les conflits entre le
droit privé des diverses nations; en
d'autres termes, le droit international
privé se compose des règles relatives à
l'application des lois civiles ou criminelles d'un Etat sur le territoire d'un Etat
étranger, — règles générales dont la force
obligatoire est également reconnues et
qui sont également appliquées chez
tous les peuples. (*Voir* CONFLIT.)

Cette branche spéciale du droit participe à la fois du droit civil, qui règle les
rapports privés des individus entre eux,
à l'intérieur de l'Etat, et du droit international public, qui règle les rapports
des Etats entre eux. On ne saurait
contester que l'application des lois étrangères sur le territoire d'une nation ap-

18*

partienne non au droit privé, mais au droit des gens; car, quoiqu'il s'agisse au fond d'appliquer des dispositions du droit privé, cette application n'a lieu que par suite de rapports de nation à nation.

La force obligatoire que la législation d'un Etat peut avoir sur le territoire d'un autre dépend du consentement exprès ou tacite des Etats intéressés. Ce consentement peut porter sur la totalité des lois étrangères ou sur quelques-unes seulement, ainsi que sur leurs effets en tout ou partie. Le consentement exprès se manifeste soit par des lois formelles, soit par des engagements internationaux; le consentement tacite se déduit de sentences émanées des autorités judiciaires et administratives compétentes, ou des doctrines soutenues par les publicistes.

Pour l'action ou la validité externe de leurs lois civiles respectives, quelques Etats ont adopté le principe d'une complète réciprocité, en traitant chez eux les étrangers comme leurs propres sujets sont traités au dehors. D'autres regardent certains droits comme inhérents à la qualité de citoyen et en refusent le bénéfice aux étrangers; ou bien ils donnent à leur droit public interne une importance telle qu'ils repoussent l'application de toute loi étrangère incompatible avec l'esprit de leurs propres institutions. Ce qui est certain, c'est que de nos jours toutes les nations acceptent en principe l'application sur leur territoire des lois civiles étrangères, sauf les restrictions que le droit de souveraineté et l'intérêt de leurs sujets peuvent commander.

DROIT JUDICIAIRE. Collection des lois concernant l'organisation de la justice et les formes de la procédure.

DROIT MARITIME. Ensemble des lois, des règlements et des usages observés pour la navigation, le commerce par mer, et dans les rapports soit de paix, soit d'hostilité des puissances maritimes entre elles.

DROIT MILITAIRE. Ensemble des règles qui établissent les devoirs de l'homme de guerre et punissent les infractions à ces devoirs.

DROIT NATUREL. Ensemble des règles communes à tous les hommes; elles ont leur source dans la nature même de l'homme.

La science du droit naturel considère successivement les droits primitifs de chaque individu envisagé comme personne; — les droits qui naissent des

rapports nécessaires de l'homme avec les choses et avec les autres hommes; — les droits auxquels donnent lieu les rapports existant entre chaque individu et l'Etat; enfin les droits qui subsistent entre les différents Etats.

DROIT PÉNAL. C'est une dénomination à peu près synonyme de celle de droit *criminel* (Voir ce mot); on pourrait cependant l'appliquer plus particulièrement à la partie de ce dernier qui concerne la définition, l'énumération et l'infliction des peines.

DROIT POSITIF. C'est le droit que formule le législateur; il embrasse donc tout ce qui dérive de la législation, sous des noms différents selon la nature des rapports qu'il a pour objet de régler.

DROIT PRIVÉ. C'est le droit qui a pour objet l'intérêt privé des individus. On le confond avec le *droit civil*, dont il n'est à proprement dire qu'une dénomination différente. (*Voir* DROIT CIVIL)

DROIT PUBLIC. Partie du droit qui a pour objet de régler l'organisation de l'Etat et les rapports entre le gouvernement et les membres de l'Etat.

On pourrait aussi, en prenant ces mots dans leur plus large acception, appeler droit public les règles qui déterminent les rapports entre les différentes nations mais l'usage moderne comprend ces dernières sous la dénomination de *droit international* (voir ce mot), en réservant le le terme *droit public* pour désigner le droit public intérieur de chaque Etat. Nous dirons donc que le droit public est cette partie du droit qui règle les rapports réciproques entre les gouvernants et les gouvernés et étudie les principes par lesquels a été déterminée la forme du gouvernement et de l'administration; aussi subdivise-t-on le droit public en trois branches le droit *constitutionnel*, le droit *administratif* (voir ces mots), et le *droit public proprement dit* : celui-ci comprend tout ce qui ne fait pas partie du droit constitutionnel ou du droit administratif et qui a pour objet direct et principal l'intérêt de la masse.

DROIT RELIGIEUX. Partie de la législation qui règle la célébration extérieure du culte.

DROIT ROMAIN. Règles prescrites dans la république romaine et dans l'empire romain par les lois proprement dites, par les plébiscites, les senatus-consultes, les édits des magistrats, etc.

Se dit particulièrement des lois qui

nous ont été transmises de l'empire romain, telles que le Digeste, les Pandectes, etc.

DROIT SOCIAL. Droit positif et conventionnel de l'homme en société, par opposition au droit naturel.

DROITE et GAUCHE. Dans les assemblées parlementaires on appelle la *droite* les membres de la même opinion qui siègent à la droite du président, et la *gauche* ceux qui se placent à sa gauche. Généralement les conservateurs ou les opposés aux idées avancées ou révolutionnaires ont adopté la droite, tandis que les libéraux se groupent à gauche, mais comme il existe plus d'une nuance intermédiaire entre l'extrême droite et l'extrême gauche ces nuances sont désignées par la place occupée par les membres qui les représentent dans l'un ou l'autre groupe : on distingue donc une extrême droite ou une extrême gauche, une droite ou une gauche, un centre droit ou un centre gauche : la nuance de l'opinion est d'autant plus tranchée que les bancs s'éloignent plus du centre. En Angleterre les deux partis changent de place à chaque changement de ministère : le parti qui gouverne prend la droite, et les bancs de la gauche sont occupés par les membres de l'opposition.

DROITS DE L'HOMME (déclaration des). Manifeste publié par l'assemblée constituante de France en 1789, et exposant les droits qu'on regardait alors comme devant appartenir à tous les hommes, à tous les citoyens. On y lisait:

„La nature a fait les hommes libres et égaux; les distinctions nécessaires à l'ordre social ne sont fondées que sur l'utilité générale.

„Tout homme naît avec des droits inaliénables et imprescriptibles : tels sont la liberté de toutes ses opinions, le soin de son bonheur et de sa vie, le droit de propriété, la disposition entière de sa personne, de son industrie, de toutes ses facultés, la communication de ses pensées par tous les moyens possibles, la recherche du bien-être et la résistance à l'oppression.

„L'exercice des droits naturels n'a de bornes que celles qui en assurent la jouissance aux autres membres de la société.

„Nul homme ne peut être soumis qu'à des lois consenties par lui ou ses représentants.“

Cette déclaration devint le premier chapitre de la Constitution française de 1791; elle est restée la base du droit public des Français.

On a donné également le titre de *déclaration des droits* à tout exposé analogue qui précède une constitution. Au premier rang ou doit mentionner le manifeste qui a accompagné la déclaration de l'indépendance des Etats-Unis de l'Amérique du nord par le Congrès de Philadelphie en 1776. C'est du reste ce manifeste qui a inspiré le projet de déclaration présenté par le général Lafayette à l'Assemblée constituante française et adopté par elle en 1789.

DROITS DES ETATS. Les Etats, en tant que personnalités morales, possèdent, comme les individus, des droits qui leur sont propres.

Classification. On partage ces droits en deux grands groupes distincts : les droits absolus, primitifs ou éthiques, et les droits relatifs, conditionnels ou hypothétiques.

Les droits absolus sont ceux qui sont inhérents à la vie même de l'Etat et sans lesquels aucune société ne saurait subsister.

Les droits relatifs ou conditionnels sont ceux qui naissent de circonstances particulières, qui sont comme accidentels dans la vie d'un Etat, et qui ne sont pas absolument nécessaires à son existence : de ce nombre sont, par exemple, les droits qui dérivent des guerres et ceux qui résultent de relations plus ou moins intimes d'amitié entre les Etats.

Parmi les droits absolus et généraux, communs à toutes les nations, nous devons citer en première ligne : le droit d'existence libre et indépendante dans toute l'étendue du territoire acquis, et le droit d'être respecté comme personnalité politique souveraine. Ces droits ont pour base fondamentale le double principe de la souveraineté des Etats, c'est-à-dire de leur indépendance vis-à-vis des autres, et de l'égalité de tous les Etats souverains, sauf les modifications que cette égalité à subies dans le droit positif.

De ces premiers droits il en découle une série d'autres, qui y sont implicitement renfermés, et n'en sont que les déductions logiques, les conséquences nécessaires, et dans l'exercice desquels par un Etat il n'appartient pas à d'autres puissances de s'immiscer, à moins que le droit international ne soit violé à l'occasion de cet exercice.

Limites des droits de l'Etat. Si les

Etats sont réciproquement indépendants comme êtres moraux distincts les uns des . autres, il faut admettre comme conséquence logique qu'ils ont sans réserve le droit illimité de se gouverner et de s'administrer eux-mêmes, de déterminer et d'organiser leur constitution intérieure, d'avoir, pour leur peuple et leur territoire respectifs, une législation indépendante. Ainsi c'est une loi générale des nations qu'aucun Etat ne peut abolir, changer ou établir ce qui constitue le droit public interne d'un autre Etat, quels que soient d'ailleurs les institutions politiques et le mode de gouvernement qu'il convienne à celui-ci d'adopter et d'organiser. Cette loi, dans sa portée absolue, n'est toutefois applicable qu'au territoire propre et légitime de chaque pays. Supposer qu'une nation soit libre d'opérer dans sa manière d'être des changements de nature à affecter plus ou moins sérieusement la sécurité ou les droits souverains d'une autre nation, et prétendre que ces changements n'engagent en aucun cas sa responsabilité internationale, ce serait aller au-delà de la saine raison et violer le principe même que nous avons établi plus haut. En cette matière la limite du droit individuel s'arrête devant le droit collectif ou général d'indépendance réciproque, et tout Etat qui oserait franchir cette barrière, s'exposerait justement à être regardé comme un perturbateur de la paix publique.

Ce droit, en vertu duquel les nations établissent leur constitution politique et déterminent la forme de leur gouvernement, mais toujours à condition de respecter scrupuleusement l'indépendance des autres peuples, elles l'exercent également dans le choix de leurs organes, de leurs chefs suprêmes.

Dans les dynasties héréditaires, la succession au trône est généralement réglée par les lois constitutionnelles et c'est exclusivement à la nation qu'appartient le soin de résoudre les questions qui se rattachent à l'exercice du pouvoir souverain.

Dans les Etats électifs, le choix du chef est également de la compétence exclusive de la nation, qui procède à l'élection conformément aux lois qu'elle s'est données. Pour l'une comme pour l'autre forme de gouvernement, l'intervention d'un Etat étranger serait contraire aux principes du droit des gens et ne saurait se justifier à aucun point de vue.

Quant aux confédérations, les changements dans la forme du gouvernement de chacun de leurs membres dépendent, pour leur légitimité, des règles spéciales tracées à cet égard par le pacte fondamental qui les relie entre eux.

Le droit de s'administrer soi-même entraîne naturellement la libre nomination aux emplois publics, soit par le chef de l'Etat, soit par une autorité compétente déléguée.

La souveraineté absolue d'un Etat a pour corollaire naturel et forcé l'indépendance dans le domaine législatif et judiciaire. Absolue dans la sphère des relations de droit qui s'établissent entre le gouvernement et les propres sujets ou citoyens, cette indépendance n'est que relative et limitée sous certains rapports dans l'action du gouvernement sur les sujets ou les citoyens d'un autre Etat. A l'égard de ces derniers ces relations de droit revêtent un caractère particulier et donnent naissance soit au droit international privé, soit à certaines exceptions consacrées par le droit des gens ; c'est notamment ce qui arrive par rapport aux droits que la loi internationale reconnaît en faveur des ministres publics, et aux privilèges qui dérivent de la fiction juridique de l'exterritorialité.

La conséquence générale qui découle directement de l'indépendance du pouvoir législatif et du pouvoir judiciaire reconnue à tous les Etats souverains, c'est que ceux-ci ont le droit, sans ingérence étrangère d'aucune sorte, de punir comme de récompenser, en d'autres termes de placer sous l'action de leurs lois et de leurs tribunaux les sujets nationaux qui se trouvent dans les limites de leur territoire juridictionnel. (*Voir* JURIDICTION, LÉGISLATION.)

Conservation. Un des droits essentiels inhérents à la souveraineté et à l'indépendance des Etats est celui de conservation (*Voir* CONSERVATION DES ETATS), sans lequel les autres droits ne seraient que lettres mortes, illusoires, caducs et sans portée.

Ce droit comporte la protection et la défense de l'existence politique et de l'intégrité du territoire national contre tous les dangers qui les menacent, et l'adoption des mesures de précaution propres à repousser toute agression du dehors.

Dès que le danger existe, la nation menacée a le droit d'opposer la force parfois même d'aller au-devant de l'attaque qui la menace en attaquant elle-même; toutefois il faut se prémunir contre des entraînements inconsidérés.

Les Etats ont le droit non seulement de conserver ce qu'ils possèdent, mais aussi de se développer physiquement et moralement, et dans ce but ils ont notamment le droit d'acquérir des propriétés et d'en jouir : c'est un droit souverain, qui prime celui des particuliers, échappe à toute immiction étrangère et implique la faculté de disposer librement des acquêts. Il embrasse les droits de conquête, de cession, de capture. (*Voir* ACQUISITION DE TERRITOIRE, CESSION, CONQUÊTE)

Droits conventionnels. Vient ensuite une autre classe de droits qui rentrent, à proprement dire, dans la seconde catégorie, celle des droits relatifs ou conditionnels : on pourrait aussi les qualifier de droits mutuels des Etats, car ils ont surtout pour fondement le principe de la mutualité de traitement et d'égards entre les divers Etats, et n'existent pour la plupart qu'en vertu d'usages constants, de convenances réciproques, même de conventions formelles ou tacites.

Ainsi toute nation possède, en vertu de sa liberté naturelle, le droit de faire du commerce avec celles qui voudront bien s'y prêter. Mais en vertu de ce même principe de l'indépendance mutuelle des nations, on ne saurait refuser à aucun peuple le droit de ne point admettre chez lui le commerce étranger, d'interdire l'exportation de ses produits ou de ses trésors et de s'opposer à l'émigration.

Or, bien que la faculté de trafiquer repose en principe sur le droit naturel, et à ce titre appartienne à tout le monde, il faut reconnaître que son exercice ne saurait être absolu, illimité, attendu que dans ses effets extérieurs il touche à des intérêts complexes et se heurte à des devoirs concomitants également respectables et impératifs. Le premier de ces devoirs est celui de respecter les règlements commerciaux ou fiscaux que chaque nation, dans le libre exercice de sa souveraineté et de son indépendance, a édictés pour sauve-garder ses intérêts propres, élargir ou restreindre les limites du trafic dans lequel il lui convient de s'engager avec les contrées étrangères. Tant que cette nation maintient sous ce rapport une parfaite égalité entre tous ceux qui veulent trafiquer sur son territoire, elle n'offense personne en particulier, et sa conduite est à l'abri de tout reproche.

Economiquement parlant, on pourra trouver qu'elle a tort et qu'elle nuit à ses propres intérêts; mais au point de vue international elle a usé d'un droit strict qu'on ne peut lui contester sans porter en même temps atteinte à son pouvoir souverain de légiférer au gré de ses convenances ou de ses besoins. (*Voir* COMMERCE.)

Droit de légation. Le même raisonnement s'applique à cet autre attribut essentiel de la souveraineté et de l'indépendance des nations, le droit de légation ou de représentation. Il consiste dans la faculté de se faire représenter au dehors par des agents diplomatiques et consulaires chargés de cultiver avec les autres nations des relations d'amitié et de bonne harmonie. (*Voir* DIPLOMATIE, AGENTS DIPLOMATIQUES, REPRÉSENTATION.)

Le droit de légation est considéré comme un droit parfait en principe, mais imparfait dans la pratique, attendu qu'aucun Etat n'est obligé d'entretenir des missions diplomatiques à l'étranger ou de recevoir chez lui les représentants des autres nations.

Droit de négociation. Enfin on doit ranger parmi les attributs de la souveraineté nationale le droit de négocier et de conclure des traités et des conventions. L'Etat qui aurait perdu la faculté de souscrire librement avec d'autres pays des engagements conventionnels de quelque nature qu'ils puissent être, cesserait par cela même d'être considéré comme souverain et indépendant.

Il va sans dire que ce droit subsiste intact, bien que l'exercice puisse en être paralysé par l'existence d'engagements antérieurs ou par une de ces circonstances de force majeure qui font que l'une des parties contractantes impose à l'autre des obligations qu'il ne lui a pas été loisible de repousser ou de discuter avec maturité. (*Voir* NÉGOCIATION, TRAITÉ, CONVENTION.)

L'existence et l'exercice des droits implique l'existence et l'obligation parallèle, concomitante de devoirs équivalents ou correspondants : les Etats ne jouissent respectivement des droits qui leur appartiennent en propre qu'à la condition de remplir eux-mêmes les uns à l'égard des autres les obligations correspondant à ces mêmes droits. (*Voir* DEVOIR.)

Tout Etat est en droit d'exiger que les autres Etats s'acquittent envers lui des obligations, des devoirs qu'il remplit lui-même à leur égard : c'est à ce titre qu'il a le droit d'être respecté, à la fois dans sa personnalité physique et sa personnalité politique, tant qu'il observe le respect qui est dû aux autres relativement à tous les droits généraux et spéciaux, sanctionnés par leur constitution propre, tant que leur exercice ne dépasse pas de justes limites ou ne fait pas naître des conflits résultant de l'existence de droits opposés. (*Voir* RESPECT DES ETATS.)

DROITS DE NAVIGATION. On comprend dans cette catégorie les frais que l'on impose aux navires à leur entrée dans les ports.

La possession souveraine des ports et des rades donne à l'Etat qui en jouit la faculté de les déclarer fermés, ouverts ou francs, et d'y soumettre librement, sans avoir égard aux autres nations, les navires et les marchandises qui y arrivent du dehors à tels règlements intérieurs, à tels droits fiscaux, qu'il juge convenables à ses intérêts : au nombre de ces droits nous citerons notamment celui d'ancrage, payé par le navire qui jette l'ancre dans un port ou sur une rade, et celle de douane perçus sur le chargement de ce navire.

De plus l'Etat qui, dans l'intérêt de la navigation, entretient des feux ou des phares sur le littoral et des stations de pilotes, a le droit de se faire indemniser des dépenses qu'il supporte et d'imposer certains charges fiscales aux marines qui en profitent.

Le droit d'ancrage et celui d'éclairage par les phares, ainsi que les autres frais analogues, imposés aux navires dans les ports, sont ordinairement perçus sur un pied d'égalité avec les navires nationaux, aux termes des conventions de commerce et de navigation.

Le droit de pilotage est payé aux pilotes pour conduire les navires dans les ports; il y a des tarifs qui règlent ces droits dans les différents pays, suivant le tonnage des navires et suivant leur éloignement en mer.

DROITS DIFFÉRENTIELS. Supplément de taxe que les tarifs français, espagnols et portugais imposent aux navires étrangers dans l'intérêt de la marine nationale.

DROITS FÉODAUX. Droits qui appartenaient aux seigneurs sur leurs vassaux et leurs serfs.
(*Voir* FÉODALITE, FIEF, SERF, VASSAL, SEIGNEUR.)

DROITS FISCAUX. Ce mot exprime en général les droits exigés par l'Etat et, en particulier, par les administrations de l'enregistrement, des contributions indirectes et des douanes, par les chancelleries diplomatiques et consulaires.

DROITS ROYAUX ou RÉGALIENS. On appelle ainsi les droits dépendant de la souveraineté, tels que ceux de faire les lois, de rendre la justice, de faire la paix ou la guerre, de battre monnaie, d'établir des impôts, de donner des lettres de grâce, d'anoblir, etc. (*Voir* RÉGALIE)

DROTTNINGHOLM (traité de) 1791
Les cours de Russie et de Suède jugèrent opportun de resserrer encore davantage les bonnes relations rétablies entre elles par la paix de Werelae, et une année après, le 19 octobre 1791, à Drottningholm, petite ville de Suède, elles signèrent un traité d'amitié et d'union, aux termes duquel les deux alliés se garantissaient réciproquement leurs Etats et convenaient d'entretenir ensemble la correspondance la plus intime, afin d'être à même de s'assister en tout temps de conseil et d'effet, et de s'avertir des dommages, des troubles et des dangers dont leurs Etats pourraient être menacés; ils s'engageaient, en cas d'attaque, à s'assister mutuellement : le roi de Suède devait fournir 8000 hommes d'infanterie et 2000 cavaliers, ainsi que 6 vaisseaux de ligne et 2 frégates; la Russie, 12,000 hommes d'infanterie, 4000 cavaliers, 9 vaisseaux et 3 frégates ; mais en cas d'insuffisance des secours stipulés, le nombre des troupes et des vaisseaux devait être augmenté selon les circonstances.

Cette alliance était conclue pour huit ans.

DROUYN DE LHUYS (Édouard), homme d'Etat célèbre, membre de l'Institut de France, né à Paris le 19 novembre 1805, mort dans cette ville le 1er mars 1881. Entra de bonne heure dans la carrière diplomatique. En 1848 ministre des relations extérieures, en 1849 ambassadeur de France à Londres, puis de nouveau ministre des affaires étrangères. Ce fut lui qui négocia entre autres l'alliance anglo-française qui eut pour résultat la guerre de Crimée. Il prit sa retraite en 1866. — On a de lui *Les Neutres pendant la guerre d'Orient.* Paris, 1868. in-8º.

DROZ (Alfred), jurisconsulte français
Traité des assurances maritimes, du délaissement et des avaries. 2 vol. Paris 1881.

DUC, DUCHESSE. Terme de féodalité, titre de noblesse.

En France, c'est le titre le plus élevé après celui de prince; le fils aîné du duc prend le titre de marquis.

Titre de quelques princes souverains,

même alors ce titre ne donne pas droit aux honneurs royaux.

Grand-duc est le titre que portent en Russie les princes du sang.

On appelle duchesse l'épouse d'un duc, ou la femme qui possède un duché ; et grande-duchesse l'épouse d'un grand-duc et aussi la femme qui a le même rang qu'un grand-duc ou qui possède un grand-duché.

Les filles de l'Empereur de Russie prennent le titre de grandes-duchesses.

DUCHÉ. Terre, Seigneurie ou principauté à laquelle est attaché le titre de duc.

Duché-pairie, duché auquel la pairie était attachée.

Duché femelle, duché que les femmes peuvent posséder et transmettre par succession.

Grand-duché, Etat dont le souverain a le titre de grand-duc.

DUER (John), jurisconsulte américain, né à Albany le 7 octobre 1782, mort à Staten Island le 8 août 1858. Il fut juge de la Cour suprême de l'Etat de New-York depuis 1849 jusqu'à sa mort.

The law and practice of marine insurance, deduced from a critical examination of the adjuged cases, the nature and the analogies of the subject, and the general usage of commercial nations.

(Le droit et la pratique des assurances maritimes, déduits d'un examen critique des causes jugées, de la nature et des analogies du sujet, et de l'usage général des nations commerçantes.) New-York 1845–46, 2 vols in-8°.

Ce livre renferme un sommaire très-complet des décisions des cours de prises des Etats-Unis et d'Angleterre sur les prises maritimes.

DUFRAISSE (M.). Publiciste français.
Histoire du droit de guerre et de paix de 1789 à 1815. 2me éd. Paris 1868. 12°.

DUMONT (Jean), publiciste français, né en France vers 1660, mort à Vienne (Autriche) en 1726. Il fut l'historiographe de l'Empereur d'Allemagne.

Après avoir parcouru presque toutes les contrées de l'Europe, il utilisa les renseignements qu'il avait recueillis, en publiant plusieurs ouvrages, qui eurent du succès et dont plusieurs se rattachent à l'étude et à l'histoire du droit international. Nous mentionnerons : *Mémoires politiques pour servir à la parfaite intelligence de la paix de Ryswick* (4 vol. in-12°, 1699); *Recueil de traités d'alliance, de paix et de commerce depuis la paix de Munster* (1710).

Enfin l'année avant sa mort, Dumont publia sous le titre *De Corps diplomatique* un recueil très important de documents publics, qui comprend les huit premiers volumes d'une collection continuée depuis et ne formant pas moins de 13 volumes in-folio.

Après sa mort, en 1739, parut un autre volume, contenant les traités anciens à partir du conseil des Amphyctions (1496 avant J.-C.) jusqu'à Charlemagne, compilés par Barbeyrac, et quatre autres volumes sous le titre de *Supplément au corps diplomatique de Dumont,* publiés par Rousset de Missy (né en 1686, mort en 1762). (Voir ce nom.)

DUPLICATA. Double d'un acte, d'un écrit quelconque. La correspondance des agents diplomatiques et consulaires se fait par duplicata, et même par triplicata, lorsqu'il s'agit de dépêches contenant des renseignements importants. Il faut avoir soin que ces duplicata portent les mêmes indications de direction, de numéros et les mêmes analyses marginales que leurs originaux.

DUPUY DE LÔME (Henri), né à Valence (Espagne) le 23 août 1851.

Premier secrétaire de la légation d'Espagne en Allemagne. Avant sa nomination au poste de Berlin il a été secrétaire de légation à Yokohama, à Bruxelles, à Montevideo, à Buenos-Aires, à Paris et à Washington, et pendant plusieurs mois chargé d'affaires à Montevideo, à Buenos-Aires et à Washington.

Parmi les ouvrages qu'il a publié nous citerons :

Los Eslavos y Turquia. Estudio histórico sobre la cuestion de Oriente. (Les Slaves et la Turquie. Étude historique sur la question d'Orient). Madrid 1877 in 8°, 96 pages.

Cette brochure a été faite peu de temps avant la guerre russo-turque de 1877 et pendant l'insurrection des Vilayets-Slaves. C'est une étude historique et diplomatique de la question d'Orient. Elle se divise en huit chapitres. Le premier donne l'opinion de l'auteur sur le terme de question d'Orient. Le second est un aperçu de la Péninsule des Balkans sous le rapport des races et de la religion. De la division établie au second chapitre découlent les chapitres III, IV, V et VI, qui traitent de la situation que l'histoire et les traités ont faite à la Turquie, à la Serbie, au Monténégro et aux Vilayets-Slaves. Le chapitre VII expose le problème du Panslavisme, et le VIII est une étude sur le beau livre de Mr. E. Castelar: *La cuestion de Oriente.*

DUUMVIR. Terme d'antiquité romaine: nom de certains magistrats ou fonctionnaires qui, ordinairement au nombre de deux, étaient établis temporairement à Rome, ou dans les colonies et les municipes.

Les duumvirs, coloniaux ou municipaux, étaient les premiers magistrats des colonies ou des municipes; leurs fonctions étaient à peu près analogues à celles des anciens consuls; l'administration de la justice était une de leurs principales attributions; ils étaient élus pour une année seulement.

Les censeurs des villes municipales, étaient appelés duumvirs quinquennaux à cause de la durée de leurs fonctions, qui était de cinq ans.

Il y avait aussi les duumvirs capitaux, qui étaient des juges extraordinaires chargés de connaître des crimes de félonie ou de lèse-majesté; — les duumvirs navals, commissaires extraordinaires institués dans certaines circonstances pour présider aux réparations d'une flotte ou à l'équipement d'une nouvelle; — les duumvirs fromentaires, qui présidaient à la distribution du blé au peuple. — On créait encore des duumvirs pour surveiller la construction d'un temple ou en célébrer la dédicace.

DUVERDY (Denis Charles), avocat français, a publié, de 1854 à 1859, en collaboration avec M. de Pistoye, un *Traité des prises maritimes. (Voir* DE PISTOYE.)

DYNASTIE. Suite des souverains de la même race qui ont régné dans un pays. Une dynastie se divise souvent en plusieurs branches, qu'on désigne soit par aînée et cadette, etc., soit par des propriétés ou des territoires (Hohenzollern-Hechingen, Hohenzollern-Sigmaringen), soit d'après les princes qui les ont formées (ligne Albertine, ligne Ernestine).

E

E. E majuscule se met par abréviation pour *Eminence* ou *Excellence:* mais ordinairement on écrit, en ajoutant plusieurs lettres, *Em.* ou *Exc.,* de manière à empêcher la confusion et marquer nettement la différence entre les deux titres, dont l'un s'applique particulièrement aux dignitaires ecclésiastiques, et l'autre aux hauts fonctionnaires de l'ordre politique ou diplomatique.

ÉCHANGE. Acte par lequel on transfère à quelqu'un la propriété d'une chose et acquiert comme équivalent la propriété d'une autre chose; contrat par lequel les parties se donnent respectivement une chose pour une autre.

L'échange s'opérant par le seul consentement, de la même manière que la vente. toutes les règles prescrites pour le contrat de vente s'appliquent à l'échange.

Dans le langage diplomatique l'*échange* est synonyme de communication, d'envoi réciproque : il se dit des notes, des pièces etc., qu'on se communique, des courriers qu'on s'envoie réciproquement.

Dans le langage ordinaire, on dit de même un échange de bons offices, de civilités, ou d'injures, etc.

ÉCHANGE DE PRISONNIERS Opération entre deux puissances belligérantes, qui consiste à rendre les prisonniers qu'on a faits pour ceux faits par l'ennemi.

Cet échange rentrant par sa nature dans le domaine du droit des gens volontaire et n'ayant pas pour base une obligation stricte, sa mise en pratique est naturellement subordonnée aux convenances des parties belligérantes, aux formes et aux conditions qu'elles ont librement débattues et arrêtées entre elles.

La règle la plus habituellement observée à cet égard consiste à opérer l'échange homme pour homme, grade pour grade, sauf assimilation lorsque les dénominations diffèrent ou que la corrélation exacte n'existe pas. On peut aussi, à défaut de prisonniers d'un grade égal, échanger les prisonniers de rang supérieur contre un certain nombre de prisonniers de grade inférieur.

On met généralement pour condition à l'échange des prisonniers que les hommes échangés ne participeront plus comme soldats à la guerre engagée; ou bien on fixe un délai pendant lequel ils ne devront pas prendre part aux hostilités.

L'échange des prisonniers pendant le cours des hostilités se règle par des conventions spéciales appelées *cartels*.

En dehors des mesures exceptionnelles prises en faveur de tel ou tel prisonnier et qui se justifient d'elles-mêmes dans des circonstances données, le mode d'échange se débat et se règle le plus ordinairement par l'entremise d'un Etat neutre, tantôt par des délégués, que les commandants en chef choisissent dans les rangs de l'armée, avec ou sans l'approbation des gouvernements belligérants au nom desquels ils stipulent: tantôt par des commissaires *ad hoc*, que l'un des belligérants envoie à l'autre.

ÉCHANGE DE RATIFICATIONS. La ratification des traités n'est réellement consommée que lorsque l'échange en a eu lieu.

Cette formalité consiste en la remise réciproque par les parties l'une à l'autre de l'instrument du traité dûment signé, confirmé et approuvé par l'autorité souveraine qui en a le droit, ou simplement d'un acte de ratification du traité succinctement énoncé dans ses dispositions essentielles.

Pour l'échange on prépare autant d'exemplaires de ratification qu'il y a de puissances contractantes; ces ratifications sont échangées mutuellement contre les ratifications des chefs des Etats avec lesquels le traité a été conclu.

Les traités déterminent en général le lieu et le délai dans lesquels les ratifications devront être échangées. Or il peut arriver que l'échange des ratifications soit retardé par un motif indépendant de la volonté des parties, dans le cas, par exemple, où la législature, dans un pays constitutionnel, n'a pu examiner en temps utile le traité qui doit être soumis à son approbation. Alors le terme fixé par le traité pour l'échange des ratifications est d'ordinaire reculé par correspondance. Cependant quelquefois un acte spécial, dressé en forme de procès-verbal proroge simplement le délai ou en assigne un nouveau.

Quand le délai est expiré, les instruments se produisent de part et d'autre; ils sont minutieusement collationnés; et s'ils sont reconnus exacts, on procède à leur échange en dressant procès-verbal de l'accomplissement de cette formalité en autant d'expéditions qu'il y a eu de parties au traité.

L'échange des ratifications n'exige pas, comme la signature des traités, la production de pleins pouvoirs souverains: c'est une de ces missions ordinaires qui peuvent être confiées à n'importe quel délégué du gouvernement intéressé, et qui, lorsqu'elles ne découlent pas d'un mandat spécial et direct, rentrent *de plano* dans les attributions générales de l'agent diplomatique accrédité dans le pays. (*Voir* RATIFICATION.)

ÉCHANGE DE TERRITOIRE. Quelquefois les Etats, pour arrondir ou rectifier leurs frontières, prévenir des conflits ou simplifier l'action administrative, conviennent de se céder mutuellement des portions équivalentes de territoire; l'acte qui cimente ces concessions prend alors le nom de traité d'échange.

L'échange est ainsi un mode d'aliénation ou d'acquisiton de territoire.

ECHELLES DU LEVANT. On comprend sous ce nom les ports et les places de commerce de la Turquie et de ce qu'on appelait autrefois les Etats Barbaresques (Maroc, Tunis, Tripoli), où plusieurs nations de l'Europe entretiennent des consuls et ont des bureaux qui se nomment comptoirs.

Cette dénomination s'applique aussi à d'autres localités de l'Orient, notamment dans l'Inde, la Chine, le Japon, les îles de la mer de Chine et de l'Océan Pacifique.

Dans les pays non chrétiens, chacune des échelles est le siège d'un tribunal consulaire, dont la juridiction s'étend à toutes les places de moindre importance formant la circonscription du consulat.

Les prérogatives et les immunités des consuls étrangers en Orient sont beaucoup plus importantes et plus étendues que celles des agents établis dans les pays chrétiens; elles constituent un régime tout-à-fait exceptionnel, reposant à la fois sur des stipulations conventionnelles et sur des usages ayant acquis force de lois : ce qui s'explique par le système politique et religieux des contrées musulmanes, par la position particulière qu'y font aux chrétiens, rayas (sujets ottomans) ou autres, les lois du Coran et la différence des mœurs.

Pour caractériser la situation il suffit de dire que les capitulations conclues à diverses époques avec la Porte ottomane conservent aux consuls un droit absolu de juridiction sur leurs nationaux, qui au civil comme au criminel restent soumis aux lois de leur pays. Lorsqu'une personne appartenant à la nationalité du consul a un différend avec un sujet du pays, l'autorité locale appelée pour en connaître, ne peut néanmoins procéder ni prononcer un jugement sans la participation du consul et la co-opération de son interprète, qui doit assister à la procédure pour défendre les intérêts de l'ayant-droit étranger. Il en est de même en cas de crime commis par un des nationaux du consul sur un sujet du souverain territorial; mais si le crime a été commis par une personne de la nationalité du consul sur un autre de ses nationaux ou sur un étranger, le consul est seul appelé à en connaître sans l'intervention des autorités locales. Dans tous les cas d'arrestation d'un étranger, le consul peut réclamer le détenu en s'en rendant caution.

L'hôtel du consul est regardé par les Turcs comme un asile inviolable, où peuvent se réfugier, en cas de poursuite, non seulement les nationaux des consuls, mais encore tout autre étranger.

Quant à l'étendue intrinsèque de cette juridiction consulaire, elle n'est pas la même pour tous les agents, certains gouvernement ayant par des lois spéciales réservé à leurs propres tribunaux l'appel des sentences civiles rendues en Orient et le jugement définitif des affaires criminelles, dont l'instruction seule appartient à leurs consuls.

La situation exceptionnelle que les traités ou les usages ont créée aux consuls du Levant et de l'extrême Orient ne concerne pas seulement leurs pouvoirs administratifs et judiciaires; elle embrasse encore un ensemble d'immunités personnelles analogue à celui dont le principe de l'exterritorialité couvre ailleurs, c'est-à-dire en pays de chrétienté, les agents diplomatiques; ainsi leur personne est aussi inviolable que leur domicile; ils ont pour les protéger des hommes armés (cavas ou janissaires); ils sont absolument à l'abri de l'action de la justice territoriale et exempts de toute espèce de taxe, d'impôt ou de contribution. Les mêmes immunités sont acquises à tous les agents, à tous les serviteurs placés sous leur dépendance immédiate.

(*Voir* CONSUL, CAPITULATIONS.)

ÉCHEVIN. En France les échevins étaient, avant 1789, des magistrats municipaux, élus par les habitants d'une ville pour avoir soin de leurs affaires communes et de l'entretien de la cité. Ils étaient soumis à des usages et à des lois variant selon les provinces où ils exerçaient leur juridiction. Ils ont été remplacés dans chaque commune par les maires et les adjoints.

Dans les Pays-Bas, c'étaient des magistrats adjoints aux bourgmestres.

En Allemagne les échevins (*Schöffen*) sont des citoyens chargés de fonctions analogues à celles des jurés, mais pour les délits passibles de peines correctionnelles.

On nommait aussi échevins des hommes de loi chargés par le Seigneur de rendre la justice aux vassaux.

ÉCHIQUIER. Dénomination qui s'applique à deux cours de justice en Angleterre: la *chambre* et la *cour de l'échiquier*.

La chambre de l'Échiquier est après la cour des Pairs, le principal tribunal d'appel du royaume.

La Cour de l'Échiquier se divise en deux sections distinctes, dont l'une est chargée de l'administration des revenus royaux, et l'autre est une véritable cour judiciaire.

Dans la pratique elle constitue une seule et même administration chargée du contrôle de la trésorerie; elle est placée sous la haute direction de six commissaires, dont la réunion forme le Conseil supérieur des finances, qui statue souverainement en matière de recettes et de dépenses publiques.

Un de ces commissaires a le titre de premier lord de la Trésorerie, il est toujours le chef du ministère; un autre porte le titre de lord-chancelier de l'échiquier, et est membre du ministère et de la Chambre des Communes: c'est lui qui est le véritable ministre des finances

ÉCOLE. Se dit de toute secte philosophique ou savante, qui adopte les opinions d'un philosophe, d'un docteur célèbre, ou fait profession des mêmes principes.

Se dit aussi de la doctrine de cette secte : L'école d'Aristote, d'Épicure, l'école cartésienne, éclectique, etc.

Par suite le mot *école* s'applique au caractère qui distingue collectivement les œuvres de la secte, ainsi qu'au caractère commun qu'ont généralement les œuvres de science, de littérature ou d'art.

On appelle *école historique* une manière

d'écrire l'histoire en s'attachant de préférence à déduire les causes et l'enchaînement des évènemeuts, le développement des institutions et l'état des mœurs; par opposition à l'*école descriptive*, qui s'occupe plus particulièrement de raconter les faits.

Il y a aussi une *école historique* qui en politique prétend faire prévaloir les enseignements de l'histoire: par opposition à l'école rationaliste ou philosophique.

On range sous le nom d'*écoles juridiques* certaines doctrines professées par des jurisconsultes dont les opinions ont eu ou ont encore de l'autorité, ou par des réunions de juristes et de publicistes qui ont fixé telle ou telle doctrine de droit public ou international.

ECONOMIE POLITIQUE. Science qui traite de la production, de la distribution et de la consommation des richesses,

ECONOMIE SOCIALE. L'ensemble des conditions morales et matérielles des sociétés.

ECONOMISTE. Celui qui s'occupe spécialemenf d'économie politique.

ECRITS DIPLOMAITQUES. Tous les écrits en usage entre les Etats, ainsi qu'entre leurs agents politiques.

Il y en a différents espèces; nous mentionnerons les lettres, les dépêches, les offices, les notes, les notes verbales, les notes *ad referendum,* les protocoles, les mémorandums, les manifestes, les ultimatums, etc. (Voir ces mots.)

Tous ces écrits sont soumis à des formes établies par l'usage, auxquelles on doit se conformer et que le protocole diplomatique a consacrées.

ECRITURE (L.) ou les Écritures, ou l'Écriture Sainte, ou les Saintes Écrirures.

L'ancien et le nouveau testament.

ÉCUSSON. Presque partout les ministres publics et les consuls font placer au-dessus de la porte de la maison où ils résident un écusson portant les armes de leur souverain ou de leur pays; mais il n'y a pas de règle absolue à cet égard; c'est l'usage particulier de chaque gouvernement, de chaque cour, qui décide.

ÉCUYER. Au temps de la chevalerie, le titre d'écuyer avait une grande importance : il précédait immédiatement celui de chevalier. Dans la suite il servit à désigner plusieurs des principaux officiers de la maison du roi.

En Angleterre, le titre d'écuyer *(esquire*

ou *squire)* est le titre le plus inférieur de la noblesse. Il appartient par droit de naissance aux fils des plus jeunes fils des ducs et des marquis, à tous les fils de comtes, de vicomtes et de barons; aux fils aînés de baronets et de chevaliers de tous ordres.

Ce titre est donné également aux officiers de la cour et de la maison du roi ou de la reine; aux officiers de l'armée et de la marine depuis les plus hauts grades jusqu'à celui de capitaine inclusivement; aux docteurs en droit, aux membres du barreau, aux juges de paix, aux shérifs des comtés, en vertu de leurs fonctions ou de leur grade. Les chefs de beaucoup d'anciennes familles sont aussi qualifiés d'écuyers par prescription.

Aujourd'hui cependant on peut dire que le titre d'écuyer n'est plus qu'une formule de courtoisie, qu'on ajoute au nom de certaines personnes sur la suscription des lettres qu'on leur adresse.

ÉDILE, ÉDILITÉ. Nom de magistrats qui à Rome étaient chargés de la surveillance et de l'entretien des édifices publics des routes, de la police, des jeux et des marchés.

Ils étaient au nombre de quatre : deux plébéiens et deux patriciens; ces derniers avaient droit à la chaise curule.

Les édiles subsistèrent jusqu'au temps de l'Empereur Constantin.

Aujourd'hui, dans le style d'apparat, on se sert du mot *édiles,* pour désigner les magistrats municipaux d'une grande ville.

L'édilité était soit le temps, soit l'exercice même des fonctions d'édile.

Dans les temps modernes, l'édilité comprend les constructions urbaines, les bâtiments civils.

On désigne sous ce mot les magistratures municipales, et encore les décisions ou les actes de l'autorité municipale.

ÉDIT. Ce mot, dans son sens propre, veut dire notification, ordonnance.

Chez les Romains, il signifiait la citation qui appelait les citoyens devant la justice, et les règlements faits par certains magistrats pour être observés pendant la durée de leur magistrature.

L'édit perpétuel ou l'édit du préteur était une compilation de tous les édits rendu par les préteurs et les édiles curules, faite d'après les ordres de l'Empereur Adrien.

Sous les Empereurs, on donna le nom d'*édits* aux lois et aux constitutions faites par ces princes, lois nouvelles émanant de leur propre mouvement; et différant des rescrits et des décrets en ce qu'elles décidaient les cas qui n'avaient pas été prévus, ou abolissaient ou changeaient les lois anciennes.

Au moyen-âge et jusqu'en 1789, on donna en France le nom d'édits aux constitutions faites par les rois pour créer quelque établissement, organiser quelque grande affaire, notifier quelque prohibition, — enfin à toute ordonnance faite par le souverain.

Les édits étaient datés du mois et de l'année, signés du roi, visés par le chancelier et scellés du grand-sceau en cire verte sur des lacets de soie rouge et verte; ils étaient ensuite vérifiés et enregistrés par les parlements.

Les édits, de même que les ordonnances et les déclarations, n'étaient observés que du jour de leur enregistrement au parlement.

Les édits différaient des ordonnances en ce que celles-ci embrassaient ordinairement plusieurs matières, tandis que les édits n'avaient qu'un seul point pour objet.

EFFENDI. Titre d'honneur et de dignité chez les Ottomans.

Ce mot signifie proprement maître, seigneur.

Dans l'usage ordinaire, c'est le titre qu'on donne aux fonctionnaires de l'ordre civil et religieux, par opposition à celui d'*aga* qui se donne aux militaires; par extension on l'attribue aux écrivains, aux gens de lettres. Il se place à la suite d'un nom propre ou même du nom de la profession : c'est ainsi que le premier médecin du sultant est appelé *yakim effendi*, le chef de la justice *reis effendi*; mais alors la qualification d'effendi ainsi ajoutée au titre d'une charge désigne la prééminence de rang.

EFFETS DU BLOCUS. (*Voir* BLOCUS.)

ÉGALITÉ DES ETATS. L'égalité est un des droit naturels et primitifs des nations: c'est le droit en vertu duquel chaque Etat souverain peut exiger qu'aucun autre Etat ne s'arroge dans leurs rapports mutuels des droits plus étendus que ceux dont il jouit lui-même et ne s'affranchisse d'aucune des obligations imposées à tous.

L'égalité des Etats souverains est un principe du droit public généralement reconnu. Elle a pour double conséquence d'attribuer à tous les Etats les mêmes droits et de leur imposer mutuellement les mêmes devoirs.

Les rapports naturels entre les Etats étant partout les mêmes et par conséquent essentiels, cette égalité ne peut être altérée par des qualités ou des attributions accidentelles d'un Etat, telles que l'ancienneté, la population, l'étendue du territoire, la puissance militaire, la forme de la constitution, le titre de son souverain, l'état de civilisation, la considération dont il jouit etc. Aucune de ces raisons ne saurait justifier la moindre différence, la moindre distinction entre les nations regardées comme autant de personnalités morales; à ce point de vue toutes participent au droit international

Ce qui est licite ou injuste pour un Etat, l'est également pour tous les autres; indépendamment de la diversité de territoire, de forme de gouvernement, d'autres différences caractéristiques, tous les Etats ont un même droit d'entreprendre ce qui est compatible avec l'indépendance des autres et, absolument parlant, aucun n'est en droit de les forcer à un acte positif quelconque en sa faveur. En somme par l'égalité des nations on entend que les droits de chacune doivent être respectés autant que ceux de toute autre, sans distinction des nations qui sont puissantes ou de celles qui n'occupent qu'un rang secondaire sur la carte des peuples: l'Etat le plus faible a le même droit que l'Etat le plus fort.

Le droit d'égalité des Etats est la conséquence nécessaire de leur souveraineté et de leur indépendance : tous les Etats jouissant d'une personnalité libre, chacun d'eux peut prétendre à tous les droits qui dérivent de cette personnalité; leurs droits sont par conséquent égaux.

De l'égalité se déduit la règle que chaque Etat a droit au respect de son existence, de son indépendance, de sa personnalité morale et juridique, de son honneur; toutefois une nation, quelque puissante qu'elle soit, n'est pas en droit d'exiger d'une autre des démonstrations positives d'honneur et encore moins des préférences.

Quoi qu'il en soit, il ne résulte pas de l'égalité des Etats que tous aient le même rang et puissent s'arroger à volonté un titre élevé. Chaque Etat a le droit de prendre un titre correspondant à son importance et à la position que sa puissance lui donne. Cette faculté ne va pas cependant jusqu'à obliger les autres à reconnaître ce titre ou cette dignité, parce que ce n'est pas là une question de droit strict. (*Voir* RANG, TITRE, DIGNITÉ.)

Cependant entre les nations, comme entre les particuliers, l'égalité juridique ne correspond pas toujours à l'égalité sociale.

Tous les Etats sont naturellement et juridiquement égaux au point de vue du droit absolu; mais tous ne sont pas également puissants ou influents. L'inégalité de fait existant à côté de l'égalité de droit, comme un Etat puissant est vaste et beaucoup plus considérable dans la société universelle qu'un petit Etat, il est raisonnable que celui-ci lui cède dans les occasions où il faut que l'un cède à l'autre et lui témoigne ces déférences de pur cérémonial qui ne] détruisent pas au fond l'égalité et ne marquent qu'une priorité d'ordre, une première place entre égaux. C'est ainsi que le désir et le besoin d'entretenir et de resserrer les liens entre les Etats a donné lieu à diverses démonstrations d'égards, de bienveillance, et qu'il s'est établi entre les Etats certains arrangements relatifs à la dignité, au rang, à d'autres marques honorifiques au profit des Etats, de leurs chefs et de leurs représentants. Les arrangements dont il s'agit, résultant soit de contrats positifs, soit d'un consentement supposé fondé sur l'usage, ne sont pas autre chose que des restrictions du principe d'égalité : ils sont compris dans ce qu'on appelle le *cérémonial* (voir ce mot).

EGER (Georges), jurisconsulte allemand. *Das deutsche Frachtrecht mit besonderer Berücksichtigung des Eisenbahnfrachtrechts* (La législation allemande sur les transports par voie ferrée). 2 vol. Berlin 1879—81.

Le même auteur a publié aussi une critique du projet de convention internationale présenté par le conseil fédéral suisse aux cabinets de Paris, Berlin, Rome, Vienne, etc. Ce travail est intitulé : *La législation internationale sur les transports par chemins de fer.* Traduction française de G. van Muyden. Berlin 1877. 8⁰.

EGGER (Émile), helléniste français, né à Paris le 18 juillet 1813. Professeur à la Faculté des lettres de Paris, membre de l'Académie des Inscriptions et Belles-lettres.

Il a publié en 1856: *Considérations historiques sur les traités internationaux chez les Grecs et chez les Romains* (in-8⁰).

En 1866: *Études historiques sur les traités publics chez les Grecs et chez les Romains depuis les temps les plus anciens jusqu'aux premiers siècles de l'ère chrétienne* (in-8⁰).

Ces deux ouvrages abondent en renseignements inconnus ou inédits auparavant et qu'une grande expérience de la philologie et de l'épigraphie anciennes a permis à l'auteur de mettre en lumière.

EGGERS (Christian Ulrich Ditlew von), diplomate et publiciste danois, né à Itzehoe (Holstein) le 11 mai 1758. Professeur de droit public à l'Université de Copenhague en 1788, conseiller de légation du Danemark au congrès de Rastadt, président du duché de Holstein en 1813.

Institutiones juris civitatis publici et gentium universalis (Institutions du droit de cité publique et du droit des gens universel) — 1796, in-8⁰.

Natürliches Staats- und Völkerrecht (Le droit naturel, le droit des Etats et le droit des gens). Vienne, tome I 1809; tome II 1810, in-8⁰.

Originale Actenstücke über die letzte Irrung zwischen Dänemark und England, und die neueste nordische Convention. Mit Einleitung herausgegeben von C. U. D. von Eggers (Pièces originales sur le dernier différend entre le Danemark et l'Angletterre, et la nouvelle Convention du Nord. Avec une introduction publiée par C. U. D. de Eggers). Copenhague 1801, in-8⁰.

ÉGLISE. L'assemblée des chrétiens en général; et dans un sens plus restreint, toute communion de personnes unies par une même foi chrétienne.

Absolument se dit de l'église catholique, apostolique et romaine. Les théologiens catholiques définissent l'église „la société de tous les fidèles qui professent la même foi, participent aux mêmes sacrements et sont soumis aux mêmes pasteurs, principalement au Pape, qui en est le chef.

En dehors de l'église catholique on reconnaît les nombreuses communions issues de la Réforme, appelées généralement *protestantes*: l'église luthérienne, l'église calviniste, l'église anglicane, l'église évangélique, l'église méthodiste, etc.; l'église grecque, c'est-à-dire cette partie de l'église d'Orient que du 9e au 11e siècle s'est séparée de la communion de l'église romaine. Dans l'église grecque les uns reconnaissent pour chef de la religion le patriarche de Constantinople, les autres le patriarche d'Antioche ou le patriarche de Jérusalem; d'autres enfin, comme les Russes, ne dépendent que des souverains.

Le mot église s'emploie aussi pour désigner l'autorité ecclésiastique.

ÉLECTEUR. Celui qui élit, qui a le droit de concourir à une élection.

Se dit principalement des citoyens qui

nomment les membres des législatures, des corporation municipales etc.

Autrefois le titre d'électeur s'appliquait particulièrement aux princes d'Allemagne qui avaient le droit d'élire l'Empereur, et jusqu'en 1866 ce titre a été porté par le prince qui régnait sur la Hesse électorale. La postérité a décerné l'épithète de Grand à l'électeur de Brandebourg qui régna de 1640 à 1688 et qui est regardé comme le fondateur de la monarchie prussienne.

ÉLECTIF, ÉLECTIVE. Qui est nommé par élection: ainsi le Pape est électif.

Il se dit aussi des dignités, des fonctions qui se donnent à l'élection: une magistrature élective.

Chambre élective, dans les gouvernements constitutionnels, chambre nommée par l'élection: chambre des députés, chambre des communes, par opposition aux chambres des lords ou des pairs héréditaires, ou des pairs ou des sénateurs nommés par le souverain.

On appelle gouvernement électif, par opposition au gouvernement héréditaire, celui où le chef de l'Etat est nommé par l'élection notamment dans les Etats républicains.

Le mot électif signifie aussi qui élit, qui choisit; il s'applique donc à l'ensemble des électeurs, lequel constitue le pouvoir électif, et dont chaque électeur est un élément électif.

ELECTION. Choix qui est fait de quelqu'un en assemblée et par voie de suffrage; action d'élire, de procéder à ce choix.

Envisagée au point de vue de sa portée, l'élection est directe, lorsqu'elle confère directement, immédiatement les fonctions auxquelles il s'agit de pourvoir; elle est indirecte ou à deux degrés, lorsqu'elle désigne soit d'autres électeurs qui doivent faire eux-mêmes le choix, soit des candidats parmi lesquels un autre pouvoir doit choisir.

Quant à ses formes, l'élection peut être publique, secrète, au scrutin, à la majorité absolue ou à la majorité relative, c'est-à-dire à la majorité des suffrages etc., en cas d'égalité de voix, ou quand aucun candidat n'a obtenu la majorité voulue, on recourt au ballottage (voir ce mot). Enfin l'élection peut être restreinte, réservée à certaines catégories de citoyens, ou être faite par le suffrage universel.

ÉLECTION DE DOMICILE. (Voir DOMICILE).

ÉLECTORAL. Qui est relatif au droit d'élire, aux élections.

Loi électorale, qui règle le mode d'élection.

Cens électoral, quotité d'impositions nécessaire pour être électeur ou éligible.

Collège électoral, assemblée d'électeurs d'une circonscription fixée par la loi.

Réunion électorale, assemblée d'électeurs qui se fait pour discuter les titres des candidats.

Droit électoral, les droits des électeurs

Ce qui appartenait à un prince portant le titre d'électeur: la dignité électorale, le palais électoral.

Altesse électorale, titre des électeurs de l'Empire d'Allemagne.

Prince électoral, titre que l'on donnait au fils aîné d'un électeur de l'Empire.

ÉLECTORAL. Dignité des princes électeurs de l'Empire.

Le pays auquel était attaché le titre d'électeur.

En général, droit d'élire, de contribuer à une élection.

ÉLÈVE-CONSUL. Ce sont des jeunes gens — car pour être nommé élève-consul il faut en général être âgé de 20 ans au moins et de 25 au plus — qui sont adjoints aux consulats pour faire en quelque sorte l'apprentissage des fonctions qu'ils seront ultérieurement appelés à remplir, pour continuer et compléter leurs études, et qui sont destinés au bout d'un stage plus ou moins long, à concourir pour les divers emplois de la carrière.

Les élèves sont placés sous l'autorité et la direction immédiate du titulaire auprès duquel ils résident. Ils assistent leurs chefs dans l'exercice de leurs fonctions, toutes les fois que ceux-ci le jugent convenable; ils peuvent remplir quelques unes de ces fonctions d'après leurs ordres et sous leur direction, ou même être délégués pour suppléer les chanceliers en cas d'absence. Ils sont généralement employés à la transcription de la correspondance, des mémoires, à la rédaction des états de commerce et de navigation.

Ils doivent apprendre la langue du pays de leur résidence, ou s'y perfectionner, s'ils la savent déjà.

Lorsqu'ils accompagnent leur chef dans des cérémonies publiques où se trouvent des officiers de la marine militaire, et dans tous les cas où les consuls étrangers se trouvent assemblés avec leur chef les élèves consuls ne prennent aucun rang excepté quand ils sont par intérim gérants de consulat; mais ils ont dans tous les cas, en leur qualité de membres du corps consulaire, le pas sur les chanceliers et les drogmans.

Les consulats généraux ou les simples consulats auxquels doivent être attachés des élèves-consuls sont désignés par le ministre des affaires étrangères et répartis dans les divers pays du monde. Leur installation a lieu par la simple notification au chef auprès duquel ils sont attachés, de la décision du ministre des affaires étrangères, et ils sont reconnus par l'autorité locale sur l'avis que donnent de leur nomination les agents sous les ordres desquels ils sont placés.

Lorsqu'ils sont gérants intérimaires, ils sont simplement présentés à l'autorité locale supérieure par le chef qui s'absente.

ÉLÈVE-DROGMAN.
Les élèves-drogmans sont des aspirants aux fonctions de drogman.

Les élèves-drogmans, nommés par le ministre des affaires étrangères, sont placés sous la protection des consuls, à la bienveillance desquels ils sont recommandés pour terminer leur éducation sous la direction du premier drogman de l'échelle.

Après deux ans de séjour dans le Levant, les élèves-drogmans peuvent être nommés drogmans sans résidence fixe, et, comme tels, placés alternativement en pays de langue arabe ou turque, pour s'y perfectionner dans leurs études linguistiques; mais le titre de drogman sans résidence fixe ne confère aucune fonction personnelle et n'implique qu'un avancement de grade par rapport aux jeunes de langues; leurs fonctions restent les mêmes que celles des simples élèves et subordonnées aux décisions des consuls.

ELLIOT (J.), publiciste américain.
The american diplomatic code, embracing a collection of treaties and conventions between the United-States and foreign powers from 1778 to 1834. Washington, 1834, 2 vol. in-8. Nouv. édit. 1870. — (Le Code diplomatique américain, embrassant une collection de traités et de conventions entre les Etats-Unis et les puissances étrangères de 1778 à 1834.)

ÉMANCIPATION.
En jurisprudence, c'est l'acte par lequel un mineur acquiert le droit de se gouverner lui-même et d'administrer ses biens; mais l'émancipation ne dispense pas le mineur d'avoir un curateur.

Les consuls, quoiqu'ils ne possèdent pas en général le droit de juridiction, peuvent exceptionnellement, et en vertu de pouvoirs spéciaux de leur gouvernement, procéder à l'émancipation des mineurs, enfants de leurs nationaux.

En droit romain, c'était l'acte par lequel le fils de famille était affranchi de la puissance paternelle.

Émancipation est aussi synonyme d'affranchissement dans ce sens : l'émancipation des esclaves. (*Voir* AFFRANCHISSEMENT.)

EMBARGO.
L'embargo consiste dans la main mise, à titre de gage ou comme mesure de précaution, sur les propriétés publiques ou privées d'une autre nation, notamment sur les navires marchands qui portent son pavillon et se trouvent mouillés dans les ports, les rades ou les baies de la juridiction territoriale. L'embargo ne se met point sur les navires de guerre.

On distingue l'embargo civil, qui peut être une mesure de simple police, de l'embargo proprement dit, ordonné par un Etat dans la prévision d'une guerre prochaine et qui peut éventuellement être considéré comme un acte d'hostilité, sinon comme une déclaration formelle de guerre. Si la guerre n'a pas lieu, les navires retenus doivent être relâchés et peuvent réclamer une indemnité; si la guerre éclate, les navires mis provisoirement sous séquestre seront jugés conformément aux lois de la guerre.

L'embargo ne peut être décrété que par l'autorité que la constitution de chaque Etat investit du droit de déclarer la guerre.

Quand un souverain met l'embargo sur les navires qui se trouvent dans ses ports, c'est le plus souvent pour les employer à son service ou pour les empêcher de communiquer avec ses ennemis.

Quant aux personnes, marins ou autres, embarquées sur les navires frappés d'embargo, la justice et l'humanité font aux gouvernements un devoir de les considérer comme des hôtes et de subvenir à leurs besoins pendant tout le temps que dure la paralysation de leur industrie.

L'embargo mis sur les navires étrangers, dans la prévision d'une ouverture prochaine des hostilités, n'est autorisé qu'en cas de nécessité absolue et dans les limites fixées par les lois de la guerre. En général l'embargo ne peut se justifier que comme un moyen de caution pour amener le redressement de griefs sérieux, un changement d'attitude politique ou la réparation d'une violation flagrante du droit des gens.

Dans tous les cas il ne faut pas confondre le véritable embargo avec ce qu'on appelle l'*arrêt de prince,* c'est-à-dire la défense faite aux navires marchands ancrés dans un port bloqué ou placés par suite de circonstances politiques dans une position exceptionnelle, de quitter momentanément leur mouillage. (*Voir* ARRÊT DE PRINCE.)

L'embargo diffère aussi du séquestre dont une puissance, qui déclare la guerre à une autre, frappe la marine marchande de cette dernière. (*Voir* SÉQUESTRE.)

EMERIGON (Balthazar Marie), jurisconsulte français, né à Aix en 1725, mort en 1785.

Il fut avocat au parlement d'Aix, puis conseiller à l'amirauté de Marseille.

On a de lui un *Traité des assurances et des contrats à la grosse,* (Marseille, 1784, 2 vol. in-4⁰), qui fait autorité en cette matière, et des *Commentaires sur l'ordonnance de 1681.*

ÉMIGRATION. Action de quitter son pays pour aller résider ou s'établir dans un autre.

Le citoyen d'un Etat libre peut toujours quitter le territoire de l'Etat, cependant quelques Etats admettent encore qu'un citoyen ne perd son indigénat qu'en vertu d'une autorisation de l'État qu'il quitte; mais le plus grand nombre trouvent qu'il est plus digne de la civilisation et plus conforme au développement des relations internationales d'admettre entièrement la liberté d'émigrer.

Le droit d'émigration est basé sur des principes qui découlent de la nature même de la société politique. Qui oserait en effet soutenir qu'un individu qui ne peut se procurer sa subsistance dans son pays d'origine, n'a pas le droit, de la chercher ailleurs? Eh! quoi! si la société dont il est membre ne remplit pas ses obligations envers lui, il n'aurait pas le droit de s'en retirer! Est-ce que, dans le cas où la majorité de la nation ou le souverain qui la représente vient à édicter des lois sur des objets à l'égard desquels le pacte social n'a pas les pouvoirs d'enchaîner la liberté individuelle, de commander et d'imposer la soumission, comme, par exemple, en matière de religion, ceux dont ces lois blessent les croyances ou les intérêts n'ont pas le droit imprescriptible de s'y soustraire en émigrant dans un autre pays. On peut donc poser en principe que dans ces diverses circonstances, et surtout lorsque l'émigration a lieu sans esprit de retour, le droit des gens reconnaît à l'émigrant

le droit de tenter d'acquérir une nationalité nouvelle, et à l'Etat où il s'est réfugié, celui de la lui conférer.

Toutefois la liberté d'émigration n'est pas absolue; elle est encore subordonnée à l'accomplissement préalable de certaines obligations envers l'Etat, notamment, dans certains pays, celle du service militaire.

Les liens qui unissent un émigrant à l'Etat dont il était précédemment citoyen, sont rompus lorsqu'il quitte son pays sans esprit de retour et qu'il est naturalisé dans un autre Etat, sauf pourtant en Suisse, où les émigrés conservent leur droit de bourgeoisie, bien que naturalisés ailleurs.

(*Voir* NATIONALITÉ, NATURALISATION, DÉNATIONALISATION, DÉNATURALISATION.)

ÉMINENCE. Titre d'honneur réservé uniquement aux cardinaux, qui auparavant étaient traités de révérendissimes, d'illustrissimes; on en rapporte la création au pape Urbain VIII en 1630.

On dit son Éminence le cardinal; et en s'adressant à sa personne on le qualifie d'Altesse éminentissime.

ÉMIR. Ce mot arabe, qui signifie *commandant,* est un titre honorifique très-commun en Orient. Il est surtout porté par les nombreux musulmans qui prétendent descendre de Mahomet par les femmes: ces émirs sont répandus dans toutes les classes de la nation, sans jouir d'aucun privilège, si ce n'est qu'ils constituent avec un des oulémas un des quatre ordres de l'Etat, et se distinguent des autres musulmans par le turban vert qu'eux seuls ont le droit de porter, à l'exclusion même du sultan, qui n'appartient pas à la famille du Prophète.

Depuis longtemps le titre d'émir entre dans la composition de beaucoup de noms de dignités pour la jouissance desquelles il n'est pas nécessaire de descendre de Mahomet.

Émir se dit aussi de toute personne revêtue d'une autorité quelconque, comme des gouverneurs de province et des chefs de tribu.

ÉMISSAIRE. Agent chargé d'une mission secrète, envoyé secrètement pour porter un avis ou pour surprendre ce qui se passe, pour sonder la disposition des esprits en vue de la conception ou de l'exécution de quelque projet.

Les émissaires cachés ou secrets envoyés par un gouvernement sur un territoire étranger, n'y déploient aucun caractère public, puisque leur mission et leur but ne doivent pas être connus.

EMPEREUR. Dans le principe titre donné par les légions romaines au chef qui avait remporté une victoire signalée (*imperator*), et devenu, depuis Auguste, la qualification du chef de l'État.

Plus tard ce titre a été pris par l'Empereur d'Allemagne, qui par Charlemagne se disait · héritier des empereurs romains.

De notre temps, ce titre est porté par plusieurs souverains d'Etats, généralement d'une grande étendue territoriale.

En général le pouvoir impérial est moins limité que le pouvoir royal; cependant dans certains empires, la constitution parlementaire y a imposé des restrictions comme dans les simples royautés.

Le titre d'empereur a été longtemps regardé comme désignant la dignité la plus éminente, partant comme supérieur à celui de roi; aujourd'hui toute différence a cessé à cet égard et les deux titres obtiennent une considération égale. Il faut cependant observer que l'Empereur d'Allemagne, qui est en même temps Roi de Prusse, fait toujours précéder le titre d'empereur, celui-ci exerçant, dans certaines matières, une sorte de suzeraineté sur les quatre rois et les autres princes qui font partie de la Confédération nommée Empire d'Allemagne.

EMPIRE. Etat gouverné par un Empereur, le territoire de cet Etat.

Le gouvernement d'un Etat par un chef ayant le titre d'Empereur.

Le règne d'un Empereur — en France se dit particulièrement du règne de Napoléon Ier; on donne le nom de second empire au règne de Napoléon III.

Empire se dit aussi d'un Etat vaste et puissant, quel que soit le titre qu'en porte le souverain, et même quelle qu'en soit la forme de gouvernement; ainsi l'Empire des Mèdes, des Assyriens, des Perses, des Romains, etc.

En général empire s'applique à une domination d'une vaste étendue, tandis qu'un royaume peut être très petit; un Etat petit qui s'arrogerait le nom d'empire serait ridicule.

ENCLAVE. Ce mot sert à désigner la situation d'un territoire entièrement renfermé dans un autre, de telle sorte qu'il en soit entouré de toutes parts. Se dit aussi du pays enclavé.

· Ainsi la république de Saint-Marin est une enclave du royaume d'Italie; les duchés d'Anhalt sont des enclaves de la Prusse.

On donne encore le nom d'enclaves à des portions de territoires appartenant à un souverain autre que celui du territoire d'alentour; ainsi en Allemagne plusieurs Etats ont juridiction sur des pays n'attenant pas immédiatemment à leur domaine principal.

On désigne aussi sous cette dénomination un territoire par rapport à la juridiction à laquelle il ressortit.

ENCLAVÉ. Qui a la situation d'une enclave; se dit d'un pays contenu entièrement dans un autre qui l'entoure de toutes côtés.

En diplomatie on qualifie d'*enclavées* des lettres renfermées dans d'autres lettres plus grandes.

ENCYCLIQUE. Lettre circulaire que le Pape envoie aux évêques de toute la chrétienté, ainsi qu'aux fidèles, pour leur faire connaître son opinion sur quelque point de dogme, de morale ou de discipline.

On donne ce nom spécialement aux lettres contenant des exhortations pastorales, à l'occasion de circonstances particulières, et traitant de questions qui intéressent toute la catholicité.

Les encycliques ont un titre, se datent et finissent comme les *bulles*. (Voir ce mot.)

ENDEMANN (Guillaume), jurisconsulte allemand, né à Marbourg en 1825. Professeur de droit à Iéna, puis à Bonn.

Das deutsche Handelsrecht systematisch dargestellt. (Système du droit commercial allemand.) 3e édition. Heidelberg, 1876.

Handbuch des deutschen Handels-, See- und Wechselrechts. (Manuel du droit commercial et maritime et du droit de change allemands.) Leipzig, 1881.

ENFANT. *Définition et classification.* Se dit de l'individu — fils ou fille, quel que soit son âge — considéré dans ses rapports avec son père et sa mère, ou avec l'un d'eux seulement.

On nomme *enfant légitime* celui qui est né d'un mariage légitime; enfant *légitimé*, celui qui est né hors mariage, mais qui obtient par un mariage subséquent les avantages de la légitimité; enfant *adoptif*, celui au profit duquel un étranger fait une déclaration d'adoption et qui est mis alors sur la même ligne · que l'enfant légitime; enfant *naturel*, celui qui est né hors mariage, mais qui a été légalement reconnu par son père, par sa mère, ou par tous deux; enfant *adultérin*, celui qui est né pendant le mariage d'un commerce illégitime.

On donne aussi les qualifications d'illégitime ou de *bâtard* à l'enfant né hors mariage, qu'il soit naturel ou adultérin.

Les *enfants trouvés* sont ceux qui, nés de père et de mère inconnus, ont été trouvés exposés dans un endroit quelconque, ou portés dans les hospices ou autres établissements destinés à les recevoir.

Sous le rapport de l'âge, l'enfant est dit *mineur*, tant qu'il n'a pas atteint l'âge prescrit par les lois pour disposer de sa personne et de ses biens; *majeur*, après qu'il a cet âge et est par conséquent apte à user de ses droits et à contracter valablement, et *émancipé*, lorsqu'un acte d'émancipation lui a permis de devancer l'âge fixé par la loi.

Les enfants légitimes sont régulièrement membres de l'Etat dont leurs pères font partie ou de celui où ils sont domiciliés au moment de leur naissance.

L'enfant illégitime qui n'a pas été reconnu par son père, acquiert par sa naissance la nationalité de sa mère, qui seule constitue sa famille, par conséquent sa filiation, abstraction faite du lieu de sa naissance; cependant il ne suit pas le *status* de sa mère, lorsque celle-ci vient à acquérir plus tard par mariage une autre nationalité.

Mais si l'enfant né hors mariage est reconnu par son père naturel, il semble logique qu'il suive la nationalité paternelle; car dans ce cas la famille de l'enfant n'est plus limitée à la mère seule et la filiation est établie par l'acte de la reconnaissance.

Lorsque non seulement la paternité, mais aussi la maternité restent inconnues, comme dans le cas des enfants trouvés, les enfants sont sujets ou citoyens de l'Etat sur le territoire duquel on les trouve après leur naissance; mais si plus tard on vient à découvrir la filiation de l'enfant, on lui attribuera la nationalité de sa mère.

Nationalité des enfants. Il est admis généralement en principe que les enfants mineurs suivent la nationalité de leurs parents; mais les jurisprudences des divers pays cessent de s'accorder lorsque le domicile, ou la nationalité paternelle ou maternelle vient à changer. (*Voir* NATIONALITÉ.)

Aux termes de la loi française, la nationalité de l'enfant est fixée, à l'époque de sa naissance, par celle que ses parents avaient alors, c'est-à-dire que l'enfant mineur subit et conserve la nationalité dont ses parents étaient revêtus lorsque le mineur est né; il est assujetti par conséquent à toutes les charges que lui impose envers l'Etat cette nationalité d'origine. Les parents peuvent plus tard perdre cette nationalité; la naturalisation des parents ne s'applique pas à leurs enfants mineurs. La loi fait une distinction entre les enfants nés *avant* et ceux nés *après* la naturalisation des parents. La naturalisation acquise par les parents à l'étranger n'exerce aucune influence sur la condition de leurs enfants déjà nés, personne en France n'ayant le droit par son fait seul de modifier l'état et la capacité d'autrui. Quant aux enfants nés à l'étranger postérieurement au changement de nationalité des parents, ils naissent étrangers; seulement, par une faveur spéciale, la loi les autorise à réclamer l'ancienne nationalité de leurs parents, en remplissant certaines formalités; mais la loi n'a jamais entendu conférer une faculté analogue au fils du Français qui se fait naturaliser étranger.

Ce principe que l'enfant mineur ne peut aliéner sa nationalité d'origine, est tellement absolu que la Cour de cassation a jugé que l'enfant mineur né en France d'un étranger ne peut, même avec l'assistance de son père et le consentement de son conseil de famille, réclamer à titre provisoire la qualité de Français. Il y a toutefois une restriction à l'application de ce principe : lorsqu'un individu naît en France d'un étranger qui lui-même y est né, il est Français de droit jusqu'à sa majorité; mais si dans l'année qui suit cette époque il réclame la qualité d'étranger, il ne peut plus revendiquer postérieurement dans la même année la qualité de Français.

Bien plus les enfants d'une femme veuve qui recouvre la qualité de Française, les enfants nés d'elle pendant qu'elle était étrangère par l'effet de son mariage, demeurent étrangers, sans qu'il y ait lieu de distinguer s'ils sont majeurs ou mineurs au moment où la mère redevient Française.

D'après la législation anglaise l'enfant mineur suit la nationalité du domicile du père; et il la conserve, après avoir atteint sa majorité, s'il continue à être domicilié dans le même pays et ne fait aucune démarche active pour s'affranchir de son allégeance à l'Etat qui régit ce pays.

Les cantons suisses admettent le principe que la naturalisation conférée au père entraîne de plein droit la qualité de citoyen suisse pour les enfants mineurs.

Domicile. En général le domicile de l'enfant est celui de ses parents ou de ceux qui les remplacent suivant la loi. Ainsi si, lorsque l'enfant est né, les parents étaient en voyage ou absents temporairement de leur domicile, c'est ce domicile, et non le lieu fortuit ou accidentel de la naissance, qui est le domicile de l'enfant.

Jusqu'à ce que l'enfant ait atteint sa majorité, ou tant qu'il n'est pas émancipé, ou tant qu'il n'est pas marié, son domicile passe par tous les changements de celui de l'auteur duquel il a reçu son domicile d'origine. Il suit aussi celui de la mère ou du tuteur après la mort du père, et de celui du tuteur après la mort du père et de la mère.

Les enfants des agents diplomatiques à l'étranger jouissent nécessairement des immunités diplomatiques, ainsi que les autres personnes de la famille du ministre public, tant qu'ils résident auprès de lui; mais par rapport au cérémonial, ils sont traités comme des étrangers, selon le rang que leur famille occupe dans la société.

ENGELHARDT (Édouard) né à Rothau (Vosges) le 15 mai 1828, publiciste, Ministre plénipotentiaire, Délégué de France à la Conférence de Berlin (1884). Il a publié:

Du régime conventionnel des fleuves internationaux. **Paris 1879.**
Ce livre, considéré comme le plus complet et le plus pratique sur la matière spéciale qui en fait l'objet, se compose de trois parties distinctes. La première présente l'histoire succincte du droit fluvial depuis les temps de Rome jusqu'aux temps modernes. La seconde, qui forme le corps de l'ouvrage, comprend une série d'études sur les principes essentiels qui régissent les fleuves internationaux. La troisième résume ces principes sous forme de convention générale.

La Turquie et le Tanzimat, ou histoire des réformes dans l'Empire Ottoman depuis 1826 jusqu'à nos jours. **Paris 1882—84,** 2 vol. in-8'.
Représenter dans les diverses phases de son développement historique et dans son ensemble l'œuvre de rénovation par laquelle la Turquie tend, depuis plus d'un demi-siècle, à se rapprocher de la communauté européenne, tout en s'efforçant de résoudre le problème de la conciliation de ses peuples restés après la conquête en état de séparation légale et d'hostilité, tel est le but que s'est proposé l'auteur de ce beau travail. M. Engelhardt a apporté à cette étude toute nouvelle l'expérience d'un séjour de près de vingt ans dans l'Empire ottoman, comme aussi l'exactitude et l'impartialité d'un historien consciencieux et indépendant.

Les considérations générales qui résument son livre et forment comme la synthèse du Tanzimat ou de la réforme, se terminent par la conclusion suivante:

„Le Tanzimat a préservé le sultan d'une imminente expropriation; l'Empire menacé y a trouvé une sauve-garde relative, c'est-à-dire un répit, mais il n'y a trouvé que cela . . . L'essai n'ayant point réussi au gré de l'Europe, et l'Europe nantie des titres découlant de sa tutelle légitime et nécessaire, ne paraissant plus disposée aux atermoiements, l'on doit prévoir le jour où les fils d'Ortogrul et d'Osman, successivement refoulés dans leurs premières limites auront disparu du continent entre le régime condamné de la force dont ils vivaient et le règne de l'inévitable civilisation que leur instinct repousse.“

La Turquie et le droit d'intervention.
La Tunisie au point de vue du droit international.
Le droit fluvial conventionnel et le traité de Londres de 1883, etc. etc.
Ces études ont paru dans la *Revue de droit international* publiée à Bruxelles.

ENNEMI. *Définitions et classification.* L'ennemi ou les ennemis se dit de la nation avec laquelle on est en guerre, de l'armée qu'on combat.

Les ennemis se divisent en *actifs* et en *passifs* ou *innocents,* en *forcés* et en *volontaires.*

Sont ennemis dans le sens propre et *actif* du mot en première ligne les chefs de l'Etat ennemi et ceux qui dirigent sa politique, et ensuite toutes les personnes qui, prenant individuellement part à la lutte, font régulièrement partie de l'armée et sont placées sous les ordres d'un Etat ennemi. (*Voir* ARMÉE.)

Il est indifférent que les personnes qui font partie de l'armée soient citoyens de l'Etat ennemi ou d'un autre pays; elles reçoivent, par le fait de leur incorporation dans l'armée, tous les droits que les lois de la guerre accordent aux soldats des armées belligérantes, et elles contractent toutes les obligations que ces lois leur imposent. Chaque Etat a le droit de prendre à sa solde des troupes étrangères, lesquelles sont entièrement assimilées aux troupes nationales.

Sous la dénomination de *passifs* ou *innocents* on désigne tous les ennemis qui n'appartiennent pas aux deux autres classes et qui, sans se désintéresser de la lutte dans laquelle leur patrie est engagée, n'y prennent cependant aucune part active et armée. Indépendamment des employés civils, des commerçants, des hommes de lettres, etc., on range dans cette catégorie les aumôniers et les médecins militaires, ainsi que les personnes qui accompagnent les armées en qualité d'auxiliaires passifs sans prendre aucune part aux combats, tels que domestiques, cantiniers et agents administratifs. On a aussi admis le principe qui exempte de toute détention et couvre d'une protection spéciale, les personnes exclusivement employées à un service hospitalier.

Il va de soi que, pour conserver ce caractère, ces personnes doivent s'abstenir avec soin de tout acte agressif quelconque.

Les ennemis *forcés* sont ceux qui appartiennent aux troupes régulières de terre et de mer, que les prescriptions impératives de la loi nationale obligent à prendre les armes pour défendre le territoire ou l'honneur et les intérêts de la patrie; ils sont complètement soumis aux lois de la guerre.

Par ennemis *volontaires* il faut entendre ceux qui, n'étant pas légalement astreints au service militaire, s'enrôlent de leur plein gré dans des corps irréguliers, ou agissent isolément les armes à la main en dehors de la direction du gouvernement pour seconder l'objet général de la guerre. L'adoucissement des mœurs, les progrès de la civilisation ont eu pour conséquence d'assurer aux ennemis volontaires qui sont faits prisonniers les mêmes droits qu'aux ennemis forcés, c'est-à-dire aux troupes régulières. (*Voir* CORPS FRANCS.)

Situation des particuliers. L'inimitié engendrée par les hostilités n'envahit jamais le terrain personnel, quoiqu'elle pèse de tout son poids sur les populations dans les Etats qui se sont déclaré la guerre. La guerre a lieu entre les Etats et non entre les particuliers. Les citoyens des Etats belligérants ne sont ennemis ni entre eux ni à l'égard de l'Etat ennemi; néanmoins ils sont indirectement considérés traités comme ennemis dans la mesure de leurs devoirs publics comme sujets de l'Etat et pour la part qu'ils prennent personnellement à la lutte que

soutient l'Etat auquel ils appartiennent. Pour tout ce qui concerne les droits privés on continue d'observer les règles admises en temps du paix; mais dès que le droit public est en cause, les lois de la guerre entrent en vigueur.

Le droit international moderne repousse absolument le droit de disposer arbitrairement du sort des simples particuliers, contre lesquels il n'autorise ni violences ni mauvais traitements. La sûreté personnelle, l'honneur, la liberté des individus sont des droits privés, auxquels l'état de guerre ne permet point de porter atteinte. L'ennemi est tenu de se restreindre aux mesures nécessitées par les opérations militaires ou par la politique de l'Etat.

En partant du principe indiscutable que l'emploi de la force cesse d'être licite dès qu'il n'y a pas nécessité absolue, indispensable, d'y recourir, on est logiquement conduit à reconnaître qu'aucun Etat n'a le droit de priver de la vie des sujets ennemis qui n'opposent pas de résistance ou ne se défendent pas les armes à la main.

Malgré la tendance de plus en plus prononcée des peuples modernes à interpréter dans le sens le plus libéral et le plus humain, en faveur de la personne de l'ennemi, l'ensemble des lois de la guerre, il faut reconnaître que les gouvernements comme les chefs militaires sont strictement en droit d'adapter leur conduite aux règles de réciprocité, qui admettent les représailles pour imposer le respect des principes du droit naturel au belligérant qui y a manqué. (*Voir* REPRÉSAILLES). On doit cependant, en usant de représailles, respecter les lois de l'humanté.

Prisonniers de guerre. Dans la règle tous les ennemis peuvent être faits prisonniers; mais on considère plus spécialement comme prisonnier de guerre l'ennemi armé ou attaché à l'armée adverse par un service actif, après qu'il est tombé au pouvoir de l'autre armée soit en combattant, soit blessé, soit en se rendant personnellement, soit à la suite d'une capitulation collective. (*Voir* PRISONNIERS.)

Il est interdit de tuer inutilement même l'ennemi armé. Les ennemis qui mettent bas les armes et se rendent au vainqueur doivent être désarmés et faits prisonniers; on ne peut ni les blesser ni les tuer.

Effets de l'occupation. Lorsque l'un des belligérants est parvenu à occuper le territoire de son adversaire, la sujétion volontaire ou forcée du vaincu et le maintien de son attitude pacifique impliquent en fait de la part du vainqueur l'obligation stricte de protéger les personnes et de respecter les principes du droit naturel, par conséquent de mettre fin à tout acte hostile, à toute mesure violente. (*Voir* OCCUPATION.)

Par l'occupation le belligérant acquiert sur tous les biens de l'Etat ennemi certains droits, qu'il exerce selon la nature des choses et en raison des circonstances de temps et de lieu. Mais, comme l'occupant n'a qu'un droit imparfait et ne détient qu'à titre précaire le territoire envahi, dont il n'est pas encore devenu souverain incommutable, il ne peut disposer du sol en faveur de tiers par don, par cession ou autrement. L'unique droit que l'occupation confère à l'occupant consiste à se substituer provisoirement au souverain dépossédé et à disposer à titre provisoire des fruits et des revenus qu'il a fait saisir : de là le droit de continuer l'exploitation régulière du domaine national situé sur le territoire occupé; mais en aucun cas cette exploitation ne doit dégénérer en exactions ou déprédations abusives.

Biens meubles de l'ennemi. En ce qui regarde les biens meubles, pour que le belligérant qui s'en empare, puisse acquérir un titre sérieux et réel de propriété, on a longtemps posé comme condition indispensable qu'il les retienne en son pouvoir pendant plus de vingt-quatre heures, temps généralement jugé suffisant pour mettre ce butin en sûreté. Toutefois de nos jours la translation de la propriété des meubles est considérée comme découlant instantanément du fait de la prise, et le principe des vingt-quatre heures n'est plus en usage que dans les guerres maritimes.

Généralement la destruction des biens ennemis n'est sanctionnée par les lois de la guerre que dans des cas exceptionnels, tels que, par exemple, quand il s'agit de biens dont la possession est nécessaire au but de la guerre et qu'on ne peut enlever à l'ennemi que par la destruction; ou de biens dont, d'après les circonstances, on ne peut maintenir la possession, ni l'abandonner à l'ennemi sans le renforcer : ainsi il serait permis de raser ou de faire sauter des fortifications, de couler à fond des vaisseaux, d'enclouer des canons, de brûler des magasins militaires; ou encore de biens qu'on ne peut épargner sans nuire aux opérations militaires : c'est ainsi que dans la règle on doit épargner les jardins, les vignobles,

les maisons de plaisance, les forêts; mais on est en droit de les détruire, s'il le faut, pour se fortifier, etc. La destruction ou la dévastation se justifie encore dans une certaine mesure dans les cas extraordinaires où la raison de guerre l'autorise, soit pour faire manquer l'ennemi de subsistances à son passage, soit pour l'obliger à sortir de sa retraite afin de couvrir le pays, enfin en cas de représailles. (*Voir* DESTRUCTION, DÉVASTATION.)

Propriété privée. Quant à la propriété privée, les codes modernes de la guerre ont consacré en sa faveur l'exemption de capture ou de confiscation, du moins dans les guerres sur terre.

Cependant cette doctrine du respect de la propriété privée sur terre n'est pas tellement absolue qu'on ne puisse dans l'application en restreindre la portée. Ainsi, par exemple, on n'en fait jamais profiter l'ennemi qui enfreint les prescriptions des lois militaires, et l'on ne l'étend pas non plus aux objets recueillis sur le champ de bataille. C'est également par dérogation indirecte au principe d'exception que, pour leur entretien, les armées envahissantes ont coutume de lever sur les habitants des contributions forcées. (*Voir* PROPRIÉTÉ, BUTIN, CONTRIBUTIONS MILITAIRES, PILLAGE.)

Butin. En résumé on doit considérer comme virtuellement abrogé le droit de faire du butin, à part quelques rares exceptions, dont les principales consistent dans la fortune de l'Etat avec lequel on est en guerre, les armes et les équipements des soldats vaincus, la contrebande de guerre, le droit de prises maritimes.

Dans les guerres maritimes, contrairement au principe qui prévaut dans les guerres sur terre, les navires marchands, ainsi que leurs cargaisons, quoique constituant essentiellement une propriété particulière, sont passibles de capture et de confiscation, et leurs équipages en cas de prise considérés et traités comme prisonniers de guerre.

Cependant, malgré les rigueurs que les guerres maritimes font peser sur la propriété privée, malgré l'étendue des droits reconnus aux belligérants, on exempte généralement de saisie ou de confiscation les bateaux pêcheurs, les navires affectés à des missions scientifiques, et ceux qui, par suite de naufrage ou dans l'ignorance de l'état de guerre, relâchent sur les côtes ou dans les ports ennemis. (*Voir* PRISES MARITIMES, NAVIRES

NEUTRES, PÊCHEURS, CABOTEURS, CORSAIRES, PROPRIÉTÉ PRIVÉE.)

ENQUÊTE. Recherche faite, au moyen du témoignage des hommes, pour vérifier l'existence et les circonstances de faits allégués en justice, ou dont la connaissance est indispensable pour éclairer l'autorité.

Dans le premier cas, l'enquête est dite *judiciaire* : elle est ordonnée par un tribunal dans un procès civil pour obtenir la constatation des faits avancés par une partie et méconnus par l'autre ; elle se fait verbalement ou par écrit ; on appelle enquête directe celle qui se fait dans l'intérêt du demandeur ; et enquête contraire ou contr'enquête, celle qui se fait dans l'intérêt du défendeur.

En France, sous l'ancienne monarchie, on désignait sous le nom de Chambre des Enquêtes les chambres des parlements qui étaient spécialement chargées de juger les appels des sentences rendues sur procès instruits par écrit.

Dans le second cas l'enquête prend le nom d'administrative : elle a lieu par ordre d'une des autorités auxquelles la loi confie la direction ou la surveillance d'une des branches de l'administration publique ; elle peut avoir pour sujet une multitude de questions différentes ; souvent on la désigne par un nom particulier qui en indique l'objet : enquête commerciale, enquête douanière, etc.

On appelle enquête parlementaire celle qui est ordonnée par une assemblée législative et faite en son nom par une commission spéciale composée de membres choisis dans son sein, dans le but de constater des faits et de recueillir des renseignements propres à éclairer sur des matières d'intérêt public.

ENREGISTREMENT. Inscription d'actes sur un registre dans le but d'en assurer la conservation et l'authenticité.

On entend plus particulièrement par enregistrement l'inscription faite, par les employés de l'Etat et sur des registres durables, des actes juridiques, ainsi que des actes ou des déclarations établissant, pour quelque cause que ce soit, les mutations dans la propriété mobilière ou immobilière. Cette formalité a pour objet de contrôler les opérations des officiers publics, de compléter les garanties destinées à assurer la sincérité des actes authentiques, de suppléer dans quelques cas à la perte des actes, et de donner une date certaine aux actes sous seing privé.

En France, avant la révolution de 1789, on appelait enregistrement un acte par lequel les parlements, après avoir examiné les ordonnances, les édits, les arrêts, etc. rendus par les rois, les faisaient transcrire sur leurs registres, afin qu'ils pussent être publiés et exécutés dans le royaume. Quand la loi ou l'ordonnance présentée à l'enregistrement leur paraissait contraire aux lois fondamentales de la monarchie, les magistrats avaient le droit de faire des remontrances, c'est-à-dire des observations avant de l'enregistrer ; néanmoins, si le prince croyait devoir passer outre, il ordonnait, dans une assemblée spéciale dite *lit de justice*, que la transcription aurait lieu nonobstant toute opposition.

L'enregistrement par le Parlement etc. est remplacé aujourd'hui en France par l'insertion des décrets et des lois dans le *Journal Officiel* et dans le *Bulletin des Lois*.

Dans les administrations publiques on donne le nom d'enregistrement à une mesure d'ordre qui consiste à inscrire sur un registre spécial, sous un numéro d'ordre, tous les papiers de quelque importance, tant à l'arrivée qu'au départ.

Enfin le terme d'enregistrement s'applique à l'inscription, à la mention faite sur un registre *ad hoc* ou sur la pièce elle-même pour faire foi, que cette pièce a été enregistrée.

ENROLEMENT MILITAIRE. Action d'enrôler ou de s'enroler volontairement, c'est-à-dire d'inscrire ou de se faire inscrire comme soldat sur les rôles de l'armée.

Le droit de décréter des conscriptions, des levées d'hommes et des enrôlements volontaires pour le service de l'armée appartient naturellement au pouvoir qui a la faculté de déclarer la guerre. Ce droit est rangé en principe parmi les prérogatives du souverain ; mais l'étendue et l'exercice en sont légalement régis par la constitution de chaque Etat.

Chaque Etat a le droit de prendre à sa solde des troupes étrangères, qui par le fait de leur incorporation dans l'armée sont complètement assimilées aux troupes nationales, dont elles reçoivent dès lors tous les droits et contractent toutes les obligations.

Depuis que les armées sont devenues essentiellement nationales et permanentes, cette question du droit d'enrôler des troupes mercenaires, c'est-à-dire composées d'étrangers servant volontairement pour une solde débattue de gré à gré, a perdu toute importance pratique. Ce genre d'enrôlement constitue aujourd'hui une véritable exception ; et pour les pays où il a lieu, il est admis en principe que les mercenaires sont régis par les lois générales de la guerre et assimilés en tout aux troupes indigènes. On comprend seulement que, lorsque les mercenaires sont engagés dans un conflit armé contre leur pays d'origine, ils ne peuvent en cas de capture échapper aux rigueurs qui atteignent les individus coupables de s'être battus contre leur patrie sous un drapeau ennemi.

Sauf cette réserve il faut reconnaître que les enrôlements d'étrangers, pour être valables, pour produire tous leurs effets, doivent être essentiellement libres, constituer des contrats souscrits de bonne foi, exempts de ruse ou de manœuvre de nature à en entacher la portée.

Aucun Etat et à plus forte raison, aucun belligérant n'a le droit de lever de force des troupes sur le territoire d'un Etat neutre; il y aurait là atteinte portée à la souveraineté nationale, dont l'enrôlement des troupes est un attribut essentiel. Ces levées ne sauraient donc se faire sans le consentement de l'Etat sur le territoire duquel elles ont lieu; mais cet Etat, en autorisant l'un des belligérants à recruter des troupes chez lui, prend indirectement part à la guerre et viole les devoirs de la neutralité. Agir ainsi équivaut en effet à sanctionner l'accomplissement d'un acte d'hostilité, qui met en quelque sorte le territoire à la disposition de l'un des adversaires en vue de ses opérations militaires.

L'Etat neutre non seulement ne doit pas envoyer des troupes à l'un des belligérants; il doit aussi empêcher que ses sujets ne prennent part aux hostilités en s'enrôlant dans l'une ou l'autre armée. Mais lorsque des citoyens d'un Etat neutre entrent de leur propre initiative, sans autorisation de leur gouvernement, au service de l'un des belligérants, ces citoyens perdent dès lors les droits de sujets neutres et s'exposent à être traités comme ennemis. Ce fait cependant n'engage en rien l'Etat auxquel ils appartiennent par leur origine, et partant ne constitue pas de sa part une violation des devoirs de la neutralité; car les citoyens isolés ne représentent pas l'Etat. Toutefois il pourrait encourir le reproche fondé d'enfreindre la neutralité, s'il tolérait sciemment sur son territoire la formation de corps francs ou de volontaires destinés à seconder l'un des belligérants au détriment de l'autre.

Lorsqu'un Etat neutre autorise les deux belligérants à lever des troupes sur son territoire et ne favorise aucun d'eux, il ne manque point aux obligations de la neutralité; mais en interdisant complètement les enrôlements il respecterait encore mieux les devoirs que sa position d'Etat neutre lui impose; car la neutralité ne consiste pas à favoriser également les deux parties belligérantes, mais à s'abstenir de toute participation à la guerre.

Lorsqu'un Etat s'est engagé par des traités antérieurs, et alors qu'il ne pouvait prévoir l'explosion de la guerre, à fournir des secours en hommes à l'Etat qui est devenu l'un des belligérants, la présence de ces troupes sur le territoire ennemi et leur participation aux hostilités ne sont point regardées comme contraires à la neutralité de l'Etat qui les a fournies, pourvu que cet Etat manifeste d'une manière évidente son intention de rester neutre et observe strictement les conditions des traités conclus par lui. Les troupes fournies à l'un des belligérants en vertu des traités sont considérées comme ennemies; mais l'Etat qui les lui a envoyées avant que la guerre pû être prévue, n'est pas devenu ennemi par le seul fait de la rupture de la paix.

ENTENTE. Accord, bonne intelligence. Entente cordiale, témoignages de bon vouloir que les chefs de deux Etats échangent entre eux.

ENTÉRINEMENT. Sorte d'homologation d'un acte ou d'attestation que les clauses sont véritables, par suite ratification juridique d'un acte pour le rendre valable.

Ce mot s'applique particulièrement à l'enregistrement par les cours de justice des lettres de grâce ou de commutation de peine délivrées par le chef de l'Etat.

ENVAHISSEMENT. Occupation par force du territoire d'autrui. (*Voir* INVASION, OCCUPATION.)

ENVOYÉ. En langage diplomatique, ministre envoyé par un souverain ou par une République auprès d'un chef d'Etat.

Le mot envoyé est le terme générique pour désigner d'une manière générale les diplomates chargés de représenter les Etats. Il y a plusieurs sortes d'envoyés au point de vue du qualificatif; particulièrement l'envoyé est l'agent diplomatique du second ordre. L'*envoyé* est dit *ordinaire*, lorsqu'il est en mission permanente : on ne dit pas habituellement *envoyé ordinaire*, mais simplement *envoyé*; ainsi quand on trouve le mot *envoyé* sans épithète, cela signifie *envoyé en mission per-*

manente, envoyé ordinaire. La personne chargée par intérim de la gestion d'une mission permanente en cas d'absence ou d'empêchement du chef de la mission, est considérée comme un envoyé non-permanent.

L'envoyé est dit extraordinaire, lorsque sa mission n'est que temporaire.

Or comme les envoyés extraordinaires sont généralement traités avec des égards particuliers et comme les membres des corps diplomatiques ont coutume par courtoisie de leur donner le pas, la plupart des ministres en mission permanente ont pris, eux aussi, le titre d'envoyés extraordinaires.

(Voir AGENTS DIPLOMATIQUES, MINISTRES PUBLICS, AMBASSADEURS.)

Il y a encore des envoyés confidentiels, ou négociateurs secrets, envoyés et accrédités secrètement auprès d'un gouvernement étranger pour traiter d'affaires importantes, mais secrètes, sans attribution de caractère officiel de ministres, ou ne pouvant déployer ce caractère que lorsque l'exige le succès de leur mission. Ces envoyés confidentiels doivent jouir de la même sécurité que les ministres publics; mais ils ne peuvent prétendre au cérémonial de ces ministres, et en public ils sont traités comme de simples étrangers.

Souvent aussi les chefs d'Etat envoient auprès d'un souverain étranger des représentants ou agents pour remplir une simple mission d'étiquette, annoncer un avènement, un mariage, une naissance, un décès, porter une invitation, ou pour assister à une cérémonie, couronnement, baptême, funérailles, etc. Ces envoyés d'étiquette et de cérémonie ne représentent que la personne du chef d'Etat qui les envoie; ils ne peuvent s'occuper officiellement des affaires d'Etat qu'en vertu de pouvoirs spéciaux et ils cessent dans ce cas d'être de simples envoyés de cérémonie.

ÉPARQUE. Terme d'histoire ancienne : nom du préfet de Constantinople.

ÉPAVE, DROIT D'ÉPAVE. On entend généralement par *épaves* toutes choses mobilières égarées ou perdues, qui n'ont point de maître connu.

Les épaves maritimes sont les choses que la mer jette sur la côte, tels que les débris des navires naufragés. Un navire, abandonné de son équipage, poussé en dérive par les courants ou le mouvement des vagues, rencontré au large ou jeté sur les côtes, est réputé épave.

Au moyen-âge les naufragés et leurs biens pouvaient être pris par les habitants des côtes. De nos jours le droit d'épave ou de naufrage est regardé comme un usage contraire au droit international. Nul ne peut s'emparer de la personne ou des biens des naufragés.

Les débris du navire et les marchandises naufragées n'appartiennent pas au premier occupant, à moins que les propriétaires n'aient expressément renoncé a leurs droits. S'il n'y a pas de réclamation de la paie des propriétaires dans le délai prescrit par la loi, l'épave est vendue au profit des sauveteurs, ou s'il n'y a pas eu de sauveteurs, au profit du gouvernement. *(Voir* NAUFRAGE.)

ÉPHORE. Terme d'antiquité grecque. Magistrats de Lacédémone, au nombre de cinq, créés pour contrebalancer l'autorité des rois et du sénat.

Ils pouvaient condamner les rois à l'amende, les arrêter, les déposer et les faire mettre à mort.

Ils dissolvaient à leur gré les assemblées du sénat, disposaient du trésor, envoyaient des armées en campagne Mais leurs décisions, pour être valables et exécutoires, devaient être émises à l'unanimité.

Ils étaient élus tous les ans par le peuple. Le premier d'entre eux donnait son nom à l'année.

ÉPIDÉMIE. Lorsque les habitants d'un pays sont menacés par une épidémie venant du territoire d'un autre pays, les autres Etats sont en droit de réclamer de l'Etat sur le territoire duquel se trouve la source de la maladie, les mesures nécessaires pour faire cesser le mal ou pour en diminuer l'extention.

Les mesures sanitaires prises contre les épidémies peuvent être préventives: c'est dans cette catégorie que rentrent les quarantaines. Toutes les nations sont tenues de respecter les mesures prises par un Etat dans l'intérêt de la salubrité publique.

ÉPONYME. Mot grec qui signifiait donnant son nom à l'année.

A Athènes l'éponyme était le premier des neuf archontes, lequel donnait son nom à l'année; à Lacédémone, c'était le premier des cinq éphores.

ÉPOUX, ÉPOUSE. Celui, celle qui a épousé, qui est conjoint ou conjointe par mariage.

Les époux, personnes unies entre elles par les liens du mariage: le mari et la femme. *(Voir* MARIAGE.)

ÉQUILIBRE EUROPÉEN. L'équilibre des États, des pouvoirs politiques existe, lorsqu'aucun d'eux n'a une telle prépondérance qu'il puisse mettre les autres en péril.

L'équilibre européen, cette expression qu'on invoque si fréquemment dans le langage diplomatique, signifie, à proprement dire, la balance des possessions territoriales telle que les traités l'ont établie entre les puissances européennes, non pas qu'il existe égalité d'étendue et de valeur entre les possessions respectives de chacun; l'équilibre se maintient plutôt par les engagements mutuels qui lient les différents Etats à des obligations communes parfois solidaires.

ÉQUIPAGE. Dans la marine, on entend par *équipage* l'ensemble des hommes embarqués sur un bâtiment pour en faire le service et la manœuvre, et inscrits à cet effet sur un registre spécial appelé rôle d'équipage. On n'y comprend ni le capitaine, ni les autres officiers, qui forment ce qu'on nomme l'état-major du bâtiment, non plus que les passagers.

La composition de l'équipage est, assez généralement, une des conditions fondamentales du maintien de la nationalité du navire, qui est astreint à compter un certain nombre de nationaux parmi les matelots de son bord. Ce nombre varie suivant la législation des divers pays. Ainsi la loi française et la loi anglaise exigent que le capitaine et les trois quarts de l'équipage soient citoyens de l'Etat dont le navire porte le pavillon; les Etats-Unis exigent les deux tiers, et la Russie seulement le quart. L'Allemagne ne prescrit rien concernant la composition des équipages.

Lorsque des difficultés s'élèvent entre le capitaine, l'équipage et les passagers du navire, les consuls remplissent le rôle d'intermédiaires, toutefois ils ne deviennent arbitres que si les deux parties en sont d'accord.

En cas d'insubordination des matelots, l'intervention du consul peut devenir importante; mais l'étendue de son pouvoir disciplinaire varie suivant les circonstances et les usages spéciaux du pays; car il est de règle que les navires étrangers sont soumis aux lois et à la juridiction de l'Etat où ils abordent. Cependant dans toutes les difficultés relatives au navire lui-même et aux personnes du bord, tant que l'ordre public du pays et du port étranger n'en sont pas troublés et que l'intervention des autorités locales n'a pas été requise, le consul a le droit de prendre les mesures disciplinaires et de faire les démarches nécessaires au maintien de la paix et du bon ordre. (*Voir* CONSUL, JURIDICTION TERRITORIALE, MARITIME.)

En cas de désertion parmi les équipages, les consuls ou les vice-consuls, et, à leur défaut, les commandants ou les capitaines intéressés ont le droit de demander que les autorités locales fassent arrêter les matelotsdéserteurs et les conduisent à leur navire ou les renvoient dans leur pays. (*Voir* CORSAIRES, DÉSERTEURS.)

EQUIPEMENT MILITAIRE. C'est l'ensemble des objets à l'usage des soldats, l'habillement, l'armement, l'enharnachement.

Comme ces objets peuvent être considérés comme des moyens de faire la guerre, et comme, du reste, leur caractère de propriété privée est jusqu'à un certain point discutable, ils peuvent, malgré l'interdiction généralement admise de faire du butin, être saisis sur l'ennemi vaincu, et il est permis aux soldats qui s'en emparent de se les approprier, ainsi que les armes et les chevaux.

Dans le cas d'arrestation de déserteurs, il est d'usage de restituer au gouvernement, à l'armée ou à la marine auquel appartient le déserteur, les effets d'équipement et d'habillement, les armes, les chevaux et les harnachements.

ÉQUITÉ. Ce que la conscience regarde comme conforme à la justice; par suite; la justice naturelle, par opposition à la justice légale ou au droit positif.

Les arbitres jugent plutôt selon l'équité que selon les textes, indépendamment de toute loi, de toute convention.

En Angleterre, on appelle *cours d'équité* des tribunaux établis à côté des Cours de droit coutumier (*common law*), pour juger des questions d'une autre nature; mais les unes et les autres procèdent d'après les mêmes principes et sont assujetties au même formalisme. Cette juridiction d'équité prend, dit-on, son nom de ce que les cours se règlent sur ce que la conscience du plaideur doit lui inspirer. La Cour de Chancellerie est le principal tribunal de cette catégorie.

ERLAUCHT. Qualification honorifique usitée en Allemagne. Une décision de la Diète germanique en date du 15 février 1829 l'a accordée aux comtes souverains, qui ont été médiatisés depuis la dissolution de l'Empire.

Erlaucht, qui signifie *illustre, magnifique,*

équivaut à peu près au titre d'*Altesse sé-rénissime* ou *Durchlaucht*.

ESCHEUT (droit d'). Le droit appelé *escheut* (du vieux français *eschoir* ou échoir) était en vigueur au temps de la féodalité. En vertu de ce droit tous les biens d'un étranger décédé dans un pays sans laisser d'héritier reconnu par les lois du pays, passaient par une sorte de ré-version à la famille féodale à laquelle ils auraient dû appartenir; et lorsqu'il n'existait pas de dépendances féodales, ni aucune personne apte à succéder à ces biens par *escheut*, l'Etat prenait la place du seigneur féodal, en vertu de sa souveraineté et en qualité de propriétaire éminent de toutes les terres et de tous les biens qui sont sous sa juridiction.

Ce droit était pratiqué surtout en Angleterre; ce n'est que depuis l'acte du 12 mai 1870 que les étrangers, qui jusque-là ne pouvaient posséder à aucun titre un droit immobilier quelconque dans le royaume, sont assimilés aux sujets anglais pour la possession, la jouissance, l'ac-quisition et la transmission par toutes les voies légales de la propriété mobilière ou immobilière.

ESCLAVE, ESCLAVAGE. Le droit in-ternational ne reconnaît nulle part l'es-clavage comme un droit; par conséquent il ne reconnaît à aucun Etat et à aucun particulier le droit d'avoir des esclaves. Cependant l'esclavage est encore main-tenu de fait dans plusieurs pays.

Les esclaves étrangers deviennent libres de plein droit dès qu'ils mettent le pied sur le sol d'un Etat libre, et l'Etat qui les reçoit est tenu de faire respecter leur liberté, sans que l'Etat où l'esclavage est admis puisse se plaindre d'une viola-tion de ses droits; car les Etats qui ré-prouvent l'esclavage ne peuvent l'ad-mettre comme une condition de nature à modifier le statut personnel d'un indi-vidu sur leur territoire.

L'esclave qui franchit la frontière pour se soustraire à la servitude, ne peut être extradé, à moins qu'il ne se soit, avant sa fuite, rendu coupable d'un crime; car alors il rentre sous le coup de la loi commune. (*Voir* TRAITÉ DES NOIRS.)

Pendant la guerre, la situation ex-ceptionnelle de l'esclave impose des con-ditions également exceptionnelles au belligérant qui vient à occuper le terri-toire de son adversaire, chez lequel sub-siste encore l'esclavage. Ici l'individu privé de sa liberté peut être envisagé comme être humain ou comme propriété personnelle. Considéré à ce dernier point de vue, l'esclave n'est qu'un objet mobilier, dont celui qui occupe le sol n'a pas le droit de dépouiller le proprié-taire légitime. Mais l'esclave n'en est pas moins un être raisonnable, fait à l'image de son prochain d'une autre couleur, un homme, en un mot, capable de prendre part aux opérations mili-taires, à toute espèce d'acte hostile. L'occupant, ne fût-ce que pour se dé-fendre, a donc le droit incontestable de lui faire subir les lois de la guerre et de s'emparer de sa personne pour l'empêcher de lui nuire ou pour le forcer à lui rendre des services du genre de ceux qu'il était tenu de rendre à son maître.

L'action transitoire et suspensive que l'occupation exerce sur la possession du sol se fait du reste également sentir à l'égard de l'esclave. Lorsque, par exemple, les institutions politiques qui régissent l'Etat occupant n'admettent pas la pos-session de l'homme par l'homme, l'esclave peut bénéficier d'une sorte d'émancipation implicite, qui ne deviendra pourtant dé-finitive et réelle pour lui qu'avec la transformation de caractère de la prise de possession du territoire. Si, au con-traire, l'envahisseur reconnaît et pratique lui-même l'institution de l'esclavage; les droits du maître sur son esclave, sur sa chose, continuent de subsister intacts.

ESCORTE MARITIME. Vaisseaux de guerre qui accompagnent des bâtiments de transport, des navires marchands, etc. (*Voir* CONVOI.)

ESCURIAL (traité de l'), 1790. C'est une convention conclue au palais de l'Escurial, à Madrid. le 28 octobre 1790, par laquelle l'Espagne, qui possédait le Mexique, abandonna à l'Angleterre la possession de la baie de Nootka, située au-dessus de la presqu'île de la Cali-fornie, par le 50e degré de latitude Nord.

Il est en outre stipulé que les sujets respectifs des deux puissances pourront naviguer librement et exercer leur pêche dans l'Océan Pacifique ou dans les mers du Sud, et débarquer sur les côtes dans les endroits non-occupés, à con-dition toutefois que les sujets anglais n'approcheront pas à la distance de deux lieues maritimes d'aucune partie des côtes occupées par l'Espagne; que les sujets respectifs auront un libre accès dans toutes les parties de la côte nord-ouest de l'Amérique septentrionale située au nord des parties de cette côte occu-pées par l'Espagnes, et où les sujets de l'une ou de l'autre puissance auront formé des établissements depuis le mois d'avril 1789; enfin que les sujets respectifs ne formeront aucun établissement sur les parties de ces côtes situées au sud des parties déjà occupées par l'Espagne.

ESPÈCE. En jurisprudence, comme en diplomatie, c'est le cas particulier sur lequel il s'agit de prononcer, c'est l'affaire qui est en discussion.

Ainsi l'on dit : il s'agit dans l'espèce, cet argument n'est pas admissible dans l'espèce.

Espèces. Toujours au pluriel. On nomme *espèces* ou *espèces sonnantes* les différentes pièces de monnaie ou d'argent : payer *en espèces. (Voir* MONNAIE.)

ESPERSON (Pierre), publiciste italien, né à Sassari (Sardaigne) le 2 mars 1833, professeur de droit international à l'Université de Pavie; membre de l'Institut de droit international.

M. Esperson a publié en 1868 à Pavie: *Il principio di nationalitá applicato alle relazioni civili internazionali* (Le principe de la nationalité appliqué aux relations civiles internationales). Dans cet ouvrage le savant professeur ne se borne pas à retracer les principes généraux du droit international privé; il fait aussi connaître les dispositions du droit positif italien, qu'il explique et met en rapport avec les principes généraux, les lois des autres nations et la jurisprudence.

De 1872 à 1874 a paru *Diritto diplomatico é giurisdizione internazionale marittima, col commento delle dispozioni della lege italiana del 13 maggio 1871 sulle relazioni della Santa-Sede colle potenze straniere* (Du droit diplomatique et de la juridiction internationale maritime, avec un commentaire des dispositions de la loi italienne du 13 mai 1871 sur les relations du Saint-Siège avec les puissances étrangères). 2 vol. in-8°. — Le premier volume est consacré exclusivement aux légations, dont il expose les prérogatives et les attributions; dans la première partie du second volume, l'auteur traite spécialement des consulats, et dans la seconde de la juridiction maritime internationale.

Entre autres ouvrages sur le droit international, public ou privé, nous mentionnerons encore:

Dei rapporti giuridici tra i belligeranti e i neutrali (Des rapports juridiques entre les belligérants et les neutres). — Turin 1865.

Diritto cambiario internazionale (Du droit de change international). — Florence 1870.

Le droit international privé et la législation italienne.

Movimento giuridico in Italia e nel Belgio sul diritto internazionale privato (Mouvement juridique en Italie et en Belgique concernant le droit international privé). — Florence 1870.

Les grands évènements qui ont pu exercer une certaine influence sur le droit des gens dans les derniers temps ont été l'objet d'études spéciales de la part de M. Esperson; à cet ordre de travaux se rapportent:

La questione anglo americana dell' Alabama, discussa secondo i principi del diritto internazionale (la question anglo-américaine de l'*Alabama,* discutée selon les principes du droit international). — Florence 1869.

La Russia e il trattato di Parigi del 1856 (La Russie et le traité de Paris de 1856). Florence 1871.

Le gouvernement de la Défense nationale a-t-il le droit de conclure la paix avec la Prusse au nom de la France? Florence 1870.

Certezza del diritto internazionale e sua influenza sulla legislazione (Certitude du droit international et son influence sur la législation). Pavie, 1822, in-8°. — L'auteur s'applique à démontrer que le droit international existe réellement dans la doctrine et dans la pratique, malgré les abus de la force, par suite desquels il est parfois méconnu.

ESPION. On entend par *espions* ceux qui, à leurs riques et périls, s'introduisent secrètement ou sous de faux prétextes dans les lignes de l'armée ennemie pour surprendre ses plans et ses mouvements, s'informer de ses ressources, s'assurer de ses forces numériques, etc., en un mot pour recueillir des renseignements utiles à l'adversaire et les lui communiquer.

Celui qui se rend ouvertement chez l'ennemi pour y recueillir des renseignements n'est pas un espion : ce qui constitue l'espionage, ce sont les manœuvres secrètes et les prétextes mensongers.

Il n'est pas contraire aux lois de la guerre de se servir d'espions; mais aussi il importe de se garantir contre ceux qu'emploie l'ennemi; c'est pourquoi les lois de la guerre autorisent à sévir contre eux par les peines les plus sévères, à infliger même la peine de mort aux espions découverts et arrêtés en flagrant délit. Lorsqu'un espion est retourné sans encombre auprès de l'armée qui l'avait envoyé et que plus tard il vient à être fait prisonnier, il ne peut pas être puni pour ses actes antérieurs. Les lois de l'Etat ennemi ne sauraient avoir d'effet rétroactif; elles ne sont applicables qu'aux actes d'espionnage actuels ou qui viendraient à être commis ultérieurement. Les antécédents du prisonnier sont seulement un motif pour le soumettre à une surveillance plus rigoureuse.

Lorsque l'espion est arrêté, c'est en vain qu'il prétend s'abriter derrière un ordre formel de son gouvernement ou derrière les devoirs militaires d'une obéissance aveugle, pour échapper à l'application de la peine.

ESTAMPILLE. Empreinte appliquée au lieu de signature, ou avec la signature, sur des lettres, des brevets, des diplômes, etc., pour en constater ou mieux en assurer l'authenticité.

ESTRADES (G. d'), diplomate français. *Lettres, mémoires et négociations de M. le comte d'Estrades*, Londres, 1743, 9 voll. 12. Réimpression des mémoires du comte d'Estrades, ambassadeur de France et d'Italie, en Angleterre et en Hollande. Ces mémoires renferment le récit des négociations auxquelles l'auteur a pris part de 1637 à 1662 et spécialement de celles relatives à la paix de Nimègue. La 1re édition a paru à Londres en 1718.

ÉTABLISSEMENT CONSULAIRE. Les consulats en général, et notamment les consulats français, institués dans l'étendue d'un pays étranger, forment ce qui on appelle un *établissement consulaire*.

Chaque établissement est subdivisé en arrondissements, à chacun desquels est assignée une certaine circonscription territoriale en vertu de décrets ou d'ordonnances, dans le but de prévenir les conflits de juridiction. (*Voir* CONSULAT, CONSUL.)

ÉTABLISSEMENT A L'ÉTRANGER. Lieu où une personne fixe sa résidence, le siège de ses affaires.

Le fait de s'établir à l'étranger et d'y exercer une profession repose sur des motifs tout-à-fait privés, et l'intention de changer de nationalité n'en découle en aucune façon, de sorte que l'étranger établi dans un pays comme fabricant, négociant ou dans toute autre situation, n'est pas citoyen de l'Etat où il a son domicile et conserve l'indigénat qu'il possédait avant de venir s'établir dans le pays étranger.

Les étrangers, qui sont établis dans un pays ou qui y possèdent des immeubles, sont soumis au même titre que les nationaux aux impôts ainsi qu'aux contributions foncières. (*Voir* DOMICILE, RÉSIDENCE.)

ÉTALON. Modèle-type de poids ou de mesures, déterminé par la loi, et auquel les poids et les mesures employés par les marchands doivent être conformes et d'après lequel ils doivent être rectifiés.

En administration, c'est l'instrument officiel, au moyen duquel les préposés de l'administration publique peuvent procéder à cette rectification, vérifier l'exactitude des instruments de même nature à l'usage des particuliers.

En ce qui régarde spécialement la monnaie, l'étalon consiste surtout dans la règle du poids, de la quantité, de la qualité ou du titre du métal qui entre dans la composition de chaque pièce. Deux étalons sont généralement en usage : l'étalon d'or et l'étalon d'argent, selon qu'on emploie l'un ou l'autre de ces métaux pour la frappe de la *monnaie* (voir ce mot), et qu'on a adopté l'un et l'autre pour le prototype monétaire du pays

ÉTAT (situation). Manière d'être fixe et durable.

L'état de nature, par opposition à l'état de société, se dit de la vie des hommes sauvages, ou des hommes supposés dans l'état d'isolement.

En droit, c'est en général la position où se trouve une personne ou une chose.

L'état des personnes est la qualité à raison de laquelle les personnes exercent un droit ou accomplissent un devoir ou une obligation. Ces droits ou ces devoirs sont relatifs soit à la société, soit à la famille ; par suite l'état des personnes est politique ou civil.

L'état politique se compose des qualités requises pour être admis à l'exercice des droits politiques.

L'état civil est la condition de la personne, par rapport à sa filiation, à sa parenté, au mariage et aux autres faits de la vie civile, (*Voir* STATUTS.)

On appelle actes de l'état civil les pièces ou actes qui établissent cette position d'une manière légale et authentique Les fonctionnaires chargés de tenir les actes et les registres de l'état civil sont dits officiers civils.

En Allemagne le mot *état* s'emploie fréquemment dans le sens de *budget*.

ÉTAT. *Définitions.* L'Etat, au point de vue du droit international, c'est la réunion des forces particulières sous une direction commune, l'établissement d'une puissance publique pour faire exécuter les lois; en d'autres termes, c'est l'ensemble des pouvoirs et des droits d'une société d'hommes, l'être moral dans lequel se résument tous les droits et les intérêts généraux d'une société d'hommes réunis sous un même gouvernement, c'est la nation organisée.

On appelle *pouvoirs de l'Etat* les autorités ou les corps constitués auxquels appartiennent l'exercice de ces droits et la gestion de ces intérêts.

Dans les gouvernements absolus l'Etat se personnifie dans le souverain.

Dans les gouvernements constitutionnels, l'Etat, considéré en principe comme fondé et régi par la volonté de tous, ne peut être représenté que par les autorités auxquelles la masse de la nation est réputée avoir délégué ses pouvoirs au moyen de la constitution.

Attributs. Les attributs essentiels de l'Etat, sans lesquels d'ailleurs il n'existerait pas, consistent dans sa *souveraineté* et son *indépendance*. (Voir ces mots.) Cependant la possession et l'exercice de ces attributs ne présentent pas partout le même caractère unitaire et exclusif, ni légalement ni de fait.

On distingue en effet l'Etat *simple* et l'Etat *composé*.

L'Etat *simple* est celui qui, indivisé et en possession de la souveraineté complète dans son intérieur, n'est lié, en dehors des rapports internationaux ordinaires, à aucun corps politique externe d'une manière permanente.

L'Etat *composé* comprend l'Etat mi-souverain soumis à la suzeraineté d'un autre Etat qui est parfaitement souverain *(Voir* SUZERAIN); et la réunion de plusieurs Etats souverains sous un gouvernement commun.

(Voir CONFÉDÉRATION, FÉDÉRATION, UNION D'ETATS.)

Personalité. Les Etats sont, d'un côté, des êtres individuels, ayant une existence indépendante, et, de l'autre, des membres de l'humanité. Chaque Etat est une personnalité, un être qui a des droits et une volonté tout comme les personnes physiques. Ces droits et ces caractères que chaque Etat, chaque nation possède, se rencontrent également chez les autres Etats, chez les autres nations; ils réunissent les peuples par les liens tout puissants de la nécessité.

La personnalité est une qualité nécessaire des Etats: l'Etat, réglant et protégeant le droit sur son territoire, est chez lui la personne par excellence; et à mesure qu'il entre en relations avec les autres Etats, il acquiert la qualité de *personne internationale.* (Voir ce terme.)

L'Etat, organe suprême du droit chez un peuple, exige un organisme propre à réaliser ce même droit et à le traduire sur le terrain des faits. Le gouvernement d'un Etat, en tant que produit et instrument de la souveraineté du pays, veut entretenir deux sortes de relations fondamentales: les unes de droit interne, c'est-à-dire celles qu'il entretient au point de vue politique avec les citoyens ou sujets placés sous son action; les autres de droit public externe ou de droit international, qui embrassent tout ce qui concerne ses rapports avec les autres Etats. Les relations de droit international s'étendent depuis les représentants ou dépositaires du pouvoir suprême d'une nation jusqu'aux corporations, aux sociétés publiques et aux simples particuliers.

Les Etats ne sont pas éternels. Ils naissent, se développent et périssent comme les particuliers. Sous ce rapport ce ne sont que de grandes individualités, auxquelles s'appliquent également les lois générales de l'existence. L'origine ou la naissance des Etats est en général le résultat d'évolutions organiques, dont l'étude rentre plutôt dans le domaine de l'histoire. Nous nous bornerons à dire que, pour le droit international, un Etat commence à exister et existe de fait dès qu'il possède les éléments nécessaires à son maintien et à sa permanence, en un mot dès qu'il devient souverain; or la souveraineté commence au moment même où la société dont elle est l'organe prend naissance, en d'autres termes dès qu'une société s'est constituée avec un organe suprême de droit, c'est-à-dire avec un gouvernement et s'est séparée d'une autre société dans laquelle elle se trouvait comme englobée ou confondue. Ce principe s'applique à la fois à la souveraineté intérieure et à la souveraineté extérieure des Etats, avec cette seule différence que la souveraineté intérieure existe *de plano* et n'a pas besoin d'être sanctionnée par la reconnaissance des autres Etats.

Conditions d'existence. L'existence d'un Etat exige certaines conditions indispensables: elle suppose comme base une société stable, en mesure de soutenir son indépendance au moyen de ses propres ressources, et une autorité chargée de la diriger vers le but qu'elle se propose. En l'absence de l'une ou de l'autre de ces conditions, l'Etat n'existe pas, ou du moins il n'existe pas dans son intégralité et tel qu'il devrait être pour devenir la source de relations internationales. C'est ainsi que les tribus qui n'ont d'autres occupation que le pillage, sont incapables à former de véritables Etats, et ni le droit international ancien ni le droit moderne ne les reconnaissent comme tels.

Pour qu'un Etat existe, il n'est pas indispensable que son territoire soit continu ou situé sur un seul et même continent. On doit donc entendre par Etat toutes les possessions d'une nation en quel que lieu qu'elles soient situées et quelle que soit la distance qui les sépare, de sorte que, toutes les fois que les lois politiques ou les traités n'ont pas établi de distinctions contraires, ce qu'on dit du territoire d'une nation s'applique en mêmes temps à ses colonies, lesquelles peuvent parfois être envisagées comme l'Etat lui-même. (*Voir* COLONIE.)

Souveraineté extérieure. Si, comme nous l'avons dit, l'Etat exerce la souveraineté intérieure à partir du moment de sa constitution, il n'en est pas de même à l'égard de sa souveraineté extérieure; celle-ci doit être sanctionnée par les autres Etats, et jusque là l'Etat nouveau ne fait pas partie de la grande société légale des nations. Chaque Etat reste sans doute libre de reconnaître ou de ne pas reconnaître l'Etat nouveau qui vient à se former: mais chaque Etat est, dans tous les cas, obligé de subir les conséquences de la détermination à laquelle il s'arrête.

En somme on peut dire que l'entrée de l'Etat nouveau sur la scène politique ne dépend pas absolument d'une reconnaissance expresse et préalable des puissances étrangères; elle s'accomplit de plein droit le jour où il commence à exister: la reconnaissance ne fait que confirmer ce qui existe par soi-même. (*Voir* RECONNAISSANCE.)

Identité. L'Etat subsiste aussi longtemps qu'il a le pouvoir de conserver son caractère de corps politique indépendant. Son identité n'est donc assujettie ni aux changements ni aux altérations intérieurs qu'éprouvent ses institutions. (*Voir* IDENTITÉ.)

Dans sa sphère interne, dans ses relations de droit public, l'Etat peut subir des transformations infinies : c'est ce qui fait dire que, par rapport aux membres qui constituent la société, l'Etat est variable, mais que, par rapport à la société elle-même, il est permanent. Pour que l'Etat se modifie ou que son identité extérieure change, il est indispensable que la société éprouve dans sa manière d'être un changement fondamental et de nature à altérer non seulement les conditions de la société qui le subit, mais encore celles de l'Etat lui-même. Ajoutons qu'en général les changements et les altérations intérieures d'un Etat n'ont pas une influence décisive sur sa considération internationale, ne l'exemptent d'aucune obligation, ni ne le privent d'aucun de ses droits dans la sphère de ses relations extérieures.

L'Etat reste la même personne en droit international, lors même que sa constitution est tantôt monarchique, tantôt républicaine, ou qu'il est pendant une période gouverné constitutionnellement et ensuite autocratiquement : ses droits et ses obligations à l'égard des autres nations n'en subsistent pas moins.' Il s'en suit que, de même qu'un Etat existant ne peut arbitrairement s'affranchir des liens internationaux qui le rattachent à d'autres Etats, de même les autres puissances ne peuvent exclure arbitrairement un Etat existant du concert des nations.

La souveraineté extérieure d'un Etat s'altère par la séparation d'une province ou d'une colonie; toutefois cette séparation ne peut être regardée comme effective que lorsqu'elle a été reconnue par les autres Etats. Tant que la lutte subsiste entre la nation et l'une de ses provinces ou de ses colonies, les autres Etats doivent observer une stricte neutralité; mais, si la guerre se prolonge, ou, si après avoir épuisé toutes ses ressources, la nation est impuissante à prolonger sa résistance, les autres nations ont le droit incontestable soit de reconnaître l'indépendance du nouvel Etat, dont l'existence de fait ne soulève plus de doute, soit de prendre parti en sa faveur et de conclure avec lui des traités d'amitié et de commerce.

Tout changement fondamental qu'un Etat éprouve dans sa manière d'être affecte également ses relations internationales. Ces effets peuvent porter soit sur ses traités avec d'autres pays, soit sur les dettes d'Etat, sur ce qui touche au domaine public, etc. (*Voir* DETTES PUBLIQUES, DOMAINE, CESSIONS DE TERRITOIRE, DIMINUTION DE TERRITOIRE, TRAITÉS.)

Extinction. Un Etat peut cesser d'exister; soit entièrement, soit en partie seulement. Il est considéré comme entièrement éteint lorsque tous les membres de la nation dont il se composait ont péri d'une manière naturelle ou violente; lorsqu'ils ont cessé de former une association politique par suite de subjugation, d'émigration ou d'expulsion de leur sol natal; lorsqu'une association politique se fond avec une autre, de sorte que chacune perd son caractère individuel ou que l'une devient subordonnée à l'autre; lorsqu'il y a incorporation pure et simple de l'Etat dans un autre; lorsque l'Etat est démembré, divisé en plusiers Etats distincts et séparés. (*Voir* DÉMEMBREMENT.)

Fusion d'Etats. Lorsque deux Etats se confondent dans une union réelle, constituent un corps politique commun et en quelque sorte une nationalité unique vis-à-vis des autres nations, il est évident que ce fait seul détruit la souveraineté antérieure et particulière de tous les deux.

Il n'en est pas de même lorsqu'un Etat choisit ou reçoit par succession le chef d'un autre Etat pour souverain; il ne perd pas pour cela son existence indépendante; il n'y a pas dans ce cas remplacement d'un Etat par un autre; la communauté de souverain forme simplement ce qu'on appelle une union personnelle entre deux Etats, dont chacun conserve sa souveraineté propre, qu'il continue d'exercer à sa guise et souvent d'une manière différente de celle dont l'exerce l'autre Etat auquel il est lié dans une certaine mesure. Au point de vue international ces Etats continuent d'être regardés comme des nations différentes, pouvant être représentées par des agents diplomatiques différents.

Effets de l'extinction. Les effets de l'extinction totale de la souveraineté d'un Etat sont absolus en ce qui concerne les relations de droit public, c'est-à-dire qu'ils dénouent de plein droit et font cesser complètement les liens ainsi que les obligations qui n'avaient d'autre fondement que la souveraineté dont le terme est arrivé. La seule partie de ces relations qui continue de subsister est celle dont l'existence est compatible avec le nouvel ordre de choses, ou dont le maintien fait l'objet d'une stipulation expresse.

Quant aux relations et aux droits privés, ils conservent intégralement leur ancienne force obligatoire, parce qu'en principe la disparition d'un Etat est sans action sur les droits et les devoirs des particuliers.

Incorporation d'un Etat dans un autre. A propos de l'incorporation d'un ou de plusieurs Etats dans un autre, les conséquences indirectes varient suivant que le nouvel ordre de choses constitue une confédération ou un Etat agrégé sous une souveraineté centrale et unique. Dans le premier cas, les Etats confédé-

rés sont individuellement tenus de remplir leurs obligations antérieures et d'exécuter par eux-mêmes, directement, les engagements qui sont demeurés propres à chacun d'eux; dans le second cas, et suivant le caractère et l'étendue des pouvoirs constitutionnels attribués à la nouvelle souveraineté, la responsabilité personnelle des membres de l'Etat agrégé ou fédéré se trouve dégagée et incombe dès lors tout entière au seul gouvernement central; pour justifier l'application également dans ce dernier cas du principe consacré pour les confédération, il ne faudrait rien de moins qu'une réserve expresse, une stipulation formelle en sens contraire, arrêtée de commun accord au moment même où le nouvel Etat a été institué.

Fractionnement d'un Etat. Lorsqu'un Etat est partagé en deux ou en plusieurs autres Etats, dès que cette division est réalisée, il cesse d'être ce qu'il était auparavant; sa souveraineté s'est fractionnée comme son individualité et son caractère, en d'autres termes le centre commun qui lui servait d'organe et de représentant suprême n'existe plus; absolument on pourrait admettre que l'Etat n'est pas éteint; par contre on ne saurait soutenir non plus que l'Etat subsiste dans sa situation ou sa condition primitive; on peut donc considérer l'ancien Etat comme ayant cessé d'exister et comme étant remplacé par de nouveaux Etats en qualité de personnes internationales nouvelles; cela est si vrai que les obligations qui pesaient sur l'ancien Etat sont, à moins de stipulations contraires, transférées aux Etats nouveaux, par portions égales. Sous les autres rapports les nouveaux Etats ne doivent pas être considérés comme la continuation de l'ancien.

Un Etat cesse d'exister en partie seulement par suite de la perte d'une partie de son territoire qui a été réunie au territoire d'un autre Etat; ou bien par suite de sa réduction à la condition d'Etat mi-souverain.

Dans ce dernier cas l'Etat conserve à peu près sa souveraineté intérieure, c'est-à-dire le droit de s'administrer comme par le passé, tandis que pour les rapports extérieurs, ses relations avec les autres Etats, il devient soumis à une puissance supérieure.

La diminution de l'étendue du territoire d'un Etat n'entraîne pas l'extinction de cet Etat, tant que le peuple et le pays restent les mêmes avec leurs caractères essentiels. La portion annexée à un autre Etat cesse seule d'exister ; cependant ses droits et ses obligations vis-à-vis des autres nations subsistent encore et passent même à l'Etat acquéreur toutes les fois que leur maintien est possible et conciliable avec le nouvel ordre de choses.

Lorsqu'un Etat cesse d'exister par suite de l'anéantissement, de la dispersion ou de l'émigration de son peuple, ses droits et ses obligation cessent en même temps que lui.

Fortune des Etats. La fortune des Etats qui cessent d'exister, passe activement et passivement aux successeurs de ces Etats.

Lorsque plusieurs Etats en remplacent un autre et que le mode de partage de la fortune de ce dernier n'a pas été déterminé, ce partage doit avoir lieu d'après les principes du droit public, en tenant compte avant tout de la nature publique de la fortune de l'Etat.

Dans les cas de démembrement, les partages s'opèrent proportionnellement à la part de chacun. Les immeubles du domaine national sont considérés comme faisant partie du territoire où ils sont situés. (*Voir* DOMAINE.)

Acceptions diverses du terme d'Etat. Le mot Etat se prend aussi pour signifier le gouvernement, l'administration suprême d'un pays.

Le chef de l'Etat, c'est, suivant la forme du gouvernement, le roi, l'empereur, le président, le dictateur, etc.

Les principaux fonctionnaires de l'Etat sont les ministres d'Etat, les secrétaires d'Etat. (Voir MINISTRE, SECRÉTAIRE, CONSEIL.)

On appelle homme d'Etat celui qui gouverne un pays ou une branche de l'administration d'un pays, et aussi celui qui a les qualités nécessaires pour gouverner.

Les *affaires d'Etat* sont les affaires qui sont du ressort du gouvernement.

On donne le nom de *raison d'Etat* à certaines considérations d'intérêt public par lesquelles on se conduit dans le gouvernement d'un Etat.

Le coup d'Etat (voir ce mot) est une mesure violente auquel a recours un gouvernement.

Crime d'Etat, tentative pour renverser le gouvernement, les pouvoirs établis. (*Voir* CRIME.)

Lettres d'Etat, lettres que le souverain accordait pour suspendre le jugement et les poursuites contre une personne qui,

étant au service de l'Etat, ne pouvait vaquer à ses affaires.

On désigne encore sous la dénomination d'*Etat* une étendue de pays soumise à une seule souveraineté politique : c'est alors dans une certaine mesure le synonyme d'*empire* ou de *royaume*. (Voir ce mot.)

On a pris l'habitude d'écrire *Etat* avec un E majuscule, quand ce mot a les diverses acceptions qui précèdent, c'est-à-dire qu'il signifie le gouvernement d'un pays, un corps de nation, l'ensemble d'un pays sous une même domination, etc.

ETAT DE GUERRE. (*Voir* COMMERCE.)

ETAT LIBRE. Il faut entendre par cette dénomination une communauté exerçant les droits de souveraineté sur un territoire, mais qui a été fondée et qui est gouvernée par des particuliers, sans la participation officielle d'aucun gouvernement existant.

L'histoire offre de nombreux exemples d'Etats libres. Citons en premier lieu l'Ordre teutonique qui colonisa la Prusse et gouverna ce pays jusqu'au jour où il fut réuni au Brandebourg. Puis l'Ordre analogue des Porte-glaive qui colonisa la Livonie et finit par se fondre dans l'Ordre teutonique; l'Ordre de St. Jean de Jérusalem qui s'établit à Rhode, puis à Malte où il demeura souverain jusqu'en 1798.

De même dans l'origine les territoires de la Compagnie des Indes anglaises, de la Compagnie des Indes néerlandaises puis les colonies anglaises d'Amérique furent des Etats libres.

Enfin de nos jours nous avons vu se créer l'Etat libre de Libéria sous les auspices de la Société de colonisation américaine, et l'Etat libre du Congo, sous celles de l'Association internationale africaine. (*Voir* CONGO, LIBÉRIA.)

ÉTATS. Le mot Etat s'employait anciennement pour désigner les différents ordres ou classes de la société.

On appelait particulièrement en France *tiers Etat* la partie de la nation qui n'était comprise ni dans le clergé, ni dans la noblesse, et qui formait le tiers ou troisième ordre dans les Etats, c'est-à-dire dans la réunion des députés des divers ordres représentant soit le pays tout entier, soit seulement une province : dans le premier cas les *Etats* étaient dits *généraux*, et dans le second *provinciaux*.

On appelait *pays d'Etats* les provinces qui avaient le droit de s'administrer elles-mêmes, de réunir les *assemblées d'Etat* dites par conséquent *Etats provinciaux*. Les Pays d'Etats se gardaient eux-mêmes par leurs milices bourgeoises, élisaient leurs magistrats et étaient régis par des coutumes locales.

Les *États généraux* sont aussi le nom qu'on donne aux chambres législatives du royaume des Pays-Bas; et par suite, au 17e siècle, on désignait sous ce titre la Hollande elle-même, qui avait alors un gouvernement de forme républicaine, dont les États-généraux étaient l'élément prépondérant.

ÉTATS FÉDÉRÉS, ÉTATS CONFÉDÉRÉS. *(Voir* CONFÉDÉRATION.)

ÉTATS-GÉNÉRAUX. C'est le titre que portait autrefois le gouvernement des provinces unies des Pays-Bas; depuis que ces provinces forment le royaume du même nom, les chambres législatives l'ont conservé.

La première chambre se compose de 39 membres élus, pour une durée de neuf ans, par les conseils provinciaux parmi les habitants qui paient les plus fortes contributions directes, et tout au plus dans la proportion d'un habitant sur 3,000.

La seconde chambre se compose de députés, dans la proportion d'un sur 45,000 habitants, élus pour quatre ans par tous les Néerlandais domiciliés, majeurs et payant une certaine somme de contributions directes.

ÉTATS-UNIS DE L'AMÉRIQUE DU NORD (Acte d'indépendance des). Vers la fin du dix-huitième siècle, treize colonies anglaises, ne voulant plus supporter les impôts onéreux dont le gouvernement de la métropole les accablait, se soulevèrent et se déclarèrent indépendantes.

C'est le 4 juillet 1776 que les délégués de ces colonies devenues chacune un État indépendant, réunis en Congrès à Philadelphie, signèrent l'acte connu sous le nom de *déclaration d'indépendance,* duquel datent l'affranchissement de l'Amérique du Nord et son avènement au rang des nations.

Voici la traduction de la déclaration elle-même sans les considérants dont elle est appuyée:

„En conséquence nous, les représentants des États-Unis de l'Amérique assemblés en Congrès général, invoquant le Juge suprême de l'Univers qui connaît la droiture de nos intentions, nous publions et déclarons solennellement, au nom et par l'autorité du bon peuple de ces Colonies, que ces Colonies Unies sont et ont droit d'être des *États libres et indépendants,* qu'elles sont déliées de toute obéissance envers la couronne de la Grande Bretagne; que toute union politique entre elles et l'État de la Grande Bretagne est et doit être entièrement rompue, et que, comme États libres et indépendants, elles ont plein pouvoir de faire la guerre, de conclure la paix, de contracter des alliances, d'établir des relations de commerce et de faire tous les autres actes ou choses que des États indépendants ont droit de faire. Et, animés d'une ferme confiance dans la protection de la divine Providence, nous vouons mutuellement au soutien de cette Déclaration notre vie, nos biens et notre honneur sacré."

Cette déclaration est signée par John Hancock, président du Congrès continental; puis par les représentants des colonies suivantes:

New Hampshire, Massachusetts, Rhode Island, Connecticut, New York, New Jersey, Pennsylvanie, Delaware, Maryland, Virginie, Caroline du Nord, Caroline du Sud, Géorgie.

L'indépendance des États-Unis a été reconnue en 1783, par le traité de paix de Versailles en date du 3 septembre de cette année. (Voir ce traité.)

ETHNARQUE. Terme d'antiquité: Chef qui commandait dans une province.

Titre de dignité donné particulièrement par les Empereurs romains à quelques princes juifs: c'est sous ce titre que Hérode et Archelaüs gouvernèrent la Judée.

ÉTIQUETTE. L'étiquette ou l'étiquette des États, c'est, à proprement dire, le cérémonial usité à la cour d'un souverain, dans la maison d'un prince, etc. On y comprend les égards que les gouvernements et leurs chefs s'accordent réciproquement par courtoisie ou par amitié, et qui se manifestent dans les notifications d'évènements heureux ou tristes, les compliments de félicitation ou de condoléance, etc. (*Voir* CÉRÉMONIAL.)

Il se dit aussi des différentes formules dont on se sert dans les lettres, dans les placets, selon les personnes auxquelles on les adresse. (*Voir* CORRESPONDANCE DES SOUVERAINS et C. DIPLOMATIQUE.)

ÉTRANGER. Se dit d'une personne qui n'est pas du pays où elle se trouve, ou qui n'en a pas acquis la nationalité.

Admission des étrangers. Tout État est libre d'admettre les étrangers sur son territoire ou de les en exclure, en cas de nécessité, pour motifs d'ordre public; à plus forte raison est-il libre de ne les admettre qu'à certaines conditions, sous certaines restrictions. Toutefois l'usage généralement suivi par les gouvernements permet, en temps de paix, aux étrangers l'entrée sur leur territoire, la liberté d'y faire du commerce, le passage, le séjour temporaire, l'établissement; mais il est bien entendu que tout individu qui se présente sur le territoire étranger contracte tacitement par ce seul fait l'obligation de se soumettre aux lois du pays qui le reçoit, de payer les impôts que les opérations commerciales qu'il pourrait faire ou l'établissement qu'il désirerait former, le mettraient dans le cas de payer, et qu'il doit observer les règlements de la police locale.

For des étrangers. L'étranger dans tous les pays est sous la loi locale, soit pour poursuivre son droit, soit pour être poursuivi. Sous ce double rapport l'étranger est mis sur le même rang que les indigènes. Il n'y a aucune distinction ni exception à cet égard, que l'étranger ait contracté avec un habitant du pays ou avec un autre étranger; tout déclinatoire serait une atteinte portée à la souveraineté territoriale.

Droits des étrangers. Les étrangers ne sont pas soumis à toutes les charges qui pèsent sur les nationaux; mais par contre ils ne peuvent participer à tous les avantages civils dont ceux-ci ont la jouissance.

Les étrangers ont droit à la protection des lois et des coutumes du pays pour leurs personnes, leurs familles et leurs biens.

Statut personnel. L'étranger, relativement à sa capacité civile, demeure régi par la loi de son pays : son statut personnel le suit partout. Toutefois le respect par les Etats du statut personnel des étrangers est assujetti à certaines restrictions, même dans les pays qui appliquent à l'individu la loi personnelle du domicile. Il est clair en effet qu'un Etat ne saurait reconnaître d'autorité à des statuts exceptionnels qui se trouvent en dehors des lois communes aux Etats indépendants, ou qui répugnent à sa propre législation ou qui n'en font point partie.

Ainsi les nations chrétiennes n'admettent point chez elles la loi personnelle du domicile des pays musulmans qui tolère la polygamie.

La plupart des Etats ne reconnaissent pas non plus les distinctions, les exceptions de statut personnel qui dans d'autres frappent certaines classes d'individus pour motifs de religion. Les pays qui réprouvent l'esclavage, ne peuvent l'admettre comme une condition de nature

à modifier le statut personnel d'un individu sur leur territoire. Les incapacités légales résultant de certaines condamnations criminelles ne sont point maintenues par les Etats dont la législation ne connaît pas ces pénalités. Enfin certains privilèges de classe ou de noblesse sont tenus de nulle valeur dans les contrées où l'égalité devant la loi est le principe fondamental du statut personnel de chacun.

C'est un principe universellement admis que les tribunaux locaux ont le droit de connaître toutes les questions relatives aux droits réels et personnels qui surgissent entre individus résidant dans le pays temporairement ou à titre permanent, alors même que ces questions ont pris naissance dans d'autres pays; mais la compétence, qui est absolue et forcée par rapport aux nationaux, n'a pas le même caractère en ce qui concerne les étrangers, et il est des pays qui la déclinent à leur égard dans tous les cas où elle n'est pas directement sollicitée et acceptée par les ayant-droit.

Parmi les différends qui surgissent entre étrangers résidant dans un pays autre que le leur, il en est qui, en raison de la nature des droits qu'ils invoquent, doivent être soumis à des tribunaux particuliers et régis par des lois spéciales : ainsi, par exemple, les actions réelles et possessoires ne peuvent être intentées que devant les tribunaux du pays de la situation des biens qui leur donnent origine.

Pour dissiper les doutes qui peuvent s'élever sur le pouvoir juridictionnel d'un Etat à l'égard des étrangers résidant sur son territoire, il faut se guider sur cette règle que la compétence directe et absolue n'existe que pour les actions personnelles ou réelles et pour les seuls biens qui ont leurs racines dans le pays même.

Imposition des étrangers. Les étrangers qui voyagent ou qui ne séjournent que temporairement dans un pays ne sont pas imposables. Cependant ils doivent payer, comme les nationaux, les droits prélevés à l'occasion de certains services publics, tels que droits de péage, impôts de consommation. Plusieurs pays n'accordent même de permis de séjour que contre le paiement d'une taxe légère.

Mais les étrangers qui se sont établis dans le pays ou qui y possèdent des immeubles, sont dans la règle soumis au même titre que les nationaux aux impôts ainsi qu'aux contributions foncières.

Les biens faisant partie de la fortune ou de la succession d'un étranger peuvent être librement sortis du territoire; l'État n'en peut retenir une partie ni les grever d'impôts spéciaux.

Départ. L'étranger, tant qu'il conserve cette qualité, et qu'il n'a contracté aucune dette ni commis aucun crime pour lequel on puisse le retenir, conserve aussi le droit de quitter librement le pays où il a fait quelque séjour.

Mais lorsque l'étranger a été naturalisé, soit expressément, soit par un séjour prolongé auquel les lois territoriales attribuent cet effet, il n'a pas plus le droit d'émigrer que les nationaux eux-mêmes, à moins que cette liberté ne lui ait été réservée ou que les conditions de sa naturalisation aient été enfreintes. (*Voir* NATIONALITÉ, DOMICILE, RÉSIDENCE, STATUTS, JURIDICTION.)

Régime des étrangers en France. En France, la loi considère comme étranger tout individu né de parents non-français, et qui ne s'est pas fait naturaliser.

L'étranger qui veut être admis à établir son domicile en France, doit en faire la demande au ministre de la justice; il est statué sur les demandes de ce genre par un décret : cette concession confère à celui qui l'obtient la jouissance des droits civils, mais non celle des droits dont l'exercice implique la qualité de citoyen.

L'étranger établi en France y jouit de tous les droits civils tant qu'il continue d'y résider : il peut posséder toute sorte de biens meubles et immeubles, donner et recevoir, acquérir ou disposer par donation ou testament, passer tous les contrats qui ont pour objet la propriété, faire le commerce, être témoin pour les actes de l'état civil, agir comme demandeur devant les tribunaux français.

En toutes matières autres que celles de commerce, l'étranger demandeur est tenu de fournir caution pour le paiement des frais et des dommages et intérêts pouvant résulter du procès, à moins qu'il ne possède en France des immeubles de valeur suffisante pour assurer ce paiement : c'est ce qu'on appelle la caution *judicatum solvi.*

Les immeubles possédés en France par des étrangers sont régis par la loi française, et les meubles par la loi de la nation à laquelle ces étrangers appartiennent; toutefois ces dernières lois ne peuvent être invoquées ni pour repousser une demande formée par un Français, ni pour se mettre en opposition avec les lois du pays.

L'étranger, même non résidant en France, peut être cité devant les tribunaux français pour l'exécution des obligations par lui contractées en France ou en pays étranger envers des Français.

L'étrangère qui épouse un Français suit la condition de son mari.

Dans plusieurs pays les étrangers sont encore assujettis à certains règlements de police, et n'ont pas la faculté d'acquérir des propriétés immobilières.

ÉVACUATION. Terme de guerre : action de sortir d'un pays, d'une place qu'on occupait.

L'évacuation a pour effet immédiat de faire cesser l'occupation et partant le régime exceptionnel auquel les autorités militaires avaient soumis la localité ou le territoire occupé, lequel rentre dès lors sous la souveraineté entière du gouvernement national. (*Voir* OCCUPATION.)

L'évacuation peut être immédiate ou successive.

Lorsqu'une armée se trouve en pays ennemi au moment de la conclusion de la paix, le retrait des troupes exige un certain temps; il y a donc des mesures transitoires à prendre pour la sécurité de ces troupes jusqu'à ce que l'évacuation du pays occupé soit définitivement consommée. (*Voir* PAIX.)

Cependant la conclusion de la paix ne met pas toujours fin à l'occupation : lorsque, par exemple, par les préliminaires ou le traité de paix, il a été stipulé le paiement d'une indemnité de guerre d'une telle importance que ce paiement ne peut s'effectuer intégralement que dans un certain délai et par des acomptes successifs, dont la qualité et les époques sont déterminées dans les conventions relatives à la paix, les troupes victorieuses, en garantie de l'exécution de ces arrangements, continuent d'occuper une partie du territoire ennemi jusqu'à l'acquittement total de l'indemnité stipulée, et elles doivent l'évacuer soit entièrement lors du paiement intégral, soit progressivement à mesure du versement des acomptes.

ÉVASION. Action de s'échapper furtivement d'un lieu où l'on est détenu — s'applique plus particulièrement aux prisonniers.

Les prisonniers de guerre qui prennent la fuite, peuvent être poursuivis les armes à la main, et même tués pendant la poursuite.

Si un prisonnier en fuite est repris avant d'avoir pu quitter le territoire occupé par le capteur, il ne saurait être puni pour le seul fait de sa tentative d'évasion, car les lois de la guerre ne considèrent pas un pareil acte comme un crime ; il pourra être pris à son égard des mesures plus rigoureuses pour l'empêcher de renouveler sa tentative.

Si, après avoir réussi à s'échapper, le prisonnier, qui a repris les armes, tombe de nouveau au pouvoir de l'ennemi, il n'est passible d'aucune peine pour son évasion antérieure : on peut le soumettre à une surveillance plus sévère. Mais si le prisonnier ressaisi ou capturé de nouveau avait donné sa parole de ne pas s'évader, il peut être privé des droits de prisonnier de guerre.

Quand une conspiration ayant pour but une évasion générale est découverte, les conspirateurs peuvent être punis sévèrement, et, même dans des cas graves, mis à mort.

Si les prisonniers évadés se réfugient sur le territoire d'un Etat neutre, il n'appartient pas aux autorités de cet Etat de les arrêter ou de les interner; car en les arrêtant et, à plus forte raison, en les rendant à l'Etat qui les retenait, le neutre aiderait cet Etat à garder ces prisonniers et par conséquent manquerait à la neutralité. Mais si les prisonniers qui se sont échappés sur un territoire neutre, avaient commis quelque crime ou délit de droit commun dans le pays de leur captivité, l'Etat qui les retenait pourrait demander leur extradition, fondée non sur ce qu'ils sont des prisonniers, mais sur ce qu'ils sont des criminels.

ÉVENTUALITÉ, ÉVENTUEL. L'*évènement* est le fait qui arrive ou qui est arrivé; l'*éventualité* est l'évènement futur ou à venir, encore incertain.

Éventualité signifie aussi le caractère de ce qui est *éventuel*.

Éventuel se dit de ce qui a rapport ou est subordonné à quelque évènement incertain :

Ainsi un traité est *éventuel*, lorsqu'il est fait ou qu'il contient des clauses faites en prévision d'évènements non encore accomplis, qui pourront se réaliser ou bien qui ne le pourront pas.

On dit que le traitement ou le salaire d'un employé est *éventuel*, lorsqu'il est basé sur des profits accidentels, qui ne sont pas fixes et réguliers.

Éventuel, pris substantivement, désigne une portion du traitement d'un fonctionnaire qui dépend de recettes accidentelles.

EXACTION. Acte d'un percepteur des deniers publics, et en général d'un administrateur quelconque, qui exige ce qui n'est pas dû ou plus qu'il n'est dû.

Pris dans une acception plus générale, le mot *exaction* s'emploie aussi dans le sens de *malversation* et désigne tout crime ou délit commis par un fonctionnaire public dans l'exercice de ses fonctions.

Contribution exigée d'une population comme amende et punition.

EXAMEN. Épreuve, orale ou écrite, que subit un étudiant en vue d'acquérir certains grades universitaires, ou une personne qui aspire à obtenir un emploi

Se dit aussi de l'action de faire subir cette épreuve, d'interroger quelqu'un pour s'assurer de son degré d'instruction, pour savoir s'il est capable de l'emploi, du grade qu'il veut obtenir.

Dans la plupart des pays il faut passer un examen, dont le programme est fixé d'avance par le ministère des affaires étrangères, pour être admis aux fonctions diplomatiques et consulaires.

(*Voir* DIPLOMATIE, AGENTS DIPLOMATIQUES, AMBASSADEURS, ATTACHÉS, MINISTRES, CONSULS.)

EXARCHAT, EXARQUE. *Exarque* est un mot grec qui signifie *prince*. Il désignait dans l'empire d'Orient plusieurs grands dignitaires ecclésiastiques et civils, investis d'une autorité extraordinaire.

Les exarques civils étaient de véritables vice-rois, auxquels l'Empereur confiait le gouvernement d'une ou de plusieurs provinces. On appliqua cette dénomination surtout aux préfets qui du 7e au 8e siècle gouvernèrent la partie de l'Italie qui dépendait encore de l'Empire d'Orient, et qui dans les derniers temps résidaient à Ravenne.

Les exarques ecclésiastiques étaient des délégués du patriarche de Constantinople ou du Saint-Synode, chargés de visiter les diocèses et de surveiller la discipline et les mœurs du clergé. Le titre d'exarque existe encore dans l'Église grecque.

On employait le mot *exarchat* pour désigner à la fois la charge et la dignité des exarques, la durée de leur administration et l'étendue de territoire soumise à leur autorité.

EXCELLENCE. Titre honorifique, attribué autrefois aux empereurs, aux rois et aux autres princes régnants, s'accorde aujourd'hui aux ambassadeurs; toutefois le chef d'Etat auprès duquel ils sont accrédités ne les appelle jamais que „Monsieur l'ambassadeur“.

Par courtoisie, on traite aussi d'Excellence les ministres publics de seconde classe.

Dans plusieurs pays ce titre est étendu à certains dignités ou fonctions élevées, aux ministres de cabinet, aux conseillers privés, intimes et actuels, aux généraux et aux maréchaux, aux présidents et aux premiers magistrats des républiques, etc. etc.

EXCEPTION. Terme de jurisprudence.

En droit, toute dérogation légale au droit commun est une mesure d'exception. Ainsi on appelle lois d'exception les lois qu'on décrète en vue de conjonctures d'une nature grave et exceptionnelle, et qui privent les citoyens de droits qui leur sont garantis par la constitution : elles sont ou permanentes, comme celles qui soumettent les militaires et les commerçants à des juridictions spéciales; ou temporaires, comme celles qui déclarent la mise en état de siège, qui, dans un état constitutionnel, suspendent ou restreignent la liberté individuelle, la liberté de la presse etc.

Dans un sens analogue, on nomme tribunaux d'exception, des juridictions particulieres en dehors de la règle de la constitution du pouvoir judiciaire, instituées pour l'expédition d'affaires spéciales, tels que les tribunaux de commerce, dont la compétence est limitée aux affaires commerciales; les conseils de guerre, qui jugent exclusivement les délits et les crimes commis par les militaires; mais le plus souvent la dénomination de tribunaux d'exception s'applique à des tribunaux créés extraordinairement dans les temps de troubles civils, lesquels jugent sommairement, sans s'assujettir aux formalités de la justice régulière, les prévenus qui leur sont déférés.

En procédure le mot exception sert à désigner tous les moyens de défense que l'une ou l'autre des parties invoque ou discute, avant d'aborder les moyens de fond, pour empêcher qu'une demande soit accueillie.

Les exceptions sont dites déclinatoires, lorsqu'elles ont pour but de décliner, de repousser la compétence du tribunal ou du juge devant laquelle l'affaire est portée; — dilatoires, quand elles tendent à différer la procédure et à retarder le jugement sur le fond; — péremptoires, lorsqu'elles font écarter la demande définitivement sans qu'il soit nécessaire de passer au jugement du fond; telles sont notamment celles qui se fondent, sur la prescription, sur le défaut de qualité de la personne qui agit, etc.

Les exceptions se distinguent aussi en personnelles, c'est-à-dire se rapportant à la personne même du demandeur ou défendeur, comme, par exemple, celle que nous venons de mentionner; et en réelles, ou reposant sur des moyens inhérents à la chose en litige.

Elles sont temporaires ou perpétuelles, selon qu'elles doivent être présentées dans un délai déterminé, ou qu'elles peuvent toujours être opposées.

EXCÈS DE POUVOIR. Acte par lequel une autorité sort du cercle de ses attributions pour empiéter sur les droits d'une autre autorité; — fait d'agir en dehors des attributions légales.

Le juge et le fonctionnaire sortent de leur attributions de trois manières: ou ils troublent l'ordre établi par la loi dans la division des attributions entre les agents d'un même pouvoir : on dit alors qu'il y a incompétence; ou ils empiètent sur un pouvoir différent du leur : on dit alors qu'il y a usurpation de pouvoir; ou ils dénaturent sans empiètement les pouvoirs que leur sont confiés : c'est plus particulièrement à cette sorte d'infraction qu'on applique communément le terme d'excès de pouvoir.

Il ne faut pas confondre l'excès de pouvoir avec l'abus de pouvoir. Ainsi, par exemple, il y aurait excès de pouvoir si un juge, usurpant la puissance législative, rendait des arrêts de règlement, ou s'il se permettait des actes de pure administration, exclusivement du ressort des maires ou des préfets; — il y aurait abus de pouvoir, s'il violait la loi ou prévariquait dans l'exereice de ses fonctions. (Voir ABUS.)

EXCOMMUNICATION. Terme de droit canon.

Censure par laquelle l'autorité ecclésiastique sépare quelqu'un de la communion extérieure d'une église, c'est-à-dire du corps des fidèles qui la composent, et le prive, en tout ou en partie, des biens spirituels dont cette église dispose.

On distingue : l'excommunication majeure, celle qui retranche entièrement de la communion de l'Eglise, prive l'excommunié de la participation au culte ou aux offices divins, des prières publiques, de la réception des sacrements, de la sépulture ecclésiastique, de toute communication avec les fidèles, de l'exercice de toute juridiction ecclésiastique, etc.

L'excommunication *mineure*, entraîne seulement la privation des sacrements, et l'inéligibilité aux bénéfices ecclésiastiques; elle est encourue pour avoir communiqué avec des individus frappés d'excommunication majeure.

L'excommunication *de droit*, celle qui est ordonnée par les conciles, sous le nom d'*anathème*. (Voir ce mot.)

L'excommunication de *fait*, celle qu'on encourt immédiatement en faisant une chose défendue sous peine d'excommunication.

L'excommunication est prononcée, suivant les cas, par le Pape ou par les évêques; elle ne peut être levée que par l'absolution donnée par l'évêque; dans certains cas elle ne peut être levée que par le Souverain Pontife.

Dans la religion protestante c'est le Consistoire (voir ce mot) qui prononce l'excommunication. Elle n'est du reste guère en usage.

EXÉCUTEUR, EXÉCUTRICE TESTAMENTAIRE. Celui ou celle que le testateur charge d'exécuter ses dispositions testamentaires ou de veiller à leur accomplissement. *(Voir* TESTAMENT.)

EXÉCUTIF. Le pouvoir *exécutif*, ou simplement l'*exécutif*, est dans un État le pouvoir chargé d'exécuter les lois, de tracer les règles nécessaires à leur exécution, ainsi que de gouverner et d'administrer le pays.

Dans les États représentatifs, le pouvoir exécutif se trouve en présence du pouvoir législatif, plus particulièrement chargé de discuter et de voter les lois, et du pouvoir judiciaire, qui a pour mission de les interpréter et en surveiller l'application. La tâche de l'exécutif est de faire exécuter les lois rendues par le pouvoir législatif. Lorsque la forme de l'État représentif est monarchique, c'est l'empereur ou le roi qui a en mains le pouvoir exécutif; dans les républiques c'est le président.

Dans les États absolus, le pouvoir exécutif et le pouvoir législatif sont réunis dans la personne du souverain.

EXÉCUTION. Terme de jurisprudence. En matière civile, on entend par *exécution* le fait d'accomplir ce qu'un acte ou un jugement prescrit, l'accomplissement d'une obligation, d'un engagement, d'un contrat, d'un jugement.

Dans ces cas, l'*exécution* a lieu en vertu d'un titre que la loi déclare *exécutoire* (voir ce mot), portant le même titre que les lois et terminé par un mandement aux officiers de justice, à ceux notamment qui ont caractère pour procéder à l'exécution et pouvant réclamer l'assistance de la force publique. Toutefois certains actes contiennent la stipulation d'*exécution parée* ou consentie d'avance ou anticipée, c'est-à-dire que les dispositions de l'acte peuvent être exécutées sans qu'il soit besoin d'observer les formalités et les délais exigés par la procédure ordinaire. On dit qu'un titre est *paré*, lorsqu'il revêt ainsi la forme exécutoire, et qu'il suffit de ce titre pour contraindre la partie obligée à remplir ses engagements.

Quant aux jugements, l'exemption peut être provisoire, c'est-à-dire qu'elle a lieu nonobstant tout recours ou appel, ou définitive, c'est-à-dire sans appel.

En procédure, on appelle *exécution* d'un débiteur, la vente de ses biens par autorité de justice, après *saisie-exécution*, c'est-à-dire de leur saisie afin de les faire vendre.

En droit criminel, l'*exécution* se dit du supplice infligé au condamné, et spécialement de l'application de la peine de mort.

En terme de guerre, l'*exécution* ou l'*exécution militaire* signifie la mise à mort d'un condamné par un conseil de guerre.

Exécution militaire se dit aussi de l'action d'employer les rigueurs militaires pour contraindre les habitants d'un pays occupé à ce qu'on exige d'eux.

EXÉCUTION FÉDÉRALE. *(Voir* CONFÉDÉRATION.)

EXÉCUTOIRE. Terme de jurisprudence.

Il signifie : „qui doit être mis à exécution". Ainsi les lois sont exécutoires en vertu de leur promulgation.

Il signifie aussi : „qui donne le pouvoir d'exécuter"; un jugement exécutoire nonobstant appel.

On donne le nom d'*exécutoire de dépens* au mandement du juge qui taxe le chiffre des frais et en vertu duquel on en poursuit le paiement.

EXÉGÈSE. Dans l'acception générale, c'est une explication grammaticale et mot par mot.

Dans un sens plus particulier, c'est l'interprétation grammaticale et historique de la Bible.

Se dit aussi de l'explication des lois et des textes de droit, et de toute interprétation en matière d'histoire.

EXÉQUATUR. Terme de pratique judiciaire : Ordonnance qu'un juge met au bas d'une sentence émanée d'un autre tribunal pour en autoriser la mise à exécution dans son ressort.

Cette dénomination s'applique aussi à l'ordonnance par laquelle les présidents des tribunaux civils ou de commerce donnent la force d'exécution aux sentences arbitrales.

C'est enfin la formule par laquelle les tribunaux rendent exécutoires en France les arrêts ou les jugements prononcés en pays étranger.

EXÉQUATUR CONSULAIRE. *Définition.* On donne le nom d'*exéquatur* à l'acte qui reconnaît l'agent consulaire, a quelque classe qu'il appartienne, en sa qualité officielle, l'admet au libre exercice de ses fonctions, lui garantit les prérogatives et les droits inhérents à sa charge, en prescrivant aux autorités judiciaires et administratives territoriales de lui prêter en tout l'aide et l'assistance dont il pourra avoir besoin.

En résumé on peut définir l'*exéquatur* l'acte qui confère à un consul, reconnu dans un pays, le droit d'y exercer ses fonctions; c'est l'acte qui lui confère sa juridiction et son autorité.

Dans les pays musulmans l'*exéquatur* est remplacé par le *barat* ou *bérat* (voir ce mot), ou lettre patente de la Porte spécifiant les immunités et les prérogatives attachées aux fonctions consulaires.

Obtention. L'*exéquatur* s'obtient sur la production d'une provision consulaire, c'est-à-dire d'un titre solennel, signé par le chef du pouvoir exécutif, contresigné par le ministre des affaires étrangères et constatant le titre et les pouvoirs conférés à l'agent.

L'*exéquatur* s'accorde tantôt, comme en Belgique, par une ordonnance du souverain, communiquée au consul en copie certifiée par le ministre des affaires étrangères; tantôt, comme en Angleterre, par une ordonnance signée du souverain, contresignée par le ministre et transmise en original; tantôt par la transcription de l'acte (signée du ministre) au verso des provisions consulaires; tantôt par un simple avis qu'en donne le gouvernement local à la légation du pays auquel appartient le consul.

Les agents consulaires nommés par les consuls, qui leur délivrent une commission en forme analogue à celle qu'ils reçoivent eux-mêmes, doivent également être pourvus d'un *exéquatur* du gouvernement du pays où ils résident. En France cette pièce leur est remise par le ministre des affaires étrangères; dans d'autres

pays, notamment en Espagne, en Allemagne, en Russie, aux États-Unis, l'*exéquatur* des simples agents consulaires est, comme celui des consuls, délivré au nom du souverain.

Nécessité de l'exéquatur. L'*exéquatur* n'est nécessaire ni aux élèves-consuls, ni aux chanceliers, aux drogmans, aux commis et aux autres employés secondaires attachés aux consulats; ils sont reconnus, sur l'avis donné par les consuls aux autorités locales.

Quant aux gérants intérimaires, ils sont reconnus de la même manière, sur la présentation du consul qui s'absente, ou par demande expresse présentée par voie diplomatique.

Quand un consul est revêtu d'un titre diplomatique, tel que, par exemple, celui d'agent politique ou de chargé d'affaires, ce caractère diplomatique ne le dispense pas d'obtenir son *exéquatur* dans les formes ordinaires.

Forme de l'exéquatur. La forme de l'*exéquatur* varie suivant chaque pays : c'est ordinairement celle d'une lettre patente signée par le souverain et contresignée par le ministre des affaires étrangères, et par laquelle le gouvernement donne l'ordre aux autorités inférieures de reconnaître le consul étranger et d'agir envers lui en toute circonstance conformément à sa qualité.

Dans quelques pays le consul reçoit simplement avis qu'il a été reconnu et que les ordres nécessaires ont été donnés aux autorités de sa résidence; dans d'autres on se borne à écrire sur l'original de la commission : *exéquatur*, et le souverain y appose son contre-seing.

Conséquences de l'exéquatur. Le consul ne peut faire aucun acte officiel avant d'avoir reçu l'*exéquatur*; il doit donc s'abstenir de l'exercice public de ses fonctions tant qu'il n'a pas son *exéquatur*.

Cependant dans quelques pays les consuls sont reçus dans leur résidence et autorisés à entrer dans l'exercice provisoire de leurs fonctions, sur la seule justification de leur nomination; mais cette tolérance est un acte de pure courtoisie.

Du moment que le consul a obtenu son *exéquatur* et qu'il s'est fait reconnaître par les autorités compétentes de sa résidence, il a le droit d'entrer en fonctions et de revendiquer les prérogatives et les immunités correspondant à son emploi.

Par cela même que l'admission des consuls est subordonnée à une demande d'*exéquatur*, il est évident que le souverain territorial est absolument maître de refuser cet *exéquatur*, si sa présence dans le pays ou les antécédents de l'agent pour lequel il est sollicité, lui paraissent offrir certains inconvénients.

D'ailleurs le refus d'accorder l'*exéquatur* à une personne déterminée n'a pas besoin d'être motivé.

Retrait de l'exéquatur. Le droit de retirer l'*exéquatur* n'est pas moins illimité, lorsque le consul, manquant aux devoirs de sa charge, a compromis sa position en s'immisçant indûment dans les affaires du pays, en prenant part aux intrigues des partis politiques, en un mot en sortant du rôle qui lui est prescrit. Pareille extrémité se produit du reste rarement; car il est d'usage, avant d'y recourir, de mettre tout d'abord, par un exposé complet des motifs de plainte qu'a fournis le consul, l'Etat intéressé en demeure de rappeler son agent.

Plusieurs pays ont spécifié dans leurs traités consulaires les cas où l'*exéquatur* peut être retiré à leurs consuls; il y est stipulé généralement que pour qu'un consul cesse d'être reconnu comme tel dans le pays où il est accrédité, il faut que sa conduite ait été illégale et criminelle, et que le gouvernement qui se juge offensé fasse agréer les motifs de sa détermination par celui auquel appartient le consul.

Les effets de l'*exéquatur* cessent de plein droit par le fait du retrait, comme par le fait de la révocation du consul par le gouvernement qui l'avait nommé.

En temps de guerre, quand un pays est occupé par une armée étrangère, on admet que l'*exéquatur* accordé par l'Etat vaincu conserve ses effets jusqu'à ce que les autorités d'occupation déclarent expressément le contraire.

Renouvellement de l'exéquatur. Bien que la patente délivrée par le gouvernement du pays où un consul réside soit l'acte duquel résulte pour lui le droit d'exercer les fonctions de sa charge, l'usage s'est établi de ne pas exiger le renouvellement de l'*exéquatur*, quand des changements politiques surviennent dans le pays de sa résidence.

Les *exéquatur* des consuls sont généralement délivrés sans frais; il est pourtant quelques pays qui exigent le paiement d'un droit dont la somme varie selon le titre de l'agent consulaire. (*Voir* CONSUL.)

EXPATRIATION. Action de s'expatrier ou de quitter sa patrie, d'aller s'établir à l'étranger. (*Voir* ÉMIGRATION.)

EXPÉDITION. Terme de pratique: copie authentique d'un contrat, d'un titre, d'un acte ou d'un document quelconque. (*Voir* COPIE.)

Quand il s'agit d'un jugement ou d'un acte notarié, l'expédition, délivrée en bonne forme par l'officier public dépositaire de l'original, ne revêt par la forme exécutoire.

EXPÉDITION DE MARCHANDISES. Dans le commerce on appelle *expedition* d'une marchandise son envoi, soit par terre, soit par mer, à une destination indiquée. On donne alors le nom d'*expéditeur* ou *expéditionnaire* à la personne qui se charge de faire cet envoi, et celui de *consignataire* à la personne à qui la marchandise est adressée.

On appelle *commerce d'expédition* un genre de commerce qui consiste à envoyer à une destination ultérieure des marchandises arrivant de l'étranger.

EXPÉDITION DES NAVIRES. L'expédition d'un navire de commerce comprend toutes les formalités et tous les actes ordinaires qui peuvent dans un port être requis du consulat à l'arrivée et au départ du bâtiment, savoir : rapport à l'arrivée; certificat d'arrivée et de départ; rapport concernant l'état sanitaire; visa du journal ou du registre de bord, du congé, du rôle d'équipage; visa et enregistrement des manifestes d'entrée et de sortie; déclaration de simple relâche; dépôt de tout acte dressé par le capitaine pour cause de désertion, à l'occasion de crimes ou de délits commis à son bord, de naissance ou de décès; délivrance ou visa de patente de santé; certificat quelconque exigé par l'autorité locale pour permettre la sortie du navire.

Un droit d'expédition est dû par un navire par le seul fait de son entrée dans un port. Ce droit d'expédition affecte exclusivement le corps du navire (*Voir* NAVIRE.)

EXPÉDITION MILITAIRE ou simplement expédition. Entreprise à main armée contre un pays (*Voir* GUERRE). l'expédition d'Egypte, l'expédition de Xercès, etc.

Expédition navale, expédition entreprise pour la guerre de mer.

Expédition maritime, voyage que font ensemble des navires de guerre ou marchands pour quelque entreprise commerciale ou autre, pour des découvertes, pour une mission pacifique ou hostile.

EXPÉDITIONNAIRE. Ce mot suit les différents sens d'*expédition*.

En pratique, en administration c'est le commis chargé de faire des expéditions, ou des copies.

En commerce, c'est la personne chargée par une autre des envois de marchandises.

En guerre, se dit des troupes ou de corps d'armée chargés d'une expédition militaire.

EXPROPRIATION. (*Voir* DOMAINE)

EXPLOSIBLES (balles). On qualifie d'*explosible* toute matière ou tout mélange de matières capable de faire explosion, d'éclater avec un bruit instantané. Par un accord conclu à Saint-Pétersbourg le 11 décembre 1868 entre toutes les puissances européennes, l'emploi de balles explosibles par les troupes armées est absolument interdit.

Ce document est ainsi conçu : „Considérant que les progrès de la civilisation doivent avoir pour effet d'atténuer autant que possible les calamités de la guerre; que le seul but légitime que les États doivent se proposer durant la guerre est l'affaiblissement des forces militaires de l'ennemi; qu'à cet effet il suffit de mettre hors de combat le plus grand nombre d'hommes possible ; que le but serait dépassé par l'emploi d'armes qui aggraveraient inutilement les souffrances des hommes hors de combat ou rendraient leur mort inévitable, que l'emploi de pareilles armes serait dès lors contraire aux lois de l'humanité:

„Les parties contractantes s'engagent à renoncer mutuellement, en cas de guerre entre elles, à l'emploi par leurs troupes de terre et de mer de tout projectile d'un poids inférieur à 400 grammes, qui serait ou explosible ou chargé de matières fulminantes ou inflammables."

Il est utile de faire observer que ces dispositions s'appliquent uniquement aux balles de fusil et non aux projectiles de l'artillerie, qui font également explosion, mais dont l'emploi paraît indispensable pour la réussite des opérations de la guerre.

EXPULSION. Action d'expulser, c'est-à-dire de chasser quelqu'un du lieu où il est établi.

Lorsque l'expulsion s'applique à un agent diplomatique, elle consiste en ce que le gouvernement près lequel l'agent est accrédité lui remet ses passe-ports avec ordre de quitter le pays dans le plus bref délai: c'est ce qui a lieu dans les cas où l'agent diplomatique a commis quelque offense grave envers l'Etat étranger, ou lorsqu'il s'élève un conflit entre cet Etat et celui qui a envoyé l'agent.

En temps de guerre, les employés diplomatiques encourent l'expulsion immédiate, s'ils sont pris à envoyer sur la position et les forces des troupes des rapports dont l'autre belligérant pourrait tirer parti.

Il en est de même des visiteurs et des correspondants de journaux étrangers: les chefs militaires peuvent leur interdire de divulguer certains faits, faire au besoin contrôler leurs correspondances, et les expulser en cas de non-observation des ordres reçus.

Chaque Etat est autorisé à expulser pour motifs d'ordre public les étrangers qui résident temporairement sur son territoire. Mais lorsqu'un gouvernement expulse un étranger sans cause et avec des formes blessantes, l'Etat dont cet étranger est citoyen, a le droit de réclamer contre cette violation du droit international et de demander au besoin satisfaction.

Lorsqu'un Etat a accordé un asile à un prévenu ou condamné politique étranger, il a le droit dans les cas graves de retirer au réfugié la permission de séjourner sur son territoire, de l'expulser en lui donnant l'ordre de se rendre dans un pays déterminé.

EXTERRITORIALITÉ. *Definition.* L'exterritorialité, en langage diplomatique, est l'ensemble des immunités dont jouissent hors de leur pays les représentants d'une souveraineté étrangère; et principalement le privilège en vertu duquel ces personnes sont généralement regardées comme n'ayant pas quitté le territoire de leur nation et comme devant, à ce titre, échapper à la juridiction du pays où elles se trouvent, pour rester exclusivement soumises aux lois de leur propre pays.

La fiction de l'exterritorialité n'est pas la cause de l'immunité dont les personnes susénoncées jouissent en pays étrangers; elle en est simplement l'application à certaines personnes déterminées. La véritable cause réside dans le respect de l'indépendance de ceux qui sont chargés de représenter les Etats.

Effets. L'exterritorialité, telle qu'elle est reconnue par le droit international, a pour effet direct l'inviolabilité personnelle, c'est-à-dire l'exemption de ceux qui y ont droit de toute espèce de juridiction territoriale, de toute action judiciaire ou de police indiquant contrainte ou mesure d'exécution.

Cette immunité n'est cependant pas absolue: elle cesse naturellement d'exister et les lois du pays de la résidence reprennent leur empire pour tous les actes que la personne priviligiée accomplit comme simple particulier et non plus en vertu de son caractère représentatif. Dans ce dernier cas il y a toujours lieu à certains égards exceptionnels, à une certaine déférence personnelle; mais l'agent étranger ne peut décliner l'action des lois locales dès qu'il veut acquérir ou exercer dans le pays où il réside des droits qui n'appartiennent qu'aux nationaux, tels, par exemple, que celui de faire le commerce, d'exercer une industrie, de posséder des immeubles, etc.

Les prérogatives résultant de l'exterritorialité varient selon le rang des personnes qui y ont droit.

Personnes qui jouissent de l'exterritorialité. Les personnes qui jouissent du privilège de l'exterritorialité sont les souverains, quand ils voyagent ou séjournent temporairement sur le territoire d'une autre puissance.

Les princes co-régnants et les régents souverains jouissent, sauf le titre, des mêmes droits que les souverains. Les héritiers présomptifs d'un trône sont aussi l'objet d'attentions particulières; quelquefois même ils sont honorés des privilèges d'exterritorialité. Mais d'après les usages admis, les membres des familles souveraines ne jouissent pas de l'exterritorialité en pays étranger; toutefois ils y sont reçus avec les égards dus à leur rang.

Le privilège d'exterritorialité est accordé aussi aux ambassadeurs, aux ministres plénipotentiaires, en un mot aux agents revêtus d'un caractère diplomatique, c'est-à-dire qui sont censés représenter un souverain ou une nation; dans une mesure plus restreinte, aux consuls, aux vice-consuls, aux agents consulaires, enfin aux chefs de forces militaires ou navales, lorsqu'ils sont admis sur un territoire étranger.

L'immunité acquise à la personne privilégiée s'étend à sa suite, ainsi qu'aux effets et aux biens meubles qui lui appartiennent; elle s'étend aussi à l'habitation qui occupe cette personne, mais non aux propriétés foncières qu'elle exploite en qualité de simple particulier. Ainsi, par exemple, lorsqu'un souverain ou un ministre public achète un domaine en pays étranger, non pour y vivre comme souverain ou pour y représenter l'Etat, mais comme simple particulier, on ne saurait accorder à ce domaine un caractère exterritorial.

Souverains. Le privilège d'exterritorialité couvre bien le souverain étranger pendant son séjour sur un territoire autre que le sien contre toute action des lois territoriales; mais il ne s'étend nullement jusqu'à l'exercice d'une juridiction quelconque, civile ou criminelle, sur les personnes de sa suite et sur ceux de ses sujets qu'il rencontre dans le pays où il réside momentanément.

En principe le souverain qui voyage ou séjourne hors de son territoire, est exempt de la juridiction criminelle du pays où il se trouve. Cependant il peut se présenter des cas où cette règle devient inapplicable.

Ainsi, lorsqu'il y a rupture des relations d'amitié et de bonne intelligence entre deux pays, il n'est pas défendu à l'un des souverains de s'opposer à l'arrivée ou au séjour de l'autre sur son territoire.

On peut également supposer qu'un prince abuse de l'hospitalité qu'il a reçue pour fomenter des troubles, nouer des intrigues ou satisfaire son ambition; il est évident que dans de pareilles conditions, comme lorsqu'il s'agit d'atteintes portées à la tranquillité ou à la prospérité du pays, le droit des gens autorise pleinement le gouvernement territorial à faire sentir l'empire de ses lois au souverain étranger qui aurait le premier méconnu le devoir de sa haute position et les obligations internationales.

Un usage non moins général et invariable étend le bénéfice de l'exterritorialité aux souverains en matière civile, sauf dans les affaires et les contrats qui n'affectent en rien leur capacité publique ou politique et dans lesquels ils agissent personnellement à titre tout-à-fait privé. Mais lorsqu'un souverain étranger intente directement une action devant le tribunal d'un autre pays, il n'est couvert par aucun privilège de nature à changer les formes de procédure ou de déplacer la loi applicable à tout autre demandeur devant le même tribunal.

Il est diverses circonstances qui peuvent faire cesser pour un souverain étranger les prérogatives auxquelles son rang lui donne droit.

Nous mentionnerons d'abord l'incognito qui peut être considéré comme l'indice de la volonté expresse du souverain qui voyage, de se soustraire aux obligations de son titre et de renoncer en même temps aux honneurs et au cérémonial exceptionnel qui y sont attachés.

Il est évident aussi que le souverain étranger qui pénètre clandestinement dans un pays pour y troubler la sûreté publique ou s'y livrer à des actes hostiles contre le gouvernement établi ou contre d'autres puissances, perd tout droit aux égards personnels et aux prérogatives de l'hospitalité.

De même encore tout souverain qui a abdiqué ou a été dépouillé de l'autorité suprême, n'a plus aucun titre légal aux faveurs et aux droits internationaux. Toutefois les autres souverains restent libres, au gré de leurs convenances, de continuer à lui accorder les distinctions et les honneurs personnels auxquels il avait droit avant son abdication ou sa déchéance, alors surtout que cette dernière peut n'être pas irrévocable.

Le souverain étranger perd encore son droit aux immunités internationales lorsqu'il se soumet lui-même à la juridiction d'un autre pays, soit en entrant au service militaire de l'Etat, soit en accomplissant quelque acte équivalent de soumission implicite à l'autorité territoriale.

A plus forte raison le souverain doit-il être privé des prérogatives attachées au privilège d'exterritorialité, lorsqu'il est dépouillé de la souveraineté; alors il n'est plus exempt de la juridiction civile, s'il fait des actes de nature à léser les droits des particuliers. (*Voir* SOUVERAIN.)

Agents diplomatiques. L'importance de la mission dont les ministres publics sont investis et les exigences impérieuses de leur situation à l'étranger ne permettent pas de placer ces agents sur la même ligne qu'un simple particulier : c'est ainsi qu'ont pris naissance ce qu'on appelle les privilèges et les immunités diplomatiques. En première ligne figure l'exterritorialité.

Par suite de cette fiction qui suppose que, quoique résidant dans un autre pays, il demeure sur le territoire de son propre souverain, l'agent ou le ministre public reste toujours soumis aux lois de sa patrie, lesquelles continuent de régir l'état de sa personne et ses droits de propriété; conséquemment il est exempt de la juridiction locale du pays où il est envoyé; aucune action ne peut être formée contre lui devant les tribunaux du lieu de sa résidence; aucune contrainte par corps, aucune saisie de ses biens ne peut y être exercée contre lui; sa maison, considérée comme étant hors du territoire aussi bien que sa personne, n'est pas accessible aux officiers de justice du pays. Le personnel de la mission, l'épouse et la famille de l'agent participent à ces prérogatives, et ses enfants, bien que nés à l'étranger, sont regardés comme originaires du pays de leur père.

Quoique les personnes qui jouissent de l'exterritorialité ne soient pas soumises à la juridiction des tribunaux criminels de l'Etat où elles résident, cet Etat a le droit de prendre les mesures nécessaires pour empêcher ces personnes de commettre des délits, ou de demander satisfaction à l'Etat dont ces personnes dépendent, lorsqu'elles portent atteinte aux lois pénales du pays de leur résidence.

Lorsqu'un agent diplomatique se rend coupable d'une violation de la loi pénale, communication peut être faite à l'Etat duquel l'agent tient ses pouvoirs, avec demande de rappeler et de punir le coupable. Dans les cas graves on peut aussi remettre à l'agent ses passe-ports et lui ordonner de quitter le pays à bref délai. En cas de nécessité, notamment si l'agent a participé à des actes d'hostilité ou de haute trahison contre l'Etat auprès duquel il est accrédité, cet Etat pourra le faire arrêter et le retenir jusqu'à ce qu'il ait été fait droit à ses réclamations; mais, même dans ce cas, les tribunaux de l'Etat lésé n'ont pas le droit de juger l'agent étranger.

Un Etat est autorisé en tout temps à refuser pour motifs graves le séjour de son territoire à la personne qui jouit de l'exterritorialité; mais il doit lui accorder un délai suffisant pour quitter le pays en toute sûreté.

Les ministres publics, étant considérés comme vivant dans leur propre pays et étant exempts dans une certaine mesure de la juridiction locale, doivent forcément jouir dans l'intérieur de leur maison du droit de pratiquer leur religion. Ce droit, qui a été reconnu par tous les peuples, ne saurait toutefois s'exercer qu'à la condition d'observer les règlements municipaux et de police concernant le maintien de l'ordre public. (*Voir* CULTE.)

Les personnes qui font partie de la mission, telles que les conseillers, les secrétaires et les attachés, qui forment le personnel officiel proprement dit, et les personnes qui composent le personnel non-officiel, c'est-à-dire les personnes de la maison privée du ministre, son secrétaire particulier, les officiers de l'hôtel, les domestiques etc., sont les uns et les autres sous la protection du droit des gens et participent dans une certaine mesure aux prérogatives accordées au ministre lui-même; car on comprend que l'indépendance de celui-ci ne serait pas complète, s'il pouvait être troublé dans l'exercice de ses fonctions par rapport aux personnes employées par lui, et si ces personnes ne dépendaient pas de lui exclusivement.

Interprétation du droit d'exterritorialité. Dans la pratique le droit d'exterritorialité n'est pas caractérisé d'une façon bien nette par la jurisprudence internationale, qui laisse subsister plus d'un point douteux, que les usages diplomatiques peuvent seuls expliquer et résoudre.

En voici un entre autres: si par le mot *exterritorialité* on doit entendre que la maison ou la résidence d'un ministre public est considérée comme une portion du territoire de son pays, il en résulte comme conséquence immédiate que l'action de l'autorité locale se trouve complètement paralysée et absorbée : ce qui n'est admissible ni sur le terrain juridique, ni sur celui de la saine politique. Un seul exemple suffira pour le prouver. Supposons que, dans l'intérieur d'une des ambassades établies à Paris, il se commette un crime ou qu'il surgisse un différend entraînant des conséquences délictueuses à l'égard de deux personnes étrangères à l'ambassade. Si l'exterritorialité était réellement ce que quelques auteurs supposent, il adviendrait dans l'espèce que les coupables seraient justiciables des autorités et des lois en vigueur dans le pays auquel l'ambassade appartient, et non des autorités et des lois du pays où le crime a été commis.

En cas de crime ou de délit commis dans l'hôtel de la légation ou au dehors par une personne attachée à la mission, le ministre doit faire arrêter le prévenu, s'il se trouve dans l'hôtel, ou demander son extradition, s'il a été arrêté au dehors par les autorités locales; faire constater les faits et, au besoin, requérir à cet effet l'assistance des autorités de l'endroit, procéder aux actes d'instruction, livrer le prévenu aux autorités de l'Etat que représente le ministre et faire exécuter les réquisitions de ces autorités.

Mais dans aucun cas le ministre ne peut livrer une personne appartenant à sa mission aux autorités du pays où il réside; s'il s'agit d'un crime ou d'un délit commis dans l'intérieur de l'hôtel de la légation par ou sur quelqu'une des personnes de la mission, et que le coupable ait été arrêté dans l'hôtel, le gouvernement près duquel le ministre est accrédité n'a pas le droit de demander son extradition. En tout cas, s'il n'appartient pas aux tribunaux du lieu où le crime ou le délit a été commis de prononcer un jugement contre le coupable, on ne saurait leur refuser d'en suivre l'instruction; car aucun privilège ne peut priver la partie offensée du droit de faire procéder aux informations sur les lieux par les autorités locales auxquelles la loi commune en défère le pouvoir, et qui ont qualité pour faire comparaître toutes les personnes dont les dépositions seraient nécessaires à l'enquête, en tant que ces actes ne compromettent pas réellement les intérêts politiques de la nation à laquelle appartient l'inculpé. Cette enquête est indispensable pour fournir au plaignant les moyens de justifier sa demande devant les autorités étrangères.

Si le crime ou le délit est commis par quelqu'un composant le personnel non-officiel, il y a lieu de distinguer ou le fait incriminé a été perpétré : si c'est dans l'hôtel de l'ambassade ou de la légation, le gouvernement auprès duquel le ministre est accrédité ne pourrait demander l'extradition du coupable, l'hôtel de la légation étant regardé comme un territoire étranger; mais si le crime ou le délit est commis hors de l'hôtel, la répression appartient aux autorités locales.

Navires de guerre. Les navires de guerre et les personnes qui sont à leur bord ont droit au privilège d'exterritorialité.

Les bâtiments de guerre sont regardés comme une partie du territoire de la nation dont ils portent le pavillon; par conséquent, lorsque même qu'ils sont mouillés dans un port étranger, l'équipage et en général toutes les personnes qui se trouvent à leur bord, sont censés fouler le sol de leur patrie. D'un autre côté, ces navires étant armés par le gouvernement d'un Etat indépendant, leurs commandants, leurs officiers et leurs équipages sont de véritables fonctionnaires de ce même Etat, des délégués ou des agents d'une force publique étrangère; il s'ensuit naturellement que les navires de guerre, comme propriété d'un gouvernement, ont droit à l'indépendance et au respect dû au pouvoir souverain dont ils sont les représentants armés.

Il est bon d'observer que les immunités dont jouissent les navires de guerre, dépendent plutôt de leur caractère public que de leur caractère militaire. Elles sont accordées non au navire de guerre, mais au navire national, revêtu comme tel d'un certain caractère de souveraineté. A ce point de vue on peut donc assimiler en quelque sorte le commandant d'un bâtiment de guerre à un agent diplomatique accrédité auprès d'une cour étrangère, l'état-major et l'équipage placés sous ses ordres au personnel officiel et non-officiel d'une mission, enfin le navire lui-même à l'hôtel d'une ambassade ou d'une légation. De cette assimilation, qu'un usage universel a d'ailleurs consacrée en fait, il résulte comme première conséquence que tout bâtiment de la marine militaire et l'ensemble du personnel qu'il renferme sont couverts par la fiction de l'exterritorialité avec toutes les prérogatives et les immunités qui s'y rattachent. La seconde conséquence à en déduire, c'est qu'aucune autorité autre que celle du gouvernement auquel il appartient, n'a le droit de s'immiscer dans ce qui se passe à bord d'un navire de guerre.

Ce dernier point n'offre aucune difficulté tant que le navire est au large; mais dès qu'il arrive dans les eaux juridictionnelles d'un Etat étranger, il se trouve en présence de deux souverainetés, de deux puissances distinctes, et l'on peut se demander si pendant son séjour il y sera régi par la juridiction des eaux où il est mouillé, ou par celle de son propre pays. La définition que nous avons donnée du caractère du navire de guerre répond péremptoirement à cette question : le bâtiment de guerre, en quelque endroit qu'il soit, reste régi exclusivement par la souveraineté et par les lois du gouvernement auquel il appartient; l'Etat dans les eaux duquel il se trouve accidentellement, n'a avec lui que des relations internationales déléguées aux autorités compétentes dans les conditions indispensables pour la sauve-garde des droits internes de chaque Etat.

Du principe qui en toute circonstance exempte les navires de guerre de l'action des autorités ainsi que de la juridiction civile et criminelle des tribunaux du pays étranger où ils mouillent, il résulte que pénétrer à leur bord par force est une violation de pavillon qui peut entraîner les plus graves conséquences et justifier une rupture de relations entre deux Etats.

Cependant, au-dessus de l'immunité juridictionnelle dont nous venons de parler, se placent les droits de propre conservation et d'indépendance souveraine. Tout gouvernement est donc autorisé soit à interdire l'accès de ses ports aux bâtiments de guerre étrangers, s'il a des motifs sérieux pour ne pas suivre à leur égard les règles ordinaires du droit des gens, soit à prendre des moyens de surveillance et de sûreté, s'il croit leur présence dangereuse; il n'outre-passerait même pas son droit, s'il venait dans ce cas à sommer ces navires de quitter le port ou la mer territoriale, sauf naturellement à assumer la responsabilité d'actes qui suivant les circonstances pourraient perdre leur caractère défensif pour revêtir celui de véritable offense et constitueraient ainsi une cause légitime de guerre.

Quelles que soient la nature et l'étendue des privilèges accordés aux bâtiments de guerre, il est évident qu'on ne saurait l'invoquer pour couvrir des actes contraires au droit des gens, tels que les attaques contre la sûreté de l'Etat ou des violences contre des particuliers. En pareils cas il ne peut plus être question de juridiction, mais bien de défense légitime, et l'Etat menacé ou attaqué a le droit et le devoir de ne prendre conseil que des exigences commandées par la situation.

L'inviolabilité reconnue en tout lieu aux navires de guerre et étendue aux personnes qui les montent n'entraîne pas l'irresponsabilité de celles-ci; seulement les actions à diriger contre elles doivent être poursuivies par voie diplomatique.

L'unique exception apportée au principe d'immunité juridictionnelle est celle qui à trait à l'obligation d'observer les règlements sanitaires du pays où le bâtiment de guerre veut aborder. Les épreuves sanitaires, n'étant que des précautions hygiéniques, des conditions parfaitement licites mises à l'admission des navires dans les eaux d'un autre Etat, ne peuvent être considérées comme portant atteinte au droit d'exterritorialité, qui n'est d'ailleurs garanti qu'aux seuls bâtiments de guerre.

L'immunité découlant de l'exterritorialité couvre les embarcations et les autres accessoires ou dépendances du bâtiment de guerre; mais elle ne s'étend ni aux marchandises, ni aux navires capturés en violation de la neutralité du pays où les prises sont amenées.

L'exterritorialité est accordée aussi, mais exceptionnellement, aux navires étrangers, qui ont à leur bord des souverains ou des envoyés étrangers et qui sont mis exclusivement à la disposition de ces personnages; mais lorsqu'un souverain ou un ministre étrager voyage sur un navire à bord duquel se trouvent d'autres passagers, les immunités ne portent que sur l'espace qu'il a retenu pour lui, sa suite et ses bagages.

Troupes en passage. Lorsqu'un Etat indépendant accorde à une armée étrangère la permission de passer ou de séjourner sur son territoire, les personnes qui composent cette armée ou se trouvent dans ses rangs ont droit aux prérogatives de l'exterritorialité. Une semblable permission implique en effet de la part du gouvernement qui l'accorde l'abandon tacite de ses droits juridictionnels et la concession au général ou aux officiers étrangers du privilège de maintenir exclusivement la discipline parmi leurs soldats et de demeurer seuls chargés de réprimer les méfaits qu'ils viendraient à commettre.

Il est à peine besoin de faire remarquer que pour, que dans l'espèce, il y ait matière à immunité, le passage et le séjour de ces troupes doit avoir été régulièrement sollicité et accordé; s'il n'en avait pas été ainsi, ce serait un cas de violation de territoire, un acte d'hostilité, qui ne saurait créer aucun droit, aucun privilège en dehors de ceux que confère à l'ennemi une guerre ouvertement déclarée.

Lorsque le passage de la frontière est le résultat de circonstances de force majeure et conserve un caractère innocent, l'Etat offensé rentre aussitôt dans le plein exercice de sa souveraineté et de sa juridiction; il ne manque donc à aucun devoir international en faisant arrêter et désarmer les troupes étrangères qui fondent indûment sur son territoire, et en réclamant du chef de cet envahissement une légitime réparation.

EXTINCTION. Abolition, cessation.
Trait ou acte, qui met fin à l'existence d'une obligation, d'un traité, d'une dette.

Les principaux modes d'extinction d'une dette consistent dans le paiement, la *compensation* et la *novation*. (Voir ces mots.)

Les traités s'*éteignent* ou cessent soit naturellement, soit violemment.

L'extinction naturelle a lieu lorsque tous les engagements du traité sont intégralement remplis; lorsque le terme pour lequel le traité a été conclu est expiré; lorsque l'une des parties contractantes renonce au maintien du traité; lorsque la chose qui formait l'objet du traité n'existe plus.

L'extinction violente provient de la *rupture*, de la *dénonciation* avant l'échéance stipulée pour la cessation des obligations contractées. (Voir ces mots.) (*Voir* TRAITÉ.)

EXTRADITION. *Définition.* L'extradition est l'acte par lequel un gouvernement livre un individu prévenu d'un crime ou d'un délit commis hors de son territoire à un autre gouvernement, qui le réclame pour le faire juger et punir.

Le droit de répression des Etats sur leurs sujets est naturellement limité à l'étendue de leur territoire juridictionnel, hors duquel leurs lois perdent toute action. Il s'ensuit que les infractions à ces lois, ayant un caractère purement local, ne peuvent être poursuivies que dans le pays où elles ont été commises; et que si les prévenus se réfugient sur le territoire d'un autre Etat, l'infraction demeure impunie, à moins que l'Etat offensé n'obtienne l'extradition des coupables.

L'extradition ne constitue ni un droit strict ni une obligation parfaite. Ainsi les gouvernements ne sont pas tenus de demander ou d'accorder l'extradition de tous les délinquants en fuite : c'est une faculté qui leur est donnée et dont ils usent quand ils le croient nécessaire.

Traités d'extradition. Quoi qu'il en soit, on peut dire que le principe en est généralement admis; mais la pratique n'en repose pas sur des règles fixes et précises; elle est plutôt régie par des usages, des précédents consacrés dans une série de conventions diplomatiques, dont les négociateurs se sont laissé guider beaucoup plus par des vues d'intérêts politiques que par des considérations générales d'équité et de droit pur.

Ces traités, dans leur teneur, dans leur mode de négociation et de mise à exécution, présentent d'assez grandes analogies pour qu'il soit permis de considérer la matière comme, régie désormais par certains principes généraux, par certaines règles uniformes.

Ces règles peuvent se classer en différents groupes, selon qu'elles concernent: 1º l'autorité compétente pour demander ou pour accorder l'extradition; 2º les personnes auxquelles elle s'applique; 3º les faits qui peuvent y donner lieu; 4º la procédure et le mode d'exécution.

L'extradition, étant le résultat d'un accord diplomatique, d'une convention internationale, rentre dans le domaine exclusif du gouvernement, qui a seul qualité pour la demander ou pour l'accorder. Le soin de donner les ordres pour faire conduire à la frontière et remettre aux autorités étrangères les individus dont l'extradition a été accordée, est généralement réservé à l'autorité administrative.

Demandes d'extradition. L'instruction criminelle qui précède d'ordinaire la concession ou le refus de l'extradition et le mode de remise des inculpés varient sans doute selon les législations intérieures des différents pays; mais dans tous les cas les négociations relatives à la demande d'extradition ont lieu de gouvernement à gouvernement, et les correspondances que les magistrats d'un Etat peuvent échanger directement avec ceux d'un autre, n'ont pour objet que d'obtenir des renseignements propres à les éclairer sur les circonstances du fait soumis à leur examen par l'autorité administrative compétente.

Il suit de ce qui précède : 1º que les agents inférieurs d'un gouvernement n'ont pas en principe le droit de réclamer l'extradition d'un criminel fugitif, ni de statuer sur une demande qui leur serait transmise directement par une autorité étrangère, sans en avoir reçu le mandat formel du pouvoir exécutif; 2º qu'en Angleterre et aux Etats Unis les procédures subsidiaires à toute demande d'extradition dépendent bien du magistrat devant lequel elles ont été instituées, mais que la remise des criminels fugitifs ne peut devenir effective qu'après avoir été régulièrement sollicitée de gouvernement à gouvernement par un agent diplomatique, et, en l'absence de celui-ci, par l'entremise de tout autre fonctionnaire public délégué *ad hoc* et reconnu par le droit des gens.

Aujourd'hui trois systèmes de procédure en matière d'extradition sont encore en présence :

1º L'ancien système français, qui laisse l'examen de la demande d'extradition exclusivement à l'administration;

2º Le système belge, qui associe le pouvoir judiciaire au pouvoir exécutif pour l'examen de la demande, en laissant à ce dernier le droit de décider;

3º Le système anglais et américain, qui donne au pouvoir judiciaire non seulement le droit d'examen, mais aussi celui de statuer définitivement sur l'extradition, en ne laissant au pouvoir exécutif que le soin d'assurer l'exécution de la décision judiciaire.

On a reproché à ce dernier système de protéger l'individu poursuivi plutôt que l'Etat qui le poursuit, et au premier de garantir les intérêts du gouvernement qui réclame l'extradition plutôt que ceux de l'étranger accusé. Le système belge met en pratique un moyen terme; en effet l'autorité judiciaire belge ne prend aucune décision; elle juge la demande d'extradition sans juger l'étranger accusé; elle se borne à vérifier si la demande d'extradition est régulière, conforme aux stipulations du traité et aux dispositions de la loi, tandis qu'en Angleterre et aux Etats-Unis les juges examinent le fond de l'affaire pour constater si les présomptions de culpabilité sont fondées ou non, et, dans ce dernier cas, ils ont le droit de refuser l'extradition.

De ce que le droit d'extradition est un droit inhérent à la souveraineté de l'Etat, préexistant aux traités et dont les gouvernements ne font que régler l'exercice, il s'ensuit que l'extradition peut avoir lieu entre deux pays, même quand ils ne sont liés par aucune convention spéciale; seulement dans ce cas elle est une concession de pure courtoisie internationale et ne saurait être légalement exigée.

Cas d'extradition. Pour résoudre la question de savoir quels sont les individus susceptibles d'être extradés, il faut ne pas perdre de vue qu'en droit rigoureux tout individu accusé d'un crime ou d'un délit est passible de la loi pénale commune et par conséquent justiciable des tribunaux compétents. Or, comme l'extradition a pour objet d'assurer la punition du crime et de rendre le coupable à la juridiction compétente, il résulte qu'en principe, tout accusé est susceptible d'être extradé; cependant cette règle n'est pas absolue. Les législations des diverses nations ne sont pas identiques, et le droit d'extradition a dû nécessairement se plier aux différences qui existent entre elles et qui ont motivé certaines réserves particulières dans les conventions internationales.

Quelques-unes de ces réserves sont même devenues des règles généralement adoptées. Nous citerons notamment celle qui admet que l'extradition ne s'applique pas aux criminels qui sont parvenus à se réfugier dans leur pays d'origine: cette règle a été consacrée par la plupart des législations.

Toutes les conventions d'extradition conclues récemment par les divers Etats de l'Europe stipulent en termes généraux que les gouvernements contractants s'engagent à se livrer réciproquement les individus réfugiés sur leur territoire, à l'exception de leurs nationaux.

Certains gouvernements établissent une différence entre les individus qui tiennent leur nationalité du fait de leur naissance et ceux qui l'acquièrent par la naturalisation. Dans quelques pays le changement de nationalité s'opère facilement et dans un court espace de temps; or les malfaiteurs fugitifs ont souvent recours à cet expédient pour échapper à la demande d'extradition formée contre eux par leur pays d'origine. Des précautions ont été prises pour qu'il n'en soit pas abusé, et plusieurs puissances ont inséré dans leurs conventions d'extradition des clauses spéciales à cet effet.

Quoi qu'il en soit, ces restrictions ne sauraient empêcher de considérer comme la règle la plus généralement suivie l'exception en faveur des nationaux.

Dans l'état actuel des choses, chaque Etat ne peut se faire livrer que ses propres nationaux et les étrangers réfugiés dans un autre pays que celui auquel ils appartiennent; mais en l'absence de traités formels, l'extradition des étrangers est subordonnée à des considérations de convenance ou d'utilité réciproques, et dans la plupart des traités sur la matière il est d'usage d'introduire une clause spéciale relative aux étrangers appartenant à un pays tiers.

On peut regarder comme la règle généralement suivie que lorsque le condamné ou le prévenu est étranger aux deux Etats contractants, le gouvernement qui doit accorder l'extradition n'est pas forcé d'informer de la demande d'extradition le gouvernement du pays auquel appartient l'individu réclamé; il en a la faculté, s'il juge à propos de le faire.

Il existe des arrangements particuliers par suite desquels l'étranger poursuivi pour contravention à certaines lois fiscales, à certains règlements de police, — délits de chasse et de pêche, en matière forestière et rurale, — contrebande, etc., commis sur le territoire où il est arrêté, — est renvoyé devant les juges de son propre pays. (Voir CONTREBANDE, DELIT, DOUANES, etc)

En résumé, sauf les réserves expressément prévues par les traités, l'extradition s'étend à toute personne criminellement poursuivie.

Réfugiés politiques. L'exception en faveur des crimes et des délits politiques, qui n'était pas encore admise pendant le premier quart de notre siècle, est devenue une règle invariable pour tous les Etats civilisés. Dans presque tous les traités d'extradition conclus depuis une trentaine d'années, cette exception est formellement exprimée, et dans le très petit nombre de ceux qui ne renferment aucune réserve expresse à cet égard, il faut considérer la clause comme sous-entendue et implicitement comprise.

C'est une règle tellement générale que si un individu extradé comme accusé de crime était en même temps sous le poids d'une prévention politique, il ne pourrait

être jugé sur ce dernier chef et se trouverait virtuellement placé sous la garantie morale de l'Etat sur le territoire duquel il se serait réfugié.

L'exception s'étend même aux faits connexes aux crimes ou aux délits politiques, et il suffit qu'un crime commun se rattache à un fait politique, qu'il en soit la suite et l'exécution, pour être couvert par le privilège qui sauve-garde celui-ci.

Toutefois dans certains traités une réserve spéciale autorise l'extradition des individus conpables d'attentats contre le chef d'un gouvernement étranger, les princes et les membres de leur famille, ces crimes ne pouvant pas être regardés comme ayant un caractère politique mais bien comme constituant des crimes communs.

Il importe seulement, pour prévenir de regrettables confusions, d'examiner mûrement les divers éléments qui ont concouru à la perpétration des faits; car il est aussi contraire à la saine morale de couvrir d'un masque politique des crimes exclusivement communs que de ranger parmi les crimes communs des faits dont une pensée politique a seule dirigé l'exécution.

Aujourd'hui le principe que les attentats contre la personne d'un souverain étranger ou des membres de sa famille sont passibles d'extradition se trouve reproduit sous différentes formes dans un grand nombre de traités.

Restrictions. En principe l'extradition est limitée aux faits qualifiés de crimes et entraînant une peine afflictive ou infamante; par conséquent les simples délits en sont exceptés; mais on comprend que cette distinction ne puisse reposer sur une règle absolue, puisqu'elle est subordonnée à la divergence des législations particulières, qui pour classer les crimes et les délits se sont inspirées tantôt de la gravité intrinsèque des actes, tantôt du principe de compétence tantôt du système des pénalités ou de l'utilité pratique que pouvait offrir telle ou telle qualification juridique attribuée aux faits. C'est ainsi que des faits considérés comme de simples délits dans certains pays, par exemple l'escroquerie, sont réputés crimes dans d'autres, qui les ont par suite compris dans leurs conventions d'extradition. Il existe d ailleurs parmi les délits des faits d'une immoralité absolue qui ont été jugés assez graves pour être virtuellement assimilés aux crimes, du moins en ce qui touche l'extradition.

Par ce qui précède on est conduit à poser comme principe général qu'à moins de stipulation conventionnelle il faut que le fait en raison duquel l'extradition est demandée, soit considéré comme crime tant par l'Etat demandeur que par celui auquel la demande est adressée, et soit également punissable par les deux législations. Toutefois il n'y a pas à tenir compte des différences qui peuvent exister dans les deux législations relativement à la peine applicable ou à la procédure; peu importe que le fait soit puni plus sévèrement par une loi que par l'autre; c'est la loi de l'Etat demandeur qui paraît avoir été enfreinte, et c'est d'après cette loi que l'inculpé doit être jugé.

Autre source de conflit : un pays ne saurait concourir à faire punir un individu accusé d'un fait licite d'après ses lois : on ne concevrait pas, par exemple, qu'un pays où les conventions sur le taux de l'intérêt sont libres, comme la Belgique ou l'Angleterre, livrât à la France une personne dont l'extradition serait réclamée pour fait d'usure.

Cependant il ne faudrait pas pousser à l'extrême les conséquences de ce principe, dont l'exagération aurait pour résultat de resserrer la condition de réciprocité dans un sens beaucoup trop étroit, sinon de la détruire entièrement. Il peut arriver que des faits constituant partout des crimes ne soient pas punis par la législation de certains pays, parce que, par suite de circonstances particulières, de la situation géographique de ces pays, ils ne sont pas de nature à avoir lieu sur leur territoire. La Suisse, par exemple, n'a pas à prévoir les délits maritimes, tels que la piraterie, la baraterie, etc.; s'ensuit-il qu'elle doive accorder asile aux étrangers qui ont commis de pareils actes et refuser leur extradition? Nous ne le pensons pas.

Du principe que l'extradition ne s'applique qu'aux crimes et non aux délits, se déduit nécessairement la règle que si l'individu extradé est accusé à la fois d'un crime et d'un délit, il ne doit être jugé que sur le fait criminel. De même encore, si pendant l'instruction de la demande et avant la remise du fugitif au pays qui le réclame, le fait qui a provoqué l'extradition a perdu le caractère de crime, la demande doit être retirée ou considérée comme non avenue.

Par contre, il n'y a pas lieu au renvoi de l'individu extradé, lorsque le fait qui a motivé l'extradition n'a changé de caractère qu'au cours de l'instance, c'est-à-dire devant le tribunal appelé à statuer au fond et en vertu de la sentence de condamnation, après débat contradictoire.

Nomenclature des crimes et délits entraînant l'extradition. A la suite de la mention du principe général de la remise réciproque des prévenus fugitifs les traités d'extradition énumèrent d'ordinaire les crimes ou les attentats que la mesure doit atteindre.

On n'est pas encore parvenu à une énumération générale et uniforme des crimes passibles d'extradition, certains Etats comprenant dans leur nomenclature des faits délictueux, des actes ou des attentats que d'autres négligent ou passent intentionnellement sous silence. Ainsi, par exemple, les Etats-Unis écartent la banqueroute frauduleuse de la liste des faits pour lesquels ils accordent et demandent l'extradition. Or, en principe, la réciprocité étant le fondement de toutes les conventions d'extradition, chaque nation, pour se conformer aux usages ou aux règles adoptées par la partie avec laquelle elle contracte, est alternativement conduite dans ses traités d'extradition à refuser à certains Etats ce qu'elle ne fait nulle difficulté d'accorder à d'autres.

Quelquefois aussi l'interprétation du texte des traités libellés en deux langues différentes soulève de graves difficultés pratiques; car dans la phraséologie technique du droit on ne rencontre pas toujours des mots parfaitement équivalents, d'une synonymie exacte ou ayant absolument la même signification.

Au surplus la nomenclature insérée au traité d'extradition est regardée par les légistes, dont l'esprit n'enchaîne pas la liberté d'action au texte littéral et judaïque des stipulations conventionnelles, comme purement énonciative et non comme limitative, c'est-à-dire qu'elle laisse de part et d'autre subsister le droit de demander aussi bien que d'accorder l'extradition pour des faits autres que ceux mentionnés dans les conventions, toutes les fois que ces faits ont une gravité suffisante pour commander une répression pénale ou pour rendre l'impunité dangereuse.

Il va sans dire que cette latitude d'étendre la portée des conventions peut être neutralisée par une clause formelle en sens contraire, et demeure en tout cas subordonnée à la condition de réciprocité.

Procédure. En dehors des règles tracées par la législation interne de chaque Etat, les formes de procédure le plus ordinairement suivis en matière d'extradition peuvent se résumer comme suit :

Les actes d'extradition sont personnels au fugitif réclamé et énoncent ou définissent en termes généraux le fait qui les provoque. Ce n'est que sur le fait ainsi articulé que l'individu extradé peut être jugé. Toutefois si, pendant le cours de l'instruction du crime qui a motivé la prévention, on venait à découvrir un autre crime non énoncé dans la demande, mais également passible d'extradition, rien ne s'opposerait à ce que tous les deux devinssent l'objet d'une poursuite simultanée. Il ne faut pas perdre de vue en effet que dans ces sortes d'affaires la compétence du juge criminel découle non du fait matériel de l'extradition, mais bien de la loi pénale et du droit public interne du pays dont le juge tient ses pouvoirs.

Les autorités appelées à statuer sur une demande d'extradition n'ont pas à réclamer la preuve du fait incriminé pour lequel l'extradition est demandée. Il suffit pour accorder l'extradition que les faits incriminés puissent rentrer sous l'application de la loi, le tout sous réserve du droit de libre appréciation qui doit être reconnu au tribunal chargé de statuer au fond.

Prescription. Il est admis généralement que l'extradition ne peut plus avoir lieu, si postérieurement aux faits qui l'ont motivée, à la poursuite ou à la condamnation qui en a été la suite, la prescription de l'action ou de la peine est acquise d'après les lois du pays dans lequel le prévenu s'est réfugié, lors même qu'elle n'est pas encore acquise d'après la loi du lieu où le fait criminel s'est passé. Cependant les traités ne sont pas d'accord sur ce point : les uns disent qu'en pareil cas l'extradition sera refusée; d'autres donnent seulement à entendre qu'elle pourra l'être.

Conflits provenant de doubles demandes d'extradition. En général l'extradition est demandée par l'État dans la juridiction duquel le crime a été commis à l'État sur le territoire duquel le prévenu s'est réfugié; mais il peut arriver que le même individu ait commis des crimes dans des pays différents et que les autorités compétentes de ces pays adressent simultanément une demande au même gouvernement pour l'extradition du même individu. Dans ce cas à laquelle des deux nations le réfugié doit-il être livré? Les auteurs diffèrent d'opinion à cet égard : les uns inclinent à penser que le plus simple serait de repousser également les

deux demandes d'extradition; les autres résolvent la question tantôt en raison de la nationalité du fugitif ou de sa situation personnelle, tantôt d'après la gravité du crime commis. Cependant les convenances internationales et les strictes exigences de l'équité et de la justice paraissent admettre que l'État qui a le premier formulé une demande d'extradition, est fondé à exiger que sa demande soit accueillie avant celles qui ont pu la suivre.

Remise des objets saisis. Frais. La plupart des traités renferment une disposition expresse pour la remise à la puissance qui réclame l'extradition, des objets saisis comme provenant de vol et de tout ce qui peut servir à la constatation du crime; cette remise a toujours lieu, soit que l'extradition devienne effective soit qu'il ait été impossible de retrouver les traces du coupable.

En règle générale, les frais d'arrestation, de détention et de translation des fugitifs sont à la charge du gouvernement qui a requis l'extradition. Il existe toutefois dans le droit conventionnel des stipulations formelles en sens contraire, c'est-à-dire faisant supporter toutes les dépenses qui se rattachent à l'extradition par le gouvernement du pays où s'est réfugié le coupable.

Incidents contentieux. L'exécution des actes d'extradition soulève parfois des incidents contentieux résultant de la position dans laquelle se trouve le fugitif au moment où la remise est demandée. Il peut, par exemple, être l'objet d'une condamnation ou se trouver sous le coup d'une action criminelle, correctionnelle ou simplement civile dans le pays où il s'est réfugié.

En cas de poursuites criminelles antérieures, l'usage est de subordonner l'extradition à l'issue de l'instance engagée, et la remise du fugitif a lieu immédiatement après le prononcé de la sentence qui l'a acquitté, ou à l'expiration de la peine infligée, s'il y a eu condamnation. C'est également cette dernière règle qui est appliquée lorsque l'individu à livrer est sous le coup non pas d'une simple prévention, mais d'une condamnation prononcée avant que son extradition ait été réclamée. Il est du reste peu de conventions qui ne sanctionnent par une clause formelle l'usage établi sous ce rapport. Quelques-unes même établissent expressément que l'extradition ne pourra être retardée pour aucune cause étrangère aux exigences de la vindicte publique, ni pour des motifs d'intérêt privé; tels que l'arrestation pour dettes.

Les demandes d'extradition doivent être jugées d'après le traité en vigueur au moment où elles sont faites, et non d'après celui qui était en vigueur à l'époque de la condamnation de la personne dont l'extradition est demandée.

Effet rétroactif des traités. Le droit conventionnel n'a pas encore résolu pratiquement d'une manière uniforme et générale la question de savoir si ce n'est pas donner un effet rétroactif aux traités d'extradition que de les appliquer à des crimes antérieurs à la date de leur signature. Le principe le plus admissible sur ce point, c'est que, comme les traités ne font que régler l'exercice de droits préexistants, la faculté d'extradition est également illimitée quant à la date des faits qui peuvent y donner lieu.

A moins qu'une législation spéciale n'en ait autrement ordonné ou que le droit public interne d'un pays ne crée au profit des étrangers une protection spéciale, un véritable droit d'asile, les criminels fugitifs ne peuvent être considérés comme possédant *de plano* un droit acquis, ni du fait des traités antérieurs par lesquels le pays de refuge a pu borner lui même et spontanément l'obligation d'extrader à certaines catégories de délits, ni du fait d'usages plus ou moins permanents qui auraient laissé jusque là tels ou tels faits délictueux en dehors de l'extradition. Aussi, quand un traité vient modifier l'état de choses antérieur ou augmenter le nombre des faits réciproquement passibles d'extradition, le criminel fugitif ne peut-il invoquer la règle de non-rétroactivité, puisqu'au fond et à proprement parler il ne possède aucun droit antérieur.

Extradition en France. En France l'extradition est assujettie à trois exceptions importantes : d'abord la France ne peut réclamer que l'extradition d'un Français ou d'un étranger réfugié dans un pays autre que celui auquel il appartient; en suite l'extradition ne doit jamais être réclamée pour des offenses légères, mais seulement pour des offenses constituant un crime et punissables d'une peine afflictive et infamante. La troisième exception porte sur les délits politiques, pour lesquels l'extradition ne peut pas avoir lieu.

L'individu qu'on a livré ne peut être jugé que pour le fait qui a motivé l'extradition, de sorte que si pendant qu'on procède à l'instruction du crime pour lequel il est livré, surgissent des preuves d'un nouveau crime pour lequel l'extradition pourrait être également accordée, il faut que ce crime devienne l'objet d'une nouvelle demande d'extradition.

En principe général, le gouvernement seul est juge de la validité d'une extradition : c'est à lui qu'il appartient d'en fixer la portée et d'en interpréter les termes; les tribunaux doivent surseoir jusqu'à la décision.

Les demandes d'extradition ne pouvant être présentées et instruites que par la voie diplomatique, c'est exclusivement au gouvernement qu'il appartient de les formuler et de les apprécier; les chefs du parquet peuvent seulement, dans l'intérêt de la justice, correspondre avec les magistrats étrangers pour avoir des renseignements.

Le procureur général doit transmettre à la chancellerie du ministre de la justice, avec lettre explicative, la requête d'extradition, accompagnée du mandat d'arrêt ou de l'arrêt de la Chambre des mises en accusation, ou d'un arrêt de condamnation contradictoire, suivant l'état de la procédure.

Lorsque postérieurement à la demande d'extradition le fait imputé à celui dont l'extradition est demandée, a perdu le caractère de crime pour prendre celui de simple délit, ou s'il est intervenu un arrêt de non-lieu ou une ordonnance d'acquittement, le ministre doit en être averti sans délai pour que la demande soit retirée, ou le prévenu rendu à la liberté et conduit hors des frontières, s'il avait été amené en France.

Quand un individu extradé arrive en France, il est d'abord livré à l'autorité administrative, puis remis par celle-ci à l'autorité du procureur général du ressort, qui s'entend immédiatement pour le transfert ultérieur avec le procureur général de la cour devant laquelle l'accusation doit être purgée.

Lorsqu'il s'agit d'extraditions réclamées par d'autres gouvernements, les magistrats restent absolument étrangers à la négociation qu'elles nécessitent, le gouvernement ayant exclusivement le droit de statuer sur les demandes de cette espèce. Les magistrats étrangers transmettent parfois directement aux procureurs généraux, à leurs substituts et même aux tribunaux des ordres d'arrestation, des jugements de condamnation; ces mandats ou ces jugements, n'étant point exécutoires en France, doivent être immédiatement transmis par les magistrats qui les ont reçus, au ministre de la justice, qui se concerte avec les ministres des affaires étrangères sur la question d'extradition. L'exécution de l'ordonnance d'extradition est confiée aux agents de l'ordre administratif.

Si l'étranger dont l'extradition est accordée, est sous le coup d'une prévention ou d'une condamnation antérieure dans le pays où il s'est réfugié, il ne peut être livré qu'après que toutes les poursuites commencées sont closes ou après que la peine prononcée a été subie. Ce n'est en effet que dans l'intérêt seul de la vindicte publique que l'extradition peut être retardée.

Nous n'entrerons pas dans la nomenclature détaillée des faits qui entraînent l'extradition; il nous suffira de rappeler que peuvent donner lieu à l'extradition tous les faits punis de peines criminelles, ou de peines correctionnelles, lorsque le maximum de la peine est de deux ans et au-dessus. Nous ajouterons que l'extradition s'applique également aux tentatives de crimes et au recèlement des objets obtenus à l'aide des crimes prévus dans les traités, et qu'elle atteint non seulement les auteurs, mais encore les complices de ces crimes, à la seule et formelle exception des nationaux respectifs.

Nous devons remarquer aussi que le gouvernement français, toutes les fois qu'il n'est pas lié par des engagements explicites ou qu'il est assuré de jouir du bénéfice de la réciprocité, ne fait nulle difficulté d'étendre la portée pratique des clauses d'extradition et de considérer les nomenclatures de crimes inscrites dans les traités spéciaux sur la matière plutôt comme énonciatives que comme limitatives quant à sa liberté d'action.

Une circulaire du ministre de la justice aux procureurs généraux de la République en date du 12 octobre 1875 règle ainsi les principales formalités de la procédure à suivre pour l'extradition:

Aucun décret autorisant l'extradition d'un étranger n'est proposé à la signature du président de la République avant que l'individu ait été arrêté.

La demande d'extradition est examinée au ministère de la justice, qui, si elle a été trouvée régulière, transmet au ministre de l'intérieur le mandat d'arrêt ou le jugement de condamnation ainsi que toutes les pièces communiquées par le ministère des affaires étrangères.

Le ministre de l'intérieur prescrit les mesures nécessaires pour l'arrestation de l'étranger et celui-ci est conduit devant le procureur de la République de l'arrondissement où il a été arrêté, lequel procède à son interrogatoire et en dresse procès-verbal. Si l'individu arrêté prétend qu'il appartient à la nationalité française ou que la demande d'extradition s'applique à un autre individu, s'il allègue un fait de nature à établir son innocence, ou s'il demande à prouver que l'infraction dont il s'est rendu coupable ne rentre pas dans les termes du traité, le procureur doit par tous les moyens à sa disposition vérifier l'exactitude de ces allégations, puis transmettre dans le plus bref délai les pièces et son avis motivé au ministre de la justice, qui propose, s'il y a lieu, au président de la République d'autoriser l'extradition.

Dans le cas où les explications fournies par l'individu arrêté paraissent de nature à motiver sa mise en liberté ou à faire différer son ajournement jusqu'à ce que de nouveaux renseignements soient obtenus, le magistrat délivre un ordre écrit, auquel doivent se conformer les agents de l'administration.

Lorsque l'individu arrêté consent à être livré sans aucune formalité au gouvernement qui le réclame, le substitut du procureur se borne à dresser procès-verbal de cette déclaration en deux originaux, dont l'un est adressé au ministre et l'autre remis à l'autorité administrative, qui se charge de transférer l'étranger à la frontière et de le remettre aux autorités du pays étranger.

EXTRAJUDICIAIRE. Se dit de ce qui est fait hors de la présence de la justice

En procédure, on donne ce nom aux actes, aux significations, aux sommations qui ne concernent pas un procès actuellement pendant en justice, ou qui ne font point partie de la procédure ou de l'instruction du procès. Le juge n'a pas à se prononcer sur ces actes, faits en dehors d'une instance.

EXTRAORDINAIRE. Qui n'est pas selon l'usage ordinaire, selon l'ordre

Dépense *extraordinaire*, dépense qui excède celle qu'on fait ordinairement, ou dépense imprévue qu'on fait en sus de celle qu'on s'était proposé de faire. C'est encore, dans les comptes, ce qui est en outre de la dépense ordinaire, et l'on taxe d'*extraordinaires* les fonds destinés à y faire face.

On appelle conseiller d'Etat en service extraordinaire, un conseiller qui n'a pas de traitement et qui ne remplit pas de fonctions au conseil d'Etat.

La qualification *extraordinaire* ajoutée au titre d'ambassadeur, d'envoyé, indique que la mission de l'envoyé est toute spéciale et par conséquent temporaire, qu'elle a pour objet, par exemple, de négocier une paix, une alliance ou tout autre traité, de complimenter un prince à l'occasion de son avènement au trône ou dans d'autres circonstances solennelles. Cependant l'usage a prévalu de revêtir du titre d'extraordinaire, des envoyés dont la mission n'est qu'ordinaire, embrasse tous les devoirs d'une mission diplomatique proprement dite et est permanente. C'est sans doute afin d'étendre aux ministres publics le bénéfice des égards particuliers avec lesquels sont le plus souvent traités les envoyés extra-ordinaires, et de leur conserver notamment le privilège d'une certaine préséance sur d'autres représentants diplomatiques.

Généralement la qualification d'envoyé extraordinaire accolée à celle de ministre plénipotentiaire sert à désigner un poste plus relevé que celui d'envoyé ordinaire, mais au-dessous de celui d'ambassadeur. (*Voir* ENVOYÉ.)

ÉYALET. Division administrative de l'empire ottoman, gouvernée par un pacha: c'est pourquoi on le nomme aussi *pachalick*.

L'éyalet se subdivise en *livahs* ou *sandjakats*.

F

FAILLITE. *Définition.* Cessation des paiements d'un commerçant, fait ou action de cette cessation, état du négociant qui en est la conséquence.

Quoiqu'on les emploie assez généralement l'un pour l'autre, les deux termes *faillite* et *banqueroute* ne sont pas synonymes.

Si la cessation de paiement est causée uniquement par des circonstances malheureuses, elle prend le nom de *faillite*, si elle est accompagnée de négligence ou de mauvaise foi et de fraude, il y a *banqueroute, simple* ou *frauduleuse*.

Législation sur les faillites. L'état de faillite affecte l'ordre public. Si les commerçants n'accomplissent pas les obligations que cet état leur impose, ils commettent un délit, et par suite la législation sur les faillites présente le caractère d'une loi de police obligeant tous ceux qui habitent le territoire. C'est dans un intérêt d'ordre public qu'est ordonnée la constatation judiciaire du fait de la cessation des paiements, et non en vertu d'un droit civil soumis à la réciprocité.

Effet de la déclaration de faillite. La déclaration de faillite, considérée dans sa véritable raison d'être, a pour objet plutôt les biens que la personne du failli, plutôt la garantie des intérêts des créanciers que l'intérêt du débiteur.

La faillite, considérée dans ses effets, n'est autre chose que l'application de ce principe de raison universelle que tous les biens du débiteur sont le gage commun de tous les créanciers. La loi de la faillite est l'égalité de condition pour tous les créanciers. C'est pour protéger cette égalité que la loi et l'autorité judiciaire exercent un certain contrôle sur les opérations de la faillite, frappent le failli de certaines incapacités, annulent certains actes accomplis par lui à une époque où il pouvait prévoir sa ruine, suspendent les poursuites individuelles des créanciers, qu'elles invitent tous à concourir aux opérations et prennent dans ce but des mesures de publicité.

Procédure. Nous n'avons pas à entrer ici dans les détails de la procédure suivie en matière de faillite; nous n'en étudierons que la partie qui se rapporte aux côtés par lesquels la faillite touche au droit international privé, c'est-à-dire lorsqu'elle affecte non seulement des intérêts locaux ou territoriaux, mais aussi des intérêts étrangers et peut par conséquent susciter des conflits entre les législations respectives de divers pays.

Conflits de législation. La faillite, pour atteindre facilement et complètement son but, n'est possible qu'en *un seul* endroit, par conséquent devant *un seul* tribunal compétent, et pour le même motif elle doit attirer à elle la totalité de la fortune du failli.

Dans le ressort d'un même Etat, d'une même législation, cette condition est d'ordinaire remplie sans difficulté; car les actes de procédure et la compétence du juge de la faillite sont garantis dans l'intérieur d'un même Etat par l'autorité de cet Etat. Mais là où cette autorité finit, le conflit commence : les autres Etats, ne reconnaissant pas la compétence de ce tribunal qui leur est étranger, repoussent par rapport aux biens du failli situés sur leur territoire la force attractive d'une faillite qu'ils ne reconnaissent pas non plus; toutefois ils ouvrent sur ces biens un concours particulier, indépendant des règles et des lois de l'Etat étranger; et lors même qu'ils livrent ces biens, ils ne le font qu'en garantissant d'avance à leurs nationaux créanciers et à d'autres qui, conformément à leur législation, en ont fait la demande, la même satisfaction que si la faillite étrangère n'existait pas.

C'est sur ces principes que repose le droit international en cas de faillite. Il est généralement admis que les titres des créanciers étrangers conservent leur force intacte lorsqu'ils réclament satisfaction sur les biens qui ne sont pas soumis à la juridiction du tribunal de la faillite.

L'état de faillite est régi par le statut personnel quant aux actes dont le failli devient personnellement incapable; mais il est régi par le statut réel quant aux actes qui ne sont interdits au failli que par rapport à ses biens et dans l'intérêt de ses créanciers. (Voir STATUTS).

Un des premiers effets du jugement déclaratif de faillite est de dessaisir le failli de l'administration personnelle de ses biens et de lui substituer un mandataire légal chargé de le représenter dans toutes les actions actives et passives qui peuvent l'intéresser. Par suite toute action doit, à partir du jugement déclarant la faillite, être intentée non contre le failli, mais contre celui qui le représente légalement.

En principe le jugement étranger qui nomme un syndic à une faillite, produit ses effets dans les autres pays sans y avoir été préalablement rendu exécutoire; mais l'exequatur est exigé, s'il y a contestation sur le fait de la déclaration de faillite et sur la nomination du syndic, ou bien encore sur les conditions de report ou de fixation de l'ouverture de la faillite.

L'effet des jugements étrangers déclaratifs de faillite n'est pas immédiat; il faut que l'autorité judiciaire locale les ait rendus exécutoires dans la forme prescrite par la législation du pays. L'exécution ne saurait d'ailleurs être refusée sans violer le principe de la communauté d'intérêts des peuples, le respect que les Etats doivent mutuellement à leurs actes respectifs de souveraineté.

Toutefois le jugement de déclaration de faillite, considéré uniquement comme constatation du fait, est valable partout. La publication de la déclaration de faillite est régie par la loi du lieu ou la faillite s'est ouverte; il suffit donc que la publication ait été faite en cet endroit pour que l'effet de la faillite soit assuré dans tous les autres.

Il s'ensuit donc que l'individu déclaré failli dans son pays doit être réputé comme tel en pays étranger; cependant la jurisprudence française admet que les créanciers français peuvent le faire assigner personnellement devant un tribunal de France, d'autant plus qu'il ne peut jamais être procédé de plano, en vertu du jugement étranger, à la saisie des biens du failli qui se trouvent en France. Il faudrait que la faillite déjà déclarée en pays étranger fût déclarée en France, et pour cela que le failli y eût un établissement de commerce, une résidence, ou au moins qu'il eût fait des actes qui le rendissent justiciable des tribunaux français.

Le créancier étranger qui s'est soumis au droit étranger sur les faillites, doit accepter d'être régi par ce droit-là; mais reste à savoir si la simple admission à la faillite, si l'acceptation d'un tant pour cent déterminé peuvent équivaloir à cette soumission.

Le créancier qui traduit volontairement son débiteur devant un juge étranger, peut faire supposer qu'il accepte la compétence de ce juge et se soumet à sa juridiction; mais cette présomption est inadmissible lorsque le débiteur, ne possédant aucun bien dans le pays de son créancier, se déclare lui-même en faillite dans un pays étranger et force ainsi ce créancier à se présenter dans sa faillite pour faire valoir ses droits, sous peine de la perte totale de sa créance. Ce créancier subit alors une nécessité à laquelle il est contraint d'obéir; mais on ne saurait induire de ce fait une renonciation de sa part à actionner son débiteur devant les tribunaux de son propre pays.

Le juge du pays où la faillite a été déclarée, doit traiter d'après le droit de ce pays tous les créanciers, tant indigènes qu'étrangers, le même devoir existe par conséquent pour le juge étranger.

Par suite de l'indivisibilité qui relie entre eux tous les actes et toutes les conséquences de la faillite, il n'est permis à aucun tribunal autre que celui devant lequel existe la faillite d'intervenir pour régler les droits des divers intéressés.

Masse. La procédure de la faillite tend essentiellement à mettre en pratique la maxime que tous les biens du débiteur sont le gage de ses créanciers. Le seul moyen de l'appliquer est de réunir en une masse d'un côté tout l'actif du failli, de l'autre toutes les créances qui forment son passif, puis de répartir le patrimoine du failli entre tous les créanciers ayant des droits égaux.

Rien de plus contraire à ce moyen que de créer autant de faillites d'un même commerçant, par conséquent autant d'administrations de ces faillites qu'il y a de territoires où le failli possède des biens, et de s'exposer ainsi au danger de jugements contradictoires et à des lenteurs onéreuses.

Faillites déclarées dans plusieurs pays. Si une faillite est déclarée à la fois dans plusieurs pays, l'état de faillite sera réglé, relativement aux biens situés dans chaque pays, par la loi locale.

Le tribunal qui a prononcé la mise en faillite d'un négociant, est seul compétent pour ordonner la vente des marchandises composant son actif et mises sous les scellés.

Le fait de la situation matérielle des marchandises dans la circonscription judiciaire d'un autre tribunal ne suffit pas pour le rendre compétent à ordonner pareille mesure.

En résumé, chez presque tous les peuples les lois sur les faillites consacrent le séquestre et le transfert aux syndics ou aux délégués nommés *ad hoc* de tous les biens du failli.

La doctrine a admis que lorsqu'un même négociant a deux maisons dans deux Etats différents, la déclaration de faillite de l'une ne peut avoir d'effet sur l'autre. Ainsi le jugement qui déclare la faillite d'une maison de commerce, ne frappe pas à l'étranger la maison de commerce, gérée sous une raison sociale distincte, par le même négociant, alors même qu'on parviendrait à faire déclarer le jugement exécucutoire dans cet autre pays; il faut dans ce dernier cas une déclaration spéciale de faillite.

Il n'en doit être ainsi que s'il existe plusieurs maisons formant chacune un établissement distinct. Le contraire arri-

verait, si la maison située dans l'Etat étranger n'était qu'une succursale de l'autre, par exemple s'il ne s'agissait que d'un simple dépôt de marchandises.

En règle générale, dans l'ordre ou la distribution du prix des biens du débiteur commun, on ne fait aucune différence entre les créanciers nationaux et les créanciers étrangers.

Le droit international privé a consacré comme règle générale que le certificat de libération obtenu par un commerçant failli est obligatoire pour tous les créanciers, nationaux ou étrangers, pourvu que la libération ait été prononcée dans le pays même où les dettes ont été contractées.

Toutefois, pour les conséquences absolues de cette libération, on doit tenir compte de la *lex loci;* ou certaines législations consacrent dans ce cas une extinction directe et locale de la dette et de toutes les actions des créanciers, tandis que d'autres n'admettent qu'une libération partielle ou une simple atténuation du recours en justice.

Concordat. Parmi les modes les plus usités de libération du failli figure le *concordat* (voir ce mot), qui a pour effet essentiel qu'une majorité de créanciers peut obliger la minorité à accorder un sursis ou un abandon partiel de ses créances. Cette institution est destinée, là où elle existe légalement, à maintenir ou à rétablir dans ses affaires le débiteur failli, et en même temps à servir les intérêts des créanciers en mettant promptement et par conséquent économiquement fin à la procédure et matière d'insolvabilité.

Il est aussi quelques lois sur les faillites qui, après paiement d'un tant pour cent déterminé ou après abandon de leurs biens aux créanciers, libèrent des faillis spécialement qualifiés du surplus non acquitté de leurs dettes. Ces lois territoriales, qui imposent un concordat ou une remise, sont d'une nature éminemment particulière. Elles dérogent au droit commun et au droit contractuel, qui autorisent le créancier à exiger de son débiteur satisfaction complète et par conséquent à le poursuivre en paiement aussi longtemps qu'il peut payer. Elles obligent donc seulement le créancier qui est sujet à ces lois ou qui s'y est soumis volontairement, tandis que les créanciers étrangers qui n'ont pas adhéré au concordat, ne sont pas liés par cet acte.

Réhabilitation. Quant aux jugements qui prononcent la réhabilitation d'un failli, leur effet varie suivant les cas,

Si le jugement de réhabilitation est rendu par le même tribunal qui a déclaré la faillite, ce jugement a effet en pays étranger sans avoir besoin d'y être rendu exécutoire, la réhabilitation étant un simple fait que le jugement ne fait que constater par cela même qu'il existe.

Si la faillite a été déclarée dans un pays et que le jugement de réhabilitation ait été rendu dans un autre, ce jugement ne peut avoir aucun effet dans le pays où la faillite a été déclarée; l'incompétence du juge réhabilitant empêche même que ce jugement puisse être déclaré exécutoire.

FAMILLE. Toutes les personnes d'un même sang, comme père, mère, enfants, frères, oncles, neveux, cousins, etc.

Lorsqu'on parle des grandes et anciennes races souveraines on emploie plutôt le mot *maison* (voir ce mot) que celui de famille.

Dans un sens plus restreint, se dit du père, de la mère et des enfants.

Généralement les immunités acquises à une personne privilégiée s'étendent à sa famille.

Ainsi l'inviolabilité et l'indépendance accordée à tout agent diplomatique, à tout ministre public régulièrement accrédité l'est également à sa femme et à ses enfants.

On ne saurait, sans manquer aux égards dûs au ministre public, refuser à sa femme certaines distinctions particulières à la cour et dans les cérémonies publiques.

Si le ministre public vient à décéder pendant l'exercice de ses fonctions, sa veuve, les membres de sa famille continuent jusqu'à leur sortie du pays étranger, de profiter des prérogatives qui leur étaient attribuées du vivant du ministre.

FARNESE (Léopold), publiciste italien.

Proposta di un codice di diritto internationale (Proposition d'un code de droit international). Rome, 1873. 2 vol.

L'auteur part de l'idée qu'il suffirait d'une bonne législation internationale pour mettre fin aux différends entre les nations.

FAUCHILLE (Paul), jurisconsulte français.

Du blocus maritime, étude de droit international et de droit comparé. Paris, 1882. 1 vol in-8°.

Le livre est divisé en trois chapitres, dans lesquels l'auteur examine successivement *la légitimité et le fondement du blocus maritime, les conditions du blocus, les effets du blocus et sa violation.* Après avoir constaté les progrès réalisés jusqu'à présent dans la pratique du blocus, l'auteur signale les réformes qu'il y a encore lieu d'y apporter. Une table analytique détaillée facilite la recherche des faits nombreux mentionnés dans l'ouvrage.

FAUSSES NOUVELLES. Les capitaines les plus illustres n'ont pas hésité à recourir à la propagation de fausses nouvelles pour tromper l'ennemi et préparer sa déroute.

Ce but se poursuit tantôt au moyen de dépêches supposées, qu'on fait tomber entre les mains de l'ennemi, tantôt par l'entremise d'une ou de plusieurs personnes qui, feignant d'être des transfuges, entretiennent ce qu'on appelle des *intelligences doubles.* (*Voir* TRANSFUGES.)

FÉCIAL. Terme d'antiquité romaine

Nom donné à des prêtres, dont la fonction principale était d'intervenir dans les déclarations de guerre et dans les traités de paix ou d'alliance, et de consacrer ces actes publics par des cérémonies religieuses; ils faisaient aussi fonctions de hérauts d'armes.

Le Collège des féciaux, au nombre de 20, était chargé spécialement de déterminer les conditions et de régler les formalités suivant lesquelles le peuple romain pouvait conclure des traités et déclarer la guerre sans encourir le courroux des dieux.

L'intervention des féciaux était indispensable pour la conclusion des traités. Le *père patrat,* chef des féciaux, tenant d'une main l'herbe sacrée (cultivée dans l'enceinte du Capitole en vue des cérémonies religieuses) et un caillou (ramassé au même endroit), proclamait l'observation fidèle des conventions et déclarait que le peuple qui les violerait le premier, serait frappé par Jupiter comme lui-même allait frapper le porc destiné au sacrifice qui devait sanctionner la conclusion du traité; au même instant il lançait le caillou au loin, comme symbole de la foudre qui ne manquerait pas d'atteindre le parjure; ensuite le roi ou les consuls prêtaient serment. Les traités étaient signés par les féciaux et déposés dans le temple du Jupiter.

Lorsque les Romains se disposaient à entrer en lutte contre une autre nation, ils lui envoyaient le *pater patratus,* qui avait pour mission de demander réparation de l'injure commise. Si après trois jours l'offenseur n'accordait point cette réparation, le héraut invoquait le témoignage des dieux et s'en retournait en déclarant que Rome allait prendre les mesures nécessaires pour obtenir justice. La question était alors soumise au sénat; et si la guerre était résolue, on envoyait de nouveau un héraut à la frontière pour en faire la déclaration en due forme, selon l'usage consacré. Tant que ces conditions n'avaient pas été remplies, aucune nation n'était considérée comme ennemie du peuple romain.

Ces formalités cessèrent d'être observées lorsque les Romains firent la guerre à des pays éloignés. Ils imaginèrent alors de considérer fictivement un champ situé dans Rome même, près du temple de Bellone, comme la contrée où leurs armées devaient opérer et c'est au pied d'une colonne élevée dans ce champ que le *père patrat* enfonçait dans le sol son javelot ensanglanté.

L'institution des féciaux date du roi Numa, et il en est encore question sous l'empereur Trajan.

Les règles et les procédures suivies par les féciaux dans l'exercice de leurs fonctions et la pratique de leurs messages, paraissent avoir constitué comme un corps de législation spéciale, auquel on a appliqué la dénomination de *droit fécial* ou droit appartenant aux féciaux : c'était la base des coutumes et des formalités adoptées par les Romains pour la conclusion de leurs traités ou le règlement de leurs différends avec les autres nations.

FÉDÉRALISME. Système politique d'après lequel l'organisation fédérative est considérée comme la forme préférable de gouvernement; or cette organisation consiste à associer, mais uniquement sous le rapport de leurs intérêts généraux, les diverses provinces d'un même Etat, en laissant à chacune d'elles son autonomie.

(*Voir* CONFÉDÉRATION, FÉDÉRATION.)

FÉDÉRATIF. Qui a rapport à une fédération, à une confédération, à une union ou alliance politique de plusieurs Etats :

Système fédératif, le mode ou l'ensemble des principes et des règles de ce genre d'union ou d'alliance.

Gouvernement fédératif, la manière ou la constitution d'après laquelle la fédération est régie.

Pacte fédératif, l'acte par lequel la fédération est constituée; les bases sur lesquelles elle est établie.

FÉDÉRATION. Union politique d'Etats.

(*Voir* CONFÉDÉRATION.)

FELICE (Fortune Barthélémy de), publiciste italien, né à Rome en 1723, mort le 7 février 1789.

Leçons du droit de la nature et des gens (1769—1817 et 1830, 1 vol. in-8°). C'est un abrégé des *Principes du droit naturel et des gens* de Burlamaqui.

Il en a été publié à Madrid une traduction en espagnol (2 vol.).

Eléments de la police d'un Etat. 1781, 2 vol. in-12.

Dictionnaire de justice naturelle et civile. 13 vol. in 4°.

FEMME. Nous ne nous occuperons ici que de la position de la femme mariée, des modifications que peut subir son *statut personnel* au point de vue du droit international privé,

Ces modifications, causées généralement par le mariage, portent principalement sur la nationalité et le domicile.

Nationalité de la femme. Pour la femme la nationalité peut dériver du mariage, en ce sens que la femme suit de plein droit la condition nationale de son mari.

La logique de ce principe ressort de la nature même du contrat conclu par les époux; car le mariage doit constituer l'unité de ménage et la communauté de droit de la famille, à laquelle ces deux bases manqueraient absolument, si les époux pouvaient conserver des droits distincts, dépendre de deux Etats différents, si la nationalité du mari n'entraînait pas celle de la femme.

En France, la femme étrangère qui épouse un Français devient Française par le seul fait du mariage, sans aucune déclaration ni aucune autre formalité préalable. La femme étrangère devenue française par le mariage conserve cette qualité même après la dissolution du mariage par la mort du mari.

La femme française devient étrangère par son mariage avec un étranger; mais si elle devient veuve, elle reprend la qualité de Française, pourvu qu'elle réside en France : dans ce cas elle recouvre de plein droit la nationalité française; ou bien il faut qu'elle rentre en France en déclarant l'intention d'y résider, et alors elle doit demander et obtenir la permission du gouvernement.

La femme mariée ne peut changer de nationalité qu'avec l'autorisation de son mari ou de la justice.

Le mari ne peut pas changer la nationalité de sa femme; mais la femme ne peut pas non plus la changer sans l'autorisation de son mari.

Cependant la législation française fait

une exception à la règle posée par elle que la femme doit suivre la nationalité de son mari; elle ne l'applique pas au cas où le mari vient à changer de nationalité après le mariage; alors la femme peut demeurer Française. La loi française, qui ne permet pas au mari d'obliger sa femme à le suivre à l'étranger, ne lui permet pas non plus de la forcer à embrasser une nationalité contre sa volonté. Il s'ensuit donc que la femme française ou la femme étrangère devenue Française par son mariage reste telle, même lorsque son mari perd plus tard la nationalité française par une cause quelconque, la naturalisation, l'acceptation de fonctions publiques à l'étranger, le service militaire dans une armée étrangère, l'établissement sans esprit de retour, etc.

Domicile de la femme. Le domicile de la femme mariée est celui de son mari.

Seulement, dans le cas où elle intente un procès en séparation de corps ou en divorce, selon le pays, on prend pour base de la juridiction le lieu où elle réside, même hors de chez son mari; autrement la loi qu'elle invoque pour obtenir justice pourrait être sans force.

Quand la séparation ou le divorce a été prononcé, ou bien quand le mari est mort, la femme recouvre la faculté de changer de domicile; mais elle conserve le dernier domicile conjugal jusqu'à ce qu'elle en ait changé effectivement *animo et facto*, d'intention et de fait.

Femmes des agents diplomatiques. Les immunités accordées aux agents diplomatiques en pays étranger s'étendent à la femme du ministre public; toutefois celle-ci ne jouit pas de droits honorifiques particuliers; traitée comme une étrangère d'un rang élevé, ce n'est que par courtoisie qu'on lui accorde parmi les dames de la cour la place d'honneur à laquelle son mari est en droit de prétendre sur les maris de celles-ci. (*Voir* AGENTS DIPLOMATIQUES, AMBASSADEURS, MINISTRES, EXTERRITORIALITÉ, INVIOLABILITÉ, CÉRÉMONIAL.

FÉODAL. Qui appartient à un fief ou à la féodalité.

Seigneur féodal, seigneur d'un fief.
Bien féodal, bien tenu en fief.

Droits féodaux, droits auxquels les vassaux étaient soumis envers leur seigneurs.

Droit féodal, le droit ou la législation qui traite des fiefs et des rapports de seigneur à vassal.

Gouvernement féodal, celui d'un pays partagé en fiefs, c'est-à-dire en domaines possédés par des vassaux et des arrière-vassaux. On dit dans le même sens, régime féodal, système féodal, monarchie féodale.

Temps féodaux, les temps où le gouvernement féodal était en vigueur.

FÉODALITÉ ou RÉGIME FÉODAL.

On nomme ainsi un état de choses issu de la conquête de l'Empire romain par les Barbares, et consistant dans une espèce de confédération de seigneurs investis d'un pouvoir souverain chacun dans ses propres domaines, mais subordonnés entre eux et ayant des devoirs et des droits réciproques : de là une distinction entre les *seigneurs suzerains* et les *vassaux* ou *feudataires*. (Voir ces mots.)

Après l'envahissement des provinces romaines, les terres conquises furent divisées en *alleux* ou terres libres dévolues par le sort à des chefs indépendants (*Voir* ALLEU, TERRES ALLODIALES), et en *bénéfices* ou *fiefs* (voir ces mots), terres concédées par un chef à ses compagnons d'armes en récompense des services qui lui avaient rendus à la guerre ; les *fiefs*, dans l'origine amovibles ou viagers, devinrent bientôt héréditaires, ce qui accrut considérablement la puissance de leurs possesseurs, au point que le roi n'était plus souverain, mais suzerain, la souveraineté étant répartie entre les seigneurs ; c'est alors, vers le milieu du 7e siècle, que commence la véritable époque féodale, qui s'est continuée en France jusqu'au temps de Richelieu et dont la révolution de 1789 a effacé les dernières traces.

En Allemagne, la féodalité a été cause de la division du pays en cette multiplicité de petits États, dont une partie existent encore aujourd'hui.

Le nom de *féodalité* s'emploie encore dans d'autres acceptions : il exprime la qualité de ce qui est féodal, ainsi l'on dit la féodalité d'une rente, qui se paie à titre de redevance feudataire; la tenue d'un héritage, d'un domaine à titre de fief; la foi et l'hommage que le vassal doit au suzerain.

FÉRAUD-GIRAUD (L. J. D.), jurisconsulte français.

Droit international. France et Sardaigne. Exposé des lois et des traités. Paris 1859.

De la juridiction française dans les Echelles du Levant et de Barbarie. 2me éd Paris, 1871. 2 vol. 8.

FERRER (Neto Paiva), publiciste brésilien.

Elementos de direito das gentes (Éléments du droit des gens).

M. Ferrer définit le droit international „la science qui traite des modifications du droit naturel pur appliqué aux relations existant entre les nations." Il le divise en droit naturel et en droit positif ou secondaire : ce dernier est celui qui résulte des traités ou des conventions, et des usages généralement observés entre les nations.

FEUDATAIRE. Celui qui possède un fief avec foi et hommage au seigneur suzerain. (*Voir* FIEF, VASSAL.)

FIDÉLITÉ. Attachement à ses devoirs, à ses engagements.

En politique, c'est la foi gardée au souverain, au chef de l'Etat.

C'est un principe universellement reconnu, tant par la jurisprudence internationale que par les codes de tous les pays, que l'individu doit obéissance et fidélité à la souveraineté politique sous laquelle il est né; mais il n'existe pas de règle générale qui détermine avec précision quand et comment cette obéissance cesse ou se transforme définitivement.

Sous ce rapport, qui appartient plutôt au domaine de la loi intérieure ou municipale qu'à celui du droit des gens externe, chaque nation a ses principes et ses usages qui lient les individus dont elle se compose à la fois pour leur status personnel et pour leur situation internationale, c'est-à-dire quant au droit d'expatriation et de naturalisation. Le seul axiome de droit qui trouve son application en cette matière, c'est que la nationalité d'origine, quelque indélébile qu'elle soit par elle-même, doit être prouvée par celui qui la revendique, s'il veut détruire la portée légale de faits propres à en altérer l'intégrité. (*Voir* ALLÉGEANCE, ÉMIGRATION, EXPATRIATION.)

FIEF. Ce mot, dans le droit du moyenâge, servait à désigner un terre, un office, même une simple rente concédée par une personne à une autre, sous la condition que le preneur reconnaîtrait le bailleur pour son seigneur, lui garderait fidélité, lui rendrait certains services ou lui paierait certains droits.

Suivant le point de vue sous lequel on les considérait, les fiefs formaient plusieurs catégories.

Sous le rapport de la nature des propriétés qui les constituaient, ils se divisaient en fiefs *corporels* et en fiefs *incorporels*.

Le fief *corporel* se composait d'un domaine utile et d'un domaine direct, c'est-à-dire de terres ou de maisons, dont le seigneur jouissait par lui-même ou par ses fermiers, et de rentes et d'autres droits que le seigneur s'était réservés en concédant à titre de fief différentes parties de son domaine.

Le fief *incorporel*, qu'on appelait aussi *fief en l'air*, consistait soit en mouvances et en censives (redevances en argent ou en denrées), à la fois, soit en mouvances ou en censives seulement. Ce fief était dit *continu*, quand les mouvances ou les censives portaient sur des propriétés contigües; et il était dit *volant*, quand ces mouvances ou ces censives étaient situées en divers lieux.

Sous le rapport du rang qu'ils occupaient dans la hiérarchie féodale, les fiefs se distinguaient en *suzerains*, en *dominants* et en *servants*.

Le fief *suzerain*, dans les derniers temps, ne relevait que du roi; le fief *dominant* relevait directement du fief *suzerain*, et le fief *servant* du fief *dominant*. Cependant le même fief pouvait être dominant à l'égard d'un autre et servant à l'égard d'un troisième, de sorte que le seigneur suzerain était le seigneur *immédiat* du seigneur dominant et le seigneur *médiat* du possesseur du fief *servant*.

Dans les premiers siècles du régime féodal, on donnait le nom de *grands fiefs* ou *fiefs capitaux* à ceux qui relevaient immédiatement de la couronne.

On distinguait aussi les fiefs en fiefs *dignitaires* ou de *dignité*, qui conféraient un titre nobiliaire à leurs possesseurs, tels que les duchés, les comtés, les baronies, etc., et en fiefs *simples*, auxquels aucune qualification de dignité n'était attachée. Les fiefs de dignité étaient quelquefois nommés royaux, parceque la concession en était exclusivement réservée au roi; il y avait aussi le *fief pairie*, auquel la dignité de pair était attachée.

L'arrière-fief était le fief montant ou servant d'un autre fief.

On appelait *franc fief* le fief possédé par un roturier, avec concession et dispense du roi, contre la règle qui ne permettait pas aux roturiers de tenir des fiefs. Sur les roturiers ainsi possesseurs de terres nobles on levait de temps en temps un droit domanial, sous la dénomination de droit, ou de taxe de francs fiefs.

FIELD (David Dudley), jurisconsulte américain, né à Haddam (Connecticut) le 13 février 1805.

Il est un des fondateurs de l'Institut de droit international, et de l'Association pour le progrès et la codification du droit des gens.

C'est comme membre d'une commission spéciale nommée par cette dernière société, qu'il a publié à New-York en 1872 : *Draft outlines of international code* (Esquisse d'un code international). Ce livre est tout un plan de législation à adopter par les nations pour régir définitivement leurs relations entre elles, ainsi que les rapports des habitants d'un pays avec ceux des autres. Il comprend 1008 articles, qui règlent ces rapports à tous les points de vue, politiques, administratifs, économiques, etc. Chaque article est suivi de nombreuses références aux traités internationaux, aux lois et aux règlements des différents Etats, ainsi qu'aux ouvrages importants concernant les questions respectives.

Ce travail n'est qu'un avant-projet destiné à servir de base à une codification internationale, qui, après avoir été élaborée par une commission de publicistes et de jurisconsultes, serait présentée aux divers gouvernements, qui s'entendraient pour la revêtir de la sanction officielle.

Il en a paru à Londres en 1876 une seconde édition, dans laquelle on trouve, entre autres additions, un nouveau chapitre sur le règlement international des lettres de change, et des dispositions en vue de la neutralité perpétuelle du canal de Suez.

M. Pierantoni a donné en 1874 une traduction en italien de la première édition : *Prime linee di un codice internazionale.*

Une traduction française en a été publiée à Paris en 1881 par M. Albéric Rolin, secrétaire de l'Institut de droit international, sous le titre : *Projet d'un code international,* proposé aux diplomates, aux hommes d'Etat et aux jurisconsultes du droit international, contenant en outre l'exposé du droit international actuel sur les matières les plus importantes : extradition, naturalisation, statuts personnel et réel, droit de la guerre, etc.

On y trouve en appendice, entre autres documents, un mémoire que M. Field avait présenté à l'Institut de droit international en 1875 sur *La possibilité d'appliquer le droit international européen aux nations orientales,* et qui avait été

publié dans le tome VII de la *Revue de droit international.*

De 1847 à 1865 M. Field a pris une part prépondérante à la codification des lois de l'Etat de New-York, et l'on peut regarder comme étant en réalité son œuvre les neuf volumes des codes de cet Etat, le plus considérable de l'Union américaine, et les dix volumes de rapports.

FIGANIÈRE (Frederik Francisque, vicomte de), publiciste portugais, ministre du Portugal à St. Pétersbourg de 1870 à 1876.

A guerra et o commercio livre (La guerre et le commerce libre). Lisbonne 1854 in 8.

Quatro regras de diplomacia (Quatre règles de diplomatie). Lisbonne 1881. 1 vol. in-8.

Petit traité de style diplomatique suivi de modèles de pièces diplomatiques et de formulaires de chancellerie:

FILIATION. Descendance de l'enfant à l'égard du père et de la mère.

Se dit aussi de la descendance de père en fils en ligne directe, par une suite non interrompue de générations, ou d'une suite non interrompue de générations dans une même famille.

La filiation peut être *légitime* ou *naturelle.*

La filiation *légitime* est celle des enfants nés d'un mariage légitimement contracté. Dans cet état la présomption légale attribue la paternité au mari, et la qualité d'enfants légitimes s'applique aux enfants conçus et même à ceux qui sont seulement nés depuis le mariage. La filiation des enfants légitimes se prouve par les actes de naissance inscrits sur les registres de l'état civil, ou à leur défaut, par la possession d'état, ou encore par témoins, ou par des titres ou des papiers émanés du père et de la mère décédés.

La loi applicable en cas de conflit, lorsque le mariage a été contracté en pays étranger, est la loi nationale des époux.

La filiation *naturelle* est la situation par rapport à leurs parents, des enfants, qui ne sont pas issus d'une union légitime.

La filiation *naturelle* s'établit en général par la *reconnaissance,* c'est-à-dire par l'aveu que le père ou la mère fait de sa qualité, et dans certains cas par une recherche judiciaire. Les enfants naturels peuvent même devenir légitimes, si les parents venant à se marier ensemble les reconnaissent dans l'acte même de la célébration du mariage. Lorsque les enfants naturels ont été déjà reconnus légalement par le père et la mère et que ceux-ci viennent plus tard à se marier, leur légitimation est de droit.

La filiation naturelle se prouve par la reconnaissance volontaire ou forcée du père ou de la mère.

Lorsqu'il y a conflit avec une législation étrangère, la filiation naturelle est régie par la loi nationale des personnes.

On appelle filiation *adultérine* la position d'un enfant dont l'un des deux parents était à l'époque de la conception engagé par mariage avec une autre personne, et filiation *incestueuse*, celle d'enfants nés de deux personnes parentes ou alliées à un degré prohibé. La reconnaissance ne peut en aucun cas avoir lieu au profit des enfants adultérins ou incestueux.

En matière de filiation adultérine ou incestueuse, la loi française interdit non seulement la recherche de la paternité et même de la maternité, mais aussi la constatation d'une semblable parenté ; la même interdiction est édictée par le code italien, tandis qu'au contraire la législation prussienne admet la recherche de la filiation adultérine.

Il s'ensuit que, si une filiation adultérine ou incestueuse a été constatée à l'étranger contre des étrangers, elle sera non avenue en France, où l'on n'en fera pas sortir les effets qui en sortiraient d'après la loi étrangère, notamment le droit à la légitimation et le droit de succession ; mais il faudrait lui appliquer les effets, tels, entre autres, que le droit à des aliments, que la loi française reconnaît à cette filiation quand elle est indirectement la conséquence d'un jugement que l'a établie, comme quand elle résulte de l'action en désaveu, de la nullité d'un mariage entre parents au degré prohibé.

Quant à la filiation qui résulte du fait de l'adoption, elle n'est que fictive et purement légale. (*Voir* ADOPTION.)

FIN DE NON-RECEVOIR. Cette locution, en usage dans les tribunaux français, embrasse les moyens ou exceptions diverses qui tendent à faire écarter une action sans examiner si elle est fondée.

La fin de non-recevoir est un moyen de droit préjudiciel par lequel on repousse une action, sans qu'il soit nécessaire d'examiner le fond de la contestation.

Dans le langage général, c'est un refus fondé sur des raisons extrinsèques, ne ressortant pas du fait même, mais plutôt de circonstances accessoires ou même étrangères.

FINALE. C'est la disposition qui termine un traité, et dans laquelle est constaté le concours des volontés des négociateurs sur l'ensemble des articles qui ont été l'objet des négociations. Elle indique aussi la date, le lieu de conclusion, les nombres des expéditions, et l'apposition des sceaux et des signatures des plénipotentiaires.

Voici la formule généralement usitée :

En foi de quoi les plénipotentiaires des hautes parties contractantes ont signé le présent traité et y ont apposé leurs sceaux et signatures, etc. *Fait en double à* ... *le* ... *jour du mois de l'an* .... (suivent les signatures.)

FINANCES. Ce sont les ressources pécuniaires que possède un gouvernement pour faire face aux dépenses publiques.

Surintendant, intendant, contrôleur général des finances, noms donnés autrefois, en France, à des employés supérieurs des finances.

Aujourd'hui, dans ce pays, la gestion de la fortune de l'Etat est confiée à un *ministre des finances,* qui a pour attributions l'administration des revenus publics provenant de la perception des contributions directes et indirectes, de l'exploitation des domaines de l'Etat, de toutes les régies et entreprises donnant un produit au trésor ; l'acquittement de toutes les dépenses publiques ordonnancées par les divers ministres conformément aux crédits votés par les chambres législatives ; le paiement des dettes de l'Etat ; la surveillance des caisses publiques et des comptables, le contrôle de la recette et de l'emploi des deniers publics ; la rédaction annuelle du budget général de l'Etat.

Dans les autres pays, le système de gestion financière est à peu de chose près analogue ; seulement le haut fonctionnaire qui est à la tête porte parfois un titre différent de celui de ministre : chancelier de l'Echiquier, secrétaire de la Trésorerie, etc. (voir ces mots).

FIORE (Paschal), publiciste italien, né à Tertizzi (Naples) le 8 avril 1837. Ancien professeur de droit des gens aux universités de Pise en 1865, et de Turin en 1876, actuellement professeur ordinaire de droit privé comparé à l'Université de Naples. Membre de l'Institut de droit international.

M. Fiore, est l'auteur d'un livre publié en 1865, sur *Le droit international public suivant les besoins de la civilisation moderne.* Milan, 1865.

C'est un livre plein de sages aperçus; mais l'auteur semble s'être attaché à mettre plus en lumière le côté théorique et philosophique que le côté pratique. M. Fiore divise le droit international en droit naturel et en droit positif. Le premier consiste dans la loi naturelle de la coexistence des Etats et a sa base dans les rapports nécessaires qui dérivent de cette coexistence et dans le besoin permanent et constant que chaque Etat a de conserver et de défendre les caractères essentiels et distinctifs de sa personnalité, et de respecter ceux des autres. Le second est la loi établie, c'est-à-dire celle des rapports existants ou qui peuvent naître entre les Etats; il puise son fondement dans le consentement des Etats, manifesté ou expressément par leur accord mutuel, ou tacitement par une observation constante. Ce droit positif, selon M. Fiore ne recevra sa forme complète que lorsque tous les Etats auront adopté un code uniforme.

L'ouvrage du savant professeur italien a été traduit, annoté, précédé d'une introduction historique et suivi d'une table analytique et alphabétique des matières, par M. Pradier-Fodéré (Paris, 1869. 2 vol. in-8⁰.) (Traduit par M. Garcia Moreno en espagnol à Madrid, 1882.) L'auteur a publié lui-même une nouvelle édition (Turin, 1883—84, 3 vol.), entièrement remaniée et considérablement augmenté.*

M. Fiore a publié aussi *Le Droit international privé, ou principes pour résoudre les conflits entre les législations diverses en matière de droit civil et commercial* (Florence, 1874). Il y est joint un appendice destiné à mettre l'ouvrage en rapport avec la jurisprudence française la plus récente. Ce livre a été également traduit par le même commentateur, Pradier Fodéré (Paris, 1875, 1 vol. in-8⁰). M. Garcia Moreno a fait la traduction de ce dernier ouvrage en espagnol avec une préface de M. Christino Martos. Madrid, 1878. 2 vol.

En outre, M. Fiore a, dans différents essais, donné aux principales questions du droit international privé les développe-

ments que ne comportait pas le cadre d'un traité succinct, tel qu'il l'avait d'abord compris : ainsi ont successivement paru :

Studii sulla storia del diritto et della legislazione marittima (Études sur l'histoire du droit et de la législation maritime), Pise, 1873;

Del fallimento secondo il diritto internazionale privato (De la faillite selon le droit international privé), Pise, 1875;

Degli agenti diplomatici (Des agents diplomatiques);

Ces ouvrages n'ont pas été traduits.

Della giurisdizione penale relativamente ai reati commessi all' estero (De la juridiction pénale relativement aux crimes commis à l'étranger), Pise, 1873;

Effeti internazionali delle sentenze e degli atti. Parte prima, materia civile (Effets internationaux des sentences et des actes, 1re partie, matière civile), Pise 1874;

Effeti estraterritoriali delle sentenze penali, dell' estradizione (Effets extraterritoriaux des sentences pénales de l'extradition), Pise, 1877;

Sul problema internazionale della societa giuridica degli Stati (Sur le problème international de la société juridique des Etats), Turin, 1879.

FIRMAN. Nom donné aux édits, aux ordonnances, aux décrets émanés de la Porte ottomane, soit du Sultan directement, soit des ministres ou membres du divan, en ce qui concerne les affaires de leur ressort respectif.

On donne particulièrement le nom de *Hatti schérif* au firman qui est revêtu de la signature autographe du Sultan, ou sur lequel il a écrit de sa propre main, au-dessus du chiffre entrelacé représentant son nom : „Qu'il soit fait comme il est dit ci-dessous."

On donne aussi le nom de *firman* au passe-port ou à la permission de trafiquer accordée aux marchands étrangers qui font le commerce dans le Levant.

FISC. Le trésor; les finances de l'Etat.

Les administrations financières en général.

(*Voir* FINANCES.)

FISCHER (P. D.), jurisconsulte allemand.

Die Telegraphie und das Völkerrecht (La télégraphie et le droit des gens). Leipzic, 1876.

---

* M. Charles Antoine a traduit et annoté en français cette deuxième édition sous le titre de *Nouveau droit international public*, dont le premier volume vient de paraître à Paris, 1885.

FLASSAN (Gaétan Raxis comte de), publiciste français, né à Bedouin (Vaucluse) en 1760, mort à Paris le 20 mars 1845.

Histoire générale et raisonnée de la diplomatie française, ou de la politique de la France depuis la fondation de la monarchie jusqu'à la fin du règne de Louis XVI, avec des tables chronologiques de tous les traités conclus par la France. 2e édition, corrigée et augmentée. Paris, 1811, 7 vol. in-8 .

Histoire du congrès de Vienne. 1814-1829, 3 vol. in-8⁰.

FLEUVES, RIVIÈRES. *Définition.* Le fleuve est un grand cours d'eau, qui prend ordinairement sa source au pied des montagnes, reçoit sur son parcours plusieurs ruisseaux et rivières et va se jeter dans la mer.

La rivière est un cours d'eau moins considérable, qui se jette dans une rivière plus grande, ou dans un fleuve ou dans une mer. — En général tout cours d'eau, plus grand qu'un ruisseau, sans considérer s'il va ou ne va pas à la mer.

Régime. Les fleuves et les rivières font partie du territoire de l'Etat qu'ils traversent.

Lorsqu'un fleuve est situé tout entier sur le territoire d'un seul Etat, il est considéré comme se trouvant sous la souveraineté exclusive de ce même Etat, qui alors a seul autorité et pouvoir pour en règlementer la navigation.

Quand, au contraire, un fleuve sert de limite à deux ou à plusieurs Etats, il constitue pour ces Etats une propriété commune, à moins que par première occupation, achat, cession ou autre titre valide et légitime, l'un de ces Etats n'en ait acquis le domaine exclusif et privilégié.

Enfin, lorsqu'un fleuve non seulement traverse plusieurs Etats, mais encore sert a marquer entre eux la frontière politique ou de souveraineté, la ligne de partage qui indique la limite de juridiction est supposée fictivement passer par la partie la plus profonde du courant des eaux, connue sous le nom de *thalweg*. La hauteur ou la déclivité des rives n'est jamais prise en considération; et même, si par sa situation topographique la limite de démarcation ne permettait pas à l'un des riverains d'utiliser pour la navigation la portion du fleuve qui lui est réservée, il est de principe que le *thalweg* doit être pratiquement reporté et fixé à une distance égale des deux bords.

Il peut arriver qu'un fleuve navigable traverse le territoire de plusieurs Etats, ou que, formant la frontière politique de l'un, il traverse le territoire de l'autre avant de déboucher dans la mer. Dans ce cas il est généralement admis que le droit de naviguer et de commercer est commun à tous les riverains, sauf entente amiable entre eux, par voie de stipulations conventionnelles, pour l'exercice de ce même droit, qui peut suivant les circonstances affecter la sécurité du pays en possession des deux rives de l'embouchure.

Selon le droit commun, un Etat peut faire de son côté tous les travaux nécessaires pour empêcher le fleuve de lui nuire; mais il doit éviter que ces travaux portent préjudice à l'Etat riverain. Il n'est point permis, lorsque la navigation est commune, de faire dans le fleuve des constructions qui pourraient la gêner, ou de rejeter le courant du côté opposé ou amener une altération du *thalweg*. Le fleuve ou la rivière qui sort d'un lac ne peut être entravé à son issue, par le propriétaire du territoire sur lequel finit le lac.

La police de la navigation fluviale doit être réglée en commun et d'après les mêmes principes.

Les Etats riverains sont tenus de veiller à l'entretien des rivages et du lit des rivières, des chemins de hâlage, etc.

Les fleuves et les rivières navigables qui sont en communication avec une mer libre sont, en temps de paix, ouverts aux navires de toutes les nations; et le droit de libre navigation ne peut être ni abrogé ni restreint au détriment d'aucune nation.

La législation romaine avait déjà consacré le principe que le droit de naviguer implique celui d'amarrer et d'attacher les navires à la rive du fleuve ou des îles qu'il entoure, celui de charger ou de décharger des marchandises, en un mot tous les droits accessoires ou connexes à la navigation.

La même règle est entrée dans le droit international moderne, lequel a soumis généralement aux mêmes principes l'exercice de ces droits, le tout au gré des convenances des Etats intéressés.

Les Etats riverains peuvent prélever des droits, mais seulement certains droits imposés à titre d'entretien des établissements, des constructions, des travaux faits dans l'intérêt de la navigation; mais ils ne peuvent établir des droits d'étape, d'échelle ou de relâche forcée, ou des prescriptions qui pourraient entraver la navigation.

Alluvions, changements de lit. La plupart des grands fleuves, surtout au moment de la crue périodique de leurs eaux, subissent des changements dans la profondeur de leur chenal navigable et dans la forme de leurs rives; comme ils entraînent dans la rapidité de leur cours des détritus végétaux, des terres et des vases, on voit leur fond s'exhausser sur certains points, s'abaisser sur d'autres; tantôt ils engloutissent des îles ou en font surgir de nouvelles à leur surface; tantôt ils abandonnent leur ancien lit pour se frayer un passage au milieu des terres, ou bien encore ils transportent subitement une portion de leur rive d'un bord à l'autre. Tous ces changements peuvent porter des atteintes plus ou moins sérieuses à la domanialité fluviale et soulever de délicates questions de propriété entre les riverains.

Pour résoudre ces questions on se guide en général, dans la pratique, d'après les principes du droit romain, qui se trouvent dans la législation civile de la plupart des Etats européens, et l'on considère par suite les transformations ou les altérations que le régime naturel des eaux amène dans la configuration des terres, comme un moyen légitime d'acquérir le domaine et la possession.

Nous devons toutefois placer ici deux observations fort importantes. En premier lieu, en cette matière l'atteinte portée à la propriété privée n'entraîne pas toujours une restriction correspondante dans l'étendue du domaine souverain : ainsi, par exemple, lorsqu'un fleuve s'est ouvert un nouveau lit à travers les terres, ou lorsqu'un lac s'est frayé de nouveaux déversoirs pour se diviser en plusieurs branches, la frontière politique des Etats co-riverains n'en reste pas moins naturellement fixée au point où elle était précédemment établie. En second lieu, le titre d'appropriation dont nous venons de parler, ne doit s'entendre que des changements subits, amenés brusquement par une sorte de révolution de la nature; s'il s'agissait d'un de ces effets lents et graduels de l'érosion des eaux qui ont besoin de l'action du temps pour devenir sensibles à la vue et se traduire en accroissement ou en diminution réelle du territoire, il est clair que chaque Etat les subit ou en profite comme une conséquence forcée du droit de propriété.

Les frontières formées par des rivières peuvent varier lorsque le lit ou le *thalweg* vient à changer.

Lorsque la rivière abandonne complètement son lit pour suivre une nouvelle direction, l'ancien lit continue à servir de ligne de démarcation.

Blocus d'embouchures. Le droit de blocus peut s'appliquer aussi à l'embouchure d'un fleuve ou d'une rivière. Seulement il est une restriction, fondée en équité comme en fait, à l'exercice de ce droit en pareil cas.

En règle générale, les droits du belligérant sur les lieux qu'il bloque, ne vont pas au-delà de ceux que son ennemi avait sur les mêmes lieux. Donc, si les neutres ont sur l'endroit bloqué un droit de servitude ou de co-propriété, le bloquant est tenu de respecter ce droit. Le blocus rigoureux de l'embouchure d'une rivière ne peut être établi légalement que lorsque le cours de cette rivière est tout entier dans le pays ennemi; mais si la rivière conduit à des pays avec lesquels le belligérant n'est pas en guerre celui-ci ne peut en interdire le passage aux navires neutres en destination pour ces pays.

Lorsque les deux rivages de la rivière n'appartiennent pas à l'ennemi, un blocus devient presque impraticable; car si le bloquant peut empêcher le passage du côté de l'ennemi, il est tenu de le laisser libre de l'autre.

FLIBUSTIER. Aventurier appartenant à une association d'hommes établis dans quelques-unes des Antilles au 17e et au 18e siècle et en guerre continuelle avec les Espagnols, dont ils capturaient les navires et inquiétaient le commerce Il ne manquait à cette association, pour rassembler complètement à celle des pirates des Régences barbaresques, que de reposer sur un gouvernement constitué et reconnu par toutes les nations. (*Voir* BARBARIE.).

Les flibustiers entretinrent des relations suivies avec les autorités de Saint-Domingue, qui ne mirent aucun obstacle à leurs expéditions ni au partage ou à la distribution de leur butin.

Les excès qu'ils commettaient avaient fini par prendre un tel caractère de gravité et parfois de férocité que les grandes puissances maritimes s'unirent pour les combattre en commun, et parvinrent à les faire disparaître dans la seconde moitié du 18e siècle.

Les flibustiers, s'il s'en présentait de nouveau, seraient assimilés aux pirates et condamnés au même traitement. (*Voir* PIRATES.)

Par extension, on donne au terme *flibustier* l'acception de brigand ou bandit, voleur à main armée. (*Voir* BANDIT.)

FLOTTE. Ce mot, qui dans le principe servait à désigner la réunion d'un certain nombre de bâtiments marchands ou de vaisseaux de guerre naviguant ensemble, ne s'emploie plus généralement que pour désigner un nombre plus ou moins considérable de navires de guerre placés sous les ordres d'un même chef et destinés à agir de concert. Dans ce sens *flotte* est synonyme d'armée navale, il est pris aussi pour la totalité des bâtiments de guerre qu'un Etat possède, pour l'ensemble de la force navale d'une nation.

En vertu du droit qu'a tout Etat souverain d'interdire aux navires étrangers la navigation de sa mer territoriale, l'admission de flottes entières des autres nations dans les ports, n'est en principe ni demandée ni accordée; il est d'usage de régler le nombre des vaisseaux de guerre étrangers qui peuvent être admis.

FŒDERA, *conventiones, litterae et cujusque generis acta publica, inter reges Angliæ et alios quasvis imperatores, reges, pontifices, principes, nel communitates, ab ingressu Guilielmi I in Angliam a. d. 1066 ad nostra usque tempora habita aut tractata.* (Recueil des traités conclus par l'Angleterre de 1066 à nos jours.) Londres, 1816—30. 3 vol.

Ouvrage publié par MM. R. Rymer, R. Sanderson, Ad. Clarke et Ferd. Holbrooke. Le 1e vol. va jusqu'en 1307, le 2me jusqu'en 1344 et le 3me jusqu'en 1377.

FŒLIX (Jean Jaques Gaspard) jurisconsulte français, né à Oberstein le 3 juin 1791, mort à Paris le 26 mai 1853.

Traité du droit international privé, ou du conflit des lois de différentes nations en matière de droit privé, 4e édition, revue et augmentée par Charles Demangeat. Paris, 1866, 2 vol. in-8⁰.

Ce livre fait à juste titre autorité en la matière.

Fœlix définit le droit international privé, „l'ensemble des principes admis par les nations civilisées et indépendantes pour régler les rapports qui existent ou peuvent naître entre elles, et pour décider les conflits entre les lois et les usages divers qui les régissent.“

FOI, BONNE FOI. La foi est la fidélité à remplir ses engagements; c'est aussi l'assurance donnée de tenir fidèlement ce qu'on a promis : c'est dans ce sens qu'on dit la foi du serment, des engagements, des traités, etc.

La bonne foi est à peu près synonyme de sincérité, de franchise, de loyauté : c'est la qualité de celui pour qui la foi est sacrée.

Sans respect de la foi jurée, il n'y a pas de relations possibles entre les Etats.

La plus entière bonne foi doit présider aux rapports entre belligérants.

Le droit des gens réprouve la violation des promesses faites à l'ennemi : ainsi ce serait un crime odieux que d'attenter à la liberté de ceux à qui l'on a accordé un sauf-conduit, que de ne pas ménager la garnison d'une ville ou d'une forteresse qui se rend, ou de ne pas la laisser se retirer librement, si l'on en est convenu antérieurement.

Au temps de la féodalité, les mots *foi* et *hommage* signifiaient le serment de fidélité que le vassal prêtait entre les mains du suzerain; et l'on appelait *homme de foi* le vassal qui devait *foi et hommage.*

FOLLEVILLE (Daniel de), jurisconsulte français. Doyen de la Faculté de Douai, membre de l'Institut juridique international d'Italie.

Traité théorique et pratique de la naturalisation. Paris, 1880. in-8⁰.

Cet ouvrage commence par une introduction, dans laquelle l'auteur définit le droit des gens et en expose le fondement, les sources et les différentes divisions. Puis il aborde le sujet spécial de son livre la *naturalisation.*

Dans une *première étude, où la naturalisation est envisagée comme faisant acquérir la qualité de Français,* après en avoir donné une définition, M. de Folleville fait un résumé historique qui nous conduit de l'antiquité au droit moderne en matière de naturalisation, dont il explique le mode d'opération, particulièrement en ce qui regarde la France.

Dans une *seconde étude, où la naturalisation est envisagée comme moyen de faire perdre la qualité de Français,* est traitée la question de la naturalisation à l'étranger et du mode de l'acquérir.

Une *troisième étude* expose *les effets généraux de la naturalisation.*

Enfin dans une *quatrième étude,* spécialement consacrée à la *législation comparée en matière de naturalisation,* l'auteur passe en revue les lois qui régissent cette matière dans les différents pays d'Europe et d'Amérique.

De la propriété littéraire et artistique.
Paris, 1877. in-8º.

FONCTIONNAIRE. Les fonctionnaires
publics sont ceux à qui sont confiés les
emplois dépendants des diverses administrations de l'Etat; on appelle *hauts
fonctionnaires* ceux qui occupent les postes
supérieurs, les plus élevés, tels que les
ministres, les magistrats, etc.

Les employés diplomatiques et les
consuls sont des fonctionnaires publics.
(Voir AGENTS DIPLOMATIQUES, AM-
BASSADEURS, MINISTRES, CONSULS.)

Les fonctionnaires publics ont de plein
droit leur domicile dans le lieu de l'exercice de leurs fonctions, si ces fonctions
sont stables, non simplement provisoires
ou périodiques; mais quand ils sont
appelés à une fonction publique purement temporaire ou révocable, ils conservent le domicile qu'ils avaient antérieurement, s'ils n'ont pas manifesté
d'intention contraire.

Pour parler d'une manière plus précise, il est généralement admis qu'un
emploi qui rend la résidence indispensable, confère le domicile dans l'endroit
où le fonctionnaire est tenu de résider.
Ainsi les prêtres ont leur domicile au
siège de leurs cures; le domicile réel
d'un évêque est au chef-lieu de son diocèse.

Les ambassadeurs, les ministres ou
envoyés à l'étranger et les consuls conservent le domicile du pays qu'ils servent
ou qu'ils représentent. *(Voir* DOMICILE.)

En cas de guerre, lorsque le pays vient
à être occupé par une armée étrangère,
les fonctionnaires locaux doivent se
mettre au pouvoir de fait de l'occupant,
sans que celui-ci puisse exiger de leur
part d'autre serment que de suivre les
ordres que l'autorité militaire leur donnera et de ne rien entreprendre contre
les troupes d'occupation. Ce serment ne
peut être que provisoire, les obligations
qui en résultent cessent en même temps
que l'occupation militaire. Toutefois les
fonctionnaires qui refusent de le prêter,
peuvent être suspendus dans l'exercice
de leurs fonctions, ou destitués, même
expulsés; mais dans tous les cas l'occupant ne peut obliger les fonctionnaires à
remplir leurs fonctions, s'ils en jugent
l'exercice incompatible avec leurs devoirs.

Lorsque des fonctionnaires du pays
occupé refusent de se soumettre au pouvoir de l'occupant ou qu'ils se sont retirés
à son approche, l'autorité militaire doit,
en s'entendant autant que possible avec

les représentants de la population, instituer des fonctionnaires provisoires pour
remplacer les réfractaires ou les absents.

FONDS. Dans son sens général, *fonds*
signifie toute sorte de biens, meubles,
immeubles, et espèces monnayées.

Fonds de terre, c'est l'immeuble considéré dans son ensemble. *(Voir* BIEN-
FONDS.)

Fonds de commerce, c'est tout ce qui
compose un établissement commercial
marchandises, ustensiles, achalandage, &c.

Le *fonds social* est formé par la réunion des apports de chaque associé dans
une compagnie commerciale ou industrielle; le fonds social doit être sans réserve affecté à tous les engagements de
la société.

Dans un sens moins étendu, *fonds* se
dit d'une somme d'argent plus ou moins
considérable destinée à quelque usage,
il est alors synonyme d'argent.

Les fonds du Trésor, de la Banque,
dépôts d'argent accumulés dans les
caisses de ces établissements pour les
services publics.

Les fonds de la guerre, de la marine, &c
sommes, réglées par les budgets pour le
le service et les dépenses des ministères
de la guerre, de la marine, &c.

Fonds se dit aussi d'un bien, d'un capital quelconque, par opposition aux revenus qu'il produit.

FONDS DE CHANCELLERIE. Se dit
des sommes qui forment les recettes des
chancelleries d'ambassade, de légation et
de consulat, provenant des actes qui s y
rédigent; ils sont taxés d'après un tarif
affiché dans les bureaux.

Les perceptions effectuées en vertu de
ce tarif servent en général à couvrir les
dépenses de chancellerie; et les excé-
dants entrent dans les coffres du trésor
de l'Etat, ou servent, dans des proportions variables suivant les pays, à con
stituer des rémunérations personnelles
pour les agents qui y ont concouru
(Voir CHANCELLERIE.)

FONDS PUBLICS. Toutes les valeurs
appartenant à l'Etat, et particulièrement
les titres qui représentent le capital de
la *dette publique* (voir ce terme), les fonds
destinés à servir les intérêts des emprunts faits par l'Etat.

FONDS SECRETS. Fonds dont un
gouvernement use sans être tenu à en
rendre compte; ils sont généralement
destinés à un service de diplomatie, ou
au paiement de certaines dépenses de

police. L'emploi n'en est pas soumis au contrôle des chambres législatives.

FONTAINEBLEAU (traité de paix 1785). Les Hollandais refusant d'entrer dans les vues de l'Empereur Joseph II, qui réclamait l'altération du traité de la *Barrière* (voir ce mot), l'ouverture de l'Escaut à la libre navigation, et la liberté pour ses sujets de faire le commerce aux Indes et dans les ports des Pays-Bas, la France s'entremit pour prévenir des hostilités, et, sous sa médiation et sa garantie, une paix définitive fut signée entre l'Empereur et les Hollandais le 8 novembre 1785.

Il s'ensuit que le traité de la barrière de 1715 et celui de Vienne de 1731 sont censés annulés, de sorte qu'il n'est plus permis aux Hollandais de les opposer à l'Empereur et que le commerce des sujets flamands de ce prince ne devait plus éprouver d'autres entraves que celles qu'y met le traité de Munster (Westphalie) du 30 janvier 1648.

Les Etats-Généraux reconnaissent le droit de souveraineté absolue de l'Empereur sur toutes les parties de l'Escaut depuis Anvers jusqu'à l'extrémité des pays de Saftingen et y renoncent à la perception d'aucun péage et impôt. Le reste du fleuve, depuis Saftingen jusqu'à la mer, dont la souveraineté continuera d'appartenir aux Etats-Généraux, sera tenu fermé de leur côté, ainsi que les canaux du Sald, de Severs et autres bouches de mer y aboutissant.

Les Etats-Généraux évacueront les forts de Cruys-Schans, de Frédéric-Henri, de Lille et de Lief Kenthœk et en céderont les terrains à l'Empereur.

L'Empereur renonce à ses droits sur la ville de Maestricht, le comté de Vrœnhoven, les bans de Saint-Servais et le pays d'Outre-Meuse.

Les Etats-Généraux cèdent à l'Empereur le ban d'Aulne dans le pays de Dælhem, la seigneurie de Blégny, le Trembleur avec Saint-André, le ban et la seigneurie de Bombay, la ville de Dælhem avec dépendances, le village de Berneau.

L'Empereur cède aux Etats-Généraux les seigneuries de Vieux Fauquemont, Schin-sur-la-Guente, Struchs et Schæsberg, l'enclave du Fauquemont autrichien et le village d'Elslœ.

Deux jours après la signature de ce traité de paix, la France conclut avec les Provinces-Unies de Hollande un traité d'alliance, portant la garantie réciproque des possessions actuelles, franchises et libertés des deux Etats, ainsi que celle des traités de Munster de 1648 et d'Aix-la-Chapelle de 1748 en faveur des Hollandais.

FOOTE (J. Alderson) jurisconsulte anglais, avocat à Londres.

A concise treatise on private international jurisprudence, based on the decisions in the english Courts. (Abrégé de jurisprudence internationale privée, basée sur les sentences des Cours anglaises.) Londres, 1878.

L'auteur s'est proposé de systématiser les jugements des tribunaux de son pays en matière de droit international.

FOR. Ce mot, dans la jurisprudence ancienne, se disait dans le sens de *juridiction* (voir ce mot); il ne s'emploie plus que dans les locutions suivantes :

Le *for extérieur*, l'autorité de la justice humaine, qui s'exerce sur les personnes, par opposition au *for intérieur* ou *for de la conscience*, le jugement de la conscience de chacun sur les choses purement morales.

For intérieur se dit aussi de l'autorité que l'Eglise exerce sur les âmes et sur les choses spirituelles.

Le *for ecclésiastique* est la juridiction temporelle de l'Eglise.

Employé au pluriel, le mot *for* signifiait anciennement, dans certaines contrées, coutumes, privilèges : c'est le même mot que l'espagnol *fueros*, statuts, lois, prérogatives d'un Etat, d'une province, d'une localité.

FORBANS. On nomme *forbans* les malfaiteurs isolés qui, pour vivre de pillage et de déprédations, attaquent à main armée les navires sur mer et pillent les propriétés privées sur les côtes; on range dans cette catégorie les corsaires qui se livrent à la piraterie sans lettre de marque; la dénomination s'applique aussi aux bâtiments qui portent ces corsaires. Les forbans sont considérés comme placés en dehors du droit commun, indignes d'asile et traités comme pirates. (*Voir* BANDITS, PIRATES.)

FORCE. Se dit de la puissance d'une nation, d'un Etat, de ses ressources; de tout ce qui contribue à le rendre puissant.

Au pluriel s'emploie absolument pour désigner les troupes d'un Etat, d'un souverain : il y a les forces de terre et de mer.

Les *forces navales* consistent en une réunion indéterminée de navires de guerre.

Au singulier, la *force armée* se dit de

tout corps de troupes requis pour faire exécuter la loi, ou les mesures des agents de l'autorité, lorsqu'il y a résistance. Ce terme est pris parfois comme synonyme de *force publique*; mais ce dernier terme exprime non seulement les ressources militaires, mais plutôt la réunion des forces individuelles établies par la constitution pour maintenir la tranquillité et protéger les droits de tous.

Enfin *force* signifie contrainte, *violence*. (Voir ce mot.)

FORCE MAJEURE, CAS FORTUIT.

La force majeure est toute force à laquelle on ne peut résister soit de droit, soit de fait. Un cas ou un évènement de force majeure est un accident que la vigilance et l'industrie de l'homme n'ont pu ni prévoir ni empêcher.

Lorsque la force majeure est l'effet d'un accident naturel, tels que tremblements de terre, tempêtes, maladies, mort, etc., sans aucun concours de la volonté de l'homme, elle prend le nom de *cas fortuit*; toutefois on considère souvent ces cas comme fortuits des évènements produits par le fait de l'homme, tels que la guerre, les incendies, l'invasion de pirates, l'attaque par des voleurs, des violences exercées par un plus puissant, les actes émanés de l'autorité d'un souverain, etc.

Que la force majeure provienne de la nature ou du fait de l'homme, elle opère les mêmes effets : en général elle ne donne aucun recours pour les dommages qui en résultent.

Les cas de force majeure peuvent être invoqués pour justifier la non-exécution de contrats ou d'obligations; mais il faut que celui des contractants qui se trouve dans l'impossibilité de remplir ses engagements par suite de cas fortuits ou de force majeure, puisse les prouver ou les constater.

FORFAITURE.

Dans le droit français, c'est tout crime commis par un fonctionnaire public dans l'exercice de ses fonctions. (*Voir* PREVARICATION.)

Les simples délits ne constituent pas la *forfaiture*.

La loi édicte des peines déterminées contre la forfaiture, qui, dans tous les cas, entraîne la dégradation civique.

Selon d'autres législations, on entend par *forfaiture* toute pénalité prononcée à raison d'un fait préjudiciable sans rapport nécessaire avec le dommage effectif: ce serait le cas, par exemple, d'une loi qui rendrait les administrateurs d'une société responsable de ses dettes, parce

qu'ils seraient en défaut de présenter un rapport sur la situation de la société.

Une action en *forfaiture* ne peut être portée que devant un tribunal de la nation qui reconnaît cette pénalité.

FORMALITÉ.

Manière formelle, expresse, ordinaire de procéder dans certains actes civils, judiciaires, administratifs, religieux.

Certaines formalités sont nécessaires à la validité d'un contrat.

Ces formalités peuvent se classer en deux catégories : les formalités *intrinsèques*, qui constituent l'essence même d'un acte, sans lesquelles l'acte ne saurait exister, comme, par exemple, le consentement des parties dans un contrat, les formalités *extrinsèques*, qui ont pour objet de constater l'existence de l'acte son authenticité, son caractère, comme, entre autres, la signature des parties.

Formalités de justice, la manière de procéder qu'impose la justice.

Formalités d'exécution, celles qu'exige la loi pour l'exécution des actes, telles que *l'enregistrement*, la *légalisation*, etc. (voir ces mots).

FORMARIAGE.

Terme de droit féodal

On appelait ainsi autrefois un mariage contracté contrairement à la loi ou à la coutume, ou au droit des seigneurs : tel était le mariage contracté par un serf sans le consentement de son seigneur, soit avec une femme de condition franche, soit avec une femme serve, mais d'une autre seigneurie.

On appelait *droit de formariage* le droit que le serf devait payer à son seigneur pour obtenir la permission de se *formarier*, et l'amende que le seigneur le condamnait à payer lorsqu'il s'était formarié sans l'autorisation de celui ci.

FORME.

Manière dont on fait, présente ou traite une chose. Se dit par opposition à ce qui constitue essentiellement cette chose, à ce qui en fait le fond.

Se dit, — le plus souvent au pluriel — pour désigner les règles établies, le mode de procéder, la façon dont on doit se conduire dans une affaire particulière formes légales, administratives, requises etc. En droit on appelle *formes judiciaires* l'ensemble des formalités, des conditions à observer dans l'instruction d'un procès.

Se dit aussi de la formule usitée dans certains actes, de la manière dont on les rédige.

En principe les actes sont assujettis

aux formes usitées dans le pays où ils ont été conclus, d'après la règle *locus regit actum* (voir ce terme). Dans la pratique, pour que cette règle soit applicable, il faut qu'il y ait conflit entre la loi nationale des parties et la loi du lieu où l'acte a été passé, et c'est cette dernière qui doit prévaloir. (*Voir* JURIDICTION, ÉTRANGER, ACTE.)

On appelle *forme exécutoire* un intitulé qu'on donne aux actes ou aux jugements, pour les revêtir d'une autorité légale et rendre l'exécution exigible au même titre que celle de la loi. (*Voir* EXÉCUTOIRE, EXÉCUTION.)

FORMULAIRE. Livre, recueil de *formules* (voir ce mot), officielles ou autres. Formulaire des actes de procédure, des consuls, des notaires, etc.

FORMULE. Forme d'expression contenant la substance et les principaux termes dans lesquels un acte doit être conçu.

En droit, c'est la règle et la forme de rédaction d'après laquelle un acte doit être exprimé pour être conforme aux lois d'un pays : formule de testament, formule de serment, formule des actes judiciaires.

Les actes diplomatiques sont astreints à des formules prescrites ou d'usage : il y a les formules *initiales* (placés au commencement), qui consistent dans l'*invocation*, la *suscription* et le *préambule;* et les formules *finales* (placées à la fin), qui sont la *salutation*, l'annonce du *sceau*, la *date* et les *signatures*. (Voir ces mots.)

Formule exécutoire se dit de l'intitulé au nom du chef de l'Etat, avec mandement aux officiers de justice de prêter main forte, en vertu duquel un acte peut être mis à exécution. (*Voir* EXÉCUTOIRE, EXÉCUTION.)

FORUM. Place où le peuple romain discutait les affaires publiques, et où les magistrats rendaient la justice; mais plus tard, par suite de l'accroissement de la population, on destina divers emplacements à ce dernier usage.

Comme Rome, toutes les villes importantes de l'Empire romain avaient leurs forums, qui étaient en général regardés comme le point central de l'administration territoriale, le lieu où le magistrat tenait ses assises.

Par suite, dans le langage juridique, on a désigné sous le nom de *forum* le tribunal à la juridiction duquel une personne est soumise : dans ce cas *forum* est à peu près synonyme de tribunal

territorial ou situé dans le pays où un acte est passé, un engagement contracté, on procès entamé et jugé. (*Voir* LEX FORI.)

FRÆNZINGER (P.), jurisconsulte allemand.

Grundzüge einer juristischen Construction des Völkerrechts. (Précis d'une construction juridique du droit des gens., Fribourg, 1868.

FRANC. Nom générique que les Turcs et la plupart des peuples de l'Orient donnnent aux Européens, aux peuples de l'Occident, quelle que soit leur origine ou leur nationalité.

Dans la plupart des villes du Levant il y a le quartier réservé aux Francs.

Cette dénomination date du temps des Croisades; on en attribue l'origine au rôle prépondérant que les Français jouèrent dans ces expéditions religieuses.

FRANCFORT-SUR-MEIN (traité de paix) 1871. Le 19 juillet 1870 le chargé d'affaires de France à Berlin remettait au gouvernement prussien une déclaration de guerre, dans laquelle il était expliqué que „le gouvernement de l'Empereur des Français n'avait pu considérer le projet de placer un prince prussien sur le trône d'Espagne que comme une entreprise dirigée contre la sûreté territoriale de la France et s'était vu dans la nécessité de demander au roi de Prusse l'assurance que cette combinaison ne pourrait se réaliser avec son approbation, que le roi de Prusse s'étant refusé à donner cette assurance et ayant, au contraire, témoigné à l'ambassadeur de l'Empereur des Français que, pour cette éventualité comme pour toute autre, il entendait se réserver la possibilité de ne prendre conseil que des événements, le gouvernement impérial avait vu dans cette déclaration une arrière-pensée menaçante aussi bien pour la France que pour l'équilibre européen; qu'enfin cette déclaration avait été de plus aggravée par la communication faite à différents cabinets du refus de recevoir l'ambassadeur de France et d'avoir de nouveau une entrevue avec lui".

L'état de guerre, existant donc entre la France et la Prusse à partir du 19 juillet 1870, s'est prolongé jusqu'au 26 février 1871, date à laquelle les préliminaires de paix furent signés à Versailles par M. Thiers, chef du pouvoir exécutif, et M. Jules Favre, ministre des affaires étrangères de la République française, représentant la France d'un côté, et de l'autre, par M. le comte Otto de Bismarck-Schœnhausen, chancelier de l'Empire germanique, M. le comte Otto de Bray-Steinburg, ministre des affaires étrangères du roi de Bavière, M. le baron Auguste de Vœlcker, ministre des affaires étrangères du roi de Wurtemberg, et M. Jules Jolly, président du Conseil des ministres du grand-duc de Bade, représentants de l'Empire germanique.

Les principales bases d'une paix définitive étaient établies de la manière suivante :

La France renonçait en faveur de l'Empire allemand à ses droits sur les territoires à l'est de la frontière ci-après désignée :

La ligne de démarcation commence à la frontière nord-ouest du canton de Cattenom vers le Grand-duché de Luxembourg, suit vers le sud les frontières occidentales des cantons de Cattenom et de Thionville, passe par le canton de Briey en longeant les frontières occidentales des communes de Montois-la-Montagne et de Roncourt, ainsi que les frontières orientales des communes de Sainte-Marie-aux-Chênes, de Saint-Ail, de Habonville, atteint la frontière du canton de Gorze, qu'elle traverse le long des frontières des communes de Vionville, de Bouxièzes et d'Ouville, suit la frontière sud-ouest de l'arrondissement de Metz, la frontière occidentale de l'arrondissement de Château-Solins jusqu'à la commune de Pettoncourt, dont elle embrasse la frontière occidentale et la frontière méridionale, pour suivre la crête des montagnes entre la Seille et le Moncel jusqu'à la frontière de l'arrondissement de Sarrebourg au sud de la Garde. La démarcation coïncide ensuite avec la frontière de ces arrondissements jusqu'à la commune de Touconville, dont elle atteint la frontière au nord ; de là elle suit la crête des montagnes entre les sources de la Sarre-Blanche et de la Vezouze, jusqu'à la frontière du canton de Schirmeck, longe la frontière occidentale de ce canton, embrasse les communes de Saales, de Boury-Brache, de Colroy-la-Roche, de Blaine, de Rourupt, de Saulxures et de Saint-Blaise-la-Roche du canton de Saales, et coïncide avec la frontière occidentale des départements du Bas-Rhin et du Haut-Rhin jusqu'au canton de Belfort, dont elle quitte la frontière méridionale non loin de Vourvenans, pour traverser le canton de Delle, aux limites méridionales des communes de Bourogne et de Froide-Fon-

taine, et atteindre la frontière suisse, en longeant les frontières orientales des communes de Jonchery et de Delle.

Toutefois la ville et les fortifications de Belfort resteront à la France, avec un rayon à déterminer ultérieurement.

La France devait payer à l'empereur d'Allemagne la somme de 5 milliards de francs.

L'évacuation des territoires français occupés par les troupes allemandes devait commencer après la ratification du traité de paix par l'Assemblée nationale siégeant à Bordeaux et le paiement du premier demi-milliard, puis s'opérer graduellement au fur et à mesure des versements de la contribution de 5 milliards.

Ces préliminaires furent convertis en un traité de paix définitif par un acte signé à Francfort sur Mein le 10 mai 1870 par M. Jules Favre, ministre des affaires étrangères, M. Pouyer Quertier, ministre des finances, et M. de Goulard, membre de l'Assemblée nationale, stipulant au nom de la République française, et par le prince de Bismarck, chancelier de l'Empire germanique, et M. le comte d'Arnim, ministre de l'Empereur d'Allemagne près le Saint-Siège, stipulant au nom de l'Empereur d'Allemagne.

Les modifications suivantes étaient apportées aux préliminaires de paix.

Le gouvernement allemand consentait à élargir le rayon du territoire qui devait rester à la France avec la ville et les fortifications de Belfort, de manière qu'il comprenne les cantons de Belfort, de Delle et de Giromagny, ainsi que la partie occidentale du canton de Fontaine, à l'ouest d'une ligne partant du point où le canal du Rhône au Rhin sort du canton de Delle au sud de Montreux le Château jusqu'à la limite nord du canton entre Bourg et Félon, où cette ligne joint la limite et du canton de Giromagny. Par un article additionnel cette cession de territoire auprès de Belfort a été augmentée des villages suivants : Rougemont, Levol, la Petite Fontaine, Romagny, Felon, la Chapelle sous Rougemont, Angot, Vanchiermont, la Rivière, la Grange, Deppe, Fontaine, Frais, Froussemagne, Cunelières, Montreux le Château, Bretagnes, Chavannes les Grandes, Chavenotte et Suarce. La route de Giromagnes à Remiremont passant au Ballon d'Alsace restait à la France dans tout son parcours, servant de limite en tant qu'elle est située en dehors du canton de Giromagny.

La République française, de son côté, consentait à une rectification de frontière le long des limites occidentales des cantons de Cattenom et de Thionville laissant à l'Allemagne le terrain à l'est d'une ligne partant de la frontière du Luxembourg entre Hussigny et Rudingen, mais laissant à la France les villages de Thil et de Villerupt, se prolongeant entre Erronville et Aumetz, entre Beuvillers et Boulange, entre Trieux et Loneringen et joignant l'ancienne ligne frontière entre Avril et Mogeuvre.

Il était stipulé en outre que les deux nations jouiront d'un traitement égal en ce qui concerne la navigation sur la Moselle, le canal de la Marne au Rhin, le canal du Rhône au Rhin, le canal de la Sarre et les eaux navigables communiquant avec ces voies de navigation.

Les traités de commerce avec les différents Etats de l'Allemagne ayant été annulés par la guerre, le gouvernement français et le gouvernement allemand prendront pour base de leurs relations commerciales le régime du traitement réciproque sur le pied de la nation la plus favorisée.

Tous les Allemands expulsés conserveront la jouissance de tous les biens qu'ils ont en France, et peuvent de nouveau établir leur domicile sur le territoire français. Ces conditions seront appliquées en parfaite réciprocité aux Français résidant ou désirant résider en Allemagne.

Postérieurement, par une convention conclue à Berlin le 12 octobre 1871, le gouvernement a rétrocédé à la France les communes de Raon-les-Leau, de Raon-sur-Plaine, d'Igney, et la partie de la commune d'Avricourt située entre la commune d'Igney jusque et y compris le chemin de fer de Paris à Avricourt et le chemin de fer d'Avricourt à Cirey.

FRANCHISE. Etat de celui qui n'est assujetti à aucun maître; l'état de *liberté* (voir ce mot), par opposition à l'état de *servitude* (voir ce mot).

Autrefois droit d'asile attaché à certains lieux, particulièrement aux églises (*Voir* ASILE, REFUGE).

En termes de commerce et de douane, la *franchise* est une sorte de privilège dont jouit un port de mer, où il est permis de débarquer, de rembarquer, de vendre et de remporter toute espèce de marchandises sans payer de droits, (*Voir* PORT).

Dans l'administration des postes, la *franchise* est le droit qu'ont certaines personnes de recevoir leurs lettres franches de port. Ce droit est accordé aux fonctionnaires publics pour les lettres relatives aux affaires de service (*Voir* LETTRES, POSTES).

Franchise est aussi synonyme d'exemption, d'*immunité* (voir ce mot).

Les *franchises* d'une ville, d'une commune consistent dans des privilèges particuliers dont jouit cette ville ou cette commune (*Voir* PRIVILÈGES).

FRANCHISES DIPLOMATIQUES. Se dit des immunités attachées à la situation, aux fonctions et au caractère d'*agent diplomatique*, de *ministre public*, d'*envoyé*. (Voir ces mots.)

Au premier rang de ces immunités figurent l'*indépendance*, l'*inviolabilité* et l'*exterritorialité* (voir ces mots), d'où en découlent, comme conséquences, d'autres de moindre importance. Nous mentionnerons ici la *franchise douanière*, qui permet aux agents diplomatiques étrangers d'introduire en franchise, c'est-à-dire sans payer de droits de douanes, les objets destinés à leur usage personnel et à celui de leur famille.

Plusieurs gouvernements accordent cette franchise pour la totalité des objets; d'autres en fixent les quantités admissibles en exemption de taxe et ne soumettent que l'excédant aux droits ordinaires d'entrée; quelques-uns, sans accorder directement la franchise, la consacrent indirectement en remboursant sur fonds de chancellerie ou de cabinet le montant des droits acquittés.

Quoi qu'il en soit, les bagages des agents diplomatiques, à moins d'ordres contraires expédiés par anticipation à la frontière, sont passibles des visites de douane; et l'exemption de taxe doit être sollicitée par des notes écrites spécifiant la nature, les quantités et la destination des objets.

FRANCISATION. Terme de droit commercial français.

L'acte de *francisation* est un acte qui constate la nationalité d'un navire français.

Cet acte est dressé par le commissaire de marine de port duquel le navire dépend, et sur la déclaration du propriétaire. Les consuls de France à l'étranger peuvent délivrer des actes de francisation pour des navires vendus ou réarmés dans leurs résidences; mais ces actes ne sont que provisoires et ne peuvent servir que jusqu'à l'arrivée des navires dans un port de France.

Les actes de francisation sont exclusivement accordés aux navires construits en France ou dans une possession française, et à ceux pris sur l'ennemi et déclarés de bonne prise.

Pour obtenir un acte de francisation, il faut justifier des titres de propriété, du certificat de tonnage et de jaugeage, et prouver que les trois quarts de l'équipage sont Français.

La francisation est attachée au navire et non à la personne, de sorte que l'acte qui la confère passe du propriétaire d'origine à la personne qui fait altérieurement l'acquisition du navire, pourvu qu'elle justifie des conditions requises.

L'acte de *francisation* correspond à ce que dans les autres pays on nomme *patente de nationalité*. (Voir ce terme, PAPIERS DE BORD.)

FRANCK (Adolphe), publiciste et philosophe français, né à Liocourt (Meurthe) le 9 octobre 1809.

Professeur de philosophie aux collèges de Douai, de Nancy, de Versailles et de Charlemagne; à la Sorbonne et au Collège de France, où il a fait un cours de droit de la nature et des gens; membre de l'Académie des Sciences morales et politiques de l'Institut.

Parmi les nombreux et savants écrits de M. Franck, nous citerons :

Le droit chez les anciennes nations de l'Orient. Etudes orientales. (Paris 1861.)

Réformateurs et publicistes de l'Europe. (1863, in-8°.)

Philosophie du droit pénal. (1864, in-18.)

Philosophie du droit ecclésiastique. (Paris 1864, in-18.)

Discours sur les principes du droit international et les causes de la guerre. (Journal des débats, 5 décembre 1878.)

FRANCS JUGES. Membres des cours vehmiques ou de la Sainte-Vehme, tribunaux secrets établis autrefois en Alle- et plus particulièrement dans la Westphalie. (*Voir* VEHME.)

FRANCS-TIREURS. Combattants volontaires dans un pays envahi, et organisés d'eux-mêmes en dehors de l'armée régulière.

Pour qu'ils puissent prétendre à être traités comme ennemis et non comme criminels, les francs-tireurs en sus de l'autorisation générale accordée par l'Etat qui fait appel aux volontaires pour la défense du pays, doivent être commandés par un chef responsable, porter les armes ouvertement, avoir un signe distinctif reconnaissable à distance, se conformer dans leurs opérations aux lois et aux coutumes de la guerre. (*Voir* CORPS FRANCS.)

FRANKLIN (Benjamin), homme d'Etat et savant américain, né à Boston le 17 janvier 1706, mort à Philadelphie le 17 avril 1790.

Il fut d'abord imprimeur. Lors de la guerre entre l'Angleterre et ses colonies de l'Amérique, nommé député de la Pennsylvanie au Congrès, il prit une grande part à la déclaration de l'indépendance des Etat-Unis en 1776, et fut envoyé en France pour solliciter des secours; en 1783 il signa le traité de paix qui assurait la liberté de sa patrie.

Franklin dans ses écrits traite des questions qui se rapportent plutôt à l'économie sociale et politique qu'au droit international, cependant on puise des éléments précieux pour cette dernière science dans ses *Mélanges de morale, d'économie et de politique* (traduits en français par A. Charles Renouard, Paris, 1825. 2 vol. in-18.)

Et *Mémoires et œuvres morales, politiques et littéraires* (traduction de Cattera, Paris, 1798, 2 vol. in-8°.

FRANQUE (LANGUE.) Sorte de jargon, mêlé de français, de provençal d'italien, d'espagnol, de grec et d'arabe, en usage entre les Européens et les indigènes dans les Echelles du Levant. (Voir ce terme.)

Ce langage prit sans doute naissance pendant les croisades.

FRANQUESNAY (Jaques de la Sarraz du), publiciste français.

Le ministre public dans les cours étrangères, ses fonctions et ses prérogatives — Paris, 1731 — Amsterdam, 1742.

FRAUDE. Dans une acception spéciale, la *fraude* est l'action de soustraire des marchandises aux droits de douane, d'octroi ou autres.

On y comprend aussi l'introduction de marchandises en *contrebande*. (Voir ce mot.)

Le devoir des consuls est de ne rien négliger pour arriver à la découverte des fraudes de cette nature qui se produisent dans les ports de leur arrondissement. Pour déjouer la fraude, les règlements leur prescrivent de veiller à ce que les navires de leurs nationaux qui arrivent dans les ports de leur résidence avec des marchandises prises dans les entrepôts de leur pays, opèrent réellement et intégralement le débarquement de leur chargement, qui peut sans doute être réexpédié dans leur pays par un navire quelconque de leur nationalité, mais qui doit être alors muni d'un certificat attestant à la fois la provenance des marchandises et le fait de la mise à terre ou du réembarquement.

FRÉDÉRIC LE GRAND, Roi de Prusse, né en 1712, mort en 1786.

Politische Correspondenz (correspondance politique.) Berlin, 1879 et suiv.

Ce recueil aura une trentaine de volumes, dont treize ont paru jusqu'à ce jour. Il est publié par les soins d'une commission de l'Académie des sciences, composée de MM. Droysen, Max Duncker et H. de Sybel. La plupart des lettres du grand roi sont en français. Elles sont adressées soit aux princes alliés, soit aux ministres d'Etat, soit aux représentants de la Prusse auprès des cours étrangères.

FREDERICSHAMN (traité de paix de) 1809. La question de la fermeture de la Mer Baltique, à laquelle ne voulait pas accéder le roi de Suède, Gustave IV, allié de l'Angleterre, avait suscité la guerre entre le prince et le Czar de Russie, Alexandre 1er, alors allié de l'empereur Napoléon, et le 21 février 1808 une armée russe avait envahi la Finlande, dont elle se fut bientôt rendue maîtresse.

C'est dans ces circonstances que la paix fut signée le 17 septembre 1804 à Fredericshamn, ville de la Finlande russe. L'Empereur de Russie n'avait consenti à la conclure qu'à la condition préliminaire de la cession de la Finlande; c'est pourquoi le traité a pour objet principal la renonciation de la Suède à tous ses droits sur ce grand-duché, qui est cédé à la Russie. Sont cédées en outre à cette puissance les îles d'Aland et la partie de Westrobothnie située à l'est de la rivière Tornéa et de celle de Muonio qui y tombe.

De plus la Suède s'engagea à adhérer au système continental.

FRITOT (Albert) publiciste français, né à Châteauneuf (Eure et Loire) le 28 juin 1783, mort en 1843.

Science du publiciste, ou traité des principes élémentaires du droit considéré dans ses principales divisions (1820 1823. 1 vol. in-8.)

Dans cet ouvrage d'une grande étendue l'auteur passe successivement en revue les principes du droit naturel, du droit public, du droit civil, du droit pénal, du droit politique et du droit des gens, il traite toutes les questions qui se ratta-

chent à l'organisation sociale. Il insiste sur la nécessité qu'il y a pour un pays d'avoir une jurisprudence uniforme.

Cours de droit naturel, public, politique et constitutionnel (1827, 1 vol. in-12.)

FRONTIÈRE. *Classification.* Limites qui séparent un Etat d'un autre Etat.

On distingue les limites internationales ou frontières d'un territoire en limites *naturelles* et en limites *artificielles*.

Les limites *artificielles* consistent en général dans les lignes purement conventionnelles, qu'on indique par des signes extérieurs placés à certaines distances et qui sont ordinairement sur terre des poteaux, des barrières, des fossés, des monceaux de terre, des murs, des édifices, des routes, des arbres ou des rochers marqués; sur mer des phares, des bouées flottantes arrêtées par des ancres, etc. Ces frontières reposent tantôt sur une possession non contestée depuis longtemps, tantôt sur des traités formels.

Les limites *naturelles* sont la mer, les lacs, les fleuves ou les rivières, les montagnes, des terrains incultes ou inoccupés.

Frontières fluviales. Lorsqu'un fleuve ou une rivière coule entre deux Etats, si l'un des Etats riverains n'a pas un droit consacré à la propriété exclusive du cours d'eau tout entier, il est admis que la frontière passe par le milieu du lit du fleuve ou de la rivière, y compris les îles qui traverse le milieu du lit ou le *thalweg* (chemin d'aval), ligne idéale tirée sur le cours d'eau à égale distance des deux rives.

Les frontières marquées par des cours d'eau sont sujettes à varier, lorsque le lit ou le thalweg du cours d'eau vient à changer; mais lorsque le fleuve ou la rivière abandonne totalement son lit pour suivre une nouvelle direction, l'ancien lit continue de servir de ligne de démarcation, de sorte qu'il n'en résulte ni extension ni diminution du territoire respectif des riverains.

Lorsque le bord d'un fleuve a été fixé expressément comme limite d'un territoire, il n'est pas permis d'étendre cette limite sur le fleuve même; et quand un fleuve appartient entièrement à un pays, le rivage opposé forme la limite territoriale.

Le milieu d'un lac sert également de ligne de démarcation entre deux Etats riverains, à moins qu'une autre limite n'ait été consacrée par l'usage ou par des traités.

Frontières de montagnes. Lorsque deux Etats sont séparés par une chaîne de montagnes, ou prend pour limite la plus haute arête et la ligne de partage des eaux.

Frontières maritimes. La limite naturelle d'un Etat du côté de la mer est marquée par le contour des côtes à l'endroit où elles sont baignées par le flot et où commence le domaine maritime.

Pour faciliter la défense des côtes, la pratique générale des nations, sanctionnée par de nombreux traités, a fait tracer à une certaine distance de terre une ligne imaginaire qu'on considère comme la limite extrême des frontières maritimes de chaque pays. Tout l'espace situé en dedans de cette ligne rentre *ipso facto* sous l'action de la juridiction de l'Etat qui le domine, et la mer comprise entre la ligne et la côte prend le nom de *mer territoriale.* (Voir ce terme.)

Lorsque deux Etats sont situés au bord d'une mer si étroite que la bande de mer faisant partie du territoire de l'un empiète sur la bande de mer qui dépend du territoire de l'autre, ces deux Etats sont tenus de s'accorder réciproquement les droits de souveraineté sur l'espace commun ou de fixer ensemble une ligne de démarcation.

Délimitation des frontières. La délimitation des frontières des Etats repose sur les mêmes bases et les mêmes titres que la propriété du territoire national. Les Etats limitrophes sont tenus de fixer en commun leurs frontières et de les indiquer aussi clairement que possible.

Cette démarcation fait le plus souvent l'objet de conventions spéciales communément désignés sous la dénomination de traités de limites, et auxquelles sont généralement annexées des cartes géographiques.

FULMINATION. En droit canon, acte par lequel le pape, un évêque ou tout autre ecclésiastique commis par le pape publient, avec certaines formalités, des sentences portant quelque condamnation ou simplement comminatoire, ou ordonnant l'exécution des bulles ou des rescrits pontificaux.

Ce mot s'applique surtout aux sentences d'*anathème* et d'*excommunication* (Voir ces mots.)

FUNCK (Brentano), (Voir Albert Sorel), publiciste français.

Précis du droit des gens. Paris, 1877.

Le livre de MM. Funck Brentano et Sorel se compose d'une *introduction*, de trois livres consacrés an *Droit des gens en temps de paix*, au *Droit des gens en temps de guerre* et au *Droit maritime*, et d'une conclusion. Ce n'est à proprement parler qu'un résumé de la matière; il en embrasse néanmoins toutes les idées essentielles, que les auteurs traitent avec un sens philosophique profond, dans un esprit vivement accentué de réforme et de progrès, en se fondant principalement sur le droit des gens *réel*, qu'ils opposent au droit des gens *théorique*, variant suivant les pays, les temps et les écoles de philosophie.

G

GAGE. Dépôt qu'on fait de quelque objet entre les mains d'autrui pour sûreté d'une obligation, d'une promesse, d'un paiement ultérieur.

Dans un sens plus général, se dit de tout ce qui peut servir de garantie, d'assurance ou de preuve.

En droit international le *gage* est la sûreté effective, réelle, consistant dans la remise par la partie qui promet à la partie qui stipule, d'un dépôt destiné à garantir le paiement d'une somme convenue ou l'exécution d'une clause particulière de traité.

Si le dépôt se compose de choses mobilières, c'est le *gage* proprement dit.

Si le *gage* porte sur un immeuble, par exemple une ville, une province, il prend le nom d'*hypothèque* (voir ce mot), et l'on dit que les immeubles qui servent alors de gage sont *en engagement* ou *engagés.*

L'engagement ne confère pas la possession réelle, absolue et définitive, bien moins encore le droit de souveraineté. La puissance qui détient le territoire engagé doit le conserver en bon état. Une fois la dette payée ou le traité accompli, l'engagement cesse; mais si le temps fixé s'est écoulé sans que les conditions du traité aient été remplies, le détenteur devient définitivement propriétaire incommutable et souverain.

GAGERN (Jean Christophe, baron de), publiciste allemand, né à Baireuth le 20 août 1799.

Président du Parlement national allemand en 1848; représentant du grand-duc de Hesse à la cour de Vienne de 1864 à 1872.

Kritik des Völkerrechts, mit praktischer Anwendung auf unsere Zeit. (Critique du droit des gens, avec application pratique à notre temps.) Leipzig, 1840, in-8⁰.

Mein Antheil an der Politik. (Ma part dans la politique.)

Der zweite Pariser Frieden, (La seconde paix de Paris.) Leipzig, 1845, 2 vol. in-8⁰.

GALARDI, publiciste italien.

Reflexions sur les mémoires pour les ambassadeurs. Villefranche, 1677.

GALIANI (Ferdinand Antoine), économiste italien, né à Chieti (Abruzze citérieure), le 2 décembre 1728, mort à Naples le 3 octobre 1787-

Il fut envoyé en 1759 par le roi de Naples comme secrétaire d'ambassade à Paris, où il se lia avec les philosophes et les principaux écrivains de l'époque, parmi lesquels ils se fit remarquer par l'étendue de ses connaissances. Rappelé à Naples en 1769, il y remplit avec talent les plus hautes fonctions.

L'abbé Galiani s'est distingué comme littérateur, comme antiquaire, et surtout comme économiste. Il fonda sa réputation sous ce dernier rapport par un grand ouvrage sur la monnaie, qu'il fit paraître à Naples en 1749 *(Della moneta).* Comme ouvrage se rattachant plus directement au droit international, nous n'avons à citer de lui que le livre suivant :

Dei doveri dei principi neutrali verso i principi querreggianti et di questi verso i neutrali. (Des devoirs des souverains belligérants et neutres les uns envers les autres.) Naples, 1782.

GAND (traité de paix). 1814. Depuis 1806 les Anglais accusaient les Américains des Etats-Unis de prêter leur pavillon aux Français, aux Espagnols et aux Hollandais pour soustraire les productions des colonies de ces nations aux armateurs anglais qui couvraient toutes les mers.

Ces griefs entraînèrent des représailles entre les deux marines, puis la guerre effective, qui fut déclarée contre l'Angle-

terre par un acte du Congrès des Etats-Unis en date du 18 juin 1812.

Après des tentatives infructueuses de la part des Etats-Unis de se rendre maîtres du Canada, et de la part de l'Angleterre de s'emparer de la Nouvelle Orléans, des pourparlers de paix furent entamés au commencement de l'année 1814.

Les plénipotentiaires des deux puissances, savoir : l'amiral Gambier, le sous-secrétaire d'Etat Henry Goutburn et William Adams, nommés par le prince-régent d'Angleterre, d'une part, et de l'autre Mrs. John Quincy Adams, James A. Bayard, Henry Clay, Jonathan Russell et Albert Gallatin, nommés par le président Madison des Etats-Unis, signèrent la paix, à Gand, le 24 décembre 1814, aux conditions suivantes :

Rétablissement de la paix et restitution réciproque des territoires qu'on s'est enlevés pendant la guerre.

Des commissions mixtes devaient déterminer les limites entre les Etats-Unis et le Canada, et décider la question de savoir à qui appartenait la propriété des îles de la baie de Passamaquoddy qui fait partie de la baie de Fundy, et celle de l'Ile du Grand Menon, située dans la baie de Fundy.

Les deux Etats s'obligeaient à mettre fin à toutes hostilités avec les tribus et les nations indiennes et à leur rendre les possessions et les privilèges dont elles jouissaient en 1811, en supposant que ces tribus renonçassent pour leur part à tout acte d'hostilité.

Enfin les deux parties contractantes promettaient de faire des efforts pour procurer l'entière abolition du commerce des noirs.

GARANT, GARANTIE. *Définitions.* Le *garant* est celui qui répond de son propre fait ou du fait d'autrui, qui se porte caution de l'obligation d'un autre.

La *garantie* est l'engagement pris à cet effet par le garant : en termes juridiques, c'est une obligation accessoire destinée à assurer l'exécution de l'obligation principale, et le garant est soumis à cette obligation, soit par suite d'engagements pris, soit par suite des faits accomplis par lui.

La garantie peut être contractée par deux ou plusieurs garants à la fois, de façon qu'elle les engage tous solidairement et non chacun d'eux séparément : dans ces cas la garantie est dite *collective.*

Caution. Quelquefois un tiers se porte garant de l'observation fidèle d'un traité ou de remboursement des créances qui y sont réglées. Cette espèce de garantie, qu'on appelle *caution* (Voir ce mot), peut être rendue plus étendue et plus efficace par la constitution d'un gage. Pour lui donner un caractère plus solennel, on la consacre par un accord spécial, qui prend le nom de traité de garantie et spécifie la forme, l'étendue et les conditions pénales des engagements pris de part et d'autre.

Traité de garantie. Dans les rapports entre Etats souverains, il arrive fréquemment qu'une tierce puissance garantisse l'exécution d'un traité conclu entre deux ou plusieurs Etats. Elle est stipulée tantôt en faveur d'un Etat qui n'insère pas dans le traité, tantôt au profit d'une seule, de plusieurs ou de toutes les parties contractantes; elle peut être aussi réciproque à tous les contractants.

La garantie de l'exécution des traités est donnée soit par les Etats médiateurs, soit par d'autres; elle peut être stipulée par une clause spéciale du traité principal, ou devenir l'objet d'une convention spéciale en dehors du traité dont l'exécution est placée sous la garantie de puissances tierces, ou de l'une des parties contractantes elles-mêmes en faveur de telle autre qui est comprise au traité.

Le traité par lequel un Etat se porte garant d'un traité conclu entre deux autres puissances, est un traité accessoire destiné à assurer l'exécution du traité principal; il faut donc, pour que la garantie soit valable, non seulement le consentement de l'Etat garant, mais aussi le consentement des deux parties qui ont conclu le traité principal.

Quand la garantie d'une tierce puissance a pour objet unique d'assurer l'exécution du traité principal, le garant ne doit intervenir que s'il en est requis par l'une des parties intéressées, et si les conditions auxquelles l'intervention a été autorisée se présentent dans l'espèce.

Mais lorsque la garantie a été stipulée non comme mesure accessoire, mais comme l'objet spécial d'un traité et a pour but d'assurer l'exécution d'une mesure générale prescrite par le droit international ou le droit public, les garants sont autorisés à prendre l'initiative de l'intervention, si leurs propres intérêts sont lésés ou compromis.

La garantie a encore d'autres objets en vue que l'exécution d'autres traités; une des formes les plus usitées sous laquelle nous la rencontrons dans l'état actuel des relations internationales consiste dans le *traité de garantie,* par lequel un Etat promet à un autre de lui porter secours chaque fois qu'il sera lésé ou menacé par une tierce puissance dans son indépendance ou dans l'exercice d'un de ses droits souverains. On voit fréquemment deux ou plusieurs Etats, se garantir mutuellement la possession et la souveraineté de leurs territoires, la protection réciproque contre toute agression quelconque du dedans ou du dehors; la garantie peut en pareil cas se confondre avec l'*alliance* ou la *coalition* (Voir ces mots). Des garanties de ce genre s'échangent surtout en prévision de guerre ou lorsque l'un des contractants vient à prendre part à des hostilités.

Lorsque la garantie est destinée à assurer la sécurité d'un pays en tout état de choses sans réserve d'aucune sorte, l'engagement souscrit acquiert une portée plus grande et devient un véritable traité de *sûreté* (Voir ce mot).

Souvent encore plusieurs Etats donnent leur garantie collective au maintien d'un autre Etat dans une situation de *neutralité* (Voir ce dernier mot).

Nature des garanties. Quelle qu'en soit la nature, la garantie est générale ou spéciale suivant qu'elle embrasse tout ou partie seulement des droits d'une espèce déterminée, des possessions d'un Etat ou des dispositions contenues dans un traité; elle est stipulée à perpétuité ou pour un temps déterminé, mais elle ne peut s'étendre qu'aux seuls droits ou aux seules possessions qui existent lors de la conclusion du traité.

L'Etat garant est tenu uniquement de prêter le secours stipulé, et ne peut, à moins de stipulation formellement contraire ou libellée de manière à impliquer une garantie absolue, illimitée, être rendu responsable en cas d'insuffisance ou d'inefficacité du secours.

Intervention du garant.. Le garant, lorsqu'il intervient, ne doit faire usage que de moyens proportionnés au but à atteindre et autorisés par le droit international : ainsi il ne peut recourir aux armes que lorsque les moyens pacifiques sont insuffisants.

Il ne peut non plus exiger plus que ne demande la partie directement intéressée, dont il doit se borner à appuyer les réclamations; mais seulement dans la mesure dans laquelle il les trouve fondées.

Si les deux parties contractantes au traité garanti ont recours au garant, celui-ci doit accorder son appui à toutes les deux afin de les amener à une conciliation.

Si le traité ou l'article de traité garanti constitue une violation du droit ou paraît irréalisable, le garant n'est pas tenu de prêter son concours à l'exécution du traité.

L'Etat en faveur duquel un tiers a consenti à garantir l'exécution d'un traité peut toujours délier le garant des engagements qu'il a contractés.

Lorsque deux ou plusieurs Etats ont garanti l'exécution d'un traité, chacun de ces Etats peut être requis par les parties intéressées de leur venir en aide; mais le garant, ainsi requis, a, de son côté, le droit, avant d'agir individuellement, de s'entendre avec les autres garants.

Mais, s'il a été stipulé expressément que le traité est placé sous la garantie commune de deux ou de plusieurs Etats et non sous celle de chacun de ces Etats pris isolément, les Etats garants doivent être tous ensemble requis d'intervenir; alors ils doivent examiner en commun l'affaire et intervenir en commun, s'ils le jugent nécessaire ou possible. S'ils ne peuvent se mettre d'accord, chacun d'eux est autorisé et obligé à faire exécuter le traité conformément à l'interprétation qu'il croit devoir lui donner de bonne foi.

Différence entre la garantie et la caution.
Il faut se donner de garde de confondre la *garantie* avec la *caution;* en effet les obligations qu'importe l'une et l'autre sont bien distinctes; celles de la caution sont plus absolues et plus rigoureuses : ainsi tandis que le garant s'engage simplement à user de son influence pour assurer l'exécution d'un traité et à appuyer au besoin celui pour lequel il s'en porte garant, la caution s'engage à satisfaire subsidiairement aux engagements souscrits par celui qu'il cautionne et, au besoin, à les exécuter elle-même, si le cautionné ne le fait pas. *(Voir plus haut et l'article* CAUTION.)

GARCIA CALDERON (Francisco), jurisconsulte sud-américain, né à Arequipa (Pérou) en 1834. Professeur de jurisprudence à l'université d'Arequipa en 1854; directeur du secrétariat du ministère des finances et du commerce du Pérou en 1866, président du Congrès constituant en 1867, ministre des finances en 1868, président provisoire du Pérou en 1882.

Il est auteur du *Diccionario de legislacion peruana.* (Dictionnaire de la législation péruvienne.) Lima, 1859—1863.

Dans l'article qui est consacré au *droit des gens ou international (Derecho de gentes o internacional),* M. Garcia Calderon divise ce droit en droit *naturel,* universel, commun et primitif, c'est-à-dire la science qui consiste à appliquer aux nations les principes du droit naturel; et en droit *positif,* c'est-à-dire l'ensemble des règles que les nations observent entre elles, soit par suite de conventions expresses, soit par l'usage légitiment établi; on comprend donc que ce droit positif se divise en droit *conventionnel* et en droit *coutumier,* selon qu'il déduit ses dispositions de traités ou de la coutume.

Mediacion de los Estados Unidos de Norte America en la guerra del Pacífico. (Médiation des Etats-Unis de l'Amérique du Nord dans la guerre du Pacifique.) Buenos-Aires, 1884, in-8⁰.

Documents échangés avec Mr. A. Logan, ministre plénipotentiaire et envoyé extraordinaire des Etats-Unis d'Amérique, dans lesquels Mr. Garcia Calderon fait l'historique de la médiation de ce dernier pays dans la guerre du Pacifique pendant qu'il était président provisoire du Pérou.

GARDE-CÔTES. On appelle ainsi des navires chargés de garder les côtes, de les défendre, et d'y faire la police dans l'intérêt de la douane ou du service des douanes.

Ces bâtiments, ordinairement de construction légère, battent flamme et sont bien la propriété de l'Etat; mais ce ne sont pas à proprement parler des navires faisant partie de la flotte militaire; partant ils ne sont pas comme ceux-ci obligés de chasser partout les navires ennemis.

En temps de guerre, on accorde quelquefois aux garde-côtes des lettres de marque, afin qu'ils puissent croiser en dehors des limites ordinaires de leur circonscription et courir sus aux navires marchands ennemis; mais ils ne sont pas admis au bénéfice de la présomption de *l'animus capiendi.*

Cependant les cours d'amirauté anglaises leur appliquent, relativement aux captures faites en commun, la jurisprudence consacrée pour les corsaires.

GARDE DES SCEAUX. Titre joint à celui de ministre de la justice, dans les pays où les sceaux de l'Etat sont confiés à ce haut fonctionnaire.

GARDEN (Guillaume, comte de), publiciste; ancien ministre plénipotentiaire. *Histoire générale des traités de paix et autres transactions principales entre toutes les puissances de l'Europe depuis la paix de Westphalie.* Paris, 14 vol. in-8⁰.

Cet ouvrage n'est en grande partie que la reproduction de *l'histoire abrégée* de Koch, continuée jusqu'au Congrès de Vienne et aux traités de Paris de 1815 par Frédéric Schoell; le 14e volume, le dernier qui ait paru, s'arrête à l'année 1814. L'auteur y envisage plutôt le côté politique que le côté juridique des négociations et des actes.

Traité complet de diplomatie, ou théorie générale des relations extérieures des puissances de l'Europe. Paris, 1833, 3 vol. in-8°.

Tableau historique de la diplomatie, ou Exposé des faits accomplis de la politique générale depuis l'origine de l'équilibre européen. 1846. (Tableau grand in folio.)

Code diplomatique de l'Europe ou Principes et maximes du droit des gens. T. I. 1ère partie 1852. in-8°.

Répertoire diplomatique. Annales du droit des gens et de la politique extérieure. Tomes 1 et 2 gr. in-8°. 1860—1862.

GARDE NATIONALE. Corps de citoyens armés pour le maintien de l'ordre et ne recevant point de solde.

En temps de guerre, les gardes nationales peuvent prendre part aux hostilités, et dès lors elles sont assimilées aux soldats de l'armée régulière pour l'exercice des droits de belligérants.

GARDNER, (D.), publiciste américain.
A treatise on international law. (Traité de droit international.) Thay, 1844. in-12°.

Institutes of international law, public and private. (Institution de droit international public et privé.) New-York, 1860. in-8°.

Recueil des sentences de la Cour suprême des Etats-Unis.

GARES INTERNATIONALES. *Voir* CHEMINS DE FER.

GAREIS, (Charles). Jurisconsulte allemand, professeur à Giessen. S'est fait connaître principalement par ses publications sur la législation relative aux brevets d'invention. Parmi ses ouvrages nous citerons : *Das heutige Völkerrecht und der Menschenhandel. Eine völkerrechtliche Abhandlung.* (Le droit des gens actuel et la traite des nègres. Dissertation de droit international.) Berlin 1879.

Patentgesetzgebung. (Législation sur les brevets d'invention.) 4 vol. Berlin 1879—1885.

Traduction allemande des lois sur les brevets d'invention en vigueur dans tous les pays du monde.

GARIATIS (Martin de), dit aussi *Cazetus* de Lodi; publiciste italien; professeur aux universités de Sienne et de Pavie.

Il écrivit vers le milieu du XV siècle divers traités de droit des gens, parmi lesquels nous citerons *De legatis* (Des légations); *De bello* (De la guerre); *De reprœsaliis* (Des représailles).

GARNIER-PAGÈS (Étienne Joseph Louis), homme politique et publiciste français, né à Marseille le 27 décembre 1801, mort à Paris le 23 juin 1841. Membre de la Chambre des députés depuis 1831 jusqu'à sa mort.

C'est lui qui a été l'initiateur du *Dictionnaire politique*, encyclopédie du langage et de la science politiques, rédigé par une réunion de députés, de publicistes et de journalistes. — 2e édition. Paris, 1843.

On y trouve exposées nombre de matières se rattachant au droit international.

GATSCHINA (traité de) 1799. Au bout des huit ans stipulés pour la durée de l'alliance de Drottningholm, un nouveau traité d'alliance et d'amitié entre la Russie et la Suède fut conclu à Gatschina le 29 octobre 1799.

Le traité de Gatschina n'est que la confirmation du précédent avec quelques modifications.

GAUCHE (la). Se dit, dans une assemblée délibérante, de la partie qui est à gauche du président.

La *gauche* ou le côté gauche, en langage parlementaire, s'emploie pour désigner l'opposition dans les chambres législatives françaises, parce que ce parti siège à la gauche du président.

L'extrême gauche est la partie de la gauche dont l'opposition est la plus vive.

Le centre gauche comprend plus particulièrement le côté ou le parti de l'opposition modérée. (*Voir* DROITE ET GAUCHE.)

GEBHARDT (A. G.), publiciste français.
Actes et mémoires concernant les négociations qui ont eu lieu entre la France et les Etats-Unis d'Amérique, depuis 1793 jusqu'à la conclusion de la convention du 30 septembre 1800. Londres, 1807.

GEFFCKEN (F. Henri), publiciste allemand. Ancien ministre résident des villes hanséatiques à Berlin et à Londres professeur de droit public à l'Université de Strasbourg.

M. Geffcken a publié, à Leipzig, en 1866, une 5e édition du *Guide diplomatique* du baron Charles de Martens (Voir ce nom); et en 1881 une 7e édition de l'ouvrage de Heffter (Voir ce nom), *Le droit international de l'Europe*, dont une traduction en français par M. Jules Bergson, a paru en 1883. Cette traduction forme la quatrième édition française de l'œuvre célèbre de Heffter; elle est également augmentée et annotée par M. Geffcken.

M. Geffcken s'est imposé la règle de ne rien changer au texte de l'édition précédente; il s'est borné à mettre à jour les notes bibliographiques et les citations de faits survenus postérieurement. Quant aux indications complémentaires qui lui ont paru nécessaires et aux opinions, différentes de celles de Heffter, qu'il a cru devoir émettre sur certains points, il les a consignées dans les annotations en les faisant suivre de la lettre initiale de son nom (G.).

Ces annotations érudites portent l'empreinte d'une saine appréciation des choses, d'un jugement correct, sûr et impartial. Elles assignent à leur auteur une place des plus honorables à côté de l'éminent publiciste dont il s'est fait l'interprète.

M. Geffcken a publié à Berlin en 1883 une brochure in-8', concernant *La question du Danube*, dans laquelle ce sujet, qui a donné lieu à de nombreux pourparlers entre les puissances intéressées et à plusieurs traités, est étudié dans ses diverses phases depuis la guerre d'Orient de 1856 jusqu'à la situation actuelle, créée par le traité de Berlin de 1878 et la conférence de Londres de 1883.

Enfin M. Geffcken vient de publier une monographie intitulée:

Die völkerrechtliche Stellung des Papstes. (La situation internationale du pape.) Berlin, 1885. 8°.

Cet ouvrage fait partie du *Manuel du droit des gens* qui a paru récemment sous la direction de M. de Holtzendorff. (Voir ce nom.)

GENS. *Les gens*, dans un sens absolu, signifie les hommes en général, et conserve son acception latine de *nations*.

C'est ainsi qu'on dit le *droit des gens*, droit des nations ou droit *international*. (Voir ces mots.)

GENTIL ou GENTILIS (Albéric), publiciste italien, né à Ginesio (Marche d'Ancone) le 14 janvier 1552, mort à Londres, le 19 juin 1608.

Il publia en 1583 un traité *De jure belli* (Du droit de la guerre), dans lequel les principes sont déduits des faits qui se produisent dans le domaine de la politique, et surtout des événements du 16e siècle, que l'auteur apprécie au point de vue du droit public.

En 1589 parut un autre ouvrage, *De legationibus* (Des ambassades), dans lequel sont exposés l'origine et l'exercice du droit de représentation, les qualités nécessaires aux ambassadeurs et les immunités qui doivent leur être accordées.

Entre autres questions Gentilis discute celle de savoir si le caractère public des ambassadeurs s'étend aux Etats près lesquels ils ne sont pas accrédités; il la résout négativement. Gentilis n'admet pas non plus que les différences de religion affectent le droit absolu d'accréditer des agents au dehors, parce que, suivant lui, quand même deux peuples se considèreraient et se traiteraient mutuellement comme hérétiques ou schismatiques, ces peuples n'en sont pas moins soumis aux règles générales du droit des gens.

GENTZ (Frédéric de), écrivain politique et diplomate allemand, né en 1764 à Breslau. Il passa en 1802 du service de Prusse à celui d'Autriche et fut annobli dans ce dernier pays. Jusqu'à sa mort, qui arriva le 9 juin 1832, il fut le bras droit de Metternich et en cette qualité il remplit les fonctions de secrétaire dans tous les congrès depuis 1814. Parmi ses nombreux écrits, où il combat les idées révolutionnaires, nous ne citerons que les *Fragmente aus der neuesten Geschichte des europäischen Gleichgewichts* (Fragments sur l'histoire de l'équilibre européen dans les derniers temps), qui parurent en 1806; puis les *Lettres sur l'histoire de la question d'Orient* (Zur Geschichte der orientalischen Frage) publiées par le comte de Prokesch-Osten. Vienne, 1877.

GESSNER (Louis), publiciste allemand, né à Axthausen près d'Œlde (Westphalie) en 1829.

Conseiller de légation de l'Empire allemand, membre de l'Institut de droit international.

Son principal ouvrage est celui qui a pour titre:

Le droit des neutres sur mer. 1865. 2me édition revue et augmentée. Berlin 1876.

Un des mérites de M. Gessner consiste à établir nettement la distinction entre le droit positif existant et les réformes désirées par la science; il base généralement ses conclusions sur des raisonnements juridiques corroborés par des faits. Dans la 2me édition il a mis à profit les enseignements ressortant de la guerre civile aux Etats-Unis et du conflit franco-allemand de 1870—1871.

A ce traité se rattachent les publications ultérieures :

Zur Reform des Kriegsseerechts (De la réforme du droit maritime de la guerre). 1875.

Kriegführende und neutrale Mächte (Les belligérants et les puissances neutres). Berlin, 1877.

M. Gessner a aussi traité cette question particulière du domaine diplomatique : *De jure uxoris legati atque legatæ* (Du droit de la femme de l'ambassadeur et de l'ambassadrice). 1851.

GHILLANY (Frédéric Guillaume), publiciste allemand, né à Erlangen en 1807, mort en juin 1877.

Conseiller de la cour de Wurtemberg.

Il est l'auteur du *„Manuel diplomatique, recueil des traités européens les plus importants depuis la paix de Westphalie jusque, et y compris le traité de Paris de 1856* (traduction française, avec introduction par J. de Schitzeler. 2 vol. in-8⁰. Paris et Bruxelles, 1856). —

A partir de 1865 M. Ghillany a publié à Leipzig (5 vol. in-8⁰) la *Europäische Chronik* (Chronique européenne): espèce d'éphémérides politiques passant en revue les événements de 1492 jusqu'à notre époque. Chaque fait est indiqué à sa date ; les traités les plus importants sont analysés et les clauses essentielles en sont reproduites textuellement dans la langue originale. L'auteur a donné des développements assez étendus à la partie moderne.

Le quatrième et le 5me volume ont été publiés après la mort du docteur Ghillany ; le dernier nous conduit jusqu'au mois d'avril 1877.

GIANQUINTO (Giovanni de Gioannis), Professeur de droit à l'université de Pise.

Diritto pubblico marittimo. De la confisca per contrabando da guerra. (Droit public maritime. Confiscation pour contrebande de guerre.) Lucques, 1872.

L'auteur cherche à résoudre la 2me question proposée au Congrès de droit international à Naples en 1871. Sa conclusion est favorable aux neutres.

GIORGI (de), publiciste italien.

Professeur de l'université de Parme, a publié :

Della vita e delle opere di Alberigo Gentile (De la vie et des œuvres d'Albéric Gentil). Parme, 1876.

On trouve, dans cet ouvrage, de nombreux détails sur les persécutions auxquelles Gentil fut en butte, puis sur son mérite en droit international.

GIRAUD (Charles Joseph Barthélémy), jurisconsulte français, né à Pernes (Vaucluse) en 1802, mort a Paris en 1882. Ministre de l'instruction publique en 1851; conseiller d'Etat, membre de l'Institut de France, professeur à la faculté de droit de Paris.

Eléments de droit romain par Heineccius, traduits, annotés, corrigés et précédés d'une introduction historique. Paris 1835, t. I, in-8⁰.

Recherches sur le droit de propriété chez les Romains. 1838, in-8 .

Essai sur l'histoire du droit français au moyen-âge. 1845, 2 vol. in-8 .

Le traité d'Utrecht. Paris, 1847, in-8.

Ouvrage traduit la même année en allemand et en espagnol.

Précis de l'ancien droit coutumier français 1852, in-8.

GLAFEY (Adam Fréderic), publiciste allemand, né à Reichenbach en 1692, mort en 1753.

Professeur de droit naturel à Leipzig, archiviste privé de la cour de Dresde.

On a de lui de nombreuses dissertations, en allemand, sur le droit naturel et le droit public, entre autres: *Vernunft und Völkerrecht* (Traité du droit naturel) 1723, 1732, Francfort et Leipzig, 1723. 2e éd. 1732 et 1746; 3e éd. 1752. Dans cette édition le droit des gens est à part sous le titre de *Glafey's Völkerrecht.*

Histoire complète du droit de la nature, Leipzig, 1739, in-4⁰.

Bibliothèque du droit naturel et des gens.

GLOSE. Explication de quelques mots obscurs d'une langue par d'autres mots de la même langue plus intelligibles, par extension, note explicative sur les mots ou sur le sens d'un texte, dans la même langue que le texte, et mise d'ordinaire à la marge. La glose peut être aussi interlinéaire, c'est-à-dire placée entre les lignes du texte.

Glose s'emploie aussi pour *commentaire* (voir ce mot), série de notes servant à éclaircir les endroits obscurs d'un texte

La *glose* se dit spécialement des commentaires des *glossateurs* (voir ce mot) qui accompagnent d'anciennes éditions du *corpus juris* (voir ce mot).

GLOSSATEUR. Celui qui recueille ou qui rédige des *gloses* sur un livre, ou sur un texte quelconque. (*Voir* GLOSE.)

Le terme de *glossateur* est à peu près l'équivalent de *commentateur;* il y a pourtant cette différence que l'explication du glossateur doit être plus littérale et moins libre que celle du *commentateur*. (Voir ce mot.)

Le titre de *glossateurs* à été donné particulièrement aux commentateurs du *corpus juris* (voir ce terme) au moyen-âge : On les appelait ainsi parce qu'ils écrivaient en marge du *corpus juris* de courtes notes explicatives du texte. Ils formaient en Italie une école de jurisconsultes, dont les travaux se continuèrent du 12e siècle au milieu du 16e . Les plus célèbres parmi ces jurisconsultes furent Accurse, Bartole et Balde.

C'est aux glossateurs qu'on peut faire remonter la théorie des *statuts* (voir ce mot); leur doctrine se résume ainsi :

Le droit romain est le droit commun général applicable à tous les citoyens des républiques italiennes, les *statuts* étant des exceptions qui doivent être strictement interprétées.

Les *statuts* en principe doivent être *réels*, c'est-à-dire qu'ils doivent s'appliquer à toute personne et à toute chose située dans le ressort territorial; par exception les étrangers avaient quelquefois le droit d'être jugés d'après une autre loi que la loi locale; dans ce cas cette autre loi était le droit romain et non le statut du domicile de l'étranger.

Si le point de droit est régi uniquement par le statut du domicile de l'étranger, c'est ce statut qui devient la règle.

Parmi les lois locales, quelques-unes doivent être personnelles, les autres réelles : de là le *statut réel* et le *statut personnel*. En général les statuts doivent être réels : chacun d'eux doit avoir autorité sur toute personne et en toute chose dans les limites de son territoire; ce n'est que par exception qu'on applique le statut du lieu du domicile de la personne.

Les *glossateurs* subdivisaient en outre les status en statuts *favorables* et en statuts *défavorables* ou odieux : par les mots *statuts favorables* ils entendaient „statuts relatifs à des points qui devaient être réglés favorablement aux intérêts de la personne en cause", et, selon eux, si certains statuts devaient être considérés comme personnels, c'est parce qu'ils étaient favorables.

GOLFE. Partie de mer qui rentre dans les terres et dont l'ouverture du côté de la mer est ordinairement fort large.

Le golfe diffère de la baie en ce qu'il est plus considérable. (*Voir* BAIE.)

Les golfes défendus soit naturellement par des îles, des bancs de sable ou des roches, soit par le feu croisé de canons placés à leurs deux ouvertures, se rattachent à la souveraineté territoriale contiguë.

Ils sont, quant à la liberté d'accès et au droit juridictionnel, régis par les mêmes principes que les ports et les rades intérieurs. (*Voir* PORTS ET RADES.)

GONFALONIER. Titre d'un magistrat dans plusieurs villes d'Italie.

C'était dans l'origine celui qui était chargé de porter le *gonfalon* ou la bannière de l'Etat.

Le *gonfalonier*, qui était généralement choisi parmi le peuple, était en outre un officier de justice et avait sous ses ordres un corps de troupes chargé de protéger l'exécution des lois.

Dans plusieurs républiques italiennes, notamment à Florence, le *gonfalonier* devint le chef de l'Etat.

Ce titre est encore usité dans quelques contrées de l'Italie; mais il désigne simplement un officier municipal remplissant des fonctions à peu près analogues à celles des maires.

GOUDON (Jean Baptiste), jurisconsulte français, né à Anjouis en 1770, mort en septembre 1834.

Du droit public et du droit des gens, ou Principes d'association civile et politique, suivis d'un projet de paix générale et perpétuelle. Paris, 1808, 3 vol. in 8°.

GOURDON (Edouard), historien français. *Histoire du congrès de Paris.* Avec une introduction par J. Cohen. Paris, 1857.

GOUVERNEMENT. *Définition et classification.* Autorité qui régit un Etat; ensemble des pouvoirs auxquels, dans chaque Etat, appartient l'exercice de la souveraineté effective.

La manière dont s'exerce cette autorité varie selon la constitution de l'Etat (*Voir* CONSTITUTION, ETAT.)

On nomme *démocratique* l'Etat qui n'admet aucune distinction, aucun privilège entre les diverses classes de la société et reconnaît à tous les citoyens un droit égal à concourir à la gestion des affaires publiques (*Voir* DÉMOCRATIE ; *représentatif*, l'Etat où le pouvoir est concentré par délégation élective universelle ou partielle, entre les mains d'un nombre déterminé de personnes formant groupe ou corporation gouvernementale (*Voir* REPRÉSENTATIF); et *monarchique*, l'Etat qui a pour organe suprême un seul chef centralisant le pouvoir exécutif (*Voir* MONARCHIE). Cette dernière forme de gouvernement se combine parfois dans les constitutions avec tel ou tel élément des deux autres et donne naissance, entre autres, aux gouvernements représentatifs.

Des combinaisons du même genre se produisent aussi dans les pays régis par des institutions républicaines; mais tous n'admettent pas dans la même mesure le concours et l'influence de l'élément populaire ou électif pour l'organisation de leur pouvoir souverain. (*Voir* RÉPUBLIQUE.)

Représentation à l'extérieur. La personne qui arrive au gouvernement d'un pays devient par ce fait et doit être considérée comme l'organe et le représentant de l'Etat.

La règle générale est que la représentation de l'État à l'extérieur appartient à un gouvernement qui a de fait la direction des affaires.

Celui qui perd cette direction cesse de représenter l'Etat à l'extérieur; ainsi on ne peut conclure de traités obligatoires pour l'Etat avec un souverain détrôné, car il serait absurde de prétendre qu'un peuple puisse être lié par les actes d'un prince qui ne possède plus aucun pouvoir sur ce peuple et qui est incapable désormais d'assurer l'exécution de ce qu'il a promis.

Lorsqu'il y a doute sur la question de savoir si une personne est devenue ou est encore souveraine de fait, les Etats étrangers peuvent contester à cette personne le droit de représenter l'Etat à l'extérieur.

Légalité et reconnaissance d'un gouvernement. La légalité ou l'illégalité de l'origine d'un gouvernement est une question de droit constitutionnel; elle n'est que subsidiairement du ressort du droit international.

Un gouvernement qui s'est élevé en violant le droit peut devenir légal, s'il se maintient et s'il est reconnu par tous.

La question de la reconnaissance d'un gouvernement étranger est tranchée par les gouvernements des divers pays.

De ce qu'un Etat entre en relations régulières avec le gouvernement établi de fait dans un autre Etat, il ne résulte pas qu'il reconnaisse la légalité de ce dernier: il indique seulement par là qu'il reconnaît à ce gouvernement l'autorité et les ressources nécessaires pour se faire respecter et agir avec efficacité. Du moment que le successeur d'un prince détrôné représente ainsi réellement l'autorité, il devient de règle de recevoir ses envoyés.

Engagements pris par un gouvernement Tout changement fondamental qu'un Etat éprouve dans sa manière d'être affecte donc ses relations internationales. (*Voir* CHANGEMENTS SURVENUS DANS LES ETATS.)

Mais la question de savoir jusqu'à quel point un changement fondamental survenu au sein d'un Etat invalide ou laisse subsister la force obligatoire de ses engagements antérieurs ne comporte pas de solution absolue; en cette matière tout dépend des circonstances, de la nature et de la portée des traités autant que du caractère et de la signification véritable et légitime des transformations politiques qui motivent le doute.

En résumé on peut admettre les principes suivants:

La personnalité internationale d'un Etat ne subit aucune modification par suite du changement de son gouvernement, même par le fait d'une révolution violente, pourvu que le peuple et le territoire conservent leur individualité.

On peut conclure avec un usurpateur victorieux et reconnu par son pays des traités obligatoires. Les puissances étrangères, n'étant pas en droit de se mêler des affaires domestiques d'un peuple, ne sont pas obligées d'examiner sa conduite dans ces mêmes affaires pour en peser la justice ou l'injustice; elles peuvent si elles le jugent à propos, supposer que le droit est joint à la possession Elles sont fondées à tenir pour légitime ce qui s'est fait. Pour les gouvernements étrangers celui qui se trouve exercer de fait la souveraineté doit être considéré comme le représentant de l'Etat Ce serait porter atteinte à l'indépendance des nations que de s'ériger en juge des changements qu'il leur plaît d'opérer dans leur constitution politique. Lors donc que des puissances étrangères ont reçu les ministres d'un usurpateur et lui ont envoyé les leurs, le prince légitime s'il vient à remonter sur le trône, ne peut se plaindre de ces démarches comme d'une offense ni en faire un juste motif de guerre, pourvu que ces puissances n'aient pas donné de secours contre lui.

Les actes d'un gouvernement intermédiaire demeurent valables et doivent être reconnus par le gouvernement qui lui succède, si celui-ci a reconnu le gouvernement intermédiaire par un traité de paix antérieur ou postérieur et, à plus forte raison, s'il a accédé à un ou à plusieurs de ces actes, soit par un traité conclu avec le gouvernement duquel ils émanent ou avec une tierce puissance, soit par une déclaration explicite ou même implicite de sa volonté.

Si les actes du gouvernement intermédiaire ont été conformes aux préceptes de la constitution et de l'administration ancienne et légitime du pays, il est évident que dans ce cas le gouvernement intermédiaire n'a agi que comme l'aurait fait le souverain légitime, et celui-ci, en ne reconnaissant pas ces actes, contreviendrait à la constitution et aux lois qui le dirigeaient avant son empêchement; il ne peut donc logiquement se refuser à en admettre la validité.

On en peut dire autant de tout acte auquel il n'a point pris part, mais dont la nécessité et l'utilité sont démontrées, quand bien même il ne serait pas conforme à la constitution et à l'administration légitimes.

Dans le cas où le gouvernement intermédiaire aurait exigé d'un sujet de l'Etat ou d'un étranger le paiement d'une dette due à l'État ou une prestation quelconque, en l'obligeant, par exemple, à se soumettre à une obligation conventionnelle, comme le paiement ou la prestation est alors censé avoir tourné au profit de l'Etat, le souverain légitime ne pourra annuler les engagements formés dans ces circonstances, ou bien il ne pourra le faire qu'en indemnisant la partie contractante du montant qu'elle aura avancé, sauf toutefois son recours contre l'usurpateur.

Il en sera de même lorsqu'il s'agit de fournitures faites au gouvernement intermédiaire et ayant tourné au profit de l'Etat; car l'Etat est tenu d'honneur de payer ce qu'il doit, quelle que soit la personne ou les personnes qui dirigent son gouvernement. Sa responsabilité du paiement deviendrait contestable, s'il y avait eu concussion, et si les objets acquis ou échangés n'avaient point été employés au service public. Du reste, si l'acquéreur a fait des améliorations réelles dans la chose qu'on veut lui faire rendre, il peut exiger d'être indemnisé. (*Voir* TRAITÉS, DETTES PUBLIQUES.)

La responsabilité des actes de violence commis par un gouvernement, bien qu'illégitime, retombe sur celui qui lui succède, à tel point que le changement même de dynastie ne saurait l'en exempter (*Voir* RESPONSABILITÉ).

Le mot *gouvernement* a encore différentes acceptions. Il s'emploie pour désigner ceux qui gouvernent un Etat, la charge de gouverneur dans une province, dans une ville, dans une place forte, dans une maison royale; le territoire, la ville placée sous l'autorité d'un gouverneur; l'hôtel, la résidence du gouverneur; une division territoriale. Certains pays, par exemple la Russie, sont divisés en *gouvernements*, comme d'autres le sont en provinces, en districts, en départements, etc.

GOUVERNEUR. Fonctionnaire chargé du commandement dans une province, dans une place forte, dans une maison royale.

GRACE. Titre d'honneur qu'on donne, en Angleterre, aux ducs et aux évêques anglicans.

GRACIA y PAREJO (Rafael de), publiciste espagnol.

Estudios sobre la extradicion en derecho constituyente y positivo con particular aplicacion à España. Madrid, 1884, 1 vol. in 8º.

(Études sur l'extradition en droit constitutif et positif avec application particulière à l'Espagne.)

Mr. Gracia y Parejo étudie l'extradition selon le droit constitutif et positif, et consacre un chapitre au droit positif et à la pratique des tribunaux espagnoles sur la matière dont traite son livre.

C'est une monographie complète de l'extradition contenant la doctrine et les principes qui régissent en Espagne et à l'étranger avec une analyse critique des systèmes théoriques et légaux sur l'extradition.

Le texte est suivi d'appendices contenant les lois d'extradition des pays étrangers, projet de loi présenté aux Cortès et de propositions relatives à un congrès scientifique.

GRACIEUX, JURIDICTION GRACIEUSE. Qui est de grâce, de bienveillance, de faveur. Ainsi l'on dit *à titre gracieux*, d'une chose qu'on accorde par pure grâce, sans qu'on y soit obligé par aucune considération.

On qualifiait de *gracieuse* la juridiction que les évêques exerçaient autrefois par eux-mêmes, par opposition à la juridiction contentieuse qu'ils exerçaient par leurs officiaux.

On nomme encore aujourd'hui juridiction *gracieuse* ou *volontaire* celle qui est accordée au ministre public à l'égard des personnes de sa suite. En vertu de cette juridiction le ministre peut recevoir des testaments, légaliser les contrats et les actes de l'état civil, faire apposer les scellés, etc.

Le ministre étranger peut également exercer cette juridiction gracieuse par rapport aux sujets de son gouvernement dans le pays où il réside; mais alors il faut qu'il ait un mandat spécial. Toutefois le gouvernement près lequel il est accrédité, n'est pas plus obligé de reconnaître ces actes comme valables qu'il ne l'est de reconnaître tous autres actes émanant des autorités de l'Etat que le ministre représente; ces actes de juridiction gracieuse ne peuvent avoir de valeur auprès des tribunaux locaux que dans les limites prévues par les traités ou consacrées par les règles générales sur les contrats faits en pays étranger; le gouvernement étranger peut n'en pas admettre la validité toutes les fois que le litige est regardé par lui comme étant du ressort de ses tribunaux.

Dans aucun cas les ministres étrangers n'ont le droit de statuer sur des contestations entre leurs nationaux ni même entre les personnes de leur suite.

GRAND. Titre des dignitaires les plus élevés de leur ordre : grand-maître de l'université, grand-chancelier de la légion d'honneur, grand-référendaire, grand-chambellan, grand-maître des cérémonies, grand-vizir, grand-prêtre, etc.

Titre donné aux officiers principaux de certains ordres de chevalerie : grand-officier, grand-cordon, grand-croix de la légion d'honneur.

Titre de certains princes souverains : le Grand-Seigneur ou le Grand-Turc, c'est-à-dire le Sultan ou empereur de Turquie; le Grand-Khan de Tartarie; le Grand-Mogol.

GRAND D'ESPAGNE, GRANDESSE. Le plus haut titre honorifique de la noblesse en Espagne.

La *Grandesse* est la dignité attachée à ce titre; elle peut être accordée à des étrangers.

Les grands d'Espagne se divisent en trois classes : Ceux de la première classe parlent au roi et l'écoutent la tête couverte; ceux de la seconde ne se couvrent qu'après avoir parlé et écoutent couverts la réponse du roi; ceux de la troisième ne se couvrent qu'après y avoir été invités par le roi.

GRAND-DUC, GRAND-DUCHÉ, GRANDE-DUCHESSE. Titre porté par quelques princes régnants de l'Allemagne. Leurs femmes et leurs filles prennent le titre de grande-duchesse. Les grands-ducs et les grandes-duchesses ont droit aux honneurs royaux.

Le grand-duché est l'Etat dont le souverain a le titre de grand-duc.

Plusieurs grands-duchés sont des Etats indépendants, d'autres sont placés sous la souveraineté d'un monarque, en conservant une administration distincte, ou sont réunis définitivement à un plus grand Etat, dont ils sont devenus autant de provinces.

Grand-duc est aussi le titre que prennent, en français, les princes de la famille impériale de Russie,

GRANDEUR. Titre d'honneur qu'on donnait autrefois aux Grands Seigneurs, qui ne prenaient point celui d'Altesse ou d'Excellence; il ne s'adresse plus guère qu'aux évêques.

GRÈCE (Acte d'indépendance de la) Un soulèvement contre la domination turque, qui éclata en 1820 dans la Morée (ancien Péloponèse), gagna bientôt toutes les provinces de la Grèce, qui envoyèrent des représentants à une assemblée nationale chargée d'organiser la résistance et l'affranchissement définitif du pays.

Cette assemblée, réunie à Epidaure, ville de l'Argolide, inaugura l'année 1822 par la publication d'une *Constitution provisoire de l'Hellénie*, laquelle avait pour préambule une déclaration ainsi conçue

„Au nom de la Très Sainte et Indivisible Trinité!“

„La Nation Hellène s'étant affranchie par de grands sacrifices du joug de l'odieuse tyrannie ottomane, qu'elle ne pouvait supporter plus longtemps, proclame aujourd'hui par l'organe de ses représentants légitimes, réunis en assemblée nationale, en présence de Dieu et des hommes, son existence politique et son indépendance.“

„Donné à Epidaure le 1/13 janvier 1822, l'an 1er de l'indépendance.“

Cette déclaration succincte fut quelques jours après suivie d'un document plus étendu, par lequel l'assemblée justifiait l'insurrection, et dont voici les partages les plus importants:

„Proclamation d'indépendance de l'Assemblée nationale Hellénique.

„Descendants des peuples sages et généreux de l'Hellénie, contemporains des nations éclairées et civilisées de l'Europe, spectateurs du bien-être dont elles jouissent à l'ombre de l'égide impénétrable des lois, il nous était devenu impossible de souffrir plus longtemps sans lâcheté et sans bassesse le joug cruel que la puissance ottomane faisait peser sur nos têtes depuis plus de quatre siècles : — puissance qui, sans écouter la raison, ne connaît d'autre loi que sa volonté, règle et dispose toute chose despotiquement et selon son caprice.

Après un si long esclavage, nous nous sommes décidés à prendre les armes pour nous venger, nous et notre patrie, d'une affreuse tyrannie, inique dans son principe, tyrannie sans exemple et à laquelle on ne pourrait comparer celle d'aucune autre domination.

La guerre que nous soutenons contre les Turcs n'est point une guerre de faction ni de sédition; elle n'a point pour but l'avantage d'une seule portion du Peuple Hellène; c'est une guerre nationale, une guerre sacrée, une guerre qui n'a pour objet que de reconquérir les droits de la liberté individuelle, nos propriétés et notre honneur; droits dont aujourd'hui jouissent les peuples civilisés de l'Europe, nos voisins; droits dont la tyrannie cruelle et inouïe des Ottomans voulait nous priver, nous seuls, et dont elle s'efforçait d'étouffer le souvenir dans nos cœurs. Serions-nous donc des êtres moins raisonnables que les autres peuples pour rester privés de ces droits? Serions-nous d'une nature si vile et si abjecte pour qu'on pût nous regarder comme indignes d'en jouir et nous condamner à rester écrasés sous un éternel esclavage et soumis, comme des bêtes de somme ou des automates, aux caprices déraisonnables d'un cruel tyran, venu comme un brigand abhorré de contrées lointaines pour nous envahir? Ces droits, la nature les a profondément gravés dans le cœur de tous les hommes; les lois, d'accord avec la nature, les ont si bien consacrés que non seulement trois et quatre siècles, mais encore des milliers et des millions de siècles ne pourraient les anéantir; la force et la violence ont pu les comprimer et les paralyser pour un temps; la force peut encore les relever et les faire renaître dans toute leur vigueur tels qu'ils étaient autrefois et pendant des siècles; ces droits enfin que nous n'avons cessé de défendre les armes à la main dans l'Hellénie, autant que le moment et les circonstances le permettaient.

Appuyés sur la base de nos droits naturels, et désirant nous assimiler au reste des chrétiens d'Europe, nos frères, nous avons commencé la guerre contre les Turcs, ou plutôt, réunissant toutes nos forces isolées, nous nous sommes formés en un seul corps d'armée; fermement résolus de parvenir à notre but et de

nous gouverner par des lois sages ou d'être entièrement anéantis, jugeant indigne de nous, descendants des peuples glorieux de l'Hellénie, de vivre désormais dans un semblable esclavage, plutôt fait pour des animaux sans raison que pour des êtres pensants. Dix mois se sont écoulés depuis que nous avons commencé cette guerre nationale, le Dieu Tout-Puissant nous a secourus; et bien que nous ne fussions pas suffisamment préparés à une aussi grande entreprise, nos armes ont été partout victorieuses, malgré les puissants obstacles que nous avons rencontrés encore partout.

Nous avons eu contre nous des circonstances hérissées de difficultés, et actuellement nous nous efforçons encore de les aplanir; il ne doit donc point paraître étonnant que dès le principe nous n'ayons pas encore pu parvenir à proclamer notre indépendance, à prendre rang parmi les peuples civilisés de la terre et à marcher de front avec eux. Avant d'avoir établi notre indépendance, il nous était impossible de nous occuper de notre existence politique. Que les motifs justifient aux yeux des nations le retard que nous y avons apporté et nous consolent de l'anarchie ou nous nous trouvions!

Maintenant que les circonstances difficiles commencent à s'aplanir, nous avons résolu ou plutôt nous avons été dans la nécessité d'organiser la constitution politique de l'Hellénie, et principalement pour le continent oriental et occidental de l'Hellénie, pour le Péloponnèse, les îles, etc., etc. Comme il s'agit de régler les bases particulières d'après lesquelles chacune des provinces et des îles ci-désignées doit être gouvernée, il était nécessaire de constituer un autre gouvernement provisoire général pour toutes les affaires intérieures et extérieures de l'Hellénie. Afin d'établir cette règle et cette organisation, chacune de ces provinces et de ces îles a envoyé des représentants munis de pleins pouvoirs, et ceux-ci, réunis en assemblée nationale, après avoir examiné les affaires publiques et y avoir mûrement réfléchi, ont arrêté une constitution provisoire, d'après laquelle l'Hellénie entière doit dorénavant être administrée. Cette constitution étant basée sur la justice et sur de bonnes lois et, de plus, étant formée par le consentement général des Héllènes, tous les peuples habitants de l'Hellénie doivent la reconnaître comme *constitution unique, légitime et nationale*, et se conduire en conséquence.

Le gouvernement est composé de deux

corps, le pouvoir exécutif et le corps législatif, par lesquels sera formé le pouvoir judiciaire, qui sera néanmoins indépendant de l'un et de l'autre.

„A Epidaure, le 15/27 janvier 1822, l'an 1 de l'Indépendance.

Signé : A. Mavrocordato, président de l'Assemblée nationale".

GREFFIER, fonctionnaire chargé de tenir la plume aux audiences d'un tribunal ou d'une cour, de tenir note et de dresser procès-verbal de tous les actes qui s'y accomplissent, d'écrire les minutes des jugements ou des arrêts, d'en délivrer des expéditions ou des extraits, et d'assister les juges dans certaines occasions.

Quand le consul exerce les fonctions judiciaires, dans les contrées du Levant et de l'extrême Orient, par exemple, les chanceliers remplissent celles du greffier (*Voir* CHANCELIER, CONSUL).

Cependant, dans certains localités, ces dernières fonctions sont attribuées à un des drogmans de la légation ou de l'ambassade, désigné à cet effet par le ministre ou l'ambassadeur (*Voir* DROGMAN, AMBASSADEUR, MINISTRE).

GRENANDER (B. Kr.), publiciste suédois, docteur en droit; secrétaire de la Commission législative de la Diète suédoise (1878—1884); membre de la Société de législation comparée et de la Société générale des prisons.

Sur les conditions nécessaires selon le droit des gens, pour avoir, en guerre, le droit d'être considéré et traité comme soldat. Paris, 1882. broch. in 8⁰.

(Extrait de la *Revue pratique de droit français, jurisprudence, doctrine, législation.*)

Le principe inquisitoire dans la procédure pénale suédoise. Paris, 1884. broch. in-8⁰. 24 pag.

(Extrait du *Journal du droit criminel,* 54ᵉ année. 1884.)

Cette étude a paru en suédois dans la *Revue de législation, de jurisprudence et d'administration* du Dr. Christian Naumann, ancien professeur de l'université de Lund, conseiller à la cour suprême du royaume de Suède. 1883.

GRILLE. En langage de chancellerie, c'est le parafe, en forme de grilles ou de barreaux se traversant les uns les autres, que les secrétaires du roi, quand ils signaient officiellement, mettaient au devant des parafes dont ils ornaient leur signature particulière.

On donne aussi le nom de *grille* à un des systèmes de *chiffres* employés dans la diplomatie pour le secret des correspondances.

La *grille* consiste à disposer une série de mots de manière qu'ils paraissent entremêlés au hasard et ne puissent avoir de sens exact et complet que pour le correspondant qui en a la clef. Son nom lui vient de cette clef, qui n'est autre chose qu'un carton découpé à jour, qu'on pose sur la dépêche à certains points de repère, et qui alternativement laisse apparaître ou recouvre les mots indispensables pour fournir un sens intelligible.

Le procédé de la grille ne peut s'appliquer qu'à des correspondances de peu d'étendue. (*Voir* CHIFFRE.)

GRODNO (traités de) 1793. Les traités signés à Grodno en 1793 sont la consécration du second partage de la Pologne auquel la Russie et la Prusse participèrent seules, à l'exclusion de l'Autriche.

Un traité intervint d'abord, le 22 juillet entre la Russie et la Pologne, par lequel cette dernière cédait à l'autre une partie du Palatinat de Wilna, le reste de ceux de Polotzk et de Minsk, des parties de ceux de Nowogrodek et de Volhynie, toute la Podolie et l'Ukraine.

Par un traité conclu le 25 septembre suivant avec la Prusse, la Pologne cédait à celle-ci, en outre les villes de Dantzig et de Thorn, les palatinats de Posnanie, de Gnesne, de Kalisch, de Brzescen-Cujavie, la plus grande partie de ceux de Lenschütz et de Sieradie, le pays de Wielun et un district du palatinat de Cracovie.

La signature de ce traité fut immédiatement, le 16 octobre, suivie de la conclusion d'une alliance entre la Pologne et la Russie. Par ce dernier acte la Pologne renonçait réellement à son indépendance et se soumettait à la Russie.

Voici en effet en quels termes sont conçus les principaux articles de la convention.

„Comme est-il dit aux articles 6 et 7, par suite des engagements que les deux hautes parties viennent de contracter entre elles, le plus grand poids de la défense contre toutes attaques auxquelles elles seraient exposées, tomberait nécessairement à la charge de l'Empire de Russie, le roi de Pologne reconnaît qu'il est aussi juste que salutaire de laisser à l'Impératrice de Russie et à ses successeurs et héritiers tout le degré d'influence utile dans les mesures militaires et politiques, qu'une sage prévoyance, d'après un conseil préalable avec le gouvernement polonais, pourrait conseiller pour la sûreté et la tranquilité de la Pologne, soit pour écarter les dangers d'une guerre qui pourrait la menacer, soit pour faciliter les moyens de l'en faire sortir avec honneur et avantage. En conséquence il est libre à l'Impératrice de Russie et à ses successeurs et héritiers de faire entrer ses troupes dans tous les cas de nécessité, après en avoir amicalement prévenu le gouvernement polonais, de les faire séjourner, et de former des magasins, pour la garde desquels il sera permis de laisser tel nombre de troupes qu'il sera jugé nécessaire, etc.“

L'article 11 ajoute que „comme désormais l'existence politique de la Pologne devient un objet de la plus haute importance pour la Russie, la Pologne ne contractera avec aucune autre puissance aucun liaison ni transaction, ne fera même vis-à-vis des puissances étrangères aucune démarche essentielle qu'au su de la Russie et de concert avec elle.“

De plus la Russie s'engageait à garantir la constitution que la Pologne allait se donner par l'entremise de la diète réunie alors à Grodno, sans que cette garantie exclût le droit de la Pologne d'y faire par la suite des changements; cependant ces changements devaient être concertés avec la Russie.

Enfin les gentilshommes polonais et russes, ainsi que les marchands des deux nations, devaient jouir dans les Etats respectifs des parties contractantes des mêmes droits et des mêmes privilèges.

GROSSE. Copie d'un acte authentique revêtu de la *forme exécutoire* (voir ce terme), laquelle consiste dans l'emploi, en tête et à la fin de la grosse, des formes solennelles consacrées pour les jugements des tribunaux; l'intitulé des grosses et le mandement qui les termine sont libellés au nom du chef de l'Etat.

Il y a cette différence entre une *grosse* et une *expédition* (voir ce mot), que celle-ci ne comporte pas la forme exécutoire et que par conséquent elle ne confère à la personne qui en est porteur que le simple droit d'action, c'est-à-dire le droit d'agir en justice, tandis que la *grosse* autorise à poursuivre directement l'exécution d'un acte au même titre que celle d'un jugement.

Les chanceliers des consulats, remplissant à l'étranger les fonctions de notaires pour leurs nationaux, sont chargés de délivrer les grosses des actes et des contrats de leur ministère.

La forme exécutoire ne peut être donnée qu'aux actes dont la minute reste en chancellerie.

La première grosse d'un acte ne peut être délivrée qu'aux parties qui ont caractère pour en poursuivre l'exécution: or, comme chacune des parties a le droit d'exiger la grosse dont elle a besoin, il peut être délivré plusieurs premières grosses d'un même acte; en pareil cas le chancelier est tenu de mentionner sur chaque grosse à qui il la délivre, en faisant la même mention sur la minute.

Un chancelier ne peut délivrer de seconde grosse qu'en vertu d'une ordonnance consulaire ou d'une décision judiciaire, que pour sa décharge il transcrit sur le registre des actes de chancellerie et, par extrait, en marge de l'acte. (*Voir* CHANCELIER, CHANCELLERIE, CONSULS, CONSULAT.)

GROTEFEND (G. A.), jurisconsulte allemand.

Das deutsche Staatsrecht der Gegenwart (Droit public actuel de l'Allemagne. Berlin, 1868.

L'auteur a en vue, non pas le droit qui régit les rapports des différents Etats allemands, mais le droit public interne de chacun de ces Etats.

GROTIUS (Hugo van Groot dit publiciste hollandais, né à Delft en 1583, mort à Rostock (Mecklembourg) en 1345.

Grotius a écrit dans des genres bien différents: on a de lui des livres d'histoire, de politique, de philosophie, de théologie et même des poésies, mais c'est comme publiciste qu'il est le plus célèbre. Il est regardé comme le créateur du droit des gens.

Son livre *De jure belli ac pacis.* (Du droit de la guerre et de la paix) qui parut pour la première fois en 1625 à Paris, est l'œuvre la plus importante qu'on eût écrite avant lui sur la matière, et l'on peut ajouter qu'elle est encore une des plus remarquables de celles qui ont été publiées depuis.

Grotius donne pour fondement à son système le droit naturel, *jus naturale,* „règle que nous suggère la droite raison, qui nous fait connaître qu'une action, suivant qu'elle est ou non conforme à la nature raisonnable, est entachée de difformité morale ou est moralement nécessaire et que conséquemment Dieu, l'auteur de la nature, l'interdit ou l'ordonne.“ Ce droit naturel est tellement immuable qu'il ne peut pas même être changé par Dieu; en effet, quelque immense que soit la puissance divine, on peut dire cependant qu'il y a des choses sur lesquelles elle ne s'étend pas, parceque celles auxquelles nous faisons allusion ne peuvent être énoncées, mais n'ont aucun sens qui exprime une réalité et sont contradictoires entre elles. Après ces définitions, Grotius conclut qu'on ne doit point confondre le droit naturel et le droit des gens : le droit des gens se fonde sur les convenances des nations, sur les règles établies pour l'utilité et la convenance non d'un Etat ou d'une nation particulière, mais de toutes les nations.

Quant au droit de la guerre en particulier, pour Grotius ce droit, en réalité, n'existe pas : à ses yeux toute guerre est un fait anti-juridique et anti-social; la seule chose qu'il admette, c'est que, quand ce fait s'est produit, on doit faire respecter autant que possible les devoirs de l'humanité.

S'il faut en croire Ompteda, le livre du *Droit de la guerre et de la paix*, adopté comme livre de texte dans toutes les universités, compta jusqu'en 1758 45 éditions. *Hallam* reconnaît que le traité de Grotius fait époque dans l'histoire philosophique aussi bien que dans la politique de l'Europe et que 30 à 40 ans après sa publication il était encore cité comme autorité par les professeurs des universités et placé au premier rang des livres indispensables pour l'étude du droit civil.

Il existait depuis longtemps deux traductions françaises du *Droit de la guerre et de la paix*, l'une par M. de Courtin, publiée au 17e siècle, l'autre par Barbeyrac en 1746; mais ces traductions étaient incomplètes et insuffisamment exactes; le second traducteur avoue même s'être „donné la liberté de suppléer des transitions, de transporter des pensées, de changer l'ordre des périodes, de faire passer des notes dans le texte et *vice versa*, d'abréger certains passages, etc."

Enfin en 1867 M. Pradier-Fodéré a fait paraître une traduction qui répondait aux besoins de notre temps. Il a traduit Grotius aussi fidèlement que possible, en suivant de très près le texte, préférant l'exactitude à l'élégance du style; il a accompagné sa traduction d'un choix de notes empruntées aux commentateurs qui l'ont précédé, et de notes nouvelles ayant surtout pour objet de mettre l'œuvre de 1625 en harmonie avec l'état actuel de la science et de montrer dans quelle mesure elle a contribué aux conquêtes du droit public européen.

Le livre de M. Pradier-Fodéré est précédé d'un essai biographique et histo-

rique, dans lequel il fait parfaitement ressortir l'importance des travaux de Grotius et l'influence qu'ils ont exercée sur les mœurs politiques du monde civilisé; enfin une table analytique des matières complète la vulgarisation d'un ouvrage qu'on peut considérer comme la source mère de la science du droit moderne.

Plusieurs années avant son livre du *Droit de la guerre et de la paix*, Grotius avait fait paraître un autre ouvrage, qui avait appelé sur lui l'attention. Le traité de la *Liberté des mers*, publié en 1609, avait pour objet de combattre les prétentions des Portugais à la domination exclusive de la mer des Indes et de celles qui baignent les côtes occidentales de l'Afrique. Dans le chapitre V Grotius établit la liberté des mers en général et entre à ce sujet dans de longues discussions sur les choses qui doivent être communes et celles qui sont susceptibles d'une appropriation réservée; faisant ensuite une distinction entre le droit de propriété et celui de protection et de juridiction, il déclare que, si la propriété est inique par rapport à certaines choses elle est barbare et inhumaine par rapport à la mer; il conclut par proclamer que la navigation en pleine mer est libre pour tous, même sans la permission d'aucun prince. Dans le dernier chapitre de son livre, l'auteur arrive à la conséquence pratique qu'il poursuit, c'est-à dire à établir que les Hollandais ont, à l'encontre des Portugais, le droit de commercer librement avec les Indes, et à justifier la légitimité d'une guerre fondée sur des principes qui ont pour cause la liberté même du genre humain.

La doctrine soutenue dans le *Mare liberum* a été plus tard combattue par le publiciste anglais Selden, dans son livre *Mare clausum*, publié en 1635. (*Voir* SELDEN.)

GUADALUPE HIDALGO (traité de). Traité de paix, d'amitié, de limites et de règlement entre les Etats-Unis d'Amérique et la République Mexicaine, signé à Guadalupe Hidalgo le 2 février 1848

La province du Texas avait réussi, en 1836, à se détacher du Mexique et a former une république indépendante; mais, sans cesse harcelés par les Mexicains, les Texiens ne tardèrent pas à se tourner du côté des Etats-Unis, auxquels ils demandèrent à être annexés.

Un traité fut conclu à cet effet entre les parties; le sénat des Etats - Unis y refusa son assentiment; mais le Congiès, par une résulotion des deux chambres, déclara, „consentir à ce que le territoire compris dans la République du Texas et lui appartenant en droit, fût érigé en un nouvel Etat du Texas," et le 29 décembre 1845, il fut voté que „le Texas serait un des Etats-Unis d'Amérique et admis dans l'Union sur un pied d'égalité avec les Etats originaires sous tous les rapports".

Le 13 mai suivant cette décision était appuyée par une déclaration de guerre au Mexique. Bientôt une armée des Etats-Unis entra victorieuse à Mexico, et c'est alors que le gouvernement mexicain consentit à entamer des négociations de paix qu'il avait d'abord repoussées, et qui aboutirent au traité de Guadalupe Hidalgo.

Ce traité stipule une paix universelle et durable entre les parties contractantes et leurs pays, territoires, villes, places et peuples respectifs sous exception de lieux ou de personnes.

Le point important était la nouvelle délimitation de frontières entre les deux Etats : à l'avenir la ligne de frontière entre les deux républiques commencera dans le Golfe du Mexique, à 3 lieues de terre, vis-à-vis de l'embouchure du Rio Grande autrement nommé Rio Brávo del Norte, ou vis-à-vis de l'embouchure de son bras le plus profond, s'il y a plus d'un bras qui se jette directement dans la mer; de là elle remontera le milieu de ce fleuve, en suivant le canal le plus profond, là ou il y a plus d'un canal, jusqu'au point où elle atteint la frontière méridionale du Nouveau Mexique (qui passe au nord de la ville appelée Paso) jusqu'à sa terminaison occidentale; puis, dans la direction du nord, elle longera la ligne occidentale du Nouveau Mexique jusqu'à son point d'intersection avec le premier bras de la rivière Gila (ou si elle ne coupe pas un bras de cette rivière, jusqu'au point de la dite ligne le plus proche ¦de ce bras, et ensuite en droite ligne jusqu'au dit bras); de là en descendant le milieu du dit bras et de la dite rivière jusqu'à l'endroit où celle-ci se jette dans le Rio Colorado, enfin elle traversera le Rio Colorado, en suivant la ligne de séparation entre la Haute et la Basse Californie jusqu'à l'Océan Pacifique.

Pour prévenir toute difficulté dans le tracé de la limite entre la Haute et la Basse Californie, il était convenu que cette limite consisterait en une ligne droite tirée du milieu de la Rivière Gila, à son confluent avec le Colorado, jusqu'à un point sur la côte de l'Océan Pacifique situé à une lieue marine au sud du point le plus méridional du port de San Diego.

Il ne pouvait être fait aucun changement de cette ligne de frontière, que du consentement des deux nations, exprimé par le gouvernement général de chacune d'elles conformément aux constitutions respectives.

Les bateaux et les citoyens des Etats-Unis devaient en tout temps avoir liberté de passage par le Golfe de Californie et par la rivière Colorado au-dessous de son confluent avec le Gila pour se rendre dans leurs possessions situées au nord de la ligne de frontière ci-dessus fixée, ou pour en sortir; il était entendu que ce passage devait s'effectuer par la navigation du Golfe de Californie et la rivière Colorado et non par terre, sans le consentement exprès du gouvernement mexicain.

Comme la rivière Gila et la partie du Rio Bravo del Norte située au-dessous de la frontière méridionale du Nouveau-Mexique se trouvent partagées au milieu entre les deux républiques, la navigation du Gila et du Bravo au-dessous de la dite frontière devait être libre et commune aux bateaux et aux citoyens des deux pays. Aucune des deux républiques ne pourrait, sans le consentement de l'autre, faire des constructions de nature à entraver ou à interrompre en tout ou en partie l'exercice de ce droit, fût ce même pour favoriser de nouvelles méthodes de navigation. Il ne serait non plus perçu aucune taxe ou contribution quelconque sur les bateaux ou les personnes navigant dans les eaux susmentionnées, ou sur les marchandises ou les denrées transportées par cette voie, si ce n'est en cas de débarquement sur l'une des rives. Si, dans le but de rendre les dites rivières navigables ou de les entretenir en cet état, il était nécessaire ou avantageux d'établir une taxe ou une contribution, cela ne devrait pas se faire sans le consentement des deux gouvernements.

Les Mexicains établis dans les territoires appartenant antérieurement au Mexique et compris désormais dans les nouvelles limites des Etats-Unis, étaient libres d'y conserver leur résidence, ou de se retirer à n'importe quelle époque dans la république mexicaine, en conservant les biens qu'ils possèdent dans les dits territoires, ou en les aliénant et en emportant le produit où bon leur plaira, sans être de ce chef astreints à payer aucune taxe et charge quelconque.

Ceux qui préféraient demeurer dans les dits territoires, pouvaient conserver le titre et les droits de citoyens mexicains ou acquérir ceux de citoyens des Etats-Unis, à condition de faire connaître leur option dans le délai d'un an à dater du jour de l'échange des ratifications du traité; et ceux qui demeureraient encore dans les dits territoires après l'expiration de la dite année sans avoir déclaré leur intention de conserver la qualité de Mexicains, seraient considérés comme ayant choisi de devenir citoyens des Etats-Unis.

Les biens de toute sorte appartenant dans les dits territoires à des Mexicains qui n'y seraient pas établis, étaient inviolables et respectés. Leurs propriétaires actuels, ainsi que leurs héritiers, et tous les Mexicains qui par la suite acquerraient les dits biens en vertu de contrats, devaient par rapport à eux jouir des mêmes garanties, que si ces biens appartenaient à des citoyens des Etats-Unis.

Les Mexicains qui dans les dits territoires ne conserveraient pas la qualité de citoyens de la république mexicaine, devaient être incorporés dans l'union des Etats-Unis et admis, après un délai qui devait être fixé par le Congrès des Etats-Unis, à jouir de tous les droits des citoyens des Etats-Unis.

Comme une grande partie des territoires cédés aux Etats-Unis étaient occupés par des Indiens sauvages, le gouvernement des Etats-Unis s'engageait à empêcher et à réprimer les incursions que ces Indiens tenteraient sur le territoire mexicain, et à délivrer et à rapatrier les Mexicains que ces Indiens auraient faits prisonniers.

Pour prix de leur agrandissement territorial ci-dessus stipulé, le gouvernement des Etats-Unis s'engageait à payer à celui de la république mexicaine la somme de 13,000,000 dollars en monnaie mexicaine d'or ou d'argent, par à comptes annuels de 3,000,000 dollars avec intérêts à 6 pour 100 par an.

Les Etats-Unis déchargeaient en outre la République Mexicaine des toutes les réclamations que des citoyens des Etats-Unis pouvaient avoir contre elle antérieurement à la date de la signature du traité.

Chacune des parties contractantes se réservait le droit de fortifier tous les points de son territoire respectif qu'elle jugerait utile pour sa sûreté.

Les clauses renfermant les stipulations qui précèdent, étaient suivies de celles concernant le rétablissement des relations commerciales entre les deux Etats, elles se résumaient en la remise en vigueur pour une période de 8 ans du traité de commerce et de navigation conclu à Mexico le 5 avril 1831 entre les Etats-Unis d'Amérique et les Etats-Unis Mexicains, sauf l'article additionnel et les stipulations qui pouvaient être incompatibles avec celles du nouveau traité.

L'échange des ratifications du traité de Guadalupe Hidalgo du 2 février 1848 eut lieu à Queretaro le 30 mai de la même année.

GUELLE (Jules), officier français, docteur en droit professeur adjoint de législation et d'administration à l'Ecole spéciale militaire de Saint-Cyr.

La guerre continentale et les personnes. Paris, 1881. 1 vol in-8º.

Ce livre a pour but de répondre à ces trois questions : quelle doit être l'éducation des masses en vue de la guerre? — quelle doit être la loi que s'imposera le chef militaire? — quels sont les moyens condamnables auxquels il est interdit de recourir? — l'auteur les résout, principalement à l'aide d'exemples le plus ordinairement empruntés aux dernières guerres.

Précis des lois de la guerre sur terre. Commentaire pratique à l'usage des officiers de l'armée active, de la réserve et de la territoriale. Paris, 1884. 2 vol. in-8¹.

Dans ce livre l'auteur s'est proposé surtout de présenter aussi clairement et aussi méthodiquement que possible, les règles admises aujourd'hui en temps de guerre entre nations civilisées. L'auteur a ajouté à son ouvrage un appendice sur la neutralité et une série de documents officiels, émanés pour la plupart des autorités allemandes pendant la dernière guerre, et qui règlent les conditions de l'occupation du territoire français. Bien que destiné plus spécialement aux officiers, le livre de M. Guelle sera lu avec fruit par les publicistes et les diplomates qui désirent approfondir les questions si complexes que soulève l'état de guerre.

GUERRE. *Définition.* C'est la voie des armes employée de peuple à peuple, pour vider un différend. C'est une lutte armée entre divers Etats, et, par suite, c'est cet état anormal d'hostilité qui se substitue aux relations de bonne harmonie de nation à nation, ou entre concitoyens appartenant à des partis politiques différents, et qui a pour objet de conquérir par la force des armes ce qu'on n'a pu obtenir par les voies pacifiques et amiables.

Classification. Les guerres comportent des subdivisions et des classifications aussi nombreuses que variées.

Les historiens ont classé les guerres tantôt par époques, comme, par exemple, en guerres de l'antiquité, en guerres du moyen-âge, en guerres des temps modernes; tantôt suivant leur objet spécial, en guerres de religion, ou civiles ou révolutionnaires, en guerres de conquête, d'indépendance, etc. D'autrefois on les a caractérisées selon la nation qui les entreprenait; ainsi l'on a dit : guerres européennes, américaines, asiatiques, guerres de Crimée, d'Italie, d'Allemagne, du Paraguay, etc., etc.; mais ces diverses classifications sont étrangères aux appréciations du droit international; nous ne nous attacherons donc qu'aux distinctions qui rentrent dans le ressort de ce droit.

La guerre est *défensive* ou *offensive.* Celui qui prend les armes pour repousser un ennemi qui l'attaque fait une guerre *défensive;* celui qui recourt le premier aux armes et attaque une nation qui vivait en paix avec lui, fait une guerre *offensive.*

Il est souvent difficile de déterminer de quel côté se trouve le caractère *défensif* ou le caractère *offensif,* d'abord, parce qu'il est rare qu'une des parties belligérantes accepte l'imputation d'*agresseur* (voir ce mot); ensuite, parce que, bien qu'on entende généralement par guerre *offensive* celle qui est faite par la nation qui la première a pris les armes, il est certain pourtant que la guerre doit être considérée comme *défensive,* quand elle est entreprise dans le but de réprimer une offense; enfin parce que le but de la guerre, quel que soit celui qui l'entreprend, se rapporte en général à la sûreté ou à la poursuite de quelque droit.

La guerre est dite *auxiliaire* par rapport à un allié qui prend fait et cause pour l'un des belligérants, auquel il fournit des secours ou qu'il aide secrètement en participant lui-même aux hostilités. Les devoirs et les droits de ce genre de guerre découlent naturellement des conditions particulières des alliances cimentées par traités spéciaux ou par des actes de compromission (*Voir* ALLIANCE).

La guerre *publique* est celle qui a lieu avec la sanction des pouvoirs suprêmes d'un Etat, en prenant ce terme dans son acception la plus large et la plus légitime.

La guerre est dite *privée,* lorsqu'elle a lieu entre plusieurs individus ou entre les fractions d'une nation sans l'autorisation des pouvoirs suprêmes de l'Etat. Ce genre de guerre a disparu devant les progrès de la civilisation : conséquences inévitables de l'organisation féodale de l'Europe au moyen-âge, ces guerres n'ont pu subsister sous l'influence du régime politique et administratif adopté par les sociétés modernes.

Une guerre entre les différents membres de la même société est ce qu'on appelle *mixte,* parce que la guerre est publique de la part du gouvernement établi, et privée de la part du peuple qui résiste à son autorité; il peut arriver cependant qu'un conflit de ce genre ne sorte pas des limites d'une insurrection ou d'une rébellion ordinaire, sans atteindre les proportions d'une guerre véritable.

La dénomination de *parfaites* s'applique aux guerres dans lesquelles, en tous les cas et selon toutes les circonstances prévues par les lois générales de la guerre, tous les membres d'une nation sont autorisés à se livrer à des actes d'hostilité contre tous les membres d'une autre nation, tandis que la guerre *imparfaite* est circonscrite dans des bornes déterminées quant aux lieux, aux personnes et aux choses qui doivent en être l'objet.

Lorsqu'une nation est placée sous la domination d'une autre et qu'elle veut s'en affranchir, la lutte armée qu'elle engage pour secouer le joug, prend le nom de *guerre d'indépendance. (Voir* INDÉPENDANCE).

Les guerres qu'entraînent à leur suite les insurrections et les révolutions des peuples, se désignent assez souvent par les mêmes termes. Les insurrections, ayant généralement pour objet d'amener l'indépendance d'une partie d'un Etat, peuvent jusqu'à un certain point se confondre avec les guerres d'indépendance. Comme les guerres de révolutions tendent d'ordinaire à un changement radical dans la forme du gouvernement établi, elles sont assimilées aux guerres civiles et régies par les mêmes règles.

Les guerres entreprises pour la défense d'une religion ou d'un culte particulier quelconque, telles que les Croisades et les guerres qui suivirent la Réforme jusqu'à la paix de Westphalie, ont reçu le nom de *guerres de religion.*

On désigne par le nom de *guerres politiques* celles qui ont pour but de faire dominer ou d'étendre un système ou une forme de gouvernement.

Les guerres qu'une nation entreprend pour acquérir de nouveaux territoires ou pour étendre sa puissance matérielle, s'appellent *guerres de conquêtes.* (*Voir* ACQUISITION DE TERRITOIRE, CONQUÊTE.)

Il y a des guerres dans lesquelles la plus grande partie d'une nation prend les armes pour s'associer à la lutte. Les publicistes et les historiens donnent le nom de *nationales* à ces guerres, qui constituent une nouvelle classe ou un nouveau groupe d'une importance tout à fait exceptionnelle.

Pour qu'une guerre revête le caractère de *nationale* et que suivant les principes du droit des gens, ceux qui s'y engagent soient fondés à réclamer toutes les prérogatives des belligérants, il est indispensable que le soulèvement soit général et se régularise par la constitution d'un gouvernement ou d'un pouvoir suprême.

Les guerres d'intervention sont celles dans lesquelles un Etat intervient contre un autre Etat ou d'autres Etats en faveur d'un Etat particulier ou en faveur d'un parti, d'un souverain ou d'une famille dans un Etat.

Cette intervention se divise en deux catégories, selon qu'elle affecte les affaires intérieures ou les affaires extérieures d'une nation. (*Voir* INTERVENTION.)

Guerres civiles. Les guerres *civiles* sont celles qui surgissent entre concitoyens dans l'intérieur même d'un Etat: c'est pourquoi on les nomme aussi *guerres intestines.*

Les guerres civiles proprement dites donnent à chacune des parties engagées le caractère et le droit de belligérants, non seulement à l'égard de son ennemi, mais encore à l'égard des Etats tiers qui veulent rester neutres. Seulement, pour qu'il en soit ainsi, il faut que ces guerres ne puissent se confondre avec de simples rébellions, dont les fauteurs sont accusés avec raison de violer les lois intérieures du pays, en même temps que leurs actes sont regardés et punis comme des crimes ou des délits de droit commun.

Cette appréciation toute spéciale produit une certaine confusion dans la sphère du droit international; il peut arriver en effet — et l'histoire en fournit quelques exemples — qu'un parti armé contre un autre dans l'intérieur d'un Etat soit traité, poursuivi et jugé comme traître et rebelle par le gouvernement établi de ce même Etat, tandis que les pays neutres, à leurs risques et périls il est vrai, lui reconnaissent tous les droits inhérents au caractère de véritable belligérant. C'est pourquoi en cette matière il est aussi difficile de tracer les limites absolues que de poser des règles générales; tout dépend des circonstances de temps et de lieu, de l'étendue et de la durée du mouvement insurrectionnel, de la gravité et de la complication des intérêts qui sont en jeu, des principes de droit et de l'idée générale proclamés par le parti qui le premier a pris les armes, enfin de l'attitude des Etats neutres, du soin plus ou moins scrupuleux qu'ils mettent à s'abstenir de toute intervention. (*Voir* BELLIGÉRANT.)

Guerre de terre, guerre maritime. On qualifie aussi la guerre selon le théâtre de ses opérations; ainsi l'on désigne sous sa dénomination de *guerre de terre* celle qui est faite par des armées de terre par opposition à la *guerre maritime,* c'est-à-dire celle qui est faite par des flottes sur la mer.

Les principes du droit des gens sont les mêmes pour la guerre maritime que pour la guerre de terre; mais la guerre maritime suit d'autres règles et a d'autres effets à l'égard des puissances neutres et des particuliers. (*Voir* PROPRIÉTÉ PRIVÉE, NAVIRES, NAVIGATION, BLOCUS, CONTREBANDE, CORSAIRE, COURSE, LETTRES DE MARQUE, NEUTRALITÉ, NEUTRES, PRISES, VISITE.)

Légitimation de la guerre. Tous les auteurs s'accordent à reconnaître que toute guerre doit être juste, qu'on ne doit y recourir sans les plus fortes raisons.

En thèse générale on peut dire que pour qu'une guerre soit juste, il faut qu'il existe une offense ou la crainte raisonablement fondée d'en recevoir une.

Le châtiment d'une agression, bien que les publicistes reconnaissent que les nations ne peuvent être châtiées dans le sens technique du mot, justifie la guerre si les maux que l'agression a causés sont irréparables, ou que l'Etat agresseur refuse une indemnité ou une satisfaction. Seulement l'équité et les principes exigent que les mesures de rigueur exercées dans ce cas se limitent exclusivement au but qu'on poursuit, et qu'elles cessent dès qu'il a été atteint.

En résumé, une guerre peut être considérée comme juste, lorsque le droit international autorise le recours aux armes; comme injuste lorsqu'elle est contraire aux principes de ce droit.

On n'est autorisé à faire la guerre, même par un motif juste et légitime qu'après avoir fait vainement usage de tous les moyens pacifiques pour obtenir satisfaction en temps utile.

L'Etat auquel on offre d'entrer en négociations et même de fournir la satisfaction demandée, peut néanmoins commencer les hostilités, s'il ne lui est pas donné des garanties suffisantes que ces propositions recevront exécution complète et immédiate; les propositions pourraient en effet n'avoir d'autre but que de gagner du temps pour achever des armements, et par conséquent de faire tourner la guerre au profit de celui qui feint des intentions d'arrangement.

On ne saurait nier qu'une nation n'ait le droit d'en appeler aux armes pour conserver ce qui lui appartient ou pour recouvrer ce qui lui est dû.

Tout acte portant atteinte à l'indépendance d'une nation ou à la libre jouissance de ses droits acquis peut donc être une raison justicative de guerre de la part de la nation lésée, surtout lorsqu'elle n'en vient à cette extrémité qu'après avoir tenté en vain des voies plus douces pour obtenir réparation. (*Voir* CASUS BELLI.)

Les Etats ne sortent pas de leur sphère légitime d'action, lorsque pour se prémunir contre un danger imminent ils exercent des hostilités contre leurs agresseurs; mais il faut que le recours à la force repose sur une cause suffisamment fondée.

L'intérêt de l'Etat ne peut à lui seul justifier la guerre.

L'agrandissement d'un Etat limitrophe ne suffit pas à lui seul pour légitimer la rupture de la paix, à moins que l'Etat qui s'agrandit ne manifeste l'intention de s'étendre à l'infini aux dépens et au préjudice des autres. (*Voir* ACCROISSEMENT DE PUISSANCE.)

Droit de la guerre. Quoi qu'il en soit des causes ou des prétextes et des accidents qui peuvent lui donner naissance, et en raison même de ces causes, la guerre est un fait actuel, réel, dont on ne peut nier l'existence et les conséquences.

Or ce fait nécessite l'exercice de droits spéciaux dans les limites de ce qui est réellement utile et nécessaire. Ces limites constituent ce qu'on a appelé le droit de la guerre.

Ce droit repose sur deux principes : l'un est un principe de nécessité, qui justifie dans une certaine mesure l'emploi de la force ou de la ruse dans les limites où elles sont nécessaires pour atteindre le but de la guerre; l'autre est un principe d'humanité, qui tempère les mesures de violence et empêche, par exemple, de les étendre aux populations paisibles; seulement ce second principe subit forcément des restrictions imposées par le premier ou la loi de nécessité.

Chaque Etat peut avoir son droit de guerre positif; mais en l'établissant il doit tenir compte de certaines nécessités qui ont leur source dans la nature des choses et qui en modifient les moyens d'exécution.

Règles de la guerre. Des Etats qui se font la guerre peuvent bien rompre en ce qui les concerne personnellement les relations, les obligations réciproques de droits et de devoirs créées entre eux par le droit des gens en temps de paix; mais ils ne peuvent les anéantir par rapport aux autres Etats, à la souveraineté et à l'indépendance desquels il leur est interdit de porter atteinte; ils ne peuvent détruire la civilisation, les progrès réalisés, les notions intellectuelles développées par les nations : ce sont là autant de barrières devant lesquelles l'intérêt personnel est contraint de transiger. Or, comme ces faits s'imposent également à tous les Etats qui peuvent se trouver en guerre, tous sont dans la nécessité d'en tenir compte, et il en est résulté une sorte d'entente tacite sur la manière d'employer la force, et par suite l'acceptation et l'observation partout de certaines pratiques communes, passées désormais à l'état de coutume et devenues de véritables obligations, auxquelles aucun Etat n'ose plus se soustraire sous peine d'encourir la réprobation générale.

Sur quelques points même il est intervenu entre plusieurs Etats, et l'on peut dire entre la majorité des nations, des pactes positifs, des conventions ou des traités qui consacrent des modes de procéder, des usages mis ainsi sous la sauvegarde du droit international; la lutte a lieu alors dans de certaines conditions, et les combattants s'accordent mutuellement la confiance que ces conditions seront respectées.

Donc, si l'on peut dire que l'acte de guerre est un acte exceptionnel auquel s'attachent des droits spéciaux, ces droits ne peuvent s'exercer qu'à la condition de l'accomplissement de certains devoirs. L'ensemble de ces droits et de ces devoirs forme le droit des gens en temps de guerre.

Les règles du droit international sur la manière de faire la guerre, sur les droits et les obligations des belligérants, doivent être respectées même dans une guerre injuste; car si l'on voulait employer des mesures plus sévères, plus cruelles contre une des parties belligérantes à qui l'on reproche l'injustice de ses prétentions, la guerre retomberait dans la barbarie.

Déclaration de guerre. Il fut un temps où une déclaration formelle de guerre était considérée comme absolument nécessaire pour légitimer les hostilités de peuple à peuple; mais depuis la paix de Paris de 1763 les Etats de l'Europe n'ont plus reconnu comme indispensable la signification préalable d'une déclaration formelle de guerre; cette formalité est tombée complètement en désuétude; et dans les temps modernes nous voyons plusieurs guerres engagées sans aucune déclaration préalable et simplement par la perpétration d'actes d'hostilité. (*Voir* DÉCLARATION DE GUERRE, ULTIMATUM, MANIFESTE.)

Le rappel ou le renvoi des envoyés que les Etats accréditent les uns auprès des autres est considéré généralement comme équivalent à une déclaration de guerre, et même dans certains traités figure une clause portant qu'une rupture des rapports pacifiques ne sera regardée comme consommée qu'après le rappel ou le renvoi des envoyés ou des ministres respectifs des parties contractantes.

En tout état de choses l'ouverture de la guerre date du moment de la déclaration sous quelque forme que ce soit, à moins que les opérations militaires n'aient déjà commencé antérieurement.

Lorsque l'une des parties a, de fait ou par déclaration formelle, commencé les hostilités, son adversaire a le droit, à partir de ce moment, d'invoquer et d'appliquer les lois de la guerre.

Chez les nations civilisées, le droit de faire la guerre appartient au chef du pouvoir exécutif, agissant tantôt seul, tantôt avec le concours ou l'agrément des autres corps de l'Etat. Comme les relations politiques entre les divers pays ne sont entretenues que par l'intermédiaire du pouvoir suprême de l'Etat, il s'ensuit que ce pouvoir a seul qualité pour en déclarer la rupture et engager les forces vives de la nation dans la poursuite de la guerre; mais ce droit peut être délégué ou subordination à l'Etat, soit par la transmission d'ordres à des autorités inférieures dans des circonstances particulières, à des gouverneurs de provinces éloignées ou de colonies; soit par l'autorisation donnée à des individus de se livrer à des actes déterminés d'hostilité, comme cela se pratique par les lettres de marque et de représaille, qu'on accorde pour les armements en course.

L'exercice du droit de faire la guerre est réglé par les lois fondamentales ou la constitution de chaque pays.

Chez les nations modernes, du moins chez celles où la souveraineté réside dans le peuple, c'est celui-ci qui exerce le droit de guerre, tantôt directement et collectivement, par voie plébiscitaire, par exemple, tantôt indirectement, par ses représentants ou ses organes naturels.

La guerre n'abroge pas le droit; mais elle modifie les droits et la position réciproque des Etats qui se font la guerre, de leurs alliés, des Etats neutres, des sujets ou citoyens des Etats belligérants (*Voir* BELLIGÉRANTS, ALLIÉS, NEUTRES ET NEUTRALITÉ, CITOYEN, ENNEMI, OCCUPATION.)

Situation des non-combattants. La guerre a lieu entre les Etats et non entre les particuliers. Cependant les ressortissants d'un Etat belligérant sont indirectement considérés et traités comme ennemis dans la mesure de leurs devoirs publics comme sujets ou citoyens de l'Etat et pour autant qu'ils prennent une part personnelle à la lutte que l'Etat soutient. (*Voir* COMBATTANT ET NON-COMBATTANT, CORPS FRANCS, ARMÉE.)

Les droits qu'un belligérant possède contre son ennemi, les actes d'hostilité et d'agression auxquels l'emploi de la force lui permet de recourir, dérivent naturellement du but qu'il poursuit en faisant la guerre; tant que ce but n'est pas atteint, les belligérants ont la faculté d'user des moyens qu'ils jugent les plus propres à amener leur ennemi à composition, sauf les restrictions imposées par le droit des gens, l'équité, l'humanité et les usages admis par le consentement unanime des nations civilisées. (*Voir* BELLIGÉRANT, ENNEMI, PRISONNIER, BLESSÉS.)

Les nations restent, malgré la guerre, unies entre elles par les liens de l'humanité, et le droit international leur interdit de faire usage de moyens illicites. (*Voir* ARMES, ARMÉE, STRATAGÈMES, etc.)

Les lois de la guerre réprouvent la violation de la parole donnée à l'ennemi, les cruautés inutiles, les dévastations les actes de cupidité défendus et punis comme crimes communs. (*Voir* DÉVASTATIONS, DESTRUCTION, PILLAGE, BUTIN.)

Mais lorsque l'ennemi ne respecte pas les usages de la guerre, on recourt à des moyens interdits par le droit international, les représailles sont autorisées, dans la mesure du respect des lois de l'humanité. (*Voir* REPRÉSAILLES.)

Pour tout ce qui concerne les droits privés des sujets des Etats en guerre, on continue d'observer les règles admises en temps de paix; mais dès que le droit public est en cause, les lois de la guerre entrent en vigueur. (*Voir* PERSONNES, PROPRIÉTÉ PRIVÉE, PROPRIÉTÉ PUBLIQUE.)

Les traités conclus entre les Etats belligérants ne sont pas nécessairement suspendus ou rompus par la déclaration de guerre; ils ne perdent leur efficacité en temps de guerre que si l'exécution de leurs dispositions est incompatible avec la guerre elle-même.

D'autre part, les traités conclus spécialement en vue ou à l'occasion de la guerre n'acquièrent de valeur que par la guerre. (*Voir* TRAITÉ.)

Cessation de la guerre. La guerre prend fin soit par la cessation de fait des hostilités de la part des belligérants et de la reprise entre eux des relations qui existaient avant la guerre; soit par la soumission absolue de l'un des Etats belligérants à l'autre par suite de conquête et d'absorption; soit par la conclusion d'un traité général et formel de paix. (*Voir* PAIX, SOUMISSION, CONQUÊTE, TRAITÉ, DÉPOSSESSION.)

Guerre. Se dit aussi de l'art militaire, de la tactique et de la stratégie, en un mot de la connaissance des moyens employés pour faire la guerre; ensemble d'attaques, de défenses, d'opérations.

Se dit aussi de tout ce qui concerne l'organisation des armées et l'administration des choses militaires, soit en temps de paix, soit en temps de guerre. Ainsi il existe aujourd'hui dans presque tous les pays un département ou ministère de la guerre qui est chargé de tout ce qui concerne la défense terrestre du pays, de l'administration de l'armée de terre, à la fois sous le rapport militaire et sous le rapport économique.

GUERILLA. Mot espagnol qui signifie *petite guerre;* on en a fait le nom des corps-francs et des bandes de partisans. (*Voir* CORPS FRANCS, MILICES, FRANCS-TIREURS.)

GUIDE. En terme de guerre, personne du pays qui connaît les routes et dirige la marche d'un détachement.

Les armées, surtout lorsqu'elles mettent le pied sur le territoire ennemi, ont besoin d'hommes pour les guider; et lorsqu'elles ne peuvent le faire autrement, elles usent de menaces ou de contrainte pour se procurer des guides.

Celui qui est contraint par les troupes ennemies à leur montrer le chemin, n'est pas punissable d'après les lois de la guerre.

Les guides en général doivent être traités comme le seraient les autres combattants dans les mêmes circonstances; si l'ennemi juge qu'un guide a fait acte d'hostilité envers lui, il ne peut que le faire prisonnier de guerre.

Si les guides trompent intentionnellement les troupes qu'ils sont chargés de conduire, ils sont responsables de leur conduite et peuvent encourir une condamnation à mort.

Par rapport à son propre pays, l'homme qui s'offre librement pour guider l'armée ennemie, est réputé traître et peut être puni comme tel.

Il y a toutefois une distinction à faire entre celui qui en indiquant les chemins à l'ennemi trahit sa patrie, et l'habitant d'un endroit occupé par l'ennemi qui offre de montrer aux soldats de son pays un chemin par lequel ils pourront surprendre leurs adversaires et est pris avant d'avoir réalisé son projet; ce dernier pourra être traduit par l'ennemi devant un conseil de guerre et condamné comme traître à l'égard de l'armée occupante.

GUIDON DE LA MER. C'est le titre d'un ancien recueil de règlements maritimes, dont la rédaction est fixée généralement à la fin du 16e siècle et dont l'auteur est resté inconnu.

Le *Guidon de la mer* traite principalement du contrat d'assurance maritime; cependant il s'occupe aussi d'autres questions, notamment des prises, des représailles, des lettres de marque.

Presque toutes ses décisions ont été insérées dans l'ordonnance française de 1681, et elles ont été depuis transportées entre autres dans le code de commerce promulgué en France sous le premier empire.

GUNDLING (Nicolas Jérôme), moraliste allemand né près de Nuremberg en 1671, mort en 1729.

Professeur et recteur de l'Université de Halle, conseiller du roi de Prusse.

Il a laissé plusieurs ouvrages. parmi lesquels il faut citer:

Histoire de la philosophie morale (1706).

TOME Ier

24

Via ad veritatem juris naturæ. (Le chemin vers la vérité du droit naturel.) 1714.

Jus naturæ et gentium connexa ratione novaque methodo elaboratum. (Le droit de la nature et des gens, élaboré d'après une nouvelle méthode et en le rattachant à la raison.) Halle, 1728.

Ce livre avait été publié d'abord en 1714, sous le titre de *Via ad veritatem moralem.* (Le chemin de la vérité morale.)

Gundling, comme Hobbes, base tout le droit et toute la morale sur la force, qu'il nomme *coërcition.*

Exercitationes academicæ. (Exercices académiques.) Il y est traité de divers sujets se rapportant au droit des gens.

GÜNTHER (Charles Théophile), publiciste allemand.

Grundriss eines europäischen Völkerrechts. (Plan d'un droit des gens européen.) Ratisbonne, 1777.

Europäisches Völkerrecht in Friedens-zeiten, nach Vernunft, Verträgen und Her-kommen. (Le droit des gens européen en temps de paix, d'après la raison, les traités et les coutumes.) Altenbourg 1787—92. 2 vol. 8°.

GUZMAN (Santiago), publiciste sud-américain, né dans la République Argentine.

El derecho de conquista y la teoria del equilibrio en la America latina. Buenos-Aires, in-8°. 1882. (Le droit de conquête et la théorie de l'équilibre dans l'Amérique latine.)

L'auteur étudie les origines et les bases des droits publics européens et américains et les moyens proposés pour arriver, par voie d'arbitrage, à résoudre les différends entre les républiques américaines.

H

HABEAS CORPUS. Terme de législation anglaise, il signifie mot à mot : „Que tu aies ton corps, ta personne."

Le *bill* ou acte d'*habeas corpus* est une décision d'un magistrat accordant à une personne arrêtée sa mise provisoire en liberté moyennant caution.

Ce mode de procéder remonte au règne de Charles II, en mai 1679, époque à laquelle fut rendue une loi qui permettait à tout prisonnier de s'adresser directement, ou par l'entremise de ses amis, au lord chancelier ou à l'un des douze grands juges d'Angleterre pour réclamer un *writ* ou ordonnance d'*habeas corpus.* Cette ordonnance enjoint au geôlier de prison où le postulant est enfermé, d'amener le prisonnier devant le juge et de justifier par qui et pour quel motif il a été mis en prison.

Le *writ* d'*habeas corpus* doit être délivré dans les trois jours après la demande.

Le prisonnier au profit duquel a été délivré un *writ* d'*habeas corpus* est, dans le délai de la loi, conduit devant le magistrat qui a lancé le *writ.* Celui-ci, après avoir interrogé le prisonnier, peut le mettre en liberté immédiatement sans condition ou en exigeant caution, ou le maintenir en état d'arrestation.

La personne ainsi relâchée ou retenue doit être jugée aux assises prochaines dans le lieu où s'est passé le fait cause de sa mise en accusation.

Le prisonnier remis en liberté soit par suite d'un verdict d'un jury, soit sur la délivrance d'un *writ* d'*habeas corpus* par un magistrat, ne peut être arrêté de nouveau pour le même chef d'accusation.

Un individu arrêté ne peut être transféré d'une prison dans une autre qu'en vertu d'un *writ* d'*habeas corpus* ou d'une ordonnance expresse d'un magistrat.

Dans tous les cas, le bénéfice de l'*habeas corpus* n'est pas accordé au prisonnier qui est détenu pour fait de trahison ou de félonie, spécialement exprimé dans le mandat d'arrêt.

La suspension de l'*habeas corpus* peut être ordonnée lorsqu'on soupçonne l'existence d'une conspiration contre le souverain ou contre l'État, il peut être aussi suspendu en temps de guerre, de dissentions civiles, de troubles politiques ou d'agitation dangereuse parmi certains groupes de la population; mais cette suspension doit être décrétée par une loi et pour une durée limitée et déterminée.

La suspension de l'*habeas corpus* n'autorise pas l'emprisonnement arbitraire; elle a seulement par effet d'autoriser les magistrats à passer outre à certaines formalités et procédures, à agir plus promptement, plus sommairement, mais toujours sous leur responsabilité personnelle.

HABITANTS du territoire ennemi. En temps de guerre, les habitants du territoire ennemi, quand ils ne prennent point part aux hostilités, ne sont pas des ennemis proprement dits et ne doivent pas être traités comme tels. Toutefois ils sont astreints à subir les nécessités de la guerre et à se soumettre aux décisions de l'autorité militaire qui occupe le pays. (*Voir* BELLIGÉRANT, ENNEMI, GUERRE.)

HABITATION d'un souverain, d'un agent diplomatique étranger. Les privilèges de l'exterritorialité s'étendent à l'habitation des personnes qui y ont droit, mais non aux propriétés qu'elles possèdent comme simples particuliers. (*Voir* EXTERRITORIALITÉ.)

Ainsi, si un souverain achète dans un pays étranger un domaine pour y vivre comme un particulier et non pour y faire représenter l'Etat, ce domaine n'a aucun caractère exceptionnel qui lui donne droit aux immunités de l'exterritorialité. (*Voir* SOUVERAIN.)

De même, pour le ministre public à l'étranger, à l'hôtel seul, qui lui sert d'habitation et en même temps de siège de l'ambassade ou de la légation sont attachés les privilèges exterritoriaux; les autorités de l'Etat étranger ne peuvent y pénétrer, ni y faire des perquisitions sans le consentement du ministre. (*Voir* AGENTS DIPLOMATIQUES, AMBASSADEURS.)

En aucun cas l'habitation de la personne jouissant de l'exterritorialité ne doit servir d'asile à des individus poursuivis par les autorités judiciaires. (*Voir* ASILE.)

HALL (John Erving), publiciste américain, né en 1783, mort en 1829 à Philadelphie.

Il a publié dans cette ville, de 1808 à 1817, l'*American law journal* (Journal de droit américain); puis l'ouvrage suivant:

Admiralty Practice (Pratique de l'Amirauté), Baltimore, 1809.

HALL (William Edward), publiciste anglais, né à Letherhead en 1835; associé de l'Institut de droit international.

The rights and duties of neutrals (Les droits et les devoirs des neutres). London, 1874.

Le but de l'auteur est surtout de „déterminer, indépendamment de toute prévention en faveur de la manière de voir anglaise ou continentale, quelle est en fait l'autorité relative d'usages contradictoires, et de séparer distinctement ceux qui sont devenus obligatoires de ceux qui sont encore en voie de formation.“ M. Hall se montre l'adversaire de toute nouvelle concession que les neutres feraient aux belligérants.

Cet ouvrage a été depuis incorporé, avec quelques compléments et changements de forme, dans un autre plus considérable publié à Oxford en 1880 (in-8⁰) sous le titre de *International law.* (Droit international.)

M. Hall peut être rangé dans l'école *historico-pratique;* il admet seulement un droit des gens *positif* prenant sa source dans les traités et les usages, à l'exclusion d'un droit des gens *naturel général* et *absolu,* sur l'origine et le caractère duquel les auteurs ne s'accordent pas, et pour la force obligatoire duquel à l'égard de toutes les nations il n'est pas possible de formuler la raison péremptoire.

HALLAM (Henri), historien anglais, né à Windsor en 1777, mort à Penshurst (Kent) le 21 janvier 1859.

Il a publié en 1818 son premier grand ouvrage historique : „*View of the state of Europe during the middle ages.* (Tableau de l'état de l'Europe au moyen-âge) 2 vol. in-4⁰. — Ce livre n'est pas un simple récit des évènements, mais une série de dissertations historiques, formant une revue embrassant les questions les plus importantes se rapportant au moyen-âge, notamment la puissance ecclésiastique, un état de la société européenne, et les constitutions de l'Angleterre.

Ce dernier sujet a été plus tard traité séparément et avec plus de développement dans : *The constitutional history of England from the accession of Henry VII to the death of George II,* (Histoire constitutionnelle de l'Angleterre depuis l'avènement de Henri VII jusqu'à la mort de Georges II.) 2 vol. in-4 1827.

Enfin, de 1837 à 1839, a paru : *Introduction to the literature of Europe in the 15th, 16th and 17th centuries,* (Introduction à la littérature de l'Europe au 15e, au 16e et au 17e siècle). 4 vol. in-8⁰.

Dans ces ouvrages M. Hallam aborde en passant de nombreuses questions se rapportant au droit international, dont il indique les progrès et les réformes, en même temps qu'il apprécie les écrivains qui s'en sont occupés.

HALLECK (Henry Woyer), général américain, né à Westernville (New-York) en 1816.

Il prit une part active à la guerre de sécession, dans les armées de la confédération du Nord ; d'abord chargé en 1861 du commandement du département militaire de l'ouest, il fut, le 11 juillet 1862, nommé commandant en chef de toutes les forces militaires des Etats-Unis, le 8 septembre secrétaire de la guerre, et en mars 1864 chef de l'état-major général.

Le premier ouvrage publié par le général Halleck est un traité sur la tactique militaire :

Elements of military art and science (Éléments de l'art et de la science militaires) : c'est le résumé d'une série de conférences qu'il avait faites en 1843 et 1845 à l'Institut Lowell de Boston; il en a paru en 1861 une seconde édition, considérablement augmentée. Ce livre est précédé d'une introduction, consacrée à la justification de la guerre.

Mais l'œuvre principale du savant général, qui lui assure une place éminente parmi les publicistes, c'est son livre : *International law, or rules regulating the intercourse of States in peace or war* (Le droit international ou règles régissant les relations des Etats dans la paix et dans la guerre), imprimé pour la première fois à San-Francisco en 1861, et dont une nouvelle édition a été publiée en 1878 à Londres par Sir Sherston Baker, avec annotations, additions et citations de cas survenus depuis la première édition.

Dans ce livre c'est l'examen du droit de la guerre qui occupe la plus large part, bien que les autres questions du droit des gens y soient également traitées avec quelque détail. Le point de départ de M. Halleck est la considération du droit international comme étant „les règles de conduite qui régissent les rapports des Etats.“

HANOVRE (traité de paix de). Après avoir signé la paix avec la Suède et l'Angleterre, le Danemark la conclut également avec la Russie par un traité, signé à Hanovre le 8 février 1814, aux termes duquel les anciens traités étaient renouvelés et confirmés et les relations de commerce rétablies comme elles étaient avant la guerre.

HARTMANN (Ad.), publiciste allemand ancien secrétaire général du ministère des affaires étrangères du royaume de Hanovre.

Institutionen des praktischen Völkerrechts in Friedenszeiten, (Institutes du droit des gens pratique en temps de paix.) in-8 1877.

L'auteur a eu pour objet de mettre les règles du droit des gens reçues dans la pratique en rapport avec la constitution les traités et la législation de l'Empire allemand; il s'appuie sur de nombreuses références aux principaux publicistes et aux conventions internationales.

HATTI-CHÉRIF ou KHATTI-CHÉRIF Ordre ou commandement impérial du Sultan, sur lequel est apposé son seing ou qui renferme quelques mots de son écriture, notamment ceux-ci : „Qu'il soit fait conformément au contenu!“

C'est, à proprement parler, cette formule qui constitue la *hatti-chérif;* mais par extension on a appliqué le mot à l'acte lui-même.

Le hatti-chérif est réservé aux actes politiques d'une haute importance. Il diffère du firman ordinaire par le fait même de la mention de la formule exécutoire; les firmans émanent la plupart du temps du grand-vizir et non directement du Sultan, dont ils portent seulement le chiffre; cependant il est certains firmans qui par exception sont aussi revêtus de la formule du hatti-chérif (*Von* FIRMAN).

Le *hatti-chérif* est parfois désigné sous la dénomination de *hatti-humaïoun.*

HAUTEFEUILLE (Laurent Basile) jurisconsulte français, né à Paris le 25 juillet 1805, mort dans la même ville le 26 janvier 1875.

Les ouvrages de M. Hautefeuille sur le droit maritime font autorité en la matière :

Des droits et des devoirs des nations neutres en temps de guerre maritime. Paris 1848—49. 4 vol. in-8⁰. — 2e édition. Paris, 1858, 3e édition 1869, 3 vol. in-8.

Histoire des origines, des progrès et des variations du droit maritime international, Paris, 1858, 2e édition 1869, in-8⁰.

Questions de droit maritime international. Paris, 1862. in-8⁰.

Le principe de non-intervention et ses applications. Paris, 1863, in-8⁰.

HAUTERIVE (Alexandre Maurice Blanc de Lanautte comte d'), diplomate et publiciste française, né à Aspres (Hautes Alpes) le 14 avril 1754, mort à Paris le 28 juillet 1830.

En 1784, il accompagna le comte de Choiseul-Gouffier dans son ambassade à Constantinople, fut pendant plusieurs années secrétaire de l'hospodar de Moldavie, puis, en 1792, consul à New-York. En 1798, il fut attaché au ministère des affaires étrangères, et, à partir du 18 brumaire jusqu'à la chute de l'Empire, il prit une part active aux grandes négociations qui ont marqué cette période. En 1807, il fut nommé conservateur des archives du ministère, poste qu'il garda jusqu'à sa mort.

En 1799, il publia sous le voile de l'anonyme un ouvrage intitulé : *De l'Etat de la France à la fin de l'an VIII* : c'était une réponse à un livre de M. de Gentz : *Essai sur l'état actuel de l'administration des finances et des richesses de la Grande-Bretagne*, dans lequel le diplomate allemand avait exalté l'Angleterre au détriment de la France. M. d'Hauterive, dans son écrit, montre que depuis le traité de Westphalie, qui a fondé au 17e siècle le droit public des temps modernes, trois événements ont surtout contribué à détruire le système du droit international : la constitution du nouvel empire de Russie au nord de l'Europe, l'élévation de la Prusse au rang des puissances de premier ordre, enfin le développement prodigieux du système colonial et maritime de l'Angleterre dans les quatre parties du monde.

M. le comte d'Hauterive est aussi l'auteur d'un livre traitant des *Eléments d'économie politique* (Paris, 1807), et d'un autre sur la Moldavie (Paris, 1824). Mais il se recommanda surtout à la diplomatie par trois brochures, qu'on peut regarder comme le manuel du jeune diplomate : *Conseils à un élève du ministère des affaires extérieures; Conseils à des surnuméraires; Quelques conseils à un jeune voyageur*. — Ces ouvrages contiennent à la fois les considérations les plus élevées et les détails de pratique nécessaires à la diplomatie active.

HAUTERIVE (Auguste Blanc de Lanautte, Comte d'), publiciste français, né en 1795, mort à Pau le 14 décembre 1870. Sous-directeur des Archives au ministère des affaires étrangères..

On a de lui un *Compendium bibliographique*, relatif à la diplomatie, très développé.

Il a publié avec M. de Cussy le Recueil des traités de commerce et de navigation de la France avec les puissances étrangères depuis la paix de Westphalie (Paris, 1834—1844, 10 vol. in 8°).

HAUTESSE. Synonyme d Altesse. Titre qu'on a donné pendant longtemps au Sultan.

Aujourd'hui l'usage a prévalu de lui donner, comme aux autres souverains, le titre de Majesté.

HEFFTER (Auguste Guillaume), publiciste allemand, né à Schweidnitz le 30 avril 1796, mort à Berlin le 5 janvier 1880.

Il fut professeur et recteur des trois universités de Bonn (1823), de Halle (1830) et de Berlin de 1833 jusqu'à sa mort, membre de l'Institut de droit international.

Heffter est le premier qui ait conçu le droit international comme le résultat du travail séculaire de la civilisation, et particulièrement de la civilisation chrétienne de l'Europe; mais le point de vue historique n'exclut pas chez lui la conception philosophique; aussi ne comprend-il le droit qu'intimement uni à l'idée morale.

„Chaque Etat", dit-il, ..commence par poser lui-même la loi de ses rapports avec les autres Etats. Dès qu'il est sorti de l'isolement, il s'établit dans son commerce avec les autres une loi commune, à laquelle aucun ne peut plus se soustraire sans porter atteinte à son existence individuelle et à ses rapports avec les autres. Cette loi se rétrécit ou s'élargit avec le degré de culture des nations. Reposant d'abord sur une nécessité ou sur des besoins purement matériels, elle emprunte, dans ses développements, à la morale son autorité et son utilité; elle trace à l'action un but strictement moral, après s'être affranchie successivement de ses éléments impurs. Fondée en effet sur le consentement général, soit exprès, soit tacite ou présumé du moins, d'une certaine association d'Etats, elle tire sa force de cette conviction commune que chaque membre de l'association, dans les circonstances analogues, éprouvera le besoin d'agir de même et pas autrement pour des motifs soit matériels, soit moraux. . . . . . La loi internationale reçoit sa sanction dans cet ordre suprême qui, tout en créant l'Etat, n'y a pourtant proscrit ni parqué la liberté humaine, mais a ouvert la terre tout entière au genre humain . . ."

Le système de Heffter est exposé dans

son livre, devenu classique en Allemagne, *Das Europäische Völkerrecht der Gegenwart* (Le droit international moderne de l'Europe), qui résume dans un petit nombre de pages toutes les questions essentielles et en facilite l'étude par des aperçus aussi clairs que méthodiques.

La 1e édition avait paru à Berlin en 1844; et une traduction française par M. Jules Bergson, Docteur en droit, en 1863. Depuis la mort de l'auteur une 7e édition allemande a été publiée à Berlin en 1881 par M. Henry Geffcken, Professeur de droit public à l'Université de Strasbourg, qui y a ajouté des notes et mis à jour les indications bibliographiques et la mention de faits nouveaux. (*Voir* GEFFCKEN.)

Heffter est de plus l'auteur d'un grand nombre d'ouvrages concernant la législation allemande; nous mentionnerons:

Institutes de la procédure civile romaine et allemande (1825);

Contributions au droit public et au droit des maisons - souveraines de l'Allemagne. (1829);

Commentaire sur les Institutes de Gaïus (1830);

Traité du droit pénal allemand (1833);

Procédure civile des territoires régis par le Code général prussien (1856);

Droits particuliers des maisons souveraines d'Allemagne et des maisons médiatisées autrefois États de l'Empire (1871).

HEGEL (Georges Guillaume Frédéric), philosophe allemand, né à Stuttgard en 1770, mort à Berlin en 1831.

Il fut en 1806 professeur suppléant à l'université de Jéna, en 1808 directeur du gymnase de Nuremberg, en 1816 professeur de philosophie à Heidelberg, et en 1818 à Berlin.

Grundlinien der Philosophie des Rechtes. (Eléments de la philosophie du droit, Berlin 1824.)

Dans cet ouvrage Hegel assigne un rôle prépondérant à l'élément historique comme un des principes fondamentaux du droit international. Il ne partage pas les aspirations subjectives de Kant au sujet de la paix perpétuelle; il admet, au contraire, la nécessité de la guerre, qu'il regarde comme une condition fatale du progrès.

En résumé, le livre de Hegel est une œuvre philosophique et doctrinale plutôt qu'un traité pratique de droit international : il abandonne trop souvent le domaine des idées positives pour celui des fictions spéculatives et abstraites.

HÉGÉMONIE. Mot grec qui signifie autorité supérieure, suprématie.

C'était dans les fédérations de l'antiquité, le droit de diriger les affaires communes de la Confédération, conféré alternativement à l'un des principales villes qui en faisaient partie.

On finit par entendre par *hegemonie* la prééminence, la supériorité politique d'un Etat sur les autres.

Dans les temps modernes c'est simplement la prépondérance d'un système politique sur un autre; ainsi la Prusse prétend à l'hégémonie sur l'Allemagne, la Russie sur les pays slaves, etc.

HÉGIRE. L'ère des Mahométans, qui commence à l'époque où Mahomet s'enfuit de la Mecque, dans la nuit du 15 au 16 juillet 622 de l'ère chrétienne.

Les années mahométanes sont lunaires c'est-à-dire qu'elles sont seulement 354 jours et 5 heures.

Pour traduire une date formulée d'après l'hégire en année· de l'ère chrétienne, il faut ajouter le nombre 622 à l'année musulmane, puis retrancher de la somme environ 3 ans par siècle.

Tous les peuples musulmans datent leurs actes et leurs traités publics de l'hégire.

HEINECCIUS (Jean Théophile — en allemand Heinecke), jurisconsulte allemand, né à Eisenberg en 1681, mort en 1741

Il fut successivement professeur de philosophie à Halle en 1713 et de droit dans la même ville en 1720 à Francfort sur l'Oder en 1727, et de nouveau à Halle en 1733. Il a publié un grand nombre de livres sur la jurisprudence, la philosophie et les lettres, mais c'est surtout comme jurisconsulte, qu'il est célèbre. En général, à un esprit profondément philosophique ses écrits joignent un caractère essentiellement pratique, qui en rend encore l'étude instructive de nos jours.

Parmi ses ouvrages, publiés à Genève de 1744 à 1771 sous le titre *Opera ad universam jurisprudentiam, philosophiam et litteras humaniores pertinentia* (Ouvrages concernant la jurisprudence universelle la philosophie et les belles-lettres), et formant 9 volumes in 4⁰, nous mentionnerons :

De navibus ob vecturam vetitarum mercium commissis. (Des navires compromis pour transport de marchandises prohibées), publié pour la première fois en 1721, et regardé comme le meilleur traité qui eût été écrit jusqu'alors sur ce sujet, notamment sur la question des prises maritimes;

Historia juris romanici ac germanici. (Histoire du droit romain et allemand), publié d'abord à Halle en 1733; et réimprimé à Strasbourg de 1751 à 1765;

Antiquitatum romanarum jurisprudentiam illustrantium syntagma. (Recueil des antiquités romaines servant à l'étude de la juisprudence), publié à Strasbourg en 1741;

Elementa juris civilis secundum ordinem institutionum et pandectarum. (Eléments du droit civil d'après les Institutes et les Pandectes);

Prælectiones academicæ in Grotii de jure belli et pacis libros. (Leçons académiques touchant les livres de Grotius sur le droit de la guerre et de la paix.)

L'œuvre qui a mis le comble à sa réputation, ce sont ses *Elementa juris naturalis.* (Eléments du droit naturel.)

Dans ce livre Heineccius considère le droit naturel comme identique avec la volonté de Dieu, qui veut que tous les hommes soient heureux; et il donne le principe d'utilité pour fondement à ce droit.

HÉLIE (Faustin), jurisconsulte français, né à Nantes le 31 mai 1799, mort en 1884. Conseiller à la Cour de Cassation, membre de l'Académie des sciences morales et politiques.

Il s'est attaché surtout à l'étude du droit pénal et criminel; sur lequel il a beaucoup écrit.

Les principaux ouvrages sont:

Theorie du Code pénal, rédigé avec M. Adolphe Chauveau (1834—1843, 5 vol. in-8⁰; 4⁰-édition en 1863.) — Ce livre est considéré comme fondamental sur la matière.

Traité de l'instruction criminelle, considérée dans sa tradition, ses rapports avec le droit public et les progrès de l'ordre social. 1845—1849, 9 vol. in-8; 2ᵉ édition très-augmentée, 1863—1867.

M. Faustin Hélie a en outre traduit l'ouvrage de Beccaria *Des délits et des peines* avec commentaires, etc. 1870 in-18.

M. F. Hélie est le fondateur du *Journal du droit criminel.*

HÉRAUT, HÉRAUT D'ARMES. Officier chargé de certaines fonctions dans les cérémonies publiques et des proclamations solennelles.

Chez les Romains il existait un ordre spécial de hérauts chargés de déclarer la guerre ou d'annoncer la paix; ils portaient le nom de *féciaux.* (Voir ce mot.)

Au moyen-âge, dans les Etats formés des débris de l'Empire romain, les hérauts avaient des fonctions à peu près analogues : c'etaient à la fois des officiers de guerre et de cérémonies.

Du 15ᵉ au 17ᵉ siècle, ce sont des hérauts qui portent aux princes étrangers les lettres de défi, les déclarations de guerre. Quand les armées étaient en campagne, les hérauts traitaient de l'échange des prisonniers, réglaient les contestations relatives au partage du butin, sommaient les places de se rendre, etc. Ils assistaient à toutes les cérémonies de la cour, aux sacres, aux mariages des souverains. Ils étaient en outre chargés de dresser les généalogies, de composer les armoiries, de vérifier les titres de noblesse, etc.

HERBAULT (Paul), jurisconsulte français.

De l'hypothèque maritime. Commentaire de la loi du 10 décembre 1874. Paris, 1876.

HÉRÉDITAIRE, HÉRITIER. Prince héréditaire ou héritier, celui qui doit hériter du pouvoir.

L'*héritier présomptif* est le prince que l'ordre de sa naissance destine à régner, lorsqu'il n'existe pas d'héritier direct du souverain.

Dans les pays où les femmes héritent de la couronne, on dit la princesse héritière, l'héritière présomptive. (*Voir* TITRES, CÉRÉMONIAL.)

HÉRÉDITÉ, HÉRITAGE. Terme de jurisprudence : qualité d'*héritier* (voir ce mot); droit de recueillir la totalité ou une partie des biens qu'une personne laisse à son décès. La transmission continue de la propriété constitue l'*hérédité.*

Se dit aussi de l'ensemble des biens qu'une personne laisse en mourant : c'est ce qui constitue l'*héritage.*

On nomme *hérédité jacente* l'héritage qui n'a pas encore été accepté. (*Voir* SUCCESSION.)

Dans le langage politique, se dit absolument de la successibilité au trône. Le principe d'hérédité; le droit d'hérédité. (*Voir* SUCCESSIBILITÉ, SUCCESSION AU TRONE).

HERT ou HERTIUS (Jean Nicolas), publiciste allemand, né à Nieder-Kleen le 6 octobre 1651, mort le 19 septembre 1710. Chancelier de l'Université de Giessen, conseiller du landgrave de Hesse-Darmstadt.

C'est un des commentateurs de Pufendorf (voir ce mot), dont il a publié des éditions, avec des annotations, à Francfort en 1706 et 1716.

On a de lui : *Specimen prudentiæ civilis, in tabulas tributum, in quo vera et genuina politicæ principia nova et perspicua methodo exhibentur* (Exposé de la science civile, divisé en tableaux, dans lequel les vrais et purs principes de la politique sont démontrés par une méthode nouvelle et claire). Giessen, 1679, in-folio.

Elementa prudentiæ civilis ad fundamenta solidioris doctrinæ jacienda (Eléments de la science civile pour jeter les fondements d'une doctrine solide). Giessen, 1689, 1703, 1712, in-8⁰.

Commentationes atque opuscula de selectis et rarioribus ex jurisprudentia universali, publica, feudali et romana nec non historia Germanica argumentis (Etudes et opuscules sur des arguments choisis et rares, tirés de la jurisprudence universelle, publique, féodale, romaine et de l'histoire allemande). Francfort, 1700—1716, in-4⁰. Un second volume fut ajouté par son fils en 1713. Une nouvelle édition a paru, avec des adjonctions, trouvées dans les papiers de Hert en 1737, à Francfort. 2 vol. in-4⁰.

HERTSLET (Lewis), publiciste anglais.

Commercial Treaties: a collection of treaties, laws, decrees, orders in council, etc., relating to commerce, navigation, the slave trade, postal communications, copyright, etc., as well as to the privileges and interests of foreigners in the british dominions, and of british subjects abroad. In thirteen vol. Vols. I. to XI. of this work were compiled by the late Lewis Hertslet, Esq., and vol. XII., which includes an index of subjets to the first 12 volumes, and vol. XIII., which includes a chronological index to the entire series, by Sir Edwart Hertslet. C. B. Vol. XIV. includes the documents of 1879.

(Traités de commerce : collection des traités, des lois, des décrets, des ordonnances en conseil, etc., relatifs au commerce, à la navigation, à la traite des esclaves, aux communications postales, aux droits d'auteur, ainsi qu'aux priviléges et aux intérêts des étrangers dans les possessions anglaises et des sujets anglais à l'étranger. En 13 volumes. Les volumes de I à XI ont été compilés par feu Lewis Hertslet : le volume XII, qui renferme une table des 12 premiers volumes, et le volume XIII, qui contient une table chronologique de la série tout entière, l'ont été par Sir Edward Hertslet. Un volume XIV comprend les documents de 1879.)

British and foreign State papers : a collection of treaties between foreign powers, and of treaties and other documents between Great Britain and foreign powers, relating to territorial arrangements, peace, commerce, etc. It also contains the constitutions of foreign States, and international correspondence relating to political questions, the interpretation of treaties, the slave trade, etc. It is compiled for the use of Her Majesty's government, and consist at present of 64 volumes. Vols. I. to XXVI. were compiled by the late Lewis Hertslet, Esq., and vols. XXVII. to LXIV by Sir Edwart Hertslet, C.-B. Vol. LXIV contains a general index, chronologically and alphabetically arranged, to the documents contained in the entire series of 64 volumes, 1814-1873.

(Papiers d'Etat anglais et étrangers recueil des traités entre les puissances étrangères, et des traités et autres documents entre l'Angleterre et les puissances étrangères, relatifs à des arrangements territoriaux, à la paix, au commerce, etc. Il contient aussi les constitutions des Etats étrangers et la correspondance internationale concernant des questions politiques, l'interprétation des traités, la traite des esclaves, etc. Il a été compilé pour l'usage du gouvernement anglais, et se compose actuellement de 64 volumes. Les volumes de I à XXVI ont été compilés par feu Lewis Hertslet, et les volumes de XXVII à LXIV par Sir Edward Hertslet. Le volume LXIV contient une table générale, par ordre chronologique et alphabétique, des documents renfermés dans la série tout entière des 63 volumes, 1814-1873.)

Analyses of treaties and tariffs now in force, regulating the trade between Great Britain and foreign powers. These works contain, besides the actual treaties, a short epitome of the commercial treaties in force between foreign powers, and extracts from such articles as contain concessions, the benefits of which are applicable to British subjects, under the „most favoured nation" clauses of the English treaties.

(Analyses des traités et des tarifs aujourd'hui en vigueur, régissant le commerce entre l'Angleterre et les puissances etrangères. Elles contiennent, en outre des traités actuels, un court abrégé des traités de commerce en vigueur entre les puissances étrangères, et des extraits des articles qui renferment des concessions, dont les bénéfices sont applicables aux sujets anglais, en vertu de „la règle de la nation la plus favorisée" insérée dans les clauses des traités anglais.)

HERTSLET (Edward Sir), publiciste anglais; bibliothécaire au ministère des affaires étrangères (*Foreign Office*).

Il a complété les recueils des papiers d'Etat commencés par son père (*l'oir* HERTSLET LEWIS.); puis il a condensé le résultat des études que lui ont suggérées cette masse de documents, dans un ouvrage auquel il a donné le titre de *The Map of Europe by treaties, 1814 to 1875:* showing the various political and territorial changes which have taken place since the general peace of 1814; with numerous notes and coloured maps, and an index to the name of every place and to every subject alluded to in the work." 3 vol. in-8°. (*La Carte de l'Europe d'après les traités, de 1814 à 1875,* indiquant les divers changements politiques et territoriaux depuis la paix générale de 1814; avec de nombreuses notes et des cartes coloriées, et une table des noms de tous les endroits, et de tous les sujets dont il est parlé dans l'ouvrage.) 3 volumes in-8°.

Cettes études sont poussées jusqu'en 1875.

HETMAN. C'était autrefois le titre du chef suprême des Cosaques: qui était élu par le peuple. Ce n'est plus qu'une dignité honorifique, dont, depuis 1814, le titre est porté par le grand-duc héritier de la couronne de Russie.

Il y avait aussi des hetmans en Pologne : c'étaient les commandants en chef de l'armée : l'un commandait l'armée polonaise proprement dite et portait le titre de grand-hetman de la couronne; l'autre avait le commandement des troupes lithuaniennes, avec le titre de grand-hetman de Lithuanie. Tous les deux étaient nommés à vie.

Cette dignité a cessé depuis le partage de la Pologne.

HIDALGO. Titre que prennent en Espagne les nobles qui prétendent descendre d'une souche chrétienne ancienne sans mélange de sang juif ou Maure.

Les hidalgos jouissaient autrefois de certaines prérogatives, qui ont été abolies depuis l'introduction du système constitutionnel.

HIÉRARCHIE. Ce mot, qui dans l'origine signifiait l'autorité du chef des prêtres (commandement sacré), puis l'ordre des divers degrés de l'état ecclésiastique, s'applique aujourd'hui à tout ensemble gradué de pouvoirs, d'autorités, de rangs, qu'ils soient religieux, civils ou militaires,

à toute superposition ou subordination de fonctionnaires les uns aux autres.

On avait prétendu établir une hiérarchie parmi les diverses nations comme il en existe dans les administrations; mais toutes les tentatives ont échoué devant le principe définitivement admis par tous de l'égalité des Etats, entre lesquels subsistent seulement des règlements de cérémonial et de préséance. (Voir ces mots.)

HIMLY (Louis Auguste), publiciste français, né à Strasbourg le 28 mars 1823. Professeur de géographie à la Faculté des lettres de Paris.

Il est l'auteur d'une *Histoire de la formation territoriale des Etats de l'Europe centrale.* (Paris, 2 vol. in 8°, 1875.) Après des considérations générales sur la géographie, physique et historique de l'Europe centrale, l'auteur examine les changements qu'y ont apportés les traités; il étudie en détail la monarchie autrichienne, la monarchie prussienne, la petite Allemagne, la Suisse, les Pays-Bas et la Belgique. L'œuvre de M. Himly ne saurait donc être considérée comme achevée: il paraît que les autres pays de l'Europe formeront la matière d'autres volumes destinés à la compléter.

HISTOIRE. Ce mot, dans sa plus large acception, signifie le récit de tous les faits dignes de mémoire, de quelque nature qu'ils soient, des événements relatifs à l'humanité en général, aussi bien qu'à chaque peuple en particulier.

Quand le récit embrasse les faits qui intéressent l'universalité des peuples, toute la race humaine, on la qualifie d'*histoire universelle;* ses dénominations varient à l'infini, lorsque le récit est restreint à un ou à plusieurs peuples en particulier, suivant les noms sous lesquels ces peuples sont connus.

L'histoire universelle se divise ordinairement en quatre périodes : 1° l'histoire ancienne, comprenant l'histoire sainte (l'ancien et le nouveau testament), l'histoire des anciennes monarchies d'Asie, l'histoire grecque et l'histoire romaine; 2° l'histoire du moyen-âge, de 375 après J.-C. jusqu'à 1453; 3° l'histoire moderne, depuis cette dernière date jusqu'aux temps les plus rapprochés de nous: 4° enfin l'histoire contemporaine ou celle du temps présent.

L'histoire a reçu encore différents noms selon les sujets qu'elle traite, la préférence qu'elle attribue à une certaine série de faits, le point de vue sous lequel elle les envisage, le but dans lequel elle en fait l'étude, etc. Ces détails sont oiseux pour l'objet que nous nous proposons.

C'est l'examen de l'histoire dans son ensemble, qui est surtout utile pour l'étude et le développement du droit international dont elle est une des sources les plus fécondes.

Il est vrai que l'histoire, n'étant en soi que la manifestation dans le temps et l'espace des lois de l'esprit humain, présente un caractère d'instabilité et d'incertitude de nature à conduire aux conclusions et aux principes les plus divers. Cependant il faut reconnaître que la solution donnée à d'autres époques à certaines questions internationales ne laisse pas que d'avoir son utilité.

D'autre part, si l'on parvenait à obtenir une uniformité complète de solutions pratiques à propos de questions de même nature — ce qui serait sans doute d'une réalisation difficile dans l'histoire universelle, mais facile pour une période déterminée —, ce serait pour tel ou tel cas donné un argument d'une portée considérable. En effet de l'histoire des guerres, des traités de paix, de commerce et autres, en un mot, des négociations de toute espèce entre les Etats, on peut sans beaucoup d'efforts déduire la tendance du droit international au milieu des diverses phases qu'il a eu à traverser.

Au surplus, comme le droit international repose en grande partie sur la coutume, sur les pratiques généralement suivies et sur une sorte de jurisprudence traditionnelle, l'histoire est devenue d'une nécessité incontestable, et ses résultats peuvent être considérés comme concluants, au moins au point de vue théorique.

HOBBES (Thomas), philosophe anglais, né à Malmesbury en 1588, mort en 1679.

Ses principaux ouvrages sont :

Elementa philosophica seu politica de cive (Eléments philosophiques ou politiques touchant le citoyen), publié de 1642 à 1647;

De la nature humaine (en anglais, 1650);

Leviathan ou de la république, d'abord en anglais (1651), puis en latin (1668);

Eléments de philosophie, comprenant trois sections : *Du corps, de l'homme, du corps politique*, (1658—59), publiés d'abord en anglais, puis en latin.

On a en français le *Traité du citoyen*, traduit par Sorbière (Amsterdam, 1649); le *Corps politique*, par le même (Leyde,

1653); la *Nature humaine*, traduction d'Holbach (1772).

Dans son livre *Du citoyen*, Hobbes traite des principes fondamentaux du droit international : il considère le droit des gens comme le droit naturel des individus appliqué aux Etats. „Les maximes de l'un et de l'autre, dit-il, sont les mêmes; mais, comme les Etats ont une existence individuelle qui leur est propre, la loi, qu'on nomme naturelle quand elle s'applique aux individus, s'appelle droit des gens quand elle s'applique aux nations, aux gens *(gentibus)*.“

HŒCHSTER (E. Γ.) et **SACRÉ** (Auguste), jurisconsultes français.

Manuel de droit commercial français et étranger : Droit maritime contenant la législation des pays suivants : France, Belgique, Italie, Romanie, Espagne. 2 vol. Paris, 1876.

HOHEIT. Mot allemand signifiant Altesse. Ce titre, considéré comme supérieur à celui de *Durchlaucht*, qui signifie également Altesse, est intermédiaire entre celui d'Altesse royale et d'Altesse sérénissime. Il est porté exclusivement par les princes souverains d'anciennes maisons ducales de l'Allemagne.

HOLLAND (Thomas Erskine), jurisconsulte anglais, né à Brighton le 17 juillet 1835. Professeur de droit international et de diplomatie à l'Université d'Oxford, membre de l'Institut de droit international

The Elements of jurisprudence (Eléments de jurisprudence). Oxford, 1880, in-8°.

L'auteur s'est donné pour tâche „d'exposer et d'expliquer les idées simples, et relativement peu nombreuses, que renferment implicitement la variété infinie des règlements légaux"; il essaie surtout de mettre de l'ordre et de l'uniformité dans la confusion que cette variété présente en apparence.

Le livre est divisé en cinq parties, dont la première définit les lois et les droits; la seconde traite du droit privé, la troisième du droit public, et la quatrième du droit international; la cinquième explique le fonctionnement et l'application du droit sous ces différentes formes.

HOLTZENDORFF (Joachim Guillaume François Philippe baron de), publiciste allemand, né à Vietmannsdorf (Prusse) le 14 octobre 1829.

Professeur de droit à l'université de Berlin de 1857 à 1873, et à Munich depuis octobre 1873; associé de l'Académie royale de Belgique; membre correspon dant de l'Académie des sciences morales et politiques de France, de l'Institut royal lombard de Milan, de l'Académie de jurisprudence de Madrid ; membre de l'Institut de droit international.

Son œuvre principale est *l'Encyclopédie de la science du droit, dans un ordre systematique et alphabétique*. Le premier volume comprend la partie théorique et l'exposé des principes ; le second renferme les articles classés par ordre alphabétique. Cet ouvrage abonde notamment en renseignements bibliographiques utiles à propos de chaque matière. A l'encyclopédie proprement dite est jointe un dictionnaire, qui contient un grand nombre d'articles sur le droit des gens ; beaucoup sont dus à M. Bulmerincq. (Voir ce mot.)

L'encyclopédie avait paru pour la première fois à Leipzig en 1869 ; une troisième édition en a été publiée en 1876.

Puis nous citerons :

Die Principien der Politik (Principes de politique). Berlin, 1869.

Dans cet ouvrage l'auteur envisage tour à tour la politique sous le rapport du droit et de la morale, puis dans ses rapports avec les fins de l'Etat.

Die Auslieferung der Verbrecher und das Asylrecht (L'extradition des criminels et le droit d'asile). Berlin, 1881.

Rumanens Uferrechte an der Donau (Les droits de la Roumanie aux rives du Danube). Leipzig, 1883.

L'auteur avance que la Roumanie n'a fait que maintenir son droit en s'opposant aux pouvoirs de la commission mixte.

Eroberungen und Eroberungsrecht (Conquêtes et droit de conquête). Berlin, 1883.

Enfin M. de Holtzendorff vient de publier l'ouvrage suivant :

Handbuch des Völkerrechts auf Grundlage europäischer Staatspraxis (Manuel du droit des gens, sur la base de la pratique des Etats européens). Berlin, 1885. 4 vol. in-8°.

C'est une véritable encyclopédie du droit des gens, dont la rédaction a été confiée à une série de publicistes éminents.

L'introduction a pour auteur M. de Holtzendorff lui-même et M. Rivier, qui y traite de l'histoire des publications relatives au droit des gens. La première partie est consacrée aux „sujets des relations internationales". La rédaction en a été confiée à MM. de Holtzendorff, Gessner, Geffcken, Carathéodory, Störk et Gareis ; la seconde a pour sujet les traités, et parmi les collaborateurs figurent MM. Gessner, Geffcken, de Melle,

Lammasch et Dambach; dans la troisième partie MM. Geffcken et Bulmerincq traitent du droit de représentation des Etats ; enfin la quatrième partie, qui a pour auteurs MM. Bulmerincq, Lueder et Geffcken, est consacrée aux différends entre Etats et aux moyens de les concilier.

Dans l'Encyclopédie de M. de Holtzendorff, c'est l'Allemagne qui occupe, pour ainsi dire, le centre, en raison de sa situation politique et géographique: les auteurs partent du droit en vigueur dans ce pays et le comparent avec celui des principaux Etats civilisés.

Il a paru en même temps, à Bruxelles, une traduction française de ce vaste ouvrage.

HOMMAGE. En terme de féodalité, l'hommage était la promesse que le vassal faisait au seigneur de lui être fidèle et de remplir certains devoirs à son égard.

L'hommage *plein* ou *lige* impliquait la promesse de défendre le seigneur envers et contre tous, à la différence de l'hommage *simple*, qui ne comportait pas des engagements si étroits.

HOMOLOGATION. Approbation ou confirmation donnée par un tribunal ou une cour juridiciaire à un acte passé entre des particuliers ; cette formalité revêt cet acte de la force d'un acte fait en justice et le rend exécutoire.

L'homologation se donne aussi par l'autorité compétente aux actes ou aux décisions d'une autorité inférieure.

En France on nommait autrefois *homologation* l'inscription des édits royaux sur les registres des anciens parlements.

HONNEUR. Les gentilshommes attachés au service des souverains, pour les accompagner ou remplir auprès d'eux d'autres devoirs, portent dans quelques cours le titre de *chevaliers d'honneur*.

Les dames et les demoiselles attachées aux princesses portent le titre de *dames d'honneur* et de *demoiselles d'honneur*.

Le mot honneur sert aussi comme titre ou marque de respect envers certaines personnes de qualité, auxquelles on s'adresse en leur disant ou en leur écrivant : „*Votre honneur*".

HONNEURS DIPLOMATIQUES. Des honneurs particuliers sont accordés aux agents diplomatiques ou ministres publics dans le pays où ils résident.

Les souverains ou chefs d'Etat ont coutume d'accorder les mêmes honneurs à chaque nation, sans mesurer les égards qu'on a pour son représentant sur le degré de sa prépondérance politique. Les Etats qui entretiennent des missions réciproques observent à cet égard l'égalité entre le caractère des représentants qu'elles envoient et de ceux qu'elles reçoivent.

Dans les résidences souveraines tous les membres du corps diplomatique jouissent de distinctions particulières : ainsi dans les solennités publiques des places d'honneur leur sont réservées, à côté de celles destinées aux princes et aux princesses du sang; les honneurs militaires leur sont rendus, quand ils vont au palais du prince près lequel ils sont accrédités. Ils sont invités à toutes les fêtes de la cour, et presque partout les secrétaires d'ambassade et de légation partagent cette distinction.

Aucun ministre ne peut prétendre à des honneurs supérieurs à ceux que les usages de la cour près laquelle il est accrédité, accordent aux autres membres du corps diplomatique de la même classe.

Les honneurs *militaires* sont ceux qui sont rendus à certains personnages par un détachement de troupes plus ou moins nombreux : ils consistent le plus souvent en escorte, ou dans le rangement en ligne sur le passage de la personne qu'on veut distinguer, la présentation des armes devant elle, &c.

Dans les ports de mer les honneurs militaires consistent en pavoisement des navires, et en saluts tirés du bord, &c. (*Voir* CÉRÉMONIAL, SALUT.)

Les ministres publics et les consuls ont droit aux honneurs militaires et aux honneurs maritimes dans des occasions déterminées et selon des règles de cérémonial établies par les usages ou les lois de chaque pays. (*voir* AMBASSADEURS, AGENTS DIPLOMATIQUES, CONSULS.)

HONNEURS ROYAUX. On appelle *honneurs royaux* des honneurs conventionnels que la courtoisie internationale a fait accorder à certains Etats et que l'on estime les plus distingués qu'on puisse rendre à un Etat, aussi bien aux républiques qu'aux empires et aux royaumes.

Le qualificatif de royaux provient de ce que dans les relations politiques de l'Europe, les rois ont toujours joui d'un plus haut degré de considération que les autres chefs non revêtus de la dignité royale.

Les honneurs royaux sont, en principe, attribués aux Etats dont l'étendue et l'importance pour les relations internationales sont regardées comme suffisantes, c'est-à-dire aux Etats dont les chefs ont le titre de roi ou d'empereur, les grandes républiques, les grands-duchés &c.

Les prérogatives attachées aux honneurs royaux consistent à donner à l'Etat qui en jouit un rang au dessus de tous les Etats souverains qui n'en jouissent pas; à conférer l'usage du titre royal, des armes et de la couronne royale au chef de l'Etat, dont la constitution est monarchique; à donner le droit exclusif d'envoyer des ministres publics de première classe; enfin à conférer aux chefs d'Etats monarchiques le droit d'user du titre de *frère*, à l'égard des autres souverains ayant le rang royal. (*Voir* DIGNITÉ, RANG, PRÉSÉANCE, CÉRÉMONIAL.)

HONORABLE. Qualification courtoise donnée à certains personnages, tels que ministres, membres des chambres parlementaires, magistrats, &c.

Elle est en usage surtout en Angleterre, où les ducs et les marquis sont traités de *most honorable* (les *plus* honorables), et les comtes (*counts* et *earls*) de *right honorable* (*très*-honorables).

HONORAIRE. Se dit du fonctionnaire qui, après avoir exercé une charge, en conserve le titre et les prérogatives honorifiques : président honoraire, conseiller honoraire.

Se dit aussi des personnes qui portent un titre honorifique sans fonctions : académicien honoraire, membre honoraire d'une société scientifique, littéraire ou artistique.

HONORIFIQUE. Qui procure des honneurs, qui confère une distinction honorable. (*Voir* TITRE, DIGNITÉ, CÉRÉMONIAL, ÉTIQUETTE.)

HOPITAL MILITAIRE. Etablissement où sont reçus et traités les militaires malades.

En temps de guerre, on organise près des champs de bataille des hôpitaux ambulants ou ambulances : ce sont des groupes de personnes, pourvus du matériel nécessaire, qui suivent une armée dans ses mouvements afin de porter les premiers secours aux malades et aux blessés, en attendant qu'on puisse les transporter dans les hôpitaux fixes.

Aux termes de la *Convention de Genève* (voir ce mot), les ambulances et les hôpitaux militaires sont reconnus comme

HORNE — 381 — HYPOTHEQUE

neutres, à la seule condition qu'ils ne soient point gardés par des troupes armées. Ils sont protégés et respectés par les belligérants aussi longtemps qu'il s'y trouve des malades ou des blessés. L'immunité de capture s'applique non seulement aux blessés et à tout le personnel hospitalier, mais encore aux habitants du pays qui se dévouent aux soins des malades. Sa neutralité cesserait, si les ambulances ou les hôpitaux étaient gardés par une force militaire

HORNE (Thomas Hartwell), publiciste anglais, né le 20 octobre 1780.
Diplomacy. (Traité sur la diplomatie.) Londres, 1840.
A compendioum of the decisions of the court of admiralty relative to the ships of war, privateers, prizes, recaptures and prize money, with notes and precedents. (Résumé des décisions de l'amirauté, relatives aux navires de guerre, aux corsaires, aux prises, aux reprises et à l'argent de prise, avec notes et précédents.) Londres, 1863.

HOSACK (John), avocat anglais.
On the rise and growth of the law of nations, as established by general usage and by treaties, from the earliest times to the treaty of Utrecht. (Développement du droit international, établi par les usages et les traités, des temps les plus anciens au traité d'Utrecht.) Londres, 1882.
L'auteur a cherché à résoudre le problème, peut être insoluble, de traiter le droit international dans l'ordre historique.

HOSPODAR. Titre de dignité donné à certains princes vassaux du Sultan de Turquie.
Avant l'union des deux principautés, c'était le titre que portaient les princes régnants de la Moldavie et de la Valachie.
La dignité d'hospodar était élective; les hospodars, choisis par les boyards ou nobles du pays, recevaient l'investiture de la Porte.

HOSTILITÉ, Acte d'ennemi que des puissances en guerre commettent ou font commettre les unes contre les autres.
L'ouverture des hostilités a lieu du moment que commencent les opérations militaires, et elles doivent cesser dès que les belligérants entament des pourparlers de paix; elles sont suspendues par les armistices ou trêves. (*Voir* GUERRE, BELLIGÉRANT, ENNEMI, DÉCLARATION DE GUERRE, ARMISTICE, TRÊVE.)

HUBER (Ulric), publiciste hollandais, né à Dorkum le 13 mars 1636, mort le

8 novembre 1694. Professeur d'éloquence à Francfort en 1657.
Prælectiones juris civilis. (Leçons de droit civil.) 1686 1699.
Prælectiones juris civilis, secundum institutiones et digesta, acced. Christiani Thomasii additiones et Ludovici Menckii et de Gebaueri remissiones ad jus saxonicum. Francfort, 1749, 3 vol. in-4°; 4e édit.
Edit. de Louvain, 1766 in-4°, augmentée des notes de J. le Plat.
De jure civitatis lib. III. (Du droit de cité), dont la 4e édit. est de Francfort 1708, in-4°; une autre édition avec des remarques de Chr. Thomasius est de 1752, in-4°.
De conflictu legum. (Du conflit des lois).

HUBERTSBOURG (traité de paix de) 1763. (*Voir* PARIS 1763.)

HÜBNER (Martin), publiciste danois, né dans le Hanovre en 1723, mort le 7 avril 1795. Professeur à l'université de Copenhague en 1751, professeur de droit en 1759, conseiller de justice du Danemark en 1762, conseiller d'Etat en 1770 et conseiller de conférence en 1774.
Il a publié à Londres, en 1757, un *Essai sur l'histoire du droit naturel* qui est considéré comme une introduction utile à l'étude du droit naturel; et en 1769, à La Haye, un *Traité de la saisie des bâtiments neutres, ou du droit qu'ont les nations belligérantes d'arrêter les navires des peuples amis* : c'est le premier ouvrage dans lequel on ait essayé d'éclaircir ce sujet.

HUEFFER (H.), historien allemand.
Diplomatische Verhandlungen aus der Zeit der französischen Revolution (Négociations diplomatiques à l'époque de la révolution française). 2 vol. Bonn, 1868-78. 8°.
Le premier volume renferme les négociations de l'Autriche et de la Prusse en suite de la révolution française jusqu'à la paix de Campo-Formio, le 2d est consacré au Congrès de Rastatt et à la seconde coalition.

HYPOTHÈQUE. Terme de jurisprudence. C'est un droit réel qui grève des immeubles affectés à la sûreté d'une obligation, ou de l'acquittement d'une dette.
L'hypothèque confère au créancier hypothécaire un *droit de préférence*, c'est-à-dire le droit d'être payé sur le prix de l'immeuble avant les autres créanciers, et un *droit de suite*, c'est-à-dire le droit de contraindre le détenteur de l'immeuble à l'abandonner ou à subir l'expropriation, s'il ne préfère acquitter le montant intégral de la dette.

L'hypothèque générale frappe tous les biens présents et à venir du débiteur.

L'hypothèque se distingue en *légale;* en *conventionnelle* et en *judiciaire.*

L'hypothèque légale est celle qui ré sulte directement et immédiatement de la loi même; elle existe indépendamment de toute inscription et frapppe la généralité des biens.

L'hypothèque conventionnelle résulte de conventions authentiques et dépend de la forme extérieure des actes et des contrats; elle est limitée aux termes de l'obligation.

L'hypothèque judiciaire résulte d'un jugement; elle ne peut assurer un droit que par l'inscription.

Plusieurs hypothèques peuvent gréver un même immeuble; la règle donne la préférence à celle qui a reçu la première la publicité légale par une inscription régulière sur les registres du conservateur; ainsi l'hypothèque ne prend rang que du jour de l'inscription.

On nomme *première hypothèque* celle qui prime les autres.

L'hypothèque s'éteint, ou se *purge,* comme on dit juridiquement, par l'extinction de l'obligation principale, par l'accomplissement par le détenteur du bien hypothéqué des formalités et des conditions prescrites pour la purge, par la renonciation du créancier, et par la prescription.

Au point de vue du droit international, l'hypothèque se distingue en hypothèque de droit privé : c'est celle qui affecte les propriétés foncières de particuliers, et en hypothèque de droit public : c'est celle qui affecte spécialement le domaine national, le territoire d'un Etat.

Un Etat peut aliéner son territoire; et le domaine public s'aliène, se cède, se transfère, s'engage par les mêmes moyens que le domaine privé, et au nombre de ces moyens figure la constitution de rente ou d'hypothèque.

Mais l'hypothèque de droit public diffère de celle de droit privé d'abord par la forme : l'une s'opère par un traité international, l'autre par une simple inscription sur les registres hypothécaires; ensuite par le fond même de l'obligation : l'une peut entraîner le droit d'exercer la souveraineté territoriale, l'autre se borne à la possession d'un immeuble; enfin par les effets : l'une peut avoir pour résultat l'annexion d'un territoire, l'autre est astreinte aux chances d'une adjudication aux enchères publiques.

Parfois, afin de mieux assurer l'exécution d'un traité, un Etat constitue au profit d'un autre une garantie sous forme d'hypothèque, en lui accordant l'autorisation d'occuper une place forte ou une certaine partie de son territoire. Dans ce cas, l'hypothèque, ou, plus exactement, le droit d'occupation dure jusqu'à l'exécution du traité ou jusqu'à ce que des garanties suffisantes d'autre nature aient été fournies pour assurer cette exécution.

Lorsque le traité n'est pas exécuté au terme convenu ou que l'exécution n'en devient plus possible ultérieurement, l'occupation provisoire du lieu ou du territoire hypothéqué peut devenir permanente et définitive et par suite transmettre la souveraineté territoriale au détenteur.

I

ICKSTATT (Jean Adam d'), jurisconsulte allemand, né en 1702 à Vokenhausen près Francfort. En 1846, il fut nommé directeur de l'université d'Ingolstadt et professeur de droit international. Parmi ses écrits, nous citerons les *Elementa juris gentium* (Éléments du droit des gens), qui parurent en 1740.

IDENTITÉ. En jurisprudence, c'est la reconnaissance d'une personne; c'est la certitude, qu'elle est bien ce qu'on présume ou ce qu'elle dit être.

La constatation de l'identité peut avoir lieu en matière criminelle, comme lorsqu'il s'agit de reconnaître un individu en état d'arrestation, ou un condamné évadé et repris, ou une personne morte, particulièrement quand il y a lieu de présumer qu'elle a été victime d'un crime; — en matière civile, quand il s'agit de vérifier si un individu, auquel s'adresse une question judiciaire, est bien celui qu'on croit reconnaître, ou celui qu'il prétend être, comme lorsqu'un absent reparaît et réclame ses droits de famille.

Les chanceliers des consulats ne doivent recevoir d'actes que pour les personnes dont l'identité leur est suffisamment connue : quand ils ne connaissent pas cette identité, ils doivent la faire attester par deux de leurs nationaux, ou, en cas d'impossibilité, par deux sujets étrangers, domiciliés dans l'arrondissement consulaire, et connus d'eux, lesquels attestent l'identité de la personne qui le présente.

IDENTITÉ DE L'ÉTAT. L'identité est la propriété qu'ont les êtres, les objets mêmes de persister dans leur existence.

Un être, une chose est identique, sans qu'elle demeure la même. Les choses conservent leur identité aussi longtemps qu'elles n'éprouvent aucun changement soit dans leur composition, soit dans leur forme.

L'identité des êtres, au contraire, est compatible avec les changements matériels les plus apparents.

Or les États sont, à vrai dire, des entités morales, qui naissent, se développent et périssent comme les êtres particuliers. Sous ce rapport ce sont de grandes individualités auxquelles s'appliquent également les lois générales de l'existence.

L'État subsiste aussi longtemps qu'il conserve et a le pouvoir de conserver son caractère de corps politique indépendant. Son identité n'est donc assujettie ni aux changements ni aux altérations intérieures qu'éprouvent ses institutions.

L'État peut subir des transformations infinies dans sa sphère interne, dans ses relations de droit public : c'est ce qui fait dire que l'État est variable par rapport aux membres qui constituent la société; mais par rapport à la société elle même il est permanent.

Pour que l'État se modifie ou que son identité extérieure change, il est indispensable que la société éprouve dans sa manière d'être un changement fondamental et de nature à altérer non seulement les conditions de la société qui le subit, mais encore celles de l'État lui-même.

En général les changements et les altérations intérieurs d'un État n'ont pas une influence décisive sur sa considération internationale, ne l'exemptent d'aucune obligation, ni ne le privent d'aucun de ses droits dans la sphère de ses relations extérieures.

L'incorporation d'un État dans un autre, la division d'un État en plusieurs États indépendants font cesser l'identité de l'État incorporé et de l'État divisé.

(Voir ANNEXION, CONQUÊTE, CESSION, CHANGEMENTS SURVENUS DANS LES ÉTATS, DEMEMBREMENT, INDÉPENDANCE.)

IDEVILLE (H. d'), diplomate français.

Journal d'un diplomate en Italie; notes intimes pour servir à l'histoire du 2me empire Turin, 1859—62; Rome, 1862—66; 2me éd. Paris, 1872—75, 2 vol. 8'.

ILE. Espace de terre entouré d'eau de tous les côtés.

Il y a des îles dans les rivières, dans les lacs, et dans les mers.

Les îles qui se forment dans les fleuves ou les rivières rentrent, à moins de traités spéciaux, dans le domaine de l'État riverain dont elles sont le plus rapprochées. Si elles se forment au milieu de la rivière, elles doivent être partagées proportionnellement entre les deux États riverains.

La possession et l'occupation de la terre ferme entraînent celles des îles adjacentes, alors même qu'on n'y aurait exercé aucun acte positif de propriété. En ce qui concerne ces îles, on peut dire que si un État étranger quelconque essayait de les coloniser, il donnerait à celui dont elles dépendent un juste sujet de plainte et même de guerre en persistant dans l'intention de s'en emparer.

Lorsque les îles sont situées près de la terre ferme, on les considère comme ses dépendances naturelles, à moins qu'un État étranger n'ait acquis des titres à leur propriété.

Le domaine souverain sur les îles formées par alluvion appartient incontestablement à l'État dont les terres et les eaux ont contribué à les former.

La possession des îles situées à une certaine distance de la terre ferme s'acquiert aux mêmes titres que celle de tout autre territoire.

ILLÉGITIME (enfant.) La loi qualifie d'*illégitime* l'enfant né hors du mariage.

L'enfant illégitime acquiert par sa naissance la nationalité de sa mère, qui seule constitue sa famille, par conséquent sa filiation, abstraction faite du lieu de sa naissance.

Cependant si l'enfant né hors mariage est reconnu par son père naturel, il semble logique qu'il suive la nationalité paternelle; car dans ce cas la famille de l'enfant n'est plus limitée à la mère seule et la filiation est établie par l'acte de reconnaissance.

La jurisprudence française paraît constante à cet égard : elle admet en principe que les enfants naturels suivent la condition de leur père, français ou étranger, et que la mort de celui-ci ne modifie pas la nationalité des enfants naturels qu'il a reconnus, bien que la mère soit d'une nationalité différente. (*Voir* ENFANT.)

L'enfant illégitime non reconnu par son père ne suit pas le *statut* de sa mère lorsque celle-ci vient à acquérir plus tard par mariage une autre nationalité.

IMAN ou IMAM. Mot arabe qui veut dire celui qui préside. Les musulmans lui donnent diverses significations.

A l'origine ce fut un titre que se donnèrent les califes comme chefs suprêmes des musulmans au spirituel et au temporel; aujourd'hui ce titre appartient au Sultan.

Dans la partieméridionale de l'Arabie, on appelle encore imans certains chefs indépendants, qui réunissent en leur personne le pouvoir politique et le pouvoir religieux, tels que l'iman de Mascate, l'iman de Sassa.

Enfin on nomme *imans* les prêtres mahométans qui font le service divin dans les mosquées.

IMANAT ou IMAMAT. On désigne ainsi le pays gouverné par un iman, ou l'endroit de sa résidence, ainsi que la dignité d'iman, sous quelque caractère qu'elle soit envisagée.

IMMATRICULATION. Enregistrement sur un registre matricule, c'est-à-dire un registre ou rôle sur lesquels sont inscrits les noms des membres d'une société ou les noms des personnes qui se présentent devant une autorité ou dans les bureaux d'une administration.

Le profit de la protection due par l'Etat à ses nationaux à l'étranger est subordonné à la condition que la qualité du national soit justifiée. Cette justification se fait d'ordinaire par l'immatriculation dans les chancelleries diplomatiques ou consulaires.

Voici les règles admises en ce qui concerne l'immatriculation de ceux qui vont s'établir à l'étranger et tiennent à faire constater que leur établissement est fait avec esprit de retour.

La seule condition imposée aux Français pour obtenir leur immatriculation est la preuve de leur nationalité. Or,

comme la loi ne prive pas de la qualité de Français les individus auxquels ont été retirés les droits civils ou politiques, l'inscription sur le registre matricule ne peut être refusée aux Français privés de ces droits en tout ou partie par suite de condamnations judiciaires; mais autant que possible il doit être fait mention de cette circonstance dans leur acte d'immatriculation.

L'immatriculation se constate par l'inscription sur un registre spécial dûment ouvert, coté et paraphé et clos par les consuls, et dont la tenue est obligatoire dans tous les consulats. Les pièces produites au moment de l'immatriculation par ceux qui la demandent, sont conservées en chancellerie après avoir été paraphées par le consul et le déposant.

Quand un étranger non-immatriculé vient à décéder laissant des enfants mineurs, le consul peut procéder d'office à l'immatriculation des enfants, en rappelant dans l'acte cette circonstance exceptionnelle.

Il n'est perçu aucun droit pour l'inscription sur le registre matricule; la délivrance de certificat d'immatriculation à ceux qui le réclament est seule soumise à l'application du tarif des chancelleries

L'immatriculation est purement facultative. Le consul qui refuserait son appui à un de ses nationaux par la seule raison qu'il aurait négligé de se faire inscrire sur le registre matricule tenu dans sa chancellerie, se rendrait coupable d'un véritable déni de justice.

Quelques privilèges sont attachés à l'immatriculation.

L'instruction concernant la réception des actes et des contrats dans les chancelleries consulaires, réserve, à moins d'impossibilité absolue, aux seuls nationaux immatriculés le droit de servir de témoins instrumentaires devant les chanceliers.

Les lois sur la navigation marchande en France disposent que, pour devenir propriétaire unique d'un bâtiment portant le pavillon de la France, le Français résidant à l'étranger doit fournir la preuve qu'il est immatriculé dans une chancellerie diplomatique ou consulaire.

Le Français qui a encouru la perte de sa nationalité, doit être rayé du registre matricule; mais il doit être préalablement entendu par l'agent diplomatique ou consulaire, qui surseoit, si la position du Français soulève des doutes dans l'appréciation et du domaine des tribunaux.

IMMÉDIAT. Dans la féodalité, se disait des nobles et des fiefs qui relevaient directement d'un roi ou d'un empereur, sans reconnaître d'autre souverain que lui.

IMMÉDIATETÉ. Qualité ou privilège d'un noble, d'un fief immédiat de l'Empire.

IMMEUBLE, IMMOBILIER. *Classification.* Terme de jurisprudence signifiant „qui ne peut être transporté d'un lieu à un autre.“

Se dit des bien-fonds et de certaines autres choses qui leur sont assimilées par une fiction de la loi.

Les biens sont immeubles par leur nature, ou par leur destination, ou par l'objet auquel ils s'appliquent.

Les fonds de terre et les bâtiments sont immeubles par leur nature.

Les objets que le propriétaire y a placés pour le service et l'exploitation du fonds sont immeubles par destination, ainsi que les effets mobiliers que le propriétaire a attaché au fonds à demeure perpétuelle.

Sont immeubles par l'objet auquel ils s'appliquent, l'usufruit des choses immobilières, les servitudes ou services fonciers, les actions qui tendent à revendiquer un immeuble.

Aux objets compris dans ces deux dernières catégories on donne le nom d'*immeubles fictifs,* parce qu'ils sont considérés comme immeubles, quoiqu'ils ne le soient pas par leur nature.

Ces définitions une fois établies, nous n'avons à nous occuper ici que des règles qui s'appliquent aux immeubles, dans la sphère du droit international privé.

Régime des immeubles. Les biens-fonds, les immeubles de toute espèce font partie intégrante du domaine propre de chaque nation, et chaque Etat a le droit absolu de régler législativement la possession, l'acquisition et l'aliénation des immeubles situés sur son territoire : telle est la règle générale, qu'exprime l'axiome du droit romain *lex loci rei sitæ* (loi du lieu où la chose est située).

Il s'ensuit comme conséquence que toute tentative de la part d'un tribunal d'étendre son action sur des immeubles situés dans un autre pays, outre qu'il serait matériellement impossible que sa décision sortît tous ses effets, constituerait une dangereuse usurpation de pouvoir.

La règle du droit commun, adoptée à cet égard par toutes les nations, prescrit que les actions relatives aux immeubles soient soumises à la loi de la situation de ces biens.

Les immeubles sont régis par le *statut réel,* lequel oblige le possesseur, qu'il soit national ou étranger. *(Voir* STATUT RÉEL.)

Le statut réel est l'ensemble des lois qui concernent la possession des biens-fonds : ces lois, comme l'indique le mot *réel,* tiennent plutôt compte de la nature même de la chose possédée que de l'état de la personne qui la possède ; en effet le droit public interne des divers pays établit rarement une distinction entre les individus qui ont des droits à exercer sur les biens situés sur leurs territoires respectifs, suivant que ces individus sont des nationaux ou des étrangers.

Il existe cette différence entre la loi réelle et la loi personnelle que la loi réelle régit les biens situés dans l'étendue du territoire pour lequel elle a été édictée, en excluant l'application de la loi personnelle du propriétaire et de la loi du lieu où l'acte d'acquisition ou de possession a été passé; mais les effets de la loi réelle ne s'étendent pas au-delà des limites du territoire.

Le droit de posséder des immeubles n'est pas limité au pays duquel l'individu ressort par son origine; l'individu, régi par la loi de son domicile, peut d'une façon quelconque acquérir des immeubles dans un pays étranger gouverné par une autre loi.

Lorsque tous les biens que possède un individu sont compris dans le territoire de la nation à laquelle il appartient ou dans le territoire où il a son domicile, et que cet individu ne passe pas d'actes hors de ce territoire, les lois de son pays régissent tous ses rapports, sans qu'il y ait lieu de faire une distinction entre les statuts personnels et les statuts réels; il n'y aurait lieu d'en tenir compte. que dans le cas où l'individu posséderait des biens situés dans un autre pays ou passerait des actes les concernant hors du territoire de sa nation.

Impositions. Relativement aux charges, aux taxes ou contributions, de quelque nature que ce soit, dont l'Etat a le droit de frapper les biens compris dans son territoire, il est de règle que les immeubles ne peuvent être imposés que dans le lieu où ils sont situés; et les étrangers qui les possèdent, sont soumis comme les nationaux au paiement des contributions foncières.

Immeubles en temps de guerre. En temps de guerre, l'occupation militaire ne produit d'effet sur la propriété privée que dans les cas exceptionnels qui donnent ouverture au droit de confiscation; elle laisse dès lors subsister intact le droit de transfert par voie de ventes, d'échanges, de successions, etc. Il en résulte que les dispositions prises par le vainqueur au sujet de la propriété immobilière d'un territoire occupé ne produisent que des conséquences de fait, qui deviennent cáduques par l'application du droit de *postliminie* (voir ce mot), lors de la conclusion de la *paix*. (Voir ce mot et AGENTS DIPLOMATIQUES.)

IMMORAL. Ce qui est contraire ou nuisible à la morale, aux bonnes moeurs.

Un acte ou un contrat peut être immoral. On considère comme tels tous ceux qui de leur nature sont fondés sur une turpitude morale et incompatibles avec le bon ordre et les intérêts stables de la société, tels, par exemple, que ceux qui ont pour objet l'impression ou la mise en circulation de publications obscènes, ceux qui tendent à encourager ou à récompenser la perpétration de crimes, à corrompre la justice ou à se soustraire à ses atteintes, à tromper le gouvernement ou à violer le droit public.

Ces contrats ne sont point susceptibles d'exécution; la tentative d'exécution doit même être punie.

IMMUNITÉ. Exemption, privilège ou faveur accordé à certaines personnes,

Au nombre de ces personnes on doit citer, en première ligne, les agents diplomatiques ou les ministres publics à l'étranger, auxquels des immunités particulières et assez étendues sont accordées en raison du caractère et des exigence de leur mission.

Ces immunités consistent dans l'exemption de la juridiction civile et de la juridiction criminelle de l'État où ils résident, dans l'inviolabilité de leurs domiciles; dans l'exemption des règlements de police, si ce n'est de ceux qui ont pour but la sûreté et l'ordre publics; dans la franchise des droits de douane, dans une certaine mesure, pour l'introduction des objets destinés à leur usage personnel et à celui de leur famille; dans l'exemption du paiement des impôts purement personnels et directs.

(*Voir* AGENT DIPLOMATIQUE, EXTERRITORIALILÉ, INVIOLABILITÉ.)

IMPARFAIT. En droit international, cet adjectif appliqué aux devoirs réciproques des États entre eux indique ceux de ces devoirs qui ne découlent pas d'un droit positif absolu, ne sont que moralement obligatoires de nation à nation. Pour acquérir la force qui leur manque intrinsèquement et revêtir la valeur d'un lien international, ils ont besoin d'être consacrés par des stipulations conventionnelles, dont la forme et la nature varient à l'infini.

C'est notamment à la voie des traités spéciaux que les diverses nations civilisées ont eu recours pour régler entre elles les droits et les devoirs mutuels découlant de l'échange de leurs produits et des relations qu'entretient le commerce maritime.

IMPÉRATRICE. C'est le titre qu'on donne à la femme d'un empereur, ou à la princesse qui de son chef possède un empire.

IMPÉTRANT. Terme employé en justice et dans les chancelleries pour désigner celui ou celle qui a obtenu ce qu'il poursuivait par enquête ou pu pétition; et dans les administrations, celui qui a obtenu un titre, un diplôme, une charge, etc.

Sur les diplômes et autres papiers délivrés, en France, par certaines administrations, les Universités, les Académies etc., on lit au bas : „Signature de l'*impétrant*".

IMPOSITION, IMPOT. Taxe ou droit imposé sur les personnes ou sur les choses par un gouvernement, ou une administration, ou une autorité compétente pour subvenir aux dépenses publiques ou locales.

Selon le mode d'après lequel ils sont établis et perçus, les impôts sont *directs* ou *indirects*.

L'impôt direct est demandé nominativement aux contribuables de telle ou telle catégorie et directement établi sur les personnes; l'impôt indirect est celui qui est perçu sur la chose, sans préoccupation de sa provenance, de la personne à qui elle appartient. Ainsi l'impôt foncier, l'impôt des patentes, par exemple, sont des impôts directs, tandis que les droits de douane et ceux d'octroi sont des impôts indirects.

Les impôts reçoivent aussi des dénominations diverses, spéciales d'après les choses ou les personnes sur lesquelles ils portent; nous n'avons point à entrer ici dans ces détails.

Il est de règle générale que les biens fonds ou immeubles sont imposés au lieu où ils sont situés, quelle que soit la nationalité du possesseur. Les étrangers établis et possédant des propriétés dans un pays étranger sont soumis comme les nationaux aux contributions imposées sur ces biens. De même les professions ne paient des droits de patente ou autres redevances qu'au lieu où elles sont exercées, quoique ceux qui les exercent soient d'origine étrangère.

Le paiement de l'impôt est obligatoire au profit de l'Etat où la personne est domiciliée, et non de l'Etat de son origine.

Nous terminerons par faire observer que les personnes qui jouissent des privilèges attachés à l'exterritorialité, ne sont soumises au paiement d'aucun impôt dans le pays étranger où elles résident, sauf toutefois de certains droits établis pour l'entretien de services publics particuliers, lorsque ces personnes font usage de ces services, tels, par exemple, de droits de péage sur des routes ou sur des ponts.

IMPRESCRIPTIBLE. Terme de droit signifiant qui n'est pas susceptible de *prescription* (voir ce mot), c'est-à-dire que n'atteint ni n'altère aucune condition de temps ou de lieu.

Se dit de certains droits, de certaines propriétés.

Ainsi les lois de la nature ou de l'humanité, le domaine de l'Etat sont *imprescriptibles. (Voir* DROITS, DOMAINE.)

INACTIVITÉ (mise en). Un agent diplomatique ou consulaire peut être mis en inactivité par son gouvernement.

La mise en inactivité ne doit pas toujours être regardée comme une mesure personnelle à l'agent; elle dépend souvent de considérations exceptionnelles qui obligent le gouvernement à rappeler les agents qu'il a accrédités dans certains Etats, ou à les remplacer par d'autres plus aptes pour des raisons quelconques à réussir dans telle ou telle négociation. Dans ces cas, l'agent est simplement mis en *disponibilité* (voir ce mot), sans perdre par le fait de la cessation de ses fonctions, ni son grade, ni son droit à l'avancement, ni ses titres à être employé ultérieurement.

INALIÉNABILITÉ. Qualité de ce qui est inaliénable, c'est-à-dire de ce qui ne peut être aliéné, vendu ou donné.

En principe le domaine de l'Etat est inaliénable.

Autrefois, lorsque le territoire était considéré comme la propriété du souverain, celui-ci en disposait à son gré, le vendait, cédait, échangeait en tout ou en partie, selon les convenances ou les nécessités de ses intérêts ou ceux de sa famille; mais dans les constitutions modernes l'aliénabilité du territoire national est devenue une règle fondamentale, et ce n'est que par suite de circonstances exceptionnelles et de force majeure, sous la pression de l'adversité, qu'un Etat consent à aliéner une partie de ce territoire.

Généralement la validité des aliénations consenties par le pouvoir exécutif est subordonnée soit à un vote de la nation tout entière, soit à une approbation formelle du pouvoir législatif. *(Voir* ALIÉNATION, DOMAINE.)

INAMOVIBILITÉ. Caractère de ce qui ne peut être changé.

Se dit particulièrement des fonctionnaires publics qui ne peuvent être destitués de leur place, de leur emploi. *(Voir* AMOVIBLE.)

INAUGURATION. L'inauguration était, chez les Romains, une cérémonie qui avait pour objet l'installation solennelle des citoyens élus aux magistratures supérieures; ce nom lui était donné parce qu'à cette occasion les augures étaient consultés sur le mérite du choix.

Après la disparition du paganisme, et quoique l'institution des augures eût disparu également, on a continué par coutume d'appliquer le nom d'inauguration aux cérémonies religieuses ou nationales ayant pour objet la consécration de monuments publics, et même à la consécration des souverains.

Dans ce dernier cas, l'usage a prévalu de se servir des termes de *sacre* ou de *couronnement* (voir ces mots), et de *dédicace* pour les édifices religieux; le terme d'*inauguration* est réservé pour les monuments publics : cette cérémonie donne lieu ordinairement à des fêtes, dites fêtes *inaugurales*, et à un discours de circonstance, dit *inaugural* ou d'*inauguration*, prononcé par un orateur désigné à cet effet ou par un des premiers magistrats de la cité.

INCAPACITÉ. En jurisprudence, c'est l'état d'une personne que la loi prive de certains droits.

On comprend que l'individu frappé d'incapacité par un jugement, notamment par une sentence criminelle, en subisse toutes les conséquences dans le pays où la sentence ou le jugement a été prononcé; mais l'incapacité suit-elle le condamné dans le pays étranger où il parvient à se réfugier après sa condamnation?

Les publicistes ne sont pas d'accord sur ce point; l'usage prévaut que l'incapacité dont est frappé un individu, n'a plus à l'étranger ses effets absolus de droit en tant que peine, mais seulement ses conséquences morales et de fait.

Ainsi le bannissement prononcé contre un individu n'empêche pas les autres Etats de recevoir ou de tolérer le banni sur leur territoire; la confiscation de ses biens situés dans le pays de sa condamnation n'entraîne pas la confiscation des biens qu'il possède ou acquiert dans un autre pays; la privation des droits civiques n'empêche pas celui qui en est privé dans un pays d'être admis dans un autre à l'exercice de ces droits. (*Voir* INFAMIE).

INCOGNITO. Mot italien qui signifie *sans être connu.*

Il se dit de personnes de qualité qui, voyageant ou séjournant en pays étranger et ne voulant pas être connues ou traitées suivant leur rang, n'ont ni leur train ordinaire, ni autres marques distinctives, et prennent souvent un autre nom et un autre titre que les leurs.

Ce secret de convention est rarement ignoré; mais, bien que connu, on le respecte.

Lorsqu'un souverain voyage *incognito*, on est censé ignorer sa qualité et on le traite comme un simple particulier; mais il peut toujours faire cesser l'incognito, et connaître sa qualité de souverain; dès ce moment il a droit à toutes les prérogatives attachées à la souveraineté.

Cependant, en tout état de choses, le souverain, même voyageant sous l'*incognito*, jouit du droit d'exterritorialité, qui est inhérent au caractère même de la souveraineté. (*Voir* EXTERRITORIALITÉ, SOUVERAINETÉ.)

INCOLAT, DROIT D'INCOLAT. Terme de droit, dérivé du mot latin *incola*, habitant.

C'est, à proprement parler, l'établissement de la part des étrangers de leur domicile dans l'Etat, où ils obtiennent dès lors certains droits civils appartenant aux habitants d'origine.

La naturalisation dans plusieurs pays implique l'acquisition du droit d'*incolat*.

L'*incolat* concerne donc plus particulièrement l'individu qui demeure dans un pays qui n'est pas le sien. (*Voir* DOMICILE.)

INCOMPÉTENCE. En jurisprudence, c'est l'état du juge qui n'a pas le pouvoir de connaître une contestation.

L'incompétence est dite *matérielle*, lorsque le juge connaît d'une matière dont la connaissance est attribuée à un autre juge.

On la dit *personnelle*, lorsque le juge prononce entre des personnes qui ne sont pas ses justiciables.

On a, en tout état de cause, le droit de décliner la compétence d'un juge, dont on prétend n'être pas justiciable.

En administration, l'incompétence est l'impossibilité où se trouve un fonctionnaire public de faire tel ou tel acte qui n'est pas de son ressort. (*Voir* COMPÉTENCE.)

INCORPORATION D'UN TERRITOIRE A UN ÉTAT. Réunion d'une province, d'un territoire à un Etat. (*l'on* ANNEXION, CESSION, DOMAINE PUBLIC, TERRITOIRE.)

L'union des Etats opérée par incorporation produit à l'égard de la souveraineté les mêmes résultats que l'*union réelle*, (Voir ce mot.)

Dans les deux cas, la souveraineté particulière de chacun demeure confondue dans la souveraineté générale ou dans celle de l'Etat incorporant; aussi une nation qui s'incorpore à une autre, abdique-t-elle le droit qu'elle possédait de régler ses relations extérieures, de déclarer la guerre, de conclure des traités; en un mot, cette nation perd sa nationalité.

Un Etat peut prendre possession du territoire d'un autre Etat et se l'incorporer légalement, lorsque l'Etat étranger renonce aux droits de souveraineté qu'il exerçait précédemment, lorsque la population a renversé son gouvernement pour se joindre librement à un autre Etat; mais dans ces cas la reconnaissance du nouvel état de choses par les populations est nécessaire.

INCORPOREL. En jurisprudence, se dit des choses qui, ne tombant pas sous nos sens, n'ont qu'une existence morale.

Tous les droits sont incorporels : ce ne sont pas des choses palpables et manifestes, mais n'ayant rien de matériel, ils n'existent que par une conception de l'esprit.

Les droits incorporels peuvent dériver d'une chose, tels que les privilèges attachés à la possession d'un bien ou d'un objet; ou ils peuvent tenir à une personne, comme les créances, les actions, les contrats auxquels une personne est partie.

En cas d'occupation militaire les choses incorporelles ne peuvent être saisies par le vainqueur, de même que le vaincu ou le prisonnier ne peut lui transférer aucun droit sur la portion incorporelle de son avoir, par exemple sur ses dettes actives, le titre en fût-il tombé entre les mains de l'occupant. *(Voir* CRÉANCES, DETTES, OBLIGATIONS.)

INCURSION. Course de gens de guerre dans un pays ennemi, le plus souvent dans un but de *pillage* ou de *dévastation* (Voir ces mots) : c'est un coup de main après lequel on se retire, une invasion passagère. *(Voir* INVASION.)

INDEMNITÉ. Dédommagement, compensation, pécuniaire ou d'une autre nature, accordée à celui qui a éprouvé une perte ou un tort, pour réparer le sort causé, ou pour tenir lieu de la valeur de la chose perdue ou détruite.

C'est notamment en cas de guerre et de troubles intérieurs qu'il y a lieu à des demandes d'indemnité de la part des habitants du pays qui est le théâtre des hostilités ou de la guerre civile.

En ce qui regarde les préjudices soufferts dans les cas de guerre civile, le principe d'indemnité à accorder soit aux nationaux, soit aux étrangers, n'est admis par aucune nation de l'Europe et de l'Amérique, et encore moins le principe d'intervention en faveur des étrangers par leur gouvernement national; de sorte que les gouvernements des nations puissantes qui exercent ou imposent un prétendu droit à l'encontre d'un Etat relativement faible, commettent un abus de pouvoir et de force que rien ne saurait justifier et qui est aussi contraire à leur propre législation qu'à la pratique internationale et aux convenances politiques.

Cependant la législation de plusieurs pays d'Europe a consacré, dans la mesure des ressources propres à chacun d'eux, le système de *secours* pécuniaires en faveur des victimes de semblables désastres; mais partout on remarque qu'en entrant dans cette voie les gouvernements, pour aller au-devant de toute fausse interprétation, ont eu soin de déclarer explicitement qu'ils entendaient faire acte de libéralité spontanée et non point s'acquitter d'une obligation que la loi aurait mise à leur charge.

Indemnités pour réquisitions. Lorsqu'un pays est envahi par une armée ennemie, si cet ennemi recourt à des contributions forcées pour se procurer les provisions et les munitions nécessaires aux troupes d'occupation, ces contributions donnent, suivant les circonstances, à ceux qui y satisfont, droit à des dédommagements et c'est l'Etat au nom duquel se font les réquisitions qui est tenu d'indemniser les particuliers, et à cet effet l'autorité militaire est tenue de leur remettre un recipissé des objets qu'on reçoit d'eux.

Indemnités pour opérations militaires. Relativement aux dommages causés aux propriétés privées par les opérations militaires, ces dommages sont considérés comme des accidents inévitables et de force majeure, et ne donnent droit à aucune demande d'indemnité pas plus contre les Etats dont les troupes ont fait les dégâts, que contre le gouvernement du pays envahi; toutefois, comme dans le cas de guerre civile, le gouvernement territorial peut, par des motifs d'équité et de libéralité, consentir à indemniser les victimes, mais, comme nous l'avons déjà fait observer, uniquement à titre de secours et sans reconnaître aux réclamants une créance proprement dite contre l'Etat.

Ici se présente la question de savoir si les indemnités doivent être allouées aux habitants étrangers aussi bien qu'aux nationaux. Plusieurs Etats ne font aucune distinction à cet égard; d'autres, au contraire, se règlent sur les conditions de réciprocité admises entre eux.

S'il s'agit de navires neutres séquestrés, avariés, ou détruits par suite des nécessités des opérations militaires, le belligérant qui cause le dommage est tenu d'en indemniser les personnes intéressées.

Quant à l'Etat neutre, bien qu'on puisse le rendre responsable des actes contraires à la neutralité commis par ses nationaux ou les habitants de son territoire, il ne peut échapper à cette responsabilité, s'il est constaté qu'il n'a pas pris les mesures en son pouvoir pour prévenir ou empêcher la perpétration de ces actes, et en pareil cas il peut être tenu d'indemniser le belligérant auquel ces actes ont causé un préjudice, non pour *tous* les dommages indirects, mais pour le dommage qui aurait été évité, si l'Etat neutre eût rempli ponctuellement les obligations imposées par la neutralité.

INDEMNITÉ DE GUERRE. C'est le paiement d'une somme d'argent que, à l'occasion de trèves ou de préliminaires de paix, le vainqueur impose au vaincu, pour suspendre ou cesser les hostilités, restituer, en tout ou partie, le territoire occupé par les armées.

On colore ces exigences du prétexte de dédommagement pour couvrir les frais occasionnés par la guerre, ou d'indemnité pour venir en aide aux blessés, aux invalides, aux familles des victimes qu'elle a faites; mais dans la plupart des cas il serait facile de constater que les sommes ainsi réclamées étaient exorbitantes, excédaient même les dépenses auxquelles on les prétendait destinées à subvenir.

Comme le plus souvent le paiement de ces indemnités demande un certain laps de temps pour s'effectuer intégralement, l'occupation militaire se prolonge après la conclusion de la paix, comme une garantie jugée nécessaire pour assurer la régularité des versements; alors les territoires occupés demeurent en quelque sorte comme un gage entre les mains du vainqueur jusqu'à l'acquittement partiel ou intégral, selon les conventions.

INDÉPENDANCE. Condition d'un Etat qui ne relève pas, ne dépend pas d'un autre.

Les Etats possèdent, en vertu de la loi même de leur organisation et de leur souveraineté, une sphère d'action propre, exclusive et particulière à chacun d'eux. Sous ce rapport ils ne dépendent de personne et sont tenus de pourvoir seuls au maintien des droits et à l'observation des devoirs qui servent de base primordiale et nécessaire à toute société libre. La souveraineté absolue implique forcément une indépendance complète. (*Voir* ETAT, SOUVERAINETÉ.)

De cette indépendance découle comme conséquence logique le droit illimité et sans réserve pour chaque Etat de déterminer et d'organiser sa constitution intérieure, sans qu'un autre Etat puisse abolir, changer ou établir ce qui constitue le droit interne de ces Etats, quelles que soient d'ailleurs les institutions politiques et le mode de gouvernement qu'il convienne à celui-ci d'adopter et d'organiser, mais à la condition que chaque Etat n'opère pas dans sa manière d'être des changements de nature à engager sa responsabilité internationale, à affecter plus ou moins sérieusement la sécurité ou les droits souverains des autres nations. (*Voir* GOUVERNEMENT, REPRÉSENTATION, DIPLOMATIE.)

La souveraineté de l'Etat a aussi pour corollaire naturel et forcé l'indépendance dans le domaine législatif et judiciaire, mais cette indépendance absolue dans la sphère des rapports de droit qui s'établissent entre le gouvernement et ses propres citoyens, n'est que relative et limitée à certains égards dans l'action de ces rapports sur les sujets des autres Etats.

La conséquence générale qui découle directement de l'indépendance du pouvoir législatif et du pouvoir judiciaire reconnue à tous les Etats souverains, c'est que ces Etats ont le droit, sans ingérence étrangère d'aucune sorte, de punir comme de récompenser, en d'autres termes de placer sous l'action de leurs lois et de leurs tribunaux les sujets nationaux qui se trouvent dans les limites de leur territoire juridictionnel. (*Voir* LÉGISLATION, JURIDICTION.)

Enfin l'indépendance de l'Etat implique le droit essentiel de conservation, d'accomplir tous les actes nécessaires pour se défendre et repousser une agression. (*Voir* CONSERVATION, AGRESSION.)

Aucun Etat n'a le droit de porter atteinte à l'indépendance d'un autre Etat; et à l'exercice des droits qui y sont inhérents; l'Etat lésé dans son indépendance a le droit de recourir à la voie des armes pour obtenir justice ou réparation. (*Voir* GUERRE.) Les autres Etats ont également le droit d'intervenir lorsqu'un Etat, sous le prétexte d'exercer ses droits d'indépendance, viole le droit international.

L'histoire nous présente des cas nombreux de nations, qui, placées sous la domination d'une autre, se soulèvent pour s'en affranchir.

Si la nation ainsi soulevée sort victorieuse de la lutte armée qu'elle a entreprise pour secouer le joug, et réussit à se séparer de l'Etat qui la dominait, elle forme à son tour un nouvel Etat souverain et indépendant. Toutefois il est de règle, au point de vue du droit international, que cette indépendance n'est regardée comme effective que lorsqu'elle a été reconnue par les autres Etats; or cette reconnaissance n'a lieu que lorsque l'existence de fait du nouvel Etat ne soulève plus de doute. (*Voir* RECONNAISSANCE.)

INDEX ou INDICE. La *Congrégation de l'Index ou de l'Indice* est une commission de cardinaux, nommée par la Curie apostolique, pour examiner les livres nouveaux et en prohiber, s'il y a lieu, la lecture et la vente.

Son nom lui vient de ce que, après l'examen, elle est chargée de dresser le catalogue des livres dont l'usage est interdit.

La Congrégation de l'index ne condamne pas seulement les ouvrages hérétiques, mais aussi ceux qui attaquent plus ou moins directement la religion, et ceux qui sont contraires aux bonnes mœurs. Il est des cas où la condamnation n'est que temporaire; elle peut être levée, lorsque les auteurs ont fait à leurs écrits les corrections convenables.

L'*Index* proprement dit, c'est-à-dire le catalogue des livres ou écrits interdits, est divisé en trois parties : la première contient les noms des auteurs, la seconde la liste des livres, la troisième les ouvrages anonymes.

INDICTION. Convocation d'une grande assemblée à certain jour.

Se dit plus particulièrement d'un concile et d'un synode (voir ces mots).

Se dit encore d'une prescription émanant d'une autorité ecclésiastique supérieure : par exemple, l'indiction d'un jeûne, d'un jubilé.

L'indiction est aussi un terme de chronologie, indiquant une révolution de 15 années, qu'on recommence toujours par une lorsque le nombre de quinze est fini : c'est un des trois cycles de la période Julienne.

Ce mode de supputation des années est en usage dans les bulles du Saint-Siège.

INDIGÉNAT. Ce mot sert à indiquer qu'on appartient à un pays, qu'on en est *indigène*, qu'on est citoyen de l'Etat. L'indigénat s'acquiert par la naissance ou par la naturalisation.

On comprend aussi sous la dénomination d'indigénat une somme de droits inhérents à la qualité d'indigène ou d'originaire du pays; ces droits peuvent être accordés à des étrangers, qui sont dits en ce cas obtenir l'*indigénat*.

Il ne faut cependant confondre l'indigénat ni avec le simple droit de domicile, ni avec la dénization, car les prérogatives qu'il confère sont généralement plus étendues; ni avec la naturalisation, qui a des conséquences plus larges et plus absolues.

Toutefois dans certains Etats l'indigénat peut être tenu comme synonyme ou équivalent de la naturalisation: dans ce cas ce n'est qu'une expression pour une autre.

Chaque Etat a le droit de déterminer les conditions auxquelles il confère et retire l'indigénat.

INDIRECT PERTES OU DOMMAGES INDIRECTS. *Classification, définition.* Les dommages, quels qu'en soient la cause et l'objet, sont *directs* ou *indirects,* et le plus souvent directs et indirects à la fois.

Ces qualificatifs ont ici une double signification, selon qu'on envisage le dommage dans ses conséquences médiates ou immédiates par rapport à l'objet même sur lequel il porte, soit qu'on ait égard à l'individualité, en quelque sorte, des objets qu'il peut atteindre.

Sous le premier point de vue, le dommage direct consiste dans le fait actuel du préjudice causé, effectif et manifeste, présentant des résultats susceptibles d'une appréciation ou d'une évaluation immédiate ou positive, sinon absolue, basée sur des réalités d'un caractère ou matériel ou moral.

Le dommage indirect n'est qu'une contingence, il n'existe que par induction, découlant à titre de simple conséquence éventuelle, plus ou moins rationnelle, d'un préjudice primordial, dont il est en quelque sorte le corollaire, d'un préjudice antécédent dont il est le conséquent; l'appréciation est affaire de raisonnement, d'un caractère purement moral et conventionnel.

Ainsi, qu'une construction soit détruite, qu'un bien-fonds soit dévasté, ici les dégâts constatés sur les lieux constitueront les dommages directs ; mais si les pertes que les propriétaires lésés éprouvent par la destruction de leur propriété ne se bornent pas à la valeur de l'immeuble en lui-même, qu'ils soient en outre privés des revenus, qu'ils aient aussi à souffrir du dénuement auquel les réduit cette privation, ces dommages, qui ne sont, à proprement parler, que la déduction, la conséquence du premier, sont ce qu'on appelle des dommages indirects.

Comme on le voit, il est rare qu'un dommage direct n'entraîne pas des dommages indirects, tandis que le dommage indirect puise invariablement son origine du dommage direct.

La seconde acception qu'on peut donner à ces termes : dommage direct et dommage indirect, consiste en ce que le dommage peut frapper un objet ou une personne ou directement, et médiatement, ou indirectement et médiatement : c'est-à-dire que le dommage indirect atteigne une personne, un objet différents de ceux atteints par le dommage direct ou en outre d'eux.

Par exemple, lorsque, en temps de guerre, des corsaires attaquent, pillent et détruisent la marine marchande de la nation ennemie, le dommage direct est souffert par les propriétaires des navires capturés ou détruits; mais si ses navires sont assurés contre de pareilles éventualités, les compagnies d'assurances, tenues de les indemniser, n'éprouvent qu'un dommage indirect, puisqu'ils ne sont lésés par le sinistre que par contre-coup et conséquemment.

Dans le même cas, le dommage supporté par les particuliers s'étend jusqu'à l'Etat, si celui-ci augmente ses frais d'armement afin de prévenir les agressions des corsaires ou d'y mettre un terme : les uns subissent un dommage direct, l'autre un dommage indirect, à la fois relativement à la nature du préjudice, et à l'ordre de ses conséquences.

Dommages internationaux. Dans les relations internationales les griefs résultant des actes et de la conduite d'un gouvernement à l'égard d'un autre ne se traduissent d'ordinaire en demandes d'indemnités que suivant la mesure du préjudice occasionné à des particuliers. Lorsque la dommage a été causé non par l'Etat lui même, mais par des individus isolés. ces demandes ne sont justifiées contre l'Etat que s'il est prouvé qu'il aurait pu empêcher les individus de se rendre coupables d'une violation du droit et qu'il ne l'a pas fait, et en pareil cas l'Etat qui a négligé de remplir ce devoir, est tenu de payer non seulement les dommages directs, mais aussi des dommages indirects, notamment pour le préjudice qui aurait été évité, si l'Etat eût rempli convenablement ses obligations. ((*Voir* DILIGENCE.)

Par contre, lorsque les individus auxquels impute le préjudice pour lesquels l'Etat peut, suivant les circonstances, être rendu responsables, ne sont pas les auteurs directs des dommages ultérieurs, la corrélation entre le manque de diligence de la part de l'Etat et le dommage indirect occasionné est, elle-même tellement indirecte, éloignée et incertaine que la demande d'indemnité n'offre plus de base sûre et rationnelle.

Tandis que l'existence et partant l'évaluation du dommage direct s'appuie sur des faits ou des résultats qu'il est possible de constater et d'apprécier, le dommage indirect ne se déduit que de présomptions, de conjectures, de sorte que l'évaluation de la compensation à laquelle il pourrait prétendre nous entraîne sur un terrain vague, auquel il serait difficile de poser des limites.

Pour en citer un exemple, revenant au cas que nous avons mentionné plus haut, de corsaires harcelant la marine marchande d'un belligérant, il n'est pas douteux que la continuité ou la constance de ces agressions ne jette de la perturbation dans les transactions du commerce qui en est la victime; or s'ensuit-il que les commerçants lésés soient justifiés à réclamer une indemnité à raison des dommages qui résultent pour eux indirectement de cette perturbation, notamment pour le manque à gagner, c'est-à-dire pour les bénéfices qu'ils sont privés de réaliser? Nous ne le croyons pas : qui ne sait en effet qu'une fois engagé dans le cercle des hypothèses de ce que la victime violemment ou injustement dépossédée aurait pu, certaines combinaisons étant données, faire de son bien en en tirant tel ou tel parti, on se place en plein arbitraire, vu l'impossibilité de tenir compte des circonstances contraires ou défavorables qui, en matière commerciale surtout, peuvent renverser les projets et les calculs les plus habilement combinés.

Aussi tous les précédents consacrés entre les grandes puissances condamnent-ils d'une manière absolue tout projet, toute idée de poursuivre par la voie internationale le paiement d'indemnités pour des bénéfices que des particuliers auraient été hypothétiquement empêchés de réaliser à la suite de dénis de justice, d'actes restant dans le domaine de l administration intérieure d'un pays, de violation de neutralité, de troubles civils, de brigandage, même de faits de guerre proprement dits.

Lorsqu'un Etat se trouve ou s'estime *indirectement* atteint par les dommages *directement* causés à ses nationaux, ou offensé, par la négligence d'un autre Etat à remplir les devoirs conventionnels ou de neutralité, il est en droit, comme nous l'avons déjà dit, de réclamer le paiement de dommages *indirects* pour ses ressortissants lésés dans leurs intérêts personnels; mais sauf les cas d'attaques dirigées contre son domaine ou d'affronts impliquant des *casus belli*, l'Etat, en tant qu'il représente la nation tout entière, doit se considérer comme un être moral qui s'offense avec raison des atteintes portées à son honneur, aux égards qui lui sont dus, et se plaçant au-dessus de la sphère des préoccupations matérielles, il ne doit songer qu'à réclamer des satisfactions d'un certain ordre en dehors de tout intérêt d'argent.

INDIVISIBILITÉ. Caractère de ce qui ne peut être divisé, partagé, séparé.

Au moyen-âge, un prince pouvait partager le territoire d'une nation entre ses enfants ou ses héritiers. Dans les temps modernes les principes de l'inaliénabilité et de l'indivisibilité du domaine public sont de règle dans la constitution des Etats. (*Voir* DOMAINE.)

INDULT. Délai accordé aux navires de commerce stationnés dans les ports d'un Etat ennemi pour quitter ces ports et se mettre en sûreté avec leurs chargements.

Ce délai est ordinairement de six semaines; mais il peut être étendu, selon les circonstances.

INEXÉCUTION, non-exécution d'engagements internationaux. L'inexécution de la part des Etats des engagements qu'ils ont contractés envers les autres, entraîne des conséquences plus ou moins graves selon le tort que cause à autrui le manque d'accomplissement d'une stipulation sur les avantages de laquelle il était en droit de compter. La partie lésée peut réclamer soit des dommages et intérêts ou une indemnité (Voir ces mots), soit, dans le cas où il existe un traité qui consacrait l'engagement (*Voir* TRAITE, CONVENTION), elle peut enfin être autorisée à se livrer à des représailles, ou même à recourir à la guerre. (*Voir* REPRESSAILLES.)

INFAMIE, PEINE INFAMANTE. L'infamie, flétrissure imprimée à l'honneur, à la réputation soit par l'opinion publique, soit par la loi.

L'infamie, considérée comme peine proprement dite, n'existe pas.

On appelle infamante la peine qui frappe le condamné d'infamie, d'une flétrissure morale. Les peines infamantes sont le bannissement, la dégradation civique, et le carcan (aujourd'hui aboli dans la plupart des pays civilisés).

Comme l'effet des sentences criminelles ne s'étend pas hors des limites du territoire juridictionnel sur la personne du condamné, il s'ensuit que celui qui a été déclaré infame dans un pays, n'encourt chez l'étranger qu'une infamie de fait et non de droit, de même que le bannissement décrété dans un pays n'empêche pas un autre pays de tolérer le banni : ce serait le punir de nouveau que de le priver de son honneur dans un autre pays; cela d'ailleurs, au point de vue de l'équité, exigerait une nouvelle procédure.

INFANT, INFANTE. Titre que portent les enfants puînés des rois d'Espagne et de Portugal : on les désigne entre eux par leurs prénoms.

Ce titre n'est usité que depuis le 10e siècle.

INFÉODATION. C'était au moyen-âge le contrat en vertu duquel la concession d'un bien fonds, d'un droit quelconque s'opérait à titre de fief; l'acte par lequel le seigneur mettait le vassal en possession d'un fief et le recevait *à foi et hommage*.

INFIRMATION. ACTION D'INFIRMER. Infirmer, c'est, mot à mot, affaiblir, ôter la force ou la créance.

Infirmer un jugement, c'est l'annuler ou le réformer; se dit d'une cour d'appel qui annule ou réforme la sentence rendue par un juge inférieur; la décision du juge supérieur est dit infirmative de l'autre sentence.

Infirmer un acte, un document, c'est en attaquer la force ou la créance.

Infirmer un témoignage, une preuve, c'est en démontrer le faible, le manque de fondement.

INFRACTION. Atteinte portée à une loi, à un ordre, à un traité, en le violant ou en le transgressant.

L'infraction des lois ou aux lois se dit surtout de la contravention à celles qui ont un caractère pénal. (*Voir* CONTRAVENTION),

INGLIS (A. Percy), diplomate anglais. *Consular Formulary : being a collection of forms and precedents for the use of H. M. consular officers.* (Formulaires des consulats, précédents, à l'usage des consuls de S. M.) Londres, 1879.

INGOUFF (J.), jurisconsulte français. *De la naturalisation des étrangers en France, ses règles et ses formalités.* Paris, 1881.

INHIBITION. Terme de jurisprudence: défense prononcée par la loi ou par un jugement.

L'inhibition signifie aussi l'empêchement résultant de cette défense.

Il y a cette différence entre l'*inhibition* et la *prohibition*, que la première s'applique aux actes qu'on veut empêcher, et la seconde aux choses dont on veut interdire l'introduction dans un pays.

INHIBITOIRE. Qui défend, qui interdit.

Un jugement est dit inhibitoire, lorsqu'il porte une défense, une interdiction ou une exclusion.

On appelle *lettres inhibitoires* les documents, édits, décrets ou rescrits, par lesquels, en temps de guerre, le chef d'un

Etat interdit aux citoyens en général toute sorte de rapport avec le pays ennemi, notamment la correspondance et le commerce, l'exportation de marchandises sur le territoire ennemi, l'importation de celles en provenant, si ce n'est en vertu d'une permission ou d'une licence expresse (*Voir* COMMERCE, LICENCE), et les assurances pour le compte d'individus appartenant à la nation avec laquelle on est en guerre,

INITIATIVE. Action de celui qui propose ou commence le premier quelque chose.

En législation l'initiative ou droit d'initiative est le droit de faire, de proposer de nouvelles lois.

Dans les Etats constitutionnels ou représentatifs, ce droit appartient à la fois au gouvernement et au parlement ou aux chambres législatives.

INQUISITION. Ce mot dans sa véritable acception signifie recherche, perquisition rigoureuse; mais on l'applique plus particulièrement aux enquêtes où se mêle de l'arbitraire.

On a donné le nom de tribunal de l'Inquisition ou simplement l'Inquisition à une juridiction ecclésiastique instituée par le Saint-Siège en Italie, en Espagne et en Portugal et plus tard aux Indes, dans le but de rechercher et de poursuivre l'hérésie, d'extirper les hérétiques, les Juifs et les infidèles.

On donnait aussi le nom de Saint-Office à ce tribunal, dont les juges portaient le titre d'Inquisiteurs.

On fait remonter la création de l'Inquisition à la fin du douzième siècle; elle a été abolie définitivement en 1820, en Espagne, le seul pays où elle se fût maintenue.

L'unique vestige qui en reste, se trouve dans une congrégation qui subsiste encore à Rome et qui est chargée de juger souverainement toutes les affaires relatives à l'hérésie ou considérées comme telles; sa tâche consiste principalement à examiner les livres ainsi que les actes et les paroles des personnes suspectes; de mettre à l'*index* tous les écrits qui lui semblent porter une atteinte quelconque à la religion ou aux mœurs. (*Voir* INDEX.)

A Venise, de religieuse qu'elle était dans l'origine, l'Inquisition était, dès le 16e siècle, devenue une institution politique; elle avait pour mission de veiller au maintien de la constitution. Elle se composait de trois inquisiteurs d'Etat, dont le pouvoir était supérieur à celui du doge; ils avaient droit de vie et de mort sur tous les citoyens sans exception. Cette inquisition d'Etat disparut en 1797, lorsque l'occupation française mit fin à la République de Venise.

INSCRIPTION. Dans la correspondance diplomatique, l'*inscription* consiste dans la désignation du titre de la personne à laquelle on écrit, si cette personne en a un; par exemple : Sire, Excellence, Altesse, Monsieur le ministre, Monsieur le duc, etc; ou simplement Monsieur, si la personne ne possède aucun titre ou aucune qualité.

Suivant la personne avec laquelle on correspond, ou la nature des égards qu'on veut lui témoigner, on place l'inscription ou *en vedette*, c'est à dire en dehors du corps de la lettre; ou *en ligne*, au commencement de la première ligne; ou *dans la ligne*, après quelques mots commençant la lettre.

L'inscription *en vedette* est la forme respectueuse; cela *dans la ligne* indique plus de liberté entre les correspondants.

Lorsqu'un souverain ou un chef d'Etat écrit à d'autres chefs d'Etat, l'inscription est toujours en ligne; lorsqu'il écrit à des princes non-souverains ou à des personnages de distinction, l'inscription est le plus ordinairement dans la ligne.

Ce sont là de purs détails d'étiquette et d'usage, auxquels il est souvent dérogé et dont la négligence est sans portée.

INSCRIPTION DE FAUX. on dit aussi inscription en faux. Déclaration par laquelle on prétend qu'une pièce produite est fausse ou falsifiée.

INSIGNE. Marque ou signe qui distingue une fonction, une dignité. Ce mot s'emploie le plus souvent au pluriel.

On dit : les insignes royaux, les insignes d'un ordre de chevalerie, d'un rang dans la noblesse, etc.

INSTANCE. Procédure engagée devant un tribunal ou une cour judiciaire au sujet d'un procès.

La poursuite d'une action devant le premier juge est dite *première instance*, par opposition à l'*instance* d'appel ou de dernier ressort.

Le tribunal de première instance est le tribunal inférieur, qui connaît des contestations en matière civile.

INSTITUTES ou INSTITUTS. Titre que les jurisconsultes romains donnaient à leurs traités élémentaires de droit, particulièrement à ceux destinés à l'enseignement : telles étaient les *institutes* de Gaïus, de Florentinus, de Callistrate, de Paul, d'Ulpien, de Mercien, de Tribonien et enfin les Institutes dites de Justinien. Le premier et le dernier de ces ouvrages sont seuls parvenus jusqu'à nous.

Les Institutes de Gaïus remontent au règne de l'Empereur Antonin.

Les Institutes de Justinien, qu'on nomme simplement les *institutes,* publiées en l'an 533 de notre ère, sont un recueil d'extraits des œuvres de jurisprudence qui les avaient précédées et principalement du livre de Gaïus. Elles servent en quelque sorte de manuel pour l'étude du droit romain.

INSTITUTION. Action par laquelle on institue, on établit.

L'institution d'un ordre de chevalerie, d'une dignité, d'une fonction; l'établissement ou l'envoi d'une personne dans une charge ou un emploi : ainsi l'institution d'un juge, d'une autorité, d'un jury, etc.

Dans le droit canonique, on nomme institution la mission que les supérieurs ecclésiastiques donnent à ceux qui sont pourvus de bénéfices ou de titres ecclésiastiques, en leur accordant les provisions qui forment le titre du bénéfice : les évêques doivent obtenir l'*institution* du pape pour exercer leurs fonctions.

Institution se dit aussi de la chose instituée : ainsi les hôpitaux, les banques sont des établissements ou des institutions fondées dans un intérêt public.

En jurisprudence, institution s'emploie comme synonyme de nomination : institution ou nomination d'un héritier, d'un tuteur, d'un curateur, etc.

Didactiquement, tout ce qui est créé et établi par les hommes, en opposition à ce qui est de nature; comme dans cette phrase : ce qui est d'institution est sujet à changement.

INSTITUTIONS. Dans le langage politique, les institutions d'un pays sont l'ensemble des lois qui le régissent.

INSTRUCTION. Terme de jurisprudence qui comprend les recherches, les informations, toute la procédure nécessaire pour mettre une affaire, soit civile, soit criminelle en état d'être jugée.

Le code d'instruction criminelle est l'ensemble des lois et des règles de procédure à observer pour la poursuite des crimes.

Le juge d'instruction est un magistrat établi pour rechercher les délits et les crimes, en recueillir les preuves, faire arrêter les prévenus, procéder à leur interrogatoire, etc.

INSTRUCTIONS. Les agents diplomatiques, outre les titres officiels destinés à les accréditer, reçoivent de leur gouvernement, tant au moment de leur départ que pendant la durée de leur mission, des instructions, qui ont pour but de leur faire connaître les intentions du gouvernement à l'égard de la mission ou de la négociation dont ils sont chargés, et de les guider dans la conduite qu'ils ont à suivre.

La forme, la nature et l'étendue de ces instructions varient selon les circonstances.

Les unes embrassent l'ensemble de la mission du ministre public, résument les vues politiques de son gouvernement à l'égard du pays où il réside, en un mot lui tracent des règles générales de conduite; les autres, beaucoup plus spéciales, se rattachent à des objets particuliers et portent sur des négociations à ouvrir, des débats contentieux à suivre, ou des démarches à faire; elles peuvent être modifiées ou changées, augmentées ou restreintes dans le cour des négociations.

En traçant à l'agent diplomatique ses devoirs et la ligne qu'il doit suivre pour l'exécution de son mandat, les instructions circonscrivent les limites du plein pouvoir dont il est muni originairement.

Tandis que les pleins pouvoirs doivent être présentés au gouvernement auprès duquel on se fait représenter, les instructions d'un agent diplomatique ne sont destinées qu'à sa direction personnelle, et l'on ne pourrait, sans violer le droit des gens, le contraindre à les communiquer.

En principe, à moins d'ordres contraires, les instructions doivent rester secrètes. Lorsque l'agent qui les reçoit est laissé maître d'en révéler le texte, c'est à lui, avant d'user de son pouvoir discrétionnaire, de peser mûrement les avantages et les inconvénients d'une publicité plus ou moins complète.

Dans certains cas l'agent diplomatique est muni d'une double instruction, dont l'une est rédigée pour être tenue secrète, à l'usage unique de l'agent, l'autre pour être produite au besoin; dans celle-ci se trouve retranché ce que la personne à laquelle communication doit en être faite n'a aucun droit de connaître, de façon toutefois que les réticences ne soient pas de nature à l'induire en erreur.

(*Voir* AGENTS DIPLOMATIQUES).

Dans toute négociation, l'agent diplomatique ou tout autre négociateur doit se conformer à l'étendue de ses pouvoirs et au sens des instructions qu'il a reçues. S'il n'a pas reçu d'instructions, ou si celles qu'il a lui semblent insuffisantes, ou s'il lui est soumis une proposition qui lui paraît s'écarter de la pensée de son gouvernement, la prudence, afin de se donner le temps de consulter celui-ci et d'en recevoir de nouvelles ou de plus amples instructions, lui conseille de n'admettre la proposition qu'*ad referendum* (voir ce mot), c'est-à-dire sauf à en référer à son gouvernement; et en cas d'urgence, et en raison de l'éloignement, lorsqu'un retard pourrait entraîner de graves inconvénients, de rejeter ou d'accepter la proposition *sub spe rati* (voir ce terme), c'est-à-dire sous la réserve de ratification.

Dans la sphère administrative, les autorités supérieures adressent aussi des instructions à leurs subordonnés. En général les ministres donnent des instructions aux différents chefs de corps placés dans leurs attributions respectives, le plus ordinairement à l'occasion de l'envoi des lois, des décrets ou d'arrêtés nouveaux, pour en réglementer la mise à exécution. (*Voir* AGENTS DIPLOMATIQUES.)

INSTRUMENT. En droit, se dit d'un titre par écrit établissant des droits.

Autrefois ce mot s'appliquait à toute espèce d'acte; plus tard il servit à désigner seulement les contrats et les actes authentiques.

Aujourd'hui on ne l'emploie plus que dans le langage diplomatique pour désigner l'original d'un traité ou d'une convention, et plus particulièrement encore des traités de paix.

INSURRECTION. L'insurrection est un soulèvement général ou du moins dans des propositions redoutables contre un gouvernement dans le but de le renverser.

On nomme *insurgé* celui qui prend part à l'insurrection.

On donne communément comme synonyme, au mot *insurrection* d'autres mots qui n'en ont ni le vrai sens ni la portée complète, tels que *rébellion*, *révolte*, *sédition*, *soulèvement*.

Ces différents termes constituent, il est vrai, des éléments essentiels de l'*insurrection*, qui les implique tous dans son acception plus large et plus compréhensive, et dont ils ne sont que les degrés progressifs, dont ils ne servent qu'à exprimer les phases, les étapes différents.

Ainsi la *sédition* est l'agitation d'un parti, d'une faction, qui combine son action pour résister à un gouvernement, contre lequel il manifeste son hostilité par la *révolte* ou la *rébellion*.

La *rébellion* est le refus d'obéir à l'autorité, appuyé au besoin par la force; elle peut être le fait d'un seul individu aussi bien que de plusieurs.

Il en est de même de la *révolte*, qui a un caractère plus agressif, plus accentué que la *rébellion*, en ce qu'elle tend plus ouvertement à une tentative de changer l'ordre de choses établi; elle devient *soulèvement*, lorsque le nombre des individus qui y participent et se lèvent en armes prend des proportions considérables; cependant le soulèvement peut se manifester, sans qu'il y ait encore eu d'actes de révolte ou de rébellion ou même de symptômes séditieux : il peut être soudain, spontané; il prend le caractère d'insurrection, lorsque le mouvement s'organise et recourt aux hostilités ouvertes.

L'insurrection peut avoir pour cause le renversement d'un souverain ou d'un gouvernement, et pour résultat une révolution purement intérieure : c'est affaire entre le gouvernant et les gouvernés, le souverain et les sujets, le chef de l'Etat et les concitoyens; dans ces cas les autres Etats n'ont rien à y voir et par conséquent aucun droit d'y intervenir. (*Von* INTERVENTION.)

Ainsi restreinte, l'insurrection mène à la guerre civile ou intestine, et en produit toutes les conséquences.

Mais un peuple peut se soulever pour secouer un joug étranger, s'armer pour repousser la domination d'une autre nation, reconquérir sa nationalité subjuguée; pour rompre un pacte fédéral onéreux ou imposé par la force, déchirer des traités qui l'oppriment; alors nous n'assistons plus seulement à un mouvement de révolte, à un soulèvement circonscrit dans les limites d'un Etat; il y a deux adversaires en face, en lutte l'un contre l'autre, et deux adversaires de nationalités différentes, d'intérêts contraires : c'est réellement la guerre; les insurgés ne sont plus de simples sujets rebelles, mais bien des combattants, des belligérants, ayant des titres à tous les droits comme aussi à tous les devoirs de l'état de guerre. (*Voir* GUERRE, BELLIGÉRANT.)

INTÉGRALITÉ, intégrité. Etat d'une chose qui est entière, complète, qui a toutes ses parties.

En Etat, un territoire conserve son intégralité tant qu'il demeure dans toute sa contexture originaire, et qu'aucune portion n'en est détachée ou séparée.

Les Etats doivent respecter mutuellement l'intégralité de leur territoire respectif.

Un gouvernement ne doit faire aucun acte qui soit de nature à porter une atteinte directe ou indirecte à l'intégrité des autres Etats dans leurs éléments naturels et constitutifs. Ainsi il doit s'abstenir de tout ce qui tendrait à en détacher une portion de territoire, à les dépeupler en provoquant ou en encourageant l'émigration ; il ne doit non plus s'approprier arbitrairement les enclaves de son propre territoire qui appartiennent à un Etat étranger.

Les Etats concluent fréquemment avec d'autres des traités qui ont pour but spécial de se garantir réciproquement l'intégralité des possessions de chacun d eux.

La conquête altère ou détruit l'intégralité d'un Etat, ainsi que les différents modes d'acquisition de territoire, puisqu'ils diminuent le domaine de l'Etat qui cède, vend, aliène une partie de lui-même d'une façon quelconque. •

INTENDANCE. Direction, administration d'affaires.

Se dit aussi de certaines fonctions publiques d'ordre administratif : l'intendance des bâtiments, l'intendance des vivres, etc.

L'intendance militaire, partie de l'état-major qui veille aux besoins de l'armée.

Anciennement charge d'intendant, le territoire qui formait son district.

L'intendance générale se dit d'une division ecclésiastique dans les certains pays protestants.

On se sert aussi du mot *intendance* pour exprimer le temps qu'a duré l'administration d'un intendant, ou l'hôtel où il a ses bureaux.

INTENDANT. Celui qui est chargé de l'administration de quelque affaire, notamment de régir les biens, de surveiller la maison d'un prince, d'un riche particulier.

Se dit aussi de fonctionnaires qui dirigent un service public ou un grand établissement : intendant de la marine, intendant des bâtiments.

Les intendants militaires sont des fonctionnaires délégués du ministère de la guerre pour tout ce qui concerne l'administration de l'armée.

Autrefois on nommait en France l'*intendant* un fonctionnaire qui était à la tête de l'administration d'une province. Il y avait en outre des intendants d'armée ; des intendants de la marine qui administraient un des départements maritimes ; des intendants de commerce, chargés de l'instruction des affaires commerciales ; des intendants des revenus et des biens de la couronne,

INTERCOURSE. Ensemble des communications commerciales entre deux pays.

Se dit plus particulièrement de la libre navigation des navires de deux nations entre les ports l'une de l'autre.

Cette navigation établit généralement un droit de réciprocité, dont l'exercice est réglé par l'usage, quelquefois aussi par des traités : c'est ce qui avait lieu jadis ; mais on peut dire qu'aujourd'hui l'intercourse existe entre toutes les nations.

Lorsque l'intercourse est établi par un traité, il ne cesse qu'à l'expiration du traité, ou par suite d'une interdiction expresse, motivée par des circonstances exceptionnelles ou de force majeure.

En tout cas, le droit d'intercourse avec un pays peut être suspendu par suite d'une déclaration de guerre, soit à cause d'un blocus, soit pour des raisons sanitaires, par exemple pour empêcher les communications par crainte de maladies contagieuses ou épidémiques.

Cette suspension peut se prononcer sans entraîner un état d'hostilité ouverte. (*Voir* DÉCLARATION DE GUERRE, BLOCUS, ÉPIDÉMIE.)

INTERDICTION. Prohibition, empêchement, défense de faire quelque chose. . L'interdiction frappe à la fois les personnes et les choses, car elle consiste en un état de prohibition dans lequel on place certaines personnes par rapport à certains actes ou à certaines choses. Elle varie selon les objets sur lesquels elle porte.

En droit international, nous mentionnerons l'interdiction de commerce, ou défense de faire le commerce avec une nation contre laquelle l'Etat est en guerre. (*Voir* INTERCOURSE, GUERRE.)

Dans la sphère administrative ou gouvernementale l'interdiction est l'ordre portant défense à un fonctionnaire, ou à un corps civil ou ecclésiastique, d'exercer ses fonctions ou son ministère.

En jurisprudence, nous trouvons l'interdiction, par suite d'une condamnation criminelle, qui prive l'individu reconnu coupable de la totalité ou d'une partie des droits civiques civils et de famille; et l'interdiction, dans l'ordre purement civil, qui enlève à quelqu'un la libre disposition de ses biens, même de sa personne, quand on reconnaît qu'il est incapable de se conduire.

Enfin il existe une interdiction *légale*, prononcée par la loi criminelle, qui frappe les condamnés, pendant la durée de leur peine, de la même incapacité qu'inflige l'interdiction civile, en ce qui concerne l'administration de leur personne et de leurs biens.

On qualifie d'*interdit* la personne que frappe l'interdiction quelle qu'elle soit.

INTERDIT. C'est le nom donné à l'interdiction ecclésiastique : elle consiste en une sentence d'une autorité ecclésiastique supérieure défendant l'administration des sacrements, la célébration des offices, et la sépulture ecclésiastique en certains lieux ou à certaines personnes.

L'interdit est dit *personnel*, lorsqu'il atteint directement un individu; *local*, lorsqu'il frappe les habitants d'un lieu.

Personnel ou local, l'interdit est *général*, quand il tombe sur toute une communauté ou sur plusieurs personnes qui ne sont pas désignées nominativement, et quand il frappe une ville, un diocèse, un royaume, etc.; il est *particulier*, quand il atteint seulement une ou quelques personnes désignées par leurs noms, et quand il porte exclusivement sur un lieu déterminé, comme une église, une chapelle, un cimetière, etc.

Par extension de sens du mot, on appelle aussi *interdit* la défense faite à un ecclésiastique par son supérieur légitime d'exercer les fonctions attachées à son titre ou à son ordre.

INTÉRIM. Le mot latin *interim*, qui signifie entre-temps, s'emploie pour désigner le temps pendant lequel une fonction est vacante, et, par suite, l'action de remplir cette fonction pendant l'entre-temps, c'est à dire le temps où le titulaire est absent ou empêché.

Le fonctionnaire qui exerce ainsi provisoirement la fonction vacante est dit gérer par *intérim* : ainsi l'on dit ministre par intérim, directeur par intérim.

C'est presque toujours un ministre qui est chargé par intérim de la gestion d'un ministère dont le chef est absent; dans les administrations, c'est un subordonné qui est chargé de l'intérim.

Pendant l'absence ou l'empêchement d'un agent diplomatique, le premier secrétaire de la mission en prend la gestion par intérim comme chargé d'affaires.

La personne chargée par intérim des affaires d'une mission permanente, est considérée comme un envoyé non permanent. (*Voir* AGENTS DIPLOMATIQUES, AMBASSADEUR, LÉGATION, MISSION.)

INTÉRIMAIRE. En parlant des choses qui n'existe que par intérim : un ministère, des fonctions intérimaires.

En parlant des personnes, qui exercent par intérim : un chargé d'affaires intérimaire : l'intérimaire d'un emploi par opposition au titulaire.

INTERLOPE. Se dit d'un commerce clandestin, qui se fait en fraude et, par contrebande, par conséquent contrairement aux lois.

Le mot s'applique aussi à un navire qui se livre à ce trafic, dans les pays de la concession d'une compagnie de commerce, ou sur les côtes, ou dans les colonies d'une autre nation que la sienne.

Le but du commerce interlope est surtout de soustraire les marchandises les plus chargées de droits ou d'importation interdite à la vigilance de la douane, à la saisie et à la confiscation par le fisc. (*Voir* CONTREBANDE.)

INTERNATIONAL. Qui a lieu de nation à nation, ou entre les nations, entre plusieurs nations seulement ou entre toutes.

Ainsi le commerce international peut n'avoir lieu qu'entre deux nations, tandis que le droit international s'entend du droit qui régit les rapports de toutes les nations les unes avec les autres. (*Voir* DROIT.)

INTERNE. Qui est en dedans, qui appartient au dedans; est synonyme d'intérieur, mais a un sens plus direct, plus concis, une signification plus scientifique, plus didactique.

S'emploie dans ces termes : droit interne d'un Etat, régime interne d'un pays. (*Voir* DROIT INTÉRIEUR.)

INTERNEMENT. Action d'interner, de confiner dans une certaine localité dans l'intérieur d'un pays, avec obligation d'y résider et sans permission d'en sortir.

C'est une mesure à laquelle recourent parfois les gouvernements sur le territoire desquels se réfugient des hommes poursuivis pour délits ou crimes politiques dans un pays voisin : afin d'éviter des conflits avec ce pays, ou d'empêcher ces réfugiés d'y porter de nouveau la perturbation, ils ne les laissent pas séjourner sur la frontière et leur fixent une résidence dans un endroit qui en est éloigné. *(Voir* ASILE, REFUGE.)

Les prisonniers de guerre peuvent être internés dans une forteresse, une ville ou un autre lieu, s'il est jugé nécessaire pour empêcher leur évasion, ou si la sécurité de l'État qui les retient l'exige; cet internement peut varier pendant leur captivité selon que le réclament les mesures de sûreté à prendre contre eux. *(Voir* PRISONNIERS.)

Lorsqu'en temps de guerre, des troupes en retraite ou en fuite, pour éviter l'ennemi, cherchent refuge sur un territoire neutre, l'État neutre doit veiller à ce que ces soldats à qui il ne peut refuser asile par humanité, n'abusent pas de son territoire pour recommencer ou continuer les hostilités avec plus d'avantage; de là l'obilgation pour lui de les interner, à cause des dangers que leur proximité de la frontière pourrait présenter.

Dans ce cas, à moins de convention contraire, l'Etat neutre doit fournir aux troupes internées les vêtements, les logements, la nourriture, en un mot les subsides nécessaires à leur entretien, dans les limites commandées par l'humanité, sauf à en réclamer ultérieurement le remboursement à l'Etat auquel ces troupes appartiennent. *(Voir* NEUTRE.)

INTERNONCE. On désigne sous ce nom les ministres de deuxième classe du Pape, qui dans certains pays ne se fait représenter que par cette classe d'agents d'un grade inférieur aux nonces.

Le titre d'internonce désigne aussi les auditeurs de nonciature ou les secrétaires de légation attachés aux missions du Saint-Siège, lorsqu'ils remplissent par intérim les fonctions de nonce.

Les internonces apostoliques n'ont pas, comme les nonces, droit à la préséance sur les ministres publics des autres puissances à la même résidence.

Autrefois on appelait également internonce le ministre chargé des affaires d'Autriche auprès du gouvernement ottoman; il avait le rang et les prérogatives d'un envoyé extraordinaire et ministre plénipotentiaire; aujourd'hui le représentant de l'Autriche-Hongrie près la Porte ottomane prend le titre d'ambassadeur.

INTERNONCIATURE. Charge ou dignité d'un internonce.

INTERPELLATION. En langage parlementaire c'est l'acte par un membre d'un chambre législative de demander à un ministre, à un des représentants du pouvoir exécutif une réponse ou des explications sur des affaires ressortissant plus directement au gouvernement.

Il y a cette différence entre poser une question et interpeller, que dans le premier cas le membre du parlement se borne à demander un renseignement à un ministre, qui répond le plus souvent sur le champ; interpeller, c'est bien aussi poser une question, mais une question importante; généralement d'un caractère politique et impliquant la responsabilité ministérielle.

L'interpellation peut donner lieu à de longs et graves débats; aussi d'ordinaire les ministres en sont-ils avertis d'avance et le jour est-li fixé d'un commun accord, afin qu'ils aient le temps de préparer la réponse; toutefois les ministres ne sont pas toujours obligés de répondre; ils ont le droit d'ajourner la discussion.

En général les débats que soulève l'interpellation se closent par un ordre du jour, qui dans certains pays peut mettre en question le maintien du ministère.

INTERPRÉTATION DES TRAITÉS. *Principes.* L'interprétation, c'est l'acte d'interpréter, c'est aussi le résultat de cet acte.

Interpréter, c'est expliquer ce qu'il y a d'obscur ou d'ambigu dans un texte.

Malgré les soins donnés à leur rédaction des traités, le texte peut prêter à des doutes, à des ambiguités et rendre nécessaire une interpellation qui en fixe et précise le sens.

Parfois aussi l'application littérale de certaines clauses fait ressortir des difficultés insurmontables, des contradictions inconciliables, ou conduit à des résultats que ni l'une ni l'autre des parties contractantes n'avaient en vue.

Il peut également surgir des cas qui rentrent bien dans l'esprit du traité, mais qui n'ont pas été prévus lors de sa rédaction et par conséquent ne s'y trouvent pas compris.

Enfin la réalisation de certains engagements peut soulever entre les parties de nombreux conflits, dont l'aplanissements exige la révision partielle du traité qui les a suscités.

Les traités, étant essentiellement des contrats de bonne foi, doivent avant tout s'interpréter dans le sens de l'équité et du droit strict.

Lorsqu'il n'y a aucune ambiguité dans les mots, que la signification est évidente et ne conduit pas à des résultats contraires à la saine raison, on n'a pas le droit d'en fausser le sens et la portée pratique par des arguties et des conjectures plus ou moins plausibles.

Il est également de règle de s'attacher plutôt à l'esprit qu'à la lettre des conventions, de n'attacher qu'une valeur secondaire au sens littéral des mots, de rechercher avant tout quelle a pu et dû être l'intention commune des parties contractantes. Lorsque l'expression, quoique intrinsèquement correcte, se trouve par suite des circonstances traduire inexactement la pensée qu'elle doit rendre, il faut évidemment, comme disent les juristes, sacrifier le moyen à la fin, laisser le mot à l'écart et ne voir que l'intention qu'il a pour fonction unique d'exprimer.

Dans tous les cas d'amphibologie ou d'équivoque les mots doivent en général être pris dans leur acception ordinaire, dans leur signification usuelle et non dans celle que leur donnent les savants ou les grammairiens : toutefois les mots empruntés aux arts et aux sciences doivent s'interpréter suivant leur sens technique et conformément aux définitions données par les hommes compétents.

Il peut se faire cependant qu'il faille attacher une signification différente à une seule et même expression employée à plusieurs reprises dans le même acte ; on doit dans ce cas se guider d'après le sens qui correspond au but évident du traité qu'on suppose, par exemple, un cartel stipulant à la fois une trève de 40 jours et la condition que pendant 8 *jours* consécutifs les parties belligérantes s'efforceront, par l'entremise de leurs agents, d'amener une réconciliation. Il est évident qu'ici les 40 jours de la trève comprennent des *journées* et des *nuits*, c'est-à-dire une durée de 24 heures chacun ; mais il serait déraisonnable de prétendre que la condition n'est remplie qu'autant que les agents délégués devront durant les 8 *jours* assignés à leurs pourparlers travailler nuit et jour sans interruption à l'accomplissement de leur tâche.

Si l'ambiguité ou l'obscurité, au lieu de porter seulement sur les mots, s'étend à une ou à plusieurs clauses, l'équité et la saine raison commandent de se conformer aux règles qui suivent.

Toute clause prêtant à un double sens doit s'interpréter et s'entendre dans le sens qui peut lui faire sortir son effet utile, et non dans celui qui la rendrait impraticable, plus onéreuse ou moins favorable.

Le principe qui prévaut généralement à cet égard, c'est que la convention s'interprète en faveur de celui au profit de qui l'obligation a été souscrite et contre celui qui donne, parce que ce dernier est censé avoir donné sans restriction tout ce que compose la nature de la chose donnée ou de l'engagement pris. Cependant lorsque celui qui s'oblige a eu le tort de ne pas expliquer clairement ses intentions, il subit la responsabilité de sa faute ou de sa négligence, à plus forte raison les conséquences de sa mauvaise foi, si elle est évidente.

L'ambiguité des clauses se dissipe parfois, lorsqu'on a soin de se reporter au but même que les parties poursuivaient au moment de l'ouverture des négociations, ou de consulter les usages observés dans le pays que l'engagement souscrit intéresse plus particulièrement

On peut encore, pour arriver à la conciliation, rechercher les faits, les circonstances qui ont précédé immédiatement la signature de l'accord, examiner les protocoles, les procès-verbaux ou les autres écrits dressés par les négociateurs, étudier les mobiles ou les causes qui ont provoqué le traité, en [un mot la raison d'être de l'acte, comparer les textes à interpréter à d'autres traités antérieurs postérieurs ou contemporains, qui ont été conclus par les mêmes parties sur des matières analogues.

Comme l'ensemble des articles d'un traité forme un tout indivisible, qui perdrait sa consistance et sa valeur, si l'on altérait une de ses parties, la même stipulation peut paraître douteuse, ambiguë quand on prend chacune de ses expressions isolément, et claire, précise tout-à-fait justifiée, lorsqu'on la rapproche de l'ensemble des engagements dont elle fait partie ; il ne serait donc pas logique de séparer les clauses d'un traité, ou d'en envisager une en particulier, intrinsèquement, sans tenir compte de sa corrélation avec celles qui la suivent ou la précèdent.

Il y a aussi lieu de recourir à l'usage pour suppléer au manque de clarté des conventions.

On trouve également des éléments d'interprétation dans le régime intérieur des Etats intéressés, dans leurs maximes de droit public et dans la jurisprudence consacrée par leurs tribunaux. Ces derniers éléments sans avoir toujours la valeur d'un usage établi, d'une règle constante, ont cependant une autorité assez grande pour que certaines clauses réputées de coutume ou d'usage soient considérées comme implicitement comprises dans le traité, quoiqu'elles n'y soient pas exprimées en termes formels. A plus forte raison, ce qui découle de la teneur précise de l'engagement comme conséquence nécessaire peut être exigé comme y étant compris tacitement.

Il ne faut pas perdre de vue pourtant que, malgré la généralité des termes qui y sont employés, un traité ne comprend que les matières et les choses en vue desquelles les parties ont évidemment entendu stipuler ; par contre, lorsque pour expliquer ou préciser l'engagement souscrit on a prévu et mentionné certains cas, il n'est pas permis d'en inférer que tous les autres cas analogues ou corrélatifs qui pourront se présenter, doivent demeurer exclus.

Sources du droit d'interprétation. En principe l'interprétation des traités dérive du droit de les conclure et dès lors appartient en propre et exclusivement au pouvoir exécutif de chaque Etat, qui, à l'égard de la puissance co-contractante comme pour les autorités admnistratives placées directement sous ses ordres immédiats, peut seul être appelé à donner aux engagements souscrits leur valeur et leur signification doctrinales. Mais si l'on se place sur le terrain pratique, celui des intérêts privés et de l'application aux espèces particulières qui peuvent se présenter, si l'on envisage les conventions internationales au point de vue du caractère de loi dont elles sont revêtues, il faut bien reconnaître que l'interprétation des traités doit, comme celle des actes législatifs ordinaires, rentrer dans la compétence de l'autorité judiciaire, du moins toutes les fois que les contestations qui donnent lieu à cette interprétation ont pour objet des intérêts privés ; mais pour tout ce qui se rapporte à des questions d'ordre public relatives à des mesures concernant la généralité des nationaux respectifs, les traités, étant des actes de gouvernement à gouvernement, ne peuvent être interprétés que par les gouvernements eux-mêmes. Il y a même des pays, les Etats-Unis d'Amérique entre autres, dont le droit public interne sanctionne à l'égard de l'interprétation des traités des règles et une jurisprudence spéciales.

Lorsqu'un traité présente un sens douteux, les parties intéressées peuvent à l'amiable en faire l'interprétation au moyen d'une convention explicative, ou simplement d'articles explicatifs, ajoutés au traité et devant être soumis à la même ratification.

Si les négociateurs ne peuvent s'accorder, les Etats contractants peuvent alors avoir recours à des arbitres ou aux bons offices d'une tierce puissance. *(Voir* ARBITRAGE.)

En tout état de cause les parties intéressées, ou leurs représentants, ou les arbitres nommés par elles, ont seules le droit de donner aux traités une interprétation obligatoire ; toutes les règles d'interprétation ne tendent qu'à appuyer les prétentions de chacune et les explications réciproques.

INTERPRÈTE. Celui qui explique les mots d'une langue par les mots d'une autre langue ; celui qui traduit à une personne dans la langue qu'elle parle ce qui est dit ou écrit par une autre dans une langue différente.

Le titre d'interprète est plus souvent joint à celui de drogman, avec lequel il se confond *(Voir* DROGMAN*)* ; mais le second titre est attribué plus particulièrement aux interprètes qui sont attachés aux missions et aux consulats dans les pays de l'Orient.

Lorsqu'un interprète est attaché à une légation, on ajoute à sa qualité celle de secrétaire. Les secrétaires interprètes ont, dans la hiérarchie administrative, rang au-dessus des simples drogmans, parmi lesquels ils sont choisis.

Des secrétaires interprètes sont aussi attachés au ministère des affaires étrangères et auprès du chef d'Etat.

(Voir AGENT DIPLOMATIQUE, AMBASSADE, LÉGATION, CONSULAT.)

INTERRÈGNE. Intervalle de temps pendant lequel l'Etat se trouve sans souverain, héréditaire ou électif ; c'est l'intervalle d'un règne à un autre ; par extension, se dit aussi des Etats qui ne sont pas gouvernés par un roi, un empereur ou un prince.

Dans les monarchies où le trône est héréditaire, il n'y a pas d'interrègne tant que la dynastie subsiste ; l'interrègne ne peut se produire que lorsque la dynastie est éteinte et que le dernier prince n'est remplacé qu'après un certain intervalle de temps.

Si la monarchie est élective, la mort du prince occasionne nécessairement un interrègne, qui dure le temps indispensable pour procéder à l'élection de son successeur.

Dans les républiques il n'y a pas à proprement parler d'interrègne, car le chef d'Etat est électif ; et comme le terme de son gouvernement est prévu, on peut procéder d'avance à l'élection de son successeur, qui entre en fonction, au moment même où le premier en sort, de manière qu'il n'y a pas de solution de continuité dans l'exercice du pouvoir.

INTERROI, ENTRE-ROI. C'était, pendant les premiers temps de Rome, un magistrat auquel était confié le gouvernement de l'Etat après la mort du roi, en attendant l'élection de son successeur. L'interroi était toujours un sénateur, qui exerçait le pouvoir royal seulement pendant cinq jours, au bout desquels on en nommait un autre.

Sous la république on conserva le nom d'*interroi* à un magistrat chargé du gouvernement lorsque les deux consuls étaient absents ou morts, ou lorsque, le terme des fonctions des consuls étant échu, l'élection de leurs successeurs était retardée. Comme sous la royauté, l'interroi était un sénateur et ses fonctions ne duraient que cinq jours.

INTERVENTION. *Classification. Motifs.* En droit international, l'intervention signifie l'entremise d'un Etat dans les affaires d'autres Etats.

On distingue différentes espèces d'interventions, selon les formes sous lesquelles elles se produisent : 1° l'intervention *officieuse,* qui s'exerce par des représentations orales ou écrites, ou par des notes dites verbales : on peut, par conséquent, l'appeler aussi intervention *diplomatique* ; 2° l'intervention *officielle,* qui s'exerce par notes livrées à la publicité ; 3° l'intervention *pacifique* ou à titre arbitral ; 4° l'intervention *armée,* qui se produit par une simple menace, appuyée d'un déploiement de forces militaires.

Le développement naturel d'une nation ne peut de soi justifier une intervention étrangère. Il faut pour cela des faits d'une autre nature, qui viennent détruire à un moment donné, par exemple pour les Etats de tout un continent, le système de relations internationales établi, la situation extérieure créée et protégée par ce même système. L'origine et la cause de toutes les interventions consistent dans une relation de droit international, que les Etats intervenants prétendent soutenir ou rompre à leur volonté.

L'intervention motivée par l'augmentation de l'armée ou de la flotte d'un Etat n'aurait de raison d'être que dans le cas où cette augmentation de forces militaires prendrait un caractère agressif évident. Et même alors on ne devrait abandonner qu'à la dernière extrémité l'espoir d'écarter toute cause de conflit à l'aide d'explications amiables et de déclarations diplomatiques.

On ne considère pas non plus comme cause justificative d'une intervention l'acquisition de colonies ou de territoires situés à une distance plus ou moins grande de la métropole.

En résumé, l'intervention étant l'emploi, la plupart du temps sans être demandé, de la force morale ou matérielle, ou des deux forces à la fois, pour obliger un peuple ou un gouvernement à changer de conduite politique, à modifier ses institutions, à renoncer à une révolution, etc., et étant, en somme, une atteinte portée à l'autonomie nationale d'un Etat, le principe de nationalité implique comme conséquence le principe de la non intervention absolue ; mais ce second principe n'exclut pas chez les nations le droit d'appeler l'aide d'autrui, quand elles manquent des forces suffisantes pour défendre leur indépendance ou pour reconquérir leur autonomie sur une domination étrangère ; ce n'est plus là une intervention, mais une alliance contractée entre deux nations amies. (*Voir* ALLIANCE.)

Pour justifier une pareille demande d'aide et surtout l'acte d'y satisfaire, il y a lieu d'examiner si le gouvernement menacé qui sollicite l'intervention étrangère, peut être encore considéré comme le représentant légal de l'Etat dans l'intérêt duquel il est censé agir, si, au contraire, il ne place pas ainsi entre les mains d'une armée étrangère l'indépendance de l'Etat et la liberté des citoyens.

Médiation. Si, dans une guerre civile, les deux partis aux prises demandent l'intervention d'une puissance étrangère cette démarche peut être regardée comme émanant de l'Etat tout entier et donner par suite un caractère régulier à l'intervention, qui devient plutôt une *médiation.*

D'autre part, la pratique des nations autorise un Etat à proposer ses bons offices ou sa médiation pour apaiser soit les différents survenus entre deux ou plusieurs Etats, soit les dissensions intestines d'un pays.

Lorsque la médiation offerte est librement acceptée, et, à plus forte raison, quand elle a été sollicitée, l'intervention qui peut s'en suivre se justifie d'elle-même. (*Voir* BONS OFFICES, MÉDIATION.)

Intervention d'Etats fédérés. Par rapport à l'intervention, les Etats réunis en confédération se trouvent dans une position particulière, en ce qu'il est des cas, des circonstances où le pouvoir central ou fédéral a le droit d'intervenir dans les

Etats qui font partie de la confédération : ces cas, ces circonstances sont déterminées à l'avance par la constitution fédérale ou par la constitution particulière de chacun des Etats.

Tierce intervention. Il est un autre genre d'intervention qui porte exclusivement sur les engagements, actes, traités ou conventions que les nations contraitent entre elles, lorsque, par exemple, un Etat tiers s'interpose entre deux pays ou se joint à eux soit pour faciliter l'issue de négociation pendantes, soit pour s'associer dans une certaine mesure à l'accord qu'elles ont conclu : c'est ce qu'on appelle la *tierce intervention.*

Ce mode d'intervenir est tantôt purement bénévole et officieux, tantôt formel et nettement caractérisé.

L'intervention bénévole se manifeste par des *bons offices* ou par une véritable *médiation* (voir ces mots).

L'intervention formelle se produit par *l'adhésion* ou *l'accession* de la part de l'Etat tiers à un traité conclu sans sa participation, ou par une simple *approbation* qu'il donne à ce traité. (*Voir* ADHÉSION, ACCESSION, APPROBATION) ou par l'engagement qu'il prend de se porter garant ou caution de l'observation fidèle du traité. (*Voir* CAUTION, GARANTIE.)

INTESTAT. Terme de jurisprudence : se dit de la personne qui n'a pas testé, qui n'a pas fait de testament ; — s'emploie dans ces phrases : mourir intestat, c'est-à-dire sans avoir fait de testament ; hériter abintestat, hériter d'une personne qui n'a pas fait de testament. (*Voir* TESTAMENT.)

Lorsque la volonté du défunt n'est constatée par aucun document authentique, la loi présume quelles ont pu être les intentions du défunt, et il y a lieu à une succession *abintestat.* (*Voir* SUCCESSION.)

INTITULÉ. Formule d'usage qui se met en tête d'un acte, d'un traité, qui en indique le titre et les qualités.

INTRODUCTEUR DES AMBASSADEURS. Fonctionnaire chargé de conduire les ambassadeurs et les autres ministres, ainsi que les princes étrangers, à l'audience d'un souverain ou d'un chef d'Etat.

Dans les pays où il n'y a pas d'introducteur des ambassadeurs, c'est le grand-maître des cérémonies ou le grand chambellan qui introduit.

(*Voir* AGENT DIPLOMATIQUE, AMBASSADEUR, AUDIENCE, LETTRES DE CRÉANCE, CÉRÉMONIAL, GRAND-MAITRE DES CÉRÉMONIES, CHAMBELLAN, RÉCEPTION).

INVASION. Irruption faite par une armée ou une grande multitude de peuple dans un autre pays pour s'en emparer : c'est ce qu'on peut dire de l'invasion de l'Empire romain par les Barbares.

Dans un sens plus moderne, c'est l'action d'envahir une contrée à main armée, d'y pénétrer militairement. (*Voir* ENVAHISSEMENT, OCCUPATION.)

Toute guerre continentale débute par une invasion ; car l'un des belligérants envahit le territoire de l'autre (*Voir* GUERRE, BELLIGÉRANT) ; et l'invasion, si elle n'est pas repoussée et si elle se continue, aboutit à l'*occupation* ou à la *conquête.* (Voir ces mots.)

INVENTAIRE. Etat détaillé, énumération et description, article par article, des biens meubles et des titres d'une personne, d'une société, d'une administration.

Dans chaque poste diplomatique ou consulaire, à la fin de l'année, il doit être fait un inventaire général des papiers, des registres, des livres, des correspondances, etc. composant les archives. Cet état, dressé par les chanceliers, doit être signé par le chef du poste.

Tout agent diplomatique ou consulaire doit, lorsqu'il est remplacé, ou à l'expiration de ses fonctions, faire dresser un inventaire des archives de son poste au moment où il le remet à son successeur.

INVENTION. On considère comme inventions ou découvertes nouvelles l'invention de nouveaux produits industriels ou de nouveaux moyens de production ou de fabrication, ainsi que l'application nouvelle de moyens déjà connus pour l'obtention d'un résultat ou la fabrication d'un produit industriel.

Malgré toutes les controverses qu'a soulevées le droit que l'inventeur revendique à la propriété de son invention, il est généralement accepté que l'inventeur a droit tout au moins à une rémunération pour le fait même de son invention. Ce principe admis, on a cherché, en le sanctionnant et en le réglant par des dispositions législatives, à garantir à la fois les droits de l'inventeur et ceux de la société. On n'a pas reconnu à l'inventeur la propriété absolue et perpétuelle, qui eût pu dépouiller la société des bénéfices de l'invention selon le gré de l'inventeur ou empêcher tout perfectionnement, tout progrès ultérieur dans la même direction par une autre personne ; on lui a concédé seulement une exploitation limitée, temporaire, qui lui permet de rentrer dans ses avances et de réaliser un profit plus ou moins considérable : c'est le système qui prévaut aujourd'hui dans la législation de la plupart des peuples ; mais l'application n'en est pas la même chez tous. D'abord la durée du privilège varie suivant les pays ; ensuite dans quelques Etats le droit de l'inventeur n'est reconnu qu'à la suite d'un examen préalable destiné à constater la réalité et le mérite de l'invention, tandis que dans d'autres on se borne à certifier que tel individu à telle époque a présenté un procédé qu'il a déclaré être nouveau et provenir de ses recherches ou de ses études particulières, sauf à lui à faire respecter sa propriété devant les tribunaux compétents, si quelqu'un lui conteste son invention.

Une fois établi, le droit de propriété de l'inventeur se constate à l'aide d'un titre qui en attestant le fait et la date de l'invention, fournit le moyen de décider entre les prétentions adverses de ceux qui aspireraient à l'avantage ou à la priorité de la même découverte. Ce titre consiste dans le brevet d'*invention*, acte par lequel l'autorité publique garantit à celui qui se dit l'auteur d'une découverte ou d'une invention nouvelle le droit privatif de faire usage de cette découverte pendant un temps déterminé. (*Voir* BREVET D'INVENTION.)

INVESTITURE. Dans l'ancien droit féodal l'*investiture* se disait du droit et de l'acte d'investir quelqu'un d'un fief ou d'un bien-fonds.

C'était la réception à foi et hommage par laquelle le vassal était mis en possession d'un fief par le seigneur ; c'était aussi la concession d'une terre ou d'une dignité faite par le suzerain au vassal.

L'investiture s'opérait en général au moyen d'une cérémonie symbolique, qui consistait à mettre à la main de celui qu'on investissait un insigne de sa dignité : l'épée ou le sceptre pour les royaumes, l'étendard pour les principautés, le bâton ou la verge pour les fiefs inférieurs.

On appelait aussi *investiture* le droit que dans le principe se donnaient les princes d'investir les prélats du temporel des évêchés et des abbayes situés sur leur domaine territorial, de les mettre en possession des titres et des bénéfices ecclésiastiques. On distinguait l'investiture *spirituelle*, ou celle des dignités ecclésiastiques, qui se faisait par la crosse et l'anneau, et l'investiture *temporelle*, ou celle des bénéfices ou biens-fonds, qui se faisait par le sceptre.

La prétention des Empereurs d'Allemagne de conférer la double investiture suscita entre eux et les Papes la *querelle des investitures*, qui dura plus d'un siècle (de 1015 à 1122), et finit par un compromis aux termes duquel les empereurs se bornèrent désormais à donner l'investiture temporelle.

INVIOLABILITÉ. Qualité de ce qui est inviolable, de ce à quoi on ne doit pas attenter, en parlant des personnes et les choses.

Dans le langage diplomatique, l'inviolabilité est une qualité, un caractère qui place la personne qui en est investie au-dessus de toute atteinte, de toute poursuite.

Inviolabilité des agents diplomatiques. Au premier rang de ces personnes nous devons placer les agents diplomatiques ou ministres publics, à quelque classe qu'ils appartiennent.

Le droit des ministres publics de jouir de ce privilège est fondé non sur une simple convenance, mais sur la nécessité. En effet sans une inviolabilité personnelle illimitée, les agents seraient complètement à la merci du pays où ils résident, et leur caractère serait altéré au point de compromettre l'exercice même de leurs fonctions.

De plus, s'il est vrai que le ministre public est pour ainsi dire l'incarnation du pays qu'il représente, il faut bien admettre aussi que tout ce qui est de nature à gêner sa liberté et son indépendance, constitue une offense faite à la nation dont il est l'organe. C'est pourquoi les peuples anciens eux-mêmes avaient reconnu l'inviolabilité des ambassadeurs et des envoyés, et les codes modernes ont tous, sans exception, rangé au nombre des crimes ou des délits contre l'Etat ceux que l'on commet contre les ambassadeurs étrangers.

Dès qu'un souverain a reconnu un envoyé étranger comme mandataire d'un autre souverain, il a le devoir non seulement de s'abstenir lui-même de tout acte contraire à l'inviolabilité de cet envoyé, mais encore de réprimer toute atteinte matérielle ou morale qui lui serait portée par un de ses sujets.

Le gouvernement qui commet une offense envers un agent étranger accrédité auprès de lui, est tenu d'accorder une juste réparation. Des représailles même ne peuvent servir de prétexte à des actes de violence, à moins que le gouvernement de l'agent ne se soit rendu lui-même coupable d'une pareille violation du droit international.

Si c'est un particulier qui a commis l'offense, il doit être poursuivi à la requête du ministre offensé. Mais dans aucun cas celui-ci n'a le droit de se faire justice lui-même; il doit demander satisfaction de l'injure reçue au gouvernement territorial.

En résumé on peut dire qu'aujourd'hui l'inviolabilité des ministres publics est reconnue sans exception d'aucune sorte; le privilège en est tellement absolu qu'il est respecté même par les gouvernements entre lesquels sont survenues des mésintelligences, et qu'il subsiste même le plus souvent après le commencement des hostilités.

Du caractère d'inviolabilité découle une série de prérogatives et d'immunités dont jouit exclusivement la personne qui est revêtue. L'agent diplomatique est notamment exempt de certaines juridictions, de certaines charges locales : sa demeure est inviolable en tant qu'il s'agit des besoins de son service officiel et de l'exercice libre et régulier de ses fonctions.

En fait, l'inviolabilité s'attache plutôt — même uniquement — à la fonction, au caractère exceptionnel, qu'à la personne même de l'agent diplomatique; aussi celui-ci n'a-t-il pas le droit d'en invoquer le bénéfice dans les circonstances étrangères à son caractère public ; du moins en pareil cas les atteintes portées à sa personne ne sauraient justifier des réclamations diplomatiques.

A plus forte raison, l'agent perd entièrement tout droit à l'inviolabilité, lorsqu'il ne remplit plus et a cessé la mission qui lui était confiée.

En tout cas, l'inviolabilité attribuée aux ministres publics ne doit pas s'entendre en ce sens qu'elle mette ces ministres hors de l'atteinte des lois et qu'il leur soit permis d'outre-passer leur sphère juridique. Seulement lorsqu'un représentant étranger fait quelque acte qui pourrait le soumettre à l'action des lois du pays où il réside, le gouvernement qui a lieu de se plaindre, ne manque pas de se conformer, et la plupart du temps le rappel de l'agent compromis écarte le scandale qu'occasionneraint des poursuites directes, soit en changeant le caractère, soit en n'y donnant pas suite.

L'inviolabilité n'est pas exclusive à l'agent lui-même; elle s'étend aux personnes qui sont attachées à sa mission, ainsi qu'à son épouse, à ses enfants et aux gens composant sa suite.

Exterritorialité. Il ne faut pas confondre l'inviolabilité avec l'*exterritorialité.* (Voir ce mot).

L'exterritorialité est l'ensemble des immunités dont jouissent au dehors les représentants d'une souveraineté nationale étrangère, au nombre desquels doivent naturellement être classés les agents diplomatiques. Par suite de cette fiction qui suppose que, quoique résidant dans un autre pays, il demeure sur le territoire de son propre souverain, l'agent ou le ministre public reste toujours soumis aux lois de sa patrie, conséquemment il est exempt de la juridiction locale du pays où il est envoyé et sa maison, considérée comme étant hors du territoire aussi bien que sa personne, n'est pas accessible aux officiers de justice du pays.

Au fond l'exterritorialité est la conséquence et non le principe de l'inviolabilité ; en effet l'agent diplomatique est libre jusqu'à un certain point de renoncer aux immunités juridictionnelles qui lui appartiennent; mais il ne l'est pas de laisser porter atteinte au privilège d'inviolabilité. Il ne faut jamais perdre de vue que l'inviolabilité constitue un droit inhérent à la charge de ministre public, tandis que l'exterritorialité n'en est qu'une qualité accidentelle. *(Voir* AGENT DIPLOMATIQUE, AMBASSADEUR, DIPLOMATIE, EXTERRITORIALITÉ IMMUNITÉ, INDÉPENDANCE, MINISTRE.)

L'inviolabilité s'attache aussi aux choses, aux propriétés, comme nous l'avons vue du reste en définissant les privilèges qui en découlent pour les agents diplomatiques, dont la demeure, les meubles et autres objets leur appartenant sont tenus pour inviolables et par suite se trouvent sous le bénéfice d'immunités particulières.

Propriété privée sur terre et sur mer. Ainsi, pendant la guerre, la propriété sur terre est exemptée de capture et de confiscation. *(Voir* PROPRIÉTÉ PRIVÉE, BELLIGÉRANT, ENNEMI, CONFISCATION, GUERRE.)

Toutefois cette doctrine du respect de la propriété privée sur terre n'est pas tellement absolue qu'on ne puisse dans l'application en restreindre la portée.

Ainsi, par exemple, on n'en fait jamais profiter l'ennemi qui enfreint les prescriptions des lois militaires, et l'on ne l'étend pas non plus aux objets recueillis sur le champ de bataille. On peut également considérer comme une dérogation indirecte au principe d'exception les contributions forcées que les armées envahissantes ont contume de lever sur les habitants.

L'application de ce principe à la propriété privée sur mer n'est pas encore passée dans les usages de la guerre, malgré les efforts fait par quelques Etats pour le faire adopter d'une façon générale et définitive. (*Voir* NAVIRE, MARCHANDISES, PROPRIÉTÉ MARITIME.)

En temps de guerre encore, le territoire, tant continental que maritime, d'un Etat neutre est inviolable; on ne peut, par exemple, y faire passer des troupes, des prisonniers, y opérer des captures, y faire la course, etc. (*Voir* NEUTRE, NEUTRALITÉ, PRISE.)

INVOCATION. Dans le langage diplomatique, l'*invocation* est la formule par laquelle le copiste ou les témoins d'un diplôme, d'une charte implorent la bénédiction divine sur l'acte.

Pour les traités, l'usage prévaut encore — mais il n'est pas général — de faire précéder le préambule d'une invocation à Dieu, conçue dans des termes divers.

Le plus ordinairement l'invocation ne se trouve pas dans les conventions; on pourrait citer cependant de nombreuses exceptions, de même que bien des traités ne sont placés sous aucune invocation.

En résumé, l'invocation n'est pas de rigueur; c'est une simple formalité de convenance qui n'entraîne aucune conséquence relativement à la validité de la convention ou du traité, sur la portée duquel elle n'a aucune influence.

IRADÉ. Ordre impérial du Sultan de la Turquie.

IRRUPTION. Entrée soudaine des ennemis dans un pays.

L'irruption a un caractère plus grave et peut avoir des conséquences plus profondes, plus durables que l'incursion qui n'est qu'un mouvemement momentané, et avec laquelle il ne faut donc pas la confondre. (*Voir* INCURSION.)

L'irruption est souvent le début d'un envahissement, d'une invasion permanente. (*Voir* INVASION.)

ISAMBERT (François André), jurisconsulte français, né à Annay (Eure et Loire) le 30 novembre 1792, mort à Paris le 13 avril 1857.

Conseiller à la Cour de Cassation.

Recueil général des anciennes lois françaises. 1822 et suiv, 29 vol. in-8⁰.

Annales politiques et diplomatiques, Paris, 1823.

Manuel du publiciste et de l'homme d'Etat, contenant les chartes et les lois fondamentales, les traités, etc. 1826. 4 vol. in-8⁰.

Tableau historique des progrès du droit public et du droit des gens jusqu'au 19e siècle. Paris, 1833, 1 vol. in-8⁶.

ISLAM, ISLAMISME. La religion des Mahométans. (*Voir* MAHOMÉTISME.)

L'ensemble des pays où domine cette religion, dans le même sens que chrétienté relativement aux pays chrétiens

J

JACOBIN. Religieux de l'ordre de Saint-Dominique, nommé *Jacobin,* parce que le couvent de la communauté était voisin de l'Église Saint Jacques à Paris.

Plus tard, en 1789, ce nom fut donné aux membres d'une société politique établie dans l'ancien couvent des Jacobins.

Comme cette société soutenait les principes d'une démocratie très avancée, on a par suite donné le titre de jacobins aux partisans les plus ardents de ces principes.

JACOBSEN (F.J.), publiciste allemand.

Handbuch über das practische Seerecht der Engländer und Franzosen. Hamburg, 1806, 2 vol. (Manuel du droit maritime pratique d'Angleterre et de France).

Seerecht des Kriegs und des Friedens in Bezug auf die Kauffahrteischifffahrt. Altona 1815. (Droit maritime de guerre et de paix, par rapport aux navires marchands.) W. Frick en a publié une traduction anglaise à Baltimore en 1818.

JASSY (Traité de paix de) 1791.

Pendant les négociations de Szistowe, la guerre avait continué entre la Porte et la Russie. La campagne de 1791 fut avantageuse aux Russes; mais l'intervention des alliés, jointe aux bon offices de la cour de Copenhague et aux menaces de celle de Londres, qui annonça l'intention de faire entrer une flotte dans le Baltique, déterminèrent l'Impératrice de Russie à accepter des négociations de paix, qui eurent lieu à Galatz, où un traité préliminaire fut signé le 11 août 1791 par le grand-vizir et le plénipotentiaire russe.

Ce traité n'a pas été publié; mais on sait qu'il était à peu près conforme au traité définitif, qui fut conclu à Jassy le 9 janvier 1792.

Ce traité renouvelle les précédents à commencer par la paix de Raynardyi, dans tous les points auxquels il ne déroge pas.

Le Dniester était reconnu comme limite entre la Russie et la Turquie, de manière que tous ce qui était situé sur sa rive droite devait être rendu et appartenir à l'empire turc, et tout ce qui était sur la rive gauche devait faire partie du territoire russe : cette cession comprenait Orchakoff, qui n'était pas nommé dans le traité.

La Bessarabie, Bender, Akierman, Kilia, Ismaïl et la Moldavie étaient rendus à la Porte.

La Porte s'engageait à employer tous ses moyens pour maintenir dans le devoir les peuples qui habitaient sur la rive gauche du Kouban, afin qu'ils ne fissent pas d'incursions sur le territoire russe. Elle garantissait les sujets russes contre les pirateries des Barbaresques et promettait, en cas de désobéissance de ces Etats, de restituer tout le dommage qu'ils avaient causé.

JANÉR (Florencio), publiciste espagnol.

Il a recueilli, coordonné et publié, par ordre du ministre d'Etat (affaires étrangères) d'Espagne, les actes internationaux conclus par le gouvernement espagnol pendant le règne de la reine Isabelle II, sous le titre : *Tratados de España documentos internacionales del reinado de Doña Isabel II desde 1842 á 1868. Coleccion públicada de órden del Excmo. Sr. Ministro de Estado, con un discurso preliminar.* (Traités de l'Espagne documents internationaux du règne d'Isabelle II, depuis 1842 à 1868. Collection publiée par ordre de S. Ex. le ministre d'Etat avec un discours préliminaire). Barcelone, 1869. 1 vol. in-4⁰.

Dans cette introduction M. Janér explique la nature et la portée des traités qui forment la matière de son volume, ainsi que l'importance de quelques-uns non seulement au point de vue purement espagnol, mais aussi relativement aux intérêts des autres parties contractantes.

Ce recueil est la suite et le complément de la collection des traités espagnols depuis 1700 jusqu'à la fin de 1842 publiée par M. del Cantillo, laquelle était en quelque sorte le complément et la continuation des collections précédentes d'Abreu y Bertodano.

JELLINEK (Georges), publiciste autrichien.

Die rechtliche Natur der Staatenverträge (La nature juridique des traités). Vienne, 1880.

JENKINSON (C.), publiciste anglais.

A collection of all the treaties of peace, alliance and commerce between Great Britain and other powers, from the treaty signed at Munster in 1648 to the treaties signed at Paris in 1783 (Recueil des traités de paix, d'alliance et de commerce entre la Grande-Bretagne et les autres puissances, de la paix de Munster aux traités signés à Paris en 1783). Londres, 1785. 3 voll. 8⁰.

Ce recueil est précédé d'un essai sur l'attitude de la Grande-Bretagne vis-à-vis des neutres.

JET A LA MER. En marine, c'est l'action de précipiter à la mer une partie des objets dont un navire est chargé : c'est ordinairement lorsqu'on se trouve obligé d'alléger le navire en danger de périr par les vents ou les flots, ou lorsque le navire est en danger d'être pris par l'ennemi.

Dans ces cas le jet est considéré comme une avarie commune, de sorte que le navire et les marchandises doivent contribuer à réparer le dommage qui en est résulté.

Si les objets jetés sont recouvrés, ils sont restitués à leur propriétaire, sauf les droits et les frais que celui-ci a à payer pour le sauvetage.

Lorsqu'il y a eu jet à la mer, le capitaine du navire, au premier port où il aborde, doit, dans les vingt-quatre heures, affirmer devant le consul de son pays, et, à son défaut, devant un magistrat de la localité, les faits de l'opération relatés sur le registre du bord.

Lorsque, par suite de réparations devenues indispensables au navire, il est procédé au débarquement du chargement, le chancelier du consulat doit y assister et dresser un procès-verbal indiquant la partie de ce chargement encore existante; le capitaine est tenu de signer ce procès-verbal, qui lui sert en quelque sorte de décharge.

Un navire ne doit jamais, si ce n'est que par force majeure et à la dernière extrémité, se détacher de ses *papiers de bord* (voir ce mot), c'est-à-dire des documents servant à justifier sa nationalité, sa provenance, sa destination et la propriété de tout ce qui se trouve à son bord.

Aussi regarde-t-on comme un acte illicite et coupable le jet à la mer de quelqu'une de ces pièces, et, encore pis, de toutes à la fois dans le but de tromper sur la situation vraie du navire et d'empêcher l'exercice de la police maritime. En cas de prise, c'est une circonstance aggravante au plus haut degré.

JEUNE DE LANGUE. On donne en France ce titre à des jeunes gens entretenus par l'Etat pour apprendre les langues orientales et devenir *drogmans*. (Voir ce mot.)

D'après les règlements français, les *jeunes de langue*, à la sortie de l'école spéciale, sont envoyés à l'étranger sous la protection du consul.

Quoiqu'ils ne doivent pas être détournés de leurs études, ils ne peuvent refuser aucun des travaux que le consul juge à propos de leur commander, et de nature à les initier aux fonctions de drogman chancelier. Ils sont aussi tenus d'accompagner le drogman titulaire, lorsqu'il les requiert, auprès des autorités locales.

Après deux ans de séjour dans le Levant, le jeune de langue peut être nommé drogman sans résidence fixe, titre qui implique simplement un avancement de grade, sans conférer aucune fonction personnelle.

Au bout de cette sorte de stage, le jeune de langue devenu élève drogman ou interprète, peut être nommé drogman-interprète adjoint, s'il obtient le diplôme spécial des langues orientales vivantes.

JOCHMUS (jurisconsulte allemand.) *Handbuch für Consuln und Consularbeamte mit besonderer Rücksicht auf Deutschland.* (Manuel des consuls et agents consulaires, spécialement de l'Allemagne.) Dessau 1852.

JOEL (L.), jurisconsulte anglais. *A consul's manual and shipowner's and shipmaster's practical guide in their transactions abroad.* (Manuel des consulats, et guide pratique des armateurs et des capitaines de navires dans leurs transactions à l'étranger.) Londres 1879.

JŒNKŒPING (traité de paix de). 1809. Comme le Danemark avait pris part aux hostilités de la Russie contre la Suède, celle-ci fit également la paix avec le royaume voisin par un traité séparé signé à Jœnkœping le 10 décembre 1809, lequel se borna à stipuler le renouvellement de la bonne intelligence, la confirmation des anciens traités, des rapports de commerce, etc. entre les deux puissances.

JOLLIVET, jurisconsulte français. *Histoire de la traite et du droit de visite*, Paris, 1844, in-16.

JOUFFROY (J. J.), publiciste français. *Droit des gens maritime universel*, ou *Essai d'un système général des obligations réciproques de toutes les puissances, relativement à la navigation et au commerce maritime.* Berlin, 1806. in-8.

JOUR. Le jour civil est de vingt-quatre heures.

Dans le but d'éviter la confusion des dates qui pourrait résulter de la différence des heures locales, il est admis que le jour civil commence en tout lieu douze heures de temps solaire moyen avant le passage de soleil de midi sur le méridien du lieu, et finit douze heures de temps solaire moyen après le passage du soleil au-dessus de ce méridien.

JOURNAL. Écrit périodique qui fait connaître les nouvelles de toute sorte — politiques, littéraires, scientifiques, commerciales, etc.

Le journal officiel est celui qui est publié directement par une administration de l'Etat sous ses auspices. En France c'est le titre de l'organe immédiat du gouvernement.

En diplomatie, et en droit international, les actes du gouvernement n'ont de valeur qu'après leur publication dans les journaux officiels : ordinairement les audiences officielles données par le chef de l'Etat aux ministres étrangers y sont annoncées, ainsi que l'objet de ces audiences; le journal officiel fait aussi connaître les lettres de notification que le chef de l'Etat a reçu de souverains étrangers.

JOURNAL DE BORD. C'est un livre sur lequel sont consignés tous les faits du voyage d'un navire, les recettes et les dépenses, les délibérations tenues à bord, en un mot toutes les circonstances relatives à la conduite et à l'administration du navire pendant la traversée.

Le journal de bord doit être déposé à la chancellerie du consulat du port où aborde le navire, 24 heures après l arrivée; et il est visé par le chancelier ou le consul, qui le rend au capitaine au moment de la délivrance de l'expédition du navire. (*Voir* PAPIERS DE BORD.)

JOURNAL DU DROIT INTERNATIONAL PRIVÉ. (*Voir* CLUNET.)

JOVE Y HEVIA (Placido de), publiciste espagnol.

Guia práctica para los Cónsulados de España con un apendice, en el que se incluyen casos prácticos y modelos para todos los asuntos importantos de una cancilleria cónsular.

(Guide pratique des consulats de l'Espagne avec un appendice, dans lequel sont traités les cas pratiques et des modèles pour toutes les affaires d'une chancellerie consulaire.) Madrid, 1858. 1 vol. in-8.

JUDAISME. La religion des Juifs.

JUDICE BIKER (J. F.), publiciste portugais.

Collecçao dos negocios de Roma no reinado de el rey Dom José I, Ministerio do Marquez de Pombal e pontificados de Benedicto XIV e Clemente XIII, 1755-75. (Recueil des négociations de Rome sous le règne de José I, ministère du marquis de Pombal et des pontificats de Benoît XIV et Clément XIII.) Lisbonne, 1874—75. 4 vol. in-8°.

Supplemento á collecção dos tratados, convençóes, contratas e actos publicos celebrados entre a coróa de Portugal e as mais potencias desde 1640. (Suppléments au recueil des traités, etc. du Portugal avec les autres puissances depuis 1640.) Lisbonne, 1872-79. 21 vol. in-8.

Le supplément a été publié par les soins de M. Borges de Castro. (Voir ce nom).

JUGE. Magistrat chargé de rendre la justice.

Juges inférieurs, juges qui prononcent en premier ressort et des décisions desquels on peut appeler devant des juges d'un rang supérieur.

Les juges qui font partie des différents juridictions reçoivent des qualifications particulières, en raison de la juridiction à laquelle ils appartiennent ou des fonctions spéciales dont ils sont chargés.

Juge commissaire ou *délégué,* juges désignés par le tribunal dont il fait partie pour procéder à certaines opérations et en faire son rapport, s'il y a lieu; dans ce cas, le juge commis est dit *juge rapporteur.*

Le juge d'instruction est celui qui est plus particulièrement chargé de rechercher les crimes et les délits, d'en recueillir les preuves, de faire arrêter et d'interroger les prévenus.

Juges *civils,* juges *criminels,* juges de *commerce,* de *police* selon la nature des causes sur lesquelles ils ont à se prononcer.

Le juge de paix, juge sommairement, sans intervention d'avoués, les contestations de peu d'importance entre les individus de sa circonscription en matière personnelle et mobilière; il a le droit de concilier, s'il le peut, les différends, dont le jugement est réservé aux tribunaux civils ordinaires.

On donne en France le titre de *juges-consuls* ou *juges consulaires* aux juges pour les affaires commerciales, juges au tribunal de commerce.

On nomme juges suppléants ceux qui sont désignés pour remplacer les juges en exercice lorsqu'ils sont empêchés ou absents, et qui remplissent l'office de juges uniquement dans ce cas; cependant ils ont droit assister aux audiences du tribunal auquel ils sont attachés.

Sont qualifiés de *juges naturels* les juges que la loi assigne aux accusés, aux parties contestantes, suivant leur qualité et l'espèce de la cause.

Grand juge, titre donné dans certains pays au président d'une cour suprême ou de cassation, ainsi qu'au ministre de la justice.

Les Juifs, avant l'établissement de la royauté, donnaient le titre de *juges* à leurs magistrats suprêmes.

Le *livre des juges,* ou simplement les *juges,* septième livre de l'Ancien Testament, est celui qui contient l'histoire des Juifs pendant la domination des juges.

JUGEMENT. *Qualification.* Décision prononcée par un juge sur une contestation portée devant lui ou le tribunal dont il fait partie.

Les jugements reçoivent différentes qualifications selon leur objet, les circon stances dans lesquels ils sont rendus, la position et la qualité du juge qui a prononcé.

Ainsi les jugements sont *en premier* ou *en dernier ressort* : ceux en premier ressort ou en première instance sont susceptibles d'appel, c'est-à-dire qu'ils peuvent être portés devant un tribunal supérieur.

Le jugement est dit *contradictoire*, lorsqu'il est rendu après que les parties ont fait valoir leurs moyens de défense; et par *défaut*, s'il est rendu après l'audition d'une seule des parties.

En matière criminelle le jugement par défaut est appelé jugement par *contumace*.

On nomme jugement *préparatoire* celui qui ordonne quelque opération destinée à éclairer le juge, telle qu'une enquête, un rapport d'experts, etc., — sans que cette opération puisse préjuger le fond de la cause; — jugement *interlocutoire*, celui qui porte que l'opération préparation pourra préjuger le fond; — jugement *provisoire* ou *provisionnel*, celui qui prescrit les mesures à prendre pour prévenir les inconvénients qui pourraient résulter des délais nécessaires pour l'instruction du procès; — enfin, jugement *définitif*, celui qui termine la contestation.

Effets des jugements à l'étranger. Nous n'avons pas à nous occuper ici des procédures et des formalités à remplir pour obtenir les jugements et les mettre à exécution; ce qui importe au droit international privé, c'est de connaître la valeur et les effets qu'ils peuvent avoir dans un autre pays que celui où ils ont été rendus, lorsqu'ils règlent des intérêts litigieux entre des personnes de nationalités différentes, ainsi que la mesure dans laquelle ils sont exécutables à l'étranger, et les moyens de parvenir à cette exécution.

L'autorité d'un jugement dérive exclusivement de la loi civile du territoire où il a été rendu; il ne peut donc, en principe, avoir effet ou recevoir exécution sur un territoire étranger; mais les convenances internationales en ont décidé autrement, et les jugements définitifs des tribunaux étrangers compétents qui statuent en matière de contrats et d'obligations, sont en règle générale acceptés et respectés par les tribunaux des autres Etats, comme ayant force de chose jugée.

Toutefois les jugements étrangers, pour être exécutés, doivent être présentés aux tribunaux du pays, qui doivent les vêtir de la forme exécutoire. Cette règle a son fondement dans cette considération que la force exécutoire n'est communiquée au jugement que par le mandement du souverain en qui seul cette force réside, et que ce mandement n'a d'autorité que dans le territoire soumis au souverain dont il émane.

Peu d'Etats vont jusqu'à refuser toute valeur aux décisions judiciaires rendues à l'étranger. Cependant dans la pratique on arrive au même résultat dans beaucoup de pays, où, si la question n'est pas réglée par un traité international, la partie qui poursuit l'exécution d'un jugement étranger est obligée de plaider à nouveau l'affaire au fond, avec cette réserve toutefois que les plaidoiries et les témoignages du premier procès peuvent être utilisés dans le second.

Les législations des divers pays à l'égard de l'exécution des jugements étrangers sont basées sur l'un des trois systèmes suivants :

1º Le jugement étranger n'a aucune autorité sans révision préalable par un tribunal national; ou il ne peut être rendu exécutoire même après révision.

2º Le jugement étranger n'est sujet à révision que quand il s'agit de l'exécuter contre un régnicole.

3º Le jugement étranger est déclaré exécutoire et a force de chose jugée même sans révision, mais sous certaines conditions dont voici les principales :

Il faut que le jugement ait été rendu par un tribunal compétent, d'après les lois de l'Etat auquel il appartenait, pour juger le litige soumis à sa décision.

Il faut que le tribunal ait été dûment saisi de la cause et que la juridiction ait été fondée en droit.

Il faut que l'étranger qui est partie au procès, ait été entendu devant le tribunal conformément aux lois de l'Etat et traité sous tous les rapports, y compris le droit d'appel, sur le même pied d'égalité que les régnicoles.

Il faut que le tribunal se soit prononcé sur le fond de l'affaire qui lui a été soumise, d'une façon définitive et en dernier ressort.

Lorsque ces conditions se trouvent réunies, l'*exceptio rei judicatæ* est admise dans la plupart des Etats et prévient une nouvelle procédure sur le fond de la cause.

A ces conditions, quelques Etats en ajoutent encore une, celle de la réciprocité.

Cette condition de réciprocité fait le plus ordinairement l'objet de stipulations spéciales dans les traités internationaux.

Cependant, s'il est admis que tous les Etats civilisées maintiennent d'une façon ou d'une autre les jugements étrangers, ils ne les laissent pas sortir effet comme s'il s'agissait de jugements rendus dans le pays même. Généralement parlant on révise le jugement étranger suffisamment pour constater qu'il ne renferme rien de contraire à l'ordre public de l'Etat où il doit être exécuté, et qu'il est revêtu de l'autorité compétente du tribunal duquel il émane.

Ce serait toutefois une erreur de prétendre que ces jugements n'ont aucune espèce d'existence ni d'autorité dans les autres pays, tant qu'ils n'y ont pas été revêtus de la formalité du *pareatis* ou de l'*exequatur*; comme conséquence du principe de loyauté réciproque qui veut que les divers Etats se fassent les concessions nécessaires à l'administration de la justice, les jugements étrangers doivent avoir une autorité suffisante pour empêcher les parties intéressées de faire efficacement quelque chose de nature à en éluder les effets. Ils font foi des faits qu'ils constatent en dehors de toute condamnation. Lorsqu'intervient le *pareatis* qui les rend exécutoires, l'instance en *pareatis* ne crée nullement le jugement; elle ne fait qu'imprimer le sceau de l'autorité publique à un jugement qui avait déjà une existence légale relativement aux intérêts privés; elle lui donne une force exécutoire en vertu de laquelle on pourra désormais procéder à une exécution effective ou définitive, provisoirement suspendue.

De ce principe que les effets des jugements rendus par les tribunaux étrangers dérivent des lois en vigueur dans l'Etat où ils ont été prononcés, doivent par conséquent être mesurés d'après ces lois mêmes et ne peuvent devenir exécutoires dans un autre pays qu'autant qu'ils le sont dans l'Etat étranger d'où ils émanent, il résulte logiquement que les jugements par défaut rendus par un tribunal d'un pays étranger et périmés suivant la loi de ce pays ne peuvent être déclarés exécutoires : c'est du moins la règle adoptée par les tribunaux français et italiens.

Nous avons dit que dans plusieurs pays les tribunaux auxquels était demandée l'exécution d'un jugement étranger, avaient la faculté d'examiner de nouveau la cause tant au fond qu'en la forme; et diverses questions peuvent surgir lorsque ces tribunaux ont modifié quant au fond le jugement primitif qui leur était ainsi déféré; toutefois aucun doute ne peut exister tant qu'il n'y a que deux souverainetés en présence; mais il n'en est pas de même, s'il agit de mettre à exécution la nouvelle décision sur un troisième territoire. Trois hypothèses se présentent : si la souveraineté sous laquelle ce troisième territoire se trouve placé est libre, elle aussi, de réviser le jugement au fond, elle pourra choisir entre les deux décisions déjà rendues ou bien en émettre une troisième; si elle n'est tenue qu'envers l'une des autres puissances pour l'exécution des jugements, la marche qu'elle doit suivre se trouve par cela même nettement tracée; mais si elle est engagée des deux côtés, à laquelle des deux décisions devra-t-elle s'arrêter? Les présomptions sont en faveur du premier jugement, qui reste l'acte principal et que chaque souveraineté ne modifie qu'en vue de l'exécution qu'il doit recevoir sur son territoire.

Quant aux jugements en matière de compétence, c'est un principe général qu'ils produisent leur effet parfait, même hors du territoire où ils ont été prononcés; la raison en est que pour les questions de cette espèce, dominées par la règle de l'indépendance réciproque des nations, le tribunal local est seul absolument souverain.

La forme et le mode d'après lesquels ce jugement étranger doit être exécuté dépendent exclusivement des lois de l'Etat qui en ordonne l'exécution. Mais pour ce qui regarde les immeubles la règle de droit en vertu de laquelle ils sont régis par la loi de leur situation des biens (*lex juridictionis ubi sita sunt*) est absolue quant à ses effets extraterritoriaux et s'applique avec les mêmes conséquences aux meubles placés directement sous l'action juridictionnelle du tribunal appelé à statuer à leur égard; les sentences qui les concernent doivent être universellement obligatoire, et valables pour tout tribunal quelconque qui, sous une forme ou une autre, pourrait être ultérieurement saisi du même différend.

Jugements criminels. Relativement aux sentences étrangères en matière pénale ou criminelle, c'est un principe admis qu'aucun Etat n'autorise l'exécution sur son territoire des jugements rendus en matière criminelle par les tribunaux étrangers contre la personne ou contre les biens d'un individu. Par suite les incapacités résultant de ces jugements ne peuvent avoir leurs effets en pays étranger.

Ainsi la confiscation de biens prononcée par un jugement criminel ne s'étend pas au biens que le condamné possède en pays étranger; de même l'infamie attachée à une condamnation criminelle n'a pas d'effet en pays étranger.

Cependant on rencontre dans la pratique quelques exceptions à la règle, ou du moins quelques différences dans la manière de l'interpréter ou de l'appliquer. (Voir DROIT PÉNAL, CRIMINEL, CONFISCATION, INCAPACITÉ, INFAMIE.)

Par rapport à la France, les jugements prononcés par des tribunaux étrangers en matière criminelle et correctionnelle ne peuvent y être rendus exécutoires.

L'article 5 du code d'instruction criminelle n'attribue qu'un seul effet aux jugements criminels étrangers, l'interdiction de nouvelles poursuites en France. Aucune poursuite ne peut avoir lieu contre un Français à raison des crimes ou des délits commis par lui en pays étranger, lorsqu'il prouve qu'il a été jugé définitivement à l'étranger pour le même fait.

Mais, à défaut d'exécution, les jugements criminels étrangers conservent une certaine valeur en France, où ils ont au moins l'autorité de la chose jugée. Cette dernière règle est généralement observée par les jurisprudences modernes. Dans presque tous les pays la sentence condamnatoire ou absolutoire, de quelque espèce qu'elle soit, qui a été prononcée par un tribunal compétent à raison du lieu où le crime a été commis, constitue devant toute autre juridiction étrangère l'exception de droit dite de la chose jugée (exceptio rei judicatæ).

Extradition. Les traités spéciaux peuvent en tout état de choses modifier les règles admises et attribuer aux lois pénales étrangères, ainsi qu'aux sentences rendues à l'étranger en s'y conformant, certains effets hors du pays que ces lois régissent et où ces sentences ont été prononcées.

Ces stipulation vont même plus loin : elles contiennent des accords intervenus entre les divers États pour la livraison réciproque des criminels qui se réfugient sur le territoire étranger afin d'échapper à la justice de leur pays ou du pays où ils se sont rendus coupables de faits entraînant des poursuites contre eux. Ces accords ont donné naissance à toute une procédure internationale, connue sous la dénomination particulière d'extradition. (Voir EXTRADITION.)

JUGEMENT DE DAMME. C'est le titre d'un ancien recueil qui contient les us maritimes établis dans quelque villes des Pays-Bas.

On le désigne aussi par la dénomination de *Lois de Westcappel,* sans doute d'après le nom d'une de ces villes, située dans la province de Zélande.

Cette compilation remonte à la fin du 16e siècle.

JUNTE. Nom qu'on donne en Espagne en Portugal, et en Italie à diverses assemblées politiques et à divers conseils administratifs.

Primitivement ce nom n'était donné en Espagne qu'au conseil royal du commerce et des mines et au conseil d'administration des tabacs. Plus tard, en 1808, une junte fut formée des notables du royaume, au nombre de 150, dont 100 députés civils et 50 ecclésiastiques; puis, en outre de cette junte *centrale,* il s'établit dans toutes les provinces des juntes *provinciales,* qui lui étaient subordonnées.

JURÉ, JURY. On nomme *juré* un citoyen appelé à prendre part au jugement de quelque affaire, soit civile, soit criminelle.

Le *juri* ou *jury,* est la réunion des jurés assemblés.

La mission des jurés se borne à juger le fait; l'application de la loi est réservée aux magistrats.

En Angleterre les étrangers peuvent faire partie du jury dans les affaires concernant les étrangers.

Par extension, on applique la dénomination de *jury* à des commissions chargées d'un travail particulier : jury de l'exposition, des Beaux-arts, des produits de l'industrie, etc. — Jury d'expropriation, qui statue sur les indemnités à accorder en cas d'expropriation.

Il se dit aussi d'une commission chargée de prononcer sur le mérite des concurrents dans un concours : jury d'examen, d'agrégation, etc.

Dans quelques cas *juré* se dit pour *assermenté :* expert juré, interprète juré.

JURIDICTION. *Définition et classification.* On entend par juridiction le droit et le pouvoir de juger, d'appliquer la loi aux cas particuliers; le droit d'exercer le *pouvoir judiciaire* (voir ce terme). Ce terme désigne aussi le *ressort* ou l'étendue de territoire où le juge exerce ce pouvoir, ainsi que le tribunal qui rend la justice.

On appelle *degré de juridiction* chacun des tribunaux devant lesquels une même affaire peut être portée; et dont l'ensemble constitue la hiérarchie judiciaire; tels sont, en France, notamment pour les affaires civiles, la justice de paix, le tribunal de 1ère instance, la cour d'appel et la cour de cassation.

Selon qu'on considère la nature de l'autorité qui rend la justice et la matière des affaires en cause, la juridiction est dite civile, administrative, ecclésiastique, militaire, consulaire, criminelle, commerciale, etc.

On distingue aussi la juridiction en *contentieuse* et en *gracieuse* ou *volontaire* : la première est celle qui a pour but de décider les différends entre les parties qui recourent au juge pour faire statuer sur ce qui les divise, et elle aboutit à un jugement en faveur de l'une et au désavantage de l'autre; la seconde est celle qu'exerce le juge entre des parties qui sont d'accord et pour des questions dont la nature n'offre rien de contentieux.

Droit de juridiction. L'application des lois aux espèces particulières, en d'autres termes le droit de juridiction, est un des attributs essentiels de la souveraineté et l'indépendance des Etats, qui n'admettent ni délégation en dehors des pouvoirs établis par la constitution politique ni exercice ou delà des frontières de chaque Etat : de sorte que chaque Etat ne saurait laisser exercer le pouvoir judiciaire sur son territoire par un autre sans porter atteinte à sa propre indépendance.

D'un autre côté, la juridiction n'existe qu'à la condition d'une sanction matérielle, qui implique à la fois respect, obéissance, soumission de la part des justiciables et recours éventuel à une action répressive, c'est-à-dire aux agents de la force publique, pour surmonter les résistances individuelles et assurer l'exécution pratique des sentences judiciaires.

Limites de la juridiction. Cependant l'action du pouvoir judiciaire est limitée ou suspendue par l'application de certains principes du droit des gens.

Ainsi, par exemple, les ministres publics sont affranchis dans le pays où ils résident de toute procédure judiciaire, sans que pour cela l'Etat de leur résidence cesse d'être libre ou indépendant. De même, lorsqu'une escadre étrangère traverse les eaux d'un pays, ou qu'une armée passe sur son territoire avec son consentement exprès ou tacite, le pouvoir judiciaire de l'Etat ne souffre aucune atteinte dans ses conditions essentielles, bien qu'il ne lui appartienne pas de connaître des litiges qui pourraient surgir dans les rangs de ces forces armées.

Etendue du pouvoir juridictionnel. On peut établir comme principe général du droit des gens que le pouvoir juridictionnel d'un Etat embrasse toute l'étendue de son territoire et exclut complètement celui de toute autre nation. Ce principe a une valeur telle que, combiné avec les statuts particuliers des nations, il s'y substitue en quelque sorte dans certains cas hors des frontières nationales : c'est ce qui arrive, par exemple, pour la police des bâtiments de guerre et des navires marchands en pleine mer et dans les ports étrangers, et aussi pour l'exécution de certaines lois fiscales sur le commerce maritime.

Il est un autre cas d'incompétence du pouvoir judiciaire, même dans l'intérieur des limites territoriales : c'est celui qui se rapporte à un souverain étranger pendant son séjour au dehors.

Du reste ces diverses exceptions peuvent à peine être considérées comme limitant l'exercice du pouvoir juridictionnel des nations; elles marquent plutôt une sorte de déférence personnelle de peuple à peuple, et montrent qu'il est des cas dans lesquels le droit public interne s'incline devant les principes supérieurs du droit des gens.

Juridiction civile. La division des droits en *réels*, en *mixtes* et en *personnels*, adoptée par presque tous les publicistes modernes, peut aider à préciser l'étendue du pouvoir juridictionnel des Etats en matière civile et à déterminer le caractère des lois applicables à chaque espèce. Ainsi dans les questions relatives aux droits *réels* on doit suivre la statut réel *(forum rei sitæ)*; dans celles qui ont trait aux droits *mixtes*, il faut s'en tenir tantôt au statut personnel, tantôt au statut réel, tantôt au *forum rei sitæ*, ou bien à la loi du domicile; dans les questions qui se rapportent aux droits *personnels*, la loi du domicile sera celle du contrat.

Pour que le pouvoir judiciaire puisse connaître des affaires civiles qui relèvent de la loi du domicile et ont un caractère essentiellement transitoire, mobile et personnel, il faut donc que les ayant-droit se trouvent dans les limites où son action peut s'exercer; sinon, il y aurait empiètement de juridiction et conflit : ce qui serait contraire à tous les principes.

Toutefois il peut y avoir des exceptions où cette juridiction ait été formellement reconnue par des arrangements internationaux.

Cependant l'exclusion que nous avons admise ne doit pas s'entendre comme portant sur l'ensemble de la législation civile, à laquelle le sujet d'un Etat continue d'être soumis pendant son séjour à l'étranger; car c'est seulement en observant ces lois qu'il conserve ses droits civiles et politiques à l'étranger.

S'il est un principe universellement admis, c'est assurément celui qui donne à la juridiction locale le droit de connaître de toutes les questions relatives aux droits réels et personnels qui surgissent entre individus résidant dans le pays temporairement ou à titre permanent, alors même que ces questions ont pris naissance dans d'autres pays.

Le principe immuable de compétence n'influe en rien sur la loi dont les tribunaux peuvent avoir à faire l'application à chaque espèce litigieuse, et qui sera tantôt la loi territoriale, tantôt la loi étrangère; la compétence, qui est absolue et forcée par rapport aux nationaux, n'a pas le même caractère en ce qui concerne les étrangers, et il est des pays qui la déclinent à leur égard dans tous les cas où elle n'est pas directement sollicitée et acceptée par les ayant-droit.

Parmi les différends qui surgissent entre étrangers résidant dans un pays autre que le leur, il en est qui doivent être soumis à des tribunaux particuliers et régis par des lois spéciales. Ainsi, par exemple, les actions réelles et possessoires ne peuvent être intentées que devant les tribunaux du pays de la situation des biens qui leur donnent origine.

Pour dissiper les doutes qui peuvent s'élever sur le pouvoir juridictionnel d'un Etat à l'égard des étrangers résidant sur son territoire, il faut se guider d'après cette règle : que la compétence directe et absolue n'existe qu'à l'égard des actions personnelles ou réelles et pour les seuls biens qui ont leurs racines dans le pays même.

Pour ce qui concerne la France en particulier, nous pouvons établir que les tribunaux peuvent être saisis des litiges entre étrangers dans les cas suivants :

1° Lorsque l'obligation a été contractée en France ou dans tout autre Etat entre étrangers et Français;

2° Lorsqu'il s'agit d'obligations commerciales contractées en France;

3° Lorsque les étrangers soumettent volontairement leur cause à la décision des tribunaux français.

Exécution de jugements à l'étranger. Tout Etat possède un droit incontestable et absolu de juridiction sur ses citoyens aussi longtemps qu'ils se trouvent sur son territoire; mais ce pouvoir va-t-il jusqu'à régler les droits, les devoirs et les obligations de ceux qui résident à l'étranger?

Il faut tout d'abord remarquer que le droit de faire exécuter dans un pays les décisions judiciaires rendues dans un autre ne repose que sur un principe de courtoisie internationale et n'est pas admis également par toutes les nations.

D'un autre côté, dans l'état actuel des relations internationales, on ne saurait admettre qu'un jugement prononçant, par exemple, la confiscation des biens d'un citoyen établi à l'étranger soit exécuté de plein droit par l'autorité du lieu de sa résidence.

Nous sommes donc d'avis que la juridiction d'un Etat ne conserve pas son caractère absolu sur ses nationaux résidant à l'étranger.

Qu'un Etat doive avoir juridiction sur les biens immeubles situés dans les limites de son territoire, c'est là un principe qui n'a pas besoin de démonstration. Ce droit ne nous semble pas fondé sur la règle de la situation des biens, mais sur le droit éminent des Etats et sur les conditions essentielles et nécessaires du droit public interne. Et c'est précisément parce que tout ce qui touche aux immeubles rentre dans son domaine propre et réservé que chaque Etat édicte librement les lois qui déterminent le mode, la forme et les règles de procédure concernant l'acquisition, la perte et le transfert de la propriété immobilière. Il s'en suit comme conséquence du même principe : 1° que le *statut reel*, tenant à la chose et non à la personne et dérivant du droit éminent de l'Etat, oblige le possesseur, qu'il soit national ou étranger; 2° que toute tentative de la part d'un tribunal d'étendre son action sur des immeubles situés dans un autre pays constituerait une dangereuse usurpation de pouvoir.

La règle du droit commun adoptée à cet égard par toutes les nations prescrit que les actions réelles soient soumises à la loi de la situation des biens, et les actions personnelles à la loi du domicile du défendeur.

Quant aux biens meubles, ils sont, par suite d'une fiction légale, considérés comme situés dans le lieu où réside leur propriétaire, et partout assujettis aux lois qui y sont en vigueur. Excepté les Etats-Unis d'Amérique, qui manifestent une tendance à faire prévaloir la doctrine contraire, toutes les grandes nations acceptent généralement comme valables les décisions des tribunaux locaux en ce qui les concerne.

Juridiction criminelle. Aucun doute ne peut s'élever sur le droit qu'a chaque

Etat de juger et de punir les crimes ou les délits commis sur son territoire. Il n'y a pas lieu de distinguer en principe si la personne lésée était ou n'était pas sur le territoire au moment où le tort lui a été causé. Par exemple, si un faux est commis dans un Etat au préjudice d'un étranger absent, cet étranger malgré son absence n'a pas moins le droit de demander des poursuites criminelles contre le faussaire.

Dans ces cas la loi pénale de l'Etat, comme toutes les lois d'ordre public, s'applique indistinctement aux nationaux et aux étrangers.

Tout étranger peut être poursuivi dans l'Etat de sa résidence momentanée à raison de crime ou de délit commis par lui sur le territoire de cet Etat.

Par le fait les étrangers se trouvent comme les nationaux placés sous la protection des lois de l'Etat, mais aussi dans l'obligation de les observer; et le pouvoir souverain de cet Etat est nécessairement en droit de réprimer la violation de ces lois. Il n'y a donc lieu de distinguer si l'auteur de la violation des lois est un sujet du même Etat ou un étranger. Du reste c'est une circonstance indifférente que le crime ou le délit ait été commis au préjudice d'un sujet ou d'un étranger et que la victime soit présente sur les lieux ou absente du territoire : la violation de la loi locale existe dans l'un et dans l'autre cas, et l'absence de la victime ne saurait la faire disparaître.

Mais un Etat n'est pas dans l'obligation de punir une personne résidant sur son territoire sans être son sujet, qui est accusée d'avoir commis un crime hors de sa juridiction contre le sujet d'un autre Etat.

Toutefois certains Etats étendent l'application de leurs lois jusqu'à atteindre des crimes commis sur le territoire étranger, mais seulement dans le cas où le crime a été commis par leurs nationaux.

Ce mode d'agir ne se rattache pas directement au droit international, mais plutôt aux lois locales des divers pays, et ces lois diffèrent beaucoup.

La même différence existe dans l'application des lois aux crimes commis dans un pays étranger contre un Etat ou ses nationaux par des étrangers trouvés ensuite sur le territoire de l'Etat lésé.

Presque tous les Etats considèrent ces crimes comme étant en dehors de leur juridiction; plusieurs, au contraire, agissent d'après le principe qu'il est aussi juste de punir un étranger qu'un national pour des crimes commis à l'étranger contre eux-mêmes ou contre leurs nationaux.

Les législations positives n'admettent, en règle générale, la poursuite contre un étranger prévenu de crime ou de délit commis dans un autre Etat qu'autant que l'infraction préjudicie à l'Etat sur le territoire duquel se fait la poursuite, ou qu'il s'agit de crimes de la plus haute gravité.

Quelques Etats refusent un refuge sur leur territoire aux criminels que nous venons d'indiquer, tandis que d'autres, notamment l'Angleterre et les Etats-Unis, paraissent accorder le droit d'asile en pareil cas.

La loi du lieu de la poursuite règle la compétence des autorités et détermine seule la forme de procéder.

Souvent la loi d'un Etat prononce une peine contre un fait que la loi d'un autre Etat laisse impuni, ou bien la peine infligée n'est pas la même dans les deux législations.

Dans ce conflit il est généralement admis qu'il faut appliquer non pas la loi du lieu où le crime ou le délit a été commis, mais la loi du lieu de la poursuite, par la raison que les juges d'un pays ne peuvent jamais appliquer d'autre loi pénale que la loi pénale du pays, ni d'autres peines que les peines décrétées par cette loi. Certaines législations ont admis un tempérament qui consiste à autoriser l'application de celle des deux lois qui est la moins sévère.

Voici quelle est dans les circonstances que nous venons d'indiquer la jurisprudence française :

Aux termes de la loi du 27 juin et du 3 juillet 1866, tout Français qui hors du territoire de la France s'est rendu coupable d'un crime puni par la loi française peut être poursuivi et jugé en France; tout Français qui hors du territoire de la France s'est rendu coupable d'un fait qualifié délit par la loi française peut être poursuivi et jugé en France, si le fait est puni par la législation du pays où il a été commis; toutefois, qu'il s'agisse d'un crime ou d'un délit, aucune poursuite n'a lieu si l'inculpé prouve qu'il a été jugé définitivement à l'étranger.

Tout Français qui se sera rendu coupable, hors du territoire de la France, d'un crime contre un Français pourra, à son retour en France, y être poursuivi et jugé, s'il n'a pas été poursuivi et jugé en pays étranger, et que le Français porte plainte contre lui.

Les crimes commis par des Français

ou des étrangers sur un territoire étranger peuvent être poursuivis en France quand ils y ont été préparés ou qu'ils s'y sont achevés, en supposant que les faits par lesquels le crime a été ainsi préparé ou consommé en France soient punis par la loi.

Pour les crimes commis en France par des étrangers, la loi française punit seulement les crimes publics et ceux pour lesquels les Français seraient punissables, s'ils étaient commis à l'étranger.

Juridiction diplomatique et consulaire. Le droit de juridiction est reconnu par le droit des gens, mais dans certaines limites, dans des circonstances particulières et pour des cas définis, aux agents diplomatiques et aux consuls à l'étranger. (*Voir* AGENT DIPLOMATIQUE, CONSULS.)

Dans les sociétés modernes le droit de juridiction ne fait pas intrinsèquement partie des attributions diplomatiques; l'usage consacré veut qu'en cas de crime ou de délit imputable à une des personnes placées sous sa dépendance, le chef d'une légation renvoie aussitôt le coupable dans son pays pour y être jugé. C'est même pour prévenir tout doute à cet égard que, chez la plupart des nations, les lois civiles ou la coutume exigent que tout chef de mission remette une liste exacte de son personnel au ministre des affaires étrangères du gouvernement près lequel il est accrédité.

La juridiction accordée au ministre public à l'égard de sa suite est celle qu'on désigne sous le nom de *volontaire* ou *gracieuse*. Ainsi il peut recevoir des testaments, légaliser les contrats et les actes de l'état civil, faire apposer les scellés, etc. Le ministre public peut également exercer cette juridiction gracieuse par rapport aux sujets de son gouvernement dans le pays où il réside; mais alors il faut qu'il ait reçu un mandat spécial.

Toutefois le gouvernement près lequel le ministre est accrédité, n'est pas plus obligé de reconnaître ces actes comme valables qu'il ne l'est de reconnaître tous autres actes émanant des autorités de l'Etat que représente le ministre; ces actes de juridiction gracieuse ne peuvent avoir de valeur auprès des tribunaux locaux que dans les limites prévues par des traités ou consacrées par les règles générales sur les contrats faits en pays étranger; le gouvernement territorial peut n'en pas admettre la validité toutes les fois que le litige est regardé par lui comme étant du ressort de ses tribunaux.

Dans aucun cas les ministres étrangers n'ont le droit de statuer sur des contestations entre leurs nationaux ni même entre les personnes de leur suite.

Quant aux consuls, ils n'ont et ne peuvent avoir, pas plus que les agents diplomatiques, dans le pays de leur résidence, aucun des caractères du juge proprement dit ; néanmoins les principes généraux du droit des gens, même en dehors de toute stipulation conventionnelle expresse, leur reconnaissent à l'égard de leurs nationaux quelques-uns des attributs du véritable magistrat.

Ainsi ils ont compétence notamment pour régler à l'amiable, administrativement ou par voie d'arbitrage volontaire, les différends qui surviennent entre commerçants, navigateurs ou autres de leurs nationaux ; les démêlés entre capitaine et subrécargue ou entre capitaine et matelots pour raison de salaires, de nourriture ou autres. Ils ont aussi un droit de police intérieure sur les navires et les gens de mer de leur nation ; et, afin de mieux les mettre en mesure d'exercer ce droit, un usage, devenu assez général pour être considéré comme une règle internationale les autorise même à faire arrêter par les agents locaux compétents les capitaines ou les matelots délinquants, à réclamer les marins déserteurs et à faire séquestrer les navires, à moins que quelque sujet du pays de leur résidence ne s'y trouve intéressé.

Consuls en Orient. Les prérogatives et les immunités des consuls étrangers en Orient sont beaucoup plus étendues que celles des agents établis dans les pays chrétiens ; elles constituent un régime tout à fait exceptionnel, reposant à la fois sur des stipulations conventionnelles et sur des usages ayant acquis force de lois.

Les capitulations conclues à diverses époques avec la Porte ottomane conservent aux consuls un droit absolu de juridiction sur leurs nationaux, qui, au civil comme au criminel, restent soumis aux lois de leur pays.

Lorsqu'une personne appartenant à la nationalité du consul a un différend avec un sujet du pays, l'autorité locale appelée pour en connaître, ne peut néanmoins procéder ni prononcer un jugement sans la participation du consul et de son interprète qui doit assister à la procédure pour défendre les intérêts de l'ayant droit étranger. Il en est de même en cas de crime commis par un des nationaux du consul sur un sujet du souverain territorial; mais si le crime a été commis par une personne de la nation du consul sur un autre de ses nationaux ou sur un étranger, le consul est seul appelé à en connaître sans l'intervention des autorités locales. Dans tous les cas d'arrestation d'un étranger, le consul peut réclamer le détenu en s'en rendant caution.

L'hôtel du consul est regardé par les Turcs comme un asile inviolable, où peuvent se réfugier, en cas de poursuite, non seulement les nationaux des consuls, mais encore tout autre étranger.

Quant à l'étendue intrinsèque de cette juridiction consulaire, elle n'est pas la même pour tous les agents, certains gouvernements ayant réservé à leurs propres tribunaux l'appel des sentences civiles rendues en Orient et le jugement définitif des affaires criminelles, dont l'instruction seule appartient à leurs consuls.

Voici, en résumé, les différentes juridictions auxquelles ressortit, suivant les circonstances, le jugement des étrangers dans le Levant.

Les tribunaux musulmans connaissent exclusivement, en toute matière, des actions entre les sujets ottomans et les étrangers. Cependant il a été institué sur divers points du territoire turc (Constantinople, Smyrne, Beyrouth, Alexandrie, etc.) des tribunaux *mixtes*, c'est-à-dire composés d'employés ottomans et d'un certain nombre de négociants européens nommés d'un commun accord par toutes les légations ou tous les consulats étrangers et chargés de statuer sur les débats commerciaux entre les sujets ottomans et les négociants étrangers.

Viennent ensuite les tribunaux de légation ou de consulat, seuls compétents en matière civile, commerciale, criminelle et de police correctionnelle, dans les contestations entre étrangers de la même nation, ou entre les étrangers que cette nation a pris sous sa protection.

Enfin des commissions judiciaires mixtes (composées de consuls et de résidents de nationalité différente) jugent tous les procès en matière civile et commerciale entre étrangers appartenant à des nations différentes et résidant sur le territoire ottoman. Ces commissions, dont l'institution remonte à l'année 1820, ont pris pour base de leur procédure la maxime de l'ancien droit romain: *actor sequitur forum rei*.

La légation du pays auquel appartient le défendeur a seule le droit de réunir la commission, qui se compose de trois juges commissaires, dont deux sont choisis par la légation du défendeur et le troisième par la légation du demandeur.

Les juges commissaires prononcent en premier ressort en matière civile et commerciale, et rendent leur sentence à la pluralité des voix.

Cette sentence est ensuite homologuée par le tribunal de la légation du défendeur, et c'est ce tribunal qui est chargé d'en surveiller l'exécution.

En cas d'appel de la part du demandeur ou du défendeur, cet appel est porté devant le tribunal compétent pour connaître en dernier ressort des sentences rendues par les juges consulaires de l'appelant.

Pour l'administration des successions, et des naufrages ou des sauvetages, ainsi que pour tout ce qui tient au notariat et aux dépôts, les consuls du Levant ont les mêmes attributions que leurs collègues des pays de chrétienté. Seulement ils ont en outre pleine et entière compétence pour exécuter les commissions rogatoires et pour connaître des faillites, toute les fois que l'établissement principal du failli est situé dans leur circonscription.

En ce qui concerne leurs nationaux, ces mêmes consuls sont investis d'un droit de police et de juridiction beaucoup plus étendu, puisqu'ils ont le pouvoir de leur infliger la peine de l'emprisonnement et même de les expulser du pays en cas d'inconduite ou de vagabondage.

Les consuls étrangers établis en Chine ont reçu, par traité, pour l'exercice de la juridiction des pouvoirs généraux analogues à ceux que possèdent leurs collègues en Turquie, en Barbarie et dans les autres contrées mahométanes.

Par suite les étrangers fixés ou de passage dans le Céleste Empire, jouissent d'une sorte d'exterritorialité qui les soustrait à la juridiction civile et criminelle des magistrats locaux.

Les excellents résultats qu'a donnés l'organisation des tribunaux consulaires en Turquie, en Barbarie et en Chine, ont conduit la plupart des puissances européennes à faire accorder les mêmes privilèges à leur représentants en Perse, dans l'imanat de Mascate et au Japon. Les traités spéciaux qu'elles ont conclus dans ce but avec ces trois Etats sont calqués sur les conventions passées avec la Turquie et avec la Chine; ils posent en termes généraux le droit conféré aux consuls, et des lois intérieures ou des règlements particuliers pour chaque pays ont ensuite fixé les mesures de détail et d'application pratique, c'est-à-dire tout ce qui touche à la procédure, *(Voir* AGENT DIPLOMATIQUE.)

Juridiction maritime. Les limites juridictionnelles d'un Etat embrassent non seulement son territoire, mais encore les eaux qui le traversent ou l'entourent, les ports, les golfes, les embouchures de fleuves et les mers enclavées dans son territoire. L'usage général des nations permet également aux Etats d'exercer leur juridiction sur la zone maritime jusqu'à 3 milles marins ou à la portée de canon de leurs côtes. *(Voir* TERRITOIRE MARITIME, FRONTIÈRE, BAIE, GOLFE, PORT, RADE, CÔTE, RIVAGE.)

Traités de juridiction. Souvent les Etats règlent d'avance par des traités spéciaux les questions ou les conflits de juridiction qui pourraient s'élever entre eux. Ces arrangements, dits *traités de juridiction,* pourvoient au jugement de certains affaires d'une nature particulière ou d'un caractère mixte en raison de la différence de nationalité des personnes qu'elles intéressent ; ils créent des tribunaux spéciaux pour le règlement des litiges entre les négociants étrangers ou entre ceux-ci et les habitants du pays sur le territoire duquel s'opèrent les échanges commerciaux.

On a fréquemment recours à ces sortes de traités pour assurer la stricte observation de règlements internationaux concernant la police de la navigation sur les fleuves qui traversent plusieurs Etats.

JURISCONSULTE. Celui qui est versé dans la science du droit et des lois, et qui fait profession de donner son avis sur des questions de droit.

JURISPRUDENCE. Ce terme signifie la science du droit et des lois, l'art de les appliquer.

Il signifie aussi la manière dont le droit et les lois ont été appliqués constamment, l'ensemble des principes de droit qu'on suit dans chaque pays ou dans chaque matière, ou simplement la manière dont un tribunal juge habituellement telle ou telle question.

Il désigne encore une série d'actes judiciaires ou de décisions émanés d'une juridiction, et leur uniformité sur certains points de droit : c'est dans cette acception qu'on dit la jurisprudence de la cour d'appel, du conseil d'Etat, etc.

JURISTE. Celui qui écrit sur les matières de droit.

A la différence du jurisconsulte, le juriste s'occupe plutôt de théorie que de pratique.

JUSTICE. Règle de ce qui est conforme au droit de chacun.

Sentiment du juste, .tendance à rendre à chacun ce qui lui appartient, à respecter les droits d'autrui comme aussi à conformer nos actions à la loi ; dans ce sens *justice* est synonyme de *droit,* d'*équité* (Voir ces mots.)

Justice distributive, celle par laquelle on adjuge à chacun ce qui lui appartient, par laquelle on distribue selon les mérites de chacun les récompenses et les peines

Justice commutative, celle qui concerne le commerce, les neutres, etc., et qui dans l'échange d'une chose contre une autre oblige à rendre autant qu'on reçoit.

Justice signifie aussi le pouvoir de faire droit à chacun, de récompenser et de punir ; l'exercice de ce pouvoir : la justice divine, la justice humaine.

Dans ce sens par extension, le mot *justice* sert à désigner la *juridiction* (Voir ce mot) ou le droit de juger, c'est-à-dire d'appliquer la loi aux cas particuliers.

La *justice,* dans cette acception, se distingue en civile, en criminelle, en commerciale, consulaire, etc. Selon que la loi qu'il s'agit d'appliquer a trait à des faits civils, criminels; commerciaux, administratifs, militaires ressortissant à la compétence des consuls etc.

Par suite on donne encore le nom de *justice* au pouvoir institué pour faire respecter la *justice,* l'administrer à tous les degrés ; ainsi la *justice* comprend les tribunaux de toute sorte, les magistrats revêtus de fonctions judiciaires et même certains fonctionnaires ayant mission d'exécuter les jugements ou de contraindre à l'acquittement d'une obligation. C'est pourquoi *rendre la justice* signifie exercer le pouvoir judiciaire.

On distingue la justice *ordinaire,* rendue par un tribunal constitué suivant les règles du droit commun, et la justice *exceptionnelle,* rendue par un tribunal constitué en dehors de ces règles.

Chez presque toutes les nations la justice s'administre au nom du chef de l'Etat.

Tout ce qui se rapporte à l'administration de la justice forme, dans l'organisation générale du gouvernement, un département ministériel à part, connu sous le nom, de *ministère de la justice.* *(Voir* MINISTÈRE.)

JUSTICIER. Celui qui a droit de justice en quelque lieu.

Autrefois on appelait *seigneur justicier* le seigneur qui avait le droit de rendre la justice sur ses terres.

Dans l'ancien royaume d'Aragon, le président des Etats portait le titre de justicier; il avait le droit de citer le roi lui-même devant les Etats.

JUVEIGNEUR. Terme de féodalité, formé par corruption du mot latin *juvenior* (plus jeune).

C'était le titre qu'on donnait au cadet apanagé d'une famille princière. Il était usité surtout dans les maisons nobles de Bretagne.

K

KALMAR ou l'Union de Kalmar. L'acte par lequel fut décidée dans cette ville en 1397 l'union de la Suède, de la Norwège et du Danemark sous le sceptre d'un seul roi; mais chacun des royaumes conservait sa constitution et ses institutions intérieures.

KALTENBORN von Strachau (Charles), publiciste allemand.

Kritik des Völkerrechts nach dem jetzigen Standpunkte der Wissenschaft (Critique du droit des gens suivant l'état actuel de science). Leipzig, 1847.

Die Vorläufer des Hugo Grotius auf dem Gebiete des jus naturæ et gentium (Les précurseurs de Hugo Grotius dans le domaine du droit naturel et des gens). Halle, 1848, in-8⁰.

Grundsätze des praktischen europäischen Seerechts, besonders im Privatverkehre, mit Rücksicht auf alle wichtigeren Particularrechte (Principes du droit maritime pratique de l'Europe, surtout dans les relations privées, avec considération de tous les droits particuliers importants). Berlin 1851, 2 vol. in-8⁰.

Zur Revision der Lehre von den internationalen Rechtsmitteln, Tübinger Zeitschrift 1861 (De la révision de la doctrine des moyens de droit international), — Revue de Tubingue — 1861.

Zur Geschichte des Natur- und Völkerrechts sowie der Politik (Histoire du droit naturel, du droit des gens, ainsi que de la politique). Leipzig, 1848, in-8⁰.

KAMAROWSKY (le comte Léonie), publiciste russe, professeur adjoint de droit international à l'université de Moscou, associé de l'Institut de droit international.

Du tribunal international (en russe), Moscou 1881.

L'auteur est partisan d'un tribunal international, dont les sentences seraient exécutoires par les Etats.

KAMPTZ (Charles Albert Christophe Henri de), publiciste allemand, né à Schwérin en 1769, mort à Berlin le 3 novembre 1843.

Ministre de la justice en Prusse en 1830.

Neue Litteratur des Völkerrechts seit 1784 (Nouvelle littérature du droit des gens depuis l'année 1784). Berlin, 1817, in-8⁰.

Cet ouvrage forme la suite de celui d'Ompteda.

Beiträge zum Staats- uad Völkerrecht. (Etudes sur le droit public et des gens). Berlin, 1815, in-8⁰.

KAN, KHAN. Mot qui signifie seigneur, commandant.

C'est le titre de l'autorité souveraine en Tartarie et Mongolie.

Il est porté par les chefs de tribus qui habitent la Russie d'Asie, le Nord de la Perse, le Caucase, etc.

En Perse le titre de Khan est donné aux gouverneurs de provinces.

Kanat, khanat. Du nom de Khan est dérivé celui qui de *khanat,* qui sert à désigner la dignité de celui qui porte ce titre, et aussi le territoire qui reconnaît son autorité.

KANT (Emmanuel), philosophe allemand, né à Kœnigsberg le 22 avril 1724, mort le 20 avril 1804.

Il fut en 1786 recteur de l'université de sa ville natale.

Kant est l'auteur d'un système qui a opéré une véritable révolution dans la philosophie, et qui est développé dans son ouvrage : la *Critique de la raison pure;* il s'y propose de soumettre à la critique toutes les connaissances humaines, d'où sa doctrine a pris le nom de *Criticisme.*

Il a fait l'application de principes généraux de sa philosophie aux questions du droit des gens, en formulant un système de droit rationnel tout-à-fait indépendant de l'état de nature; mais sa doctrine, essentiellement subjective, devait le conduire, dans la sphère du droit international, à des conclusions rien moins que pratiques, également contraires à l'expérience et à l'histoire. Ainsi, par exemple, si l'on peut à un certain point de vue condamner avec lui la guerre comme un moyen digne des peuples barbares, ne serait-ce pas se bercer d'une vaine illusion que d'espérer, dans l'état actuel des choses, la réalisation de l'idéal de paix perpétuelle dont il nous trace le tableau dans son *Essai philosophique sur la paix perpétuelle* (1795.)

Ses principaux ouvrages sont : *Critique de la raison pure*, livre dans lequel il expose ses idées sur l'origine et la légitimité des connaissances humaines (Riga, 1781—1787).

Critique de la raison pratique, contenant son système de morale (1787).

Critique du jugement, où il traite du beau et du sublime (1787).

Eléments métaphysiques de la doctrine du droit.

En 1853, M. Jules Barai a publié une traduction française des œuvres de Kant, parmi lesquelles nous devons mentionner les *Eléments de la doctrine du droit* et l'*Essai philosophique sur la paix perpétuelle*. M. Barni a fait précéder la traduction de ces derniers ouvrages d'une introduction analytique et critique, dans laquelle il éclaircit la dialectique et la phraséologie souvent obscures du célèbre philosophe allemand.

KARDIS (traité de paix de) 1661.

Le traité d'Oliva entre la Suède et la Pologne amena des négociations entre la Suède et la Russie, qui se contestaient réciproquement la possession de la Livonie.

Ces négociations tenues à Kardis, dans le cercle de Dorpat, aboutirent à un traité, qui fut signé le 1er juillet 1661, et aux termes duquel le Czar restituait à la Suède tout ce qu'elle occupait en Livonie.

KASPAREK (Français), professeur de droit à Cracovie.

Les principes de Hugo Grotius sur le droit d'intervention au point de vue du droit des gens actuel philosophique et pratique (en polonais) Cracovie, 1872.

L'auteur s'applique à démontrer que Grotius a défendu le principe de la non-intervention.

Des efforts les plus récemment tentés pour la réforme du droit international (en polonais) Cracovie, 1874.

Travail qui a paru dans la *Revue polonaise*. Il a pour but d'intéresser le public polonais à la réforme du droit des gens

KATSCHÉNOWSKY (Dimitry Iwanowitsch), publiciste russe, né le 8 décembre 1827 à Karatcheff (Orel). Nommé en 1849 professeur de droit international à l'université de Charkow, où il mourut le 21 décembre· 1872.

A publié un grand nombre de brochures et d'articles sur le droit des gens. Puis un travail sur la législation relative aux prises (en russe), où il a spécialement en vue les devoirs des belligérants et des neutres. Ce travail a été traduit en anglais par Fr. Th. Pratt sous le titre de *Prize law*. Londres, 1867. 8 .

KENT (James), jurisconsulte américain, né à Putnam (New-York) le 31 juillet 1763, mort à New-York le 12 décembre 1847.

Il fut pendant plusieurs années professeur de droit au collège de Columbia, et chancelier de la Cour Suprême de l'Etat de New-York.

Il publia en 1826 ses commentaires sur le droit américain (*Commentaries on american law*), dans lesquels non seulement il expose la jurisprudence des Etats-Unis et les lois municipales des divers Etats qui composent l'Union, mais aussi discute les principes du droit international; qu'il définit comme : „ce code d'instruction publique qui établit les droits et prescrit les devoirs des peuples dans leurs relations entre eux, tels qu'il existent suivant les usages généraux des nations." Il est seulement à regretter que, d'après la nature même de son ouvrage, le juge Kent n'ait fait qu'aborder sommairement ce sujet.

Quoi qu'il en soit, son livre est à juste titre considéré comme un véritable digeste du droit américain et la meilleure source à consulter sur cette matière.

Aux Etats-Unis le livre de Kent n'a pas eu moins de neuf éditions; celle qui a paru à Boston en 1867, éditée par M. G. F. Comstock, contient des annotations de l'éditeur et du juge William Kent, fils de l'auteur. Une édition plus récente (1878), en a été publiée à Londres par le juge J. T. Abdy.

KHÉDIVE. Titre que le vice-roi d'Egypte, vassal de sultan de constantinople, porte depuis 1866.

KIEL (traité de). 1814.

Après les désastres de Napoléon, dont il était l'allié, le roi de Danemark Frédéric VI, attaqué par des forces supérieures dans les duchés de Holstein et de Sleswig, prévint sa ruine en acceptant la paix qu'on lui proposait. Elle fut signée à Kiel, le 14 janvier 1814, avec la Suède et l'Angleterre.

La principale disposition du traité est la cession de la Norvège à la Suède; le Danemark se réserva le Grœnland, les îles de Ferrœ et l'Islande, qui étaient regardés comme des dépendances de la Norvège.

Par contre la Suède céda au Danemark la Poméranie suédoise et l'île de Rügen.

L'Angleterre rend au Danemark les possessions et les colonies conquises, excepté l'île de Héligoland.

KING. Nom commun de tous les livres des philosophes chinois, et particulièrement des livres sacrés, contenant la doctrine et la morale de Confucius.

Ces livres sont au nombre de cinq.

KIRCHNER (P. J.), publiciste anglais, attaché à la direction des affaires criminelles de la police de Londres.

L'extradition Londres, 1883.

Recueil renfermant *in extenso* tous les traités d'extradition conclus jusqu'au 1er janvier 1883.

KIWEROWA-HORKA (traité de paix). 1582.

Le traité signé au village de Kiwerowa-Horka le 15 janvier 1582 par les ambassadeurs du Czar de Russie Ivan IV, et ceux du roi de Pologne, Etienne Batory, règle un arrangement territorial entre les deux souverains.

Le Czar cède au roi de Pologne tous les châteaux, villes et possessions qu'il tenait encore dans la Livonie, plus Wielisch, sur la Dune, avec la terre de Witepsk.

Le roi de Pologne, de son côté, cède au czar les villes et les châteaux qu'il avait conquis sur lui pendant la guerre, notamment ceux de la province de Pleskoff.

Cette paix n'était, à vrai dire, qu'une suspension d'armes; car la durée en était limitée à dix ans seulement.

KLACSKO (Julien), publiciste polonais, né à Wilna en 1828. De 1869 à 1870 conseiller aux affaires étrangères d'Autriche.

Etudes de diplomatie contemporaine. Les cabinets de l'Europe en 1863 et 1864. Paris, 1866.

KLETKE (G. M.), jurisconsulte allemand.

Die Staatsverträge des Königreichs Bayern. Von 1806 bis 1858. (Les Traités conclus par la Bavière de 1806 à 1858.) Ratisbonne, 1860.

Die Seegesetzgebung des Deutschen Reichs. Berlin, 1873-74. (Législation maritime de l'Empire d'Allemagne.)

La première partie renferme les règlements relatifs aux équipages, la 2e les lois et décrets promulgués de 1873 à 1875, la 3me le règlement relatif aux naufrages du 17 mai 1874.

KLOSTERMANN (R.), jurisconsulte allemand, professeur à Bonn.

Die Patentgesetzgebung aller Länder, nebst den Gesetzen über Musterschutz und Markenschutz (Législation de tous les pays sur les brevets, les modèles et les marques de fabrique). Berlin, 1876.

Résumé de la législation de tous les pays sur la propriété industrielle.

KLUBER (Jean Louis), homme d'Etat et publiciste allemand, né à Thann le 20 novembre 1762, mort à Francfort sur le Mein le 16 février 1836.

Il commença par enseigner le droit aux Universités d'Erlangen et de Heidelberg; en 1808 il fut nommé conseiller d'Etat et de cabinet du grand-duc de Bade, et en 1817 conseiller de légation au ministère des affaires étrangère de Prusse; mais les tendances libérales qu'il manifestait dans ses ouvrages ayant été désapprouvées par le gouvernement de ce pays, il donna en 1825 sa démission de ces dernières fonctions.

Le principal ouvrage de Kluber sur le droit international est son livre : *Le Droit des gens moderne de l'Europe,* qu'il publia d'abord en langue française à Stuttgart en 1819. Deux ans plus tard il en donna lui-même une édition allemande, notablement modifiée et augmentée; mais dans les réimpressions françaises qui en avaient été faites depuis, il n'avait été tenu aucun compte de ces changements. Heureusement, en 1861 et en 1874, M. Ott en a publié de nouvelles éditions, dans lesquelles il a donné le texte le plus récent de l'auteur et introduit toutes les modifications et les additions dont la dernière édition allemande avait été l'objet; il y a joint aussi de judicieuses annotations qui mettent l'ouvrage au courant des changements survenus depuis l'époque où il avait été écrit, dans l'état politique de l'Europe, dans les usages et dans les doctrines même du droit des gens.

Le Droit des gens moderne de l'Europe,

dont les notes abondantes égalent presque en longueur le texte original, se recommande plus par l'érudition que par la clarté des·appréciations et par la justesse des déductions.

Kluber divise le droit des gens en deux catégories : l'une comprenant les droits *absolus* des Etats, c'est-à-dire les droits dont ils jouissent nécessairement comme Etats; l'autre, leurs droits *conditionnels*, c'est-à-dire ceux qui résultent de certaines conditions, telles que l'état de paix ou de guerre. Cette division a jeté de la confusion dans la symétrie de l'ouvrage, et occasionné de nombreuses répétitions, qui le surchargent et en entravent la marche. Malgré cela, sa forme élémentaire, les informations précieuses dont il est rempli, les éclaircissements contenus dans ses nombreuses notes en font un livre utile à consulter.

Kluber a beaucoup écrit sur des sujets divers.

De 1815 à 1819, il a fait paraître à Erlangen une collection des „Actes du congrès de Vienne dans les années 1814 et 1815" *(Acten des Wiener Congresses in den Jahren 1814 und 1815)* : cette collection laisse peu de chose à désirer pour le choix des matériaux; elle renferme la plupart des documents patents et secrets concernant l'histoire de cette assemblée, aux travaux de laquelle il a consacré en outre une étude spéciale, sous le titre: *Uebersicht der diplomatischen Verhältnisse des Wiener Congresses, überhaupt und besonders über wichtige Angelegenheiten des deutschen Bundes* (Aperçu des rapports diplomatiques du congrès de Vienne en général et en particulier des affaires importantes de la Diète germanique). Francfort 1816, in-8⁰.

En 1817, parut la première édition du Droit public de la Confédération germanique et des Etats confédérés *(Oeffentliches Recht des Deutschen Bundes und der Bundesstaaten)*. Francfort, in-8⁰. Ce livre, ainsi que son complément à la *Bibliographie du droit public allemand* de Putter (Erlangen, 1791), ont placé Kluber au premier rang des commentateurs de la législation allemande.

Nous citerons encore un travail d'une nature particulière, se rapportant à une question importante de la diplomatie: *Kryptographik, Lehrbuch der Geheimschreibekunst (Chiffrir- und Dechiffrirkunst) in Staats- und Privatgeschäften* (Cryptographie, traité sur l'art d'écrire mystérieusement (l'art de chiffrer et de déchiffrer) dans les affaires d'Etat et privées). Tubingue, 1809, in-8⁰.

KLUIT (Adrien), publiciste hollandais, né à Dordrecht le 9 février 1735, mort à Leyde le 12 janvier 1807.

Historiæ fœderum Belgii fœderati primæ lineæ (Premiers éléments de l'histoire des traités de la Belgique confédérée) Liège 1789—1791. 3 vol. in-8. — Le 3ᵉ volume porte aussi ce titre : *Index chronologicus sistens fœdera pacis, defensionis, navigationis, commerciorum, subsidiorum, limitum, etc. ab ordinibus Belgii fœderati intra cum gentibus intra et extra Europam (1276 1789)* (Table chronologique indiquant les traités de paix, de défense, de navigation, de commerce, de subside, de limites, etc. conclus par les ordres de la Belgique confédérée avec les nations de l'Europe et hors de l'Europe (1276—1789). Liège, 1789. in-8⁰.

De deditione profugorum (De la livraison des réfugiés). Liège, 1829.

L'auteur se montre l'adversaire du droit d'extradition.

KOCH (Christophe Guillaume de), publiciste français, né à Bouxwillers (Alsace) le 9 mai 1737, mort à Strasbourg le 25 octobre 1813.

Il fut membre de l'Assemblée législative en 1791, et du tribunal en 1802; — professeur de droit public à l'université de Strasbourg en 1780, et recteur honoraire de cette université en 1810.

Koch représente la tendance historique que prirent à son époque les études du droit des gens.

Son ouvrage le plus important est : *Tableau des révolutions de l'Europe depuis le bouleversement de l'Empire Romain en Occident jusqu'à nos jours.* Paris, 1807. Nouv. éd. corrigée et augmentée Paris, 1823. 3 vol. in-8 .

Histoire abrégée des traités de paix entre les puissances de l'Europe depuis la paix de Westphalie. 1796. 4 vol. in-8⁰.

Augmentée et continuée jusqu'au Congrès de Vienne et aux Traités de Paris 1815, par Fr. Schœll. Paris, 1817—18. 15 vol. in-8⁰.

Recueil de traités et d'actes diplomatiques qui n'ont pas encore vu le jour. Bâle, 1802. 2 vol. in-8⁰.

KÖNIG (B, W.), publiciste allemand. *Handbuch des deutschen Konsularwesens* (Manuel des consulats allemands). 2me édition. Berlin, 1878.

Die deutschen Konsuln in ihren Beziehungen zu den Reichsangehörigen, namentlich zu dem Handels- und Schifferstande (Les rapports des consuls allemands avec les ressortissants de l'Empire et spécialement avec les négociants et les équipages de navires). Brême 1876.

KONSULAR-VERTRÄGE, DEUTSCHE
(Conventions consulaires allemandes). Berlin, 1878.

Recueil des conventions consulaires en vigueur, conclues par l'Empire d'Allemagne, la Confédération du Nord, le Zollverein et les Etats confédérés allemands.

KOUTSCHOUC - KAYNARDYI (traité de paix de), 1774.

Les troubles de la Pologne, qui ont eu pour résultat le démembrement de ce royaume, occasionnèrent indirectement la guerre entre la Russie et la Turquie.

Dans une rencontre en Podolie, les Russes, sans le savoir, poursuivirent les Polonais jusque sur le territoire turc et brûlèrent le village tartare de Bulta. Lorsqu'il reçut à Constantinople la nouvelle de cette violation de territoire, le grand-vizir fit arrêter et enfermer aux Sept-Tours le ministre de l'Impératrice de Russie; et par une déclaration de guerre du 30 octobre 1768, il avertit les Russes de se préparer pendant l'hiver à résister aux forces ottomanes.

La campagne, qui se prolongea pendant cinq années consécutives, ne fut qu'une série de désastres pour les troupes turques, qui enfin, manquant de vivres, et cernées de toutes parts, et ayant la communication coupée avec les endroits d'où elles auraient pu recevoir des secours, demandèrent tumultueusement la paix.

Le commandant des forces russes, refusant un armistice qui lui était demandé, exigea la conclusion immédiate de la paix aux conditions qui furent rédigées dans sa tente même, au camp russe de Koutschouc-Kaynardyi, à quatre lieues de Silistrie, par des plénipotentiaires nommés de part et d'autre.

Aux termes du traité signé le 21 juillet 1774, les Tartares de la Crimée, du Bondjack, du Koubon, les Edissans, les Géansboniluks et les Editschkuls, sont reconnus par les deux empires pour nations libres et indépendantes de toute puissance étrangère, gouvernées par leur propre souverain.

La Russie leur restituait et laissait, à l'exception des forteresses et des ports de Kertsch et de Jénikalé, tout ce qu'elle avait conquis en Crimée et au Kouban, avec le terrain situé entre les rivières de Berdu, de Konskie-Vody et le Dniéper, ainsi que celui qui s'étend entre le Bog et le Dniester jusqu'à la frontière de Pologne.

Otchakoff avec son territoire était réservé à la Turquie, qui renonçait, de son côté, à ses droits sur la Crimée, le Kouban et l'île de Taman.

La Russie rendait à la Turquie toute la Bessarabie, avec les villes d'Akierman, de Kilia, d'Ismaïl et la forteresse de Bender, les deux principautés de Valachie et de Moldavie; mais la Russie conservait les forteresses de Jénikalé et de Kertsch dans la Crimée avec leurs ports et leurs districts; le château de Kinbourn, situé à l'embouchure du Dniéper avec un district proportionné le long de la rive-gauche de ce fleuve, et le coin qui forme le désert entre le Bog et le Dniéper; la ville d'Azof, avec son district et les limites marquées dans la convention de 1700; enfin la grande et la petite Kabarda, mais à condition que le Khan y consentît.

La Russie s'engageait à évacuer les provinces de Géorgie et de Mingrélie.

Telles sont les principales dispositions patentes du traité de Kaynardyi; mais il renfermait en outre deux articles secrets, qui donnèrent lieu à la signature, à Constantinople le 21 mars 1779, d'une convention explicative, confirmant la paix de Kaynardyi, *avec ses deux articles séparés*, dans tous ses points, à l'exception de ceux qui se trouvent éclaircis par la convention et peuvent se résumer ainsi:

Les Khans des Tartares enverront, après leur élection, des députés à la Porte pour demander au Grand-Seigneur la bénédiction spirituelle et califale. La Porte s'engage à ne jamais prétexter le lien spirituel pour s'ingérer dans le pouvoir civil et politique des Khans; elle reconnaîtra pour toujours toutes les hordes, races et tribus des Tartares pour une nation entièrement libre et indépendante.

La Russie retirera dans les trois mois ses troupes de Crimée et de l'île de Tuman, et, dans trois mois et vingt jours, du Kouban: la Porte agira de même.

La cour de Russie prêtera les mains à la cession qui se fera par les Tartares à la Porte, des pays situés entre le Diester, le Bog, la frontière polonaise et la Mer Noire, vulgairement nommée province d'Otchakoff. La Porte s'engage à détacher de ce pays en ligne droite, du côté de l'empire turc, une portion suffisante pour en former la province d'Otchakoff, laissant le reste abandonné, sans pouvoir y établir aucune nouvelle habitation, pour la sûreté et la tranquillité des trois puissances voisines.

La Porte permet le passage libre de la Mer Noire dans la Mer Blanche et de celle-ci dans la Mer Noire à tous les navires marchands russes de la forme, de la mesure et de la grandeur de ceux des autres nations qui trafiquent dans les ports de la Turquie.

. Cette convention était envisagée comme faisant partie du traité de Kaynardyi, auquel elle était déclarée servir d'éclaircissement.

KURICKE, publiciste allemand.

Jus maritimum hanseaticum (Traité du droit maritime hanséatique), 1667.

L

LABRA (Rafael M. de) publiciste espagnol, né à la Havane (Ile de Cuba) le 9 septembre 1840, associé de l'Institut de droit international.

El derecho internacional y los Estados Unidos de America.

(Le Droit international et les Etats-Unis-d'Amérique). Madrid, 1877. in-8⁰.

Derecho internacional público; Programa de las lecciones dadas en el curso academico de 1876-78 en la Institucion libre de Enseñanza de Madrid. Introduccion histórica.

(Droit international; Programme des leçons données pendant le cours académique de 1876-78 à l'Ecole libre d'Enseignement de Madrid). Malaga, 1878. in-4⁰.

LAC. Grand espace ou amas d'eau enclavé dans les terres.

Les lacs et leurs rivages rentrent *de plano* dans le domaine propre de la nation sur le territoire de laquelle ils sont situés.

Si leurs rivages appartiennent à deux ou à plusieurs nations, ces lacs sont traités, au point de vue du droit international, comme les *fleuves* et les *rivières* (voir ces mots) : à moins de conventions particulières, chaque Etat riverain étend sa souveraineté jusqu'au milieu du lac, lequel sert également de ligne de démarcation entre les riverains, à moins qu'une autre limite n'ait été établie par des traités ou par l'usage. Toutefois on reconnaît à tous les habitants des rives le droit de naviguer librement sur le lac.

Mais lorsqu'un lac, que ses eaux soient douces ou salées, est en communication immédiate avec la mer, il est considéré comme en faisant partie et par suite ouvert au commerce de toutes les nations. (*Voir* MER.)

LADY. Titre donné en Angleterre aux femmes des lords et de tout pair au-dessus du rang de baronnet; mais par courtoisie on l'étend aux femmes de chevaliers de tout rang.

On le donne aussi aux filles de ducs et de comtes, même quand elles ne sont pas mariées.

Lorsqu'on énonce le titre, il faut y joindre le nom de baptême. Ainsi l'on dit Lady Mary ou Jane, en faisant suivre le nom de famille.

LA FERRIÈRE (Louis Firmin Julien), jurisconsulte français, né à Jonzac le 5 novembre 1798, mort à Paris le 14 février 1861.

Professeur à la Faculté de droit de Rennes en 1838, inspecteur-général des Facultés de droit du 1840 à 1852, conseiller d'Etat en 1859.

Cours de droit public et administratif, mis en rapport avec les lois nouvelles et précédé d'une introduction historique. 5e édition revue et augmentée. Paris, 1860. 2 vol. in-8⁰.

Les Constitutions d'Europe et d'Amérique. 1869. in 8⁰.

Essai sur l'histoire du droit français depuis les temps anciens jusqu'à nos jours, 2e édition. 1859. 2 vol. in-12⁰.

Histoire du droit français, précédé d'une introduction sur le droit civil de Rome. 1846-1858. Six volumes ont été publiés; ils conduisent l'histoire du droit en France depuis l'époque celtique jusqu'au droit coutumier, du 13e au 16e siècle.

Histoire des principes, des institutions et des lois pendant la révolution, de 1789 à 1804 avec une introduction. 2e édition 1852. 1 vol. in-12'.

Le livre de M. La Ferrière n'est pas consacré exclusivement au droit administratif proprement dit; il est partagé en deux grandes parties, savoir : le *droit public* et le *droit administratif*.

Après avoir considéré le droit public

sous le point de vue philosophique, l'auteur le divise en trois branches : *Droit constitutionnel, droit public ecclésiastique, droit public international.*

Quant au droit administratif, après des notions préliminaires; il en divise également l'étude en trois livres : 1º *administration générale de l'Etat*, considéré dans ses rapports avec la conversation et les progrès de la société. — 2º *administration départementale et communale*; 3º *justice administrative.*

Une table alphabétique des matières permet de rechercher facilement les nombreuses questions de droit international qui sont traités dans les deux volumes, telles que *armées, consuls et consulats, légations, domaine national, douanes, marques de fabrique, naturalisation, prises maritimes*, etc.

LAFRAGUA (José Maria), homme d'Etat et jurisconsulte mexicain, né en 1825, ministre des affaires étrangères sous la présidence de Juarez et de Lerdo de Tejada.

Memorandum de las negociaciones pendientes entre España y México. (Mémorandum des négociations pendants entre l'Espagne et le Mexique.) Paris, 1859.

LAGEMANS (E. S.), publiciste hollandais.

Recueil des traités et conventions conclus par le royaume des Pays-Bas avec les puissances étrangères depuis 1813 jusqu'à nos jours. La Haye, 1858-1859, 4 vol. in-8º.

LA GUÉRONNIÈRE (Louis Etienne Arthur Dubreuil Hélion, vicomte de), publiciste et homme politique français, né en 1816, mort le 23 décembre 1875.

Sous le second Empire il fut élu député du corps législatif en 1852, conseiller d'Etat en 1853, créé sénateur en 1861, nommé ambassadeur à Bruxelles en 1868.

Il a publié de nombreux articles dans *Le Bien Public, La Presse, Le Pays,* dont il fut le rédacteur en chef, *Le Moniteur* et *La France,* dont il prit la direction en 1862; et plusieurs brochures anonymes sur les questions politiques d'actualité, telles que *La France, Rome et l'Italie* (1851); *L'abandon de Rome* (1852); *De la politique intérieure et extérieure de la France* (1862).

En 1856, il fit paraître ses *Etudes et portraits politiques contemporains,* (1 vol. in-8º), qu'il avait commencés dans *Le Pays;* et en 1876, *Le droit public de l'Europe moderne,* 2 volumes in-8º, où

sont traités, au point de vue du droit international, plusieurs sujets importants d'histoire et de politique contemporaine (*La Révolution française et le droit public, le nouveau droit public, Rome et l'Italie, le traité de Prague, les annexions et la liberté des mers, l'Allemagne et le Zollverein, l'Angleterre et l'émancipation des catholiques, l'Amérique et l'esclavage, la Russie et le servage, le régime prohibitif et la liberté commerciale, la guerre moderne, la paix et la diplomatie, l'Europe et les traités*).

L'ouvrage manque d'unité : c'est moins l'œuvre d'un publiciste ou d'un juriste que celle d'un journaliste appréciant les faits à mesure qu'ils se présentent, selon les circonstances et l'enchaînement des évènements.

LA HAYE (traité de paix), 1661.

Par le traité de paix signé à La Haye le 6 août 1661, le Portugal et les Etats-Généraux de Hollande règlent d'une manière définitive leurs différends au sujet de leurs possessions respectives dans l'Amérique du sud.

Les Hollandais, possesseurs d'une portion de la Guyane, renoncent à leurs prétentions sur le Brésil.

LA HAYE (traité de), 1669.

Par le traité de paix signe à La Haye le 7 Mai 1669, la Hollande et le Portugal règlent leurs différends concernant leurs possessions respectives dans les Indes, où la Hollande conserve ses conquêtes.

LA HAYE (Traités de paix de), 1661 —1669.

Ce sont deux traités entre le Portugal et les Provinces Unis de Hollande en 1661 et en 1669, concernant leurs possessions respectives en Asie, en Océanie, en Afrique et en Amérique.

Par le premier de ces traités, signé le 6 août 1661 à La Haye, le Portugal, qui avait réussi à chasser les Hollandais du Brésil, garda sa conquête moyennant le paiement d'une somme de 8 millions de florins ou de la valeur en tabac, en sel et en autres marchandises; les sujets hollandais conservèrent le droit de faire le commerce du Brésil avec toute espèce de marchandises, excepté le bois de teinture.

Il fut stipulé que les hostilités cesseraient en Europe deux mois après la signature de la paix, et dans les autres parties du monde lors de sa publication, qui se ferait trois mois après la ratification; et que tout ce qui aurait été conquis jusqu'à cette époque de part et d'autre, resterait à celui qui s'en trouverait en possession; mais que tout ce qui aurait été conquis en Europe deux mois après la signature de la paix, et ce qui l'aurait été dans les autres parties du monde après sa publication serait rendu de part et d'autre.

Divers empêchements retardèrent l'échange des ratifications jusqu'au 14 décembre 1662. Les Hollandais profitèrent de cet intervalle pour faire de nouvelles conquêtes sur les Portugais.

Il s'éleva naturellement une contestation sur la légitimité de ces conquêtes, et les Portugais, prétendant que le terme de trois mois stipulé pour la publication de la paix devait commencer du jour de la présentation de la ratification portugaise, qui avait eu lieu à La Haye dès le 25 juillet 1662, exigèrent la restitution de tout ce que les Hollandais avaient occupé depuis le 25 octobre 1662..

Les Hollandais soutenaient au contraire que ce terme ne devait courir que du jour même de l'échange, 14 décembre; ils prétendaient donc conserver toutes leurs conquêtes faites jusqu'au 14 mars 1663.

Les négociations furent donc reprises, et l'accommodement définitif ne fut signé que le 31 juillet de l'année suivante à La Haye.

Les Hollandais conservèrent toutes leurs conquêtes, même celles qu'ils avaient faites depuis la paix en 1661; ils consentirent seulement à la restitution de Cananor et de Cochin, sur la côte de Malabar, lorsque les Portugais leur auraient payé une somme de trois millions de florins et remboursé les frais de la conquête.

Le roi de Portugal promit de payer la valeur d'un million de florins en sel pour le Brésil, qu'il a gardé depuis.

LA HAYE (Convention de) 1790.

En 1789 les Pays-Bas autrichiens étaient en pleine insurrection contre l'Empereur Joseph II, dont les innovations étaient considérées comme portant atteinte aux privilèges de quelques provinces; et le 11 janvier 1790, des députés de toutes les provinces insurgées, assemblés à Bruxelles, avaient signé un acte d'union de la République des Provinces Unies Belges, dont le gouvernement fut confié à un Congrès.

Sur ces entrefaites, Joseph II étant mort le 20 février 1790, le nouvel empereur, son frère, Léopold II, s'empressa de décliner sa responsabilité des actes de son prédécesseur, qu'il désapprouvait, et de se déclarer prêt à se réconcilier avec les provinces et à confirmer leur ancienne constitution. A ces ouvertures les insurgés répondirent en formant une armée de volontaires, qui attaqua les Autrichiens sur les bords de la Meuse.

Les puissances-parties à la triple alliance de 1788 (voir ce traité) interposèrent alors leurs médiation, qui aboutit à la convention signée à La Haye le 10 décembre 1790, au nom de l'Empereur, de l'Angleterre, de la Prusse et des Etats-Généraux des Provinces Unies.

L'Empereur confirme aux provinces belges les constitutions, privilèges et coutumes légitimes, dont la jouissance leur avait été assurée par *les actes d'inauguration de Charles VI et de Marie-Thérèse.* Il accorda en outre l'abrogation des ordonnances de Joseph II concernant les séminaires, les processions et les confréries; la remise de l'Université de Louvain sur son ancien pied; le rétablissement des abbayes qui députaient anciennement aux États; l'inamovibilité des juges des tribunaux supérieurs; l'interdiction de la conscription militaire; la levée d'aucun impôt sans l'aveu et le consentement des Etats; le rétablissement des formes du gouvernement et de la Chambre des Comptes sur le pied où elles étaient sous Marie-Thérèse. Le commandant-général des troupes et le ministre plénipotentiaire devaient être sous les ordres des gouverneurs généraux. Le militaire ne devait jamais être employé contre les citoyens que pour rendre force à la loi. L'Empereur devait entendre les Etats sur les réformes à faire dans l'administration de le justice.

Les gouvernements médiateurs garantissaient à l'Empereur la souveraineté des provinces belges, et à celles-ci le contenu de la Convention.

L'Empereur refusa de ratifier purement et simplement cette convention; il y fit une modification essentielle, et garantissant aux Pays-Bas leur constitution, privilèges, non tels qu'ils leur avaient été assurés par *les actes d'inauguration de Charles VI et de Marie-Thérèse,* mais tels qu'ils en avaient jouit *à la mort de cette princesse,* sous le règne de laquelle cette constitution avait éprouvé différentes altérations. Léopold II ratifia, le 19 mars 1791, la convention ainsi modifiée; mais les puissances alliées, qui avaient déjà ratifié la convention originaire, refusèrent d'admettre le changement fait par l'Empereur.

LAI, LAIQUE. Qui n'est ni ecclésiastique ni religieux.

LAMA. Nom des prêtres du boudhisme au Thibet et dans la Mongolie, lesquels prétendent représenter la divinité.

Le grand lama ou dalaï-lama est le chef de la religion bouddhiste.

Il réside au Thibet, où il est vénéré comme s'il etait le dieu même. Comme il se tient toujours renfermé au fond d'un temple d'où il ne sort jamais pour se montrer, et comme le peuple ne voit ni ses derniers moments, ni l'installation de son successeur, il croit le grand lama immortel.

LAMAISME. Nom du bouddhisme au Thibet.

LA MAILLARDIÈRE (Charles François Lefèvre Vicomte de) publiciste français, né dans le Cotentin, mort vers 1804.

Précis du droit des gens, de la guerre, de la paix et des ambassades, Paris, 1775 in-12.

La législation militaire de nos jours. Précis du droit des gens, de la guerre, de la paix et des embassades. Paris, 1775 in-12.

Histoire politique de l'Allemangne et des Etats circonvoisins, dépendances anciennes de l'Empire, comprenant, avec le précis de leur droit public, le tableau général de leur forme de gouvernement, de leurs intérêts, de leurs limites et de leur principales révolutions jusqu'à ce jour, et la table généalogique de la maison de Lorraine à présent sur le trône impérial. Paris, 1777, in-12.

Abrégé des principaux traités conclus depuis le commencement du 14e siècle jusqu'à présent entre les différentes puissances de l'Europe, disposés par ordre chronologique. Paris, 1778, 2e édit. 1783, 2 vol.

LAMBERTY (de, diplomate français). *Mémoires pour servir à l'histoire du XVIIIe siècle, contenant les négociations, traités,* etc. La Haye, 1713-1740, 14 vol. in-4.

LAMPREDI (Jean Marie), publiciste italien, né en 1761, mort en 1836.

Il fut professeur de droit à l'Université de Pise.

Son ouvrage le plus important est *Juris publici universalis, sive juris naturæ et gentium theoreamata,* Livourne, 1776-1778. (Théorèmes du droit public universel, ou du droit naturel et des gens). Ce livre a été traduit en italien par le Dr. Sacchi

sous le titre : *Diritto publico universale,* etc. Pavie 1818, 4 vol. 8'.

On a aussi de lui un ouvrage sur le commerce des peuples neutres en temps de guerre. *(Del commercio dei popoli neutrali in tempo di guerra).* Florence, 1788. Celui-ci a été traduit en français deux fois : la première fois par Jos. Accarias de Serionne. (La Haye, 1743, 2 vol. in-8). La seconde par Peuchet, (Paris, 1802, 1 vol. in-8), avec notes et documents.

LANDA Y ALVAREZ DE CARVALLO (Nicasio de), médecin espagnol, né à Pampelune le 11 octobre 1831.

Inspecteur général du comité international de la Croix Rouge, Président d'honneur de l'Académie ethnographique de la Gironde, membre de l'Institut de droit international.

El derecho de la guerra conforme á la moral (le droit de la guerre conforme à la morale). 3e édition Pampelune, 1817.

M. Landa insiste avant tout sur les devoirs auxquels les belligérants sont tenus envers eux réciproquement, envers les sujets non combattants de l'ennemi et envers les étrangers non-ennemis ; à ces devoirs la pensée généreuse qui l'inspire lui fait subordonner les droits ressortant du principe de la *nécessité* en temps de guerre.

Dans le même ordre d'idées, M. Landa a publié : *La Caridad en la guerra* (la Charité dans la guerre), Madrid, 1868. *La Caridad en la guerra civil,* (la Charité dans la guerre civile,) Madrid, 1873. *Estudios sobre la tactica de sanidad militar.* (Etudes sur la tactique sanitaire militaire,) Madrid, 1880.

LANDGRAVE. Titre de quelques princes de l'Allemagne.

Les *landgraves* étaient d'abord des juges qui rendaient la justice au nom de l'Empereur dans l'intérieur du pays, tandis que les *margraves* la rendaient dans les *marches* ou pays frontières.

Après avoir obtenu l'hérédité de leurs charges, les uns et les autres se rendaient bientôt indépendants.

Les rois, l'Empereur lui-même prirent les titres de landgrave et de margrave en prenant possession de territoires auxquels ils étaient attachés.

LANDGRAVIAT. Etat ou territoire soumis à un landgrave.

LANDSTURM. Levée en masse de toute la population lorsque la patrie est en danger.

En outre de l'armée permanente et de la landwehr, Allemagne possède la ressource de la *Landsturm* ou levée en masse, appelant en général sous les armes tous ceux qui, n'ayant pas atteint 50 ans, ont cependant dépassé l'âge requis pour servir dans la landwehr. Elle ne se rassemble que dans les cas extrêmes, tels que l'invasion du territoire national par une armée étrangère. Un décret du roi de Prusse Frédéric-Guillaume III daté de 1813, dans lequel ce prince traçait ainsi la ligne de conduite que devait suivre la *Landsturm* dans la guerre contre la France, nous explique quel est le véritable rôle de cette milice extraordinaire dans la défense du pays:

„Art. 1er. Chaque citoyen est tenu de repousser l'ennemi avec les armes dont il peut disposer, quelles qu'elles soient; de s'opposer à ses ordres et à leur exécution, de quelque nature qu'ils soient; de braver ses défenses, et de nuire à ses projets par tous les moyens possibles.

„Art. 3. En cas d'invasion la *Landsturm* est tenue ou de combattre l'ennemi en bataille, ou d'inquiéter ses derrières et de couper ses communications.

„Art. 4. La *Landsturm* est levée partout où l'ennemi essaiera de pénétrer sur le territoire allemand.

„Art. 5. Chaque citoyen qui n'est pas en face de l'ennemi ou n'appartient pas à la landwehr, doit se considérer comme faisant partie de la *Landsturm* quand l'occasion s'en présente.

„Art. 7. En cas de convocation de la *Landsturm*, le combat est une nécessité, une défense légitime qui autorise et sanctionne tous les moyens. Les plus décisifs sont les meilleurs, car ce sont ceux qui servent de la façon la plus efficace une cause juste et sacrée.

„Art. 8. La *Landsturm* a donc pour destination spéciale de couper à l'ennemi ses chemins ou sa retraite; de le tenir sans cesse en éveil; d'intercepter ses munitions, ses approvisionnements, ses couriers, ses recrues; d'enlever ses ambulances; d'exécuter des coups de main pendant la nuit; en un mot de l'inquiéter, de le fatiguer, de le harceler sans relâche, de l'anéantir par troupes ou en détail, de quelque façon que ce soit. L'ennemi s'avance-t-il dans le pays, même à une distance de cinquante milles, sa situation sera précaire, si sa ligne d'investissement manque de largeur, s'il ne peut plus envoyer de petits détachements soit pour fourrager, soit pour faire des reconnaissances, sans savoir par expérience qu'ils seront anéantis, enfin s'il ne peut avancer que par

masses profondes et sur les chemins tout tracés. L'Espagne et la Russie en ont fourni l'exemple.“

La *Landsturm* étant placée sous les ordres du gouvernement et des autorités militaires, les hommes qui en font partie sont considérés comme de véritables soldats, et doivent être traités en ennemis au même titre que les soldats des armées régulières : on doit donc leur appliquer les droits de la guerre.

LANDWEHR. Nom donné en Allemagne à une milice, armée et exercée pour servir en cas de besoin d'auxiliaire à l'armée permanente.

Vers le commencement de ce siècle fut inauguré en Prusse un système militaire sous le nom de *Wehrpflicht* (devoir des armes), d'après lequel tout Prussien est soumis au service militaire. La nation tout entière était obligée de se lever à l'appel du roi; et un nombre de jeunes gens aussi grand que possible étaient contraints de servir comme soldats pendant un temps déterminé, au bout duquel ils étaient renvoyés dans leurs foyers jusqu'à ce qu'ils fussent rappelés sous les drapeaux en cas de guerre. A la paix de 1814 cette organisation fut modifiée par la création de la *Landwehr* (milice du pays), dans laquelle étaient incorporés les hommes qui avaient déjà servi trois ans dans l'armée permanente et deux ans dans la réserve. La *Landwehr* était divisée en deux bans : le premier, composé des hommes de vingt-cinq à trente-deux ans, servait à appuyer l'armée permanente à l'extérieur comme à l'intérieur; le second, comprenant les hommes de trente-deux à trente-neuf ans, était employé uniquement à garder les places fortes et à soutenir au besoin le premier ban. L'armée permanente et le premier ban de la *Landwehr* constituaient ensemble l'armée active destinée à faire campagne; en temps de guerre le premier ban de la *Landwehr* se fondait dans l'armée permanente. En 1860 intervint une réforme sur ce point, en ce sens que la *Landwehr* devait cesser de faire partie intégrante de l'armée active, et ses fonctions se réduire à la défense intérieure du territoire. A partir de 1868 et après 1870 la *Landwehr* a subi une réorganisation complète par suite de l'extension du système militaire prussien tant aux pays annexés à la Prusse en 1866 qu'à l'Allemagne entière : elle a cessé d'être divisée en premier et en deuxième ban; les fractions qui la composent ne sont plus désignées que par les années de service passées dans la *Landwehr*. Les hommes n'entrent dans la *Landwehr* qu'après avoir accompli sept années de service, dont trois sous les drapeaux et quatre dans la réserve. A chaque régiment d'infanterie de ligne de l'armée impériale correspond un régiment de *Landwehr* de deux bataillons, qui porte le même numéro et le même nom provincial que ce régiment de ligne; et à chaque régiment de fusiliers de ligne correspond un bataillon de *Landwehr* de réserve portant le même numéro.

Les hommes de la *Landwehr*, dès qu'ils entrent au service actif, sont en tout assimilés aux soldats de l'armée régulière et doivent en partager le traitement selon les circonstances de la guerre.

LANGUE. L'idiome, le parler d'une nation.

On appelle langue mère celle qui a servi à en former d'autres, et, par opposition, langue *dérivée*, celle qui est formée d'une autre;

Langue primitive ou originelle, celle qui ne s'est formée d'aucune autre;

Langue morte, celle qui n'existe plus que dans les livres; et, par opposition, langue vivante, celle qu'un peuple parle encore.

Langues orientales, celles qui sont parlées en Asie et surtout dans la partie la plus proche de l'Europe; les langues du nord, plus particulièrement du nord de l'Europe (slaves, germaniques, scandinaves) par opposition à celles du midi de source latine (français, italien, espagnol, portugais). Langue naturelle ou maternelle, celle du pays où l'on est né, par opposition à langue étrangère :

Langue nationale, celle qu'une nation parle en général, aussi par opposition à langue étrangère ou langue d'une autre nation.

Langue écrite, langue littéraire, la partie la plus cultivée d'une langue, celle qui figure seule dans les bons écrivains.

La langue reçoit encore des dénominations particulières et diverses selon les matières qu'on l'emploie à traiter : ainsi il y a la langue judiciaire, la langue scientifique, etc.

La langue diplomatique est celle qui est employée dans les relations internationales.

On ne saurait contester à aucun Etat le droit de se servir dans ses rapports politiques de sa propre langue ou d'une langue étrangère quelconque; par contre, tout Etat doit réciproquement accorder aux autres la faculté de rédiger leurs communications dans la langue qui leur convient le mieux ou qui leur est la plus familière.

Les inconvénients résultant de la diversité des idiomes ont fait sentir le besoin d'adopter une langue en quelque sorte neutre et intelligible pour toutes les parties engagées. Les usages ont souvent varié à cet égard. Ainsi, au moyenâge on se servait généralement du latin pour la rédaction des actes diplomatiques et des traités; l'emploi de la langue latine s'est même conservé dans certains cas jusque dans des temps plus rapprochés de nous.

Ainsi la cour de Rome a continué de se servir du latin dans ses bulles et dans ses actes internationaux.

Vers la fin du XVe siècle, l'Espagne parvint à faire prévaloir l'emploi de la langue castillane.

Sous le règne de Louis XIV, c'est le français qui devint la langue diplomatique par excellence. Toutefois on ne peut pas dire que le français ait jamais été adopté comme langue officielle entre les Etats en vertu d'une loi internationale expresse; au contraire, dans les traités rédigés en français, les puissances contractantes ont souvent fait insérer à cet égard des réserves formelles, ainsi qu'on le voit notamment dans l'article 20 de l'Acte du congrès de Vienne, ainsi conçu : „La langue française ayant été exclusivement employée dans toutes les copies du présent traité, il est reconnu par les puissances qui ont concuru à cet acte, que l'emploi de cette langue ne tirera point à conséquence pour l'avenir, de sorte que chaque puissance se réserve d'adopter dans les négociations et les conventions futures la langue dont elle s'est servie jusqu'ici dans ses relations diplomatiques, sans que le traité actuel puisse être cité comme exemple contraire aux usages établis.“

De nos jours, malgré la prépondérance qu'a conservée le français, il est de règle que chaque nation fasse usage de sa propre langue pour traiter avec les autres; chaque Etat écrit dans sa langue et traduit l'acte dans celle du pays auquel il l'envoie.

Les instruments des traités sont dressés dans la langue de chacune des parties contractantes; lorsque celles-ci ne sont que deux, on peut placer les deux idiomes parallèlement en regard l'un de l'autre; quand elles sont en plus grand nombre, on dresse autant d'originaux des traités qu'il y a d'idiomes. Aucun des originaux ne devant dans ce dernier cas avoir un droit de préférence, des dissentiments peuvent se produire sur la portée véritable d'un mot ou d'une phrase rendue d'une manière différente dans les diverses langues employées. Pour éviter de semblables difficultés, lorsque les engagements souscrits doivent s'appliquer à plus de deux Etats ne parlant pas la même langue, il est rare qu'on ne se borne pas à l'emploi d'une seule, et de préférence à celui du français, comme cela a eu lieu pour la plupart des traités signés depuis le commencement du XIXe siècle.

Les règles consacrées pour les rapports écrits s'appliquent de tout point aux communications verbales, aux discours prononcés dans les audiences solennelles. Le ministre étranger peut donc prononcer son discours dans sa propre langue en chargeant un interprète de le traduire mot à mot, et le souverain répond dans la sienne; mais le plus ordinairement le ministre qui possède l'idiome du pays, s'en sert en traitant avec le gouvernement près lequel il est accrédité, ou se concerte pour l'emploi d'une langue familière aux deux parties.

LA PAZ (traité de). Traité d'amitié et d'alliance entre la République de Bolivie et celle de l'Equateur, signé à La Paz le 8 mai 1842.

Par ce traité les deux Républiques, animées du désir de maintenir et de resserrer les relations qui les unissent, contractent une alliance offensive et défensive, dans le but de soutenir leur indépendance, leur intégrité et leur souveraineté, de protéger leur sécurité contre toute attaque extérieure et de se prêter un mutuel appui pour la défense de tout autre droit parfait qui serait menacé, ou que violerait ou prétendrait violer une tierce puissance.

Lorsque le *casus fœderis* se présentera, le gouvernement de la République qui se trouvera menacée, adressera à son alliée une demande de secours et de coopération, en lui exposant ses motifs de crainte ou d'action; et si le gouvernement de la République ainsi mise en réquisition trouve juste ses motifs, il s'empressera de fournir le secours demandé. Dans le cas où il ne pourrait le faire, par suite d'une révolution intérieure, ou d'une guerre étrangère, ou d'évènements graves de nature à entraver son action, il en préviendra son alliée sans retard en justifiant son empêchement d'une façon satisfaisante.

Si l'une des parties contractantes était attaquée soudainement, sans avoir pu auparavant s'entendre avec l'autre, la nation qui ne sera pas envahie, prendra l'offensive contre l'ennemi de son allié et prendra de son chef les mesures qu'elle jugera à propos pour le contraindre à abandonner son entreprise.

Comme la situation géographique de la Bolivie et de l'Équateur ne leur permet pas de réunir facilement leurs forces sur un point donné de manière à agir de concert, leurs gouvernements s'entendront ensemble sur les moyens d'obtenir les meilleurs résultats, suivant les circonstances.

Le contingent des troupes que chacune des parties contractantes devra fournir à l'autre, est fixé à quatre mille hommes de toutes armes, avec leurs généraux-chefs et officiers respectifs, et le train correspondant d'artillerie de campagne; et il est bien entendu que les frais de leur entretien seront à la charge de la République qui aura demandé le secours.

Dans le cas où les deux armées de la Bolivie et de l'Equateur ou quelques corps de troupes de l'une et de l'autre république se trouveront réunis pour agir sur un même point, le commandement en chef sera attribué au général ou au chef du plus haut grade, et, s'ils sont égaux en grade, au plus ancien.

Afin de faire respecter l'Alliance et d'avoir à leur disposition une marine de guerre qui puisse rendre des services mutuels aux Républiques alliées, la Bolivie et l'Equateur s'engagent à former et à entretenir une escadre capable d'agir dans la Mer du sud. La Bolivie s'engage, pour sa part, à avoir dans le délai d'une année, deux navires de guerre à vapeur d'un jaugeage de 300 tonneaux au moins, sur le meilleur pied de guerre possible, ou à défaut, une corvette et un brigantin de guerre à voiles.

Quant à l'Equateur, il s'engage à construire dans le même délai d'une année un navire de guerre à vapeur, à l'armer, à l'équiper et à l'entretenir dans des conditions convenables; à procurer les chefs, les officiers et les troupes nécessaires pour équipage de tous les bâtiments de l'escadre lorsqu'on le demandera, à donner un chef intelligent et digne de confiance pour commander l'escadre; à moins que la Bolivie n'en présente un à la convenance des deux parties.

Les services que les deux Républiques se prêteront mutuellement à l'aide de leurs bâtiments seront gratuits.

En cas de guerre extérieure, l'escadre

sera augmentée des bâtiments qu'on jugera nécessaires; et les gouvernements de la Bolivie et de l'Equateur s'engagent à fournir les fonds que nécessitera un pareil armement.

Il était stipulé en outre que les citoyens de la Bolivie dans la République de l'Equateur et les citoyens de l'Equateur en Bolivie jouiraient des mêmes droits civils que ceux qui seraient nés dans l'un et l'autre Etat; qu'ils y seraient exemptés de toute contribution extraordinaire et de l'enrôlement militaire forcé, sauf en cas de guerre entreprise pour la défense de leur pays d'origine.

Ce traité, conclu le 8 mai 1842, fut ratifié le 8 novembre suivant par le gouvernement de la Bolivie; mais il a été dénoncé par une loi en date du 19 mai 1843.

LA PAZ (traité de). Traité d'adhésion à l'alliance offensive et défensive entre le Chili et le Pérou, conclu par les Républiques de la Bolivie et du Chili à la Paz le 19 mars 1866.

Le Chili, conformément à l'article 5 de son traité d'alliance avec le Pérou, s'empressa de solliciter l'adhésion de la République de Bolivie à cette alliance, et le 19 mars 1866 intervenait entre les deux Etats voisins un traité, par lequel les Républiques de la Bolivie et du Chili déclaraient que : „considérant que la guerre faite à la seconde de républiques par le gouvernement de l'Espagne menace la souveraineté et l'indépendance des républiques sud-américaines, et que, tant par les antécédents de l'agression que par les motifs honteux que l'Espagne invoque, la question a les caractères et les formes manifestes d'un conflit continental, elles donnaient leur adhésion au traité d'alliance offensive et défensive conclu entre le Pérou et le Chili le 5 décembre 1865. (*Voir* TRAITÉ DE LIMA, 5 décembre 1865).

En ce qui la concernait particulièrement, la république de la Bolivie, quoique manquant de forces maritimes, mettait immédiatement à la disposition du gouvernement du Chili son armée, son trésor et toutes les ressources que le pays pourrait réunir, afin de sauvegarder la dignité et l'autonomie de l'Amérique du Sud."

L'échange des ratifications de ce traité eut lieu à Santiago du Chili le 25 janvier 1867.

LASSON (Adolphe), philosophe allemand. *Princip und Zukunft des Völkerrechts* (Principe et avenir du droit des gens). Berlin 1871. Suivant l'auteur la seule règle de conduite des Etats, c'est leur intérêt, et cet intérêt forme le droit international.

LATIN. Nom d'un ancien peuple de l'Italie qui habitait le Latium, et que Rome conquit et s'associa.

Plus tard ce nom est devenu celui de tous les peuples de l'Italie et au moyen-âge on l'étendit à tous les peuples de l'Europe occidentale dont le pays avait fait partie de l'ancien empire romain d'Occident; on les appelait ainsi par opposition aux peuples de l'empire grec ou d'Orient.

Enfin on désigne sous la dénomination de race latine les peuples dont la langue s'est formée en grande partie du latin, qui était devenu la langue de Rome et par suite de l'empire romain. On comprend dans la race latine les Italiens, les Français, les Espagnols, les Portugais et les Roumains.

LATIN, langue latine. Dialecte des habitants du Latium, que les Romains s'approprièrent et qui devint la langue usitée dans l'empire.

Quoiqu'il ne fût plus parlé dans aucun pays, le latin a été pendant longtemps la langue savante de l'Europe; c'était dans cette langue que les auteurs continuèrent pendant longtemps d'écrire leurs ouvrages. Le latin est demeuré une langue classique.

Au moyen-âge on se servait généralement du latin pour la rédaction des actes diplomatiques et des traités; l'emploi s'en est même conservé jusque dans les temps les plus rapprochés de nous.

La Cour de Rome a continué de se servir du latin dans ses bulles et dans ses actes internationaux. (*Voir* LANGUE.)

LAURENT (François), publiciste belge, né à Luxembourg le 8 juillet 1810.

Professeur à Gand; correspondant de l'Académie de Belgique; membre de l'Institut de droit inrernational.

Histoire du droit des gens et des relations internationales. 2e édition, Bruxelles, 1861 à 1868. 14 vol. in-8°.

Principes de droit civil. 33 vol.

Cours élémentaire de droit civil. 4 vol. 1879.

Le droit civil international. 8 vol. Bruxelles, 1880 et suiv.

LAVELEYE (Emile Louis Victor de), publiciste belge, né à Bruges le 5 avril 1822.

Professeur d'économie politique et industrielle à l'Université de Liège depuis

1864, membre correspondant de l'Institut de France, et des Académies royales de Lisbonne et de Madrid, et membre de l'Académie des *Lincei* et de l'Institut national Genevois; un des fondateurs de l'Institut de droit international.

Les causes actuelles de guerre et l'arbitrage. Bruxelles, 1873.

Essai sur les formes de gouvernement dans les sociétés modernes. Paris, 1871.

De la propriéte et de ses formes primitives. 1874. Cet ouvrage a été traduit en allemand, et en 1876 en anglais par M. G. R. C. Marriott sous le titre de *Primitive property* (Propriété primitive), avec une introduction de M. C. E. Cliffe Leslie.

LAWRENCE (William Beach) publiciste américain, né à New-York le 23 octobre 1800, mort dans la même ville le 26 mars 1881.

Ancien ministre des Etats-Unis à Londres, gouverneur de l'Etat de Rhode-Island, professeur de droit aux Universités de New-York et de Boston; un des fondateurs de l'Institut de droit international.

M. Beach Lawrence a publié de nombreux travaux sur le droit international et les questions d'actualité politiques et juridiques qui s'y rapportent, dans divers journaux et revues des Etats-Unis et de l'Europe, notamment dans le *London Law Magazine*, la *Revue de Westminster*, les *Actes de la société d'histoire de New-York*, l'*American Annual Register*, la *New-York Review*, l'*Albany Law Journal*, la *Revue de droit international*, etc.; mais il s'est fait connaître principalement par son *Commentaire sur les „Eléments du droit international"* et sur *„L'histoire des progrès du droit des gens"* de *Henry Wheaton*. Paris, 1868—73. 3 vol. in-8⁰.

En 1880 a paru un 4e volume, consacré plus spécialement à des *Etudes sur la juridiction consulaire en pays chrétiens et en pays non-chretiens et sur l'extradition.* (*Voir* WHEATON.)

M. Lawrence est encore connu par un *Cours d'économie politique,* publié en 1832, et aussi par un livre sur le droit de visite et de recherche en temps de paix : *Visitation and search, or an historical sketch of the british claim to exercise a maritime police over the vessels of all nations in peace as well as in war* (Visite et recherche, ou esquisse historique de la prétention de l'Angleterre à exercer un police maritime sur les navires de toutes les nations, en temps de paix aussi bien qu'en temps de guerre.) Boston, 1858.

LAYBACH (Congrès de). La ville de Laybach est chef-lieu du pays d'Autriche, la Carniole. C'est là que fut continué le congrès de *Troppau.* (*(Voir* TROPPAU.)

Le 22 janvier 1861 les membres du nouveau congrès étaient au complet. L'Autriche y était représentée par le prince de Metternich, MM. de Spiegel et de Gentz, M. de Vincent, ambassadeur d'Autriche en France, M. de Bombelles, ministre d'Autriche à Naples, et le comte d'Inzaghi, gouverneur civil autrichien du pays de Venise; la France par M. de Blacas, ambassadeur à Rome, M. de Caraman, ambassadeur à Vienne, et M de la Ferronnays, ambassadeur à Saint-Pétersbourg; la Russie par le comte Capo d'Istria, MM. de Nesselrode et Pozzó di Borgo, le comte de Moncenigo, ministre près de la cour de Sardaigne, M. d'Oubril, ministre à Naples, le comte Golowskin, ministre à Vienne, M. de Severin, les princes Wolkonski, Czernitcheff, Ouwarof, et Osphorowski; la Prusse par le prince de Hardenberg, chancelier d'Etat, et le comte de Bernstoff, ministre des affaires étrangères; l'Angleterre par M. Gordon, chargé d'affaire provisoire à la cour de Vienne, lord Stewart, ambassadeur à cette cour, et le comte de Clanswilliam; les Deux-Siciles par le prince Ruffo, ambassadeur à Vienne, le marquis de Ruffo, secrétaire d'Etat, et le prince Butera, chambellan; la Sardaigne par le comte de Saint-Marsan, ministre des affaires étrangères, et le comte d'Aglié, ministre à Londres; la Toscane par le prince Corsini, ministre du grand-duc; le duché de Modène par le marquis de Molza, ministre des affaires étrangeres.

Les véritables délibérations commencèrent le 26 janvier; mais avant que les réunions régulières des plénipotentiaires eussent été ouvertes, les souverains avaient tout terminé eux mêmes dans leurs délibérations préparatoires; le congrès n'eut donc qu'à décider des mesures arrêtées d'avance.

Le 2 février, on signa une convention qui mettait une armée autrichienne à la disposition du roi des Deux-Siciles, pour exécuter la résolution des puissances de mettre par la force des armes un terme à l'état des choses à Naples tel qu'il avait été produit par la révolution. Trois notes identiques, remises le 9 février par les ambassadeurs d'Autriche, de Russie et de Prusse, annoncèrent l'occupation du royaume, même dans le cas d'une soumission pacifique. La véritable déclaration de guerre contre les patriotes napolitains était contenue dans un manifeste public, qui parut immédiatement après dans les journaux allemands; il y était dit „que l'armée destinée à exécuter les résolutions de Laybach franchissait le Pô en même temps que les paroles de paix adressées par le roi à son fils, et que les notes des ambassadeurs, selon l'accueil qu'on leur ferait, décideraient du sort du royaume des Deux-Siciles. Si, contre toute attente, cette entreprise dégénérait en une guerre véritable, et si la résistance des partis rebelles devait se prolonger indéfiniment, l'Empereur de Russie adjoindrait ses guerriers à l'armée autrichienne".

L'armée autrichienne franchissait le Pô dès le 5 février, et, après avoir mis en déroute les milices napolitaines à Rieti le 7 mars, elle faisait son entrée à Naples le 23 du même mois. Ce n'est que le lendemain de cet événement que fut clos le congrès de Laybach, ne laissant comme documents qu'une déclaration des trois monarques d'Autriche, de Prusse et de Russie, en date du 12 mars, annonçant, après le désastre de Rieti, la victoire remportée sur la révolution, et attribuée à „la Providence, qui avait frappé de terreur la conscience des coupables"; et une dépêche circulaire, expédiée à la même date par l'Autriche, insistant sur la mission des puissances, qui consistait à préserver l'Europe de l'anarchie, et sur le principe „que des modifications utiles dans la législation et l'administration des Etats ne devaient émaner que de la libre volonté de ceux que Dieu avait rendus responsables de leur pouvoir".

LEBEAU, publiciste français, chargé des détails du bureau des lois du ministère de la marine et des colonies de France.

Recueil général des lois relatives à la marine et aux colonies. Paris, 1798—1800. 9 vol. in-8⁰.

Nouveau code des prises maritimes, ou recueil des édits, déclarations, lettres patentes, arrêts, ordonnances, règlements, et decisions sur la course et l'administration des prises depuis 1400 jusqu'au mois de mai 1789; suivi de toutes les lois, arrêtés, messages et autres actes qui ont paru depuis cette époque jusqu'au 3 prairial an VIII. Paris, 1801. 4 vol. in-8⁰.

Code des bris et des naufrages. 1814, in-8⁰.

LECLERC (G.), publiciste français.

Négociations secrètes touchant la paix de Munster et d'Osnabrug, depuis 1642 jusqu'à 1648, avec d'autres pièces jusqu'en 1654. La Haye, 1725—26, 4 vol. fol.

LEE, jurisconsulte anglais.

Laws of british shipping and of marine assurance. (Lois concernant la marine britannique et l'assurance maritime.) Londres, 1877.

LÉGALISATION. Déclaration par laquelle un fonctionnaire compétent atteste ou certifie la vérité et l'authenticité d'une ou de plusieurs signatures apposées au bas d'un acte, et quelquefois aussi la qualité des signataires, pour que foi y soit ajoutée.

Action de faire cette attestation.

En général la signature des fonctionnaires est légalisée par leur supérieur immédiat.

La légalisation n'affecte en rien l'essence de l'acte, dont elle ne confirme ni la sincérité ni la légalité; elle a pour effet unique de rendre les signatures incontestables, sauf inscription en faux.

Tout document destiné à être produit devant les autorités ou les tribunaux d'un autre pays, doit être légalisé par un agent diplomatique ou consulaire du dernier pays résidant dans la localité ou la contrée où le document a été rédigé.

LÉGAT. On appelait *légats* sous la république romaine les ambassadeurs envoyés auprès des gouvernements étrangers, et les personnes qui accompagnaient les généraux en guerre ou les proconsuls et les préteurs dans les provinces.

Sous l'empire, c'étaient les officiers envoyés par l'empereur pour exercer une juridiction en son nom dans certaines provinces : leurs attributions pouvaient être civiles, militaires, administratives et judiciaires.

Aujourd'hui le titre de légat n'est usité qu'à la cour pontificale; il s'applique à tout ecclésiastique qui fait les fonctions de vicaire du Pape et exerce sa juridiction où le Pape ne peut être présent.

Lorsque le Pape possédait encore le pouvoir temporel sur la partie de l'Italie qu'on appelait les Etats de l'Eglise, on donnait le titre de légats aux gouverneurs des provinces, qui prenaient de là le nom de *légations.*

Maintenant les légats sont spécialement employés aux missions que le souverain Pontife décide d'envoyer dans divers pays; ils ne sont envoyés que dans les pays catholiques qui reconnaissent la suprématie spirituelle du Pape; ils sont dits *à latere,* parceque le saint Père est censé les détacher de ses côtés pour les envoyer en mission. Ils sont à la nomination exclusive du Pape; néanmoins lorsqu'il s'agit de nommer un légat *à latere*, le consistoire est ordinairement consulté.

Les légats en mission diplomatique à l'étranger ont le rang d'envoyés extraordinaires et d'ambassadeurs; ils sont porteurs de bulles qui leur servent à la fois de lettres de créance et de pouvoir général.

Il y a une distinction à établir entre les légats et les nonces du Pape : les premiers sont des ambassadeurs extraordinaires, chargés de missions spéciales, plutôt ecclésiastiques que politiques, et représentent avant tout le Pape comme chef de l'Eglise catholique romaine, tandis que les seconds sont les ambassadeurs ordinaires ou résidents du Vatican, qu'ils représentent à l'étranger pour la transaction de toutes affaires. Les légats sont toujours pris parmi les cardinaux; les nonces ne sont jamais des cardinaux et ont des missions permanents.

Légat né du Saint-Siège, titre des vicaires perpétuels qui représentent le Pape dans les pays éloignés de Rome. C'est une qualité habituellement attribuée à certains sièges épiscopaux en vertu d'un ancien privilège; mais c'est un titre purement honorifique.

LÉGATION. Fonctions de légat; le temps que durent ces fonctions.

On donnait aussi ce nom aux territoires des Etats de l'Eglise gouvernés par des légats, notamment au Boulonnais et au Ferrarais.

En diplomatie, légation signifie mission en général, et plus particulièrement la commission que quelques puissances donnent à une ou à plusieurs personnes pour aller négocier auprès d'une puissance étrangère. (*Voir* MISSION.)

Ordinairement le titre de *légation* est donné plus particulièrement à la mission de second ordre, à celle à la tête de laquelle est placé un ministre plénipotentiaire, un ministre résident ou même un simple chargé d'affaires. Celle de l'ordre supérieur, qui est remplie par un agent diplomatique ayant rang d'ambassadeur, est désignée plus spécialement sous la dénomination d'*ambassade*. (*Voir* AMBASSADE.)

Légation s'emploie aussi dans un sens collectif pour désigner non seulement le ministre public d'un pays étranger, mais en outre tout le personnel attaché à la mission : ainsi légation de France, d'Angleterre, etc.

C'est encore l'hôtel occupé par le ministre et le personnel de la mission étrangère.

On appelle droit de légation la faculté qu'ont les nations de se faire représenter au dehors par des agents diplomatiques et consulaires chargés de cultiver avec les autres nations des relations d'amitié et de bonne harmonie.

Ce droit est un des attributs essentiels de la souveraineté et de l'indépendances des Etats; il est considéré comme un droit parfait en principe, mais imparfait dans la pratique, attendu qu'aucun Etat n'est obligé d'entretenir des missions politiques à l'étranger ou de recevoir chez lui les représentants des autres nations.

Toutefois l'usage et les règles de la courtoisie internationale ont établi à cet égard une sorte de devoir réciproque; et de même que l'existence de rapports diplomatiques entretenus par des agents en résidence permanente est un signe évident de paix et d'amitié, de même on peut regarder comme un indice de désaccord ou d'hostilité le rappel ou l'absence absolue des légations politiques. Il convient cependant de ne pas perdre de vue que l'établissement même de légations et le rang des agents appelés à les occuper sont avant tout subordonnés à la nature et à l'importance des relations qui existent entre les divers Etats, et aux ressources qu'ils peuvent consacrer à leur représentation extérieure

L'exercice du droit de légation est dévolu au chef suprême de l'Etat, prince souverain ou président, agissant tantôt seul, tantôt de concert avec les représentants du pouvoir législatif.

Le droit de légation étant inhérent à celui de souveraineté, on comprend qu'il ne puisse être exercé par un Etat dépendant ou mi-souverain qu'autant qu'il y est spécialement autorisé par l'Etat ou les Etats dont il relève. Ainsi la constitution des Etats-Unis d'Amérique a enlevé à chaque Etat particulier le droit de représentation et lui défend de conclure sans le consentement du congrès fédéral aucun arrangement ou aucune convention avec une nation étrangère Le même principe a prévalu parmi les Etats qui forment les fédérations de l'Amérique méridionale.

Les cantons suisses ne jouissent pas non plus d'un droit de représentation isolé. Quant aux Etats dont se compose l'empire d'Allemagne, ils ont conservé jusqu'ici le droit d'entretenir des légations à l'étranger.

On peut se demander quelle conduite doivent tenir les Etats étrangers lorsque surgit une révolution ou une guerre civile dans un pays après duquel ils sont représentés par une mission diplomatique permanente. Peuvent-ils continuer leurs relations avec l'ancien gouvernement, ou doivent-ils en nouer tout de suite de nouvelles avec le gouvernement révolutionnaire? Sont-ils, au contraire, tenus de les suivre avec tous les deux à la fois?

En principe on peut dire que les Etats étrangers n'ont pas à tenir compte de faits insurrectionnels. Lorsque des luttes intestines viennent à ébranler les pouvoirs publics d'un Etat, le premier devoir des autres gouvernements est donc d'observer une neutralité absolue et de s'abstenir complètement de tous rapports diplomatiques. Les agents étrangers continuent jusqu'à nouvel ordre leurs anciennes relations avec le gouvernement près lequel ils sont accrédités, ou ils n'ouvrent que des rapports purement officieux avec les autorités, qui le remplacent de fait. Les convenances internationales commandent une réserve bien plus grande encore quand il s'agit de guerres civiles au sein de confédérations, mettant en question la souveraineté même de l'Etat. Dans ce cas, en effet, l'envoi et l'admission d'agents revêtus d'un caractère diplomatique implique la reconnaissance du gouvernement révolutionnaire.

De ce que le droit de légation est dans la pratique un droit imparfait, il s'ensuit que tout Etat peut refuser de recevoir des agents diplomatiques, en se basant sur le caractère personnel de l'agent qui lui est envoyé, sur la nature et l'étendue des pouvoirs qu'il doit être appelé à exercer. C'est ce qui a eu lieu en mainte occasion, notamment par rapport aux légats pontificaux, auxquels la cour de Rome avait conféré des pouvoirs jugés incompatibles avec la constitution et les lois civiles des Etats où ils devaient résider. (*Voir* AGENT DIPLOMATIQUE.)

LÉGISLATEUR. Celui qui fait des lois, qui donne des lois à une nation : ainsi Lycurgue fut le législateur de Lacédémone.

Se dit absolument du pouvoir qui fait les lois, comme dans cette phrase : „c'est au législateur qu'il appartient d'expliquer la loi,"

Législateur était le titre des membres du Corps législatif établi en France par la constitution de l'an VIII et sous le second empire de 1852 à 1870.

LÉGISLATIF. Qui fait les lois : *Corps législatif, Assemblée législative.* (Voir ces mots.)

Qui a rapport à la loi; qui a le caractère des lois : mesures, dispositions législatives.

Pouvoir législatif, l'autorité dans un Etat qui est investie de la faculté de faire et de voter les lois : on l'oppose soit au pouvoir exécutif, soit au pouvoir judiciaire.

LÉGISLATION. Droit de faire les lois.

Tout Etat souverain et indépendant a le droit et le pouvoir, le devoir même d'édicter, au gré de ses besoins et de ses intérêts, sa législation civile et criminelle.

Cette œuvre de législation consiste principalement à fixer les conditions générales de l'acquisition et de la perte de la propriété des biens meubles et des biens immeubles; à régler l'état et la capacité des personnes, les conditions nécessaires pour la validité des contrats, les droits et les obligations qui en découlent, enfin tout ce qui touche à la procédure et à l'administration de la justice. Tout Etat est justifié à exercer ce droit de législation sur toutes les personnes, sur toutes les choses qui se trouvent dans les limites de son territoire et sur tous les actes qui s'y accomplissent; non seulement les natifs du pays sont naturellement assujettis à cette juridiction, mais aussi les étrangers qui y résident. A ceux-ci l'Etat, par le seul fait qu'il leur a permis l'accès chez lui, doit l'assurance qu'ils ne seront ni lésés ni maltraités tant qu'ils y séjourneront; ils conservent du reste la faculté d'invoquer la protection de l'Etat auquel ils appartiennent, et qui, de son côté, n'ayant aliéné aucun des droits qu'il possède sur eux, peut encore réclamer d'eux, quoiqu'ils soient hors de son territoire, l'observation de certaines lois de leur pays natal ou l'accomplissement de certains devoirs. En effet le principe de la souveraineté de chaque Etat n'a pas un caractère tellement absolu, qu'on doive considérer comme dépourvus de toute autorité hors du territoire national des lois ou des actes émanés de souverains étrangers. Une pareille exclusion ne s'accorderait guère avec le respect mutuel que les nations se doivent les unes aux autres; au surplus il est des causes qui les obligent à avoir égard aux rapports nés sous l'influence des lois étrangères.

Il est vrai en droit strict que les lois de chaque Etat ou de chaque souverain n'ont d'autorité que dans les limites de son territoire, et qu'aucun État ou aucun souverain n'est tenu d'autoriser sur son territoire l'exécution des actes et des jugements étrangers; mais il est vrai aussi, selon les principes du droit primitif, que l'application des lois ne doit pas être entravée, même au delà des limites du territoire de chaque État, lorsqu'il n'en résulte point d'offense aux droits et aux intérêts du souverain territorial. Toutefois l'exercice de ce pouvoir de législation et de juridiction des États comporte certaines restrictions quant à sa portée extérieure. (*Voir* JURIDICTION.)

Législation se dit aussi du corps même des lois, et particulièrement de l'ensemble des lois qui règlent une matière.

C'est encore la science ou la connaissance des lois. (Pour ces deux acceptions *voir* JURISPRUDENCE)

LÉGISLATIVEMENT. En se conformant à la loi, en suivant la marche législative.

LÉGISLATURE. Se dit de l'ensemble des pouvoirs qui font les lois, ou particulièrement d'un corps chargé de faire ou de voter les lois, d'une assemblée législative.

C'est aussi la période de temps pendant laquelle une assemblée législative est réunie, celle qui s'écoule depuis l'installation de l'assemblée jusqu'à l'expiration de ses pouvoirs.

LÉGISTE. Celui qui connaît ou qui étudie les lois.

LÉGITIMATION. Action de légitimer un enfant né hors du mariage, de lui conférer l'état et les droits de sa légitimité.

Reconnaissance ou vérification authentique et juridique des pouvoirs d'un envoyé, d'un député, etc.

LÉGITIME. Ce mot peut s'appliquer aux choses et aux personnes.

Il se dit des choses qui ont un caractère de loi : l'autorité légitime, les pouvoirs légitimes; des choses qui ont les conditions requises par la loi : mariage légitime; des choses conformes à la loi : intérêt légitime, intérêt de l'argent au taux fixé par la loi.

Il se dit des personnes qui tiennent un droit de la loi : la femme, l'épouse légitime est celle dont l'union a été accomplie conformément aux lois.

Un enfant est dit légitime lorsqu'il est né durant le mariage ou après le décès du père dans le délai fixé par la loi, de sorte qu'il possède les conditions requises pour l'hérédité directe. (*Voir* ENFANT.)

Le mot légitime reçoit une acception particulière dans ces termes : Souverain légitime, dynastie légitime, c'est-à-dire qui règne en vertu d'un droit traditionnel, par opposition aux princes qui ont obtenu le pouvoir par suite de coups d'État ou de révolutions, ou par le choix de la volonté nationale.

On qualifie de légitime la défense que la loi excuse.

LÉGITIMISTE. Partisan des princes dits *légitimes :* Opinions légitimistes, parti légitimiste.

LÉGITIMITÉ Qualité de ce qui est légitime. L'état de l'enfant légitime.

Le droit des princes qu'on appelle spécialement *légitimes,* tels que la branche aînée des Bourbons en France.

LEGUIZAMON (José Faustino Onésimo), jurisconsulte sud-américain, né à Gualeguay (République Argentine) le 15 février 1839, ministre de la Justice, des Cultes et de l'Instruction publique (1874—77), ministre-président de la Cour suprême fédérale de la République Argentine, Associé de l'Institut de Droit international.

Il a écrit diverses études sur la politique, le droit public, l'administration, etc., parmi lesquelles nous citerons :

Discurso sobre la historia del derecho internacional (Discours sur l'histoire du droit international).

Ce discours a été prononcé à l'ouverture du cours de droit des gens à l Université de Buenos-Aires en 1872.

La Instituta del codigo civil Argentino (Les Institutes du code civil argentin), en collaboration avec M. J. O. Machado (Buenos-Aires, 1862).

Derecho internacional. Apuntes sobre el programa oficial del 1mo curso dictado por el señor catedrático Dr. O. Leguizamon (Résumé du premier cours de droit international de l'auteur). Buenos-Aires, 1874.

LEHR (Paul Ernest), jurisconsulte alsacien, né à Saint-Dié (Vosges) le 13 mai 1835, membre associé de l'Institut de droit international.

Eléments de droit civil anglais. Paris, 1884.

L'auteur a réussi à élucider et à réduire en un certain système le droit civil anglais, qui n'est pas codifié et dont il n'est pas facile par conséquent de dégager les principes généraux.

LEIBNITZ (Godefroi Guillaume baron de), philosophe allemand, né à Leipzig en 1646, mort à Hanovre en 1716.

Leibnitz fut à la fois jurisconsulte, théologien, physicien, mathématicien, historien et publiciste; c'est sous ce dernier caractère que nous avons ici à parler de lui.

En 1693, il publia la première partie de son *Codex juris gentium diplomaticus* (Codex diplomatique du droit des gens), dont il fit paraître, en 1700, une seconde édition plus étendue, et accompagnée d'une seconde partie sous le titre de *Supplementum codicis juris gentium diplomatici* (Supplément du code diplomatique du droit des gens). Cet ouvrage est un recueil de papiers d'Etat de toute sorte, précédé de deux dissertations préliminaires, dont la première renferme de précieuses opinions au sujet du droit des gens. L'auteur y trace à grands traits les rapports qui existent entre le droit des gens primitif et celui qui est accepté comme règle pratique de la conduite des Etats : il établit trois catégories d'obligations internationales correspondant aux trois degrés de la justice, savoir : les obligations de droit strict, desquelles découle une action juridique entre les Etats; les obligations qui naissent de l'équité, et dont l'accomplissement ne peut être réclamé comme un droit; et les obligations qui dérivent de la justice universelle, dont il faut chercher les préceptes en dehors de l'humanité.

Dans un autre ouvrage : *Tractatus de jure suprematus ac legationis principum imperii* (Traité du droit de suprématie et d'ambassade des princes de l'Empire), qu'il publia en 1678 sous le pseudonyme de Cæsarinus Furstenerius, Leibnitz traite du rang et des prérogatives des princes et de leurs ambassadeurs, du cérémonial à observer entre eux, et fonde sur les différents degrés de la puissance politique l'hypothèse d'une différence entre ce qu'il appelle *suprémat* et *potentat*.

LENTNER (Ferdinand), publiciste autrichien.

Das Recht im Kriege (Le droit en temps de guerre). Vienne, 1880.

Petit manuel du droit des gens, rédigé conformément aux déclarations de Bruxelles en 1874.

LERMINIER (Jean Louis Eugène), publiciste français, né à Paris le 29 mars 1803, mort dans cette ville le 25 août 1857. Professeur de législation comparée au Collège de France (1831—1838).

Introduction générale à l'histoire du droit. 2e édition. 1835. in-8°.

Philosophie du droit. 2 vol. Paris, 1835. 3e édition. 1852. in-18.

Histoire des législateurs de la Grèce antique. 1852. 2 vol. in-8°.

Etudes d'histoire et de philosophie. 2 vol. in-8°.

M. Lerminier envisage l'étude du droit au point de vue le plus général : il y fait entrer la morale, la politique, les arts, la religion, en un mot, tout ce qui constitue la voie et l'humanité.

LEROY (Paul), jurisconsulte français, avocat à la Cour d'appel de Paris.

Des consulats, des légations et des ambassades. 2e édition. Paris, 1876.

LÈSE-MAJESTÉ. Ce mot s'applique à toute une série de crimes qui offensent le souverain ou le chef de l'Etat.

Dans l'ancienne législation on distinguait le crime de lèse-majesté *divine*, qui consistait dans une offense commise envers Dieu ou la religion, et le crime de lèse-majesté humaine, ou attentat contre le souverain ou contre l'Etat.

On désigne plus généralement ces crimes sous la dénomination de crimes contre la personne du souverain et contre la sûreté intérieure de l'Etat : ce sont les attentats et les complots dirigés contre le souverain et sa famille, et, dans les républiques, contre le chef de l'Etat et l'assemblée nationale, et les tentatives de troubler l'Etat par la guerre civile, l'emploi illégal de la force armée, la dévastation, etc.

LÈSE-NATION. Ce terme est applicable aux actes de quiconque compromet ou lèse l'honneur ou les intérêts de son pays.

La haute-trahison, la forfaiture sont des crimes de lèse-nation; on pourrait classer dans la même catégorie les crimes contre la sûreté de l'Etat.

LETAMENDI (Agustin de), publiciste espagnol. *Atribuciones cónsulares o manual para los cónsules de España en paises extrangeros.* (Attributions consulaires ou manuel des consuls de l'Espagne en pays étrangers.) Madrid, 1835. 1 vol. in-8°.

Tratado de Jurisprudencia diplomático-cónsular, y manual práctico para la carrera de Estado. (Traité de Jurisprudence diplomatique consulaire, et manuel pratique des carrières publiques.)

LETTRE. Epitre, missive, dépêche.

En droit public, on donne le nom de lettres à toute sorte d'actes ou d'écritures, dont la signification est le plus souvent déterminée par le mot qui suit: telles que lettres de naturalisation, d'amnistie, de grâce, etc., par lesquelles la naturalisation est accordée à un étranger, la grâce à un criminel, une amnistie est proclamée après une guerre, une révolution, etc.

Lettre *autographe*, lettre de *conseil* ou de *chancellerie*, lettre de *cabinet*, lettre de *notification* ou *de faire part*, lettre *revers*, etc. (Voir ces divers mots, CORRESPONDANCE DES SOUVERAINS.)

Lettre en chiffres, lettre écrite en caractères de convention, dont la signification n'est connue que des correspondants.

Ces lettres sont d'un usage constant pour la correspondance diplomatique. (*Voir* CHIFFRE.)

LETTRE APOSTOLIQUE, pastorale.

Sous le nom de lettres apostoliques on désigne les actes émanés du Saint-Siège : *rescrits, bulles, brefs, encycliques*, etc. (Voir ces mots.)

Les lettres *pastorales* consistent dans les écrits que les évêques adressent au clergé de leur diocèse.

LETTRE CIRCULAIRE.

Lettre circulaire ou, substantivement, une circulaire, lettre qu'on écrit dans des termes identiques à plusieurs personnes sur le même sujet.

Un gouvernement y a recours lorsqu'il veut faire connaître un fait, un événement ou communiquer un acte à plusieurs ou à tous les autres gouvernements à la fois, ou lorsqu'il envoie les mêmes instructions à ses représentants à l'étranger, souvent avec prescription d'en donner lecture ou communication au gouvernement auprès duquel chacun d'eux est accrédité.

LETTRE DE CACHET.

Lettre close, scellée du cachet du roi, au moyen de laquelle on pouvait autrefois envoyer sans jugement un particulier dans une prison d'Etat ou en exil. (*Voir* CACHET.)

LETTRE DE CHANGE.

Effet de commerce par lequel une personne en requiert une autre, demeurant dans un endroit différent, de payer soit à celui qui est désigné dans l'écrit, soit à celui qui en est simplement porteur, une somme d'argent déterminée, à vue ou dans un certain délai.

En style de commerce on appelle *tireur* celui qui donne l'ordre de payer et par conséquent signe la lettre de change; *tiré*, celui à qui elle est adressée et qui doit en payer le montant, et *porteur* ou *preneur*, celui au profit de qui elle est souscrite. Enfin on nomme *endosseur* toute personne qui inscrit son nom sur la lettre de change à un autre titre que

celui de tireur ou de tiré et la remet revêtue de sa signature à une autre personne, envers qui il assume ainsi la responsabilité de la transaction. Le tiré est dit *accepteur* une fois qu'il a pris l'engagement de payer la lettre de change à l'échéance, engagement qui d'ordinaire s'exprime sur la même par le mot *accepte* que le tiré y appose avec sa signature.

Une lettre de change peut être tirée par un individu sur un habitant du même pays, comme aussi sur une personne résidant dans un autre pays.

C'est de ce dernier cas que nous avons uniquement à nous occuper ici.

La lettre de change est un véritable contrat; on ne peut donc lui appliquer une autre législation que celle qui régit les obligations et les contrats : et ici c'est la loi du lieu de l'engagement (*lex loci contractus*) qui doit être observée.

Les obligations respectivement contractées par le tireur, le tiré ou l'accepteur et l'endosseur doivent être régies par les lois du pays où ont eu lieu le tirage, l'acceptation et l'endossement de la lettre de change, selon la phase de la transaction où un litige ou des poursuites peuvent devenir nécessaires. (*Voir* CONTRAT, OBLIGATION, ENGAGEMENT, LEX LOCI CONTRACTUS.)

LETTRE DE CRÉANCE, de récréance, de rappel, d'adresses, de recommandation, de provision,

lettre qui porte qu'on peut, qu'on doit accorder confiance à la personne qui la remet.

Tout agent diplomatique chargé de représenter un gouvernement ou un chef d'Etat près un autre gouvernement ou un autre chef d'Etat, tout envoyé chargé d'une mission de gouvernement à gouvernement, de souverain à souverain, doit être muni d'une lettre de créance qui établisse son caractère public et indique l'objet de la mission, en demandant qu'on ajoute créance, c'est-à-dire foi pleine et entière, à ce qu'ils pourront dire comme représentants de l'Etat qui les envoie. (*Voir* CRÉANCE.)

Lorsque la mission de l'envoyé ou de l'agent diplomatique est terminée, son rappel lui est notifié par une lettre de *rappel*, qui fait connaître au chef de l'Etat près lequel l'agent était accrédité que la mission de cet agent doit cesser. (*Voir* RAPPEL.) Il reçoit en outre une lettre de *récréance*, qu'il doit remettre au chef de l'Etat qu'il quitte pour l'informer de ce changement. (*Voir* RECRÉANCE.)

Les ministres publics peuvent être

en outre munis de lettre d'*adresse* ou de *recommandation*. (Voir ces mots.)

Les consuls, n'étant pas investis du droit de représenter l'Etat à l'étranger, ne sont pas porteurs de lettres de créances mais de lettres de *provision*, qui servent à constater auprès de l'Etat étranger la commission dont les charge leur gouvernement.

LETTRE DE DÉFI, portant déclaration de la guerre. (*Voir* DÉFI, DÉCLARATION DE GUERRE, GUERRE.)

LETTRES DE MARQUE. Commission en course, autorisation qu'un gouvernement en guerre contre un autre donne à ses nationaux d'armer des navires pour faire la course maritime contre les navires appartenant à des nationaux de son ennemi. (*Voir* MARQUE, COURSE, CORSAIRE).

LETTRE MINISTÉRIELLE. On appelle ainsi la lettre par laquelle un ministre fait connaître à un individu ou à une corporation la décision qu'il a prise sur telle au telle question soumise ou réservée à son appréciation.

LETTRES. Lettres au pluriel, s'applique à certains actes expédiés en chancellerie au nom du souverain ou du chef de l'Etat, telles que lettres de noblesses qui conféraient la noblesse, lettres de grâce, qui remettaient une peine, etc. etc.

LETTRES D'ÉTAT. Lettres délivrées en faveur de personnes employées au service de l'Etat; elles avaient pour effet de suspendre pendant un certain laps de temps, six mois le plus ordinairement, les procédures civiles dans lesquelles ces employés étaient impliqués. Ces lettres s'expédiaient au grand sceau de l'Etat: c'est de là que leur vient leur dénomination.

Autrefois, alors que les ambassadeurs ne jouissaient pas aussi complètement qu'aujourd'hui des prérogatives, notamment d'inviolabilité et d'exterritorialité, qui leur sont reconnues, ils n'étaient pas exempts de toute espèce de juridiction dans les pays où ils se rendaient; néanmoins les princes leur accordaient des *lettres d'Etat*, ou les cours de justice rendaient en leur faveur des *arrêts de surséance*, qui suspendaient toute poursuite contre le ministre absent; mais cette commission n'existait que pour les missions extraordinaires et d'une durée illimitée.

LETTRES DE REPRÉSAILLES. Pouvoir écrit qu'un gouvernement donnait autrefois, même en temps de paix, à un armateur, à un capitaine de navire pour se venger d'actes commis à son préjudice par une nation étrangère. (*Voir* REPRÉSAILLES.)

LETTRES PATENTES, lettres closes. On appelle *lettres patentes*, c'est-à-dire ouvertes au public certains actes signés du chef de l'Etat et portés officiellement à la connaissance du public : c'est sous cette forme que sont publiés, par exemple, les manifestes, les proclamations, les actes de prise de possession, de cession, etc. Les lettres patentes sont scellées du grand sceau de l'Etat et contresignées par un ministre secrétaire d'Etat.

On oppose les lettres patentes aux lettres *closes*, c'est-à-dire fermées, qui sont également des actes officiels, mais ne concernant que des objets d'administration intérieure et ne s'adressant qu'à des fonctionnaires ou à des corps constitués.

LETTRES ROYAUX, (le mot *royal* étant originairement à la fois masculin et féminin), lettres émanés de l'autorité royale, scellées du grand ou du petit sceau, et adressées aux juges royaux : telles étaient les lettres de grâce, d'abolition, de rémission, de noblesse, de représailles, etc.

LEUDE. Dans l'origine, ce mot désignait chez les Germains les compagnons du chef d'une bande guerrière, ceux qu'il attachait à sa personne par des présents.

Quand les Barbares se furent établis dans les provinces de l'empire romain, on appela *leudes* les compagnons ou les fidèles du roi, à la table duquel ils avaient le privilège de s'asseoir.

Au lieu de présent, d'armes ou de chevaux, les fidèles reçurent alors des présents de terres ou des fiefs, de sorte que les leudes devinrent les feudataires, les vassaux des rois.

LEVANT. Dans l'acception géographique ce terme sert à désigner les pays situés au levant de l'Europe.

Levant ne doit pas être employé invariablement pour *Orient*, avec lequel il peut être en certains cas considéré comme synonyme. Il y a cette différence entre ces deux termes pris géographiquement que le Levant désigne plus particulièrement la côte occidentale de l'Asie sur la Méditerranée, la Turquie asiatique, la Grèce, les îles de Chypre et de Crète, l'Egypte et les régences barbaresques de Tripoli et de Tunis; l'Orient désigne la partie de l'Asie située au delà des dépendances de la Turquie, la Perse, l'Inde, la Chine, le Japon. (*Voir* ÉCHELLES DU LEVANT.)

LEVÉE EN MASSE. Appel sous les drapeaux de tous les hommes capables de porter les armes.

Il ne faut pas mettre la levée en masse d'une nation pour s'opposer à une invasion étrangère, sur la même ligne que la formation de corps de partisans ou de *guérillas* (voir ce mot). En effet lorsqu'un peuple court aux armes afin de repousser l'ennemi qui envahit son territoire, ce sont en général les autorités qui dirigent le mouvement et engagent ainsi la responsabilité du pays tout entier, qui peut fort bien demeurer étranger aux actes de partisans, qu'il n'a pas appelés sous les drapeaux.

Le fait de la levée en masse transforme tout citoyen valide d'ennemi passif en ennemi actif; dès lors l'armée envahissante est avertie qu'elle n'a plus affaire qu'à des soldats, et la distinction entre les militaires et les non militaires devient superflue.

En droit strict on peut donc dire que la levée en masse confère à la population qui y a recours le caractère de belligérant et la place en cas de défaite sous le régime réservé aux prisonniers de guerre. (*Voir* LANDSTURM, GUERRE.)

LEWIS (Sir Georges Cornewall), homme d'État et publiciste anglais, né à Raduor (Pays de Galles) le 21 octobre 1806, mort le 13 avril 1863.

Il a été successivement sous-secrétaire du ministère de l'intérieur en 1848, secrétaire de la trésorerie en 1850, chancelier de l'échiquier en 1855, ministre de l'intérieur en 1859, membre de la Chambre des Communes à diverses reprises.

Dans l'intervalle de ses occupations politiques et officielles il s'est livré à des travaux d'histoire et de philosophie.

Nous mentionnerons comme se rapportant plus directement à la science du droit public :
Influence of authority in matters of opinion (Influence de l'autorité en matière d'opinion).
Treatise on the method of observation and reasoning in politics (Traité sur la méthode d'observation et de raisonnement en politique). — Cet ouvrage renferme un système positif de philosophie applicable à l'étude de la politique.

LEWIS (William), jurisconsulte allemand. *Das deutsche Seerecht.* (Le droit maritime allemand.) 2 vol. Leipzig, 1877—1878.

LEX DOMICILII, lex loci domicilii. Locution de droit latin, qui signifie la „loi du domicile", la „loi du lieu du domicile". (*Voir* DOMICILE, JURIDICTION STATUTS.)

LEX FORI. Cette locution signifie, traduite mot à mot, *loi du tribunal local.*

Il est admis sans exception que toute demande ou tout différend qui est du ressort des tribunaux, doit être jugé dans chaque pays selon la loi territoriale. Toutes les fois qu'il s'agit de réclamer en justice l'exécution d'un contrat, la *lex fori* devient seule applicable.

C'est d'après le principe de la *lex fori*, précisé dans les lois judiciaires de chaque État, qu'on apprécie si les questions soulevées doivent être portées devant un tribunal ordinaire ou devant un tribunal d'exception; si la citation des parties doit se faire de telle ou telle manière; si les délais de comparution doivent être plus ou moins rapprochés; si les preuves à fournir seront reçues dans une forme ou dans une autre, etc.

Tout ce qu'on peut demander sous ce rapport, c'est que les nations n'établissent pas de privilèges et qu'elles ouvrent librement aux étrangers, comme à leurs propres citoyens, l'accès des tribunaux, en garantissant à eux une égalité absolue et la même impartialité dans l'administration de la justice.

(*Voir* JURIDICTION, POUVOIR JUDICIAIRE, LÉGISLATION.

LEX LOCI CONTRACTUS. Loi du lieu de l'engagement.

En droit strict les contrats doivent être régis, quant à la valeur légale de leur forme et aux effets découlant de leurs stipulations, par la loi du lieu où ils sont conclus.

La règle est fondée non seulement sur la convenance mutuelle des individus, mais encore sur la nécessité morale pour les nations de vivre en relations intimes les unes avec les autres.

La *lex loci contractus* ne s'applique ni au statut personnel ou à la capacité propre des contractants, ni aux cas dans lesquels son application entraînerait la violation formelle des lois du pays où le contrat doit se dénouer ou recevoir son exécution. Le devoir réciproque des nations ne va pas en effet jusqu'à laisser enfreindre leurs lois particulières, jusqu'à prêter leur sanction à des engagements contraires à l'ordre public ou à sa morale et dont rien ne peut effacer le vice et la nullité radicale : de là découle une série d'exceptions auxquelles la loi du lieu du contrat n'est pas applicable. (*Voir* CONTRAT, ENGAGEMENT, OBLIGATION.)

LEX REI SITÆ, lex juridictionis, ubi sita sunt.

Locution de droit latin, la „loi du lieu où la chose est située", la „loi de la juridiction où les biens sont situés." (*Voir* BIENS FONDS, IMMEUBLES, MEUBLES, JURIDICTION, STATUTS.)

LIBÉRAL. Ce mot, entré dans le langage politique de notre époque, signifie ce qui est favorable à la liberté civile et politique, au progrès dans les institutions constitutionnelles et sociales, et, en France particulièrement, à la défense des droits conquis par la Révolution : ainsi dit on opinions libérales, institutions libérales, le parti libéral.

On qualifie de libéral l'homme qui professe des idées libérales. En France, sous la Restauration, de 1815 à 1830, les membres de l'opposition qui combattaient les propositions du gouvernement, étaient appelés les *libéraux*.

LIBÉRALISME. L'ensemble des doctrines professées par les libéraux.

LIBÉRIA (Déclaration d'indépendance de). Les représentants de la colonie privée américaine de Libéria, réunis en congrès, le 29 juillet 1847, à Monrovia, déclarèrent cette colonie un Etat libre, souverain et indépendant sous le nom de République de Libéria.

Voici un extrait du Message dans lequel ces représentants notifièrent aux gouvernements de l'Europe et de l'Amérique la constitution de cet Etat nouveau:

Nous reconnaissons à tous les hommes certains droits naturels et inaliénables, tels que le droit de l'existence, la liberté, le droit d'acquérir et de posséder des propriétés. Mais, pour exercer ces droits, il est indispensable d'avoir une forme quelconque de gouvernement et chaque peuple est fondé à choisir celui qui parait le plus propre à lui garantir l'exercice de ces droits.

Nous, le peuple de Libéria, étions dans l'origine habitants des Etats-Unis d'Amérique, mais nous y étions en partie exclus des droits indiqués plus haut, ainsi que de toute participation au gouvernement.

Nos griefs n'ayant pas été écoutés, nous avons décidé de fonder, sur la côte occidentale de l'Afrique, et avec le concours de la Société de colonisation américaine, un Etat pour nous y établir.

Dans l'origine intimement liés avec cette Société, nous lui avions délégué certains pouvoirs politiques, mais en stipulant que ces pouvoirs cesseraient, dès que le peuple de Libéria serait en état de se gouverner lui-même.

Sous les auspices de la Société nous avons crû et prospéré ; de temps en temps nous avons accueilli des émigrants d'Amérique et des tribus voisines, puis reculé nos frontières grâce à l'acquisition à l'amiable de territoires voisins.

En même temps notre commerce prenait de l'extension et les pavillons de toutes les nations maritimes flottaient dans nos ports. Mais il s'est élevé, en suite de ces relations commerciales, certaines difficultés qui, pensons-nous, ne peuvent être écartées que par une entente entre des Etats souverains.

Depuis quelques années, la Société de colonisation est de fait étrangère à l'administration de Libéria. Elle se contente de choisir le gouverneur parmi les colons.

Vu ces circonstances, par acte de janvier 1846, cette Société a rompu tout lien politique avec la République, lui a rendu les pouvoirs qu'elle en avait reçu et remis au peuple la direction de ses affaires.

Le peuple de Libéria est en conséquence de fait un Etat libre, souverain et indépendant possédant tout les droits d'un pareil Etat.

Au nom de l'humanité, de la vertu et de la religion, au nom de Dieu, notre créateur commun, nous en appelons donc aux nations chrétiennes, les suppliant de nous regarder avec les sympathies et les égards dûs à notre situation et de nous admettre dans leur communauté.

Ce document est suivi de la constitution de la République de Libéria, constitution analogue à celle des Etats-Unis de l'Amérique du Nord. (*Voir* ÉTAT LIBRE.)

LIBERTÉ. Faculté et pouvoir d'exercer sa volonté, aussi bien en n'agissant pas qu'en agissant ; se dit par opposition à contrainte.

Condition de l'homme qui jouit de cette faculté, et par suite de celui qui n'appartient à aucun maître, qui n'a aucun assujettissement, qui n'est retenu ni en servitude ni en captivité.

En parlant d'un peuple, *liberté* signifie indépendance, autonomie (voir ces mots): il se dit par opposition à asservissement.

LIBERTÉ CIVILE. Faculté de faire tout ce qui n'est pas défendu par les lois, dans la sphère des rapports des citoyens entre eux; jouissance de certains droits accordés aux habitants d'un pays relativement à la vie civile.

LIBERTÉ DE COMMERCE. Faculté qu'ont les commerçants d'acheter, de vendre, d'échanger, tant dans l'intérieur du pays qu'au dehors, sans être soumis à des prohibitions, soit au paiement de taxes ou de droits restrictifs.

La liberté de commerce est aussi désignée sous la dénomination de *liberté des échanges*, ou *libre-échange* (voir ce dernier terme).

Cependant dans la plupart des pays, la liberté du commerce est régie ou limitée par des règlements spéciaux d'un ordre général; mais on admet que la liberté subsiste tant qu'elle n'est assujettie qu'à l'observation de règlements, et non à des mesures d'exception, à des interdictions absolues, à des impôts abusifs. (*Voir* COMMERCE.

Ainsi aujourd'hui le commerce est libre entre les différentes nations, en ce sens qu'aucune n'est exclue du commerce avec les autres et qu'il n'est pas besoin de traités pour en assurer la jouissance. Mais cette liberté, qu'on pourrait appeler la liberté naturelle de commerce, n'empêche pas chaque nation de prendre les arrangements, de mettre au commerce étranger les restrictions qu'elle juge conforme à ses intérêts, et même de refuser ou d'accorder à telle nation des avantages sur telle autre; dans ce dernier cas, la nation qui agit ainsi, use assurément de sa liberté mais entrave néanmoins jusqu'à un certain point, la liberté du commerce d'autrui, sans que la partie qui se juge lésée ait, en droit strict, à s'y opposer autrement que par la réciprocité ou par des négociations en vue de changer l'état de choses.

LIBERTÉ DE CONSCIENCE. Droit de professer les opinions religieuses qu'on croit vraies, sans être inquiété par l'autorité, sans encourir l'application d'aucune loi pénale.

A cette liberté se rattache la liberté des cultes ou liberté religieuse, qui consiste dans le droit qu'ont les adeptes des différentes religions de professer leur culte et d'enseigner leur doctrine. (*Voir* CULTE, RELIGION.)

LIBERTÉ DE LA PRESSE. Droit de manifester sa pensée par la voie de la presse, c'est-à-dire au moyen de l'impression, principalement par les journaux.

Cette liberté a pour corollaire, ou plutôt pour fondements, la liberté de penser, c'est-à-dire de manifester sa pensée sans contrainte, et la liberté d'écrire, ou de manifester sa pensée par écrit.

LIBERTÉ DES ÉTATS. La liberté d'un Etat consiste dans le droit qu'il a de manifester sa volonté par des actes, sans qu'un autre ait le droit de s'y opposer, à moins toutefois que celui-ci ne trouve que l'exercice de cette liberté lui porte préjudice et dépasse certaines bornes que le droit international reconnaît comme nécessaires pour maintenir les relations des peuples entre eux; par là le droit international n'a pas pour objet d'entraver la liberté des Etats; il a au contraire pour but d'en assurer le respect et la défense réciproque. (*Voir* INDÉPENDANCE, AUTONOMIE, SOUVERAINETÉ.)

LIBERTÉ DES MERS. Droit que toutes les nations ont de naviguer librement sur les mers.

Le principe de la liberté de la pleine mer est de droit naturel.

Il n'y a pas à démontrer que les mers ne sauraient constituer un domaine privé; elles sont ouvertes à toutes les nations et leur libre usage constitue le patrimoine commun de tous les peuples. Cependant on peut se demander si elles sont susceptibles de devenir la propriété d'une nation particulière.

En fait les mers ne sont pas infinies, puisque les côtes en marquent les contours; et, s'il était vrai qu'on ne sait où elles s'arrêtent, la terre, perdant ses limites naturelles, échapperait, elle aussi, à toute notion de propriété.

On ne saurait prétendre que le domaine des eaux ne comporte ni limites ni frontières; car la science nautique fournit à l'homme des lignes et des points de repère tout aussi exacts que les mesures qui servent de démarcation sur la terre ferme. Enfin, au point de vue pratique, celui de la pêche, par exemple, l'argument tiré de la prétendue immensité des mers n'a qu'une valeur relative, et conduirait, contrairement à la pensée de ceux qui le mettent en avant, à soutenir que l'Océan est susceptible d'appropriation dans certains cas et qu'il ne l'est pas dans d'autres, qu'il peut à la fois constituer un domaine collectif ou national et une propriété individuelle.

Pour trancher la question de principe il faut se placer à d'autres points de vue. Une première raison, purement matérielle et physique, s'oppose à l'appropriation des mers. En droit comme en fait, la propriété n'existe qu'à la condition de reposer sur une chose tangible, susceptible de possession et de détention exclusives. Or quel peuple pourrait se dire en situation de rendre effectives la possession et la détention des mers?

Un argument autrement décisif contre tout droit de propriété de la pleine mer se déduit des considérations de l'ordre moral et philosophique.

Les mers sont un élément nécessaire au développement des nations, aux progrès de la civilisation; elles constituent une voie de communication naturelle, mise à la portée de tous; leur appliquer l'idée d'une appropriation réservée et exclusive, c'est méconnaître ce que commandent à la fois la situation et les besoins des peuples, la diversité et l'égalité réciproque des Etats.

Reconnaître à une nation la souveraineté des mers revient à lui attribuer un domaine universel, même sur terre : ce qui n'est pas moins contraire aux enseignements de l'histoire qu'aux règles de la saine raison, qui, l'une et l'autre, dans la sphère du droit comme dans celle des faits, repoussent également l'unité absolue et la liberté illimitée.

Etant ainsi démontré que les mers ouvertes ne comportent pas d'appropriation exclusive, et l'égalité réciproque des Etats étant un principe de droit naturel qui ne saurait souffrir d'atteinte, on est logiquement, nécessairement conduit à admettre que ces mers échappent à la domination, à l'empire, aussi bien qu'à la propriété réservée d'une seule nation.

La pleine mer est ouverte à la navigation de toutes les nations et de tous les individus.

Le droit international ne tolère plus qu'une mer soit fermée à la navigation universelle, lorsqu'elle est navigable et reliée à la mer libre, lors même que son littoral tout entier ferait partie du territoire d'un Etat.

Une mer ne peut être fermée aux autres nations que s'il est impossible aux navires venant de la pleine mer d'y pénétrer.

(*Voir* MER, DOMAINE, JURIDICTION, COMMERCE, NAVIGATION, GOLFE, BAIE, DÉTROIT.)

En résumé, le droit public externe des nations civilisées reconnaît qu'aucun peuple ne possède de droit exclusif à la propriété et à la domination de la haute mer; que les pavillons de toutes les nations souveraines jouissent des mêmes droits, de la même liberté, à condition de respecter les principes généraux du droit des gens; que la supériorité relative des forces navales ne donne à aucun Etat un titre de prééminence par rapport aux autres; que la violation de ces règles, de quelque part qu'elle vienne, est toujours illégitime et blâmable; qu'enfin les mesures exceptionnelles de surveillance ou de police, consacrées par des traités spéciaux à l'égard des navires de deux ou de plusieurs nations, ne peuvent être obligatoires que pour les parties contractantes.

LIBERTÉ INDIVIDUELLE ou PERSONELLE. Droit qu'a chaque citoyen de n'être privé de la liberté de sa personne que dans les cas et dans les formes déterminés par la lois.

La liberté individuelle comporte en soi le droit d'obtenir protection contre toute atteinte portée à la sûreté dont chaque citoyen doit jouir dans la société; la constitution de la société et ses lois ont en effet pour but le maintien de la liberté et de la sûreté individuelle de chacun.

La privation de la liberté individuelle constitue l'*esclavage,* si elle est entière, et le *servage,* si elle est partielle. (Voir ces mots.)

Le droit international ne reconnaît à aucun Etat ni à aucun particulier le droit d'avoir des esclaves.

LIBERTÉ NATURELLE. Pouvoir que l'homme a naturellement d'employer ses facultés comme il lui convient; ce pouvoir, l'apanage égal de tous les hommes : c'est la loi générale.

Les libertés naturelles sont celles que l'homme tient de sa nature, celles dont il a besoin pour accomplir ses fins morales, et dont il ne peut être dépouillé sans perdre sa dignité; c'est pourquoi ces libertés sont considérées comme imprescriptibles, inaliénables.

Toutefois, comme l'homme vit en société, il est obligé, sans abdiquer ses libertés naturelles, d'en plier, d'en subordonner l'exercice aux besoins, à la sauvegarde de la société dont il fait partie. Delà naît la liberté sociale, qui est la faculté de faire ce que les lois de la société n'interdisent ni ne condamnent; la liberté sociale implique donc naturellement la liberté civile et la liberté politique.

LIBERTÉ POLITIQUE ou PUBLIQUE. Jouissance des droits politiques et civiques que dans certains pays la constitution accorde aux citoyens. (*Voir* CONSTITUTION.) Dans ce sens la liberté politique indique la participation plus ou moins grande que chaque citoyen, suivant la constitution de son pays, peut avoir aux affaires publiques.

Le terme *liberté politique* se prend encore dans une autre acception : il s'applique aux relations d'un Etat avec les autres Etats et sert à signifier son autonomie, son indépendance à l'égard de ces derniers.

LIBERTÉS. Employé au pluriel, ce mot signifie privilèges, droits et aussi immunités, franchises, appartenant notamment à des corporations, à des institutions.

Ainsi libertés des communes, libertés de l'Eglise, etc.

Il y a lieu toutefois d'établir une distinction entre les libertés et les franchises; le premier terme implique une idée positive et le second une idée négative : ainsi les *libertés* d'une commune, d'une ville consistent dans le pouvoir qu'elle a de s'administrer, de s'imposer elle-même comme ses habitants en décident; ses *franchises* consistent dans les exemptions de charge, d'impôts, de servitude, qui grèvent d'autres communes et ne l'atteignent pas par exception.

LIBRE ÉCHANGE. Doctrine économique portant que les relations commerciales, entre les nations, doivent être affranchies de prohibitions ou du moins de taxes élevées.

Pratique de cette doctrine. (*Voir* ÉCHANGE, COMMERCE, LIBERTÉ DU COMMERCE.)

LICENCE. *Définitions, classification.* Liberté de faire donnée par permission; en commerce, permission spéciale pour vendre, importer ou exporter certaines marchandises.

L'acte ou le papier qui contient cette permission.

En temps de guerre, certains belligérants accordent à leurs nationaux, aux ennemis ou aux neutres des *licences de commerce,* qui ne sont qu'un sauf-conduit pour continuer sans crainte de capture des opérations mercantiles prohibées par les lois générales de la guerre. Ces licences ne lient que les autorités constituées et les tribunaux de l'Etat qui les a délivrées; quant aux personnes qui en font usage, elles s'exposeraient à de sévères pénalités, si elles s'écartaient le moins du monde de la teneur du privilège qu'elles ont obtenu, c'est-à-dire si elles franchissaient les limites de temps et de lieu des licences, ou s'adonnaient à un trafic autre que celui qu'on a entendu leur permettre, soit pour la quantité, soit pour l'espèce et la qualité des marchandises embarquées.

Dans certains pays on accorde parfois des *licences générales,* qui équivalent alors à une suspension complète ou partielle de l'exercice du droit de guerre. Ces licences émanent soit du souverain même de l'Etat, soit d'une personne investie de pouvoirs spéciaux à cet effet.

En dehors de ces permissions générales, il est aussi d'usage de délivrer des *licences spéciales,* individuelles, soit pour voyager, soit pour importer ou exporter certaines marchandises déterminées. La forme de ces actes varie à l'infini et dépend autant des limites dans lesquelles se renferme leur emploi, que des pouvoirs de l'autorité appelée à en faire la délivrance.

Valabilité des licences. Pour qu'une licence soit valable, il ne suffit pas qu'elle ait été expédiée en due forme; il faut encore que la personne à qui elle a été accordée, ne l'invalide ou ne l'annule pas par des actes antérieurs ou postérieurs à sa délivrance. En effet si l'ayant-droit franchit les limites qui lui ont été tracées; si pour l'obtenir il a dissimulé sa véritable situation ou s'est attribué une qualité qu'il n'a pas, le titre peut être frappé de nullité, voir même confisqué, sans préjudice des pénalités auxquelles sa fraude l'exposerait légalement.

Généralement on n'applique pas les lois relatives aux licences de trafic avec une excessive rigueur; cependant les porteurs de ses documents sont tenus d'agir avec la plus entière bonne foi et d'apporter dans leur conduite une rectitude absolue; pour peu, en effet, que leurs intentions puissent être suspectées ou qu'ils s'écartent sciemment des obligations strictes qui leur sont imposées, ils encourent la saisie de leurs biens.

La première circonstance matérielle à apprécier pour s'assurer de la validité de la licence c'est que la pièce se trouve bien entre les mains de la personne même à laquelle la concession en a été faite. Ces sortes de documents ne sont pas en général libellés de manière à impliquer le droit de les céder à des tiers, et ceux qui en réclament le bénéfice doivent toujours être en mesure d'en prouver l'origine et la légitime possession. Lorsqu'ils ne sont pas absolument personnels, il est d'usage d'y faire mention expresse de la faculté de les vendre ou de les endosser à des tiers, et le cessionnaire acquiert alors les mêmes droits que le bénéficiaire primitif.

Toutes les fois que la licence est rigoureusement individuelle et nominative sans réserve d'endossement ou de partage avec des tiers, celui qui l'a obtenue est sans droit pour en faire profiter ses commettants ou ceux pour le compte de qui il agit d'habitude; il ne pourrait lui donner une semblable extension qu'autant que la licence porterait la mention : „un tel ès noms“, ou „un tel et compagnie“.

Conditions de la licence. Du moment qu'une licence est accordée à un ennemi toutes les incapacités personnelles de celui-ci cessent, et il est, de plein droit, placé sur la même ligne que le sujet de l'Etat qui la lui accorde : il peut notamment soutenir, le cas échéant, des procès devant les tribunaux de cet Etat.

Au moment d'en faire usage le propriétaire d'une licence est strictement obligé de se renfermer dans les limites qui ont été assignées pour la qualité et la quantité des marchandises à embarquer. Lorsque l'excédant dans les quantités ne dépasse pas une proportion modérée, l'équité veut sans doute qu'on use de tolérance; mais on se montre plus sévère en ce qui regarde les espèces et les qualités. Ainsi tout produit non expressément désigné dans la licence est passible de confiscation; cette pénalité peut même s'étendre à l'ensemble du chargement, avec annulation de la licence, lorsque parmi les marchandises dont le transport est autorisé on en a frauduleusement caché quelques-unes d'une espèce distincte, telles que des articles de contrebande de guerre.

La représentation identiquement semblable de la cargaison embarquée est aussi de rigueur lorsque le navire, par fortune de mer etc., revient au point de départ avant d'avoir atteint son port de destination. Toute différence ou substitution de marchandises impliquerait forcément une opération interlope accomplie soit en mer, soit à terre, et donnerait ouverture à confiscation.

Il est de pratique constante qu'en cas d'avarie ou de perte par naufrage, le chargement qui fait l'objet de la licence peut être remplacé par un autre identiquement semblable.

Un des prétextes le plus souvent allégués pour justifier l'embarquement de marchandises autres que celles spécifiées sur les licences est celui de circonstances de force majeure, telles que violences, employées par l'ennemi, danger de saisie du navire etc. Les cours de prises se montrent fort sévères à l'endroit d'allégations et d'excuses trop habituellement invoquées pour couvrir les abus et la fraude.

Le nom et la nationalité du navire qui conduit les marchandises spécifiées sur la licence méritent d'être pris en sérieuse considération.

Lorsque la licence porte, par exemple, que le navire destiné au transport doit appartenir à telle ou telle nation neutre, le chargeur est libre d'employer les navires de toute autre nation qui se trouve dans les mêmes conditions; en agissant ainsi il ne commet aucune infraction grave, et il en serait de même si au lieu d'un seul navire de grande dimension il en employait deux ou plusieurs d'un moindre tonnage; mais pour échapper à toute capture il faut que la licence précise à la fois la nature des biens ennemis à importer, les classes et les qualités du ou des navires autorisés à faire le transport, et les noms et la nationalité du chargeur, dont le caractère ne peut subir d'altération du fait de la licence.

En principe, la licence a pour effet de mettre à l'abri de capture la marchandise et le navire affecté à son transport; mais on comprend qu'il n'y ait pas corrélation absolue et nécessaire entre cette double exemption. S'il était prouvé, par exemple, à l'encontre des énonciations de la licence, que le navire est la propriété d'une personne autre que celle que l'on avait en vue, il pourrait être saisi et déclaré de bonne prise, sans que sa condamnation entraînât forcément celle de sa cargaison, surtout si les chargeurs étaient reconnus avoir agi de bonne foi.

Restrictions de la licence. On exige rigoureusement que le navire muni d'une licence n'accomplisse que le voyage autorisé et ne s'écarte en rien de la route qui lui a été tracée. Les relâches ou les escales prévues doivent, à moins de circonstances de force majeure, fortune de mer ou autres, être faites sous peine de voir annuler le bénéfice du privilège obtenu.

Il est certains transports qui ne sont autorisés qu'à la condition d'être faits sous escorte dans des parages déterminés. Le navire auquel elle est imposée est tenu de s'y conformer strictement, s'il ne veut s'exposer à capture. Cependant, si l'autorité chargée d'organiser le convoi refuse ou n'est pas en mesure de fournir un bâtiment convoyeur et ordonne aux capitaines munis de licence de faire fausse route pour tromper l'ennemi, il surgit là un cas de force majeure qui ne porte atteinte ni à la validité de la licence ni au caractère national des ayant-droit.

La protection qui résulte de la licence couvre le navire pendant son voyage entier, c'est-à-dire pendant l'aller et la rentrée au point de départ, pourvu qu'il revienne sur lest; autrement, et si au retour il embarquait une nouvelle cargaison, celle-ci et le navire lui-même deviendraient passibles de confiscation.

Portée de la licence. Les licences varient, quant à la portée pratique de l'opération mercantile qu'elles sont destinées à garantir. Les unes n'embrassent que l'exportation; d'autres sont limitées à l'importation; il en est aussi qui autorisent à la fois l'entrée et la sortie de certains produits. On comprend que les énonciations de la licence sont essentiellement de droit étroit et ne se laissent pas étendre au gré ou selon l'intérêt et le caprice de ceux qui sont appelés à en faire usage. La faculté d'importer en pays ennemi ne donne donc pas le droit de rapporter au point de départ une valeur équivalente en marchandises et *vice versâ*, quand bien même le belligérant consentirait à y prêter la main.

L'intention seule de faire relever le navire pour un autre port appelé à être la destination finale de son chargement ne détruit pas le bénéfice de la licence; mais si cette intention se traduit en faits et si le navire reprend la mer après avoir atteint son premier port de destination, il peut en cas de capture être déclaré de bonne prise.

En matière de changement de route, les cours de prises se guident généralement d'après la présomption légale que le navire capturé pendant qu'il se dirigeait vers un port intermédiaire non indiqué sur ses papiers de bord, se proposait d'enfreindre les limites de sa licence, et qu'au contraire le bâtiment saisi après avoir fait une escale de ce genre, sans que sa cargaison ait été ni changée, ni accrue, ni diminuée, doit jusqu'à preuve contraire être considéré comme ayant agi de bonne foi.

Durée de la licence. Il importe d'établir une distinction essentielle quant à la durée assignée à la validité de la licence.

Lorsqu'il s'agit d'exportation, les délais fixés pour l'achèvement de l'opération sont de rigueur et ne peuvent pas être dépassés. La licence s'applique-t-elle, au contraire, à un fait d'importation, alors on est forcément amené à prendre en considération les circonstances de mer qui peuvent avoir empêché le navire d'accomplir son voyage dans le terme qui lui avait été assigné.

Il est vrai qu'une licence n'a de valeur que pour la période de temps et pour l'objet spécial qui y sont mentionnés; à plus forte raison faut-il admettre qu'elle ne peut produire d'effet rétroactif. Son but est de rendre licite une opération projetée en vue d'une situation donnée, et non de légitimer après coup une spéculation en cours condamnable et illégitime en vertu des lois générales de la guerre.

Production et altération des licences. Une dernière condition exigée pour la validité de la licence, c'est que la pièce figure parmi les papiers de bord du navire. Sa production intempestive, eût-elle été endossée après coup par le chargeur, la rendrait absolument nulle; la jurispru dence n'a jamais varié sur ce point.

Il en est de même pour toute rature ou altération soit du texte, soit de la date des licences, qui sous ce rapport sont pleinement assimilées aux documents authentiques.

Le soupçon de fraude, qui surgit ici *prima facie*, repose sur des éléments tels que l'on peut à peine entrevoir des circonstances exceptionnelles assez graves pour en déduire les conséquences légales, et permettre aux intéressés de combattre l'annulation de la licence par des preuves convaincantes de leur bonne foi et de leur innocence.

Quand même la réserve expresse n'en aurait pas été faite, les licences pour trafiquer avec les ports ennemis ne confèrent jamais le droit de violer des blocus régulièrement établis ou de transporter des articles dits de contrebande de guerre. Les défenses générales qui existent à cet égard sont considérées comme étant d'ordre public, comme maintenues de plein droit et comme ne pouvant devenir l'objet de dérogations tacites. (*Voir* COMMERCE, NAVIGATION, MARCHANDISES, CONVOI, PAPIERS DE BORD, ENNEMI, PRISES MARITIMES.)

LICTEUR. Nom donné, dans l'ancienne Rome, à des gardes attachés à la personne de certains magistrats. Lorsqu'ils les accompagnaient, ils portaient sur l'épaule un faisceau de verges liées autour d'une hache, toujours prêts à délier le faisceau pour fouetter les criminels ou pour leur trancher la tête.

Le dictateur avait 24 licteurs, le consul douze, les préteurs six. Ils marchaient devant le magistrat, frappaient à la porte des personnes chez qui il se rendait, et exécutaient les sentences.

LIDES. Nom donné, à l'époque barbare, à des hommes dont l'état était intermédiaire entre la servitude et la liberté.

LIEBER (Francis), publiciste américain. *Fragments of political science on nationalism and inter-nationalism* (Fragments politiques sur le nationalisme et l'internationalisme). New-York, 1868.

L'auteur cherche à établir que les Etats-Unis constituent une véritable nation, bien que n'ayant ni langue distincte, ni dénomination commune.

LIEUTENANT. Dans le sens propre, celui qui tient la place d'un chef et commande en son absence.

Nom donné à divers fonctionnaires dans certaines carrières, et particulièrement à différents grades dans l'armée et la marine militaire.

Autrefois on appelait *lieutenant du roi* celui qui commandait dans une place de guerre, en absence du gouverneur.

A différentes époques, en France, il a été créé, dans des circonstances extraordinaires, un lieutenant général du royaume, dont la dignité équivalait à celle de régent, pour remplir les fonctions royales, soit quand le roi était prisonnier, soit quand il n'était pas reconnu pour quelque cause que ce fût. Cette dignité, qui était essentiellement temporaire, a été quelque fois aussi confiée par les rois eux-mêmes à un prince de leur famille pour exercer en leur nom tout ou partie de l'autorité royale.

Dans l'ordre civil et judiciaire, on nommait jadis *lieutenant civil* le lieutenant du prévôt de Paris qui connaissait des causes civiles; *lieutenant criminel*, magistrat qui connaissait des causes criminelles; *lieutenant général*, celui qui présidait le tribunal d'une sénéchaussée, d'un bailliage; *lieutenant général de police*, magistrat qui avait la direction de la police à Paris.

LIGE. Terme de féodalité.

On appelait *homme lige* ou *vassal lige* celui qui était obligé de servir son seigneur contre qui que ce fût, sans restriction, excepté contre son père.

Ainsi, lorsqu'un homme était vassal de deux seigneurs, si la guerre était décla-

rée entre ces deux seigneurs, il était tenu de secourir celui dont il était vassal lige contre l'autre dont il était vassal simple.

On appelait *terre lige, fief lige* ou *ligeance* la terre possédée sans la charge de l'hommage lige et des obligations qu'il imposait.

LIGUE. Union de plusieurs princes ou Etats pour se défendre ou pour attaquer : delà la distinction entre ligues défensives et ligues offensives.

(*Voir* UNION, CONFÉDÉRATION, COALITION, ASSOCIATION, ALLIANCE.)

LIMA (Traité de). Traité d'union perpétuelle, d'alliance et de confédération entre la Colombie et le Pérou, signé à Lima le 6 juillet 1822.

Après avoir conquis leur indépendance, les anciennes colonies de l'Espagne dans l'Amérique du sud sentirent la nécessité de s'unir entre elles par des liens d'amitié et d'alliance afin de mieux se garantir contre toute éventualité d'attaque de leur ancienne métropole.

C'est à ce sentiment qu'il faut rapporter la conclusion du traité signé à Lima le 6 juillet 1822 entre la République de Colombie et la République du Pérou, dans le but d'établir solennellement et à perpétuité l'amitié qui naît naturellement entre eux de l'identité des principes et de la communauté d'intérêts : une parfaite réciprocité entre les gouvernements et les citoyens des deux Etats en était la base.

Les deux Républiques concluaient à perpétuité une alliance défensive pour assurer leur indépendance de l'Espagne et de toute autre domination étrangère.

Par un traité additionnel signé le même jour, les deux parties contractantes s'obligeaient à interposer leurs bons offices auprès des gouvernements des autres Etats de l'Amérique ci-devant espagnole pour les engager à entrer dans ce traité d'union, d'alliance et de confédération perpétuelle. Pour atteindre ce but, on devait former un congrès général des Etats américains, composé de leurs plénipotentiaires, lequel devait „servir de conseil dans les grandes occasions, de point du contact dans les dangers communs, de fidèle interprète de leurs traités publics lorsqu'il s'élèverait quelques difficultés, d'arbitre et de conciliateur de leurs différends". L'isthme de Panama était fixé comme devant être le siège de ce congrès.

Il était entendu que „ce traité n'interromprait en aucune manière l'exercice de la souveraineté de chacune des parties contractantes soit par rapport aux lois ou à l'établissement et à la forme du gouvernement, soit à l'égard de leurs relations avec les autres nations; mais les parties contractantes s'obligeaient expressément et irrévocablement à n'accéder à aucune demande d'indemnité, de tribut ou d'exactions que pourrait réclamer le gouvernement espagnol pour la perte de son ancienne souveraineté sur ces pays, à ne faire aucun traité avec l'Espagne ou toute autre nation au préjudice et détriment de leur indépendance, mais à soutenir en tous lieux et en toutes occasions leur intérêt réciproque avec la dignité et l'énergie particulières à des nations libres et indépendantes, alliées par le rang, l'amitié et la confédération".

LIMA (traité de). Traité d'amitié, d'alliance et de commerce entre le Pérou et l'Equateur, signé à Lima le 12 juillet 1832.

Ce traité, quoiqu'il porte le titre de traité de commerce, contient des dispositions qui en font un véritable pacte d'alliance entre les parties contractantes.

L'article 2 stipule en effet qu'il y aura alliance entre les deux Etats pour leur défense mutuelle contre toute agression étrangère; et en vue du même but l'article suivant contient une invitation adressée aux républiques du Chili et de la Bolivie dans le but de former une quadruple alliance avec les Etats de l'Equateur et du Pérou.

Dans le cas où la République de l'Equateur aurait un sujet de désaccord avec quelqu'un des autres Etats du continent, le Pérou devait offrir sa médiation pour un arrangement amiable, et l'Etat de l'Equateur devait rendre le même service au Pérou dans des circonstances semblables; et si cette médiation n'avait pas le résultat désiré et que l'une des parties contractantes fût menacée par un ennemi du dehors, elle pouvait réclamer de l'autre l'aide de ses forces de terre et de mer.

Dans le cas où un désaccord surviendrait entre l'Etat de l'Equateur et la République du Pérou, ils auront recours pour le régler à tous les moyens de conciliation que pourront leur inspirer l'étroite union qui existe entre eux; et si les efforts de leurs plénipotentiaires n'y réussissaient pas, la question serait soumise à l'arbitrage d'un autre Etat.

Le traité renferme ensuite des dispositions concernant l'extradition des criminels, la liquidation des dettes entre les deux républiques, et l'établissement des relations diplomatiques.

LIMA (traité de). Traité de paix et d'amitié entre la Bolivie et le Pérou, signé à Lima le 5 novembre 1863.

A la suite de différends survenus entre les deux républiques, et notamment d'une offense faite au pavillon péruvien par un chef de l'armée bolivienne, après les explications fournies par le plénipotentiaire bolivien, qui démontra qu'il s'agissait là d'un acte isolé, commis d'ailleurs sans préméditation par un fonctionnaire militaire subalterne dans des circonstances anormales, et désapprouvé hautement par le gouvernement, le Pérou et la Bolivie conclurent un traité de paix et d'amitié.

Ce traité, qui renferme les stipulations communes aux traités de ce caractère, amnistie, questions d'indemnité, rétablissement des relations de commerce, avait en outre la portée d'un véritable pacte d'alliance. L'article 3 dit en effet:

„Les deux hautes parties contractantes, convaincues que leur indépendance et le maintien des institutions américaines sont des conditions indispensables de leur conservation et de leur progrès, déclarent que toute attaque extérieure dirigée contre quelqu'un de ces biens inestimables par rapport à l'une sera regardée par l'autre comme une attaque dirigée contre elle même, et stipulent qu'elles s'aideront réciproquement pour sauvegarder leur indépendance et leurs institutions fondamentales."

Puis des clauses spéciales admettent les citoyens respectifs à la jouissance dans les deux pays des droits civils et judiciaires sur un pied d'égalité avec les nationaux.

L'extradition des criminels est réciproque.

Le système monétaire des deux pays est réglé d'après des principes et dans des conditions identiques.

Enfin les parties contractantes conviennent de soumettre par la suite à l'arbitrage les différends qui pourraient surgir entre elles:

L'article 27 est ainsi conçu:

„Les républiques de la Bolivie et du Pérou, obéissant à leurs antécédents sociaux communs, aux exigences de l'actualité et aux principes qui doivent dominer chez tous les peuples de l'Amérique, déclarent que les contestations qui pourraient malheureusement être soulevées entre elles, soit par une mauvaise interprétation de quelqu'un des articles du présent traité, soit pour tout autre motif, ne seront jamais décidées par la force des armes. Elles déclarent que la guerre ne sera pas le moyen de se faire réciproquement justice, ni de s'obliger, l'une l'autre, à l'accomplissement du présent traité et de ceux qui interviendront ultérieurement; et que dans le cas où malheureusement viendrait à s'interrompre la bonne harmonie qui existe entre elles et qu'elles s'appliqueront à conserver par tous les moyens possibles, les parties s'adresseront un exposé motivé des griefs de l'une contre l'autre ; et si l'on n'obtient pas ainsi la réparation demandée, elles conviennent dès maintenant de soumettre la décision des différends qui surviendraient à l'arbitrage d'un des gouvernements de ce continent ou de l'autre, et si l'on ne peut s'entendre sur le choix d'un arbitre, chacune des républiques désignera le sien, pour que les deux arbitres vident la contestation et choisissent, en cas de désaccord, le troisième arbitre chargé de mettre fin par son vote prépondérant.

„Les hautes parties contractantes s'obligent solennellement dès maintenant, sous la garantie de l'honneur national, à exécuter la sentence arbitrale sans y faire aucune objection."

Il était de plus stipulé que si un ou plusieurs citoyens de l'une ou de l'autre république enfreignaient un ou quelques-uns des articles du traité, ces citoyens seraient personnellement responsables de l'infraction, sans interruption, pour cela, de la bonne harmonie et de l'amitié réciproque entre les deux nations, lesquelles s'engagent à ne point protéger ces infracteurs.

L'échange des ratifications eut lieu à Lima le 21 janvier 1865.

LIMA (traité de). Traité d'union et d'alliance défensive entre les Républiques de la Bolivie, des Etats-Unis de Colombie, du Chili, de l'Equateur, du Pérou, du Salvador et des Etats-Unis de Vénézuéla, signé à Lima le 23 janvier 1865.

L'occupation des îles Chinchas et le blocus des ports du Chili par une escadre espagnole en 1864 (Voir TRAITÉ DE LIMA, du 5 décembre 1865) engagèrent les Républiques de la Bolivie, de la Colombie, du Chili, de l'Equateur, du Pérou, du Salvador et du Vénézuéla à envoyer des plénipotentiaires à un congrès américain, qui se tint à Lima dans le but d'aviser aux moyens de pourvoir à leur sûreté extérieure, de resserrer leurs relations, d'affermir la paix entre

elles et de seconder leurs autres intérêts communs, à l'aide de pactes internationaux, dont le traité signé le 23 janvier 1865 fut le premier et le principal.

Aux termes de ce traité les parties contractantes s'unissent et s'allient dans le but susénoncé, elles se garantissent mutuellement leur indépendance, leur souveraineté et l'intégrité de leurs territoires respectifs, s'engageant à se défendre les uns les autres contre toute agression qui aurait pour objet de priver une d'elles de quelqu'un de ces droits, que cette agression provienne d'une puissance étrangère, ou d'une des puissances engagées par le pacte, ou de forces étrangères n'obéissant pas à un gouvernement reconnu.

L'alliance ainsi contractée devait produire ses effets lorsqu'il y aurait violation des droits susmentionnés et surtout en cas d'actes tendant à priver une des nations contractantes d'une partie de son territoire, avec intention de s'en approprier la domination ou de le céder à une autre puissance; dans le cas d'actes tendant à détruire ou changer la forme de gouvernement, la constitution politique ou les lois que les parties contractantes se seront données dans l'exercice de leur souveraineté; ou tendant à en bouleverser le régime intérieur ou à leur imposer de force des autorités; dans le cas d'actes tendant à soumettre quelqu'une des parties contractantes à un protectorat, à la contraindre à une vente ou à une cession de territoire, à établir sur elle une suprématie de droits, une prééminence quelconque de nature à diminuer ou à entraver l'exercice plein et entier de sa souveraineté et de son indépendance.

Les alliés devaient décider, chacun de son côté, si l'offense faite à quelqu'un d'entre eux se trouve comprise dans les cas qui viennent d'être énumérés; et une fois le *casus fœderis* déclaré, les parties contractantes s'engageaient à rompre sans aucun retard leurs relations avec la puissance hostile, à donner leurs passeports à ses ministres publics, à annuler les lettres patentes de ses agents consulaires, à prohiber l'importation de ses produits naturels et industriels et à fermer les ports à ses navires.

D'autre part les parties contractantes se concerteront pour répartir entre elles les contingents de forces de terre et de mer ou tous autres secours et moyens de défense à fournir à la nation attaquée.

Après que le *casus fœderis* aura été

déclaré, la partie attaquée ne pourra conclure de trève ni de traité de paix sans le concours des alliés qui auront pris part à la guerre et qui voudront les accepter.

Si c'était une des parties contractantes qui portât atteinte aux droits d'une autre garantis par l'alliance, les autres procéderaient de la même manière que si l'offense eût été commise par une puissance étrangère.

Les parties contractantes s'obligeaient à n'accorder ni à n'accepter d'aucune nation ou d'aucun gouvernement un protectorat ou une suprématie de nature à diminuer leur indépendance et leur souveraineté; elles s'engageaient également à n'aliéner au profit d'une autre nation ou d'un autre gouvernement aucune portion de leur territoire; cette interdiction ne s'appliquait pas toutefois aux cessions de territoire que celles des parties qui sont limitrophes pourraient se faire pour mieux déterminer leurs limites ou leurs frontières.

Enfin les parties contractantes convenaient d'envoyer des plénipotentiaires à un congrès, qui devait se réunir tous les trois ans dans le but de prendre les mesures propres au maintien et au développement de l'Union; et de solliciter l'adhésion au traité, collective ou séparée, des autres États américains.

Le traité était conclu pour une durée de quinze ans à dater du jour de sa signature; et au bout de ce terme chacune des parties contractantes pouvait s'en désister en prévenant les autres douze mois d'avance.

Ratifié par le Président de la Bolivie le 1er janvier 1867, ce traité n'a pas reçu la ratification des autres républiques.

LIMA (traité de). Traité d'alliance offensive et défensive entre le Pérou et le Chili, signé à Lima le 5 décembre 1865.

Une colonie d'immigrants basques espagnols, établie à Tulambo (Pérou), ayant été attaquée par des Péruviens, un colon avait été tué et plusieurs blessés : le gouvernement espagnol adressa à ce sujet une demande de réparation au gouvernement péruvien, et celui-ci n'y donnant pas de suite, le contre-amiral espagnol prit, le 14 avril 1864, possession des îles Chinchas, en déclarant qu'il les occuperait jusqu'à ce que le Pérou eût donné satisfaction aux réclamations de l'Espagne; mais le 3 février il les remit aux autorités péruviennes, à la suite d'un traité, conclu à Callao le 28 janvier précédent, aux termes duquel le Pérou reconnaissait les créances de l'Espagne et s'obligeait à payer en outre une indemnité de guerre de 60 millions de réaux.

Ce traité souleva au Pérou un mouvement révolutionnaire, qui eut pour résultat la chute du président Pezet, qui l'avait signé, et l'avènement au pouvoir du colonel Prado comme chef suprême provisoire de la République; son premier acte fut (14 janvier 1866) de déclarer la guerre à l'Espagne; mais auparavant il avait réussi à conclure une alliance offensive et défensive avec le Chili, dont les ports — il faut le dire — étaient bloqués par une escadre espagnole, par suite de l'attitude hostile que le gouvernement chilien avait gardée contre l'Espagne pendant le conflit péruvien.

Aux termes d'un traité signé à Lima le 5 décembre 1865, les deux républiques déclaraient contracter entre elles la plus parfaite alliance offensive et défensive pour repousser l'agression actuelle du gouvernement espagnol, ainsi que toute autre du même gouvernement, ayant pour objet d'attenter à l'indépendance, à la souveraineté et aux institutions démocratiques des deux républiques ou de toute autre république du continent sud-américain, ou tirant son origine de réclamations injustes et qualifiées telles par les deux nations, non rédigées selon les préceptes du droit des gens, ni jugées dans la forme que ce droit détermine.

En conséquence les Républiques du Pérou et du Chili s'obligeaient à réunir les forces navales qu'elles avaient ou qu'elles pourraient avoir ultérieurement de disponibles, pour combattre les forces maritimes espagnoles qui se trouvaient ou pourraient se trouver dans les eaux du Pacifique, soit qu'elles bloquassent, comme cela avait lieu alors, les ports de l'une des républiques susmentionnées ou de toutes les deux, comme cela pouvait arriver, soit qu'elles commissent tout autre acte d'hostilité contre le Pérou ou le Chili.

Les parties contractantes s'engageaient à inviter les autres nations américaines à donner leur adhésion au traité.

LIMA (traité de). Traité d'adhésion à l'alliance entre le Pérou et le Chili, conclu entre la Bolivie et le Pérou à Lima le 11 avril 1866.

Ce traité est identique à celui que la Bolivie venait, un mois auparavant (19 mars 1866), de conclure avec le Chili. (*Voir* TRAITÉ DE LA PAZ.)

Ici toutefois l'adhésion de la Bolivie

à l'alliance contre l'Espagne est basée non seulement sur les dangers auxquels les agressions injustes et attentatoires de cette puissance exposent les Etats de l'Amérique, mais aussi sur les engagements contractés par elle dans un traité de paix et d'amitié conclu avec le Pérou le 5 novembre 1863, en raison de la présence du *casus fœderis* prévu par ce traité. (*Voir* TRAITÉ DE LIMA du 5 novembre 1863.)

Les ratifications du traité d'adhésion furent échangées le 11 juin 1866.

LIMA (congrès de). Lima, capitale de la République du Pérou, a été le siège de deux congrès tenus par les plénipotentiaires de diverses républiques de l'Amérique centrale et de l'Amérique du sud dans le but de former une confédération des Hispano-américains.

Le premier de ces congrès eut lieu à la fin de l'année 1847, et le second au commencement de l'année 1848.

En présence des résultats pour ainsi dire négatifs du congrès qui avait siégé à Panama (*voir* PANAMA) en 1826, plusieurs tentatives d'en réunir un nouveau furent faites par l'entremise du gouvernement mexicain, notamment en 1831 et en 1840; mais ces tentatives, bien qu'elles eussent été accueillies favorablement par la plupart des Etats qui y étaient intéressés, demeurèrent sans effet; car il ne paraît même pas que la question du choix de l'endroit où devaient s'assembler les plénipotentiaires ait été résolue. C'est seulement en 1847 qu'un autre congrès eut lieu à Lima.

Comme celui de Panama, le Congrès de Lima ne réunit pas la représentation complète des Etats hispano-américains : il n'était composé que des délégués (un par Etat) de la Bolivie, du Chili, de l'Equateur, de la Nouvelle Grenade, et du Pérou; la République Argentine, l'Uruguay, le Paraguay, le Mexique et les républiques de l'Amérique centrale n'y étaient pas représentés, quoique ces Etats y eussent été convoqués, ainsi que les Etats-Unis de l'Amérique du Nord.

La session, ouverte le 11 décembre 1847, se prolongea jusqu'au milieu de 1848. Les plénipotentiaires se séparèrent après avoir rédigé un nouveau pacte de confédération, un traité de commerce et de navigation, une convention postale et une convention consulaire. Ce dernier acte seul fut approuvé par le gouvernement de la Nouvelle Grenade; les autres sont demeurés à l'état de lettre morte.

Ce nouvel échec n'étouffa point les aspirations à une ligue hispano - américaine. Le 15 septembre 1856, les plénipotentiaires du Chili, du Pérou et de l'Equateur signèrent à Santiago un traité, connu sous le nom de *traité continental*, qui fut soumis à l'acception des autres républiques; celles-ci, sans souscrire explicitement à toutes les stipulations du traité, adhérèrent à l'idée essentielle qui en était la base; elles se déclarèrent toutes disposées à entrer dans une ligue permanente.

Enfin, à la suite d'une circulaire du gouvernement péruvien en date du 11 janvier 1864, un congrès se réunit le 28 octobre à Lima. La République Argentine, la Bolivie, le Chili, l'Equateur, les Etats Unis de Colombie, le Guatemala, le Pérou et le Vénézuela y étaient représentés. Cette assemblée a eu pour résultat la conclusion d'un traité d'alliance, qui doit toutefois être considéré plutôt comme la proclamation d'un principe que comme une ligue effective.

LIMITE. Ligne de démarcation entre des territoires contigus ou voisins. (*Voir* FRONTIÈRE.)

Le droit de souveraineté de chaque Etat s'étend jusqu'à la limite qui le sépare des Etats qui lui sont adjacents; par contre chaque Etat a le devoir de ne pas empiéter sur le territoire voisin; il importe donc aux Etats limitrophes de déterminer clairement les limites entre eux.

C'est pourquoi la démarcation de ces limites fait souvent l'objet de conventions spéciales communément dites *traités de limites*.

La rédaction de ces arrangements réclame des soins extrêmes et une très grande précision, afin de prévenir les usurpations de territoire et les conflits entre frontaliers. (*Voir* TRAITÉ.)

LIMITROPHE. Qui est sur les limites.

On dit : ces pays sont limitrophes, c'est-à-dire qu'ils forment la frontière entre eux, ou que la frontière de l'un touche à celle de l'autre.

Un pays est limitrophe d'un autre, lorsqu'il en est le voisin immédiat.

LIPENIUS (Martin), bibliographe allemand, né dans le Brandenbourg en 1630, mort en 1692.

Bibliotheca juris naturalis et gentium (Bibliothèque du droit naturel et international). 1679. 4 édit. Leipzig, 1757, 2 vol.; continuée par Scholl (1773), par le baron de Senkenberg (1789) et par Madihn (1817—1819).

LIPPENS (Hippolyte), jurisconsulte belge.

Exposé du système de la législation civile sur les droits dont les étrangers jouissent en Belgique. Gand 1871.

Mémoire couronné par le gouvernement belge. L'auteur est avocat près la cour d'appel de Gand.

LISBONNE (Traité de paix de) 1668.

La guerre durait entre le Portugal et l'Espagne depuis la révolution de 1640, où les Portugais, insurgés contre les Espagnols, avaient placé sur le trône Jean IV, de la maison de Bragance. Après la signature de la paix des Pyrénées avec la France (7 novembre 1659), les Espagnols la reprirent avec une nouvelle vigueur. Le Portugal ne vit d'autre ressource que de se jeter dans les bras de l'Angleterre, qui lui envoya des secours. Dès ce moment non seulement la chance des armes tourna à l'avantage des Portugais; mais de plus la guerre éclata de nouveau, en 1667 entre l'Espagne et la France, qui conclut une alliance offensive avec le roi de Portugal. Dans ces circonstances la cour de Madrid accepta la médiation que lui offrait la cour de Londres pour la paix avec le Portugal.

La paix fut signée à Lisbonne le 13 février 1668.

Par cette paix les Espagnols traitèrent avec le roi de Portugal comme avec un prince souverain et indépendant. Il fut convenu de part et d'autre de se rendre tout ce qu'on s'était enlevé pendant la guerre, à l'exception de la ville de Ceuta, en Afrique, qui resta aux Espagnols.

Cependant le roi d'Espagne ne renonça pas formellement par ce traité à ses prétentions sur le Portugal; ce ne fut que par des traités postérieurs qu'il abandonna le titre et les armoiries de ce royaume.

LISTE CIVILE. Dans les pays constitutionnels, somme allouée pour les dépenses annuelles du chef de l'État; elle est votée par les chambres législatives.

LIT DE JUSTICE. En France, sous l'ancienne monarchie, on donnait ce nom au trône sur lequel le roi se plaçait pour rendre la justice, ou au siège qu'il occupait au parlement de Paris, lorsqu'il tenait une séance solennelle. Ce mot s'appliqua ensuite aux séances elles-mêmes qui avaient lieu principalement pour faire enregistrer certaines lois, des édits, ou

pour créer de nouvelles charges, et aussi pour juger les pairs du royaume.

La tenue des lits de justice remplaçait les anciennes assemblées des *champs de mars* et des *champs de mai*. (Voir ces mots.)

LIVRE. Assemblage de plusieurs feuilles ou cahiers de papier imprimé ou écrit à la main, réunies de manière à former un volume.

De notre temps on donne le titre de *livre*, en l'accompagnant d'une épithète qui désigne la couleur de la couverture, à un recueil de documents, rapports, correspondances, etc., que les cabinets soumettent aux chambres législatives ou au pays pour leur faire connaître la politique du gouvernement, et plus particulièrement sa conduite relativement aux affaires extérieures.

En France, ce recueil a une couverture jaune et est en conséquence appelé *livre jaune*; en Angleterre, c'est le *libre bleu (blue book)*; en Autriche-Hongrie, il est *rouge, vert* en Italie *blanc* en Allemagne.

LOCCENIUS (Jean), publiciste suédois, né à Itzehoe en 1597, mort le 27 juillet 1677, professeur à Upsal en 1625.

De jure maritimo et navali (Du droit maritime et naval). Stockholm, 1650 in-12º, 1674 in-8º. Halle, 1740, in-4º.

LOCO CITATO. Mots latins, signifiant dans le lieu cité, à l'endroit cité précédemment ou plus haut, et qu'on emploie pour indiquer, dans un écrit ou dans un livre, un passage qui précède celui où la citation redevient nécessaire.

LOCUS REGIT ACTUM. Formule de droit latin, qui signifie que „le lieu régit l'acte", c'est-à-dire que les actes sont soumis aux lois en vigueur et aux formes usitées dans les pays où ils sont conclus.

Cette règle est impérative pour les actes publics, et purement facultative pour les actes sous seing privé.

(*Voir* ACTE, STATUTS, JURIDICTION.)

LODI (Martin Garat de), surnommé Laudensis de Lodi sa ville natale, vécut vers le milieu de XVᵉ siècle.

Tractatus de privilegiis, de bello, de confœderatione, pace et conventionibus, et Legatis principum, de represaliis (Traité des privilèges, de la guerre, des confédérations, de la paix, des conventions, des envoyés des princes, des représailles).

LOEWENTHAL (Edouard), publiciste allemand.

Grundzüge zur Reform und Codification des Völkerrechts (Principes de la réforme et de la codification du droit des gens). Berlin, 1874.

L'auteur est un adepte de la paix universelle, qui serait établie au moyen d'une législation internationale.

LOGOTHÈTE. Fonctionnaire de l'Empire d'Orient, sorte de chancelier ou de garde des sceaux :

Il y avait deux logothètes, l'un pour l'église, l'autre pour le palais : la principale fonction de ce dernier consistait à répondre pour l'empereur aux ambassadeurs étrangers et même aux demandes ou placets des sujets.

Aujourd'hui on donne le titre de logothète à un interprète attaché à la Porte ottomane.

LOI. Dans un Etat considéré individuellement, on appelle *loi* toute prescription émanant de l'autorité souveraine. La loi de l'Etat se dit de l'ensemble des lois qui régissent un Etat.

Au pluriel, les *lois* signifient l'ensemble des prescriptions qui régissent chaque matière de législation. (*Voir* BIENS, MEUBLES, IMMEUBLES, CONTRATS, COMMERCE, NAVIGATION, MARIAGES, NATIONALITÉ.)

La loi *fondamentale* ou *constitutionnelle* est celle qui règle la nature, la forme, et l'exercice des pouvoirs du gouvernement.

Les lois *organiques* règlent le mode et l'action des institutions dont le principe est consacrée par la loi constitutionnelle.

Les lois *politiques* ont pour objet la conservation de l'Etat en tant que corps politique, abstraction faite des individus et des sociétés qu'il renferme.

Les lois *civiles* sont celles qui règlent les rapports des citoyens entre eux.

On nomme lois *criminelles* celles qui définissent les infractions aux lois, et déterminent le mode de les poursuivre et les peines à infliger.

La loi *pénale* est celle qui prononce quelque peine. (*Voir* CRIME, EXTRADITION.)

Dans sa signification de loi positive d'un Etat, le terme loi est souvent accompagné d'un qualificatif qui désigne l'objet spécial de cette loi : ainsi loi municipale qui règle l'administration des communes, fiscale qui règle l'impôt, martiale qui autorise l'emploi de la force armée en certains cas, etc.

Les lois prennent aussi le nom des pays où elles sont en vigueur : les lois françaises, romaines, anglaises, etc.

Loi *écrite* se disait autrefois en France du droit romain, par opposition aux *coutumes* qui ne furent rédigées par écrit que plus tard. (*Voir* COUTUMES.)

Les *lois de la nature*, et plus ordinairement *la loi naturelle*, dans le sens moral, comprennent les sentiments et les principes d'équité et de charité qui régnent entre les hommes indépendamment de toute loi écrite.

Le loi ou les *lois divines* se dit des préceptes positifs que Dieu a donnés aux hommes par la révélation.

On oppose les lois divines aux lois *humaines* ou celles qui viennent des hommes.

Les lois humaines sont établies par les hommes pour le maintien et la protection des sociétés.

La loi des nations ou le droit des gens, c'est l'ensemble des lois qui règlent les rapports des peuples entre eux. (*Voir* DROIT DES GENS ou INTERNATIONAL.)

On donne la dénomination de *lois de la guerre* à certaines maximes, à certains usages respectés même entre ennemis qui se font la guerre. (*Voir* DROIT DE LA GUERRE, GUERRE, BELLIGÉRANT, ENNEMI, DROIT, JURISPRUDENCE, JURIDICTION, LÉGISLATION.)

LOIS D'ANVERS. Recueil de lois et de règlements maritimes se rattachant principalement aux usages suivis dans les ports du nord des Pays-Bas, de la Baltique et du Sund.

LOIS, (les) de la guerre sur terre. Bruxelles, 1880.

Petit manuel de 27 pages publié par l'Institut de droit international.

LOIS RHODIENNES. Titre donné à une compilation, à un groupe de lois maritimes attribuées aux anciens Rhodiens, publiées à Bâle par Simon Schard en 1591 et insérées en 1596 dans une collection d'ouvrages sur le droit gréco-romain par Lœwenklau, qui les annonçait comme extraites des manuscrits de François Pichou, savant magistrat, mort en 1621.

Les publicistes ont contesté l'authenticité de ces documents comme étant les véritables lois rhodiennes; en tout cas, les lois trouvées parmi les manuscrits de François Pichou sont au moins ou un nouveau corps de lois rhodiennes à défaut des primitives, ou des fragments du droit maritime tirés du texte authentique de celles qui existaient encore sous les empereurs grecs, ou des commentaires de jurisconsultes romains sur les lois rhodiennes, ou le recueil de celles qu'on retrouve dans le Digeste et que les empereurs avaient successivement réunies pour en faire une jurisprudence maritime.

Ces lois peuvent se diviser en deux classes principales : lois pénales et lois de police.

Les lois pénales des Rhodiens concernaient les crimes commis par les matelots entre eux, et les crimes commis à l'égard des marchandises et du vaisseau par l'équipage, les passagers ou des étrangers. Des amendes punissaient les premiers; la mort seule était expiée par la mort; des tourments corporels, au contraire, étaient réservés à ceux qui volaient dans le navire.

Les lois de police réglaient les conditions à observer avant le départ d'un navire, les obligations imposées par les sociétés et par les cautionnements pour fret ou marchandises, ou pour la sûreté des trésors des voyageurs, le paiement du fret, les compensations qui devaient avoir lieu en cas de jet, de naufrage ou de tout autre événement sinistre.

On ne saurait préciser l'époque à laquelle remontent ces lois. Toutefois il est incontestable qu'elles furent la source de la jurisprudence maritime, servirent presque de règles du droit des gens dans toute l'étendue de la Mer méditerranée, exercèrent une influence considérable et propice sur la marine et la navigation des Grecs, et que les Romains se les approprièrent.

En résumé, cet ensemble de lois, quelle qu'en soit la source, marque un grand pas dans le commerce maritime; et, ne fût-ce qu'à ce point de vue, elles méritent l'attention des jurisconsultes.

LOMMASCH (Henri), publiciste autrichien, professeur de droit à l'Université de Vienne.

Das Recht der Auslieferung wegen politischer Verbrechen (Le droit d'extradition pour crimes politiques). Vienne, 1884.

L'auteur traite des bases de la situation privilégiée des délits politiques en droit international et examine entre autres jusqu'à quel point des étrangers peuvent être poursuivis dans un pays pour délits politiques commis soit dans ce pays, soit en pays étranger, contre un gouvernement étranger.

LONDRES (traité de). Traité entre la Grande-Bretagne, l'Autriche, la France, la Prusse et la Russie, d'une part, et la Belgique, d'autre part, relatif à la séparation de la Belgique d'avec la Hollande, signé à Londres le 15 novembre 1831.

Le préambule du traité en explique les motifs et l'objet; il y est dit que les Cours de la Grande-Bretagne, d'Autriche, de France, de Prusse et de Russie, prenant en considération les événements qui ont eu lieu dans le Royaume-Uni des Pays-Bas depuis le mois de septembre de l'année 1830, se sont trouvées dans l'obligation d'empêcher que ces événements ne troublassent la paix générale et dans la nécessité, résultant de ces mêmes événements, d'apporter des modifications aux transactions de l'année 1815, par lesquelles avait été créé et établi le Royaume-Uni des Pays-Bas.

Le traité stipule les modifications concertées entre ces cours, d'accord avec le Roi des Belges, qui y a donné son entier assentiment.

Le territoire du nouveau royaume belge se compose des Provinces du Brabant Méridional, de Liège, de Namur, du Hainant, de la Flandre Occidentale, de la Flandre Orientale, d'Anvers, et de Limbourg, telles qu'elles faisaient partie du Royaume-Uni des Pays-Bas constitué en 1815, à l'exception de certains districts de la province du Limbourg.

Le territoire comprend en outre la partie du Grand Duché de Luxembourg ainsi délimitée :

À partir de la frontière de France, entre Rodouge, qui reste au Grand-Duché de Luxembourg, et Achut, qui appartient à la Belgique, il est tiré une ligne qui, laissant à la Belgique la route d'Arlon à Longwy, la ville d'Arlon avec sa banlieue et la route d'Arlon à Bassagne, passe entre Mesancy, qui est sur le territoire belge, et Clémancy, qui reste au Grand-Duché de Luxembourg, pour aboutir à Steinfort, lequel endroit reste également au Grand-Duché.

De Steinfort cette ligne est prolongée dans la direction d'Eischen, de Hecbus, de Guirsch, d'Oberpalen, de Grende, de Nothomb, de Parette et de Perlé jusqu'à Martelange : Hecbus, Guirsch, Grende, Nothomb et Parette appartenant à la Belgique, etc., Eischen, Oberpalen, Perlé et Martelange, au Grand-Duché.

De Martelange la ligne descend les cours de la Sare, dont le thalweg sert de limite entre les deux Etats jusque vis-à-vis de Tintange, d'où elle est prolongée vers la frontière de Diekirch, et passe entre Surret, Darlonge, Tarchamps, qu'elle laisse au Grand-Duché de Luxembourg, et Honville, Livarchamps et Loutremange, qui font partie du territoire belge; atteignant ensuite, aux environs de Doncols et de Soulez, qui restent au

Grand-Duché, la frontière de l'arrondissement de Diekirch, la ligne suit cette frontière jusqu'à celle du territoire prussien.

Tous les territoires, villes, places et lieux situés à l'ouest de cette ligne appartiennent à la Belgique ; et ceux situés à l'est, au Grand-Duché de Luxembourg.

Pour les cessions faites par le roi des Pays-Bas, Grand-Duc de Luxembourg, il lui est assigné, soit en sa qualité de Grand-Duc, soit pour être réunis à la Hollande, à titre d'indemnité territoriale dans la Province de Limbourg, les territoires dont les limites sont indiquées comme suit.

1°. Sur la rive droite de la Meuse : aux anciennes enclaves hollandaises sur cette rive dans la Province de Limbourg sont joints les districts de cette même province sur cette même rive qui n'appartenaient pas aux Etats - Généraux en 1790 ; de façon que la partie de la Province du Limbourg située sur la rive droite de la Meuse et comprise entre ce fleuve à l'ouest, la frontière du territoire prussien à l'est, la frontière de la Province de Liège au midi, et la Gueldre Hollandaise au Nord, appartient tout entière au Roi des Pays-Bas.

2°. Sur la rive gauche de la Meuse : à partir du point le plus méridional de la province hollandaise du Brabant septentrional, il est tiré une ligne qui aboutit à la Meuse au-dessous de Wessem entre cet endroit et Stevenswaardt, au point où se touchent sur la rive gauche de la Meuse, les frontières des arrondissements de Ruremonde et de Maestricht, de manière que Bergerot, Stamprog, Neer, Itteren, Ittervoord et Thorne, avec leurs banlieues, ainsi que tous les autres endroits situés au nord de cette ligne, font partie du territoire hollandais.

Les anciennes enclaves hollandaises dans la Province du Limbourg sur la rive gauche de la Meuse appartiennent à la Belgique, à l'exception de la ville de Maestricht, qui, avec un rayon de territoire de 1,200 toises à partir du glacis extérieur de la place sur la dite rive de ce fleuve, continue d'être possédée en toute souveraineté et propriété par le Roi des Pays-Bas.

La Belgique, dans les limites indiquées, forme un Etat indépendant et perpétuellement neutre. Elle sera tenue d'observer cette même neutralité envers tous les autres Etats.   •

Les dispositions de l'acte général du Congrès de Vienne relatives à la libre navigation des fleuves et des rivières navigables sont appliquées aux fleuves et aux rivières navigables qui séparent ou traversent à la fois le territoire belge et le territoire hollandais.

En ce qui concerne spécialement la navigation de l'Escaut, le pilotage et le balisage, ainsi que la conservation du passes de l'Escaut en aval d'Anvers, sont soumis à une surveillance commune, exercée par des commissaires nommés de part et d'autre ; les droits de pilotage, fixés d'un commun accord, sont les mêmes pour le commerce hollandais et le commerce belge.

De même, la navigation des eaux intermédiaires entre l'Escaut et le Rhin, pour arriver d'Anvers au Rhin et *vice versa,* reste réciproquement libre, et n'est assujettie qu'à des péages modérés, provisoirement les mêmes pour le commerce des deux pays.

L'usage des canaux qui traversent les deux pays continue d'être libre et commun à leurs habitants.

Le port d'Anvers continue d'être uniquement un port de commerce.

Les communications commerciales par Mæstricht et Jittard sont entièrement libres, et l'usage des routes qui, en traversant ces deux villes, conduisent aux frontières de l'Allemagne n'est assujetti qu'à des droits de barrière pour l'entretien de ces routes.

A partir du 1er janvier 1832, la Belgique, du chef du partage des dettes publiques du Royaume Uni des Pays-Bas, restait chargée d'une somme de 8,400,000 florins des Pays-Bas de rentes annuelles, transférés à son débet, dont l'acquittement devait avoir lieu de semestre en semestre en argent comptant ; la Belgique se trouvait ainsi déchargée de toute obligation de ce chef envers la Hollande.

Les habitants et les propriétaires des deux pays, qui voudront transférer leur domicile de l'un à l'autre, auront la liberté de disposer pendant deux ans de leurs propriétés meubles et immeubles, de les vendre et d'en emporter le produit sans empêchement ou sans acquittement d'autres droits que ceux en vigueur dans les deux pays pour les mutations et les transferts.

La qualité de sujet mixte quant à la propriété est reconnue et maintenue.

Le traité contenait en outre une clause d'amnistie pour participation aux événements politiques.

Enfin il était stipulé que l'évacuation et la remise des territoires, villes, places et lieux qui changeaient de domination devait s'effectuer de manière à pouvoir être terminées dans l'espace de 15 jours au plus après l'échange des ratifications du traité à intervenir entre les deux parties.

Les cours contractantes garantissaient au Roi des Belges l'exécution de tous les articles du traité.

LONDRES (Traité de) 1832—1833

Dès 1821, les patriots grecs se soulevèrent contre le gouvernement turc; en 1822, un congrès proclama l'indépendance de la nation grecque et invoqua l'intervention des puissances chrétiennes.

La France, l'Angleterre et la Russie signèrent, à Londres le 6 juillet 1827, un traité par lequel elles s'engageaient à offrir leur médiation à la Porte dans le but de ménager une réconciliation entre cette puissance et les Grecs. L'arrangement à proposer reposait sur les bases suivantes : Les Grecs devaient relever du Sultan comme d'un seigneur suzerain, et en conséquence de cette suzeraineté ils devaient payer un tribut annuel.

Ces propositions ne furent acceptées ni d'une part ni de l'autre, et la lutte continua; les puissances médiatrices y prirent part en faveur de la Grèce, dont l'indépendance fut enfin proclamée le 3 février 1830.

La position définitive du nouvel Etat a été établie par la convention conclue à Londres le 7 mai 1832 entre la France, l'Angleterre et la Russie d'une part et la Bavière de l'autre.

La Grèce forme dorénavant un Etat monarchique indépendant, sous la souveraineté d'un roi; et la Couronne était offerte au prince Othon de Bavière, avec hérédité de mâle en mâle par ordre de primogéniture.

Le 30 avril 1833 les parties contractantes ajoutèrent à la convention de 1832 un article explicatif et complémentaire touchant l'ordre de succession au trône.

En même temps qu'elle réglait le mode de gouvernement de la Grèce, la convention stipulait en faveur du nouveau souverain un emprunt de 60 millions de francs, sous la garantie de la France, de l'Angleterre et de la Russie, qui répondaient, chacune pour un tiers, de l'acquittement des intérêts et du fonds d'amortissement annuel.

LONDRES (Traité de). Traité entre la Grande Bretagne, l'Autriche, la France, la Prusse et la Russie d'une part, et les Pays-Bas et la Belgique de l'autre relatif aux Pays-Bas et à la Belgique, signé à Londres le 19 avril 1839.

Ce n'est qu'après huit ans d'existence indépendante de la Belgique reconnue par les autres puissances que le Roi des Pays-Bas, sur l'intervention des gouvernements qui avaient pris part au traité de Londres du 15 novembre 1831 (voir ce traité), consentit à reconnaître aussi le fait accompli d'une façon formelle et définitive en donnant son acquiescement à ce traité.

Par le traité du 19 avril 1839, auquel les articles de celui de novembre 1831 concernant spécialement les relations entre la Belgique et les Pays-Bas étaient d'un commun accord annexés, sa Majesté néerlandaise déclarait considérer ces articles comme ayant la même force et valeur que s'ils étaient insérés textuellement dans le traité, et, comme conséquence, reconnaissait être dissoute l'union qui avait existé entre la Hollande et la Belgique en vertu du traité de Vienne du 31 mai 1815.

LONDRES (traité de) 1839. Au mois d'août 1830, la Belgique, qui depuis 1415 avait été réunie au royaume des Pays-Bas, se déclara indépendante, et la séparation des deux pays fut consommée par suite de la médiation des grandes puissances européennes : la France, l'Angleterre, l'Autriche, la Prusse et la Russie, qui conclurent à cet effet à Londres le 15 novembre 1831 un traité aux termes duquel cette séparation est déclarée définitive.

Toutefois ce ne fut qu'en 1839, toujours par l'intervention des puissances signataires du traité de novembre 1831, que le roi des Bays-Bas consentit à reconnaître le fait accompli et à entrer en négociations avec le nouveau royaume de Belgique.

Le 19 avril 1839, un traité fut conclu à Londres entre les deux Etats, consacrant la séparation de leurs territoires respectifs.

D'après ce traité, le territoire belge se compose des provinces du Brabant, de Liège, de Namur, du Hainaut, de la Flandre occidentale, de la Flandre orientale, d'Anvers et de Limbourg, telles qu'elles faisaient partie du royaume des Bays-Bas constitué en 1815, à l'exception des districts de la province de Limbourg ainsi délimités, qui sont réunis à la Hollande. Sur la rive droite de la Meuse, aux anciennes enclaves hollandaises seront joints les districts de la province situés sur cette rive, qui n'appartenaient pas aux Etats-Généraux en 1790, de sorte que la partie de la province actuelle de Limbourg, située sur la rive droite de la Meuse et comprise entre ce fleuve à l'ouest, la frontière prussienne à l'est, la frontière actuelle de la province de Liège au midi et la Gueldre hollandaise au nord, appartiennent désormais tout entière au roi des Pays-Bas.

Sur la rive gauche de la Meuse, à partir du point le plus méridional de la province hollandaise du Brabant septentrional, la limite suivait une ligne aboutissant à la Meuse au-dessus de Westen, entre cet endroit et Steventswaardt, au point où se touchent, sur la rive gauche de la Meuse, les frontières des arrondissements actuels de Ruremonde et de Maestricht, de sorte que Bergerot, Stamproie, Neer Itteren, Itterwoods et Thoru, avec leurs banlieues, ainsi que tous les autres endroits situés au nord de cette ligne, font partie du territoire hollandais.

Par contre les anciennes enclaves hollandaises dans la province de Limbourg, sur la rive gauche de la Meuse, appartiennent à la Belgique, à l'exception de la ville de Maestricht, qui, avec un rayon de territoire de 1200 toises à partir du glacis extérieur de la place sur la même rive du fleuve, continue d'être possédée en toute propriété et souveraineté par le roi des Pay-Bas.

En outre le territoire belge comprend une partie du grand-duché de Luxembourg délimitée comme suit : à partir de la frontière de France entre Bodange, qui reste au grand-duché, et Athus, qui appartiennent à la Belgique, il a été tiré une ligne qui, laissant à la Belgique la route d'Arlon à Longwy, la ville d'Arlon avec sa banlieue, et la route d'Arlon à Bassogne, passe entre Messancy, qui est sur le territoire belge, et Clémency, qui reste au grand-duché, pour aboutir à Steinfort, qui reste également au grand-duché.

De Steinfort la ligne se prolonge dans la direction d'Eischen, de Hecleus, de Guirsch, d'Oberpalen, de Grende, de Nothomb, de Parette et de Perlé jusqu'à Martelange : Hecleus, Guirsch, Grende, Nothomb et Parette appartiennent à la Belgique, et Eischen, Oberpalen, Perlé et Martelange au grand-duché et Luxembourg.

De Martelange la ligne descend le cours de la Sure, dont le *Thalweg* sert de limite entre les deux Etats jusque vis-à-vis de Tintange, d'où elle est prolongée vers la frontière actuelle de l'arrondissement de Diekirch en passant entre Surret, Harlange, Tarchamps, qu'elle laisse au grand-duché, et Honville, Livarchamps et Loutremange, qui font partie du territoire belge; atteignant en suite, aux environs de Doncols et de Soulez, qui restent au grand-duché, la frontière actuelle de l'arrondissement de Diekirch, la ligne sur cette frontière jusqu'à celle du territoire prussien. Tous les territoires, les villes, les places et les lieux situés à l'ouest de cette ligne appartiennent à la Belgique, et tous ceux à l'est continuent d'appartenir au grand-duché de Luxembourg.

La Belgique, du chef du partage des dettes publiques du royaume uni des Pays Bas, restait chargée d'une somme de cinq millions de florins des Pays-Bas de rentes annuelles, moyennant laquelle la Belgique était déchargée envers la Hollande de toute obligation concernant les dettes publiques du royaume des Pays Bas.

Diverses clauses réglaient les intérêts des particuliers, du commerce, de la navigation, des fleuves et des canaux.

Un article important du traité, c'est celui qui stipule que, la Belgique, dans les limites qui lui sont attribuées, forme un Etat indépendant et perpétuellement neutre, et est tenue d'observer cette neutralité envers tous les autres Etat.

LONDRES (traité de) 1840. En 1839, Méhémet Ali, pacha d'Egypte, soulevé contre le gouvernement du Sultan, venait de remporter la victoire de Mézil sur l'armée turque, et se disposait à marcher sur Constantinople, lorsqu'il en fut empêché par l'intervention de l'Angleterre, de l'Autriche, de la Prusse et de la Russie, qui le 15 juillet 1840, signèrent à Londres une convention, par laquelle elles s'engageaient à agir dans un parfait accord et à unir leurs efforts pour déterminer Méhémet Ali à se conformer à un arrangement que le Sultan, après s'être entendu avec les susdites puissances, était dans l'intention d'accorder au Pacha d'Egypte.

Voici les conditions de l'arrangement en question, telles qu'elles étaient développées dans un acte séparé annexé à la convention.

Le Sultan accordait à Méhémet Ali pour lui et ses descendants en ligne directe, l'administration du pachalik d'Egyte, et, sa vie durant, avec le titre de pacha d'Acre et avec le commandement de la forteresse de Saint-Jean d'Acre, l'administration de la partie méridionale de la Syrie, dont les limites étaient déterminées par une ligne de démarcation partant du Cap Bas-el-Nakhora sur les côtes de la Méditerranée s'étendant de là directement jusqu'à l'embouchure de la rivière Leisabon, extrémité septentrionale du lac de Tibériade, longeant la côte occidentale de ce lac, suivant la rive droite du fleuve Jourdain et la côte occidentale de la Mer morte, se prolongeant delà directement jusqu'à la Mer rouge en aboutissant à la pointe septentrionale du golfe d'Akaba, et enfin suivant la côte occidentale du golfe Akaba et la côte occidentale du golfe de Suez jusqu'à Suez,

Méhémet Ali devait, dans l'espace de dix jours après que la communication en aurait été faite à Alexandrie par un agent du Sultan, déposer entre les mains de cet agent les instructions nécessaires aux commandants de ses forces de terre et de mer de se retirer immédiatement de l'Arabie et de toutes les villes saintes qui y sont situées, de l'île de Candie, du district d'Aduna et de toutes les autres parties de l'empire Ottoman qui ne sont pas comprises dans les limites de l'Egypte et dans celle du pachalik d'Acre.

Méhémet Ali devait en outre payer au Sultan un tribut annuel proportionné au plus ou au moins de territoire dont il devait obtenir l'administration.

Il était expressément entendu que Méhémet Ali était tenu de remettre la flotte turque avec tous ses équipages et ses armements, entre les mains du préposé turc qui serait chargé de les recevoir, en présence des commandants des escadres alliées; et que les forces de terre et de mer que le pacha d'Egypte et d'Acre pourrait entretenir, feraient partie des forces de l'empire Ottoman et seraient considérées comme entretenues pour le service de l'Etat.

L'article 4 de la Convention du 15 juillet expliquait que la coopération des puissances, destinée à placer temporairement les détroits des Dardanelles et du Bosphore et la capitale Ottomane sous la sauvegarde des hautes parties contractantes contre toute agression de Méhémet Ali, ne devait être considéré que comme une mesure exceptionelle adoptée à la demande expresse du Sultan et uniquement pour sa défense dans le cas seul indiqué ci-dessus. Mais que cette mesure ne dérogerait en rien à l'ancienne règle de l'empire Ottoman, en

vertu de laquelle a été de tout temps défendue aux batiments de guerre des puissances étrangères l'entrée dans ces détroits; toutefois la Porte se réservait de délivrer des Firmans aux bâtiments légers sous pavillon de guerre, employés, selon l'usage, au service de la correspondance des légations des puissances amies.

LONDRES (traité de) 1852. Le roi de Danemark Frédéric VII, en promulguant la patente royale du 28 janvier 1852, avait annoncé l'intention de former de la monarchie danoise une unité indissoluble dans laquelle tous les pays appartenant à la couronne de Danemark auraient une représentation commune pour les intérêts généraux, sans diminuer en rien l'autorité des diverses provinces, telles que le Danemark, le Sleswig, les pays allemands, dans la limite de leurs intérêts particuliers.

En outre le roi, de l'assentiment du prince héréditaire et de ses plus proches cognats appelés à la succession par la loi royale du Danemark, et de concert avec l'empereur de Russie, chef de la branche aînée de la maison de Holstein-Gottop, réglait l'ordre de succession dans ses Etats de manière qu'à défaut de descendance mâle en ligne directe du roi Frédéric VIII de Danemark, sa couronne fût transmise au prince Christian de Sleswig-Holstein-Sonderbourg-Glucksbourg et aux descendants issus du mariage de ce prince avec la princesse Louise de Sleswig-Holstein-Sonderbourg-Glucksbourg née princesse de Hesse, par ordre de primogéniture de mâle en mâle.

Les deux puissances directement intéressées à cet arrangement, ayant désiré lui donner le caractère d'une transaction européenne, sollicitèrent l'intervention de la France, de l'Autriche, de la Prusse et de la Suède-Norvège, dont les plénipotentiaires, réunis à ceux de la Russie et du Danemark, conclurent à Londres le 8 mai 1852 un traité, par lequel les hautes parties contractantes, reconnurent comme permanent le principe de l'intégrité de la monarchie danoise, lié aux intérêts généraux de l'équilibre européen et d'une haute importance pour la conservation de la paix.

Et considérant qu'une combinaison qui appellerait à succéder à la totalité des Etats actuellement réunis sous le sceptre du roi de Danemark la descendance mâle à l'exclusion des femmes, serait le meilleur moyen d'assurer l'intégrité de cette monarchie, les puissances susnommés ont donné aux arrangements pris par le roi Frédéric VII relativement à cet ordre de succession un gage additionnel de stabilité par un acte de reconnaissance européenne.

Il était expressément entendu que les droits et les obligations réciproques du roi de Danemark et de la Confédération germanique concernant les duchés de Holstein et de Lauenbourg, établis par l'acte fédéral de 1815 et par le droit fédéral existant, n'étaient pas altérés par le traité.

Les parties contractantes ayant invité les autres puissances à y accéder, l'année 1852 ne s'écoula pas sans que le traité eût reçu l'adhésion de la Belgique, de la Sardaigne, de l'Espagne, des Pays-Bas, de la Toscane, du Wurtemberg, du Hannovre, de Hesse-Cassel, de la Saxe et de l'Oldenburg, ces deux derniers Etats faisant réserve de certains droits en vertu d'anciens traités; les adhésions des deux Siciles et du Portugal sont datées de 1853.

Divers Etats de l'Allemagne subordonnèrent ou différèrent leur adhésion jusqu'à ce que le Diète Germanique eût fait connaître ses vues à ce sujet.

LONDRES (traité de). Traité, relatif à la couronne de Grèce, entre la France, le Danemark, la Grande Bretagne et la Russie, signé à Londres le 13 juillet 1863.

Dans le cours du mois d'octobre 1862, une révolution éclata en Grèce, qui eut pour dénouement le renversement de la dynastie bavaroise et la formation d'un nouveau gouvernement, qui déclara le trône vacant.

Le 30 mars 1863, l'assemblée nationale grecque proclama roi de Grèce, sous le nom de Georges Ier, le Prince Guillaume de Sleswig-Holstein, fils du roi de Danemark. Ce choix fut sanctionné par les puissances garantes de l'indépendance du royaume de Grèce, aux termes du traité signé à Londres le 13 juillet suivant, et auquel fut appelé à prendre part le roi de Danemark, agissant en qualité de tuteur de son fils, encore mineur.

Par l'article 1er le roi de Danemark accepte pour son fils la souveraineté héréditaire de la Grèce, qui lui est offerte par l'assemblée nationale de la Grèce, au nom de la nation hellénique.

L'article 2 stipule que „le Prince Guillaume de Danemark portera le titre de Georges 1er *Roi des Grecs.*" (Nous devons faire observer que dans une conférence tenue à Londres le 13 octobre 1863 le titre de *Roi des Hellènes* a été substitué à celui de *Roi des Grecs.*)

A l'article 3, il est dit que „la Grèce, sous la souveraineté du Prince Guillaume de Danemark et la garantie des trois cours (France, Grande-Bretagne et Russie), forme un Etat monarchique, indépendant, constitutionnel.

Les articles 4 et 5 donnent une extension aux limites du territoire grec par l'annexion des îles Joniennes, lesquelles sont comprises dans la garantie stipulée par l'article 3.

Il est déclaré expressément que dans aucun cas la couronne de Grèce et la couronne de Danemark ne pourront se trouver réunies sur la même tête.

Les ratifications de ce traité furent échangées à Londres le 3 août 1863.

LONDRES (traités de) 1863—1864. En 1862, le roi Othon, prince de la maison de Bavière, que l'intervention de la France, de l'Angleterre et de la Russie avait placé sur le trône de Grèce par suite de la convention de Londres du 7 mai 1832, ayant été renversé par des circonstances entièrement étrangères à l'action des puissances garantes, ces puissances, reconnaissant la nécessité d'aviser sans délai aux moyens de replacer la Grèce sous un régime conforme aux principes monarchiques, ont de nouveau nommé des plénipotentiaires pour s'entendre sur les arrangements à prendre d'un commun accord afin de réaliser les vœux de la nation grecque, qui appelaient le Prince Guillaume de Danemark au trône hellénique.

Le 3 août, les plénipotentiaires ci-après nommés, savoir: le baron Gros pour l'Empereur des Français, le comte Russell pour la reine d'Angleterre, le baron de Brunnow pour l'Empereur de Russie, et M. Torben de Bille pour le roi de Danemark, signèrent à Londres le 13 juillet 1863 un traité aux termes duquel le roi de Danemark, d'accord avec le prince Christian de Danemark, agissant en qualité de tuteur de son fils puîné le prince Christian Guillaume Ferdinand Adolphe Georges, acceptait pour ce prince encore mineur, la souveraineté héréditaire de la Grèce, sous le titre de Georges Ier, roi des Grecs.

Les limites du territoire grec, déterminées par l'arrangement conclu entre la France, l'Angleterre, la Russie et la Porte Ottomane le 21 juillet 1832, recevaient une extension par la réunion des

Iles Joniennes au royaume hellénique, dont l'Angleterre abandonnait le protectorat. Il était expressément déclaré que dans aucun cas la Couronne de Grèce et la Couronne de Danemark ne pourraient se trouver réunies sur la même tête.

Conformément au principe de la constitution hellénique reconnu par un traité signé à Londres le 20 novembre 1852 et proclamé par un décret de l'assemblée nationale de la Grèce du 30 mars 1863, les successeurs légitimes du roi Georges devaient professer les dogmes de l'église orthodoxe d'Orient.

L'avènement du Prince danois au trône hellénique n'apportait aucun changement aux engagements financiers contractés par la Grèce aux termes de la convention du 7 mai 1832 envers les puissances garantes de l'emprunt.

La France, l'Angleterre et la Russie devaient s'employer sans délai à faire reconnaître le roi Georges par tous les souverains et les Etats avec lesquels ces puissances se trouvaient en relations.

La réunion définitive des Iles Joniennes au royaume de Grèce a été consacrée par un traité conclu à Londres le 14 novembre 1863 entre la France, l'Angleterre, la Russie, l'Autriche et la Prusse.

L'Angleterre y renonçait au protectorat des îles de Corfou, de Céphalonie, de Zante, de Sainte-Maure, d'Ithaque, de Cérigo et de Paxo, avec leurs dépendances, que le traité signé à Paris le 5 novembre 1815 par l'Autriche, l'Angleterre, la Prusse et la Russie avait constituées en un seul Etat libre et indépendant, placé sous la protection immédiate et exclusive de l'Angleterre.

Les puissances acceptaient cette renonciation et reconnaissaient l'union des Iles Joniennes au royaume hellénique.

Les Iles Joniennes, après cette union, devaient jouir des avantages d'une neutralité perpétuelle, de sorte qu'aucune force armée, navale ou militaire, ne peut jamais être réunie ou stationnée sur leur territoire ou dans leurs eaux au-delà du nombre strictement nécessaire pour maintenir l'ordre public et assurer la perception des revenus de l'Etat.

Le traité du 14 novembre 1863 a été confirmé par un autre traité conclu à Londres le 29 mars 1864, auquel le roi des Hellènes a été convié à prendre part et par lequel il s'est engagé à mettre à exécution les stipulations des traités de juillet et de novembre 1863.

LONDRES (traité de). Traité entre la France, l'Autriche, la Grande-Bretagne, la Prusse et la Russie, conclu à Londres le 14 novembre 1863, pour constater l'union des Iles Joniennes à la Grèce.

L'assemblée législative des Etats-Unis des Iles Joniennes s'étant prononcée unanimement en faveur de l'Union de ces îles au royaume de Grèce, stipulée par le traité de Londres du 13 juillet 1863, les grandes puissances jugèrent opportun de constater par un traité solennel l'assentiment qu'elles avaient donné à cette union.

Par ce traité, signé à Londres le 14 novembre 1863, la Grande-Bretagne renonce au protectorat des îles de Corfou, de Céphalonie, de Zante, de Sainte-Maure, d'Ithaque, de Cérigo et de Paxo, avec leurs dépendances; et la France, l'Autriche, la Prusse et la Russie acceptent cet abandon et reconnaissent, conjointement avec la Grande-Bretagne, l'union des îles au royaume Hellénique, ces îles jouiront désormais des avantages d'une neutralité perpétuelle; en conséquence aucune force armée, navale ou militaire, ne peut être réunie ou stationnée sur leur territoire ou dans leurs eaux au delà du nombre strictement nécessaire pour maintenir l'ordre public et pour assurer la perception des revenus de l'Etat; en conséquence aussi les fortifications construites dans l'île de Corfou et dans les dépendances immédiates, étant désormais sans objet devront être démolies.

La réunion des Iles Joniennes au royaume Hellénique n'apporte aucun changement aux avantages acquis à la navigation et au commerce étrangers en vertu de traités conclus par les puissances étrangères avec le gouvernement anglais comme protecteur des îles; tous les engagements résultant de ces traités seront observés comme par le passé.

L'échange des ratifications eut lieu à Londres le 2 janvier 1864.

LONDRES (traité de) 1867. A la suite du traité de Prague, et en conséquence de la disposition de ce traité entraînant la dissolution de la confédération germanique, dont Sa Majesté était membre comme grand-duc de Luxembourg, le roi des Pays-Bas prenant en considération le changement apporté à la situation du Grand-Duché par suite de la rupture des liens qui l'attachaient à l'ancienne confédération germanique, invita l'Empereur des Français, l'Empereur d'Autriche, le roi des Belges, la reine d'Angleterre, le roi de Prusse et l'Empereur de Russie à réunir leurs représentants en conférence à Londres afin de s'entendre avec les plénipotentiaires sur les nouveaux arrangements à prendre dans l'intérêt général de la paix.

Ces conférences, auxquelles les autres puissances avaient invité le roi d'Italie à prendre part, ont abouti à un traité conclu à Londres le 11 mai 1867, dont suivent les principales dispositions :

Le roi des Pays-Bas, grand-duc de Luxembourg, maintient les liens qui attachant le grand-duché à la maison d'Orange-Nassau, en vertu des traités qui ont placé cet Etat sous la souveraineté du roi grand-duc et de ses successeurs.

Le grand-duché de Luxembourg, dans les limites déterminées par l'acte du 19 avril 1839, sous la garantie de la France, de l'Autriche, de l'Angleterre, de la Prusse et de la Russie, formera désormais un Etat perpétuellement neutre envers tous les autres Etats. Cette neutralité est placée sous la sanction de la garantie collective des puissances signataires du traité, à l'exception de la Belgique, qui est elle-même un Etat neutre.

La ville de Luxembourg, considérée par le passé, sous le rapport militaire, comme forteresse fédérale, cessera d'être une ville fortifiée. Elle sera convertie en ville ouverte au moyen d'une démolition que le grand-duc jugera suffisante pour remplir les intentions des puissances.

La dissolution de la confédération germanique ayant également amené la dissolution des liens qui unissaient le duché de Limbourg, collectivement avec le grand-duché de Luxembourg, à la dite confédération, les rapports entre le grand-duché et certains territoires appartenant au duché de Limbourg ont cessé d'exister, les dits territoires continuant de faire partie intégrante du royaume des Pays-Bas.

LORD. Mot anglais qui signifie *seigneur.*

Ce titre n'appartient de droit qu'aux nobles de naissance ou de création, comme les membres de la chambre haute du Parlement, qu'on appelle à cause de cette composition *Chambre des Lords.*. Il est aussi porté par quelques nobles qui en jouissent héréditairement sans avoir un siège dans cette chambre ; par courtoisie on l'accorde aux fils aînés des comtes, et à tous les fils de ducs et de marquis.

Enfin certaines fonctions comportent le titre de lord : ainsi l'on dit : Lord chambellan, lord chancelier, lord de la Trésorerie, lord de l'Amirauté, lord grand-juge, lords-maires, etc.

LORIMER (James), jurisconsulte anglais, né à Aberdalgie près de Perth le 4 novembre 1818.

Professeur de droit à l'université d'Edimbourg, correspondant de l'académie de jurisprudence de Madrid, un des fondateurs de l'Institut de droit international. Parmi ses ouvrages nous mentionnerons :

Constitualism of the future (Le constitutionalisme de l'avenir) 1865.

The institutes of law, a treatise on the principles of jurisprudence, as determined by nature (Les institutes du droit, traité sur les principes de la jurisprudence tels qu'ils sont déterminés par la nature) 1872.

English and foreign jurists and international jurisprudence (Juristes anglais et étrangers et jurisprudence internationale) Edimbourg, 1875-1876.

The institutes of the law of nations, a treatise on the jural relations of separate political communities (Les institutes du droit des gens, traité sur les relations de droit des communautés politiques séparées) Edimbourg et Londres, 1883, 2 vol. in 8⁰.

L'auteur part de ce principe que „le droit des gens est le droit de la nature réalisé dans les relations des sociétés politiques distinctes". Il divise le droit international en droit international *public,* où les relations sont celles des Etats entre eux; en droit international *public et privé,* où les relations sont entre un Etat et les sujets d'un autre Etat; et en droit international *privé.* Dans le 2e vol. l'auteur traite des relations juridiques anormales des Etats et discute le problème final du droit international.

M. E. Nys a publié une traduction française de cet ouvrage sous le titre suivant: *Principes de droit international.* Paris 1884.

LUCAS (Charles Jean Marie), économiste français, né à Saint Brieuc le 9 mai 1803.

Ancien inspecteur général des prisons; membre de l'Institut de France; membre de l'Institut de droit international. Il s'est livré spécialement à des études relatives aux divers systèmes de pénalité, et à la peine de mort, dont il a demandé l'abolition dans de savants travaux historiques, juridiques et philosophiques. Il s'est fait aussi le promoteur d'une autre réforme, qu'il a appelée la *civilisation de la guerre,* et dont les idées sont exposées dans son livre intitulé:

La conférence internationale de Bruxelles sur les lois et les coutumes de la guerre. Paris, 1874, 3e édition 1875.

On trouve dans la *Revue encyclopédique,* la *Revue française,* la *Revue de législation étrangère,* la *Revue critique de législation et de jurisprudence* et dans les *comptes rendus de l'Académie des sciences morales et politiques* de l'Institut de France de nombreuses communications de M. Lucas sur les questions d'économie politique et sociale, de morale, d'éducation et de législation.

LUCCHESI (Palli).

Principii teorico-pratici di diritto marittimo (Principes théoriques et pratiques du droit maritime).

Dans cet ouvrage l'auteur esquisse un plan de code maritime international.

LUEDER (Charles), publiciste allemand, professeur de droit à Erlangen.

Der neueste Codifications-Versuch auf dem Gebiete des Völkerrechts (La plus récente tentative de codification en matière de droit international) Erlangen, 1874.

Observations critiques sur les propositions de la Russie soumises en 1874 à la conférence de Bruxelles sur les lois et coutumes de la guerre.

Die Genfer Convention (La convention de Genève) Erlangen, 1875.

Ouvrage qui a obtenu le prix institué par S. M. l'impératrice d'Allemagne pour le meilleur travail historique sur la Convention de Genève.

LUNDEN (traité de paix de) 1679.

En 1675, les hostilités ayant repris entre la Suède et le Danemark, comme allié de l'électeur de Brandebourg, la médiation de la France facilita des négociations de paix, qui eurent pour résultat la signature, le 6 octobre 1679, à Lunden, en Scanie, d'un traité, renouvelant ceux de Roskild, de Copenhague et de Westphalie.

Le lendemain de la conclusion de la paix, les mêmes plénipotentiaires signèrent un traité d'alliance entre les deux Etats, qui se promettaient un secours réciproque de 2000 hommes de cavalerie et de 4000 d'infanterie contre les ennemis de l'un et de l'autre, ainsi que 10 vaisseaux de guerre, montés de 2,550 soldats et matelots.

LUNÉVILLE (traité de paix de) 1801.

Ce traité a mis fin à la seconde coalition formée contre la République française dans le courant de l'année 1798, à l'instigation de la Russie et de l'Angleterre, et dans laquelle entrèrent bientôt l'Autriche, la Turquie, les deux Siciles, et le Portugal.

On put croire un moment au succès de cette nouvelle ligue, mais les victoires des armées françaises ne tardèrent pas à la dissoudre et à contraindre les coalisés vaincus à demander la paix : l'Autriche la signa à Lunéville le 9 février 1801; l'Espagne, à Madrid le 21 mars de la même année; les deux Siciles, à Florence le 28 du même mois; le Portugal, à Madrid le 29 septembre suivant; la Russie, à Paris le 8 octobre; l'Angleterre le 27 mars 1802, et la Turquie, aussi à Paris le 25 juin suivant.

Le traité de Lunéville confirme les clauses principales de celui de Campo Formio.

Le Rhin et les Alpes deviennent les frontières de la France du côté de l'Allemagne et de l'Italie.

L'empereur cède à la France le comté de Falkenstein et le Frickthal, avec tout ce qui appartenait à la maison d'Autriche sur la rive gauche du Rhin entre Zurzach et Bâle, la France se réservant de céder ce dernier pays à la République helvétique.

Les princes séculiers privés de leurs possessions sur la rive gauche du Rhin devaient être indemnisés par la sécularisation d'un certain nombre de bénéfices princiers sur la rive droite de ce fleuve.

L'indépendance de la République cisalpine et de la République ligurienne est reconnue.

La maison d'Autriche conserve les provinces vénitiennes, et l'Adige sert de limite entre ces provinces et la République cisalpine.

Le grand duc de Toscane renonce à son grand-duché et à la partie de l'île d'Elbe qui en dépendait, lesquels sont transférés à l'infant d'Espagne, duc de Parme; le grand-duc obtient en Allemagne une indemnité pleine et entière.

Les arrangements concernant le duc de-Parme donnèrent lieu ensuite à un traité spécial conclu entre la France et l'Espagne, à Madrid, le 21 mars 1801.

En échange du grand-duché de Toscane érigé en royaume d'Etrurie, l'infant cédait les duchés de Parme, de Plaisance et de Guastalla; et l'Espagne rétrocédait la Louisiane.

Ces traités réconcilièrent la France avec l'empereur et l'empire ainsi qu'avec le grand-duc de Toscane; mais la République française était encore en guerre avec l'Angleterre, le Portugal, les deux Siciles, la Turquie et la Russie,

Le roi des deux Siciles fut le premier souverain, après la maison d'Autriche, qui fit la paix avec la France.

Par un traité signé à Florence le 28 mars 1801, le roi des deux Sicies renonça à Porto Longone dans l'île d'Elbe et à tout ce qui pourrait lui appartenir dans cette île; aux Etats des Présides de la Toscane, et à la principauté de Piombino : l'État des Présides fut incorporé au royaume d'Etrurie en échange de la principauté de Piombino, dont la possession avait été assurée au duc de Parme.

Le traité signé à Madrid, le 29 septembre 1801, par le Portugal, établit la neutralité de ce royaume pendant la guerre. Tous les ports du Portugal en Europe sont fermés à tous les navires anglais de guerre et de commerce jusqu'à ce que la paix se conclue avec l'Angleterre.

Les limites entre la Guyane française et la Guyane portugaise sont réglées de manière qu'elles suivront le cours de la rivière Carapa Natuba jusqu'à sa source, d'où elles se porteront vers la grande chaîne de montagnes qui fait le partage des eaux, et dont elles suivront les inflexions jusqu'au point où cette chaîne se rapproche le plus du Rio Branco. Le Portugal cédait ainsi à la France un vaste territoire, qui était contesté entre les deux puissances.

La Russie signa à Paris le 8 octobre 1801, un traité qui rétablit purement et simplement la paix et la neutralité entre les deux Etats, qui se garantissent mutuellement contre les troubles extérieurs et intérieurs. A cet effet l'article 3me est ainsi conçu :

„Les deux parties contractantes, voulant autant qu'il est en leur pouvoir contribuer à la tranquillité des gouvernements respectifs, se promettent mutuellement de ne pas souffrir qu'aucun de leurs sujets se permette d'entretenir une correspondance quelconque, soit directe, soit indirecte, avec les ennemis intérieurs du gouvernement des deux Etats, d'y propager des principes contraires à leurs constitutions respectives ou d'y fermenter des troubles; et, par une suite de ce concert, tout sujet de l'une des puissances qui, en séjournant dans les Etats de l'autre, attenterait à sa sûreté, sera tout de suite éloigné du dit pays et transporté hors des frontières, sans pouvoir en aucun cas réclamer la protection de son gouvernement.

Le dernier traité conclu à la suite de la paix de Lunéville fut celui entre la France et la Turquie, signé à Paris le 25 janvier 1802.

Aux termes de ce traité l'Egypte est évacuée par les troupes françaises et restituée à la Porte, dont les territoires et les possessions sont maintenus dans leur intégrité tels qu'ils étaient avant la guerre.

La libre navigation de la Mer Noire est assurée aux navires marchands français.

LUNIG (Jean Christian), publiciste allemand, né à Schwalenberg (Lippe) le 14 octobre 1662, mort à Leipzig le 14 août 1740.

Codex Germaniæ diplomaticus (Code diplomatique de l'Allemagne). Leipzig, 1732 à 1733, 2 vol. in-folio.

Codex Italiæ diplomaticus (Code diplomatique de l'Italie). Francfort et Leipzig, 1725 1735, 4 vol. in folio.

Teutsches Reichs-Archiv (Archives de l'Empire allemand). Leipzig 1710-1722. 24 vol. in-folio.

Bibliotheca deductionum (Bibliothèque des déductions) continuée par Holzschuher et Siebenkees. Nuremberg, 1778-1783, 4 vol. in 8°.

Litteræ procerum Europæ etc. *ab anno 1552 usque ad annum 1712, lingua latina evaratæ* (Lettres des personnages éminents de l'Europe, etc. depuis l'année 1552 jusqu'à l'année 1712, écrites en langue latine). Leipzig, 1712, 3 vol. in-8°.

Sylloge publicorum negotiorum, etc. *intra vicennium, latina lingua tractatorum* (Recueil des affaires publiques, etc. traitées en langue latine, pendant l'espace de vingt ans). Francfort, 1694 in-4°.

Supplementum et continuatio Sylloges etc. *ab anno 1674 ad annum 1702* (Supplément et continuation, de 1674 à 1702). Francfort, 1701 in-4°.

Europäische Staats Consilia seit den Anfang des sechszehnten Sæculi bis 1715 (Conseils d'Etats de l'Europe depuis le commencement du 16e siècle jusqu'en 1715) Leipzig, 1715, 2 vol. in-folio.

Grundfeste europäischer Potentaten, Gerechtsame, worinnen durch auserlesene Deductionen dargethan wird, wie es um aller Potentaten hohe Jura, Ansprüche und Präcedenz-Streitigkeiten beschaffen sei. (Fondement des privilèges des princes européens, etc.). Leipzig, 1716 in folio.

Collectio nova actorum publicorum R. G., oder Sammlung der in den J. 1750-1753 in Deutschland zum Vorschein gekommenen Deductionen (Nouvelle collection des actes publics de l'Empire d'Allemagne, ou collection des déductions parues en Allemagne de 1750 à 1753). Nuremberg, 1751 à 1753, 8 vol in-8⁰.

Theatrum cœrimoniale historico-politicum, oder historisch und politischer Schauplatz aller Ceremonien etc. (Théâtre historique et politique des cérémonies). Leipzig 1720, 2 vol. in-folio.

Le second volume contient le cérémonial de chancellerie européen.

LUPO (Jean), publiciste espagnol, vécut dans la seconde moitié du XVᵉ siècle.

Il a publié deux petits traités:

De bello et bellatoribus (De la guerre et des belligérants),

De confœderatione principum (De la fédération des princes).

LUTHÉRANISME. Religion des luthériens, c'est-à-dire de ceux qui suivent la doctrine de Luther, laquelle rompt les liens de l'Eglise avec le Pape et proclame que l'Écriture est la seule règle des fidèles.

LYNCH ou LOI DE LYNCH. Aux Etats-Unis, justice sommaire que le peuple exerce contre des individus coupables de méfaits que l'insuffisance des lois pénales laisse impunis.

On en fait remonter l'origine à un colon de la Caroline ou de la Virginie au 17ᵉ siècle, nommé John Lynch, que ses concitoyens avaient investi d'un pouvoir discrétionnaire pour juger et réprimer sommairement et incontinent les désordres commis dans la colonie.

L'application de ce mode de se faire justice par soi-même va jusqu'à la peine capitale; dans la plupart des cas, la foule, sans aucune formalité légale et sans appel, saisit l'accusé, le condamne et l'exécute séance tenante.

La loi de Lynch est à peu près tombée en désuétude, réprouvée qu'elle est à la fois par l'humanité et l'équité; l'application en est devenue très peu fréquente; et nous devons ajouter que d'ailleurs on n'y a recouru et on n'y recourt encore que dans des localités éloignées, le plus souvent en l'absence de juges, et toujours pour punir des crimes flagrants, immédiats, d'une évidence irréfragable.

M

MABLY (l'abbé Gabriel Bonnot de), publiciste français, né à Grenoble le 14 mars 1709, mort à Paris le 23 avril 1785.

Il consacra sa vie entière à des études sur l'histoire et la politique; ses écrits, de la plupart desquels l'impression avait été prohibée en France, ont exercé une grande influence sur la révolution française, qui en a suivi de près la publication. Parmi ceux qui ont trait à la législation et à la politique il faut citer : *De la législation, ou principe des lois*, imprimé à Amsterdam en 1776; *Doutes proposés aux philosophes économistes sur l'ordre national et essentiel des sociétés*, La Haye, 1768; *Entretiens de Phocion sur ce rapport de la morale avec la politique*, (Amsterdam, 1753), couronné par la Société économique de Berne.

On peut considérer comme son œuvre principale après les *Observations sur l'histoire de France* (Genève, 1755), son traité du *Droit public de l'Europe fondé sur les traités*, imprimé à Genève en 1748, qui eut un grand succès lors de son apparition, et a été depuis souvent réimprimé.

Les idées émises dans cet ouvrage étaient en opposition flagrante avec les institutions existantes. Enthousiaste des républiques de l'antiquité, Mably préconise la communauté des biens et l'égalité des conditions. Quoi qu'il en soit, son livre est un résumé utile de l'histoire diplomatique de la période qu'il embrasse, d'autant plus que l'auteur, qui avait pris part à d'importantes négociations internationales, en a rendu la lecture attrayante par de nombreux renseignements du plus haut intérêt.

MACHIAVEL (Niccolo), homme d'Etat et écrivain italien, né à Florence en 1469, mort en 1527. Il occupa dans sa ville natale d'importantes fonctions notamment celles de secrétaire de la république, qui consistait principalement à rédiger les traités et la correspondance; il fut chargé en cette qualité de plusieurs missions en France, à Rome et en Allemagne. Il doit surtout sa réputation à un ouvrage qui pourtant a attaché comme un stigmate à son nom, lequel a servi, depuis l'apparition de son livre intitulé le *Prince* en 1514, à désigner tout système de gouvernement et toute politique ayant pour base le despotisme, le pouvoir absolu sans frein et pour moyen d'action le mensonge, l'astuce et les procédés les plus contraires à l'équité. Machiavel sépare complètement, et il met même en opposition directe la politique et la morale : les moyens lui sont indifférents, il ne voit que le but à atteindre, c'est-à-dire la puissance et la domination sur les autres

Cette doctrine a paru tellement odieuse aux compatriotes du célèbre florentin que plusieurs, et entre autres Gentilis, ont prétendu que son livre doit être considéré comme une satire mordante des vices des princes et des moyens employés par les tyrans pour assurer leur domination, plutôt que comme un code de règles absolues pour gouverner.

Les œuvres de Machiavel, formant 10 volumes in-8⁰, ont paru à Florence en 1818.

MACHIAVÉLISME. Système politique, qui se trouve développé dans le livre de Machiavel le *Prince*.

Sans examiner ici le fondement des controverses auxquelles a donné lieu l'appréciation de l'œuvre du célèbre publiciste florentin, nous nous bornerons à constater que le machiavélisme sert à désigner tout système de gouvernement et toute politique ayant pour base le despotisme, le pouvoir absolu sans frein, et pour moyens d'action le mensonge, l'hypocrisie et les procédés les plus contraires à l'équité.

MACKINTOSH (Sir James), publiciste anglais, né à Dores (Inverness) en 1765, mort en 1832. Il entra en 1812 au parlement anglais, où il fut un des promoteurs de la réforme. Il a publié plusieurs ouvrages d'histoire et de philosophie.

Comme se rattachant au droit international, nous citerons :

Discourse on the study of the law of nature and nations (Discours sur le droit de la nature et des gens). Londres, 1800, in-8⁰. Traduit de l'anglais par Royer Collard, in-8⁰.

Progress of ethical philosophy (Progrès de la philosophie morale). Cet *essai* a été traduit en français par M. Porct, en 1836.

MAC LACHLAN (David), jurisconsulte anglais.

A treatise of the law of merchant shipping (Traité de la législation sur la marine de commerce). Londres, 1876.

Renferme les lois sur la matière qui ont été promulguées de 1854 à 1876.

MACRI (Giacomo), publiciste italien, professeur de droit à l'université de Messine.

Teorica del diritto internazionale (Théorie du droit international). 2 vol. Messine, 1883, in-4⁰.

Le premier volume contient les parties suivantes : Prolégomènes historiques et juridiques, personnalité des États, droit diplomatique, égalité, indépendance. Nous n'avons pas reçu le second volume.

MADAME. Ce titre, qui aujourd'hui se donne aux femmes mariées de toute condition, soit en parlant d'elles, soit en leur adressant la parole ou en leur écrivant, était autrefois réservé aux seules femmes de chevaliers; les princesses dont les maris n'avaient pas encore reçu l'ordre de chevalerie n'avaient que le titre de mademoiselle.

Ce titre était donné en France à toutes les filles de maison souveraine, quand même elles n'étaient pas mariées, mais en y ajoutant leur nom de baptême, comme madame Elisabeth, Madame Louise; mais il était plus particulièrement attribué à la fille aînée du roi ou de l'héritier présomptif du trône.

Sous Louis XIV, Madame se disait de la femme de Monsieur, frère unique du roi.

En parlant d'une reine, d'une impératrice, on ne dit pas Madame la Reine, Madame l'Impératrice; on dit seulement la Reine, l'Impératrice. On ne se sert du titre de Madame qu'en leur parlant ou en leur écrivant.

MADEMOISELLE. Ce titre, qu'on donne aujourd'hui à toutes les femmes non mariées, autrefois, employé absolument, désignait en France la première princesse du sang tant qu'elle n'était pas mariée.

C'était aussi le nom donné à la fille de Monsieur, frère du roi.

MADRID, *Traité de paix entre l'Espagne et le Méxique, 1836.* Les soulèvements contre la domination espagnole commencèrent au Mexique dès l'année 1808;

la lutte se prolongea jusqu'en 1821, où, après des chances diverses, la victoire resta aux patriotes mexicains, par la défection du colonel Iturbide, à qui le vice-roi Apoduca avait confié un corps de troupes important.

Le chef mexicain proclama l'indépendance de son pays, le 24 février 1821, dans un programme devenu célèbre sous le nom de *Plan d'Iguala* (c'est le nom de la ville où il fut proclamé.)

D'après ce programme, le Mexique, désormais indépendant de l'Espagne, devait former un empire séparé dont la couronne serait offerte au roi d'Espagne Ferdinand VII et à ses frères, et, dans le cas où ils la refuseraient, à quelque autre prince d'une des familles régnantes. Apoduca refusa de sanctionner ce projet ; mais un nouveau vice-roi, O'nodosu, envoyé pour le remplacer, entra en négociation avec Iturbide et signa avec lui, à Cordova, le 24 août 1821, un traité aux termes duquel il accepta tout simplement, au nom du gouvernement espagnol, le Plan d'Iguala. Il consentit ensuite à former une junte provisoire, qui devait remplacer le pouvoir législatif, jusqu'à la convocation d'une assemblée nationale, et nommer pour l'intérim une régence, comme pouvoir exécutif jusqu'à ce qu'on eût reçu d'Espagne la réponse au sujet de la couronne offerte au roi ou aux princes.

La régence et la junte nommèrent Iturbide président de la régence et commandant supérieur des forces de terre et de mer ; et, le 28 septembre suivant, fut publiée à Mexico la déclaration d'indépendance, qu'Iturbide jura de défendre.

Voici la traduction de l'acte qui consacra cette indépendance :

„La nation mexicaine, qui pendant trois cents ans n'a eu ni volonté propre ni liberté usage de sa voix, sort aujourd'hui de l'oppression dans laquelle elle a vécu.

„Les efforts héroïques de ses enfants ont été couronnés, et l'entreprise éternellement mémorable, qu'un génie supérieur à toute admiration et à tout éloge, l'amour et la gloire de sa patrie a commencée à Iguala, continuée et menée à fin en surmontant des obstacles presque insurmontables, est consommée.“

„Rendue ainsi à l'exercice des droits que lui a accordés l'auteur de la nature et que les nations civilisées de la terre reconnaissent comme inaliénables et sacrés, libre de se constituer de la manière qui conviendra le mieux à sa prospérité et avec des représentants qui pourront

manifester sa volonté et ses desseins, cette partie du septentrion commence à faire usage de dons si précieux et déclare solennellement, par l'entremise de la junte suprême de l'Empire, qu'elle est nation souveraine et indépendante de l'antique Espagne, avec qui par la suite elle n'entretiendra pas d'autre union que celle d'une étroite amitié dans les termes que les traités prescrivent ; qu'elle établira des relations amicales avec les autres puissances, en exécutant à leur égard tous les actes qu'ont le pouvoir et la faculté d'exécuter les autres nations souveraines ; qu'elle va se constituer conformément aux bases que le premier chef de l'armée impériale des trois garanties a sagement établies dans le plan d'Iguala et le traité de Cordova ; enfin qu'elle soutiendra, en tout évènement, et au sacrifice des biens et de la vie de ses membres (s'il est nécessaire), la présente déclaration solennelle, faite en la capitale de l'Empire le 28 septembre de l'année 1821, la première de l'indépendance mexicaine.“

C'est seulement 15 ans plus tard, en 1836 que l'Espagne a renoué des relations avec son ancienne colonie, dont elle a fini alors par reconnaître l'indépendance.

Aux termes du traité signé à Madrid le 28 décembre 1836, la reine d'Espagne Isabelle II reconnaît comme nation libre, souveraine et indépendante la République méxicaine, composée des Etats et des pays spécifiés dans sa loi constitutionnelle, savoir : le territoire compris dans la vice-royauté appelée antérieurement Nouvelle-Espagne, celui qu'on nommait Capitainerie générale du Yucatan, celui des Commanderies dites antérieurement des provinces intérieures d'Orient et d'Occident, de la Basse et de la Haute-Californie, les terrains annexes et les îles adjacentes dont la dite république est actuellement en possession dans les deux mers. Et Sa Majesté renonce pour elle et ses héritiers et successeurs à toute prétention au gouvernement, à la propriété et au droit territorial des dits Etats et pays.

Cette stipulation principale est suivie d'autres impliquant oubli du passé, amnistie générale et entière de part et d'autre, de promesse d'un traité de commerce et de navigation sur les bases les plus avantageuses pour les deux pays, et de règlement de l'ancienne dette de la colonie.

L'échange des ratifications a eu lieu le 14 novembre de l'année suivante.

MADRID, *traité de paix entre l'Espagne et la République de l'Equateur*, 1840.

L'Equateur, qui, sous la domination espagnole, formait le royaume et présidence de Quito, commença à s'insurger contre la métropole dès l'année 1809; mais ce premier mouvement fut comprimé par l'autorité espagnole, qui reprit le dessus jusqu'en 1822. Alors l'aide des troupes patriotes de la Colombie et du Vénézuela consomma l'affranchissement du pays et ,entraîna son incorporation dans la république de la Colombie, ainsi formée des trois anciennes vice-royautés du Vénézuela, de la Nouvelle-Grenade et de Quito; de sorte que l'acte d'indépendance et la constitution de cette confédération s'appliquèrent également à cette dernière province, qui demeura unie solidairement aux deux autres jusqu'en 1830, lorsque la confédération se rompit et que chacune reprit son autonomie. (*Voir* COLOMBIE.)

C'est depuis cette époque que l'ancienne vice-royauté de Quito a pris le nom de République de l'Equateur, sous lequel elle s'est donné une constitution particulière et n'a cessé de demeurer un Etat indépendant, en entretenant des relations diplomatiques séparées avec les autres nations.

L'indépendance de la République de l'Equateur a été reconnue par l'Espagne en l'année 1840.

Le traité, signé à cet effet à Madrid le 16 février 1840, porte tout d'abord renonciation perpétuelle de la part de sa Majesté catholique de tous droits de souveraineté et autres sur le territoire américain connu anciennement sous le nom de *Royaume et Présidence de Quito*, et aujourd'hui sous celui de *République de l'Equateur*. Par suite de cette renonciation, S. M. reconnaît comme nation libre, souveraine et indépendante la République de l'Equateur, composée des provinces et des territoires désignés dans la loi constitutionnelle, savoir : Quito, Chimborazo, Imbabura, Cuenca, Loja, Guayaquil, Manabi et l'archipel de Galapayos, et tous autres territoires quelconques qui appartiennent ou pourront appartenir à la dite République.

Sont en suite stipulés, de part et d'autre, amnistie pleine et entière, restitution des biens séquestrés ou confisqués et paiement d'indemnités aux propriétaires lésés, règlement de l'ancienne dette coloniale, garantie et conservation des biens et des droits acquis par les sujets de chacun des deux Etats sur le territoire l'un de l'autre.

Dans la prévision que l'identité d'origine des habitants de l'un et l'autre pays et leur récente séparation pourraient donner lieu à de fâcheuses discussions relativement à l'application des clauses du traité, les parties contractantes ont consenti à considérer dans la République de l'Equateur comme sujets espagnols les individus nés dans les possessions actuelles de l'Espagne ainsi que leurs enfants, pourvu que ces derniers ne soient point natifs du territoire de l'Equateur, et à regarder dans les possessions espagnoles comme citoyens de la République de l'Equateur les individus nés dans les Etats de la dite république et leurs enfants, bien que ceux ci soient nés à l'étranger.

Les Espagnols ne perdront point leur nationalité sur le territoire de l'Equateur et les Equatoriens ne perdront pas non plus la leur dans les possessions espagnoles, pourvu que pendant les dix premières années de leur résidence ils déclarent simultanément devant leurs consuls respectifs et l'autorité municipale du territoire où ils se trouveront qu'ils veulent conserver la nationalité et les droits attachés à la qualité d'espagnols ou d'équatoriens; mais il est entendu que cette doctrine n'est pas applicable à ceux qui ont déjà demandé et obtenu ou qui demanderont et obtiendront par la suite des lettres de naturalisation conformément aux lois du pays où ils ont fixé ou fixeront leur résidence.

Les sujets de l'un des deux pays pourront s'établir dans l'autre, y exercer leurs professions, posséder, acquérir, vendre, succéder, aux mêmes conditions et sous les mêmes charges que les nationaux; mais ils ne seront astreints à aucun service militaire, ni au paiement d'aucune contribution exceptionnelle ou forcée.

Toute espèce de trafic et l'échange réciproque des produits agricoles et industriels de l'un et de l'autre pays sont rétablis entre les sujets de sa Majesté Catholique et les citoyens de l'Equateur avec la plus grande franchise et liberté, sans autres restrictions que celles actuellement imposées ou à imposer par la suite aux nationaux sur leur territoire respectif.

Les embarcations de commerce de l'une et de l'autre nation pourront entrer librement dans les ports ouverts au commerce étranger avec leurs chargements, composés, en totalité, en partie ou en mélange, de marchandises et de produits naturels et manufacturés, nationaux ou étrangers, d'un commerce licite et libre, et ne paieront pas de droits plus élevés, — soit dans la catégorie de ceux de mouillage, de tonnage et autres connus sous la dénomination de *droits de port,* soit dans la catégorie des droits d'*importation* ou d'*exportation,* que ceux que paient ou paieront respectivement les nationaux de chaque pays.

Au surplus des traités devaient dans le plus court délai régler le rétablissement des relations commerciales, diplomatiques et consulaires.

Dans le cas imprévu de rupture de l'accord entre les deux nations, aucun acte de représailles ou d'hostilité ne sera autorisé dans l'une ou l'autre que lorsque juste réparation des griefs allégués sera refusée.

Les ratifications de ce traité furent échangées à Madrid le 3 octobre 1841.

MADRID, *traité de paix entre l'Espagne et l'Uruguay, 1841.*

La province de l'Uruguay faisait dans le principe partie de la vice-royauté espagnole de *Buenos-Aires* sous le nom de *Banda Oriental.* Elle participa au mouvement inserrectionnel qui éclata dans la ville de Buenos-Aires le 25 mai de 1810 contre la métropole; et le 20 juin 1814 la dernière garnison espagnole capitulait dans Montévidéo. Des tentatives de se détacher des Provinces Unies du Rio de la Plata eurent pour résultat l'envahissement de la *Banda Oriental* par des troupes portugaises du Brésil, qui l'annexèrent à cet empire, en 1817, sous le nom de *Province Cisplatine.*

L'occupation brésilienne dura jusqu'en 1825, où la Province Cisplatine se souleva et parvint, grâce à l'intervention des Provinces Unies du Rio de la Plata (République Argentine), à recouvrer son indépendance.

Le 25 août de la même année, la loi qui la consacre fut votée en ces termes par les représentants de la province:

„La Chambre des représentants de la Province Orientale du Rio de la Plata, usant de la souveraineté ordinaire et extraordinaire dont elle est légitimement revêtue, pour constituer l'existence politique des populations qui la composent et établir son indépendance et sa prospérité, en satisfaisant au vœu constant, universel et prononcé de ses commettants; après avoir consacré à une tâche si élevée ses plus profondes méditations, obéissant à l'équité de sa conscience intime, au nom et de par la volonté de ses commettants, sanctionne, en lui donnant valeur et force de loi fondamentale, ce qui suit:

1º Elle déclare nuls, sans effet, abrogés et de nulle valeur pour toujours tous les actes d'incorporation, reconnaissances, approbations et serments, attachés aux populations de la Province Orientale par la violence de la force jointe à la perfidie des autorités intruses du Portugal et du Brésil qui l'ont tyrannisée, ont foulé aux pieds et usurpé ses droits inaliénables et l'ont soumise au joug d'un despotisme absolu depuis l'année 1817 jusqu'à l'année courante 1825.

„Et attendu que le Peuple Oriental abhorre et déteste jusqu'au souvenir des documents qui relatent des actes si funestes, les magistrats civils des localités, dans les archives desquelles les documents se trouvent déposés, aussitôt qu'ils recevront la présente disposition, se rendront le premier jour de fête, conjointement avec le curé et le vicaire, et avec l'assistance du greffier, du secrétaire ou de l'employé remplissant ces fonctions, à la maison de justice, et après lecture du présent décret, on raiera et effacera les dits documents depuis la première ligne jusqu'à la dernière signature; ensuite on dressera un procès-verbal constatant l'accomplissement de cet acte, dont il sera rendu compte en temps opportun au gouvernement de la province.

2º En conséquence de la déclaration qui précède, la Province Orientale, reprenant la plénitude des libertés, des prérogatives et des droits inhérents aux autres peuples de la terre, se déclare de fait et de droit libre et indépendant du Roi de Portugal, de l'Empereur du Brésil et de toute autre souverain de l'univers, et avec ample et plein pouvoir, pour se donner la forme de gouvernement qu'elle juge convenable pour l'usage et l'exercice de sa souveraineté.

„Fait en la salle des séances de la représentation provinciale de la ville de San Fernando de la Florida, le 25 août 1825."

Le même jour fut votée et decrétée l'union de la Province Orientale aux Provinces Unies du Rio de la Plata (République Argentine).

Cette annexion causa entre ces dernières et le Brésil une guerre qui se termina 1828, par suite de la médiation de l'Angleterre, par le traité signé à Rio de Janeiro le 27 août, aux termes duquel les deux Etats voisins reconnurent la Province de Montévidéo ou Cisplatine comme un Etat libre et indépendant sous la dénomination de République de l'Uruguay, s'engageant, de part et d'autre, à défendre l'indépendance et l'intégrité du nouvel Etat.

L'échange des ratifications de ce traité a eu lieu à Montévidéo le 4 octobre 1828.

Ce n'est qu'en 1841 qu'a eu lieu la reconnaissance de la République de l'Uruguay par l'Espagne, son gouvernement métropolitain d'origine.

Aux termes d'un traité signé à Madrid le 29 octobre 1841, la reine d'Espagne renonça à la souveraineté et aux droits qui lui revenaient sur le territoire américain occupé par la République orientale de l'Uruguay, qu'elle reconnaissait comme nation libre, souveraine et indépendante.

Cette république était formée des départements nommés dans la loi constitutionnelle, savoir : Montévidéo, Maldonado, Canelones, San José, Colonia, Soriano, Paisandu, Durasno et Cerro Largo, avec toutes les îles adjacentes et les autres territoires qui lui appartiennent ou pourront lui appartenir.

La dette contractée par les autorités espagnoles sur les caisses de Montévidéo jusqu'au mois de juin 1814 était reconnue et réglée par un acte séparé.

Les deux gouvernements s'accordaient le droit réciproque de nommer dans toutes les leurs possessions des agents diplomatiques et consulaires, qui devaient jouir des privilèges et des immunités dont jouissent les nations les plus favorisés.

Les sujets respectifs des deux Etats devaient jouir dans les possessions l'un de l'autre de la plus parfaite sûreté et entière liberté relativement à leurs personnes et à leurs biens, sans être astreints au service militaire ni à aucun contribution extraordinaire. Par l'article VI du traité il est stipulé que „Aucun sujet de l'Espagne ni aucun citoyen de l'Uruguay ne peut être contraint à devenir citoyen sur le territoire de l'autre nation, ni être privé des immunités auxquelles il peut avoir droit. La citoyenneté dans l'un et l'autre pays est un acte volontaire de l'individu, et non obligatoire. Les conditions de la citoyenneté doivent être établies exclusivement par la constitution et les lois et observées par toutes les personnes qui désirent l'obtenir ou en être exemplées. L'état civil et politique, acquis par les personnes, conformément à la constitution et aux lois de l'un et l'autre des deux pays, à une époque antérieure à la ratification du présent traité, n'est pas compris dans la présente clause; mais il en doit être considéré sous le même point de vue qu'il pouvait l'être jusqu'à l'époque précitée.

Le traité du 9 octobre 1841 fut ratifié par le président Fractuoso Rivera de la République de l'Uruguay à Montévidéo le 25 juillet 1842.

MADRID, *traité de paix entre l'Espagne et le Chili, 1844.* Au Chili, qui, sous la domination espagnole, formait à côté des vice-royautés de la Nouvelle Grenade, du Pérou et de la Plata, une capitainerie générale, la première tentative d'affranchissement remonte à l'année 1810; mais des dissensions intestines permirent au gouverneur espagnol de reprendre le pouvoir pendant quelques années, et ce n'est qu'en 1817 que les victoires remportées sur les Espagnols par l'armée Argentine, placée sous les ordres du général San Martin, qui était entré dans le Chili à la tête d'un corps de 3.000 hommes, décidèrent du succès de la révolution et assurèrent l'indépendance du pays.

L'acte qui consacre le nouvel état de choses inaugura l'année 1818. En voici le passage principal :

„La force a été la raison suprême, qui pendant de trois cents ans a tenu le Nouveau Monde dans la nécessité de respecter comme un dogme l'usurpation de ses droits et d'y rechercher l'origine de ses devoirs les plus importants.

„Il était évident qu'un jour viendrait où cesserait cette soumission forcée; mais en attendant il était impossible de le devancer : la résistance de l'inférieur contre son supérieur empreint ses prétentions d'un caractère sacrilège et ne sert qu'à discréditer la justice sur laquelle elles sont fondées.

„Il était réservé au 19ème siècle de voir l'Amérique innocente, sans être coupable, revendiquer ses droits et montrer que la période de ses souffrances ne pouvait pas durer plus longtemps que celle de sa faiblesse. La révolution du 18 septembre 1810 a été le premier effort que le Chili ait fait en vue d'accomplir les hautes destinées auxquelles il était appelé par le temps et par la nature. Ses habitants ont depuis donné des preuves de l'énergie et de la fermeté de leur volonté, affrontant toutes les vicissitudes d'une guerre, dans laquelle le gouvernement espagnol a voulu faire voir que sa politique à l'égard de l'Amérique survit au renversement de tous les abus. Cette conviction leur a naturellement inspiré la résolution de se séparer à jamais de la monarchie espagnole et de proclamer leur indépendance à la face du monde.

„Les circonstances existantes de la guerre ne permettant pas la convocation d'un congrès national pour sanctionner la voix publique, nous avons ordonné d'ouvrir un grand registre, dans lequel tous les citoyens de l'Etat pourront déclarer d'eux-mêmes, librement et spontanément, leur opinion relativement à la nécessité urgente que le gouvernement proclame sans retard notre indépendance, ou diffère ou s'abstienne de le faire;

„Et ayant trouvé que la généralité des citoyens se sont prononcés sans équivoqe pour l'affirmative de cette proposition, nous avons jugé opportun, dans l'exercice du pouvoir extraordinaire dont nous avons été revêtus par le peuple, en cette occasion particulière, de déclarer solennellement, en leur nom, en présence du Tout Puissant, et de faire savoir à la grande confédération du genre humain, que le territoire continental du Chili et ses îles adjacentes forment, de fait et de droit, un Etat libre, indépendant et souverain, sont séparés à jamais de la monarchie espagnole et sont pleinement en état d'adopter la forme de gouvernement la plus convenable à leurs intérêts.

„Et, afin que cette déclaration ait toute la force et la validité qui doivent caractériser le premier acte d'un peuple libre, nous la sanctionnons avec la garantie de l'honneur, de la vie, de la fortune et de toutes les relations sociales de ce nouvel Etat, en engageant notre parole, la dignité de notre position et l'honneur des armes de notre pays.

„Et nous ordonnons que le présent acte original, avec les cahiers du grand registre, soit déposé dans les Archives de la municipalité de Santiago, que des circulaires soient expédiées aux villes, aux armées et aux corporations; et que serment lui soit prêté sans aucun retard, afin que l'affranchissement du Chili soit confirmé pour toujours.

„Fait au Palais directorial de Conception, le 1er janvier 1818.“

Le traité par lequel l'Espagne a reconnu définitivement l'indépendance du Chili a été signé à Madrid le 25 avril 1844.

Par l'article 1er la reine reconnaît comme nation libre, souveraine et indépendante la République du Chili, composée des pays spécifiés dans sa loi constitutionelle, savoir tout le territoire qui s'étend depuis le desert d'Atacama jusqu'à la Mer Pacifique, avec l'archipel de Chiloœ et les îles adjacentes à la côte du Chili; et S. M. renonce, tant pour elle que pour ses héritiers et successeurs, à toute prétention au gouvernement, à la possession et à la souveraineté de ces pays.

Les autres articles stipulent amnistie et oubli du passé, règlement de l'ancienne dette coloniale, rétablissement des relations commerciales, diplomatiques et consulaires entre les deux nations; maintien et jouissance pour les sujets respectifs des droits acquis dans l'un et l'autre pays, et traitement de la nation la plus favorisée.

En ce qui concerne la nationalité, il est expliqué, à l'article 7, que „comme l'identité d'origine des habitants de l'un et l'autre pays et la séparation des deux nations, qui n'est pas encore d'une date éloignée, peuvent donner lieu à de fâcheuses discussions pour l'application des disposition du traité, les parties contractantes consentent qu'on tienne et considère dans les possessions espagnoles comme citoyens de la République du Chili les individus nés dans les Etats de la dite république et leurs enfants, pourvu que ces derniers ne soient pas natifs des possessions actuelles de l'Espagne; et qu'on tienne et traite dans la République du Chili comme sujets espagnols les individus nés dans les possessions actuelles de l'Espagne et leurs enfants, pourvu que ces derniers ne soient pas natifs du territoire chilien.“

Les ratifications de ce traité ont été échangées à Madrid le 26 septembre 1845.

MADRID, *traité de paix entre l'Espagne et le Vénézuela, 1845.*

En 1810, lorsque l'Empereur Napoléon mit son frère Joseph sur le trône d'Espagne, la colonie espagnole du Vénézuela se déclara pour l'ancienne dynastie, mais peu après, elle se souleva contre la régence et proclama son indépendance en 1811.

Une junte suprême, siégeant à Caracas, avait organisé l'élection d'un Congrès général des diverses provinces, qui entra en session le 2 mars, établit un gouvernement et déclara le Vénézuéla entièrement indépendant de l'Espagne.

Voici le passage principal de cette déclaration :

C'est pourquoi, croyant que pour toutes ces raisons nous satisfaisons au respect que nous devons à l'opinion du genre humain et à la dignité des autres nations au nombre desquelles nous allons entrer maintenant, et sur les bons rapports et l'amitié desquelles nous comptons; nous, représentants des Provinces Unies du Vénézuela, prenant à témoin de la justice de notre conduite et de la rectitude de nos intentions l'Etre suprême dont nous implorons le divin et céleste appui, et confirmant par devant lui, au moment où nous naissons à la dignité que sa Providence nous restitue, le désir de vivre et de mourir libres, fidèles à la foi de la sainte religion catholique et apostolique de Jésus Christ, que nous regardons comme le premier de nos devoirs de défendre.

Nous, donc, au nom, et par la volontée et l'autorité du vertueux peuple du Vénézuela, nous déclarons solennellement au monde entier que ses Provinces - Unies sont et doivent être désormais de fait et de droit, des Etats libres, souverains et indépendants, qu'elles sont dégagées de toute dépendance et de toute soumission à la couronne d'Espagne ou de tous ceux qui se disent ou se diront ses mandataires ou ses représentants, et que comme un tel Etat libre et indépendant, constitué, a le plein pouvoir de se donner la forme de gouvernement qui soit la plus conforme à la volonté générale de ses populations, de déclarer la guerre, de faire la paix, de former des alliances, de négocier des traités de commerce, de limites, et de navigation et de faire et d'exécuter tous les autres actes que font et exécutent les nations libres et indépendantes; afin pour rendre cette déclaration solenelle valide, ferme et durable, nous engageons mutuellement les provinces les unes envers les autres, y consacrant notre existence, nos fortunes et le gage sacré de notre honneur national.

Fait au palais fédéral de Caracas, signé de notre main, scellé du grand sceau provisoire de la confédération et contre-signé par le secrétaire du Congrès.

Le cinquième jour de juillet 1811, le premier de notre indépendance.

Le Vénézuéla retomba l'année d'après sous la domination espagnole, contre laquelle il se leva de nouveau en 1813, et avec plus de succès en 1818. En 1819, suivant les vicissitudes du mouvement révolutionnaire qui avait gagné tout le nord de l'Amerique du sud, il forma, avec les provinces de la Nouvelle-Grenade et de l'Equateur, la République de Colombie, dont il fit partie jusqu'en 1831,

époque de la dissolution de cette union par la séparation amiable de ses trois membres, qui se sont depuis lors constitués en Etats distincts et autonomes. C'est sous le nouveau régime que le Vénézuéla est parvenu à faire reconnaître son indépendance par son ancienne métropole. Voici les passages principaux de la nouvelle proclamation d'indépendance, signée par Bolivar, chef suprême de la République, le 20 novembre 1818 :

1º Que la République du Vénézuéla, par droit divin, et humain, est affranchie de la nation espagnole et constituée en Etat indépendant, libre et souverain ;

2º Que l'Espagne n'est pas justifiée à demander de nouveau la domination sur nous, et que l'Europe n'a aucun droit de chercher à nous soumettre de nouveau au joug espagnol ;

3º Que nous n'avons jamais sollicité et ne solliciterons jamais notre incorporation à la nation espagnole ;

4º Que nous n'avons pas sollicité la médiation des Grandes-Puissances dans le but de nous réconcilier avec l'Espagne ;

5º Que nous ne négocierons jamais avec l'Espagne, à moins, que ce ne soit comme d'égal à égal, en temps de paix et en temps de guerre, ainsi que toutes les nations le font réciproquement entre elles ;

6¹ Que nous désirons la médiation des puissances étrangères uniquement pour qu'elles interposent leurs bons offices en faveur de l'humanité, en invitant l'Espagne à négocier et à conclure un traité de paix et d'amitié avec le peuple vénézuélien, en nous reconnaissant et en nous traitant comme une nation libre, indépendante et souveraine ;

7º La République du Vénézuéla déclare en outre que depuis le 10 avril 1810 elle combat pour ses droits, qu'elle a versé le meilleur sang de ses enfants, que son peuple a sacrifié toutes ses biens, toutes ses jouissances, tout ce qui est autrement cher et sacré aux hommes, pour conquérir ses droits souverains et les conserver intacts, et que, comme lui ont été octroyés par la divine providence, le peuple du Vénézuéla est résolu à les ensevelir sous les ruines de son pays, si l'Espagne, l'Europe ou une puissance quelconque tentait de le courber de nouveau sous le joug espagnol.

L'indépendance du Vénézuela a été reconnue par l'Espagne en 1845.

Suivant un traité signé à Madrid le 30 mars de cette année, la reine d'Espagne renonce à tous ses droits de souveraineté sur l'ancienne capitainerie générale du Vénézuela, devenue la République du même nom, et S. M. reconnaît comme nation libre, souveraine et indépendante la dite République, composée des provinces et des territoires désignés dans la constitution et dans d'autres lois postérieures, savoir l'île Marguerite, la Guyane, Cumana, Barcelona, Caracas, Carabobo, Barquisimeto, Varinas, Apure, Merida, Trujillo, Coro et Maracaibo, et autres territoires ou îles qui peuvent en dépendre.

Sont ensuite stipulés amnistie générale, règlement amiable de l'ancienne dette coloniale, restitution de part et d'autre des biens meubles et immeubles séquestrés ou confisqués pour cause de la guerre, respect des propriétés et des droits acquis dans l'un et l'autre pays par les sujets des deux Etats; rétablissement des relations commerciales sur le pied des nations les plus favorisées, ainsi que des rapports diplomatiques et consulaires; en ce qui concerne les consuls et les vice-consuls, il est spécifié qu'ils pourront intervenir dans les successions, par testament ou *ab intestat*, des sujets de chacun des deux pays établis, résidant ou de passage sur le territoire de l'autre; et en cas de naufrage ou de désastre des navires, ils pourront délivrer et viser des passe-ports aux sujets respectifs et exercer les autres fonctions de leur charge.

L'article 13, qui règle la question de nationalité, dispose que les Espagnols, qui pour des motifs particuliers auront résidé dans la République du Vénézuela et en auront adopté la nationalité, pourront reprendre leur nationalité d'origine, dans le délai d'une année à dater du jour de l'échange des ratifications du traité. Ce terme passé, seront seuls considérés comme Espagnols les individus venant de l'Espagne et de ses possessions, et ceux qui, en raison de leur nationalité, recevront un passe-port des autorités espagnoles et se feront inscrire à leur arrivées sur le régistre des Espagnols tenu à la légation ou au consulat d'Espagne.

Enfin chaque Etat s'engage réciproquement à ne laisser sur son territoire se former aucune conspiration contre la sûreté et la tranquillité l'un de l'autre et de ses dépendances, d'empêcher toute expédition qui se préparerait dans ce but et de punir les coupables conformément aux lois.

En cas de rupture de la bonne harmonie qui doit régner entre les deux parties contractantes, aucune d'elles ne devra autoriser des actes d'hostilité ou de représailles sur terre ou sur mer, sans avoir présenté à l'autre un mémoire justificatif des motifs de plainte et seulement en cas de refus de réparation.

Les ratifications du traité du 30 mars 1845 furent échangées à Madrid le 22 juin 1846.

MADRID, *traité de paix entre l'Espagne et la Bolivie, 1847.* Le pays qui a reçu le nom de Bolivie faisait autrefois partie du Haut-Pérou; il dépendit d'abord de la vice-royauté de Buenos-Aires. Il ne prit que tard une part active au mouvement qui avait depuis plusieurs années soulevé les autres colonies espagnoles de l'Amérique du sud contre le gouvernement métropolitain. La victoire d'Ayacucho, remportée le 24 décembre 1824 par le général Sucre, assura son affranchissement; le Haut-Pérou fut d'abord réuni à la République du Pérou; mais peu après le congrès péruvien renonça à ses droits sur cette province et donna son consentement à la séparation. C'est alors que la province réunit une assemblée, qui déclara l'indépendance du pays comme République autonome sous le nom de Bolivie, en l'honneur de Bolivar.

Voici la traduction de l'acte par lequel fut proclamée cette indépendance:

„La représentation souveraine des provinces du Haut-Pérou, profondément pénétrée de la grandeur et du poids immense de sa responsabilité envers le ciel et la terre, en accomplissant l'acte de décider du sort futur de ses commettants, se dépouillant, sur les autels de la justice, de tout esprit de partialité, de tous intérêts et vues privés; après avoir imploré, pleine de soumission et de respectueuse ferveur, l'assistance paternelle du Saint-Créateur de l'Univers, et tranquille dans le for de sa conscience par la bonne foi, l'équité, la justice, la modération et les méditations profondes qui président à la présente résolution.

„Déclare solennellement, au nom et par l'autorité absolue de ses dignes commettants:

„Que le jour heureux est arrivé, où les vœux ardents et inaltérables du Haut-Pérou pour s'affranchir du pouvoir injuste, oppresseur et ignominieux du roi Ferdinand VII, mille fois corroborés par le sang de ses fils, doivent être affirmés avec la solennité et l'authenticité que comporte le présent acte, et où doit cesser, pour cette région privilégiée, la condition dégradante de colonie de l'Espagne, ainsi que de toute dépendance de ce , pays ainsi que de ses monarques actuels et futurs.

„Qu'en conséquence, et comme il importe en même temps à sa prospérité de ne s'unir à aucune des républiques voisines, elle s'érige en un État souverain et indépendant de toutes les nations, tant de l'ancien que du nouveau monde.

„Et les départements du Haut-Pérou, fermes et unanimes dans cette si juste et magnanime résolution, protestent, à la face de la terre entière, que leur volonté irrévocable est de se gouverner par eux-mêmes et d'être régis par la constitution, les lois et les autorités qu'ils se donneront et croiront les plus convenables à leur prospérité future comme nation, et au soutien inaltérable de leur sainte religion catholique et de leurs droits sacrés d'honneur, d'existence, de liberté, d'égalité, de propriété et de sûreté.

„Et, pour l'invariabilité et la fermeté de cette résolution, ils s'obligent, se lient et s'engagent, par l'entremise de la présente représentation souveraine, à la soutenir fermement, constamment et héroïquement.

„Qu'au besoin ils consacreront avec plaisir à son accomplissement, à sa défense et son inviolabilité leur vie même avec leurs biens et tout ce qui est cher à l'homme.

„Cet acte sera imprimé et communiqué à qui il appartient pour sa promulgation et sa mise en circulation.

„Fait en la salle des séances le 6 août 1825.“

L'indépendance de la Bolivie a été reconnue par l'Espagne aux termes d'un traité signé à Madrid le 21 juillet 1847.

Tout d'abord la Reine d'Espagne y renonce pour toujours, pour elle et ses successeurs, à toute prétention de souveraineté sur le territoire connu autrefois sous le nom de provinces du Haut-Pérou et aujourd'hui sous celui de République de Bolivie; et elle reconnaît cette République comme nation libre, souveraine et indépendante, dans ses limites constitutionnelles, comprenant les départements de Chuquisaca, de Potosi, de la Paz, de Ayacucho, de Cochabamba, de Santa-Cruz, d'Oruro, de Tarija, de Beni, du district littoral de Cobija, et de tous autres territoires qui appartiennent ou pourront appartenir à la Bolivie.

Le traité stipule ensuite oubli complet du passé et amnistie générale, règlement de l'ancienne dette coloniale, indemnisation des préjudices occasionnés à des particuliers de part et d'autre pendant la guerre entre les deux pays, nomination réciproque d'agents diplomatiques et consulaires, rétablissement des relations commerciales, etc.

L'article 9 contient des dispositions spéciales aux questions de nationalité; il y est dit que „pour effacer à jamais toute trace de division entre les sujets des deux pays, si étroitement unis par les liens de l'origine, de la religion, de la langue, des coutumes et des affections, les deux parties contractantes conviennent que les Espagnols qui pour des motifs particuliers ont adopté la nationalité bolivienne, pourront recouvrer leur nationalité primitive, si cela leur convient; dans ce cas, leurs fils ayant atteint leur majorité auront le même droit d'option, et les enfants mineurs tant qu'ils le seront, suivront la nationalité de leur père.

„Le délai pour l'option sera d'un an pour ceux qui habiteront le territoire de la République et de deux ans pour ceux qui se trouveront absents.

„Si l'option n'a pas eu lieu dans ce délai, il est entendu que la nationalité de la République sera définitivement adoptée.

„Il est également convenu que les sujets actuels de l'Espagne nés sur le territoire qui forme aujourd'hui la République de la Bolivie pourront acquérir la nationalité bolivienne, pourvu que, conformément aux dispositions même du présent article, ils optents pour elle. En pareils cas, leurs fils majeurs acquerront aussi le même droit d'option, et leurs enfants mineurs, tant qu'ils le seront, suivront la nationalité du père.

„Si l'option dont parle le paragraphe précédent ne s'accomplit pas, les individus dont il s'agit continueront d'être considérés comme Espagnols.

„Pour adopter la nationalité, il sera nécessaire que les personnes intéressées se fassent inscrire sur le registre matricule des nationaux que devront établir les légations et les consulats des deux Etats; et passé le délai qui a été ci-dessus fixé, seront seules considérées comme Espagnols ou comme Boliviens les personnes venant d'Espagne ou de Bolivie qui pour leur nationalité seront porteurs de passe-ports de leurs autorités respectives et se feront inscrire sur le registre matricule de la légation ou du consulat de leur nation.

„Les citoyens de la République de Bolivie et les sujets de sa Majesté catholique pourront à l'avenir s'établir dans les possessions de l'une et l'autre des parties contractantes, exercer librement leurs emplois et leurs professions, posséder, acquérir et vendre en plus ou moins grande quantité toute espèce de biens et de propriétés, meubles et immeubles, en retirer du pays la valeur intégralement, en disposer de leur vivant ou après leur mort, y succéder par testament ou ab intestat, aux mêmes termes et conditions, et moyennant les mêmes taxes que celles en usage pour la nation la plus favorisée.

„Ni les Boliviens en Espagne, ni les Espagnols en Bolivie ne seront astreints au service de l'armée, de la flotte ou de la milice nationale. Ils seront également exempts de toute charge, contribution extraordinaire ou emprunt forcé; et relativement aux impôts ordinaires qu'ils supporteront en raison de leur industrie, de leur commerce ou de leurs propriétés, ils seront traités comme les citoyens ou les sujets de la nation la plus favorisée.“

Le traité se termine par une clause prévoyant l'interruption de la bonne harmonie entre les parties contractantes par faute de bien comprendre les articles du traité ou pour tout autre motif de grief ou de plainte; dans ces cas aucune des parties ne pourra autoriser des actes de représailles ou d'hostilité sur mer ou sur terre, sans avoir préalablement présenté à l'autre un mémoire justificatif des motifs sur lesquels se fonde l'offense ou le grief, et que si la réparation réclamée est refusée.

L'échange des ratifications a eu lieu à Paris le 12 février 1861.

MADRID, *traité de paix entre l'Espagne et le Costa Rica, 1850.* Le Costa Rica, une des cinq républiques de l'Amérique centrale, avait conquis son indépendance vers 1820 (voir Amérique centrale). Ce n'est que tardivement, comme pour les autres anciennes colonies, que l'Espagne s'est résignée à renouer des relations avec ce petit Etat, depuis longues années reconnu indépendant par les autres puissances.

Le traité conclu à cet effet entre les deux parties été signé à Madrid le 10 mai 1850.

Sa Majesté catholique renonce à tous droits de souveraineté et autres sur le territoire américain situé entre l'océan Atlantique et la mer Pacifique, avec les îles adjacentes, connu ci-devant sous la dénomination de Province de Costa Rica et devenu aujourd'hui la République du même nom, ainsi que sur tous autres territoires qui pourront y être incorporés.

En outre des stipulations d'amnistie réciproques de respect des droits acquis par les sujets de l'un des deux pays dans l'autre, de règlement d'indemnités pour dommages éprouvés de part et d'autre pendant la durée et par suite de la guerre de l'indépendance, le Costa Rica consent à participer proportionnellement à la liquidation de la dette de l'ancienne capitainerie générale du Guatémala, dont il faisait partie.

Relativement à la naturalisation, il est convenu que les Espagnols qui ont résidé dans le Costa Rica et en ont adopté la nationalité, pourront, à leur gré, recouvrer leur nationalité d'origine : dans ce cas leurs enfants ayant atteint leur majorité auront le même droit d'option, et les enfants mineurs suivront la nationalité du père, bien que les uns et les autres soient nés sur le territoire de la République.

Le délai d'option sera d'un an pour ceux qui habitent le territoire de la République, et de deux ans pour ceux qui en sont absents. Si l'option n'a pas eu lieu dans ce délai, il est entendu que c'est la nationalité du Costa Rica qui demeurera définitivement adoptée.

De plus, des sujets espagnols nés sur le territoire du Costa Rica pourront acquérir la nationalité de la République, pourvu qu'ils optent pour elle dans les termes ci-dessus stipulés; en pareil cas leurs enfants majeurs acquerront également le droit d'option, et les enfants mineurs, tant qu'ils n'auront pas atteint la majorité, suivront la nationalité paternelle.

Pour adopter la nationalité il est nécessaire que les personnes intéressées se fassent inscrire sur le registre matricule des nationaux établi dans les légations et les consulats des deux Etats; et au terme du délai ci-dessus fixé on ne considèrera comme sujets espagnols ou comme citoyens du Costa Rica que les personnes venant d'Espagne ou de la dite république qui, en raison de leur nationalité, se font délivrer des passeports de leurs autorités respectives et se font inscrire sur le registre matricule de la légation ou du consulat de leur nation.

Les relations consulaires et diplomatiques sont renouées entre les deux Etats, ainsi que les relations commerciales, celles-ci sur le pied de la nation la plus favorisée.

Le traité prévoit le cas de l'établissement d'une communication entre les deux mers au moyen de canaux, de chemins de fer ou d'autres voies à travers le territoire costaricain : dans ce cas le pavillon et les marchandises espagnols, ainsi que les sujets de S. M. catholique, jouiront du libre transit aux mêmes conditions et sans payer d'autres impôts que ceux auxquels sont soumis les bateaux, les marchandises et les citoyen du Costarica.

Le traité contient en outre les clauses communes à tous les traités analogues que l'Espagne a conclus avec ses anciennes colonies du continent américain.

L'échange des ratifications a eu lieu à Madrid le 21 décembre 1850.

MADRID, *traité de paix entre l'Espagne et la République du Nicaragua, 1850.* La province du Nicaragua s'était détachée de la domination espagnole en même temps que les autres États de l'Amérique centrale, dont elle a partagé le sort jusqu'en 1840, époque où la confédération des Provinces Unis de l'Amérique centrale a été dissoute. Depuis, le Nicaragua a formé une république séparée, entretenant avec les autres nations des relations qui lui sont propres et absolument libres.

L'indépendance de la République du Nicaragua a été reconnue par l'Espagne suivant un traité conclu à Madrid le 25 juillet 1850, aux termes duquel Sa Majesté Catholique renonçait à tous ses droits de souveraineté et autres sur le territoire américain situé entre l'océan Atlantique et la mer Pacifique, avec les îles adjacentes, ci-devant connu sous la dénomination de province du Nicaragua et aujourd'hui comme République du même nom, ainsi que sur les autres territoires qui pourraient être incorporés dans la dite république.

Ce traité est en tout identique à celui conclu aux mêmes fins avec la République du Costa Rica dans le cours du mois de mai précédent (voir ce traité); il contient pareillement des dispositions éventuelles en prévision du percement d'un canal ou de la construction de chemins de fer qui établiraient à travers le Nicaragua une communication directe entre les deux océans.

Dans le cas où les projets conçus dans ce but se réaliseraient, le pavillon, les marchandises et les sujets espagnols jouiront pour le transit des avantages et des exemptions accordés aux nations les plus favorisées. Sa Majesté Catholique s'engage, pour sa part, à unir ses efforts à ceux du gouvernement du Nicaragua et des puissances intéressées à la réussite de cette grande œuvre, pour garantir la neutralité de l'importante voie de communication interocéanique, afin d'en maintenir le parcours libre, de la protéger contre tout séquestre ou toute confiscation et d'assurer le capital placé dans l'entreprise.

Cette protection et cette garantie ne sont accordées que conditionnellement et pourront être retirées, si le gouvernement de Sa Majesté présume qu'on adopte et établisse relativement au commerce qui se fera par le canal, des dispositions contraires à l'esprit et à la tendance des garanties exprimées, soit en faisant des préférences injustes, soit en soumettant les passagers, les bateaux et les marchandises à des exactions oppressives ou à des droits excessifs. Cependant S. M. Catholique ne retirera les dites protection et garantie qu'après en avoir prévenu le gouvernement du Nicaragua six mois d'avance.

Les ratifications du traité furent échangées à Madrid le 24 mars 1851.

MADRID, *traité de paix entre l'Espagne et la République Dominicaine, 1855.*

Les traités de 1814 et 1815 avaient rendu à l'Espagne la partie orientale de l'île de Saint Domingue ou de Haïti qu'elle avait cédée à la France par le traité de Bâle en 1795; mais la métropole ne put conserver cette colonie, qui suivit le mouvement révolutionnaire couronné de succès sur le continent américain et proclama son indépendance le 1er décembre 1821.

Voici les passages principaux de l'acte qui consacra cet affranchissement :

„Dans cette conviction solennelle, et guidés par les leçons de l'expérience, nous déclarons et publions avec une égale solemnité que la partie espagnole de l'île de Haïti, à partir de ce jour, est un État libre et indépendant; que le peuple Dominicain n'est et ne sera plus dorénavant soumis aux lois et au gouvernement de l'Espagne, envers laquelle il ne reconnaît plus ni fidélité ni obéissance ; que, revêtue de la dignité et du caractère d'une puissance souveraine, elle possède le droit et les moyens d'établir la forme de gouvernement qui lui convient le mieux, de contracter des alliances, de déclarer la guerre, de faire la paix, de conclure des traités de commerce, et de procéder aux autres actes, négociations et conventions qui sont de droit dans les attributions de toutes les nations libres et indépendantes; que si l'Espagne reconnaît et sanctionne cette déclaration, elle sera considérée et traitée comme un ami; mais si elle s'oppose ou tente d'une façon quelconque de mettre des entraves au progrès de nos institutions et à celui du nouveau gouvernement que nous allons organiser, nous les défendrons, au sacrifice de notre vie, de nos biens et de notre honneur."

„Fait dans la ville de Saint-Domingue, dans la partie espagnole de Haïti, le premier jour de décembre 1821, première année de l'Indépendance."

Saint-Domingue ainsi détaché de l'Espagne, ne garda pas longtemps son autonomie; car dès le mois suivant le chef politique annonçait aux habitants leur incorporation dans la République d'Haïti, par une proclamation signée José Nunez de Caceres et datée du 19 janvier 1822.

L'Union ainsi établie des deux parties de l'île de Saint-Domingue se maintint pendant 22 ans; en 1844 la partie orientale s'en détacha pour former un Etat séparé sous le nom de *République Dominicaine*.

L'Espagne a reconnu l'indépendance de la République Dominicaine par un traité signé à Madrid le 18 février 1855.

Dans les deux premiers articles de ce traité, S. M. Catholique déclara renoncer pour toujours de la façon la plus formelle et la plus solennelle, pour elle et ses successeurs, à la souveraineté, aux droits et actions qui lui appartiennent sur le territoire américain connu au paravant sous la dénomination de *Partie espagnole* de l'île de Saint-Domingue, aujourd'hui République Dominicaine, céder et transférer cette souveraineté, ces droits et actions à la dite république pour qu'elle use de l'une et des autres de son propre gré absolu selon les lois qu'elle s'est données ou qu'elle se donnera par la suite, dans l'exercice du pouvoir suprême qu'elle lui reconnaît pour toujours dès aujourd'hui. En conséquence S. M. Catholique reconnaît comme nation libre, souveraine et indépendante la République Dominicaine avec tous les territoires qui la constituent actuellement ou qui la constitueront ultérieurement, territoires que S. M. Catholique désire et espère être toujours conservés sous la domination de la race qui les peuple aujourd'hui, sans qu'ils passent jamais, en to-

talité ou en partie, aux mains de races étrangères.

Le traité comporte en suite les stipulations communes à ce genre de convention : amnistie générale, maintien réciproque des droits et des biens acquis par les sujets respectifs dans l'un et l'autre pays, restitution, s'il y a lieu, des biens séquestrés ou confisqués, recouvrement de la nationalité primitive, etc. (Voir traités de reconnaissance entre l'Espagne et la Bolivie, le Costa Rica, la République Argentine, etc.)

Une disposition spéciale concerne la pratique du culte : l'article 9 dit que „bien que, heureusement, la religion dominante dans les deux pays soit la religion catholique, apostolique et romaine, en tout cas il est stipulé que les citoyens des deux Etats pourront respectivement pratiquer leur religion conformément aux prescriptions de la constitution et des lois du pays où ils se trouveront".

Le traité du 18 février 1855 était en même temps un traité de commerce, de navigation et d'extradition : les clauses qui concernent particulièrement la reconnaissance de l'indépendance de la République Dominicaine et règlent les relations futures des citoyens respectifs sous ce rapport, sont suivies de dispositions établissant les relations commerciales, maritimes, diplomatiques et consulaires entre les deux nations réciproquement sur le pied de la nation la plus favorisée.

Les ratifications du traité ont été échangées le 19 août 1855 au château royal de San Lorenzo.

MADRID, *traité de paix entre l'Espagne et le Guatémala, 1863.* Ce n'est qu'en 1863 que l'Espagne a reconnu l'indépendance de la République du Guatémala.

Par l'article premier du traité conclu à Madrid le 29 mai de cette année, sa Majesté Catholique reconnaît comme nation libre, souveraine et indépendante la République du Guatémala, composée de toutes les provinces mentionnées dans sa constitution et des autres territoires qui lui appartiennent légitimement ou lui appartiendront par la suite; et elle renonce à tous ses droits de souveraineté et autres sur le territoire de la République.

Les autres articles du traité stipulent amnistie générale de part et d'autre, maintien des droits acquis par les sujets respectifs sur les territoires de l'un ou l'autre Etat, levée de tout séquestre et restitution de tous biens confisqués, comme aussi règlement d'indemnités pour préjudices causés pendant et depuis la guerre de l'indépendance, rétablissement des relations diplomatiques, consulaires et commerciales sur le pied de la nation la plus favorisée.

Le Guatémala consent à payer sa quote part proportionelle, avec les autres Républiques de l'Amérique Centrale, dans l'ancienne dette espagnole du Royaume de Guatémala.

Les ratifications de ce traité ont été échangées à Madrid le 20 juin 1864.

MADRID, *traité de paix entre l'Espagne et la République Argentine, 1859-63.* La lutte pour s'affranchir de la suprématie métropolitaine de l'Espagne avait commencé en 1810 dans les provinces comprises dans le bassin du Rio de la Plata, et dès 1813 un gouvernement indépendant était établi à Buenos Aires; mais ce ne fut qu'en 1816 qu'un Congrès élu par toute la population et assemblé à Tucuman vota une déclaration par laquelle il proclamait libres et indépendantes les *Provinces Unies de l'Amérique du Sud* (c'est la dénomination alors adoptée, laquelle fut maintenue jusqu'en 1820.)

Cette déclaration signée par les députés, qui assistèrent au Congrès de Tucuman, est conçu en ces termes:

„Nous, représentants des Provinces-Unies de l'Amérique du sud, réunis en Congrès général, invoquant l'Eternel qui préside à l'univers, au nom et par l'autorité des peuples que nous représentons, protestants à la face de ciel, des nations et de tous les hommes du globe, de la justice qui guide nos vœux : déclarons solennellement, à la face de la terre, que la volonté unanime et indubitable de ces Provinces est de rompre les liens violents qui les attachaient aux rois d'Espagne, de recouvrer les droits dont elles ont été dépouillées, et d'assumer le caractère élevé de nation libre. En conséquence, elles ont, de fait et de droit, ample et plein pouvoir de se donner la forme du gouvernement exigé par la justice et commandé par l'extrémité de leur situation actuelle. Ainsi le publient, déclarent et notifient, toutes et chacune d'elles, s'obligeant par notre intermédiaire à accomplir et à soutenir leur volonté, ici exprimée, sous la garantie de leur vie, de leurs biens et de leur honneur; cette déclaration sera communiquée à qui de droit pour être publiée; et par déférence au respect qui est dû aux nations, il sera rédigé un manifeste

des très graves motifs qui ont inspiré cette déclaration solennelle.

Fait dans la salle des séances, signé de notre main, scellé du sceau du Congrès et contresigné par nos députés et secrétaires, en la cité de San-Miguel de Tucuman, ce jour d'hui, 9 juillet 1816.

Cet acte fut signé par les deputés dont les noms suivent :

Pour la capitale : Juan José Paso, Antonio Saenz, José Darregueira, Pedro Medrano, R. P. Cayetano Rodriguez, Tomas Anchorena, Estevan Agustin Gascon.

Pour Cordova : Gregores Funes, Miguel del Corro, Geronimo Salguero, Eduardo Bulnes, José Antonio Cabrera, José Isasa.

Pour la Rioja : Pedro Ignacio Castro.

Pour Tucuman : José Ignacio Tames, Pedro Araoz.

Pour Catamarca : Miguel Antonio Acebedo, José Ignacio Colombre.

Pour Santiago del Estero : Pedro Francisco de Uriarte, Pedro Leon Gallo.

Pour Mendoza : Tomas Godoy Cruz, Juan Agustin Masa.

Pour San Luis : Juan Martin de Pueyrredon.

Pour San Juan : Francisco Narcisco de la Prida.

Pour Misque : Pedro Ignacio de Ribera.

Pour Chuquisaca : José Mariano Serrano, José Severo Malavia, Felipe Antonio de Iriarte, Mariano Loria.

Pour Cochabamba : Pedro Carrasco.

Pour Chichas : Andres Pacheco de Melo.

Pour Salta : Mariano Boedo, José Ignacio Gorriti.

Pour Jujuy : Teodoro Sanchez Bustamante.

Les Provinces Unies de l'Amérique du Sud ainsi affranchies prirent plus tard le nom de *Provinces Unies du Rio de la Plata* et enfin celui de *République Argentine.*

C'est sous ce dernier nom que l'Espagne a fini par reconnaître l'indépendance de cette fraction de ses anciennes possessions au midi du continent américain.

Le traité qui renoue les relations entre les deux nations, fut conclu à Madrid le 9 juillet 1859.

Par le premier article sa Majesté Catholique déclare reconnaître comme nation libre, souveraine et indépendante la République ou Confédération Argentine, composée de toutes les provinces mentionnées en sa constitution fédérale en vigueur, et des autres territoires qui lui appartiennent légitimement ou lui appartiendront par la suite ; et usant de la faculté que lui ont conférée les Cortès générales du Royaume le 4 décembre 1836, renonce sous toute forme et pour toujours, pour elle et ses successeurs, à la souveraineté, aux droits et actions qui en découlent sur le territoire de la République sus-mentionnée.

Une amnistie complète pour le passé est stipulée de part et d'autre.

Des arrangements sont consentis pour le règlement de l'ancienne dette coloniale, et des indemnités auxquelles pouvaient avoir droit de ressortissants de chaque partie contractante.

Les droits de ces ressortissants dans l'un et l'autre pays sont garanties, de telle sorte que les sujets de S. M. Catholique dans la République Argentine et les citoyens de la République en Espagne pourront exercer librement leurs emplois et leurs professions, posséder, acquérir et vendre, en plus ou moins grande quantité, des biens meubles et immeubles de toute espèce, en retirer du pays la valeur intégralement, en disposer de leur vivant ou après leur mort, y succéder par testament ou *ab intestat*, conformément aux lois du pays, aux mêmes conditions et moyennant les même taxes que celles en usage pour la nation la plus favorisée. Il en sera de même pour leurs transactions commerciales.

Les sujets espagnols dans la confédération Argentine et les citoyens argentins en Espagne ne seront point astreints au service de l'armée, de la flotte ou de la milice nationale. Ils seront également exempts de toute charge ou contribution extraordinaire ou de tout emprunt forcé.

L'article 7 contient des dispositions particulières relativement à la naturalisation.

„Afin, y est-il dit, d'établir et d'affermir l'union qui doit exister entre les deux peuples, les deux parties contractantes conviennent que, pour fixer la nationalité des Espagnols et des Argentins, on observera les dispositions de l'article 1er de la constitution politique de la monarchie espagnole et la loi argentine du 7 octobre 1857.

„Les Espagnols qui auront résidé dans la République Argentine et en auront adopté la nationalité, pourront recouvrer leur nationalité primitive, si cela leur convient ; est à cette fin il est accordé un délai d'un an aux présents, et de deux ans aux absents.

„La simple inscription sur le registre-matricule des nationaux, qui devra être établi dans les légations et les consulats de l'un et de l'autre Etat, sera une formalité suffisante pour constater la nationalité respective.

„Les principes et les conditions établis par cet article seront également applicables aux citoyens argentins et à leurs enfants dans les possessions espagnoles.“

Les stipulations de cet article 7 ayant rencontré des difficultés d'interprétation et de mise à exécution, les parties contractantes ont jugé opportun de modifier le traité du 9 juillet 1859 et un nouveau traité a été conclu à Madrid le 21 septembre 1863, dans lequel, à peu près identique au premier, à tous autres égards, l'article 7 est rédigé comme suit :

„Dans le but d'établir et d'affermir l'union qui doit exister entre les deux peuples, il est convenu que pour déterminer la nationalité des Espagnols et des Argentins, on observera respectivement dans chaque pays les dispositions consignées dans leur constitution et leurs lois.

„Les Espagnols nés dans les possessions actuelles de l'Espagne, qui auront résidé dans la République argentine et en auront adopté la nationalité, pourront recouvrer leur nationalité primitive, si cela leur convient, et à cette fin il est accordé un délai d'un an aux présents et de deux ans aux absents. Ce délai passé, la nationalité de la République sera considérée comme adoptée définitivement.“

Le reste de l'article a conservé la rédaction antérieure.

Le traité du 21 septembre 1863 est donc celui qu'on doit regarder comme consacrant définitivement la reconnaissance de l'indépendance de la République Argentine par son ancienne métropole. Ratifié par le Président de la République Argentine le 7 novembre 1863, et par la Reine d'Espagne le 9 janvier 1864; l'échange des ratifications a eu lieu à Madrid le 20 juin suivant.

MADRID, *traité de paix entre l'Espagne et la République du Salvador, 1865.*

Après avoir fait partie successivement, sous la domination de l'Espagne, du royaume du Guatémala, et, après l'affranchissement, de l'Etat méxicain, puis de la confédération des Provinces unies de l'Amérique centrale, le Salvador, par la dissolution du pacte fédéral, est devenu depuis 1840 une république indépendante et autonome, traitant directement avec les autres nations.

La reconnaissance par l'Espagne de la République du Salvador comme nation libre, souveraine et indépendante a été consacrée par un traité conclu entre les deux Etats à Madrid le 24 juin 1865, et dont les ratifications ont été échangées le 15 juin de l'année suivante.

Pour ses diverses clauses et conditions ce traité est totalement semblable à celui signé aux mêmes fins par l'Espagne et le Guatémala le 29 mai 1863. (Voir ce traité).

MADRID, *traité de paix entre l'Espagne et la République de Honduras, 1866. (Voir* AMÉRIQUE CENTRALE).

Ancienne province du royaume de Guatémala, le Honduras suivit le sort des autres possessions espagnoles voisines, lorsqu'elles s'affranchirent de la domination métropolitaine. Il fit partie de la Confédération des Provinces unies de l'Amérique centrale jusqu'en 1840, époque où fut dissous le pacte fédéral. Il s'est alors constitué en république séparée, et entretient avec les autres Etats des relations de son propre chef. C'est en 1866 qu'ont été renoués ses rapports avec son ancienne métropole, qui alors reconnut son indépendance d'une façon définitive.

Par un traité signé à Madrid le 15 mars de cette année, sa Majesté Catholique renonça à tous ses droits sur tout le territoire qui pendant la domination espagnole était connu sous le titre de province et borné à l'est, au sud-est et au sud par la République du Nicaragua, à l'est, au nord-est et au nord par l'Océan Atlantique; à l'ouest par le Guatémala; au sud, au sud-est et à l'ouest par le Salvador, et au sud par la baie de Conchagua dans le Pacifique, y compris les îles voisines de ses côtes sur les deux mers.

Ce document ne diffère en rien des autres traités analogues que l'Espagne, comme ancienne métropole, avait précédemment conclus avec ses autres ci-devant colonies de l'Amérique centrale. (*Voir* TRAITÉS DU COSTA RICA ET DU GUATEMALA.)

MAGASIN et revue de droit (*The law magazine and review, a quaterly journal of jurisprudence*), journal trimestriel de jurisprudence.

Ce recueil, qui se publie à Londres et dont la fondation remonte à l'année 1828, a depuis 1874 élargi son cadre : il ne se borne pas à des articles concernant l'Angleterre exclusivement; il aborde toutes les grandes questions qui intéressent l'ensemble des nations, et surtout les tentatives récentes d'arriver à l'uniformité de la pratique du droit des gens.

On trouve dans chaque livraison des notices nécrologiques, une revue des livres nouveaux, une liste méthodique de toutes les décisions judiciaires du trimestre écoulé contenues dans les recueils juridiques. Des tables soigneusement faites facilitent les recherches.

MAGISTRAT. Ce mot, dans son acception générale, désigne les personnes investies de l'autorité publique.

Dans ce sens le chef de l'Etat est le premier magistrat d'un pays; le maire, le bourgmestre, les adjoints etc. sont les magistrats d'une ville.

Dans une acception moins étendue *magistrat* s'entend de tout fonctionnaire délégué par le pouvoir suprême pour exercer l'autorité, qu'il appartienne à l'ordre administratif ou à l'ordre judiciaire.

Dans le langage ordinaire, ce mot désigne en France plus particulièrement les membres de l'ordre judiciaire. (*Voir* JUGE).

MAGISTRATURE. La dignité, la charge de magistrat; en général toute haute dignité qui confère le gouvernement de l'Etat.

Le temps durant lequel un magistrat reste en fonction.

Magistrature s'entend aussi de l'ensemble des magistrats, mais s'applique plus spécialement, en France, au corps entier des présidents et des juges des cours de justice.

Dans ce pays la magistrature se divisait jusque dans ces derniers temps, en *magistrature assise*, comprenant tous ceux qui prononcent des arrêts ou des jugements et étaient inamovibles : juges des tribunaux civils et conseillers des cours d'appel et de la cour de cassation; non compris les juges de paix, qui sont amovibles; et en *magistrature debout*, composée des membres des tribunaux et des cours qui ne peuvent que requérir et sont amovibles : procureurs et advocats généraux, procureurs de la république et substituts : ces magistrats constituent ce qu'on appelle le *parquet*.

(*Voir* JUGE, CONSEILLER, PROCUREUR, COUR, TRIBUNAL, MAGISTRAT.)

MAGNAT. Titre donné en Pologne et en Hongrie aux membres de la haute noblesse.

En Pologne, il appartenait principalement aux conseillers du royaume, aux sénateurs temporels et ecclésiastiques.

En Hongrie, ce titre était réservé aux barons du Saint-Empire ou comtes palatins, aux conseillers auliques, aux gouverneurs de Croatie, de Dalmatie et d'Esclavonie, au trésorier et aux principaux fonctionnaires de la cour. Il s'appliquait aussi à tous les chefs des familles nobles, qui, en vertu de l'ancienne constitution représentaient la nation à la diète, où ils formaient une sorte de Chambre haute sous le nom de *Table des magnats*.

La dignité de magnat, qui représentait autrefois une puissance réelle, n'est plus aujourd'hui qu'une distinction honorifique.

MAHOMÉTANS. Celui qui professe la religion de Mahomet.

Pris adjectivement, le mot a la même signification : les pays *mahométans*, c'est-à-dire où la religion de Mahomet est professé; — ou il signifie : qui tient ou se rattache à cette religion : la doctrine mahométane, le fanatique mahométan etc.

L'année mahométane, année lunaire qui commence à l'anniversaire de l'hégire, et est tantôt de 354 et tantôt de 355 jours. Les mahométants supputent le nombre de leurs années à partir de la date de l'*hégire* ou fuite de Mahomet à Médine, l'an 622 de notre ère.

MAHOMÉTANISME. Religion de Mahomet ou fondée par Mahomet.

Elle a pour base la croyance à un dieu unique, créateur de toutes choses, avec Mahomet pour prophète et le Coran pour livre.

(Voir CORAN, ISLAM.)

MAIN DE JUSTICE. Terme de jurisprudence française, qui exprime l'autorité de la justice et la puissance qu'elle a de faire exécuter ce qu'elle ordonne en contraignant les personnes et en procédant sur leurs biens : c'est l'attribut de la souveraineté.

En France, sous l'ancienne royauté, on appelait *main de justice* une espèce de sceptre terminé par la figure d'une main d'ivoire, emblème de la puissance, que le roi portait le jour de son sacre.

C'était l'emblème des sceaux des rois de France de la troisième race : il se trouve pour la première fois sur le sceau de Louis X.

MAIN LEVÉE. Terme de jurisprudence acte par lequel on restreint ou anéantit les effets d'un acte quelconque; par lequel on lève notamment l'empêchement résultant d'une saisie, d'une opposition, d'une hypothèque, d'un ordre administratif, d'une excommunication, etc.

MAIN MISE. Terme de jurisprudence féodale, à peu près synonyme de saisie : c'était l'action de mettre la main, de saisir; il y avait main mise pour défaut de foi et d'hommage.

MAIN MORTE. Mot à mot puissance morte ou incapable.

État des gens qui, sous le régime de féodalité, étaient réduits à la servitude personnelle et réelle, aussi état des vassaux, qui, en vertu d'anciens droits féodaux, ne pouvaient disposer de leurs biens par testament; leur succession revenait au seigneur lorsqu'ils ne laissaient pas d'enfants légitimes.

Le droit de main morte territoriale était celui en vertu duquel le seigneur du fief héritait de ceux qui mouraient sur son territoire après un séjour d'un an et un jour.

Le droit de main morte personnelle était celui que certains seigneurs possédaient sur l'héritage d'un nommé né leur vassal, quand même cet homme avait son domaine dans un lieu franc.

La main morte et les droits de main morte ont été abolis en France par un décret de l'Assemblée constituante en date du 28 mars 1790.

Cependant il subsiste encore dans ce pays une sorte de main morte, qui s'applique notamment aux corporations : départements, communes, hospices, congrégations religieuses, établissements publics légalement autorisés, etc., qui par une subrogation successive, pour ainsi dire, perpétuelle de personnes, étant censées ne pas mourir, ne produisent aucune mutation par décès; mais ne peuvent aliéner leurs biens sans l'autorisation du chef de l'État.

Les communautés qui sont dans cette situation sont dites gens de main morte, et les immeubles qu'elles possèdent sont dits biens de main morte.

MAIRE. C'est aujourd'hui le premier officier municipal d'une ville, d'une commune.

En France il n'y a qu'un maire par commune, Paris excepté.

Selon l'importance des communes, les maires ont un ou plusieurs adjoints, qui les assistent et les remplacent au besoin,

MAIRE DU PALAIS. En France, sous les rois de la première race (mérovingiens), c'était un grand officier ou intendant, chargé dans l'origine d'administrer les affaires privées du roi; mais les maires du palais ne tardèrent pas à s'arroger aussi l'administration des affaires du royaume et à devenir en réalité les maîtres de l'État; en effet la race des maires du palais finit par se substituer à celle des rois de naissance : c'est ainsi que les Carlovingiens succédèrent aux Mérovingiens.

MAISON. Ce mot, pris dans un sens collectif, sert à désigner les gens employés au service des grands personnages, des princes, des ambassadeurs, etc.

La *maison du souverain* se dit des officiers de la chambre, de la bouche et autres qui servent un roi ou un empereur.

La *maison militaire* comprend les troupes destinées à la garde de la personne du souverain.

Le mot *maison* s'emploie aussi dans l'acception de race, de famille, en parlant des familles nobles et illustres : maison souveraine, maison royale, la maison de France, la maison d'Autriche.

MAJESTÉ. Titre d'honneur qu'on donne aux empereurs, aux rois et à leurs épouses.

Pour les empereurs il est d'usage d'ajouter l'épithète d'*impériale* à la qualification de Majesté, et de *royale* pour les rois, enfin les deux épithètes à la fois d'*impériale* et de *royale* lorsque le même souverain a le double titre d'empereur et de roi, comme, par exemple, l'Empereur d'Autriche et Roi de Hongrie, la Reine de la Grande-Bretagne et Impératrice des Indes, l'Empereur d'Allemagne et Roi de Russe.

Votre Majesté se dit quand on adresse la parole au souverain ou à la souveraine;

Sa Majesté, lorsqu'on parle du souverain ou de la souveraine;

Vos Majestés, quand on parle à plusieurs souverains ou à plusieurs souveraines;

Leurs Majestés, quand on parle de plusieurs têtes couronnées.

Par abréviation on écrit V. M. pour Votre Majesté, VV. MM. pour Vos Majestés, S. M. pour Sa Majesté, LL. MM. pour Leurs Majestés.

Autrefois le roi de France avait le titre de Sa Majesté Très-Chrétienne; le roi d'Espagne porte celui de Sa Majesté Catholique, et le roi de Portugal celui de Sa Majesté Très-Fidèle.

Le sceau des empereurs d'Allemagne était qualifié de *sceau de Majesté*.

MAJEUR, MAJORITÉ. On dit *majeur* celui qui a atteint l'âge de *majorité*, c'est-à-dire l'âge prescrit par les lois pour qu'une personne puisse user et jouir de ses droits civils et contracter valablement.

Chez les Romains l'âge de majorité était 25 ans : chez les Germains la majorité commençait à 15 ans. En France elle est fixée à 21 ans pour tous les individus des deux sexes; il n'y a d'exception que relativement au mariage et à l'adoption.

MAJORAT. Bien immobilier, attaché à la possession et au soutien d'un titre de noblesse. Le majorat est inaliénable et passe, avec le titre, d'héritier en héritier, naturel ou adoptif, de ligne masculine, selon l'ordre de primogéniture, c'est une substitution perpétuelle, qui ne cesse que par la défaillance d'héritiers habiles à la recueillir.

Le majorat peut se composer de biens donnés par le chef de l'État; dans ce cas on le qualifie de *majorat de pur mouvement;* ou bien il peut être formé par un chef de famille de ses propres biens, en vertu d'une autorisation légale; alors il est dit *majorat sur demande.*

L'institution des majorats n'est plus reconnue par la législation française; mais elle existe encore dans la plus grande partie de l'Europe.

MAJORDOME. Ce mot signifie intendant supérieur de la maison, maître d'hôtel, maire du palais : c'est le titre que portent les officiers qui remplissent cette charge auprès du Pape, dans les cours d'Espagne, d'Italie, etc.

MAJORITÉ. Pluralité des votants, des suffrages dans un corps politique, dans une assemblée délibérante, et des individus dans un pays, dans une nation.

La majorité est dite *absolue* lorsqu'elle comprend plus de la moitié des voix; et l'on appelle majorité *relative* celle qui se forme simplement de la supériorité du nombre des voix obtenues par un des concurrents, ou par une proposition.

On désigne aussi sous la dénomination de *majorité* le parti qui dans une assemblée réunit ordinairement le plus grand nombre de suffrages.

La loi de la majorité, généralement applicable aux assemblées délibérantes, ne l'est pas dans les congrès internationaux, si ce n'est lorsqu'il s'agit du règlement d'intérêts ou de questions secondaires en vertu de principes préalablement arrêtés. La pluralité des voix ne suffit pas pour imposer les décisions du congrès à tous les Etats qui y prennent part; il faut qu'il y ait accord parfait pour chaque décision à prendre, et cette règle est basée sur l'indépendance réciproque des Etats : chaque Etat étant souverain et libre dans ses déterminations, on ne saurait lui imposer celles des autres contre son gré.

Quoi qu'il en soit, et bien qu'un Etat maintienne, même avec raison, son opinion dissidente, il faut reconnaître que dans un congrès international, quand la majorité proclame un principe comme étant de droit nécessaire, la décision de cette majorité est un témoignage de la conviction générale des nations civilisées de l'époque; de sorte que, quoique la majorité n'ait effectivement aucune autorité sur la minorité, il est dangereux pour un Etat d'enfreindre un principe déclaré obligatoire pour tous.

MALFALTI DI MONTE TRETTO, (J. chevalier de), diplomate autrichien.

Handbuch des österreichisch-ungarischen Consularwesens.

(Manuel des consulats autrichiens). Vienne, 1879.

Ouvrage enrichi d'un recueil de formulaires et d'un supplément relatif à la situation des consuls étrangers en Autriche-Hongrie.

MAMIANI DELLA ROVERE (le comte Terenzio), philosophe et jurisconsulte italien, né à Pesaro en 1800.

Il a été ministre des Etats de l'Eglise sous le pontificat de Pio IX; ministre de l'instruction publique du royaume de Sardaigne en 1860, ministre plénipotentiaire à Athènes en 1861 et à Berne en 1865; enfin sénateur du royaume d'Italie. Il a fondé l'Académie philosophique de Gênes. Il est membre de l'Institut de droit international.

Outre des poésies, des écrits politiques, des œuvres purement littéraires et philosophiques, le comte Mamiani a publié des ouvrages se rapportant au droit des gens, notamment:

Nuovo diritto pubblico Europeo. (Nouveau droit public européen.) 1859.

Ce livre n'est pas, à proprement parler, un traité de droit; c'est plutôt un exposé des vues personnelles de l'auteur sur les questions fondamentales et sur les nouvelles bases à donner à une réorganisation sociale internationale. Il est suivi d'un appendice intitulé : *Dell' ottima congregazione umana* (De la meilleure association humaine), où l'auteur traite des questions les plus complexes de la science sociale.

Del Papato (De la Papauté). Paris, 1851.

Teoria della religione e dello Stato (Théorie de la religion et de l'Etat). 1870.

Sull' origine, natura é costituzione della sovranitá (Sur l'origine, la nature et la constitution de la souveraineté).

Del fondamento della filosophia del diritto (Du fondement de la philosophie du droit).

Del diritto di proprietá (Du droit de propriété).

MANCINI (Pascal Stanislas), homme d'Etat célèbre et jurisconsulte, né à Castelbaronia (Naples) le 17 mars 1817.

Professeur de droit international et Président de la faculté de jurisprudence à l'Université de Rome; plusieurs fois ministre du royaume d'Italie; il fut l'un des fondateurs de l'Institut de droit international, dont il a été le Président de 1873 à 1875.

Ses travaux peuvent se diviser en deux périodes. Durant la première il se montre avant tout homme de science. Ce fut à Turin, où il occupait la chaire de droit international, qu'il exposa pour la première fois ses idées sur le droit international, idées qu'il put faire prévaloir dans la seconde période de son activité comme ministre de la justice, puis comme ministre des affaires étrangères du royaume d'Italie.

Mancini est le chef de la nouvelle école italienne, école autant philosophique que juridique, qui donne la loi morale, limitée par l'élément politique, pour fondement à tous les droits comme à tous les devoirs et déduit des principes du droit universel l'idée particulière du droit international.

D'après Mancini „l'école de droit international née en Italie repose sur une intime alliance des principes rationnels et philosophiques du droit avec les conclusions auxquelles aboutissent les doctes et patientes recherches de l'école historique et expérimentale. Elle considère l'humanité comme une grande et naturelle société de nationalités égales et indépendantes, coexistantes sous l'empire, pour elles obligatoires, de la loi suprême du droit. Elle déduit de ce principe élevé et fécond des conséquences très éloignées de celles de l'école de Grotius, mais conformes aux besoins et aux progrès de la civilisation humaine et aux vœux de réformes, qui de toute part envahissent le vieux champ scientifique du droit des gens."

Ces doctrines ont été exposées et développées dans une série de conférences sur le droit international, que Mancini a faites dans différentes villes d'Italie et qui ont été publiées en un volume sous le titre de : *Diritto internazionale. Prelezioni con un saggio sul Machiavelli* (Droit international — Leçons avec un essai sur Machiavel) Naples, 1873, in-8[1]. Nous y trouvons une *Esquisse du droit des gens ancien et moderne;* une *Etude sur les progrès du droit dans la société, dans la législation et dans la science pendant le siècle dernier;* sur *la vocation de notre siècle pour la réforme et la codification du droit des gens;* enfin la principale de ces conférences, qui sanctionne en quelque sort l'idée favorite des publicistes italiens : *La nationalité comme base du droit des gens.*

Les idées de Mancini sont aussi exposées dans un rapport qu'il présenta comme ministre de la justice en 1876, à la commission de la Chambre des députés chargée d'élaborer le code civil et le code pénal italien.

Comme Ministre des Affaires étrangères, il a adressé en 1883 aux cabinets d'Europe et d'Amérique une circulaire dans laquelle il les invite à se réunir en une Conférence pour poser les bases de la codification du droit international privé. Cette conférence se réunira à Rome en mars 1885.

Nous citerons encore de Mancini :

Discours sur les arbitrages internationaux. Rome, 1873.

Fondamenti della filosofia del diritto e del diritto di punire. (Bases de la philosophie du droit et du droit de punir.)

Cet ouvrage, en collaboration avec Mr. le comte Mamiani a eu sept éditions depuis 1842.

En résumé, Mancini, comme professeur, comme législateur et comme homme d'Etat est un des jurisconsultes qui ont le plus contribué aux progrès de la science du droit des gens.

MANDARIN. Dénomination générique sous laquelle les Européens désignent les fonctionnaires publics de la Chine.

Ce titre qui signifie conseiller, est étranger à la langue Chinoise; le vrai nom est *khan* (chef) que les Chinois prononcent *quouan.*

A proprement dire, les mandarins forment en Chine la classe des lettrés, et c'est parmi eux que l'Empereur choisit les fonctionnaires qui forment deux classes principales : les mandarins civils et les mandarins militaires, dans lesquelles sont rangés, suivant l'ordre ou l'importance de l'emploi, les conseillers de l'Empereur, les ministres, les gouverneurs des provinces, les juges, les commandants militaires, etc., formant divers tribunaux hiérarchiques d'administration et de justice qui se contrôlent et dont les plus élevés contrôlent les actes de l'Empereur.

On divise aussi les mandarins en grands mandarins, dont le nombre est de 9000, et en simples mandarins, dont on ne compte pas moins de 80,000.

Les mandarins se recrutent dans toutes les classes de la société ; mais il ne parcourent les degrés de leur hiérarchie qu'après avoir passé des examens très difficiles.

MANDAT. Terme de jurisprudence acte par lequel une personne donne à une autre pouvoir ou procuration de faire quelque chose pour elle et en son nom. On appelle *mandant* celui qui donne le mandat, et *mandataire* celui qui le reçoit.

Il faut distinguer le mandat du contrat : la procuration, qui libelle le mandat, est un acte unilatéral tant qu'elle n'est pas revêtue de l'acceptation du mandataire, et elle n'est jusque là que l'expression de la volonté d'une seule des parties contractantes ; mais elle devient contrat du moment où le mandataire accepte le mandat; alors l'acte devient bilatéral et crée un lien réciproque.

En somme le mandat peut être défini un contrat par lequel une personne confie la gestion d'une ou plusieurs affaires, pour les faire à ses propres risques, à une autre personne, qui s'en charge et s'oblige à lui en rendre compte.

Dans ce sens on peut assimiler au mandat les missions dont les gouvernements ou les chefs d'Etat chargent, temporairement, provisoirement ou d'une façon permanente leur représentants ou envoyés à l'étranger, agents diplomatiques, ambassadeurs, ministres, consuls etc., etc.

Dans une acception spéciale, on nomme *mandat* les instructions particulières que les électeurs donnent à ceux qu'ils choisissent pour les représenter dans les assemblées parlementaires.

Ce mandat est dit *impératif,* lorsqu'il comprend l'injonction de voter de telle ou telle façon sur des questions déterminées.

MANIFESTE. Déclaration publique par laquelle un souverain, un gouvernement, un parti, une personne marquante

31*

rend compte de sa conduite dans une affaire importante.

D'après les principes du droit des gens et l'usage suivi entre les nations civilisées, les manifestes sont indispensables surtout dans le cas où la guerre vient à éclater.

Par ces documents les belligérants, avant d'engager les hostilités, annoncent aux autres nations qu'ils ont pris les armes. Les manifestes contiennent toujours implicitement, sinon en termes exprès, une déclaration de guerre et l'exposé des causes ou des motifs propres à la justifier. Ils ont principalement pour objet d'enlever aux sujets des puissances neutres le prétexte d'arguer de l'ignorance de l'état de guerre entre les parties intéressées — prétexte qui n'a plus de fondement du moment où le manifeste a été remis par les agents diplomatiques des puissances belligérantes aux divers gouvernements neutres.

MANNING (William Oke), publiciste anglais.

Commentaries on the law of nations (Commentaires sur le droit des gens). Londres, 1839. 1 vol. in 8⁰.

L'ouvrage est divisé en 4 livres : le premier est un exposé sommaire de l'histoire du droit des gens; le second en fait conaître les sources; le troisième a pour objet le droit et ses effets de la guerre, et le quatrième les droits et les devoirs de la neutralité : cette dernière partie qui forme à elle seule les trois quarts du volume, est traitée avec tous les développements qu'elle comporte.

La conclusion de Manning est que: „la loi des nations, dépendant de la loi naturelle, des coutumes et des conventions, a quelque analogie avec le droit anglais, divisé en équité, en droit commun et en statuts. Quand des différends surgissent entre les nations, on fait appel à la raison pour découvrir le droit applicable au cas, les écrivains sont cités et les usages rappelés comme des faits historiques témoignant de la pratique précédente des Etats, et la règle de conduite, qui découle de ces sources, est connue comme étant la loi des nations.“

MARCHANDISE. Toute chose qui peut être l'objet d'un trafic ou d'un commerce.

Confiscation. En temps de paix, les marchandises étrangères peuvent être confisquées dans les ports où elles se présentent, par les préposés des douanes, lorsqu'elles sont prohibées par le gouvernement du pays. Le tarif des douanes dans chaque Etat donne la nomenclature des marchandises dont l'introduction est permise moyennant le paiement de certains droits, de celles qui sont prohibées, de celles qui peuvent être déposées dans des entrepôts, et de celles qui sont admises en transit.

En temps de guerre, on considère comme violation des lois de la guerre toute tentative d'introduire des marchandises dans un pays ennemi sans autorisation formelle de son gouvernement, et l'on reconnaît à ce gouvernement le droit de confisquer les marchandises ainsi introduites sur son territoires contre son gré. (*Voir* COMMERCE, CONFISCATION, LICENCE.)

Le droit de capturer les cargaisons se détermine avant tout d'après la nationalité ennemie ou néutre de leurs propriétaires; il est aussi des cas où la légitimité de la prise doit être appréciée en raison de la nature, de la provenance ou de la destination de la marchandise.

Ces divers points se constatent ou se justifient généralement par le pavillon et les papiers de mer, dont la sincérité absolue et la parfaite régularité ou la production en temps utile peuvent seules mettre les propriétaires à l'abri de la capture ; les principaux papiers de mer à exhiber en pareil cas sont le passe port du congé, l'acte de propriété du navire, le contrat d'affrètement et d'assurance, le manifeste de la cargaison, les connaissements et les factures, les déclarations de douanes, les certificats d'origine ou les visas consulaires.

Propriété des marchandises. Les marchandises et les effets embarqués, en vertu d'un contrat ou d'un ordre régulier, pour le compte et aux risques du destinataire sont considérés comme n'appartenant plus à l'expéditeur. Le capitaine qui les reçoit à son bord, est dans ce cas censé agir comme l'agent (*negotiorum gestor*) du consignataire, et la livraison faite entre ses mains est assimilée à une prise de possession effective par le propriétaire lui même. Aussi dans de semblables conditions le neutre ne pourrait-il en cas de capture se faire restituer comme siennes les marchandises que l'un des belligérants lui aurait donné commission d'embarquer pour son compte. Les parties sont toutefois libres de régler et de modifier les contrats par lesquels elles entendent se lier. Elles peuvent convenir, par exemple, que la marchandise ne sera livrée et transférée qu'après paiement du prix, ou qu'elle naviguera aux frais de l'expéditeur jusqu'à son arrivée au port de destination. En droit strict de semblables stipulations n'ont rien que de parfaitement régulier et légitime; mais au point de vue international, surtout en temps de guerre maritime, la liberté illimitée laissée sous ce rapport aux transactions commerciales peut engendrer de graves abus et ne servir en dernière analyse qu'à soustraire à la capture la propriété privée de l'ennemi.

En principe, la confiscation est légitime à partir de la sortie des marchandises du territoire des belligérants, pourvu que la destination ultérieure, c'est-à-dire non apparente et fictive, mais réelle, en soit constatée; la marchandise est essentiellement confiscable depuis le commencement jusqu'à la fin du voyage, malgré les transports indirects par voie détournée, qui ne sont dans ce cas qu'une infraction dissimulée aux lois de la guerre interdisant tout commerce avec l'ennemi : en effet ces lois deviendraient illusoires, si les marchandises pouvaient tout d'abord être embarquées à destination d'un port neutre et de là, à l'abri d'un autre pavillon, réexpédiées au port ennemi, leur destination finale.

Il est également de principe que lorsque les marchandises sont expédiées par un ennemi à un neutre qui n'en a pas fait la commande, mais qui les a acceptées *in transitu* avant la capture, le destinataire neutre en devient possesseur légitime et peut en empêcher la confiscation, à charge de fournir la preuve que l'acceptation de l'envoi a été faite par lui d'une manière absolue et sans réserve d'aucune sorte. L'assentiment qu'il a donné est dans ce cas considéré comme remontant à l'époque même de l'embarquement et comme impliquant l'intention d'un transport fait pour son compte et à ses risques. Les tribunaux anglais ont sanctionné cette doctrine, à laquelle la cour suprême des Etats-Unis s'est elle-même ralliée, bien que dans l'espèce l'envoi de la marchandise n'eût été accepté que conditionnellement.

Revendication. Les lois commerciales de presque tous les pays confèrent aux expéditeurs le droit connu sous le nom de *détention in transitu*, c'est-à-dire celui d'annuler le connaissement sur lequel aucune avance de fonds n'a été faite, et de rentrer en possession de la marchandise envoyée tant qu'elle n'est pas arrivée au port de débarquement. D'après les lois de la guerre cette action en revendication ne peut être exercée que dans le cas de l'insolvabilité réelle du destinataire ou de l'avis donné en temps utile par lui qu'il refuse l'expédition ou qu'il n'en soldera pas le prix. Une simple révocation inspirée par une appréhension ultérieurement reconnue mal fondée ne serait pas considérée comme suffisante pour altérer le caractère de la possession originaire.

Marchandises sous pavillon neutre. Dans la plupart des expéditions maritimes, la propriété du navire et celle des marchandises déposées à bord reposent sur des individus différents, et par conséquent le maître du bâtiment fait le commerce de transport; or ce trafic ne se borne pas au transport de marchandises appartenant aux nationaux de l'Etat dont le navire porte le pavillon; il embrasse même les propriétés de nationaux étrangers.

La guerre venant à éclater entre deux peuples, les marchandises de l'un des belligérants peuvent être ainsi transportées par des navires appartenant à des nations neutres. Dans ce cas, ces marchandises se trouvent sous la protection du principe consacré par la déclaration du congrès de Paris du 16 avril 1856 : que „le pavillon neutre couvre la marchandise ennemie".

Il peut se faire aussi que des marchandises appartenant à des neutres soient transportées par des navires, propriété de l'un ou l'autre des belligérants; la déclaration que nous venons de citer s'étend également à ce cas, car elle reconnaît que „la marchandise neutre n'est pas saisissable sous pavillon ennemi". (*Voir* NEUTRALITÉ.)

Mais dans l'un comme dans l'autre cas ces garanties ne s'appliquent pas aux marchandises dites de contrebande de guerre : car la contrebande est en toute circonstance passible de saisie ou de confiscation (*Voir* CONTREBANDE.)

On peut considérer comme une exception aux règles qui précèdent la délivrance des licences de commerce, que certains belligérants sont dans l'usage d'accorder à leurs nationaux, aux neutres ou même aux ennemis. Ces licences ne sont en réalité autre chose qu'un sauf-conduit pour continuer licitement et sans crainte de capture des opérations mercantiles prohibées par les lois générales de la guerre.

Parfois ces licences sont générales; elles équivalent alors à une suspension complète ou partielle du droit de guerre en ce qui concerne les transactions commerciales,

(Voir PASSAVANT, LICENCE.)

MARCHE. Nom donné, dans le moyen-âge, aux provinces frontières d'un État.

La plupart de ces provinces ont reçu par la suite d'autres dénominations, telles que celles de duché, de comté, etc.

Cependant le nom de *marche* a été conservé pour quelques unes jusqu'à notre époque ; on dit, par exemple, en France la marche (ancienne province, département de la Creuse); en Italie, la marche d'Ancone; en Allemagne, le marche de Brandebourg.

MARÉCHAL. Ce terme, employé absolument désigne, dans la plupart des Etats, la première dignité de l'armée.

Le titre de maréchal s'attribut aussi, dans plusieurs pays, à certains grands officiers de la cour : grand-maréchal du palais, maréchal des cérémonies, etc.

Dans quelques Etats allemands et en Russie il y a des maréchaux de la noblesse, qui président les assemblées de la noblesse.

MARE CLAUSUM. Ces deux mots latins, qui signifient „la mer fermée", forment le titre d'un ouvrage d'un publiciste anglais, Jean Selden, né en 1584 et mort en 1654.

Dans ce livre, qu'il publia en 1635, Selden s'applique à démontrer que suivant le droit naturel et le droit des gens la mer est, tout autant que la terre, susceptible d'appropriation et que le roi d'Angleterre a un droit incontestable au domaine exclusif de la mer nommée Océan britannique.

La première partie n'est à proprement dire qu'une réfutation de l'ouvrage de Grotius, *Mare liberum* (la mer libre), qui avait paru en 1609. *(Voir* MARE LIBE-RUM.)

Le savant anglais assimile le droit qu'ont les vaisseaux étrangers de traverser les mers faisant partie du domaine d'autres nations aux servitudes analogues imposées quelque fois au propriétaire d'un bien-fonds.

Combattant l'objection tirée de l'impossibilité d'établir des limites et des frontières, de laquelle Grotius se prévaut en faveur de la liberté des mers, Selden soutient avec raison que les parallèles et les méridiens sont des frontières aussi bien définies que les fossés, les murailles ou les fleuves.

La seconde partie de l'ouvrage de Selden est la plus importante; c'est là

en effet qu'est développée la thèse que l'auteur semble avoir eu pour but spécial de soutenir en écrivant son livre : elle est consacrée à prouver la propriété du roi d'Angleterre sur l'Océan dit britannique qui est divisé en quatre parties d'après les points cardinaux du globe. Selden y établit que l'Océan septentrional et l'Océan occidental ayant une étendue telle que l'un arrive jusqu'en Amérique et l'autre dépasse le Groenland et l'Islande pour aboutir à des régions encore complètement inconnues, on ne saurait dans toute leur étendue leur attribuer le nom d'Océan britannique; „mais, ajoute t-il, au delà même des limites où ils perdent ce nom, le roi de la Grande-Bretagne possède sur l'un et l'autre de ces Océans les droits les plus étendus, dont il n'est pas permis de faire abstraction."

Voici, en quels termes Selden justifie les prétentions de l'Angleterre au domaine exclusif de l'Océan britannique :

„Depuis l'arrivée des Normands les documents publics font souvent mention des préfets maritimes. Les diplômes ou brevets des amiraux anglais se servant de l'expression *Préfet général de nos flottes et de nos mers* prouvent clairement que la Grande Bretagne est propriétaire de quelques unes de ces mers.

„Les brevets et les titres émanés des amiraux français n'indiquent jamais qu'ils fussent chargés de soutenir et d'exercer aucune domination sur les mers; ces amiraux n'avaient qu'un droit de juridiction sur les forces navales, ainsi que sur les personnes et les choses mobilières.

„Lorsque les rois Jean et Henri III perdirent la Normandie, les îles de Jersey et de Guernesey et les autres îles adjacentes continuèrent de demeurer sous la souveraineté anglaise comme preuve et gage de la propriété de cette mer, comme patrimoine du royaume. Lorsque Henri III renonça à une grande partie de l'Aquitaine, il concéda à son fils aîné Edouard l'île d'Oléron comme une des conséquences de cette propriété sacrée; et, bien que depuis lors des circonstances diverses aient fait passer cette île et celles situées à proximité sous une autre domination, la propriété de la mer qui les environne n'en a pas moins continué d'appartenir aux rois d'Angleterre.

„Les rois de Suède et de Danemark se crurent obligés de demander à la reine Elisabeth, pour ceux de leurs navires qui portaient des blés en Espagne, la permission, qui leur fut refusée, de traverser les mers britanniques. Il est bien évident

que ces souverains n'auraient pas ad-
dressé une pareille demande à la reine
d'Angleterre, si l'on avait pu contester
son droit au domaine de ces mers. Les
Français eux-mêmes avaient l'habitude
de demander au roi d'Angleterre la permission de pêcher les soles qu'ils envoyaient ensuite à leur roi Henri IV, et
quelques uns de leurs bateaux furent capturés pour s'être livrés à la pêche sans
en avoir obtenu l'autorisation.

„Nous ne saurions non plus passer
sous silence la mer qui s'étend bien loin
vers le nord et baigne les côtes de la
Finlande, de l'Islande et des autres îles
soumises au Danemark et à la Norvège,
parce que cette mer, dans l'opinion d'un
grand nombre de personnes, appartient
aux Anglais.“

L'auteur de *Mare clausum* démontre de
la même manière le droit du roi de la
Grande-Bretange à la souveraineté de la
mer s'étendant au nord de l'Islande, c'est-
à-dire jusqu'au Grœnland, en faisant remarquer que quelques commerçants anglais de la Compagnie moscovite ont été
les premiers à parcourir cette mer bien
avant qu'elle fût exploitée et fréquentée
pour la pêche de la baleine.

Il termine en disant que d'après l'ensemble des témoignages invoqués il est
indubitable que les ports et les côtes
des nations voisines forment au sud et
à l'est les limites de l'empire britannique,
empire maritime par excellence, mais que,
dans le vaste Océan septentrional et occidental occupé par l'Angleterre, l'Ecosse
et l'Irlande, ces limites ont encore besoin
d'être constituées.

Les doctrines émises par Selden n'ont
eu d'autre résultat que d'encourager son
pays à persévérer dans des tendances
d'exclusivisme et de prépotence maritimes, qui l'ont entraîné dans de longues
et sanglantes guerres, à moins qu'on ne
leur attribue aussi comme conséquence
d'avoir provoqué la réaction favorable
aux idées contraires, à laquelle le monde
est redevable d'une de ses plus précieuses
conquêtes morales, la *liberté des mers*.
(Voir ce terme.)

MARE LIBERUM. Deux mots latins
signifiant : „la mer libre“.

C'est le titre d'un livre du célèbre
Grotius, publié pour la première fois
en 1609.

L'objet principal de ce travail était de
combattre les prétentions des Portugais
à la domination exclusive de la mer des
Indes et de celles qui baignent les côtes

occidentales de l'Afrique. Son argumentation l'amène à discuter la question de
la liberté des mers en général. Il entre
à ce sujet dans de longues et subtiles
dissertations sur les choses qui doivent
être communes et sur celles qui sont
susceptibles d'une appropriation réservée.
Faisant ensuite une distinction entre le
droit de propriété et celui de protection
et de juridiction, il déclare que, si la
propriété est injuste et inique par rapport à certaines choses, elle est barbare
et inhumaine par rapport à la mer.

„Il ne s'agit pas, continue t-il, d'une
mer intérieure ayant à peine la largeur
d'un fleuve, mais bien de l'Océan, auquel l'antiquité donnait les noms *d'infini,
de père des choses, de limite du ciel;* qui ali-
mente par ses éternelles vapeurs non seulement les fontaines, les fleuves et les mers,
mais les nuages et, suivant la croyance
des anciens, les astres mêmes; qui enfin,
entourant la terre et la pénétrant de
son humidité, ne peut être enfermé ni
contenu, et qui, plutôt que d'être possédé, est le véritable possesseur.“ Plus loin
il proclame que la navigation en pleine
mer est libre pour tous, même sans la
permission d'aucun prince.

Dans le dernier chapitre de son livre
Grotius arrive à la conséquence pratique
qu'il poursuit, c'est-à-dire à établir que
les Hollandais ont, à l'encontre des Portugais, le droit de commercer librement
avec les Indes, et à justifier la légitimité
d'une guerre fondée sur des principes
qui ont pour base la liberté même du
genre humain.

Quelques années plus tard, en 1635,
le livre du *Mare liberum* fut réfuté par
le publiciste anglais Selden, qui dans
son *Mare clausum* (voir ce terme) s'est
attaché à rétorquer les arguments de
Grotius, et à soutenir la thèse opposée,
savoir que la mer est susceptible d'appropriation. Mais bien que sous plus
d'un rapport l'œuvre de Selden puisse
être jugée supérieure à celle de Grotius,
qui, on doit le reconnaître, à l'époque
où il écrivait, n'était pas à même de
démontrer pertinemment les véritables
fondements de la liberté des mers, car
il fallait pour cela une plus grande
somme de lumières, et les immenses progrès réalisés depuis lors dans l'étude
des sciences économiques et sociales,
sans compter les transformations sur-
prenantes subies par la navigation et le
commerce, les doctrines de l'illustre Hollandais ont prévalu et elles n'ont pas peu
contribué à assurer la liberté universelle
des mers, établie désormais sur des

bases inébranlables. (*Voir* LIBERTÉ DES MERS.)

MARGRAVE. Titre donné autrefois par les Empereurs aux Seigneurs qu'ils chargeaient plus spécialement de la défense des *marches* ou provinces frontières.

Ce titre qui est dérivé de l'allemand *Markgraf* (comte de marche) a été conservé jusqu'au commencement du siècle par plusieurs princes de l'Allemagne, dont les principautés faisaient originairement partie des marches.

MARGRAVIAT. Dignité de margrave, aussi le territoire sous sa dépendance.

MARIAGE. Union légitime d'un homme et d'une femme.

Le mariage est considéré par certains peuples comme un acte purement civil, par d'autres comme un acte exclusivement religieux, et par d'autres comme un acte à la fois civil et religieux. Ailleurs encore il n'est besoin pour la validité du mariage ni de cérémonies ni de célébration par un prêtre ou un magistrat; le consentement mutuel des parties est seul requis; la loi n'exige pour le lien civil et la preuve de l'union aucun acte écrit, mais uniquement la cohabitation.

Mariages contractés à l'étranger. Cette manière différente d'envisager le mariage influe naturellement sur le droit international privé relativement à la légitimité ou à l'illégitimité des mariages contractés hors du pays natal.

La règle qui domine en cette matière, c'est que la validité d'un mariage se détermine d'après la loi du pays où il a été célébré, de sorte que, quand une personne se marie dans un autre pays que le sien en accomplissant les formalités locales, la légitimité de son mariage ne peut être contestée qu'en cas d'inobservation de la loi étrangère, sans autre exception que celle résultant de l'intention évidente de se soustraire aux règles de son statut personnel ou de faire fraude à la loi de son pays d'origine.

Cependant si la *lex loci* (loi locale) constitue la règle y admise le plus généralement pour la validité des mariages, certains pays ne l'ont acceptée qu'avec des restrictions pratiques, qui en atténuent la portée extrême, chaque pays ayant cherché à sauve-garder ses droits de cité, tantôt en obéissant à ses antécédents historiques, tantôt en cédant aux exigences de son organisation politique. Mais en dehors des règles particulières, en quelque sorte locales, prescrites par les diverses législations pour l'accomplissement du mariage, il en est quelques-unes dont on trouve la pratique chez la plupart des nations civilisées et qu'on peut ainsi considérer comme ayant un caractère universel.

Une exception à la *lex loci* est généralement admise chez les nations chrétiennes par rapport à la polygamie, qui y est réprouvée et même condamnée comme une violation des lois; aussi n'y consent-on pas à la polygamie d'un étranger, quand même elle est admise par la loi de son pays. (*Voir* POLYGAMIE.)

Une autre exception se trouve établie par toutes les législations, comme étant en quelque sorte de droit naturel : c'est la prohibition du mariage entre parents en ligne directe.

Dans la plupart des pays où il est défendue aux nationaux de contracter mariage à un certain degré de consanguinité et où est déclarée incestueuse l'union consacrée en violation de cette défense, la loi frappe les nationaux d'une incapacité personelle à cet égard tant qu'ils sont domiciliés dans leur pays, et rend nul leur mariage en quelque lieu qu'il ait été célébré.

Cependant le Pape dans les pays catholiques, et le gouvernement dans les pays protestants ou les pays qui ont adopté le mariage civil, exercent dans le plus grand nombre de cas le droit d'annuler toutes les prohibitions dans la ligne collatérale, sauf celles relatives aux mariages entre frères et sœurs.

Célébration du mariage. Les conjoints dont la législation propre voit avant tout dans le mariage un contrat purement civil, doivent, dans tout pays qui ne reconnaît pour ses nationaux que le mariage religieux, être acceptés et traités comme légitimement unis par le lien conjugal, bien que leur alliance matrimoniale n'ait pas été célébrée ou bénie dans une église; en effet, en se conformant aux lois nationales qui régissent leur état civil, ils ont acquis des droits contre l'étendue ou l'efficacité desquels aucune nation étrangère ne saurait avoir la prétention de réagir, sans porter atteinte au principe souverain de l'indépendance réciproque des peuples dans l'organisation et la réglementation de leur état social intérieur.

Cependant, dans les pays où la loi a établi la séparation du mariage civil et du mariage religieux, ce dernier mode d'union n'a pas d'existence légale et ne peut par conséquent produire aucun effet civil : par exemple, il ne saurait conférer à la femme la qualité de veuve et les droits de succession que les lois du pays attachent à cette qualité.

Là où le mariage est encore un acte purement religieux, les prêtres des religions reconnues par l'Etat sont les seuls qui puissent procéder à la célébration.

Mais quand les lois d'un Etat règlent les formalités de la célébration des mariages et punissent même les infractions à leurs dispositions, si ces mêmes lois ne contiennent pas une clause expresse prononçant la nullité des mariages qui n'auraient pas été célébrés conformément à ces prescriptions, ou défendant à toute autre personne qu'à des magistrats ou à des ministres du culte déterminés de procéder à leur célébration, tout mariage accompli conformément au droit commun est valable, quoique les lois de l'Etat n'aient pas été observées. De pareilles dispositions ne sont pas prescrites à peine de nullité; le mariage relève du droit commun. Admettre une autre solution conduirait, entre autres conséquences, à déclarer illégitimes les enfants de parents qui n'ont pas conscience d'avoir violé la loi.

En résumé, la règle à suivre en ces matières est bien moins la loi du domicile que celle de la religion, de la nationalité et du statut personnel qui en découle.

Mariages célébrés dans les hôtels des agents diplomatiques. Si l'hôtel d'une ambassade doit selon le droit des gens être assimilé au territoire de la nation que représente l'ambassadeur, ce n'est qu'au point de vue des immunités consacrées par les traités internationaux au profit des agents diplomatiques; mais cette fiction de l'exterritorialité ne saurait être étendue aux actes de la vie civile intéressant les indigènes du pays auprès duquel est accrédité l'ambassadeur.

Ainsi la célébration dans l'hôtel d'une ambassade ou d'une légation du mariage contracté par un sujet ou citoyen du pays auprès duquel l'ambassadeur ou le ministre est accrédité, avec une étrangère appartenant à la nationalité que le même ambassadeur ou ministre représente, ne suffit pas pour rendre valable une pareille union, si elle n'est pas accompagnée des formalités prescrites par les lois locales, c'est-à-dire si elle n'a pas été célébrée par l'officier de l'état civil du domicile de l'une des parties, à la suite des publications d'usage et de l'accomplissement des autres conditions prescrites par la loi du lieu.

Régime conjugal. Le mariage en soi et par la nature des obligations contractées réciproquement par les conjoints affecte nécessairement dans une certaine mesure les biens de chacun d'eux; or l'application des lois qui régissent les biens d'un mariage célébré à l'étranger et la succession des époux n'est pas sans présenter quelques difficultés.

Dans la plupart des pays, lorsque les époux sont unis sans contrat, leurs biens sont régis par la communauté légale, c'est-à-dire la possession en commun des biens meubles possédés par l'un et l'autre à l'époque du mariage ou qui leur échoient après, et des immeubles acquis pendant le mariage.

Lorsqu'il y a entre les parties un contrat de mariage exprès, ce contrat fournit la règle qui décide de la disposition des biens, et, en tant que contrat, il doit recevoir ses effets partout, sauf les exceptions qui s'appliquent à toutes les autres espèces de contrats.

On peut dire en général qu'à défaut de stipulations formelles énoncées dans le contrat de mariage, les immeubles doivent être soumis à la loi de la situation des biens, et les meubles à la loi du domicile.

Le statut matrimonial se détermine par le domicile du mari au moment du mariage. Si ce domicile est multiple, il faut s'attacher de préférence à celui où les deux époux ont en premier lieu établi leur demeure effective après le mariage.

On admet généralement que les époux sont réputés avoir adopté le régime de droit commun du pays où ils se proposaient de fixer leur domicile matrimonial, et non celui du domicile d'origine du mari ou celui du lieu de la célébration du mariage.

En cas de changement de domicile, le régime des immeubles n'est point altéré, et la loi du nouveau domicile ne s'applique qu'aux acquisitions futures.

Dissolution du mariage. La dissolution du lien conjugal est régie par les mêmes principes de jurisprudence internationale que ceux qui en guident la formation, sauf les différences de détail dans leur application selon celles qui existent dans les lois des divers pays.

Les diverses législations présentent deux moyens de dissoudre le mariage: la séparation de corps et le divorce.

La séparation de corps entraîne celle des biens; mais elle ne rompt pas le mariage: elle se borne à en relâcher les liens civils. Par le divorce, au contraire, la rupture est complète, absolue, définitive, et les divorcés peuvent, chacun de son côté, contracter un nouveau mariage. (*Voir* SÉPARATION, DIVORCE.)

En outre le mariage se dissout par la condamnation de l'un des conjoints à une peine entraînant mort civile, et par le décès de l'un ou de l'autre.

Législation française. Nous croyons devoir résumer ici la jurisprudence française en matière de mariage.

La législation française ne reconnaît que le mariage civil, sans qu'aucune cérémonie religieuse soit requise.

La jurisprudence en ce qui regarde les mariages contractés par les Français en pays étranger prend pour point de départ la règle du *locus regit actum* (la loi du lieu où l'acte est passé) et le principe que les lois concernant l'état et la capacité des personnes régissent les Français même résidant en pays étranger. Elle paraît résumée dans l'article 170 du code civil, qui reconnaît comme valable le mariage contracté en pays étranger entre Français et entre Français et étranger, s'il a été célébré dans les formes usitées dans le pays, pourvu qu'il ait été précédé des publications prescrites par la loi française et que le Français n'ait pas contrevenu aux dispositions du chapitre Ier du titre du *mariage* du code civil, c'est-à-dire que l'époux ait l'âge requis de dix-huit ans et la femme celui de quinze ans, qu'il est donné son consentement, qu'il ne se trouve point dans les liens d'un mariage précédent, qu'il ait obtenu le consentement de ses ascendants ou du conseil de famille, et qu'il ne se trouve point parent ou allié du futur conjoint à un degré prohibé: la prohibition frappe notamment les mariages entre beaux-frères et belles-sœurs.

Le mariage entre un Français et une Française peut être célébré à l'étranger par les agents diplomatiques ou les consuls français; mais ceux ci ne peuvent célébrer un mariage entre un Français et un étranger.

Quant aux mariages contractés en France entre étrangers ou entre Français et étranger, le code civil ni aucune autre loi ne contiennent de dispositions qui les concernent, de sorte que la validité · de ces mariages est abandonnée aux principes généraux du droit; pour leur validité intrinsèque ils dépendent des lois du conjoint étranger, qui est régi par son statut personnel, par application du principe *statutum personæ sequitur personam*, et pour la forme ils dépendent des lois françaises, par application du principe *locus regit actum* : ainsi, de même que nous avons vu que le Français ne peut, hors de France, se marier avec une étrangère devant les agents diplomatiques français, il ne peut le faire en France devant des agents diplomatiques étrangers; la célébration de ce mariage doit avoir lieu conformément aux formalités prescrites par la loi française qui est alors la loi du lieu où l'acte s'accomplit. De sorte qu'il résulte des différences qui existent entre les lois de la France et celles des autres pays que le Français qui se marie en France, s'expose à voir annuler son mariage pour des causes énoncées dans une loi dont il ignore les dispositions.

Il en est de même des étrangers qui se marient en France : ils restent, comme nous l'avons dit, soumis aux lois de leur pays d'origine qui régissent leur état personnel.

D'après la loi française un mariage célébré à l'étranger entre un Français et une Française qui sont entre eux au degré de parenté prohibé de beau-frère et de belle-sœur, est nul lorsqu'il n'a pas été précédé de l'autorisation du gouvernement français.

En ce qui regarde le statut matrimonial des époux et les biens apportés ou possédés par eux dans le mariage, la jurisprudence française a décidé en plusieurs cas que l'étranger marié en France sans contrat, même avec une étrangère et devant le consul de sa nation, doit à défaut de déclaration expresse être présumé avoir adopté le régime de communauté légale, si à l'époque du mariage il était fixé en France et y avait établi d'une façon définitive le siège de son industrie et de ses intérêts.

Le divorce est admis depuis peu en France à côté de la séparation de corps.

Nous devons faire remarquer que plusieurs législations étrangères ont adopté le code civil français soit comme texte, soit comme modèle.

MARIN. Le *marin*, ou l'homme de mer, est celui qui exerce la profession de la navigation sur mer.

On comprend sous la dénomination générique de *marins* tous les individus chargés du service d'un bâtiment, depuis le capitaine jusqu'au mousse. (*Voir* ÉQUIPAGE.)

Quoique éloigné de son pays, le marin n'en est jamais séparé entièrement tant qu'il demeure à bord du navire sur lequel il s'est embarqué : ce navire porte partout la patrie et jouit de privilèges inhérents à ce titre. *(Voir* NATIONALITÉ DES NAVIRES, EXTERRITORIALITÉ, PAVILLON.)

Le capitaine d'un navire ne peut congédier un homme de son équipage en pays étranger ; toutefois il peut livrer à l'agent diplomatique ou au consul le marin dont la mauvaise conduite ou l'insubordination rendrait sa présence dangereuse à bord ; tout congé, devenu ainsi obligatoire ou justifié par des motifs suffisants, doit être mentionné par le consul sur le rôle d'équipage.

Quant aux marins laissés malades, à ceux sauvés d'un navire naufragé *(Voir* NAUFRAGE), aux *déserteurs* (voir ce mot), les consuls doivent pourvoir à leur *rapatriement* (voir ce mot) le plus promptement possible, les capitaines des navires de leur nation ne peuvent refuser de les embarquer sur l'injonction que leur en fait le consul.

MARINE. On comprend sous ce nom tout ce qui fait le service de la mer.

C'est la puissance navale d'une nation, le matériel et le personnel du service de mer. Elle se divise en marine *militaire* ; et en marine *marchande* ou commerciale. *(Voir* MARINE MARCHANDE, MARINE MILITAIRE.)

MARINE MARCHANDE. La *marine marchande* ou commerciale a pour objet d'entretenir les relations internationales en ce qui concerne les échanges de commerce.

Elle se compose des navires et des équipages employés par le commerce ; frétés par des particuliers. Elle comprend une grande variété de bâtiments de diverses formes et de divers tonnages, employés les uns aux voyages de long cours soit pour le transport des passagers ou des marchandises, soit pour les pêches lointaines ; les autres servant au grand et au petit *cabotage* (voir ce mot), et aux pêcheries le long des côtes. *(Voir* NAVIRE, NAVIGATION.)

Les agents consulaires consuls, vice-consuls ou simples agents ont des rapports fréquents avec la marine marchande : on peut même dire que ces rapports forment la partie la plus importante de leurs attributions ; ils sont en général réglés par des ordonnances émanant des gouvernements respectifs.

Ce sont les agents consulaires qui visent les papiers de bord des navires de leurs nationaux arrivés dans les ports de leur résidence, délivrent s'il y a lieu, les manifestes d'entrée et de sortie.

Ils doivent prêter leurs bons offices aux capitaines auprès des administrations locales et les appuyer pour assurer le maintien de l'ordre et de la discipline à bord de leurs navires.

Ils reçoivent les plaintes que les passagers peuvent avoir à faire contre les capitaines ou les équipages.

En cas de contestation entre les capitaines et leurs équipages, ils doivent essayer de les concilier.

Au moment du départ des navires, ils doivent se faire remettre par les capitaines un état exact des marchandises composant le chargement ; et ils doivent sous leur responsabilité, délivrer les expéditions aux bâtiments prêts à faire voile, dans les vingt-quatre heures qui suivent la remise des manifestes, ou plus tôt, s'il est possible. *(Voir* CONSUL.)

MARINE MILITAIRE. La *marine militaire* est la marine armée pour la défense de l'Etat et la protection du pavillon national.

Les navires qui la composent appartiennent à l'Etat, c'est pourquoi on la nomme aussi *marine de l'Etat.* L'ensemble de ces navires forme ce qu'on appelle la *flotte.* (Voir ce mot.)

Les fonctions des agents consulaires (consuls, vice-consuls, ou simples agents), les mettent en rapport avec les bâtiments de la marine militaire qui arrivent dans les forts de leur résidence ou de leur circonscription. Ces rapports ont trait aux honneurs qu'ils doivent aux officiers de la marine de l'Etat et que ceux-ci leur doivent à leur tour, aux informations qu'ils sont tenus de leur donner, aux services qu'ils ont à leur rendre pendant leur séjour. *(Voir* CONSUL.)

MARIN Y MENDOZA (Joaquin), publiciste espagnol, mort vers 1776. Professeur de droit à Madrid.

On a de lui: *Historia del derecho natural y de gentes.* (Histoire du droit naturel et des gens). Madrid, 2 vol. in 8°.

On trouve dans ce livre une critique des principaux ouvrages qui ont paru sur cette matière.

Joannis Gottlieb. Heineccii elementa juris naturæ et gentium, castigationibus ex catholicorum doctrina et juris historia ducta. (Eléments du droit naturel et des gens de Jean Théophil Heineccius, expurgés selon la doctrine des catholiques et l'histoire du droit.) Madrid, 1776.

MARITIME. Qui est relatif à la mer, à la navigation sur mer.

Le commerce maritime est celui qui

se fait par transport sur mer. (Voir commerce.)

Les forces maritimes ou navales d'un Etat consistent dans sa flotte, c'est-à-dire l'ensemble de ses navires de guerre. *(Voir* FLOTTE, NAVIRES).

La législation maritime, le code maritime, c'est le recueil des lois, des ordonnances, des règlements qui régissent le service de la marine, la navigation sur mer et le commerce par mer. *(Voir* LÉGISLATION, DROIT).

Le territoire maritime d'une nation comprend un certain espace de la mer sur lequel cette nation a un droit de juridiction. *(Voir* TERRITOIRE.)

MARQUARDSEN (Henri,) jurisconsulte et professeur allemand, né à Sleswig en 1826. Membre de l'Institut du droit international.

Der Trent-Fall. (Le cas du Trent). Erlangen, 1862.

Dissertation sur la contrebande de guerre et le service des transports par les neutres.

MARQUE (lettres de). C'est la commission donnée par l'Etat à des navires particuliers de s'armer en guerre et de faire la course; elle a pour objet de les autoriser à s'emparer des bâtiments marchands ennemis, d'arrêter et de visiter les navires neutres et même de les saisir, s'ils ont à bord des marchandises de contrebande.

Tout commandant d'un navire armé en course doit être pourvu d'une lettre de marque, sous peine d'être réputé pirate ou forban et puni comme tel. *(Voir* CORSAIRE, FORBAN, PIRATE.)

Les lettres de marque ne peuvent être accordées que par le chef de l'Etat; elles ne sont délivrées que lorsqu'un pays est en guerre avec un autre, ou lorsqu'il existe quelque sujet de plainte qui justifie le recours aux représailles; dans ce dernier cas la lettre est dite lettre de *représailles.* (Voir ce mot.)

Dans l'origine la lettre de marque était un acte du gouvernement autorisant celui qui en était porteur à franchir les frontières de l'Etat avec lequel on était en guerre pour s'y livrer à des actes d'hostilité : c'est de là que dérive la dénomination de lettre de *marque,* le mot *marque* se confondant anciennement avec celui de *marche,* synonyme de *frontière.*

De notre temps la lettre de marque ne se délivre que pour la course en mer.

MARQUE DE FABRIQUE. On désigne sous ce nom les signes extérieurs qu'un fabricant applique sur ses produits pour les distinguer de ceux des autres fabricants de la même industrie.

On considère généralement comme marques de fabrique et de commerce les noms sous une forme distinctive, les dénominations, emblêmes, empreintes, timbres, cachets, vignettes, lettres, devises, chiffres, enveloppes, emballages et tous autres signes plus ou moins apparents et plus ou moins inhérents aux produits. Un mot emprunté à une langue étrangère peut constituer une marque de fabrique, s'ils présente un caractère distinctif, s'il n'est pas tombé dans le domaine public et devenu usuel dans le langage des affaires. On comprend aussi parfois parmi les marques de fabrique les sacs ou enveloppes dans lesquels sont renfermés les objets et sur lesquels la marque peut être placée.

En général la représentation d'un animal, par exemple d'un bœuf ou d'un mouton, ou le nom désignant communément le produit ne sont point considérés en soi comme marques de fabrique et comme susceptibles d'appropriation privée. La loi et les tribunaux ne protégent que les mentions indiquant l'origine et le fabricant du produit.

Selon certaines jurisprudences, la contrefaçon est étendue à l'emprunt du nom d'un inventeur sans son autorisation, alors même que le produit est tombé dans le domaine public; et dans ce cas il y a lieu d'interdire l'emploi de ce nom aux tiers, quand même ils sont de bonne foi.

Quant au nom de l'inventeur ou du producteur, il ne tombe dans le domaine public qu'autant qu'il en a été fait abandon; or un tel abandon ne peut se présumer.

Toutefois le nom du fabricant peut devenir la désignation nécessaire d'un procédé de fabrication ou d'un produit tombé dans le domaine public, le nom commun d'un objet. Il en est ainsi, par exemple, des lampes dites *quinquets,* des métiers dits *Jacquard,* etc.

Cependant toute personne a le droit de se servir de son propre nom dans l'exercice de son commerce, alors même que l'emploi de ce nom pourrait causer un préjudice à une autre personne portant le même nom, pourvu que cet emploi ne soit point accompagné de combinaisons décelant l'intention d'induire le public en erreur. En pareil cas on décide généralement que la personne qui a eu la première l'usage commercial du nom, a le droit d'exiger que son concurrent ajoute au nom commun des indications propres à le distinguer du sien.

La dénomination sous laquelle un gouvernement exerce le monopole d'une fabrication ou d'un commerce est assimilable au nom de tout autre fabricant. La profession de fabricant peut être exercée aussi bien par une personne morale que par une personne physique, notamment par une administration publique du pays ou de l'étranger; les lois ne mettant pas sous ce rapport les administrations publiques en dehors du droit commun. La protection doit leur être accordée comme aux particuliers, non parce qu'elles sont des autorités, mais parce qu'elles exercent une industrie.

Il est généralement admis que la propriété d'un nom de localité n'appartient pas exclusivement au producteur qui a le premier donné ce nom à ses produits. Ainsi un fabricant n'est pas fondé à s'opposer à ce qu'un voisin annonce des produits similaires comme fabriqués dans le même endroit.

La législation qui régit les marques de commerce varie suivant l'organisation du commerce et de l'industrie qui prévaut dans chaque pays; en général cependant le droit exclusif d'exploiter une marque de fabrique ou de commerce est limité à une durée fixe, susceptible d'être prorogée moyennant l'accomplissement de certaines formalités. Dans quelques pays le bénéfice de la protection des marques de fabrique et de commerce est partagé par les étrangers qui y possèdent des établissements; mais le plus ordinairement il n'est étendu aux étrangers et aux nations dont les établissements sont situés hors de leur pays, qu'en vertu de stipulations conventionnelles reposant sur le principe de la réciprocité.

La loi française assure aux fabricants et aux commerçants la jouissance exclusive des marques particulières qu'ils ont adoptées pour la distinction de leurs marchandises et fait connaître ou rendues publiques par les voies légales; elle punit quiconque, en les employant, porte atteinte à cette propriété et trompe les consommateurs sur l'origine des produits, savoir : ceux qui ont contrefait une marque ou fait usage d'une marque contrefaite; ceux qui ont frauduleusement apposé sur leurs produits ou les objets de leur commerce une marque appartenant à autrui; ceux qui ont sciemment vendu ou mis en vente un ou plusieurs produits revêtus d'une marque contrefaite ou frauduleusement apposée;

ceux qui, sans contrefaire une marque, en ont fait une imitation frauduleuse de nature à tromper l'acheteur ou ont fait usage d'une marque frauduleusement imitée; ceux qui ont fait usage d'une marque portant des indications propres à tromper l'acheteur sur la nature du produit; ceux qui ont sciemment vendu ou mis en vente un ou plusieurs produits revêtus d'une marque frauduleusement imitée ou portant des indications propres à tromper l'acheteur sur la nature du produit.

Les droits des étrangers sont exposés en termes précis par ces deux articles de la loi de 23 juin 1857.

„Art. 5. Les étrangers qui possèdent en France des établissements d'industrie ou de commerce jouissent pour les produits de leurs établissements du bénéfice de la présente loi, en remplissant les formalités qu'elle prescrit.

„Art. 6. Les étrangers et les Français dont les établissements sont situés hors de France, jouissent également des bénéfices de la présente loi pour les produits de ces établissements, si dans les pays où ils sont situés des conventions diplomatiques ont établi la réciprocité pour les marques françaises. "

Quant aux formalités dont parle l'article 5 de la loi, elles consistent principalement dans le dépôt des marques. soit au greffe du tribunal de commerce du lieu où l'étranger a son établissement commercial, s'il est établi en France; soit, dans le cas d'un étranger ou même d'un Français n'ayant aucun établissement en France, au greffe du tribunal de commerce de la Seine.

La plupart des États ont conclu des stipulations internationales pour la protection des marques de fabrique et de commerce, tantôt par voie de traités spéciaux, tantôt à l'aide de clauses ajoutées à leurs traités de commerce ou à leurs conventions littéraires et artistiques, mais, quelle qu'en soit la forme, ces stipulations se bornent toutes à garantir aux sujets respectifs la même protection que celle acquise aux nationaux, à imposer aux uns et aux autres l'accomplissement des mêmes formalités réglementaires et à exiger que la marque ne soit pas tombée dans le domaine public dans le pays d'origine. Dans la plupart des cas la reproduction de marques d'un pays dans l'autre est assimilée à la contrefaçon des œuvres d'art, et les dispositions relatives à la répression de ce délit y sont déclarées applicables.

MARQUIS, MARQUISE. Dans l'origine on appelait ainsi des officiers chargés de la garde des *Marches* ou provinces frontières; c'est à peu près le même titre que celui de *Margrave,* usité en Allemagne pour désigner les mêmes fonctions.

Plus tard ce titre fut donné aux possesseurs de certains fiefs en vertu de lettres patentes.

Aujourd'hui ce n'est plus qu'un titre de noblesse, conféré ou confirmé par les souverains; il est purement honorifique.

Les marquis ont rang après les princes et les ducs et avant les comtes.

On donne le titre de marquise à la femme d'un marquis.

MARQUISAT. Dignité de marquis, de celui qui commandait une marche ou province frontière.

Plus tard, titre attaché à une terre dont la seigneurie embrassait plusieurs paroisses.

La terre même qui portait ce titre.

MARSDEN (Reginald G.), jurisconsulte anglais. *A treatise of the laws of collisions at sea.* (Législation sur les abordages en mer). London, 1880.

Renferme entre autre le texte des conventions internationales sur les abordages, conclues de 1863 à 1880.

MARSHAL. Envisagé au point de vue militaire, ce mot anglais n'est que la traduction de *Maréchal* et en a les mêmes signification.

Mais en Angleterre et aux Etats-Unis le mot *Marshal* assume encore d'autres acceptions et sert à désigner différents fonctionnaires de l'ordre administratif ou judiciaire.

En Angleterre, le *Marshal de la maison du roi,* appelé le Chevalier Marshal, exerce son autorité dans le palais royal, est chargé spécialement de connaître des procès de la couronne, de juger les contestations entre les gens de la maison du roi et autres personnes du ressort, de punir les délits commis dans le palais, etc.

Le *Marshal du banc du roi* a la garde de la prison du banc du roi à Southwark.

Au *Marshal de l'Echiquier* est confiée par la cour de l'Echiquier la garde des débiteurs du roi détenus en garantie de leurs dettes.

Le *marshal* ou *prévôt Marshal* de l'Amirauté a pour fonctions d'exécuter comme officier ministériel les ordres de la Cour d'Amirauté, notamment de séquestrer les prises, de mettre à exécution les mandats de saisie et autres, d'arrêter les criminels, de veiller à leur exécution, etc.

Aux Etats-Unis le *marshal* est un fonctionnaire de l'ordre judiciaire : c'est un officier des districts judiciaires fédéraux, ayant des attributions analogues à celles du shérif dans les tribunaux et les cours des Etats.

MARTENS (Georges Frédéric de), publiciste allemand, né à Hambourg en 1756, mort en 1822.

Il fut d'abord professeur de droit à Gœttingne, conseiller d'Etat du royaume de Westphalie sous le règne de Jérôme Bonaparte, secrétaire du congrès de Vienne en 1814 et ministre du Hanovre près la diète de la confédération germanique en 1816.

Il publia en 1785 ses *Primæ lineæ juris gentium europæarum pratici* (Esquisses du droits des gens pratique de l'Europe), qui ont servi de base au *Précis du droit des gens moderne de l'Europe, fondé sur les traités et l'usage.*

Martens part des mêmes principes que Vattel et reconnaît aussi comme fondement du droit des gens le droit naturel modifié selon le caractère des relations internationales auxquelles il s'applique. Cependant il étend plus que Vattel le droit qu'ont les nations d'altérer les principes du droit naturel par des conventions et des traités.

Le livre de Martens a longtemps été regardé comme le traité le plus complet du droit des gens tel qu'il est admis par les Etats de l'Europe; mais depuis sa première édition (1788), ce droit a subi des modifications essentielles, et l'œuvre du jurisconsulte allemand offrirait de grandes lacunes, si un de ses plus récents commentateurs, M. Charles Vergé (auteur des *diplomats et publicistes*), ne l'avait complété dans une nouvelle édition (Paris, 1858), par une savante introduction et des notes dans lesquelles, exposant les doctrines des publicistes contemporains, il examine le droit des gens avant et depuis 1789 et met ainsi l'œuvre de Martens en quelque sorte au courant des événements des nos jours. Une seconde édition aussi annotée par M. Charles Vergé, a paru en 1864.

Un autre livre non moins important, c'est le *Cours diplomatique,* ou *Tableau des relations extérieures des puissances de l'Europe tant entre elles qu'avec d'autres Etats dans les diverses parties du globe* (Berlin, 1801, 3 vol. in-8°).

Nous citerons encore un *Traité sur les*

corsaires (Versuch über Caper, Gœttingue, 1795) ;

Esquisse d'une histoire diplomatique des traités de paix et de commerce, depuis la fin du 16ᵉ siècle jusqu'à la paix d'Amiens, 1577-1802 (Berlin, 1807 in-8⁰).

Enfin Martens a fondé le recueil le plus important qui existe encore aujourd'hui de documents internationaux : c'est le *Recueil des principaux traités d'alliance, de paix, de trève, de neutralité, de commerce, de limites, d'echange, etc. et de plusieurs autres actes servant à la connaissance des relations étrangères des puissances de l'Europe depuis 1761 jusqu'à nos jours.* Gœttingue, 1853, 45 volumes in-8 . Avec suppléments publiés successivement et séparément depuis la mort de l'auteur par son neveu M. Charles Martens, MM. Saalfeld et Murrhard, MM. Samver et Hopf.

MARTENS (Baron Charles de), publiciste allemand, né en 1790 à Francfort, mort à Dresde le 28 mai 1863.

Diplomate au service de la Prusse, il a exercé les fonctions de ministre ou de chargé d'affaires auprès de plusieurs cours allemandes.

Le baron Charles de Martens s'est fait le continuateur des œuvres de son oncle, Georges Frédéric de Martens, l'auteur du *Précis du droit des gens moderne de l'Europe.* Prenant pour modèle et point de départ l'histoire, commencée par celui-ci, des différends entre les puissances européennes, il publia en 1827 les *Causes célèbres du droit des gens*, recueil intéressant, dans lequel on trouve un compte-rendu des discussions les plus importantes auxquelles aient donné lieu les prérogatives des ambassadeurs et les droits du commerce des neutres.

Le baron Ch. de Martens a en outre publié en 1832 le *Guide diplomatique* ou *Précis des droits et des fonctions des agents diplomatiques et consulaires.* Ce livre peut être regardé comme le manuel des jeunes diplomates, à l'usage desquels il est spécialement destiné; à cet effet l'auteur l'a fait suivre d'un *Traité des actes et des offices divers qui sont du ressort de la diplomatie*, et d'un choix de *pièces et documents proposés comme exemples;* mais le *Guide diplomatique* a acquis une valeur encore plus pratique et plus actuelle depuis que M. Geffcken, ancien ministre résident des villes hanséatiques à Berlin et à Londres, en a publié à Leipzig, en 1866, une cinquième édition, entièrement refondue, dans laquelle le cadre de l'ouvrage a été élargi, tout ce qui était suranné dans la pratique éliminé, et une grande partie des anciens documents remplacés par des pièces modernes.

MARTENS (F. de), publiciste russe, né à Pernau (provinces russes de la Baltique) en 1845.

Professeur de droit à l'université de Saint-Pétersbourg; attaché au ministère des affaires étrangères de Russie; membre de l'Institut de droit international.

M. F. de Martens a publié en russe divers ouvrages de droit international; parmi lesquels il faut mentionner en première ligne :

Les droits de la propriété pendant la guerre, St.-Pétersbourg, 1869.

Les problèmes du droit international moderne, première leçon d'un cours de droit international, 1871·

· *Les consulats et la juridiction consulaire en Orient*, 1873. (Ce livre a été traduit en allemand, Berlin, 1874.)

La guerre d'Orient et la conférence de Bruxelles (en russe), St.-Pétersbourg, 1879.

Cet ouvrage renferme entre autres un exposé complet des négociations diplomatiques qui ont eu lieu de 1875 à 1877 sur la question d'Orient, puis un chapitre consacré aux procédés des Turcs devant la guerre de 1877 et 1878.

Le droit international actuel des peuples civilisés (en russe), St.-Pétersbourg, 1882. 2 vol. in-8⁰.

Le premier volume contient d'abord une *introduction*, traitant des fondements du droit des gens, puis une *partie générale*, dans laquelle, après avoir exposé le droit des rapports internationaux, l'auteur étudie les sujets de ces rapports et du droit des gens, la question des territoires des Etats et de leurs routes, et enfin celle des traités internationaux.

Dans le second volume M. F. de Martens s'occupe de ce qu'il appelle l'*administration internationale des Etats*, dans le domaine des intérêts spirituels, physiques et économiques des peuples, dans le domaine des intérêts juridiques des sujets et des peuples, et dans le domaine de la protection par la force des intérêts et des droits des sujets et des peuples.

Une traduction française de cet ouvrage par M. Alfred Léo a paru à Paris en 1883 sous le titre de *Traité de droit international;* mais elle ne comprend encore que le premier volume.

Enfin M. de Martens est chargé par le gouvernement russe de la publication des traités et des conventions conclus par la Russie avec les puissances étrangères. Six volumes ont déjà paru : la première partie comprenant cinq volumes qui se sont succédé de 1874 à 1878, renferme les traités avec l'Autriche de 1648 à 1878.

La seconde partie comprendra les traités avec l'Allemagne; il n'en a encore paru qu'un volume, le VIe de la collection (Saint-Pétersbourg, 1883); il contient les traités avec la Prusse depuis la fin de la guerre de sept ans jusqu'au lendemain du traité de Tilsitt, de 1762 à 1808.

M. de Martens ne se borne pas à reproduire les textes, russes, allemands et français, des documents, dont plusieurs étaient encore inédits; il les fait précéder d'aperçus historiques qui mettent en lumière les événements politiques se rattachant à ces traités ou les ayant provoqués : de sorte que ce recueil est en même temps une histoire des relations internationales des deux Etats.

MARTIAL qui se rapporte à la guerre. Cour martiale, sorte de tribunal militaire; conseil de guerre établi pour juger les officiers de terre et de mer.

Loi martiale, loi qui autorise l'emploi de la force armée dans certains cas, dans les temps de révolte et de sédition : elle arme l'autorité d'un pouvoir discrétionnaire momentané, suspend, dans les endroits où elle est proclamée, l'action des lois et des autorités administratives pour investir d'un pouvoir absolu l'autorité militaire, qui se trouve alors chargée de rétablir l'ordre par les moyens coërcitifs. (*Voir* SIÈGE (ÉTAT), CONSEIL (DE GUERRE).)

Une ville, une contrée occupée par l'ennemi est, par le seul fait de l'occupation, placée sous l'empire de la loi martiale de l'armée envahissante ou occupante. (*Voir* OCCUPATION.)

En Angleterre, on désigne sous la dénomination de *loi martiale* l'ensemble des dispositions légales qui régissent la discipline militaire, et auxquelles on soumet aussi, en cas de troubles graves, les habitants d'une ville ou d'une province.

MASLAHAT-GUZAR. Titre diplomatique, correspondant, dans la hiérarchie ottomane, à celui de chargé d'affaires.

Les *Maslahat Guzar* sont rangés, d'après le réglement du Congrès de Vienne de 1815, parmi les ministres publics de 4e classe.

MAS LATRIE (L. de), historien français.

Traités de paix et de commerce et documents divers concernant les relations des chrétiens avec les Arabes de l'Afrique septentrionale au moyen-âge. Paris, 1866.

MASSÉ (Gabriel), jurisconsulte français, né à Poitiers le 20 mai 1807, mort en octobre 1881.

Conseiller à la Cour de Cassation depuis 1868. Membre de l'Académie des sciences morales et politiques et de l'Institut de France. Membre de l'Institut de droit international.

On peut mentionner comme étant son ouvrage principal :

Le droit commercial dans ses rapports avec le droit des gens et le droit civil, 3e édition. Paris, 1874, 4 vol. in-8⁰.

Ce livre ne rentre pas dans la catégorie de ceux qui traitent exclusivement du droit international; mais les relations commerciales des différents pays et la législation qui les régit se rattachent à ce droit et surtout au droit des gens maritime par tant de points, et notamment par les traités intervenus de nation à nation, que le savant jurisconsulte eût fait une œuvre incomplète s'il n'eût abordé toute les questions qui font sortir le droit commercial des bornes étroites des transactions privées. Tout ce qui concerne l'exercice du commerce en temps de paix comme en temps de guerre, les consuls, les droits et les devoirs des étrangers, les actes et les contrats dans leurs rapports avec les lois étrangères est traité avec une grande compétence, au point de vue historique, juridique et pratique.

MATELOT. Ce mot est pris généralement comme synonyme de celui de *marin* (voir ce mot): mais il désigne plus spécialement le marin qui sert à la manœuvre du navire et s'engage pour le service d'un bâtiment de guerre pour un temps déterminé ou seulement pour un voyage.

Les conditions d'engagement sont constatées par le *rôle d'équipage* (voir ce terme) et par un livret dont tout marin ou matelot doit être porteur, ou par un acte dressé exprès.

L'ensemble des matelots forme ce qu'on appelle l'*équipage* du bâtiment (voir équipage). Les armateurs et les capitaines peuvent engager pour ce service des hommes de leur propre pays ou des étrangers.

Cependant pour le recrutement des équipages de la marine de quelques Fᵗˢ. il faut qu'un nombre déterminé de tel·lots appartiennent à la nationalité d cet Etat.

Le matelot qui quitte le navire avant l'expiration de son engagement est considéré comme *déserteur* (voir ce mot), et passible de la justice sommaire et exceptionnelle à laquelle les déserteurs en général sont soumis.

Ainsi ils sont recherchés et arrêtés, puis reconduits à leur bord ou renvoyés dans leur pays, ou, pour parler plus exactement, dans le pays dont le navire porte le pavillon, sur la seule demande des consuls et des vice-consuls de ce pays ou, à défaut de ceux-ci, sur celle des commandants ou des capitaines intéressés. (*Voir* EXTRADITION.)

L'extradition des matelots déserteurs est quelquefois l'objet d'accords spéciaux séparés; mais le plus souvent elle fait partie des clauses maritimes insérées dans les traités de commerce et de navigation et dans les traités consulaires.

MATÉRIEL DE GUERRE. Le matériel de guerre comprend les bagages d'une armée en campagne, les munitions, les armes des soldats, les pièces d'artillerie, en un mot tous les objets, tous les instruments qui peuvent servir à l'attaque ou à la défense, etc. (*Voir* ARMES).

Le but principal des opérations militaires étant de tâcher d'affaiblir son adversaire, de le rendre incapable de continuer la lutte ou de la soutenir avec avantage, il importe de chercher à le désarmer; aussi le matériel de guerre est-il des biens de l'ennemi celui dont il est le plus naturel de s'emparer.

C'est pourquoi, lorsqu'une armée se rend, parmi les conditions de la capitulation figure généralement celle de la remise de son matériel de guerre au vainqueur.

Tous les objets composant le matériel de guerre sont considérés comme contrebande de guerre, et peuvent par conséquent être saisis ou capturés par le belligérant qui en surprend et arrête le transport à son ennemi. (*Voir* CONTREBANDE.)

D'où s'ensuit que le fait par un Etat neutre de fournir ou d'aider à fournir à l'un des belligérants du matériel de guerre constitue une violation de la neutralité et des devoirs des neutres. (*Voir* NEUTRALITÉ.)

MATERNITÉ. Qualité de mère, relation entre la mère et l'enfant. (*Voir* FILIATION.)

Dans cette dernière acception, la maternité est dite *légitime*, lorsqu'elle résulte du mariage; *naturelle*, lorsqu'elle a lieu hors de mariage; elle peut être aussi purement *civile*, lorsqu'elle est consacrée par un acte d'*adoption*. (Voir ce mot.)

Même dans les pays où la recherche de la *paternité* (voir ce mot) est interdite, la recherche de la maternité est admise par la loi : ce qui est fondé en rai-

son, attendu qu'on se trouve en face de faits apparents, faciles généralement à constater : la grossesse et l'accouchement. L'enfant qui veut réclamer sa mère doit prouver qu'il est identiquement le même que l'enfant dont est accouchée la femme contre laquelle est faite sa réclamation.

Toutefois la recherche de la maternité est interdite, aussi bien que celle de la paternité, lorsqu'elle tendrait à prouver l'inceste ou l'adultère de la mère; mais cette exception n'est pas générale, car il est des pays, entre autres la Prusse, où la recherche de la maternité ou de la paternité adultérine est admise par la loi. (*Voir* PATERNITÉ.)

MATTA (Manuel Antonio), homme d'Etat et publiciste sud-américain, né en 1826 à Copiapó (République du Chili). Chargé d'Affaires en mission spéciale en 1865 auprès des gouvernements des Etats-Unis de Colombie et de Venézuela. Député au Congrès (1858—1879), Sénateur (1880).

Parmi ses ouvrages politiques nous citerons la *Historia diplomática y documentos relativos á la última guerra con España* (Histoire diplomatique et documents relatifs à la dernière guerre avec l'Espagne).

La cuestion de limites entre Chile y la República Argentina (La question de frontières entre le Chili et la République Argentine). Santiago, 1874.

Cette publication empreinte d'un caractère éminemment conciliateur recommandait un accord immédiat et équitable, lorsque cette question était en litige.

MATTA ALBUQUERQUE, jurisconsulte brésilien. *Elementos do direito des gentes* (Eléments du droit des gens).

Selon M. Matta Albuquerque, le droit des gens est l'ensemble des règles que la raison déduit comme conformes à la justice, ou qui se fondent sur des conventions expresses ou traités, et servent à déterminer la manière d'agir des nations entre elles. D'après cette définition M. Matta Albuquerque divise nécessairement le droit des gens en *naturel* et en *positif*, et ce dernier en *conventionnel* et en *coutumier*.

MAXIMUM. Le plus haut point auquel une chose puisse être portée.

En droit criminel, c'est la plus forte des peines prononcées par la loi contre un crime ou un délit.

Dans le calcul de plusieurs sommes, le *maximum* est la somme la plus élevée : ainsi le *maximum* de la dépense indique la limite qu'on ne peut dépasser dans l'emploi de fonds.

On appelle aussi *maximum* le taux au dessus duquel il est défendu de vendre une marchandise.

La loi du *maximum* est le nom donné à une loi rendue en France par la convention en 1793, laquelle obligeait les marchands à ne pas dépasser certains prix dans la vente des denrées de première nécessité : cette loi, que tous s'ingéniaient à éluder, n'eut qu'une durée éphémère ; elle fut abrogée l'année suivante.

MÉDECIN. Nous rangeons ici sous ce titre tous ceux qui s'occupent du traitement des blessés, des infirmes et des malades, quel que soit le grade qu'ils aient acquis dans les écoles : médecins proprement dits, chirurgiens, docteurs, officiers de santé, médecins militaires, médecins de la marine, etc.

En temps de guerre, les médecins jouissent des privilèges de la neutralité. Pendant les marches ils doivent être protégés contre les attaques de l'ennemi et ne pas être réduits en captivité, même lorsqu'ils portent simplement des secours sur les champs de bataille.

Lorsque les ambulances sont évacuées, les médecins peuvent se retirer librement et rejoindre l'armée à laquelle ils appartiennent.

Ils ont droit de se défendre contre les attaques dirigées contre eux soit par des soldats, soit par des pillards ; cet acte de légitime défense ne leur fait point perdre le caractère de personnes placées sous la protection spéciale du droit international. (*Voir* AMBULANCES, BLESSÉS ET MALADES MILITAIRES, CONVENTION DE GENÈVE, HOPITAL MILITAIRE.)

MÉDIAT. En langage féodal, se disait d'un prince ou d'un noble qui ne tenait pas son fief directement du souverain, mais d'un vassal de celui-ci : ainsi étaient qualifiés en Allemagne de *princes médiats* ceux qui ne tenaient point leurs fiefs directement de l'Empereur.

On désignait aussi sous les dénominations de *territoires mediats,* de *villes médiates,* les territoires et les villes qui n'étaient pas sous la souveraineté directe du suzerain, mais étaient sujets de grands vassaux, auxquels ils appartenaient.

MÉDIATION. En terme absolu, la médiation est l'action d'un tiers qui s'entremet entre deux personnes en désaccord dans le but de tâcher de rétablir l'entente entre elles.

En politique la médiation se produit quand un Etat ami prête ses bons offices pour résoudre et régler des questions internationales pendantes entre deux ou plusieurs autres Etats.

Le but de la médiation est de concilier les intérêts divergents et de suggérer les bases d'une entente amiable, mais en laissant aux parties directement en cause toute liberté pour se rallier ou non à la transaction proposée. C'est ce caractère snspensif et non absolument obligatoire de ses effets qui distingue avant tout la médiation de *l'arbitrage.* (Voir ce mot.)

Souvent les belligérants, quoique également las de la guerre, continuent les hostilités, soit par opiniâtreté ou animosité, soit plutôt parce que chacun d'eux craint de faire des avances qu'on pourrait prendre pour un symptôme de faiblesse, Alors des amis communs interposent leurs bons offices, en prenant simplement l'initiative d'une démarche qui ménage les amours-propres respectifs ou en offrant une médiation qui facilite et déterminé les négociations finales de la paix.

La médiation ne saurait être imposée ; elle doit être réclamée au moins par l'un des deux Etats contestants, et acceptée par l'autre. Néanmoins elle peut être offerte spontanément, et c'est alors aux intéressés à décider si et dans quelles conditions il leur convient de l'accepter. Quand elle est précédée d'un accord, d'une sorte de compromis, elle ne peut plus être repoussée sans manquer à la bonne foi.

Le droit de médiation repose tantôt sur des circonstances expresses, tantôt sur des traités de garantie. Cependant la médiation ne résulte pas toujours d'un traité formel ou d'une convention de garantie intérieure. Elle peut aussi se produire sous forme d'arbitrage librement sollicité ou accepté par la partie intéressée.

La médiation peut embrasser toute espèce de questions internationales, même celles dans lesquelles l'une des parties revendique contre l'autre un droit d'une évidence incontestable et lutte contre des actes de mauvaise foi caractérisée.

La médiation n'a aucun caractère obligatoire : on peut accepter ou refuser la solution proposée par l'Etat médiateur, aussi bien que son interposition.

Le médiateur n'est pas saisi du différend à titre de juge, mais en qualité d'*amiable compositeur.* (Voir ce terme.)

Lorsqu'il a consciencieusement fait tous ses efforts pour rétablir la bonne harmonie, enfin lorsqu'il a élaboré une base équitable de transaction et usé de sa légitime influence pour faire prévaloir ses vues, son rôle cesse, sa mission pacifique est remplie. Il n'a pas plus le droit d'imposer ce qu'il croit juste dans la situation respective des parties au milieu desquelles il s'est interposé, qu'il n'est tenu de garantir l'exécution du pacte dû à ses bons offices, sauf, bien entendu, le cas où son concours a été formellement réclamé, ou celui de stipulations expresses.

C'est en quoi, comme nous l'avons déjà dit, la médiation diffère de l'arbitrage; car, une fois que l'arbitrage a été accepté, les décisions des arbitres lient les parties qui s'y sont soumises, tandis que, lorsque des États ont choisi un médiateur, ils n'en conservent pas moins le droit de négocier entre eux directement et de s'entendre sans intermédiaires.

Mais le cas peut se présenter qu'un État intervenant comme médiateur prétende non seulement donner des conseils, mais les faire prévaloir, en laissant entendre, en déclarant même explicitement qu'il est décidé à imposer par la force les conditions qu'il propose : c'est ce qu'on appelle la médiation armée.

Cette médiation armée ne découle pas d'un droit et n'en crée aucun par elle-même; c'est un acte politique dont les gouvernements sont seuls juges et responsables, et dont ils sont maîtres de restreindre ou d'étendre la portée.

Du moment que le médiateur armé se déclare prêt à prendre part à la guerre, si les belligérants n'acceptent pas les conditions qu'il prétend leur imposer, il se place de fait en dehors du droit des gens en temps de paix, et les relations entre lui et les belligérants se règlent d'après la raison d'État et la nécessité. En pareilles circonstances la médiation devient une véritable *intervention*. (Voir ce mot), avec laquelle la simple médiation ne doit pas être confondue. Toutefois, lorsque la médiation offerte est librement acceptée, et, à plus forte raison, quand elle a été sollicitée, l'intervention qui peut s'en suivre se justifie d'elle-même.

En principe, ainsi que nous l'avons expliqué, la médiation n'est qu'un moyen de conciliation, un acheminement vers l'entente amiable des parties; mais l'acceptation de ses résultats n'est pas obligatoire et ne se laisse pas imposer. On peut dire seulement que, quand les bons offices du médiateur ont été acceptés et ont fait entrevoir la possibilité d'une transaction équitable, les deux parties, à moins de s'exposer au soupçon de mauvaise foi ou au reproche de persévérer dans des prétentions exagérées contraires à la justice, sont dans l'obligation morale de faire taire leurs ressentiments et d'accepter ce qu'un ami commun leur présente comme conciliant et sauvegardant tous les droits.

MÉDIATISATION. Acte par lequel de petites souverainetés sont réunis à des États plus puissants, de manière que le prince médiatisé, dans l'Empire d'Allemagne par exemple, cesse de dépendre immédiatement du chef de l'Empire pour n'en plus dépendre que médiatement.

Le prince qu'on médiatise tombe sous l'autorité immédiate du prince territorial dans les États duquel il est enclavé et voit ainsi sa souveraineté disparaître.

En 1806 un grand nombre de familles, souveraines de petits États ont été médiatisées, et leurs possessions réunies à celles d'autres États plus considérables.

L'acte signé à Vienne pour la constitution de la Confédération germanique, le 8 juin 1815, a réglé la situation politique de ces princes. Cet acte stipule, entre autres dispositions, que les maison des princes et des comtes médiatisés conservent les droits d'égalité de naissance avec les maisons souveraines; que les membres de ces familles auront le privilège de n'être justiciables que des tribunaux supérieurs; qu'ils seront exempts de la conscription militaire; qu'ils auront l'exercice de la juridiction civile et criminelle en première, et même en seconde instance, si leurs possessions sont assez importantes.

De ces prérogatives il résulte que les maisons souveraines peuvent s'allier avec les maisons médiatisées sans déroger.

Plusieurs décisions de la diète fédérale allemande ont reconnu aux princes médiatisés la qualification de *Durchlaucht* ou Altesse sérénissime, et aux comtes celle d'*Erlaucht* (ce titre n'a pas d'équivalent en français).

MEETING. Mot anglais qui signifie assemblée, réunion.

Se dit plus particulièrement d'une réunion populaire ayant pour objet de discuter une question politique ou autre et de manifester l'opinion des assistants sur cette question.

MEIER (Docteur Ernest), publiciste allemand, professeur de droit à l'université de Halle.

Ueber den Abschluss von Staatsverträgen. (La conclusion des traités entre États.) Leipzig, 1874.

Dissertation sur les conditions nécessaires pour la conclusion des traités entre États.

MEISEL (A. H.), publiciste français. *Cours de style diplomatique.* Paris, 1826. 2 vol. 8⁰.

MÉMOIRE. Écrit sommaire contenant l'exposé ou les faits principaux d'une affaire, ou résumant les instructions données à quelqu'un.

En diplomatie les mémoires sont des documents dans lesquels, à propos d'une question, sont posés des principes dont on discute l'application, et développées les conséquences probables de l'adoption ou du rejet d'une mesure.

Ces mémoires sont destinés à la publicité, ou purement *confidentiels :* dans ce dernier cas on leur donne plutôt le nom de *memorandum.* (Voir ce mot.)

Les mémoires diplomatiques, selon leur destination, sont signés ou restent sans signature en général : ceux qui sont destinés aux gouvernements étrangers ne sont pas signés; ils sont communiqués soit par une note officielle, soit simplement dans une conversation.

La réponse à un mémoire est appelée *contre-mémoire;* les mêmes formalités s'appliquent à la rédaction et à la présentation des contre-mémoires.

MEMORANDUM. Note diplomatique contenant l'exposé sommaire de l'état d'une question; il y est joint le plus souvent une justification prise par un cabinet ou des actes émanés de lui par rapport à cette question.

Le terme de *memorandum,* pour plusieurs gouvernements, est équivalent à celui de *mémoire* (voir ce mot); néanmoins on peut dire que généralement le *memorandum* revêt un caractère confidentiel plus marqué et dont le mémoire et dépourvu dans la plupart des cas.

MÉMORIAL. Nom donné aux mémoires ou aux documents qui, à la cour d'Espagne, ainsi qu'à celle du Pape, servent à instruire une affaire.

MENDES LEAL (José da Silva), homme d'État et publiciste portugais, né à Lisbonne le 18 octobre 1820. Député aux Cortes (1851-58); associé effectif et secrétaire l'Académie Royale de Lisbonne, pair du Royaume du Portugal, membre de plusieurs sociétés scientifiques et littéraires du Portugal et du Brésil.

Actuellement envoyé extraordinaire et ministre plénipotentiaire auprès de S. M. Catholique.

Parmi ses nombreuses publications littéraires nous n'avons à citer que celles qui se rapportent au droit des gens.

Historia da guerra do Oriente (Histoire de la guerre d'Orient). Lisbonne, 1855. 2 vol. gr. in-8⁰.

La légende et l'histoire dans les affaires politiques et financières du Portugal (1825-1880). Paris, 1882. 1 vol. in-8⁰.

Ce livre très bien fait et très érudit contient une étude historique approfondie sur l'affaire aussi compliquée que débattue de l'*Emprunt Dom Miguel.* Mr. Mendes Leal qui représentait alors son pays à Paris, a traité et expliqué cette question sous toutes ses phases depuis son origine (1832) jusqu'à nos jours.

Le ministre plénipotentiaire du Portugal a basé ses arguments et ses conclusions sur l'autorité des jurisconsultes et des publicistes ainsi que sur les précédents historiques et pratiques du droit international.

MENIN, MENINE. Titre de Cour donné en Espagne et en Portugal à des enfants nobles attachés aux jeunes princes du sang pour être élevés avec eux.

Plus tard, lorsqu'on composa la maison des fils de Louis XIV en 1680, on a donné ce nom en France à des gentilshommes attachés particulièrement à la personne du Dauphin. Ils étaient au nombre de six. On les appelait aussi *gentilshommes de la Manche,* parce que, comme l'étiquette ne leur permettait pas de tenir le prince par la main, ils ne le touchaient qu'à la manche.

Le mot s'est aussi employé au féminin — *menine* — pour désigner les jeunes filles nobles attachées à la personne des *Infantes* en Espagne et en Portugal.

MENSCH (F. A. de), publiciste allemand. *Manuel pratique du consulat, consacré aux consuls de Prusse et autres États formant le Zollverein.* Leipzig 1846, in-8⁰.

MER. *Définition.* La Mer, dans son acception générale, c'est la vaste étendue d'eau salée qui baigne les bords de la partie solide du globe terrestre.

Quoique dans son ensemble la mer soit une et indivisible, on la partage géographiquement en plusieurs grandes portions, à chacune desquelles on donne également le nom de *mer* en y ajoutant des qualifications tirées ordinairement de certaines circonstances locales ; ainsi la Mer Glaciale, la Mer Baltique, la Mer

Noire, la Mer du Nord, la Mer Méditerranée, etc. Toutes ces mers communiquent entre elles directement ou indirectement.

On donne le nom de *mer intérieure* à de grands amas d'eau salée qui n'ont aucune communication avec les autres mers : telles la Mer Caspienne, la Mer d'Aral, la Mer Morte.

On nomme *mer enclavée* une portion de la mer qui est resserrée entre des terres, entourée presque complètement par le littoral d'un même pays, où elle forme des *anses*, des *baies*, des *golfes* ou des *détroits*. (Voir ces mots.)

On appelle bras de mer une partie de la mer qui passe entre deux terres assez proches l'une de l'autre.

Au pluriel, *les mers* se disent de l'ensemble des eaux de la mer envisagées d'une manière vague et générale.

Propriété des mers. La mer est une grande voie naturelle de communication qui relie les continents entre eux et les îles aux continents : elle est ouverte à tous.

Selon le droit international, les mers ne constituent pas un domaine privé; la pleine mer ne peut être soumise en aucune de ces parties à la propriété ou à l'empire d'aucun peuple; tous les pavillons, à quelque nation qu'ils appartiennent, y sont libres et égaux en droits, sauf l'obligation à tous de se conformer aux règles du droit des gens universel. (*Voir* LIBERTÉ DES MERS.)

En résumé, une mer ne peut être fermée aux autres navires, que s'il est impossible aux navires venant de la pleine mer d'y pénétrer.

Toutefois les causes qui s'opposent à l'existence du droit de propriété ou d'empire ne se rencontrent pas d'une façon absolue sur tous les points de la mer. Il en est en effet des parties rapprochées des terres qui participent dans une certaine mesure à la condition de celle-ci, et où par conséquent les droits de propriété et de juridiction peuvent exister ou s'établir en tout ou en partie.

Les parties de la mer auxquelles nous faisons ici allusiion, existent dans les ports et les rades, les golfes et les baies, certains détroits, certaines mers enclavées, c'est-à-dire resserrées ou enfermées entre les terres, enfin les portions de la mer voisine et des côtes.

Si le droit de propriété peut à quelque titre être revendiqué, nous sommes d'avis que ce n'est que pour les *ports* et les *rades* (voir ces mots); quant aux autres, l'État riverain n'a à exercer qu'un simple droit de juridiction. (*Voir* JURIDICTION, GOLFES, BAIES, DÉTROITS.)

Les parties de la mer qui baignent les côtes d'un pays, forment ce qu'on appelle la mer territoriale de ce pays.

Mers territoriales. La limite naturelle d'un État du côté de la mer est marquée par le contour des côtes à l'endroit où elles sont baignées par le flot et où commence le domaine maritime. Pour faciliter la défense des côtes la pratique générale des nations, sanctionnée par de nombreux traités, a fait tracer à une certaine distance de terre une ligne imaginaire que l'on considère comme la limite extrême des frontières maritimes de chaque pays. Tout l'espace situé en dedans de cette ligne rentre *ipso facto* sous l'action de la juridiction de l'État qui le domine, et la mer comprise entre la ligne et la côte prend le nom de *mer territoriale*.

Comme nous venons de le dire, les États n'ont pas sur la mer territoriale un droit de propriété, mais seulement un droit de surveillance et de juridiction, — droit fondé sur les besoins de leur défense propre ou sur la protection de leurs intérêts fiscaux. La nature des choses veut donc que ce droit s'étende jusqu'au point où son exercice se justifie et qu'il s'arrête là où la crainte d'un danger sérieux, l'utilité pratique et la possibilité de faire sentir l'action défensive.

De ce principe général il est facile de déduire que la mer territoriale doit comprendre seulement l'espace susceptible d'être défendu à partir de la terre ferme ou de servir de champ d'attaque contre la côte environnante. Depuis l'invention des armes à feu on a généralement donné à cet espace une étendue de trois milles marins de la côte, à marée basse, dans la zone de laquelle l'exercice de la juridiction territoriale est absolu, incontesté et exclut les droits de toute autre nation.

Cette distance de trois milles marins n'offre pas cependant une base inviolable. On est d'accord aujourd'hui qu'elle est trop courte, puisqu'elle n'est plus en rapport avec la portée qu'ont les nouveaux canons perfectionnés, dont les projectiles peuvent atteindre à cinq milles au moins; il serait donc juste qu'elle fût reculée dans une proportion équitable. Mais jusqu'à ce qu'ait été adoptée une décision sanctionnée par le consentement de la majorité des États, la démarcation de trois milles marins constitue, au point de vue international, une règle fixe qui doit être respectée toutes les fois que des traités n'en ont pas établi d'autres.

Deux ou plusieurs nations sont libres de modifier conventionnellement ce principe, de le restreindre ou de l'étendre; mais ce sont là des dispositions qui les lient entre elles dans leurs relations réciproques, sans qu'elles puissent les appliquer, et bien moins encore les imposer à d'autres Etats.

Un intérêt maritime de premier ordre, l'exploitation des pêches côtières et des bancs d'huîtres ou d'autres coquillages, a dans certains parages maritimes fait étendre au delà de la zone de trois milles le rayon de la mer dite territoriale. De pareilles dérogations aux principes universellement reconnus doivent strictement se renfermer dans la limite de l'objet spécial qui les a fait adopter; elles ont besoin d'ailleurs pour devenir obligatoires d'être sanctionnées par des conventions expresses et écrites.

L'Etat riverain de la mer peut prendre, à l'égard et la partie qui forme sa mer territoriale, les mesures de sûreté et d'ordre public qu'il juge nécessaires et y réglementer la pêche et la navigation; mais il n'est pas autorisé en temps de paix à y interdire la navigation où en entraver la liberté par des impôts.

La surveillance et le contrôle des douanes dans l'intérieur de la mer territoriale ou de la frontière maritime sont à peu près partout régis par les mêmes principes, c'est-à-dire police des navires, visite et détention des barques ou des bateaux soupçonnés de se livrer à la contrebande, capture des articles prohibés et répression par voie d'amende ou d'emprisonnement des infractions aux règlements douaniers du pays.

Lorsque deux Etats sont situés sur le bord d'une mer libre, mais tellement resserrée entre les côtes respectives que l'espace de mer faisant partie de la mer territoriale de l'un empiète sur la mer territoriale de l'autre ou, pour parler plus exactement, se confond avec elle, ces deux Etats sont tenus de s'accorder réciproquement les droits de juridiction sur l'espace commun ou de fixer d'accord une ligne de démarcation.

En ce qui regarde les mers enclavées, elles font, comme les lacs, partie du territoire propre des Etats situés sur leurs bords; et si ces Etats sont plusieurs, ils ont à s'entendre entre eux pour l'exercice de la juridiction, sa délimitation, etc. *(Voir* LACS.)

MERCENAIRE. On appelle troupes, soldats *mercenaires* des étrangers dont on achète le service.

Chaque Etat a le droit de prendre à sa solde des troupes étrangères, et celles-ci sont complètement assimilées aux troupes nationales; par le fait de leur incorporation dans l'armée, elles reçoivent tous les droits et contractent toutes les obligations que les lois de la guerre accordent et imposent aux soldats des armées belligérentes.

Pour les pays où a lieu l'enrôlement, il est admis en principe que les mercenaires sont régis par les lois générales de la guerre et assimilés en tout aux troupes indigènes. On comprend seulement que, lorsque les mercenaires sont engagés dans un conflit armé contre leur pays d'origine, ils ne peuvent, en cas de capture, échapper aux rigueurs qui atteignent les individus coupables de s'être battus contre leur patrie sous un drapeau ennemi.

Sauf cette réserve, il faut reconnaître que les enrôlements d'étrangers, pour être valables, doivent être essentiellement libres, constituer des contrats souscrits de bonne foi.

MÉRIGNAC (A.), jurisconsulte français, avocat et docteur en droit.

Délai de la prescription extinctive des obligations en matière de droit international. Paris, 1884.

L'auteur démontre que c'est la prescription dont le temps est le plus court, qui doit être adoptée, lorsque le créancier et le débiteur sont de nationalité différente.

MERLIN DE DOUAI (Philippe Antoine), jurisconsulte français, né à Arleux-en-Cambrésis le 30 octobre 1754, mort à Paris le 26 décembre 1838.

Il fut député aux Etats-Généraux en 1789, président de la Convention après le 9 thermidor, ministre de la justice en 1795, membre du Directoire en 1797, procureur général à la Cour de cassation en 1801.

Les deux ouvrages qui ont fondé sa renommée de jurisconsulte sont: *Recueil alphabétique des questions de droit,* dont la 4e édition est de 1827, 8 vol. in-4°; et *Répertoire universel de jurisprudence,* 5e édition, 1828. 18 vol. in-4°.

MESSAGE. On nomme ainsi, dans le langage parlementaire, les communications officielles que le chef du pouvoir exécutif adresse au pouvoir législatif, ou que l'une des chambres du parlement adresse à l'autre.

MESSAGER D'ETAT. Fonctionnaire chargé de porter les messages d'un des grands pouvoirs de l'Etat, d'une assemblée politique, ainsi que des agents diplomatiques.

Ces messagers sont assimilés aux *courriers de cabinet*, dont ils partagent les immunités. *(Voir* COURRIERS, AGENTS DIPLOMATIQUES.)

MESSIRE. Titre qui au moyen-âge était réservé aux seigneurs de la plus haute noblesse.

Plus tard ce titre, purement honorifique, était ajouté, dans des actes publics, aux titres particuliers des personnes de qualité; puis il ne s'est plus donné qu'au chancelier de France.

MESURE. Le mot *mesure,* pris dans un sens moral, se dit des moyens, des précautions qu'on emploie pour atteindre le but qu'on se propose.

Mesure *administrative,* celle qui est adoptée par une administration.

Mesure *sanitaire,* celle qui est prise par l'autorité dans le but de garantir, de préserver la santé publique. *(Voir* SANITAIRE.)

MÉTROPOLE. Ce mot, dont le sens est analogue à celui de capitale, s'emploie pour désigner la ville principale d'un Etat ou d'une province.

Il sert plus particulièrement à dénommer les villes où siège un archevêque, et dont l'église est alors dite église métropole, métropolitaine ou archiépiscopale.

Le terme métropole dans son sens propre et primitif signifie la *ville-mère :* chez les Grecs, il dénommait la mère-patrie, la ville d'où sortaient les colones qui allaient habiter d'autres contrées. Il s'emploie encore dans cette acception pour qualifier l'Etat considéré relativement aux colonies qu'il a fondées ou qu'il possède. *(Voir* COLONIE.)

MEUBLES, biens meubles ou mobiliers. Le mot *meuble,* dans son sens absolu, s'applique à tout ce qui est *mobile,* c'est-à-dire susceptible de déplacement.

En jurisprudence, il a une double acception : il exprime la qualité d'un objet en tant qu'il est mobile, et on l'oppose alors à immeuble, et il s'applique à certains objets meubles d'une nature particulière.

Il y a des objets qui sont meubles par leur nature, et d'autres qui le sont par la détermination de la loi.

Les meubles par leur nature sont ceux qui peuvent se transporter d'un lieu à un autre; de ce nombre sont les *meubles meublants* destinés à l'usage et à l'ornement des maisons, et qu'on désigne généralement par le mot *meubles* employé seul; toutefois par ce terme on n'entend pas l'argent comptant, les bijoux, les armes, les chevaux, les équipages, ni même les denrées ou ce qui fait l'objet d'un commerce : ces divers objets et quelques autres sont rangés (en y comprenant les meubles meublants eux-mêmes) sous la dénomination de *biens meubles* ou *mobiliers* ou *effets mobiliers,* sous laquelle on comprend aussi les *meubles par la détermination de la loi.*

Les meubles de cette dernière catégorie consistent dans les créances, les actions ou les obligations donnant droit à recevoir des sommes d'argent, ou des effets mobiliers, les rentes, et même l'argent comptant; on les désigne aussi sous le nom de *biens incorporels* (voir ce mot); nous devons en outre faire observer que certaines législations leur attribuent parfois le caractère d'immeubles tantôt à titre fixe et permanent, tantôt à titre transitoire en raison de la destination à laquelle ils sont affectés. *(Voir* IMMEUBLE.)

C'est la loi du lieu du domicile (*(lex loci domicilii)* qui régit les biens meubles, lesquels sont censés suivre la personne à qui ils appartiennent et n'avoir pas d'autre situation que celle de son domicile. *(Voir* DOMICILE); d'où il s'ensuit qu'ils sont assujettis aux lois en vigueur dans le pays où le domicile est situé.

MEURTRE. Homicide commis avec violence.

Le meurtre est un crime qui rend celui qui s'en est rendu coupable passible d'*extradition* (voir ce mot). Dans les traités spéciaux le meurtre figure invariablement dans la liste des crimes qui tombent sous le coup de cette procédure internationale.

MEXICO (Traité de). Traité d'union perpétuelle, d'alliance et de confédération entre la Colombie et le Mexique, signé à Mexico le 3 otobre 1823.

Le 3 octobre 1823, la République de Colombie conclut avec la nation mexicaine un traité d'union et d'alliance analogue à ceux qu'elle avait, l'année précédente et au commencement de l'année courante, signés avec le Pérou, le Chili et les provinces unies de la Plata. *(Voir* LIMA, SANTIAGO, BUENOS AIRES.)

MEXICO (Traité de). Traité d'amitié et d'alliance entre le Mexique et le Pérou, signé à Mexico le 11 juin 1862.

Les Etats-Unis mexicains et la République du Pérou, „désirant cimenter sur des bases solides l'union qui existe entre eux comme membres de la grande famille américaine, liés par des intérêts communs, par une origine commune, par l'analogie de leurs institutions et par beaucoup d'autres liens de fraternité, et resserrer les relations entre les peuples et les citoyens de chacun d'eux, en faisant disparaître les entraves et les restrictions qui peuvent les embarrasser, et en vue de développer et de seconder, au moyen de cette union, le progrès moral de toutes les républiques, et de donner une plus grande impulsion à leur prospérité et à leur agrandissement, ainsi que de nouvelles garanties à leur indépendance, à leur nationalité et à l'intégrité de leurs territoires, sont convenues de conclure un traité qui, renfermant les mêmes stipulations que celui signé à Santiago de Chili par les plénipotentiaires de cette république, du Pérou et de l'Equateur comme base de l'Union continentale (Voir SANTIAGO), confère aux Etats-Unis mexicains les mêmes droits et les mêmes obligations que ceux en résultant pour les Etats qui ont pris l'initiative de la Ligue fraternelle et pour les Etats qui y ont adhéré, comme l'ont fait les Etats-Unis mexicains, en accédant de plein gré à l'inoitation que lui avait adressée le gouvernement ami et frère du Pérou, conformément à l'article 23 du traité de Santiago et d'accord avec les sentiments américains qui guident sa politique."

Par les premiers articles du traité, les deux parties contractantes mettent sur un pied parfait d'égalité les nationaux respectifs dans le territoire l'une de l'autre relativement à la jouissance des droits civils et judiciaires, de la possession des biens, de l'exercice des professions et des rapports commerciaux; afin de faciliter ces derniers, elles conviennent d'adopter des systèmes uniformes de monnaies, de poids et de mesures, et de rendre uniformes autant que possible leurs règlements et leurs tarifs de douane. De plus, pour leurs mutuelles relations, les parties contractantes adoptent les principes suivants:

„1⁰ Le pavillon neutre couvre les marchandises ennemies, à l'exception de la contrebande de guerre.

„2⁰ La marchandise neutre est libre à bord du navire ennemi et ne sera pas sujette à confiscation, à moins qu'elle ne soit de la contrebande de guerre."

Elles conviennent aussi de renoncer à l'emploi de la course comme moyen d'hostilité contre l'une ou l'autre des parties contractantes, et de considérer et de traiter comme pirates ceux qui le feraient dans le cas dont il s'agit. Elles considèreront et traiteront également comme pirates leurs citoyens ou les indigènes qui accepteront des lettres de marque ou une commission pour aider à coopérer d'une façon hostile avec l'ennemi de l'une ou de l'autre.

Les agents diplomatiques ou consulaires de l'une ou de l'autre partie contractante accorderont à leurs citoyens respectifs, dans les ports et les endroits où ceux-ci n'auront pas d'agent diplomatique ou de consul de leur pays, la même protection qu'à leurs propres nationaux.

Chacune des parties contractantes s'oblige à ne céder ni aliéner sous aucune forme à un autre Etat ou gouvernement aucune partie de son territoire, ni à ne permettre qu'il s'y établisse une nationalité étrangère à celle qui y domine actuellement; et s'engage à ne pas reconnaître le caractère de celle qui s'y établirait dans quelque circonstance que ce fût. Cette stipulation n'empêchera pas les cessions que les Etats ainsi obligés feraient réciproquement avec d'autres pour régulariser leur démarcation géographique, ou fixer les limites naturelles de leurs territoires, ou déterminer leurs frontières à l'avantage des uns et des autres.

Chacun des Etats contractants s'engage à respecter l'indépendance des autres et par conséquent à empêcher par tous les moyens à sa portée la préparation ou la réunion sur son territoire d'éléments de guerre, l'enrôlement où le recrutement d'hommes, l'amas d'armes ou le frètement de navires destinés à agir hostilement contre quelque autre Etat; à empêcher aussi que les émigrés politiques abusent de l'asile pour comploter ou conspirer contre l'ordre établi dans les autres Etats ou contre leur gouvernement.

Dans le cas où contre quelqu'un des Etats contractants seraient dirigées des expéditions ou des agressions par des forces de terre ou de mer, venant de l'étranger, et composée des nationaux de l'Etat contre lequel elles seraient dirigées ou bien d'étrangers, si elles n'agissaient pas à titre de forces appartenant à un Etat ou à un gouvernement reconnu de fait ou de droit, ou si elles n'avaient pas de commission de belligérantes de la part d'un gouvernement reconnu, ces expéditions seront réputées et traitées par tous les Etats contractants comme des expéditions de pirates, et ceux qui en feront partie seront assujettis sur les territoires respectifs aux lois édictées contre les pirates, s'ils ont commis des actes d'hostilité contre quelqu'un des dits Etats ou contre leurs navires, ou, si, attaqués par des forces de l'un de ces Etats, ils ne se rendent pas à la seconde réquisition.

Pour repousser de pareilles agressions, les Etats contractants se doivent aide et secours.

En cas d'infraction aux clauses du traité, la partie qui se croira lésée n'usera pas de représailles et ne déclarera la guerre qu'après avoir épuisé les moyens amiables de réparation.

En vue d'affermir l'Union, d'en développer les principes et d'adopter les mesures propres à l'exécution du traité, les parties contractantes conviennent de nommer chacun un plénipotentiaire pour prendre part à un congrès où tous les Etats de l'Union seront représentés.

La première assemblée de ce congrès aura lieu trois mois après l'échange des ratifications du traité, ou plus tôt, si c'est possible ; puis le congrès se réunira par la suite au moins tous les trois ans, tour à tour dans chacune des capitales des Etats contractants d'après l'ordre qui sera fixé à la première assemblée.

La congrès des plénipotenciaires aura le droit d'offrir sa médiation en cas de différends entre les Etats, et aucun ne pourra le refuser ; mais en aucun cas ni pour aucun motif le congrès ne pourra prendre pour sujet de ses délibérations les dissensions intestines, les mouvements ou les agitations intérieurs des divers Etats de l'Union, ni prendre aucune mesure pour y intervenir, de sorte que l'indépendance de chaque Etat pour s'organiser et se gouverner comme il l'entend soit pleinement respectée et ne puisse être entravée directement ou indirectement par des actes, des décisions ou des manifestations du congrès.

Le traité devait être communiqué sans retard au gouvernements des républiques contractantes, ainsi qu'aux autres Etats hispano-américains et au Brésil, qui pourront s'incorporer à l'Union projetée et seront par suite liés à toutes ses stipulations, après avoir conclu un traité d'acceptation, avec les Etats signataires du présent traité. -

Le traité était stipulé pour un terme de dix ans à compter de la date de l'échange des ratifications; mais il devait continuer d'être en vigueur après l'expi-

ration de ce terme, si aucune des parties contractantes n'avait douze mois à l'avance dénoncé aux autres l'intention de la faire cesser.

MICADO, MIKADO. Titre de l'Empereur du Japon.

MIGNET (Fr. A. Alexis), Membre de l'Académie française, né à Aix le 8 mai 1796, mort en 1883.

On a de lui en fait d'ouvrages intéressant spécialement les publicistes : *Négociations relatives à la succession d'Espagne sous Louis XIV, ou correspondances, mémoires et actes diplomatiques concernant les prétentions et l'avènement de la maison de Bourbon au trône d'Espagne.* Paris, 1836-44. 4 vol.

MILICE. Corps de troupes, armée. Se dit plus particulièrement de levées temporaires d'habitants d'un pays faites dans quelque circonstance particulière, comme pour repousser un envahissement, réprimer un soulèvement.

Se dit aussi des corps d'hommes armés qui ne font pas partie des troupes régulières et qui sont parfois destinés à un service particulier : la garde nationale mobile, la landwehr en Allemagne sont des espèces de milices.

Les corps ainsi formés en vertu d'autorisations de l'Etat représentent une force constituée par la loi, et à ce titre ils sont assimilés aux autres troupes qui font partie de l'armée nationale, et doivent en partager les droits comme les devoirs. (*Voir* GUERRE, BELLIGÉRANT.)

MILITAIRE. Qui concerne la guerre. Art militaire, l'art de la guerre.

Confins militaires, assignés dans certains Etats à une population formée d'anciens soldats, qui ne sont plus astreints à un service actif, tout en étant encore enrégimentés : telle était notamment dans la monarchie austro-hongroise une certaine région sur la frontière de la Croatie. (*Voir* FRONTIÈRE, MARCHE.)

Exécution militaire, la peine de mort infligée aux soldats en punition de délits militaires, se dit aussi des violences qu'une armée exerce dans un pays envahi ou occupé pour contraindre les habitants à quelque chose. (*Voir* OCCUPATION.)

Honneurs militaires, honneurs qu'on rend en certains circonstances aux commandants des troupes: ces mêmes honneurs sont aussi accordés à des personnages de distinction, aux souverains, aux ambassadeurs, etc. (*Voir* CÉRÉMONIAL.)

Justice militaire, celle qui s'exerce à l'égard des troupes, d'après des lois spéciales ou le code militaire. Service militaire, état du soldat incorporé dans l'armée ou au corps de milice.

Le terme militaire s'emploie par opposition à civil : les autorités civiles et les autorités militaires, les emplois civils et les emplois militaires.

MILITAIRE (substantif). Homme de guerre, soldat.

Les militaires sont des *belligérants* : ils ont donc les droits et les obligations que cette condition confère. *(Voir* BELLIGÉRANT, GUERRE, ENNEMI, BLESSÉS ET MALADES MILITAIRES.)

MILONE (F.), publiciste italien. *Dei principi e delle regale del diritto internazionale privato*. (Des principes et des règles du droit international privé). Naples, 1872. in-8'.

Abrégé formant commentaire des Art. 6-12 du préliminaire du code civil italien.

MILTITZ (Alexander de), publiciste allemand. *Manuel des consuls*. Londres et Berlin, 1837. 5 vol. in-8°.

Cet ouvrage est estimé comme un des plus complets sur la matière.

MINEUR, MINORITÉ. Terme de jurisprudence, qui sert à qualifier l'individu qui n'a pas encore atteint l'âge prescrit par les lois pour disposer de sa personne et de ses biens.

Le mineur est incapable de contracter. Il est soumis à l'autorité paternelle, ou, à défaut de celle-ci, placé sous la protection d'un tuteur; toutefois lorsqu'il est arrivé à un certain âge, il peut être émancipé, c'est-à-dire investi, en vertu de la loi, de certaines capacités qui le rapprochent du majeur; cependant il est encore des actes qu'il ne peut accomplir qu'avec l'assistance d'un curateur. *(Voir* ÉMANCIPATION, MAJEUR.)

Naturellement la minorité, ou état de celui qui est mineur, cesse lorsque l'individu atteint sa majorité, c'est-à-dire l'âge qui le met en possession de ses droits personnels et civils : cet âge, fixé par la loi française à 25 ans, l'est dans d'autres pays à un autre nombre d'années au dessous ou au dessus de cette limite; il est fait aussi quelques exceptions pour la minorité et la majorité des souverains et des membres de leur famille.

Il est généralement admis en principe en Europe que les enfants mineurs suivent la nationalité de leur parents. *(Voir* ENFANT, NATIONALITÉ.)

Il en est de même de leur domicile, qui est celui de leurs parents ou des personnes qui les remplacent selon la loi. Jusqu'à ce que l'enfant ait atteint sa majorité, ou tant qu'il n'est pas émancipé, son domicile passe par tous les changements de celui de l'auteur duquel il a reçu son domicile d'origine; il suit aussi celui de la mère ou du tuteur, après la mort du père, et celui du tuteur après la mort du père et de la mère. *(Voir* DOMICILE.)

MINIMUM. Ce mot est employé en jurisprudence pour exprimer la peine la plus faible que la loi autorise à infliger pour un délit ou un crime spécifié.

MINISTÈRE. Ce mot, dans son sens le plus étendu, signifie fonction, emploi, office, mais, dans un sens plus restreint et plus ordinaire, il sert à désigner une partie de l'administration confiée à un haut fonctionnaire agissant au nom du chef de l'Etat.

L'administration générale des grands services de l'Etat constitue ce que chez les nations civilisées on appelle un *ministère* ou un *département ministériel*.

Le nombre de ces départements varie dans les divers pays, soit sous le rapport de la spécialité des fonctions ou de leur multiplicité, soit parce que les attributions dévolues à l'Etat diffèrent selon la constitution ou les coutumes des peuples.

Le plus généralement il y a dans chaque Etat des ministères séparés pour l'*intérieur* ou l'administration des affaires intérieures ou domestiques, la *justice*, les *cultes*, l'*instruction publique*, le *commerce*, l'*agriculture*, les *travaux publics*, les *finances*, la *marine*, les *colonies*, la *guerre* et les *affaires étrangères*, ou *relations extérieures*. Dans quelques pays deux ou même un plus grand nombre de ces branches principales de l'administration se trouvent réunies sous une seule et même direction.

Le corps de hauts fonctionnaires placés à la tête de chacun de ces départements est désigné sous le nom de *ministère*, pris dans une acception absolue, qui lui donne une signification analogue à celle attribuée au terme de *cabinet*. (Voir ce mot).

Le *ministère* ou la réunion des ministres est présidé par l'un d'eux, qui prend alors le titre soit de premier ministre, soit de président du ministère, ou du conseil des ministres ou simplement du conseil.

MINISTÈRE DES AFFAIRES ÉTRANGÈRES. Parmi les ministères qui dans chaque pays se partagent les différentes branches de la haute administration, il en est un qui a une importance relative, toute particulière au point de vue du droit international : c'est celui auquel se rattache spécialement la direction des relations de l'Etat avec les gouvernements des nations étrangères : autrement dit le *Ministère des affaires étrangères* ou *des relations extérieures*. Dans quelques pays il est désigne sous la dénomination de *Ministère d'Etat* ou *d'Office extérieur*.

C'est vers ce ministère que convergent toutes les affaires du dehors, qui viennent s'y centraliser pour être en suite réparties dans des bureaux spéciaux, reliés ensemble par la direction supérieure d'un ministre unique mis à la tête de ce département administratif.

Voici quelles sont les attributions principales du ministre des affaires étrangères, du moins dans les pays où est en pratique le régime parlementaire ou constitutionnel.

Former et entretenir les relations avec les autres nations; négocier et conclure avec elles des traités et des conventions, en échanger la ratification, et veiller à leur exécution; envoyer des agents — ministres publics, consuls ou autres — à l'étranger, les munir des instructions nécessaires, selon les besoins des affaires ou des circonstances; notifier aux gouvernements étrangers la nomination ou le rappel de ces agents; recevoir et présenter au chef de l'Etat les envoyés des autres gouvernements; veiller à la conservation des documents diplomatiques et internationaux de tout genre, pourvoir à la protection des nationaux et à la sauvegarde des intérêts du pays et de l'Etat à l'étranger.

C'est donc du ministère des affaires étrangères que dépendent et ressortissent les représentants diplomatiques et les consuls d'un pays à l'étranger. (*Voir* AGENT DIPLOMATIQUE, CONSUL.)

L'organisation du ministère varie suivant les différents gouvernements; d'ailleurs c'est un sujet qui sort de notre cadre et que partant nous n'avons pas à traiter.

MINISTÈRE PUBLIC. On nomme ainsi, dans l'ordre judiciaire, certains magistrats amovibles établis près les tribunaux et les cours de justice, à quelque degré que ce soit, pour y représenter l'Etat ou le gouvernement, requérir l'application des lois et veiller à leur exécution, sauvegarder l'ordre public.

La poursuite des crimes et des délits est réservée au ministère public : c'est lui qui soutient l'accusation.

MINISTÉRIEL. Qui a rapport, qui est propre à un ministère ou au ministre : fonctions, devoirs ministériels.

Signifie aussi : partisan du ministère existant, ou de tel ou tel ministre en fonctions; se dit dans les gouvernements parlementaires, où le ministère est soutenu par un parti et combattu par un autre ou plusieurs autres : parti ministériel, députés, journaux ministériels.

Dans le monde judiciaire français, on appelle *officiers ministériels,* des officiers publics ayant qualité pour faire certains actes authentiques, tels que les notaires, les huissiers, les greffiers, etc.

MINISTRE. Dans le sens général, celui qui est chargé d'une fonction, d'un office ; dans un sens plus particulier, haut fonctionnaire chargé de la direction ou gestion d'un ministère ou département ministériel, c'est-à-dire d'une des branches de l'administration de l'Etat. (*Voir* MINISTÈRE.)

En outre des ministres qui sont ainsi placés à la tête des ministères, dont le nombre et les attributions varient selon les divers pays, le titre de ministre est donné à d'autres fonctionnaires d'un ordre élevé qui n'ont aucun département spécial à administrer et sont dits pour cela ministres sans *portefeuille* (voir ce mot).

MINISTRE PUBLIC. On donne aussi le titre de ministres aux personnes qu'un souverain ou un gouvernement envoie en mission auprès d'un souverain ou d'un gouvernement étranger; mais alors au titre de *ministre* on ajoute généralement l'épithète *public*, qui sert à désigner plus particulièrement les personnes envoyées dans un pays étranger pour y représenter une nation.

Mais ce titre de *ministre public* n'est qu'un titre générique qui s'attribue indistinctement à tous les agents diplomatiques chargés de représenter un Etat à l'étranger, appartenant aux quatre classes déterminées par l'acte du congrès d'Aix-la-Chapelle de 1818, quel que soit d'ailleurs le rang que chacun d'eux occupe dans la hiérarchie diplomatique; aussi bien aux ambassadeurs ou chefs d'ambassade qu'aux chefs de simples légations, entre lesquels il existe des gradations hiérarchiques,

Ainsi après les *ambassadeurs* (voir ce

mot), viennent les *ministres plénipotentiaires*, qui ont rang au-dessus des *ministres résidents*. (*Voir* PLÉNIPOTENTIAIRE, RÉSIDENT, LÉGATION, AGENT DIPLOMATIQUE, DIPLOMATIE.)

MINORITÉ. Le petit nombre, par opposition à *majorité* (voir ce mot).

Se dit du parti qui dans une assemblée est le moins nombreux et combat habituellement les opinions et les mesures de la partie la plus nombreuse.

MINUTE. En terme de pratique, la *minute*, c'est l'*original* (voir ce mot) d'un acte, des actes judiciaires, des actes notariés, des actes de l'état civil.

Les minutes sont ordinairement écrites d'une écriture *menue* : c'est sans doute de là que leur vient ce nom, tandis que les *grosses* et les *expéditions* (voir ces mots) sont grossoyées, c'est-à-dire écrits d'une écriture large.

C'est sur les minutes que ce copient les grosses et les expéditions.

La minute des jugements ou des actes judiciaires reste déposée au greffe de la cour ou du tribunal; celle des actes notariés, dans l'étude des notaires; celle des actes civils dans les archives de l'administration de laquelle ils émanent.

A l'étranger les minutes sont déposées dans les chancelleries des ambassades, des légations et des consulats.

MIRUSS (A.), jurisconsulte allemand. *Das europäische Gesandtschaftsrecht* (Droit d'ambassade européen). 2 parties. Leipzig, 1847.

Cet ouvrage renferme en outre une dissertation sur le droit d'ambassade de la Confédération germanique et une bibliographie du droit d'ambassade.

MIRZA. Titre d'honneur chez les Persans; il équivaut à celui de prince.

Dans cette acception il se place après le nom propre de la personne à laquelle on l'attribue.

Placé devant, il n'est plus qu'une formule de politesse, correspondante à peu près à *Monsieur*.

MI-SOUVERAIN. Se dit d'un Etat soumis à la suzeraineté d'un Etat complètement souverain.

Les Etats mi-souverains manquent de quelques-unes des droits essentiels de la souveraineté; ils sont notamment soumis pour leurs rapports avec l'étranger à une puissance supérieure. Ils rentrent cependant dans le droit international en tant qu'ils peuvent entretenir des relations diplomatiques avec les autres peuples.

En temps de guerre, ils subissent généralement les conséquences de la situation faite à la nation dont ils dépendent; en temps de paix, ils doivent obtenir l'autorisation de l'Etat supérieur pour conclure des traités.

On peut ranger parmi les Etats mi-souverains, à des titres et des degrés différents, ceux qui sont vassaux d'un autre (*Voir* VASSAL), à l'égard duquel ils se trouvent dans une situation de subordination, plus ou moins étendue; ceux qui font partie d'une confédération, dont le pouvoir central assume, ou plutôt exerce pour eux, une partie de leurs droits internationaux (*Voir* CONFÉDÉRATION, FÉDÉRATION, UNION); ceux qui ont mis leur existence sous la sauvegarde d'un Etat plus puissant, dont ils ont accepté la protection (*Voir* PROTECTORAT); ceux qui sont réunis avec d'autres Etats sous le sceptre d'un même souverain, selon les conditions de ce pacte d'Union. (*Voir* UNION.)

MI SOUVERAINETÉ. C'est la situation de l'Etat mi-souverain, se dit de la part limitée de souveraineté qu'il peut exercer.

Ce mot en lui-même présente de prime abord une sorte de contre-sens, puisque le terme de souveraineté exclut l'idée de dépendance, et partant toute dépendance d'une puissance étrangère (*Voir* SOUVERAINETÉ). Toutefois, comme la souveraineté des Etats a une double signification, extérieure et intérieure, il a fallu trouver une expression pour indiquer la position d'un corps politique soumis pour ses rapports extérieurs au contrôle d'une puissance supérieure. La mi-souveraineté ne limite et ne restreint que les droits internationaux, la considération extérieure de l'Etat qui vit sous ce régime, et qui dans le domaine de ses affaires intérieures exerce une autorité entière et indépendante, comportant tous les caractères de la *souveraineté*. (*Voir* AUTONOMIE.)

MISSION. Pouvoir donné à quelqu'un pour aller faire quelque chose; et, par suite, fonction temporaire dont un gouvernement charge des agents spéciaux pour des tâches déterminées : dans cette catégorie rentrent principalement les *missions diplomatiques*. (*Voir* DIPLOMATIE, AMBASSADE, LÉGATION, AGENT DIPLOMATIQUE, AMBASSADEUR, ENVOYÉ.)

MITRE (Bartolomé), homme d'Etat, et publiciste sud-américain, né à Buenos-Aires (République Argentine) le 26 juin 1821. Lieutenant-général, Président de la République (1862-68); envoyé extraordinaire et ministre plénipotentiaire en mission spéciale en 1873 au Brésil et au Paraguay.

Parmi les nombreux ouvrages de M. Mitre nous citerons :

La nacionalidad. Los hijos de extrangeros. La ciudadania natural. La libertad de expatriacion (La nationalité. Les fils d'étrangers. Le droit de cité naturel. La liberté d'expatriation). (*La Nacion* de Buenos-Aires (n° 3092), du 21 décembre 1880.)

La nacionalidad y la nacionalizacion (La nationalité et la naturalisation). (*La Nacion*) (n° 3095), janvier 1881.)

La cuestion sobre nacionalidad (La question sur la nationalité). (*La Nacion*.)

Dans ces publications M. Mitre étudie avec beaucoup de compétence les doctrines qui dominent en Europe et en Amérique relativement à la *nationalité*, soit les principes du statut personnel et de la loi territorriale. M. Mitre se prononce pour cette dernière, qui est aussi la loi argentine; mais il le fait dans un esprit conciliant et avec d'autant plus de logique que c'est à lui comme Président de la République Argentine qu'on doit la modification du traité signé avec l'Espagne (1863), par laquelle a été adopté comme solution le respect de la législation des deux pays, c'est-à-dire que „pour déterminer la nationalité des Espagnols et des Argentins, on observera respectivement dans chaque pays les dispositions prescrites par la constitution et les lois de l'un et l'autre“. C'est ce qu'ont appelé si justement des jurisconsultes européens : *Le principe de l'avenir*. Dans cette tendance M. Mitre s'attache à démontrer que la doctrine italienne ne diffère pas de l'argentine, et il ajoute : M. Mancini, l'illustre jurisconsulte italien, fondateur de la nouvelle école qui a concilié les deux statuts, traçant de main de maître les limites du droit territorial dans la sphère de la souveraineté politique s'exprime à ce sujet de la manière suivante : „Le droit public est territorial; il l'emporte sur le territoire et sur ceux qui l'habitent..... L'idée principale pour la solution des conflits du droit international privé est que chaque législateur reconaisse sans réserve le droit privé de l'étranger sur son territoire; et, au contraire, de refuser toute action aux lois qui se trouvent en désaccord avec le droit public et bouleversent le régime du territoire“.

Enfin que M. Brocher, jurisconsulte suisse, qui fait autorité aujourd'hui en matière de droit international privé, adhère à cette doctrine, en vertu de la logique de ses idées républicaines, ainsi qu'il le dit : „L'histoire ne peut immobiliser les résultats qu'elle a produit, et dont la création dans le nouveau milieu social dans lequel on doit vivre, s'explique d'elle-même“.

M. Mitre a publié en outre :

Cartas polémicas sobre la triple alianza (Lettres polémiques sur la triple alliance. (sud-américaine).

Inmigracion espontánea á la República Argentina (Immigration spontanée dans la République Argentine).

Historia de Belgrano y de la independencia argentina (Histoire de Belgrano et de l'indépendance argentine). Buenos-Aires, 1876-77. 3e édit. 3 vol. in-8°.

MITRE (Adolfo), fils du précédent, docteur en droit, né à Buenos Aires en 1859 et mort en 1884.

Il a publié *El derecho internacional privado* (Le Droit international privé). Buenos-Aires, 1878.

Ce travail, fait en collaboration avec le docteur D. Ernesto Quesada, a trait au droit international privé et signale les conflits qui pourraient surgir entre les lois de la République Argentine et les législations étrangères.

MIXTE. Adjectif qui signifie „composé de plusieurs choses, de divers éléments de nature différente“.

Appliqué au gouvernement, il signifie que ce gouvernement participe de la nature de plusieurs autres, réunit à la fois dans son organisation des institutions inhérentes à d'autres formes, combinant ensemble l'aristocratie, la démocratie et même l'absolutisme.

C'est l'exemple que présente le gouvernement de l'Angleterre, dans lequel le souverain exerce seul et d'une manière presque absolu le pouvoir *exécutif*, tandis qu'il ne prend part au pouvoir *législatif* qu'avec le concours du parlement, qui lui même est formé d'une haute chambre, celle des Lords, composée exclusivement de la noblesse du royaume, et de la Chambre des Communes, qui peut être considérée comme représentant plus particulièrement l'élément démocratique, ou tout au moins la bourgeoisie du pays.

On appelle *mixte* une commission composé d'hommes représentant des intérêts différents, ou pris dans deux ou plusieurs compagnies dans les deux chambres d'un parlement ou d'une législature par exemple — ou dans deux ou plusieurs nations, lorsqu'il s'agit du règlement de questions internationales.

MOBILIA SEQUUNTUR PERSONAM.
Formule de droit latin : „les meubles
suivent la personne", en d'autres termes
la loi personnelle du propriétaire et non
la loi du lieu où ils sont situés, s'applique
aux meubles, considérés en quelque
sorte comme un accessoire de la personne. (*Voir* MEUBLES, JURIDICTION,
STATUTS.)

MODIFICATION DES |TRAITÉS. En
terme général, on nomme *modification*
tout changement qu'on opère dans une
chose.

Les traités sont susceptibles de modifications, soit que leur application soulève des difficultés, soit que leur interprétation laisse des doutes sur le mode
d'exécution. Alors pour aplanir ces difficultés et en prévenir le retour ou pour
empêcher des complications plus graves,
on recourt à une modification des textes,
ou à la rédaction de clauses nouvelles
destinées à fixer nettement et irrévocablement l'interprétation sur laquelle
les parties contractantes sont parvenues
à se mettre d'accord.

Suivant les circonstances, la nature et
le nombre des clauses sur lesquelles ils
portent, les changements dans la teneur
des traités se consacrent tantôt sous
forme de procès-verbaux ou de déclaration interprétatives, tantôt sous celle
d'articles additionnels au texte original,
tantôt sous celle de conventions supplémentaires destinées non seulement à résoudre les doutes qui ont pu surgir sur
la portée réelle de certaines stipulations,
mais encore à réparer les erreurs ou à
combler les lacunes qui ont pu échapper
aux négociateurs.

MODUS VIVENDI. Location latine qui
signifie *mode* ou *manière de vivre*. C'est
un terme introduit de date récente dans
la diplomatie pour exprimer l'ensemble
des conditions auxquelles deux ou plusieurs Etats établissent les rapports réciproques entre eux et d'après lesquelles
ils entendent vivre, agir et négocier dorénavant entre eux.

MOGOL ou GRAND-MOGOL. Titre de
l'Empereur du Mogol ou de la Mongolie.

MOHL (Robert de), publiciste allemand,
né à Stuttgard le 17 août 1799, mort à
Berlin le 5 novembre 1875.

Professeur à l'université de Tubingue
en 1827, à la faculté de droit de l'université de Heidelberg en 1847, député au
Reichstag allemand en 1874.

Ses principaux ouvrages sont:

*Geschichte und Literatur der Staatswissen-
schaften, in Monographien* (Examen et littérature de la politique, en monographies)
Erlangen, 1853-58. 3 vol. in-8°.

*Encyclopädie der Staatswissenschaften.
Staatsrecht, Völkerrecht und Politik. Monographien.* 1860-69, 3 vol. in 8°. (Encyclopédie de la politique. Droit d'Etat, droit
des gens et politique. Monographies.)

Dans ce dernier ouvrage, on doit mentionner surtout les *Monographies* relatives
à la *Communauté internationale dans le droit
des gens*, à la *Théorie,de l'asile dans le droit
des gens*, aux *Moyens de guerre contraires
au droit des gens*, et aux *Lacunes du droit
pénal international*.

MOIS. Toutes les fois que le mot *mois*
est employé dans un acte public ou privé
quelconque, ce mot désigne, quant à la
durée, c'est-à-dire au nombre de jours,
dont chaque mois se compose, un mois
du calendrier adopté chez les nations
chrétiennes, conformément à cette répartition:

janvier	31	jours
février	28	„ dans les

années ordinaires, et 29 dans les années
bissensiles,

mars	31	jours
avril	30	„
mai	31	„
juin	30	„
juillet	31	„
août	31	„
septembre	30	„
octobre	31	„
novembre	30	„
décembre	31	„

Les différences qui existent entre le
calendrier grec ou russe et le calendrier
grégorien portent exclusivement sur les
dates par rapport au commencement et
à la fin de chaque mois.

MOLLAH. Prêtre mahométan du premier rang: c'est parmi eux que se choisit
le *mufti*, chef de la religion (*Voir* MUFTI).

MOLLOY (Charles). publiciste anglais,
né à Dublin, mort le 16 juillet 1767.

Son ouvrage *De jure maritimo et navali
or Treatise of affairs maritimes and of commerce*, (Du droit maritime et naval, ou
traité des affaires maritimes et de commerce) publié à Londres en 1766, eut, dès
le début, une telle popularité que dix
ans après il en avait déjà paru neuf éditions anglaises.

MONARCHIE. Gouvernement d'un Etat
régi par un seul chef, qui porte ordinairement le titre d'Empereur ou de Roi.

La monarchie est généralement héréditaire, c'est-à-dire que la succession du trône s'y transmet par droit de primogéniture dans l'ordre masculin ou féminin.

Autrefois comme à Rome dans l'antiquité, en Pologne dans les temps modernes, la monarchie était élective et le roi était élu par les nobles du pays ou des électeurs déterminés.

On appelle monarchie *absolue,* celle où la puissance souveraine réside tout entière dans la personne du monarque, sans d'autres limites que les lois fondamentales de l'Etat.

La monarchie est dite *constitutionnelle,* lorsque le pouvoir souverain est partagé entre le chef de l'Etat et les représentants de la nation et que l'exercice en est réglé par une constitution : à une telle forme de gouvernement s'appliquent aussi les qualifications de *représentative* et de *tempérée.*

La monarchie se dit encore du territoire, de l'Etat gouverné par un monarque, roi ou empereur.

MONARCHISTE. Celui qui est partisan de la monarchie, c'est-à-dire des institutions monarchiques, inhérentes à l'exercice de l'autorité souveraine par un prince unique, roi, empereur ou autre.

MONARQUE. Chef d'une monarchie; celui qui exerce l'autorité souveraine dans une *monarchie* (voir ce mot), quel que soit d'ailleurs le titre attribué à la souveraineté dont il est revêtu, *(Voir* SOUVERAIN, SOUVERAINETÉ.)

MONNAIE, Les économistes définissent la *monnaie* „un instrument d'échange qui, en même temps qu'il sert de mesure pour la valeur des objets échangés, est par lui-même un équivalent".

Différentes matières ont été employés comme moyen d'échange dans cette double fin; mais l'usage a prévalu depuis bien longtemps d'y affecter exclusivement les métaux, de sorte qu'on entend aujourd'hui par monnaie une pièce de métal, frappée par une autorité souveraine et marquée au coin de cette autorité : elle a le plus généralement la forme. d'un disque, se compose d'or, d'argent ou de cuivre et porte une empreinte légale qui en certifie la valeur intrinsèque.

On appelle *fausse monnaie* la monnaie qui, imitant celle de bon aloi, ne contient pas le métal qu'indique l'empreinte ou en contient une quantité moindre qu'il ne faudrait pour compléter la valeur qu'on lui attribue : la fabrication

de fausse monnaie est un crime, qui est puni des peines les plus sévères et rend le coupable passible d'*extradition.* (Voir ce mot.)

On donne le nom de *monnaie fiduciaire* à une monnaie de papier à laquelle est accordée la même confiance qu'à la monnaie métallique : elle consiste dans les billets de banque et autres. (*Voir* PAPIER-MONNAIE.)

On appelle *titre* d'une monnaie la quantité de métal fin qu'elle renferme.

L'*unité monétaire* se dit de la monnaie type, celle qui sert de base à tout le système des monnaies en usage dans un pays, et de mesure pour toutes les fractions de ce système.

Cette unité varie encore selon les divers pays; toutefois la seule différence notable qui existe dans chacun d'eux pour la fabrication des monnaies, consiste dans le mode adopté pour en déterminer le titre et la valeur. Chaque Etat a sa base individuelle qui donne naissance à autant de dénominations différentes des pièces de monnaie.

Non seulement chaque pays, suivant ses convenances propres et les nécessités de son commerce ou de son système de poids et de mesures, a adopté des bases différentes pour le titre, la valeur, la subdivision et le mode de fabrication de ses monnaies; mais encore la préférence est accordée tantôt à l'étalon d'or, tantôt à l'étalon d'argent; tantôt aussi les deux étalons sont adoptés simultanément par certaines contrées.

Ces divergences, qui entraînent, entre autres difficultés, des complications de calcul et des dépréciations réciproques des monnaies passant d'un pays à un outre, causent de graves embarras aux transactions commerciales et financières, surtout lorsqu'elles embrassent une sphère internationale.

Aussi les savants et les hommes d'Etat de tous les pays civilisés se préoccupent-ils sérieusement des moyens de faire disparaître ou au moins de diminuer ces entraves.

On a eu recours à des conférences internationales, où ont été étudiées les bases sur lesquelles il serait possible d'établir un système général de l'unification des monnaies; malheureusement ces délibérations en commun des représentants des diverses nations n'ont encore produit aucun résultat pratique d'un caractère à la fois général et définitif, si ce n'est une union partielle, entre ceux des pays de l'Europe qui avaient déjà depuis longtemps adopté pour leurs poids, leurs mesures et leurs monnaies un système métrique analogue à celui de la France.

Cette union, connue sous la dénomination d'*Union monétaire latine*, a été cimentée par une convention signée à Paris le 23 décembre 1865 par la France, la Belgique, l'Italie, la Suisse, et plustard par la Grèce, et renouvelée le 5 novembre 1878.

Aux termes de cette convention, les Etats ainsi constitués en union, ont adopté pour ce qui regarde le poids, le titre, le module et le cours de leurs espèces d'or et d'argent : 1^0 le titre de 900 millièmes de fin pour les pièces d'or de 100, de 50, de 20, de 10 et de 5 fr., ainsi que pour les pièces d'argent de 5 fr.; le titre de 835 millièmes de fin pour les pièces d'argent de 2 fr. et de 1 fr., de 50 et de 20 centimes. En même temps des poids et des diamètres communs ont été convenus, ainsi qu'une échelle de tolérance au-dessous de laquelle les pièces doivent être refondues. Un délai spécial a été fixé pour le retrait complet de la circulation des pièces divisionnaires d'argent fabriquées avant l'adoption du nouveau titre conventionnel. Les monnaies d'or et les pièces d'argent de 5 fr., fabriquées dorénavant dans les conditions convenues, sont admises sans distinction dans les caisses publiques des quatre Etats, tandis que les pièces de 2 fr. et au-dessous n'y sont acceptées que jusqu'à concurrence de 100 fr. pour chaque paiement, et n'ont cours légal entre les particuliers de l'Etat qui les a fabriquées que jusqu'à concurrence de 50 fr. à la fois. L'émission des pièces divisionnaires d'argent (de 2 fr. à 20 centimes) est limitée à une somme totale correspondant à 6 fr. par habitant, et à l'avenir le millésime de fabrication doit invariablement être inscrit sur toutes les pièces d'or et d'argent frappées dans les quatre Etats.

MONOPOLE. En économie politique on appelle *monopole* le privilège qu'un individu, une compagnie, un gouvernement possède de vendre ou d'exploiter seul, à l'exclusion de tous les autres, une chose déterminée.

Le monopole devient légal, lorsqu'il est exercé en vertu d'une loi, soit par l'Etat, soit par des particuliers.

Dans presque tous les Etats le gouvernement s'est réservé certains monopoles : nous citerons notamment ceux de la fabrication des monnaies, du service des postes; dans l'un la fabrication du tabac, dans d'autres le débit du sel, la vente des alcools, etc. Dans ces derniers cas le monopole ainsi exercé par l'Etat sur certaines denrées ou marchandises peut être considéré comme une forme de l'impôt qu'on prélève sur ces marchandises et qui y sont soumises en vertu d'une loi.

On peut aussi regarder comme une sorte de *monopole* le privilège accordé à des personnes pourvues du droit exclusif d'occuper certaines places, comme les notaires, les agents de change, etc., aux compagnies concessionnaires de mines, de chemins de fer, de canaux, etc.

C'est également une sorte de monopole momentané que confèrent les brevets d'industrie en général. (*Voir* BREVET D'INVENTION et autres).

MONROE (doctrine de). James Monroe fut président de la République des Etats-Unis de 1817 à 1825, à l'époque où les colonies espagnoles du Continent américain se détachaient de leur métropole et proclamaient leur indépendance. Les circonstances dans lesquelles cette lutte se développait lui inspirèrent la doctrine à laquelle on a attaché son nom.

C'est le 2 décembre 1823, dans son message d'inauguration de la session du congrès, que Monroe, président des Etats-Unis, exposa sa doctrine. Ce message renferme sur la politique extérieure de l'Union deux déclarations distinctes : la première, provoquée par la guerre de l'indépendance des colonies espagnoles, est relative à l'intervention de l'Europe dans les affaires intérieures des Etats américains; la seconde concerne le titre de premier occupant invoqué par les puissances européennes pour légitimer leur prise de possession de certaines portions du continent américain : elle se rattachait à des questions de limites soulevées entre les Etats-Unis, la Russie et l'Angleterre.

Dans la première partie de son message, le président Monroe proclame que les Etats-Unis ne prétendaient ni acquérir ni s'annexer aucune des anciennes possessions de la couronne d'Espagne en Amérique, et qu'ils ne mettraient aucun obstacle à la conclusion des arrangements amiables que la métropole pourrait négocier avec les colonies émancipées, mais qu'ils repousseraient par tous les moyens en leur pouvoir l'intervention des autres Etats, sous quelque forme qu'elle vînt à se produire, surtout si elle avait pour objet d'implanter dans les colonies, une souveraineté autre que celle de l'Espagne.

Cette déclaration laissait cependant subsister certains doutes sur la pensée intime du gouvernement de l'Union; aussi à la fin de son message, M. Monroe ajoutait que les Etats-Unis n'avaient jamais pris aucune part aux guerres du continent européen, parce qu'ils considéraient cette participation comme contraire aux intérêts de leur politique. „Seulement, continuait le président, lorsqu'on attaque ou menace sérieusement nos droits, ou lorsque nous nous sentons frappés dans notre dignité, nous nous préparons à nous défendre. Cette attitude n'affaiblit en rien le vif intérêt que nous prenons à tout ce qui se passe dans l'autre hémisphère, parce que cet intérêt est fondé sur une juste appréciation des choses. Le système politique des puissances coalisées de l'Europe est essentiellement distinct de celui que nous avons adopté : ce qui s'explique par la différence fondamentale existant dans la constitution même des gouvernements respectifs. Mais la bonne foi et les liens d'amitié qui nous unissent aux puissances alliées, nous font un devoir de déclarer que nous considèrerions comme dangereuse pour notre tranquillité et notre sécurité toute tentative de leur part d'étendre leur système politique à une partie quelconque de notre hémisphère. Le gouvernement des Etats-Unis n'est pas intervenu et n'interviendra pas dans les affaires des colonies que les nations européennes possèdent encore en Amérique; mais en ce qui concerne les gouvernements qui ont proclamé leur indépendance, qui la soutiennent, et dont nous avons reconnu l'émancipation après mûre réflexion et selon les principes de la justice, nous ne pourrions faire moins que de regarder comme une manifestation d'intentions hostiles à l'égard des Etat-Unis l'intervention d'un pouvoir européen quelconque dans le but de les opprimer ou de contrarier en aucune manière leurs destinées. Dans la guerre entre ces nouveaux gouvernements et l'Espagne, nous avons déclaré notre neutralité à l'époque de leur reconnaissance, et nous y sommes restés fidèles; nous continuerons d'y rester fidèles, pourvu qu'il ne survienne pas de changement qui, du jugement des autorités compétentes de notre gouvernement, nécessite aussi de notre part un changement indispensable à notre sécurité.“

Le président Monroe ne se borna pas à affirmer des principes abstraits; il voulut encore donner à sa doctrine une base plus solide, en rappelant la ligne de conduite tenue par le cabinet de Washington lors des troubles qui avaient occasionné l'intervention étrangère en Espagne. „Ainsi, dit-il, la politique que nous avons adoptée à l'égard de l'Europe dès le commencement même des guerres qui ont si longtemps agité cette partie du globe, est toujours restée la même : elle consiste à ne *ne jamais nous interposer dans les affaires intérieures d'aucune des puissances de l'ancien monde;* à considérer le gouvernement *de fait* comme gouvernement légitime relativement à nous; à établir avec ce gouvernement des relations amicales et à les conserver par une politique franche, ferme et courageuse, en admettant sans distinction les justes réclamations de toutes les puissances et en ne souffrant les injures d'aucune. Mais lorsqu'il s'agit de notre continent, les choses changent tout à fait de face, car si les puissances alliées voulaient faire prévaloir leur système politique dans l'une ou l'autre partie de l'Amérique, elle ne le pourraient pas sans qu'il en résultât un danger imminent pour notre honneur et notre tranquillité; aucune d'elles, d'ailleurs, ne peut croire que nos frères du Sud adopteraient de leur propre gré, si on les abandonnait à eux-mêmes. Il nous serait également impossible de demeurer spectateurs indifférents de cette intervention, sous quelque forme qu'elle eût lieu. Si nous envisageons la force et les ressources de l'Espagne et des nouveaux gouvernements de l'Amérique, ainsi que la distance qui les sépare, il est évident que l'Espagne ne pourra jamais parvenir à les soumettre. La véritable politique des Etats-Unis est toujours de laisser à elles-mêmes les parties contendantes, dans l'espoir que les autres puissances suivront le même système.“

Les principes ainsi émis par le président Monroe n'ont jamais reçu une sanction expresse; si les Etats-Unis s'en sont souvent inspirés dans tel ou tel acte de leur politique étrangère, ils ne les ont jamais rendus légalement obligatoires par un vote législatif formel : c'est ce qui a toujours empêché d'attribuer le caractère de loi aux maximes de Monroe et leur a fait conserver le simple titre de *doctrine.*

C'est bien gratuitement et en la détournant de son sens propre et naturel que l'on a représenté cette doctrine comme impliquant un divorce complet et absolu entre le continent européen et le continent américain. Le président Monroe a protesté contre toute tentative de la part de l'Europe de faire prévaloir en Amérique sa domination politique par la force ou au moyen d'interventions directes dans les affaires du Nouveau Monde; mais il n'a jamais entendu repousser l'influence civilisatrice que les développements du commerce et de l'industrie, les progrès de la science et les bienfaits de l'immigration peuvent exercer sur les peuples américains.

Les seules déductions pratiques qu'on soit équitablement en droit de tirer de la doctrine Monroe, c'est :

1⁰ Que le système colonial européen est inapplicable à la situation nouvelle de l'Amérique, parce que toutes les parties du continent américain sont habitées par des nations civilisées, qui ont au respect de leur indépendance et de leur souveraineté par autrui absolument le même titre que les nations européennes ;

2⁰ Que les questions de limites entre les anciens établissements européens et les nouveaux Etats américains ne peuvent être résolues que d'après les principes généraux du droit international;

3⁰ Que le fait de première occupation ou de première exploration ne crée plus aujourd'hui de droit souverain sur les territoires américains, dont la possession de droit ne saurait résulter à l'avenir que d'un traité ou d'une guerre. Or à ce dernier point de vue, on peut dire que le droit public de l'Amérique est le même que celui de l'Europe et repose exactement sur les mêmes bases.

MONSEIGNEUR. Titre d'honneur, qu'on donne, en parlant ou en écrivant, aux personnes distinguées par leur naissance ou par leur dignité; et plus particulièrement aux princes de famille souveraine, aux princes de l'Eglise et aux évêques catholiques.

En France, sous Louis XIV, ce titre pris absolument, désignait le Dauphin, héritier présomptif de la Couronne.

On dit *Messeigneurs* lorsqu'on s'adresse collectivement à plusieurs personnes qui ont droit à ce titre.

MONSIEUR. Titre qui en France, avant la révolution, était synonyme de Monseigneur et ne se donnait qu'aux gens appartenant à certaines classes de la société, et en particulier, pris absolument, à l'aîné des frères du roi.

Ce n'est plus aujourd'hui qu'un titre de civilité qu'on donne par bienséance à toute personne à qui l'on parle ou à qui l'on écrit.

MONTAGNE. Suite de monts ou de grandes masses de terre et de roche, qui tiennent les uns aux autres; l'on appelle chaîne de montagnes une réunion de montagnes qui s'étendent en longueur, en s'enchaînant en quelque sorte entre elles.

Une chaîne de montagnes peut former la frontière de deux ou de plusieurs Etats limitrophes. Dans ces cas on prend pour limite entre eux la plus haute arête de sa chaîne et la ligne de partage des eaux qui en découlent, laquelle est naturellement indiquée par cette arête supérieure.

MONTESQUIEU (Charles de Secondat, baron de la Brède et de), publiciste français, né à la Brède, près de Bordeaux le 18 janvier 1689, mort à Paris le 10 février 1755. Il fut en 1714 conseiller et, en 1716, président à mortier au parlement de Bordeaux. Il fut reçu à l'Académie française en 1727.

En 1734 Montesquieu fit paraître les *Considérations sur les causes de la grandeur et de la décadence des Romains*, chef d'œuvre d'analyse historique, qui fut, pour ainsi dire, le prélude d'une œuvre plus magistrale tant par la grandeur des proportions que par la variété du sujet. En 1748 Montesquieu publia l'*Esprit des lois*, fruit de 20 années de travail „dans lequel il passe en revue les législations des divers peuples, et en cherche les motifs soit dans la nature de l'homme en général, soit dans des causes locales et particulières à chaque peuple. Il établit que le droit des gens se fonde sur cette considération que les nations doivent en temps de paix se faire mutuellement tout le bien qui est en leur pouvoir, et en temps de guerre tout le mal possible, sans nuire à leurs propres intérêts. Il établit ensuite que l'objet de la guerre est la victoire, qui a pour but la conquête ou la conservation : de ces deux principes dérivent, selon lui, toutes les lois qui constituent le droit des gens.

L'*Esprit des lois* eut de nombreuses éditions et fut traduit dans presque toutes les langues.

MONUMENT PUBLIC. La dénomination de *monument*, qui dans l'origine désignait particulièrement des ouvrages d'architecture ou de sculpture destinés à perpétuer un souvenir, a été étendue à tout édifice de quelque importance et surtout à ceux qui ont une destination publique, civile ou religieuse.

En temps de guerre, le respect des monuments publics s'impose moralement

aux belligérants : celui qui violerait cette règle universellement admise s'attirerait la réprobation du monde entier.
(*Voir* BIENS, BELLIGÉRANTS, GUERRE, OCCUPATION.)

MORELLI (Cyriaque), jurisconsulte sud-américain.

Doyen de l'université de Cordoba (République Argentine), professeur public à Tucuman.

Rudimenta juris naturæ et gentium. Libri duo. (Rudiments du droit de la nature et des gens. Deux livres.) Venise, 1791. grand-in-8⁰.

Le premier livre, consacré au droit naturel, traite des devoirs de l'homme envers Dieu, envers lui-même et envers autres.

Le droit des gens fait le sujet du second livre, où l'auteur aborde la question sociale; la famille, la cité, l'Etat, trois groupes dont il expose la formation et les devoirs; puis il termine par les droits du souverain, la guerre, ses causes et ses conséquences.

MOREUIL (L. J. A. de), publiciste français.

Manuel des agents consulaires français et étrangers. Paris, 1853, in-8⁰.

Dictionnaire des chancelleries diplomatiques et consulaires à l'usage des agents politiques français et étrangers et du commerce maritime. Edition augmentée d'un supplément. Paris, 1859, 2 vol. in-8⁰.

MORGANATIQUE, Terme de droit germanique, qui s'applique au mariage contracté par un prince avec une femme de rang inférieur, à laquelle il ne donne pas son nom et qu'il ne reconnaît pas officiellement comme son épouse.

On appelle aussi ce genre d'union *mariage de la main gauche,* parce que le mari donne à sa femme la main gauche au lieu de la main droite dans la cérémonie nuptiale.

Les enfants qui proviennent de ces mariages, quoique légitimes en réalité, sont réputés bâtards à l'égard de certains effets civils et politiques; en général ils n'héritent ni des dignités ni des fiefs de leur père.

MORIN (Pierre Achille), jurisconsulte français, né à Rouen le 25 octobre 1802, mort à St.-Germain le 9 juin 1874.

Conseiller à la Cour de Cassation. M. Morin s'est occupé principalement de législation pénale. Il a rédigé depuis 1838 le *Journal du droit criminel,* fondé en 1839, par MM. Adolphe Chauvenner et Faustin Hélie.

A la suite de la guerre franco-allemande, qui avait soulevé diverses questions relatives au droit de la guerre, M. Morin a publié l'ouvrage suivant :

Les lois relatives à la guerre selon le droit des gens moderne, le droit public et le droit criminel des pays civilisés. Paris, 1872, 2 vol. in-8⁰.

Dans son livre, M. Morin s'applique surtout à rechercher les bases d'un droit qui serait commun aux nations et dont les règles intervenant entre les belligérants sur les champs de bataille pourraient amener des réformes utiles dans le sens de l'humanité et de l'équité. „L'objet principal de mon livre, dit-il, est de vulgariser la connaissance de principes et de règles, de lois et de dispositions législatives qui dérivent de sources diverses et dont les formules se trouvent disséminées dans une multitude de livres et de recueils, et cela pour prévenir autant que possible les causes de guerre ou les excès dans les luttes armées, pour montrer quelles actions sont licites et quelles autres sont condamnables comme infractions ou excès, enfin pour indiquer les conditions d'une répression juste et point arbitraire." En voulant trouver une sanction aux prohibitions du droit des gens quant à la guerre imminente ou engagée, M. Morin la cherche dans le droit criminel et spécialement dans les lois pénales militaires, distinctes de celles qu'on appelle lois de la guerre et qui pourtant s'y rapportent. . . . .

MORT. En jurisprudence, le mot *mort* s'emploie pour signifier la *peine capitale* : condamner à mort, voter la mort.

MORT CIVILE. Terme de droit : cessation de participer aux droits civils et politiques; elle est la conséquence d'une condamnation à une peine qui prive le condamné de la jouissance et de l'exercice de ces droits, telle que la peine de mort, la déportation, les travaux forcés à perpétuité; elle a pour résultat de faire perdre au condamné la propriété de ses biens, et, s'il est marié, de rompre son mariage quant à tous ses effets civils.

La mort civile a été abolie en France par une loi en date du 31 mai 1854. Il s'ensuit que si les effets en sont réclamés devant un tribunal français pour des étrangers, ils seront écartés : un tribunal français ne saurait sanctionner la mort civile prononcée contre un étranger par un tribunal étranger.

33*

MORTIER. Espèce de bonnet rond en forme de *mortier* renversé, fait de velours noir et bordé de galon d'or, que les présidents des parlements français portaient dans l'exercice de leurs fonctions : c'est pourquoi on les appelait *présidents à mortier*. C'était aussi la coiffure du chancelier de France, dont le *mortier* était en étoffe d'or avec une bordure d'hermine.

Les présidents des cours de justice portent encore une coiffure analogue.

MOSCOU (traité de paix de) 1686. La trève d'Andrussoff, quoiqu'elle eût été prolongée jusqu'en 1793, ne suffisait pas pour affranchir les Polonais des dangers d'une guerre avec la Porte; ils jugeaient que l'amitié du czar pouvait les garantir d'une invasion des Turcs et des Tartares; c'est pourquoi ils proposèrent une alliance au souverain russe, qui y accéda à condition qu'on lui céderait à perpétuité les conquêtes que la Russie avait faites dans la guerre précédente.

Un seul et même traité, signé à Moscou le 6 mai 1686, scella la paix définitive et l'alliance.

La Pologne cédait à la Russie Smolensk, Dorogobanje, Krasnoi, Bielaia avec leurs districts et dépendances, les villes de Tchernigoff, de Starodub, de Novgorod-Sewerski, de Poczep, toute la Petite Russie, la ville de Kieff.

Les cosaques Zaporogues rentraient sous la domination de la Russie.

Les czars concluaient avec le roi de Pologne une alliance contre les Turcs et le khan de Crimée.

Les limites établies par cette paix de Moscou entre la Russie et la Pologne sont restées les mêmes jusqu'au premier partage de ce dernier pays en 1772.

MOSER (Jean Jacques), publiciste allemand, né à Stuttgardt en 1701, mort en 1785.

Il professa le droit à Tubingue, puis à Francfort sur l'Oder, et fut chargé de diverses missions politiques. Dans sa longue carrière littéraire (de 1732 à 1781), il s'est appliqué surtout à fixer le droit positif des peuples de l'Europe; il a publié sur ces matières de nombreux ouvrages, qui ne forment pas moins de 400 volumes; le principal est celui qui a pour titre: „Essai sur le droit des gens le plus moderne des nations européennes, tant en temps de paix qu'en temps de guerre" (*Versuch des neuesten europäischen Völkerrechts in Friedens- und Kriegszeiten, vornehmlich aus Staatshandlungen seit 1740*). Francfort, 1777—1780. 12 vol. gr. in-8⁰. Ce livre a pour but de mettre les principes généraux du droit des gens en regard des questions et des faits les plus récents se rattachant aux relations internationales des peuples de l'Europe. Moser, sans s'assujettir à aucun principe, considère le droit des gens comme la collection des règles établies par la pratique des nations. Discutant l'importance du droit naturel, il établit que s'il est facile d'en reconnaître les principes, son application pratique échappe à toute démonstration rigoureuse, et que ses règles perdent même de leur valeur intrinsèque en présence des traités ou de l'usage, qui sont, à ses yeux, les bases fondamentales du droit international.

La tendance purement historique et positive de Moser est tellement marquée qu'on peut le regarder comme un des plus sincères représentants de l'école historique.

MOSER (Frédéric Christian), fils de Jean Jacques Moser, publiciste allemand, né en 1731, mort en 1798.

Il a écrit divers ouvrages sur les mêmes matières qu'avait traitées son père, entre autres : *Kleine Schriften zur Erläuterung des Staats- und Völkerrechts* (Opuscules sur l'explication du droit d'Etat et du droit des gens). Francfort, 1751—1765. 12 vol. in-8⁰.

Der Herr und der Diener (Du souverain et du ministre). 1759. Ce livre a été traduit en français par Champigny (1791), sous le titre: *Des devoirs réciproques d'un souverain et de son ministre.*

MOTION. Acte par lequel un membre d'une assemblée délibérante propose un projet de loi, une résolution, une mesure quelconque.

On appelle *motion d'ordre* une motion qui a pour objet de régler l'ordre des délibérations, lorsqu'il se présente en même temps plusieurs propositions à discuter et qu'il faut décider laquelle doit avoir la priorité.

La motion d'ordre a elle-même toujours la priorité sur toutes les autres. (*Voir* PROPOSITION.)

MOTU PROPRIO ou PROPRIO MOTU. Expression latine qui signifie „de *propre mouvement.*"

Elle est employée plus particulièrement dans les bulles et d'autres actes du Pape, dans le but d'indiquer que la résolution que l'acte sert à faire connaître, a été prise par le souverain Pontife de son propre mouvement, en dehors de toute influence étrangère.

MOUVANCE. Ce terme de jurisprudence féodale s'employait pour désigner la dépendance d'un domaine qui relevait d'un fief, ou d'un fief qui relevait d'un autre fief supérieur.

Un fief était mouvant d'un autre, lorsqu'il lui devait foi, hommage et autres devoirs.

Si le fief relevait d'un fief supérieur, la mouvance était dite *passive*; et elle était dite *active* par rapport à ce fief supérieur.

La mouvance *noble* ou *féodale* était celle dans laquelle le possesseur du fief devait foi et hommage ou au moins fidélité au possesseur du fief dominant.

La mouvance *roturière* était celle dans laquelle le fief servant était tenu simplement à des redevances.

MOYNIER (Gustave), publiciste suisse, né à Genève le 21 septembre 1826.

Président du *Comité international de la Croix rouge*; membre fondateur de l'Institut de Droit international.

Étude sur la convention de Genève. Paris, 1870.

M. Moynier a publié un grand nombre d'opuscules relatifs à des questions philanthrophiques et spécialement à l'œuvre de la Croix-rouge. Il dirige depuis 1879 le *Bulletin international de la Croix-rouge.*

MUFTI. Grand pontife de la religion de Mahomet.

Il est le souverain interprète du texte du Coran, à la fois chef suprême des gens de loi et des prêtres (*ulémas*, voir ce mot). Ses réponses nommées *fetvass* sont des consultations plutôt judiciaires que théologiques; elle sont en général exécutées aveuglément. C'est le mufti qui lors de l'avénement du Sultan lui ceint l'épée, insigne de la toute-puissance.

Dans les Etats du Sultan le mufti porte aussi le titre de *Scheik el-Islam.*

MUNICIPALITÉ. Circonscription municipale ou commune, territoire administré par des magistrats municipaux. (*Voir* COMMUNE, MAIRE.)

Les municipalités ont pris leur origine dans les *municipes* romains (voir ce mot).

MUNICIPE. Les Romains donnèrent dans l'origine le nom de *municipes* ou *villes municipales* aux villes du Latium, puis de l'Italie, qui vivaient d'après leurs propres lois et coutumes et dont les habitants jouissaient des mêmes droits et des mêmes privilèges que ceux de Rome.

Plutard le titre de *municipes* fut étendu à des villes situées dans les autres provinces de l'empire.

Le municipe différait de la colonie en ce que celle-ci avait les lois de la mère-patrie.

MUNITIONS. Provisions des choses nécessaires dans une place de guerre.

On appelle les vivres *munitions de bouche;* et le matériel des troupes ou de la défense, *munitions de guerre :* ce matériel comprend les armes, l'artillerie, les outils du génie, la poudre, etc.

En temps de guerre, les munitions sont, comme les armes, réputées contrebande de guerre et subissent les conséquences de cette qualification. (*Voir* GUERRES, CONTREBANDE, ARMES, BELLIGÉRANT.)

MUNSTER (Congrès de) 1644. (*Voir* WESTPHALIE.)

MUSÉE. Nom donné à toute collection considérable d'objets d'art, de science et d'industrie, ainsi qu'au lieu où est exposée cette collection.

En temps de guerre et d'occupation les musées doivent être respectés; et leur dégradation ou leur destruction intentionnelle serait considérée, comme des actes de barbarie.

L'enlèvement d'objets en faisant partie ne peut se justifier par l'état de guerre, car il ne saurait être le résultat nécessaire des opérations militaires; aussi la restitution au pays dépouillé doit-elle être regardée comme une obligation stricte et impérative.

MUSULMAN. Nom que se donnent les Mahométans.

MUTATION. Remplacement d'une personne, et notamment d'un fonctionnaire, d'un employé, par un autre.

C'est aussi un terme de jurisprudence qui signifie la transmission de la propriété d'un bien par vente, donation, échange, succession ou toute autre voie légale; se dit en général de tout changement dans les droits de propriété.

www.ingramcontent.com/pod-product-compliance
Lightning Source LLC
Chambersburg PA
CBHW031359210326
41599CB00019B/2826